초·근·접

✓ 미리보는 핵심 키워드 수록
✓ 효율적 학습효과 / 상·하권 정리

2025
이패스 동영상 강의
www.epasskorea.com

소방승진
소방전술 동영상

승진시험 기본서

Field

소방
전술

Firefighting Tactics

하

교·장·위

소방학박사 김경진 편저

학 습 가 이 드

단원별 중요 부분
핵심 내용 암기 요령   TIP
기출문제 중요도 분석

여러분! 소방승진은 시험으로 하여야 합니다!

시험으로 승진을 해야만 소방조직에서 떳떳하게 인정을 받을 수 있습니다.

승진공부를 했던 그 지식은 소방관 근무하는 동안 자신에게 큰 도움을 줄 것입니다.

저자도 소방위까지 모두 시험으로 승진을 했기 때문에 여러분의 어려움을 잘 알고 있습니다.

저자는 초창기 중앙소방학교 소방전술 교재 집필에 참여하였고 출제와 편집위원을 누구보다도 많은 경험을 하였기에 출제 경향을 쉽게 전달할 수 있습니다.

또한, 저자는 소방전술 승진 참고서만을 17년간 출간하고 있습니다.

소방전술은 범위가 넓고 내용이 다양하므로 쉽게 접근하기 어렵습니다. 하지만 저자와 함께 공부한다면 핵심내용을 쉽게 이해할 수 있습니다. 핵심내용을 이해하지 못한 채 무모한 학습 방법으로 아까운 시간을 허비하지 마십시오.

이제 수험생 여러분께 이러한 문제를 해결하고 최소한의 시간으로 큰 효과를 올릴 수 있도록 핵심학습 방법을 제시하고자 합니다.

본 교재는 다음과 같은 점에 중점을 두었습니다.

① 소방전술의 특성상 복잡한 내용을 알기 쉽게 요약 정리하였습니다.

② 매 단원마다 ✓check 하여 중요한 부분을 반복 학습토록 하였습니다.

③ 주요 포인트는 ** 별표와 밑줄로 처리하여 중요성을 강조하였습니다.

④ 기출문제에는 ☆ 〈24년 소방위〉 로 표시하여 쉽게 알 수 있도록 하였습니다.

⑤ 핵심 키워드를 헤드에 올려서 선행학습 효과를 제공하였습니다.

⑥ TIP 을 이용하면 시험 출제 방향을 쉽게 이해할 수 있습니다.

저자는 지금까지 주로 현장과 관련된 부서(119안전센터, 소방본부구조구급과, 소방학교 전술교관, 중앙119구조본부 긴급기동팀장, 소방방재청 훈련·구급계장, 소방서장, 소방청119종합상황실장, 서울소방학교장)에 근무해 오면서 다양한 현장업무를 바탕으로 수험생 여러분께 체계적이고 정확한 학습요령을 제시하고 합격가능성을 높이고자 하오니 아무쪼록 끝까지 인내하시어 합격의 영광을 누리시길 기원합니다.

여러분! 지금이라도 늦지 않았습니다.

미래를 위해 투자하십시오, 절대 후회하지 않을 것입니다.

저자 씀

GUIDE (가이드)

【 최근 시험의 출제경향 분석 】

▲ 소방교

	상권					하권			
	화재진압 및 현장활동	소방현장 안전관리	화재조사	소방자동차	응급의료 개론	구조개론	소화약제 등	임상응급	재난관리
2019	7	1	1	1	6	9			
2020	7	2	1	1	6	8			
2021	9	2	1	2	7	4			
2022	5	2	1	2	7	8			
2023	7	0	1	1	8	8			
2024	5	5			7	8			
계	40	12	5	7	41	45			
비중(%)	27%	8%	3%	5%	27%	30%			

▲ 소방장

	상권					하권			
	화재진압 및 현장활동	소방현장 안전관리	화재조사	소방자동차	응급의료 개론	구조개론	소화약제 등	임상응급	재난관리
2019	7	1	0	1	4	8	0	4	
2020	5	1	1	0	2	7	3	6	
2021	7	1	1	1	5	7	2	1	
2022	4	2	1	1	3	7	3	4	
2023	5	0	1	1	2	8	2	6	
2024	7	2	1		1	7	1	6	
계	35	7	5	4	17	44	11	27	
비중(%)	23%	5%	3%	3%	11%	29%	8%	18%	

▲ 소방위

	상권					하권				
	화재진압 및 현장활동	소방현장 안전관리	화재조사	소방자동차	응급의료 개론	구조개론	소화약제 등	임상응급	재난관리	재난현장 (SOP)
2019	5	0	0	1	1	8	2	7	1	0
2020	6	1	0	0	1	8	2	6	0	1
2021	5	2	1	2	3	6	0	3	1	2
2022	5	1	1	0	3	8	2	3	2	0
2023	5	1	0	0	2	9	2	6	0	0
2024	7	1	1		3	6	1	4	1	1
계	33	6	3	3	13	45	9	29	5	4
비중(%)	22%	4%	2%	2%	9%	30%	6%	19%	3%	3%

좀 더 자세한 내용 및 수험정보 등은 홈페이지(www.kfs119.co.kr) 참조

최신 「중앙소방학교 공통교재」에 충실하였습니다.

《 소방승진시험은 중앙소방학교 공통교재 내용을 벗어날 수 없습니다. 》

본 수험서는 공통교재+법·규정+SOP+기출문제 분석+최신 개정내용수록+핵심 내용정리 등 수험생 여러분들이 이해하기 쉽도록 정리하였습니다.

소방전술은 분량이 많고 복잡하고 현장경험이 없으면 이해하기가 어렵습니다.

몇 가지 학습방법을 제시하오니 참고하셔서 좋은 성과 있으시길 바랍니다.

1. 우선 관련 법, 규정을 철저히 암기합시다.

모든 승진시험에서 관련 법, 규정의 틀을 벗어날 수 없습니다. 따라서 소방전술공통교재, 119구조구급에 관한법률, 재난 및 안전관리기본법, 화재조사법률, 재난현장SOP 등을 철저히 이해하고 암기하여야 합니다. 이것을 바탕으로 학습해야만 이해가 빠르고 핵심내용을 파악하여 최대한 효과를 올릴 수 있습니다.

2. 필드 소방전술기본서를 철저히 파악합시다.

지금 출제범위는 중앙소방학교 공통교재이고 매년 전국소방학교 소방전술 교수들이 참여하여 내용을 수정보완하고 있습니다. 따라서 공통교재의 범위를 벗어나지 않을 뿐만 아니라 내용을 너무 확대 해석하여 주관적인 의미를 부여할 수도 없는 것입니다. 본 기본서는 공통교재 내용을 중심으로 쉽게 이해할 수 있도록 정리하였습니다.

3. 출제 경향을 분석합시다.

매년 실시되는 승진시험은 출제경향이 반드시 있습니다. 최근 들어 지문이 길어지고 박스형 문제들이 출제되는 경향이 있습니다. 따라서 본 참고서의 핵심문제를 새롭게 정리하였으므로 큰 도움이 될 것으로 생각합니다.

4. 소방전술은 핵심내용을 이해할 수 있어야 합니다.

소방전술과목의 많은 분량을 모두 머리에 담을 수는 없습니다. 따라서 핵심내용을 이해할 수 있어야 합니다. 저자와 같이 공부한다면 다년간 현장경험과 출제경험을 바탕으로 쉽게 이해할 수 있습니다.

【 소방공무원 승진시험의 필기시험과목 】

(소방공무원 승진임용 규칙 제28조 관련) <개정 2020.3.13.>

구 분	과목수	필기시험과목
소방령 및 소방경 승진시험	3	행정법, 소방법령Ⅰ·Ⅱ·Ⅲ, 선택1 (행정학, 조직학, 재정학)
소방위 승진시험	3	행정법, 소방법령Ⅳ, 소방전술
소방장 승진시험	3	소방법령Ⅱ, 소방법령Ⅲ, 소방전술
소방교 승진시험	3	소방법령Ⅰ, 소방법령Ⅱ, 소방전술

※ 비고

1. 소방법령Ⅰ : 소방공무원법(같은 법 시행령 및 시행규칙을 포함한다. 이하 같다)
2. 소방법령Ⅱ : 소방기본법, 화재의 예방 및 안전관리에 관한 법률(약칭; 화재예방법),
   소방시설 설치 및 관리에 관한 법률(약칭; 소방시설법)
3. 소방법령Ⅲ : 위험물안전관리법, 다중이용업소의 안전관리에 관한 특별법
4. 소방법령Ⅳ : 소방공무원법, 위험물안전관리법
5. 소방전술 : 화재진압·구조·구급 관련 업무수행을 위한 지식·기술 및 기법 등

【 소방전술 과목의 출제범위 】 (제9조제3항 관련)

분야	출제범위	비 고
화재 분야	• 화재의 의의 및 성상 • 화재진압의 의의 • 단계별 화재진압활동 및 지휘이론 • 화재진압 전술 • 소방용수 총론 및 시설 • 상수도 소화용수설비 등	
	• 재난현장 표준작전 절차(화재분야)	소방교, 소방장 제외
	• 안전관리의 기본 • 소방활동 안전관리 • 재해의 원인, 예방 및 조사 • 안전 교육	
	• 소화약제 및 연소·폭발이론	소방교 제외
	• 위험물성상 및 진압이론	
	• 화재조사실무(관계법령 포함)	
구조 분야	• 구조개론 • 구조활동의 전개요령 • 군중통제, 구조장비개론, 구조장비 조작 • 기본구조훈련(로프, 확보, 하강, 등반, 도하 등) • 응용구조훈련 • 일반(전문) 구조활동(기술)	
	• 재난현장 표준작전 절차(구조분야)	소방교, 소방장 제외
	• 안전관리의 기본 및 현장활동 안전관리 • 119구조·구급에 관한 법률(시행령, 규칙 포함)	
	• 재난 및 안전관리 기본법(시행령, 규칙 포함)	소방교, 소방장 제외
구급 분야	• 응급의료 개론 • 응급의학 총론 • 응급의료장비 운영	
	• 심폐정지, 순환부전, 의식장해, 출혈, 일반외상, 두부 및 경추손상, 기도·소화관 이물, 대상이상, 체온이상, 감염증, 면역부전, 급성복통, 화학손상, 산부인과질환, 신생아질환, 정신장해, 창상	소방교 제외
소방 차량	• 소방자동차 일반 • 소방자동차 점검·정비 • 소방자동차 구조 및 원리 • 고가·굴절 사다리차	

※ 소방전술 세부범위는 시험일 기준 당해 연도 발행되는 신임교육과정 공통교재(소방전술Ⅰ·Ⅱ·Ⅲ) 범위로 한다.

미리 보는 핵심 키워드

1. 구조대의 종류

일반구조대	시·도의 규칙으로 정하는 바에 따라 소방서마다 1개 대(隊) 이상 설치하되, 소방서가 없는 시·군·구의 경우에는 해당 시·군·구 지역의 중심지에 있는 119안전센터에 설치할 수 있다.
특수구조대	소방대상물, 지역 특성, 재난발생 유형 및 빈도 등을 고려하여 시·도의 규칙으로 정하는 바에 따라 지역을 관할하는 소방서에 설치한다. 다만, 고속국도구조대는 직할구조대에 설치할 수 있다. ① 화학구조대 : 화학공장이 밀집한 지역 ② 수난구조대 : 내수면 지역 　※ 하천·댐·호수·저수지 기타 인공으로 조성된 담수나 기수의 수류 또는 수면 ③ 산악구조대 : 자연공원 등 산악지역 ④ 고속국도구조대 ⑤ 지하철구조대 : 도시철도의 역사 및 역무시설
직할구조대	대형·특수 재난사고의 구조, 현장 지휘 및 지원 등을 위하여 소방청 또는 소방본부에 설치하되, 소방본부에 설치하는 경우에는 시·도의 규칙으로 정하는 바에 따른다.
테러대응 구조대 (비상설구조대)	테러 및 특수재난에 전문적으로 대응하기 위하여 필요한 경우 소방청 또는 소방본부에 설치하는 것을 원칙으로 하되, 구조대의 효율적 운영을 위해 필요한 경우, 화학구조대와 직할구조대를 테러대응구조대로 지정할 수 있다.
국제구조대 (비상설구조대)	소방청장은 국외에서 대형재난 등이 발생한 경우 재외국민의 보호 또는 재난발생국의 국민에 대한 인도주의적 구조활동을 위하여 국제구조대를 편성하여 운영할 수 있다. 현재 소방청에 설치하는 직할구조대인 중앙119구조본부에서 업무를 담당하고 있다.
항공구조 구급대	소방청장 또는 소방본부장은 초고층 건축물 등에서 구조대상자의 생명을 안전하게 구조하거나 도서·벽지에서 발생한 응급환자를 의료기관에 긴급히 이송하기 위하여 항공구조구급대를 편성하여 운영한다.

2. 초기대응 절차 / LAST

1단계 : 현장 확인 (Locate)	재난사고가 발생하면 사고 장소와 현장상황을 정확히 파악해야 한다. ① 사고 원인은 무엇이고 어떻게 진행되고 있는가. ② 그 상황에 대응하는 방법과 인력, 장비는 무엇인가. ③ 우리가 적절한 대응능력을 갖추고 있는가를 판단하는 것이다.
2단계 : 접근 (Access)	① 구조활동의 실행 단계로 안전하고 신속하게 구조대상자에게 접근하는 단계이다. ② 사고 장소가 바다나 강이라면 구조대원 자신이 물에 들어가지 않아도 되는 안전한 구조방법을 우선 선택하고 산악사고라면 실족이나 추락, 낙석 등의 위험성이 있는지 주의하며 접근한다.
3단계 : 상황의 안정화 (Stabilization)	① 현장을 장악하여 상황이 더 이상 악화되지 않고 안전이 유지될 수 있도록 조치하는 단계이다. ② 구조대상자를 위험상황에서 구출하고 부상이 있으면 적절한 응급처치를 한다. 이후 주변의 위험요인을 제거하여 더 이상 사고가 확대되지 않도록 조치한다.
4단계 : 후송 (Transport)	① 구조대상자가 아무런 부상 없이 안전하게 구출되는 것이 최선의 구조활동이지만 사고의 종류나 현장상황에 따라 심각한 손상을 입은 구조대상자를 구출할 수도 있다. ② 이 경우 현장에서 제공할 수 있는 응급처치는 상당히 제한적이다. 또한 외관상 아무런 부상이 없거나 경상으로 보이는 경우에도 심각한 손상이 있거나 후유증이 발생할 수 있기 때문에 구조대상자는 일단 의료기관으로 후송하는 것을 원칙으로 한다. ③ 'T'는 마지막 후송단계로서 사고의 긴급성에 따라 적절한 이동수단을 사용하여 의료기관에 후송하는 것으로 초기대응이 마무리된다.

3. 로프강도

성능 \ 종류	마닐라삼	면	나일론	폴 리 에틸렌	H. Spectra® Polyethylene	폴 리 에스터	Kevlar® Aramid
비 중	1.38	1.54	1.14	0.95	0.97	1.38	1.45
신 장 율	10~15%	5~10%	20~34%	10~15%	4% 이하	15~20%	2~4%
인장강도*	7	8	3	6	1	4	2
내충격력*	5	6	1	4	7	3	7
내 열 성	177℃ 탄화	149℃ 탄화	249℃ 용융	166℃ 용융	135℃ 용융	260℃ 용융	427℃ 탄화
내마모성*	4	8	3	6	1	2	5
전기저항	약	약	약	강	강	강	약

4. 로프 수명

시간 경과에 따른 강도 저하	• 로프는 사용 횟수와 무관하게 강도가 저하된다. • 특히 4년 경과시부터 강도가 급속히 저하된다. • 5년 이상 경과된 로프는 폐기한다(UIAA 권고사항).

로프의 교체 시기	• 가끔 사용하는 로프 : 4년
	• 매주 사용하는 로프 : 2년
	• 매일 사용하는 로프 : 1년
	• 스포츠 클라이밍 : 6개월
	• 즉시 교체하여야 하는 로프
	  – 큰 충격을 받은 로프(추락, 낙석, 아이젠)
	  – 납작하게 눌린 로프
	  – 손상된 부분이 있는 로프

5. 하강기 종류

8자 하강기	① 로프를 이용해서 하강해야 하는 경우 사용한다. ② 작고 가벼우면서도 견고하고 사용이 간편하다. ③ 전형적인 하강기는 8자 형태이지만 이를 약간 변형시킨 "구조용하강기" 튜브형 하강기도 많이 사용된다. ④ 구조용 하강기는 일반적인 8자 하강기에 비하여 제동 및 고정이 용이한 것이 장점이다.
그리그리 (GriGri)	① 그리그리는 스토퍼와 같이 로프의 역회전을 방지할 수 있는 구조로 주로 확보용 장비이다. ② 주로 암벽 등에서 확보하는 장비로 사용되며 짧은 거리를 하강할 때 이용하기도 한다.
스톱하강기 (Stopper)	① 스톱은 로프 한 가닥을 이용하여 제동을 걸어준다. ② 하강 스피드의 조절이 용이하다. ③ 우발적인 급강하 사고를 방지할 수 있기 때문에 최근 구조대에서 사용이 증가하고 있는 추세이다.

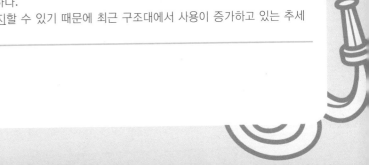

6. 화학보호복 착용순서 / 레벨 A

① 공기조절밸브호스를 공기호흡기에 연결한다.
② 공기호흡기 실린더를 개방한다.
③ 화학보호복 안면창에 성애방지제를 도포한다(손수건과 함께 휴대하는 것이 좋음)
④ 화학보호복 하의를 착용한다.
⑤ 공기호흡기 면체를 목에 걸고 등지게를 착용한다.
⑥ 무전기를 착용한다.
⑦ 공기조절밸브에 호스를 연결한다.
⑧ 면체를 착용하고 양압호흡으로 전환한다.
⑨ 헬멧과 장갑을 착용한다.
⑩ 보조자를 통해 상의를 착용 후 지퍼를 닫고 공기조절밸브의 작동상태를 확인한다.

7. 기본매듭

마디짓기 (결절)	옭매듭, 두겹옭매듭, 8자매듭, 두겹8자매듭, 이중8자매듭, 줄사다리매듭, 고정매듭, 두겹고정매듭, 나비매듭
이어매기 (연결)	바른매듭, 한겹매듭, 두겹매듭, 8자연결매듭, 피셔맨매듭
움켜매기 (결착)	말뚝매기, 절반매듭, 잡아매기, 감아매기, 클램하이스트매듭, 두겹고정매듭, 세겹고정매듭, 앉아매기

8. 화재현장에서 발생하는 유독가스

종 류	발생조건	허용농도 (TWA)
일산화탄소(CO)	불완전 연소 시 발생	50ppm
아황산가스(SO_2)	중질유, 고무, 황화합물 등의 연소 시 발생	5ppm
염화수소(HCl)	플라스틱, PVC	5ppm
시안화수소(HCN)	우레탄, 나일론, 폴리에틸렌, 고무, 모직물 등의 연소	10ppm
암모니아(NH_3)	열경화성 수지, 나일론 등의 연소 시 발생	25ppm
포스겐($COCl_2$)	프레온 가스와 불꽃의 접촉	0.1ppm

9. 수중탐색(줄을 이용하지 않는 탐색)

등고선 탐색	① 해안선이나 일정간격을 두고 평행선을 따라 이동하며 물체를 찾는 방법으로 물체가 있는 수심과 위치를 비교적 정확하게 알고 있을 경우에 유용하다. ③ 예를 들어 해변의 경우 예상되는 지점보다 약 30m 정도 외해 쪽으로 벗어난 곳에서 해안선과 평행하게 이동하며 탐색한다. ⑤ 평행선과 평행선과의 거리는 시야범위 정도가 적당하며 경사가 급한 곳에서는 수심계로 수심을 확인하며 경로를 유지할 수도 있다.
U자 탐색	탐색 구역을 "ㄹ"자 형태로 탐색하는 방법으로 장애물이 없는 평평한 지형에서 비교적 작은 물체를 탐색하는데 적합하다. 각 평행선의 간격은 시야거리 정도가 적당하며, 수류가 있을 경우에는 수류와 평행한 방향으로 이동한다.
소용돌이 탐색	비교적 큰 물체를 탐색하는데 적합한 방법으로 탐색구역의 중앙에서 출발하여 이동거리를 조금씩 증가시키면서 매번 한 쪽 방향으로 90°씩 회전하며 탐색한다.

10. 줄을 이용하지 않는 탐색

원형 탐색	(시야가 좋지 않으며 탐색면적이 좁고 수심이 깊을 때 활용하는 방법) ⓐ 인원과 장비의 소요가 적은 반면 탐색할 수 있는 범위가 좁다. ⓑ 탐색 구역의 중앙에서 구심점이 되어 줄을 잡고, 다른 한 사람이 줄의 반대쪽을 잡고 원을 그리며 한바퀴 돌면서 탐색한다. ⓒ 출발점으로 한바퀴 돌아온 뒤에 중앙에 있는 사람이 줄을 조금 풀어서 더 큰 원을 그리며 탐색하는 방법을 반복한다. 물론 줄은 시야거리 만큼씩 늘려나간다.
반원 탐색	(조류가 세고 탐색면적이 넓을 때 사용) ⓐ 원형탐색을 응용한 형태로 해안선, 방파제, 부두 등에 의해 원형탐색이 어려울 경우 반원 형태로 탐색한다. ⓑ 원형 탐색과의 차이점은 원을 그리며 진행하다 계획된 지점이나 방파제 등의 장애물을 만날 경우 줄을 늘리고 방향을 바꾸어서 반대 방향으로 전진하며 탐색한다는 것이다. ⓒ 정박하고 있는 배에서 물건을 떨어뜨릴 경우 가라앉는 동안 수류가 흐르는 방향으로 약간 벗어나게 되기 때문에 수류의 역 방향은 탐색할 필요가 없다. ⓓ 이런 경우에 원형탐색을 한다면 비효율적이며 수류가 흘러가는 방향만을 반원탐색으로 탐색하는 것이 효과적이다.
왕복 탐색	(시야가 좋고 탐색면적이 넓을 때 사용하는 방법) ⓐ 탐색구역의 외곽에 평행한 기준선을 두 줄로 설정하고, 기준선과 기준선에 수직방향의 줄을 팽팽하게 설치한다. ⓑ 실제 구조활동 시는 두 명의 다이버가 동시에 같은 방향으로 이동하면서 수색에 임한다. 특히 시야가 확보되는 않는 경우 긴급사항이 발생 시 반대에서 서로 비껴 지나가는 방법은 맞지 않으며 인명구조사 1급 교육시에도 두 명의 다이버는 동시에 같은 방향으로 이동하면 수색하는 방법으로 교육을 실시하고 있다.
직선 탐색	(시야가 좋지 않고 탐색면적이 넓은 지역에 사용) ⓐ 탐색하는 구조대원의 인원수에 따라 광범위하게 탐색할 수 있고 폭넓게 탐색할 수 있으나 대원 상호간에 팀워크가 중요하다. ⓑ 먼저 탐색할 지역을 설정하고 수면의 구조대원이 수영을 하며 수중에 있는 여러 명의 구조 대원을 이끌면서 탐색한다. ⓒ 구조대원간의 간격은 시정에 따라 적절하게 배치한다.

11. 붕괴의 유형과 빈 공간의 형성

경사형 붕괴	㉠ 마주보는 두 외벽 중 하나가 결함이 있을 때 발생한다. ㉡ 결함이 있는 외벽이 지탱하는 건물 지붕의 측면 부분이 무너져 내리면 삼각형의 공간이 발생하며 이렇게 형성된 빈 공간에 구조대상자들이 갇히는 경우가 많다. ㉢ 파편이 지지하고 있는 벽을 따라 빈 공간으로 진입하는 것이 붕괴위험도 적고 구조활동도 용이하다.
팬케이크형 붕괴	㉠ '시루떡처럼 겹쳐졌다'는 표현으로서 마주보는 두 외벽에 모두 결함이 발생하여 바닥이나 지붕이 아래로 무너져 내리는 경우에 발생한다. ㉡ 팬케이크 붕괴에 의해 형성되는 공간은 다른 경우에 비해 협소하며 어디에 형성되는지 파악하기가 곤란하다. ㉢ 생존자가 발견될 것으로 예측되는 공간이 거의 생기지 않는 유형이지만 잔해 속에 생존자가 있다고 가정하고 구조활동에 임하여야 한다.

V자형 붕괴	㉠ 가구나 장비, 기타 잔해 같은 무거운 물건들이 바닥 중심부에 집중되었을 때 V형의 붕괴가 일어날 수 있다.
	㉡ 양 측면에 생존공간이 만들어질 수 있는 가능성이 높다. V형 공간이 형성된 경우 벽을 따라 진입할 수 있으며 잔해제거 및 구조작업을 하기 전에 대형 잭이나 버팀목으로 붕괴물을 안정시킬 필요가 있다.
캔틸레버형 붕괴	㉠ 각 붕괴의 유형 중에서 가장 안전하지 못하고 2차 붕괴에 가장 취약한 유형이다.
	㉡ 건물에 가해지는 충격에 의하여 한쪽 벽판이나 지붕 조립부분이 무너져 내리고 다른 한 쪽은 원형을 그대로 유지하고 있는 형태의 붕괴를 말한다.
	㉢ 이때 구조대상자가 생존할 수 있는 장소는 각 층들이 지탱되고 있는 끝 부분 아래에 생존공간이 생길 가능성이 많다.

12. 경계구역 설정

위험지역 (Hot Zone)	• 사고가 발생한 장소와 그 부근으로서 누출된 물질로 오염된 지역을 말하며 붉은색으로 표시한다.
	• 구조와 오염제거활동에 직접 관계되는 인원 이외에는 출입을 엄격히 금지하고 구조대원들도 위험지역에 머무는 시간을 최소화하여야 한다.
경고지역 (Worm Zone)	• 구조대상자를 구조하고 안전조치를 취하는 등 구조활동을 위한 공간으로 노란색으로 표시한다.
	• 이 지역 안에 구조활동에 필요한 각종 장비를 설치하고 필요한 지원을 수행한다.
	• 경고지역에는 제독·제염소를 설치하고 모든 인원은 이곳을 통하여 출입하도록 해야 한다.
	• 제독·제염을 마치기 전에는 어떠한 인원이나 장비도 경고지역을 벗어나서는 안 된다.
안전지역 (Cold Zone)	• 지원인력과 장비가 머무를 수 있는 공간으로 녹색으로 표시한다.
	• 이곳에 대기하는 인원들도 오염의 확산에 대비하여 개인보호장구를 소지하고 풍향이나 상황의 변화를 주시하여야 한다.

13. 제독(화학적 방법)

흡수	주로 액체 물질에 적용하는 방법이다. 누출된 물질을 스펀지나 흙, 신문지, 톱밥 등의 흡수성 물질에 흡수시켜 회수한다. 2 이상의 서로 다른 물질을 동시에 흡수시키고자 하는 경우에는 화학반응에 따르는 위험성이 없는지 확인하여야 한다.
유화처리	유화제를 사용하여 오염물질의 친수성을 높이는 방법으로 처리한다. 주로 기름(Oil)이 누출되었을 경우에 사용하며, 특히 원유 등의 대량 누출시에 적용한다. 환경오염문제로 논란이 될 수 있다.
중화	주로 부식성 물질에 사용하는 방법이다. 중화과정에서 발열이나 유독성 물질생성, 기타 위험성이 발생할 수 있으므로 화학자의 검토가 필요하고 위험을 감소시키기 위해서 오염물질의 양보다 적게 조금씩 투입하여야 한다.
응고	오염물질을 약품이나 흡착제로 흡착, 응고시켜 처리할 수 있다. 오염물질의 종류와 사용된 약품에 따라 효과가 달라진다. 응고된 물질은 밀폐, 격납한다.
소독	주로 장비나 물자, 또는 환경 정화를 위해 표백제나 기타 화학약품을 사용해서 소독한다. 사람의 경우에는 화학약품을 사용하는 것보다 물로 세척하는 것이 더 효과적이다.

14. 제독(물리적 방법)

흡착	활성탄과 모래는 일반적으로 널리 사용되는 흡착제이다. 대부분의 화학물질을 사용하는 장소에는 기본적으로 활성탄이나 모래를 비치하고 있다.
덮기	고체, 특히 분말형태의 물질은 비닐이나 천 등으로 덮어서 확산을 방지한다. 휘발성이 약한 액체에도 적용할 수 있다.
희석	오염물질의 농도를 낮추어 위험성을 줄이는 방법이다. <u>가스가 누출된 장소에 신선한 공기를 불어넣거나 수용성 물질에 대량의 물을 투입하는 방법</u>을 사용한다.
폐기	장비나 물품에 오염이 심각하여 제독이 곤란하거나 처리비용이 과도하게 소요되는 경우에는 해당 물품을 폐기한다.
밀폐, 격납	오염물질을 드럼통과 같은 밀폐 용기에 넣어 확산을 차단하는 방법이다.
세척, 제거	오염된 물질과 장비를 현장에서 세척, 제거한다. 제거된 물질은 밀폐 용기에 격납한다.
흡입	고형 오염물질은 진공청소기로 흡입, 청소하여 위험성을 줄일 수 있다. 일반 가정용 진공청소기는 미세분말을 통과시키기 때문에 분말 오염물질에는 적용할 수 없다. 정밀 제독을 위해서는 고효율 미립자 필터를 사용한 전용 진공청소기를 사용한다.
증기 확산	실내의 오염농도를 낮추기 위해 창문을 열고 환기시킨다. 고압송풍기를 이용하면 보다 효과적으로 오염물질을 분산시켜 빠른 시간에 농도를 낮출 수 있다.

15. 분말 소화약제의 종류 및 특성

종 별	주 성 분	분 자 식	색 상	적응화재
제1종 분말	탄산수소나트륨(Sodium bicarbonate)	$NaHCO_3$	백색	B급, C급
제2종 분말	탄산수소칼륨(Potassium bicarbonate)	$KHCO_3$	담회색	B급, C급
제3종 분말	제1인산암모늄 (Monoammonium phosphate)	$NH_4H_2PO_4$	담홍색 (또는 황색)	A급, B급, C급
제4종 분말	탄산수소칼륨과 요소와의 반응물 (Urea-based potassium bicarbonate)	$KC_2N_2H_3O_3$	회색	B급, C급

16. 금속화재용 분말 소화약제 종류

G-1	• 흑연화된 주조용 코크스를 주성분으로 하고 여기에 유기 인산염을 첨가한 약제이다. • 흑연은 열의 전도체이기 때문에 열을 흡수하여 금속의 온도를 점화 온도 이하로 낮추어 소화한다. 또한 흑연 분말은 질식 효과도 있다. • Mg, K, Na, Ti, Li, Ca, Zr, Hf, U, Pt 등과 같은 금속화재에 효과적이다.
Met-L-X	• 염화나트륨(NaCl)을 주성분으로 하고 분말의 유동성을 높이기 위해 제3인산칼슘과 가열되었을 때 염화나트륨 입자들을 결합하기 위하여 열가소성 고분자 물질을 첨가한 약제이다. • Mg, Na, K와 Na-K 합금의 화재에 효과적이다. • 고온의 수직 표면에 오랫동안 붙어 있을 수 있기 때문에 고체 금속 조각의 화재에 특히 유효하다.
Na-X	• Na 화재를 위해서 특별히 개발된 것이다. • 탄산나트륨을 주성분으로 하고 여기에 비흡습성과 유동성을 향상시킬 수 있는 첨가제를 첨가한 약제이다.
Lith-X	• Li 화재를 위해서 특별히 만들어진 것이다. • 그러나 Mg이나 Zr 조각의 화재 또는 Na과 Na-K 화재에도 사용된다. • 흑연을 주성분으로 하고 유동성을 높이기 위해 첨가제를 첨가하였다.

17. 연소불꽃의 색상에 따른 온도

연소불꽃의 색	온도(℃)	연소불꽃의 색	온도(℃)
암 적 색	700	황 적 색	1,100
적 색	850	백 적 색	1,300
휘 적 색	950	휘 백 색	1,500 이상

18. 이상연소 현상

역화 (Back fire)	대부분 기체연료를 연소시킬 때 발생되는 이상연소 현상으로서 연료의 분출속도가 연소속도보다 느릴 때 불꽃이 연소기의 내부로 빨려 들어가 혼합관 속에서 연소하는 현상을 말한다. ※ 역화의 원인으로는 ① 혼합 가스량이 너무 적을 때　② 노즐의 부식으로 분출구멍이 커진 경우 ③ 버너의 과열　④ 연소속도보다 혼합가스의 분출속도가 느릴 때 등이 있다.
선화 (Lifting)	역화의 반대 현상으로 연료가스의 분출속도가 연소속도보다 빠를 때 불꽃이 버너의 노즐에서 떨어져서 연소하는 현상으로 완전한 연소가 이루어지지 않는다. ※ 선화의 원인 ① 혼합가스의 분출속도가 연소속도보다 빠를 경우 ② 가스압의 과다로 가스가 지나치게 많이 토출되는 경우 ③ 1차 공기량이 너무 많아 혼합 가스량이 많아진 경우 ④ 연소기의 노즐 부식으로 분출 구멍이 막혀 압력 증가로 분출속도가 빨라지는 경우
블로우 오프 (blow-off) 현상	선화 상태에서 연료가스의 분출속도가 증가하거나 주위 공기의 유동이 심하면 화염이 노즐에 정착하지 못하고 떨어져 화염이 꺼지는 현상을 말한다. 버너의 경우 가연성 기체의 유출속도가 연소속도보다 클 경우 일어난다.

19. 화재현장에서 발생하는 유독가스

종 류	발 생 조 건	허용농도(TWA)
일산화탄소(CO)	불완전 연소 시 발생	50 ppm
아황산가스(SO_2)	중질유, 고무, 황화합물 등의 연소 시 발생	5 ppm
염화수소(HCl)	플라스틱, PVC	5 ppm
시안화수소(HCN)	우레탄, 나일론, 폴리에틸렌, 고무, 모직물 등의 연소	10 ppm
암모니아(NH_3)	열경화성 수지, 나일론 등의 연소 시 발생	25 ppm
포스겐($COCl_2$)	프레온 가스와 불꽃의 접촉	0.1 ppm

20. 제3류 위험물(자연발화성 물질 및 금수성 물질)

일반 성질	① 무기 화합물과 유기 화합물로 구성되어 있다. ② 대부분이 고체이다.(단, 알킬알루미늄, 알킬리튬은 고체 또는 액체이다) ③ 칼륨(K), 나트륨(Na), 알킬알루미늄(RAl), 알킬리튬(RLi)을 제외하고 물보다 무겁다. ④ 물과 반응하여 가연성가스를 발생한다.(황린 제외) ⑤ 칼륨, 나트륨, 알칼리금속, 알칼리토금속은 보호액(석유)속에 보관한다. ⑥ 알킬알루미늄, 알킬리튬은 물 또는 공기와 접촉하면 폭발한다.(헥산 속에 저장) ⑦ 황린은 공기와 접촉하면 자연발화한다.(pH9의 물 속에 저장) ⑧ 가열 또는 강산화성 물질, 강산류와 접촉으로 위험성이 증가한다.
진압 대책	① 절대로 물을 사용하여서는 안 된다.(황린 제외) ② 화재 시에는 화원의 진압보다는 연소확대 방지에 주력해야 한다. ③ 마른모래, 팽창질석, 팽창진주암, 건조석회(생석회, CaO)로 상황에 따라 조심스럽게 질식 소화한다. ④ 금속화재용 분말 소화약제에 의한 질식소화를 한다.

21. 1차 평가

- 첫인상 − 의식수준 − 기도 − 호흡 − 순환 − 위급 정도 판단(이송 여부 판단)
- 1차 평가를 통해 치명적인 상태파악과 즉각적인 처치가 제공되어야 한다. 처치란 평가와 동시에 처치를 하는 것을 말한다.

22. 비재호흡마스크와 코삽입관의 비교

기 구	유 량	산소(%)	적응증
비재호흡마스크	10~15 L /분	85~100%	호흡곤란, 청색증, 차고 축축한 피부, 가쁜 호흡, 가슴통증, 의식장애, 심각한 손상
코삽입관	1~6 L /분	24~44%	마스크 거부환자, 약간의 호흡곤란을 호소하는 COPD 환자

23. OPQRST식 문진

심장박동조절 부위에 문제가 있는 환자로부터 정보를 얻기 위해 쓰이는 질문	
Onset	언제 통증이 시작됐고 그 때 무엇을 하고 있었는지?
Provocation	무엇이 통증을 악화시켰는지?
Quality	통증이 어떻게 아픈지?
Region/Radiation	호흡곤란과 관련된 통증 부위가 있는지? / 통증이 다른 부위까지 퍼졌는지?
Severity	1에서 10이라는 수치라는 가정 하에 통증이 어느 정도인지?
Time	얼마나 오랫동안 통증이 지속됐는지?

24. 제세동

심실세동 (V-Fib)	심장마비 후 8분 안에 심장마비 환자의 약 1/2에서 나타난다. 이는 심장의 많은 다른 부위에서 불규칙한 전기적 자극으로 일어나며 심장은 진동할 뿐 효과적으로 피를 뿜어내지 못한다. <u>초기에 제세동을 실시하면 매우 효과적일 수 있다.</u>
심실빈맥 (V-Tach)	리듬은 규칙적이나 매우 빠른 경우를 말한다. 너무 빨리 수축해서 피가 충분히 심장에 고이지 않아 심장과 뇌로 충분한 혈액을 공급할 수 없다. V-Tach은 심장마비환자의 10%에서 나타나며 제세동은 반드시, 무맥 또는 무호흡 그리고 무의식 환자에게만 실시해야 한다.

25. 복통

내장 통증	• 배내 장기는 많은 신경섬유를 갖고 있지 않아 종종 둔하고 아픈 듯 또는 간헐적으로 통증이 나타나 정확한 위치를 알아내기 힘들다. • <u>간헐적이고 마치 분만통증과 같은 복통은 흔히 배내 속이 빈 장기로 인해 나타난다.</u> 그리고 <u>둔하고 지속적인 통증은 종종 고형체의 장기로 인해 나타난다.</u>
벽쪽 통증	• 복강을 따라 벽쪽 복막에서 나타나는 통증이다. 넓게 분포하고 신경섬유로 인해 벽쪽 복막으로부터 유발된 통증은 내장 통증보다 더 쉽게 부위를 알 수 있으며 묘사할 수 있다. • 벽측 통증은 복막의 부분 자극으로 직접 나타난다. 이러한 통증은 내부출혈로 인한 자극 또는 감염·염증에 의해 나타날 수도 있다. 또한 날카롭거나 지속적이며 국소적인 경향을 나타낸다. • <u>SAMPLE력을 조사할 때 환자는 이러한 통증을 무릎을 굽힌 자세 또는 움직이지 않으면 나아지고 움직이면 다시 아프다고 표현하기도 한다.</u>
쥐어뜯는 듯한 통증	• 복통으로는 흔하지 않은 유형으로 대동맥을 제외한 대부분의 배내 장기는 이러한 통증을 느끼는 감각을 갖고 있지 않다. • 배대동맥류 (abdominal aortic aneurysm)의 경우 대동맥 내층이 손상 받아 혈액이 외층으로 유출될 때 <u>등쪽에서 이러한 통증이 나타난다.</u> • 유출된 혈액이 모여 마치 풍선과 같은 유형을 나타내기도 한다.
연관 통증	• 통증 유발부위가 아닌 다른 부위에서 느끼는 통증으로 예를 들어 <u>방광에 문제가 있을 때 오른 어깨뼈에 통증이 나타나는 것을 말한다.</u> • 방광으로부터 나온 신경이 어깨부위 통증을 감지하는 신경과 같이 경로를 나눠 쓰는 척수로 돌아오기 때문이다.

26. 복통유발 질병

충수돌기 (맹장염)		수술이 필요하며 증상 및 징후로는 오심/구토가 있으며 처음에는 배꼽부위 통증(처음)을 호소하다 RLQ부위의 지속적인 통증을 호소한다.
담낭염 (쓸개염)		쓸개염은 종종 담석으로 인해 야기되며 심한 통증 및 때때로 갑작스런 <u>윗배 또는 RUQ 통증을</u> 호소한다. 또한 이러한 통증을 <u>어깨 또는 등쪽에서도 나타날 수 있다.</u> 통증은 지방이 많은 음식물을 섭취할 때 더 악화될 수 있다.
췌장염 (이자염)		만성 알콜환자에게 흔히 나타나며 윗배 통증을 호소한다. 췌장(이자)이 위 아래, 후복막에 위치해 있어 등/어깨에 통증이 방사될 수 있다. 심한 경우 쇼크 징후가 나타나기도 한다.
궤양/내부출혈	소화경로 내부출혈 (위궤양)	<u>식도에서 항문까지 어느 곳에서도 나타날 수 있으며 혈액은 구토(선홍색 또는 커피색) 또는 대변(선홍색, 적갈색, 검정색)으로 나온다.</u> 이로 인한 통증은 있을 수도 있지만 없을 수도 있다.
	복강내 출혈 (외상 지라출혈)	복막을 자극하고 복통/압통과도 관련이 있다.

배대동맥류 (AAA)	① 배를 지나가는 대동맥벽이 약해지거나 풍선처럼 부풀어 올랐을 때 나타난다. ② 약하다는 것은 혈관의 안층이 찢어져 외층으로 피가 나와 점점 커지거나 심한 경우 터질 수 있다(만약 터진다면 사망 가능성이 높아진다). ③ 작은 크기인 경우에는 즉각적인 수술이 필요하지 않다. 병력을 통해 배대동맥류를 진단 받은 적이 있고 현재 복통을 호소한다면 즉각적인 이송을 실시해야 한다. ④ 혈액유출이 서서히 진행된다면 환자는 날카롭거나 찢어질 듯한 복통을 호소하고 등쪽으로 방사통도 호소할 수 있다.

27. 화상 깊이

1도 화상	• 경증으로 <u>표피만 손상된 경우</u>이다. • 햇빛(자외선)으로 인한 경우와 뜨거운 액체나 화학손상에서 많이 볼 수 있다. • 화상부위는 발적, 동통, 압통이 나타나며, 범위가 넓은 경우 심한 통증을 호소할 수 있으므로 처치가 필요한 경우가 있다.
2도 화상	• <u>표피와 진피가 손상된 경우</u>로 열에 의한 손상이 많다. • 내부 조직으로 체액손실과 2차 감염과 같은 <u>심각한 합병증을 유발</u>할 수 있다. • <u>화상부위는 발적, 창백하거나 얼룩진 피부, 수포가 나타난다.</u> • <u>손상부위는 체액이 나와 축축한 형태를 띠며 진피에 많은 신경섬유가 지나 심한 통증을 호소한다.</u>
3도 화상	• 대부분의 피부조직이 손상된 경우로 심한 경우 근육, 뼈, 내부 장기도 포함되는 경우가 있다. • 화상부위는 특징적으로 <u>건조하거나 가죽과 같은 형태를 보이며 창백, 갈색 또는 까맣게 탄 피부색이 나타난다.</u> • 신경섬유가 파괴되어 통증이 없거나 미약할 수 있으나 보통 3도 화상 주변 부위가 부분화상임으로 심한 통증을 호소한다.

28. 성인의 중증도 분류

중 증 (Critical burn)	① 흡인화상이나 골절을 동반한 화상 ② 손, 발, 회음부, 얼굴화상 ③ 체표면적 10% 이상의 3도 화상인 모든 환자 ④ 체표면적 25% 이상의 2도 화상인 10세 이상 50세 이하의 환자 ⑤ 체표면적 20% 이상의 2도 화상인 10세 미만 50세 이후의 환자 ⑥ 영아, 노인, 기왕력이 있는 화상환자 ⑦ 원통형 화상, 전기화상
중등도 (Moderate burn)	① <u>체표면적 2% 이상 – 10% 미만의 3도 화상인 모든 화상</u> ② 체표면적 15% 이상, 25% 미만의 2도 화상인 10세 이상 50세 이하의 환자 ③ 체표면적 10% 이상, 20% 미만의 2도 화상인 10세 미만 50세 이후의 환자
경 증 (Minor burn)	① 체표면적 2% 미만의 3도 화상인 모든 환자 ② 체표면적 15% 미만의 2도 화상인 10세 이상 50세 이하의 환자 ③ 체표면적 10% 미만의 2도 화상인 10세 미만 50세 이후의 환자

29. APGAR 점수(출생 후 1분, 5분 후 재평가 실시)

평가내용	점 수		
	0	1	2
피부색 : 일반적 외형	청색증	몸은 핑크, 손과 팔다리는 청색	손과 발까지 핑크색
심장 박동수	없음	100회 이하	100회 이상
반사흥분도 : 찡그림	없음	자극 시 최소의 반응 /얼굴을 찡그림	코 안쪽 자극에 울고 기침, 재채기 반응
근육의 강도 : 움직임	흐늘거림/부진함	팔과 다리에 약간의 굴곡 제한된 움직임	적극적으로 움직임
호흡 : 쉼 쉬는 노력	없음	약하고/느림/불규칙	우렁참

30. 심폐소생술 지침의 연령에 따른 요약

심폐소생술 수기	성 인	소 아	영 아
심정지의 확인	무반응, 무호흡 혹은 심정지 호흡 5초 이상 10초 이내 확인된 무맥박(의료인만 해당)		
심폐소생술의 순서	가슴압박 – 기도유지 – 인공호흡		
가슴압박 속도	분당 100회 ~ 120회		
가슴압박 깊이	가슴뼈의 아래쪽 1/2(5㎝)	가슴 깊이의 1/3(4~5㎝)	가슴 깊이의 1/3(4㎝)
가슴 이완	가슴압박 사이에는 완전한 가슴 이완		
가슴압박 중단	가슴압박의 중단은 최소화(10초 이내)		
기도유지	머리기울임-턱 들어올리기(외상환자 의심 시 턱 밀어올리기)		
가슴압박 : 인공호흡			
전문기도 확보 이전	30 : 2 (1인·2인 구조자)	30 : 2(1인 구조자) 15 : 2(2인 구조자)	
전문기도 확보 이후	6초마다 인공호흡(분당 10회) ※ 단, 1회 인공호흡을 1초에 걸쳐 실시하며 가슴압박과 동시에 환기되지 않도록 주의한다.		

31. 심폐소생술의 합병증

가슴압박이 적절하여도 발생하는 합병증	• 갈비뼈골절, 복장뼈 골절, 심장좌상, 허파좌상
부적절한 가슴압박으로 발생하는 합병증	• 상부 갈비뼈 또는 하부갈비뼈의 골절, 기흉, 간 또는 지라의 손상 • 심장파열, 심장눌림증, 대동맥손상, 식도 또는 위점막의 파열
인공호흡에 의하여 발생하는 합병증	• 위 내용물의 역류, 구토, 허파흡인

32. GCS 의식상태

- 환자의 의식수준을 GCS 측정법에 따라 기록한다.
- GCS 의식수준은 현장도착 시점과 병원도착 시점의 환자의 의식수준을 평가하여 기록한다.

항 목	검사방법	환자 반응	점수
눈 뜨기	자발적	눈을 뜨고 있음	4
	언어 지시	소리자극에 눈을 뜸	3
	통증 자극	통증 자극에 눈 뜸	2
		어떤 자극에도 눈 못뜸	1
운동 반응	언어 지시	지시에 정확한 행동 실시	6
	통증 자극	통증을 제거하려는 뚜렷한 행동	5
		뿌리치는 행동	4
		이상 굴절반응	3
		이상 신전반응	2
		운동반응 없음	1
언어 반응	언어 지시	질문에 적절한 답변 구사	5
		질문에 적절하지 않은 답변	4
		적절하지 않은 단어 사용	3
		이해할 수 없는 웅얼거림	2
		지시에 아무런 소리 없음	1

굴곡반응

신전반응

목 차 (Contents)

Contents

별 첨 자 료

【 별첨 2 】

■ 119생활안전 및 위험제거

    제1절 119생활안전대 업무특성
    제2절 법적 근거
    제3절 업무 처리 절차
    제4절 119생활안전대 장비
    제5절 유형별 활동요령

www.kfs119.co.kr
(이패스 소방사관)

【 별첨 3 】

■ 119구조·구급에 관한 법률

    제1절 총 칙
    제2절 구조·구급 기본계획 등
    제3절 구조대 및 구급대 등의 편성 운영
    제4절 구조·구급활동 등
    제5절 보 칙
    제6절 벌 칙

Contents

Contents

Contents

Contents

별 첨 자 료

【 별첨 4 】

■ 재난현장 표준작전절차(SOP)
    (소방교, 장 승진시험 제외)

    CHAPTER 01. 지휘통제절차
    CHAPTER 02. 화재유형별 표준작전절차
    CHAPTER 03. 사고유형별 표준작전절차
    CHAPTER 04. 구급단계별 표준작전절차
    CHAPTER 05. 상황단계별 표준작전절차
    CHAPTER 06. 현장 안전관리 표준지침SSG
          (Standard Safety Guidelines)

www.kfs119.co.kr
(이패스 소방사관)

2025 필드 소방전술 (하)

PART 01

구조개론

CHAPTER 01 구조개론

제1절 구조업무의 기본

1 인명구조 활동의 법적 근거

(1) 구조활동의 정의

구조란 화재, 재난·재해 및 테러, 그 밖의 위급한 상황에서 외부의 도움을 필요로 하는 사람의 생명, 신체 및 재산을 보호하기 위하여 수행하는 모든 활동

(2) 소방기본법 제1조(목적)

소방기관의 구조활동은 화재를 예방, 경계하거나 진압하고 화재, 재난·재해, 그 밖의 위급한 상황에서의 구조·구급 활동 등을 통하여 국민의 생명·신체 및 재산을 보호한다.

(3) 「119구조·구급에 관한 법률」 제1조(목적)

화재, 재난·재해 및 테러, 그 밖의 위급한 상황에서 국민의 생명·신체 및 재산을 보호한다.

(4) 「119구조·구급에 관한 법률」 제8조(119구조대의 편성과 운영)

소방청장·소방본부장 또는 소방서장은 위급상황에서 구조대상자의 생명 등을 신속하고 안전하게 구조하는 업무를 수행하기 위하여 대통령령으로 정하는 바에 따라 119구조대를 편성하여 운영하여야 한다는 규정에 근거를 두고 있으며 이러한 소방구조행정은 소방기관에 의해 수행되는 비권력적이면서 직접적인 서비스 행정이라 할 수 있다.

2 소방구조업무의 연혁 ★ 14년 소방장

(1) 우리나라 인명구조 활동의 시작

1958년 3월 11일 법률 제485호로 소방법이 제정되면서부터 화재와 함께 풍·수해, 설해에 의한 인명구조업무가 소방업무에 포함되었으나 1967년 4월 14일 법률 제1955호로 소방법을 개정함에 따라 화재만을 담당하게 되었다.

(2) 인명구조 활동의 변화

1988년 제24회 서울올림픽 대회를 완벽히 개최하기 위하여 우발사태, 교통사고, 테러 등에 의한 화재 등 각종 사고가 발생했을 때 인명구조를 전담할 수 있는 고도로 전문화된 구조기술과 장비를 갖춘 구조대의 설치가 절실히 요구되었다.

(3) 인명구조 활동의 성장

① 시대적 추세에 따라 1987년 9월 4일 『119특별구조대설치운영계획』을 수립하고 1988년 8월 1일 올림픽이 개최되는 7개 도시에 119특별구조대 9개대(서울3, 부산·대구·인천·광주·대전·수원)를 설치하여 구조대원 114명과 구조공작차 9대로 화재 및 각종 사고 시의 인명구조 활동을 수행하게 되었다.

② 이때의 구조대원은 소방관으로서 군 특수훈련 이수자와 특수부대 출신자를 중심으로 선발하여 내무부 및 서울소방학교에서 6주간의 인명구조교육을 이수시킴으로써 인명구조 전문요원으로 양성하였고, 1989년도에 소방법을 개정('89.12.30. 법률 제4155호)하여 소방업무에 구조활동을 명문화하였다.

(4) 인명구조 활동의 정착

① 청주 우암아파트상가 붕괴사고('93.1.7.), 아시아나 항공기 추락사고('93.7.26.), 성수대교 붕괴사고('94.10.21.), 충주호 유람선 화재사고('94.10.24.), 대구상인동 가스폭발사고('95.4.28.), 삼풍백화점 붕괴사고('95.6.29.)*등 각종 대형재난·사고가 빈발함에 따라 구조기능의 보강이 추진되어 각종 재난현장에서 긴급구조구난 활동능력을 보강하기 위하여 행정자치부('08.2.29. 행정안전부로 변경)와 시·도 및 소방서에 구조구급과를 설치하였다.* 14년 소방교

② 또한 행정자치부장관 직속의 중앙119구조대('11.1.28. 중앙119구조단), '13.9.17. 중앙119구조본부로 승격)를 설치하고 각 시·도에는 수난구조대, 산악구조대, 화학구조대 등을 설치하여 지역적 특성에 맞는 구조활동을 전개할 수 있는 체계를 구축하였다. 특히 2011년 9월 9일부터 '119구조·구급에 관한 법률'의 시행으로 구조업무를 효과적으로 수행하기 위한 체계의 구축 등 구조활동에 필요한 기반을 마련하였다.

> **TIP** 인명구조의 발전과정에 대하여 출제가능성이 항상 있으므로 기억해 두시기 바랍니다.

3 구조대의 종류

(1) 구조대의 편성·운영 등★★★ 15년, 17년 소방교/ 19년 소방장/ 23년 소방교

소방청장 등은 위급상황에서 구조대상자의 생명 등을 신속하고 안전하게 구조하기 위하여 119구조대를 편성하여 운영하여야 하고, 소방청장은 국외에서 대형재난 등이 발생한 경우 국제구조대를 편성하여 운영할 수 있다. 또한 소방청장 또는 소방본부장은 초고층 건축물 등에서 구조대상자의 생명을 안전하게 구조하기 위하여 119항공대를 편성하여 운영한다.

> ✚ 119구조대의 편성과 운영에 대하여는 '119구조·구급에 관한 법령'에서 정함.

일반구조대 ★	시·도의 규칙으로 정하는 바에 따라 소방서마다 1개 대(隊) 이상 설치하되, 소방서가 없는 시·군·구의 경우에는 해당 시·군·구 지역의 중심지에 있는 119안전센터에 설치할 수 있다.

특수구조대 ★★★	소방대상물, 지역 특성, 재난발생 유형 및 빈도 등을 고려하여 <u>시·도의 규칙으로 정하는 바에 따라 지역을 관할하는 소방서에 설치한다. 다만, 고속국도구조대는 직할구조대에 설치할 수 있다.</u> ① 화학구조대 : 화학공장이 밀집한 지역 ② 수난구조대 : 내수면 지역 ※ 하천·댐·호수·저수지 기타 인공으로 조성된 담수나 기수의 수류 또는 수면 ③ 산악구조대 : 자연공원 등 산악지역 ④ 고속국도구조대 : 도로법에 따른 고속국도 ⑤ 지하철구조대 : 도시철도의 역사 및 역무시설
직할구조대	대형·특수 재난사고의 구조, 현장 지휘 및 지원 등을 위하여 <u>소방청 또는 소방본부에 설치하되, 소방본부에 설치하는 경우에는 시·도의 규칙으로 정하는 바에 따른다.</u>
테러대응 구조대 (비상설구조대)	테러 및 특수재난에 전문적으로 대응하기 위하여 필요한 경우 소방청 또는 소방본부에 설치하는 것을 원칙으로 하되, <u>구조대의 효율적 운영을 위해 필요한 경우, 화학구조대와 직할구조대를 테러대응구조대로 지정할 수 있다.</u>
국제구조대 (비상설구조대)	소방청장은 국외에서 대형재난 등이 발생한 경우 재외국민의 보호 또는 재난발생국의 국민에 대한 인도주의적 구조활동을 위하여 국제구조대를 편성하여 운영할 수 있다. 현재 <u>소방청에 설치하는 직할구조대인 중앙119구조본부에서 업무를 담당하고 있다.</u>
119항공대	소방청장 또는 소방본부장은 초고층 건축물 등에서 구조대상자의 생명을 안전하게 구조하거나 도서·벽지에서 발생한 응급환자를 의료기관에 긴급히 이송하기 위하여 119항공대를 편성하여 운영한다.

TIP 구조대 종류, 특수구조대(화수산고지) 종류, 비상설구조대 종류에 대해서 암기하시고 설치근거(시도규칙, 행안부령)를 반드시 확인하시기 바랍니다.

(2) 구조대원은 소방공무원으로서 다음 어느 하나에 해당하는 사람 중에서 소방청장·소방본부장 또는 소방서장이 임명한다. 다만 항공구조구급대원은 구조대원의 자격기준 또는 구급대원의 자격기준을 갖추고, 소방청장이 실시하는 항공 구조·구급과 관련된 교육을 마친 사람으로 한다.

① 소방청장이 실시하는 <u>인명구조사 교육을 받았거나 인명구조사 시험에 합격한 사람</u>

② 국가·지방자치단체 및 '공공기관의 운영에 관한 법률' 제4조에 따른 <u>공공기관의 구조관련 분야에서 근무한 경력이 2년 이상인 사람</u>

③ '<u>응급의료에 관한 법률</u>' 제36조에 따른 <u>응급구조사 자격을 가진 사람으로서 소방청장이 실시하는 구조업무에 관한 교육을 받은 사람</u>

제 2 절 구조활동의 기본

1 구조 활동의 원칙

(1) 현장의 안전 확보*	① 구조대원은 행동에 들어가기 전에 자기 자신의 안전을 먼저 확인해야 한다. 그러므로 현장의 안전을 확보하고 자신의 안전을 지키는 일은 어떠한 구조현장에 있어서도 절대적으로 지켜야 할 가장 중요한 원칙이다. ② 사고의 양상과 주변의 위험요인을 파악하고 자신의 능력이 감당할 수 있는 한계 내에서 구조활동에 임하도록 한다.
(2) 명령 통일**	① 명령의 통일성을 유지하기 위해 자의적인 단독행동은 절대 금지한다. ② 한 대원은 오직 한사람의 지휘관에게만 보고하고 한 사람의 지휘만을 받는다. ③ 대원의 안전에 위협이 되는 심각한 위험상황이 발생하여 현장에서 긴급히 대원을 철수시킨다든가 하는 급박한 경우 외에는 반드시 명령통일의 원칙을 준수하여야 한다.

(3) 구조활동 우선순위**		
	인명의 안전(Life safety)	우선적으로 고려
	사고의 안정화(Incident stabilization)	사고 확대 방지
	재산가치의 보존(Property conservation)	재산손실의 최소화

TIP 최상급지휘관만이 지휘권을 이양 받아서 지휘하는 것입니다. 밑줄 친 부분을 기억하세요.

TIP 항상 인명구조가 우선이고 재산 가치는 맨 마지막입니다.

(1) 구조 활동 우선순위*** 16년, 17년 소방교/ 18년 소방위

① 구명(救命) → ② 신체구출 → ③ 정신적, 육체적 고통경감 → ④ 피해의 최소화

✪ 구조작업에 임하여서 최우선적으로 취할 조치
① 현장상황과 구조대상자자의 상태에 따라 구조대상자 주변의 고압선이나 인화물질 등 위험요인의 제거·차단조치와 생명유지에 직접적으로 관련되는 기도 확보 및 산소 공급, 심폐소생술 등의 응급처치이다.
② 구조대상자가 붕괴직전의 건물 내부에 있는 경우이거나 사고 현장 가까이 폭발직전의 유류탱크가 있는 등 목전에 급박한 위험이 있다면 신속히 현장에서 구출하는 것이 더 나은 선택이다.
③ 구조대상자를 구출할 때에는 구조대상자의 신체적 고통을 덜어주고 심리적 안정을 도모하여야하며 가능한 한 파괴 부분을 최소화하면서 신속한 방법을 선택하여 재산피해 경감에도 노력한다.

TIP 구조활동의 우선순위는 언제든지 출제될 수 있으니 꼭! 기억하세요.

2 초기대응 절차(LAST)★★★ 15년 소방교/ 17년 소방장/ 18년 소방위/ 19년 소방장, 소방위

1단계 : 현장 확인 (Locate)	재난사고가 발생하면 사고 장소와 현장상황을 정확히 파악해야 한다. ① 사고 원인은 무엇이고 어떻게 진행되고 있는가. ② 그 상황에 대응하는 방법과 인력, 장비는 무엇인가. ③ 우리가 적절한 대응능력을 갖추고 있는가를 판단하는 것이다. ※ 현장의 지형적 조건(접근로, 지형, 일출이나 일몰시간, 기후, 수온 등)을 고려해서 구조대의 활동에 예상되는 어려움과 유의해야 할 사항을 판단한다. 이 'L'의 단계에서 필요한 인력과 장비, 지원을 받아야 할 부서 등을 정확히 파악하는 것이 이후 전개되는 구조활동의 성패를 좌우한다.
2단계 : 접근 (Access)	① 구조활동의 실행 단계로 안전하고 신속하게 구조대상자에게 접근하는 단계이다. ② 사고 장소가 바다나 강이라면 구조대원 자신이 물에 들어가지 않아도 되는 안전한 구조방법을 우선 선택하고 산악사고라면 실족이나 추락, 낙석 등의 위험성이 있는지 주의하며 접근한다.
3단계 : 상황의 안정화 (Stabilization)	① 현장을 장악하여 상황이 더 이상 악화되지 않고 안전이 유지될 수 있도록 조치하는 단계이다. ② 구조대상자를 위험상황에서 구출하고 부상이 있으면 적절한 응급처치를 한다. 이후 주변의 위험요인을 제거하여 더 이상 사고가 확대되지 않도록 조치한다.
4단계 : 후송 (Transport)	① 구조대상자가 아무런 부상 없이 안전하게 구출되는 것이 최선의 구조활동이지만 사고의 종류나 현장상황에 따라 심각한 손상을 입은 구조대상자를 구출할 수도 있다. ② 이 경우 현장에서 제공할 수 있는 응급처치는 상당히 제한적이다. 또한 외관상 아무런 부상이 없거나 경상으로 보이는 경우에도 심각한 손상이 있거나 후유증이 발생할 수 있기 때문에 구조대상자는 일단 의료기관으로 후송하는 것을 원칙으로 한다. ③ 'T'는 마지막 후송단계로서 사고의 긴급성에 따라 적절한 이동수단을 사용하여 의료기관에 후송하는 것으로 초기대응이 마무리된다.

TIP LAST 단계별 순서를 내용과 함께 암기하세요. 현장을 장악하여 더 이상 악화되지 않도록 하는 조치는 몇 단계 인가요?

3 수색구조

수색구조(Search and Rescue)에 있어서 구조활동은 ① 위험평가 ② 수색 ③ 구조 ④ 응급의료의 순서로 진행된다.★ 18년 소방장

※ 위험평가는 구조활동이 진행되는 재난현장을 정찰한 다음 수집된 정보를 바탕으로 상황판단을 하여 재난현장과 구조활동의 안정성을 평가하는 것이다. 이렇게 위험평가를 하고 위험요소를 제거하여 안전을 확보하고 본격적으로 수색과 구조를 실시하는 것이다.

TIP 수색 구조활동의 순서를 기억하세요.

(1) 초기수색과 정밀수색

초기수색	구조대원이나 구조견을 활용해 수색하는 것인데 주로 현장에 있던 주민으로부터 필요한 정보를 얻어 구조대상자 생존할 가능성이 가장 큰 곳부터 실시한다.
정밀수색	① 초기수색을 통하여 구조대상자가 있을 가능성이 가장 높은 장소가 파악되면 수색장비를 활용해 정밀하게 수색한다. ② 수색팀은 구조대상자가 발견되면 즉시 구조팀을 요청할 수 있도록 항상 구조팀과 통신 상태를 유지해야 한다.

(2) 육안수색과 장비를 이용한 수색

육안 수색	구조대원이 도보나 차량 또는 헬기를 이용해 전반적으로 현장을 조사하는 것
장비를 이용한 수색	구조견과 음향탐지장비, 투시경 등 각종 장비를 이용하여 구조대상자를 수색하는 것

4 응급의료

① 대규모 사상자가 발생한 재해현장에서 가장 먼저 해야 할 사항은 중증도 분류이다.
② 중증도 분류는 한정된 인원으로 최대의 환자에게 최선의 의료를 제공하기 위하여 처치 및 이송의 우선순위를 부여하고 현장에 출동한 구급대나 응급의학전문의 혹은 경험이 많은 외과 전문의가 시행한다.

5 구조 활동의 전개

현장지휘소는 사고의 규모가 크거나 상황이 복잡한 경우에는 별도의 구조현장지휘소를 설치해야 한다. 현장지휘소 위치를 정하는 기준은 상황판단이 용이하고 안전한 장소를 택하는 것으로 '3UP'의 기준을 적용한다.

> ✪ '3UP'이란 'up hill, up wind, up stream'을 말하는 것으로 상황판단이 용이하도록 높은 곳에 위치하고 풍상측, 상류측에 위치하여 위험물질의 누출이나 오염 등에 의한 영향을 최소화하려는 것이다.

> TIP 3UP이란 높은 곳, 풍상, 상류를 말하는 것입니다. 암기해두세요.

(1) 경계구역 설정과 활동 공간 확보* 23년 소방교

① 사고현장의 적절한 통제는
   ㉠ 혼잡과 혼란을 감소시키며 불필요한 인원을 감소 시킨다.
   ㉡ 구조활동에 불필요한 제약을 받지 않으며 2차 사고를 방지하기 위하여 경계구역을 설정하고 일반인의 출입을 차단하는 지역임을 표시한다.

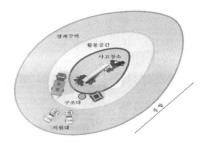

경계구역의 설정

> ✪ 안전선(Fire line)이나 로프 등 즉시 이용할 수 있는 물품을 이용하여 일반인의 출입을 차단하는 지역임을 표시한다.

② 유독가스가 누출되었거나 대량피해의 위험성이 있다고 판단되는 경우(폭발 또는 건축물 붕괴 등) 인근 주민을 대피시키는 등 안전조치에 만전을 기해야 하며 필요에 따라 경찰 등 유관기관과 협조하여 경계요원을 배치하고 주변의 교통을 통제하거나 통행을 차단한다.
③ 지휘자는 현장의 상황에서 구출방법, 구출순서의 결정, 대원의 임무부여 후 구출행동을 이행하고 사고현장에 위험물, 전기, 가스 등 복합적인 위험요인이 혼재하는 경우에는 위험이 큰 장애로부터 순차적으로 제거하면서 구조활동을 전개한다.* 23년 소방교

(2) **장비의 현장조달과 관계자의 활용**

① 대형사고가 발생한 경우

㉠ 현장부근에 활용할 수 있는 장비가 있는 경우 그 장비를 단독으로 또는 조작 요원과 함께 조달하여 활용하는 방안을 고려한다.

㉡ 이런 경우에는 사전에 관계자와 비용 보상의 방법 등에 대하여 협의를 하여야 한다.

② 방사성 물질이나 독극물의 누출, 기타 평소에 접해보지 않은 특이한 사고가 발생하여 구조활동에 임하는 경우

㉠ 독단적인 판단으로 활동하지 말고 현장 관계자 및 관련 전문가, 유경험자 등의 지식과 기술을 적극적으로 활용한다.

㉡ 현장에서 타 기관이나 관련 전문가들과 함께 활동을 할 경우에는 명령지휘체계의 수립과 각각의 임무분담, 통신수단의 확보 등에 각별히 유의하여야 한다.

(3) **프라이버시 보호**★★ 19년, 23년 소방교

① 주변에 있는 관계자 또는 군중의 접근을 차단하거나 주위의 시선으로부터 보호할 수 있는 조치를 강구하여 구조대상자의 프라이버시 보호에 주의한다.

② 무선통신은 보안에 취약하므로 구조대상자의 신상을 송신하지 않도록 한다.

③ 구조대상자가 유명인사이거나 기타 사회적인 영향이 예측되는 경우에는 상급 지휘관에게 보고하고 지시를 따르도록 한다.

6 구조대원의 임무

구조대원은 위험이 절박해 있는 사람을 안전하고 신속하게 구출하여야 하는 임무를 가지고 있다. 이를 위해 평소에 끊임없는 훈련을 실시하고 각종 재해사례 등의 연구를 통하여 체력·기력의 강화와 지식·기술향상에 노력하여야 한다.

(1) **구조대장(현장지휘관)의 임무**

① 신속한 상황판단

정확하고 빠른 판단	현장 지휘관은 폭 넓은 시각을 가지고 종합적인 정보를 받아들여 대원과 구조 대상자의 안전을 확보할 수 있도록 한다.
취할 조치가 결정되면	의도하는 바를 전 대원에게 명확히 알려 구조활동에 차질이 없도록 한다.
구출활동 진행과정	사고의 형태 및 현장 여건과 구조 활동능력 등을 종합적으로 고려하여 구조 대상자, 대원, 관계자 등의 2차사고 방지에 만전을 기하여 진행한다.

② 대원의 안전 확보

㉠ 현장 지휘관의 최우선 임무는 구조 활동에 임하는 대원들의 안전을 확보하는 것이다.

㉡ 절대로 대원들이 불필요한 위험을 감수하게 되는 구조방법을 선택하여서는 안 된다.

㉢ 구조대장은 어디가 안전하고 구조작전을 펼치기에 적합한지를 판단하고 구조대상자의 안전한 구출과 재산상의 손실을 최소화하는 구조방법을 결정하여야 한다.

   ② 구조대장은 구조대원과 구조대상사에게 위험을 미칠 수 있는 모든 요소들과 2차적 위험
    요인을 파악하여 사전에 제거하는 등 안전조치를 강구하고 대원 및 기자재를 적절히 활용
    하여 구출할 수 있도록 최선을 다해야 한다.

    TIP 현장에는 변수가 많으므로 대원은 자신의 안전을 지키도록 노력해야 합니다.

 ③ **구조작업의 지휘**

   ㉠ 구조대장은 특별한 경우가 아니면 직접 구조작업에 뛰어 들지 말고 구조대 전체를 감독해야
    한다.

   ㉡ 구조작업을 적절히 지휘 통솔하는 것이 한 사람의 일손을 구조작업에 더 투입하는 것보다
    훨씬 중요한 일이다.

   ㉢ 구조활동 현장에 복수의 부대가 출동하고 관할 소방서에서 아직 도착하지 않은 경우에는
    선착 구조대의 대장이 구조활동 전반을 지휘한다.

   ㉣ 이것은 먼저 도착한 구조대가 현장의 상황을 가장 정확히 파악하고 있기 때문이다. 이후
    현장을 관할하는 소방서 또는 소방본부의 구조대가 도착하면 관할 소방본부 또는 소방
    서장의 지휘·통제를 받는다.

    TIP 현장지휘관은 직접 구조작업을 하는 것보다 지휘통솔하는 것이 더 중요한 것입니다.

 ④ **유관기관과의 협조 유지**

   사고현장의 관계자 및 관계기관과 연락을 긴밀히 하여 사고 실태를 정확히 파악하고 대원을
   지휘함으로써 효율적인 구조활동이 되도록 하는 것도 구조대장의 임무 중 하나이다.

(2) **대원의 임무**★ 21년 소방장

 ① 구조대원의 평소에 체력과 기술을 단련하고 모든 장비가 제 성능을 발휘할 수 있도록 점검·
  정비를 하여야 한다.

 ② 현장활동에 임할 때에는 지휘명령을 준수하여 각자에게 부여된 임무를 수행하며 자의적인
  행동을 하지 않도록 한다.

 ③ 사고 현장에서 자의적인 판단과 돌출행동은 해당 대원 자신은 물론이고 현장에서 활동하는
  모든 대원과 구조대상자까지도 위험에 빠지게 할 수 있다.

 ④ 구조 활동 중에는 현장의 위험요인 및 상황변화에 주목하고 인지된 정보를 구조작업의 진전 상황과
  함께 시기적절하게 구조대장에게 보고하고 대원 자신의 안전은 물론 다른 대원의 안전에도 주의
  한다.

  TIP 대원은 자의적인 행동을 하지 말고 지휘자의 명령을 준수해야 합니다.

🚨 Check

 ① 구조대 종류에서 비상설 구조대는 (　　), (　　)가 있다.
 ② 구조활동의 우선순위는 구명 ➡ 신체구출 ➡ (　　) ➡ 피해의 최소화이다.
 ③ LAST : 1단계(현장확인), 2단계(　　), 3단계(생활의 안정화), 4단계(후송)
 ④ 3UP'이란 up hill, up wind, up stream'을 말하는 것이다(○)
 ⑤ 수색구조의 순서 : 위험평가 ➡ 수색 ➡ 구조 ➡ (　　)

CHAPTER 02 구조활동의 전개

제1절 출동

1 출동 시의 조치★★ 20년 소방위/ 21년 소방교. 소방장

출동지령을 통해 조치할 사항	① 사고발생 장소 　　　　　　　　② 사고의 종류 및 개요 ③ 도로상황과 건물상황 　　　　　④ 구조대상자의 숫자와 상태 ⑤ 사고의 확대 등 위험요인과 구조활동 장애요인 여부 TIP 초기현장 출동 시 확인사항을 꼭! 기억하세요.
현장의 환경판단과 출동 전 조치사항★★	① 사고정보를 통하여 구출방법을 검토한다. ② 사용할 장비를 선정하고 필요한 장비가 있으면 추가로 적재한다. ③ 출동경로와 현장 진입로를 결정한다. 　✪ 출동경로는 지도상의 최단거리가 아니라 현장에 도착하는 시간이 가장 적게 소요되는 경로이다. ④ 필요시 진입로 확보를 위한 조치를 요청한다. 　✪ 유관기관의 교통·인파 통제 및 특수 장비의 지원요청 등

2 출동도중의 조치★ 20년 소방위

무선을 통한 확인사항★	① 사고발생 장소와 무선정보 등에 의한 출동지령 장소에 변경이 없는가를 확인 ② 추가 정보에 의해 파악된 사고개요 및 규모 등이 초기에 판단하였던 구출방법 및 임무분담 등 결정에 부합되는지를 재확인 ③ 선착대(사고 현장에 최초로 도착한 소방대)의 행동내용 및 사용기자재 등을 파악하여 후착대의 임무와 활동요령을 검토 ④ 관계기관 등에 연락을 취했는지에 따른 조치 상황을 확인한다.
정보의 재 검토 및 대응	출동지령 이후 장소의 변경이 있는 경우 또는 사고의 영향에 의한 교통폭주 등이 있는 경우에는 출동경로, 진입로 등을 재검토하여 조기에 현장에 도착하도록 한다. ① 출동 시 결정한 판단의 변경 또는 수정을 요하는 정보를 입수한 경우 즉시 전 대원에게 상황을 전파하여 주지토록 하고 이에 따라 구출방법, 사용기자재의 변경 등 필요한 조치를 취한다. ② 청취한 정보에서 관계기관 또는 의료진 등이 대응하고 있는 경우에는 해당 부서와의 연계 활동요령에 대하여 미리 대원에게 주지시킨다. ③ 도로나 교통사정 등으로 현장에 신속히 도착하기 곤란할 것으로 예상되면 유·무선 통신망을 활용하여 상부에 보고하고 우회도로를 선택할 수 있도록 상황을 전파한다.

④ 선착대로부터 취득하는 정보는 가장 신뢰할 수 있는 최신 정보임을 인식하여 사고 개요, 규모 등을 확실히 청취하고 선착대의 행동내용 등으로부터 자기임무 등을 확인한 후 대원에게 필요한 임무를 부여한다.

⑤ 상황에 따라 후착대의 현장도착 예정시간 및 사용 가능한 기자재 보유상황 등 정보를 선착대에 제공한다.

3 현장도착 시의 조치

차량 부서 선정	① 사고가 발생한 장소가 도로 또는 도로변인 경우 적색회전등 또는 비상정지등 기타 등화를 유효하게 활용하여 주행하고 있는 일반차량의 주의를 촉구하여 교통사고를 방지한다. ② 현장상황에 눈을 떼지 않고 안전운전에 주의하여 부서한다. ③ 부서 위치는 가스폭발 또는 붕괴 등 2차사고 영향을 받지 않는 장소로 한다. ④ 교통사고의 경우 후속 차량들이 연쇄추돌 할 위험이 있으므로 현장에 출동한 구조 차량은 원칙적으로 사고 차량의 뒤쪽에 부서토록 하여 작업 중인 대원들의 안전을 확보한다. ⑤ 구조활동을 안전하고 원활하게 실시할 수 있는 작업공간을 확보한다. ⑥ 구급대를 비롯하여 나중에 도착하는 특수차의 부서 위치를 고려한다.
현장 홍보 활동	차량에 설치된 방송설비나 핸드마이크를 활용하여 구조대가 도착한 취지를 알려 사고 당사자와 인근주민이 안심할 수 있도록 조치한다. ① 사고와 관련된 관계자를 호출한다. ② 일반인과 관계자에게 위험이 있다고 예측된 때는 안전한 장소로 대피시킨다. ③ 경계구역으로 설정된 범위 내에는 필요한 관계자 외의 출입을 통제한다.
장비 관리	① 현장에 휴대하는 장비의 종류 및 수량을 정확히 파악하고 통제한다. ② 출동 대원 전원이 차량으로부터 이탈하는 경우 상황실로 보고하고 차량 및 기자재의 보안에 필요한 조치를 취한다.

제2절 현장의 실태파악

1 상황확인

아무리 경미한 사고라 할지라도 사고현장과 주변을 철저히 수색하고 필요한 정보를 파악하여야 한다. 경미한 사고로 판단하고 인명검색을 소홀히 한 결과 사고처리를 종료한 후 소방대가 철수한 후에야 사상자가 발견되는 상황이 있어서는 안 된다.

사고 장소의 확인	① 발생장소 소재지, 건물의 규모, 사고가 발생한 위치 ② 사고의 규모, 현장에 잠재된 위험성과 진입상의 장애 유무 ③ 현장 진입수단과 경로의 확인
구조대상자	① 구조대상자의 유무와 숫자 ② 구조대상자의 위치, 부상부위, 상태 등 ③ 구조대상자에게 가해지는 장애요인(형상, 재질, 구조, 중량 등)
활동 중 장애와 2차 위험	① 감전, 유독가스, 낙하물, 붕괴, 추락 등 눈에 보이는 위험성 ② 현장에 잠재된 2차 재해요인의 파악
기타사항	① 구조대상자 확인 및 구출에 필요한 기자재의 추가여부 확인 및 점검 ② 관계기관의 대응상황(내용, 인원수, 시간) 파악

TIP 구조대상자는 진입 초기에 확인되어야 하므로 철저한 수색과 정보가 필요합니다.

2 관계자 등으로부터 정보 청취*

사고가 발생한 시설물의 소유자나 관리자, 거주자 등 관계자는 그 시설물의 관리현황이나 잠재된 위험성, 평소 거주자 등에 대한 정보를 가지고 있다. 따라서 대상물의 관계자를 찾아 그들이 보고 들은 모든 사항과 필요한 정보를 수집한다.
① 사고발생 원인(사고발생과 직접 관련되는 정보, 추가적인 위험요인 등)
② 구조대 도착 전까지 관계자와 관계기관이 취한 조치
③ 구조대상자의 상황(구조대상자 숫자 및 위치, 부상정도, 구출장애물)

제**3**절 현장보고**

1 도착 시 보고(무선 활용)

구조대가 현장에 도착한 즉시 육안 관찰 및 관계자로부터 청취된 사항을 보고하며 가능한 범위에서 다음 내용을 부가한다. 보고내용의 신속한 전파가 가능하도록 무선을 활용한다.

① 사고발생 장소
② 사고개요
③ 구조대상자의 상태와 숫자
④ 확인된 부상자 수와 그 정도
⑤ 주위의 위험상태
⑥ 응원대의 필요성
⑦ 기타 구조활동상 필요한 사항

2 현장보고(상황 또는 활동보고)

보고 내용	① 사고발생 장소(도착 시 보고에 변경이 있는 때) ② 사고발생의 원인과 사고형태 및 현장 상황 ③ 구조대상자 및 부상자의 상태와 그 주요내용(무선 통신은 보안성이 취약하므로 성별이나 연령 등 자세한 인적사항은 개인정보 보호를 위하여 무선으로 통신하지 않도록 주의한다.) ④ 구조대 및 기타 관련부서별 대응상황과 현 상황에 있어서 구조활동의 수행여부 확인. 수색·구조 작업이 완료된 곳과 진행 중인 곳, 수색·구조작업이 불가능한 곳이 있으면 그 사유 ⑤ 교통상황과 일반상황, 관계기관의 대응 및 필요한 주위 상황 ⑥ 기타 필요한 사항
보고 시 주의 사항	보고를 할 때에는 추측에 의한 내용은 피하도록 하고 보이는 그대로의 상황과 확인된 내용을 중심으로 보고한다. ① 개인의 프라이버시에 관한 내용이나 사회적인 파장이 예측되는 내용이 있을 때는 지휘관에게 보고하고 지시를 따른다. ② 보고는 간결, 명료하게 하고 전문적인 용어에는 설명을 붙인다. ③ 무선에 의한 보고 시 혼선을 방지하기 위하여 통신담당자를 지정하고 보고내용의 우선순위를 정하여 보고한다.

TIP 무선통신은 보안이 취약하므로 개인의 자세한 인적 사항에 내해서는 주의해야 합니다.

제 **4** 절 구조 활동

정확한 사고의 실태가 파악되기 전까지는 수집된 정보를 바탕으로 사전에 구출방법을 검토하고 사용 장비를 결정하여 대원별로 임무를 부여한다. <u>정확한 사고실태가 판명되면 사고내용, 규모 및 곤란성과 구조대의 활동 능력을 고려하여 종합적으로 분석한 후에 구출 우선순위와 구출방법을 결정하고 사용할 장비 및 대원의 임무를 수정·변경한다.</u>

1 구조방법의 결정 ★★★ 11년 소방교/ 12년 소방장/ 20년 소방위, 소방교/ 23년 소방교

구출방법의 결정 원칙	① 가장 안전하고 신속한 방법 ② 상태의 긴급성에 맞는 방법 ③ 현장의 상황 및 특성을 고려한 방법 ④ 실패의 가능성이 가장 적은 방법 ⑤ 재산 피해가 적은 방법
구출방법의 결정 시 피해야 할 요인	① 일반인에게 피해가 예측되는 방법 ② 2차 재해의 발생이 예측되는 방법 ③ <u>개인적인 추측에 의한 현장판단</u> ④ <u>전체를 파악하지 않고 일면의 확인에 의해 결정한 방법</u>
구조 활동의 순서*	① 현장활동에 방해되는 각종 장해요인을 제거한다. ② 2차 재해의 발생위험을 제거한다. ③ 구조대상자의 구명에 필요한 조치를 취한다. ④ 구조대상자의 상태 악화 방지에 필요한 조치를 취한다. ⑤ 구출활동을 개시한다.
장애물 제거 시의 유의사항**	① 필요한 기자재를 준비한다. ② 대원의 안전을 확보한다. ③ <u>구조대상자의 생명·신체에 영향이 있는 장애를 우선 제거한다.</u> ④ <u>위험이 큰 장애부터 제거한다.</u> ⑤ <u>장애는 주위에서 중심부로 향하여 순차적으로 제거한다.</u>

> **TIP** 구조방법의 결정에서 밑줄 친 부분을 암기하세요.

2 임무부여 ★★★ 20년 소방교

대원선정 시 유의사항	① <u>중요한 장비의 조작은 해당 장비의 조작법을 숙달한 대원에게 부여한다.</u> ② <u>위험작업은 책임감이 있고 확실하게 임무를 수행할 수 있는 대원지정한다.</u> ③ 대원에게는 다양한 요소로부터 지신감을 주면서 임무를 부여한다.
현장에서 명령 시 유의사항	① 대원별 임무분담은 현장 확인 후 구출방법 순서를 결정한 시점에서 대원 개개인별로 명확히 지정한다. ② <u>명령을 하달할 때에는 모든 대원을 집합시켜 재해현장 전반의 상황, 활동방침(전술), 대원 각자의 구체적 임무 및 활동상 유의사항을 포함한 내용을 전달한다.</u> ③ 구출작업 도중에 현장 상황의 변화에 따라 명령을 수정할 필요가 있는 경우에도 가능하면 <u>모든 대원에게 변화된 상황과 수정된 명령내용을 전달하여 불필요한 오해 소지를 제거한다.</u>

3 구조장비 활용* 19년 소방교

장비선택 시 유의사항*	① 사용 목적에 맞는 것을 선택(절단 또는 파괴, 잡아당기거나 끌어올리는 등) ② 현장상황을 고려하여 특성에 맞는 것(활동공간이 협소하거나 인화물질의 존재, 감전위험성, 환기 등) ③ 긴급 상황에 맞는 것을 선택, 급할 때는 가장 능력이 높은 것 ④ 동등의 효과가 얻어지는 경우는 조작이 간단한 것을 선택 ⑤ 확실하게 효과를 기대할 수 있는 것을 선택 ⑥ 위험이 적은 안전한 장비를 선택 ⑦ 다른 기관이나 현장 관계자 등이 보유하는 것과 현장에서 조달이 가능한 것으로 효과가 기대되는 것이 있으면 활용을 적극적으로 검토한다.
장비 활용상 유의사항	① 장비는 숙달된 대원이 조작하도록 한다. ② 장비가 발휘할 수 있는 최대성능을 고려하여 안전작동 한계 내에서 활용한다. ③ 무거운 장비를 설치할 때에는 현장의 안전을 각별히 고려하여 튼튼하게 고정하고 안전사고가 발생하지 않도록 한다. ④ 장비를 작동시키는 경우 현장 전체의 상황을 확인하면서 한다. ⑤ 장비의 작동에 의한 반작용에 주의한다. ⑥ 장비 작동에 의한 2차 사고에 유의한다.

4 구조대상자 응급처치

(1) 현장응급처치

① 의식·호흡 및 순환 장애 시 : 기도확보, 인공호흡, 심폐소생술
② 외부출혈의 지혈
③ 쇼크 시 : 쇼크체위, 신체적·심리적 안정 유도
④ 골절 : 부목사용 환부 고정
⑤ 체위 : 구조대상자의 증상악화 방지 및 고통경감 등에 적응한 체위
⑥ 체온 유지(담요, 모포, 방화복 등을 활용)
⑦ 기타 구조대상자의 생명유지 또는 증상악화를 방지하기 위하여 필요하다고 인정되는 처치 및 응급의료전문가의 지시에 의한 처치

(2) 구출활동 시 주의사항

① 구출작업과 병행하여 환자의 상태를 지속적으로 관찰한다.
② 구조대상자의 움직임은 최소한으로 하고 증상의 악화 방지와 고통 경감을 조치한다.
③ 상처부위에 구조장비, 오염된 피복 등이 닿지 않도록 하여 환부보호에 주의하고 구조대원의 위생도 배려하여 처치한다.
④ 유독가스 중에 노출되어 있는 구조대상자는 보조호흡기를 착용시킨다.
⑤ 구출 작업에 의한 부상이 예상되는 경우 모포 등으로 부상 방지를 위한 조치를 취한다.

⑥ 작업이 장시간 소요되어 구조대상자가 물이나 음식물을 요구하는 경우 반드시 전문가의 자문을 구한다.

⑦ <u>의식이 없는 환자에게는 절대로 음식물 투여를 금지하고 복부손상이나 대량 출혈이 있는 환자에게도 음식물 제공은 금기사항이다.</u>

⑧ 구조대상자를 일반인이나 매스컴 등에 지나치게 노출되지 않도록 주의한다.

제 5 절 응원 요청

1 소방대요청* 12년 소방장/ 13년, 15년 소방장/ 23년 소방교

구조대
요청*
	① 사고개요, 구조대상자의 숫자, 필요한 구조대의 수 및 장비 등을 조기에 판단하고 요청자를 명시하여 요청한다.
	② 요청 판단기준
	  ㉠ 구조대상자가 많거나 현장이 광범위하여 추가 인원이 필요한 경우
	  ㉡ 특수차량 또는 특수장비를 필요로 하는 경우
	  ㉢ 특수한 지식, 기술을 필요로 하는 경우
	  ㉣ 기타 행정적, 사회적 영향으로부터 필요하다고 생각되는 경우

구급대 요청*	① 사고개요, 부상자수, 상태 및 정도를 부가하여 필요한 구급차 수를 요청한다. ② 필요한 구급차의 대수는 구급대 1대당 중증 또는 심각한 경우는 1인, 중증은 2인, 경증은 정원 내를 대략의 기준으로 한다.
지휘대 출동 기준*	① 사고양상이 2개대 이상의 구조대의 대처를 필요로 하는 경우 ② 다수의 사상자가 발생한 경우 ③ 구급대를 2대 이상 필요로 하는 경우 ④ 기타 관계기관과 연계하여 활동할 경우 ⑤ 사고양상의 광범위 등으로 정보수집에 곤란을 수반하는 경우 ⑥ 사고양상이 특이하고 고도의 판단을 필요로 하는 경우 ⑦ 경계구역 설정이 필요하다고 판단되는 경우 ⑧ 소방홍보상 필요하다고 판단되는 경우(사고의 특이성, 구조 활동의 형태, 기타 특별한 홍보상황이 있는 경우) ⑨ 소방대원, 의용소방대원, 일반인 및 관계자 등의 부상사고가 발생한 경우 ⑩ 제3자의 행위에 의한 중대한 활동장애 및 활동에 따르는 고통 등이 있는 경우 ⑪ 행정적, 사회적 영향이 예상되는 경우 ⑫ 기타 구조활동상 필요하다고 판단되는 경우

TIP 최근 들어 출제빈도가 높아지고 있습니다. 밑줄 친 내용을 암기하세요.

2 전문 의료진 요청

구급대의 도착이 지연되거나 기타 곤란한 상황인 경우 상급부서에 의료진의 지원을 요청한다.

(1) 의료인에 의한 전문 응급처치가 필요하다고 판단되는 경우

① 구조대상자의 이송 가부(可否) 판단이 곤란한 경우
② 구조대상자의 상태 그대로 이송하면 생명에 위험이 있다고 판단되는 경우
③ 다수의 구조대상자가 있는 경우
④ 다량출혈, 가스중독 등이 있다고 판단되는 경우
⑤ 구조대상자가 병자, 노인, 유아 등 체력이 저하된 상태인 경우
⑥ 구출에 장시간을 요한다고 판단되는 경우
⑦ 기타 필요하다고 인정되는 경우

⑵ **구조대원의 안전관리상 필요한 경우**

① 활동상 의학적 조언을 필요로 하는 경우
② 구조작업 중 부상 또는 약품 등에 의한 오염 등이 예상되는 경우

3 관계기관과의 연계

구조활동 및 안전확보 등을 위해 관계기관의 협력이 필요하다고 판단되는 때에는 구조활동 현장의 총괄지휘자가 관계기관에 대해 요청한다. 이 경우 다음 사항을 유의한다.

① 교통규제와 일반인의 유도 등이 필요하다고 판단되는 때에는 경찰관 등에게 규제 범위와 그 이유 등을 명시하여 요청한다.
② 가스누설 등으로 대원, 구조대상자 및 일반인 등의 안전확보를 위해 필요한 경우 가스관계자 에게 조치를 의뢰한다.
③ 급수 차단 등이 필요하다고 판단되면 수도관계자에게 조치를 의뢰한다.
④ 감전위험이 있는 경우는 전력회사에 전원차단 조치를 의뢰한다.
⑤ 현장에 의사가 있는 경우에, 필요한 때는 구조대상자 부상 정도, 증상 등 의학적 판단 및 구조 활동상의 조언 등을 구한다.
⑥ 여타의 관계기관 등에서 보유한 장비, 차량 및 기술 등의 활용이 구출수단으로서 가장 효과적 이라고 판단된 때는 지원 협조를 요청한다.

4 사전대비

① 과거의 사례, 예상되는 사고내용, 타 지역에서 발생한 사례 등을 검토하고 지역특성에 맞는 대응책을 강구한다.
② 효과적인 재해 대비 훈련을 실시한다.
③ 구조활동은 부대에 의한 조직활동으로서 구조대원 상호 간 군건한 신뢰를 바탕으로 몸을 의탁 하여 행동하는 것이다. 따라서 모든 대원은 상호 신뢰관계의 토대 위에서 확실한 활동을 할 수 있음을 인식한다.
④ 체력, 기술을 연마하고 사기진작에 노력한다.
⑤ 장비는 항상 확실하게 점검, 정비하여 둔다.
⑥ 관할 출동구역 내의 도로상황, 지형, 구획의 구성 등을 사전에 조사 파악하여 재난·사고 발생이 예상되는 경우 미리 필요한 대책을 강구하여 둔다.

> **Check**
>
> ① 출동경로는 지도상의 최단거리가 아니라 현장에 도착하는 최소시간 경로이다.(○)
> ② 현장에 출동한 구조차량은 원칙적으로 사고 차량의 (　)측에 부서토록 한다.
> ③ 구조활동의 순서 : 각종장해요인제거 ➡ 2차 재해위험제거 ➡ 구명에 필요한 조치 ➡ (　) ➡ 구출활동 개시
> ④ 필요한 구급차의 대수는 구급대 1대당 중증 또는 심각한 경우는 (　), 중증은 (　), 경증은 정원 내를 대략의 기준으로 한다.

CHAPTER 03 구조현장의 통제

제1절 군중통제

1 통제구역 설정

① 구조작업과 관련이 없는 사람들은 구조대원과 구조대상자의 안전을 위하여 현장에서 통제하여야 한다.
② 구경하는 사람의 현장출입을 통제하면 그들이 일정거리까지 떨어져 있게 되어 구조대원들에게 방해를 받지 않고 구조활동을 할 수 있다.
③ 통제구역은 구조대원들이 작업하는 데 필요한 공간과 현장의 위험도, 지형을 고려하여 설정한다.
④ 통제구역이 설정되면 Fire Line이나 밧줄, 소방호스, 기타 주변의 물품을 이용하여 표시하고 통제구역을 사람들이 넘어오지 못하도록 통제요원을 배치한다.

2 관계자 배려 ★★ 11년, 12년 소방장

① 구조작업에 대한 회의나 브리핑은 가족이 없는 곳에서 진행하고 전담요원이 그 결과만을 설명해주는 것이 좋다.
② 일몰이나 기상악화 등으로 일시 구조작업을 중단하게 되는 경우 가족들은 사고현장을 떠나지 않으려고 하기 때문에 언제부터 구조작업이 재개된다는 것을 명확히 알려줄 필요가 있다.
③ 또한 구조작업을 재개할 때에는 가급적 예정된 시간보다 조금 빨리 시작하는 것이 가족들을 위로할 수 있는 방법이다.
④ 가족들의 심리상태는 매우 불안정하기 때문에 매우 공손하고 협조적이던 태도가 특별한 이유도 없이 극단적으로 비판적이 되거나 심지어 적대적으로까지 돌변할 수 있다. 이런 태도는 대부분 수색 2일째에 나타난다.
⑤ 구조대원과의 개별적인 접촉은 피로해진 상태에서 충돌할 수 있으므로 유의한다.
⑥ 특히 구조현장에서 소리 내어 웃거나 자극적인 농담을 하는 것은 절대로 금지해야 한다. 희생자의 유족이나 친지들의 감정에 신경 쓰지 않는 대원은 구조팀에서 제외시키도록 한다.

> TIP 세월호를 겪으면서 현장에서 가족들과의 관계이므로 출제가능성이 높습니다.

3 이해관계자의 설득

① 사고발생의 원인 및 구조활동에 착수할 때까지의 경과와 조치 등을 가능한 한 자세히 청취한다.
② 구조활동에 효과적인 조언, 기술, 기자재 등이 있으면 그 조언이나 기술을 활용한다.
③ 반드시 필요한 구출활동을 위하여 재산적 가치가 높은 물체를 파괴해야 하는 경우에는 그 소유자, 또는 관계인에게 취지 등을 잘 설명하고 승낙을 얻어야 한다. 소방기본법 제25조에 강제처분에 관한 규정이 있으나 이는 현장 상황이 급박하여 관계자의 승낙을 얻을 수 없는 불가피한 상황에 한정하여야 한다.
④ 구조대상자의 과거 질병, 건강상태, 기타 정신·신체상의 특이한 이상 여부를 파악하여 필요한 조치를 취한다.
⑤ 필요한 경우 구출활동 내용과 그 목적 등을 설명하여 이해를 얻는다.

> ✚ **소방기본법 제25조(강제처분 등)**
> 1. 소방본부장, 소방서장 또는 소방대장은 사람을 구출하거나 불이 번지는 것을 막기 위하여 필요할 때에는 화재가 발생하거나 불이 번질 우려가 있는 소방대상물 및 토지를 일시적으로 사용하거나 그 사용의 제한 또는 소방활동에 필요한 처분을 할 수 있다.
> 2. 소방본부장, 소방서장 또는 소방대장은 사람을 구출하거나 불이 번지는 것을 막기 위하여 긴급하다고 인정할 때에는 제1항에 따른 소방대상물 또는 토지 외의 소방대상물과 토지에 대하여 제1항에 따른 처분을 할 수 있다.
> 3. 소방본부장, 소방서장 또는 소방대장은 소방활동을 위하여 긴급하게 출동할 때에는 소방자동차의 통행과 소방활동에 방해가 되는 주차, 정차된 차량 및 물건 등을 제거하거나 이동시킬 수 있다.
> 4. 소방본부장, 소방서장 또는 소방대장은 제3항에 따른 소방활동에 방해가 되는 주차 또는 정차된 차량의 제거나 이동을 위하여 관할지방자치단체 등 관련 기관에 견인차량과 인력 등에 대한 지원을 요청할 수 있고 요청을 받은 관련 기관의 장은 정당한 사유가 없으면 이에 협조한다.
> 5. 시·도지사는 제4항에 따라 견인차량과 인력 등을 지원한 자에게 시·도 조례로 정하는 바에 따라 비용을 지급할 수 있다.

제 2 절 구조대상자와의 상호관계

1 효과적인 의사전달★ 16년 소방교

① 구조대상자와 대화할 때 구조대원의 시선은 구조대상자를 향하여야 한다.
② 가능한 한 구조대상자와 눈높이를 맞추는 것이 좋지만 눈을 빤히 바라보는 것이 민망하다고 생각되면 눈썹 부위에서 턱 사이를 보는 것이 무난하다.

> ✚ 특히 중요한 부분을 이야기할 때에는 꼭 눈을 맞춰야 한다.

③ 대화 시에는 전문용어를 피하고 상대방이 이해할 수 있는 표현을 쓴다.
④ 비속어나 사투리를 사용하지 말고 정중하고 친절하게 대화한다.

⑤ 호칭은 가능한 한 구조대상자의 이름을 부르는 것이 좋다.

⑥ 구조대상자가 자신의 부상 정도나 사고 상황에 대하여 궁금해 하는 내용이 있으면 사실대로 말해주는 것이 원칙이나 구조대상자가 충격을 받을 수 있는 표현을 피하여야 한다.

> ✪ 구조대원 개인의 의학적 예단을 말하는 것은 절대 금지한다.

2 특수상황의 배려*

(1) 구조대상자가 고령이거나 어린이인 경우

구조대상자가 고령이거나 어린이인 경우, 또는 정서적으로 예민한 사람은 현장 상황에 대하여 심한 불안감을 느끼고 구조대원의 지시에 잘 따르지 않을 수가 있다. 따라서 현장이 위험한 경우가 아니라면 보호자가 곁에 있도록 하고 차분히 현장상황을 설명하여 안심시킨 후 구조작업을 진행한다.

(2) 장애인을 구조하는 경우

청각 장애인	㉠ 대화에 앞서 구조대상자를 주목시키기 위해서 그의 앞에 서서 이름을 부르거나 팔, 어깨 등을 가볍게 건드리거나 책상, 벽을 두드리는 방법으로 주목을 끈다. 그렇다고 해서 너무 큰 소리를 낼 필요는 없다. ㉡ 일부 청각장애인들은 입 모양을 보고도 대화하고자 하는 내용을 알 수 있으므로 구순독법(tip reading)을 활용한다. 　✪ 구순독법(tip reading) : 입 모양을 크고 정확히 하여 말하는 것
시각 장애인	㉠ 일반인에 비하여 청각과 촉각이 매우 발달되어 있다. 큰 소리를 내지 않도록 하고 상황을 차분하고 자세하게 설명하여 안심시키도록 한다. ㉡ 구조대원이 팔을 붙잡거나 어깨에 손을 올리는 등 신체적 접촉을 통해 구조대상자를 안심시킬 수 있다. 　✪ 구조대상자가 여성인 경우 과도한 관심과 신체접촉은 불필요한 오해를 불러올 수 있으므로 주의하여야 한다.
장애인 보조견	장애인보조견은 환자의 눈이나 귀를 대신할 정도로 매우 중요하다. 장애인보조견은 일반적인 애완견의 출입이 금지된 공공장소에도 동행할 수 있으므로 상황에 따라 구조대상자와 동행할 수 있도록 조치한다. ✪ 장애인보조견과 마주했을 때 ① 장애인보조견은 시각장애인 안내견과 청각 장애인 보조견이 있다. ② 특히 시각장애인 안내견은 덩치가 큰 편이지만 물거나 짖지 않으므로 안심해도 된다. 친근감을 표시하는 것은 좋지만 주인에게 양해를 구하지 않고 함부로 만지는 행위는 금물이다. 안내견의 반응이 달라지므로 영문을 모르는 주인이 당황하기 때문이다. ③ 또한 안내견에게 먹을 것을 주는 행위도 해서는 안 된다. 정해진 먹이 외에는 눈길도 주지 않도록 훈련을 받았기 때문에 받아먹지도 않을 뿐더러 만약 먹이를 따라 안내견이 움직일 경우 주인인 장애인이 곤란을 겪게 된다. ④ 장애인보조견은 버스나 택시 등 대중교통 수단에 탑승할 수 있도록 법률(장애인복지법 제40조)에 명시돼 있다. 장애인보조견은 버스는 물론 승용차에 탑승할 때도 주인의 발과 의자 사이에 얌전히 엎드려 있기 때문에 택시 이용에도 아무런 문제가 없다.

3 가족·관계기관에 연락

보호자가 없는 구조대상자를 구조한 경우	⇒	가족이나 관계자를 파악하여 구조경위, 구조대상자의 상태 등을 알려주어야 한다.
구조대상자의 가족이나 관계자의 연락처를 알 수 없을 때	⇒	구조대상자가 발생한 지역의 기초자치단체장(시장·군수·구청장 등)에게 그 사실을 통보
구조대상자가 의식이 없고 신원확인이 불가능한 경우	⇒	관할 경찰관서에 신원확인을 의뢰

제 3 절 구조요청의 거절*

1 구조요청을 거절할 수 있는 범위* 16년 소방장/ 18년 소방교/ 21년 소방장

① 단순 잠긴 문 개방을 요청받은 경우
② 시설물에 대한 단순 안전조치 및 장애물 단순 제거의 요청을 받은 경우
③ 동물의 단순처리·포획·구조요청을 받은 경우
④ 주민생활 불편해소 차원의 단순 민원 등 구조활동의 필요성이 없다고 인정되는 경우

> ✪ 구조요청 거절은 최소한도로 이루어져야 하고 인명피해 우려 시에는 제외

2 구조거절 확인서

(1) **구조요청을 거절한 경우*** 18년 소방교

① 구조를 요청한 사람이나 목격자에게 알림
② '구조거절 확인서'를 작성하여 소속 소방관서장에게 보고하고 소속 소방관서에 3년간 보관

> ✪ 구조거절 확인서는 소송 등 분쟁발생 시 근거자료로 활용될 수 있으므로 현장상황과 조치내용을 자세하게 기재하여야 한다.

> TIP 구조요청은 국민에게 위해요소가 있는지를 판단해야 합니다.

제 4 절 구조활동 상황기록★★

1 구조대원의 상황기록 작성★ 15년 소방장/ 18년 소방교

① '구조활동일지'에 구조활동 상황을 상세히 기록
② 소속 소방관서에 3년간 보관하여야 한다.

> ✪ 구조차에 이동단말기가 설치되어 있는 경우에는 이동단말기로 구조활동일지를 작성할 수 있다.

2 감염성 질병 및 유해물질 등 접촉 보고서를 작성보고★ 15년 소방장/ 18년 소방교

① 구조대원의 근무 중에 위험물·유독물 및 방사성물질에 노출되거나 감염성 질병에 걸린 구조대상자와 접촉한 경우에는 그 사실을 안 때부터 48시간 이내에 소방청장 등에게 보고하여야 한다.
② '감염성 질병·유해물질 등 접촉 보고서' 및 유해물질 등 접촉관련 '진료기록부'등은 구조대원이 퇴직할 때까지 소방공무원 인사기록철에 함께 보관하여야 한다.

TIP 코로나19와 관련하여 감염성 질병이 중요성이 부각되고 있어서 향후 출제 가능성이 높습니다.

> 🚨 **Check**
> ① 구조작업에 대한 회의나 브리핑은 가족이 없는 곳에서 진행한다.(○)
> ② 구조작업을 재개할 때에는 가급적 예정된 시간보다 조금 늦게 시작한다.(×)
> ③ 구조거절확인서는 소속소방관서에 (   )년간 보관한다.
> ④ 감염성 질병에 걸린 자와 접촉한 경우 그 사실을 안날로부터 (   )이내 소방청장에게 보고한다.
> ⑤ 감염질병 등 진료기록부는 구조대원이 (   )할 때까지 인사기록철에 보관한다.

CHAPTER 04 구조장비 개론

제 1 절 구조장비 일반

1 구조장비 보유기준* 16년 소방장

인명구조 활동에 있어서 다양한 장비를 보유하고 이를 적절히 활용할 줄 아는 것은 구조활동의 중요한 요인이다. 따라서 119구조·구급에 관한 법률 시행규칙 제3조(119구조대에서 갖추어야할 장비의 기준)로 구조대원이 보유해야 할 장비 기준을 정하고 있다.

용도별	장비명	
기동용(15종)	구조공작차, 구조버스, 산악구조차, 생활안전구조차, 119구조견차, 화학차, 화생방분석차량, 화생방제독차량, 구조장비 운송트레일러, 화학약품 운송트레일러, 화물차, 크레인, 굴삭기, 지게차, ATV 전지형만능차	
일반 구조용 (29종)	사다리, 공기매트, 안전매트리스, 개인로프, 로프보호대, 다목적 칼, T/V 마스터키, 구조작업용 공구세트, 드릴, 전원 차단장비, 유리창 압착기, 라이트라인, 헤드랜턴, 연기투시랜턴, 휴대용탐조등, 이동식 조명등, 이동식 송·배풍기, 공기충진기, 마취총, 장비휴대용조끼, 개인장비보관가방, 로프발사총, 동물포획장비, 케이블구조키트, 통화식 무전기, 반지절단기, 차량 문개방기, 사체낭, 구조용 들것	
보호용(19종)	공기호흡기용기, 면체, 등지게, 보조마스크, 호스형 공기호흡기, 재호흡기(육상용), 방진/방독마스크, 구조용고글, 대원위치추적장치, 인명구조경보기, 구조헬멧, 내전복, 방화복, 방열복, 구조장갑, 구조화, 방화두건, 관절보호대, 대원탈출장비	
중량물작업용 (20종)	대형유압엔진펌프, 휴대용유압펌프, 배터리유압 장비세트, 유압절단기, 유압전개기, 유압콤비툴, 유압쌔기전개기, 유압램, 유압페달절단기, 유압케이블절단기, 에어백, 유압도어오프너, 다목적 유압장비, 다목적구조삼각대, 운전석 에어백 작동 방지장치, 휴대용 원치, 지지대, 리프트잭, 체인블럭, 벨트슬링	
절단용(10종)	철선절단기, 동력절단기, 체인톱, 전기식절단기, 핸드그라인더, 코아드릴, 왕복식톱, 가스절단기, 플라즈마 절단기, 수중절단기	
파괴용(4종)	도끼, 문개방기구, 해머드릴, 착암기	
수난구조용 (54종)	스쿠버공기통, 부력조절기, 레귤레이터, 주호흡기, 보조호흡기 게이지, 다이브컴퓨터, 스쿠버핀, 스킨핀, 수경, 스노클, 중량벨트, 수중조명등, 수중신호기, 건식잠수복, 습식잠수복, 수난장비케이스, 더블탱크, 잠수장비, 재호흡잠수장비, 수중리프트백, 수난용 사체낭, 마커부이, 긴급잠수장비, 수중통신장비, 라이프자켓(구조대상자구명자켓), 수중칼, 수난구조용 캔, 수난 구조용튜브, 수난구조용 서프보드, 분리형 장대세트, 구명부환, 수난구조로켓, 수상·빙판용 구조썰매, 고무보트, 고속구조보트, 제트스키, 수난용 들것, 표면공기공급 잠수기구세트, 수심측정기, 유속측정기, 수난구조로프	
	급류구조 세트	구조신발, 구조 스쿠버핀, 구조자켓, 구조 해드랜턴, 구조 수중칼, 구조벨트, 구조 비상등, 구조 로프백, 구조 잠수복, 구조 수납가방, 구조호각, 구조보드, 구조용 보트

산악 구조용 (75종)	정적로프 구조용, 동적로프 등반용, 빙벽등반로프, 로프장력측정기, 코드로프, 웨빙, 로프배낭, 산악용배낭, 안전벨트, 휴대용장비걸이, 구조대상자용 안전벨트, 카라비너, 커넥터세트, 랜야드, 도르래, 케이블도르레, 푸르직 다목적 확보장비, 로프크램프, 로프설치 및 회수장비, 등강기, 발등강기, 자기확보줄, 이동식 추락방지장비		
	확보 및 하강기	정적 로프용	
		동적 로프용	
	다중확보기, 스위벨, 박음질 웨빙, 박음질 코드로프, 퀵드로우, 앵커스트랩, 확보캠류, 확보너트류, 쵸크, 암벽앵커볼트, 너트회수기, 핸드드릴, 피톤류, 스크류링크, 빙벽화, 빙벽용 크램폰, 아이스 바일, 아이스 스크류, 눈삽, 피켈, 눈탐침봉, 스노우 슈즈, 스노우바, 비콘, 눈사태 매몰 호흡기, 리코 수신기, 산악스키, 산악용구조화, 게이터, 보행용 크램폰, 산악용 장갑, 산악용 모자		
	산악 구조복	동계용	
		춘추용	
		하계용	
	텐트, 침낭, 매트리스, 버너, 코펠, 물통, 알파인스틱, 정글도, 망원경, 연막탄, 홍염, 비상식량세트, 구조대상자 이송장비, 로프절단기, 산악용 들것		
탐색 구조용 (14종)	열화상카메라, 적외선야간투시경, 매몰자 영상탐지기, 매몰자 음향탐지기, 구조로봇, 매몰자 전파탐지기, 붕괴물 경보기, 수중 음파탐지기, 수중 영상탐지기, 119구조견, 휴대용 녹음기, 영상촬영장비, GPS수신기, 공중수색장비		
화생방·대테러 구조용(42종)	화학보호복(레벨A), 화학보호복(레벨C), 화학용 전면형 마스크, 내화학장갑, 실링백, 내화학장화, 방사선보호복, 화학보호복 검사장비, 보호복 소독기, 리프팅백, 흡착제, 파이프 누출방지 슬리브, 공기주입형 누출제어키트, 쐐기형 누출제어키트, 염소용 누출제어키트, 누출방지본드, 누출방지테이프, 누출물수거용기, 누출물 진공수거기, 누출물 수거용장구, 오염물질 수거통, 방사능 물질 수거함, 휴대용 제독기, 연막소독기, 중화제 살포기, 중화제, 제독제, 인체제독텐트, 차량제독소, 간이 인체제독텐트, 구조대상자 보호의, 구조대상자 이송장치, 화생방들것, 오염환자 운반낭, 오염환자 사체낭, 샘플링 후송키트, 에어샘플러, 경계지역 설정용 로프(경계구역설정라인), 폭발물방호복, 방폭 담요, 방폭 가방, 신경작용제 증상억제용 치료제		
측정용(16종)	가스측정기, PH농도 측정기, 화학작용제 탐지기, 유해물질 분석기, 생물학작용제 진단장비, 생물학작용제 분석기, 개인선량계, 방사선측정기, 방사성핵종분석기, 방사성오염 감시기, X-ray투시기, 잔류전류 검지기, 전류전압측정계, 가스누출 영상탐지기, 거리측정기, 풍향·풍속계		
구급용(3종)	기초인명소생용 가방, 부목류, 휴대용제세동기		

비고
1. 필수장비(반드시 구매하는 장비), 선택장비(시·도 여건에 맞게 구매하는 장비)
2. 보유기준은 필수장비를 기준으로 함
3. "성능인증"이 필요한 장비는 반드시 국내 및 국제규격 단수이상으로 할 것
4. 측정장비 검·교정은 코라스(KOLAS) 등 검·교정기관 의뢰
5. 비상설구조대(例 : 119시민수상구조대 등)는 「구조장비 기준」에 근거, 추가 구매할 수 있음
6. 119구조견 내용연수 도래 시 중앙119구조본부 119구조견센터 훈련사 및 담당핸들러의 연장사용 심의 후 2년간 연장사용 가능(연장심의 : 1년 단위)

TIP 용도별 장비명을 숙지하세요. 119구조견은 무슨 장비인가요?

2 장비조작의 일반원칙

(1) 장비조작시의 주의사항

① 작업 전의 준비**

  ㉠ 헬멧, 안전화, 보안경 등 적절한 보호 장비 착용

    ⓐ 옷깃이나 벨트 등이 기계의 동작 부분에 말려 들어갈 수도 있으므로 각별히 주의한다.

      ✪ 체인톱이나, 헤머드릴 등 고속 회전부분이 있는 장비의 경우 실밥이 말려들어갈 수 있으므로 면장갑은 착용하지 않는 것이 원칙이다.

    ⓑ 고압전류를 사용하는 전동 장비나 고온이 발생하는 용접기 등의 경우에는 반드시 규정된 보호 장갑을 착용해야 한다.

    ⓒ 반지나 시계, 목걸이 등 장신구는 안전사고를 유발할 수 있고 부상을 악화시킬 수 있으므로 착용을 금지한다.

    ⓓ 분진이나 작은 파편이 발생하는 작업을 수행할 때에는 반드시 보호안경을 착용한다. 헬멧(또는 방수모)의 실드만으로는 충분히 보호되지 않는다.

  ㉡ 모든 장비는 사용하기 전에 이상 유무 점검

    ⓐ 장비 자체의 이상 유무

    ⓑ 연료의 주입여부, 윤활유의 양 및 상태

    ⓒ 전선 피복의 상태, 접지여부 등

  ㉢ 엔진동력 장비의 경우 엔진오일의 점검** 16년 소방교/ 19년 소방장/ 21년 소방교

4행정 (유압펌프, 이동식펌프)	엔진오일을 별도로 주입하므로 오일의 양이 적거나 변질되지 않은지 수시로 점검한다.
2행정 (동력절단기, 체인톱, 발전기)	엔진오일과 연료를 혼합하여 주입하므로 반드시 2행정기관 전용의 엔진오일을 사용하며, 정확한 혼합비율을 지키는 것이 중요하다.

    ⓐ 오일의 혼합량이 너무 많으면 : 시동이 잘 걸리지 않고 시동 후에도 매연이 심하다.

    ⓑ 오일의 양이 적으면 : 엔진에 손상을 입어 기기의 수명이 단축될 수 있다.

    TIP 4행정과 2행정의 차이를 확인하세요. 2행정은 엔진오일과 연료를 혼합하여 주입합니다.

  ㉣ 충분한 작업공간을 확보하고 화재, 감전, 붕괴 등 위험요인을 제거

  ㉤ 장비는 견고한 바닥에 설치하고 확실히 고정하여 움직임을 방지

  ㉥ 보조요원을 확보하여 우발 상황에 대처할 수 있도록 하고 작업반경 내에는 장비조작에 관여하지 않는 대원과 일반인의 접근 통제한다.

  ㉦ 톱날을 비롯하여 각종 절단 날은 항상 잘 연마되어야 한다. 날이 무딘 경우에 안전사고의 확률이 더욱 높다.

② 수공구 사용 시 주의사항

  ㉠ 모든 장비는 사용하기 전에 사전 점검해야 한다.

  ㉡ 조임 부분이 노후 되어 헐거워지거나 파손된 부분이 있으면 즉시 교체한다.

ⓒ 스패너나 렌치에 파이프를 끼워 길이를 연장시켜 사용하는 경우가 있는데 이는 그 공구의 설계능력을 넘어서는 과부하를 걸리게 하여 갑작스러운 파손을 초래하거나 장비의 고장을 유발할 수 있다.

③ 동력장비 사용 시 주의사항

ⓐ 공기 중에 인화성 가스가 있거나 인화성 액체가 근처에 있을 때에는 동력장비의 사용을 피할 것. 마찰 또는 타격 시 발생하는 불꽃과 뜨거운 배기구는 발화원이 된다.

ⓑ 지하실이나 맨홀 등 환기가 불충분한 장소에서는 장시간 작업하지 않도록 하고 배기가스에 의한 질식의 위험이 있으므로 엔진장비를 활용하지 않는 것을 원칙으로 한다.

ⓒ 엔진장비에 연료를 보충할 때에는 반드시 시동을 끄고 엔진이 충분히 냉각된 후에 주유한다.

ⓓ 장비를 이동시킬 때에는 작동을 중지한다. 엔진장비의 경우에는 시동을 끄고 전동 장비는 플러그를 뽑는다.

ⓔ 전동 장비는 반드시 접지가 되는 3극 플러그를 이용한다. 접지단자를 제거하면 감전사고의 위험이 있다.

ⓕ 장비를 무리하게 작동시키지 말고, 이상이 발견되면 즉시 작동을 중지하고 전문가의 점검을 받는다.

ⓖ 작업종료 후에는 장비의 이상 유무를 재확인하여 오물과 분진 등을 제거한 후 잘 정비하여 다음 사용에 지장이 없도록 한다. 이상이 있는 경우 즉시 수리토록 한다. 정비 및 수리를 마친 후에는 항상 기록을 정확히 남긴다.

제2절 구조장비 조작

1 일반 구조용 장비

(1) 로프총(Line Throwing Gun)* 13년 소방교

① 로프총은 고층건물이나 해상, 계곡 등 구조대원의 접근이 불가능한 상황에서 로프 또는 메시지 전달 등의 수단으로 사용할 수 있는 장비이다.

② 압축공기를 이용한 공압식과 추진탄을 이용한 화약식이 있으며 현장 여건에 따라 공압식 또는 화약식 장비를 사용한다.

(공압식 로프총)

　　　㉠ 사용방법

　　　　　ⓐ 유효사거리*

화약식	로프총에 20GA 추진탄을 사용하면 최대사거리는 200m, 유효사거리는 150m
공압식	15MPa 압력에서 최대사거리 120m, 유효사거리 60m 내외

　　　　　ⓑ 사격각도

　　　　　　– 현장상황에 따라 다르지만 수평각도 65도가 이상적이다.

　　　　　　– 목표물을 정조준하는 것이 불가능할 경우에는 목측으로 조준하여 견인탄이 목표물 위로 넘어가도록 발사하면 구조대상자가 견인로프를 회수하기 용이하다.

　　　　　　– 굴절사다리차나 고가사다리차, 헬기 등 높은 곳에서 하향으로 발사할 때에는 정확히 목표물에 도달할 수 있으므로 목표물 지점을 정조준토록 한다.

　　㉡ 주의사항 : 로프총은 탄두를 고속으로 발사하므로 총기에 준하여 관리하며 반드시 보안경과 귀마개 등 보호장비를 착용하고 사용해야 한다.

> ✪ 로프총을 사용 시 유의점* 18년, 19년 소방위/ 23년 소방장
> ① 즉시 발사할 것이 아니면 장전하여 두지 말아야 하며, 만약 장전 후 잠시 기다리게 될 경우에는 반드시 안전핀을 눌러둔다.
> ② 장전 후에는 총구를 수평면 기준으로 45도 이상의 각도를 유지해야 격발이 된다. 총구를 내려서 격발이 되지 않으면 노리쇠만 뒤로 당겨준다. 45도 이하의 각도를 유지하고 있는 경우에도 갑작스러운 충격을 받으면 발사될 수도 있음을 유의한다. 부득이 45도 이하의 각도로 발사할 필요가 있는 경우에는 총을 뒤집으면 격발이 가능하다.
> ③ 발사하기 전에 구조대상자에게 안내 방송을 하고 착탄 예상지점 주변의 인원을 대피시켜 안전사고가 발생하지 않도록 한다.
> ④ 견인탄을 장전하지 않았더라도 사람을 향해 공포를 발사하면 안 된다. 추진탄의 압력이나 고압공기에 의해 부상을 입을 우려가 있다. 장기간 사용한 총은 안전핀을 눌러 놓아도 격발 장치가 풀려 자동 격발될 수 있다.
> ⑤ 견인탄은 탄두와 날개를 완전하게 결합하고 견인로프가 풀리지 않도록 결착한다. 사용한 견인탄은 탄두에 이상이 없는 경우에 날개를 교환하면 재사용할 수 있다.
> ⑥ 공압식과 화약식에 사용하는 견인탄은 내경은 같으나 재질과 중량에 차이가 있으므로 교환 사용하지 않도록 한다.
> ⑦ 견인로프의 길이는 120m로서 원거리 발사 시에는 로프끝 부분이 로프 홀더에서 이탈하여 견인탄과 함께 끌려갈 우려가 있으므로 로프를 홀더에 집어넣고, 바깥쪽 로프 끝을 홀더 뚜껑에 끼워서 견인로프가 빠지지 않도록 한다.
> ⑧ 발사 후에는 탄피를 제거하고 총기 손질에 준하여 약실을 청소한다.

(2) 마취총(Tranquilizer gun)* 18년 소방위

　　마취총은 주택가에 멧돼지 등의 위협적인 야생동물이 나타났을 경우 장거리에서 안전하게 마취를 하기 위해 주사기의 원리를 응용한 마취탄을 발사하는 장비이다.

　　※ 동물에 의한 인명피해의 우려가 있는 동물을 생포하기 위해 사용하며 블로우건에 비하여 마취 총은 사정거리가 길고 비교적 정확성도 있으나 유효 사거리 1단은 15~20m, 2단은 25~30m 정도이다. 이내에서는 파괴력이 강해서 자칫 동물에 상해를 줄 우려가 있다.

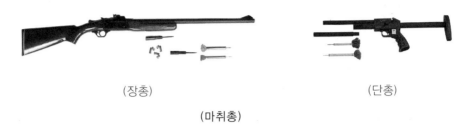

(장총)　　　　　　　　　　　　(단총)

(마취총)

① 사용방법

　㉠ 마취가 필요한 경우는 난폭하거나 예민한 동물의 포획 또는 접근이 불가능한 동물을 포획할 경우이다.

　㉡ 동물에 대한 마취총 사격 부위는 피하지방이 얇은 쪽에 쏘는 것이 효과적이지만 다리의 근육이 많은 부분을 조준하여야 하며 중요 부위에 맞아 장애가 발생하는 것에 주의 한다.

　㉢ 마취총, 마취석궁, 불로우건(Blowgun) 모두 주사기에 마취약을 넣어 사용하고, 동물에 주사기가 적중했을 때 마취약이 분사된다.

　㉣ 마취약은 주사기에 약제 주입 후 2-3일이 지나면 효과가 다소 떨어지므로 약제는 현장에서 조제해 쓰는 것이 좋다.

　㉤ 마취효과가 나타나려면 5분 정도가 걸리므로 주사기 명중 후 천천히 따라가 마취효과가 나타나면 포획한다.

> ✪ 구성품은 마취총, 금속주사기, 추진제, 어댑터, 오일, 막대 등이 있으며 구조를 완전히 이해하여야 하고, 총기이므로 사용 후에는 손질은 물론 보관과 취급에 주의해야 한다.
> ✪ 총기에 따라 사용법이 다양하므로 119구조대원들의 사격능력 향상을 위한 훈련 및 동물별 적정용량의 마취약 사용법 숙달을 통해 대원 개개인의 전문능력을 강화해야 한다.

② 주의 사항

　㉠ 마취에 필요한 마취제의 농도와 양이 동물과 체중에 따라 다르므로 동물 마취 주사제를 사용할 경우에는 반드시 제품 설명서를 읽어보아야 하며, 필요 시 수의사와 상의하여야 한다.

　㉡ 마취제 주사량을 정확히 사용 못 해 쇼크로 죽는 동물이 있는데 이건 노련한 수의사들도 있을 수 있는 실수라고 한다. 영구적 피해를 주지 않고 정확히 마취시키는 것은 상당한 난이도가 있는 일이다.

　㉢ 마취총을 사용하는 급박한 상황에서는 정확한 사용량에 대한 판단을 내리기 어렵고, 부작용에 대한 조치를 취하기가 쉽지 않으므로 의도하지 않은 사고를 일으킬 우려가 매우 높다는 것을 알아야 한다.

> **TIP** 로프총과 마취총을 비교하는 문제가 출제될 수 있습니다. 특징과 사용방법을 알아두세요.

> ※ 마취하여 포획된 동물에 대한 보호조치
> 1. 호흡이 원활히 이루어 질 수 있도록 목을 펴주고 콧구멍의 이물질 등을 제거한다.
> 2. 눈가리개나 귀마개를 하여 일광 및 소음노출을 방지 한다.
> 3. 지속적으로 호흡을 관찰한다.
> 4. 43℃ 이상에서는 스스로 생존하기 어려우므로 수시로 체온을 측정하여 정상체온(37℃~40℃)을 유지하도록 한다.

2 산악 구조용 장비

(1) **로프(Rope)와 슬링**✷✷ 13년 소방위/ 16년 소방교/ 17년 소방장

① **로프의 재질**✷✷ 14년, 20년 소방장/ 22년, 24년 소방교

　㉠ 과거에는 로프를 마닐라 삼이나 면 등의 천연재료를 사용하여 만들었으나 <u>현재 이러한 천연섬유는 거의 사용되지 않는다.</u>

　㉡ 합성섬유, 폴리에스터, 나일론, 케블러 등 여러 재료를 혼합하여 만든 것이 대부분이다.

Scale : Best = 1, Poorest = 8

성능＼종류	마닐라삼	면	나일론	폴리에틸렌	H. Spectra® Polyethylene	폴리에스터	Kevlar® Aramid
비 중	1.38	1.54	1.14	0.95	0.97	1.38	1.45
신 장 율	10~15%	5~10%	20~34%	10~15%	4% 이하	15~20%	2~4%
인장강도*	7	8	3	6	1	4	2
내충격력*	5	6	1	4	7	3	7
내 열 성	177℃ 탄화	149℃ 탄화	249℃ 용융	166℃ 용융	135℃ 용융	260℃ 용융	427℃ 탄화
내마모성*	4	8	3	6	1	2	5
전기저항	약	약	약	강	강	강	약
저항력 – 햇볕 – 부패 – 산 – 알칼리 – 오일, 가스	중 약 약 약 약	중 약 약 약 약	중 강 약 중 중	최약 강 중 중 중	중 강 강 강 강	강 강 중 약 중	중 강 약 중 중

② **로프의 형태**

구조대에서 사용하는 로프는 외피 안에 섬유를 꼬아서 만든 여러 가닥의 심지가 들어있는 로프이다. <u>로프는 용도에 따라 8~13㎜의 지름을 가진 것이 많이 사용되며 구조대에서는 지름 10.5~12㎜ 내외의 로프를 주로 사용한다.</u>

> ✪ 1950년대 유럽에서 꼬는 방식이 아닌 짜는 방식의 로프가 개발된 이래 등산이나 구조활동에 사용되는 로프는 대부분 내·외피의 이중 구조를 가지고 있는 로프이다.

③ **로프의 성능**

> ✪ **충격력(impact force)**
> 충격력을 결정하는 요소는 물체의 질량, 속도, 속도가 정지한 시간이다. 즉『충격력 = 질량 × (처음속도 − 나중속도) ÷ 속도가 정지한 시간』

인장력	① 구조활동에 있어서 로프에 대원 1인이 매달릴 때 대원의 몸무게와 흔들림에 따른 충격력을 고려하면 130kg 정도의 하중이 걸리며, 두 명의 대원이 활동하면 260kg 정도가 된다. ② 산악용 11㎜ 로프의 경우 대부분 3,000kg 내외의 인장강도를 가지며 충격력은 80kg에 대하여 700daN~900daN 정도이다.
충격력	① 추락 사고를 당했을 때 추락하는 동안 생긴 운동량과 같은 양의 충격량을 받는다. ② 로프의 충격력은 추락물체가 정지하는 데 필요한 힘으로 이 힘을 받을 때 충격이 발생하고 충격이 작을수록 안전하다.
로프 매듭 부분 강도 저하*	로프에 매듭을 하는 경우 매듭부분의 마찰에 의하여 강도가 저하되는 점도 감안하여 사용하여야 한다. ■ 매듭과 꺾임에 의한 로프의 장력변화

매듭의 종류	매듭의 강도(%)
매듭하지 않은 상태	100
8자 매듭	75~80
한겹고정 매듭	70~75
이중 피셔맨매듭	65~70
피셔맨매듭	60~65
테이프매듭	60~70
말뚝매듭	60~65
옭매듭(엄지매듭)	60~65

TIP 로프의 재질, 인장강도, 신장율, 성능, 형태, 장력변화 등이 수시로 출제됩니다. 꼭! 숙지하세요.

④ 구조로프
　㉠ 구조용 로프
　　■ 로프의 성능기준

구 분	성능기준	
개인용 로프	• 제원 : 9mm 이하 × (20m 이상)	• 구성 : 보관가방 포함
정적 로프	• 내용 : 11mm 이상	• 구성 : 보관가방 포함
동적 로프	• 내용 : 10.2mm 이상	• 구성 : 보관가방 포함
수난구조로프	• 내용 : 11mm 이하	• 구성 : 보관가방 포함

　㉡ 정적 로프와 동적 로프** 15년, 16년 소방교/ 21년 소방장, 소방위

정적(스태틱) 로프	• 신장율이 5% 미만 정도로 하중을 받아도 잘 늘어나지 않는다. • 마모 내구성이 강하고 파괴력에 견디는 힘이 높다. • 유연성이 낮아 조작이 불편하고 추락 시 하중이 그대로 전달되는 결점이 있다. • 뻣뻣하며 검정이나 흰색, 노란색 등 단일 색상으로 만들어져 외형만으로도 비교적 쉽게 구분이 가능하다. ※ 일반 구조활동용으로는 정적로프나 세미스태틱(Semi-static Rope) 로프가 적합하다.

동적(다이내믹) 로프	• 신장율이 7% 이상 정도로서 신축성이 높아 충격을 흡수하는 데 유리하므로 자유낙하가 발생할 수 있는 암벽등반에 유리하다. • 산악 구조활동과 장비의 고정 등에 적합하다. • 부드러우면서 여러 가지 색상이 섞인 화려한 문양이다.

TIP 정적과 동적로프의 특징을 암기하세요. 여러 가지 색상이 섞인 것은 무슨 로프인가요?

⑤ 로프 관리 및 사용상의 주의점

　㉠ 로프의 관리★★★ 11년, 13년, 15년, 24년 소방교

　　ⓐ 그늘지고 통풍이 잘되는 곳에 보관하도록 한다.

　　ⓑ 로프를 사리고 끝처리로 너무 단단히 묶어두지 않도록 한다.

　　ⓒ 로프에 계속적으로 하중을 가하여 로프가 늘어나 있는 상태이므로 내구성이 떨어진다.

　　ⓓ 부피를 줄이기 위해 좁은 상자나 자루에 오래 방치하는 것도 좋지 않다.

> ✪ 로프를 오래 사용하기 위하여 관리상 주의할 점
> ① 열이나 화학약품, 유류 등 로프를 손상시킬 수 있는 어떤 요인과도 접촉하지 않도록 한다. 대부분의 로프는 석유화학제품이므로 산이나 알칼리 등의 화학약품과 각종 연료유, 엔진 오일 등에 부식·용해된다.
> ② 로프를 밟거나 깔고 앉지 말 것. 로프의 외형이 급속히 마모되고 무게를 지탱하는 능력이 떨어진다.
> ③ 로프를 설치할 때 건물이나 장비의 모서리에 직접 닿지 않도록 한다. 로프보호대나 천, 종이박스 등을 덮어서 마찰로부터 로프를 보호한다.
> ④ 대부분의 로프는 장시간 햇볕(특히 자외선)을 받으면 변색, 강도가 저하된다. 잘 포장해서 어둡고 서늘한 곳에 보관한 로프는 8년이 경과되어도 손상되지 않지만 새 로프일지라도 장시간 옥외에 진열, 방치하면 강도가 많이 약해진다.
> ⑤ 정기적으로 로프를 세척하여 이물질을 제거하도록 한다. 로프의 섬유사이에 끼는 먼지나 모래는 로프 자체를 상하게 하고 카라비너나 하강기 등 관련 장비의 마모를 촉진시킨다.
>
> ✪ 로프 세척 방법★
> ① 미지근한 물에 중성 세제를 알맞게 풀어 로프를 충분히 적시고 흔들어 모래나 먼지가 빠져나가도록 한다.
> ② 부드러운 솔이 있으면 가볍게 문질러 주면 좋다. 물이 어느 정도 빠지면 그늘지고 통풍이 잘되는 곳에 말린다.
> ③ 일반적인 세탁기는 세탁과정에서 로프가 꼬이고 마찰을 발생시키기 때문에 사용하지 않도록 한다.

TIP 로프의 관리는 매년 출제될 수 있습니다. 밑줄 친 부분을 기억하세요.

　㉡ 로프의 사용

　　ⓐ 끊어지지 않는 로프는 존재하지 않는다. 따라서 모든 로프는 사용 전·중·후에 세심한 주의를 기울여 관리하도록 한다.

　　ⓑ 일반적으로 로프를 사용한 후에 사리는 과정에서 로프의 외형을 확인하고 일일이 손으로 만져보며 응어리, 얼룩, 눌림 등이 있는지 확인하고 보풀이나 변색, 마모 정도 등도 유의해서 점검한다.

ⓒ 조금이라도 의심이 간다면 그 로프는 폐기하여야 한다. 폐기 대상인 로프는 인명구조용
으로 재사용되지 않도록 한다.

– 직경 9mm 이하의 로프를 사용할 때에는 반드시 2줄로 설치, 안전을 확보한다.

– 로프를 설치하기 전에 세심하게 살펴보고 조금이라도 의심이 가는 부분이 있으면
사용하지 않는다.

■ **일반적인 로프의 수명**★★ 20년 소방장/ 24년 소방위

시간경과에 따른 강도저하★	• 로프는 사용 횟수와 무관하게 강도가 저하된다. • 특히 4년 경과부터 강도가 급속히 저하된다. • 5년 이상 경과된 로프는 폐기한다.(UIAA 권고사항)
로프교체시기 (대한산악 연맹권고) ★★	• 가끔 사용하는 로프 : 4년 • 매주 사용하는 로프 : 2년 • 매일 사용하는 로프 : 1년 • 스포츠 클라이밍 : 6개월
즉시교체 로프★	• 큰 충격을 받은 로프(추락, 낙석, 아이젠) • 납작하게 눌린 로프 • 손상된 부분이 있는 로프

TIP 로프의 강도저하와 교체시기를 암기하세요. 매일 사용하는 로프의 교체 시기는?

⑥ 슬링(Sling)★ 17년, 21년 소방장/ 24년 소방교

㉠ 슬링은 평평한 띠처럼 생긴 일종의 로프이다.

㉡ 로프에 비해 유연성이 높으면서도 다루기 쉬워 신체에 고정
하는 경우 접촉 면적이 높아 안정감 있게 사용할 수 있다.

㉢ 슬링은 보통 20~25㎜ 내외의 폭으로 제조되며 형태에 따라
판형슬링(Tape Sling)과 관형슬링(Tube Sling)으로 구분한다.

㉣ 로프에 비해 상대적으로 값이 싸기 때문에 짧게 잘라서 등반
시의 확보, 고정용 또는 안전벨트의 대용 등으로 다양하게 활용
한다.

(여러 가지 슬링)

㉤ 슬링은 같은 굵기의 로프보다 강도는 우수하지만 충격을 받았을 때 잘 늘어나지 않기 때문에
슬링을 등반 또는 하강 시에 로프 대용으로 사용하는 것은 매우 위험하다.

TIP 슬링은 안전확보, 안전벨트 대용으로 사용가능, 구조로프 대용으로는 사용할 수 없습니다.

(2) **안전벨트(Harness)**★★ 21년 소방장/ 24년 소방교

안전벨트는 거의 모든 구조활동에서 대원의 안전을 지켜주는 필수장비 중의 하나이다. 형태와
용도에 따라 상단용, 하단용, 허리용, 상·하단용(X 벨트) 등이 있지만 국제산악연맹에서는 상·
하단 벨트만을 인정한다.

상·하단 벨트가 착용이 다소 번거롭기는 하지만 추락 시 충격을 몸 전체로 분산하여 부상 위험을
줄여주기 때문에 구조활동 시에는 반드시 상·하단형 벨트를 사용해야 한다.

① 안전벨트 착용

ⓐ 안전벨트는 우선 몸에 잘 맞는 것을 선택해야 한다. 너무 크거나 작으면 안전벨트의 중심과 신체 중심이 일치하지 않아 추락할 때 안정된 자세를 유지할 수 없다.

ⓑ 안전벨트는 제조회사에 따라 조금씩 구조가 다르기 때문에 정확한 사용법을 따라야 한다.

ⓒ 대부분 안전벨트의 허리 벨트 버클은 한 번 통과시키고 난 다음 다시 거꾸로 통과시켜야 안전하며 끝을 5㎝ 이상 남겨야 한다. 버클을 한번만 통과시켜도 튼튼할 것처럼 느껴질 수 있으나 강한 충격을 받으면 쉽게 빠진다.

ⓓ 허리부분에 달려있는 장비걸이는 보통 10kg 내외의 하중을 지탱하므로 절대로 로프나 자기 확보 줄을 장비걸이에 연결하지 않도록 한다.

② 수명과 관리

ⓐ 안전벨트는 모양이 필요 이상으로 복잡한 것을 피하고 벨트의 재질, 박음질 상태, 허리를 벨트를 조이는 버클이나 장식의 강도를 꼼꼼하게 살펴야 한다. 또한 체중이 실리는 부분이 부드럽게 처리되어 충격을 고르게 분산시킬 수 있는 것을 선택한다.

(안전벨트의 버클 채우는 방법)

ⓑ 안전벨트는 우수한 탄력과 복원성을 가지며 강도와 내구성이 뛰어나지만 안전을 위하여 5년 정도 사용하면 외관상 이상이 없어도 교체하는 것이 좋다.

ⓒ 특히 추락 충격을 받은 다음에는 안전벨트의 여러 부분을 꼼꼼하게 점검해 보고 박음질 부분이 뜯어졌다면 수리하지 말고 폐기하는 것이 좋다.

TIP 안전벨트 폐기와 교체에 대해서 숙지하셔야 합니다.

(3) 하강기 종류 14년 소방장/ 18년 소방교/ 24년 소방장

8자 하강기	① 로프를 이용해서 하강해야 하는 경우 사용한다. ② 작고 가벼우면서도 견고하고 사용이 간편하다. ③ 전형적인 하강기는 8자 형태이지만 이를 약간 변형시킨 "구조용하강기" 튜브형 하강기도 많이 사용된다. ④ 구조용 하강기는 일반적인 8자 하강기에 비하여 제동 및 고정이 용이한 것이 장점이다.  8자하강기　　구조용하강기　　튜브
그리그리 (GriGri)	① 그리그리는 스토퍼와 같이 로프의 역회전을 방지할 수 있는 구조로 주로 확보용 장비이다. ② 주로 암벽 등에서 확보하는 장비로 사용되며 짧은 거리를 하강할 때 이용하기도 한다. 

스톱하강기 (Stopper) ★★	① 스톱은 <u>로프 한 가닥을 이용하여 제동을 걸어준다.</u> ② <u>하강 스피드의 조절이 용이하다.</u> ③ <u>우발적인 급강하 사고를 방지할 수 있기</u> 때문에 최근 구조대에서 사용이 증가하고 있는 추세이다.  ※ 스톱하강기 사용요령 ① 스톱퍼의 한 면을 열어 로프를 삽입하고 아래쪽은 안전벨트의 카라비너에 연결한다. ② 오른손으로 아랫줄을 잡고 왼손으로 레버를 조작하면 쉽게 하강속도를 조절할 수 있다. ③ 손잡이를 꽉 잡으면 급속히 하강하므로 주의한다.
아이디 하강기	다기능 핸들을 사용하여 하강 조절 및 작업 현장에서 위치잡기가 용이하며, 고소작업 및 로프엑세스 작업용으로 제작된 개인 하강용 장비이다.

➕ 8자 하강기나 스톱, 그리그리 등 각종 하강기를 사용하여 선등자를 확보하는 경우 확보자는 본인의 몸을 견고히 고정하여 추락 등 사고에 대비하고 로프의 끝 부분이 기구에서 빠지지 않도록 매듭 처리하여 안전을 확보토록 한다.

TIP 각종 하강기의 특성을 이해하고 장비별 비교할 수 있어야 합니다. 우발적인 급강하 사고를 방지할 수 있는 장비는 무엇인가요?

(4) **카라비너(Carabiner)**★ 24년 소방교

① <u>각종 기구와 로프, 또는 기구와 기구를 연결할 때 사용하는 장비이다.</u>
② D형과 O형의 두 가지 형태가 있으며 재질은 알루미늄 합금이나 스테인리스 스틸이다.
③ 강도는 제품별로 몸체에 표시되며 <u>일반적으로 종방향으로 25kN~30kN, 횡방향으로는 8kN~10kN 정도이다.</u>

> ➕ <u>구조활동 시에는 잠금장치가 있는 카라비너를 사용하는 것을 원칙으로 하고 횡방향으로 충격이 걸리지 않도록 설치해야 한다.</u> 부득이 잠금장치가 없는 카라비너를 사용할 때에는 로프나 다른 물체에 의해 개폐구가 열리는 일이 없도록 주의해야 한다.

(5) **등강기(Ascension Clamp, Jumar)**★★ 11년 소방교/ 13년 소방장

① 로프를 활용하여 등반할 때 <u>보조장치로 사용되며 로프에 결착하여 수직 또는 수평으로 이동</u>할 수 있도록 고안된 기구이다.

② 톱니가 나 있는 캠이 로프를 물고 역회전을 하지 못하도록 함으로서 한 방향으로만 움직이게 된다.

③ 등강기나 쥬마 등으로 부르며 등반뿐만 아니라 로프를 이용하여 물건을 당기는 경우 손잡이 역할도 할 수 있어 사용범위가 매우 넓다.

④ 손잡이 부분을 제거하여 소형화하고 간편히 사용할 수 있도록 변형된 크롤(Croll), 베이직 (Basic) 등 유사한 장비도 있다.

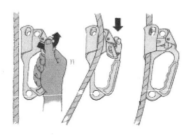

(등강기 사용법)

(베이직(상), 크롤(하))

(6) **도르래(Pulley)***** 12년 소방장/ 13년 소방교/ 21년 소방장/ 22년 소방교, 소방장

① 도르래의 사용

계곡의 하천이 범람하여 고립된 피서객이나 맨홀에 추락한 구조대상자를 구출하는 경우 힘의 작용 방향을 바꾸거나 적은 힘으로 물체를 이동시키기 위해서 도르래를 사용하게 된다.

㉠ 도르래를 사용하는 경우 지지점으로 설정되는 부분의 강도를 면밀히 검토하여 하중을 이길 수 있는지 살펴보고 힘의 균형이 맞도록 설치하여야 한다. 또한 로프가 꼬이지 않도록 주의하여 작업한다.

㉡ 고정도르래는 힘의 방향만을 바꾸어 주지만 움직도르래를 함께 설치하면 힘의 이득을 얻을 수 있다. 고정도르래 1개와 움직도르래 1개를 설치하면 소요되는 힘은 1/2로 줄어들고 움직도르래의 숫자가 증가함에 따라 더욱 작은 힘으로 물체를 이동시킬 수 있다.

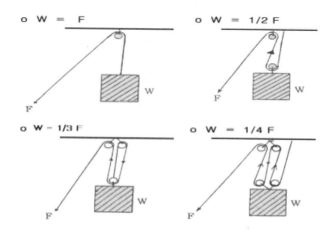

> ✪ 물체의 중량을 W, 필요한 힘을 F로 했을 때, F는 물체가 매달려 있는 줄의 가닥수에 반비례
> 하며 물체가 움직인 거리에도 반비례한다. 즉 로프를 3m 당겼을 때 물체가 1m 이동하도록
> 도르래가 설치되었다면 필요한 힘은 1/3로 줄어든다.

ⓒ 아래의 그림과 같이 도르래를 설치하여 80kg의 무게를 들어 올린다고 가정하면 필요한
   힘의 1/3인 약 26,7kg으로 물체를 이동시킬 수 있다. 물론 장비 자체의 무게 및 마찰력을
   제외한 것이다. * 14년 소방장, 소방교/ 21년 소방장

ⓓ 이 방법은 특히 'Z자형 도르래 배치법'이라 하여 현장에서 많이 활용하는 방법이다.
   도르래는 종류가 많고 활용방법도 비교적 간단하므로 평소 힘의 소모를 막을 수 있는 다양한
   설치방법을 익혀 구조 현장에서 즉시 응용할 수 있도록 하여야 한다.

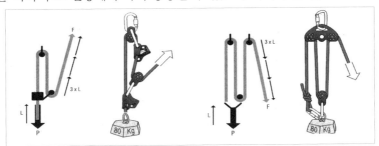

(도르래 설치방법의 예)

> TIP 고정도르래와 움직도르래 갯수에 따라 힘의 무게를 산정할 수 있어야 합니다. 80kg 물체를
> 고정 2개와 움직도르래 2개를 사용할 경우 무게는 얼마일까요?

② **특수 도르래** * 18년 소방교

로프꼬임 방지기 **(SWIVEL)**	로프로 물체를 인양하거나 하강시킬 때 로프가 꼬여 장비나 구조 대상자가 회전하는 것을 방지하는 장비이다. 카라비너에 도르래가 걸린 상태에서 360° 회전이 가능하다.	
수평2단 도르래 **(TANDEM)**	도르래 하나에 걸리는 하중을 2개의 도르래로 분산시켜주 므로 외줄 선상의 로프나 케이블 상에서 수평 이동할 때 용이하고 다른 도르래를 적절히 추가하여 쉽게 중량물을 이동시킬 수 있다. 로프의 굵기와 홈의 크기가 맞아야 안전 하게 사용할 수 있으며 크기와 재질, 구조가 다양하므로 용도에 적합한 장비를 이용하도록 한다.	
정지형 도르래 **(WALL HAULER)** 18년 소방교	도르래와 쥬마를 결합한 형태의 장비로 도르래의 역회전을 방지할 수 있어 안전하게 작업이 가능하고 힘의 소모를 막을 수 있다. 도르래 부분만 사용할 수도 있고 쥬마, 베이직의 대체 장비로도 사용이 가능하다.	

(7) 퀵 드로(Quick draw) 세트

① 퀵 드로는 웨빙슬링으로 만든 고리 양쪽에 카라비너를 끼운 것으로 이름에서도 알 수 있듯이 <u>로프를 확보물에 빨리 연결하기 위해서 사용하는 장비이다.</u>

② 퀵 드로는 웨빙의 길이에 따라 5cm부터 20cm까지 다양하게 세트로 구성된다.

③ 퀵 드로의 카라비너는 열리는 곳이 서로 반대 방향 또는 같은 방향 으로 향하도록 끼우고 개폐부분이 끝을 향하도록 하는 것이 편리하고 안전하다.

(퀵드로 세트)

3 측정용 장비

(1) 방사선 계측기* 18년 소방장/ 20년 소방교

- 방사선은 에너지를 가진 입자나 전자기파로 물질과 상호작용을 통해 에너지를 물질에 전달하여 물질의 특성을 변화시킬 수 있다.
- 방사선의 에너지가 클수록 물질에 주는 영향은 커진다.
- 특히 방사선에 인체가 노출(피폭)되면 세포가 변형 또는 손상되어 위해를 받을 수 있으므로 산업·의료· 연구시설 등의 방사선 환경에서 방사선의 종류, 양, 세기 등은 정확하게 측정되고 관리되어야 한다.
- 방사선의 종류와 에너지에 따라 방사선을 검출·측정하는 방법 및 장치는 매우 다양하다.

- <u>측정·관리해야 하는 주요 대상 방사선은 하전입자(α선, β선), 전자기파(γ선, X선) 및 중성자 이다.</u> 그러나 이들 방사선을 직접 측정(검출)해서 식별할 수 있는 계측기(검출기)는 없다.
- 측정방법으로 계측기에 걸린 전기장과 방사선의 전리작용으로 발생하는 전류를 측정하는 간접 적인 방법이 대표적이며, 일부 특정 방사선 경우 필름을 감광시키는 현상을 이용하기도 한다.

① 개인 선량계(Personal dosimeter)* 20년, 22년 소방교

검출기	개인이 휴대하여 실시간으로 개인의 방사선 피폭량을 측정
필름뱃지	방사선의 사진작용을 이용하여 필름의 흑화도로 피폭선량을 측정
열형광선량계 (TLD)	방사선을 받은 물질에 일정한 열을 가하여 물질 밖으로 나오는 빛의 양 으로 피폭선량을 측정(TLD : Thermoluminescence Dosimeter)
포켓선량계	방사선이 공기를 이온화 시키는 원리를 이용, 이온화된 전하량과 비례하여 눈금선이 이동 되도록 하여 현장에서 바로 피폭된 방사선량을 알 수 있음
포켓이온함 포켓알람미터 전자개인선량계	전하량을 별도의 기구로 측정하여 피폭된 방사선량을 알 수 있는 장비

② 방사선 측정기(Radioscope)★ 22년 소방교

<u>개인이 휴대하여 실시간으로 방사선율 및 선량 등 측정하며 기준선량(율) 초과시 경보하여 구조대원의 안전을 확보하기 위한 장비이다.</u>(가장 보편적으로 사용되는 장비)

- GM관, 비례계수관, 무기섬광체를 많이 사용한다.
- 방사선 측정기는 연 1회 이상 교정하여 사용하여야 한다.

(방사선 측정기 및 원거리 측정세트)

③ 핵종 분석기(Radionuclide Analyzer)★ 22년 소방교

- <u>개인이 휴대하여 실시간으로 방사선량 측정 및 핵종을 분석하는 장비로서 감마선 스펙트럼을 분석하여 감마 방사성 핵종의 종류 파악한다.</u>
- <u>주로 무기 섬광물질 또는 반도체를 사용하여 제작되며 핵종분석기능 이외에도 방사선량률, 오염측정과 같은 다양한 기능을 탑재하는 경우가 일반적이다.</u>
- 다른 휴대용 장비들에 비해 상대적으로 무게와 부피가 크므로 항시 휴대 운용은 제한적이다.

(핵종분석기)

④ 방사능 오염감시기(Radiation Contamination Monitor)★ 22년 소방교

- <u>방사능 오염이 예상되는 보행자 또는 차량을 탐지하여 피폭여부를 검사하는 장비로서 주로 알파, 베타 방출 핵종의 유출시 사용한다.</u>
- <u>일반적으로 선량률값을 제공하지 않고, 시간당 계수율 정보를 제공한다. 따라서, 측정하고자 하는 물체 및 인원에 대한 방사성 오염여부 판단용으로 사용되며, 미치는 영향에 대해서는 추후 정밀검사가 필요하다.</u>

(방사성 오염감시기)

⑤ 동작 전 점검사항

사용할 서베이미터가 결정되면 측정을 수행하기에 앞서 다음의 사항을 점검함으로써 장비의 정상적인 동작 여부를 확인해야 한다.

교정상태	서베이미터에 부탁된 교정필증을 통해 장비가 교정되었고 유효기간 중에 있음을 확인한다.
배터리 상태	• 서베이미터는 배터리 점검용 버튼을 이용하여 배터리 상태를 확인한 후 필요하면 배터리를 교체한다. • 디지털 장비는 LCD 화면에 배터리의 상태가 나타나고, 아날로그 장비의 경우에 배터리가 정상적인 상태라면 지시 바늘이 이에 대응하는 범위에 위치한다.
동작상태 점검	• 기지의 선원을 이용하여 검출기의 반응여부를 점검한다. • 위의 사항들 외에 측정을 수행하기 전 작업자는 측정치를 읽는 방법을 숙지하고 있어야 한다.

TIP 방사선계측기 4가지 특성을 숙지하고 비교할 수 있어야 합니다. 개인이 휴대하여 실시간으로 개인의 방사선 피폭량을 측정할 수 있는 장비는 개인선량계입니다.

(2) **잔류전류검지기(Electric Current Detector)**＊ 14년, 18년 소방장

재난현장에서 누전되는 부분을 찾아 전원 차단 등의 안전조치를 취할 수 있도록 하는 장비이다.

① 제원

㉠ 전원 : 1.5V 건전지(AA) 4개, 300시간 사용

㉡ 크기 : 521㎝(570g)

㉢ 감지능력

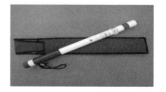

전 압	고감도	저감도	초점감지
120V	5m	1m	7.5㎝
120V (지중선)	1m	0.3m	2.5㎝
7,200V	65m	21m	6m

② 사용방법

㉠ 상단의 링 스위치를 오른쪽으로 1단 돌리면 경보음과 함께 약 3초간 기기 자체 테스트를 실시한다. 자체 테스트가 끝나면 고감도 감지가 가능하다. 스위치를 계속 돌리며 고감도 → 저감도 → 초점감지 → off의 순서로 작동한다.

ⓛ 처음에는 고감도로 조정하여 개략적인 위치를 파악하고 이후 단계를 낮춰가면서 누전 부위를 확인한다.

ⓒ 전기가 통하는 부위에 기기가 직접 닿지 않도록 주의한다.

ⓔ 장기간 사용하지 않을 때에는 건전지를 빼 놓는다.

> **TIP** 잔류전류검지기 사용 방법에 대해 숙지하고, 방사선계측기와 내용을 구분해보세요.

4 절단구조용 장비

(1) 동력절단기(Power Cutter)★★ 19년 소방장, 소방위/ 20년 소방장

동력절단기는 소형엔진을 동력으로 원형 절단날(디스크)을 회전시켜 철, 콘크리트, 목재 등을 절단하여 장애물을 제거하고 구조행동을 용이하게 하기 위해 사용하는 기동성이 높은 절단장비이다. 대부분 2행정기관으로 엔진오일과 연료를 혼합하여 주입한다는 점을 염두에 두어야 한다.

① 작동방법

철재, 목재, 콘크리트 등 절단 대상물에 따라 사용되는 절단날이 각각 다르므로 적정한 절단날이 장착되어 있는지 확인하고 정확히 고정한다. 최근 '만능 절단날'이라 하여 재질에 관계없이 절단이 가능한 절단날도 보급되어 있다.

ⓐ 연료의 주입여부와 엔진오일 혼합 비율을 확인한다. 모델에 따라 16:1, 20:1, 25:1 등 혼합 비율이 다르므로 각별히 유의하여야 한다.

ⓛ 스로틀레버 고정핀을 눌러 고정시킨 다음 손잡이 하단을 오른발로 밟아 움직이지 않도록 한 후 왼손으로 상단 손잡이를 잡고 오른손으로 시동 줄을 당긴다. 무리한 힘을 가하지 말고 자연스럽게 시동을 건다.

ⓒ 왼손으로 상단 손잡이를, 오른손으로 엑셀레이터 손잡이(스로틀레버)를 단단히 잡고 절단 날을 회전시켜 대상물을 절단한다. 대상물에 날을 먼저 댄 후에 절단 날을 회전시키지 않도록 한다.

ⓔ 절단기의 진동이 심하므로 작업자는 손잡이 및 장비를 단단히 잡아야 한다.

② 작업 중 주의사항

ⓐ 비산되는 불꽃에 의한 피해가 없도록 보호 커버를 잘 조정하고 주변 여건에 따라 관창이나 소화기를 준비하여 화재를 방지한다.

ⓛ 주위의 안전을 확인한다.
　ⓐ 작업장소 전·후방에 사람이 없고 작업원의 자세는 안전한가.
　ⓑ 절단에 의해 물건이 쓰러지거나 절단날에 외력이 가해지지는 않는가.
　ⓒ 절단된 물체가 쓰러지면서 2차 재해가 발생할 염려는 없는가.

ⓒ 절단날에 충격이 가해지지 않도록 하고 날의 측면을 이용하여 작업하지 않도록 한다. 특히 철재 절단 날은 측면 충격에 약하므로 주의하여야 한다.

ⓔ 석재나 콘크리트를 절단할 때에는 많은 분진이 발생하므로 절단 부위에 물을 뿌려가며 작업한다.

ⓜ 엔진이 작동 중인 장비를 로프로 묶어 올리거나 들고 옮기지 않도록 한다.

ⓗ 절단 시 발생하는 불꽃으로 구조대상자에게 상해를 입힐 우려가 있을 경우에는 모포 등으로 가려 안전조치 시킨 후 작업에 임한다.

ⓢ 절단 시 조작원은 자기 발의 위치나 자세에 신경을 써야 하며, 절단날의 후방 직선상에 발을 위치하지 않도록 주의한다.

③ 일상점검

ⓖ 목재용 절단날을 보관할 때에는 기름을 엷게 발라둔다.

ⓝ 철재용, 콘크리트용 절단 날에 심하게 물이 묻어 있는 경우에는 폐기하고 너무 장기간 보관하지 않도록 한다. 절단 날에 이상 마모현상이 있을 때는 즉시 교환한다.

ⓒ 철재 절단 날은 휘발유, 석유 등에 접촉되지 않도록 하고 유증기가 발생하는 곳에 보관해서도 안 된다. 접착제가 용해되어 강도가 크게 저하될 수 있다.

(2) **체인톱**★★ 12년 소방장/ 16년 소방교/ 19년 소방장

체인톱은 동력에 의해 구동되는 톱날로 목재를 절단하는 장비이다. 엔진식과 전동식이 있으나 구조장비로는 엔진식이 많이 보급되어 있다.

① 작동방법

ⓖ 작업을 시작하기 전에 엔진오일 혼합비율과 윤활유의 양, 체인 브레이크, 가이드바의 올바른 장착, 체인의 유격상태 등을 빠짐없이 점검한다.

ⓝ 체인은 손으로 돌려보아 무리 없이 돌아갈 수 있는 정도면 적당하다. 이때 맨손으로 톱날을 잡지 않도록 한다. 체인톱날의 연마 상태를 점검하고 무뎌진 톱날은 즉시 교환한다.

(체인톱)

ⓒ 체인톱에 시동을 걸기 전에 안전한 기반을 확보하고 작업영역 내에 불필요한 인원이 없도록 한다.

ⓔ 체인톱을 시동할 때에는 확고하게 지지 및 고정하여야 한다. 가이드바와 체인은 어떠한 물체에도 닿지 않도록 한다.

ⓜ 체인톱은 항상 두 손으로 잡는다. 왼손으로 앞 핸들을, 오른손은 뒷 핸들을 잡고 절단작업에 임한다. 긴급한 경우에는 즉시 앞 핸들을 잡고 있는 상태에서 왼 손목을 앞으로 꺾어 체인 브레이크를 작동시킬 수 있도록 한다.

ⓗ 수직으로 서 있는 물체를 절단하는 경우 절단 물체가 쓰러질 것에 대비하여 후방의 안전거리를 확보하고 주위에서 다른 팀이 작업하고 있을 경우는 작업물체의 2배 이상의 간격을 유지한다.

② **주의사항**

반드시 보안경과 안전모, 작업복, 두꺼운 가죽장갑, 안전화 등 절단작업에 필요한 복장을 갖추고 작업을 시작하여야 한다. 작업 시에는 절단 날을 절단 물에 가까이 댄 후 가능한 한 <u>직각으로 절단할 수 있도록</u> 하며 한번에 많은 양을 절단하려 하지 말고 특히 다음과 같은 사항을 주의하여야 한다.

㉠ <u>체인톱으로 작업할 때는 혼자 작업을 해서는 안 된다. 비상시를 대비하여 반드시 1명 이상의 보조인원이 부근에 있어야 한다.</u>

㉡ 엔진의 작동 중에는 절대로 들고 이동하지 않도록 한다. <u>운반할 때에는 시동을 끄는 것을 원칙으로 한다.</u> 스로틀 레버를 놓아도 잠깐 동안은 체인이 회전을 유지하므로 주의해야 한다.

㉢ 찢어진 나무를 자를 때에는 나무 조각이 날리지 않도록 주의한다.

㉣ 이상한 소리 또는 진동이 있을 때는 즉시 엔진을 정지시킨다.

㉤ 킥백(kick back)에 유의한다.

킥백(kick back) 현상* 13년 소방교

- 킥백은 장비가 갑자기 작업자 방향으로 튀어오르는 현상을 말하며 주로 <u>톱날의 상단부분이 딱딱한 물체에 닿을 때 발생</u>한다.
- 절단은 정확한 자세를 취한다. 정확한 자세로 핸들을 잡고 있으면 킥백현상이 발생할 때 자동적으로 왼손이 체인브레이크를 작동시키게 된다.
- 조작법이 완전히 숙달되지 않은 대원은 절대로 톱날의 끝 부분을 이용한 절단작업을 하지 않도록 한다.
- 반드시 체인이 작동하는 상태에서 절단을 시작한다.
- 여러 개의 나뭇가지를 동시에 절단하지 않는다.

(Kick Back 현상)

---

(3) **공기톱(Pneumatic Saw)*** 19년 소방장

공기톱은 압축공기를 동력원으로 하여 절단톱날을 작동시켜 안전하게 철재나 스텐레스, 비철금속 등을 절단할 수 있다. <u>공기호흡기의 실린더를 이용하여 압축공기를 공급하고 별도의 동력이 필요하지 않으므로 수중이나 위험물질이 누출된 장소에서도 안전하게 사용할 수 있으며 구조도</u> 간단하여 안전사고 위험이 적고 손쉽게 작업이 가능하다.

(에어톱과 구성품)

① **조작방법**

㉠ 작업 전에 장비의 이상 유무와 안전점검을 철저히 하고 방진안경과 장갑을 착용한다.

ⓐ 지정된 오일을 핸들 밑의 플라스틱 캡을 열고 가득 넣는다.

ⓑ 호스접합부에 먼지나 물 등이 묻어있지 않은가를 확인하고 용기에 결합한다.

ⓒ <u>사이렌서를 돌려 6각 스페너로 3개의 나사를 풀고 노즈가이드를 통해 절단톱날을 넣은 후 나사를 조여 고정한다. 일반적으로 쇠톱날은 전진 시 절단되도록 장착하지만 공기톱의 경우 톱날 보호를 위해 후진 시 절단되도록 장착한다.</u>

      ⓛ 본체에 호스를 접속하고 용기 등 밸브를 전부 연다. <u>작업 시의 공기압력은 1Mpa 이하를 준수한다. 적정압력은 0.7Mpa 정도이다.</u>

      ⓒ 절단할 때 대상물에 본체 선단부분을 밀착시켜 작업한다. <u>절단면에는 2개 이상의 톱니가 닿도록 하여 절단한다.</u>

  ② 일상 점검 정비

      ㉠ 톱날의 이상 유무를 확인하여 녹이 심하거나 변형 또는 마모된 경우 교체한다. <u>톱날은 일반 쇠톱에 사용하는 날을 사용한다.</u>

      ⓛ 각 연결부에서 공기가 새지 않는지, 본체의 나사부에 이완은 없는지 점검한다.

      ⓒ <u>오일이 ⅓ 이하가 되면 보충한다.</u>

      ⓔ 공기압력의 저하 없이 절단 톱날의 작동이 늦어진다거나 정지하는 경우의 원인은 오일에 물이 들어간 경우 또는 본체 내에 먼지가 들어간 경우에 일어난다. 수분이 들어간 오일은 완전히 제거하고 새로 주입하여야 한다.

> **TIP** 동력절단기는 철, 콘크리트, 목재를 절단 / 체인톱은 목재 / 공기톱은 철재, 스텐레스, 비철금 등을 절단할 수 있습니다. 장비별 특성을 이해하고 사용요령을 숙지해야 합니다.

(4) 유압엔진펌프(Hydraulic Pump)*

엔진을 이용하여 유압 전개기나 유압 절단기, 유압 램 등 유압장비에 필요한 압력을 발생시키는 펌프이다. 대부분의 유압장비는 상당히 무거우므로 운반 시 허리나 관절에 무리가 가지 않도록 주의를 기하고 작동 중에는 정확한 자세를 취하여 신체를 보호하여야 한다.

① **사용방법** : 시동을 걸기 전에 연료와 엔진오일의 상태를 확인한다.

> ✪ 4행정 엔진은 연료와 엔진오일을 별도로 주입하므로 엔진펌프의 종류를 확인해 두어야 한다. 중형 이상의 엔진은 대부분 4행정 엔진이다.

      ㉠ 유압오일의 양을 확인하고 부족하면 즉시 보충한다. 또한 <u>1년마다 오일을 완전히 교환하여 주는 것이 좋다.</u>

      ⓛ 작동 중에는 진동이 심하여 미끄러질 우려가 있으므로 <u>기울기가 30° 이상이거나 바닥이 견고하지 않은 장소에서는 사용하지 않는다.</u>

      ⓒ 연료밸브를 열고 시동 레버를 왼쪽으로 놓은 후 줄을 당겨 시동을 건다.

      ⓔ 사용 후에는 유압밸브를 잠그고 시동을 끈다.

      ⓜ 유압호스를 연결, 해제하면 반드시 커플링에 캡을 씌워 이물질이 들어가지 않도록 한다. <u>유압호스는 압력호스와 회송 호스로 구분된 2줄 호스릴을 사용하였지만 최근에는 호스를 이중으로 만들어 외형상 하나의 호스처럼 보이는 것도 사용하고 있다.</u>

(호스릴이 부착된 유압엔진펌프)

② **사용상의 주의사항** * 12년 소방장/ 16년 소방교/ 20년 소방위

 ㉠ 펌프의 압력이나 장비의 이상 유무를 점검할 때에는 <u>반드시 유압호스에 장비를 연결하고 확인한다.</u> 커플링의 체크벨브에 이상이 있을 수 있기 때문에 파손 시에는 큰 사고로 이어질 수 있기 때문이다.

 ㉡ <u>가압할 때에는 커플링 정면에 서 있지 않도록 할 것</u>

 ㉢ <u>호스를 강제로 구부리지 말 것.</u> 고압이 걸리게 되므로 작은 손상에도 파열되어 큰 사고가 발생할 위험이 있다.

 ㉣ 전개기나 절단기를 작동시킬 때 대상물에 구조나 형태를 따라서 장비가 비틀어지기도 한다. 유압장비에는 사람이 감당할 수 없는 큰 힘이 작용하므로 무리하게 장비를 바로 잡으려 하지 말고 <u>잠시 전개·절단 작업을 중지하고 대상물의 상태를 확인한 후에 다시 작업하도록 한다.</u>

 TIP 유압식엔진펌프는 4행정이며, 유압으로 동력을 전달, 사용 시 주의 사항을 숙지하세요.

(5) **유압전개기(Hydraulic Spreader)*** 16년 소방교/ 21년 소방장

<u>유압을 활용하여 물체의 틈을 벌리거나 압착할 수 있는 장비</u>로 특히 차량사고 현장에서 유압절단기와 함께 매우 활용도가 높은 장비이다.

① **사용방법**

유압펌프와 전개기는 평소에 휴대하기 편리하도록 분리하여 보관하며 사용할 때에는 양쪽 커플링을 연결하여야 한다. <u>유압장비는 수중에서도 사용이 가능하다.</u>

 ㉠ <u>전개기의 손잡이를 잡고 사용할 장소까지 옮겨 팁을 벌리고자 하는 부분에 찔러 넣는다.</u>

 ㉡ 전개기 후면의 밸브를 조작하면 전개기가 작동된다.

 ㉢ <u>사용 후에는 전개기의 팁을 완전히 닫지 말고 약간의 틈새를 벌려 두어야 한다.</u> 이는 모든 유압장비에 공통되는 사항으로서 날이 완전히 닫힌 상태에서

(유압 전개기와 부속 기구들)

닫히는 방향으로 밸브를 작동하면 날이 파손될 수 있기 때문이다. 또한 날을 완전히 닫아 두면 유압이 해제되지 않아 나중에 작동하지 못하게 되는 경우가 발생할 수도 있다.

② **주요 문제점 및 해결방안**** 13년, 14년 소방장/ 20년 소방교/ 24년 소방장

문제점	조치방법
커플링이 잘 연결되지 않을 때*	• <u>Lock ling을 풀고 다시 시도한다.</u> • 유압호스에 압력이 존재하는지 점검한다. • 엔진작동을 중지하고 밸브를 여러 번 변환 조작한다.(만일 이것이 안 될 때에는 강제로 압력을 빼 주어야 한다.– 압력제거기를 사용하거나 A/S 요청)

컨트롤 밸브를 조작하여도 전개기가 작동하지 않을 때	• 펌프를 테스트한다(펌핑이 되고, 매뉴얼 밸브가 오픈포지션에 있어야 함.) • 유압 오일을 확인하고 양이 부족하면 보충한다.
전개기가 압력을 유지하지 못할 때*	• 시스템에 에어가 유입되었을 때 • 핸들의 밸브가 잠겨 있는지 확인한다. • 실린더 바닥의 밸브를 재조립한다.
컨트롤 밸브 사이에서 오일이 샐 때*	• 커플링의 풀림 여부를 확인한다. • 안전스크류를 조인다. • 계속 오일이 새면 씰을 교환한다.

TIP 전개기는 팁을 이용해서 벌리거나 압착할 수 있으며, 유압이므로 수중에서도 사용이 가능하고 특히! 문제점 해결방안을 기억하시기 바랍니다.

(6) 유압절단기(Hydraulic Cutter)* 16년 소방교

유압 절단기 역시 엔진펌프에서 발생시킨 유압을 활용하여 물체를 절단하는 장비이다. 구조대에서 많이 사용하는 중간크기의 모델인 경우 중량은 13kg 전후이고 절단력은 35t 내외이다.

① 사용법

ㄱ 절단기의 손잡이를 잡고 절단하고자 하는 부분에 옮겨 칼날을 벌려대고 핀을 열어준다.

ㄴ 절단대상물에 날이 수직으로 접촉되지 않으면 절단 중에 장비가 비틀어진다. 이때에는 무리하게 힘을 주어 바로잡으려 하지 말고 일단 작동을 중지하고 자세를 바로잡은 후 작업을 계속한다.

ㄷ 절단 날이 항상 10~15도 각도를 유지하도록 절단하여야 날이 미끄러지지 않고 절단이 용이하다.

(유압 절단기)

② 주의사항

ㄱ 스프링이나 샤프트 등 열처리된 강철은 절단 날이 손상될 우려가 높으므로 각별한 주의가 필요하다.

ㄴ 절단된 물체가 주변으로 튀어 안전사고가 발생할 우려가 있으므로 구조대원은 반드시 장갑과 헬멧, 보안경을 착용하고 구조대상자의 신체 가까이에서 작업할 때에는 별도의 보호조치를 강구하여야 한다.

ㄷ 기타 사용 및 관리상의 주의사항은 유압 전개기에 준한다.

(7) 유압램(Extension Ram)

① 일직선으로 확장되는 유압 램은 물체의 간격을 벌려 넓히거나 중량물을 지지하는 데 사용하는 일종의 확장막대이다.

② 가장 큰 장비의 경우 접은 상태에서 90㎝ 전후이지만 최대한으로 펼치면 160㎝까지도 확장된다. 확장력은 대략 100,000kPa 내외이다.

③ 유압 램을 사용할 때는 램이나 대상물이 미끄러지거나 튕겨 나가지 않도록 버팀목을 대주고, 얇은 플라스틱이나 합판 등은 램이 뚫고 들어갈 수 있으므로 압력 분산을 위하여 받침목이 필요하다.

> TIP 유압엔진펌프, 전개기, 절단기, 램은 구조대의 중요 장비이므로 특성 및 작동요령을 기억하세요.

(유압 램)

5 중량물작업용 장비

(1) 맨홀구조기구

맨홀과 같이 깊고 좁은 곳에 추락한 구조대상자를 구조할 때 수직으로 로프를 내리고 올려 인명구조, 장비인양 등의 작업을 할 수 있으며 고층이나 절벽 등에서도 응용하여 활용할 수 있다.

※ 무게 10kg, 받침대 최대높이 2.13m, 최대인양 무게 1,700kg

① 삼각 받침대를 펴서, 맨홀의 중심부에 정삼각형이 되도록 설치한다.

② 도르래 걸이에 도르래를 건 후 로프정지 쥬마를 로프에 끼우고 카라비너를 이용하여 사용자의 허리띠와 로프정지 쥬마를 연결한다.

③ 구조걸이에 구조대상자 또는 작업자를 안전하게 내리고 올릴 수 있도록 안전벨트를 결착하고 로프정지 핸들의 손잡이를 누르면 로프는 서서히 풀려 도르래가 돌아가며 구조걸이가 아래로 내려가게 된다.

맨홀 구조기구

④ 필요한 만큼 로프가 내려가면 로프정지 핸들의 손잡이를 놓아주면 로프가 풀리는 것이 정지된다. 이 상태에서 작업이 끝나거나 구조대상자를 연결하였으면 로프 정지핸들의 손잡이를 다시 누르고 로프를 잡아당긴다.

⑤ 사용 전에 로프 및 안전벨트의 이상 유무를 확인하고 정확히 결합하여야 하며 특히 삼각받침대를 완전히 펴고 고정하지 않으면 작업 도중 쓰러질 위험이 있으므로 각별히 주의하여야 한다.

(2) 에어백(Lifting Air Bag)*** 15년, 16년 소방교 / 21년 소방장

① 구조 및 제원

※ 에어백은 중량물체를 들어 올리고자 할 때 공간이 협소해서 잭(jack)이나 유압 구조기구 등을 넣을 수 없는 경우에 압축공기로 백을 부풀려 중량물을 들어올리는 장비이며, 저압 에어백과 고압 에어백이 있다.

㉠ 고압 에어백은 강철 와이어나 케블러, 아라미드 등의 복합 재료에 외피는 질긴 네오프렌 내유성 고무를 사용하여 파열 및 마모에 매우 강한 재료로 제작되어 있다.

ⓛ 외형의 평판 두께는 2.0~2.5㎝이고 표면은 미끄럼방지를 위해 랩이 부착되어 있고 <u>내열성이 좋아 80℃에서 단시간 사용할 수 있다.</u>

ⓒ 보통 3개의 에어백이 1세트로 구성되며 장비의 종류에 따라 약간의 차이가 있지만 부양능력과 규격은

    ⓐ 소형 : 부양능력 17t 이상(381㎜ × 22㎜, 3.6kg), 부양높이 20㎝ 내외

    ⓑ 중형 : 부양능력 25t 이상(511㎜ × 22㎜, 6.5kg), 부양높이 30㎝ 내외

    ⓒ 대형 : 부양능력 40t 이상(611㎜ × 22㎜, 8.5kg), 부양높이 35㎝ 내외

② **사용법 및 주의사항** ★★ 13년 소방장/ 14년 소방위/ 21년, 23년 소방장

  ⓞ 사용법★

    ⓐ <u>커플링으로 공기용기와 압력조절기, 에어백을 연결한다.</u> 이때 스패너나 렌치 등으로 나사를 조이면 나사산이 손상되므로 <u>가능하면 손으로 연결하도록 한다.</u>

    ⓑ 에어백을 들어 올릴 대상물 밑에 끼워 넣는다. 이때 바닥이 단단한지 확인한다.

    ⓒ 공기용기 메인밸브를 열어 압축공기를 압력조절기로 보낸다. 이때 1차 압력계에 공기압이 표시된다.

    ⓓ <u>에어백을 부풀리기 전에 버팀목을 준비해 둔다. 대상물이 들어 올리는 것과 동시에 버팀목을 넣고 높이가 높아짐에 따라 버팀목을 추가한다.</u>

    ⓔ 압력조절기 밸브를 열어 압축공기를 호스를 통하여 에어백으로 보내준다. 에어백이 부풀어 오르면서 물체를 올려주게 된다. 이때 2차 압력계를 보면서 밸브를 천천히 조작하고 에어백의 균형이 유지되는지를 살핀다. 필요한 높이까지 올라가면 밸브를 닫아 멈추게 한다.

    ⓕ <u>2개의 백을 사용하는 경우 작은 백을 위에 놓는다. 아래의 백을 먼저 부풀려 위치를 잡고 균형유지에 주의하면서 두 개의 백을 교대로 부풀게 한다. 공기를 제거할 때에는 반대로 한다.</u>

  ⓛ 주의사항★★

    ⓐ 에어백은 단단하고 평탄한 곳에 설치하고 날카롭거나 고온인 물체(100℃ 이상)가 직접 닿지 않도록 한다.

    ⓑ 에어백은 둥글게 부풀어 오르므로 들어 올리고자 하는 물체가 넘어질 수 있다. 따라서 버팀목 사용은 필수이다. 버팀목은 나무 블록이 적합하며 여러 개의 블록을 쌓아가며 높이를 조절할 수 있도록 만든다.

    ⓒ 에어백만으로 지탱되는 물체 밑에서 작업하지 않도록 한다. <u>에어백이 필요한 높이까지 부풀어 오르면 공기를 조금 빼내서 에어백과 버팀목으로 하중이 분산되도록 해야 안전하다.</u>

    ⓓ 버팀목을 설치할 때 대상물 밑으로 손을 깊이 넣지 않도록 주의한다. 에어백의 양 옆으로 버팀목을 대 주는 것이 안전하며 한쪽에만 버팀목을 대는 경우 균형유지에 충분한 넓이가 되어야 한다.

    ⓔ <u>2개의 에어백을 겹쳐 사용하면 부양되는 높이는 높아지지만 능력이 증가하지는 않는다. 즉, 소형 에어백과 대형 에어백을 겹쳐서 사용하여도 최대 부양능력이 소형 에어백의 능력을 초과하지 못하는 것이다.</u>

ⓕ 부양되는 물체가 쓰러질 위험이 높기 때문에 <u>3개 이상을 겹쳐서 사용하지 않는다.</u>

ⓖ 에어백의 팽창 능력 이상의 높이로 들어 올려야 하는 경우에는 받침목을 활용한다.

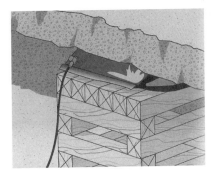

(받침목 충분히 준비, 받침목 이용)

> **TIP** 에어백은 압축공기를 사용, 2단까지만 올리고 반드시 버팀목으로 균형을 유지합니다.
> 구조대 중요 장비이므로 출제 경향이 높습니다.

⑥ 탐색구조용 장비

(1) 매몰자 영상탐지기★★ 23년 소방위

<u>써치탭(Search TAP)으로 불리는 매몰자영상탐지기는 지진과 건물붕괴 등 인명 피해가 큰 재난 상황에서 구조자가 생존자를 찾을 수 있도록 돕는 장비로 작은 틈새 또는 구멍으로 카메라와 마이크, 스피커가 부착된 신축봉을 투입하여 공간 내부를 자세히 보기 위한 장비이다.</u>

① 성능비교

■ **영상 탐지기 성능 비교표**

모 델	모니터	특 징
ST-5B	B/W	• 헤드직경 최소형 • 전력소모 절약형 • 최저조도 : 0.05Lux
ST-5C	Color	• 헤드부가 커진 반면 칼라 색상 구별 탐색 • 최저조도 : 5Lux
ST-5A	B/W	• 손잡이 부위가 권총 모양이고 4인치 모니터 부착

② 일반적인 주의사항

㉠ 관절로 이루어진 접합부분은 손으로 움직이지 말고 가급적 컨트롤 스위치에 의해서만 움직여져야 한다.

㉡ 헤드를 꼼짝할 수 없는 위치에 두지 말아야 한다. 의심되는 점이 발견되면 작업을 멈추고 주의 깊게 검사하여야 한다. 관절 부분을 한계점까지(오른쪽, 왼쪽) 작동하는 것을 피해야 한다.

㉢ 신축봉은 완전방수가 된 장비가 아니므로 주의하고, 선이나 연결기를 밟지 않아야 한다.

ㄹ 선이 꼬이지 않도록 하고 선을 직경 4인치 이하의 고리 안에 두지 말아야 한다.

ㅁ 선을 연결할 때 연결기 지시 부호를 일렬로 정리할 시간을 가져야 한다. 또한 조정 손잡이의 스위치들을 중립지점에 일렬로 놓는 시간을 가져야 한다.

ㅂ 지시 부호들이 일렬로 정렬될 때까지 어떤 힘도 연결이 되도록 허용되지 않아야 한다. 또 연결 부위나 주장치 부위에 충격을 가해지지 않도록 한다.

(2) 매몰자 음향탐지기** 23년 소방위

매몰, 고립된 사람의 고함이나 신음, 두드림 등의 신호를 보낼 수 있는 생존자를 찾아내기 위한 장비이다.

> ❂ 흙 속에서 나오는 극히 작은 음파(진동)는 지진과 유사한 파동으로 전파된다. 이들 파동의 전파는 콘크리트 바닥의 경우 두드리는 신호에 의해 생성된 파동은 약 5,000M/초의 속도와 100Hz 이상의 주파수로 전파된다. 탐지기는 수백 미터 떨어진 이러한 진동을 감지할 수 있다. 부서진 잔해에서 전파속도와 주파수는 1/10 가량 줄어든다.

이러한 지중음을 들을 수 있도록 고도로 음파(진동)에 민감한 동적 변환기인 지오폰이 사용된다. 이들 변환기에 의해 생성된 전기 신호는 증폭기에 의해 증폭되고 헤드폰(가청범위의 주파수), 마이크로폰인 공중음 센서에 의해 수신할 수 있으며 좁은 공간을 통해 넣을 수 있다면 인터콤 시스템을 통해 갇힌 사람과 대화가 가능하다.

※ 정비 및 보관

ㄱ 청취 작업 후에 각각의 센서와 케이블은 물에 적신 헝겊 조각으로 거친 먼지를 청소해야 한다. 또한 지중음센서가 있는 잭이 오염된 경우에는 압축공기로 청소하거나 긴급 시 물로 세척한다.

ㄴ 건전지를 삽입하여도 레벨지시기에 표시가 되지 않을 경우 건전지를 새것으로 교체하고 그래도 나타나지 않을 경우는 수리를 의뢰한다.

ㄷ 탐지기를 장시간 사용하지 않을 경우 건전지는 반드시 증폭기에서 분리하여 별도 보관하며, 월 1회 이상은 작동 기능 점검을 실시하여야 한다.

(3) 매몰자 전파탐지기** 23년 소방위

연결봉 **케이블**

안테나 **본체**

(매몰자전파탐지기)

붕괴된 건물의 잔해나 붕괴물 속에 마이크로파대의 전파를 방사하여 <u>매몰한 생존자의 호흡에 의한 움직임을 반사파로부터 검출하는 것</u>으로 그 생존을 탐사하는 장비이다.

① **작동원리**

    ㉠ 송신기(TX)를 사람이 살아서 묻혀 있을 것으로 예상되는 방향으로 향하게 하고 여기서 연속적인 Rf(Radio Frequency, 직접변환 주파수)신호를 송출하며 송출된 신호는 묻혀 있는 사람의 움직임 호흡 및 심장 박동에 의한 가슴의 움직임은 검출에 충분한 신호변조를 생성하고 변조된 후 반사된다.

    ㉡ 변조된 신호는 수신기(RX)에 의해 수신된다. 수신된 신호는 다시 복조(변조파에서 신호를 끌어내는 현상)되어 보다 세밀한 분석을 위해 컴퓨터로 전송되고, 처리된 신호의 변조 내용은 신호를 주파수 스펙트럼으로 변환시켜 측정 컴퓨터의 모니터에 표시함으로써 일정한 스펙트럼 부분에 의해 매몰 생존자의 존재 여부가 표시된다.

    ㉢ 살아있는 사람의 정보는 백분 확률과 안테나와 생존자의 거리를 추산하여 나타낼 수도 있다.

    ㉣ 확률 또는 생존자의 거리는 붕괴된 물질에 크게 영향을 미친다. 시스템 자체는 신호를 감쇄시키는 물질을 알 수 없기 때문에 사용자에 의해서만 이 범위의 최적화가 가능해진다. 따라서 신호의 분석과 해석은 충분한 교육을 받고 경험이 많은 대원이 수행한다.

    ㉤ 생존자가 없을 것으로 추정되는 곳에서 생존자 표시가 나온다면 적극적으로 생존가능성을 검토하고 구조작업을 진행하여야 한다.

② **조작 주의사항**

    ㉠ 탐사 중 안테나, 케이블, 본체 등을 절대로 움직이지 말고 될 수 있는 한 안테나, 케이블로 부터 주변 사람들을 떨어지게 한다. 탐사현장 주위에 휴대전화 등 전파를 발생하는 기기와는 최소 20m 이상 떨어져 있어야 한다.

    ㉡ 탐지기를 사용할 때는 그 성능, 사용법을 잘 알고 충분히 사용 훈련을 받아야 한다. 탐지기도 다른 일반 탐색장비와 마찬가지로 능력에는 제한이 있고 생존자의 100% 탐지를 보장할 수 있는 것이 아니다.

    ㉢ 장비의 효율성은 조작자의 전파나 재해에 관한 지식, 이해력에 따라 좌우된다. 그 이유는 재해현장은 복잡하고 다양한 변수가 존재하기 때문에 이로부터 적정한 탐사기법을 선택 하는 데 있어서 지식과 경험에 의한 판단이 필요하기 때문이며 특히 다음과 같은 점에 충분한 이해와 훈련이 필요하다.

ⓐ 전파의 특성에 관한 이해

ⓑ 재해현장의 특성에 관한 이해

ⓒ 장비의 취급훈련

③ 탐사의 판단

㉠ 생존자의 유무 판단은 탐사파형 및 소리로 변환된 신호로 한다.

㉡ 탐사 대상구역내의 전파의 도달 범위 내로 피해자 등이 존재하면 전형적으로는 3~4초에 한 번씩 정기적인 호흡에 따른 파형이 검지된다. 이 검지 파형을 사전에 훈련 등으로 잘 알고 있어야 한다.

㉢ 호흡에 따른 변동은 피해자 등의 쇠약의 정도, 의식의 유무, 그리고 어떻게 매몰되어 있는 가에 따라서 달라진다. 따라서 이런 변화에 대해서도 사전에 훈련 등으로 잘 알고 있어야 한다.

㉣ 이 기기는 계측기이며, 판단은 어디까지나 조작자가 하는 것이란 점에 대해서 충분히 유의하여 기계를 과신하지 말고 생존자의 존재 여부를 판단할 때에는 가능한 한 긍정적으로 하도록 한다.

(4) **열화상카메라(Thermal Imaging Camera)**

① 야간 또는 짙은 연기 등으로 시계가 불량한 지역에서 물체의 온도 차이를 감지하여 화면상에 표시함으로서 화점 탐지, 인명구조 등에 활용하는 장비이다.

야간투시경 (Night Vision)	카메라에서 적외선파장을 발산하여 측정하거나 달빛을 증폭하여 물체를 화면에 표시하는 것으로 다큐멘터리에서 동물의 움직임을 촬영할 때의 야시경과 같이 초록색 화면으로 보는 것이 그 예이다.
열화상카메라 (Infrared Thermal Camera)	• 적외선을 방사하지 않고 동물 등이 방사하는 적외선을 이용한다. • 피사체가 물체나 동물인 경우 물체의 온도에 따라 일정한 파장의 빛을 방출되는 원리를 이용한 것이다.  

※ 야간투시경은 적외선의 반사를 이용한 것이고, 열화상카메라는 적외선 방사를 이용한 것이라 할 수 있다.

② 열화상카메라 사용 시 카메라의 뷰파인더 화면에 표시되지 않는 사각이 많아 시야가 협소하고 또한 원근감이 달라서 안전사고의 위험이 높다.

③ 따라서 반드시 헬멧을 착용하고 이동할 때에는 뷰파인더에서 눈을 떼고 주변을 확인한 후 발을 높이 들지 말고 바닥에 끌듯이 옮겨서 장애물을 피하도록 한다.

TIP 탐색구조장비(영상, 음향, 전파, 열화상) 4가지 종류 및 특성을 반드시 이해하고 구분할 수 있어야 해요. 영상탐지기는 써치 탭이라고도 합니다.

7 보호 장비

(1) 공기호흡기

① 호흡과 산소 요구량

호흡량	ⓐ 사람의 호흡운동은 보통 분당 14~20회로, 1회에 들이마시는 공기량은 성인 남성의 경우 약 500cc 정도이며 심호흡을 할 때에는 약 2,000cc, 표준 폐활량은 3,500cc 이다. 운동이나 노동을 하는 경우 호흡 횟수가 늘고 깊은 호흡을 하게 된다. 이것은 몸에 다량의 산소가 필요하게 되고 몸에 있는 이산화탄소를 급히 배출해야 하기 때문이다. ⓑ 특히 소방활동 시에는 무거운 장비를 장착하고 긴장도가 극히 높은 작업을 하기 때문에 평상시의 작업에 비해 공기소모량이 많다. 호흡량은 개개인의 체력, 경험, 작업량, 긴장도 등에 따라 다르지만 일반적으로 다음과 같다. • 평균 작업 : 30~40 L / 분 • 격한 작업 : 50~60 L / 분 • 최고의 격한 작업 : 80 L / 분
용기내 압력과 호흡량의 한계	ⓐ 고압조정기(regulator)에서 보급되는 흡기유량은 한계가 있고 이 수치는 용기 내 압력의 감소에 따라 계속 저하되는 경향이 있다. ⓑ 용기 내 압력이 높은 경우는 호흡에 충분한 공기량이 보급되지만 압력이 낮아짐에 따라 호흡량도 계속 줄어들어 어느 압력 이하에서는 호흡에 필요한 공기량의 공급이 어렵게 된다. ⓒ 한계압력은 개개인의 호흡량과 공기호흡기의 종류에 따라 차이가 있지만 일반적으로 용기내의 압력이 1~1.5MPa 이하가 되면 소방활동 시의 호흡량에 대응할 수 없게 된다. 이 때문에 사용가능 시간 및 탈출개시 압력을 결정할 때에는 이 압력을 여유압력으로 제외하고 계산하여야 한다.

❂ 사용가능시간(분)★★★ 13년 소방교/ 15년 소방장/ 16년 소방교/ 19년도 소방장, 소방교

$$= \frac{[용기\ 내\ 압력(kg/cm^2) - 여유\ 압력(kg/cm^2)] \times 용기\ 용량(\ell)}{매분당\ 호흡량(\ell)}$$

❂ 탈출개시압력

$$= \frac{\{탈출\ 소요시간(min) \times 매분당\ 호흡량(\ell)}{용기\ 용량(\ell)} + 여유\ 압력(kg/cm^2)$$

※ 현재 법령에서 공식적으로 사용되는 압력단위는 파스칼(Pa)이다. 1파스칼(Pa)은 1m²에 1N의 힘이 가해졌을 때(N/m²)의 압력이다. 아직 대부분 kg/cm²를 사용하고 있지만 국제단위체계(SI 단위)에 맞는 Pa 단위로 환산해야 할 경우가 있으므로 아래의 환산방법을 기억해 두어야 한다.
1kg/cm² = 98,066.5Pa = 98.0665kPa = 0.0980665MPa ≒ 100kPa ≒ 0.1 MPa

TIP 계산기를 휴대할 수 없어 출제가 뜸하지만 간단한 계산이니 한번 풀어보세요.

② 공기호흡기의 제원 및 성능

종전에는 15Mpa압력으로 충전하여 30분 정도 사용가능한 8 L 형이 많이 보급되어 있었으나 최근에는 30Mpa으로 충전하는 6.8 L 형이 보급되어 작업 가능시간이 50분 정도까지 연장되었다.

■ **공기호흡기의 제원**

구 분	제 원
	SCA 680
형식	압축공기 2단 감압 양압식
실린더 내용적	6.8 L
재질	Carbon Fiber
중량	약 3.6kg(총중량 5.2kg)
충전공기량	2,040 L
최고충전압력	30Mpa
내압시험압력	75Mpa
경보개시압력	5.5Mpa
정지압력	1MPa

③ 사용법 및 주의사항★★

㉠ 공기호흡기 사용 시의 문제점

공기호흡기를 착용하면 신체적 제약을 받게 된다. 따라서 안전을 위하여 단독으로 행동하지 말고 항상 2인 1조 이상으로 팀을 편성하여 행동한다.

체력소모	공기호흡기는 그 자체로 적지 않은 중량이 나가며 방화복, 헬멧, 방수화 등의 장비까지 착용하면 대원의 육체적 피로가 가중된다. 여기에 공기의 원활한 공급이 제한되기 때문에 체력이 심하게 소모된다. 피로가 심해질수록 공기도 빨리 소모된다.
감각의 제한	면체를 착용하면 시야각이 협소해지고 면체 내부에 습기가 차면 앞이 잘 보이지 않게 된다. 또한 공기가 공급되면서 발생하는 소음으로 청각도 제한을 받는다.

㉡ 공기호흡기 사용방법★

ⓐ 100% 유독가스 중에서도 사용할 수 있지만 암모니아나 시안화수소 등과 같이 피부에 염증을 일으키는 가스와 방사성 물질이 누출된 장소에 진입하는 경우에는 별도의 보호 장비를 착용하여야 한다.

ⓑ 장착 전 개폐밸브를 완전히 연 후, 반대 방향으로 반 바퀴 정도 돌려 나중에 용기의 개폐여부를 쉽게 확인할 수 있도록 한다.

ⓒ 용기의 압력을 확인하고 면체의 기밀을 충분히 점검하고 신체에 밀착시키도록 한다. 면체의 기밀이 나쁜 것은 사용하지 않는다.

ⓓ 가급적 현장에 진입하기 직전에 면체를 장착하고 현장에서 완전히 벗어난 후에 면체를 벗는다. 시야가 좋아졌다고 오염되지 않은 곳이라는 보장은 없다. 장착 후에는 불필요하게 뛰는 것을 피하며 호흡을 깊고 느리게 하면 사용 가능시간을 연장할 수 있다.

ⓔ 고압호스는 꼬인 상태로 취급하지 말고, 개폐밸브가 다른 물체에 부딪히거나 충격을 받지 않도록 한다.

ⓕ 면체 내부에 김이 서려도 활동 중에는 벗어서 닦지 않는 것이 좋다. 유독가스를 흡입할 가능성이 높기 때문이다. 면체 착용시 코틀(nose cap)을 완전히 밀착시키면 면체 내부의 공기흐름을 차단, 김 서림을 방지할 수 있다.

ⓖ 활동 중 수시로 압력계를 점검하여 활동가능시간을 확인하고 <u>경보가 울리면 즉시 안전한 곳으로 탈출한다.</u> 이때 같은 팀으로 활동하는 다른 대원들과 같이 탈출하여야 한다.

ⓗ 대부분의 경우 충전된 공기량이 거의 동일하기 때문에 활동 가능시간도 비슷하다. 따라서 한 대원의 경보가 울리면 팀으로 활동하는 다른 대원들도 함께 탈출하여야 한다.

압력조정기 고장	ⓐ 충격이나 이물질로 인해서 고장이 발생할 수 있다. ⓑ 이때에는 <u>면체 좌측의 바이패스 밸브를 열어 공기를 직접 공급해줄 수 있다. 바이패스 밸브는 평소 쉽게 열리지 않지만 압력이 걸리면 개폐가 용이하다.</u> ⓒ 바이패스 밸브를 사용할 때에는 <u>숨 쉰 후에 닫아주고 다음번 숨 쉴 때마다 다시 열어준다.</u> ★★ 16년 소방장/ 19년 소방교/ 21년 소방위
유지관리 주의사항	ⓐ 용기와 고압도관, 등받이 등을 결합할 때에는 공구를 사용하는 부분인지 정확히 판단한다. <u>대부분의 부품은 손으로 완전히 결합할 수 있다.</u> ⓑ 용기는 고온 직사광선을 피하여 보관하고 충격을 받지 않도록 조심스럽게 다룬다. 특히 개폐밸브의 보호에 유의하고 개폐는 가볍게 한다. ⓒ 공기의 누설을 점검할 때는 <u>개폐밸브를 서서히 열어 압력계 지침이 가장 높이 상승하는 것을 기다려 개폐밸브를 잠근다.</u> 이 경우 압력계 지침이 1분당 1Mpa 이내로 변화할 때에는 사용상에 큰 지장은 없다. ⓓ 사용 후 고압도관에 남아있는 공기를 제거하고, 면체 유리부분에 이물질이 닿지 않도록 한다. ⓔ <u>고압조정기와 경보기 부분은 분해조정 하지 않는다.</u> ⓕ 실린더는 고온 직사광선을 피하여 보관하고 충격을 받지 않도록 조심스럽게 다룬다. 특히 개폐밸브의 보호에 유의하고 개폐는 가볍게 한다. ⓖ 사용한 후에는 깨끗이 청소하고 잘 닦은 후 고온 및 습기가 많은 장소를 피해서 보관한다. ⓗ 최근에 보급되는 <u>면체에는 김서림 방지(Anti-Fog) 코팅이 되어 있어 물로 세척하면 코팅이 벗겨질 수 있다.</u> ⓘ 젖은 수건으로 세척한 후에는 즉시 마른 수건으로 잘 닦고 그늘에서 건조시킨다. ⓙ 실린더 내의 공기는 공기호흡기를 사용하는 안전에 직접적인 영향을 미치므로 항상 청결하게 유지되어야 한다. <u>고압용기에 충전된 호흡용 공기는 매 1년마다 공기를 배출한 후 새로운 공기를 충전하여 보관한다.</u> ★★ 21년 소방위

✪ 충전되는 공기는 산소농도 20~22 % 이내, 이산화탄소는 1,000ppm 이하, 일산화탄소는 10ppm 이하, 수분은 25mg/㎥ 이내, 오일 미스트는 5mg/㎥(단, 측정값이 표시되지 않는 방식의 분석기를 사용하는 경우에는 색상의 변화가 없을 것) 이내, 총 탄화수소는 25ppm 이하, 총 휘발성유기화합물 500㎍/㎥ 이하를 유지하도록 규정하고 있다.

TIP 공기호흡기는 기본장비인 만큼 꾸준히 출제되고 있어요. 유지관리 주의사항에 대하여 숙지하세요. 고압조정기와 경보기 부분은 분해조정 하지 않아요.

⑵ 방사능 보호복

방사능 보호복은 방사능이 누출되거나 동위원소를 이용하는 기기가 손상되는 경우 방사선(알파선·베타선 또는 감마선, 중성자, X-ray 등을 말한다. 이하 같다)의 선원으로부터 인체를 보호하기 위한 보호복을 말한다.

> ※ 소방기관의 장은 특수보호복을 담당하는 전담자를 지정하여야 하며, 특수보호복 전담자는 다음 각
> 호의 기준에 적합한 사람이어야 한다.
> • 119안전센터 또는 119구조대에서 근무한 경력이 5년 이상일 것
> • 중앙소방학교·지방소방학교 또는 전문교육기관에서 실시한 화생방사고 대처요령 등 관련 과목을
> 이수할 것

① 구성 : 방사능보호복의 세트는 방사능보호복(밀폐식 공기호흡기 착용형, NBC마스크 착용형
등), 개인선량경보계로 구성된다.

② 방사능보호복의 성능조건

일반 조건	방사능보호복은 호흡기 또는 신체 일부·전부를 방사선으로부터 차폐할 수 있는 기능을 가진 특수원단(납 또는 특수재질)으로 제작된 것이며 개인선량계를 착용할 수 있는 구조일 것
특수 조건	• 알파, 베타 또는 알파, 베타, 감마, 중성자, X-ray로부터 보호될 수 있는 것 • 밀폐식공기호흡기 착용형 또는 NBC마스크 착용형 • 방사선 방호에 대한 인증기관 인증서를 반드시 첨부할 것

③ 주의사항* 21년 소방위

방사선 관련된 활동 시 방사선 차단도 중요하지만 올바른 보호복 착용으로 방사선에 오염된
물질의 침입을 최소화함으로써 피부 및 내의와의 접촉을 최소화해야 하며 사용한 보호복은
다른 지역까지 오염시키는 것을 방지하기 위해 잠재적 노출 지역에서의 착용 후 즉시 폐기
되어야 한다.

㉠ 방사선방호복의 방사선차폐 자재는 납 등 원자 번호가 큰 원소로 이루어지는 소재를 흡수체
로서 이용하여 방사선의 투과를 감소시키는 것이다.

㉡ 납 시트가 차폐 성능이 뛰어나기 때문에 종래부터 사용되고 있지만, 납은 착용자의 피부
오염 및 소각 할 때나 폐기 후에도 발생되는 환경오염 문제가 있다.

※ 최근 신소재 개발에 의한 방사능 보호복이 개발되고 있지만 납 시트 보호복을 포함하여
현재까지 개발된 어떠한 방사선보호복도 γ선이나 중성자선에 대한 차단능력은 25%를
넘지 못할 정도로 매우 미흡하다.

(방사능보호복)

(3) 화학 보호복

"화학보호복"이라 함은 신경·수포·혈액·질식 등의 화학작용제 및 유해물질로부터 인체를 보호하기 위하여 공기호흡기가 내장된 완전밀폐형으로 제작되는 보호복을 말한다.

✪ 화학보호복세트
① 화학보호복 　　　　　② 공기호흡기 　　　　　③ 쿨링시스템
④ 통신장비 　　　　　　⑤ 비상탈출 보조호흡장비 　⑥ 검사장비(테스트킷)
⑦ 착용보조용 의자 　　　⑧ 휴대용 화학작용제 탐지기 　⑨ 소방용 헬멧

구성	화학보호복은 그 수명 및 제작사의 일반적 기준에 따라 1회용(Disposable, Limited), 재사용(Reusable, Unlimited)으로 구분되며 수요기관의 예산범위, 소방대원의 선호도에 따라 결정될 수 있으나, 1회용 화학보호복이라 할지라도 제독 등 관리상 철저를 기하면 재사용할 수 있고, 재사용할 수 있는 화학보호복이라 할지라도 유독물질에 장시간 노출되어 오염되었을 경우에는 폐기를 권장한다.
성능	화학보호복은 NFPA1994에서 정한 화학보호복 등급 중 LEVEL A급(또는 CLASS 1급)의 화학보호복 일반적 성능기준을 준용하며 과학적 실험결과 각종 유해물질에 의하여 변성·침투 및 누설이 되지 아니하는 특수재질의 원단으로 제작되었음이 국내외 공인 인증서로 증명되어야 한다.    (화학보호복)
검사	화학보호복을 사용하기 전, 전체적인 육안검사(원단, 솔기, 지퍼, 렌즈, 장갑, 배기밸브 및 주입밸브 등) 및 압력시험검사를 통하여 화학보호복의 이상 유무를 확인한다. 압력시험검사는 다양한 액체 또는 가스에 노출된 작업현장에서 작업자를 보호하기 위하여 화학보호복 내부로 액체 또는 가스가 유입되는지의 여부를 확인하는 것으로 육안검사를 대체할 수 있으며 무엇보다 중요하므로 꼭 사용 전 필히 수행되어야 한다. ✪ 보호복의 결함 상태를 확인하기 위한 검사 • 공급업체로부터 수령 시 • 보호복 착용 전 • 보호복 사용 후 다시 착용하기 전(오염, 손상, 또는 변형된 보호복은 다시 사용해서는 안 된다.) • 매년 1회 이상

✪ **화학보호복(레벨A) 착용방법**★ 20년 소방장/ 24년 소방교
화학보호복의 착용은 적절한 크기의 화학보호복을 선택하여 제품에 이상이 없는지 반드시 검사를 하고 착용 시 다른 사람의 도움을 받아 깨끗한 장소에서 실행한다.

① 공기조절밸브호스를 공기호흡기에 연결한다.

② 공기호흡기 실린더를 개방한다.

③ 화학보호복 안면창에 성애방지제를 도포한다.
(손수건과 함께 휴대하는 것이 좋음)

④ 화학보호복 하의를 착용한다.

⑤ 공기호흡기 면체를 목에 걸고 등지게를 착용한다.

⑥ 무전기를 착용한다.

⑦ 공기조절밸브에 호스를 연결한다.

⑧ 면체를 착용하고 양압호흡으로 전환한다.

⑨ 헬멧과 장갑을 착용한다.

⑩ 보조자를 통해 상의를 착용 후 지퍼를 닫고 공기조절밸브의 작동상태를 확인한다.

> **TIP** 공기호흡기가 내장된 완전 밀폐형으로 보호복세트 종류와 착용순서를 기억하셔야 해요.

8 보조 장비

(1) 공기안전매트(Air Mat)

공기매트는 높은 곳에서 뛰어 내렸을 때 공기의 탄력성을 이용하여 인체에 가해지는 충격을 완화시킴으로써 부상을 방지하는 장비이다.

※『인명구조매트의 KFI 인정기준』에 의하면 "공기주입형 구조매트"라 하고, 15m 이하의 높이에서 뛰어 내리는 사람의 부상 등을 줄이기 위하여 공기 등을 매트 또는 지지장치 등에 주입하는 인명구조매트로 한정하고 있어 실제 구조대에서 사용하고 있는 공기매트의 사용 높이와는 많은 차이가 있다.

▣ 인명구조매트의 KFI 인정기준★ 24년 소방교

	(구조 및 외관 등)
규격 및 제원	① 신속하게 설치·철거할 수 있고 연속하여 사용할 수 있어야 한다. ② 낙하면은 눈에 잘 띄는 색상으로서 낙하목표 위치를 쉽게 알 수 있도록 반사띠 등으로 표시하여야 한다. ③ 구조매트에 뛰어 내리는 사람에게 낙하충격을 현저히 줄일 수 있는 구조로서 낙하면과의 접촉 시 반동에 의하여 튕기거나 구조매트 외부로 미끄러지지 아니하여야 한다. ④ 구조매트 내부의 압력이 일정하게 유지할 수 있도록 설정압력을 초과하는 때에는 자동 배출되는 구조이어야 한다.
설치 및 복원시간	① 제조사가 제시하는 설치방법에 따라 구조매트를 보관하고 있는 상태에서 낙하자가 낙하할 수 있는 사용 상태로 설치하는데 걸리는 시간은 30초를 초과하지 아니하여야 한다. ② 120kg의 모래주머니(800×500)㎜를 사용높이에서 연속하여 2회 떨어뜨린 후 모래주머니를 낙하면에서 제거한 시점부터 최초 사용대기상태로 복원되는 시간은 10초를 초과하지 아니하여야 한다. 이 경우, 모래주머니를 떨어뜨리는 간격은 제조사가 제시하는 시간으로서 최소한 10초를 초과하지 아니하여야 한다.
총 질량	① 구조매트는 부속품(공기압력용기 등)을 포함하여 50kg을 초과하지 아니하여야 한다. ② 구조매트의 보관상태 크기는 0.3㎥ 이하이어야 한다.

PART 01 구조개론

※ 낙하요령*

ⓐ <u>매트 중앙 부분을 착지점으로</u> 겨냥하고 뛰어내린다.

ⓑ 다리를 약간 들어주면서 고개를 앞으로 숙여서 <u>엉덩이 부분이 먼저 닿도록 한다.</u>

ⓒ 매트 내의 압력이 지나치게 높으면 강한 반발력을 받아 부상의 위험이 있으므로 <u>매트가 팽창한 후에는 압력을 약간 낮춰주는 것이 좋다.</u>

ⓓ 에어매트는 다른 방법으로 구조하는 것이 불가능할 때나 응급상황에만 사용해야 한다.

ⓔ 훈련이나 시범 시에는 더미나 샌드백을 사용하되 부득이 직접 사람이 훈련이나 시범을 보일 때에라도 <u>4m 이상 높이에서는 뛰어내려서는 안 된다.</u>

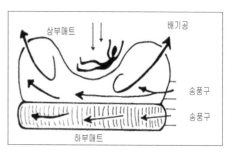

🚨 Check

① 4행정기관은 엔진오일을 (　)로 주입하고, 2행정기관은 엔진오일과 연료를 (　)하여 주입한다.

② 로프의 성능에서 면의 신장율은 5~10%이고, 나일론은 (　)이다.

③ 정적로프는 자유낙하가 발생할 수 있는 암벽등반에 유리하다.(×)

④ 로프의 교체시기로써 매주 사용하는 로프는 (　)년이다.

⑤ (　)는 스토퍼와 같이 로프의 역회전을 방지할 수 있는 구조로 주로 확보용 장비이다.

⑥ 80kg의 무게를 고정도르래 1개와 움직도르래 2개를 사용하면 (　)kg의 힘이 필요하다.

⑦ 유압식구조기구에는 엔진펌프, 전개기, 절단기, (　)등이 있다.

⑧ 공기톱은 (　)을 절단할 수 있고, 체인톱은 (　)을 절단할 수 있다.

⑨ 에어백은 (　)단 이상 겹쳐서 사용하지 않는다.

⑩ (　)은 야간 또는 짙은연기 등으로 시계가 불량한 지역에서 물체의 온도 차이를 감지하여 화면상에 표시한다.

⑪ 구조매트는 부속품(공기압력용기 등)을 포함하여 (　)kg을 초과하지 아니하여야 한다.

CHAPTER 05 기본구조훈련

제 1 절 로프 매듭

1 매듭의 기본원칙

(1) 좋은 매듭의 조건★★ 18년, 19년 소방장

매듭의 가장 중요한 조건★★	㉠ 묶기 쉬워야 한다. ㉡ 연결이 튼튼하여 자연적으로 풀리지 않아야 한다. ㉢ 사용 후 간편하게 해체할 수 있어야 한다.
구조활동 현장에서의 매듭결정	㉠ 매듭을 많이 아는 것보다는 잘 쓰이는 매듭을 정확히 숙지하는 것이 더욱 중요하다. ㉡ 매듭은 정확한 형태를 만들고 단단하게 조여야 풀어지지 않고 하중을 지탱할 수 있다. ㉢ 될 수 있으면 매듭의 크기가 작은 방법을 선택한다. 매듭부분으로 기구, 장비 등을 통과시켜야 하는 경우가 있기 때문이다. ㉣ 매듭의 끝 부분이 빠지지 않도록 주매듭을 묶은 후 옭매듭 등으로 다시 마감해 준다. 이때 끝 부분이 빠지지 않도록 충분한 길이를 남겨두어야 하는데 매듭에서 로프 끝까지 11~20cm 정도 남겨 두도록 한다. ㉤ 로프는 매듭 부분의 강도가 저하된다는 사실을 기억한다.

(2) 매듭의 종류★

매듭은 로프와 로프의 연결이나 기구 또는 신체를 묶을 때, 또는 현수점 (懸垂點, 로프를 수직으로 설치할 때 로프를 묶어 고정하는 부분)을 설정할 때 등 다양하게 활용된다. 매듭을 할 때에는 목적에 맞는 매듭을 선택하여 정확하게 묶어야 하며 사용 중에도 풀리거나 느슨해지지 않는지 수시로 재확인하도록 한다.

■ 3가지 형태의 매듭분류★ 16년 소방장/ 21년 소방교/ 24년 소방교, 소방위

마디짓기(결절)	로프의 끝이나 중간에 마디나 매듭·고리를 만드는 방법 ✪ 옭매듭(엄지매듭), 두겹옭매듭(고리 옭매듭), 8자매듭, 두겹8자매듭, 이중8자매듭, 줄사다리매듭, 고정매듭, 두겹고정매듭, 나비매듭
이어매기(연결)	한 로프를 다른 로프와 서로 연결하는 방법 ✪ 바른매듭, 한겹매듭, 두겹매듭, 8자연결매듭, 피셔맨매듭
움켜매기(결착)	로프를 지지물 또는 특정 물건에 묶는 방법 ✪ 말뚝매기매듭, 절반매듭, 잡아매기매듭, 감아매기매듭, 클램하이스트매듭

TIP 로프매듭은 매년 출제됩니다. 매듭의 조건은 밑줄 친 부분만 암기하고, 매듭의 종류 즉, 마디짓기, 이어매기, 움켜매기의 종류를 알아두세요. 8자 매듭은 어디에 속하나요?

2 기본 매듭**** 16년 소방장/ 18년 소방위/ 21년 소방교/ 22년 소방위/ 23년 소방교

(1) 마디짓기(결절)* 22년 소방위

① 옭매듭(엄지매듭, Overhand Knot)
  ㉠ 로프에 마디를 만들어 도르래나 구멍으로 로프가 빠지는 것을 방지한다.
  ㉡ 절단한 로프의 끝에서 꼬임이 풀어지는 것을 방지할 때 사용하는 가장 단순한 형태의 매듭이다.

(옭매듭)

② 두겹옭매듭(고리 옭매듭)** 18년 소방위
  ㉠ 로프의 중간에 고리를 만들 필요가 있을 때 사용한다.
  ㉡ 힘을 받으면 고리가 계속 조이므로 풀기가 힘들다.

(두 겹 옭매듭)

③ 8자매듭(Figure 8)
  ㉠ 매듭이 8자 모양을 닮아서 '8자매듭'이라고 한다.
  ㉡ 옭매듭보다 매듭부분이 커서 다루기 편하고 풀기도 쉽다.

(8자 매듭)

④ 두겹8자매듭(Figure 8 on a bight)* 16년 소방교/ 22년 소방위
  ㉠ 간편하고 튼튼하기 때문에 로프에 고리를 만드는 경우 가장 많이 활용된다.
  ㉡ 로프에 고리를 만들어 카라비너에 걸거나 나무, 기둥 등에 확보하고자 하는 경우 등에 폭넓게 활용한다.
  ㉢ 로프를 두 겹으로 겹쳐서 8자 매듭으로 묶는 방법과 한 겹으로 되감기 하는 방식이 있다.

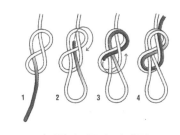

(되감기, 두겹8자매듭)

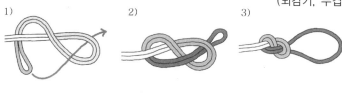

(두겹8자매듭)

⑤ 이중8자매듭(Double Figure 8) 16년 소방위/ 22년 소방위

로프 끝에 두 개의 고리를 만들 수 있어 두 개의 확보물에 로프를 고정하는 경우에 매우 유용하다.

(이중8자매듭)

⑥ 줄사다리매듭

로프에 일정한 간격을 두고 수 개의 옭매듭을 만들어 로프를 타고 오르거나 내릴 때에 지지점으로 이용할 수 있도록 하는 매듭이다.

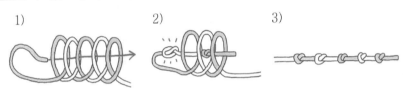

(줄사다리매듭)

⑦ 고정매듭(Bowline)★ 22년 소방위

ⓐ 로프의 굵기에 관계없이 묶고 풀기가 쉽다.

ⓑ 조여지지 않으므로 로프를 물체에 묶어 지지점을 만들거나 유도 로프를 결착하는 경우 등에 활용한다.

ⓒ 구조활동은 물론이고 어디서든 자주 사용되는 중요한 매듭이어서 '매듭의 왕(King of Knots)'이라고까지 부른다.(매듭이 완료된 후 옭매듭 또는 되감기 매듭으로 보강)

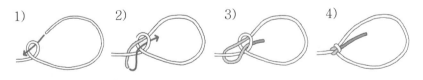

(고정매듭)

⑧ 두겹고정매듭(Bowline on a bight)★★ 13년 소방위

ⓐ 로프의 끝에 두 개의 고리를 만들어 활용하는 매듭이다.

ⓑ 수직맨홀 등 좁은 공간으로 진입하거나 구조대상자를 구출하는 경우 유용하게 활용할 수 있다.

ⓒ 특히 완만한 경사면에서 확보물 없이 3명 이상이 한줄 로프를 잡고 등반하는 경우 중간에 위치한 사람들이 이 매듭을 만들어 어깨와 허리에 걸면 로프가 벗겨지지 않고 활동이 용이하다.

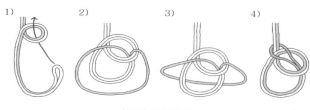

(두겹고정매듭)

⑨ **나비매듭**★★ 13년 소방장/ 20년 소방교/ 22년 소방위/ 23년 소방교

㉠ 로프 중간에 고리를 만들 필요가 있을 경우에 사용한다.

㉡ 다른 매듭에 비하여 <u>충격을 받은 경우에도 풀기가 쉬운 것이 장점</u>이다.

㉢ 중간 부분이 손상된 로프를 임시로 사용하고자 하는 경우에 손상된 부분이 가운데로 오도록 하여 매듭을 만들면 손상된 부분에 힘이 가해지지 않아 응급대처가 가능하다.

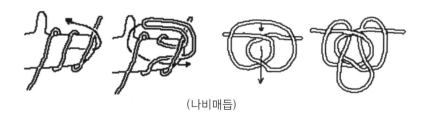

(나비매듭)

⑵ **이어매기(연결)**★★ 13년 소방교

① 바른매듭(Square Knot)

㉠ 묶고 풀기가 쉬우며 <u>같은 굵기의 로프를 연결하기에 적합한 매듭</u>이다.

㉡ 로프 연결의 기본이 되는 매듭이며 힘을 많이 받지 않는 곳에 사용하지만 <u>굵기 또는 재질이 서로 다른 로프를 연결할 때에는 미끄러져 빠질 염려가 있어 직접 안전을 확보하는 매듭에는 부적합</u>하다.

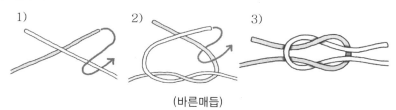

(바른매듭)

㉢ 반드시 매듭 부분을 완전히 조이고 <u>끝부분은 옭 매듭으로 마감</u>하여야 한다.

㉣ 짧은 로프가 서로 다른 방향으로 묶이면 로프가 미끄러져 빠지게 되므로 주의해야 한다.

(잘못된 매듭)

② 한겹매듭, 두겹매듭★★ 18년 소방위

(한겹매듭)

(두겹매듭)

㉠ 굵기가 다른 로프를 결합할 때에 사용한다.
㉡ 주 로프는 접어둔 채 가는 로프를 묶는 것이 좋다.
㉢ 로프 끝을 너무 짧게 묶으면 쉽게 빠지므로 주의한다.
㉣ 두겹매듭은 한겹매듭에서 가는 로프를 한 번 더 돌려
감은 것으로 한겹매듭보다 더 튼튼하게 연결할 때에 사용한다.

③ 8자연결매듭(figure 8 follow through)
㉠ 많은 힘을 받을 수 있고 힘이 가해진 경우에도 풀기가 쉬워 로프를 연결하거나 안전을
확보하기 위한 매듭으로 자주 사용된다.
㉡ 주 로프로 8자 형태의 매듭을 만든 다음 연결하는 로프를 반대 방향에서 역순으로 진입
시켜 이중8자의 형태를 만든다.
㉢ 매듭이 이루어지면 양쪽 끝의 로프를 당겨 완전한 형태의 매듭을 완성하고 옭매듭으로
마무리한다.

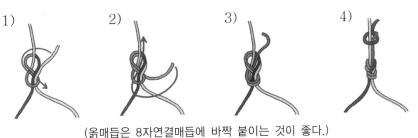

(옭매듭은 8자연결매듭에 바짝 붙이는 것이 좋다.)

④ 피셔맨매듭(Fisherman's knot)★ 18년 소방위/ 19년 소방장·소방위
㉠ 두 로프가 다른 로프를 묶고 당겨서 매듭부분이 맞물리도록 하는 방법이다.
㉡ 신속하고 간편하게 묶을 수 있으며 매듭의 크기가 작다.
㉢ 두 줄을 이을 때 연결매듭으로 많이 활용되는 매듭이지만 힘을 받은 후에는 풀기가 매우
어려워 장시간 고정시켜 두는 경우에 주로 사용한다.
㉣ 매듭 부분을 이중으로 하면(이중피셔맨매듭) 매듭이 더욱 단단하고 쉽사리 느슨해지지 않는다.

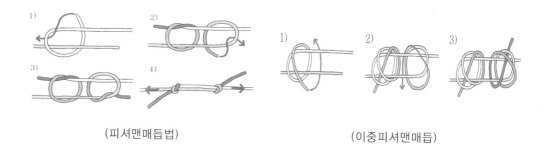

(피셔맨매듭법)　　　　　　　　　(이중피셔맨매듭)

(3) 움켜매기(결착)매듭★★

① 말뚝매기매듭(Clove Hitch)★★ 18년 소방위/ 19년 소방장

ⓐ 로프의 한쪽 끝을 지지점에 묶는 매듭이다.

ⓑ 구조활동을 위해 로프로 지지점을 설정하는 경우 많이 사용한다.

ⓒ 묶고 풀기는 쉬우나 반복적인 충격을 받는 경우에는 매듭이 자연적으로 풀릴 수 있으므로 매듭의 끝을 안전하게 처리하여야 한다.

ⓓ 말뚝매기가 풀리지 않도록 끝 부분을 옭매듭하여 마감하는 방법을 많이 활용하고

ⓔ 주 로프에 2회 이상의 절반매듭을 하는 방법도 사용한다.

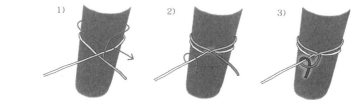

(말뚝매기의 로프 끝 처리법. 두 번 이상 절반매듭을 한다.)

(말뚝매기의 다른 방법. 로프 끝을 둥글게 겹쳐서 끼운다.)

② 절반매듭(Half Hitch)

ⓐ 로프를 물체에 묶을 때 간편하게 사용하는 매듭이다.

ⓑ 묶고 풀기는 쉬우나 결속력이 매우 약하기 때문에 절반매듭 단독으로는 사용하지 않는다.

(절반매듭)

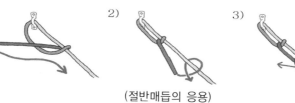

(절반매듭의 응용)

③ 잡아매기매듭* 13년 소방장

　㉠ 안전밸트가 없을 때 구조대상자의 신체에 로프를 직접 결착하는 고정매듭의 일종이다.

　㉡ 구조대상자의 구출이나 낙하훈련 등과 같이 충격이 심한 훈련이나, 신체에 주는 고통을 완화하기 위하여 사용된다.

　㉢ 긴급한 경우 이외에는 사용하지 않도록 한다.

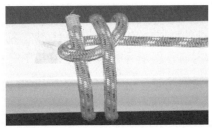

(잡아매기)

④ 감아매기매듭(Prussik Knot)**

　㉠ 굵은 로프에 가는 로프를 감아매어 당기는 방법이다.

　㉡ 고리부분을 당기면 매듭이 고정되고 매듭 부분을 잡고 움직이면 주 로프의 상하로 이동시킬 수 있으므로 로프등반이나 고정 등에 많이 활용한다.

　㉢ 감는 로프는 주 로프의 절반 정도 굵기일 때 가장 효과적이며 3회 이상 돌려 감아야 한다.

⑤ 클램하이스트 매듭(Klemheist Knot)** 14년 소방위

　㉠ 감아매기와 같이 자기 제동(self locking)이 되는 매듭이다.

　㉡ 주 로프에 보조 로프를 3~5회 감고 로프 끝을 고리 안으로 통과시켜 완성한다.

　㉢ 하중이 걸리면 매듭이 고정되고 하중이 걸리지 않으면 매듭을 위아래로 움직일 수 있다.

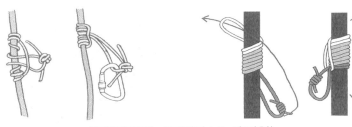

(감아매기(좌), 클램하이스트 매듭(우))

TIP 로프별 특징과 용도를 암기하시고 직접 한번 묶어보는 것도 도움이 될 듯해요. 굵기가 다른 로프를 결합할 때에 사용하는 매듭은 무엇인가요?

PART
01
구조개론

3 응용매듭

(1) 신체묶기

① 두겹고정매듭 활용** 14년 소방교/ 16년 소방장/ 17년 소방위

    ㉠ 맨홀이나 우물 등 협소한 수직공간에 구조대원이 진입하거나 구조대상자를 구출할 때 사용한다.

    ㉡ 두겹고정매듭을 만들어 고리부분에 양다리를 넣고 손으로는 로프를 잡고 지지하도록 한다.

    ㉢ 로프의 끝을 길게 하여 가슴부분에 고정매듭을 만들면 두 손을 자유롭게 쓸 수도 있다.

    ✪ 한줄 로프를 잡고 여러 사람이 등반할 때 중간에 있는 사람이 다음과 같은 방법을 사용하면 고리가 벗겨지지 않고 안전하게 활동할 수 있다.

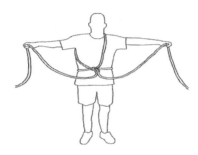 

(한쪽 고리를 허리에 끼우고 크기를 조절하여 어깨에 건다.)　　(두 개의 고리가 몸에 걸려 있기 때문에 안전하다)

② 세겹고정매듭 활용**

    ㉠ 들것을 사용할 수 없는 장소에서 안전벨트 없이 구조대상자의 끌어올리거나 매달아 내려 구출할 때 사용하는 방법이다.

    ㉡ 경추나 척추 손상이 의심되는 구조대상자 또는 다발성골절환자에게는 사용하면 안 된다.

(세겹고정매듭을 이용한 구출)

③ 앉아매기(간이 안전벨트)* 14년 서울 소방장

    ㉠ 안전벨트 대용으로 하강 또는 수평도하 등에 사용할 수 있는 매듭이다.

    ㉡ 3m 정도 길이의 로프나 슬링의 끝을 서로 묶어 큰 원을 만들고 허리에 감은 다음, 등 뒤의 로프를 다리사이로 빼내어 카라비너로 연결한다.

    ㉢ 로프보다는 슬링을 이용하는 것이 신체에 가해지는 충격을 줄일 수 있다.

(슬링을 이용한 간이 안전벨트)

TIP 두겹고정매듭은 협소한 수직공간에 진입하거나 구조대상자를 구출할 때 사용됩니다. 로프의 한쪽 끝을 지지점에 묶는 매듭은 무엇인가요?

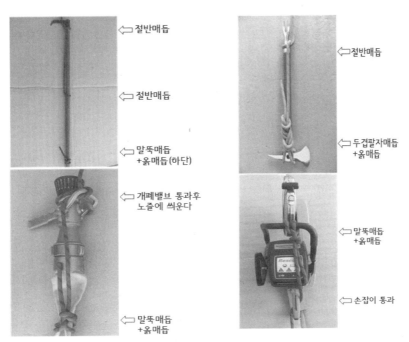

← 절반매듭

← 절반매듭

← 말뚝매듭
+옭매듭(하단)

← 개폐밸브 통과후
노즐에 씌운다

← 말뚝매듭
+옭매듭

← 절반매듭

← 두겹팔자매듭
+옭매듭

← 말뚝매듭
+옭매듭

← 손잡이 통과

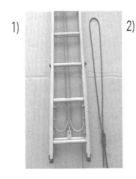

1)

2)

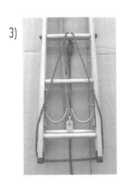

3)

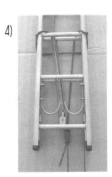

4)

4 로프정리 **TIP** 짧은로프, 긴로프, 뻣뻣한로프, 장거리이동 등을 구분해서 암기하세요.

둥글게 사리기	※ 무릎이나 팔뚝을 이용하여 로프를 신속히 감아 나가는 방법으로 <u>비교적 짧은 로프를</u> <u>사릴 때 사용한다.</u>
나비모양 사리기	• 50~60m의 비교적 긴 로프를 사릴 때 사용하는 방법이다. • 로프가 지그재그 형태로 쌓이므로 풀 때도 엉키지 않는다. **한발감기** 로프를 쥐고 양팔을 벌려 오른손에 쥔 로프를 왼 손으로 넘기는 것을 반복 로프의 끝 가닥을 접어 고리를 만들고 다른 쪽 끝을 사려진 로프에 감은 후 끝을 고리에 통과시켜 당기고 마무리 함
어깨 감기	<u>로프의 길이가 60m 이상이면 사리면서 한손으로 잡고 있을 수 없게 될</u> <u>때 로프를 어깨로 올려서 사리게 된다.</u> 로프 끝을 한쪽 손에 잡고 머리 뒤로 돌려 반대쪽 손으로 잡는 것을 반복 하고 로프사리기가 끝나면 마무리는 한발감기와 같은 방법으로 한다.

8자모양 사리기	※ 나비형 사리기와 함께 로프가 꼬이지 않게 사리는 방법으로 풀 때 꼬이지 않는 장점이 있다. 굵고 뻣뻣한 로프나 와이어로프 등을 정리할 때 편리하다. 
사슬 사리기	과거에는 주로 화물차 기사들이 사용한 방법이지만 원형이나 8자형 사리기보다 꼬이거나 엉키는 확률이 현저히 낮다. 이 방법은 마지막 끝처리가 잘 되어야 하는데, 잘못될 경우 푸는 방법도 잘 익혀 두어야 한다. 마지막 1m 정도의 여유줄을 남겨 놓고 마지막 사슬을 여유 줄에 묶는데 절대로 여유 줄이 매듭 안으로 들어가서는 안 되며 고리를 작게 사리는 것이 좋다. 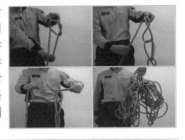
어깨매기	※ 로프를 휴대하고 장거리를 이동하는 방법으로 먼저 로프를 나비모양으로 사리고 마무리 하여 어깨에 맨다. 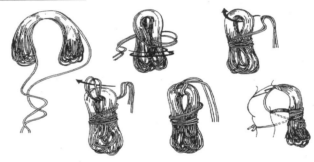

🚒 Check

① 로프의 종류에는 마디짓기, ( ), 움켜매기가 있다.
② ( ) : 로프 중간에 고리를 만들 필요가 있을 경우에 사용한다.
③ ( ) : 한줄 로프를 잡고 여러 사람이 등반할 때 중간에 있는 사람이 활용할 수 있다.
④ ( ) : 로프의 길이가 60m 이상이면 사리면서 한 손으로 잡고 있을 수 없게 될 때 로프를 어깨로 올려서 사리게 된다.
⑤ ( ) : 두 로프가 다른 로프를 묶고 당겨서 매듭부분이 맞물리도록 하는 방법이다.

제2절 로프 설치

1 지지점 만들기

로프를 공작물이나 수목 등 일정한 지지물에 묶어 하중을 받을 수 있도록 설치하고 카라비너 또는 도르래 등의 기구를 이용하여 힘의 작용방향을 바꾸기도 한다.

> 📖 **용어 정리**
>
> ① 지지점·확보점 : 로프를 직접 묶어 하중을 받게 되는 곳
> ② 현수점 : 수직방향으로 설치하는 로프가 묶이는 곳
> ③ 지점 : 연장된 로프에 카라비너, 도르래 등을 넣어 로프의 연장 방향(결국 '힘'의 방향)을 바꾸는 장소
> ④ 앵커 : 지지점과 현수점, 지점 등을 통칭

> ❂ 확보점, 지지점, 현수점, 지점 등이 명확히 구분되는 것은 아니며 대부분의 경우 특별히 구분하여야 할 필요성도 크지 않다.

(1) **지지물 선정**★ 15년 소방장

① 로프를 설치하기 위해서는 적당한 지지물(충분한 강도를 가진 구조물, 공작물, 수목 등), 로프(지지물에 결착), 활용기구(카라비너, 도르래 등)가 필요하다.

② 주변의 지형지물이나 물체를 잘 활용하여 확보점 등을 설정하고 지지물의 형태에 따라 알맞은 매듭법을 활용해서 확보점·지점을 만들게 된다.

③ 지지물은 고정된 공작물이나 수목 등 하중을 충분히 견딜 수 있는 물체를 선택하여야 한다.

> ❂ **특히 주의해야 할 것**
> 설치하는 로프는 반드시 2겹 이상으로 하고 2개소 이상을 서로 다른 지지물에 묶어 지지물의 파손, 로프의 절단 등으로 발생할 수 있는 안전사고가 발생하지 않도록 해야 한다.

④ 로프가 묶이는 부분이 날카롭거나 거친 물체인 경우와 설치된 구조기구가 지지물에 닿아 마찰이 발생하면 기구의 파손이 발생할 수 있어 로프 보호기구나 담요, 종이상자 등을 이용하여 마찰을 최소화한다.

⑤ 현장에 맞는 다양한 방법 선정

수목이나 전신주,철탑 등수직물체의 이용	• 보편적으로 많이 활용하는 방법 • 2개소 이상 견고하게 고정
창틀의 이용	• 목재나 파이프 등 창틀보다 긴 물체를 이용 • 별도의 로프로 움직이지 않도록 고정
건물 내의 집기를이용하는 방법	• 건물 내의 옷장, 책상, 캐비닛 등 대형 집기를 이용 • 집기의 유동을 방지할 수 있도록 집기자체를 고정

매몰 방법	• 적당한 지지물이 없는 하천변에서는 둑에 지지물을 묻어 지지점으로 활용 • 눈사태 등이 발생한 지역에서는 지지물을 눈 속에 묻어 임시로 지점을 설정할 수도 있다. • 과도한 중량이 걸리지 않도록 각별한 주의가 필요
기타 지형지물 이용법	• 차량이나 사다리, 건물 난간이나 국기계양대 등의 옥상시설물도 활용

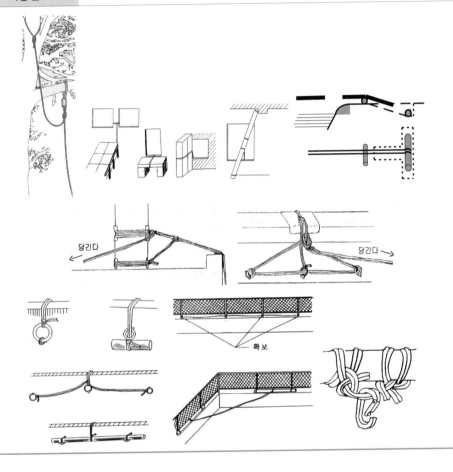

(2) **지점 만들기**

① 설정부분의 강도를 자세히 살펴 충분한 하중을 견딜 수 있는 물체를 선정하여야 한다.

② 특히 로프의 유동에 의한 마찰이 많이 발생하므로 로프와 로프가 직접 마찰하지 않도록 주의를 기울인다.

③ 안전을 위해서 로프는 2겹으로 사용하는 것이 바람직하다.

2 현수로프 설치

현수(懸垂)로프란 구조대상자의 구조 혹은 대원 진입, 탈출을 목적으로 <u>지지점에서 아래로 수직으로 설치하는 로프</u>를 말하며 등반 및 하강, 구조대상자의 구출 및 장비의 수직이동, 수직 맨홀 진입 등 다양하게 활용된다.

(1) 현수로프 설치 원칙★★ 13년, 16년 소방장/ 24년 소방교

① <u>지지점은 완전한 고정물체를 택하여야 하며 하중이 걸렸을 때 충분히 지탱할 수 있는 강도 유지</u>

② 파손이나 균열부분이 있는지 면밀히 살펴보고 두드리거나 흔들어보는 등의 다양한 방법으로 안전성을 철저히 확인한다.

③ 로프는 안전을 위하여 <u>두 겹으로 사용하는 것을 원칙</u>으로 하고 특히 <u>직경 9㎜ 이하의 로프는 충격력과 인장강도가 떨어지고 손에 잡기도 곤란하므로 반드시 두 겹으로 한다.</u>

④ 하강 로프의 길이는 <u>현수점에서 하강지점(지표면)까지 로프가 완전히 닿고 1~2m 정도의 여유가 있어야 한다.</u>

로프가 지나치게 길면	➡	하강지점에 도달한 후에 신속히 이탈하기가 곤란
로프가 지면에 닿지 않을 정도로 짧으면	➡	로프 끝에서 이탈하여 추락할 위험

⑤ 하강지점의 안전을 확인하고 로프를 투하한다. 로프 가방(rope bag)을 사용하면 로프가 엉키지 않고 손상을 방지할 수 있다.

⑥ 필요하면 현수로프를 보조로프로 고정하여 움직이지 않도록 한다.

(2) 현수로프의 설치방법

① 로프 묶기

ㄱ) 지지물에 직접 묶기

ⓐ <u>이중 말뚝 매듭이나 고정매듭 등을 이용, 로프를 지지물에 직접 묶는다.</u>

ⓑ 일반적으로 지지물에 로프를 말뚝매기로 묶고 그 끝을 연장된 로프에 다시 옭매듭하거나 두겹말뚝 매기를 하여 풀리지 않도록 한다.

ⓒ 매듭 후에는 다시 주 로프에 보조로프를 감아매기 한 후 다른 곳에 고정하여 주 로프가 움직이지 않도록 한다.

말뚝애듭 + 옭애듭

로프 보호대

ㄴ) 간접 고정하기* 16년 소방교

ⓐ <u>지지물이 크거나 틈새가 좁아 직접 로프를 묶기 곤란한 경우 또는 신속히 설치하여야 할 필요가 있는 경우</u>에 사용하는 방법이다.

ⓑ 지지점에 슬링이나 보조로프를 감아 확보지점을 만들고 카라비너를 설치한 다음 <u>8자매듭이나 고정매듭을 하여 카라비너에 로프를 건다.</u>

ⓒ 건물의 모서리나 장애물에 로프가 직접 닿지 않도록 로프를 보호한다.

ⓓ 카라비너를 이용한 방법

카라비너를 걸 수 있는 고리가 있으면 다음과 같은 방법으로 로프를 신속하게 설치할 수 있다. 고리가 없을 경우 보조로프나 슬링 등으로 대용할 수도 있다.

(현수로프의 간접 고정)

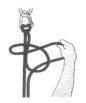  

(카라비너에 로프 결착하기)

TIP 현수로프에서 직접고정과 간접고정방법을 이해할 수 있어야 합니다.

② 회수로프 설치

구조현장에 따라 설치된 로프를 회수하기 곤란한 장소가 있다. 이러한 경우 최후에 하강 또는 도하하는 대원이 로프를 회수하기 쉽게 설치하는 방법이다. 안전사고 발생의 위험이 있으므로 극히 신중을 기하여야 하고, 회수시에는 암벽 틈새나 수목 등 장애물에 로프가 걸리지 않도록 주의하여야 한다.

(로프감기 설치방법)

㉠ 로프감기

ⓐ 수목이나 전신주 등 지지물에 로프를 감아 사용하고 하강 또는 도하 후에는 매듭의 반대 방향으로 당겨 회수하는 가장 간단한 방법이다.

ⓑ 반드시 로프의 두 줄을 동시에 활용하여야 한다.

ⓒ 사용 후에는 매듭부분의 반대방향으로 로프를 당겨 회수하며 이때 로프가 마찰에 의해 훼손되지 않도록 주의를 기울인다. 횡단로프를 설치하는 경우에 많이 활용한다.

㉡ 회수 설치

최종 하강자가 로프 설치를 바꾸어 쉽게 회수하도록 하는 방법이다. 안전사고의 위험은 비교적 적으나 별도의 지지물이 필요하다. 확보물이 설치되어 있는 암벽에서 하강할 때 많이 활용한다.

㉢ 회수 매듭법(Blocking Loop)을 이용하는 방법

ⓐ 하강지점에서 풀 수 있는 회수 매듭법이다.

ⓑ 3번 이상 교차 매듭하고 풀리는 로프를 잘 기억해야 한다.

ⓒ 푸는 로프를 착각하여 잘못 당기거나 하강도중 공포감으로 인하여 매듭을 당기면 추락의 위험성이 있으므로 숙달되지 않은 사람은 사용하지 않도록 한다.

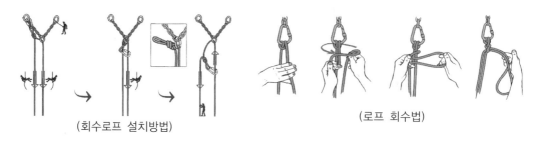

(회수로프 설치방법)   (로프 회수법)

TIP 회수로프 2줄에서 풀리는 로프와 풀리지 않는 로프가 있습니다. 3번 이상 교차 매듭을 이해하시기 바랍니다.

3. 연장로프(횡단로프) 설치★★ 13년 소방교

연장로프는 수평 또는 비스듬히 연장하는 로프, 즉 횡방향으로 설치하는 로프를 말하며 도하훈련, 계곡 등에서의 수평구조, 경사 하강(비상탈출)등의 경우에 활용하는 설치방법이다.

> ✪ 연장로프는 팽팽하게 당겨야 활동이 용이하지만 지나치게 당겨지면 로프에 가해지는 장력(張力, tension)도 급격히 증가되므로 로프의 인장강도 이상으로 사용하지 않도록 주의한다.

(수평으로 연장된 로프에 가해지는 장력)

(1) 연장로프 설치 방법★

① 인력에 의한 로프 연장

아무런 장비나 도구 없이 로프와 사람의 힘만으로 로프를 연장하는 방법으로 연장 로프에 걸리는 하중이 많지 않은 경우에 사용한다. 당김줄매듭(Trucker's hitch)을 이용하면 작업이 끝난 후에도 매듭을 풀기가 용이하다.

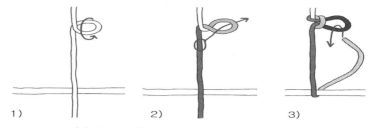

1)   2)   3)

(당김줄 매듭을 이용하여 로프를 당기는 방법)

㉠ 수평으로 연장된 로프의 중간을 비틀어 고리를 만들고 한번 꼬아준다.

ⓛ 고리 속으로 로프의 중간을 통과시켜 또 다른 고리를 만든다.

ⓒ 로프의 끝 가닥을 지지물에 감고 2)에서 만든 고리를 통과시킨 후 당겨서 지지물에 결착한다. 이때 고리에 직접 로프를 거는 것 보다는 카라비나를 연결하고 로프를 통과시키면 마찰로 인한 로프 손상을 최소화 할 수 있다.

(당김줄을 만들고 카라비너를 건다)

② Z자형 도르래 배치법*

로프에 걸리는 하중이 큰 경우에 사용하는 방법으로 감아매기로 고정한 로프를 2개의 도르래로 당겨서 팽팽하게 유지한다.

㉠ 주 로프를 지지물에 결착하고 고정한다. 이때 2개소 이상의 지지점을 설정하여 하중을 분산시키고 안전을 도모한다.

ⓐ 지지물에 말뚝매기 방법으로 직접 주 로프를 결착하고 감아매기로 하중을 분산시킨 방법

ⓑ 지지물에 2개소의 확보물을 설치하고 8자매듭과 카라비너를 이용하여 주 로프를 간접 고정한 것이다.

(직접 묶기)

(간접 고정)

ⓒ 반대 쪽 지지물에 확보지점을 설치하고 도르래를 건 다음, 주 로프를 통과시키고 감아매기로 고정한다.

ⓓ 주 로프의 당겨지는 지점에 보조로프를 감아 매고 두 번째 도르래를 건 다음 주 로프를 통과시키고 당긴다. 'Z자형 도르래 배치법'을 응용한 것으로 1/3의 힘만으로 로프를 당길 수 있다. 단 당겨지는 거리 역시 3배가 되어 1m를 당기고자 한다면 3m를 당겨야 한다.

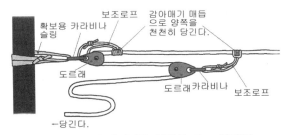

(Z자형 도르래 배치법을 응용한 로프 연장법)

TIP 80kg 무게를 Z자형 도르레를 사용하면 27kg의 힘만으로 당길 수 있습니다.

③ 2단 도르래를 이용하는 방법

2단 도르래를 이용하여 강력한 힘으로 로프를 연장하는 방법이다. <u>연장로프에 구조대원이나 구조대상자가 직접 매달리는 도하로프를 설치할 때 이용한다.</u>

ㄱ 2개소 이상의 지지물에 주 로프를 확실히 고정한다.

ㄴ 주 로프의 반대쪽 끝부분에 당김줄 매듭을 만들고 카라비너를 결착한다. 이 카라비너에 도르래를 건다. 도르래는 모두 2단 도르래를 사용하고 당김줄 매듭의 위치는 로프가 당겨지는 것을 고려하여 정한다.

ㄷ 반대쪽 지지물에 슬링이나 로프로 지점을 만들고 카라비너를 결착한다. 이 카라비너에 도르래 ⓑ를 걸고 주 로프를 통과시킨 후 다시 도르래 ⓐ를 통과시킨다. 로프가 꼬이지 않도록 주의하면서 도르래 ⓑⓐ를 다시한번 통과시킨다.

ㄹ 당기는 힘을 늦추어도 로프가 느슨해지지 않도록 다른 지지물에 확보점을 만들고 베이직이나 크롤, 그리그리 등 역회전 방지 기구를 설치한다. 주 로프를 충분히 당겨 팽팽하게 유지하고 지지물에 결착한다.

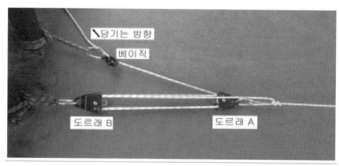

④ 차량을 이용한 로프 연장

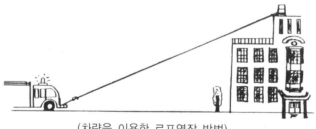

(차량을 이용한 로프연장 방법)

ㄱ <u>연장된 로프의 끝에 두겹8자매듭이나 이중8자매듭을 하고 카라비너를 건다.</u>

ㄴ 차량용 훅(hook)에 로프를 연결한다.

ㄷ 차량을 후진시켜 로프를 당긴다. 이때 보조요원은 로프에 가해지는 장력을 주의 깊게 살펴 지나치게 당겨지지 않도록 주의한다.

ㄹ 구조활동에 적합한 정도로 로프가 당겨지면 <u>사이드브레이크를 채우고 바퀴에 고임목을 대어 차량이 전진하지 않도록 조치</u>한다.

TIP 차량을 이용한 로프연장에 사용하는 매듭은 무엇인가요?

제 3 절　안전 확보

1　확보의 개념★★ 18년 소방교, 소방장

높은 곳에서 작업하는 경우나 암벽 등을 오르내리는 경우 구조대원과 구조대상자의 행동을 용이하게 하고 추락이나 장비의 이탈을 방지하기 위하여 로프로 묶는 안전조치를 취하는데 이를 확보(Belay)라 한다.

직접 확보	• 확보기구를 사용하든, 사용하지 않든 간에 확보자의 신체에 직접 하중이 걸리도록 하는 방법을 말한다. • 추락 충격이 1차적으로 확보자에게 전달되는 것.
간접 확보	• 확보기구 등을 이용하여 자기 몸이 아닌 다른 어떤 지형지물과 확보물에 의지하는 것을 말한다. • 추락 충격이 1차적으로 확보지점에 전달되는 것.

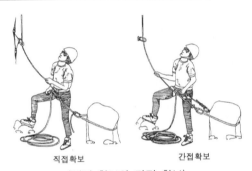

직접확보　　　　간접확보
(직접 확보와 간접 확보)

2　확보기법★★ 12년 소방장/ 18년 소방교

자기 확보	작업자 자신의 안전을 확보하기 위하여 신체를 어떠한 물체에 묶어 고정하는 것. ① 구조 활동을 하고자 할 때에는 가장 먼저 자기 확보부터 해야 한다. ② 작업장소의 상황과 이동범위를 고려하여 1~2m 내외의 로프를 물체에 묶고 끝에 매듭한 후 카라비너를 이용하여 작업자의 안전벨트에 거는 방법을 사용한다. ③ 움직임이 많은 경우에는 미리 안전벨트에 확보줄을 묶어두었다가 카라비너를 이용해서 필요한 지점에 고정한다. ④ 안전벨트와 확보로프 없이 작업하는 것은 매우 위험한 상황을 초래할 수 있으므로 피하여야 한다. 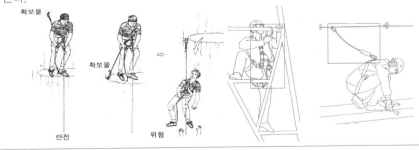 확보물　확보물　안전　위험

(확보자가 등반, 하강 또는 높은 곳에서 작업 중인 대원의 안전을 확보해 주는 방법)
① 장비를 이용한 확보
    ㉠ 8자 하강기, 그리그리, 스톱 등 각종의 확보 기구에 로프를 통과시켜 마찰을 일으키도록 하는 방법으로 신체를 이용한 확보에 비해 보다 확실하고 안전한 확보를 할 수 있다.
    ㉡ 확보자는 우선 자기확보를 한 후 확보기구에 로프를 통과시켜 풀어주거나 당기면서 확보한다.
    ㉢ 당겨진 로프는 엉키지 않도록 잘 사려 놓아야 하며 특히 로프를 풀어주면서 확보하는 경우에는 반드시 로프의 끝 부분을 매듭으로 표시하여 로프길이를 착각하고 모두 풀어주는 사고를 방지한다.
② 신체를 이용하는 확보(Body Belay)
    <u>신체를 이용한 확보방법은 로프와 몸의 마찰로 로프를 제동하는 방법인데, 허리, 어깨, 허벅지를 이용한 확보 등이 있다.</u>

※ UIAA에서 권장하는 가장 좋은 확보방법은 허리확보이다.(Hip Belay)

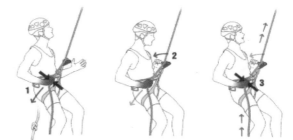

그리그리를 사용할 때 아래 손은 항상 로프를 잡고 있어야 한다.

타인의 확보	(위 내용)
허리 확보	㉠ 하중을 확보자의 허리로 지탱하는 방법이다. ㉡ 서거나 앉아서 확보할 수 있지만 선 자세는 균형유지가 어려우므로 특별한 경우가 아니면 실시하지 않도록 한다. ㉢ 허리확보도 어깨 확보와 같이 확보로프의 힘의 중심이 아래쪽에 있으면 실시하기 쉽다. ㉣ 앉은 확보 자세에 있어서는 발로 밟고 지탱할 수 있는 지지물이 있으면 한층 강하게 확보할 수 있다.
어깨 확보	㉠ 힘이 걸리는 측면로프가 왼쪽 겨드랑이 밑으로 나오도록 확보로프를 설정한다. (왼손잡이의 경우 오른쪽 겨드랑이. 이하 같다). ㉡ 왼발을 앞으로 내어 하중을 지탱하고 오른발을 약간 구부린다. ㉢ 로프를 등 뒤로 돌리고 오른쪽 어깨에 로프를 건다. ㉣ 등을 똑바로 펴서 약간 뒤쪽으로 체중을 건다. 등을 굽히면 하중이 앞쪽에 걸려 자세가 흐트러지고 균형을 잃는다. ㉤ 왼손으로 로프를 당기고 오른손으로 보조한다. 무릎을 굽히거나 펴면서 신체 전체를 사용하는 것이 좋다. 잠시 멈추거나 제동할 때에는 오른손 로프를 왼쪽으로 꺾어 두 줄을 겹쳐 잡아 제동한다.
지지물 이용 확보	① 지지물을 이용하여 확보한 경우에는 낙하 충격은 지지점을 통해 그 위쪽 방향에서 나타나므로 <u>지지점을 향하여 확보자세를 취한다.</u> ② 지지물이 추락 충격에 견딜 수 없을 것으로 판단되면 개인로프, 카라비너 등을 이용하여 지지점을 늘려 충격이 분산되도록 한다.

(허리확보 자세)

(어깨확보 자세)

☀️ Check

① (   )은 1/3의 힘만으로 로프를 당길 수 있다. 단 당겨지는 거리 역시 3배가 되어 1m를 당기고자 한다면 3m를 당겨야 한다.
② 구조 활동을 하고자 할 때에는 가장 먼저 (   ) 확보부터 해야 한다.
③ UIAA에서 권장하는 가장 좋은 확보방법은 (   )이다.
④ 설치하는 로프는 반드시 (   )겹 이상으로 하고 (   )개소 이상을 서로 다른 지지물에 묶어야 한다.
⑤ (   ) : 수직방향으로 설치하는 로프가 묶이는 곳이다.

제4절 하강 기술

1 기본하강

현수로프를 사용하여 높은 곳으로부터 하강하는 방법으로 비교적 긴 거리를 하강할 수 있다. 하강로프는 반드시 2줄로 설치하여 안전을 확보하고 헬멧, 안전벨트, 장갑, 하강기 등 필수장의 안전점검과 착용상태를 확인한다.

(1) 하강기의 준비

하강기구 이용	㉠ 가장 기본적인 하강기구인 8자 하강기는 크기가 작아 휴대 및 활용이 용이한 반면 약간의 숙달을 요하고 제동 및 정지가 불편하다. ㉡ 이런 단점을 보완한 것으로 8자 하강기의 변형인 구조용하강기, 로봇하강기 등도 널리 활용되고 있다. ㉢ 반면 스톱하강기(stopper)나 랙(rack) 등 제동이 용이한 하강기도 사용이 증가하는 추세이므로 한 가지 장비만을 고집하지 말고 다양한 장비의 활용법을 익혀두도록 한다.

| 카라비너 이용 | ㉠ 카라비너와 로프의 마찰력을 이용하여 제동을 거는 방법이다.
㉡ 하강기가 없을 때 대용으로 사용할 수 있는 방법이긴 하지만 마찰이 심하게 발생하여 로프가 꼬이고 손상률도 높다. 따라서 긴급한 경우가 아니면 카라비너 하강을 피하고 하강한 후에는 로프의 손상 여부를 잘 확인해 두어야 한다. |  |

(2) 하강기에 로프걸기

① 8자 하강기

두 줄 걸기	두 줄의 로프를 모두 8자 하강기에 넣고 카라비너에 건다. 하강속도가 느리고 제동이 용이하므로 구조대상자 구출활동에 많이 활용한다.
한 줄 걸기	① 하강 시에 많이 활용하는 방법이다. ② 한 줄은 하강 및 제동, 다른 줄은 안전확보용이다. ※ 먼저 카라비너에 한 줄의 로프를 통과시키고 다른 로프를 8자 하강기에 넣어 다시 카라비너에 건다. 이때 8자 하강기를 통과한 하강 측 로프가 오른쪽 (왼손잡이일 경우 왼쪽)으로 가도록 주의하여야 한다.
안전하게 로프 걸기	장갑을 끼고 있거나 날씨가 추운 경우 하강기에 로프를 걸다가 놓치는 경우가 자주 발생한다. 이런 경우 먼저 카라비너에 하강기를 반대로 넣고 로프를 건 다음 하강기를 바꾸어 걸면 하강기를 놓치는 안전사고를 방지할 수 있다.

② 스톱(STOP)하강기

사용이 간편하고 제동이 용이한 스톱하강기는 최근 많이 사용하는 추세이다. 스톱하강기는 체중이 걸리면 자동으로 로프에 제동이 가해진다. 손잡이를 누르면 제동이 풀리면서 하강할 수 있고 놓으면 다시 제동이 걸리는 구조이므로 안전성이 높다.

㉠ 먼저 스톱을 열고 아래쪽을 카라비너에 건 후 그림과 같이 로프를 넣는다.

㉡ 로프의 삽입 방향은 몸체에 표시되어 있으므로 제대로 삽입되어 있는지 다시 한번 확인하고 스톱을 닫은 후 위쪽도 카라비너에 건다.

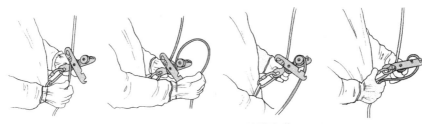

(스톱하강기에 로프 삽입하기)

(3) 하강 방법★★

① 일반 하강

하강전 안전 점검	ⓐ 하강 전에 반드시 로프의 설치상태와 착지점의 상황 등 안전점검을 실시한다. ⓑ 착지지점에 안전요원을 배치한다. 하강하는 대원 자신이 직접 안전벨트와 카라비너의 결합상태, 하강기의 고정과 로프의 삽입 등을 점검하고 안전요원이 다시 확인한다. ⓒ 하강하는 대원이 제동을 걸지 못하여 지나치게 하강속도가 빠른 경우에는 안전요원이 하강로프를 당겨 제동을 걸어주어야 한다. ⓓ 따라서 안전요원은 하강하는 대원에게서 절대로 시선을 떼어서는 안 된다.
하강 요령	ⓐ 하강기에 로프를 넣고 카라비너를 이용하여 안전벨트에 결합한다. ⓑ 현수점 측 로프를 풀고 왼손 팔꿈치를 펴서 가볍게 잡는다. 오른손은 현수로프를 허리부분에 돌려서 잡는다. 오른손목을 돌려서 제동하고 현수로프로 체중을 걸면서 벽면으로 이동한다. ⓒ 상체를 로프와 평형으로 유지하고 다리는 상체와 대략 직각이 되도록 하여 어깨폭 정도로 벌리고, 발을 벽면에 대고 하강지점을 확인한다. ⓓ 하강준비가 완료되면 안전요원에게 "하강준비 완료"라고 외친다. ⓔ 안전요원의 "하강"신호에 의해 제동을 풀고 하강지점을 계속 확인하면서 벽면을 발로 붙이고 서서히 하강한다. 하강 중에는 시선을 아래로 향하여 장애물에 주의한다. (이때 과도하게 몸을 틀지 않고 시선만 아래로 향한다.) ⓕ <u>하강 도중 벽면을 발로 차서 반동을 주며 하강하는 동작은 금물이다.</u> 실제 구조활동 중에는 구조대상자나 들것이 벽면에 부딪혀 부상을 입을 수 있고 유리창 등 건물의 취약부분이 파손될 우려도 있기 때문이다. ⓖ 착지할 때에는 무릎을 가볍게 굽혀 충격을 완화한다. ⓗ 상층에서 파손된 유리창이나 카라비너, 하강기 등의 장비가 낙하하는 경우가 있으므로 하강을 마친 대원은 즉시 하강지점에서 뒤로 물러서야 한다. ⓘ 하강기에서 로프를 뺄 때에 하강기가 로프와의 마찰열로 뜨거울 수 있으므로 주의하고 로프에서 완전히 이탈한 후에 "하강완료"라고 외친다.

TIP 최근 들어 각종 현장 활동 순서가 출제되는 경향이 있으니 하강 순서를 기억하세요.

② 오버행(Over-hang) 하강

오버행(Over-hang)의 뜻은 암벽의 일부가 처마처럼 튀어나온 부분을 말하는 것으로 오버행 부분에서 하강하는 것처럼 발 닿을 곳이 없는 상태로 하강하는 것은 일반 하강과 다른 하강 기법이 필요하다.

수직으로 하강	ⓐ 오버행 하강에서 제일 중요한 점은 우선 로프가 떨어진 중력방향으로 내려가는 것이다. ⓑ 만일에 출발지점과 도착지점이 좌우로 멀리 차이가 난다고 해도 우선은 중력방향으로 내려와 도착지점에 가까이 접근한 다음에 옆으로 이동하는 것이 좋다. ⓒ 그렇지 않고 출발할 때부터 도착지점을 향해서 비스듬히 가게 되면 로프가 당기는 힘에 의해서 옆으로 날아갈 수 있기 때문이다.	 오버행 지역의 통과 자세
균형잡힌 자세	ⓐ 오버행이 시작하는 턱 끝까지 발이 내려온 다음 발을 어깨넓이로 펴고 서서 균형을 잡은 상태로 체중을 실어 상체를 뒤로 젖히면서 로프를 먼저 빼서 몸이 쭉 펴진 상태가 되도록 한다. ⓑ 조금이라도 오버행 아래에 먼저 닿는 발을 내리고 다음 발을 똑같이 내려 균형을 잡으면서 로프가 턱에 걸리도록 한다.	
	✪ 로프를 충분히 빼지 않고 하강을 시작하면 로프를 잡은 왼손바닥이 턱과 줄에 걸쳐서 낄 수 있으니 주의해야 한다.	

㉠ 오버행 턱 아래로 한발이라도 걸치지 못하는 심한 오버행
   ⓐ 하강을 시작할 때는 위와 같이 하는 동작에서 상체를 쭉 펴지 말고 약간 웅크린 상태에서 로프를 먼저 뺀 다음에 균형을 잡으면서 부드럽게 몸을 아래로 던져 하강을 시작하면 된다.
   ⓑ 이때 상체를 너무 뒤로 젖히면 뒤집어질 수가 있기 때문에 주의해야 한다. 이때에도 제동손은 놓지 말아야 한다.
㉡ 큰 배낭이나 무거운 장비를 메고 오버행 하강을 할 경우
   ⓐ 무게에 의해 갑자기 뒤로 뒤집어질 수가 있다.
   ⓑ 이런 경우에는 배낭을 자신의 안전벨트에 걸려있는 자기확보줄에 달아서 먼저 오버행 아래로 내려 보내고 하강을 하는 것이 안전하다.

⑷ **일시정지**

하강도중에 일시 정지하여 작업하는 방법이다. 스톱이나 그리그리 등의 하강기는 손잡이에서 손을 떼는 것만으로도 정지가 가능하고 8자 하강기도 로프를 교차시켜서 간단히 고정할 수 있지만 장시간 고정하여 작업하기 위해서는 보다 확실히 고정할 필요가 있다.

8자 하강기의 완전 고정	① 작업할 곳 약간 위에서 제동하여 정지한 후 로프를 하강기에 　고정한다. ② 매듭을 할 때는 로프의 탄성으로 정지위치보다 약간 내려가게 　되므로 위치를 잘 선택하고 고정하는 과정에서 균형을 잃지 　않도록 주의한다. 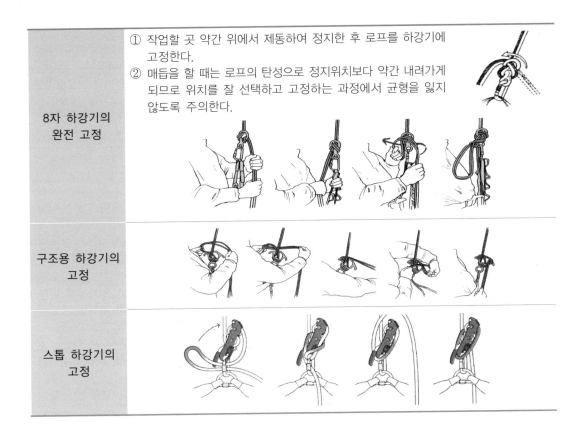
구조용 하강기의 고정	
스톱 하강기의 고정	

2 신체감기 하강 ★ 20년 소방위

① 기구를 사용하지 않고 신체에 직접 현수로프를 감고 그 마찰로 하강하는 방법으로 숙달되지 않은 경우 매우 위험하므로 긴급한 경우 이외에는 활용하지 않는다. 특히 수직하강보다는 경사면에서 하강할 경우에 활용도가 높은 방법이다.

② 먼저 상의 옷깃을 세우고 다리 사이로 로프를 넣은 후 뒤쪽의 로프를 오른쪽 엉덩이 부분에서 앞으로 돌려 가슴 부분으로 대각선이 되도록 한다.

③ 다시 왼쪽어깨에서 목을 걸쳐 오른쪽으로 내리고 왼손은 현수점측 로프를 잡고 오른손으로 제동을 조정한다.

④ 현수로프에 서서히 체중을 건 다음 허리를 얕게 구부려 상체를 로프와 평행하게 유지하고 착지점을 확인하면서 하강한다.

⑤ 노출된 피부에 로프가 직접 닿으면 심한 부상을 입을 수 있으므로 주의하여야 한다.

(신체를 이용한 하강자세)

TIP 신체감기 하강이란 하강장비를 사용하지 않고 로프만으로 하강하는 방법이며, 수직하강보다는 완만한 경사가 좋습니다.

3 헬리콥터 하강★ 22년 소방위

헬기탑승 시 주의사항★	① 헬리콥터에 다가갈 때에는 <u>기체의 전면으로 접근</u>하며 기장 또는 기내 안전원의 신호에 따라 탑승한다. ② 꼬리날개(Tail rotor)는 고속으로 회전하여 매우 위험하므로 절대 <u>기체의 뒤쪽으로 접근하지 않도록 한다.</u>
하강 준비	① 헬기 하강을 위하여 공중에서 로프를 투하하는 경우에는 로터의 하향풍에 로프가 휘말릴 수 있기 때문에 <u>반드시 로프백에 수납하여 투하</u>한다. 이때 투하된 로프가 지면에 완전히 닿았는지를 반드시 확인해야 한다. ② 하강위치에 접근하면 기내 안전요원의 지시로 현수로프의 카라비너를 기체에 설치 된 지지점에 건다. ③ 하강준비 신호에 의해 왼손은 현수점측 로프를 잡고, 오른손은 하강측 로프를 허리 위치까지 잡아 제동하며 현수로프에 서서히 체중을 실어 헬리콥터의 바깥으로 이동 하여 하강자세를 한다. 헬기의 구조에 따라 스키드 또는 문턱에서 하강자세를 취한다. ④ 발을 헬기에 붙인 채 최대한 몸을 뒤로 기울여 하늘을 쳐다보는 자세를 취한 다음 안전원의 '하강개시' 신호에 따라 발바닥으로 헬기를 살짝 밀며 제동을 풀고 한번에 하강한다. ⑤ <u>착지점 약 10m 상공에서 서서히 제동을 걸기 시작 지상 약 3m 위치에서는 반드시 정지할 수 있는 스피드까지 낮추어 지상에 천천히 착지한다.</u> 이때 로프가 접지된 것을 반드시 재확인하여야 한다. ⑥ <u>착지 후 신속히 현수로프를 제거</u>하고 안전원에게 이탈 완료 신호를 보낸다.
하강 시 주의 사항	헬기는 <u>하강도중 지지물이 없다는 점에서 오버행 하강요령과 유사</u>하다. 그러나 헬기는 공중에서 정지하고 있으므로 급격한 중량변화에 민감하게 반응한다. 즉 하강자세에서 강하게 헬기를 차거나 하강 도중 급제동을 걸면 헬기가 흔들리게 되어 위험한 상황이 발생할 수도 있음을 유의하여야 한다.

TIP 헬기는 조종사 시야에서 접근해야 하고, 로프를 내릴 때는 로프백을 이용하며, 헬기하강은 오버행
하강 요령입니다.

제5절 등반 기술

1 쥬마 등반

(1) 쥬마등반 요령

① 쥬마를 이용한 상승

    ㉠ 크롤(또는 베이직)에 슬링이나 로프를 넣어 고리 모양으로 묶고 목에 건 다음 안전벨트에 결착한다.

    ㉡ 쥬마에도 슬링을 연결하고 끝에는 발이 들어갈 수 있는 크기로 고리를 만든다.

    ㉢ 이때 슬링의 길이는 가슴과 배 사이에 닿을 정도로 하는 것이 적당하다.

    ㉣ 현수 로프에 쥬마를 끼우고 그 아랫부분에 크롤을 끼운다.

    ㉤ 쥬마의 고리에 오른발을 넣고 쥬마를 최대한 위쪽으로 밀어 올린다.

    ㉥ 오른발을 펴서 몸을 일으켜 세운 후 힘을 빼면 크롤이 로프를 물고 있기 때문에 몸이 아래로 내려오지 않고 로프에 고정된다.

    ㉦ 다시 손으로 쥬마를 밀어올리고 다리를 펴서 몸을 세우는 동작을 반복하면 로프를 따라 상승하게 된다.

    ㉧ 쥬마 상승 중에 로프가 따라 올라오는 경우가 많다. 이것을 방지하기 위해 보조자가 밑에서 로프를 팽팽하게 잡아주거나 배낭 등 무거운 물체를 로프 끝에 매달아 놓는다.

    ㉨ 상승을 끝내고 쥬마에서 로프를 빼려고 하면 캠이 로프를 꽉 물고 있어 쉽게 빠지지 않는다. 이때, 쥬마를 위로 올려주면서 레버를 젖히면 된다.

    ㉩ 쥬마를 이용하여 작업할 때 로프 설치 방향을 따라 똑바로 이동시키지 않으면 로프에서 이탈하게 될 위험이 있다. 아래와 같이 쥬마에 카라비너를 끼워두면 로프에서 이탈하지 않는다.

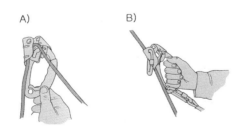

(로프가 이탈하지 않도록 카라비너를 끼워둔다.)

② 그리그리와 쥬마를 이용한 등·하강기술

    구조 현장에서는 상황에 따라서 하강과 정지, 상승을 반복해야 하는 경우도 있다. 이러한 상황에서 그리그리나 스톱 등의 확보·하강기구와 쥬마, 베이직 등의 등반기구를 적절히 조합하면 상승과 하강을 반복하면서 작업이 가능하다.

㉠ 안전벨트에 그리그리를 결합하고 현수로프를 삽입한다.

㉡ 슬링의 한쪽 끝에 발을 넣을 수 있는 고리를 만들고 쥬마를 결착한다. <u>슬링의 길이는 쥬마가 가슴과 배 사이에 오도록 하는 것이 좋으며</u> 데이지 체인을 이용하면 작업이 용이하다.

㉢ 쥬마에 현수로프를 삽입하고 쥬마 상단의 구멍에 카라비너를 끼워서 로프가 이탈하지 않도록 한다.

㉣ 슬링의 고리에 발을 넣고 한 손으로 쥬마를 최대한 밀어올린 후 고리를 밟고 몸을 일으켜 세운다. 동시에 반대쪽 손으로 그리그리 하단의 로프를 잡고 힘차게 위로 뽑아 올린다.

㉤ 그리그리 하단의 로프를 쥬마에 결착한 카라비너에 넣으면 상승할 때 로프를 당기기가 좀 더 용이하다.

㉥ 몸을 낮추어 체중이 현수로프에 걸리도록 한 후에 다시 쥬마를 밀어올리며 상승을 반복한다.

㉦ 필요한 위치까지 상승하면 쥬마를 빼서 안전벨트에 걸고 그리그리에 현수로프를 묶어서 완전히 고정한다.

㉧ 작업이 끝나면 고정한 로프를 풀고 그리그리를 이용하여 하강한다. 필요하면 정지한 후 쥬마를 끼우고 다시 상승할 수 있다.

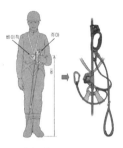

(슬링의 길이를 적절히 조정한다.)

(수직상승방법)

그리그리와 쥬마에 현수로프를 삽입한다.
슬링의 고리에 발을 넣고 힘차게 일어선다.

고리를 밟고 몸을 일으켜 세우면서 상승하고 로프를 당겨 올린다.
로프를 쥬마의 카라비너에 넣으면 로프를 당기기 쉽다.
작업이 끝나면 쥬마를 빼고 그리그리를 이용해서 하강한다.

TIP 쥬마등반과 그리와 쥬마를 이용한 등·하강 시 슬링의 길이를 기억하세요.

2 풋록(Foot Lock) 등반

풋록 등반기술은 <u>아무런 장비 없이 신체만을 이용해서 로프를 오르는 방법</u>으로 쥬마 등반과 마찬가지로 견고한 지지점을 택하여 현수로프를 확실히 결착하고 반드시 별도의 안전로프를 설치한 후에 등반토록 한다.

Foot Lock 등반자세

(1) 등반 요령

한줄 등반	㉠ 현수로프에 면하여 양손으로 현수로프를 잡는다.(높은 위치를 잡는다.) ㉡ 상체를 당겨 올려 양손을 조여서 왼발등 위에 로프를 올려 오른발을 바깥에서 돌려서 발바닥으로 로프를 끼운다. ㉢ 발을 로프에 고정시켜 발로 안전하게 신체를 확보하여 놓고 몸을 펴면서 위쪽으로 편다. 　ⓐ 양손을 위쪽으로 펼 때는 발로 완전하게 신체를 확보하면서 한다. 　ⓑ 발등을 벽면으로 향하고 발꿈치에 힘을 가하면 록이 걸린다. 　ⓒ 등반 시에는 확보원이 현수로프를 잡아당기면 용이하다. 　ⓓ 확보원은 등반원과 호흡을 맞춘다. 　ⓔ 등반은 진입수단인 것이므로 힘을 남기도록 한다. 　ⓕ 확보원은 등반 중은 물론 등반완료 신호에 있어서도 등반원이 안전한 장소에 이르기까지는 절대로 눈을 떼지 않는다. 　ⓖ 확보로프는 등반원의 추락을 방지하고 현수로프를 중심으로서 회전하는 것을 막기 위하여 느슨하지 않도록 항상 유지되도록 한다.
두줄 등반	㉠ 양손으로 등반로프를 지지 양발로 바깥 측에서 1회 또는 2회 감는다. ㉡ 등반원은 보조원의 로프조작 도움을 받아 양손으로 2본의 로프를 함께 잡아 신체를 당겨 올려 발을 교대로 하여 위쪽으로 움직여 등반한다. ㉢ 당겨 올린 발뒤꿈치에 힘을 가해 발등을 벽면으로 향한다. ㉣ 보조원은 등반원의 아래쪽에서 양손으로 1본씩 로프를 잡고, 등반원의 구령에 맞춰 이동하는 쪽의 로프를 느슨하게 고정시키는 발의 로프를 당겨서 보조한다. 　ⓐ 손은 2본 로프를 함께 잡고 손과 발은 교대로 이동시킨다. 　ⓑ 등반원은 『우·좌』소리를 지르면서 등반한다. 보조원은 이것에 의해 등반원의 발 이동에 맞추어 로프를 조작한다. 　ⓒ 등반속도가 빠르면 확보로프가 느슨해지므로 충분히 주의하여 항상 느슨하지 않은 상태를 유지하도록 한다. 　ⓓ 확보원은 등반중은 물론 등반 완료 신호가 있어도 등반원이 안전한 위치에 이르기까지 등반원에서 눈을 떼지 않는다. 　ⓔ 벽면을 등반하는 경우에는 등반원의 몸이 돌아가는 것을 막기 위하여 등반로프를 가능한 한 벽면에 가까이 댄다. 　ⓕ 등반은 진입 수단이므로 힘을 남겨 놓도록 한다. 　ⓖ 하강시는 확보원에게 확보시킨 후 풋록 등반 제1법의 자세를 취하고 양발로 눌러 약간 느슨하게 하강한다. 양손은 교대로 아래쪽을 잡고 바꾸어 로프와의 마찰에 의한 손의 손상방지를 도모한다.

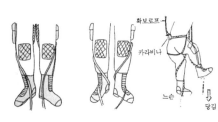

(두 줄 로프 등반)

TIP 로프만으로 손과 발을 이용하여 등반하는 기술로 한줄과 두줄 등반 요령이 있어요.

❸ 감아매기 등반

로프를 이용하여 등반할 때는 <u>쥬마를 이용하는 것이 가장 안전하고</u> 체력적인 부담이 적은 방법이지만 <u>필요한 장비가 없는 경우에는 감아매기를 이용하여 등반할 수 있다.</u>

(1) 등반요령

로프 설치	개인로프 3본을 사용하여 현수로프에 감아매기를 한다. 이 중 <u>1본은 가슴걸이 로프용,</u> 다른 <u>2본은 발걸이용으로 사용</u>하므로 각각 크기를 잘 조정한다.
등반	① 등반원은 가슴걸이의 개인로프를 상체 양 겨드랑이까지 통하고 다른 2본의 발걸이용 개인로프에 제각기 발을 건다. ② 양발을 벌려 발걸이 개인로프에 체중을 걸침과 동시에 현수로프 위쪽을 잡아 떠있는 가슴걸이용의 개인로프 감아매기의 매듭을 위로 올린다. ③ 가슴걸이용 개인로프와 아래의 발걸이용 개인로프에 전체 체중을 걸고 떠있는 위 가슴걸이용의 개인로프 감아매기 매듭을 위로 올린다. ④ 가슴걸이용 개인로프와 위 발걸이용 개인로프에 전체 체중을 걸고 떠있는 발걸이용의 개인로프 감아매기의 매듭을 위로 올린다. 이상 ①~④의 요령을 반복하여 순차 등반한다. ⑤ 감아매기의 매듭을 위로 올릴 때는 한쪽 손으로 매듭아래쪽의 현수로프를 잡아당기면 미끄러지기 쉽다. 또한 보조원을 두고 등반원 아래쪽에서 현수 로프를 당기면 등반이 용이하다.  (감아매기 등반 제1(우측), 제2(좌측) 방법)
하강	① 감아매기의 매듭을 1개소 정한다. ② 가슴걸이용 감아매기 매듭에 양손을 걸어 양손에 전체 체중을 걸도록 하여 한 번에 하강한다. (하강시의 손 위치)

4 시설물 이용 등반

건물의 옥내계단, 옥외계단 또는 건물의 각종 시설을 이용하여 또는 인접건물을 활용하여 진입하는 방법이다. 이 방법은 기술적으로도 어렵고 체력도 필요하므로 시설물의 상황, 강도를 충분히 확인하고 필요한 안전조치를 취하여야 한다.

① 좁은 벽 사이 등반 진입	① 손발·등 부분을 양 벽면에 대고 무릎·허리·팔꿈치 등 탄력 사용 신체와 벽면의 마찰을 이용하여 등반한다. ② 손으로 시설물을 잡고, 발은 벽에 대고, 팔은 당기며 발을 억누르며 등반한다.
② 수직시설물 이용에 의한 진입	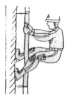 (시설물을 이용한 등반법)

TIP 로프만으로 등반요령은 풋록, 한줄·두줄등반, 감아매기, 시설물 이용 등이 있습니다.

제6절 도하 기술

1 도하로프 설치

도하하는 로프에는 수평장력과 함께 도하대원의 체중이 더하여지므로 지지점은 튼튼한 곳을 설정한다. 로프는 반드시 2겹으로 설치하고 감아매기로 고정하여 별도의 지지점에 묶어둔다. 도하하는 사람의 안전을 위해서 로프를 2줄로 설치하고 도하하는 대원은 반드시 헬멧과 안전벨트를 착용한다. 카라비너를 이용하여 로프와 대원의 안전벨트 간에는 1~2m 내외의 보조로프를 걸어서 체중을 분산시키고 안전을 도모한다.

> ✪ 도하(渡河)는 하천을 건넌다는 뜻이지만 꼭 하천만이 아니고 협곡이나 크레바스 또는 봉우리와 봉우리 사이를 건널 때 이용하는 기술로 로프를 양쪽 견고한 지점에 고정시켜 공중에 걸어 놓고 한 쪽에서 다른 쪽으로 이 로프를 타고 건너가는 공중 횡단법이다. 급류가 흐르는 계곡을 공중으로 건널 때 쓰이는 아주 중요한 기술이며 그만큼 위험성을 내포하고 있기 때문에 평소 철저한 체력단련과 반복된 훈련이 필요하다.

2 도하기법

(1) 매달려 건너는 방법(티롤리언 브리지, 티롤리언 트래버스)*

안전벨트에 카라비너를 이용해서 도르래를 연결하고 주 로프에 매달려서 자신의 손으로 로프를 당기며 도하하는 방법과 다른 사람의 도움을 받아서 도하하는 방법이 있다.

(티롤리언 도하, 직접 건너는 방법)

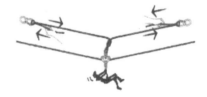

(타인의 도움을 받아 이동하는 방법)

(2) **쥬마를 이용해서 건너기*** 13년, 14년 소방장

① 쥬마에 슬링을 결착하고 슬링의 반대쪽 끝에는 발을 넣을 수 있도록 고리를 만든다.
② 슬링의 길이가 너무 길거나 짧으면 활동이 불편하다. 고리에 발을 넣었을 때 쥬마 위치가 가슴에 오는 정도가 적당하다.
③ 카라비너를 이용해서 도하 로프에 도르래와 크롤 또는 베이직, 미니트랙션 등 역회전 방지 기구를 연결하고 크롤의 끝에 카라비너를 연결한다.
④ 도르래는 1단 도르래보다는 수평2단 도르래(텐덤)를 사용하는 것이 로프의 꺾임을 완화시킬 수 있어서 이동하기 용이하다.

⑤ 쥬마를 로프에 물리고 슬링의 끝을 크롤에 결착한 카라비너를 통과시킨다.

⑥ 카라비너 또는 퀵 드로를 이용해서 도르래와 안전벨트를 연결하고 로프에 매달린 다음 슬링 끝의 고리에 발을 넣는다.

⑦ 다리를 올리면서 쥬마를 앞으로 밀고 다시 다리를 펴는 동작을 반복하면 수평으로 전진하게 된다.

TIP 쥬마를 이용해서 건널 때 슬링의 길이는 쥬마 위치가 가슴에 오는 정도가 적당하답니다. 그렇다면 사용되는 장비는 어떤 것들이 있을까요?

(도하장비 결착)

(3) 엎드려서 건너는 방법(수병도하)

① 도하로프가 몸 중심에 오도록 한 다음 로프에 엎드려 균형을 잡고 상체는 가능한 한 도하로프에 붙이지 않도록 가슴을 뒤로 젖힌다.

② 오른발 등을 로프에 가볍게 올려놓고 허리부분으로 잡아당기며 왼발은 밑으로 내리고 얼굴은 들어 앞쪽을 본 자세에서 양손을 교대로 로프를 당겨 전진하는 방법이다.

③ 도하 로프의 손상을 방지하고 도하하는 대원의 복부에 가해지는 통증을 감소시키기 위하여 복부에는 가죽이나 천 등을 대어 보호한다.

④ 이 방법은 숙달되지 않으면 균형을 잡기 곤란하여 도하 도중에 로프에서 떨어지는 경우가 많다. 이때에는 로프에 좌(우)측발 뒤꿈치를 걸어 허리를 도하로프로 잡아 당겨 우(좌)측발로 반동을 주어 원을 그리면서 몸을 로프에 걸쳐 오른다.

(로프 복귀요령)

(수병도하 자세)

Check

① (　)는 체중이 걸리면 자동으로 로프에 제동이 가해진다.

② 헬리콥터에 다가갈 때는 기체의 (　)으로 접근하며, 기체의 (　)으로 접근하지 않도록 한다.

③ 착지점 약 (　)m 상공에서 서서히 제동을 걸기 시작 지상 약 (　)m 위치에서는 반드시 정지할 수 있는 스피드까지 낮추어 지상에 천천히 착지한다.

③ 쥬마에 (　)을 결착하고 슬링의 반대쪽 끝에는 발을 넣을 수 있도록 고리를 만든다.

④ 쥬마를 애용해서 건너기는 고리에 발을 넣었을 때 쥬마 위치가 (　)에 오는 정도가 적당하다.

⑤ 쥬마등반에서 슬링의 길이는 가슴과 배 사이에 닿을 정도로 하는 것이 적당하다.(○)

⑥ 그리그리와 쥬마를 이용한 등·하강기술에서 슬링의 길이는 쥬마가 가슴과 배 사이에 오도록 하는 것이 적당하다.(○)

제1절 구조대상자 결착

1 들것 결착

(1) 들것 결합

바스켓 들것은 로프에 결착하여 수직이나 수평으로 용이하게 이동시킬 수 있기 때문에 구조대상자의 운반을 위해서 가장 빈번히 사용되는 장비 중의 하나이다. 하지만 구조대상자의 추락을 방지하기 위해서 적절히 고정되어야 한다.

① 바스켓 들것은 상·하 두 부분으로 분리하여 보관할 수 있다.

② 구조대상자를 운반할 때 분리된 부분을 맞추고 연결핀을 끼워 고정한다.

③ 구조대상자를 이송하는 도중 핀이 빠지면 들것이 분리되는 최악의 결과를 초래할 수 있기 때문에 들것의 연결부위를 로프로 결착하여 안전조치를 한다.

 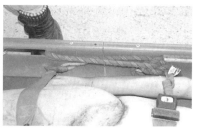

(결합상태를 유지하기 위해 연결핀 부분을 다시 한 번 결착한다.)

(2) 구조대상자 결착

① 수평상태를 유지하는 경우

들것에 구조대상자를 눕힌 상태에서 수직 또는 수평으로 이동시켜 구출할 때에 들것의 흔들림이나 구조대상자의 동요로 인한 추락을 방지하기 위하여 구조대상자를 들것에 고정시키는 방법이다.

㉠ 들것 위를 정리하고 구조대상자를 조심스럽게 들것 위에 누인다. 들것에는 구조대상자의 머리방향이 표시되어 있다.

㉡ 구조대상자의 발에 받침판을 대고 고정시킨다. 들것이 수직으로 기울어지는 경우 구조대상자의 추락을 방지하기 위한 조치이다.

㉢ 들것에 부착된 안전띠를 이용하여 구조대상자를 결착한다. 안전띠의 끈이 길어 남는 부분이 있으면 절반매듭으로 처리하여 바람에 날리지 않도록 한다.

ⓔ 안전띠가 구조대상자의 목 부분으로 지나지 않도록 각별히 주의한다. 가슴 부분에서 안전띠를 X자 형태로 엇갈려 고정하면 안전띠가 목 부분으로 지나는 것을 방지할 수 있다.

ⓜ 3~4m 내외의 짧은 로프 두개를 준비하여 각각을 절반으로 접고 가운데에 두겹8자매듭을 만든다.

ⓗ 로프의 한쪽 끝을 들것 상단의 구멍에 단단히 결착한 다음, 두겹8자매듭을 한 중간 부분으로부터 동일한 길이를 유지하면서 반대쪽 구멍에도 결착한다. 이때 고정매듭이나 말뚝매듭을 하는 것이 편리하다.

ⓢ 들것의 하단에도 동일한 방법으로 로프를 결착한다. 이때 로프의 길이는 상단과 동일하게 한다.

ⓞ 두겹8자매듭 부분에 카라비너를 끼워 현수로프에 결착한다.

ⓩ 들것의 하단 부분에 유도로프를 결착하고 들것의 상승 또는 하강에 맞추어 당기거나 움직여 줌으로서 들것이 회전하지 않도록 한다.

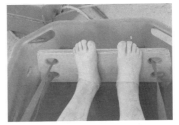

(받침판의 길이를 조정하여 구조대상자의 발에 맞춘다.)

(결착할 때에 목 부분으로 안전띠가 지나지 않도록 주의한다.)

(들것에 결착하는 로프의 길이는 같아야 한다.)

② 수직상태를 유지하는 경우

　　맨홀과 같이 좁은 공간에서 구조대상자를 구출하는 경우에는 들것을 수직으로 이동시켜야 한다. 이때 구조대상자의 이탈을 방지하기 위해 들것에 결착하는 방법이다.

㉠ 구조대상자의 결착방법은 수평 상태를 유지할 때와 같지만 받침판에 구조대상자의 발을
정확히 위치시키는 데 더욱 신경을 써야 한다.
㉡ 두겹8자매듭 로프는 들것의 상단에만 결착한다.
㉢ 결착된 들것에는 유도 로프를 설치하여 인양 및 하강을 용이하게 한다.

(들것을 수직으로 유지할 때에는 상단에만
결착한다.)

TIP 바스켓 들것은 수직이나 수평이동이 가능합니다. 로프고정은 고정매듭이나 말뚝매기를 하고
로프 중간에는 2겹 8자 매듭을 만들어 카르비너에 걸고 현수로프에 결착한답니다.

② **로프를 이용한 결착*** 16년 소방교

사고 장소가 협소하여 들것을 사용할 수 없는 상황에서 가스중독, 산소결핍 등 육체적인 손상이
없는 구조대상자를 구출하기 위해 결착하는 방법이다. 구조대상자에게 손상을 입힐 우려가 높으
므로 가능하면 안전밸트를 이용하고 긴급한 경우에만 활용하도록 한다.

두겹고정매듭 결착	• 두겹고정매듭으로 2개의 고리를 만들어 각각 구조 대상자의 다리를 넣는다. • 긴 방향의 로프로 구조대상자의 가슴을 절반매듭으로 감고, 짧은 쪽의 로프로 결착한다.	 (앉아매기로 결착하기)
세겹고정매듭 결착	• 로프의 세겹고정매듭으로 고리를 3개 만들고 1개의 고리를 가슴에, 나머지 2개의 고리는 양 다리에 끼워 무릎에 오게 한다. • 가슴에 끼운 로프가 늘어나거나 구조대상자가 뒤집어 지지 않도록 주의한다.	
앉아매기를 이용한 결착	• 슬링 또는 로프를 이용하여 구조대상자를 앉아매기로 결착하고 카라비너를 끼운다. • 로프가 짧으면 의식이 없는 구조대상자는 뒤집어질 수 있으므로 구조대상자의 겨드랑이까지 로프를 올릴 수 있도록 충분한 길이가 되어야 한다.	

제 2 절 진입 및 구출

1 구조대상자의 구출

(1) **구조대상자와 함께 하강하기***

<u>암벽이나 고층건물과 같이 높은 장소에서 부상자가 발생했거나 건물의 외벽에 구조대상자가 매달려 있는 경우 안전한 장소까지 구출하기 위한 훈련으로 직접 구조대상자를 업고 하강하는 방법과 로프에 매달아 내리는 방법, 사다리나 들것을 이용하여 구출하는 방법이 있다.</u>

① 업고 하강하기

업는 방법	구조대상자에게 착용시킬 수 있는 안전벨트나 들것이 없는 경우에 활용한다. 구조대원의 기술과 체력이 필요하므로 숙달되지 않은 대원은 실시하지 않도록 한다. 폭이 넓은 슬링을 이용하는 것이 안전하고 편하다. ⓐ 구조대원은 사전에 안전벨트를 착용한다. ⓑ 슬링이나 개인로프를 구조대상자의 등에 대고 양팔 밑으로 꺼낸 다음 교차시킨다. ⓒ 이 로프를 구조대원의 어깨 위로 올린 다음 팔 밑으로 넣는다. ⓓ 로프를 구조대상자의 허벅지 안쪽으로 넣은 다음 바깥쪽으로 꺼내어 구조대원의 복부에서 결착한다. 로프를 당겨서 구조대상자를 밀착시키는 것이 구조활동에 용이하다.
하강 요령	ⓐ 현수점은 2명의 하중에 견딜 수 있도록 견고한 지지물을 택하고 로프는 확실히 매듭하여야 한다. ⓑ 하강기에 현수로프를 삽입하고 하강자세를 취한다. 이때 로프는 두줄걸기를 하는 것이 제동에 용이하다. ⓒ 발 딛음을 주의하면서 하강한다. 최초 하강자세를 취할 때에 확실히 자세를 취하지 못하면 구조대원이 미끄러지면서 무릎이나 얼굴이 벽에 부딪혀 다치게 된다. ⓓ 구조대상자가 상체를 뒤로 젖히고 넘어가게 되면 구조대원의 하강 자세가 흔들릴 뿐아니라 하강 면에서 떨어지게 되므로 구조대상자를 구조대원에게 최대한 밀착시키도록 한다. ⓔ 하강 중에 구조대상자에게 강한 충격을 주지 않도록 신중하고 조심해서 행동한다. ⓕ 안전요원은 구조대원에게서 절대로 눈을 떼지 말고 주시하며 제동을 잡지 못하고 하강 속도가 빨라지면 즉시 로프를 당겨서 제동을 걸어준다.
구조 대상자 체중 분산	ⓐ 구조대상자의 체중을 구조대원이 지탱해야 하기 때문에 체력적인 부담이 크다. ⓑ 경사가 완만한 슬랩에서는 문제가 되지 않지만 고층건물의 수직 벽면이나 오버행에서는 몸이 뒤로 젖혀지면서 자세를 잡기가 매우 어렵고 부상을 당할 위험도 높다. ⓒ 이 문제를 해결방법은 구조대상자의 체중을 구조대원이 직접 감당하지 말고 주 로프에 적절히 분산시키는 것이다. ⓓ <u>일반적으로 하강기는 안전벨트의 하단 고리에 카라비너를 이용해서 결착하지만 구조대상자를 업고 하강할 때에는 퀵 드로를 이용하는 것이 좋다.</u> – 먼저 안전벨트를 착용하고 슬링을 이용해서 구조대상자를 업는다. – 안전벨트의 하단 고리에 퀵 드로를 결착하고 반대고리에 하강기를 끼운 다음 구조대원의 가슴부분을 지나는 슬링에도 퀵 드로를 끼우고 하강기의 고리에 건다. – 2개의 퀵드로에 의해 연결지점이 분산되고 구조대상자의 체중이 직접 주 로프에 걸리게 되서 구조대원의 활동이 용이하게 된다.

들것 하강	부상을 입은 구조대상자를 들것에 결착하고 하강시켜 구조하는 방법이다. 들것을 매달고 하강하는 구조대원은 반드시 2인 이상이어야 한다. ㉠ 먼저 2명의 대원이 구조대상자가 있는 층에 진입하여 구조대상자를 들것에 결착한다. ㉡ 옥상에서 2인의 구조대원이 개인로프의 양끝에 8자매듭을 이용하여 고리를 만든 다음 카라비너를 이용하여 안전벨트에 개인로프를 결착하고 구조대상자가 있는 직상층까지 하강하여 정지하고 8자매듭이 되어 있는 고리를 구조대상자측 구조대원에게 내려준다. ㉢ 구조대상자의 들것에 결착된 2개소의 로프에 카라비너를 연결하고 각각을 구조대원의 개인로프에 연결한다. 이때 들것이 기울어지지 않도록 각별히 주의한다. ㉣ 구조대원은 들것을 매달고 조심스럽게 하강한다. 하강하는 구조대원 2인은 서로 속도를 맞추어 들것이 유동하지 않도록 한다. ㉤ 들것이 바닥에 닿으면 구조대원은 구조대상자 위에 내려서지 않도록 주의하여 하강한다.
매달고 하강	매달고 하강하기는 1인 하강하기와 2인 하강하기 방법이 있으나 구조기술에 특별한 차이가 있는 것은 아니다. ㉠ 구조대원은 개인로프의 양끝에 8자매듭을 이용하여 고리를 만든다. ㉡ 구조대원은 카라비너를 이용하여 안전벨트에 개인로프를 결착하고 구조대상자가 있는 직상층까지 하강하여 정지한 다음 8자매듭이 되어 있는 고리를 구조대상자에게 내려준다. ㉢ 구조대상자에게 안전벨트를 착용시키고 구조대원과 연결된 개인로프의 끝에 카라비너를 넣어 결착한다. ㉣ 구조대원이 구조대상자의 몸을 매달고 조심스럽게 하강한다. 하강 중에는 구조대상자의 몸이 건물 벽면을 향하도록 하여 신체가 부딪히지 않도록 하며 구조대상자의 유동에 주의한다.
업고 하강	 (슬링을 이용하여 구조대상자를 업는 방법)　　(구조대상자를 업고 하강)
들것 하강	 (부상을 입은 구조대상자를 들것에 결착하고 하강시켜 구조하는 방법)
매달고 하강	 1인 하강

(2) 구조대상자 하강

① 묶어 내리기

들것이나 안전벨트 등 구조장비가 갖추어지지 않은 상황에서 로프만으로 구조대상자를 구출하는 방법이다. 구조대상자에게 신체적 고통을 가하고 추가 손상을 입힐 우려가 높으므로 긴급한 경우 이외에는 활용하지 않도록 한다.

ㄱ 세겹고정매듭으로 구조대상자를 결착한다.

ㄴ 구조대상자 위치에 지지점을 만들어 카라비너를 끼우고 하강기를 결합한다.

ㄷ 구조대상자가 결착된 로프를 하강기에 통과시키고 지상으로 내려준다. 지상의 유도원은 로프를 당겨 구조대상자가 매달릴 수 있도록 한다.

ㄹ 구조대상자를 현수로프에 매달리게 한 다음 지상에서 유도원이 로프를 당겼다가 서서히 놓아주면서 속도를 조절하여 하강시킨다.

ㅁ 지상 유도원은 로프로 확보하여 넘어지지 않도록 하고 로프를 놓치지 않도록 주의해야 한다.

② 상층에서 수직으로 하강시키기

구조대상자 하강	부상이 없거나 경상인 구조대상자를 신속히 하강시키는 방법
들것 하강	부상을 입은 구조대상자 있을 때 들것을 수직으로 하강시키는 방법

ㄱ 구조대상자 하강

ⓐ 상층에서 하강시키는 대원은 확실하게 자기 확보를 취하여 안전을 도모하고 로프가 건물과 마찰하는 부분에는 로프 보호대를 댄다.

ⓑ 구조대상자에게는 안전벨트를 착용시키고 현수로프를 결착하여 수직방향으로 직접 하강시킨다.

ⓒ 하강도중 구조대상자가 흔들려 벽에 부딪히지 않도록 지상의 보조요원이 유도 로프를 확실하게 잡아야 한다.

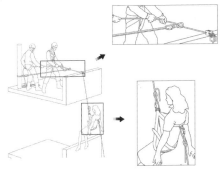

(구조대상자 수직 하강시키기)

ㄴ 들것 하강

ⓐ 들것에 구조대상자를 확실히 결착한다.

ⓑ 로프와 카라비너를 이용 지지점을 설정하고 하강기를 설치한다.

ⓒ 하강기를 통과한 로프를 들것에 연결하고 들것의 움직임을 방지하기 위하여 별도의 유도로프를 결착한다.

ⓓ 상층의 대원이 제동을 걸며 하강시킨다. 상층에 있는 대원들은 들것을 볼 수 없으므로 구조작업 전체를 지휘·통제할 대원을 배치하여야 한다.

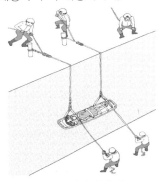

(들것 하강시키기)

③ 경사 하강시키기

들것이 하강하는 직하부분의 지상에 바위나
수목 등 장애물이 있어 수직으로 하강시키기
곤란한 경우에 사용하는 방법이다.

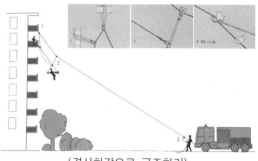

(경사하강으로 구조하기)

- ㉠ 상층의 보조요원은 로프의 절단이나
  지지점의 파손 등 안전사고에 대비하여
  별도의 보조로프를 들것에 결착하고
  하강속도에 맞춰 풀어준다.
- ㉡ 지상에 위치한 대원이 하강기를 이용하여
  로프를 풀어서 하강시킨다. 이 방법을
  사용하면 들것이 하강하는 지점은 로프 1/3~4/1 부분, 아래의 그림에서는 수목을 약간
  벗어난 부분이 된다.
- ㉢ 지지점에서 거리가 너무 멀면 로프가 처지면서 오히려 들것이 직하방향으로 내려온다.
  이러한 경우에는 들것에 유도로프를 묶고 당겨서 장애물을 벗어나게 해 준다.

TIP 경사하강은 경사부분 지상에 장애물이 있는 경우에 활용합니다.

④ 사다리를 이용한 로프 구출

로프와 사다리를 이용해서 구조대상자 또는 들것을 하강시키는 방법이다. 5명의 대원이 필요
하며 다음과 같은 순서로 진행한다.

- ㉠ 구조대상자가 있는 창문의 상단위로 가로대가 5개 정도 올라오도록 사다리를 설치하고
  확실히 고정한다.
- ㉡ 구조로프의 끝에 8자매듭을 하고 카라비너를 끼운 다음 사다리의 하단 가로대 밑으로
  넣어 오른쪽으로 빼낸다.
- ㉢ 카라비너에 유도로프를 연결한 다음 카라비너를 잡거나 안전벨트에 결착하고 1명의 대원이
  사다리를 오른다.
- ㉣ 구조대상자가 있는 층에 다다르면 창문 상단의 가로대 위로 카라비너를 넘겨서 로프와
  함께 밑으로 빼낸다.
- ㉤ 구조대상자에게 안전벨트를 착용시킨다. 안전벨트가 없으면 앉아매기로 결착한다. 의식이
  없는 구조대상자는 두겹고정 매듭과 고정매듭을 이용하여 결착한다.
- ㉥ 지상의 대원은 안전벨트에 하강기를 연결하고 구조로프를 넣는다. 하강기가 없으면 허리
  확보 자세를 취한다. 발로 하단 가로대를 확실히 밟고 로프에 제동을 건다. 다른 대원은
  사다리의 균형 유지와 유도 로프를 담당한다.
- ㉦ 상층의 대원들이 구조대상자를 들어 창문 밖으로 내리고 지상의 대원은 천천히 구조대상
  자를 하강시킨다.
- ㉧ 구조대상자가 지상에 도달하면 신속히 로프에서 이탈시키고 하강지점을 벗어나게 한다.

(로프를 설치하고 사다리에 오른다.)

(가로대 위로 로프를 빼내어 안전벨트에 결착한다.)

(구조대상자를 조심스럽게 내리고 하강시킨다.)

⑤ 사다리를 이용한 응급하강★ 16년, 24년 소방교

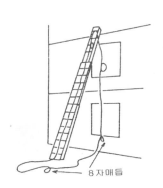

8자매듭

(사다리를 이용한 응급하강)

<u>2~3층 정도의 높이에서 다수의 구조대상자를 연속 하강시켜 구출하는 방법이다.</u> 구조대상자의 안전과 원활한 작업을 하기 위해서는 사다리를 지지하는 대원과 로프를 확보하는 대원, 유도하는 대원이 필요하다.

ㄱ 구조대상자가 있는 <u>창문의 상단위로 가로대가 5개 정도 올라오도록 사다리를 설치</u>하고 확실히 고정한다.

ㄴ 로프를 사다리 최하부의 가로대를 통하게 하고 사다리를 거쳐 <u>선단보다 2~3개 밑의 가로대 위에서 뒷면을 통해 로프를 내려 양끝을 바로 매기로 연결한다.</u>

ㄷ <u>로프에 약 2.5m 간격으로 8자매듭을 만든다.</u>

ㄹ 확보로프의 신축성을 고려하여 안전을 확보하고 1명씩 차례대로 하강시켜 구출한다. 무리한 속도로 하강시키지 말고 차분하고 안전하게 실시한다.

> **TIP** 사다리를 이용한 응급하강은 디수인명피해 현장 2, 3층 높이에서 구소대상자를 신속히 구조하는 요령입니다. 2.5m 간격으로 8자 매듭을 만들어야 하고 가로대는 5개 정도 창문 안으로 들어오도록 합니다.

⑥ **수평으로 구출하기**

구조대상자를 수평의 상태로 구출할 필요가 있는 경우 사다리, 들것, 로프 등을 이용하여 구출하는 방법이다.

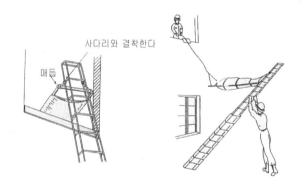

(사다리를 이용한 수평구출 방법)

ㄱ 구조대상자를 들것에 묶고 사다리를 운반하여 세운다.

ㄴ 사다리 선단에 개인로프를 이용하여 들것을 아래 지주에 결착한다.

ㄷ 들것의 윗부분에는 확보로프를 맨다.

ㄹ 구조대원 1명은 지상에서 서서히 사다리를 뒤로 넘기고 옥내의 사다리 확보자는 서서히 로프를 풀어준다.

ㅁ 사다리 확보자는 들것을 수평으로 유지토록 확보로프를 조작한다.

ㅂ 사다리 하부의 안전을 유지한다.

ㅅ 들것의 머리부분을 아래의 발 부분보다 약간 높게 유지하며 하강토록 한다.

ㅇ 확보로프의 조작원은 사다리의 이동이나 지상에 있는 대원의 이동을 고려하여 신중하게 로프를 조작한다.

(3) 수평이동구조

수평이동은 <u>계곡이나 하천 등 정상적인 방법으로 진입하여 구조대상자를 구출할 수 없는 지역</u>에 로프를 설치하고 위험지역 상공을 가로질러 구출하는 기술이다.

① 진 입

구조대원 진입	ⓐ 수영으로 진입하는 경우 반드시 구명조끼를 착용하고 안전로프를 신체에 결착한다. ⓑ 진입하는 방향은 물의 흐름을 거스르지 않도록 <u>상류에서 하류로 자연스럽게 진입</u>한다. ⓒ 진입에 성공하면 안전로프를 풀고 일단 주변의 지형지물에 묶도록 한다. ⓓ 건너편에서 대기 중인 대원들이 안전로프에 주 로프를 묶고 신호를 보내면 진입한 대원은 안전로프를 당겨서 주 로프를 가져온다. ⓔ 이때 자칫 로프를 놓치면 여태까지의 수고가 무위로 돌아가므로 안전로프를 지형지물에 묶은 상태에서 작업하여야 한다.
로프총 이용	도하지점에 구조대상자가 있어 진입에 도움을 줄 수 있는 상황 ⓐ 무리해서 구조대원이 직접 진입하는 것보다는 로프총을 이용하는 것이 좋다. ⓑ 먼저 구조대상자에게 로프총을 발사한다는 사실을 알려서 견인탄에 의한 안전사고가 발생하지 않도록 한다. ⓒ <u>견인탄을 목표지점 상공으로 지나칠 수 있도록 조준하여 발사</u>하면 견인로프를 회수하기가 용이하다. ⓓ 구조대상자가 측에서 견인로프를 회수하면 구조대원은 견인로프에 1차 로프를 묶는다. ❂ 횡단거리가 짧다면 견인로프에 직접 구조로프를 묶어도 되겠지만 보다 안전을 기하기 위하여 직경 5~8mm 정도의 보조 로프를 1차 로프로 하여 견인줄에 묶고 구조대상자가 견인로프를 당겨 1차 로프를 회수하도록 한다. 1차 로프를 회수하면 주변의 지형지물에 1차 로프를 묶도록 안내하고 이후 다시 1차 로프에 구조로프를 묶어 보내도록 한다.

② 횡단로프 결착

구조대원은 계곡 건너편의 구조대상자가 주 로프를 받으면 주변의 튼튼한 지형지물을 골라 <u>로프를 3번 이상 감고 매듭도 3번 이상 하여 확실히 고정</u>되도록 조치하고 로프를 강하게 당겨 강도를 확인한다.

구조대상자 측의 로프가 완전히 고정된 것으로 판단되면 역시 튼튼한 지형지물을 선택하여 로프가 쳐지지 않도록 강하게 당겨 묶는다.

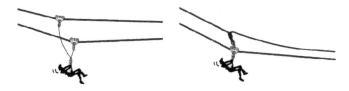

(반드시 로프는 2중으로 하고 안전조치를 한다.)

③ 진 입

㉠ 도하하는 구조대원은 반드시 별도의 보조로프를 결착하고 진입하여야 한다.

ⓛ 구조대상자가 대기하고 있는 곳에 도착하면 먼저 로프의 결착상태를 확인한다.

ⓜ 조금이라도 강도에 문제가 있다고 판단되면 로프를 풀어 다시 결착해야 한다.

ⓝ 로프가 이상 없이 잘 고정되어 있다면 보조로프를 풀어 다른 지지물에 결착하고 대기 중인 대원들에게 구조에 필요한 장비를 요청한다.

ⓞ 구조대상자와 동일한 숫자의 안전벨트와 헬멧, 도르래는 반드시 필요하며 부상자가 있다면 바스켓 들것과 응급처치에 필요한 물품을 요청한다.

ⓟ 필요한 장비는 가방에 넣거나 바스켓 들것에 싣고 짧은 보조로프로 묶은 다음 반대편 끝에는 도르래를 달아 주로프에 연결한다. 그리고 이 장비들을 진입한 대원이 당길 수 있도록 보조로프에 묶는다.

ⓠ 이때에도 장비의 반대편에도 또 하나의 보조로프를 묶어 계곡 양편에서 구조대원들이 서로 당길 수 있도록 한다.

④ 구 출

ⓐ 들것 활용 구출
부상을 입은 구조대상자나 영아인 경우에는 바스켓 들것에 눕히고 들것에서 이탈하지 않도록 구조대상자를 들것에 묶어야 한다.

ⓛ 안전벨트 착용 구출

ⓐ 부상이 없는 구조대상자에게는 헬멧과 안전벨트를 착용시키고 도르래와 카라비너를 부착하여 주로프에 연결한 다음 보조로프를 묶어 당기도록 하여 구출한다. 한 번에 한명씩 구출하는 것을 원칙으로 한다.

ⓑ 어린이인 경우 공포감으로 인하여 불안정한 상태를 초래할 수 있으므로 보호자나 구조대원이 동행하며 구출하도록 한다.

ⓒ 물 흐름이 급하지 않은 계곡이라면 굳이 공중을 가로지를 필요 없이 계곡 양쪽을 따라 로프를 설치하고 물 흐름을 따라 자연스럽게 이동시켜 구출할 수도 있다.

ⓓ 이때에도 헬멧과 안전벨트 착용은 필수이며 아래 그림과 같이 물 흐름을 거스르지 않도록 주의하여 로프를 설치한다.

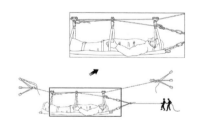

(들것을 이용한 구출)

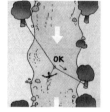
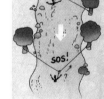

(물의 흐름에 주의하여 로프 설치)

⑤ 철 수
철수하기 전에 현장에 장비나 물품이 남겨져 있지 않은지 다시 한 번 확인하고 장비를 먼저 보낸 다음 한명씩 철수한다.
이때 반드시 로프를 계곡 건너편에서 회수할 수 있도록 로프매듭법을 바꿔야 한다.

② 구출 및 운반*** 13년, 16년 소방교

사고 현장에서 구조대상자를 구조하는 경우 <u>구조대상자의 구명에 필요한 기본 응급처치를 취하고 구출하는 것을 원칙으로 한다.</u> 특히 구조대상자가 의식이 없거나 추락, 충돌 등으로 큰 충격을 받은 경우에는 신체에 이상이 있는 것으로 가정하고 척추를 고정하는 응급처치를 취하여야 한다. 구조대상자를 긴급히 이동시킬 때 가장 큰 위험성은 척추손상을 악화시킬 수 있다는 것이다. 그러나 긴급한 상황에서는 일단 생명을 구하는 것이 순서이다.

「구조대상자를 긴급히 이동시켜야 하는 경우에는 신체의 일부가 아닌 전체(제2경추)를 잡아당겨야 한다. 구조대상자를 새우처럼 구부리게 하는 것은 좋지 않다. 구조대상자가 바닥에 누워있을 경우 목이나 어깨부위의 옷깃을 잡아끄는 것이 좋다.」

(1) 1인 운반법

① 끌기*

긴급한 상황에서 단거리를 이동하는 경우에 사용하는 방법이다. 구조대상자의 두부손상에 주의하여야 한다.

구조대상자 끌기	ⓐ 화재현장이나 위험물질이 누출된 곳 등 <u>긴급한 상황에서 의식이 없는 환자를 단거리 이동시킬 때 사용하는 방법으로 '소방관 끌기'라고도 한다.</u> ⓑ 구조대상자의 머리가 바닥이나 계단에 부딪히지 않도록 신경 써야 한다.
담요를 이용한 끌기	ⓐ 담요에 구조대상자를 누이고 한쪽 끝을 끄는 방법으로 <u>부상정도가 심한 구조대상자를 이동시킬 때 사용한다.</u> ⓑ 구조대원의 허리에 무리가 갈 수 있으며 머리가 장애물에 부딪힐 수도 있으므로 주의해서 이동해야 한다.
경사 끌기	ⓐ <u>의식이 없거나 움직일 수 없는 구조대상자를 계단이나 경사로 아래로 이동시킬 때 사용하는 방법이다.</u> ⓑ 구조대상자의 머리가 땅에 부딪히지 않도록 구조대원이 팔로 지탱하면서 끌고 나간다. ⓒ 구조대상자의 팔을 가볍게 묶으면 장애물에 부딪혀 손상되는 것을 방지할 수 있다.

(담요 끌기)   (구조대상자 끌기)   (경사 끌기)

② 업기

소방관 운반	<u>공기호흡기를 착용한 상태에서 구조대상자를 업을 수 있기 때문에 '소방관 운반'이라고 부른다.</u> 비교적 큰 힘을 들이지 않고 장거리를 이동할 수 있는 방법이지만 숙달되기까지는 많은 연습이 필요하다. ⓐ 양손을 구조대상자의 겨드랑이에 넣어 깊숙이 끼운다. ⓑ 구조대상자를 무릎 위에 올린 다음 등 뒤로 단단히 쥐고 선 자세를 취한다.

	ⓒ 오른팔로 구조대상자를 잡고 왼팔로 구조대상자의 오른팔을 머리 위로 올리면서 상체를 끌어들인다. ⓓ 구조대상자의 손을 잡은 상태에서 자세를 낮추어 자연스럽게 어깨에 걸치도록 한다. ⓔ 오른손을 구조대상자의 다리사이로 넣어 구조대상자의 오른팔을 잡는다. ⓕ 허리를 펴고 다리에 힘을 주면서 일어선다. ⓖ 구조대상자를 내려놓을 때에는 순서를 반대로 하면 된다.
끈 업기	로프나 슬링, 기타의 끈을 이용해서 비교적 용이하게 구조대상자를 업을 수 있다. 구조대상자의 손목을 묶어서 빠지지 않게 하는 방법과 슬링을 둥글게 묶어서 구조대상자의 겨드랑이와 엉덩이를 지나게 하고 구조대원의 어깨에 걸쳐 매는 방법을 사용할 수 있다. 구조대원의 두 손이 자유롭기 때문에 사다리를 잡거나 다른 일을 할 수 있다. 업고 운반하는 동안 구조대상자의 다리가 끌리지 않도록 주의한다.

(구조대상자를 일으켜 업는다.)　　　　(끈을 이용해서 구조대상자를 업는 방법)

⑵ 2인 운반법

들어 올리기	구조자의 손으로 안장을 만들고 구조대상자를 앉혀 운반하는 방법과 구조대상자의 등 뒤로 손을 넣어 들어 올리는 방법이 있다. 안장을 만들어 앉히면 구조대상자가 비교적 편안함을 느낄 수 있지만 의식이 없는 구조대상자에게는 사용할 수 없다. 등 뒤로 손을 넣어 들어 올릴 때에는 서로의 어깨를 잡고 반대쪽 손은 서로 손목을 잡아야 안전하게 이동시킬 수 있다.
의자 활용하기	계단이나 골목과 같이 협소한 장소에서 구조대상자에게 무리를 주지 않고 이동시킬 수 있는 방법이다. 의자를 약간 뒤로 젖히고 가장 편안한 자세로 의자를 들어올린다. 접히는 의자는 안전을 위하여 사용하지 않는다. 의식이 없는 구조대상자는 균형을 잃고 의자에서 떨어질 수 있으므로 의자에 가볍게 묶어주는 것이 좋다.

(들어올리기)　　　　　　　　　　　(의자 활용하기)

TIP 현장에서 구조 ➡ 처치 ➡ 이송 순서이나 급박한 상황에서는 이송을 우선할 수 있습니다. 따라서 1인, 2인 운반법을 구분해서 숙지하고, 장거리와 단거리 운반에 대해서도 기억하시기 바랍니다.

TIP "소방관 끌기"는 의식이 없는 환자를 단거리 이용시킬 때 사용 방법이며, "소방관 운반"은 공기호흡기를 착용한 상태에서 장거리를 이동할 수 있는 방법입니다.

제 3 절 특수 진입법

1 호흡 및 신체보호의 중요성

(1) 산소결핍과 일산화탄소 중독

짙은 연기가 가득 차게 되면 우선 시야 차단에 따른 공포감을 느끼고 행동이 둔화되며 신체적 자극을 받아 고통을 겪게 된다. 그러나 무엇보다도 연기가 가지는 위험요인은 연기 속에 포함된 연소 생성가스들의 독성이다.

불은 산소를 소모하며 이산화탄소를 발생시킨다. 이산화탄소 자체는 허용농도 5,000ppm의 독성이 거의 없는 기체이지만 한정된 공간에서 다량의 이산화탄소가 발생하면 20% 농도에서 의식을 상실하고 결국 산소부족으로 질식하게 된다.

> ✪ 연기는 크기 0.1~1.0μ의 고체미립자(주로 탄소입자, 분진)이며 수평으로 0.5~1m/s, 수직으로는 화재초기에 1.5m, 중기 이후에는 3~4m의 속도로 확산된다.
> ✪ 허용농도 : 우리나라에서는 유해물질의 허용농도를 노동부 고시로 규정하고 있다. 허용농도는 TWA (Time Weighted Average)로 나타내며 1일 작업시간 동안의 시간 가중 평균 농도, 즉 8시간 최대 노출 허용치를 말한다.

① 산소결핍(Hypoxia)의 위험성* 19년 소방장

연소가 진행되기 위해서는 산소가 필요하며 그 부산물로 독성물질이 생성되거나 산소농도가 저하된다. 공기 중의 산소 농도가 18% 이하에 이르게 되면 숨이 가빠진다. 산소결핍에 따른 신체적 반응은 다음 표와 같다.

■ 산소 부족 시 발생하는 신체적 증상*

산소농도	증 상
21%	–
17%	산소부족을 보충하기 위해 호흡이 증가하며 근육운동에 장애를 받는 경우도 있다.
12%	어지러움, 두통, 급격한 피로를 느낀다.
9%	의식불명
6%	호흡부전과 이에 동반하는 심정지로 몇 분 이내에 사망한다.

② 일산화탄소 중독*

㉠ 화재현장에서 발생하는 거의 대부분의 사망사고는 일산화탄소 중독에 의하여 발생한다.

㉡ 무색무취의 가스는 화재 시 거의 반드시 발생하며 환기가 불충분하여 불완전 연소가 일어나는 경우 더욱 대량으로 발생한다.

㉢ 일산화탄소는 산소와의 친화력이 헤모글로빈의 210배에 이르고 1% 농도에서도 의식을 잃고 사망에 이르는 극히 유독한 기체이다. 일산화탄소의 IDLH는 1,200PPM이다.

㉣ 일산화탄소의 농도가 500ppm 이상인 경우 위험하며 농도가 1% 이상인 경우에는 아무런 육체적 증상이 없이 의식을 잃고 사망할 수 있으며 그 이하의 농도에서도 장시간 노출되면 안전하지 않다.

ⓜ 흡입된 일산화탄소가 혈액속의 헤모글로빈이 결합되면 이것은 아주 느린 속도로 없어진다.

ⓑ 응급처치는 순수한 고압산소를 투여하는 것이며 일단 위급한 상황을 넘기더라도 두뇌나 신경의 이상이 3주 이내에 나타나기 시작한다. 따라서 빠른 시간 내에 일산화탄소 중독에서 회복되더라도 다시 연기가 있는 곳에 들어가서는 안 된다.

■ 화재현장에서 발생하는 유독가스** 19년 소방장/ 22년 소방교

종 류	발생조건	허용농도 (TWA)
일산화탄소(CO)	불완전 연소 시 발생	50ppm
아황산가스(SO_2)	중질유, 고무, 황화합물 등의 연소 시 발생	5ppm
염화수소(HCl)	플라스틱, PVC	5ppm
시안화수소(HCN)	우레탄, 나일론, 폴리에틸렌, 고무, 모직물 등의 연소	10ppm
암모니아(NH_3)	열경화성 수지, 나일론 등의 연소 시 발생	25ppm
포스겐($COCl_2$)	프레온 가스와 불꽃의 접촉	0.1ppm

TIP 현장에서 발생하는 유독가스의 종류별 위험성을 숙지해야 합니다.
포스겐과 암모니아의 허용농도는 얼마인가요?

(2) 사다리 진입

① 건축현장이나 우물, 하천 등 수직공간에 사다리를 내려 진입 및 퇴로를 안전하게 확보할 수 있는 방법이다.

② 사다리는 구조대원의 위치에 따라 안전하게 충분한 공간을 확보하고 로프의 신축성을 고려하여 작업한다.

③ 사다리를 기구 묶기에 의한 방법으로 결착하고 확보로프를 잡아 아래로 내린다. 이때 로프를 잡는 대원은 사다리의 중량 때문에 자세가 불안전해질 염려가 있으므로 확보를 철저히 하여야 한다.

(3) 수직 맨홀 진입* 14년 소방장

급수탱크나 정화조, 맨홀 등의 수직공간에서 가스가 누출되거나 도장 작업 중 질식 하는 등의 사고가 적지 않게 발생한다. 이처럼 출입구가 좁고 유독가스에 의한 질식 위험이 높은 장소에 진입하는 대원들은 안전 확보에 각별한 주의가 필요하다.

① 진입 및 탈출

폐쇄 공간에 진입하는 경우 항상 공기호흡기를 장착하여야 하지만 입구가 협소하여 공기호흡기를 장착한 상태에서는 진입이 불가능한 경우가 있다. 이러한 경우에는 진입하는 대원은 면체만을 장착하고 공기호흡기 용기는 로프에 묶어 진입하는 대원과 함께 내려주도록 한다.

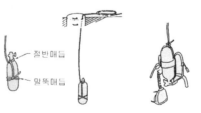

공기호흡기와 용기 결착하기
(폐쇄 공간 진입법)

확보자세

    ⑦ 대원은 안전로프를 매고 <u>호흡기의 면체만을 장착한 후 맨홀을 통과하여 묶어 내려진 본체를 장착하고 진입한다.</u>

    ⑥ <u>탈출 시에는 진입의 역순</u>으로 맨홀의 내부에서 호흡기 본체를 벗고 밖으로 나온 후에 면체를 벗는다.

② 구조대상자의 구출

    ⑦ 협소한 공간에서 작업할 때에는 환기 및 호흡보호에 유의하여야 한다. <u>환기가 곤란한 경우 예비 용기를 투입, 개방하여 신선한 공기를 공급하는 방안을 강구한다.</u>

    ⑥ <u>질식한 구조대상자가 있으면 보조호흡기를 착용시키고 신속히 구출한다.</u>

    ⓒ 구조대상자는 원칙적으로 바스켓 들것에 결착하고 맨홀구조기구를 이용하여 구출하며 특히 추락 등 신체적 충격을 받았거나 받았을 것으로 의심되는 환자는 보호조치를 완벽히 한 후에 구출한다.

    ⓔ 장비가 부족하거나 긴급한 경우에는 로프에 결착하여 인양하거나 구조대원이 껴안아 구출하는 방법을 택하고 외부의 대원과 협력하여 인양토록 한다.

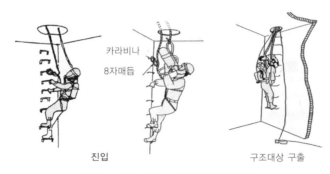

카라비나
8자매듭

진입   구조대상 구출

(폐쇄공간에서 구조대상자 구출방법)

⑷ 수평갱도 진입

① 지하철, 터널사고의 경우 사고로 인한 전원 차단 등으로 내부 조명이 부족하고 짙은 연기 등에 의한 시야차단, 질식 등의 우려가 높아 환기와 조명에 유의하여야 한다.

② 내부 구조가 복잡하여 사고가 발생한 장소나 출구를 찾기 어려우므로 진입하는 대원은 미리 현장 도면이나 당해 시설의 정보 등을 수집한 다음 구조 활동에 임하여야 한다.

③ 이러한 현장에 진입하는 대원은 반드시 2인 이상으로 조를 편성하여 진입하며 안전요원에게 이름과 진입하는 시간을 알려주고 안전벨트나 신체에 유도 로프를 결착하여야 한다.

④ 안전요원은 현장에 진입한 대원의 이름과 진입시간, 공기호흡기의 잔량 등을 꼼꼼히 기록하여 만약 통신이 두절되거나 공기소모 예상시간이 경과하였음에도 탈출하지 않았다면 즉시 구조 작업을 중지시키고 긴급구조팀의 투입이나 필요한 안전조치를 취하여야 한다.

(좁은 공간에서 구출하는 경우 유도로프를 발목에 결착한다.)

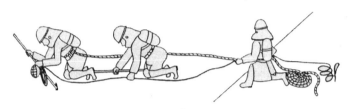

(짙은 연기 속에서는 자세를 낮추고 선 진입자에게 유도로프를
결착하여 뒤에서 이를 잡고 진입할 수 있도록 한다.)

Check

① 바스켓 들것에 사용되는 로프매듭은 고정매듭, 말뚝매기, (   )이다.
② 사다리 구출에서 창문의 상단위로 가로대가 (   )개 정도 올라오도록 사다리를 설치하고 확실히
고정한다.
③ 1인 운반법에는 끌기와 업기가 있다. 끌기에는 구조대상자 끌기, (   ), 경사 끌기가 있다.
④ 2인 운반법에는 들어올리기, (   )가 있다.
⑤ 어지러움, 두통, 급격한 피로느낌은 산소농도가 (   )%이다.
⑥ (   ) : 열경화성 수지, 나일론 연소 시 발생, 25ppm
⑦ 화재현장에서 대부분 사망사고의 원인은 (   )중독에 의해 발생한다.

CHAPTER 07 일반구조활동

제 1 절 구조활동

1 구조활동 현황

119 구조대가 활동하는 현장 중에서 <u>가장 많은 구조건수를 차지하는 것은 벌 관련사고나 동물 관련사고 현장이지만 구조 인원으로 보면 교통사고가 가장 많은 비중을 차지한다.</u> 특히 구조건 수 대비 구조인원 비율이 높은 것은 승강기 사고가 차지하고 있다.

2 화재현장 검색 및 구조

(1) 건물내부 검색

외부관찰	㉠ 먼저 도착한 진압대원들이 화재규모를 판단하고 진압준비를 하는 동안 <u>구조대원들은 가능한 한 건물 전체와 그 주변을 검색하여야</u> 한다. ㉡ 세심한 관찰을 통해서 화재의 규모와 건물의 손상 여부, 진입경로와 소요시간 등을 예측할 수 있다. ㉢ 건물에 진입하기 전에 선택 가능한 탈출 경로(창문, 출입문, 옥외계단 등)를 미리 정해놓고 건물에 진입한 후에는 창문의 위치를 자주 확인하도록 한다. (대원들의 위치선정을 위한 기준이 됨)
질문을 통한 정보 확인	㉠ 화재건물에서 대피한 사람이 있으면 화재지점과 범위, 그리고 건물 내부에 생존해 있을지도 모를 구조대상자에 대한 정보를 파악하기 위하여 질문을 한다. ㉡ 이웃 사람들은 거주자들의 방 위치와 복장을 알 수 있기 때문에 다른 사람들이 발견 될 수 있는 정보를 제공해 줄 수 있다. ㉢ 구조대상자의 숫자와 위치에 대한 정보는 현장지휘관과 모든 대원들에게 전파하여 검색 활동에 참고하도록 한다. ㉣ 가능한 한 모든 정보를 확인하되 <u>전체 건물의 수색이 완료될 때까지 모든 거주자들이 탈출했다고 추측하는 것은 금물이다.</u>

① 1차 검색과 2차 검색★★ 12년 소방위/ 24년 소방장

검색의 두 가지 중요한 목적은 구조대상자의 발견(인명구조를 위한 검색)과 화재규모에 대한 정보(화재범위에 대한 탐색)를 얻는 것이다. 건물화재 시의 구조대상자 검색은 1차 검색과 2차 검색으로 나누어진다.

㉠ 1차 검색(Primary Search)

<u>화재가 진행되는 도중에 검색작업이 진행되는 것을</u> 말하며 생명의 위험에 처한 사람을 신속히 발견해 내는 것이다.

ⓐ 반드시 2명 이상의 대원이 조를 이루어 (Two in, Two out) 검색하는 원칙을 지켜야 서로의 안전을 책임지고 신속히 검색작업을 진행할 수 있다.

ⓑ 검색을 진행 할 때에는 화재건물의 내부 상황에 따라 똑바로 서거나 포복자세를 취한다. 연기가 엷고 열이 약하면 걸으면서 수색하는 것이 용이하지만 연기가 짙은 경우에는 포복자세를 취함으로서 시야를 확보할 수 있고 물체에 걸려 넘어지거나 계단 사이로 추락하는 것을 방지할 수 있다. 포복자세로 계단을 오를 때에는 머리부터, 내려갈 때에는 다리부터 내려가는 것이 안전하다.

※ 정전이나 짙은 연기로 시야가 확보되지 않을 때에는 자세를 낮추고 벽을 따라 진행하며 계단에서는 자세를 낮추고 손으로 확인하며간다.

ⓒ 검색이 진행되는 동안 연기와 화재의 확산을 막기 위해서 아직 불이 붙지 않은 장소의 문은 닫는다. 생존자들이 쉽게 빠져나오고 걸려 넘어지는 위험을 줄이기 위해서 계단이나 출입구 복도에 필요하지 않은 장비를 놓지 않도록 한다.

ⓓ 건물을 검색할 때 구조대원은 인기척에 계속 귀를 기울이면서 각 방을 빈틈없이 검색한다. 가능한 화점 가까운 곳에서 검색을 시작해서 진입한 문 쪽으로 되돌아가면서 하나하나 확인한다. 이 방법은 가장 큰 위험에 놓여있는 사람들에게 가장 신속하게 접근하기 위한 것이다.

(실내의 검색 동선)

ⓔ 화장실이나 욕실, 다락방, 지하실, 베란다, 침대 밑이나 장롱 속, 캐비닛 등 의식을 잃은 구조대상자나 아이들이 숨어있을 만한 장소를 빠짐없이 검색하여야 한다. 먼저 후미진 곳을 검색하고 방의 중심부로 이동한다. 앞이 보이지 않으면 손과 발의 촉감을 이용하여 검색하고 검색봉이나 장비의 자루 부분들을 이용해서 최대한 수색 반경을 넓힌다.

ⓕ 단전과 진한 연기로 시야가 방해를 받는다면 현장지휘관에게 보고해서 배연을 시킬 수 있도록 조치하고 손과 발로 더듬어 가면서 검색을 진행한다.

ⓖ 현장에 투입된 대원들은 현장지휘관과 계속 무선연락을 유지하며 배연이나 조명, 기타 필요한 조치가 있으면 즉시 요청하도록 한다.

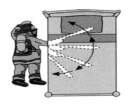

(손과 발, 또는 장비를 이용해서 검색 범위를 넓힌다.)

ⓛ 2차 검색(Secondary Search)

ⓐ 화재가 진압되어 위험 요인이 다소 진정된 후에 진행한다.

ⓑ 또 다른 생존자를 발견하고 혹시 존재할지도 모르는 사망자를 확인하는 작업이다.

ⓒ 화재진압과 환기작업이 완료되면 2차 검색을 위한 대원들을 진입시킨다.

ⓓ 2차 검색은 신속성보다는 꼼꼼함이 필요하다. 1차 검색 때에 발견하지 못한 공간이나 위험성을 확인해야 하기 때문에 절대 소홀히 할 수 없는 작업이다.

ⓔ 1차 검색과 마찬가지로 좋은 소식이든 나쁜 소식이든 새로이 확인되는 사항이 있으면 즉시 보고한다.

> TIP 1. 2차 검색방법의 목적과 차이를 기억하세요. 2차 검색은 신속성보다 꼼꼼함이 필요하답니다.

② 다층빌딩 검색

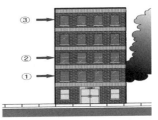

(다층 건물의 검색순서)

> ※ 고층빌딩을 검색순서
> ① 불이 난 층   ② 바로 위층   ③ 최상층   ④ 다른 층

(2) 검색방법

① 복도와 통로

㉠ 중앙 복도를 사이에 두고 방이나 사무실이 늘어서 있다면 검색조는 복도의 양쪽 모두를 검색할 수 있도록 편성한다.

㉡ 2개의 조를 편성하면 각 조는 복도의 한쪽 면을 담당할 수 있다.

㉢ 만약 인원이 부족하여 한 조 밖에 편성할 수 없다면 복도의 한쪽 면을 따라가며 검색한 후 다른 쪽을 따라 되돌아오며 검색하는 방법을 택한다.

② 검색의 진행 방향

㉠ 첫 번째 방에 들어간 구조대원들은 한쪽으로 방향을 잡고 입구로 다시 돌아 나올 때까지 계속 벽을 따라 진행한다.

㉡ 구조대원들이 처음 들어갔던 입구를 통해 나오는 것은 성공적인 검색의 아주 중요한 요건이다.

㉢ 구조대상자를 발견하여 안전한 곳으로 이동시키거나 다른 요인으로 중도에서 방에서 나와야 할 때에는 들어간 방향을 되짚어 나온다.

> ✪ 단 1가구가 거주하는 단층집에서부터 거대한 고층 건물에 이르기까지 대부분의 건물들은 이와 같은 방법을 사용해서 검색

③ 작은 방이 많은 곳을 검색할 때

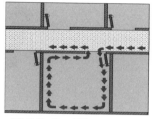

㉠ 대부분의 경우 작은 방을 검색하는 적절한 방법은 <u>한 대원이 검색하는 동안 다른 대원은 문에서 기다리는 것이다.</u>

㉡ 서로 간에 어느 정도 지속적인 대화가 이루어져야 검색방향을 잡기가 수월해진다.

㉢ 검색하는 대원은 문에서 기다리는 대원에게 검색과정을 계속 보고해야 한다.

(검색은 한 방향으로 한다.)

㉣ 해당 방의 검색이 완료되면 두 대원은 복도에서 합류하고 방문을 닫은 후 <u>문에다 검색이 완료된 곳이라는 표시</u>를 한다.

㉤ 옆의 방을 검색하는데 이때에는 <u>각 대원의 역할을 바꾸어</u> 진행한다.

> ✪ 비교적 작은 방을 검색할 때 이 방법은 두 명이 함께 검색할 때보다 속도도 빨라진다.
> ✪ 구조대원의 불안감을 줄이고 방 안에서 길을 잃을 가능성도 낮출 수 있기 때문이다.

④ 표시방법

㉠ 검색중이거나 검색이 완료된 장소를 표시하는 방법은

ⓐ 특별히 제작한 표시물을 문의 손잡이에 걸어두거나

ⓑ 분필이나 크레용으로 문에 표시하는 등 여러 가지가 있다.

㉡ 그렇지만 현재 검색이 진행 중인 곳과 검색이 완료된 곳을 따로 표시하면 구조대원이 길을 잃었을 때 그들을 찾기 위한 좋은 단서가 될 수 있다.

(탐색 중인 장소의 표시방법)

(3) **대원의 안전**

① 건물 탐색 시의 안전

안전을 위한장비	㉠ 라이트라인은 어둡고 극히 위험한 상황에서 탈출로를 안내하는 기능을 한다.
	㉡ 구조대원들은 현장에 진입하기 전에 조명기구와 무전기, 파괴도구, 기타 개인보호 장비(공기호흡기, 인명구조경보기 등)를 완벽히 갖추어야 한다.
검색 중의 안전	㉠ 고층빌딩을 검색하는 도중 연기나 단전으로 시야가 제약을 받는다면 통로의 안전에 대하여 계속적으로 손으로 더듬거나 장비로 두들겨가면서 확인하여 주의를 기울여야 한다.
	㉡ 화재로 손상된 마루나 엘리베이터 통로, 계단 등이 중요한 위험요소가 된다.
문을 개방 할 때	㉠ 내부의 열기를 가늠하기 위해서 문의 맨 위쪽과 손잡이를 점검한다. 만약 문이 뜨겁다면 방수 개시 준비가 될 때까지 문을 열어서는 안 된다.
	㉡ <u>문을 열고자 하는 경우에는 문의 정면에 위치하면 안 된다. 한쪽 측면에 서서 몸을 낮추고 천천히 문을 열어야 한다.</u>
	㉢ 문 뒤에 화재가 발생했다면 몸을 낮춤으로써 열기와 연기가 머리 위로 지나도록 할 수 있다.
	㉣ 안쪽으로 열리는 문이 잘 열리지 않는다면 구조대상자가 문 안쪽에 쓰러져 있을 가능성이 있기 때문에 발로 차서 강제로 문을 열려고 해서는 안 된다.
	㉤ 문은 천천히 조심스럽게 개방하고 그 앞에 전개되는 현장에 구조대상자가 있는지를 확인해야 한다.

② **갇혔거나 길을 잃은 경우**★★★ 13년 소방위/ 14년 소방교/ 21년, 23년 소방위/ 24년 소방교

침착*	⑦ 자제력을 잃는 것은 곧 그 대원이 정상적인 판단을 하지 못하는 상황을 유발하고 흥분과 공포감으로 공기 소모를 정상치 이상으로 급격히 상승시킬 수 있다. ⓛ 가능한 한 처음 검색을 시작했던 방향을 기억해 내어 돌아가야 한다. 그것이 불가능하면 건물의 출구를 찾거나 적어도 화재현장을 벗어날 출구만큼은 찾아내야 한다.
도움 요청*	⑦ 근처에 있을지 모를 다른 대원이 들을 수 있도록 큰 소리로 도움을 청해야 한다. ⓛ 출구를 찾을 수 없다면 비교적 안전하다고 생각되는 장소로 대피해서 인명구조경보기(PASS)를 작동시킨다. ⓒ 창문이 있다면 창턱에 걸터앉아서 인명구조경보기를 틀거나 손전등을 사용하거나 팔을 흔들어서 지원을 요청하는 신호를 보낼 수 있다. ⓔ 창문 밖으로 물건을 던져서 구조를 요청하는 신호를 보낼 수 있지만 방화복이나 헬멧 등 보호장비를 던져서는 안 된다.
이동이 불가능한 경우*	⑦ 붕괴된 건물에 갇히거나 주변으로 이동할 수 없을 만큼 부상을 입었다면 생명에 지장이 없는 장비들을 포기하여야 한다. ⓛ 즉각적으로 인명구조경보기를 작동시키고 냉정을 유지하면서 산소공급량을 극대화시켜야 한다.
위험한 현장에서 탈출하기*	⑦ 다른 대원의 도움을 받지 못하고 혼자서 탈출해야 하는 경우 가장 손쉬운 방법은 호스를 따라서 나가는 것이다. ⓛ 다른 대원이 위치를 알 수 있도록 큰 소리를 외치고 커플링의 결합부위를 찾아서 숫 커플링이 향하는 쪽으로 기어 나간다. ⓒ 암 커플링이 향하는 방향은 관창 쪽이 되어 화점으로 향하게 된다. ⓔ 호스를 찾지 못한 경우에는 　• 한쪽 벽에 도달할 때까지 똑바로 기어나간다. 　• 그 다음 벽을 따라서 한 방향으로 진행하며 도중에 방향을 바꾸지 않도록 한다. 가능하면 벽이나 창문을 파괴한다. ⓜ 지쳐서 더 이상 움직일 수 없게 되거나 의식이 흐려지면 　• 랜턴이 천장을 비추도록 놓고 출입문 가운데나 벽에 누워서 발견되기 쉽게 한다. 　• 구조대원은 벽을 따라서 진입하기 때문에 벽 주변에 있으면 발견이 용이하고 　• 벽이 음향을 반사하여 인명구조경보기의 가청효과를 극대화시킨다. 　• 천정을 비추는 전등 빛은 다른 구조대원들이 용이하게 발견할 수 있다. *(사진 설명)* 숫커플링 / 암커플링 / 소방차 방향 ← / 관창 방향 → **(화점방향은 암카프링)**

TIP 구조대원이 고립되었을 때 탈출방법을 기억하시고 특히 랜턴으로 바닥이 아니라 천장을 비추어야 합니다.

③ **공기호흡기의 이상*** 21년 소방위

침착	• 당황하게 되면 호흡이 빨라지고 공기소모량이 많아진다. 동작을 멈추고 자세를 낮추어 앉거나 포복자세로 엎드린다. • 어떤 경로를 통하여 이 장소에 도달했는지를 기억해 낸다. 다른 대원들의 대화나 신호, 호스나 장비에서 발생하는 소리, 사고 장소에서 발생하는 소음 등에 주의를 기울인다.

공기소모량 최소화	• 공기가 얼마 남지 않았다면 <u>건너뛰기 호흡법(Skip Breathing)</u>을 활용한다. • 먼저 평소처럼 숨을 들이쉬고 내쉬어야 할 때까지 숨을 참고 있다가 내쉬기 전에 한 번 더 들이마신다. <u>들이쉬는 속도는 평소와 같이 하고 내쉴 때에는 천천히 하여 폐 속의 이산화탄소 농도를 조절한다.</u> • <u>대원 고립 시 가장 오래 버틸 수 있는 호흡법은 카운트 호흡법을 고려할 수 있다.</u> <u>카운트 호흡법은 숨을 들이 마시고, 참고, 내뱉는 것을 각각 5초간씩 하는 방식이다.</u>
양압조정기의 고장	• 양압조정기가 손상을 입어 <u>공기공급이 중단되었을 경우에는 바이패스 밸브를 열어 면체에 직접 공급되도록 한다.</u> • <u>최근 보급되는 공기호흡기는 면체에 적색으로 표시된 바이패스 밸브가 있다. 바이패스 밸브를 열어 숨을 들이쉰 후 닫고 다음번 호흡 시에 다시 열어준다.</u>

TIP 카운트호흡법을 기억하고, 양압조정기고장 시 대처방법을 숙지하세요. 바이패스 밸브는 숨을 들이쉰 후 닫습니다.

3 일반 사고 구조활동

(1) 건물 내 감금 사고

① 단순한 내부진입

관리실의 마스터키를 사용	사무실 또는 아파트 등에서 단순 감금일 경우
전문 열쇠수리공에게 의뢰	내부에 긴급히 구조해야할 사람이 없거나 별도의 안전조치가 필요하지 않은 경우
경첩부분을 파괴	상황이 긴급하여 자물쇠나 출입문을 파괴하여야 하는 경우
현관문 파괴기, 에어건을 이용하는 경우	실내에 있는 사람의 안전에 유의
사다리를 사용하여 진입하는 것을 우선	3층 이하의 저층
베란다를 따라 진입하거나 상층에서 로프하강으로 진입	사고발생 장소가 고층인 경우

② 특이상황에 대한 대처
　㉠ 진입하고자 하는 실내에 정신이상이나 자살기도자 등 심신이 불안한 구조대상자가 있다면 사전에 충분한 대화를 통하여 구조대원이 내부에 진입한다는 사실을 주지시켜야 하고 필요하다면 정신과 전문의 등 관련 전문가를 통하여 설득작업을 하도록 한다.
　㉡ 특히 범죄와 관련된 경우라면 반드시 경찰관의 입회 및 진입요청이 있어야 하며 <u>현장에 출동한 구조대장 단독으로 판단하지 말고 상급 지휘관에게 보고</u>하고 지휘를 받아야 한다.

③ 구 출
　㉠ 내부에 환자 등 구조대상자가 있으면 신속히 병원으로 이송한다.
　㉡ 만약 거동이 불편한 환자가 있고 내부계단이나 엘리베이터 이용이 불가능한 상황이라면 곤돌라를 이용하거나 고가·굴절 사다리차의 지원을 받도록 하고 건물 구조상 이러한 장비의 사용이 불가능하면 부득이 로프기술을 활용하여 창문으로 구조한다.

ⓒ 만약 자살행동이나 가스 누출 등 추가적인 위험요인이 있다면 이러한 위해요인의 제거가
가장 먼저 이루어져야 한다.

ⓒ 범죄와 관련된 경우라면 현장보존에도 유의하여야 한다.

(2) 신체가 낀 사고

출입문이나 놀이시설, 기계 등에 신체 일부가 끼인 경우에는 그 상황, 내용에 따라서 벌리거나
절단, 파괴, 해체 등 적절한 방법을 선택한다.

① 어린이는 신체의 고통과 함께 정신적 충격도 크기 때문에 보호자가 구조활동 과정에 참여하여
구조대상자를 안정시켜야 한다.

② 현장에 보호자가 없으면 구급대원, 특히 여자구급대원의 도움을 받는 것이 효과가 크다.

③ 하수도관, 흄관(Hume pipe)등에 끼어 빠지지 않는 경우에는 구조대상자의 신체에 기름이나
비눗물을 사용하여 자연스럽게 빠져나올 수 있도록 하는 것도 좋은 방법이다.

④ 기타의 경우 구조대상자에게 상해가 없고 가급적 시설물의 피해가 적은 방법을 택하여야 하며
절단이나 제거과정에서 절단된 물체가 튕겨 나오거나 지지물이 붕괴되면서 발생할 수 있는
2차 사고에 유의하여야 한다.

(3) 기계공작물 사고

기계·기구의 체인, 기어, 롤러 등의 회전부분에 신체 일부가 끼이는 사고이다. 이러한 경우 무
작정 신체를 잡아당기거나 기계를 역회전 시켜서 오히려 손상을 가중시키는 경우가 있다. 먼저
엔진을 끄거나 전원을 차단하여 동력을 끊고 부상의 정도와 기계의 구조를 면밀히 살피고 안전한
구조방법을 결정해야 한다.

① 사고의 형태

날카로운 물체	ⓐ 구조대상자의 신체 일부분이 프레스 기계나 각종 커터 등의 날카로운 물체에 끼인 경우 구조대상자는 대량의 출혈과 큰 통증을 호소한다. 심하면 신체의 일부가 절단되는 경우까지도 발생한다. ⓑ 이러한 경우에는 지혈 및 소독 등 응급처치를 병행하면서 손상부분이 최소화 될 수 있도록 주의를 기울여야 한다. 특히 절단된 신체부위를 신속히 병원으로 이송하면 접합수술이 가능한 경우도 많으므로 절단된 신체 부분의 회수에도 노력한다.
압좌상	ⓐ 인쇄기의 롤러나 대형 기어와 같이 둔중한 물체에 끼이거나 무거운 물체에 장시간 깔린 경우에는 육안으로는 대수롭지 않은 부상처럼 보이지만 오히려 골절, 근육, 혈관 등에 광범위 하게 손상을 입어 구출 후에도 회복이 쉽지 않은 경우가 많다. ⓑ 비교적 긴 시간동안 신체 조직이 외부의 압박을 받아서 유발되는 손상을 압좌상 이라 하며 직접적인 연부조직 손상뿐만 아니라, 연부조직의 혈액순환을 차단하고 심한 조직 손상을 초래한다.

② 구조 활동

㉠ 구출을 위해 기계, 장비 등을 무리하게 절단·파괴하는 경우 오히려 부상과 고통을 가중
시킬 수 있다.

ⓒ 순차적으로 분해 또는 해체하는 것이 손상을 최소화할 수 있는 방법이다.

ⓒ 다만 기계장치의 구조 및 작동원리에 대한 이해 없이는 쉽게 분해하기 곤란한 경우가 많으므로 정비기술자를 찾아 해체하는 것이 바람직하고 상황이 긴급한 경우에는 힌지(경첩)나 축, 링크 등 취약 부분을 찾아 절단·해체한다.

ⓐ 기어나 롤러는 구동축에 나사나 키, 핀 등으로 고정된 경우가 많다. 이때에는 고정나사나 키를 제거하면 쉽게 이탈시킬 수가 있다.

ⓜ 축과 일체로 제작되었거나 용접 등의 영구적인 방법으로 고정된 경우에는 축받이 부분(베어링)을 해체하는 것이 용이하다.

ⓗ 열처리된 축이나 스프링은 대단히 강도가 높다. 절단하고자 하는 부분의 직경이 클 경우에는 유압절단기의 날이 파손될 우려가 높고 직경이 작거나 얇은 경우에는 절단물이 튕겨 안전사고가 발생할 수 있으므로 주의하여야 한다.

🚨 *Check*

① 인명검색 시 포복자세로 계단을 오를 때에는 (   )부터, 내려갈 때에는 (   )부터 내려가는 것이 안전하다.
② 후미진 곳을 검색하고 방의 (   )로 이동한다.
③ 구조대원이 길을 잃은 경우 가장 쉬운 방법은 소방호스의 (   ) 카프링을 따라 가는 것이다.
④ 1, 2차 검색의 목적은 구조대상자 발견과 (   )이다.

제 2 절 전문 구조기술

1 자동차 사고 구조

(1) 자동차 사고의 일반적 특성

① 현장 접근이 용이하고 활동공간이 넓다.	수난사고나 산악사고와 달리 사고발생 현장에 접근하기가 용이하고 구조활동에 장애가 되는 환경적인 요인이 적은 편이다.
② 출동 장애요인이 많다.	자동차 사고가 발생하면 주변의 차량이 정체되어 현장접근이 지연되는 경우가 많다. 특히 출, 퇴근 러시아워 시간에 사고가 발생하면 현장 접근이 심각하게 지연되고 주변의 차량과 군중으로 구조활동에 심각한 장애를 받을 수도 있다.
③ 사상자가 발생한다.	교통사고는 거의 대부분의 경우에 사상자가 발생하고 경우에 따라서는 예상보다 훨씬 심각한 상황이 전개되는 경우도 있다.
④ 2차 사고의 발생 위험이 높다.	사고로 차량이 손상되면 연료가 누출되어 화재나 폭발이 발생하기도 하며, 적재된 위험물질이 누출되는 등 2차 사고가 발생할 위험성이 높다. 특히 안개, 강우, 강설 등으로 시야가 확보되지 않고 운전여건이 좋지 않을 때에는 다수의 차량이 연쇄 충돌하는 사고가 발생하기도 한다.
⑤ "재난"수준의 대형사고가 발생할 수도 있다.	버스 등 대중교통수단의 사고나 위험물질 적재 차량에서 사고가 발생하면 많은 사상자가 발생하는 "재난"수준의 사고가 발생 할 수도 있다.

※ 구조대원이 가장 빈번하게 출동하는 현장은 벌집제거, 동물구조 등이지만 구조인원은 교통사고 현장이 가장 많다.

(2) 자동차 사고 대응

① 사전 대응

도로상황 파악	평소 관할 구역 내의 간, 지선 도로현황과 병목구간 공사 중인 도로, 건설현장 등 출동에 필요한 도로현황을 면밀히 파악해 두어야 한다.
교통흐름 파악	구조대는 거리상의 최단 경로를 이용해서 출동하는 것이 아니라 최소시간으로 현장에 접근할 수 있는 길을 택하는 것이 중요하다. 이와 같이 평소 시기별, 시간대별 교통의 흐름도 파악하고 있어야 한다.

② 현장 도착 전 상황의 파악* 20년 소방위

사고 장소, 대상	• 자동차만의 사고인가? • 다른 요인이 결합된 복합적인 사고인가?
사고차량의 상태	• 정면충돌, 추돌 또는 전복인가? 화재가 발생했는가? • 화재가 발생했는가? 등의 상황
구조대상자의 상황	• 구조대상자는 몇 명 정도인가? • 사상자가 있는가? • 부상자는 심각한 상태인가? • 차량에 깔리거나 끼인 사람이 있는가?

③ 출동 도중에 취할 조치* 20년 소방위

도로의 상황	• 교통량, 도로 폭, 도로 포장여부 등 • 도로 또는 교통상황에 따라 출동 경로를 변경하여 가장 신속히 현장에 도착할 수 있는 길을 선택
지 형	• 높은 곳, 낮은 곳, 지반의 강약, 주변의 가옥밀집도 등 • 주변의 지황을 고려하여 구조대원이 접근할 경로를 선택하고 • 상황에 따라 주변지역을 차단하거나 주민을 대피시킬 수 있도록 지원을 요청한다.
철도와 관계된 사고	• 역 구내 여부, 고가궤도 또는 지하철인가의 판단하고 고압선의 차단여부와 환기 시설의 상태를 주목한다.

TIP 현장 도착 전, 출동 도중에 상황을 비교하는 문제가 출제될 수 있습니다.

④ 구조에 필요한 장비의 준비

사고의 개략적인 내용이 파악되면 사고의 양상, 사고발생 시간대의 관내 도로·교통상황, 기상 조건 등 구조활동에 필요한 제반 요인을 확인하고 필요한 구조장비를 준비하여 이후 전개되는 구조활동에 지장이 없도록 조치하여야 한다. 만약 필요한 장비가 없는 경우 유관기관이나 업체에 지원을 요청한다.

현장안전 확보장비	유도표지, 경광봉, 호각 등이 안전을 확보하기 위해 사용된다.	
구출 장비	ⓐ 유압구조장비(유압전개기, 유압절단기, 유압램) ⓑ 에어백 세트 ⓒ 이동식 윈치 ⓓ 동력절단기 또는 가스절단기	
차량 인양	전복된 차량 내에 구조대상자가 있는 경우 굳이 차량을 복구하려하지 말고 인명 구조에 필요한 조치를 먼저 취하여야 한다.	
	전복된 차량	크레인, 윈치 또는 견인차량 등을 이용하여 복구한다.
	수중에서 전복된 차량의 인양	잠수장비를 이용하여 수중구조 및 수색 작업을 펼치고 차량의 인양이 필요한 경우에는 및 인양크레인이나 견인차량을 이용한다.

(3) **안전조치**

① 현장파악** 11년, 12년 소방장

현장파악은 구조대원이 현장에 처음 도착하는 순간부터 시작하여야 한다. 무턱대고 현장에 접근하기보다는 현장과 그 주변을 주의 깊게 관찰함으로서 구조대원의 안전을 확보하고 구조작업의 실마리를 잡아갈 수 있게 된다.

㉠ 구조차량의 주차** 16년 소방교/ 18년, 24년 소방장

ⓐ 구조대원이나 장비가 쉽게 도달할 수 있을 만큼 가까운 곳에 주차한다.

ⓑ 너무 가까운 곳에 주차하여 구조 활동에 장애를 주어서는 안 된다.

ⓒ 구조차량은 지나가는 차량들로부터 현장을 보호하기 위하여 일시적으로나마 방벽 역할을 하고 후속 차량들이 구조차량의 경광등을 보고 사고 장소임을 인식할 수 있도록 <u>사고 장소의 후면</u>에 주차하는 것이 좋다.

ⓓ 교통흐름을 막지 않도록 최소한 <u>한 개 차로의 통행로는 확보</u>하는 것이 좋다.

직선 도로 ★★	• 구조대원이 활동할 수 있도록 <u>15m 정도의 공간</u>을 확보하고 주차한다. • 안전을 위해 <u>깔대기(칼라콘) 등으로 유도표지를 설치</u>하고 경광봉을 든 경계 요원을 배치한다. • <u>유도표지의 설치범위는 도로의 제한속도와 비례</u>한다. 18년 소방장/ 24년 소방장 ❂ <u>시속 80km인 도로에서 사고가 발생한 경우 사고지점의 후방 15m 정도에 구조차량이 주차하고 후방으로 80m 이상 유도표지를 설치</u>한다.* 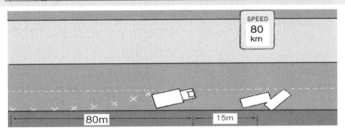 (구조차량이 주차 유도표지 설치)
곡선 도로 ★	• 곡선 부분을 지나서 주차하게 되면 통행하는 차량들이 직선 구간에서는 구조차량을 발견하지 못하고 회전한 직후 구조차량과 마주치게 되므로 추돌사고가 발생할 확률이 높다. 따라서 <u>구조차량은 최소한 곡선구간이 시작되는 지점에는 주차</u>하여야 한다. 14년 소방장/ 17년 소방위 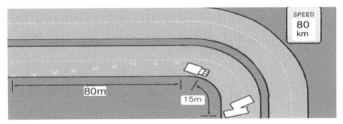 (곡선도로에서 사고가 발생한 경우 곡선 시작부분에 주차하고 후방으로 80m 이상 유도표지를 설치한다.)

TIP 향후 출제빈도가 높습니다. 구조대원 활동 공간, 80㎞ 에서는 80m, 유도표지 설치위치 등을 기억하고, 밑줄 친 부분을 숙지하세요.

교통통제	• 교통사고 현장에서 차량을 통제하는 것은 부상자와 구조대원을 2차 충돌 사고로부터 보호하기 위한 것이기 때문에 현장 도착 즉시 시행해야 할 사항이다. • 주변지역의 교통흐름을 제한하고 통제함으로서 사고현장을 보호할 뿐만 아니라 구조차량의 접근을 용이하게 하고 다른 운전자들의 불편을 최소화할 수 있다. • 경광봉이나 깃발, 호각, 간이분리대 등 적절한 경고 장비를 이용해서 사고현장으로 접근하는 차량들에게 양방향으로 신호를 보낼 수 있도록 한다.

현장 접근 전 조치사항	구조대원은 현장에 도착하면 예상치 못한 일들과 마주치게 된다. 따라서 구조 작업에 앞서 사고현장을 정확히 파악하여야 한다. • 다른 차량들에 의한 위험성이 있는가? • 어떤 차종의 사고이며 몇 대 차량이 사고와 관련되어 있는가? • 차량들이 흩어져 있는 정확한 위치는 어디이며 차량의 손상정도는 어떠한가? • 화재가 발생했는가? 혹은 잠재적인 화재위험이 있는가? • 유독물이나 폭발물 등 다른 위험물질이 있는가? • 차량의 엔진이 동작중인가? 전기나 누출된 가스에 의한 위험요인은 없는가? • 추가적인 구조장비나 물자가 필요한가?

② 구조작업을 위한 상황파악★★

사고차량 확인	ⓐ 사고차량 안팎에 있는 사고자의 숫자를 파악하고 부상의 정도를 파악해야 한다. ⓑ 또한 구조대원은 차량 상태와 필요한 조치 그리고 상존하는 위험요인도 파악한다. ⓒ 각 차량별로 1명씩 전담 구조대원을 지정하는 것이 좋지만 구조대원이 부족한 경우 에는 구조대장이 대원들에게 조사할 차량과 주변지역을 명확히 지정해 주고 보고를 받도록 한다.
주변지역 확인	대원들이 각 차량을 확인하는 동안 제3의 구조대원이 현장 주변지역을 수색하도록 한다. 숲길이거나 절벽 부근 제방길 등에서 발생한 사고인 경우에는 차량으로부터 멀리 떨어진 곳에 튕겨나간 구조대상자가 있을 수도 있다. 
구조 대상자 상태파악	ⓐ 구급대원이나 응급처치 교육을 받은 구조대원은 구조대상자의 부상 정도와 같은 상태를 등급별로 분류하고 구조대장은 그 분류에 따라 구조 우선순위를 결정한다. ⓑ 대부분의 경우 <u>중상자의 구조가 경상자보다 우선되어야 하지만 차량에 화재가 발생 했거나 생명을 위태롭게 할 다른 위험요인이 있다면 그 차량의 탑승자를 최우선적 으로 구조한다.</u> ⓒ 구조대상자가 차량에 갇혀있지 않다면 구조를 위한 작업공간을 확보하기 위해 구조 대상자를 먼저 운반토록 한다. 대원들은 모든 조사가 끝나면 구조대장에게 결과를 보고해야 한다.

③ 사고 차량의 안정화★ 14년 소방교 소방장/ 18년 소방장/ 19년 소방교/ 20년 소방장. 소방위/ 23년 소방장

<u>현장파악이 완료되면 사고차량이 움직이지 않도록 고정한다.</u> 이것은 차량손상의 확대, 구조
대상자의 부상악화 또는 구조대원의 부상 방지를 위해 반드시 조치해야 할 사항이다. 가장
적절한 고정 방법은 바퀴에 고임목을 설치하고 차량과 지면 사이에는 단단한 버팀목을 대는
것이다. 사고 차량과 지면의 접촉면적을 최대한 넓게 하면 차량의 흔들림을 최소화 할 수 있다.

바퀴 고정	대부분의 경우 사고차량은 똑바로 서 있다. 그러나 차량의 바퀴가 모두 지면에 닿아있다 고 하더라도 <u>고정 작업은 반드시 필요하다.</u> 사고 차량을 고정함으로서 상하좌우 흔들림 을 최소화할 수 있다. ⓐ <u>차량이 평평한 지면위에 있다면 바퀴의 양쪽 부분에 고임목을 댄다.</u> ⓑ <u>경사면에 놓인 차량은 바퀴가 하중을 받는 부분에 고임목을 댄다.</u>

(차체에 고임목을 대는 방법)

(경사면에 차량의 고임목)

흔들림 제어	에어백	에어백은 전복된 차량을 지탱하는 데 사용한다. 설치가 간편하고 고하중을 들어 올릴 수 있지만 안정감이 부족하기 때문에 버팀목으로 받쳐주어야 한다. 에어백을 사용할 때에는 다음 안전수칙을 준수해야 한다. ★ • 에어백은 단단한 표면에 놓는다. • 에어백을 겹쳐서 사용할 때에는 2층을 초과하지 않도록 한다. 작은 백을 위에 놓고 큰 백을 아래에 놓는다. • 에어백을 사용할 때에는 반드시 충분한 버팀목을 준비해서 에어백이 팽창되는 것과 동시에 측면에서 버팀목을 넣어준다. • 공기는 천천히 주입하고 지속적으로 균형유지에 주의한다. • 날카롭거나 뜨거운 표면에 에어백이 직접 닿지 않게 한다. • 자동차는 물론이고 어떤 물체든 에어백만으로 지탱해서는 안 된다. 에어백이 필요한 높이까지 부풀어 오르면 버팀목을 완전히 끼우고 공기를 조금 빼내서 에어백과 버팀목으로 하중이 분산되도록 한다.
	나무 버팀목	사각형 나무토막을 상자처럼 쌓아 올려서 차량을 고정시킬 수 있다. 최근에는 계단형 또는 조립식 블록 형태로 만들어진 규격제품도 생산되고 있다. • 차량과 버팀목이 단단히 밀착될 때까지 버팀목을 쌓아 올린다. • 이때 구조대원의 신체 일부가 조금이라도 차체 밑으로 들어가지 않도록 한다. • 구조대상자의 신체가 차량에 깔리거나 차량바깥으로 나와 있는 경우 차량의 균형 유지에 더욱 주의하여 조금의 흔들림도 없도록 완전히 고정한다. • 차량과 버팀목의 밀착도를 높이기 위해서 작은 나무조각이나 쐐기를 이용할 수 있다. • 측면으로 기울어진 차량은 넘어지지 않도록 버팀목이나 로프로 고정한다.

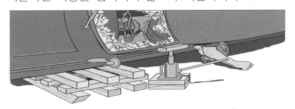

(구조대상자가 있으면 균형유지에 더욱 주의해야 한다.)

TIP 사고현장 도착 시 우선조치는 사고차량의 안정화이고 에어백은 버팀목과 함께 사용합니다.

④ 차량의 위험요인 제거★ 18년, 20년 소방장

　㉠ 누출된 연료의 처리

액체 연료	㉮ 휘발유나 경유와 같이 액체 연료인 경우에는 모래나 흡착포를 이용해서 누출된 연료를 흡수시켜 처리하는 것이 좋다. ㉯ 사용된 모래나 흡착포는 완전히 수거해서 소각 또는 전문 업체에 처리를 위탁한다.

기체 연료	㉮ 기체 연료는 특성상 공기 중에서 신속히 기화하며 극히 적은 농도(LPG의 폭발 범위는 대략 2%~10% 정도이다)에서도 폭발할 수 있다. ㉯ 가스가 누출되는 것이 확인되면 주변에서 화기 사용을 금지하고 사람들을 대피 시킨다. ㉰ 가스가 완전히 배출될 때 까지 구조작업을 연기하는 것이 좋지만 긴급한 경우라면 고압 분무 방수를 활용해서 가스를 바람 부는 방향으로 희석시키면서 작업하도록 한다. ㉱ 현장에 접근하는 구조대원은 반드시 바람을 등지고 접근하며 구조차량도 사고 장소보다 높은 지점으로 풍상 측에 위치하여야 한다.

    ⓛ 에어백**

      ⓐ 에어백은 322km/h의 엄청난 속력으로 팽창하면서 구조대상자나 구조대원에게 충격을 가할 수 있다.

      ⓑ 차량은 전원이 제거된 후에도 10초 내지 10분간 에어백을 동작시킬 수 있다.

> ✪ 에어백이 부착된 차량에서 구조작업을 할 때에는 배터리 케이블을 차단하고 잠시 대기하는 것이 좋다. 배터리의 전원을 차단할 때에는 (−)선부터 차단한다. 차량의 프레임에 (−) 접지가 되어 있으므로 (+)선부터 차단하다 전선이 차체에 닿으면 스파크가 발생하기 때문이다. 그러나 일부 에어백은 차량의 배터리와 별도로 동작하기 때문에 각별한 주의가 필요하다.

⑷ 구조활동

 ① 유리창의 파괴, 제거

  차량 내에 있는 구조대상자에게 접근하는 방법은 다음의 3가지이다.

  ㉠ 차량의 문을 연다.

  ㉡ 차량의 유리를 파괴한다.

  ㉢ 차체를 절단한다.

   ⓐ 단순한 접근 방법을 택할수록 구조작업은 순조롭게 진행된다.

   ⓑ 파괴된 차문을 열거나 차 지붕을 제거하는 등 구조작업을 전개하기 위해서 유리창을 파괴 제거해야 할 경우도 많다.

   ⓒ 유리창을 자르기 전에 가능하면 구조대상자를 모포나 방화복 등으로 감싸서 추가 부상을 입지 않도록 해야 한다.

 ② 차량 유리의 특성 및 파괴 장비** 13년소방장

안전 유리	• 유리판 두장을 겹치고 사이에 얇은 플라스틱 필름을 삽입, 접착한 것이다. • 전면의 방풍유리에 사용되며 일부 차량은 뒷 유리창에도 사용한다. • 충격을 가하면 중간 필름층 때문에 유리가 흩어지지 않고 붙어있게 된다. • 파편으로 운전자와 승객이 부상당하는 것을 막기 위해서 사용한다.	
	파괴 장비	• 차유리절단기 톱날 부분으로 안전유리를 잘라서 제거할 수 있다. 도구 뒷부분으로 유리창 모서리에 충격을 가하여 구멍을 뚫고 톱날부분을 넣어 잘라낸다.  (차 유리 절단기)

강화 유리		• 열처리된 강화유리는 측면 도어의 유리창과 후면 유리창에 사용된다. • 충격을 받으면 유리면 전체에 골고루 금이 가도록 열처리되어있고 전체가 작은 조각들로 분쇄된다. • 일반 유리와 같이 길고 날카로운 조각들이 생기지 않아 유리파편에 의한 부상 위험이 줄어든다. • 분쇄된 유리조각에 노출된 피부에 작은 손상이나 눈에 유리조각이 박힐 수도 있다.
	파괴 장비	• 센터 펀치 스프링이 장착된 펀치로 열처리 유리를 파괴할 때 사용한다. 유리창에 펀치 끝을 대고 누르면 안으로 눌려 들어갔다 튕겨 나오면서 순간적인 충격을 주어 유리창을 깨뜨린다.  (센터펀치)

TIP 유리의 특성에 대해서 숙지하시기 바랍니다. 센터펀치는 강화유리에 사용됩니다.

③ 유리창 파괴 방법* 20년 소방장

㉠ 전면 유리 제거하기

차 유리 절단기를 이용해서 유리창을 톱으로 썰어내듯 절단하는 것이다. 만약 이 장비가 없다면 손도끼를 이용해서 유리창을 차근차근 절단해 낸다.

ⓐ 유리 절단기의 끝 부분으로 전면 유리창의 양쪽 모서리를 내려쳐서 구멍을 뚫는다.

ⓑ 유리 절단기를 이용해서 유리창의 세로면 양쪽을 아래로 길게 절단한다. 그런 다음 절단된 세로면에 연결된 맨 아래쪽을 절단한다. 절대로 절단 과정에서 차 위에 올라서거나 손으로 유리창을 누르지 않도록 주의한다.

ⓒ 유리창 절단이 완료되면 유리창의 밑 부분을 부드럽게 잡아당겨 위로 젖힌다. 그러면 유리창은 자연스럽게 벌어지기 시작하고 결국 차 지붕 위로 젖혀 올릴 수 있게 된다.

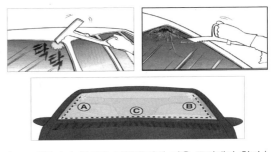

ⓓ 유리창을 떼어 안전한 곳에 치우고 창틀에 붙은 파편도 완전히 제거한다.

(구조대상자가 있으면 균형유지에 더욱 주의해야 한다.)

㉡ 측면 유리 제거하기

열처리된 유리를 사용하는 측면이나 후면 유리창들은 모서리 부분을 날카롭고 뾰족한 도구로 강하게 치면 쉽게 파괴할 수 있다. 센터 펀치를 사용할 때에는 한 손은 버팀대 역할을 해서 구조대원의 손이 유리창 안으로 끼어 들어가지 않도록 조심한다.

ⓐ 깨어진 유리창에 손상을 입지 않도록 유리창에 테이프, 끈끈이 스프레이를 뿌리는 것이다.

ⓑ 센터 펀치를 유리창의 모서리 부분에 대고 누른다.

ⓒ 유리가 깨어지면 위쪽에 손을 넣어 차 밖으로 조심스럽게 들어낸다. 만약 유리가 테이프에 붙어있지 않고 조각조각으로 깨어지면 손을 안쪽에 차 바깥으로 털어낸다.

(테이프 붙이고 펀치로 찌른다.)

(유리창을 바깥으로 떼어낸다.)

TIP 유리절단기, 센터펀치 사용요령과 유리 제거 순서를 알아두세요.

④ 신체가 끼인 구조대상자
　㉠ 발이 페달에 끼인 경우
　　ⓐ 잘 늘어나지 않는 스테틱 로프나 슬링테이프를 준비하고 한쪽 끝을 페달에 단단히 묶는다.
　　ⓑ 차문을 거의 다 닫은 상태에서 반대쪽 로프 끝을 창틀에 묶는다.
　　ⓒ 차문을 천천히 열면 로프가 당겨지면서 페달을 당기게 되고 이때 벌어진 틈으로 구조대상자의 발을 빼낼 수 있다.

(페달에 로프를 묶고 반대쪽 끝은 창틀에 묶은 다음 문을 바깥쪽으로 젖힌다.)

　㉡ 핸들이나 계기판에 상체가 눌린 경우
　　차량이 전면에서 충격을 받은 경우 구조대상자의 신체가 계기판이나 핸들과 좌석 사이에 끼어 있는 경우가 많이 발생한다. 손쉬운 방법은 좌석 조정레버로 의자를 뒤로 이동시키는 것이지만 차량이 심하게 파손되었을 때에는 이 방법은 사용할 수 없다. 이때에는 핸들에 체인을 감고 윈치 또는 유압 전개기를 이용하여 당기거나 유압전개기 또는 유압 램으로 밀어내는 방법을 사용할 수 있다. 체인으로 핸들을 감아 당기는 방법은 다음과 같다.
　　ⓐ 수동식 윈치와 체인 2개를 준비한다.
　　ⓑ 체인 1은 핸들을 감고 전면 유리창 밖을 통해 빼낸다.
　　ⓒ 체인 2는 차량 하단 견인줄을 고리에 걸고 후드(본넷) 위로 체인을 올린다.

ⓓ 체인 1, 2를 이동식 윈치에 연결한다.

ⓔ 차량과 체인이 닿는 부분에는 압력을 분산시키기 위해 나무 받침목을 대준다.

ⓕ 구조대상자의 상태를 살피며 윈치를 천천히 당긴다.

> ✪ 윈치 대신 유압전개기를 최대한 벌려서 체인을 감고 전개기를 닫으면 동일한 효과를 얻을 수 있다.

⑤ 운전석의자 분리하기

뒷좌석 의자 분리하기	• 뒷문을 열고 뒷좌석 의자를 분리한다. • 절단기로 연결부분을 절단할 수도 있고 스패너로 볼트를 풀어내도 된다. • 이때 차량이 흔들려서 구조대상자에게 추가적인 부상을 입히지 않도록 조심한다. • 일반 스패너나 몽키스패너보다는 볼트 머리에 꼭 들어맞는 6각 스패너가 작업하기 편리하다.
운전석 의자 분리	• 차량 뒷부분의 의자를 모두 제거했으면 운전석 의자를 분리한다. • 먼저 의자에 구조대상자를 고정하여 움직이지 않도록 한다. • 의자 전면 좌우에 있는 볼트를 먼저 풀어내고 뒤쪽 볼트를 푼다. • 일부 차량의 경우 볼트에 커버가 씌워져 있거나 변속기 커버에 가려져 보이지 않는다. • 드라이버나 지렛대 등을 이용해서 커버를 벗기고 볼트를 풀어낸다.
의자 들어내기	• 볼트를 모두 풀어냈으면 차내에 공구나 볼트, 장식물 등 장애물이 남아 있는지 다시 한 번 확인한다. • 안전벨트가 채워져 있으면 잘라낸다. • 구조대상자를 의자에 앉힌 채로 뒤로 약간 기울이면서 그대로 뒷문을 통해서 빼내면 된다. • 구출하기 전에 구조대상자에게 경추보호대를 채우고 머리를 헤드 레스트에 고정하면 경추보호에 도움이 된다.

⑸ **사고차량의 해체**

① **차 문 틈을 벌리는 방법**

ⓐ 차량의 손상을 줄이기 위해서 부득이 문 틈새를 벌려 문을 열고자 한다면 먼저 <u>지렛대나 구조도끼 또는 헬리건바(Halligan-type bar)</u> 등을 문틈에 넣고 비틀어 전개기 끝이 들어갈 수 있을 만큼 틈새를 넓혀야 한다.

ⓑ 전개기 끝이 문틈에 걸리면 전개기를 벌려서 틈을 확대하고 전개기를 닫아서 다시 밀어넣기를 반복한다. 한 번에 완전히 열려고 무리하게 벌리면 팁이 빠져나올 수 있으므로 주의한다.

(지렛대를 넣고 벌린 다음 유압전개기를 이용해서 문을 연다.)

② 도어를 절단하는 방법

차량이 많이 손상되었거나 구조대상자가 심한 부상을 입었다면 차문을 완전히 절단, 제거하여야 구조 작업이 신속하고 응급처치도 용이하다. 일반적으로 유압펌프에는 동시에 2개의 장비를 연결하여 사용할 수 있다. 전개기와 절단기를 함께 사용하거나 절단과 전개가 하나의 장비로 가능한 콤비툴을 이용해서 작업한다.

(펜더를 전개기로 압축한다.)　　　　(전개기로 틈을 벌린다.)

㉠ 경첩 노출	• 먼저 전개기로 펜더를 압축하면 펜더가 찌그러지면서 경첩 부분이 노출된다. • 이 틈새에 다시 전개기를 넣어 절단기가 들어갈 수 있을 만큼 충분히 벌린다.
㉡ 경첩 절단	• 차문의 경첩이 노출되면 절단기를 넣어 절단한다.
㉢ 문 떼어내기	• 경첩과 전선, 기타 연결된 부분을 다 절단하면 문을 떼어낼 수 있다. • 문이 쉽게 제거되지 않으면 틈새에 다시 한 번 전개기를 넣어 벌려서 차체에서 문이 분리되도록 한다.

③ 지붕 제거하기

차 지붕을 들어내기 위해서는 유리창을 먼저 제거하여야 한다. 도어를 열면 차체를 둘러싸고 있는 부위를 필라(Pillar)판넬이라 부르며 앞문 쪽을 A필라, 가운데 부분을 B필라, 뒷문 쪽을 C필라라고 부른다.

㉠ 지붕을 접어 올리기

먼저 지붕 위에 절단된 앞 유리창이 올려져 있거나 기타 장비가 있으면 완전히 제거한다.

ⓐ 절단기로 A필라와 B필라를 모두 절단한다.

ⓑ 필라는 차에 바짝 붙여 절단하는 것이 좋다.

ⓒ 기둥이 길게 남아 있으면 구조작업 할 때 장애를 받게 된다.

ⓓ 절단기로 뒷좌석 부분의 지붕 좌우를 조금씩 잘라주고 두 명의 대원이 양 옆에서 지붕을 잡아 뒤로 젖히면 쉽게 접혀진다.

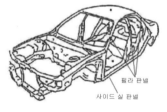

(필라 판넬의 위치)

ⓔ 지붕을 뒤로 젖히기 전에 구조대상자를 모포나 방화복으로 감싸서 낙하물로 인한 부상을 방지한다.

㉡ 지붕 제거하기

지붕을 제거하는 방법은 접어 올리는 방법과 유사하다. 다만 A, B필라는 물론이고 C필라까지 절단하여 지붕을 완전히 분리한다. 4명의 대원이 각 귀퉁이를 잡고 들어올려 안전한 곳으로 이동시킨다.

(지붕을 뒤로 접어 올린다.)

(필러절단)

④ 계기판(Dash Board or Center Fascia) 밀어내기

차량이 강한 정면 충격을 받으면 계기판이 밀려들어와 운전자 또는 탑승자를 압박하게 된다.
이때에는 유압램을 이용하여 계기판을 밀어내는 것이 좋다.

㉠ 프레임 밀어내기

ⓐ 가장 효과적으로 계기판을 밀어내는 방법이다.

ⓑ 유압램을 A필라와 사이드씰 사이에 설치한다.

ⓒ 유압램은 2개를 준비하여 각각 운전석과 조수석에 함께 설치하는 것이 효과적이다.

ⓓ 램을 서서히 확장시키면 계기판이 밀려나고 구조대상자를 구출할 수 있다.

ⓔ 계기판이 밀려나면 사이드실 판넬의 모서리를 조금 절개하고 나무토막을 끼워 넣어 램을
제거해도 계기판을 지탱할 수 있도록 한다.

(유압램으로 프레임을 밀어내고 모서리에는 나무토막을 끼워둔다.)

㉡ 계기판 밀어내기

사용할 수 있는 유압램이 하나뿐이라면 램을 좌석과 계기판 사이에 놓고 확장시켜서 계기판이
밀려나가도록 한다. 램이 확장되면서 미끄러지거나 플라스틱으로 만들어진 계기판을 뚫을
수 있으므로 계기판에는 나무토막을 대서 램이 직접 닿지 않게 하는 것이 좋다.

(램이 미끄러지지 않도록 나무토막을 대고 확장시킨다.)

(6) 구출 및 이동

<u>부상자는 구급대원이 현장에 도착하기 전까지는 이동시키지 않는 것이 원칙이지만 구조대상자나
구조대원의 생명이 위험할 때에는 이러한 원칙은 무시할 수 있다.</u> 화재, 가연성 기체나 액체,
절벽에서의 차량의 요동 혹은 다른 직접적 위험으로부터 상황이 위급하다면 구조대상자를 신속
하게 다른 장소로 옮겨야 한다.

■ 사고차량에서 부상자 구출 3단계 순서

인명구조를 위한 응급처치	• 응급처치는 구출작업 이전 또는 작업 중이나 구출 후를 막론하고 계속 진행되어야 한다. • 가장 좋은 것은 구출작업이 약간 지연된다 하더라도 응급구조사가 구조과정에 참여하여 부상정도를 확인하고 필요한 응급처치를 취한 다음 구조하는 것이다.
구 출	• 구출 활동은 구조대상자에게 접근해서 응급처치를 완료하고 환자의 상태가 안정된 후에 실시한다. • 구조대상자를 구출할 때에는 외상이 없더라도 반드시 경추 및 척추보호대를 착용시키는 것이 원칙이다. ※ 다만 위험물질 적재 차량의 화재 사고와 같이 <u>화재나 폭발, 기타 긴급한 위험요인에 직접 노출되어 있는 경우에는 응급처치에 앞서 현장에서 이동·구출하는 예외적인 조치를 취할 수도 있다.</u> • 차량의 구조물과 잔해 등 다른 방해물이 제거되면 환자를 차량으로부터 구급차로 이동시킬 준비를 하고 추가 부상을 입지 않도록 보호한다.
이 동	• 환자의 이동은 단순히 들것으로 구급차로 운반하는 경우일 수도 있지만, 급경사면을 오르거나 하천을 건너야 하는 등 이송에 어려움이 있는 경우도 있다. • 이러한 경우에는 환자를 들것에 확실히 고정하고 보온에도 주의를 하여야 한다. • 구급차로 이송 중에도 계속 구조대상자의 상태를 주시하여 필요한 응급처치를 취하고 필요하면 통신망을 이용하여 전문의의 도움을 받도록 하고 병원으로 이송하기 전에 가까운 응급의료센터에 연락을 취하여 즉시 필요한 처치를 받을 수 있도록 조치하여야 한다.

🚨 *Check*

④ 랜턴이 (   )을 비추도록 놓고 출입문 가운데나 벽에 누워서 발견되기 쉽게 한다.
⑤ 구조대원이 활동할 수 있도록 (   )m 정도의 공간을 확보하고 주차한다.
⑥ 시속 80km인 도로에서 사고가 발생한 경우 사고지점의 후방 (   )m 정도에 구조차량이 주차하고 후방으로 (   )m 이상 유도표지를 설치한다.
⑦ 에어백은 반드시 (   )과 함께 사용한다.
⑧ 안전유리는 (   )로 절단하고, 강화유리는 (   )로 유리창을 깨뜨린다.

2 수난사고 구조

지역특성	① 대륙성·해양성기후의 영향으로 강우량 많음 ② 태풍이 매년 2~3회 이상 통과하고 많은 하천과 계곡이 있어 잦은 풍수해 및 수난사고 발생
구조상황	하천 등 사고발생 현장과 소방관서와의 거리가 멀어 구조대 도착시간 지연으로 생존자 구조보다는 실종자 수색하는 경우가 많음
사고유형	제방·다리에서 부주의 추락, 수영미숙, 차량수중추락, 선박좌초, 풍수해 등

⑴ 수상구조

물에 빠진 사람을 구출할 때에는 다음 4가지 원칙을 명심한다.

① 던지고, ② 끌어당기고, ③ 저어가고, ④ 수영한다.

가능한 한 구조자가 직접 물에 들어가지 말고 장대나 노 등 잡을 수 있는 물체를 익수자(溺水者)에게 건네주거나 로프, 구명대 등을 던져서 잡을 수 있도록 하는 방법을 시도하고 이러한 방법이 불가능할 때에는 보트 등을 이용 수상으로 직접 접근하는 것이며 <u>구조대원이 수영해서 구조하는 것은 최후로 선택하는 구조방법이다.</u>

상당한 수영실력이 있는 구조대원일지라도 별도의 전문적인 수중구조 훈련을 받지 않았으면 맨몸으로 구조대상자를 구출한다는 것이 매우 어려운 일임을 명심해야 한다.

① 구조대원의 신체를 이용하는 방법

    ㉠ 기본적 구조

        ⓐ <u>물에 빠진 사람이 손이 닿을 수 있는 거리에 있을 경우 구조자는 엎드린 자세에서 몸의 상부를 물 위로 펴고 구조대상자에게 손을 내민다.</u>

        ⓑ <u>그러나 손이 물에 빠진 사람에게 미치지 않는 경우 구조자는 그 자세를 반대로 한다.</u>

        ⓒ 기둥이나 물건 등을 단단히 붙잡은 채 몸을 물속에 넣어 두 다리를 쭉 펴게 되면 구조대상자가 그 다리를 잡고 나올 수 있다.

        ⓓ 어느 경우나 구조대원이 몸을 충분히 지지할 수 있어야 구조대상자가 잡아당길 때 물에 빠지지 않고 안전하게 구조할 수 있다.

(구조대상자가 잡을 수 있도록 신체를 뻗는다.)　　　(도구를 이용하는 방법)

    ㉡ 도구를 이용한 신체 연장

    구조대상자와의 거리가 멀어서 손으로 붙잡기가 곤란한 경우 주위에 있는 물건 중 팔의 길이를 연장하는 데 쓰일 수 있는 도구를 이용하여 신체의 길이를 연장시킬 수 있다.

    ✪ 구조대원의 경우 검색봉을 이용할 수도 있고 <u>주변에 마땅한 도구가 없을 때에는 옷을 벗어 로프로 대용할 수도 있다.</u>

    ㉢ 인간사슬 구조(The human chain)

        ⓐ <u>물살이 세거나 수심이 얕아 보트 접근이 불가능한 장소에서 적합한 방법이다.</u>

        ⓑ <u>4~5명 또는 5~6명이 서로의 팔목을 잡아 쇠사슬 모양으로 길게 연결한다.</u>

        ⓒ <u>서로를 잡을 때는 손바닥이 아니라 각자의 손목 위를 잡아야 연결이 끊어지지 않는다.</u>

          – 첫 번째 사람이 물이 넓적다리 부근에 오는 곳까지 입수하고

          – 구조대상자가 <u>가장 가까이 접근하는 사람은 허리 정도의 깊이까지 들어가 구조한다.</u>

          – 이때 체중이 가벼운 사람이 사슬의 끝부분에 위치하도록 한다.

        ⓓ 물의 깊이가 얕더라도 유속이 빠르거나 깊이가 가슴 이상인 때에는 인간사슬로 구조할 수 있는지를 신중히 판단하여야 한다.

        ⓔ <u>인간 사슬을 만든 상태에서 이동하여야 하는 경우에는 물속에서는 발을 들지 말고 발바닥을 끌면서 이동하여야 균형을 잃고 넘어지는 사태를 방지할 수 있다.</u>

> ✪ <u>이 구조방법은 하천이나 호수에서도 응용할 수 있다.</u>

(인간사슬 만들기)

TIP 인간사슬은 체중이 가벼운 사람이 사슬의 끝부분에 위치하고 허리 정도까지 들어갑니다.

② **구명환과 로프를 이용한 구조****

> ✪ 구명환(Ring buoy)은 카아데(Carte)라는 영국 사람이 1840년에 고안하여 만들었으며 물에 빠진 사람을 구조하기 위하여 만들어낸 최초의 기구이다.

구조대상자는 수중에서 부력을 받는 상태이기 때문에 <u>구명부환에 연결하는 로프는 일반구조용 로프보다 가는 것을 사용해도 구조활동이 가능하다.</u> 구명부환은 정확히 던지려면 연습을 많이 하여야 한다.

ㄱ 구조대상자와의 거리를 목측하고 로프의 길이를 여유 있게 조정한다.

ㄴ <u>구조자가 구조대상자를 향하여 반쯤 구부린 자세로 선다.</u>

ㄷ 오른손잡일 경우 오른손에 구명부환을 쥐고 왼손에 로프를 잡으며 왼발을 어깨 넓이만큼 앞으로 내민다. 이때 왼발로 로프의 끝부분을 밟아 고정시킨다.

ㄹ 구명부환을 던질 때에는 풍향, 풍속을 고려하여야 하며 일반적으로 바람을 등지고 던지는 것이 용이하다.

ㅁ 구명부환이 너무 짧거나 빗나가서 구조대상자에게 미치지 못한 경우에는 재빨리 회수하여 다시 시도하며 물위에서 구조대상자에게 이동시키려고 해서 시간을 낭비하지 않는다. 이러한 이유로

(구명환 던지는 방법)

<u>구조대상자보다 조금 멀리 던져서 구조대상자 쪽으로 이동시키는 것이 보다 용이할 수</u> 있다.

ㅂ 구조대상자가 구명부환을 손으로 잡고 있을 때에 빨리 끌어낼 욕심으로 너무 강하게 잡아당기면 놓칠 수 있으므로 속도를 잘 조절해야 한다.

③ **구조튜브(Rescue Tube) 활용 구조**

ㄱ 구조대원이 휴대하면 맨몸으로 수영하여 접근할 때보다 속도는 느리지만 심리적인 안정감을 주고 구조활동에 도움을 준다.

ㄴ <u>구조대상자가 멀리 있을 때에는 끈을 이용해서 구조대원의 어깨 뒤로 메고 다가간다.</u> 이때 자유형과 평영을 모두 사용할 수 있다.

ㄷ <u>구조대상자가 가까이 있을 때에는 튜브를 가슴에 안고 다가간다.</u> 구조대원의 판단에 따라 앞이나 뒤에서 접근한다.

의식이 있는 구조대상자	① 앞에서 튜브를 내밀어주는 방법을 많이 사용한다. ② 튜브의 연결 끈 반대쪽을 내밀어주어 잡도록 한 다음, 구조대상자를 안전지대로 끌고 이동한다.
의식이 없거나 지친 구조대상자	① 구조대상자의 뒤로 돌아 접근하며 이때 튜브는 구조대원의 앞에 두고 양 겨드랑이에 끼운다. ② 구조대원이 구조대상자의 양 겨드랑이를 아래서 위로 잡아 감고 튜브가 두 사람 사이에 꽉 끼이도록 한다. ③ 구조대상자를 뒤로 젖혀 수평자세를 취하도록 한다. 이때 두 사람의 머리가 서로 부딪치지 않게 조심하고 배영의 다리차기를 이용하여 이동한다.
엎드린 자세의 구조대상자	① 구조대상자의 얼굴이 물 밑을 향하고 있을 때에 사용하는 방법이다. ② 구조대상자의 전방으로 접근한 다음 두 사람 사이에 튜브를 한일자로 펼쳐놓는다. ③ 손목끌기 방법을 응용해서 구조대상자를 뒤집고 튜브가 구조대상자의 등 뒤, 어깨 바로 밑 부분으로 가도록 한다. ④ 구조대상자의 손목을 잡고 있던 팔로 구조대상자의 어깨와 튜브를 동시에 위에서 아래로 잡아 감는다. ⑤ 상황에 따라 구조대상자를 튜브로 감아 묶을 수도 있으며 구조대상자를 끌면서 횡영자세로 안전지대까지 이동한다.

④ 구조로켓

손으로 던질 수 있는 거리보다 먼 경우에는 로프발사기(구조로켓환)를 이용할 수도 있고 구명부환이 없는 경우에는 구명조끼나 목재 등 물에 뜰 수 있고 주변에서 쉽게 구할 수 있는 물체를 연결해서 던져도 된다.

(구조로켓의 발사 모습. 로켓이 물에 닿으면 자동으로 구명환이 펼쳐진다.)

TIP 구조대상자가 의식이 있을 때와 없을 때 구조요령을 구분해서 암기하세요. 구조대상자의 얼굴이 물 밑을 향하고 있을 때에 사용하는 방법은 무엇인가요?

⑤ 구명보트에 의한 구조

구명보트가 구조대상자에게 접근할 때 무엇보다도 중요한 것은 익수자에게 붙잡을 것을 빨리 건네주어 가능한 한 물위에 오래 떠 있을 수 있게 하는 것이다.

㉠ 보트는 바람을 등지고 구조대상자에게 접근하는 것이 좋다. 구조대상자가 흘러가는 방향으로 따라가면서 구조하는 것이 보다 용이하다. 그러나 풍향과 풍속, 유속, 익수자의 위치 등 고려해야 할 여건이 많으므로 일률적으로 적용하는 것은 곤란하다.

㉡ 구조대상자가 격렬하게 허우적거릴 때에는 너무 가까이 접근하지 말고 먼저 구명부환 또는 노 등 붙잡을 수 있는 물체를 건네준다.

ⓒ 작은 보트로 구조할 때에 좌우 측면으로 구조대상자를 끌어올리면 보트가 전복될 우려가 있으므로 <u>전면이나 후면으로 끌어올리는 것이 안전하다.</u>

ⓓ 모터보트인 경우 구조대상자가 스크류에 다칠 수 있으므로 <u>보트의 전면이나 측면으로 끌어올리는 것이 적합하며</u> 이 경우 보트가 한쪽 방향으로 기울어지지 않도록 주의한다.

ⓔ <u>구조대상자가 의식이 있고 기력이 충분하다고 판단되는 경우에는 무리하게 보트로 끌어올리려고 시도하지 말고 매달고(끌고)육지로 운행하는 방안도 강구한다.</u>

(구조대상자가 붙잡을 수 있는 것을 건네준다.)

(상황에 따라 구조대상자를 매달고 갈 수도 있다.)

(작은 보트에서는 후면으로 끌어올린다.)

⑥ 구조대상자가 가라앉은 경우

　㉠ 익수자의 소생 가능성

　　ⓐ 물에 빠진 사람이 가라앉았다고 해서 즉시 사망하는 것은 아니다.

　　ⓑ 비록 호흡과 맥박이 멎은 임상적 사망상태인 사람도 신속히 구조하여 심폐소생술을 시행하면 소생가능성이 있다.

　　ⓒ 구조대상자의 회복가능성은 구조 및 응급처치의 신속성과 비례한다.

> ✪ 일반적으로 심장 박동이 정지된 후 심폐소생술의 시행 없이 4분 정도 경과하면 뇌손상이 시작되고, 5~6분 경과 시 영구적인 뇌손상을 받으며 10분 이상 경과되면 뇌손상으로 사망하는 것으로 알려져 있다. 그러나 이것은 절대적인 기준이 아니며 구조대상자의 나이가 적을수록, 수온이 낮을수록 소생가능성이 높아진다. 따라서 구조대원은 구조대상자의 생존가능성을 포기하지 말아야 한다.

　㉡ 구조대상자 수색요령

　　다른 위치에 있는 목격자로부터 발생 위치를 청취하고 목격자의 위치와 육지의 목표물을 선으로 그어 그 선의 교차되는 지점을 수색의 중심으로 한다. 이러한 사항을 기초로 경과시간, 유속, 풍향, 하천바닥의 상태 등을 종합적으로 고려하여 수색 범위를 결정한다.

　　ⓐ 수색범위 내를 X자 형태로 세밀히 수색한다.

　　ⓑ 구조대상자가 가라앉아 있다고 예상되는 구역을 접근하면서 수면에 올라오는 거품이나 부유물 등을 찾는다.

　　ⓒ 바닥이 검은 경우 구조대상자의 사지가 희미하게 빛나 상당히 깊은 수중에서도 물에 빠진 사람을 찾아낼 수 있는 경우가 많다.

　　ⓓ 바닥이 흰모래 등으로 되어 있는 경우 구조대상자의 검은 머리털이나 옷 색깔을 보고 찾을 수 있다.

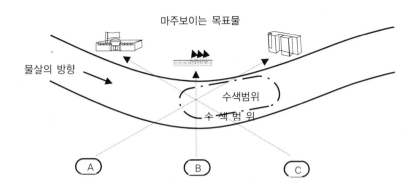

❖ 신체 회수(Body Recovery)
물에 빠진 사람을 소생시킬 희망이 전혀 없더라도 시체만이라도 건지려고 애쓰는 것이 우리의
정서이다. 신체의 비중이 물의 비중보다 커지면 곧 물밑으로 가라앉는다. 그리고 어떤 장애물
에만 걸리지 않는다면 부패작용으로 생긴 가스에 의하여 부력이 체중보다 커서 곧 수면으로 다시
떠올라 온다. 그러나 언제나 떠오르는 것은 아니며 밑바닥의 수온이 대단히 낮은 깊은 호수 같은
곳에서는 시체가 다시 떠올라 오지 않는 경우도 있다. 낮은 수온이 시체의 부패를 억제하기 때문
이다.

⑦ 직접 구조

㉠ 구조기술

ⓐ 의식이 있는 구조대상자* 14년 소방장/ 23년 소방교. 소방장

구조대상자가 의식이 있을 때에 <u>가장 많이 사용되는 방법은 '가슴잡이'</u>다. 구조대원은
<u>구조대상자의 후방으로 접근하여 오른손을 뻗어 구조대상자의 오른쪽 겨드랑이를 잡아
끌 듯이 하며 위로 올린다. 가능하면 구조대상자의 자세가 수평을 유지하도록 하는
것이 좋다.</u>
- 동시에 구조대원의 왼팔은 구조대상자의 왼쪽 어깨를 나와 오른쪽 겨드랑이를 감아
  잡는다.
- 이어 힘찬 다리차기와 함께 오른팔의 동작으로 구조대상자를 수면으로 올리며 이동을
  시작한다.
- 그러나 구조대상자가 물위로 많이 올라올수록 구조대원이 물속으로 많이 가라앉아 호흡이
  곤란할 수도 있음을 유의하여야 한다.

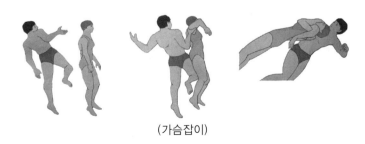

(가슴잡이)

ⓑ 의식이 없는 구조대상자* 14년 소방위/ 23년 소방교, 소방장

한 겨드랑이 끌기**	• 구조대원이 구조대상자의 후방으로 접근하여 한쪽 손으로 구조대상자의 같은 쪽 겨드랑이를 잡는다. • 이때 구조대원의 손은 겨드랑이 밑에서 위로 끼듯이 잡고 <u>구조대상자가 수면과 수평을 유지하도록 하고 횡영 동작으로 이동을 시작한다.</u> • <u>일반적으로 먼 거리를 이동할 때에 사용한다.</u>
두 겨드랑이 끌기*	• <u>두 겨드랑이 끌기도 같은 방법으로 하되 구조대원이 두 팔을 모두 사용하는 것이 다르다.</u> • 구조대상자의 자세가 수직일 경우에는 두 팔로 겨드랑이를 잡고 팔꿈치를 구조대상자의 등에 댄다. • 손으로는 끌고 팔꿈치로는 미는 동작을 하여 구조대상자의 자세가 수면과 수평이 되도록 이끈다. • <u>두 겨드랑이 끌기에서는 팔 동작을 하지 않는 배영으로 이동</u>한다.
손목 끌기*	• <u>주로 구조대상자의 전방으로 접근할 때 사용한다.</u> • 구조대원은 오른손으로 구조대상자의 오른손을 잡는다. • 만약 구조대상자의 얼굴이 수면을 향하고 있을 때에는 하늘을 향하도록 돌려놓는다. • 이때에는 구조대상자를 1m 이상 끌고 가다가 잡고 있는 손을 물 밑으로 큰 반원을 그리듯 하며 돌려서 얼굴이 위로 나오도록 한다.

(겨드랑이 끌기)

TIP 구조방법은 의식이 있느냐, 없느냐로 구분해서 암기하고, 특히! 먼 거리를 이동할 때 사용방법과 배영과 횡영 동작을 찾아보세요.

ⓛ **인공호흡**

ⓐ 익수자의 <u>호흡이 멎었을 때에는 즉시 수면 위로 올려서 물 표면에서 인공호흡을 시작하고 물 밖으로 옮기는 동안 계속 실시하여야 한다.</u>

ⓑ 이 경우 <u>물을 토하게 하기 위해서 인공호흡이 지체되어서는 안 된다.</u>

ⓒ 의식이 회복되더라도 반드시 의사의 진찰을 받을 수 있도록 즉시 병원으로 이송하여야 한다.

ⓓ 특히 체온이 급격하게 떨어질 수 있으므로 체온유지에 힘써야 한다.

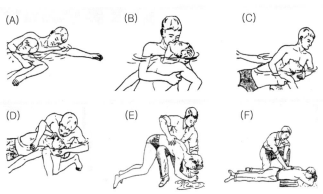

(물을 토하게 하고 안정시키는 것은 심폐기능이 회복되고 의식이 돌아온 경우에 한한다.)

⑧ 구조대상자로부터 이탈

㉠ 가슴밀어내기

ⓐ 구조대상자가 구조대원을 잡으려고 할 때 구조대원은 구조대상자로부터 머리를 멀리하고 잠수하여 한 손이나 두 손을 이용하여 구조대상자의 가슴을 밀어낸다.

ⓑ 이 때 구조대상자의 가슴을 미는 손은 완전히 펴진 상태를 유지하여야 한다.

ⓒ 가슴을 밀어내어 구조대상자로부터 멀어진 후에는 다시 물 위로 올라와 구조대상자의 상태를 살필 수 있도록 한다.

㉡ 빗겨나기

구조대상자가 구조대원을 붙잡지 못하게 하면서도 구조목적을 달성할 수 있는 방법이다.

ⓐ 구조대상자가 구조대원을 잡으려고 내민 팔들 중의 하나 아래로부터 팔꿈치 바로 위를 엄지손가락을 안쪽에 대고 움켜쥔다.

ⓑ 구조대상자의 왼쪽에서 오른쪽으로 또는 오른쪽에서 왼쪽으로 잡게 된다.

ⓒ 그 상태 그대로 구조대원이 옆으로 돌아 구조대상자와 대면한다.

ⓓ 구조대상자의 팔을 빨리 올려 머리위로 넘기고 겨드랑이 밑으로 빠져나와 구조대상자의 뒤로 돈다.

ⓔ 구조대원은 자유로운 손으로 구조대상자의 턱을 붙잡을 때 까지는 팔을 놓지 않는다.

ⓕ <u>이 동작은 처음에는 땅에서 연습하고 다음에는 가슴깊이의 물에서 연습하여 익숙해지도록 하고 마지막으로 깊은 물에서 연습하도록 한다.</u>

(가슴밀어내기(좌)와 빗겨나기(우))

ⓒ 풀 기

구조대원이 구조대상자에게 붙잡힌 경우 구조 또는 풀기를 시도한다.

ⓐ 먼저 구조대상자의 체구가 작거나 안전지대까지의 거리가 짧다면 수영으로 이동하는 방법을 택할 수 있다.

ⓑ 구조대상자가 앞에서 머리를 잡고 있는 경우, 양발 엇갈려 차기나 횡영 다리차기를 사용하는 것이 적당하다.

ⓒ 구조대원이 구조대상자 앞에서 붙잡혔을 경우, 일단 구조대상자를 밀치거나 구조대상자와 함께 잠수하여 앞 목 풀기를 시도할 수 있다.

뒤에서 잡혔을 때   앞에서 잡혔을 때   입수와 풀기

(구조대상자를 풀어내는 방법)

ⓓ 구조대상자가 앞이나 뒤에서 구조대원을 잡는 경우

- 먼저 한 번의 큰 숨을 들이쉰 다음 턱을 앞가슴에 붙이고 옆으로 돌린다.
- 어깨를 올리고 다리먼저 입수하는 방법으로 물속으로 내려간다.
- 물속으로 내려가는 동시에 자신의 팔을 구조대상자의 팔꿈치나 윗 팔의 아래쪽에 붙이고 세차게 위쪽으로 밀친다.
- 풀기를 완전히 성공할 때까지 턱은 끌어당긴 상태를 유지하여야 한다.
- 구조대상자의 팔을 밀치며 앞목 풀기와 뒷목 풀기를 시도할 때 구조대원의 뒤통수 쪽에 있는 팔을 먼저 밀치는 것이 효과적일 수 있다.
- 일단 풀기에 성공하면 구조대상자로부터 멀리 떨어져 물 위로 올라온 후에 구조대상자의 상태를 파악하고 후방으로 접근하여 구조를 시도하여야 한다.

(팔을 잡혔을 때(좌), 손목을 잡혔을 때(우))

ⓔ 구조대상자가 팔을 잡았을 때
- 잡히지 않은 손을 이용하여 구조대상자의 어깨를 물 아래로 누른다.
- 이때 자신의 무게로 구조대상자를 누르기 위해 다리차기를 이용하여 물위로 올라오는 동작을 취하는 것이 유리하다.

ⓕ 구조대상자에게 손목을 잡혔을 때
- 먼저 잡히지 않은 손으로 자신의 잡힌 손을 잡고 위로 힘차게 뽑아 올리는 동작을 취한다. 이후 구조대상자로부터 멀리 떨어져 후방접근을 시도하여 다음 구조를 준비하도록 한다.

(2) 빙상사고(氷上事故) 구조* 17년 소방장

① 일반적으로 빙상사고는 해빙기의 얼음이 깨어지면서 익수하는 경우가 대부분이다. 빙상사고 발생 시 구조방법은 얼음의 상태에 따라서 달라진다.

② 얇은 얼음의 경우 가장 바람직한 구조는 헬리콥터를 이용하여 구조하는 것이나 출동 시간이 많이 소요되는 것이 단점이다.

③ 얇은 얼음의 범위가 넓어 접근이 힘든 경우 복식사다리를 이용하는 방법을 강구한다.
  ㉠ 사고 현장에 접근하는 모든 구조대원은 건식잠수복(드라이슈트) 또는 구명조끼를 착용하고 가급적 접근이 가능한 장소까지 최대한 접근한다.
  ㉡ 자세는 사다리 하단부를 복부로 누른 상태를 취하고 다른 구조대원은 사다리를 지지하며 최대한 얼음과 접촉하는 면적을 넓게 하여 얼음이 깨지는 것을 막는다.
  ㉢ 사다리를 2단까지 전개해도 구조대상자에게 미치지 않을 경우 구명부환을 구조대상자에게 던져 당긴 후 구조대상자가 최말단의 가로대를 붙잡고 사다리 위로 나올 수 있도록 한다.
  ㉣ 구조대상자의 상태가 악화되어 자력으로 사다리위로 오를 수 없는 경우 구조대원이 직접 사다리 위를 낮은 자세로 접근하여 구조한다.

④ 두꺼운 얼음일 경우 신속한 접근이 가장 중요하며 반드시 구명로프를 연결한 구명부환 등의 구조장비를 휴대하고 접근하여야 한다.
  ㉠ 이때 얼음에 미끄러지지 않고 견고한 지지점을 확보하기 위해 아이젠을 필히 착용하여야 한다.
  ㉡ 얼음 속으로 잠수해야 하는 경우 반드시 건식잠수복을 착용해야 하며 유도로프를 설치하여 수중에서 길을 잃지 않도록 한다.

  TIP 얇은 얼음의 경우 가장 바람직한 구조는 헬리콥터를 이용하는 것입니다.

(3) 수중구조 기술

① 잠수물리**** 12년, 13년, 15년 소방장/ 16년, 19년, 23년 소방교

㉠ 밀도	밀도란 단위 부피에 대한 질량의 비율을 말한다. 물의 밀도는 약 9,800 N/㎥이며 공기의 밀도는 약 12 N/m³에 불과하다. 따라서 수중에서는 빛의 전달, 소리의 전달, 열의 전달 등 여러 가지 측면에서 대기 중과 많은 차이를 보이며 특히 높은 밀도 때문에 많은 저항을 받아 행동에 제약을 받고 체력 소모가 크다.

ⓛ 빛의 전달과 투과★★	ⓐ 물속에서는 빛의 굴절로 인해 물체가 실제보다 25% 정도 가깝고 크게 보인다. ⓑ 물의 색깔은 여러 요인의 영향을 받는다. 예를 들면, 적도의 해수는 짙은 파랑색인 반면에 고위도 해역의 해수는 남색이다. ⓒ 이러한 차이는 주로 고위도 해역에 플랑크톤의 생물이 더 많이 존재하기 때문이며, 플랑크톤이 국부적으로 일정해역에서 번성하면 '적조'나 '녹조'현상이 발생한다. ⓓ 해수를 컵에 담고 보아도 파란색을 띄지는 않는다. 파장이 가장 짧은 청색광선이 깊이 파고 들어가 산란되어 바다가 파랗게 보이는 것이다. ⓔ 색깔은 수심이 깊어질수록 흡수된다. 환경에 따라 다르지만 대체로 빨간색은 15~20m의 수심에서 사라지며, 노란색은 20m 수심에서 사라진다.
ⓒ 소리 전달 ★★	ⓐ 수중에서는 대기보다 소리가 4배 정도 빠르게 전달되기 때문에 소리의 방향을 판단하기 어렵다. ⓑ 수중에서는 말을 할 수 없으므로 손동작이나 몸짓으로 수화를 사용하여 의사를 전달하기도 하며 수중에서도 사용가능한 기록판에 글씨나 그림을 그리기도 한다. ⓒ 전문적인 산업잠수에서 유·무선 시스템을 이용한 수중 통화장치를 이용하여 직접 대화가 가능하여 레저스포츠 다이빙에도 많이 보급되어 있다. ❂ 공기 중에서는 소리의 속도가 340m/Sec이고 양쪽 귀에 전달되는 소리의 시간 차로 방향을 알 수 있다. 그러나 수중에서는 공기보다 수중에서 약 4배(1,550m/Sec) 빠르게 전달되어 소리 나는 방향을 파악하기 곤란하다.
ⓔ 열 전달 ★★	물은 공기보다 약 25배 빨리 열을 전달한다. 따라서 우리가 물속에서 활동을 하게 되면 쉽게 추워진다는 것을 알 수 있다. 물속에서 활동할 때에는 체온 손실을 막을 수 있는 잠수복이 반드시 필요하며 수온에 따라 적절한 잠수복을 선택하여야 한다. 14년, 19년 소방교
ⓜ 수압	일반적으로 해수면에서의 기압은 대체로 높이 10.33m, 밑면적 1㎠인 물(담수) 기둥의 밑바닥이 받은 압력과 같다. 물 1ℓ의 무게는 1kg이므로 그 물 기둥의 부피를 계산하여 무게를 산출하면 1.033ℓ의 부피에 1.033kg이 된다. 이것을 1대기압(atm)이라고 하며 영국식 단위계인 Psi (Pound per square inch)로는 14.7Psi이다. 1atm = 1.033kg/㎠ = 14.7Psi = 101,325 값 = 1.01325bar 우리가 수중으로 들어가면 기압과 수압을 동시에 받게 된다. 이렇게 수중에서 실제로 받는 압력을 절대압이라 한다. 즉, 물속 10m에서는 2기압 상태에 놓이게 된다.

ⓗ 부 력

부력이란 부피에 해당하는 물의 무게만큼 뜨는 성질로서 그것을 조절할 수 있다면 물속으로 잠수하는 데 있어서 아주 편리하다.

양성부력	어떤 물체의 무게가 물속에서 차지하는 부피에 해당하는 물의 무게보다 가벼우면 그 물체는 물에 뜨게 된다.
음성부력	물의 무게보다 무거우면 가라앉게 된다.
중성부력(부력조절)	이 두 현상을 적절히 조절하여 뜨지도 가라앉지도 않을 때

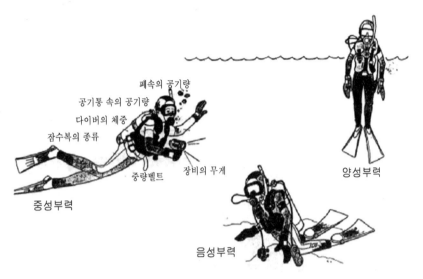

폐속의 공기량

공기통 속의 공기량

다이버의 체중

잠수복의 종류

장비의 무게

중량벨트

중성부력

음성부력

양성부력

(부력의 3가지 형태)

Ⓢ 공기소모★★ 13년 소방장/ 14년, 19년 소방교

ⓐ 바닷물에서는 수심 매 10m(33피트)마다 수압이 1기압씩 증가되며 다이버는 물속의 압력과 같은 압력의 공기로 호흡을 하게 된다.

ⓑ 이것은 수심 20m에서 다이버는 수면에서 보다 3배나 많은 공기를 호흡에 사용한다는 뜻이다. 즉 다이버가 수면에서 1분에 15ㄴ의 공기가 필요하다면 20m에서는 45ㄴ의 공기가 필요하다.

ⓒ 많이 사용하는 80CuFt 공기통은 2,265ㄴ의 공기를 압축하여 사용한다.

ⓓ 이것은 대기 중에서 정상적인 성인 남자가 약 150분 정도 호흡할 수 있는 공기량이다.

ⓔ 이 공기량은 얕은 수영장에서라면 거의 2시간에 걸쳐 다이버가 호흡할 수 있는 양이지만 수심 20m에서는 50분 정도밖에 호흡할 수 없다.

ⓕ 안전을 위한 공기의 여분을 764ㄴ라고 가정한다면 다이버는 1,500ㄴ를 사용할 수가 있다. 수심별로 다이버가 소모하는 공기량과 소모되는 시간은 다른 조건을 무시한 상황에서 다음 표와 같다.

▣ 수심과 공기소모량의 관계* 16년, 20년 소방교

수심(m)	절대압력(atm)	소모시간(분)	공기소모율(L/분)
0	1	100	15
10	2	50	30
20	3	33	45
30	4	25	60
40	5	20	75

이 표에서 수심이 깊어지면 공기 소모 시간이 같은 비율로 줄어들고 반대로 공기 소모율은 같은 비율로 증가함을 알 수 있다. 그 외에 추위라든지 활동의 유형에 따라 변하는 정도가 다르므로 이것을 반영해야 한다.

> ❂ CuFt는 입방피트로 피트법을 사용하는 국가(주로 미국)에서 용량의 단위로 사용한다. 다이빙에 사용하는 알루미늄 탱크는 상용압력이 211kg/㎠(3,000Psi)이고 80CuFt 탱크에 충전하면 2,265 L 가 된다.

TIP 매우 중요한 부분으로 전체적으로 암기해야 하며, 특히 열의전달, 소리, 빛, 수압과 공기소모 등을 기억하세요. 수중 30m에서 소요되는 공기의 양은 얼마인가요?

② 잠수장비의 구성 및 관리★★★

㉠ 기본 장비★ 14년 소방장/ 17년 소방교/ 22년 소방위/ 23년 소방교/ 24년 소방장

수경 (Mask)	• 물속에서 사물을 관찰하고 눈을 보호하고 코로 물이 들어가는 것을 막아준다. • 수경을 선택할 때 가장 중요한 부분은 수경 내에 반드시 코가 들어가 수경압착에 대한 방지를 할 수 있는 것으로 자기 얼굴에 잘 맞고 사용하는데 불편하지 않아야 한다. • 수경을 사용한 후에는 <u>민물로 깨끗이 세척한 후 습기를 완전히 제거하고 케이스에 넣어 직사광선에 의한 노출을 피하고 그늘지고 건조한 곳에 보관한다.</u>
숨대롱 (Snorkel)	• 수면에서 숨대롱을 사용하여 공기통의 공기를 아낄 수 있으며 물밑을 관찰함과 동시에 수면에서 쉽게 수영할 수 있게 해준다. • 숨대롱은 간단하면서도 호흡저항이 적고 물을 빼기가 쉬워야 한다. • 내부의 물을 쉽게 배출시킬 수 있도록 배수밸브가 부착된 것을 많이 사용한다. • 보관할 때는 수경과 분리하여 <u>민물에 씻어서 그늘지고, 건조한 곳에 보관한다.</u>
오리발★ (Fins)	• 오리발은 물에서 기동성과 효율성을 높여주고 최소의 노력으로 많은 추진력을 제공해 준다. • 오리발을 사용함으로서 다이버들은 수영을 할 때보다 손을 자유롭게 움직일 수 있다. • 오리발은 자기 발에 맞고 잘 벗겨지지 않는 것을 선택한다. • <u>사용 후에는 햇빛을 피하여 민물로 씻어서 보관하여야 하며 장기간 보관 시에는 고무부분에 분가루나 실리콘 스프레이를 뿌려 두는 것이 좋다.</u>
잠수복★ (Suit)	• 물속에서는 열손실이 아주 빠르기 때문에 찬 물 속이 아니더라도 체온을 보호해 주어야 한다. • 바닷가나 해저에서 입을 수 있는 상처로부터 몸을 보호해 주고 비상시에는 잠수복이 양성부력이므로 체력소모를 줄여 준다. • 잠수복은 신체와 잠수복 사이에 물이 들어오는 습식(wet suit)과 물을 완전히 차단하여 열의 손실을 막아주는 건식(dry suit)이 있다. • 보편적으로 수온이 <u>24℃ 이하에서는 발포고무로 만든 습식잠수복을 착용하고 수온이 13℃ 이하로 낮아지면 건식잠수복을 착용하도록</u> 권장한다. • 사용한 후에는 깨끗한 물로 씻어서 직사광선을 피해서 말리며, 옷걸이에 걸어서 보관하는 것이 바람직하다.
모자 신발 장갑	• 수중에서 머리는 잘 보호되어야 하며, 특히 열 손실이 많은 부위이기 때문에 차가운 물속에서는 반드시 보온을 해야 한다. • 잠수신발과 잠수장갑은 잠수복과 같은 네오프렌으로 된 것을 주로 사용하며 손발의 보호 및 보온 기능을 한다. • 사용 후에는 민물로 깨끗이 씻어 말리고 <u>접어서 보관하지 않는다.</u>

ⓛ 부력 장비* 24년 소방장

중량벨트* (Weight Belt)	• 사람의 몸은 물속에서 거의 중성 부력을 갖게 되나 잠수복을 착용하므로 잠수복의 원단과 스타일에 따라 부력이 더 증가된다. • 다이버는 적당한 무게의 중량벨트를 착용해야 한다. 중량벨트는 간단히 웨이트 (weight)라고 부르며 납으로 만들어진다. • 현재 중량벨트에 쓰이는 납은 표면을 플라스틱이나 우레탄으로 코팅하여 오염을 방지하도록 하고 있다. • 본인에게 알맞은 중량벨트의 선택방법은 모든 장비를 착용한 상태에서 눈높이에 수면이 위치하도록 하는 것이다. • 호흡을 하게 되어도 수면이 눈높이에서 크게 이탈되지 않고 아래위로 움직임을 알 수 있다. 이것은 잠수 활동 시 매우 중요한 기술이다.
부력조절기 (BC) * 22년 소방위	• 수면에서 휴식을 위한 양성부력을 제공해 주며 비상시에는 구조장비 역할까지 담당할 수 있다. • 잠수복과 중량벨트의 조화로 부력이 중성화되었으나, 잠수복의 네오프렌은 기포로 형성되었기 때문에 수압을 받으면 그 부피가 줄어들어 부력이 저하된다. • 이때 부력조절기 안에 공기를 넣어주면 자유롭게 부력을 조절할 수 있게 된다. • 사용 후 깨끗한 물로 씻어야 하고, 내부도 물로 헹구어서 공기를 넣어 통풍이 잘되는 곳에서 말려야 한다. (부력조절기)

ⓒ 호흡을 위한 장비* 22년 소방위, 24년 소방장

ⓐ 공기통 (Tank)	• 실린더(cylinder), 렁(lung), 봄베(bombe), 탱크(Tank) 등 다양한 명칭으로 불리는 공기통은 고압에서 견딜 수 있고 가벼운 소재로 제작되며 알루미늄 합금을 많이 사용한다. • 공기통 맨 위 부분에 용량, 재질, 압력, 제품 일련번호, 수압 검사날짜 및 수압 검사표시, 제조사 명칭 등이 표시되어 있다. • 수압 검사는 처음 구입 후 5년만에, 이후에는 3년마다, 육안검사는 1년마다 검사 하는 것을 권장한다. • 「고압가스 안전관리법」에서는 신규검사 후 10년까지는 5년마다, 10년 경과 후에는 3년마다 검사를 받도록 규정하고 있다. • 공기통은 매년 내부의 습기 및 기름 찌꺼기 유무 등을 점검하고 운반할 때나 보관할 때에는 공기통이 손상되지 않도록 주의한다. • 장기간 보관할 때 공기통에 공기를 50bar로 압축하여 세워두고, 다음번 사용할 때에는 공기통을 깨끗이 비우고 새로운 공기를 압축하여 사용한다.
ⓑ 호흡기 (Regulator)*	• 호흡기는 고압의 공기통에서 나오는 공기를 다이버에게 주변의 압력과 같게 조절하여 주는 장치이다. • 다이버는 호흡기로 물속에서 편안히 공기로 숨을 쉴 수 있다. • 호흡기는 2단계에 걸쳐 압력을 감소시킨다. • 처음 단계에서는 탱크의 압력을 9~11bar(125~150Psi)까지 감소시키고, 이 중간 압력은 두 번째 단계를 거쳐 주위의 압력과 같아지게 된다. • 비상용 보조호흡기는 옥토퍼스(Octopus) 라고 부른다. • 호흡기뿐만 아니라 모든 잠수장비는 사용 후에 깨끗한 물로 씻어야 한다. • 특히 호흡기는 민물(강) 잠수는 깨끗한 물로 세척만으로 좋을 수 있으나, 바닷가에 접한 소방서(구조대)는 사용 빈도에 따라서 1년에 한 번 정도는 전체 분해 후 청소, 소모품교환을 하는 일명 "오버홀(overhaul)"을 하는 것을 권장한다.

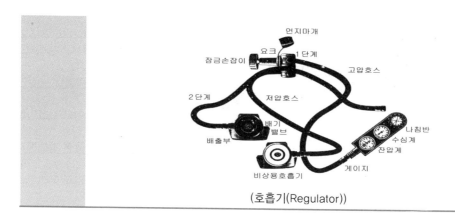

(호흡기(Regulator))

ⓔ 계기 및 보조장비* 22년 소방위/ 24년 소방장

계 기	압력계*	• 공기통에 남은 공기의 압력을 측정한다고 하여 잔압계라고도 한다. • 자동차의 연료계기와 마찬가지로 공기통에 공기가 얼마나 있는가를 나타내주는 호흡기 1단계와 고압호스로 연결하여 사용한다.
	수심계	• 주변 압력을 측정하여 수심을 표시하는 것이다. • 현재의 수심과 가장 깊이 들어간 수심을 나타내는 바늘이 2개 있다. • 수심은 m 또는 Feet로 표시한다.
	나침반	• 수중 활동시에는 방향감각을 잃어버릴 위험성이 있다. 이때 나침반은 중요한 장비가 된다.
	다이버 컴퓨터	• 최대 수심과 잠수시간을 계산하여 감압정보를 알려주는 것이다. • 다이버의 공기 소모율을 계산하여 최대 잠수가능 시간과 비교하여 현재의 공기압으로 활동 가능시간을 나타내며 기타 잠수에 필요한 여러 가지 정보를 제공한다.
보조장비		• 기타 칼, 신호기구, 잠수용 깃발, 수중랜턴, 잠수표 등이 있다.

TIP BC는 내부도 물로 씻어야 하고, 공기통은 50bar로 압축하고, 옥토퍼스를 기억하세요.

③ 수중활동중의 주의사항

㉠ 압력 평형

ⓐ 잠수 중 변화하는 수압에 적응하기 위해 신체 또는 장비와의 공간에 들어있는 기체부분의 압력을 수압과 맞춰주는 것으로 흔히 "이퀄라이징"(Equalizing) 또는 "펌핑"이라고 부른다.

ⓑ 귀의 압력 균형은 하강이 시작되면 곧 코와 입을 막고 가볍게 불어 준다. 압력을 느낄 때마다 수시로 불어주며 숙달되고 나면 마른침을 삼키거나 턱을 움직여 압력평형을 해준다.

ⓒ 압력평형이 잘되지 않으면 약간 상승하여 실시하고 다시 하강한다.

✪ 무리하게 귀의 압력균형을 하거나 통증을 무시하고 잠수하면 고막이 손상을 입을 수 있으며 상승 중에는 절대로 코를 막고 불어주면 안 된다.

ⓛ 수경 압착

수압을 받아 수경이 얼굴에 밀착되어 통증을 느낄 수 있다. 이때 수경 내의 압력을 유지하기 위해서 수경의 테두리를 가볍게 누르고 코를 통해 수경 내부로 공기를 불어넣어 준다.

ⓒ 잠수 및 상승

장비 점검	• 모든 구조활동에서 반드시 요구되는 사항이 <u>사전 장비 점검</u>이다. 개별 장비의 이상 유무와 함께 연결부위가 적정한지, 공기압은 충분한지 등을 반드시 정해진 점검 요령에 따라 확인해야 한다. • 특히 BC의 공기누설여부, 탱크의 공기압, 호흡기에서 공기가 잘나오는지, 공기는 정상인지(무색, 무취인 공기가 정상적인 공기이다)를 반드시 확인하여야 한다.
하강 및 수중 활동	• 하강 속도의 조절, 부력의 조절 및 압력평형에 대한 능력을 배양하여 급하강 및 급상승을 방지하고 사고를 예방한다. • <u>반드시 2인 1조로 짝을 이루어 잠수하도록 하고 수시로 공기량을 체크</u>하여 상승에 소요되는 공기량과 안전감압 정지에 소요되는 공기량, 상승 중 발생 할 수 있는 예측하지 못했던 상황 등에 소요될 공기량 등을 남긴 채 잠수를 종료하여야 한다. • <u>수면에 도착했을 때 50bar가 남아 있도록 잠수계획을 세우는 것이 좋다.</u> 불가피하게 수중에서 공기공급이 중단되었을 경우는 몇 가지 방법의 비상상승을 시도해야 하며 매우 위험한 방법이기 때문에 평소 철저히 연습하여 숙달되도록 한다.

상 승	• 잠수 활동을 끝내고 상승할 때에는 잠수 시간과 공기량을 확인하고 짝에게 상승하자는 신호를 보내고 머리를 들어 위를 보며 <u>오른손을 들어 360°회전</u>하면서 주위의 위험물을 살피며 천천히 상승한다.
	• 상승 중에는 부력조절기내의 공기와 잠수복이 팽창하여 부력이 증가하므로 <u>왼손으로 부력조절기의 배기 단추를 잡고 위로 올려 공기를 조금씩 빼면서 분당 9m, 즉 6초에 1m를 초과하지 않는 속도</u>로 상승한다.
	• <u>상승 시는 정상적인 호흡을 계속하고 비상시에는 상승할 때에 숨을 내쉬는 것이</u> 필요하다.
	• 이때 자기가 내 쉰 공기방울 중 <u>작은 기포가 올라가는 것보다 느리게 상승</u>해야 하며 수면에 가까워질수록 속도를 줄인다. 수심 5m 정도에서는 항상 5분 정도 안전 감압정지를 마치고 상승해야 한다.
	※ 안전사고 발생원인
	  • 건강상의 문제, 훈련부족, 체온저하, 피로, 얽힘, 수면에서의 사고, 환경적 상태
	  • 장비문제, 부력조절의 실패, 심리적 요인, 공기공급의 차단

TIP 상승 중에는 분당 9m를 초과하지 말고, 비상 시 상승은 숨을 내쉬도록 해야 합니다.

④ 긴급 상황에서의 조치

비상수영 상승	수중에서 호흡기가 모두 고장을 일으키거나 공기가 떨어졌을 때 안전하게 수영해서 수면으로 상승하는 방법이다. ⓐ 수심이 얕을수록 쉽게 할 수 있으며 <u>보통 15~20m 이내의 수심에서는 용이하게</u> 성공할 수 있다. ⓑ 먼저 비상상태임을 인지하고 최대한 노력하여, 에너지를 소비하지 않고 상승하는 마음가짐을 가진다. 가능한 한 천천히 올라오는 것이 좋으나 그럴 여유가 없는 긴급한 상황이므로 정상보다 빨리 올라온다.

	ⓒ 상승하는 도중에는 폐 속에서 팽창되는 공기가 저절로 빠져나갈 수 있도록 고개를 뒤로 젖혀 기도를 열어주어야 한다.
	ⓓ 오른손은 위로 올리고 왼손은 부력조절기의 배기 단추를 눌러 속도를 줄인다. 상승 중에 '아~'하고 소리를 계속 작게 내고 있으면 적당한 량의 공기가 폐에서 나가게 된다.
	ⓔ 공기가 다했다고 호흡기를 입에서 떼어버리면 안 된다. 깊은 곳에서 나오지 않던 공기가 외부 수압이 낮아지면 조금 나올 수 있기 때문에 상승 중에 5m마다 한 번씩 호흡기를 빨아본다.
	ⓕ 만약 수면까지 올라 갈 수 없을 것 같은 경우나 올라오는 속도를 빨리하고 싶으면 웨이트 벨트를 풀어버린다.
	ⓖ 얕은 곳에 올라올수록 상승 속도를 줄인다. 팔과 다리를 활짝 벌리고 누우면 속도가 줄어든다.
	ⓗ 수면에 도달하면 오리발을 차면서 부력조절기에 입으로 공기를 넣고 몸을 뒤로 눕혀 안정을 취한다.
비상용 호흡기	수중에서 공기가 떨어진 다이버가 짝의 도움을 받아 상승하는 방법이다.
	ⓐ 공기가 떨어진 다이버는 그 즉시 신호를 보내어 자신이 위급한 상황임을 알리고 비상용호흡기로 공기를 공급해 줄 것을 요청한다.
	ⓑ 공급자는 즉시 자신이 물고 있던 호흡기를 요청자에게 주고 자신은 자기의 비상용 호흡기를 찾아 입에 물고 호흡한다.
	ⓒ 이때 공급자는 요청자의 오른손 부력조절기 어깨끈을 오른손으로 붙잡아 멀어지는 것을 방지하며 부력조절에 신경을 써서 급상승을 방지해야 한다.
짝호흡 상승	수심이 깊고 짝이 비상용 호흡기를 가지고 있지 않은 경우에 한 사람의 호흡기로 두 사람이 교대로 호흡하면서 상승하는 방법으로 가장 힘들고 위험한 방법이다. 비상 수영 상승을 하기에는 수심이 너무 깊고 짝 호흡을 할 줄 아는 짝이 가까이 있을 경우에만 이 방법을 택한다.
	ⓐ 먼저 자기 짝에게 공기가 떨어졌으니 짝 호흡하자는 신호를 보낸다.
	ⓑ 신호를 받은 즉시 왼손을 뻗어 공기 없는 짝의 어깨나 탱크 끈을 잡고 가까이 끌어당겨서 오른손으로 자신의 호흡기를 건네준다.
	ⓒ 호흡기를 건네줄 때는 똑바로 물 수 있도록 해주고 짝이 누름단추를 누를 수 있도록 호흡기를 잡는다. 이때 공기를 주는 사람이 계속 호흡기를 잡고 있어야 한다.
	ⓓ 호흡은 한 번에 두 번씩만 쉰다. 호흡을 참고 있는 동안에는 계속 공기를 조금씩 내보내면서 상승한다.
	ⓔ 호흡의 속도는 평소보다 약간 빠르게 깊이 쉬어야 하며 너무 천천히 하면 기다리는 짝이 급해진다. 가능한 한 상승속도는 정상속도(분당 9m)를 초과하지 않도록 한다.

⑤ 구 조

  ㉠ 자신의 구조

   ⓐ 멈춤 → 생각 → 조절

   ⓑ 채집망, 작살 등의 불필요한 장비 및 장치는 버린다.

   ⓒ 수면에서는 안정을 위해 부력조절기를 팽창한다.

   ⓓ 심한 어려움이 시작되면 중량벨트를 버릴 준비를 한다.

   ⓔ 활동을 계속하기 전에 쉬는 시간을 갖는다.

   ⓕ 가능한 한 시선을 멀리하고 하늘모습을 보면서 안정을 취하도록 한다.

ⓛ 다이버가 수면에서 허우적거리는 경우

ⓐ 우선 지친 다이버에게 용기를 주고 부력조절기를 팽창시킨 후 중량벨트를 떨어뜨리도록 지시한다.

ⓑ 스스로 행동을 취하지 못하면 장비로 인한 어려움이 없도록 도와주고 부력조절기를 팽창시켜 준다.

ⓒ 다리 근육에 통증이 있을 경우(쥐가 났을 경우) 그 부위를 마사지 해주고 지친 다이버가 오리발의 끝을 잡아당기도록 한다.

ⓓ 다이버를 이동시킬 때에는 다이버를 바로 눕히고 공기통의 밸브 부위를 잡고 끌거나 팔을 어깨에 대고 밀어주도록 한다.

(지친 다이버 끌기)

ⓒ 수면에 떠서 의식이 없는 다이버의 경우

ⓐ 빨리 다가간 후 부력조절기에 공기를 넣는다.

ⓑ 너무 많이 넣으면 다이버의 가슴이 압박되어 호흡이 곤란해지고 인공호흡이 힘들어진다.

ⓒ 대부분 엎드려 있는 자세로 있으므로 바로 누운 자세를 취해주고 웨이트 벨트를 풀어준다.

ⓓ 다이버가 호흡이 멈춘 상태이면 다이버와 구조자 모두 수경과 호흡기를 벗고 인공호흡을 시작한다.

ⓔ 계속 인공호흡을 하면서 해안이나 배로 헤엄친다. 끌고 가야할 거리가 멀면 공기통도 풀어 버린다.

ⓒ 물속에서 의식이 없는 다이버의 경우

ⓐ 빨리 다가가 중량벨트를 풀어준 후 다이버의 머리 부분을 잡고 수면으로 올라간다.

ⓑ 상승 중에는 다이버의 고개를 뒤로 젖혀 폐 속의 팽창된 공기가 배출되도록 한다.

ⓒ 긴급한 경우에는 부력조절기에 공기를 넣어 상승 속도를 빨리한다.

ⓓ 수면에 도착하면 인공호흡을 실시하면서 해안이나 배로 향한다.

⑥ 잠수계획과 진행

㉠ 잠수표의 원리** 12년, 13년 소방장/ 20년 소방위

헨리의 법칙	압력 하의 기체가 액체 속으로 용해되는 법칙을 설명하며 용해되는 양과 그 기체가 갖는 압력이 비례한다는 것이다. 예를 들어 압력이 2배가 되면 2배의 기체가 용해된다. 이 개념은 스쿠버 다이빙 때에 그 압력 하에서 호흡하는 공기 중의 질소가 체내조직에 유입되는 과정과 관계가 있다. 사이다 뚜껑을 열면 녹아있던 기체가 거품이 되어 나오는 것을 보았을 것이다. 사이다는 고압의 탄산가스를 병 속에 유입시킨 것이기 때문이다. 이것은 잠수 후 갑작스런 상승으로 외부 압력이 급격히 저하되어 혈액 속의 질소가 거품의 형태로 변해 감압병의 원인이 되는 원리와 같다.

홀데인의 이론	용해되는 압력이 다시 환원되는 <u>압력의 2배를 넘지 않는 한 신체는 감압병으로 부터 안전하다</u>는 이론이다. 오늘날 사용되는 미해군 잠수표(테이블)은 이러한 이론에 기초를 둔 것이다. 제한된 시간과 수심으로 정리된 테이블에 따르면 감압병을 일으 키는 거품이 형성되지 않는다. 상승속도는 유입되는 질소의 부분압력이 지나치지 않을 정도의 수준에서 지켜져야 한다.

TIP 헨리와 홀데인이론에 비교에서 홀데인은 미 해군 관련이론으로 기억하세요.

감압의 필요성	• 매 잠수 때마다 <u>몸속으로 다량의 질소가 유입</u>된다. • 용해되는 양은 잠수 수심과 시간에 비례한다. 일정한 양을 초과해 질소가 몸속 　으로 유입된다면 몸속에 포화된 양의 질소를 배출하기 위하여 상승을 잠시 멈추 　어야 한다. • 감압병은 <u>상승할 때에 감압 지점에서 감압 시간을 지키지 않았을 경우</u> 걸리게 된다. • 무감압 한계시간 이내의 잠수를 했더라도 <u>상승 중 규정속도(분당 9m)를 지키지 　않으면 발생할 수도 있다.</u>
최대잠수 가능시간 ★	• <u>잠수 후 상승속도를 분당 9m로 유지하면서 수면으로 상승하면 체내의 질소를 　한계 수준 미만으로 만들 수 있다.</u> 22년 소방장 • <u>상승 중 감압정지를 하지 않고 일정의 수심에서 최대로 머물 수 있는 시간이 수심에 　따라 제한되어 있다.</u> • <u>이것을 "최대 잠수 가능시간" 또는 "무감압 한계시간"이라 한다.</u> • 안전을 위해 이러한 최대 잠수 가능시간 내에 잠수를 마쳐야 한다. • 잠수표는 이러한 최대 잠수가능 시간을 수심별로 나열하여 감압병을 예방하고자 　만든 것이다.
잔류 질소	• 우리가 안전한 상승을 할지라도 체내에는 잠수하기 전보다 많은 양의 질소가 남아 　있다. • 이것을 잔류 질소라 하고 호흡에 의해 12시간이 지나야 배출된다. • 재 잠수를 위해 물에 다시 들어가는 경우 계속적으로 축적되는 질소의 영향으로 　변화되는 시간과 수심을 제공하여 재 잠수는 줄어든 시간 내에 마치도록 해준다.

▣ 최대 잠수 가능시간

깊이(m)	시간(분)	깊이(m)	시간(분)	깊이(m)	시간(분)
10.5	310	21.0	50	33.5	20
12.2	200	24.4	40	36.5	15
15.2	100	27.4	30	39.5	10
18.2	60	30.0	25	45.5	5

ⓛ 잠수에 사용되는 용어★ 20년 소방장/ 23년 소방위

실제잠수 시간★	이것은 수면에서 하강하여 최대수심에서 활동하다가 상승을 시작할 때까지의 시간을 말한다.
잠수 계획표	잠수 진행과정을 일종의 도표로 나타내어 보는 것이다. 이 잠수 계획 도표를 사용하게 되면 보다 계획적이고 효율적인 잠수를 할 수 있다.

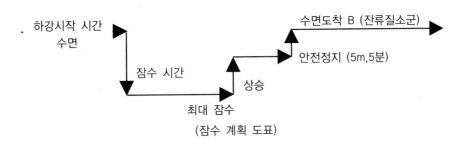

(잠수 계획 도표)

TIP 잠수용어의 출제빈도가 높아지고 있습니다. 총 잠수시간이란 무엇인가요?

잔류 질소군	잠수 후 체내에 녹아 있는 질소의 양(잔류질소)의 표시를 영문 알파벳으로 표기한 것을 말한다. 가장 작은 양의 질소가 녹아 있음을 나타내는 기호는 A이다.
수면 휴식 시간	– 잠수 후 재 잠수 전까지의 수면 및 물 밖에서 진행되는 휴식시간을 말한다. – 12시간 내의 재 잠수를 계획하는데, 가장 중요한 것은 수면 및 물 밖의 휴식 동안 몸 안에 얼마만큼 잔류 질소가 남아 있는가 하는 것이다. – 수면 휴식시간을 많이 가질수록 이미 용해된 신체 내 질소는 호흡을 통해 밖으로 나간다. – 다시 잠수하기 전 체내에 잔류된 질소의 양을 알아보기 위하여 새로운 잠수기호를 설정한다. 이 기호는 수면휴식 시간표를 사용하면 쉽게 찾을 수 있다.
잔류 질소시간*	체내의 잔류 질소량을 잠수하고자 하는 수심에 따라 결정되는 시간으로 바꾸어 표현한 것이다.
감압정지 와 감압시간	실제 잠수 시간이 최대 잠수 가능시간을 초과했을 때에 상승도중 감압표상에 지시된 수심에서 지시된 시간만큼 머무르는 것을 "감압정지"라 하고, 머무르는 시간을 "감압시간"이라 한다. 그리고 <u>감압은 가슴 정 중앙이 지시된 수심에 위치하여야</u> 한다. * 15년 소방장/ 22년 소방장
재 잠수*	<u>스쿠버 잠수 후 10분 이후에서부터 12시간 내에 실행되는 스쿠버 잠수를 말한다.</u>
총 잠수 시간*	재 잠수 때에 적용할 잠수시간의 결정은 총 잠수시간으로 <u>전 잠수로 인해 줄어든 시간(잔류 질소시간)과 실제 재 잠수 시간을 합하여 나타낸다.</u>
최대잠수 가능조정시 간	역시 재 잠수 때에 적용할 최대 잠수 가능시간의 결정은 잔류 질소시간에 따라 변한다. 따라서 <u>최대 잠수 가능조정 시간은 최대 잠수 가능시간에서 잔류질소 시간을 뺀 나머지 시간이다.</u>
안전정지*	<u>모든 스쿠버잠수 후 상승할 때에 수심 5m 지점에서 약 5분간 정지하여 상승속도를 완화한다.</u> 이러한 상승 중 정지를 "안전정지"라 한다. 이 안전정지 시간은 잠수시간 및 수면휴식 시간에 포함시키지 않는다. 또한 감압지시에 따른 감압과는 무관하다.

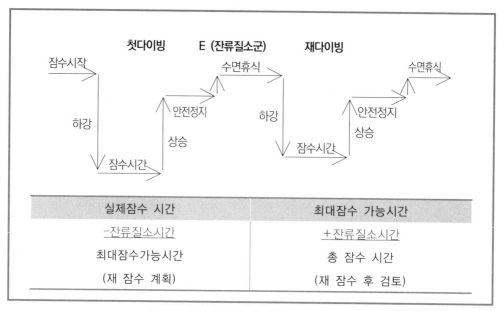

(잠수표에서 사용된 용어들)

실제잠수 시간	최대잠수 가능시간
<u>−잔류질소시간</u> 최대잠수가능시간 (재 잠수 계획)	<u>+잔류질소시간</u> 총 잠수 시간 (재 잠수 후 검토)

⑦ 잠수병의 종류와 대응*****

질소 마취 ★★	수중으로 깊이 내려갈수록 호흡하는 공기의 압력이 증가함에 따라 공기중의 질소 부분압도 증가하는데 이에 따라 고압의 질소가 인체에 마취작용을 일으킨다. 개인에 따라 차이는 있지만 일반적으로 수심 30m지점 이상으로 내려가면 질소마취의 가능성이 커진다.	
	증 세	<u>몸이 나른해지고 정신이 흐려져 올바른 판단을 내릴 수 없으며 술에 취한 것과 같은 기분이 들어 엉뚱한 행동을 하게 된다.</u>
	치료법	질소마취는 후유증이 없기 때문에 질소마취에 걸렸다 하더라도 수심이 얕은 곳으로 올라오면 정신이 다시 맑아진다.
	예방법	스포츠 다이빙에서는 30m 이하까지 잠수하지 않는 것이 좋다.

14년 소방장/ 18년 소방교, 소방장/ 21년 소방교

산소 중독	산소는 사람이 생존하는 데 가장 중요한 요소이지만 <u>지나치게 많은 산소를 함유한 공기를 호흡하게 되면 오히려 산소중독을 일으킨다.</u> ⓐ 산소의 부분압이 0.6 대기압 이상인 공기를 장시간 호흡할 경우 중독되는데 부분압이 이보다 더 높으면 중독이 더 빨리된다. ⓑ <u>호흡 기체 속에 포함된 산소의 최소 한계량과 최대 허용량은 산소의 함유량(%)과는 관계가 없고 산소의 부분압과 관계가 있다.</u> ⓒ 인체의 산소 사용 가능 범위는 약 0.16기압에서 1.6기압 범위이다. ⓓ 산소 부분압이 0.16기압 이하가 되면 저산소증이 발생하고 산소 분압이 1.4~1.6기압이 될 때 나타난다. ⓔ 1.4는 작업 시 분압이고 1.6은 정지 시 분압이라고 표현하는데 사실 1.6은 contingency pressure라고 해서 우발적으로라도 노출되어서는 안 되는 부분압이라는 의미이다.	
	증 세	근육의 경련, 멀미, 현기증, 발작, 호흡곤란
	예방법	순수 산소를 사용하지 말고 반드시 공기를 사용하는 것

탄산가스중독 ★★	인체는 탄산가스를 배출하고 산소를 흡입해야 하는데 잠수 중에 탄산가스가 충분히 배출되지 않고 몸속에 축적되면 탄산가스 중독을 일으킨다. 탄산가스 중독의 원인은 다이빙 중에 공기를 아끼려고 숨을 참으면서 호흡한다든지 힘든 작업을 할 경우에 생긴다.	
	증 세	호흡이 가빠지고 숨이 차며 안면 충혈과 심할 경우 실신하기도 한다.
	예방법	크고 깊은 호흡을 규칙적으로 하는 것
	17년 소방위/ 18년 소방교, 소방장/ 23년 소방장	

공기색전증 ★★	압력이 높은 해저에서 압력이 낮은 수면으로 상승할 때 호흡을 멈추고 있으면 폐의증세 조직이 파괴되는데 이를 공기 색전증이라 한다.	
	증 세	• 기침, 혈포(血泡), 의식불명 등
	치료법	• 재가압 요법을 사용
	예방법	• 부상할 때 절대로 호흡을 정지하지 말고 급속한 상승을 하지 않으며, • 해저에서는 공기가 없어질 때까지 있어서는 안 된다.
	17년 소방교/ 18년 소방교, 소방장/ 21년 소방교/ 23년 소방위	

감압병	ⓐ 우리가 숨쉬는 공기는 인체의 혈액을 통해 각 조직으로 보내진다. 공기는 질소와 산소가 대부분인데 이 가운데 산소는 신진대사에서 일부 소모되지만 질소는 그대로 인체에 남아 있다. ⓑ 다이빙을 해서 수압이 증가하면 질소의 부분압이 증가되어 몸속에 녹아 들어가는 질소의 양도 증가하는데, 만약 다이버가 오랜 잠수 후 갑자기 상승하면 외부 압력이 급격히 낮아지므로 몸속의 질소가 과포화된 상태가 되어 인체의 조직이나 혈액 속에 기포를 형성하는 감압병에 걸리게 된다. ⓒ 감압병 증세는 80% 정도가 잠수를 마친 후 1시간 이내에 나타나며 드물게는 12~24시간 이후에 나타나기도 한다.	
	증 세	• 경미한 경우 피로감, 피부가려움증 정도 • 심한 경우 호흡곤란, 질식, 손발이나 신체 마비 등
	치료법	• 재가압(re-compression) 요법으로 다이버를 고압 챔버에 넣고 다시 압력을 가해서 몸속에 생긴 기포를 인체에 녹아들어가게 하고 천천히 감압하는 것이다. ※ 재가압을 위해서 다이버를 물속에 다시 들어가게 하는 것은 매우 위험하다.
	예방법	• 수심 30m 이상 잠수하지 않으며, 상승 시 1분당 9m의 상승 속도를 준수하는 것이다.
	12년 소방장/ 18년 소방교, 소방장	

> **TIP** 잠수병의 종류와 증상, 치료와 예방법은 반드시! 출제됩니다. 별이 다섯 개입니다.

(4) **수중탐색(검색)** ★★ 16년 소방교/ 23년 소방장

수중에서 익사자(익사체 포함)를 구조 및 탐색함에 있어 익사 지점을 정확히 알려준다고 해도 실제 그 지점이 아닌 경우가 대부분이다. 물체(익사자 또는 익사체)가 가라앉거나 가라앉은 뒤 수류나 파도에 의해 떠내려 갈 수 있기 때문에 탐색을 시작하기 전에 가라앉은 물체가 있다고 예상되는 구역을 적절히 설정하여야 한다.

이때 구역의 범위를 쉽게 인식할 수 있도록 부두, 방파제, 제방, 해안선 등의 지물을 이용하여 직사각형이나 정사각형으로 설정한다.

① 줄을 사용하지 않는 탐색형태★★ 18년 소방위/ 19년, 23년 소방장/ 24년 소방위

가장 간단한 탐색형태는 아무런 장비나 도구 없이 탐색하는 방법이다. 이런 방법은 계획과 수행이 쉬운 반면, 줄을 이용한 방법보다 정확도가 떨어지는 단점이 있다.

등고선 탐색★	① 해안선이나 일정간격을 두고 평행선을 따라 이동하며 물체를 찾는 방법으로 물체가 있는 수심과 위치를 비교적 정확하게 알고 있을 경우에 유용하다. ② 탐색 형태라기보다는 탐색기술의 한 방법으로 물체가 있다고 예상되는 지점보다 바다 쪽으로 약간 벗어난 곳에서부터 시작한다. ③ 예를 들어 해변의 경우 예상되는 지점보다 약 30m 정도 외해 쪽으로 벗어난 곳에서 해안선과 평행하게 이동하며 탐색한다. ④ 계획된 범위에 도달하면 해안선 쪽으로 약간 이동한 뒤 지나온 경로와 평행하게 되돌아가며 탐색한다. ⑤ 평행선과 평행선과의 거리는 시야범위 정도가 적당하며 경사가 급한 곳에서는 수심계로 수심을 확인하며 경로를 유지할 수도 있다.
U자 탐색★	탐색 구역을 "ㄹ"자 형태로 탐색하는 방법으로 장애물이 없는 평평한 지형에서 비교적 작은 물체를 탐색하는데 적합하다. 각 평행선의 간격은 시야거리 정도가 적당하며, 수류가 있을 경우에는 수류와 평행한 방향으로 이동한다.
소용돌이 탐색★	비교적 큰 물체를 탐색하는데 적합한 방법으로 탐색구역의 중앙에서 출발하여 이동거리를 조금씩 증가시키면서 매번 한 쪽 방향으로 90°씩 회전하며 탐색한다.

② 줄을 이용한 탐색★★ 18년 소방위/ 22년 소방교/ 23년 소방장/ 24년 소방위

줄을 이용하지 않는 탐색보다 정확하다. 특히 물의 흐름이 있는 곳이나 작은 물체를 찾을 때 효과적이며, 시야가 불량한 곳에서는 줄을 이용한 신호를 보낼 수 있다. 예를 들면 줄을 잡아당기는 숫자에 따라 의미를 정하는 것이다.

- 한 번 = 탐색을 시작함
- 두 번 = OK? 또는 OK!
- 세 번 = 반대쪽에 도착했음
- 네 번 = 이쪽으로 오라
- 다섯번 = 도와달라

✪ 이밖에도 탐색 방법이나 환경에 따라 각자 신호를 만들어 사용할 수 있다.

원형 탐색 ★★	시야가 좋지 않으며 탐색면적이 좁고 수심이 깊을 때 활용하는 방법이다. ⓐ 인원과 장비의 소요가 적은 반면 탐색할 수 있는 범위가 좁다. ⓑ 탐색 구역의 중앙에서 구심점이 되어 줄을 잡고, 다른 한 사람이 줄의 반대쪽을 잡고 원을 그리며 한바퀴 돌면서 탐색한다. ⓒ 출발점으로 한바퀴 돌아온 뒤에 중앙에 있는 사람이 줄을 조금 풀어서 더 큰 원을 그리며 탐색하는 방법을 반복한다. 물론 줄은 시야거리 만큼씩 늘려나간다.

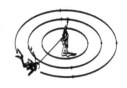

(원형 탐색)

반원 탐색 ★	조류가 세고 탐색면적이 넓을 때 사용한다. ⓐ 원형탐색을 응용한 형태로 해안선, 방파제, 부두 등에 의해 원형탐색이 어려울 경우 반원 형태로 탐색한다. ⓑ 원형 탐색과의 차이점은 원을 그리며 진행하다 계획된 지점이나 방파제 등의 장애물을 만날 경우 줄을 늘리고 방향을 바꾸어서 반대 방향으로 전진하며 탐색한다는 것 이다. ⓒ 정박하고 있는 배에서 물건을 떨어뜨릴 경우 가라앉는 동안 수류가 흐르는 방향으로 약간 벗어나게 되기 때문에 수류의 역 방향은 탐색할 필요가 없다. ⓓ 이런 경우에 원형탐색을 한다면 비효율적이며 수류가 흘러가는 방향만을 반원탐색 으로 탐색하는 것이 효과적이다. 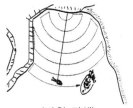 (반원 탐색)
왕복 탐색 ★★	시야가 좋고 탐색면적이 넓을 때 사용하는 방법이다. ⓐ 탐색구역의 외곽에 평행한 기준선을 두 줄로 설정 하고, 기준선과 기준선에 수직방향의 줄을 팽팽하게 설치한다. ⓑ 실제 구조활동 시는 두 명의 다이버가 동시에 같은 방향으로 이동하면서 수색에 임한다. 특히 시야가 확보되는 않는 경우 긴급사항이 발생 시 반대에서 서로 비껴 지나가는 방법은 맞지 않으며 인명구조사 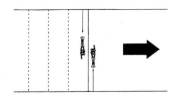 (왕복 탐색) 1급 교육시에도 두 명의 다이버는 동시에 같은 방향으로 이동하며 수색하는 방법으로 교육을 실시하고 있다.
직선 탐색 ★	시야가 좋지 않고 탐색면적이 넓은 지역에 사용한다. ⓐ 탐색하는 구조대원의 인원수에 따라 광범위하게 탐색할 수 있고 폭넓게 탐색할 수 있으나 대원 상호간에 팀워크가 중요하다. ⓑ 먼저 탐색할 지역을 설정하고 수면의 구조대원이 수영을 하며 수중에 있는 여러 명의 구조대원을 이끌면서 탐색한다. ⓒ 구조대원간의 간격은 시정에 따라 적절하게 배치한다. 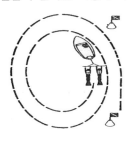  (수면의 구조대원이 수중에서 탐색하는 대원을 이끈다.)

TIP 수중탐색은 줄을 사용하는지 여부, 넓은 지역인지, 좁은 지역인지, 큰 물체인지 작은 물체인지를 구분해서 알아두셔야 합니다.

TIP 원형탐색은 줄을 사용하고, 시야가 좋지 않으며 탐색면적이 좁고 수심이 깊을 때 활용하는 방법 입니다.

(5) 표면공급식 잠수

표면공급식 잠수 (Surface Supplied Diving System)란 선상이나 육상의 기체공급원(공기 또는 혼합기체)으로부터 유연하고 견고한 생명호스를 통해 물속의 잠수사 헬멧에 기체를 지속적으로 공급해주는 방식으로 행동범위에는 제약을 받지만 무엇보다 장시간 체류할 수 있어 효율적이며, 수상과 수중의 잠수사간에 통화가 가능하며, 수상에서 잠수사의 수심을 정확히 측정할 수 있으며, 또한 잠수사의 모든 행동을 표면에서 지휘·통제할 수 있다.

(표면공급식 잠수운영 계획)　　　　　(표면공급식 잠수장비)

■ 스쿠버 잠수와 표면공급식 잠수

구 분	스쿠버 잠수	표면공급식 잠수
한계 수심	① 비감압 한계시간을 엄격히 적용 ② 안전활동수심 60ft(18m)에 60분 허용 ③ 130ft(40m)에서 10분 허용, 단, 100ft(30m) 이상 잠수시 반드시 비상기체통 또는 트윈(Twin) 기체통을 착용	① 공기잠수 시 최대 작업수심 190ft(58m) ② 60ft(18m) 이상, 침몰선 내부, 폐쇄된 공간 등에는 반드시 비상기체통을 착용
장 점	① 장비의 운반, 착용, 해체가 간편해 신속한 기동성을 발휘한다. ② 잠수 활동 시 적은 인원이 소요된다. ③ 수평, 수직 이동이 원활하다. ④ 수중활동이 자유롭다.	① 공기공급의 무제한으로 장시간 해저체류가 가능 ② 양호한 수평이동과 최대 조류 2.5노트까지 작업 가능 ③ 줄 신호 및 통화가 가능하므로 잠수사의 안전 및 잠수 활동 확인 ④ 현장 지휘 및 통제가 가능

| 단 점 | ① 수심과 해저체류시간에 제한을 받는다.
② 호흡 저항에 영향을 받는다.
③ 지상과 통화를 할 수 없다.
④ 조류에 영향을 받는다.(최대1노트)
⑤ 잠수사 이상 유무 확인 불능
⑥ 오염된 물, 기계적인 손상 등 신체보호에 제한을 받는다. | ① 기동성 저하
② 수직이동 제한
③ 기체호스의 꺾임
④ 혼자서 착용가기가 불편함 |

※ 표면공급식 잠수는 제한적으로 사용되고 있으며, 반드시 비감압 잠수를 해야 한다는 원칙과 짝 잠수를 해야 한다는 것을 명심해야 한다.

🚨 Check

① 던지고 ➡ 끌어당기고 ➡ ( ) ➡ 수영한다.
② 인간사슬구조는 체중이 가벼운 사람이 사슬의 끝부분에 위치하도록 한다.
③ 의식이 없는 구조방법은 한 겨드랑이, 두 겨드랑이, ( )이다.
④ 빙상사고 구조에서 얇은 얼음의 경우 가장 바람직한 구조는 ( )를 이용한다.
⑤ 물체가 실제보다 ( )% 정도 가깝고 크게 보이고, 물은 공기보다 약 ( )배 빨리 열을 전달한다.
⑥ 수심 30m에서는 ( )L의 공기가 필요하다.
⑦ ( ) : 수면에서 휴식을 위한 양성부력을 제공해 주며 비상시에는 구조장비 역할까지 할 수 있다.
⑧ ( ) : 호흡이 가빠지고 숨이 차며 안면 충혈과 심할 경우 실신하기도 한다.
⑨ ( ) : 시야가 좋지 않고 탐색면적이 넓은 지역에 사용한다.
⑩ 호흡기는 ( )단계에 걸쳐 압력을 감소시킨다. 처음 단계에서는 탱크의 압력을 ( )bar(125~150Psi)까지 감소시키고, 이 중간 압력은 두 번째 단계를 거쳐 주위의 압력과 같아지게 된다.

❸ 붕괴건물구조

(1) 건축구조물의 종류 및 특성

① 재료에 따른 분류

목 재	단열, 방음 성능이 높고 가공이 용이하나 화재에 취약하므로 현재 고건축이나 단독주택 외에는 거의 사용되지 않는다.
벽 돌	구조나 시공방법이 간단하며, 외관이 미려하고 내화, 내구 성능이 있다. 압축력에는 강하나 풍압력, 지진 등 횡력에 약하고 건물의 높이와 면적에 따라 벽 두께가 두꺼워져 고층 건축이 곤란하며 2층 이하의 건물에 주로 쓰인다. 주택 등의 내력벽체, 일반 건축물의 비내력벽을 구성하는 경우가 일반적이다.
돌	단열, 불연성, 내구성이 우수하며 외관이 미려하다. 압축강도는 높으나 인장강도가 크게 떨어지며 무겁고 가공이 힘들어 대규모 건축물에 사용되지 못하고 장식적으로 많이 사용된다.
블 록	단열, 방음성이 있고 가벼우며 불연성이다. 시공이 간편하고 대량 건축이 용이하나 강도가 약해 2층 정도가 한계이고 창고, 공장 등 면적이 넓은 건물의 내력벽이나 RC조 건물의 칸막이 벽, 담장 등으로 많이 사용된다.
철 골	RC조에 비하여 경량이고 수평력이 강하다. Span이 긴 건축물과 고층 및 초고층 건물에 적합하지만 내화성이 취약하여 철골 단독으로는 잘 사용되지 않는다.
철근콘크리트	철근으로 뼈대를 이루고 콘크리트를 부어넣어 일체식으로 성형한 합성구조이다. 인장력은 철근이, 압축력은 콘크리트가 분담하여 강도가 높아 비교적 대규모 건축이 가능하다.

| 철골+
철근콘크리트 | 철골로 뼈대를 하고 RC로 피복하는 방식이다. 철골의 강도와 RC의 내화성을 함께 갖출 수 있어 초대형 고층 건축물에 적합하다. |

② 구성양식에 따른 분류

가구식 구조	㉠ 구조체인 기둥과 보를 부재의 접합에 의해서 축조하는 방법 ㉡ 목조, 철골구조 방식
일체식 구조	㉠ 기둥과 보가 하나로 성형된 것으로 라멘(Rahmen)구조라고 함 ㉡ 철근콘크리트, 철골철근콘크리트조 방식
조적식 구조	내력벽면을 구성하는 데 있어 벽돌, 블록, 돌 등과 같은 조적재인 단일 부재를 교착재(모르타르)를 사용하여 쌓아올린 구조
입체트러스	㉠ 트러스를 3각형, 4각형, 6각형 등의 형태로 수평, 수직방향으로 결점을 접합하여 구조체를 일체화시켜 지지하는 구조 ㉡ 주로 지붕구조물이나 교량에 사용되는 구조양식
현수구조	㉠ 모든 하중을 인장력으로 전달하게 하여 힘과 좌굴로 인한 불안정성과 허용응력을 감소시켜 지붕 및 바닥 등을 인장력을 가한 케이블로 지지하는 구조 ㉡ 주로 교량에 사용된다.
막 구조	㉠ 합성수지 계통의 천으로 만든 곡면으로 공간을 덮는 텐트와 같은 구조원리를 이용하여 내면에 균일한 인장력을 분포시켜 얇은 막을 지지하는 구조 ㉡ 체육관 등과 같이 넓은 실내공간이 필요한 구조물의 지붕에 사용
곡면구조	철근콘크리트 등의 얇은 판이 곡면을 이루어서 외력을 받게되는 구조로서 쉘(shell)과 돔(dome)이 있다.
절판구조	평면판을 접어서 휨 모멘트에 저항하는 강성을 높여 외력에 저항할 수 있도록 일체화시킨 구조로서 지붕구조에 주로 사용된다.

조적조 균열	㉠ 기초의 부동침하 한 건축물이 부분적으로 상이하게 침하되는 형상을 말한다. 지반이 연약하거나, 경사진 지형 또는 지하수위의 변경, 지하터널, 성토공사 후의 침하 등 다양한 원인으로 발생한다. ㉡ 건물 평면 입면의 불균형 및 벽의 불합리한 배치 ㉢ 집중하중, 횡력 충격 ㉣ 조적 벽의 길이·높이의 과다, 두께 및 강도의 부족 ㉤ 시공 결함(모르타르의 강도 부족, 이질재와의 접합부 등)
석재 내화성	석재는 불연성을 가지고 있으나 화재에 접하면 조성 광물질 별로 열팽창율이 다르고 또한 이질적 광물의 대립(大粒)을 함유한 석재는 내응력이 발생하여 스스로 파괴된다. 특히 우리나라에서 건축물의 주재료로 사용되는 화강암은 500~600℃ 정도에서 석영성분의 팽창으로 붕괴된다.

(2) 철근콘크리트의 원리와 특성

① 성립원리

보에는 인장력과 압축력이 동시에 작용한다. 따라서 인장력에 대응하기 위하여 콘크리트 구조체의 인장력이 일어나는 부위에 인장력이 강한 철근을 배근하고 콘크리트를 부어넣어 일체식으로 구성하는 철근 콘크리트를 사용하게 된다. 즉 압축 응력은 콘크리트가, 인장 응력은 철근이 부담하여 서로 약점을 보완하고 장점을 발휘하도록 한 것이 철근콘크리트이다.

■ 철근과 콘크리트의 특성* 24년 소방장

구 분	인장력(Tension)	압축력(Compression)
철	약 1.6t /㎠ 이상	–
콘크리트	압축 강도의 1/9~1/13 정도	약 210kg/㎠ 내외

성립 이유	ⓐ 콘크리트는 철근이 부식되는 것을 방지한다. ⓑ 콘크리트와 철근이 강력히 철근의 좌굴(挫屈)을 방지하며 압축응력에도 유효하게 대응한다. ⓒ 철근과 콘크리트는 열팽창계수가 거의 같다. ⓓ 내구·내화성을 가진 콘크리트가 철근을 피복하여 구조체는 내구성(耐久性)과 내화성(耐火性)을 가지게 된다.
클리프*	콘크리트에 일정한 하중을 주면 더 이상 하중을 증가시키지 않아도 시간의 흐름에 따라 변형이 더욱 진행되는 현상을 말하며 클리프의 증가원인은 다음과 같다. ⓐ 재령이 적은 콘크리트에 재하시기가 빠를수록 증가한다. ⓑ 물 : 시멘트비(W/C)가 클수록 증가한다. ⓒ 대기습도가 낮은 곳에 콘크리트를 건조 상태로 노출시킨 경우 증가한다. ⓓ 양생이 나쁜 경우 증가한다. ⓔ 재하응력이 클수록 증가한다.
내구성 저하 요인	ⓐ 하중작용 : 피로, 부동침하, 지진, 과적 ⓑ 온도 : 동결융해, 화재, 온도변화 ⓒ 기계적 작용 : 마모 ⓓ 화학적 작용 : 중성화, 염해(염분을 사용한 골재), 산성비 ⓔ 전류작용 : 전식(電蝕)

② 콘크리트의 화재

콘크리트의 시멘트에 의한 수화생성물은 온도변화에 따라 결정구조가 변화되고 경화할 때 에너지를 흡수 또는 방출한다.

㉠ 화재에 따른 흡열 Mechanism과 손상

ⓐ 흡열	• 콘크리트는 200℃~400℃에서 모세관수 및 겔수(gel water)의 증발로 인한 강한 흡열피크가 발생한다. • 600℃에서는 콘크리트 중의 $Ca(OH)_2$의 분해로 인한 강한 흡열피크 발생 • 800℃에서는 콘크리트 중의 $CaCO_3$의 분해로 인한 흡열피크 발생
ⓑ 손상 원인	• 각 부분별 온도 차이에 의한 온도응력 • 콘크리트를 구성하는 시멘트 Paste(시멘트 몰탈) 내의 수산화칼슘 분해 • 석회질 골재의 Calcination(煆燒 / 생석회 가루화) • 고온에서 석영질 골재의 Phase(狀) 변화

ⓒ 화재가 콘크리트에 미치는 영향* 17년 소방위

표면경도	균열, 가열에 따른 약화
균열	290℃에서는 표면균열, 540℃에서는 균열 심화

변색*	• 230℃까지는 정상 • 290℃~590℃ : 연홍색이 붉은 색으로 변색 • 590℃~900℃ : 붉은색이 회색으로 변색 • 900℃ 이상 : 회색이 황갈색으로 변색(석회암은 흰색으로 변색)
굵은골재	573℃로 가열 시 부재 표면에 위치한 규산질 골재에서는 Spalling 발생 ※ Spalling : 破碎, 부재의 모서리나 구석에 발생하는 박리와 유사한 콘크리트 표면 손상

TIP 콘크리트 온도에 따른 색깔 변화를 기억하시기 바랍니다. 900℃ 이상은 무슨 색으로 변색되나요?

ⓛ 콘크리트의 화재성상* 18년 소방위/ 24년 소방위

압축강도 저하*	콘크리트는 약 300℃에서 강도가 저하되기 시작하는데 힘을 받고 있지 않은 경우에 강도 저하가 더 심하게 일어나며 응력이 미리 가해진 상태에서는 온도의 영향을 늦게 받는다. ✪ 화재 시 콘크리트의 압축강도 저하는 주요구조부의 강도에 치명적인 영향을 미쳐 붕괴위험성을 가져올 수 있다. 고온에서는 콘크리트의 압축강도가 저하되며 콘크리트중의 철근의 부착강도는 극심하게 저하된다.
탄성계수 저하	온도가 증가됨에 따라 재료의 탄성이 저하되고 약화된다. 이는 모든 물체의 공통적인 현상이지만 힘을 받는 구조물에 있어서 탄성의 저하는 치명적인 결과를 초래할 수도 있다.
콘크리트 박리*	• 열팽창에 의한 압축응력이 콘크리트의 압축강도를 초과할 경우 일어난다. • 박리 속도는 온도 상승 속도와 비례하며 콘크리트 중의 수분함량이 많을수록 박리발생이 용이하다. • 구조물 내 수증기압 상승으로 인장응력이 유발, 박리가 발생하는 것이다. • 골재의 종류, 구조물의 형상에 따라 영향을 달리 받는다.
중성화 속도 급격상승	• 콘크리트가 고온을 받으면 알칼리성을 지배하고 있는 $Ca(OH)_2$가 소실되며 따라서 철근부동태막(부식을 방지하는 막)이 상실, 콘크리트가 중성화된다. • 콘크리트는 기본적으로 알칼리성을 띠고 있어 내부 철근의 산화속도를 늦춘다. 철근은 알칼리성인 콘크리트 속에서는 거의 부식되지 않는다. • 따라서 콘크리트의 중성화(알칼리성의 상실)는 철근콘크리트의 수명을 단축시키는 근본적이고 치명적인 원인이 된다.
열응력에 균열*	표면온도와 콘크리트 내부의 온도 차이에 의한 열팽창율 차이에 따라 내부 응력이 발생하고 이 열응력이 콘크리트의 압축강도보다 커지면 균열이 발생한다.
콘크리트 신장잔류	화재에 콘크리트의 온도가 500℃를 넘으면 냉각 후에도 잔류신장을 나타낸다.

TIP 화재와 콘크리트는 열팽창계수에 따라 강도, 박리, 균열 등 다양한 변화를 줄 수 있습니다.

ⓒ 콘크리트의 폭열(爆裂)

ⓐ 콘크리트 내부에 포함된 수분이 급격한 온도 상승에 따라 수증기화 하고 이 수증기가 콘크리트를 빠져나오는 속도보다 더 많이 발생할 때 콘크리트에서 폭열이 발생한다.

ⓑ 시멘트 결합수가 가열로 상실되고 조직이 해이되며, 열응력과 함께 콘크리트의 0계수 및 압축강도가 저하되고 급격한 온도상승에 따른 내부 증기압 때문에 콘크리트 일부가 폭열하는 것이다.

> ✪ **콘크리트 폭열** : 콘크리트 배합이 잘못된 경우이거나 온도가 급격히 상승하는 경우에 볼 수 있는 현상으로 철근과 콘크리트의 열팽창 차이에 따라 철근의 부착력이 감소하여 콘크리트의 표층이 벗겨지고 파괴되는 현상이다. 콘크리트가 폭열되면 잘게 부서지며 콘크리트 조각이 비산되어 주변에 피해를 초래하기도 한다.

폭열에 영향을 주는 인자	• 화재강도(최대온도) • 화재의 형태(부분 또는 전면적) / 구조물의 변형 및 구속력의 강도결정 • 골재의 종류 • 구조형태 / 보의 단면, 슬래브의 두께 • 콘크리트의 함수량 / 굳지 않은 습윤 콘크리트는 높은 열에 의한 증기압으로 쉽게 폭열한다.
화재지속의 파손깊이	• 80분 후(800℃에서) 0~5㎜ • 90분 후(1,000℃에서) 15~25㎜ • 80분 후(1,100℃에서) 30~50㎜

③ 철의 화재성상
  ㉠ 철의 강도와 화재온도와의 관계
    ⓐ 철은 온도에 따라 결정의 격자형태가 바뀌는데 인장·압축강도 등 물리적 성질에 큰 영향을 받는다.
    ⓑ 철 구조물은 철의 내부에서 인장·압축응력을 받고 있으며 온도의 증가에 따라 강도가 급격히 저하된다.
    ⓒ 철강 역시 온도가 높아지면 하중이 증가하지 않아도 변형률이 증가하는 Creep 현상이 발생하며 350℃~400℃에서 나타난다. 응력이 크고 고온일수록 변형률이 크게 증가하고 파단까지의 시간이 짧다.
    ⓓ 철재는 약 870℃에서 강도가 현저히 저하되므로 고온에 노출된 철구조물은 화재 후 재사용 여부를 신중히 검토하여야 한다.
  ㉡ 철의 화재성상과 내화피복(Fire Proofing)
    내화피복이란 철이 변형온도까지 도달하지 않도록 열을 차단하기 위하여 단열 성능이 우수한 피막을 입히는 것이다.
    ⓐ 온도 변화에 따른 철의 강도 변화와 내화 피복
      • 열에 의해 철근은 콘크리트의 구속을 받지 않고 독자적으로 신장한다.
      • 노출된 철은 500℃에서 강도의 50%를 상실하고 900℃에서 0에 가깝다.
      • 3㎝ 이상의 콘크리트로 피복된 철근은 800℃까지는 강도에 치명적인 영향을 받지 않는다.
    ⓑ 내화상 필요한 피복 두께는 철근의 항복점이 약 1/2로 되는 500℃~600℃ 이하로 되도록 다음과 같이 정하였다.
      • 기둥과 보 : 기둥과 보는 구조내력상 주요한 부분이므로 2시간 내화를 생각해서 3㎝이다.
      • 벽과 슬래브 : 1시간 내화 기준인 2㎝이다.

ⓒ 내구상 필요한 피복 두께

경화한 콘크리트는 표면에서 공기중 이산화탄소의 영향을 받아 서서히 알칼리성을 잃고 중성화한다. 좋은 콘크리트일수록 중성화 과정이 늦으며 보통 콘크리트 표면에서 4㎝ 까지 중성화되는 데 약 110년, 5㎝까지는 약 180년 정도 걸리는 것으로 알려져 있다.

ⓓ 철골구조의 내화피복

현장 타설 공법	철강재를 철근콘크리트로 피복하는 일반적인 방법
spray 공법	암면, 질석, 석고, 퍼레이트 및 시멘트 등의 혼합물을 강 구조에 뿜어 칠하는 방법
건식 공법	벽체의 경우 경량 철골에 석고보드 등 방화 재료를 붙여서 내화구조체를 이루는 방법
내화도료 등을 칠하는 방법	석유화학공장 등의 외부에 노출된 철골이나 체육관 등 대 공간 철재구조물에 사용방법

(3) **화재에 의한 건축물의 붕괴*** 16년 소방교

① 붕괴의 주원인

건축물의 화재 시 화열에 의한 건축자재의 열팽창은 건물 구조의 결함을 초래하여 붕괴의 주 원인으로 작용하기도 한다.

철근, 콘크리트, 벽돌, 목재와 같은 건축자재가 화염에 노출되어 가열되면 이들은 서로 다른 비율로 종적, 횡적으로 팽창하여 구조물과 상호 견고하게 결합되어 있는 자재들의 표면이 파괴되고 구조물간의 상호협력이 상실되어 붕괴가 일어날 수 있다.

부재 간 결합상실*	콘크리트나 벽돌에 비해 철재의 열팽창 계수가 매우 크기 때문에 이들 간의 접촉부분이 파괴되는 현상이 발생한다. 따라서 이들 상호간의 연결부분이 파괴되어 건물의 골조와 벽 사이의 결합력이 상실된다.
철근과 콘크리트 결합상실*	철근콘크리트에 있어서 콘크리트의 열팽창률이 철근에 비해 20% 작기 때문에 철근과 결합력이 상실되어 강도가 저하되고 붕괴의 원인이 된다.
고온의 폭열	콘크리트의 큰 열팽창과 함수율 때문에 급격한 화재온도 즉, 1,000℃~1,200℃가 되면 슬래브 바닥이나 대들보 표면이 폭열하여 큰 콘크리트도 파편이 되어 비산할 수 있다.

② 화재 시 건물의 강도 저하

㉠ 내화구조 건물 화재 시 실내온도의 변화

ⓐ 화재는 성장기, 최성기, 쇠퇴기(감쇄기)로 진행되나 화재 계속 시간은 목조건물이 30분 전후임에 비해 내화구조 건물은 2~3시간 또는 수 시간 이상 지속되기도 한다.

ⓑ 최고온도는 목조보다 낮아 800~1,000℃ 전후가 많고 발화 후 15분 정도면 최성기에 도달한다.

㉡ 콘크리트 구조체의 내부온도 변화

콘크리트 건물이 화재로 가열되면 벽과 바닥은 화재 1시간 경과 후 거리에 따라서 온도의 분포가 360~540℃ 정도에 이르며 보와 기둥은 250~600℃에 도달한다.

ⓒ 구조재료의 열적 성상

    ⓐ 콘크리트가 열을 받으면 골재와 페이스트의 열팽창률의 차이에 의해서 콘크리트가 약화되고 온도상승에 따라 수분증발과 시멘트 수화물 중 수산화칼슘의 분해로 골재와 페이스트 접착면이 파괴되어 강도가 저하된다.

    ⓑ <u>콘크리트는 500℃ 이상의 온도에서는 잔존강도가 40%, 잔존 탄성계수가 20%로 감소되며 600℃에서는 1/3로 감소한다.</u>

    ⓒ 경험치에 의하면 철은 500℃에서 수분간만 노출되어도 지지응력이 없어지므로 건물 구체로 사용되는 경우에는 내화피복을 하여야 한다.

ⓔ 구조부재의 강도

기둥의 내화성능은 기둥의 단면적과 골재의 품질에 관련되며, 골재 및 시공 상태가 불량하면 압축강도 및 탄성계수가 저하되어 기둥이 붕괴된다.

    TIP 붕괴원인은 콘크리트와 철근의 열팽창계수 차이, 수분증발로 인한 변형, 결합력 상실입니다.

(4) 붕괴건축물에서의 구조작업

① 상황판단과 안전사고 예방

현장 상황 판단	ⓐ 해당 건축물의 구조와 용도, 수용인원 등 기본적으로 검토한다. ⓑ 수업시간 중에 일어난 학교의 사고는 저녁에 사고와 다르게 취급한다. ⓒ 호텔이나 아파트에서 발생한 사고는 주간보다는 야간에 훨씬 더 복잡하다는 것을 예상하여야 한다. ⓓ 구조활동 중에는 추가위험요인이 발생하지 않도록 사고주변에 계속적인 관찰과 통제가 필요하다. ⓔ 구조작업의 진행은 현장의 목격자 및 건축전문가, 구조대원이 함께 참여하여 구조대상자가 있는 위치, 구조방법 등에 대한 사전 검토를 하고 일관성 있게 진행되어야 한다. ✪ 현장지휘관이 이전의 경험과 훈련에서 얻은 지식을 잘 활용하고 주변에서 얻을 수 있는 자료를 종합해서 논리적으로 판단하면 구조대상자의 위치를 비교적 정확히 파악하고 구조에 임할 수 있을 것이다.
현장 활동 통제	<u>구조활동의 책임자는 직접 구조작업에 뛰어 들지 않고 구조대 전체를 감독해야 한다.</u> ⓐ 위험지역을 관찰하고 대원들이 과로로 지치지 않도록 적절하게 대원을 교체하면서 상황전체를 조율할 수 있다. ⓑ 구조작업을 운영 통제하는 것이 한 사람의 일손을 구조작업에 투입하는 것보다 훨씬 더 중요한 일이다.
안전 사고 예방	구조작업은 팀워크로 뭉친 개개인의 노력으로 진행된다. ⓐ 구조대원은 팀원 전체의 안전에 대한 추가적인 위협을 야기할 수 있는 상황변화를 항상 숙지하고 있어야 한다. 이것은 모든 대원에게 다 적용된다. ⓑ 2차 붕괴의 가능성은 종종 실제로 나타나며 1차 붕괴보다 더 비극적인 결과를 가져올 수도 있다. ⓒ 붕괴된 건물로부터 피해자를 구출하는 노력은 구조대원이 희생자보다도 더 큰 위험에 직면하게끔 한다. ✪ 미국의 911 테러에서 소방관 희생자의 대부분은 건물 내 구조대상자를 구출하기 위해 진입한 상태에서 추가붕괴가 일어남으로서 발생한 것이다. 붕괴된 건물의 위험지역에서 작업하는 대원이 한두 명에 불과할 때라도 다른 대원들이 필요한 장비를 가지고 현장의 안전을 확보해주어야 원활한 구조작업이 가능하다. 대원의 안전확보를 최우선 순위에 두어야 하는 것이다.

② 건물의 붕괴 징후

㉠ 붕괴의 가능성이 명백히 드러나는 경우는 거의 없다.

㉡ 일반적인 주거(단독주택이나 고층 아파트)에서는 구조대원들을 위험하게 할 만큼 심각한 붕괴는 매우 드물게 일어난다.

㉢ 아마도 이런 상황에서 구조대원에게 가장 위험한 것은 약해진 지붕이나 마루를 통해서 불이 치고 들어오는 것일 것이다.

㉣ 2층 이상의 건물이 철근콘크리트가 아니고 단순히 조적(벽돌)조 건물인 경우 화열로 약해진 벽체가 소화용수를 머금어 심각하게 강도가 저하될 수 있다.

㉤ 벽체가 철근콘크리트조인지 벽돌조에 단순히 시멘트를 바른 것인지 정확히 파악할 필요가 있다.

㉥ 기둥이 없고 넓은 개방영역을 가지고 있는 상업적 건물에서는 건물의 결함이 종종 발견된다.

> ✪ 1995년 6월 29일에 발생한 삼풍백화점 붕괴사고에 있어서도 "무량판구조"로 시공된 것이 붕괴를 가져온 구조적인 결함으로 지적된 바 있다.

㉦ 진행되고 있는 화재에서 나온 누적열의 영향은 빔, 기둥, 지지대, 그리고 벽을 약하게 할 수 있다. 이러한 상황이 현장 도착 시에는 뚜렷하지 않기 때문에 모든 구조대원은 지붕이나 바닥, 기대고 있는 벽, 벽 밖으로 나온 빔, 그리고 없어진 내부 구조나 기둥에 주의해야 한다.

> ✪ 화재에서 경계하여야 할 건물붕괴 징후* 18년 소방위/ 20년 소방교
> 1. 벽이나 바닥, 천장 그리고 지붕 구조물에 금이 가거나 틈이 있을 때
> 2. 벽에 버팀목을 대 놓는 등 불안정한 구조를 보강한 흔적이 있을 때
> 3. 엉성한 벽돌이나 블록, 건물에서 석재가 떨어져 내릴 때
> 4. 석조 벽 사이의 모르타르가 약화되어 기울어질 때
> 5. 건축 구조물일 기울거나 비틀어져 보일 때
> 6. 대형 기계장비나 집기 등 무거운 물체가 있는 아래층의 화재
> 7. 건축 구조물이 화재에 오랫동안 노출되었을 때
> 8. 비정상적인 소음(삐걱거리거나 갈라지는 소리 등)이 날 때
> 9. 건축구조물이 벽으로부터 물러났을 때

🚨 무량판 구조(Flat slab)

- 바닥보가 전혀 없이 바닥판만으로 구성하고 그 하중을 직접 기둥에 전달하는 구조이다. 이 형식의 slab 두께는 15cm 이상으로 하고 기둥상부(capital)는 깔대기 모양으로 확대하여 그 위에 드롭 패널을 설치하거나, 계단식으로 2중 보강하여 바닥판을 지지한다. Flat slab의 장점은 구조가 간단하여 공사비가 저렴하고 실내 공간 이용률이 높으며, 고층건물의 층높이를 낮게 할 수 있다는 것이다.
- 주두의 철근층이 여러 겹이고 바닥판이 두꺼워서 고정하중이 커지며, 뼈대의 강성을 기대하기 힘들다. Slab와 기둥 사이의 보를 생략한 구조라서 큰 집중하중이나 편심하중 수용 능력이 적고, 특히 횡력에 저항하는 내력에 약하여 코어와 같이 강성이 큰 내횡력 구조가 있어야 튼튼한 구조로 설계할 수 있다.

③ **붕괴가 예상될 때의 조치** * 18년 소방교/ 22년 소방위

우선 건물 안에서 작업하고 있는 모든 대원들을 즉시 건물 밖으로 철수시키고 건물의 둘레에 붕괴안전지역을 설정한다. 일반적으로 붕괴 <u>안전지역은 건물 높이의 1.5배 이상으로 한다.</u> 대원은 물론이고 소방차도 이 붕괴 안전지역 밖으로 이동해야 한다.

만약 건물에 방수를 해야 할 필요가 있으면 무인 방수장치를 설치한다. 무인방수장치를 설치했으면 대원들은 즉시 붕괴지역 밖으로 철수한다.

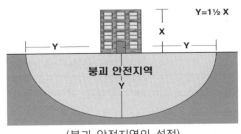

(붕괴 안전지역의 설정)

TIP 건물 붕괴 안전지역은 건물 높이의 1.5배 입니다.

④ **붕괴의 유형과 빈 공간의 형성** *** 14년, 16년 소방장/ 22년 소방교, 소방장, 소방위

경사형 붕괴	㉠ <u>마주보는 두 외벽 중 하나가 결함이 있을 때 발생한다.</u> ㉡ 결함이 있는 외벽이 지탱하는 건물 지붕의 측면 부분이 무너져 내리면 삼각형의 공간이 발생하며 이렇게 형성된 빈 공간에 구조대상자들이 갇히는 경우가 많다. ㉢ 파편이 지지하고 있는 벽을 따라 빈 공간으로 진입하는 것이 붕괴위험도 적고 구조활동도 용이하다.
팬케이크형 붕괴*	㉠ <u>시루떡처럼 겹쳐졌다'는 표현으로서 마주보는 두 외벽에 모두 결함이 발생하여 바닥</u>이나 지붕이 아래로 무너져 내리는 경우에 발생한다. ㉡ 팬케이크 붕괴에 의해 형성되는 공간은 다른 경우에 비해 협소하며 어디에 형성될는지 파악하기가 곤란하다. ㉢ 생존자가 발견될 것으로 예측되는 공간이 거의 생기지 않는 유형이지만 잔해 속에 생존자가 있다고 가정하고 구조활동에 임하여야 한다.
	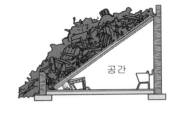  (경사형 붕괴(좌)와 팬케이크 붕괴(우))
V자형 붕괴	㉠ 가구나 장비, 기타 잔해 같은 <u>무거운 물건들이 바닥 중심부에 집중되었을 때</u> V형의 붕괴가 일어날 수 있다. ㉡ 양 측면에 생존공간이 만들어질 수 있는 가능성이 높다. V형 공간이 형성된 경우 벽을 따라 진입할 수 있으며 잔해제거 및 구조작업을 하기 전에 대형 잭이나 버팀목으로 붕괴물을 안정시킬 필요가 있다.

PART
01
구조개론

캔틸레버형 붕괴*	⊙ 각 붕괴의 유형 중에서 <u>가장 안전하지 못하고 2차 붕괴에 가장 취약한 유형</u>이다. ⓒ 건물에 가해지는 충격에 의하여 한쪽 벽판이나 지붕 조립부분이 무너져 내리고 다른 한 쪽은 원형을 그대로 유지하고 있는 형태의 붕괴를 말한다. ⓒ 이때 구조대상자가 생존할 수 있는 장소는 각 층들이 지탱되고 있는 끝 부분 아래에 생존공간이 생길 가능성이 많다.  (V자형 붕괴(좌)와 켄틸레버형 붕괴)

TIP 붕괴의 유형과 내용을 숙지하셔야 합니다. 그림파일을 올리는 문제가 출제될 수 있습니다.

(5) 붕괴건축물에서의 구조작업

물	⊙ 파손된 상·하수도 파이프로부터 흘러나온 물은 지하실과 다른 곳을 침수시켜 갇혀있는 사람들을 위험하게 할 수 있다. ⓒ 구조지역으로 흘러드는 물을 차단하는 방법으로 모래주머니나 흙 등으로 임시제방을 쌓고 균열된 틈으로 흘부에 난 구멍으로 물이 분출되어 구조작업을 방해하면 목봉(쐐기)을 이용해서 구멍을 막고 방수복을 덮어 임시로 조치할 수도 있다.
가스	⊙ 성냥이나 다른 불꽃을 이용하여 가스누출이 의심되는 곳을 관찰하거나 불꽃이나 충격이 발생되는 구조장비(동력절단기, 산소절단기, 방화문 파괴총 등)를 사용하지 않는다. ⓒ 누출된 가스에는 절대로 점화하지 않는다. 일단 점화된 경우에는 가스를 차단하거나 인명구조를 위하여 긴급한 필요가 있는 경우가 아니면 점화된 가스를 끄지 않는다. 점화되지 않은 누출가스가 더욱 위험하다. ⓒ 가스 누설지역에서는 공기호흡기를 사용하고 공기충전기는 누출장소에서 멀리 떨어진 곳에 설치한다. ⓔ 구조대원이 직접 대형 가스공급관로를 차단하지 않도록 한다. 이러한 조치는 반드시 관계 전문가가 하도록 한다. 구조대원은 건물 내 각 구역의 가스차단 밸브 위치를 파악하고 구조활동상 필요한 구역 내의 밸브를 차단하는 정도의 안전조치를 취한다.
전기	⊙ 확실하게 전류가 끊겼다고 판단할 수 없는 한 모든 전선에 전기가 흐른다고 생각하라. 전선이 스파크가 생기지 않는다고 해서 전류가 흐르지 않는다고 할 수 없다. ⓒ 전선은 숙련된 전문요원에 의해 적절한 절차에 따라 조치되어야 한다. ⓒ 전선 근처에 있는 수영장에 가까이 가지 말라. 수영장이 전선만큼이나 위험할 수 있다. ⓔ 고압전선을 자르려고 시도하지 말 것. 고압전선은 전문가에게 의뢰한다. 전선 절단기는 일반적인 가정용 저전압이 흐르는 전선을 자를 때만 이용한다. ⓜ 손상된 건물의 전기 공급은 보통 계량기나 퓨즈박스 근처에 있는 마스터 스위치로 차단한다.
하수구	⊙ 하수구에서 흘러나온 가스는 유독할 뿐만 아니라 폭발성이 있기 때문에 불꽃이 있어서는 안 된다. ⓒ 구조대원은 가스로 오염된 하수구가 있는 지역에서 구조할 때는 반드시 공기호흡기를 장착하고 활동해야 한다.

(6) 인명탐색

① 구조의 4단계*** 14년 소방위/ 16년 소방장/ 20년 소방교/ 20년, 21년 소방교

단계 1 (신속한 구조)	신속한 구조는 현장에 도착 당시 바로 눈에 뜨이는 사상자를 구조하는 즉각적인 대응이다. 이 구조작업은 위치가 분명하게 파악되고 구조방법을 신속히 결정할 수 있는 구조대상자에게만 적용된다.
단계 2 (정찰)	정찰은 건물이 튼튼하게 보호받을 수 있는 부분, 특히 비상대피시설, 계단 아래의 공간, 지하실, 지붕근처, 부분적으로 무너진 바닥아래의 공간, 파편에 의해 닫힌 비상구가 있는 방 등 어느 정도 안전을 보장받을 수 있는 곳에 갇혀있는 사람들이나 심각한 부상으로 자력탈출이 불가능한 구조대상자의 위치를 파악하는 수색단계이다. 수색작업은 절대로 생략할 수 없는 중요한 사항이며 3단계의 진행과 동시에 이루어져야 한다.
단계 3 (부분 잔해 제거)	1단계와 2단계 과정에서 인명구조와 수색활동을 위해 일부의 잔해물은 제거되었지만 본격적인 구조작업을 위해서 제거하여야 할 잔해물을 신중히 선정하고 조심스럽게 작업을 시작한다. ㉠ 실종자가 마지막으로 파악된 위치 ㉡ 잔해물의 위치와 상태 ㉢ 건물의 붕괴과정에서 이동되었을 것으로 예상되는 지점 ㉣ 붕괴에 의해서 형성된 공간 ㉤ 구조대상자가 보내는 신호가 파악된 곳 ㉥ 구조대상자가 갇혀있을 곳으로 예상되는 위치
단계 4 (일반적인 잔해 제거)	㉠ 4단계의 잔해제거는 구조작업에 필요한 다른 모든 방법을 동원하고 나서 실시되는 최후 작업이다. ㉡ 아직도 실종 중인 사람이 있거나 도저히 구조대상자에게 도달할 수 없는 경우 조직적으로 해당영역을 들어내는 방식으로 진행한다. ㉢ 이 작업은 극도로 주의하며 신속하게 진행해야 한다. ㉣ 구조대원은 특히 모든 형태의 파괴장비를 사용할 때 진동이나 붕괴 등에 의한 추가 손상에 각별히 주의하여야 하며 적절한 사전경고를 통하여 불의의 사고를 예방하여야 한다.

TIP 심각한 부상으로 자력 탈출이 불가능한 구조대상자의 위치를 파악하고 절대로 생략할 수 없는 단계는 몇 단계인가요?

② 탐색 기법

㉠ 육체적 탐색

ⓐ 구조대원의 감각과 신체적 능력을 이용해서 인명을 탐색하는 방법이다.

ⓑ 탐색장비를 투입할 수 없는 상황에서는 유일한 탐색방법이다.

시 각	구조대상자가 있을 만한 공간을 면밀히 살펴보고 신체의 일부, 옷가지, 소지품 등 구조대상자의 존재 유무 단서가 될 만한 것을 찾는다.
청 각	큰 소리로 부르고 반응이 있는지 듣는다. 이 방법을 사용하기 전에 주변을 통제하여 정숙을 유지하도록 조치하고 붕괴물에 귀를 대어 구조대상자의 응답이나 두드리는 소리가 들리는지 확인한다.
촉 각	시야가 미치지 않는 좁은 공간에는 검색봉이나 긴 장대 등을 조심스럽게 넣어 탐색한다.

PART 01 구조개론

ⓛ 119구조견 탐색

ⓐ 인명탐색을 위해 특수 훈련을 받은 구조견을 활용한다.

ⓑ 119구조견을 투입하면 단시간에 넓은 지역을 탐색하여 구조대상자의 위치를 파악할 수 있다.

ⓒ 사람이 진입하기에는 너무 좁거나 불안정한 지역에서도 활용할 수 있다.

ⓒ 기술적 탐색

훈련된 구조대원이 구조대상자의 음성이나 체온, 진동 등을 탐지하는 전문 탐색장비를 이용하여 구조대상자를 탐색하는 방법이다.

③ 탐색장비의 활용

㉠ 탐색활동

1단계 (현장확보)	최대한 구조대원, 구경꾼, 희생자의 안전과 보호를 확보할 수 있도록 조치한다.
2단계 (초기평가)	① 건물 관계자와 유관기관을 통해 붕괴 건축물에 대한 정보를 분석한다. ② 현장지휘본부를 설치한다. ③ 작업목표를 설정한다. 　ⓐ 사고장소 접근 경로 　ⓑ 구조계획 수립 및 우선사항 결정 　ⓒ 물자 및 인원 배분 　ⓓ 주민, 자원봉사자 등이 시도한 구조작업의 관리 ④ 각 구조대별 임무 할당 ⑤ 상황의 재평가 및 필요한 조정 시행
3단계 (탐색 및 위치 확인)	붕괴구조물 내 공간에 있는 생존자 존재의 징후 및 그 반응 파악을 위해 일련의 특정한 기술을 이용하여 탐색을 수행한다.
4단계 (생존자에 접근)	생존자가 위치할 것으로 추정되는 공간으로 접근할 통로를 마련하고 들어가는 단계이다.
5단계 (응급처치)	구조대상자의 생존가능성을 높이기 위해 구출작업 전에 기초구명조치를 시행한다.
6단계 (생존자 구출)	구조대상자가 2차 부상을 입지 않도록 주변의 장애물을 걷어 내거나, 필요하다면, 지주를 받치고, 깔린 신체 부위에 추가 압력이 가해지지 않도록 한다. 탐색활동 시 붕괴된 구조물 내에서 단 하나의 위험요인이 발견된 경우라도 완전히 제거하여야 한다.

TIP 생존자가 위치할 것으로 추정하는 공간으로 접근하는 단계는?

ⓛ 탐색진행

ⓐ 1차 탐색(육체적 탐색)

방이 많은 건물	① 방이 많은 곳을 탐색하는 기본요령은 오른쪽으로 가고, 오른쪽으로 진행하는 것이다. ② 건물 진입 후 접근 가능한 모든 구역이 탐색될 때까지 오른쪽 벽을 눈으로 확인하거나 손으로 짚으며 진행하다가 시작점으로 돌아온다. ③ 탈출할 필요가 있거나 진입한 방향을 기억할 수 없다면 돌아서서 왼쪽 손으로 같은 벽을 짚거나 눈으로 확인하면서 탈출한다.	 (방이 많은 건물의 탐색법)
넓은 공지 (선형탐색)	※ 강당이나 넓은 거실, 구획이 없는 사무실에서는 선형 탐색법을 이용한다. ① 3~4m 간격으로 개활구역을 가로질러 일직선으로 대원들을 펼친다. ② 반대편에 이르기까지 전체 공간을 천천히 진행한다.	 (선형 탐색법)
주변 탐색	※ 붕괴구조물 상부에서의 잔해더미 탐색이 불가능하거나 안전하지 못할 때 사용하면 효과적이다. ① 구조대원 4명이 탐색지역 둘레로 균일한 거리로 위치를 잡고 적절한 탐색을 실시한 후 각자 시계방향으로 90°회전한다. ② 모든 대원들이 4회 이동이 끝날 때까지(자기의 처음 위치로 돌아올 때까지) 반복한다.	

> **TIP** 강당이나 넓은 거실은 선형탐색법을 이용하구요. 방이 많은 건물은 오른쪽으로 가고 오른쪽으로 진행한답니다. 또한 주변탐색은 대원 4명이 시계방향으로 90도 회전합니다.

ⓑ 2차 탐색(탐색장비를 활용한 탐색)

- 탐색장비를 적절하게 선택하고 활용하여 구조대상자 탐지시간을 최대한 단축시켜 생존 확률을 높인다.
- 구조대상자가 들어서는 안 될 부적절한 언급을 삼가하고, 말할 때에는 긍정적 어조로 해야 한다. 구조대상자들은 구조신호에 귀를 기울이고 있다.
- 구조대상자는 최악의 상황에서 생존하려고 사투를 벌이고 있다. 이들을 찾아 구출해 낼 가능성에 대해 긍정적 자세를 취함으로써 생존 가능성을 높일 수 있다.
- 현장에 진입한 구조대원이 구조대상자와 의사를 교환할 수 있는 첫 번째 사람이 될 수도 있다. 그러므로 자신감과 희망을 가지도록 하는 것이 중요하다.
  • 자신이 구조대원임을 확인시키고, 구조될 것이라는 확신을 심어주고 차분한 음성으로 대화한다.
  • 구조대상자의 이름, 성별, 나이, 부상의 유형 및 정도 등을 확인한다.
  • 가능한 한 신속하게 응급처치를 시행한다.
  • 다른 구조대상자들이 있는지 여부와 그들의 상태에 관하여 물어보고 주변이 다른 구조대상자들이 있으면 구조작업이 진행 중임을 알린다.

(7) 구조기술 TIP 밑줄 친 부분만 기억하시면 될 듯합니다.

① 잔해에 터널 뚫기* 11년 소방교

터널을 만드는 과정은 느리고 위험하기 때문에 <u>구조대상자에게 접근할 다른 수단이 없는 경우에만 선택</u>하도록 한다.

터널 형태	ⓐ 터널은 구조대원이 구조대상자를 구출하기에 충분한 크기로 뚫어야 한다. ⓑ <u>폭이 75㎝ 정도이고 높이가 90㎝ 정도인 터널이 굴착과 구조활동에 적당한 크기</u>인 것으로 알려져 있다. ⓒ 터널에서 갑자기 방향전환을 하게 만드는 것은 좋지 않다. ⓓ 가능하다면 터널은 벽을 따라서 혹은 벽과 콘크리트 바닥 사이에 만들어져 필요한 프레임을 단순화시키는 것이 좋다. ⓔ 수직 샤프트를 만드는 것도 수직방향 또는 사선방향으로 접근하기 위한 터널 뚫기의 한 형태이다. ⓕ 이러한 방식의 터널은 표면에서 잔해를 제거한 후 땅을 뚫고 만들게 되며 지하실 벽의 갈라진 틈에 도달하기 위해서 사용된다.
굴착시 주의	ⓐ 터널이 물이나 가스공급관, 고압선이 빌딩에 들어가는 지점으로 뚫고 내려가지 않도록 주의하고 물을 머금은 자갈이나 토양층도 피해야 한다. ⓑ 부득이 작업 중 가스관이나 수도관, 고압선 등의 장애물이 있는 곳을 통과하게 되면 전문가의 참여하에 차단, 절단 등의 조치 후 추가위험을 막기 위해 절단면을 봉쇄하도록 한다. ⓒ 대형 가스 또는 수도관에서는 압력이 매우 크므로 흐름을 차단하지 않은 상태에서 절단하지 않도록 한다. ⓓ 특히 상수도의 주류를 막는 것은 바람직하지 못한데, 이는 화재진압을 위한 물의 공급마저 차단할 수 있기 때문이다. ⓔ 작업 중 만나는 전기선은 전기가 흐르지 않는다고 증명될 때까지는 모두 통전중이라고 가정하고 전문가에게 차단하도록 의뢰한다.
버팀목	ⓐ <u>작업이 진행됨에 따라 사고를 예방하기 위하여 터널 안의 모든 것에 버팀목을 대는 것이 좋다.</u> ⓑ 조심스러운 버팀목 대기에 소요되는 시간은 붕괴된 터널을 다시 만드는데 걸리는 시간과 비교하여 볼 때 낭비되는 것이 아니다. ⓒ 버팀목 대기의 정확한 패턴이라는 것은 있을 수 없다. ⓓ 버팀 작업에 쓰일 버팀목의 크기는 작업의 성격과 사용 가능한 장비에 의해 결정된다. ⓔ 버팀목이 어느 정도의 하중을 받게 되는지 파악하기 어렵기 때문에 <u>가벼운 것보다는 무거운 버팀목을 사용하는 것이 더 안전하다.</u> ⓕ 잔해터널을 뚫을 때에 구조대원은 지속적으로 주 버팀목, 빔, 대들보, 그리고 잔해무더기의 움직임과 터널의 붕괴를 야기할 수 있는 요동을 주시하여야 한다. ⓖ 잔해무더기가 클 경우 땅에 샤프트를 박아 넣는 것이 유리할 수도 있다. ⓗ 만일 필요한 만큼의 깊이를 박았다면 수평샤프트를 끼우고 잔해 안의 빈 공간에 다다르도록 틈이 있는 곳을 찾아 들어간다. ⓘ 묻혀있는 수도관이나, 하수도관, 전선을 다치지 않도록 계속 주의해야 한다. 그리고 나서 터널을 수평으로 뚫고 구조대상자를 구조한다.

② 벽 뚫기* 20년 소방위

벽 파괴	ⓐ 벽과 바닥을 절단할 때 구조물을 가장 빠르고 안전하게 자를 수 있는 위치를 확인한다. ⓑ 벽을 절단하면, 구조대원은 지지대나 기둥이 손상되지 않았는지를 확인 한다. ⓒ 건물이 심하게 흔들리고 큰 균열이 발생한 경우에도 다른 부분은 멀쩡하게 보일 수 있다. ⓓ 따라서 벽을 절단하기 전에 약간의 충격을 주고 건물의 흔들림이 추가적인 균열의 발생여부 등 안전도를 확인해보아야 한다. ⓔ 콘크리트를 제외한 모든 벽과 바닥을 절단하는 가장 좋은 방법은 작은 구멍을 내고 그것을 점차 확대시키는 것이다. ⓕ 콘크리트의 경우는 제거될 부분의 모서리부터 잘라 들어가는 것이 좋다. ⓖ 강화콘크리트가 사용되었다면, 콘크리트 절단톱이나 절단 토치로 잘라낸 후 한 조각씩 제거해야 한다. ⓗ 가스절단기를 사용한다면 폭발성 가스가 있는지 확인하고, 가연성 물질에 인화되지 않도록 주의하고 소화기를 가까이에 두어야 한다.
지주 설치*	지주는 예상되는 최대하중을 견딜 수 있을 만큼의 강도가 있어야 한다. ⓐ 같은 크기의 나무기둥은 지주가 짧을수록 더 큰 하중을 견딜 수 있다. ⓑ 같은 단면을 가지는 직사각형 기둥보다는 정방형 기둥이 더 큰 하중을 견딘다. ⓒ 만일 기둥의 끝이 깨끗하게 절단되어 고정판과 상부조각에 꼭 맞게 끼워진다면 더 많은 힘을 받을 수 있다. ⓓ 지주는 항상 필요하다고 생각되는 것보다 강하게 만들어야 하며 크기는 지지해야 할 벽과 바닥의 무게, 그 높이에 따라 결정한다. ⓔ 지주 아래에는 쐐기를 박아 넣되 기둥이 건물의 무게를 지탱할 수 있을 때까지 박아 넣어야 한다. ⓕ 쐐기를 꽉 조일 필요는 없는데 이는 꽉 조인 쐐기가 벽이나 바닥을 밀어내어 건물의 손상을 더할 수 있기 때문이다.

③ 벽의 제거

벽 허물기	ⓐ 인접한 건물에도 버팀목을 대고 파편 비산방지 조치를 한 후, 건물이 부분 부분으로 나뉘어 안전하게 허물어 질 수 있도록 해야 한다. ⓑ 위에서부터 작업을 하여 벽을 한 조각씩 허물고 큰 망치(Hammer), 지렛대, 기타 다른 장비들을 이용하여 작업한다. ⓒ 건물을 위에서부터 아래로 해체할 때, 작업은 한 층씩 조직적으로 이루어져야 한다. ⓓ 건물의 상층부에서의 작업은 아랫부분에 영향을 미치기 전에 끝내야 한다.
벽 무너 뜨리기	ⓐ 전체 벽이나 일부분이 만일 다른 구조물에 나쁜 영향을 주거나 구조작업을 위험하게 하면 차량이나 원치에 부착된 케이블로 벽을 당겨서 넘어뜨려야 한다. ⓑ 벽이 무너질 것이라면, 그 붕괴 방향도 고려하여야 한다. 　⊗ 벽이 무너지는 방향을 통제하기 위해서 벽이 얼마나 약화되었는지를 파악하고 만일 명백하게 약화된 곳이 없다면, 충분한 만큼의 조각을 적절한 위치에서 잘라내어 그 조각이 한 번 작업할 때마다 원하는 방향으로 가능한 한 많이 떨어질 수 있도록 한다. ⓒ 케이블이나 로프를 이용하여 벽을 무너뜨릴 때에는 벽에 구멍만 내는 것이 아니라 힘이 제대로 전달되어 벽 전체를 무너뜨릴 수 있도록 꽉 감아야 한다. ⓓ 케이블은 벽의 무너질 때 사람이나 장비가 손상 받지 않을 만큼 충분히 길게 연장한다.

④ 잔해처리

　　㉠ 사상자의 위치가 정확하게 알려졌을 때는 삽이나 곡괭이, 망치 등 수공구만을 사용하는 것이 안전하다.

　　㉡ 잔해 속에서 신체 일부분이 발견하는 경우가 있기 때문에 피해자 주위에 있는 잔해는 직접 손으로 제거하고 잔해를 처리하는 구조대원들은 손에 부상을 입지 않기 위해 장갑을 끼어야 한다.

　　㉢ 잔해는 바구니에 담아 떨어진 장소로 옮기도록 한다.

　　㉣ 제거되는 파편이나 건물의 일부 속에 다른 사상자가 없다고 확신할 수 있을 때에는 크레인, 굴삭기, 불도저 등을 잔해제거 작업에 이용하여 부상자들의 위치에 빠르게 접근하고 작업을 방해할 수 있는 건물의 추가붕괴를 막는다.

　　㉤ 잔해 처리장으로 이동할 때 출처를 표시하여 운반하도록 한다.

⚡ Check

① 화재 시 콘크리트는 (　　)℃에서 강도가 저하되고, (　　)℃에서는 붉은색이 회색으로 변색된다.

② (　　) : 가장 안전하지 못하고 2차 붕괴에 가장 취약한 유형이다.

③ 구조의 4단계는 신속한 구조 ➡ (　　) ➡ 부분잔해제거 ➡ 일반적 잔해 제거

④ (　　) : 바닥보가 전혀 없이 바닥판만으로 구성하고 그 하중을 직접 기둥에 전달하는 구조이다.

⑤ (　　) : 두 외벽에 모두 결함이 발생하여 무너져서 생존자 발견공간이 거의 생기지 않는 유형이다.

④ 항공기 사고 인명구조

항공기가 승객이 탑승한 직후부터 이륙하여 착륙 후 탑승자 전원이 항공기에서 안전하게 내릴 때까지의 전 과정을 '운항'이라고 하는데 이러한 운항 중에 발생하게 되는 이상상태는 다음 세 가지로 나뉜다.

항공기 사고	항공기의 추락, 공중 또는 지상에서의 충돌, 화재발생, 엔진이나 기체의 폭발 및 불시착 등과 같은 규모가 큰 이상사태에 의하여 탑승자나 제3자가 사망, 행방불명, 중상을 당하거나 기체 또는 지상시설 등이 크게 손상됐을 때 이를 '항공기 사고'라고 한다.
운항 중 사건	항공기가 지상에서 활주 중 다른 항공기나 기타 구조물과 가벼운 충돌을 하는 경우, 공중에서 사고의 발생가능성이 있는 여러 가지 상황들이라고 볼 수 있는 near miss나 기체 시스템의 고장 등으로 긴급 착륙을 하는 경우 또는 공항에서의 항공교통관제(ATC)규칙을 위반하는 행위 등과 같은 이상상태 즉 항공기가 운항준비 사태 또는 운항 중에 탑승자나 제 3자에게 가벼운 손상 또는 지상의 시설을 파손, 기타 안전운항에 영향을 미칠 정도의 위반행위 등 항공기 사고 보다 가벼운 이상사태를 '운항 중 사건'으로 분류한다.
운항 장애	운항준비상태 또는 운항 중에 발생한 항공기 사고와 운항 중 사건보다 가벼운 이상사태를 '운항 장애'라고 한다. 예를 들면, 착륙장치(Landing gear)의 타이어가 펑크가 나서 지상 활주가 불가능할 때 지상에서 출발했다가 사정에 의하여 회항하는 경우 또는 대체 비행장에 착륙하는 경우 등이다.

(1) 항공기 사고 인명구조

① 고충격 추락		㉠ 항공기가 지상과 정면충돌 했을 때 발생한다. ㉡ 추락의 결과 거의 모든 탑승객이 사망하고 뒤틀린 잔해, 파편, 그리고 화재를 초래하게 된다. ㉢ 대부분의 탑승자를 구조하지 못하게 되며, 이 경우 화재진압은 기본적으로 인접지역으로의 확산방지, 희생자 확인, 그리고 사고 원인을 규명하기 위한 조사원들을 돕는 증거 확보를 주요목적으로 한다.
② 저충격 추락		㉠ 잘 훈련된 구조대원들이 희생자를 구출할 수 있는 가능성이 높으며, 동체가 상대적으로 원형 그대로 유지된다. ㉡ 충돌력이 낮기 때문에 높은 생존율이 기대되며, 만일 화재가 탈출을 막지만 않는다면 탑승객 중 상당수가 치명적이지 않는 부상을 입게 될 것이므로 인명구조가 최우선이다. ㉢ 가능한 신속히 화재를 진압해야 하며 소방력이 부족한 최악의 경우라도 최소한 희생자들이 빠져나올 때까지는 화재가 확산되지 않도록 해야 한다.
③ 추락 사고		항공기 탑승자는 몇 가지 다른 유형의 위험에 노출된다. ㉠ 화재가 일어나면 많은 양의 열과 유독가스가 발생한다. ㉡ 탑승자의 생존은 소방대가 동체에 영향을 주는 화염을 얼마나 잡아내느냐, 그리고 어떤 경우에는 내부로의 화염 진출을 막아내도록 하는 비행기 진입부의 소화작업을 얼마나 성공적으로 하느냐에 달려있다. ㉢ 구조대원, 비행기 동체, 그리고 노출된 희생자들은 <u>분무방수나 홈 소화약제로 보호</u>하여야 한다. ㉣ 희생자들은 구조물이 분리된 틈이나 화재를 동반하지 않은 객실부의 붕괴된 틈새에 갇혀 있을 수 있다. ㉤ 사고현장 혹은 폭발로부터 나온 파편들은 부상자를 만들 수 있고, 충돌시의 감속은 탑승객이 부상당하도록 할 수도 있다. ㉥ 부서진 비행기 잔해가 종종 건물을 치고 지나가는 경우가 있으며, 이 때 지상의 부상자들은 신속한 도움이 필요하게 된다. ㉦ 이러한 사고에서 나타나는 비행기에 의한 절단면과 많은 양의 화염은 혼란을 가중시킨다.
④ 탑승객 구조	동체 외부 구조 대상자	ⓐ 생존자 구조는 가장 먼저 해야 할 일이다. 가장 좋은 방법은 사고현장으로부터 모든 인원을 명확하게 하는 것이다. ⓑ 구조대원이 추락에 의해 멀리 던져졌거나 추락하면서 부서진 부분의 내부에 갇힌 피해자를 지나칠 수도 있다. 그러므로 수색작업은 완벽하게 이루어져야 한다. ⓒ 틈새에 있는 사람이 움직이지 않는다고 죽었다고 단정하여서는 안 된다. 항공기 사고에서는 의식을 잃은 생존자가 많은 비율을 차지한다는 사실은 일단 육안으로는 죽은 것처럼 보이는 사람도 신속한 도움을 필요한 경우가 많다는 것을 의미한다. ⓓ 항공기에서 탈출한 생존자는 구조대원에게 아직 비행기 안에 있는 사람의 수나 위치에 대해 알려줄 수 있을 것이다. 모든 승무원과 승객이 탈출하는 것을 당연하게 생각지 말아야 한다. 비행기 전체에 대한 완전한 수색작업이 이루어져야 한다.

내부 생존자 구출	ⓐ	먼저 한사람의 구조대원만이 비행기 안에 진입해야 한다. 다른 대원들은 진입한 선두 대원이 상황을 판단할 때까지 기다려야 한다.
	ⓑ	바깥에 있는 대원은 동체진입을 준비하고 있는 동안 소방호스와 기타 구조장비를 챙겨야 한다.
	ⓒ	그들은 일어날 수 있는 화재나 폭발 위험을 다른 대원들에게 알리는 역할을 해야 한다.
	ⓓ	진입하여 상황을 판단한 후 가장 중요한 임무는 그들을 옮기기 위해 부상 탑승자들의 상태와 위치를 파악하는 일이다.
		✪ 비행기 내부는 대체로 복도가 38㎝(18인치) 폭으로 되어 있으며 비상 탈출구는 가로 44㎝, 세로 65㎝(가로 19인치, 세로 26인치) 정도로 되어 있다. 이처럼 좁은 데다 동체의 뒤틀림이나 파손으로 인해 더욱 협소해진 공간 때문에 골절된 부상자의 구조가 방해받을 수 있다.
응급 처치	ⓐ	심각한 골절이나 열상이 흔하다. 그러나 피해자가 방금 경험한 공포나 극도의 스트레스에 의해 심장마비나 뇌출혈이 일어날 수 있으니 주의해야한다.
	ⓑ	만일 화재나 폭발위험이 있다면, 부상자는 여러 가지 구급조치가 이루어지기 전에 안전한 장소로 옮겨져야 한다.
	ⓒ	시간이 허락한다면, 모든 전기스위치를 끄고 배터리와의 연결도 차단한다. 이는 기화된 연료가 전기 스파크에 의해 점화되는 것을 방지한다.
	ⓓ	만일 구조를 가능하게 하기 위해 어떤 조치가 취해지지 않았다면, 비행기 잔해의 어떤 부분도 이동시켜서는 안 된다.
	ⓔ	만일 비행기가 두 동강 났다면, 전기 케이블은 손상 받았거나 끊어졌을 것이다. 이 경우 만일 스위치를 끄고 배터리 연결을 차단하지 않으면, 비행기 잔해의 아주 작은 움직임도 기화된 연료를 점화할 수 있는 불꽃을 일으킬 수 있다.
⑤ 사상자 확인	㉠	항공기 사고의 조사관은 잔해내부에 모든 탑승객 위치를 중요하게 고려하여 그들이 살았는지 죽었는지를 확인해야 한다.
	㉡	만일 화재가 일어나지 않았다면, 확인된 모든 사망자는 책임 있는 담당자가 옮기라는 허가를 내줄 때까지 그대로 두어야 한다.
	㉢	생존징후가 있다면 물론 그 생존자를 비행기로부터 구출하는데 전력을 기울여야 하며 응급처치가 이루어져야 한다.
	㉣	가능하면 좌석배정 상황이나 사상자가 발견된 위치를 표시할 수 있는 문건을 만들어야 한다.
	㉤	사망이 명백한 사람은 시신이 불에 탈 염려가 없는 한 다른 곳으로 옮겨져서는 안 된다.
	㉥	좌석위치에 대한 정보와 관련 수화물 및 소지품이 희생자에 대한 유일한 정보를 제공하는 경우가 많기 때문이다.
	㉦	사망했거나 부상한 사람들의 정확한 위치를 표시하는데 도움이 되도록 잔해 내에서 희생자와 그 위치 양쪽에 꼬리표를 붙인다.
	㉧	희생자의 신체가 여러 곳에서 부분으로 발견되었을 때는 각각의 신체 부위에 꼬리표를 붙이고 기록해야 한다.
	㉨	사체가 잔해로부터 멀리 떨어져 발견되었을 때는 주변 땅에 말뚝을 박고 그 위에 꼬리표를 붙인다.

⑥ 일반 진입 절차	㉠ 강제진입을 시도하기 전에 항상 먼저 진입지점을 통해 진입을 시도한다.
	㉡ 문은 동체 한 쪽이나 양쪽에 있으나 보통은 왼쪽 편에 있다.
	㉢ 문은 바깥쪽으로 열리며 안에서 빗장에 의해 잠겨진다.
	㉣ 일반적으로 문은 바깥이나 안에서 열 수 있도록 하는 핸들이나 그 밖의 장치가 있다.
⑦ 비상구	㉠ 비상구는 특히 충격에 의해 통상의 진입구가 잠겼거나 화재가 발생하는 등의 신속한 구조가 필요할 경우 중요하다.
	㉡ 비상구는 제트기의 출현으로 고속, 고도, 고압을 견딜 수 있도록 비행기의 구조물이 더 튼튼해진 이후 동체표면을 뚫고 들어가는 강제진입이 거의 불가능해짐에 따라 더욱 중요한 위치를 차지하게 되었다.
	㉢ 여객기는 일반출입구와는 별도로 하나 이상의 비상구를 가지고 있다. 비상구의 수는 탑승가능 여객 수에 따라 달라진다.
	㉣ 이 비상구는 충격을 받아도 잠기지 않고 비행기 내·외부에서 쉽게 찾아서 개방할 수 있도록 설치한다.
	㉤ 어떤 기종에서는 눈에 띄는 색으로 넓은 띠를 칠하여 모든 문과 해치, 그리고 외부에서 작동 가능한 창문을 표시하기도 한다.
⑧ 비상 진입	㉠ 문이나 해치가 추락의 충격으로 잠겼을 경우, 경첩부분을 자르거나 프레임 주위를 뚫어서 강제로 개방한다.
	㉡ 창문을 파괴하는 경우에는 장애물을 만나는 일이 대체로 적은 편이다.
	㉢ 어떤 기종에서는 창문을 깨고 동체 안으로 진입할 때 파괴하는 부분을 외부에 표시하기도 하지만 대부분은 이러한 표시가 없다.
	㉣ 창문을 파괴할 때에는 도끼의 날카로운 끝으로 창문 모서리를 강하게 타격하여 전체부분을 약하게 하는 긴 금을 만든다.
	㉤ 창문 각 모서리에 생긴 구멍으로 플렉시글라스(Plexiglas)나 플라스틱 조각들을 제거할 수 있게 해준다. 플렉시글라스는 뜨거운 상태에서는 자르기가 어렵다. 이 경우 이산화 탄소 소화기를 뿌리면 급격히 냉각되어 도끼 등으로 쉽게 파괴할 수 있게 된다.
	㉥ 플렉시글라스나 플라스틱의 큰 조각을 제거하는 가장 좋은 방법은 철판절단용 날을 장착한 동력절단기를 이용하는 것이다. 절단 깊이를 조절하여 창문을 뚫고 잘라낼 수 있도록 한 후, 프레임에 가까운 쪽으로 창문을 절단한다.
	㉦ 비행기의 측면으로 강제진입을 시도하는 것은 동체의 하부에 중점 설치되는 전기줄과 연료, 산소, 유류 등의 파이프라인 때문에 위험하다.
	✪ 플렉시글라스(Plexiglas) 독일 롬(Lomb) 사에서 개발한 폴리카보네이트 플라스틱(polycarbonate plastic)으로 만든 투명도가 높은 고강도 유리의 한 종류로 플렉시글라스는 상품명이다. 충격을 가해도 잘 깨어지지 않고 투명도도 뛰어난 특성이 있어 항공기의 유리창, 병원의 인큐베이터, 심지어 스포츠카 차체에 이르기까지 다양하게 사용된다.

PART
01
구조개론

5 헬기 활용 구조* 16년 소방교

(1) 헬기 안전수칙

잠재적 위험요인	헬기의 주회전익(Main rotor)은 290~330/rpm으로 회전하며 미부회전익(Tail rotor)은 1,500~1,800/rpm의 고속으로 회전하여 회전여부가 육안으로 관찰되지 않는 경우가 있다. 따라서 이러한 특성을 잘 알고 회전익 부근으로 접근하지 않도록 하여야 한다. 또한 헬기의 특성상 고공과 저공에서의 인양능력에 차이가 있으며, 운항은 일기에 많은 영향을 받는다는 점도 염두에 두어야 한다. 따라서 헬기를 이용할 때에는 운항지휘자(조종사)의 지시에 절대 따라야 한다.
안전수칙	㉠ 항상 조종사의 가시권 내에서 헬기에 타거나 내려야 한다. ㉡ 조종사의 신호가 있기 전까지는 헬기에 다가가서는 안 된다. ㉢ 조종사의 허가 없이는 기체 내로 들어가서는 안 되며, 탑승시에는 머리를 숙인 자세로 올라타고 내려야 한다. ㉣ 꼬리부분의 날개에 위험성이 있기 때문에 뒤쪽으로 접근하는 것은 엄금한다. ㉤ 이륙하거나 착륙할 때 모든 사람들은 기체로부터 떨어져 있어야 한다. ㉥ 모자는 손에 들거나 끈을 단단히 조이고 착용하여야 하며 가벼운 재킷이나 조끼를 입어야 한다. 로터의 하향풍에 모자가 날려서 무의식적으로 이를 잡으려다가 사고가 발생할 수도 있다. ㉦ 들것이나 우산, 스키 등 긴 물체는 날개에 닿지 않도록 수평으로 휴대한다.

> **TIP** 운항지휘자는 조종사이므로 조종사의 가시권 내에서 타거나 내려야 한답니다.

(2) 헬기의 착륙 지점

착륙 장소 선정 *	조종사가 그 헬기의 성능과 한계를 가장 잘 알고 있고 기체와 탑승자의 안전을 끝까지 책임져야 할 의무가 있으므로 조종사의 결정은 최종적이고 반드시 따라야 하는 것이다. ㉠ 구조대원은 어떠한 조건이 헬기 착륙에 좋은 지점인지를 알고 있어야 한다. ㉡ 헬기 출동을 요청한 경우 무엇보다도 가장 먼저 해야 할 일은 착륙 예정지점을 정찰하고 평가하는 것이다. ㉢ 적합한 착륙지점을 선택하는 데에는 고려사항은 바람, 가시도, 야간인 경우에는 표면의 빛, 안전성, 그리고 통신 등이다. ㉣ 만약 헬리포트나 헬리패드가 없는 장소에서 착륙장을 선정* 23 소방장 　ⓐ 수직 장애물이 없는 평탄한 지역(지면경사도 8° 이내) 　ⓑ 고압선, 전화선 등 장애물이 없는 곳 　ⓒ 착륙장소와 장애물과의 경사도가 12° 이내로 이착륙이 가능한 곳을 선정한다. 　ⓓ 이착륙 경로(Flight Path) 30m 이내에 장애물이 없어야 한다. 　ⓔ 깃발, 연기, 연막탄 등으로 헬기 착륙을 유도한다. 　ⓕ 헬기의 바람에 날릴 우려가 있는 물체는 고정시키거나 제거하고 가능하면 먼지가 날지 않도록 표면에 물을 뿌려둔다. 　ⓖ 착륙지점 주변의 출입을 금지하며 경계요원을 배치한다. 　❂ 헬리패드 : 헬리콥터의 정규 착륙장은 heli-port이고 heli-pad는 고층건물, 산악 등에 설치된 임시착륙장이다.

헬기 유도	㉠ 헬기의 착륙을 유도하기 위해서는 수신호를 익혀두어야 한다. ㉡ 현장에서 헬기를 유도하는 요원은 헬멧을 착용하고 보호안경을 착용한다. ㉢ 착륙장소로부터 충분히 떨어져있고 헬기에서 잘 관측할 수 있는 곳을 택한다. ㉣ 유도시에는 바람을 등지고 서서 헬기가 정면에서 바람을 맞을 수 있도록 유도한다. ㉤ 야간의 경우 조명은 필수적이다. 조명이 잘 갖추어져 있는 곳은 조종사의 지각을 도와 준다. ㉥ 그러나 구조대원 개인적으로는 조명등 사용을 조심하여야 한다. 특히 강한 불빛을 헬기 진행방향의 왼쪽으로 비추거나 조종사에게 직접적으로 빛을 비추는 것은 금지해야 한다. ㉦ 현장에 자동차가 있는 경우 헤드라이트를 이용하여 착륙지점을 비추면 좋다.
조종사 고려 사항	㉠ 조종사가 제일 먼저 고려해야 할 사항은 바람이 부는 방향이다. ㉡ 바람의 방향과 가시도는 착륙하려고 할 때에 고려해야 할 요인 중 다른 어떤 것보다도 가장 중요한 요인이다. ㉢ 활주로 예정지에 수목이나 전압선, 빌딩이 놓여 있는 것을 매우 싫어한다. 사물에 부딪힐 위험성이 있을 뿐만 아니라 장벽에 착륙할 수밖에 없는 상황이 돌발할 수도 있다. ㉣ 가능하다면, 착륙은 맑은 공기 속에서 맞바람으로 해야 한다. ㉤ 착륙지점 지표면의 상황이다. 수평을 이루고 있는 보도나 딱딱한 지표면이 더 좋다. ㉥ 바람에 날리는 물체들은 회전익에 자극을 주어 엔진에 충격을 주게 된다. 이럴 경우 엔진 손상을 받을 가능성이 높다. ㉦ 바람직하지는 않지만, 헬기는 모래층에는 착륙할 수 있다. 　❂ 모래가 바람에 날려 조종사의 시계에 장애를 주기도 하고, 엔진의 마모를 가져오기도 　한다. 오히려 젖은 땅에 착륙하는 것이 모래밭에 착륙하는 것보다 문제가 덜 발생한다.

TIP 헬기 착륙장소를 선정할 때 수치를 꼭! 기억하시기 바랍니다. 헬기유도는 바람을 등지고 서서 헬기가 맞바람을 맞으며 착륙할 수 있도록 해야 합니다.

(3) 공중 구조작업* 16년 소방교

이송 중 흔들림	㉠ 헬기에 의한 이송 중에는 사상자가 어느 정도 요동을 받게 된다. 거친 이동, 갑작스런 진동 등은 환자에는 불편이 가중되며 환자의 상태를 심각하게 악화시킬 수 있다. ㉡ 가능하다면 이륙 전에 공기튜브를 삽입하고 정맥주사를 실시해야 한다. 이러한 응급처치는 헬기의 교란과 요동 때문에 실시하기 어렵기 때문이다. ㉢ 또한 소음과 진동은 상호 의사소통과 신체의 반응 체크를 방해한다. 환자의 머리를 앞으로 하여 의료진이나 구조대원에 의해 환자의 관찰이 항상 가능하도록 해야 한다. ㉣ 날개회전에 의해 공중에서 많은 먼지가 발생하면 보호밴드와 노출부위의 처치를 더욱 신중하게 해야 한다. 특히 들것을 헬기 외부에 부착하는 경우 환자를 담요 등으로 완전히 보온조치하고 얼굴과 눈은 터빈 바람에 의해 날리는 이물질로부터 보호되도록 한다. 또한 환자의 손이나 담요 등이 장치 바깥으로 나가지 않도록 한다.
의료적인 문제*	㉠ 헬기는 일반 비행기에 비하여 저공비행하기 때문에 고도와 관계된 의료문제는 그리 심각한 편은 아니다. 　❂ 일반적으로 1,000ft(300m) 이하 고도에서 환자의 산소공급은 육상에서의 긴급 후송 　에서와 같이 다룬다. ㉡ 갈비뼈 골절로 부목을 대고 움직이지 못하는 환자는 고도에 따른 기압변화로 부목 강도가 영향을 받기 때문에 세심한 배려가 필요하다.

> ✪ 특히 쇼크방지용 하의(MAST)를 착용한 환자는 고도가 높은 곳에서는 MAST 내의 공기가 팽창하여 필요 이상의 압력을 받게 되므로 수시로 압력계를 확인하고 압력을 적정한 수준으로 조절하여야 한다.

ⓒ 흉부 통증과 기흉(pneumothorax) 환자는 가능한 한 육상으로 이송하도록 한다. 높은 고도에서는 환자에게 육상에서와 같은 충분한 공기를 공급하지 못한다. 고도가 높아져 기압이 낮아짐에 따라 가슴막 내의 공기가 팽창하여 흉곽용량이 감소하기 때문이다.

ⓔ 순환기 계통에 영향을 주는 심한 출혈, 심장병, 빈혈, 기타 질병으로 고통받는 환자들을 비행기로 이송할 때에는 세심하게 관찰해야 한다. 고도가 높아짐에 따라 공기는 적어지고 산소의 양도 희박해진다.

> ✪ 5,000ft(1.5km) 상공에서 허파에는 해수면상의 약 80% 정도의 공기만이 공급될 수 있다. 육상에서 순환기 질병을 가진 환자들은 고도 증가에 따라 추가적인 질병을 얻게 된다.

ⓜ 사상자를 항공편으로 후송해야 하는 경우 조종사들은 가능한 한 지표 가까이 비행하여야 한다. 환자의 고통이 심해지고 호흡곤란, 경련, 의식 저하 등이 나타나면 저공비행을 해야 한다. 산소공급으로 다소 고통을 완화할 수 있다.

⑷ 탐색과 구조작업

헬기는 가장 효과적인 SAR(Search And Rescue) 장비이다. 공중정지와 선회는 구조작업과 탐색에 적합하다. 특히 작은 목표물을 찾을 때나, 자세한 지형과 해수면을 파악할 때 유용하다. 선박으로부터 이륙할 수 있고 제한된 영역에 착륙할 수 있는 능력으로 인하여 접근 불가능한 지역과 거친 해양에서 사상자를 구조할 수 있다. 또한 헬기에는 기중장치(Hoist)와 케이블이 장착되어 있어 상공에 정지 비행하면서 구조작업을 수행할 수 있다.

탐색 절차	⊙ 실종자를 찾을 때 항공기로부터의 탐색은 일반적으로 300ft(90m) 이하, 시속 60마일 이하에서 실시된다. ⓛ 구조대상자가 외투를 벗거나 외형을 바꿀 수 있다는 것을 염두에 두어야 한다. ⓒ 어린이들은 대피해 있거나 불안과 혼돈으로 숨어 있을 수 있다. ⓔ 관찰자는 특별한 사람이나 물체를 수색하는 데에 주의를 집중해야 한다.
사상자 구조	⊙ 헬기는 착륙하거나 기중장치(Hoist)를 통해 구조활동을 수행하지만 산악과 같이 높은 고도에서는 헬기의 부양능력이 저하되기 때문에 착륙가능한 지역이 있으면 착륙하여 구조를 실시한다. ⓛ 상공에서의 대피를 위한 장소를 선택할 때 고려해야 하는 요인은 좁은 지역, 거친 지형 그리고 급경사도 허용된다는 점을 제외하고는 일반적으로 헬기착륙장과 같다. ⓒ 주 회전익과 미부회전익을 위한 여유 공간이 충분해야 한다는 점이 매우 중요하다. 왜냐하면 조종사는 풍향변화가 있을 때 항공기를 돌려야 하기 때문이다. 바람 조건과 공기 밀도는 구조활동에 영향을 미치지만 전적으로 조종사가 판단할 문제이다. ⓔ 비행 중인 항공기는 정전기를 띠기 때문에 헬리콥터와 지상에 있는 사람이 접촉하기 전에 정전기를 제거해야 한다. 가장 효과적인 접지 방법은 금속제 호이스트 케이블 또는 바스켓을 지표면에 살짝 접촉시키는 것이다.

TIP 헬기구조는 Hoist를 이용해 구조하지만 착륙가능한 지역이 있으면 착륙구조를 실시합니다.

(5) 화재 진압 작업

지붕 착륙	빌딩 위에 완비된 헬기장이 없거나 지붕이 지지하는 힘보다 무게가 무거울 경우에 헬기는 상공에서 서서히 선회할 것이다. 헬기는 매우 무거워서 이러한 경우를 위한 설계가 되어 있지 않은 지붕에 심대한 손상을 준다. 능숙한 조종사는 지붕 위의 매우 짧은 거리를 선회하면서 착륙에 따르는 위험부담 없이 목적을 이룰 수 있다.
지상 착륙	가장 좋은 방법은 화재 현장 가까이 착륙하여 화재 진압에 영향을 줄 수 있는 소음이나 혼란을 피하는 길이다. 이러한 경우 임시 헬기장과 화재지역 사이의 길에는 구경꾼이나 군중이 통제되어야 한다.

① 화재규모의 파악
  ㉠ 헬기는 진압요원들에게 타오르는 빌딩의 불길, 열, 연기, 그리고 기타 상태를 관찰할 수 있는 기회를 제공한다.
  ㉡ 진압요원들이 화재 지역에 늦게 도착할 경우 공중의 관찰자가 먼저 화재규모를 판단할 수 있다.
    ⓐ 화재가 난 층을 파악
    ⓑ 해당 면적을 추산
    ⓒ 외부로 화염이 올라가는 속도를 볼 수 있다.
    ⓓ 인접한 지붕에서 화재를 찾아낼 수 있다.
    ⓔ 아래에 있는 사람들에게 물체가 떨어짐을 알릴 수도 있다.
  ㉢ 산불진압에도 대단히 유용하다. 이는 화염의 범위가 금방 드러나고 화재 진압 대원과 장비가 가장 효과적인 곳에 쉽게 배치될 수 있기 때문이다.

② 인원과 장비의 운반
  ㉠ 헬기는 대원과 장비를 건물의 옥상으로 옮길 수 있다. 대원들이 화재 진압을 위해 옥상으로 투입할 때 모든 대원들은 호흡장비, 진입장비, 그리고 소방호스와 관창을 완전히 갖추어야 한다.
  ㉡ 헬기가 이동 가능한 물탱크를 운반하여 화재를 신속히 진압할 수 있다. 또한 소방호스를 직접 빌딩 옥상이나 산지 경사면으로 운반할 수도 있다. 이러한 방법은 손으로 소방호스를 연장하는 것보다 훨씬 빠르다.

(6) 헬기활용 인명구조 요령* 13년 소방교

① 구조활동의 원칙

일반 사항	헬기를 활용하여 인명구조 활동을 전개할 때에는 출동 각대와 유기적 연계에 의한 조직 활동을 원칙으로 하며 다음사항에 유의한다. ⓐ 항공기의 운항은 항공운항규정에 따른다. ⓑ 구조활동 현장은 활동상 장애가 많고 항공 범위도 제약이 있으므로 현장지휘관은 현장 통제를 철저히 한다. ⓒ 관할대는 항공대와 무선통신을 확보한다. ⓓ 항공구조 활동 방침은 각 지휘자를 통하여 전 대원에게 주지시킨다.

	ⓔ 구조대상자 및 구조대원에 대한 2차재해 예방에 주의를 기울인다.
	ⓕ 구조장비는 점검을 확실히 하여 활동상 안전을 확보한다.
	ⓖ 헬기는 엔진의 소음이 크므로 수신호를 병행하여 의사전달을 명확히 한다.
	ⓗ 저공비행이나 선회 비행 시 기자재 등이 날아갈 우려가 있으므로 주의한다.
활동 방침	현장 지휘본부장은 다음 사항에 유의하여 활동방침을 결정하고, <u>지휘본부장이 현장에 도착하지 않은 경우는 현장 구조대장의 의견을 들어 운항지휘자가 결정한다.</u> ⓐ 헬기의 성능과 대원의 기술 및 보유 장비를 고려하여 구조방법을 결정한다. ⓑ 응원요청 여부는 사고규모와 구조대상자의 수를 판단하여 시기를 놓치지 않도록 신속히 결정한다. ⓒ 구조활동 중 상황변화에 의해 헬기 활동에 지장이 예측되는 경우는 곧바로 활동방침을 변경하고 전 대원에게 주지시킨다. ⓓ 타 기관의 항공대와 동시에 구조활동을 전개하는 경우에는 확실한 연락과 조정을 취하여야 한다.
정보 수집	ⓐ 운항지휘자는 현장 상공에서 사고실태와 주변상황을 지휘본부장에게 보고한다. ⓑ 지휘본부장은 지상의 사고상황을 운항지휘자에게 연락한다. ⓒ 운항지휘자는 구조대상자의 위치를 확인하여 현장 부근의 지형, 기상, 구조활동상의 장애 및 활동 위험 등 저해요인을 파악하여 지휘본부장에게 보고한다.

② 기본 구조활동 요령

　㉠ 강 하

　　헬기가 착륙하지 못하는 경우 구조대원이 직접 현장으로 강하하게 되는데 이때에는 활동현장에서 가장 가깝고 안전한 장소를 선택하되 다음 사항을 주의한다.

　　ⓐ 강하장소의 지형지물 및 장애물 등을 충분히 확인한다.

　　ⓑ 강하하는 구조대원은 경험이 풍부한 대원중에서 선발하며 활동에 필요한 최소 인원으로 한다.

　　ⓒ 강하하기 전에 긴급 시 탈출방법을 확보하여 둔다.

　　ⓓ 강하하는 방법은 레펠이나 호이스트(Hoist)를 이용하는 등 현장 상황에 맞는 방법을 선택한다.

　　　　（호이스트 하강）　　　　　　　　　　　（들것구조）

　㉡ 구조활동

　　ⓐ 구조대원은 구조대상자의 부상 유무와 정도를 파악하여 악화방지에 필요한 조치를 취한다.

　　　❂ 추락한 환자의 경우 특별한 외상이 없더라도 경추 및 척추 보호대를 착용시키는 것을 원칙으로 한다.

ⓑ 구조대상자가 <u>다수인 경우 중증환자를 우선</u>하고 노인 및 어린이의 순으로 하며 기내에 수용 가능한 인원의 결정은 운항지휘자가 한다.

ⓒ 육상에서 구조대상자를 인양할 때 <u>단거리일 경우 안전벨트를 착용시켜 인양</u>하거나 구조낭으로 이송할 수도 있지만 구조대상자가 <u>부상을 입었거나 장거리를 이송해야하는 경우 바스켓 들것을 이용하여 헬기 내부로 인양하는 것을 원칙</u>으로 한다.

ⓓ 구조대상자를 들것으로 인양할 때에는 <u>들것과 호이스트(Hoist)의 고리를 연결하는 로프의 길이를 가급적 짧게 하는 것이 좋다.</u> 로프가 너무 길면 호이스트를 모두 감아올려도 들것이 헬기 아래에 위치하게 되어 헬기 내부로 들것을 옮길 수 없는 경우가 발생한다.

> ✪ 한 귀퉁이에 로프를 결착하고 지상대원이 들것이 인양되는 속도에 맞추어 서서히 풀어주어 들것의 흔들림이나 회전을 방지하도록 한다.(유도로프)

③ 사고 종류별 활동요령

㉠ 고층빌딩 화재

ⓐ 운항지휘자는 풍압에 의한 화재의 영향, 구조대상자의 상태 및 주변상황을 정확히 파악하여 항공구조 활동의 가능여부를 판단한다.

ⓑ 헬기에 의한 구조는 다른 기자재·지물 등의 활용에 의한 구조방법을 검토한 후에 안전을 확보할 수 있는 장소에서 실시한다.

ⓒ 지상의 지휘본부장과 면밀한 연락을 취해 항공구조에 대한 지원과 함께 안전을 저해하는 일체의 활동을 금지한다.

ⓓ 구조대상자가 필사적으로 구조를 요청하고 있는 경우에는 <u>헬기에서 구조로프, 와이어 사다리 등을 직접 강하시키는 것보다는 구조대원을 먼저 진입시켜 현장을 통제한 후에 구조</u>하도록 한다.

ⓔ 옥상 진입대원은 지휘본부와 연락을 긴밀히 하여 다음의 활동을 전개한다.
- 옥상으로 피난한 구조대상자를 안전한 장소로 유도
- 부상자가 있는 경우 응급처치
- 헬기 착륙이 가능한 경우 헬기유도와 구조대상자 통제
- 헬기를 활용한 옥상구조
- 구조장비를 활용한 지상 또는 하층으로 구조
- 상황에 따라 옥탑을 개방하고 배연구를 설정
- 하층부 인명검색 및 피난유도

ⓕ 운항지휘자는 필요에 따라 항공기를 상공에 대기시켜 상황변화 또는 구조 완료시에 진입한 대원의 탈출 수단을 확보한다.

㉡ 고속도로

ⓐ 운항지휘자는 사고개요 및 고속도로상과 인근도로의 교통상황 및 외부진입의 가·부에 관한 정보를 수집하여 현장지휘관에게 통보한다.

ⓑ 항공구조활동을 전개할 때에는 현장의 2차 재해를 방지하기 위해 <u>반대차선을 포함하여 전체의 통행을 금지토록</u> 한다.

ⓒ 구조대원은 <u>사고장소 부근의 안전한 장소에 강하하여 현장으로 진입하는 것을 원칙으로</u> 한다.

ⓓ 교통사고 시에는 부상자가 다수 발생할 가능성이 높으므로 현장에 투입하는 구조대원은 응급구조사 등 응급처치 자격을 가진 대원으로 한다.

수난 구조	ⓐ 구조활동은 항공대 및 육상·수상구조대 등의 종합 연계활동을 원칙으로 한다. ⓑ 소방정이 운행할 수 있는 경우에는 수상구조활동을 우선 고려한다. ⓒ 해안 또는 하천 공지 등의 구급차가 진입할 수 있는 장소에 신속히 임시 착륙장을 설치한다. ⓓ 강풍이나 높은 파도 등 악천후의 경우 구조대원의 강하는 2차 재해위험성이 높으므로 충분한 안전확보 후 실시한다. ⓔ 구조대상자에게는 확성기 등을 이용하여 구조활동에 필요한 사항을 알려준다. ⓕ 구조대상자가 별 다른 의지물 없이 맨몸으로 물에 떠 있는 경우 헬기가 접근하면 회전익의 풍압으로 파도가 발생하여 위험에 빠질 수 있다. 신속히 <u>구명부환이나 구명조끼 등 붙잡을 수 있는 것을 구조대상자 가까이 투입</u>한다. ⓖ 구조대원이 강하할 수 없는 경우에는 구조대상자에게 구조기구의 결속요령 등을 알려주고 안전을 확인하면서 구조한다. ⓗ 구조대상자가 다수인 경우에는 구조낭 등을 활용하여 효율적으로 구조한다. 이때 헬기의 요동이나 풍압에 의해 구조낭의 출입구가 열리지 않도록 확실하게 안전조치를 취한다. ⓘ 구조대상자가 항공기의 풍압 등에 의한 2차 부상을 당하지 않도록 주의한다. ⓙ 장마철 하천의 유량증가로 인하여 유속이 빠르고 탁류인 경우 유목(流木), 토석(土石) 등에 부상을 입지 않도록 주의한다.
산악 구조	ⓐ 구조활동은 관할 구조대와 연계하여 실시한다. ⓑ 운항지휘자는 기상상태를 확인하고 장시간 운항에 대비한다. ⓒ 강하한 구조대원은 항공기 비행시간을 고려하여 신속히 활동한다. 구조대상자의 위치, 상태 및 현장주변 상황을 신속히 파악하여 항공구조 가·부를 신속히 결정한다. ⓓ 구조대원이 <u>암반 및 급경사에 하강하는 경우 호이스트 사용</u>을 원칙으로 한다. ⓔ <u>회전익의 풍압에 의한 낙석 위험이 있으므로 저공비행은 피한다.</u> ⓕ 구조대상자를 발견하지 못한 경우 상공에서 방송을 실시하여 구조대상자의 반응을 확인하고 심리적 안정을 도모한다.

(7) 헬기유도 수신호

엔진시동	이륙	공중정지	상승
오른손을 들어 돌린다.	오른손을 뒤로 하고 왼손가락으로 이륙방향 표시	주먹을 쥐고 팔을 머리로 올린다.	손바닥을 위로 팔을 뻗고 위로 움직임을 반복

하강	우선회	좌선회	전진
손바닥을 아래로 팔을 뻗고 아래로 움직임을 반복한다.	왼팔은 수평으로, 오른팔을 머리까지 위로 움직인다.	오른팔은 수평으로, 왼팔을 머리까지 위로 움직인다.	손바닥은 몸 쪽으로, 팔로 끌어당기는 동작을 반복한다.

후진	화물투하	착륙	엔진정지
손바닥을 바깥쪽으로, 팔로 밀어내는 동작을 반복한다.	왼손은 밑으로, 오른손을 왼손 쪽으로 자르듯 움직인다.	바람을 등지고 서서 몸 앞에 두 팔을 교차시킨다.	목을 베는 듯한 동작을 반복한다.

TIP 헬기유도 수신호의 출제빈도는 낮지만 향후 그림파일이 출제될 수 있습니다.

⑻ 헬기 접근방법

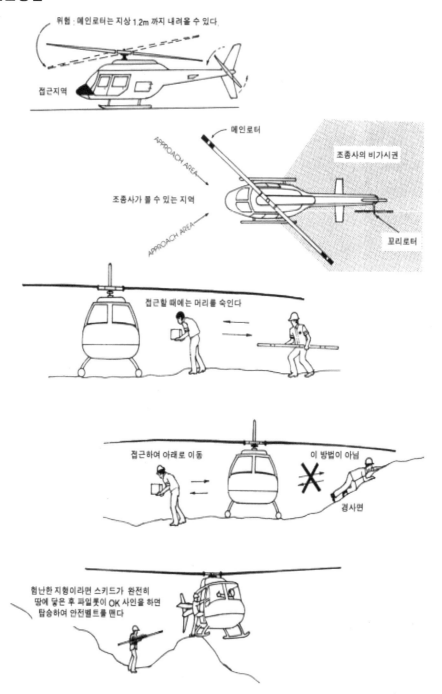

위험 : 메인로터는 지상 1.2m 까지 내려올 수 있다.

접근지역

메인로터

조종사의 비가시권

조종사가 볼 수 있는 지역

APPROACH AREA

APPROACH AREA

꼬리로터

접근할 때에는 머리를 숙인다

접근하여 아래로 이동

이 방법이 아님

경사면

험난한 지형이라면 스키드가 완전히
땅에 닿은 후 파일롯이 OK 사인을 하면
탑승하여 안전벨트를 맨다

숙달된 훈련과 경험을 바탕으로 안전수칙을 지키고 정확하게 대처하면 안전하고
효과적인 구조 활동을 펼칠 수 있다.

(9) 주요 항공구조장비의 종류와 제원

① 외부 구조 인양기 (AS365N2용)	구 분		외부용(AS365N2용)
	인양 능력		• 600 LBS(275.4kg)
	작동 원리		• 전기적 모터
	케이블 길이		• 300 ft • 케이블 구간별 색깔 표시 – 후크~3m : 적색 – 중간 부분 : 도색하지 않음 – 후크 반대방향 끝~4.5m : 적색
	케이블 구성		• 7×19=133 가닥(외경 0.68inch)
	용 량 및 냉각시간		• 250 LBS(10회) → (1 cycle)이며, • 600 LBS(6회) ↗ (2 cycle 마다 45분간 냉각시간 적용)
	사 용 횟수 계기		• 없음(각종 구조·훈련 중 사용횟수를 기록유지 필요)
	정비 시간	사용기간	• 3개월, 1년, 18개월, 4년, 5년, 10년 검사
		사용횟수	• 25회, 50회, 100회, 250회, 500회, 1,000회 검사
	장착 위치		• 항공기 우측 후방기체문 전방 상단
	케이블 속도		• 0~0.75m/sec(150ft/min)

② 구조망	
	㉠ 수난, 화재사고현장 다량의 구조대상자를 구조하기 위한 구조장비이다. ㉡ 외부 화물인양기에 연결하여 사용한다. ㉢ 크기는 대, 중, 소형으로 분류되며, 3인용(중형)의 경우 높이 170~190㎝, 무게 35kg 내외, 길이 10~16m, 탑승인원 1~3명이다. ㉣ 구조대상자 탑승 시 반드시 보조 로프를 연결하여 안전을 유지한다. ㉤ 구조낭 문이 항공기 후미 방향으로 향하도록 화물인양기에 연결한다. ㉥ 인터폰, 수신호로 기내 유도자와 상호 연락을 긴밀히 유지한다. ㉦ 육상, 수상에서 사용이 가능하다. ㉧ 점검사항 ⓐ U볼트의 조임상태를 점검한다. ⓑ 주·보조로프의 파손유무와 길이를 조정하여 날림을 방지한다. ⓒ 철 구조물의 균열 및 부식상태를 점검한다. ⓓ 철 구조물과 로프의 연결상태를 점검한다. ⓔ 구조낭문의 개폐용 연결고리(카라비너)의 상태를 확인한다.

③ 구조용 의자 (Rescue Seat)	
	㉠ 항공기가 착륙할 수 없는 장소에서 구조대상자를 인양하는 구조장비이다. ㉡ 최고 탑승인원 3명이다. ㉢ 수상에서 사용 시 물에 뜰 수 있도록 부력장치를 부착하였다. ㉣ 구조대원이나 구조대상자가 주변 색깔과 쉽게 구분할 수 있도록 적색 부력장치를 부착하였다. ㉤ 장애물 지역에서 사용 시 다리를 접어서 내릴 수 있다. ㉥ 구조대상자를 안전하게 인양하기 위한 안전벨트가 설치되어 있다. ㉦ 구조인양기를 내릴 때 바람에 날리지 않도록 일정한 중량 12kg(부력장치포함)을 유지해야 한다.

	◎ 사용 전 다리의 작동상태와 안전벨트의 파손유무를 확인해야 한다.
	㉢ 탑승 시 구조인양기 후크와 구조용 의자의 연결부분을 잡지 않도록 주의해야 한다.
	㉧ 탑승자는 다리를 모으고 하향풍에 의한 흔들림을 최소로 한다.
	㉦ 안전벨트를 완전히 장착하며, 안전벨트 후크가 잠겼는지 확인한다.
	㉤ 시선은 항상 기내 유도자를 보면서 수신호로 상호 의사를 전달한다.
	㉨ 항공기 비상시 행동을 염두에 두며 인양기를 내릴 때 신체의 충격완화를 위해 허리와 무릎을 약간 굽힌 상태에서 발 앞꿈치 부분으로 사뿐히 착지하도록 한다.
	㉩ 탑승할 구조대상자 수는 1회 1~3명까지 인양이 가능하기 때문에 구조대상자 수에 따라 접어진 의자를 펼쳐 사용할 수 있다.
	㉮ 구조용의자를 탑승한 상태에서 인양 시 하향풍에 의해 회전이 되어 의식을 잃지 않도록 하며 기내 유도자는 탑승자를 기내로 안전하게 끌어 들여 의식 유무를 관찰한다.
	㉯ 인양기를 내리고 올릴 때 장갑을 착용한 오른손으로 인양기 케이블을 가볍게 잡아 흔들림과 장력을 유지하여 충격을 방지 할 수 있다.
	㉰ 육상·수상·산악사고 현장에서 공통으로 사용할 수 있다.
④ 구조 대상자 벨트	㉠ 구조용 의자(Rescue seat)와 같은 용도로 사용하며 의식이 있고, 척추 등의 손상이 없는 구조대상자에게만 사용한다.
	㉡ 구조대상자의 가슴에 걸어서 1명만 인양할 수 있다.
	㉢ 구조대상자를 안전하게 인양하기 위한 안전벨트가 부착되어 있다.
	㉣ 무게가 2kg이며 육상(산악) 및 해상(수상)에서 사용이 가능하며 특히 산악사고현장에서 장애물이 없는 충분한 공간이 있을 때만 사용이 가능하다.
	㉤ 목표물에 접근 전 과다하게 인양기를 내리면 항공기 속도에 의해 뒤로 날려 헬기 주·보조 날개에 감길 수 있다.
⑤ 구조용 바구니	㉠ 구조용 의자(Rescue seat)와 같은 용도로 사용할 수 있다.
	㉡ 육·수상에서 움직일 수 없는 구조대상자를 구조인양 할 때 사용하는 구조장비이다.
	㉢ 1명만 탑승할 수 있으며 수상에서 사용할 때는 부력장치를 부착하여 사용하면 물에 뜰 수 있게 하고 항공구조대원이나 구조대상자가 쉽게 발견, 탑승할 수 있는 효과적인 장비이다.
	㉣ 구조인양 시 하향풍에 의한 흔들림과 회전방지를 위해 장갑을 오른손에 끼고 구조인양기 케이블을 가볍게 지지해준다.
	㉤ 육·수상에서 사용가능하며 산악구조 시 장애물이 없는 지역에서도 사용이 가능하다.

🔆 Check

① 꼬리부분의 날개에 위험성이 있기 때문에 ( )으로 접근하는 것은 엄금한다.
② 착륙장소와 장애물과의 경사도가 ( )도 이내로 이착륙이 가능한 곳을 선정한다.
③ 구조대상자가 다수인 경우 ( )를 우선하고 노인 및 어린이의 순서입니다.
④ 착륙은 맑은 공기 속에서 맞바람으로 해야 한다.(○)
⑤ 항상 ( )의 가시권 내에서 헬기에 타거나 내려야 한다.
⑥ 구조대상자 이송이 단거리일 경우 ( )를 착용시켜 인양하거나 ( )으로 이송할 수도 있지만 장거리를 이송해야 하는 경우 ( )을 이용하여 헬기 내부로 인양하는 것을 원칙으로 한다.

6 엘리베이터 사고 구조

(1) 엘리베이터의 구조★★ 12년 소방장/ 13년 소방위, 소방장

엘리베이터의 종류	⊙ 엘리베이터는 용도·전원(電源)·속도·권양기·운전방식 등으로 구분된다. ⓒ 현재의 엘리베이터는 거의 권상기 쉬브와 로프 사이의 마찰력으로 구동하는 트랙션 타입을 사용하고 있고, 이외에도 유압 엘리베이터가 있다. ⓒ 유압 엘리베이터는 승강로 상부에 기계실을 설치할 필요가 없는 이점이 있지만 플런저 길이에 제한이 있기 때문에, 행정 20m 이하의 자동차용, 침대용, 승용 등으로 사용되고 있다.
구조	엘리베이터에서 운반물을 싣는 상자 부분을 케이지(cage) 또는 카(car)라고 하며, 케이지를 상하로 작동시키는 권양기(捲揚機), 가이드 레일(안내궤도), 권양기의 부하(負荷)를 경감시키기 위하여 케이지의 무게와 상대적으로 매달려 움직이는 카운터웨이트, 케이지와 카운터웨이트를 연결하여 권양기(捲揚機)의 회전바퀴에 걸리는 와이어로프(wire rope)로 구성되어 있다.

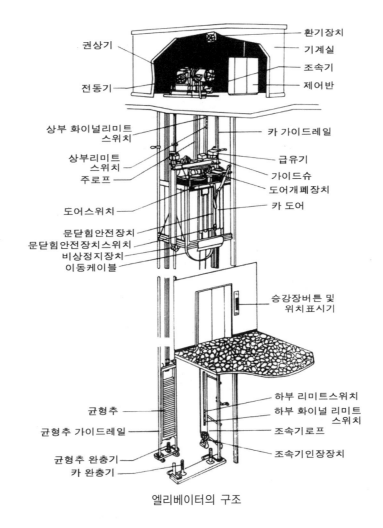

엘리베이터의 구조

① 기계실

권양기 (권상기, 트랙션머신)	트랙션타입의 권양기는 전동기, 전자브레이크, 감속기 쉬브 등으로 구성되어 있다.		
제어기기	수전반, 제어반, 릴레이반 등으로 구성되어 있다.		
조속기 (governor)*	엘리베이터의 속도를 항상 감시하고 있다가 속도가 비정상적으로 증가하는 경우, 다음 두 가지 동작으로 속도를 제어한다.		
	제1 동작	엘리베이터의 속도가 정격속도의 1.3배(정격속도가 매분 45m/min 이하의 엘리베이터에 있어서는 매분 63m/min)넘지 않는 범위 내에서 과속 스위 치를 끊어, 전동기회로를 차단함과 동시에 전자브레이크를 작동시킨다.	
	제2 동작	정격속도의 1.4배(정격속도가 매분 45m/min 이하의 엘리베이터에 있어 서는 매분 68m/min)를 넘지 않는 범위 내에서 비상정지장치를 움직여 확실히 가이드레일을 붙잡아 카의 하강을 제지한다.	

TIP 엘리베이터 안전장치 조속기 1동작과 2동작을 기억하시기 바랍니다.

② 카(car)

카실은 대부분 불연재로 만들어져 있고, 카내의 승객이 바깥과 접촉되지 않는 구조로 되어 있지만 밀폐구조는 아니므로 갇혔을 때 질식될 염려는 전혀 없다.

카틀 및 카 바닥	강재로 구성된 카의 상부 틀은 로프에 매달리게 되어 있고, 하부 틀을 비상정지 장치가 설치되어 있다.(상부 틀에 설치되어 있는 것도 있다) 카틀 상하좌우에는 카가 레일에 붙어 움직이기 위한 가이드슈 또는 가이드롤러가 설치되어 있다.
카실 (실내벽, 천정, 카 도어)	실내벽에는 조작반과 카내 위치표시기가, 천장에는 조명등, 정전등, 비상구출구 등이 설치되어 있다. 자동개폐식문 끝에는 사람이나 물건에 접촉되면 문을 반전 시키는 세이프티 슈(safety shoe)가 설치되어 있어 틈에 끼이는 사고를 방지하고 있다. 문은 수동식도 있으므로 운전 중에 문을 열면 엘리베이터는 급정지하기 때문에 주행 중에는 절대로 문에 몸을 기대거나 접촉해서는 안 된다.
문개폐장치	문을 자동 개폐시키는 전동장치로, 전원을 끊으면 비상시에는 문을 손으로 여는 것도 가능하다.
카 상부 점검용 스위치	카 상부에는 보수 및 점검 작업의 안전을 위하여 저속운전용 스위치나 작업등용 콘센트가 설치되어 있다.

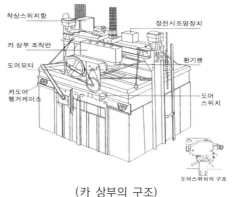

(카 상부의 구조)

③ 승강로

레 일	카와 균형추의 승강안내를 위한 레일로 각각 승강로 벽에 견고히 부착되어 있다.
로프 (와이어 로프)	카와 균형추를 매달고 있는 메인로프, 조속기와 카를 연결하는 조속기로프 등이 있으며, 각각 로프소켓 등으로 고정되어 있다.
균형추	카와 균형추는 로프에 두레박 식으로 연결되어 있다. 승강행정이 높은 것은 로프의 불균형을 시정하기 위해, 균형로프 또는 균형체인을 설치하는 경우도 있다.
이동케이블	승강로 내의 고정배선과 카의 기기를 전기적으로 연결하는 것으로 "테일코드"라고도 부른다.

④ 승 장

도어틀	• 승장에 있는 출입구 틀로서 상부와 양측부의 3방면으로 구성되어 있다. • 상부에는 승장도어용 레일이 설치되어 있는데 레일의 문이 닫히는 끝부분에 인터록 스위치(안전장치 참조)가 설치되어 있다.
승장 도어	• 승장도어는 행거에 의하여 문의 레일에 매달리고, 하부는 문턱의 흠을 따라 개폐된다. • 승장도어 뒷면에는 카도어와 연계되어 움직이는 연동장치가 설치되어 있다. 모든 층(혹은 특정층의)승장도어에는 비상해제장치가 설치되어 있어, 특수한 해제키를 사용해 승장측에서 도어를 여는 것이 가능하다.
승장 버튼	카를 부르는데 사용되는 버튼으로써 도어가 있는 층에서 카가 정지하고 있을 때 이 버튼을 누르면 문이 곧바로 열린다.
위치 표시기	인디케이터(indicator)라고도 말한다. 램프의 점등 또는 디지털 방식으로 카가 위치한 층을 표시한다.

TIP 균형추는 승강로에, 위치표시기는 승장에 설치되어 있답니다.

(2) **엘리베이터의 안전장치***** 11년 소방장, 소방교/ 12년 소방장/ 16년 소방교

과속·과주행에 대해서는 이중안전장치가 있다. 와이어로프의 강도는 최대하중의 10배 이상의 안전율로 설치하기 때문에 와이어로프 절단사고가 일어날 확률은 희박하며 여타의 <u>기계적 결합으로 로프가 끊어져도 평소 이동 속도의 1.4배 이상에서 작동되는 브레이크 장치로 인해 추락하지는 않는다.</u>

또한 엘리베이터 통로 바닥에는 브레이크도 작동하지 않는 <u>최악의 경우에 대비해 충격을 최소화할 수 있는 충격 완화 장치</u>가 있어 영화에서처럼 밧줄이 끊어져 엘리베이터가 낙하하는 장면이 실제 발생할 가능성은 그리 높지 않다.

▣ **엘리베이터의 각종 안전장치***** 11년 소방교, 소방장/ 13년 소방위/ 20년 소방교/ 22년 소방장

전자브레이크	엘리베이터의 운전 중에는 브레이크슈를 전자력에 의해 개방시키고 정지 시에는 전동기 주회로를 차단시킴과 동시에 스프링 압력에 의해 <u>브레이크슈로 브레이크 휠을 조여서 엘리베이터가 확실히 정지하도록</u> 한다.
조속기	카의 속도를 일정하게 유지한다.

비상정지장치	로프가 절단된 경우라든가, 그 외 예측할 수 없는 원인으로 카의 하강속도가 현저히 증가한 경우에, 그 하강을 멈추기 위해, 가이드레일을 강한 힘으로 붙잡아 엘리베이터 몸체의 강하를 정지시키는 장치로 조속기에 의해 작동된다.
리미트스위치	최상층 및 최하층에 근접할 때에, 자동적으로 엘리베이터를 정지시켜 과주행을 방지한다.
화이널리미트 스위치	리미트 스위치가 어떤 원인에 의해서 작동하지 않을 경우, 안전확보를 위해 모든 전기회로를 끊고 엘리베이터를 정지시킨다.
완충기	어떤 원인으로 카가 중간층을 지나치는 경우, 충격을 완화시키는 것으로 통상 정격속도가 60m/min 이하의 경우는 스프링완충기를, 60m/min을 초과하는 것에는 유압완충기를 사용한다.
도어 인터록스 위치	• 모든 승강도어가 닫혀있지 않을 때는 카가 동작할 수 없으며, 카가 그 층에 정지하고 있지 않을 때는 문을 열 수가 없도록 하기 위해 승장도어의 행거케이스 내에 스위치와 자물쇠가 설치되어 있다. • 엘리베이터의 안전상 비상정지 장치와 더불어 중요한 장치이다. 또한 비상해제장치 부착 인터록스위치는 특별한 키로 해제하여 승장측에서 문을 열 수 있도록 되어 있다. 또 카도어를 손으로 열 때(이 인터록 스위치에 손이 닿을 경우는)손으로 인터록을 벗겨 승강도어를 열 수 있도록 되어 있다.
통화설비 또는 비상벨	• 카 내에 빌딩관리실을 연결하는 엘리베이터 전용 통화설비(인터폰) 혹은 비상벨이 설치되어 있다.
정전등	• 정전 시에는 승객의 불안감을 완화시키기 위하여 곧바로 카내에 설치된 정전등이 점등된다. 이 정전등은 바닥 면에 1룩스 이상의 밝기를 유지하도록 되어 있는데 조도 유지 시간은 보수회사 및 구조대의 이동시간 등을 고려할 때 1시간 이상이 적당하다.
각층 강제 정지장치	• 심야 등 한산한 시간에 승객을 대상으로 한 범죄를 예방하기 위한 것으로써 이 장치를 가동시키면 목적층에 도달하기까지 각층에 순차로 정지하면서 운행할 수 있다.

TIP 엘리베이터에서 각종 안전장치는 출제빈도가 가장 높습니다. 명칭과 기능에 대해서 숙지하세요. 특히, 최상층 및 최하층 근접 시 자동적으로 엘리베이터를 정지 시켜주는 장치는 무엇인가요?

(3) 구조활동 요령

① 사전판단

엘리베이터에서 발생하는 사고는 전원차단이나 기기고장에 의하여 카가 정상적인 위치에 정지하지 않거나 문이 열리지 않는 사고가 대부분이다. 엘리베이터의 구조상 추락에 의한 사고 발생가능성은 높지 않다. 따라서 엘리베이터 내부에 응급환자나 노약자 등이 갇힌 긴급 상황이 아니라면 여유를 가지고 상황을 파악하여 가장 안전한 구조방법을 찾도록 한다.

먼저 사고가 발생한 대상건물의 구조와 용도, 사고형태 및 사고발생 후의 경과시간, 구조대상 자의 수 등을 확인하고 구조방법을 구상한다.

② 도착 시의 행동

㉠ 현장에 도착하면 사고의 종류(추락인가? 감금인가? 끼었는가? 등), 사고원인(기계 결함인가? 정전인가? 조작 미숙인가? 정원 초과인가? 등), 긴급성의 유무, 구조대상자의 수 등을 다시 한 번 확인하고 현장을 확인한 후 적절한 구조방법을 선택한다.

ⓛ 카가 중간에 정지하여 움직이지 않는 경우 기계실로 진입하여 수동조작으로 카를 상·하 이동 조작하여 구출하고, 카 문이 열리지 않으면 엘리베이터 마스터키로 문을 여는 방법이 가장 용이하지만 상황에 따라 유압장비나 에어백 등으로 강제로 문을 열거나 카 상부로 진입하는 방법을 선택할 수도 있다.

③ **구조활동요령**

⑦ 정전 혹은 기계적 결함으로 인해 정지한 경우	정전 시에는 곧바로 카 내의 정전등이 점등된다. 정전이 단시간 내 복구 가능할 때는 (인터폰으로 또는 직접 승장측에서) 곧 복구됨을 승객에게 알려 안심시킨다. 전원이 복구되면 어떤 층의 버튼을 누르더라도 엘리베이터는 통상 동작하기 시작한다.

ⓐ 지금까지 정전으로 엘리베이터가 정지한 사례를 보면 80% 이상이 승장이 있는 근처인 것으로 밝혀졌다. 이러한 경우 승객이 스스로 카도어를 열게 할 경우 카도어와 연동되어 움직이는 승장도어가 동시에 열리게 되어 쉽게 밖으로 구출할 수 있다.

ⓑ 이 경우에도 탈출 중에 전원이 복구되어 카가 움직일 수 없도록 하기 위해 기계실에서 엘리베이터의 전원을 차단하는 것이 안전상 필요하다.

ⓒ 먼저 엘리베이터 마스터키를 사용하여 1차 문을 열고 승객에게 2차 문을 개방토록 한다. 승장도어, 카도어가 정위치에서 열리지 않을 경우 카의 문턱과 승장의 문턱과의 거리차를 확인한 후 60㎝ 이내에서 위 또는 아래에 있을 때에는 승객이 직접탈출 가능하다.

(엘리베이터 문의 개방)

마스터키를 이용한 1차 문 개방,좌 내부에서 승객에 의한 2차 문 개방, 우

승장과 카의 높이가 60㎝ 미만인 경우, 승객이 직접 탈출가능

※ 카의 문턱이 승장의 문턱보다 60㎝ 이상 높거나 120㎝ 미만일 경우 승장에서 접는 사다리 등을 카 내로 넣어 구출한다.

※ 승객이 직접 잠금 장치를 벗겨내는 것이 곤란한 경우나, 카의 문턱과 승장의 문턱과의 격차가 심한 경우에는 원칙적으로는 보수회사의 기술진을 기다리는 것이 좋지만, 상황이 긴급한 경우에는 카의 구출 구를 열고 직상층으로 구출한다.

승장과 카의 높이 차이가 60㎝ 이상인 경우에는 외부의 도움을 받아야 한다.

TIP 승장의 문턱은 60㎝까지는 직접탈출, 60~120㎝까지는 외부의 도움을 받아야 합니다.

	☼ 승장에서 도어를 열기 위한 해제장치 • 승장에서 도어를 열기 위한 해제장치는 반드시 모든 층에 설치해야 한다는 규정이 없기 때문에 이를 최하층, 최상층, 기준층 등에 설치하고 있는 경우도 있다. 이때 카가 정지한 근처의 승장도어를 여는 것은, 그곳에 해제장치가 없으면 어렵기 때문에 가장 가까운 상층의 승장측 도어를 마스터키로써 열어 줄사다리 등을 사용해 카 위에 올라타고, 자물쇠를 개방하여 승장도어를 연다. • 만약 이 방향측의 도어에 해제장치가 설치되어 있지 않은 경우에는, 지렛대나 유압식 구조기구, 에어백 등을 이용하여 정지위치 근처의 승장도어 슈(문턱의 홈부분)를 파괴해서 혹은 틈을 확보하여 구출한다. 또한 유압식 엘리베이터에 있어서는 밸브의 조작에 의해 바닥높이를 조정하여 구출하는 방법도 있다.

ⓒ **권양기의 수동조작 구출**	ⓐ 카가 정지된 위치에서 가장 가까운 상·하 층에 구조대원을 대기시키고 기계실에 2명 이상의 구조대원이 진입한다.
	ⓑ 주전원스위치를 차단하고 전층의 승장도어가 닫혀있는 것을 확인한다.
	ⓒ 인터폰으로 승객에게 카도어가 닫혀있는가를 확인하고, 엘리베이터를 수동으로 움직이는 취지를 알린다.
	ⓓ 기계실에 진입한 구조대원 중 1인은 모터샤프트 또는 플라이휠에 터닝핸들을 끼워서, 양손으로 확실히 잡는다. 다른 구조대원은 전자브레이크에 브레이크 개방 레버를 세팅한다.
	ⓔ 터닝핸들을 조작하는 대원의 신호에 따라 다른 대원이 브레이크를 조금씩 개방한다.
	  – 터닝핸들을 좌 또는 우측의 가벼운 방향으로 돌려서 카를 움직인다.
	  – 비상해제장치가 있는 승장까지의 거리가 매우 먼 경우는 반대방향(무거운 방향)으로 돌려도 좋다.
	  – 터닝핸들이 흔들리는 수가 있기 때문에 반회전 정도마다 브레이크를 건다.
	ⓕ 핸들과 브레이크를 조작하는 대원은 반드시 "개방", "정지"를 복명·복창하여 오조작에 의한 사고를 방지한다.
	ⓖ 승객의 수에 따라 브레이크를 개방하는 것만으로도 카가 움직이는 경우도 있기 때문에 주의를 요한다.
	ⓗ 기계실에서 카의 위치를 확인하면서 비상해제장치가 붙어있는 층의 근처까지 카를 움직인다. 이동거리를 알 필요가 있을 때는 권상기의 쉬브에 표시를 붙여, 표시가 이동한 거리를 측정한다.
	ⓘ 개방레버 및 터닝핸들을 벗긴다.
	ⓙ 앞에 서술한 방법에 따라서 승객을 구출한다. 작업에 있어서는 카도어, 승장도어의 모든 문이 닫혀있는가를 확인하여야 하며, 구출 중에 전원이 복구되어도 엘리베이터가 움직이지 않도록 전원스위치가 확실히 차단되었는지를 확인해야 한다.

ⓒ **화재발생**	ⓐ 빌딩 내에서 화재가 발생한 경우, 승강로의 구조상 굴뚝과 같은 역할을 하기 때문에 열과 연기의 통로가 될 수 있다. ⓑ 또한 소화작업에 수반하는 전원차단 등으로 승객이 갇히게 될 우려가 있기 때문에, 피난에는 엘리베이터를 이용하지 않고 계단을 이용해야 한다. ⓒ 빌딩 내의 카는 모두 피난 층으로 집합시켜, 도어를 닫고 정지시켜 두는 것이 원칙이다. ✪ 비상용 엘리베이터는 소화활동으로 사용할 수 있기 때문에 제한을 하지 않도록 한다.

	ⓓ 화재 시 관제운전 장치가 부착된 엘리베이터는 감시실 등에 설치된 관제스위치를 조작하는 것에 의해 자동적으로 특정 피난층에 되돌려, 일정시간 후에 도어를 닫고 운전을 정지하도록 되어 있다.
	ⓔ 엘리베이터 기계실에서 화재가 발생해 확대되고 있을 때에는 전기화재에 적응한 소화기 등을 사용해서 소화에 주력함과 더불어 카 내의 승객과 연락을 취하면서 엘리베이터용 주전원스위치를 차단한다. 전원스위치는 기계실의 출입문 근처에 있을지라도 그 스위치에 접근할 수 없다.
	ⓕ 엘리베이터의 승강로에 화재가 발생한 경우, 승강로에는 가연물은 거의 없기 때문에 카 내에 대량의 가연물을 가지고 있지 않는 한 엘리베이터 자체의 피해는 크지 않을 수 있다.
㉣ 지진발생	ⓐ 주행 중인 카는 가장 가까운 층에서 정지, 승객이 피난 후 도어를 닫고 전원스위치를 차단한다.
	ⓑ 엘리베이터는 지진에 의해 멈추는 수가 있기 때문에, 층간에서 갇히게 되는 것을 방지하기 위해 피난용으로 사용하지는 않는다.
	ⓒ 또한, 지진 시 관제운전 장치가 부착된 엘리베이터는 지진감지기가 작동하면 자동적으로 카를 가장 가까운 층에 이동시켜 일정시간 후에 도어를 닫고 운전을 정지하도록 되어 있다.
	ⓓ 지진 후는 운전재개에 앞서 진도 3정도 상당의 경우는 관리기술자, 진도 4정도 이상의 경우는 엘리베이터 전문기술자의 점검과 이상유무의 확인이 필요하다.
	ⓔ 승객이 갇히게 된 경우는 앞에 서술한 순서에 따라 구출하지만, 구출 완료 후는 권상기의 점검 및 확인이 끝날 때까지 운전을 중지해둔다.

■ 갇힘 사고의 원인

• 갇힘 사고의 원인은 장치의 고장도 있지만 이용방법 미숙이나 관리부실이 원인인 경우가 전체 고장의 50% 이상이다. 구체적으로 예를 들면 이용자에 의한 것은

조작미숙	비상정지버튼의 오조작, 기타 조작반상의 버튼이나 스위치의 오조작
불필요행동	카 내에서 뛰거나, 난폭 또는 주행 중에 도어를 열려고 하거나, 비상 정지 버튼을 고의로 누름
부주의	도어에 물건을 끼움, 정원·중량초과 등이 있다. 이와 같은 때는 안전장치가 작동해 엘리베이터는 즉시 정지한다.

• 관리측의 미비에 의한 갇힘 사고의 원인

청소불량	승장도어·카도어의 문턱 홈에 쓰레기로 가득함
취급불량	주전원 스위치 차단
건물기기불량	전원 휴우즈 절단, 전원불량 등이 있다

Check

① (   ) : 최상층 및 최하층에 근접할 때에, 자동적으로 엘리베이터를 정지시켜 과 주행을 방지한다.
② 카의 문턱이 승장의 문턱보다( )㎝ 이상 높거나 ( )㎝ 미만일 경우 승장에서 접는 사다리 등을 카 내로 넣어 구출한다.
③ (   )는 엘리베이터의 속도를 항상 감시하고 있다가 속도가 비정상적으로 증가하는 경우 1.3배, 1.4배에서 전동기회를 차단하고 전자브레이크를 작동시킨다.

7 추락사고 구조

(1) 각지 시의 행동

추락사고가 발생한 장소의 위치와 구조, 구조대상자의 수 등을 우선 파악하며 만약 건물이나 공사장에서 발생한 사고라면 사고발생장소가 기존 건물인지, 공사 중인 건물인지를 확인하여야 한다.

- ✪ 공사 중인 건물인 경우 : 작업장소의 붕괴나 현장주변의 각종 장비, 장애물들로 인하여 추가적인 위험요인이 있기 때문이다.
- ✪ 산악이나 교량에서 발생한 사고인 경우 : 현장에 접근하기가 쉽지 않을 수 있으므로 접근 가능한 경로를 확인한다. 다음으로는 사고자가 추락한 높이나 깊이, 부상정도를 파악하여 구조방법과 사용할 장비를 선정한다.

(2) 도착 시의 행동

■ 구조·장비의 선택 기준

장 비 명	활용분야	비 고
사다리차, 공중작업차, 사다리	옥외에서의 진입, 구출	높은 곳
들것	구조대상자(부상자)신체 묶기	척추 보호용 들것
구조로프, 도르래, 카라비너	대원의 진입, 구출, 기타	
가스측정기구	맨홀이나 지하 등 폐쇄공간의 가스, 산소농도측정	

현장에 도착하면 즉시 현장관계자로부터 입수 가능한 모든 정보를 수집하여 부상정도의 확인, 상태, 위험요소 등을 고려 후 적정한 구출방법을 선정하고, 장비를 선택한다. 구조작업을 수행할 대원을 지정할 때에는 정신적, 육체적 적합성을 고려하여 대원의 임무를 분담토록 한다.

(3) 안전조치

작업 전 준비	㉠ 구조대원은 반드시 헬멧, 안전벨트를 착용하고 안전로프를 설치한다. 현장에 진입하는 대원뿐 아니라 보조하는 대원들까지 모두 착용하여야 한다. ㉡ 작업 장소의 위험요인을 확인하고 대비를 하여야 한다. 공사장이나 산악에서 추락사고가 발생하면 주위의 토석붕괴, 공사용 장비의 도괴 또는 낙하 등의 위험성이 높으며 맨홀이나 지하에 추락한 경우에는 유독가스나 가연성가스의 발생 및 체류, 산소결핍, 감전 등의 위험요인이 있고 드물긴 하지만 지하용수에 의한 침수가 발생할 수도 있다. ㉢ 구조대원이 작업할 발판 및 구조장비, 로프 등을 설치할 각 부분의 강도를 충분히 확인한 후 작업공간의 확보를 위하여 주변의 장비 등을 정리하고 구조활동에 필요한 인원 이외에는 접근시키지 않는다. ㉣ 작업에 사용되는 장비는 현장주변의 안전한 장소에서 준비한다.(예 구조용 들것 만들기, 로프매듭, 기구의 조립 등)
구조 활동	㉠ 매달아 올리거나 내리는 경우 로프는 2줄로 설치한다. 도르래를 사용하는 경우에는 별도로 구조로프를 연결하여 안전을 확보한다. ㉡ 현장에 있는 작업용 바스켓, 로프 등을 사용하는 경우에는 충분히 강도를 확인하고 필요할 경우 별도의 보강조치를 한다.

⑷ 추락사고 구출

① 일반적인 추락사고

구조 대상자 위치로 진입	ⓐ 당해 건물 또는 인접 건물 내 시설을 이용한다. ⓑ 공사용 발판, 가설계단 등의 공사용 시설을 이용한다. ⓒ 사다리차, 공중작업차를 이용한다. ⓓ 거는 사다리, 로프 등을 이용한다. ⓔ 현장의 작업용 기계를 이용한다.
구조 대상자 보호	ⓐ 구조대상자에게 외상이 없더라도 경추, 척추 보호대를 착용시킨다. 급박한 상황이 아니라면 전문 응급처치 교육을 받은 구급대원이 시행한다. ⓑ 들것은 척추 보호가 가능한 것을 사용한다. ⓒ 벨트 또는 로프(개인)로 들것에 구조대상자를 고정시켜 이동 중 들것에서 탈락하는 일이 없도록 조치한다.
구조 대상자 구출	ⓐ 안전한 통로가 있는 경우에는 들어서 운반한다. ⓑ 매달아 올리거나 내리는 경우의 운반은 견고한 지점을 이용하여 로프, 윈치, 사다리 등의 구조기구와 사다리차 및 공중작업차, 기타 현장에서 조달할 수 있는 장비를 적극 활용토록 한다.

② 지하공사 현장

구조대원의 진입은 가설계단, 트랩 등을 이용하고 이러한 것이 없는 경우에는 적재사다리, 구조로프를 이용한다. 로프를 이용하여 진입할 때에는 맨홀구조기구를 활용하거나 앉아 매기 하강, 사다리 인양구조 등으로 한다.

③ 수직맨홀 우물

맨홀이나 우물에 추락하는 경우 공간이 협소하여 활용가능한 장비의 선택이나 구조대원의 현장진입 등 구조활동에 많은 장애를 받게 된다. 특히 유독가스에 의한 질식이나 감전사고 등에도 주의해야 한다.

㉠ 진입은 맨홀구조기구를 활용하며 상황에 따라 적재사다리를 활용할 수 있다.

㉡ 진입하는 대원은 물론이고 구조대상자에게도 반드시 공기호흡기를 착용시킨다.

㉢ 공기호흡기를 착용할 수 없는 협소한 공간인 경우 밸브를 개방한 다량의 공기통을 현장에 투입하여 신선한 공기를 공급한다.

㉣ 구조대상자의 보호에 주의하며 구출한다.

④ 기타

시트파일(Sheet Pile)이 빠진 구멍, 강바닥, 물이 마른 우물 등에 대해서는 사고의 상황, 구조 대상자의 상태에 따라 기자재, 구출방법을 결정하여 구출활동을 전개한다. 또 파일이 뽑힌 구멍으로 추락한 경우 구조대상자의 위치까지 굴착하여 구출하는 방법도 검토하며 이러한 경우 구멍으로 흙이 무너져 들어가거나 굴착으로 주위의 토사가 붕괴되는데 충분히 주의하여야 한다.

8 붕괴사고 구조 ★ 16년/ 21년 소방장

사고인지 시의 행동	붕괴사고가 발생하면 현장의 지형, 건물의 상황, 구조대상자의 상황 등 내용을 확인하며 현장의 기계, 장비를 이용할 것인가, 특수차량을 이용할 것인가, 구조대의 장비를 이용할 것인가 등의 구출방법과 사용기자재를 선정한다.
도착 시의 행동	현장에 도착하면 사고발생 장소 및 주변여건을 정확히 확인하고 구조대상자의 상태 및 활용 가능한 기자재, 응원요청의 필요여부 등 종합적인 상황을 판단하여 구출방법을 결정한다.

(1) 구출행동

토사 붕괴	① 부근의 목재, 판넬 등을 활용하여 재 붕괴를 방지할 수 있는 조치를 취한다. ② 현장의 지휘장소는 재 붕괴의 염려가 없는 곳을 선택한다. ③ 굴착된 토사는 매몰 장소에서 가능한 한 먼 곳으로 운반한다. ④ 추가 붕괴의 위험성이 있는 장소, 구조대상자의 매몰지점을 정확히 모르는 경우에는 삽이나 곡괭이 등을 활용하지 말고 맨손이나 판자 등을 이용하여 신중히 제거한다.
도괴	① 주위에서의 재 붕괴, 미끄러져 떨어지는 등 2차 재해발생 방지조치를 취한다. ② 비교적 소규모 또는 경량의 도괴물에는 에어백이나 유압장비를 이용한다. ③ 기타 경우에는 도괴개소의 범위를 확인하고 도괴물에 직접 작용하고 있는 물체와 상부의 장애물을 제거한다. ④ 도괴물을 들어올리거나 제거하는 것은 주위의 상황에 주의하면서 천천히 한다.
주의 사항	① 현장부근은 Fire Line을 설치하고 경계구역을 설정하여 관계자 외의 출입을 금지하고 붕괴장소 부근에 무거운 장비를 설치하지 않도록 한다. ② 침수, 누수, 유독가스 등의 발생에 주의한다. ③ 사용 가능한 기계, 장비 및 작업원의 보충에 관해서는 현장책임자와 긴밀한 연락을 하여야 한다. ④ 작업이 장시간 소요되는 경우에는 교대요원을 준비시킨다. ⑤ 구조대상자의 소재가 불명확한 경우 현장 및 인근지역 주변까지 통제한 후 지중음향탐지기나 영상탐지기 등 인명탐색장비를 활용한다. ⑥ 장비활용이 불가능한 경우 구조대상자의 이름을 불러보아 대답 또는 토사의 미세한 움직임 등을 살펴보는 방법도 있다. 상황에 따라 구조견을 활용하는 방안도 검토한다.

(2) 사고의 발생원인과 굴착

① 붕괴사고의 원인

붕괴사고는 집중호우, 지진, 택지조성, 건설 및 공사현장에서 발생한다.

■ 붕괴사고의 주원인

사고구분	원 인
토사붕괴	• 함수량의 증가로 흙의 단위용적 중량의 증가 • 균열의 발생과 균열로 움직이는 수압 • 굴착에 따른 흙의 제거로 지하공간의 형성 • 외력, 지진, 폭발에 의한 진동
건축물 붕괴	• 해체작업 현장에서의 오조작, 점검불량 • 물품의 불안정한 적재, 기계의 진동 등 • 자동차 충돌에 의한 가옥, 담의 도괴

② 굴착 깊이와 경사도

굴착공사 시 굴착의 길이가 1.5m을 넘는 경우에는 토사붕괴 방지조치(판자 등으로 지지판을 설치)를 하도록 한다.

■ **토질에 따른 굴착 깊이**

토 질	굴착면의 깊이	굴착면의 경사
암반 또는 견고한 점토	5m 미만	90°
	5m 이상	75°
기타지역	2m 미만	90°
	2m~5m	75°
	5m 이상	60°
모래가 많은 토질	5m 미만 또는 35°	
폭발 등으로 붕괴하기 쉬운 지역	2m 미만 또는 35°	

③ 119구조견 활용

119구조견은 산악구조견, 재해구조견(건물붕괴), 설상구조견, 수중구조견 등으로 구분되며, 인명 구조 활동의 행동 지침서 역할을 하는 UN의 '국제 수색 구조 가이드 라인'에는 인명 구조견이나 핸들러(구조견 운용자)가 인명 구조 활동 중 부상을 당했을 경우 구조를 요하는 사람들 보다 최우선적으로 이들을 먼저 치료, 처치하게 되어있다. 또한 구조 활동에서 수색 초기에 인명 구조견을 진입시키도록 되어 있다.

> ❂ 현재 국내에서는 삼성생명 부설 삼성생명구조견센터와 사단법인 한국119구조견협회에서 119구조견을 보유하고 있으며, 중앙119구조본부와 부산 항공대, 강원도 소방본부 특수구조대, 전남 순천소방서, 제주소방서 등에서 구조견센터의 대여견을 받아 활용하고 있다.

구조견 능력	ⓐ 냄새를 맡는 능력은 인간의 수천배(3,000~6,000배)에 이르며, 특히 초산은 4만배 특히 염산은 1백만배로 희석해도 식별할 수 있고, 또한 지방산에 대한 식별력은 보다 뛰어나 인간이 감각하는 1백만분의 1 이하의 농도에서도 판별이 가능하다. ⓑ 길에 버려진 성냥개비 한 개의 냄새로 버린 사람을 찾아 낼 수 있다. 부유취 냄새로 바람의 방향을 알고 사람 냄새를 맡아 추적할 때에 조난자의 냄새를 맡는 거리는 500m~1Km에 달한다. ⓒ 청각도 뛰어나 개의 가청 범위는 인간보다 훨씬 넓다. 인간은 1초에 2만 5천의 진동음 밖에는 듣지 못하는데 비하여 개의 경우는 8만~10만의 진동음도 감청이 가능하다. ⓓ 음의 강약에 대해서는 인간의 10배나 뛰어나며 음원의 방향정위에 있어서도 인간의 16방향제에 비해 개의 경우는 그 배인 32방향의 구별이 가능하다. 특히 일정 단계의 훈련을 마친 개는 보다 향상된 기능을 갖게 되어 기계나 인간의 힘으로 처리할 수 없는 어려운 상황에서도 그 뛰어난 능력을 발휘하며 인간에게 도움을 줄 수 있다.
활용 범위	ⓐ 산악지역 조난자의 구조 ⓑ 수중 구조 – 물속에서 흘러나오는 특수한 체취 습득 ⓒ 눈 속 매몰자 구조(눈 아래 약 7m 정도까지 탐색 가능) ⓓ 건물 붕괴 시 냄새 추적으로 사람의 위치 파악 ⓔ 산악 지대의 행방불명자, 방향 추적으로 구조

활용시 고려 사항	육안과 첨단 구조장비로도 탐지가 불가능한 실종자를 구조견은 찾아낼 수가 있다. 119 구조견을 초기 수색에 활용해야 성공률을 높일 수 있다. 선진국에서는 이 원칙이 강조되어 철저히 지켜지고 있다. ⓐ 신속한 구조출동은 실종자의 생존 가능성이 높아진다. ⓑ 정확한 제보 없는 실종자를 구조견이 찾을 수는 없다. ⓒ 현장 우선투입 : 구조대원이 수색한 지역을 구조견이 뒤이어 수색하게 되면 구조대원의 냄새가 지면이나 공중에 남아 유혹취로 작용되어 실종자 수색이 불리해진다.

TIP 구조견의 실종자 수색은 현장에 최우선 투입해야 한답니다.

9 가스사고 안전조치

(1) 가스의 분류

① 연료용 가스

㉠ 석유가스

원유생산 또는 석유의 정제과정에서 생산되는 가스를 석유가스라 한다. 대표적인 것이 액화석유가스(LPG – Liquefied Petroleum Gas)로서 프로판과 부탄, 프로필렌, 부틸렌 등을 주성분으로 하는 저급 탄화수소의 혼합물이다. 일반적으로 LPG라 할 때에는 프로판과 부탄을 말한다.

> ❂ LPG는 온도의 변화에 따라 쉽게 액화 또는 기화시킬 수 있다. 0℃, 1atm에서 1kg을 기화시키면, 프로판은 약 509L의 가스가 된다. LPG는 무색, 투명하고 냄새가 거의 없기 때문에 누설되면 쉽게 알 수 있도록 공기 중의 1/200 상태에서도 냄새를 느낄 수 있도록 부취(腐臭)를 섞는다.

㉡ 천연가스

지하의 천연가스전에서 채취·생산되는 가스를 천연가스라 하며 대표적인 것이 메탄(CH_4)을 주성분으로 한 가스를 냉각시킨 LNG(Liquefied Natural GAS)이다.

■ LNG와 LPG의 특성 비교

구 분	주성분	비 중	액화온도	열량(㎥)	폭발범위	용 도
LNG	메 탄	0.6	−162℃	10,500kcal	5.3~14.0	취사용
LPG	프로판	1.5	−42℃	24,000kcal	2.2~9.5	취사용
	부 탄	2.0	−0.5℃	30,000kcal	1.9~8.5	자동차, 공업용

② 고압가스

가스는 통상적으로 압축가스, 액화가스, 용해가스의 3가지 종류로 분류되기도 하고 가스의 성질에 따라 가연성 가스, 조연성 가스, 불연성 가스로 분류되기도 하며 인체에 유해한 위험성 여부에 따라 독성, 비독성 가스로 분류되기도 한다.

■ 가스의 분류* 22년 소방위

구 분	분 류	성 질	종 류
가스 상태에 따른 분류	압축가스	상온에서 압축하여도 액화하기 어려운 가스로 임계(기체가 액체로 되기 위한 최고온도)가 상온보다 낮아 상온에서 압축시켜도 액화되지 않고 단지 기체 상태로 압축된 가스를 말함	수소, 산소, 질소, 메탄 등
	액화가스	상온에서 가압 또는 냉각에 의해 비교적 쉽게 액화되는 가스로 임계온도가 상온보다 높아 상온에서 압축시키면 비교적 쉽게 액화되어 액체상태로 용기에 충전하는 가스	액화암모니아, 염소, 프로판, 산화에틸렌 등
	용해가스 ★	가스의 독특한 특성 때문에 용매를 추진시킨 다공물질에 용해시켜 사용되는 가스로 아세틸렌 가스는 압축하거나 액화시키면 분해 폭발을 일으키므로 용기에 다공 물질과 가스를 잘 녹이는 용제(아세톤, 디메틸포름아미드 등)를 넣어 용해시켜 충전한다.	아세틸렌*
연소성에 따른 분류	가연성가스	산소와 결합하여 빛과 열을 내며 연소하는 가스를 말하며 수소, 메탄, 에탄, 프로판 등 32종과 공기 중에 연소하는 가스로서 폭발 한계 하한이 10% 이하인 것과 폭발 한계의 상/하한의 차가 20% 이상인 것을 대상으로 한다.	메탄, 에탄, 프로판, 부탄, 수소 등
	불연성가스	스스로 연소하지도 못하고 다른 물질을 연소시키는 성질도 갖지 않는 가스	질소, 아르곤, 이산화탄소 등 불활성가스
	조연성가스	가연성 가스가 연소되는 데 필요한 가스. 지연성 가스라고도 함	공기, 산소, 염소 등
독성에 따른 분류	독성가스	공기 중에 일정량 존재하면 인체에 유해한 가스, 허용농도가 200ppm 이하인 가스	염소, 암모니아, 일산화탄소 등 31종
	비독성가스	공기 중에 어떤 농도 이상 존재하여도 유해하지 않는 가스	산소, 수소 등

TIP 인강에서 가스분류별 종류가 출제가능성이 있다고 예측한 바 있습니다.
액화가스 종류에는 무엇이 있을까요?

(2) 고압가스안전관리법의 내용

① 고압가스(「고압가스안전관리법 시행령」 제2조)

㉠ 상용의 온도에서 압력(게이지압력)이 1메가파스칼 이상이 되는 압축가스로서 실제로 그 압력이 1메가파스칼 이상이 되는 것 또는 섭씨 35도의 온도에서 압력이 1메가파스칼 이상이 되는 압축가스(아세틸렌가스를 제외한다)

㉡ 섭씨 15도의 온도에서 압력이 0파스칼을 초과하는 아세틸렌가스

㉢ 상용의 온도에서 압력이 0.2메가파스칼 이상이 되는 액화가스로서 실제로 그 압력이 0.2메가파스칼 이상이 되는 것 또는 압력이 0.2메가파스칼이 되는 경우의 온도가 섭씨 35도 이하인 액화가스

② 섭씨 35도의 온도에서 압력이 0파스칼을 초과하는 액화가스 중 액화시안화수소·액화브롬화메탄 및 액화산화에틸렌가스

② 가스용기의 도색(「고압가스안전관리법 시행규칙」 별표24)

㉠ 용기 상단부에 폭 2㎝의 백색(산소는 녹색)의 띠를 두 줄로 표시하여야 한다.

㉡ "의료용"표시 – 각 글자마다 백색(산소는 녹색)으로 가로·세로 5㎝로 띠와 가스 명칭 사이에 표시하여야 한다.

■ 가스용기의 도색 방법* 16년 소방교

가스종류	도색의 구분		그 밖의 가스
	가연성가스, 독성가스	의료용	
액화석유가스	밝은 회색	–	–
수소	주황색	–	–
아세틸렌	황 색	–	–
액화암모니아	백 색	–	–
액화염소	갈 색	–	–
그 밖의 가스	회 색	회 색	회 색
산소	–	백색	녹 색
액화탄산가스	–	회 색	청 색
헬륨	–	갈 색	–
에틸렌	–	자 색	–
질소	–	흑 색	회 색
이산화질소	–	청색	
싸이크로프로판	–	주황색	–
소방용 용기	–	–	소방법에 따른 도색

TIP 가스종류별 도색 색깔이 출제될 수 있어요. 액화암모니아는 백색입니다.

(3) 가스 누설 시 조치요령

LPG 누설조치	㉠ LPG는 공기보다 무거워 낮은 곳에 고이게 되므로 특히 주의한다.
	㉡ 가스가 누설되었을 때는 부근의 착화원이 될 만한 것은 신속히 치우고, 중간밸브를 잠그고 창문 등을 열어 환기시켜야 한다.
	㉢ 용기의 안전밸브에서 가스가 누설될 때에는 용기에 물을 뿌려서 냉각시켜야 한다.
	㉣ 용기밸브가 진동, 충격에 의하여 누설된 경우에는 부근의 화기를 멀리하고 즉시 밸브를 잠가야 한다.
	㉤ 배관에서 누설되면 즉시 용기에서 가까운 밸브를 잠가야 한다.
도시가스 누설조치	㉠ 가스가 누설되면 즉시 공급자에게 연락하여 후속조치를 받아야 한다.
	㉡ 가스가 누설되었을 때는 부근의 착화원이 될 만한 것은 신속히 치우고, 중간밸브를 잠그고 창문 등을 열어 환기시켜야 한다.
	㉢ 배관에서 누설되는 경우 누출 부분 상부의 밸브를 잠근다.

⑷ **가스화재의 소화요령**★★★

액화가스의 기화는 흡열 반응으로 용기 또는 배관에서 누설, 착화되는 되는 경우에도 용기나 배관은 냉각되어 있는 경우가 많다. 누출, 체류중인 가스는 작은 불씨에도 폭발할 위험성이 높지만 연소중인 가스는 오히려 폭발 위험이 낮다는 사실을 염두에 두어야 한다. 따라서 밸브가 파손되지 않았거나 파손된 부분을 차단할 수 있는 경우, 엄호방수를 받으면서 가스 차단을 우선 시도하여야 한다.

> ✪ 가스를 차단할 수 없고 주변에 연소될 위험도 없다면 굳이 화재를 소화하기보다는 안전하게 태우는 방안을 강구하는 것이 좋다. 가스 누출을 차단할 수 없는 상황에서 섣불리 불꽃만을 소화한다면 누출된 가스에 의하여 2차 폭발이 발생할 우려가 있기 때문이다.

LPG 소화 요령	㉠ 누설을 즉시 멈추게 할 수 없을 경우에는, 폭발이 발생할 위험이 있으므로 연소하고 있는 가스 소화는 신중히 판단한다. ㉡ 접근하여 직접 소화해야 하는 경우에는 분말소화기 및 이산화탄소 소화기를 사용하는 것이 효과적이고 초 순간진화기도 효과를 발휘한다. ㉢ 분출 착화인 경우에는 분말소화기로 분출하고 있는 가스의 근본으로부터 순차적으로 불꽃을 선단을 향하여 소화하는 것이 효과적이다. ㉣ 이산화탄소 소화기는 가능한 한 근접하여 가스의 강한 방출압력으로서 연소면의 끝 부분부터 점차 불꽃을 제어한다. ㉤ 고정되지 않은 가스용기에 봉상으로 대량 방수하면 용기가 쓰러져 더 큰 위험을 불러올 수 있으므로 주의하여야 한다.
도시 가스 소화 요령	㉠ LNG는 배관망을 통하여 공급된다. 따라서 누설된 LNG가 착화된 경우에는 누설원을 차단해야 한다. ㉡ 가스 누출 규모에 따라 인근지역을 방화경계구역으로 설정하고 주민을 대피토록 한다. 또한 지하에 매설된 배관에서 누출되는 상황이라면 관계기관에 신속히 연락을 취하여 조치토록 하여야 한다. ㉢ 가스가 누설, 확산된 상황에서는 화재를 진압하더라도 누설된 가스가 부근의 공기 중에 확산, 체류하여 재차 발화할 우려가 있으므로 상황에 따라 누설된 가스를 전부 연소시키는 방법이 효과적인 경우도 있다.

> **TIP** 직접 가스화재를 소화할 경우에는 분말소화기와 이산화탄소 소화기를 사용합니다.

⑸ **가스누출사고 시 인명구조**

① 사용 장비

구조장비	ⓐ 유독가스 검지기, 가연성가스 측정기 등 각종 측정기 ⓑ 방열복 등 공기호흡기 등 보호장비 ⓒ 누출을 차단할 수 있는 쐐기, 목봉, 테이프 등 ⓓ 구조대상자 상황에 맞는 각종 구조기구
장비 현지조달	필요한 장비는 사업소, 가스사업자, 전기사업자 등의 관계자로부터 조달 또는 준비시키도록 한다. ⓐ 측정기구 ⓑ 방폭구조의 회중전등, 베릴륨동합금제 등의 방폭용 안전공구 ⓒ 방폭구조의 송풍기 등 기계기구 ⓓ 파이프렌치 등 공구류 ⓔ 실린더(봄베), 탱크로리 등 누출물 회수장비

② 구출방법

㉠ 출동 도중에 사고가 발생한 장소와 누출된 가스의 종류 및 특성, 주변의 위험요인 및 구조 대상자의 수 등 필요한 정보를 파악하고 가스관계자에게 연락을 취하여 공조활동 할 수 있는 체계를 갖춘다.

㉡ 현장에 도착하면 풍향과 풍속, 지형, 누출량 및 경과시간 등을 파악하여 가스확산 범위를 예측하고 신속히 경계구역을 설정한다. 경계구역 내 주민들을 신속히 대피할 수 있도록 조치하고 교통을 차단한다. 가연성 가스인 경우 전기기구 및 화기취급을 금지토록 필요한 안내방송을 실시한다.

㉢ 가스폭발로 인한 화재, 건물붕괴 등 유발사고가 있는 경우 그에 따르는 적절한 조치를 취하고 2차 재해를 방지토록 한다.

㉣ 인명구조

ⓐ 가스누출지역에서 활동하는 모든 인원은 반드시 공기호흡기를 장착하고 작업시간이 장기화 할 것에 대비 누출가스로부터 안전한 지역에 공기충전기를 설치한다.

ⓑ 폭발 등 우려가 장소에 있는 구조대상자에 대해서는 흡연, 조명기구 스위치조작 기타 폭발의 불씨가 되는 행위를 금지시킨다.

ⓒ 일산화탄소 중독, 산소결핍 등의 구조대상자에 대하여는 움직여서 상태가 더 악화될 우려가 있으므로 안정시키는데 노력하고 신선한 공기를 공급한다.

ⓓ 화상 부위를 오염된 장갑 등으로 만지지 않고 찬물로 냉각토록 하여 고통을 줄이고 손상이 악화되지 않도록 한다.

ⓔ 열이나 유독가스에 의한 호흡기 손상의 우려가 있는 환자는 외형상 이상을 확인 할 수 없어도 신속히 전문 의료기관에 이송한다.

🔟 암벽사고 구조

⑴ 산악의 기상특성　　TIP　출제 가능한 내용들이 많으므로 밑줄 친 부분을 기억하시기 바랍니다.

① 기온 변화* 14년 소방장

㉠ 산악에서의 기온은 고도차에 의해 영향을 받는다. <u>고도가 높을수록 산의 기온은 내려가며 100m마다 0.6℃가 내려간다.</u> 또한 우리나라의 기온은 일교차가 심한 편인데 보통 <u>하루 중 오전 4시에서 6시 사이의 온도가 가장 낮고 오후 2시의 온도가 가장 높다.</u>

㉡ 같은 온도에서도 추위와 더위를 더 심하게 느끼는 경우가 있다. 이를 체감온도라 하는데 같은 기온이라 할지라도 풍속의 변화에 따라 느끼는 온도가 달라진다.

> ✿ 영하 10℃에서 풍속이 5㎧일 때 체감온도는 영하 13℃이지만 풍속이 시속 30㎧되면 체감온도가 영하 20℃까지 떨어져 강한 추위를 느끼게 된다. 체감온도 10℃~-10℃에는 추위에 따른 불편함이 늘어나고 긴 옷이나 따뜻한 옷을 착용한다. -10℃~-25℃에서는 노출된 피부에서 매우 찬 기운이 느껴지고 시간이 경과하면 저체온증에 빠질 위험이 있으며 -25℃~-40℃이면 10~15분 사이에 동상에 걸릴 수도 있다. 기상청에서 사용하고 있는 체감온도 계산식은 다음과 같다.
>
> - 체감온도(℃)=13.12 + 0.6215 × T − 11.37 × V0.16 + 0.3965 × V0.16 × T

② 눈* 13년 소방장

　㉠ 평지와는 달리 산에서 눈의 위험성은 적설량을 기준할 수 없다. 산의 눈은 바람으로 인하여 때로는 지형을 변화시키고 또 산의 등산로를 모두 덮기 때문에 평상시에 자주 다니던 산길도 길을 찾지 못하고 조난을 당하는 수가 있다.

　㉡ 눈사태는 적설량과 눈의 질 그리고 기온과 지형, 지표면의 경사각에 의해서 일어난다. 통계상으로 눈사태는 경사가 31°∼55° 사이에서 제일 많이 발생한다. 등산 또는 비박 시에는 이런 경사가 있는 좁은 골짜기는 피하는 것이 좋다.

　㉢ 눈은 가볍고 사람의 몸은 무거워 저절로 가라앉고 움직이는 동안의 눈은 부드럽지만 눈의 흐름이 정지되는 즉시 콘크리트처럼 단단하게 굳어 빠져나올 수 없게 된다. 산행 시 경사가 급한 곳은 언제나 피하는 것이 좋다. 눈이 50Cm 이상 쌓이면 걷기가 어렵고 그 이상이면 스키를 타지 않는 한 목숨이 위태롭다.

표층 눈사태	눈이 내려 쌓이게 되면 눈은 표면의 바람과 햇볕, 기온에 의해 미세하게 다시 어는 현상이 발생한다. 이를 크러스트(Crust)라 하는데 이 위에 폭설이 내려 쌓이면 크러스트된 이전의 눈과 새로운 눈 사이에 미세한 층이 발생하고 눈의 무게를 이기지 못할 정도가 되면 결국 눈이 흘러내리게 된다. 이런 눈사태를 표층 눈사태라고 한다.
전층 눈사태	대량의 눈이 쌓인 지역에 기온이 올라가면 눈의 접착력이 약해지면서 눈의 밑바닥에서 슬립이 일어나 눈이 무너져 내리게 되는데 이를 전층 눈사태라 한다. 기온이 올라가 적설의 밑바닥이나 급한 비탈, 또는 슬랩면에서 눈 녹은 물이 흐르고 있는 상태가 가장 위험하다.
눈처마 붕괴	눈 쌓인 능선에서 주의할 것이 눈처마의 붕괴이다. 눈처마는 바위 등 돌출부분이 발달하여 밑으로 수그러지며 공기층의 공동이 생기게 되므로 눈으로 보고 판단하는 부분보다 훨씬 뒤의 선에서 붕괴된다.

　TIP 눈사태는 경사가 31∼55도 사이에서 제일 많이 발생한답니다. 표층눈사태는 무슨 형태인가요?

③ 기상변화* 16년 소방장

기압 변화	지표면의 평균 기압은 1,013hPa이지만 10m를 오를 때마다 대략 1.1hPa이 내려가고 기압 27hPa이 내려갈 때마다 비등점이 1℃씩 낮아진다. ※ 기압의 단위는 예전에는 밀리바(mb)를 사용했는데 요즘은 헥토파스칼(hPa)을 사용한다. 1밀리바는 1헥토파스칼이다. 단위를 변경한 이유는 국제적으로 사용하는 단위 체계에 맞추기 위한 것이다.(1기압 = 76cmHg = 1013mb = 1013hPa = 101300Pa)
구 름	일반적으로 고기압권내에서 날씨가 좋으면 대게 적운(뭉게구름)이 끼고 비 오는 날에는 난층운(비구름)과 적란운(소나기구름)이 낀다. 서쪽 하늘을 바라볼 때 권운(새털구름)이 나타나고 그 뒤로 고적운(양떼구름)이 뒤따르면서 점차 구름이 많아지면 저기압이 접근하는 징조로서 하산을 서둘러야 한다.
비	산에서는 소나기를 만나는 경우, 계곡으로 빗물이 몰려들기 때문에 물살이 빠르고 유량도 급히 불어난다. 일반적으로 유속이 빠른 물이 무릎 높이를 넘으면 위험하므로 코스를 바꾸거나 물이 빠질 때까지 기다려야 한다.
안개*	① 산에서 만나는 안개는 입자가 더 크고 짙은 것이 특징이다. 산에서 안개를 만나면 활동을 중지하고 한 자리에 머물러야 한다. 산안개는 바람과 해에 의해 쉬 걷힌다. ② 산에서 안개가 심하거나 일몰이나 눈이 쌓여 지형을 분간하기 힘든 경우 자신은 어떤 목표물을 향하여 전진하고 있다고 생각하지만 사실은 큰 원을 그리며 움직여 결국 출발지점에 도착하는 경우가 있다. 이를 "링반데룽(Ringwanderung)" 또는 "환상방황"이라 한다.

	③ 이때에는 지체 없이 방향을 재확인하고 휴식을 충분히 취하며 안개나 강설이 걷힐 때까지 기다려야 한다.
번개★★	번개는 고적운과 적란운 그리고 태풍이 있을 때 일어난다. 통계상으로 번개는 바람이 약하고 기온이 높은 오후에 많이 발생한다. 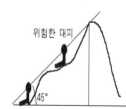 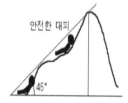 번개가 칠 때의 대피요령 양떼구름, 소나기구름 그리고 태풍이 있을 때는 반드시 번개가 있다는 것을 알고 쇠붙이는 몸에서 분리(分離), 절연(絶緣)시키고 쇠붙이가 있는 곳에서 멀리 피하는 것이 안전하다. 대피할 때에는 반드시 낮은 곳으로 이동하고 거기서도 벼락이 치는 각도를 생각해야 한다.
일출·몰 시간의 변화	산에서의 일출 일몰은 평지와 차이가 있다. 특히 깊은 계곡에서는 일출 시간은 30분~1시간 정도 늦고 일몰시간은 30분~1시간 정도 빠르다. 산에서 행동할 때에는 반드시 일출, 일몰시간을 파악하고 1~2시간 전에 활동을 종료하는 것이 좋다.

번개가 칠 때의 대피요령

발생순위	많이 발생시간	비 교
1	16시~17시	제일 많다
2	15시~16시	다음으로 많다
3	14시~15시	그 다음 많다
4	23시~24시	적다
5	3시~4시	가장 적다

TIP 링반데룽, 환상방황? 번개는 바람이 약하고 기온이 높은 오후에 많이 발생합니다.

④ 저체온증★ 10년 소방장

  ㉠ 체온이 35℃ 정도로 내려가면, 피로감과 사고력이 저하되고 졸려오는 현상이 나타나며, 보행이 불규칙하고 말의 표현이 부정확하게 된다.

  ㉡ 체온이 30℃ 내외로 떨어지면 경련이 일어나고 혈색이 창백해지면서 근육이 굳어지고 맥박이 고르지 못하면서 의식이 흐려진다. 이때는 매우 위험한 상태가 된다.

  ㉢ 저체온증(Hypothermia)은 추운 겨울뿐 아니라 여름철에도 일어날 수 있으며 고산지대가 아닌 평지에서도 등산복이 비바람이나 눈에 젖은 것을 계속입고 있을 때 일어날 수도 있다.

  ㉣ 젖은 옷은 마른 옷보다 우리 몸의 열을 240배나 빨리 뺏어간다. '체내에서 2g의 수분이 외부로 증발하면 약 1℃의 열이 손실된다.'는 미국 의학계의 보고도 있다.

  ㉤ 특히 면직물 소재의 내의(일반적으로 입는 런닝셔츠, 팬티 등)는 젖으면 잘 마르지 않기 때문에 등산용으로는 적합하지 않다. 산악구조대원들 사이에서는 면직물로 된 속옷을 "죽음의 의상"이라고 까지 부른다.

> ❖ 저체온증 예방법
> 등산 전 충분한 휴식과 영양섭취, 방수 방풍 의류 준비, 비상용 비박 장비의 준비, 폭풍설을 만났을 때의 적절한 비박, 몸의 열 생산을 계속 유지하기 위한 운동 등을 해야 할 것이다.
> 만일 저체온증에 걸렸으면 악천후로부터 환자를 대피시키고 따뜻한 슬리핑백에 수용하여 더 이상의 열손실을 방지하고 뜨거운 음료를 마시게 한다. 현장에 대피할 곳이 없으면 다른 대원들이 환자를 에워싸서 체열의 저하를 방지한다. 일단 이렇게 조치하고 증상이 심하다고 판단되었을 때는 지체 없이 하산토록 하여 병원으로 이송하여 치료를 받게 한다.

TIP 젖은 옷은 마른옷보다 240배 열손실이 있어요. 면직물로 된 속옷은 죽음의 의상입니다.

(2) 암벽등반 기술

- 암벽등반은 암벽 표면에 나있는 틈새나 돌기 등을 손으로 잡고, 발로 디디며 오르기 때문에 암벽등반에서는 항상 추락이 예상되는 것이지만 추락 상황에 적절히 대비했는가에 따라서 가벼운 부상에 그칠 수도 있고, 치명적인 사고를 당할 수 있다.
- 아무런 장비도 사용하지 않고, 암벽을 혼자서 오르는 것은 매우 위험한 행동으로 두 사람 이상이 등반을 해야만 안전하고 항상 2인 1조 이상으로 등반하는 것을 원칙으로 한다.

① 암벽등반 장비와 사용법

■ 등반장비의 명칭

일반적인 명칭	자주 사용되는 명칭	비 고
로프 (rope)	밧줄, 자일(seil), 꼬드(corde)	
카라비나 (carabiner)	비나, 스냅링(snapring)	
프랜드 (friends)	캠(camming chock), SLDC	
쥬마 (jumar)	등강기, 유마르(jumar), 어센더(ascender)	

암벽화	ⓐ 암벽화는 암벽의 상태에 따라 기능이 서로 다른 암벽화를 몇 컬레 준비하면 그 선택 여하에 따라서 암벽등반을 좀더 용이하게 할 수 있다. ※ 예를 들어 슬랩(Slab) 등반처럼 마찰력이 주된 목적이라면 부드러운 암벽화가 좋다. 암벽화는 맨발이나 혹은 얇은 양말 한 컬레를 신고 발가락이 펴진 상태에서 꼭 맞는 것이 좋다. ⓑ 수직벽이나 약간 오버행(Overhang)의 훼이스(Face)에서는 홀드(Hold)의 모양에 따라 선택한다. ⓒ 홀드의 돌기가 손끝 정도만 걸리는 각진 것이라면 뻣뻣한 암벽화가 좋으며, 이것도 발에 꼭 맞게 신어야 한다. ⓓ 부드러운 암벽화일지라도 발가락이 약간 굽어질 정도로 꼭 맞게 신으면 작은 돌기의 홀드에서 뻣뻣한 것보다 더욱 효과적일 수 있다.
안전 벨트	ⓐ 안전벨트는 추락이 항상 예상되는 암벽등반에서 등반자가 추락할 때 가해지는 충격이 몸의 한 곳에 집중되지 않고 분산되게 함으로서 등반자를 안전하게 보호해 주며, 로프와 등반자 그리고 확보물과 등반자를 안전하게 연결해 주는 장비이다. ⓑ 상하일체형 안전벨트와 하체형 안전벨트 등이 있으나 <u>구조활동시에는 상하일체형을 사용해야 한다.</u>

로프	ⓐ 로프는 등반자의 추락을 잡아 주거나, 하강할 때 사용되는 중요한 등반 장비이다. ⓑ <u>등반용으로 가장 많이 사용되는 로프는 직경 10mm~10.5mm, 길이 60m 정도로 충격력이 작은 다이내믹 계열의 로프이다.</u> 11mm 로프 1m는 72g~80g 정도이다. ★ 16년 경북 소방교
하강기	ⓐ 구조활동에 많이 사용되는 8자하강기(확보기)가 기능적인 면에서나 안전성 면에서 효율적이다. ⓑ 구조용하강기나 스톱, 그리그리, 랙 등 다양한 장비가 있고 이의 활용도 점점 증가하는 추세이다.
카라 비나	카라비나는 등반할 때 없어서는 안 될 중요한 장비 중의 하나이며, 여닫는 곳이 있는 이 쇠고리는 밖에서 안으로는 열리지만, 안에서 밖으로는 열리지 않도록 만들어져 등반자, 확보물, 로프, 장비 등을 안전하고 빠르게 연결할 수 있게 하는 장비이다.

(암벽등반 확보물) ★ 18년 소방교

| (너트) | (후렌드) | (피톤(하켄)) |

※ 확보물은 등반자가 추락했을 때 제동시키는 일종의 지지점이다. <u>암벽에 망치로 두들겨 박는 볼트 (bolt)나 피톤(piton) 등은 고정확보물이라 하고 바위가 갈라진 틈새(crack)에 설치하는 너트(nuts)나 후렌드(friends)류는 유동확보물이라고 한다.</u> 특히 유동확보물들은 크랙의 형태와 크기에 따라 다양한 장비를 활용하게 되며 구조활동중에 대원들이 직접 설치하게 될 경우도 많으므로 그 사용방법을 정확히 알아두어야 한다.

슬랩(Slab)	30°~ 70° 정도 비탈진 암벽면
오버행(Overhang)	90°를 넘는 암벽면, '하늘벽'이라고도 한다.
훼이스(Face)	바위면
홀드(Hold)	암벽등반시 손으로 잡을 수 있는 바위의 돌출부분

② **매듭**

암벽등반에서는 로프나 보조 끈(Sling)들의 사용이 필수적인데, 이때 안전한 매듭으로 서로 연결하거나 다른 장비들과 연결하게 된다. 매듭은 사소한 것 같지만 매우 중요하다. 매듭이 풀어지면 곧 사고로 이어지기 때문이다.

TIP 고정과 유동 확보물에는 어떤 것이 있을까요? 30~70도 비탈진 암벽 면은 무엇인가요?

(3) **암벽구조기술**

① 로프에 매달린 사람의 구조★★ 13년 소방위

ㄱ 상부에서 접근할 때에는 <u>구조대상자가 매달린 로프와 별도로 구조용 로프를 설치하고 구조대원이 구조대상자에게 직접 하강하여 접근한다.</u> 아래에서 접근하는 경우에는 암벽 등반 기술을 활용한다.

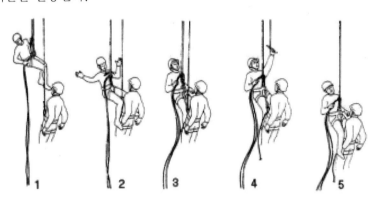

ㄴ <u>구조대원의 양손을 사용할 수 있도록 하강기를 고정한다.</u>

ㄷ 퀵 드로나 데이지체인, 개인로프 등을 이용하여 구조대상자를 구조대원의 안전벨트에 결착한다.

ㄹ 안전하게 확보되어 있는지 다시 한 번 확인하고 <u>구조대상자가 매달려 있는 로프를 절단한다.</u> 절단 대상인 로프를 혼동하면 치명적인 사고가 발생하므로 극히 주의를 기울여야 한다.

ㅁ <u>고정시킨 하강기를 풀고 구조대원이 구조대상자와 함께 하강한다.</u>

② 매달아서 내리는 방법★
<u>구조대원은 상부에서 자신의 몸을 확보하고 구조대상자에게 안전벨트를 착용시켜 로프로 하강시키는 방법이다.</u> 8자하강기나 스톱, 그리그리 등의 장비를 이용해서 속도를 조절하며 하강시킨다. 이러한 장비가 없는 경우에는 카라비너에 절반말뚝매듭(Italian hitch, Half clove)을 활용한다.

③ 업고 하강하는 방법

ㄱ 긴 슬링을 엮어서 구조대상자를 업는다.

ㄴ 구조대원의 신체에 단단히 고정한다. 특히 구조대상자가 의식이 없는 경우 상체가 뒤로 젖혀지지 않도록 한다.

(매달아서 내리기)

ㄷ 로프 하강기술을 이용하여 천천히 하강한다. <u>구조대원에게 하강로프를 결착하고 상부에서 제동을 걸어 하강시키는 방법과 구조대상자를 업은 구조대원이 직접 제동을 잡고 하강하는 방법이 있다.</u>

로프에 매달려서 하강하는 방법(좌), 직접 제동을 걸며 하강하는 방법(우)

TIP 매달려서 하강, 매달아 내리는 방법, 업고하강에서 구조요령을 이해하시기 바랍니다.

④ 들것을 이용한 구출

3줄 로프 구출	3명의 구조대원이 로프를 설치하고 구조대상자를 들것으로 하강시켜 구출하는 방법으로 직접 구조대상자를 하강시키는 A, B 대원의 체력부담이 크다.
1줄 로프 구출	전반적인 구조기법은 3줄 로프 하강과 비슷하나 로프를 1줄만 설치하고 들것과 구조대원이 같이 하강하는 방법이다. 구조대원과 구조대상자의 하강을 A가 전담하게 되므로 B, C는 구조대상자의 보호에만 전념할 수 있는 반면 A에게 거의 모든 부담이 지워지는 단점이 있다.
1인 구출	1줄 로프 구조기법과 유사하나 들것과 함께 1명의 대원이 하강하는 방법이다.

⑤ 로프바스켓 엮기

들것이 없을 때 로프를 들것처럼 만드는 방법이다.

（3줄 로프구출）　　　　（1인이 구출）　　　　（로프바스켓）　　　　（1줄 로프하강）

⑪ 위험물질의 표지와 식별방법

(1) 위험물질 표시의 이해* 13년 소방교

위험물질의 표시는 알아보기 쉽도록 최대한 단순화하되 그 취급방법에 관한 구체적인 정보를 표시할 수 있어야 한다. 각 관련법령에서 정하고 있는 표시방법을 숙지하면 취급 및 안전조치에 필요한 기본적인 정보는 파악이 가능할 것이다.

- ✪ LC(Lethal Concentration) : 대기 중 유해물질의 치사 농도(ppm)
- ✪ TD(Toxin Dose) : 사망 이외의 바람직하지 않은 독성작용을 나타낼 때의 투여량
- ✪ LD(Lethal Dose) : 실험동물에 대하여 24시간 내 치사율로 나타낼 수 있는 투여량(mg/kg)
  ※ '경구투여 시 LD50≤25mg/kg(rat)'이라는 의미는 '쥐를 대상으로 실험했을 때 쥐의 몸무게 1kg당 25mg에 해당하는 양을 먹였을 경우 실험대상의 50%가 사망했다'는 의미임.
- ✪ IDLH(Immediately Dangerous to Life and Health) : 건강이나 생명에 즉각적으로 위험을 미치는 농도
- ✪ TLV(Threshold Limit Value), TWA(Time Weighted Average)는 작업장에서 허용되는 농도

(2) 위험물질의 표시방법* 13년 소방장

① 유해화학물질 관리법, 산업안전보건법

유독물을 보관·저장 또는 진열하는 장소와 운반차량에 "유독물"을 문자로 표시하여야 하고 유독물의 용기나 포장에는 유독물의 유해그림, 유해성, 취급 시 주의사항 등을 표시하도록 하고 있다. 유독물의 유해그림은 국민건강 및 환경상의 위해를 예방하기 위하여 건강장해, 환경유해, 물리적 위험 등을 기준으로 분류한 고독성, 유독성 등 황색바탕에 흑색그림으로 되어있다.

▣ 유해 그림

표시 방법					
「산업안전보건법」 및 「유해화학물질 관리법」(EU와 같음)			「선박안전법」		
폭발성	산화성	독성	화약류	인화성	산화성
인화성	부식성	유해성	독물	부식성	고압가스

② 국제적으로 통용되는 위험물질 표지

㉠ 미국 교통국(Department Of Transportation) 수송표지* 16년 소방장

ⓐ <u>DOT로 약칭되는 미 교통국에서 위험물질을 운송할 때 부착토록 하는 표지(Placard)이다.</u>

ⓑ 도로, 철도, 해운, 항공 등 수송 수단을 막론하고 위험물질에 이 표지를 붙이도록 하고 있으며 외국 수출·입 물품들도 이 규정을 적용받으므로 이에 대한 지식이 필요하다.

ⓒ DOT는 마름모꼴 표지에 숫자와 그림, 색상으로 표시하며 숫자는 물질의 종류(Division of Class)를 색상은 특성을 나타낸다.

> ✪ 각 Placard의 색상이 가지는 의미★★ 17년 소방위/ 18년, 19년 소방장/ 22년 소방장
> ① 빨간색 : 가연성(Flammable)　　　　② 오렌지 : 폭발성(Explosive)
> ③ 노란색 : 산화성(Oxidizer)　　　　　④ 녹　색 : 불연성(Non-Flammable)
> ⑤ 파란색 : 금수성(Not Wet)　　　　　⑥ 백　색 : 중독성(Inhalation)

TIP 출제경향이 높아요. 빨가, 오폭, 노산, 녹불, 파금, 백중으로 암기해보세요.

■ DOT placard*

Division of Class	Hazard	Placard
1	폭발성 물질 (Explosive)	
2	가스 (Gases)	
3	액체물질 (Liquids)	
4	고체물질 (Solids)	
5	산화제 (Oxdizer)	
6	중독성 물질 (Poisons)	
7	방사능 물질 (Radioactive)	
8	부식성 물질 (Corrosives)	

ⓛ 미국 방화협회 표시법★ 23년 소방장/ 24년 소방위

ⓐ 고정 설치된 위험물(Fixed Storage)에 대한 표시방법이다.

ⓑ 마름모 형태의 도표인 위험식별 시스템은 물질의 누출 또는 화재와 같은 비상상태에서 각 화학물질의 고유한 위험과 위험도 순위를 한 눈에 알 수 있게 해 준다.

ⓒ 이 방법은 화학약품의 유해성을 확인하고자 하는 목적이 아니고 소방대의 비상작업에 필요한 전술상의 안전조치 수립에 필요한 지침의 역할과 함께 이 물질에 노출된 사람의 생명보호를 위한 즉각적인 정보를 현장에서 제공해 준다.

ⓓ 또한 위험물질에 대한 전문적인 지식이 부족한 사람이라도 그 특성과 취급상의 위험요인을 한 눈에 파악할 수 있도록 해주는 것이다.

> ✪ 도표는 해당 화학물질의 "인체유해성", "화재위험성", "반응성", "기타 중요한 특성"을 나타내고 특별한 위험성이 없는 "0"에서부터 극도의 위험을 나타내는 "4"까지 다섯가지 숫자 등급을 이용하여 각 위험성의 정도를 나타낸다. 마름모형 도표에서 왼쪽은 청색으로 인체유해성을, 위쪽은 적색으로 화재위험성을, 오른쪽은 황색으로 반응성을 나타낸다. 특히 하단부는 주로 물과의 반응을 표시하기 위해 사용되는데 "W"는 물의 사용이 위험하다는 것을 나타내고 산화성 화학물질은 ○, ×로 표시하기도 한다.

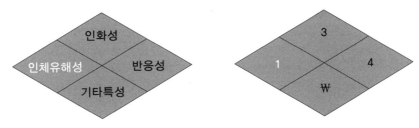

(NFPA 704 표시법)

TIP NFPA표시법은 꼭! 알아두셔야 해요. 청인, 적화, 황반으로 암기해보세요.

ⓒ 기타

ANSI(American National Standard Institute), OSHA(Occupational Safety and Health Act)등에서 규정한 표지로 국제적으로 통용된다.

(방사능 위험물질 표시)

(생물학적 감염위험 표지)

(3) 화학물질 세계조화(GHS) 시스템

① GHS의 의미

화학물질 세계조화시스템(GHS : Globally Harmonized System)은 화학물질의 안전한 사용, 운송, 폐기를 위해 국제적으로 이해하기 쉽게 설명된 화학물질 분류체계와 위험물 표시를 전 세계에 하나의 공통된 시스템으로 운영하여 화학물질에 노출된 사람과 환경을 보호하기 위한 인프라를 구축하는 사업이다.

> ✪ 1992년 유엔환경개발회의 리우회의에서 채택돼 OECD, ILO 등 국제기구에서 공동으로 추진한 사업으로 전 세계가 동일하게 화학물질을 독성에 따라 등급별로 분류하고 위험물 표지를 함으로써 화학물질에 의한 사고를 사전에 예방하기 위한 것이다. 또 화학물의 사용, 운송, 폐기 등에 따른 안전성을 확보함으로써 화학물질의 노출관리를 위한 인프라를 구축하기 위한 것이다.

② 우리나라의 도입 계획

우리나라에서는 2006년부터 GHS를 자발적으로 시행하여 왔고 2008년에 완전히 도입할 예정이었으나 준비 미흡으로 완전 시행이 2015년으로 연기하였다. 산업안전보건법 시행규칙에 따르면 MSDS(물질안전보건자료) 적용 시기, 즉 화학물질의 경고표시, 안전보건표지 및 유해인자의 분류기준을 재확립하기 위한 유예기간을 2010년 6월 30일까지, 2종 이상의 화학물질을 함유한 제제는 2014년 12월 31일까지 연기했으며 그때까지는 종전 기준을 함께 사용·적용할 수 있다.

■ 국내 표시법과 GHS 심벌의 비교* 14년 소방교/ 23년, 24년 소방위

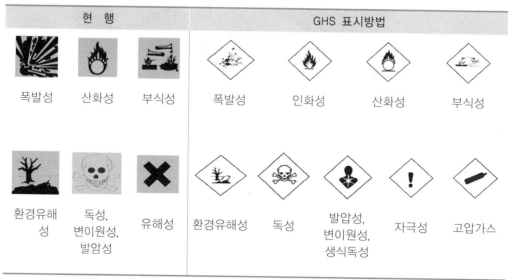

현 행			GHS 표시방법				
폭발성	산화성	부식성	폭발성	인화성	산화성	부식성	
환경유해성	독성, 변이원성, 발암성	유해성	환경유해성	독성	발압성, 변이원성, 생식독성	자극성	고압가스

TIP 그림파일을 올려서 출제 출제되는 경향이 높습니다. 산화성과 인화성 표시가 비슷하네요.

⑷ 유해물질사고 대응절차

① 격리 및 방호	㉠ 누출된 위험물의 확산을 방지하고 오염을 차단하기 위하여 유해물질이 누출된 경우 최대한 신속하게 현장을 격리 조치한다. ㉡ 비닐테이프나 로프 등을 이용해서 오염구역을 표시하고 주변의 시민을 대피시킨다. ㉢ 오염이 의심되는 사람이 있으면 현장에서 오염을 제거할 수 있는 조치를 시행하고 (탈의·세척 등), 신속히 의료기관으로 이송하여 적절한 치료를 받을 수 있도록 한다.
② 현장상황 파악	㉠ 구조대원은 실제상황에서 현장 상황을 정확히 파악하는 것이 매우 중요하다. '어떤 물질이 누출되었는가?, 이 물질이 실제로 화학적·물리적으로 위험성을 가지고 있는가?, 오염장소에서 보호복 없이 생존할 수 있는가?, 구조대상자가 존재하는가?' 등을 판단하여야 한다. 때로는 위험한 상황으로 신고되었지만 실제로는 그렇지 않은 경우도 있다. ㉡ 만약 신고자가 또는 선착대가 수명의 사망자가 있는 것 같다고 보고하는 경우에는 그 누구도 방화복과 공기호흡기를 착용하지 않은 상태에서 현장에 진입하면 안 된다. 반면 5~15분간 오염물질에 노출되었는데 모두 생존해 있다면 현장이 치명적이지 않다고 판단할 수 있다. ㉢ 구조대상자 구조활동은 일단 위험지역에서 이동시키는 것이 주목적이므로 다른 구조 절차를 생략하고 신속히 조치한다. 일단 오염지역을 벗어나면 오염제거 조치를 취하고 필요에 따라 다른 사람들과 격리하여 응급처치를 취한다.
③ 현장 관리	현장지휘관은 교통통제, 응급처치 등을 위해서 필요하면 경찰이나 적십자, 유독물질을 취급하는 전문기관의 협조를 구한다. 긴급구조 대응계획에는 이러한 유관기관의 목록과 연락처가 포함되어 있다.
④ 경계구역 설정 ★★ 17년 소방장/ 19년 소방위/ 20년 소방교	㉠ 사고현장에서 구조활동에 임하는 대원이 활동에 불필요한 제약을 받지 않고 2차 재해를 방지하기 위하여 오염방지와 구조활동에 필요한 범위를 정하여 경계구역을 설정한다. ㉡ 경계구역의 범위는 관련 전문기관이나 화학구조대에서 누출된 유해물질의 종류와 양, 지형 및 기상상황을 고려하여 결정하지만 현장파악이 곤란하거나 전문 대응요원이 아직 도착하지 않은 경우에 미국 교통국(DOT)에서는 최소한 330Feet(100m)를 경계 구역으로 정하도록 권고하고 있다. ㉢ 이 거리는 현장 상황을 고려하여 유동적으로 결정할 문제이며 도로를 차단할 수 있다면 차단하고 그것이 여의치 못하면 최소한 100m를 유지하여야 한다. ㉣ 경계구역은 위험지역(Hot Zone), 경고지역(Worm Zone), 안전지역(Cold Zone)으로 구분한다.

위험지역 (Hot Zone)	• 사고가 발생한 장소와 그 부근으로서 누출된 물질로 오염된 지역을 말하며 붉은색으로 표시한다. • 구조와 오염제거활동에 직접 관계되는 인원 이외에는 출입을 엄격히 금지하고 구조대원들도 위험지역에 머무는 시간을 최소화하여야 한다.
경고지역 (Worm Zone)	• 구조대상자를 구조하고 안전조치를 취하는 등 구조활동을 위한 공간으로 노란색으로 표시한다. • 이 지역 안에 구조활동에 필요한 각종 장비를 설치하고 필요한 지원을 수행한다. • 경고지역에는 제독·제염소를 설치하고 모든 인원은 이곳을 통하여 출입하도록 해야 한다. • 제독·제염을 마치기 전에는 어떠한 인원이나 장비도 경고지역을 벗어나서는 안 된다.
안전지역 (Cold Zone)	• 지원인력과 장비가 머무를 수 있는 공간으로 녹색으로 표시한다. • 이곳에 대기하는 인원들도 오염의 확산에 대비하여 개인보호장구를 소지하고 풍향이나 상황의 변화를 주시하여야 한다.

> **TIP** 사고가 발생한 장소는 hot zone 입니다. 제독·제염소는 어디에 설치되나요?

⑤ 인명구조	⊙ 오염된 지역에서 구조대상자를 구출하는 것은 구조대원 역시 오염될 가능성이 있기 때문에 상당한 위험성을 내포하고 있다. 그러나 구조대상자를 오염지역에서 이동시키는 것만으로도 생존가능성이 매우 높아지기 때문에 구조작업은 반드시 시행할 조치이다. ⓒ 문제는 누출된 위험물질의 정확한 특성이 파악되지 않았거나 적절한 보호장비가 없는 경우이다. 그러나 미국 육군 생화학전 사령부(The Soldiers Biological and Chemical Command ; 이하 SBCCOM)에서 소방장비의 방호성능에 관하여 연구한 바에 의하면 매우 치명적인 군용화학물질(Chemical nerve, Blister agent ; 신경작용제, 수포작용제)에 노출된 현장에서 방화복과 공기호흡기를 착용한 경우 생존확률이 매우 높은 것으로 조사되었다. ⓒ 실험은 고농도의 가스가 살포된 장소에서 3분간 탐색하고 구조대상자가 생존해 있는 저농도 환경에서 30분간 구조작업을 하는 것(3/30Rule)으로 가정하였다. 이것은 실제 상황에서 생존자와 사망자가 동시에 존재하는 장소에 방화복과 공기호흡기를 착용하고 아무런 이상없이 구조작업에 임할 수 있으며, 모든 구조대상자가 사망한 장소에서도 같은 장비로 3분 이상 작업할 수 있음을 의미한다.
⑥ 누출물질에 대한 조치	비교적 빈번히 접할 수 있는 유해물질들에 대한 조치는 다음과 같다. 이는 보편적인 초동 대응 조치이므로 완벽한 대응은 관련 전문기관이나 화학구조대에서 조치한다.

유독성 물질	독성물질이 퍼지는 경로는 다양하기 때문에 발견자는 무조건 전문 진료를 받도록 한다. 유독물질을 보관, 사용하거나 이송하는 경우에는 관련 법규에 따라 독극물임을 표시하도록 규정되어 있다. 유독성물질이 누출된 사고임이 판명된 경우 현장활동에 임하는 대원들의 안전에 유의하고 사고가 더 이상 확산되지 않도록 누출된 물질의 차단과 처리에 중점을 두도록 한다.
부식성 물질	부식성 물질에 의한 누출사고는 주로 황산이나 염산, 수산화나트륨(가성소다)에 의하여 발생한다. 염산은 증기압이 높고 강한 부식성과 독성이 강하기 때문에 대응에 각별히 주의가 필요하다. 대부분의 경우 대량의 물로 신속히 세척하여 중화시키는 것이 유효하지만 대량으로 누출된 경우 2차 오염으로 심각한 피해를 입힐 수 있으므로 모래나 흙 등으로 둑을 쌓아서 누출을 차단하는 방법을 강구한다. 화학적 방법에 의한 중화는 반드시 관련 전문가와 협의가 필요하다.
폭발물	특히 주의해야 하는 상황이 화재로 시작되는 폭발이다. 예를 들어, 화재가 발생한 트럭에 폭발물질이 적재되어 있다면 물로 화재를 진압하고 현장에는 꼭 필요한 인원만 접근하도록 한다. 폭발물로 의심되는 물체가 있다면 전문 폭탄처리반이 올 때까지 현장을 차단하고 대기하며 핸드폰이나 무전기 같은 전자장비를 주변에서 사용하지 않도록 한다. 폭파 협박 또는 폭발물에 의한 테러가 의심되는 물체가 발견된 경우에는 안전거리를 설정한다.
기타물질들의 조치	최초 대응자가 모든 화학물질에 적합한 조치를 취할 수는 없다. 어떤 형태로든 위험물질과 관련된 사고가 발생하면 사고장소를 통제하고 경계구역 내에서 인명을 대피시키는 것이 최우선 과제이다. 위험물 처리에 관한 전문교육을 받지 않은 사람은 화학물질의 종류를 파악하려고 노력하기 보다는 전문가의 도착을 기다리며 현장을 차단하는 것이 더 옳은 선택이 된다. 특히 시각이나 후각, 촉각 등으로 위험물질의 종류를 판별하려고 해서는 안 된다.

⑦ 대피, 철수	㉠ 대피와 철수를 고려할 때 참고할 수 있는 정보는 미국 교통국에서 발행하는 유해물질 방재 핸드북(Emergency Response Guidebook ; 이하 ERG)이지만 실제 상황에 그대로 적용하기는 어렵다. 따라서 현장의 누출물질과 누출규모에 대한 정보를 파악하는 것은 매우 중요하다.
	㉡ 대피장소는 가능한 한 현장에서 멀리 떨어진 학교나 병원 등으로 정하고 세부 절차와 계획은 각 소방관서의 긴급구조대응계획에 수립되어 있으므로 이를 참고토록 한다.
	㉢ 대피장소에서는 창문을 닫고 TV나 라디오를 청취하면서 정보를 얻도록 한다. 필요하면 대피한 시민들에게 현장상황을 적절히 알려서 불안감을 해소시켜 줄 수 있도록 한다.

(5) 개인방호복★★ 16년 소방위/ 17년 소방교

현장에 출동하는 대원들은 개인방호장비를 착용하여 유독물질에 의한 위험을 최소화한다. 미국의 경우 NFPA 1991 'Encapsulated Suit Specifications'과 환경보호국(Environmental Protection Agency ; EPA), 직업안전위생관리국(Occupational Safety and Health Administration ; OSHA) 등의 규정에서 개인방호복을 A, B, C, D의 4등급으로 구분하고 있다.

A급 방호복	분진이나 증기, 가스 상태의 유독물질을 차단할 수 있는 최고등급의 방호장비이다. 착용자 뿐만 아니라 공기호흡기까지를 차폐할 수 있는 일체형 구조이며 내부의 압력을 높여 외부의 공기와 접촉하지 않도록 한다. IDLH 농도의 유독가스 속으로 진입할 때나 피부에 접촉하면 손상을 입을 수 있는 유독성 물질을 직접 상대하며 작업하는 경우에 사용한다. ※ IDLH : 건강이나 생명에 즉각적으로 위험을 미치는 농도
B급 방호복	헬멧과 방호복, 공기호흡기로 구성된다. 위험물질의 비산에 의하여 손상을 입을 수 있는 액체를 다룰 경우 사용한다. 장갑과 장화가 방호복과 일체형인 경우도 있고 분리된 장비도 있다. 분리된 장비를 사용할 때에는 손목과 발목, 목, 허리 등을 밀폐하여 유독물질이 방호복 안으로 들어오지 못하게 해야 한다.
C급 방호복	C급 방호장비는 방독면과 같은 공기정화식 호흡보호 장비를 사용한다.
D급 방호복	호흡보호 장비가 없이 피부만을 보호하는 수준이다. 소방대원의 경우 헬멧과 방화복, 보안경, 장갑을 착용한 상태가 D급에 해당한다. 위험이 없는 Cold zone에서 활동하는 대원만 D급 방호복을 착용한다.

TIP 등급별 내용들을 기억하고, 소방대원의 헬멧, 방화복 등은 D급에 해당됩니다.

(6) 제독(Decontamination : Decon)★ 19년 소방장

오염은 직접 오염과 2차오염의 2가지 형태로 확산된다. 오염물질과 직접 접촉한 사람에게 오염이 발생하고 이 사람과 접촉하는 다른 사람에게 2차오염이 발생하는 것이다. 오염을 방지하고 정화하는 조치를 제독 또는 제염이라고 한다.

※ 제독 : 일반적으로 유독물질 / 제염 : 방사능 물질

① 비상 제독

긴급상황에서 사용하는 비상 제독은 소방호스를 이용하여 물 또는 세척제를 뿌려서 오염물질을 제거하는 것이다. 대부분의 오염물질은 물로서 60%~90%까지 제독이 가능하다. 신경계 작용 물질의 중독은 오염된 의복을 벗고 신선한 공기에 15분 동안 노출하는 것이다.

유독물질에 의한 테러 등으로 많은 사람을 동시에 제독할 필요성이 있는 경우에는 소방차 사이를 일정 부분을 구획하여 통로를 만들고 이곳을 소방차로 분무 방수하면서 오염된 사람들을 통과하게 하면서 제독한다.

② 제독소 * 22년 소방장

사고로 인하여 발생한 오염자 및 제독 작업에 참여한 대원의 제독을 위하여 제독소를 설치한다. <u>제독소는 Worm Zone 내에 위치하며 경계구역 설정과 동시에 설치하여야 한다.</u>
전용 장비를 이용하여 제독소를 설치할 수 있지만 수손방지막을 활용하여 간이제독소를 설치할 수 있다. 40mm 또는 65mm호스로 땅에 적당한 크기의 구획을 만들고 그 위를 수손방지막으로 덮으면 오염물질이 밖으로 흐르지 않도록 할 수 있다. <u>제독소 내부는 오염지역에 가까운 구획부터 Red trap, Yellow trap, Green trap의 3단계로 구획하고 Red trap에서부터 제독을 시작한다.</u> 구획의 크기는 제독인원에 비례하여 결정한다.

㉠ <u>Red trap 입구에 장비수집소를 설치하고</u> 손에 들고 있는 장비를 이곳에 놓도록 한다. 장비는 모아서 별도로 제독하거나 폐기한다.

㉡ <u>방호복을 입은 상태에서 물을 뿌려 1차 제독(Gross Decon)을 한다.</u>

㉢ <u>Yellow trap으로 이동하여 솔과 세제를 사용하여</u> 방호복의 구석구석(발바닥, 사타구니, 겨드랑이 등)을 세심하게 세척한다.

㉣ <u>습식제독작업이 끝나면 Green trap으로 이동해서 동료의 도움을 받아 보호복을 벗는다.</u>

㉤ <u>마지막으로 공기호흡기를 벗는다.</u> 보호복의 종류에 따라 공기호흡기를 먼저 벗어야 하는 경우도 있다. 보호복과 장비는 장비수집소에 보관한다.

㉥ 현장 여건에 따라 샤워장으로 이동, 탈의하고 신체 구석구석을 씻도록 한다.

㉦ 휴식을 취하면서 건강상태를 확인한다.

> **TIP** 제독소는 Worm Zone에 위치하며, Red, Yellow, Green trap의 행동요령을 숙지하세요.

(7) 누출 물질의 처리 *** 17년 소방교/ 19년 소방교, 소방장/ 22년 소방교, 소방장/ 23년, 24년 소방장

① 화학적 방법 **

흡수	주로 액체 물질에 적용하는 방법이다. 누출된 물질을 스펀지나 흙, 신문지, 톱밥 등의 흡수성 물질에 흡수시켜 회수한다. 2 이상의 서로 다른 물질을 동시에 흡수시키고자 하는 경우에는 화학반응에 따르는 위험성이 없는지 확인하여야 한다.
유화처리	유화제를 사용하여 오염물질의 친수성을 높이는 방법으로 처리한다. 주로 기름(Oil)이 누출되었을 경우에 사용하며, 특히 원유 등의 대량 누출시에 적용한다. 환경오염문제로 논란이 될 수 있다.
중화	주로 부식성 물질에 사용하는 방법이다. 중화과정에서 발열이나 유독성 물질생성, 기타 위험성이 발생할 수 있으므로 화학자의 검토가 필요하고 위험을 감소시키기 위해서 오염물질의 양보다 적게 조금씩 투입하여야 한다.
응고	오염물질을 약품이나 흡착제로 흡착, 응고시켜 처리할 수 있다. 오염물질의 종류와 사용된 약품에 따라 효과가 달라진다. 응고된 물질은 밀폐, 격납한다.
소독	주로 장비나 물자, 또는 환경 정화를 위해 표백제나 기타 화학약품을 사용해서 소독한다. 사람의 경우에는 화학약품을 사용하는 것보다 물로 세척하는 것이 더 효과적이다.

② **물리적 방법**★★

흡착	활성탄과 모래는 일반적으로 널리 사용되는 흡착제이다. 대부분의 화학물질을 사용하는 장소에는 기본적으로 활성탄이나 모래를 비치하고 있다.
덮기	고체, 특히 분말형태의 물질은 비닐이나 천 등으로 덮어서 확산을 방지한다. 휘발성이 약한 액체에도 적용할 수 있다.
희석	오염물질의 농도를 낮추어 위험성을 줄이는 방법이다. 가스가 누출된 장소에 신선한 공기를 불어넣거나 수용성 물질에 대량의 물을 투입하는 방법을 사용한다.
폐기	장비나 물품에 오염이 심각하여 제독이 곤란하거나 처리비용이 과도하게 소요되는 경우에는 해당 물품을 폐기한다.
밀폐, 격납	오염물질을 드럼통과 같은 밀폐 용기에 넣어 확산을 차단하는 방법이다.
세척, 제거	오염된 물질과 장비를 현장에서 세척, 제거한다. 제거된 물질은 밀폐 용기에 격납한다.
흡입	고형 오염물질은 진공청소기로 흡입, 청소하여 위험성을 줄일 수 있다. 일반 가정용 진공청소기는 미세분말을 통과시키기 때문에 분말 오염물질에는 적용할 수 없다. 정밀 제독을 위해서는 고효율미립자 필터를 사용한 전용 진공청소기를 사용한다.
증기 확산	실내의 오염농도를 낮추기 위해 창문을 열고 환기시킨다. 고압송풍기를 이용하면 보다 효과적으로 오염물질을 분산시켜 빠른 시간에 농도를 낮출 수 있다.

TIP 화학적방법과 물리적 방법의 내용을 비교하시기 바랍니다.

Check

① 가스의 분류에서 액화암모니아, 염소, 프로판, 산화에틸렌은 ( )이다.
② ( ) : 눈이 내려 쌓이게 되면 눈은 표면의 바람과 햇볕, 기온에 의해 미세하게 다시 어는 현상이 발생한다.
③ ( ) : 제독·제염소를 설치하고 모든 인원은 이곳을 통하여 출입하도록 해야 한다.
④ ( ) : 방독면과 같은 공기정화식 호흡보호 장비를 사용한다.
⑤ ( ) : 방호복을 입은 상태에서 물을 뿌려 1차 제독(Gross Decon)을 한다.
⑥ 화학적 처리방법에는 흡수, 유화, 중화, 응고, ( )가 있다.
⑦ ( ) : 오염물질의 농도를 낮추어 위험성을 줄이는 방법이다. 가스가 누출된 장소에 신선한 공기를 불어넣거나 수용성 물질에 대량의 물을 투입하는 방법을 사용한다.
⑧ 활성탄과 모래는 일반적으로 널리 사용되는))이다.
⑨ 화학적 방법으로써 ( )는 주로 기름(Oil)이 누출되었을 경우에 사용하며, 특히 원유 등의 대량 누출시에 적용한다.
⑩ Red trap 입구에 ( )를 설치하고 손에 들고 있는 장비를 이곳에 놓도록 한다. 장비는 모아서 별도로 제독하거나 폐기한다.

01 기출 및 예상문제

01 지역을 관할하는 소방서에 설치하는 특수구조대의 설치 근거는?

① 시·도규칙　　　　　　　　② 행안부령

③ 소방기본법　　　　　　　　④ 시·도조례

> **해설** **특수구조대**
>
> 소방대상물, 지역 특성, 재난발생 유형 및 빈도 등을 고려하여 <u>시·도의 규칙으로 정하는 바에 따라 지역을 관할하는 소방서에 설치한다. 다만, 고속국도구조대는 직할구조대에 설치할 수 있다.</u> * 23년 소방교

02 구조대원의 자격기준에 관한 사항으로 틀린 것은?

① 임명권자는 소방청장, 소방본부장, 소방서장이다.

② 소방청장이 실시하는 인명구조사 시험에 합격한 사람

③ 응급구조사 자격을 가진 사람으로서 구조업무에 관한 교육을 받은 사람

④ 공공기관의 구조관련 분야에서 근무한 경력이 3년 이상인 사람

> **해설** ✿ **구조대원의 자격**
>
> 1. 소방청장이 실시하는 인명구조사 교육을 받았거나 인명구조사 시험에 합격한 사람
> 2. 국가·지방자치단체 및 공공기관의 운영에 관한 법률 제4조에 따른 공공기관의 구조관련 분야에서 근무한 경력이 2년 이상인 사람
> 3. '응급의료에 관한 법률' 제36조에 따른 응급구조사 자격을 가진 사람으로서 소방청장이 실시하는 구조업무에 관한 교육을 받은 사람

03 현장 활동에서 우선순위가 바르게 연결된 것은?

① 인명의 안전 – 재산의 보존 – 사고의 안정화

② 재산의 보존 – 사고의 안정화 – 인명의 안전

③ 사고의 안정화 – 인명의 안전 – 재산의 보존

④ 인명의 안전 – 사고의 안정화 – 재산의 보존

> **해설** ✿ **현장활동의 우선순위** * 12년 소방위/ 18년 소방위/ 23년 소방교
>
> ① 인명의 안전(우선적으로 고려) → ② 사고의 안정화(사고확대방지) → ③ 재산가치의 보존(재산손실의 최소화)

정답 **01.** ①　　**02.** ④　　**03.** ④

04 다음 중 특수구조대에 속하지 않은 것은?

① 산악구조대 ② 지하철구조대
③ 테러대응구조대 ④ 화학구조대

해설 특수구조대* 17년 소방교/ 19년 소방장

소방대상물, 지역 특성, 재난발생 유형 및 빈도 등을 고려하여 시·도의 규칙으로 정하는 바에 따라 지역을 관할하는 소방서에 설치한다. 다만, 고속국도구조대는 직할구조대에 설치할 수 있다.
① 화학구조대 : 화학공장이 밀집한 지역
② 수난구조대 : 내수면 지역
   ※ 하천·댐·호소·저수지 기타 인공으로 조성된 담수나 기수의 수류 또는 수면
③ 산악구조대 : 국립공원 등 산악지역
④ 고속국도구조대
⑤ 지하철구조대 : 도시철도의 역사 및 역무시설
※ 비상설구조대 : 테러대응구조대, 국제구조대
※ 구조대의 종류 : 일반, 특수, 직할, 테러, 국제, 119항공대

05 구조 활동의 우선순위에서 3번째 사항은?

① 신체구출 ② 피해의 최소화
③ 구명 ④ 육체적 고통경감

해설 ✪ 구조 활동 우선순위** 16년 소방교/ 17년 소방교/ 18년 소방위

1. 구명(救命)을 최우선으로
2. 신체구출
3. 정신적, 육체적 고통경감
4. 피해의 최소화의 순으로 구조활동의 우선순위를 결정한다.

06 현장지휘관의 최우선 임무는?

① 신속한 상황판단 ② 대원의 안전 확보
③ 구조작업의 지휘 ④ 유관기관과의 협조유지

해설 ✪ 대원의 안전 확보

1. 현장 지휘관의 최우선 임무는 구조 활동에 임하는 대원들의 안전을 확보하는 것이다.
2. 절대로 대원들이 불필요한 위험을 감수하게 되는 구조방법을 선택하여서는 안 된다.
3. 어디가 안전하고 구조작전을 펼치기에 적합한지를 판단한다.
4. 구조대장은 대원 및 기자재를 적절히 활용하여 구출할 수 있도록 최선을 다해야 한다.

정답 04. ③ 05. ④ 06. ②

07 구조현장 초기대응절차(LAST)에서 다음 내용과 관계 깊은 것은?

> 현장의 지형적 조건(접근로, 지형, 일출이나 일몰시간, 기후, 수온 등)을 고려해서 구조대의 활동에 예상되는 어려움과 유의해야 할 사항을 판단한다.

① 1단계   ② 2단계

③ 3단계   ④ 4단계

해설 ✚ **초기대응 절차(LAST)** * 15년 소방교/ 17년 소방장/ 18년 소방위/ 19년 소방장, 소방위

1단계 : 현장 확인(Locate)
2단계 : 접근(Access)
3단계 : 상황의 안정화(Stabilization)
4단계 : 후송(Transport)

08 구조활동의 원칙에서 다음 내용과 관계 깊은 것은?

> 한 사람이 오직 한 사람의 지휘관에게만 보고하고 한 사람의 지휘만을 받는다.

① 구조활동의 우선순위   ② 현장의 안전 확보

③ 명령통일   ④ 현장 활동의 우선순위

해설 **명령통일** * 17년/ 21년 소방교/ 소방장/ 23년 소방위

• 명령의 통일성을 유지하기 위해 자의적인 단독행동은 절대 금지한다.
• 한 사람이 오직 한사람의 지휘관에게만 보고하고 한 사람의 지휘만을 받는다.
• 대원의 안전에 위협이 되는 심각한 위험상황이 발생하여 현장에서 긴급히 대원을 철수시킨다든가 하는 급박한 경우 제외

09 다음 중 현장의 환경 판단과 출동 전에 조치할 사항으로 틀린 것은?

① 구출방법 검토   ② 출동지령 장소의 변경 확인

③ 사용할 장비 선정   ④ 현장 진입로 결정

해설 **현장의 환경 판단과 출동 전에 조치할 사항** * 20년 소방위 / 21년 소방교, 소방장

1. 사고정보를 통하여 구출방법을 검토
2. 사용할 장비를 선정하고 필요한 장비가 있으면 추가로 적재
3. 출동경로와 현장 진입로를 결정
4. 필요시 진입로 확보를 위한 조치를 요청

※ ② 출동 장소의 변경 확인은 출동 도중 조치사항이다.

🔄 정답   07. ①   08. ③   09. ②

10 구조방법의 결정에 대한 내용으로 옳지 않은 것은?

① 장애는 중심에서 주위로 향하여 순차적으로 제거한다.
② 전체를 파악하지 않고 일면의 확인에 의해 결정한 방법은 피한다.
③ 구조대상자의 생명·신체에 영향이 있는 장애를 우선 제거한다.
④ 위험이 큰 장애부터 제거한다.

해설 ✪ **장애물 제거 시의 유의사항★** 12년 소방장/ 20년, 23년 소방교
① 필요한 기자재를 준비한다.
② 대원의 안전을 확보한다.
③ 구조대상자의 생명·신체에 영향이 있는 장애를 우선 제거한다.
④ 위험이 큰 장애부터 제거한다.
⑤ 장애는 주위에서 중심부로 향하여 순차적으로 제거한다.

11 구조현장에서 임무부여 사항으로 틀린 것은?

① 명령을 하달할 때에는 모든 대원을 집합시켜 전달한다.
② 중요한 장비의 조작은 해당 장비의 조작법을 숙달한 대원에게 부여한다.
③ 현장 확인 후 구출방법 순서를 결정한 시점에서 대원 전체에게 신속하게 지정한다.
④ 대원에게는 다양한 요소로부터 자신감을 주면서 임무를 부여한다.

해설
현장 확인 후 구출방법 순서를 결정한 시점에서 대원 개개인 별로 명확하게 지정한다.★ 20년 소방교

12 구조장비 선택 시 유의사항으로 틀린 것은?

① 가급적 위험성이 있더라도 성능이 우수한 장비를 선택
② 확실하게 효과를 기대할 수 있는 장비를 선택
③ 급할 때는 가장 능력이 높은 것을 선택
④ 동등의 효과가 얻어지는 경우는 조작이 간단한 것을 선택

해설 ✪ **장비선택 시 유의사항★** 19년 소방교
1. 절단, 파괴, 잡아당기거나, 끌어올리는 등 구조 활동에 적합한 장비
2. 활동공간이 협소하거나 인화물질의 존재, 감전위험성, 환기 등 현장상황을 고려
3. 긴급성에 맞는 것을 선택, 급할 때는 가장 능력이 높은 것
4. 동등의 효과가 얻어지는 경우는 조작이 간단한 것을 선택
5. 확실하게 효과를 기대할 수 있는 것을 선택
6. 위험이 적은 안전한 장비를 선택
7. 다른 기관이나 현장 관계자 등이 보유하는 것과 현장에서 조달이 가능한 것으로 효과가 기대되는 것이 있으면 활용을 적극적으로 검토한다.

정답 10. ① 11. ③ 12. ①

13 구조현장에서 지휘대 출동요청 기준으로 옳지 않은 것은?

① 사고양상이 2개대 이상의 구조대의 대처를 필요로 하는 경우

② 구급대를 3대 이상 필요로 하는 경우

③ 다수의 사상자가 발생한 경우

④ 소방대원, 의용소방대원, 일반인 및 관계자 등의 부상사고가 발생한 경우

해설 ✚ **지휘대 출동기준**★★ 12년, 13년 소방장

1. 사고양상이 2개대 이상의 구조대의 대처를 필요로 하는 경우
2. 다수의 사상자가 발생한 경우
3. 구급대를 2대 이상 필요로 하는 경우
4. 기타 관계기관과 연계하여 활동할 경우
5. 사고양상의 광범위 등으로 정보수집에 곤란을 수반하는 경우
6. 사고양상이 특이하고 고도의 판단을 필요로 하는 경우
7. 경계구역 설정이 필요하다고 판단되는 경우
8. 소방홍보상 필요하다고 판단되는 경우
9. 소방대원, 의용소방대원, 일반인 및 관계자 등의 부상사고가 발생한 경우
10. 제3자의 행위에 의한 중대한 활동장애 및 활동에 따르는 고통 등이 있는 경우
11. 행정적, 사회적 영향이 예상되는 경우
12. 기타 구조활동상 필요하다고 판단되는 경우

14 "구조대상자와의 효과적인 의사전달 요령"으로 옳은 것은?

① 구조대원 개인의 의학적 예단을 설명하는 것이 좋다.

② 호칭은 가능한 한 구조대상자의 이름을 부르는 것은 피한다.

③ 대화 시에는 전문용어를 피하고 상대방이 이해할 수 있는 표현을 쓴다.

④ 구조대상자와 대화할 때 구조대원의 시선은 구조대상자를 피하는 것이 좋다.

해설 ✚ **효과적인 의사전달**★★ 16년 소방교

1. 구조대상자와 대화할 때 구조대원의 시선은 구조대상자를 향하여야 한다.
2. 가능한 한 구조대상자와 눈높이를 맞추는 것이 좋지만 눈을 빤히 바라보는 것이 민망하다고 생각되면 눈썹 부위에서 턱 사이를 보는 것이 무난하다.
   - 특히 중요한 부분을 이야기 할 때에는 꼭 눈을 맞춰야 한다.
3. 대화 시에는 전문용어를 피하고 상대방이 이해할 수 있는 표현을 쓴다.
4. 비속어나 사투리를 사용하지 말고 정중하고 친절하게 응대한다.
5. 호칭을 가능한 한 구조대상자의 이름을 부르는 것이 좋다.
6. 구조대상자 자신의 부상정도나 사고 상황에 대하여 궁금해 하는 내용이 있으면 사실대로 말해주는 것이 원칙이나 구조대상자가 충격을 받을 수 있는 표현을 피하여야 한다.
   - 구조대원 개인의 의학적 예단을 말하는 것은 절대 금지한다.

정답 13. ②   14. ③

15 "구조대 요청사항"이 아닌 것은?

① 구조대상자가 많거나 현장이 광범위하여 추가 인원이 필요한 경우

② 특수차량 또는 특수장비를 필요로 하는 경우

③ 특수한 지식, 기술을 필요로 하는 경우

④ 광범위한 지역에 부상자 수와 상태 파악이 필요한 경우

해설 ✿ **구조대 요청 사항** * 15년 소방장/ 23년 소방교

① 사고개요, 구조대상자의 숫자, 필요한 구조대의 수 및 장비 등을 조기에 판단하고 요청자를 명시하여 요청한다.

② 요청 판단기준

   ⊙ 구조대상자가 많거나 현장이 광범위하여 추가 인원이 필요한 경우

   ⓒ 특수차량 또는 특수장비를 필요로 하는 경우

   ⓒ 특수한 지식, 기술을 필요로 하는 경우

   ⓔ 기타 행정적, 사회적 영향으로부터 필요하다고 생각되는 경우

16 구조현장에서 "관계자 배려"와 관련된 사항으로 옳은 것은?

① 구조작업에 대한 회의나 브리핑은 가족이 있는 곳에서 진행한다.

② 언제부터 구조작업이 재개된다는 것을 명확히 알려줄 수 없다.

③ 예정된 시간보다 조금 늦게 시작하는 것이 좋다.

④ 희생자의 유족들의 감정에 신경 쓰지 않는 대원은 구조팀에서 제외시키도록 한다.

해설 ✿ **관계자 배려** ** 11년, 12년 소방장

① 구조작업에 대한 회의나 브리핑은 가족이 없는 곳에서 진행하고 전담요원이 그 결과만을 설명해주는 것이 좋다.

② 일몰이나 기상악화 등으로 일시 구조작업을 중단하게 되는 경우에도 가족들은 사고현장을 떠나지 않으려는 반응을 보이므로 언제부터 구조작업이 재개된다는 것을 명확히 알려줄 필요가 있다.

③ 또한 구조작업을 재개할 때에는 가급적 예정된 시간보다 조금 빨리 시작하는 것이 조바심을 달래줄 수 있는 방법이 된다.

④ 가족들의 심리상태는 매우 불안정하기 때문에 매우 공손하고 협조적이던 태도가 특별한 이유도 없이 극단적으로 비판적이 되거나 심지어 적대적으로 까지 돌변할 수 있다. 이런 태도는 대부분 수색 2일째에 나타난다.

⑤ 특히 구조현장에서 소리 내어 웃거나 자극적인 농담을 하는 것은 절대로 삼가야 한다. 희생자의 유족이나 친지들의 감정에 신경 쓰지 않는 대원은 구조팀에서 제외시키도록 한다.

17 "구조요청의 거절"에 관한 내용으로 틀린 것은?

① 구조요청 거절은 현장상황을 종합적으로 검토하여 범위를 최소화한다.

② 구조거절확인서는 소속 소방관서에 5년간 보관한다.

③ 단순 문 개방 요청은 거절할 수 있다.

④ 주민불편 해소차원의 단순 민원 사항도 거절할 수 있다.

해설 구조거절확인서는 소속 소방관서에 3년간 보관하고 소송 등 분쟁발생 시 근거자료로 활용한다. * 16년소방장/ 18년소방교/ 21년소방장

🔲 **정답** | **15.** ④   **16.** ④   **17.** ②

18 "구조 활동상황의 기록"에 관한 설명 중 옳은 것은?

① 구조대원은 근무 중에 감염성 질병에 걸린 구조대상자와 접촉한 경우, 그 사실을 안 때부터 24시간 이내에 소방청장 등에게 보고하여야 한다.

② 구조차에 이동단말기가 설치되어 있는 경우에는 이동단말기로 구조 활동일지를 작성할 수 있다.

③ 유해물질 등 접촉관련 '진료 기록부'등은 구조대원이 사망할 때까지 소방공무원인사기록철에 함께 보관하여야 한다.

④ 구조 활동일지는 소속소방관서에 2년간 보관한다.

해설 ✪ **구조활동 상황기록★** 15년 소방장/ 18년 소방교

1. 구조대원은 '구조활동일지'에 구조활동상황을 상세히 기록하고, 소속 소방관서에 3년간 보관하여야 한다. 다만, 구조차에 이동단말기가 설치되어 있는 경우에는 이동단말기로 구조활동일지를 작성할 수 있다.
2. 구조대원은 근무 중에 위험물·유독물 및 방사성물질에 노출되거나 감염성 질병에 걸린 구조대상자와 접촉한 경우에는 그 사실을 안 때부터 48시간 이내에 소방청장에게 보고하여야 한다.
3. 감염성 질병 및 유해물질 등 접촉 보고서를 작성하여 보고하고, '감염성 질병·유해물질 등 접촉 보고서'및 유해물질 등 접촉관련 '진료 기록부'등은 구조대원이 퇴직할 때까지 소방공무원인사기록철에 함께 보관하여야 한다.

19 엔진동력장비의 "엔진오일 점검"에 관한사항으로 옳은 것은?

① 2행정기관은 엔진오일을 별도로 주입한다.

② 4행정기관은 엔진오일과 연료를 혼합하여 주입한다.

③ 오일의 양이 적으면 시동 후에도 매연이 심하다.

④ 오일의 혼합량이 너무 많으면 시동이 잘 걸리지 않는다.

해설 ✪ **엔진동력 장비의 경우 엔진오일의 점검에 주의★** 11년, 19년 소방장/ 21년 소방교

오일의 혼합량이 너무 많으면 시동이 잘 걸리지 않고 시동 후에도 매연이 심하다. 반면 오일의 양이 적으면 엔진에 손상을 입어 기기의 수명이 단축될 수 있다.

20 폴리에스터 로프의 신장률은?

① 20~34% ② 10~15%

③ 15~20% ④ 5~10%

해설 ✪ **폴리에스터 신장률은 15~20%이다.★** 14년, 20년 소방장/ 22년 소방교

정답 18. ② 19. ④ 20. ③

21 다음 로프의 종류 중 인장강도가 2번째인 것은?

① H. Spectra®Polyethylene 　　② 폴리에스터

③ Kevlar®Aramid 　　　　　　 ④ 나일론

해설 인장강도* 24년 소방교

성 능 ＼ 종 류	마닐라삼	면	나일론	폴리에틸렌	H. Spectra® Polyethylene	폴리에스터	Kevlar® Aramid
인장강도*	7	8	3	6	1	4	2

22 "로프의 관리"에 대한 내용으로 옳지 않은 것은?

① 로프를 사리고 끝처리로 풀리지 않도록 단단히 묶어두지 않도록 한다.

② 미지근한 물에 중성 세제를 알맞게 풀어 로프를 충분히 적시고 흔들어 모래나 먼지가 빠져나가도록 한다.

③ 부피를 줄이기 위해 좁은 상자나 자루에 오래 방치하는 것도 좋지 않다.

④ 일반적인 세탁기는 세탁과정에서 로프가 꼬이고 마찰을 발생시키기 때문에 사용하지 않도록 한다.

해설 ✚ **로프 관리**★★★ 11년 소방장/ 13년, 15년 소방교/ 21년 소방위/ 24년 소방교

• 그늘지고 통풍이 잘되는 곳에 보관하도록 한다.
• 로프를 사리고 끝처리로 너무 단단히 묶어두지 않도록 한다.
• 로프에 계속적으로 하중을 가하여 로프가 늘어나 있는 상태이므로 내구성이 떨어진다.
• 부피를 줄이기 위해 좁은 상자나 자루에 오래 방치하는 것도 좋지 않다.

(세척방법)
 – 미지근한 물에 중성 세제를 알맞게 풀어 로프를 충분히 적시고 흔들어 모래나 먼지가 빠져나가도록 한다.
 – 부드러운 솔이 있으면 가볍게 문질러 주면 좋다. 물이 어느 정도 빠지면 그늘지고 통풍이 잘되는 곳에 말린다.
 – 일반적인 세탁기는 세탁과정에서 로프가 꼬이고 마찰을 발생시키기 때문에 사용하지 않도록 한다.

23 로프매듭의 강도에서 가장 강한 것은?

① 한겹고정매듭 　　　　　 ② 8자 매듭

③ 한겹고정매듭 　　　　　 ④ 이중 피셔맨매듭

해설 매듭하지 않은 상태가 100%, 8자 매듭 75~80%, 한겹고정매듭 70~75%, 이중피셔맨매듭 65~70%

★ 14년, 20년 소방장/ 22년 소방교

정답 　21. ③　22. ①　23. ②

24 다음 중 "정적(스태틱) 로프"에 대한 설명은?

① 신장율이 7% 이상 정도로서 신축성이 높다.

② 산악 구조활동과 장비의 고정 등에 적합하다.

③ 부드러우면서 여러 가지 색상이 섞인 화려한 문양이다.

④ 마모 내구성이 강하고 파괴력에 견디는 힘이 높다.

해설 ✿ 정적 로프와 동적 로프★★ 15년, 16년 소방교/ 21년 소방장, 소방위

정적(스태틱) 로프	• 신장율이 5% 미만 정도로 하중을 받아도 잘 늘어나지 않는다. • 마모 내구성이 강하고 파괴력에 견디는 힘이 높다. • 유연성이 낮아 조작이 불편하고 추락 시 하중이 그대로 전달되는 결점이 있다. • 뻣뻣하며 검정이나 흰색, 노란색 등 단일 색상으로 만들어져 외형만으로도 비교적 쉽게 구분이 가능하다. 　※ 일반 구조활동으로는 스태틱이나 세미스태틱(Semi-static Rope) 로프가 적합하다.
동적 (다이내믹) 로프	• 신장율이 7% 이상 정도로서 신축성이 높아 충격을 흡수하는 데 유리하므로 <u>자유낙하가 발생할 수 있는 암벽등반에 유리하다.</u> • 산악 구조활동과 장비의 고정 등에 적합하다. • 부드러우면서 여러 가지 색상이 섞인 화려한 문양이다.

25 "로프의 교체시기"가 바르게 연결된 것은?

① 가끔 사용하는 로프 : 4년　　　　② 매주 사용하는 로프 : 3년

③ 매일 사용하는 로프 : 2년　　　　④ 스포츠 클라이밍 : 1년

해설 ✿ 로프의 교체 시기(대한 산악연맹 권고사항)★ 15년/ 19년 소방교/ 20년 소방장/ 24년 소방위

• 가끔 사용하는 로프 : 4년　　　　　　• 매주 사용하는 로프 : 2년
• 매일 사용하는 로프 : 1년　　　　　　• 스포츠 클라이밍 : 6개월
• 즉시 교체하여야 하는 로프
　– 큰 충격을 받은 로프(추락, 낙석, 아이젠)
　– 납작하게 눌린 로프
　– 손상된 부분이 있는 로프

26 로프총 사용 시 유의사항 중 잘못된 것은?

① 즉시 발사할 것이 아니면 장전하여 세워두어야 한다.

② 발사 후에는 탄피를 제거하고 총기 손질에 준하여 약실을 청소한다.

③ 견인탄은 탄두와 날개를 완전하게 결합하고 견인로프가 풀리지 않도록 결착한다.

④ 장전 후에는 총구를 수평면 기준으로 45° 이상의 각도를 유지해야 격발이 된다.

정답　24. ④　25. ①　26. ①

해설 ☼ **로프총사용 시 유의점*** 13년 소방교/ 19년 소방위

1. 즉시 발사할 것이 아니면 장전하여 두지 말아야 하며, 만약 장전 후 잠시 기다리게 될 경우에는 반드시 안전핀을 눌러둔다.
2. 장전 후에는 총구를 수평면 기준으로 45° 이상의 각도를 유지해야 격발이 된다. 총구를 내려서 격발이 되지 않으면 노리쇠만 뒤로 당겨준다. 45° 이하의 각도를 유지하고 있는 경우에도 갑작스러운 충격을 받으면 발사될 수도 있음을 유의한다. 부득이 45° 이하의 각도로 발사할 필요가 있는 경우에는 총을 뒤집으면 격발이 가능하다.
3. 발사하기 전에 구조대상자에게 안내 방송을 하고 착탄 예상지점 주변의 인원을 대피시켜 안전사고가 발생하지 않도록 한다.
4. 견인탄을 장전하지 않더라도 사람을 향해 공포를 발사하면 안 된다. 추진탄의 압력이나 고압공기에 의해 부상을 입을 우려가 있다. 장기간 사용한 총은 안전핀을 눌러 놓아도 격발장치가 풀려 자동 격발될 수 있다.
5. 견인탄은 탄두와 날개를 완전히 결합하고 견인로프가 풀리지 않도록 결착한다. 사용한 견인탄은 탄두에 이상이 없는 경우에 날개를 교환하면 재사용할 수 있다.
6. 공압식과 화약식에 사용하는 견인탄은 내경은 같으나 재질과 중량에 차이가 있으므로 교환 사용하지 않도록 한다.
7. 견인로프의 길이는 120m로서 원거리 발사 시에는 로프끝 부분이 로프 홀더에서 이탈하여 견인탄과 함께 끌려갈 우려가 있으므로 로프를 홀더에 집어넣고, 바깥쪽 로프 끝을 홀더 뚜껑에 끼워서 견인로프가 빠지지 않도록 한다.
8. 발사 후에는 탄피를 제거하고 총기 손질에 준하여 약실을 청소한다.

27 공기호흡기의 압력조정기 고장에 관한 설명으로 틀린 것은?

① 이물질이 막히면 면체 좌측의 바이패스 밸브를 열어 공기를 직접 공급해 줄 수 있다.
② 바이패스 밸브를 사용할 때에는 숨 쉰 후에 열어주고 다음번 숨 쉴 때마다 다시 닫아준다.
③ 바이패스 밸브는 평소 쉽게 열리지 않지만 압력이 걸리면 개폐가 용이하다.
④ 충격이나 이물질로 인해서도 고장이 발생할 수 있다.

해설 ☼ **압력조정기의 고장**★★ 13년 소방위/ 19년 소방교/ 21년 소방위

① 충격이나 이물질로 인해서 고장이 발생할 수 있다.
② 이때에는 면체 좌측의 바이패스 밸브를 열어 공기를 직접 공급해줄 수 있다.
③ 바이패스 밸브는 평소 쉽게 열리지 않지만 압력이 걸리면 개폐가 용이하다.
④ 바이패스 밸브를 사용할 때에는 숨 쉰 후에 닫아주고 다음번 숨 쉴 때마다 다시 열어준다.

28 구조용 장비 중 "킥백(Kick Back)"과 관련 있는 것은?

① 체인톱
② 유압전개시
③ 동력절단기
④ 맨홀구조기구

해설 ☼ **킥백(kick back) 현상**★★★ 13년 소방교

① 킥백은 장비가 갑자기 작업자 방향으로 튀어오르는 현상을 말하며 주로 톱날의 상단부분이 딱딱한 물체에 닿을 때 발생한다.
② 절단은 정확한 자세를 취한다. 정확한 자세로 핸들을 잡고 있으면 킥백현상이 발생할 때 자동적으로 왼손이 체인브레이크를 작동시키게 된다.
③ 조작법이 완전히 숙달되지 않은 대원은 절대로 톱날의 끝 부분을 이용한 절단작업을 하지 않도록 한다.
④ 반드시 체인이 작동하는 상태에서 절단을 시작한다.
⑤ 여러 개의 나뭇가지를 동시에 절단하지 않는다.

정답 27. ② 28. ①

PART
01
구조개론

29 공기호흡기 유지·관리상 주의사항에 대한 설명으로 바르지 못한 것은?

① 특별한 경우가 아니면 용기내의 공기를 모두 배출시킬 필요는 없다.

② 충전된 용기를 매 9개월마다 공기를 배출한 후 다시 새로운 공기를 충전하여 보관한다.

③ 고압조정기와 경보기 부분은 분해조정하지 않는다.

④ 대부분 부품은 손으로 완전히 결합할 수 있다.

> **해설** ✚ 충전된 용기를 1년 마다 공기를 배출한 후 다시 충전하여 보관한다.
> ★★ 16년 소방장/ 19년 소방교/ 21년 소방위

30 공기호흡기 사용계산식으로, 사용가능 시간은?★★ 14년, 15년 소방장/ 16년 소방교/ 19년 소방교, 소방위

실린더 내용적 6L, 충전압 230kg/㎠, 여유압력 50kg/㎠, 분당소모량 35L

① 20분

② 30분

③ 40분

④ 45분

> **해설** 사용가능시간(분) = (용기내용압력 - 여유압력) × 용기용량 / 매분당 호흡량)

31 "에어백사용법"에 대한 설명으로서 잘못된 것은?

① 커플링으로 공기용기와 압력조절기, 에어백을 연결할 때 가능하면 손으로 연결한다.

② 부양되는 물체가 쓰러질 위험이 높기 때문에 3개 이상을 겹쳐서 사용하지 않는다.

③ 에어백을 부풀리기 전에 버팀목을 준비해 두어야 한다.

④ 2개의 에어백을 겹쳐 사용하면 효과가 높아진다.

> **해설** ✚ 에어백 사용 시 주의사항★ 14년, 15년, 16년 소방교/ 19년 소방위/ 21년, 23년 소방장
> ① 에어백은 단단하고 평탄한 곳에 설치하고 날카롭거나 고온인 물체(100℃ 이상)가 직접 닿지 않도록 한다.
> ② 에어백은 둥글게 부풀어 오르므로 들어 올리고자 하는 물체가 넘어질 수 있다. 따라서 버팀목 사용은 필수이다. 버팀목은 나무 블록이 적합하며 여러 개의 블록을 쌓아가며 높이를 조절할 수 있도록 만든다.
> ③ 절대로 에어백만으로 지탱되는 물체 밑에서 작업하지 않도록 한다. 에어백이 필요한 높이까지 부풀어 오르면 공기를 조금 빼내서 에어백과 버팀목으로 하중이 분산되도록 해야 안전하다.
> ④ 버팀목을 설치할 때 대상물 밑으로 손을 깊이 넣지 않도록 주의한다. 에어백의 양 옆으로 버팀목을 대 주는 것이 안전하며 한쪽에만 버팀목을 대는 경우 균형유지에 충분한 넓이가 되어야 한다.
> ⑤ 2개의 에어백을 겹쳐 사용하면 부양되는 높이는 높아지지만 능력이 증가하지는 않는다. 즉 소형 에어백과 대형 에어백을 겹쳐서 사용하여도 최대 부양능력이 소형 에어백의 능력을 초과하지 못하는 것이다.
> ⑥ 부양되는 물체가 쓰러질 위험이 높기 때문에 3개 이상을 겹쳐서 사용하지 않는다.
> ⑦ 에어백의 팽창 능력 이상의 높이로 들어 올려야 하는 경우에는 받침목을 활용한다.

> **정답** 29. ② 30. ② 31. ④

32 동력절단기 작동에 관한 설명으로 옳은 것은?

① 절단 날에 충격이 가해지지 않도록 날의 측면을 이용하여 작업하도록 한다.

② 석재나 콘크리트를 절단할 때에는 많은 분진이 발생하므로 절단부위에 물을 뿌려가며 작업한다.

③ 철재 절단 날은 휘발유, 석유 등에 적셔서 보관한다.

④ 목재용 절단 날을 보관할 때에는 물에 깨끗이 세척하여 보관한다.

해설 ✿ 동력절단기 작업 중 주의사항★★ 16년 소방교/ 19년 소방장, 소방위/ 20년 소방장

1. 비산되는 불꽃에 의한 피해가 없도록 보호 커버를 잘 조정하고 주변 여건에 따라 관창이나 소화기를 준비하여 화재를 방지한다.
2. 주위의 안전을 확인한다.
3. 절단날에 충격이 가해지지 않도록 하고 날의 측면을 이용하여 작업하지 않도록 한다. 특히 철재 절단날은 측면 충격에 약하므로 주의하여야 한다.
4. 석재나 콘크리트를 절단할 때에는 많은 분진이 발생하므로 절단부위에 물을 뿌려가며 작업한다.
5. 엔진이 작동 중인 장비를 로프로 묶어 올리거나 들고 옮기지 않도록 한다.
6. 절단 시 발생하는 불꽃으로 구조대상자에게 상해를 입힐 우려가 있을 경우에는 모포 등으로 가려 안전조치 시킨 후 작업에 임한다.
7. 절단 시 조작원은 자기 발의 위치나 자세에 신경을 써야하며, 절단날의 후방 직선상에 발을 위치하지 않도록 주의한다.

※ 일상점검
1. 목재용 절단 날을 보관할 때에는 기름을 엷게 발라둔다.
2. 철재용, 콘크리트용 절단 날에 심하게 물이 묻어 있는 경우에는 폐기하고 너무 장기간 보관하지 않도록 한다. 절단 날에 이상 마모현상이 있을 때는 즉시 교환한다.
3. 철재 절단 날은 휘발유, 석유 등에 접촉되지 않도록 하고 유증기가 발생하는 곳에 보관해서도 안 된다. 접착제가 용해되어 강도가 크게 저하될 수 있다.

33 다음 내용과 관련 있는 장비명은?

절단할 때 대상물에 본체 선단부분을 밀착시켜 작업한다. 절단면에는 2개 이상의 톱니가 닿도록 하여 절단한다.

① 동력절단기　　　　　② 체인톱
③ 공기톱　　　　　　　④ 유압엔진펌프

해설 ✿ 공기톱 조작방법★★ 19년 소방장

1. 작업 전에 장비의 이상 유무와 안전점검을 철저히 하고 방진안경과 장갑을 착용한다.
   • 지정된 오일을 헨들 밑의 플라스틱 캡을 열고 가득 넣는다.
   • 호스접합부에 먼지나 물 등이 묻어있지 않는가를 확인하고 용기에 결합한다.
   • 사이렌서를 돌려 6각 스페너로 3개의 나사를 풀고 노즈가이드를 통해 절단톱날을 넣은 후 나사를 조여 고정한다. 일반적으로 쇠톱날은 전진 시 절단되도록 장착하지만 공기톱의 경우 톱날 보호를 위해 후진 시 절단되도록 장착한다.
2. 본체에 호스를 접속하고 용기 등 밸브를 전부 연다. 작업시의 공기압력은 10kg/㎠ 이하를 준수한다. 적정압력은 7kg/㎠ 정도이다.
3. 절단할 때 대상물에 본체 선단부분을 밀착시켜 작업한다. 절단면에는 2개 이상의 톱니가 닿도록 하여 절단한다.

정답 32. ②　33. ③

34 "열화상카메라" 사용방법으로 틀린 것은?

① 야간 또는 짙은 연기 등으로 시계가 불량한 지역에서 물체의 온도 차이를 감지하여 화면상에 표시한다.

② 야간투시경은 동물 등이 방사하는 적외선을 이용한 것이라 할 수 있다.

③ 화점 탐지, 인명구조 등에 활용하는 장비이다.

④ 열화상카메라 사용 시 카메라의 뷰파인더는 화면에 표시되지 않는 사각이 많아 시야가 협소하고 또한 원근감이 달라서 안전사고의 위험이 높다.

해설 ✿ **열화상카메라**

1. 야간 또는 짙은 연기 등으로 시계가 불량한 지역에서 물체의 온도 차이를 감지하여 화면상에 표시함으로서 화점 탐지, 인명구조 등에 활용하는 장비이다.
2. 열화상카메라 사용 시 카메라의 뷰파인더는 화면에 표시되지 않는 사각이 많아 시야가 협소하고 또한 원근감이 달라서 안전사고의 위험이 높다.
3. 따라서 반드시 헬멧을 착용하고 이동할 때에는 뷰파인더에서 눈을 떼고 주변을 확인한 후 발을 높이 들지 말고 바닥에 끌듯이 옮겨서 장애물을 피하도록 한다.
   ※ 야간투시경은 적외선 파장을 발산하여 측정, 열화상카메라는 동물 등이 방사하는 적외선을 이용한다.

35 "멧돼지에게 마취총 사용 시 주의할 점"으로 틀린 것은?

① 마취총은 블로우건에 비하여 사정거리가 짧다.

② 피하지방 얇은 부위에 쏘는 것이 효과적이다.

③ 마취효과가 나타나려면 5분 정도가 걸리므로 천천히 따라가 마취효과가 나타나면 포획한다.

④ 주사기에 약제를 주입하고 2~3일이 지나면 효과가 떨어지므로 현장에서 조제해 쓰는 것이 효과적이다.

해설 ✿ **마취총** ★ 18년 소방위

※ 동물에 의한 인명피해의 우려가 있는 동물을 생포하기 위해 사용하며 <u>블로우건에 비하여 마취총은 사정거리가 길고 비교적 정확성도 있으나 유효 사거리 20m 이내에서는 파괴력이 강해서 자칫 동물에 상해를 줄 우려가 있다.</u>

36 "유압엔진펌프 사용상의 주의사항"으로 틀린 것은?

① 가압할 때에는 커플링 측면에 서 있지 않도록 한다.

② 호스를 강제로 구부리지 말도록 한다.

③ 펌프의 압력이나 장비의 이상 유무를 점검할 때에는 반드시 유압호스에 장비를 연결하고 확인한다.

④ 절단기를 작동시킬 때 잠시 전개·절단 작업을 중지하고 대상물의 상태를 확인한 후에 다시 작업하도록 한다.

🔒 **정답** 34. ② 35. ① 36. ①

해설 ✿ **사용상의 주의사항★** 12년 소방장/ 16년 소방교/ 20년 소방위

① 펌프의 압력이나 장비의 이상 유무를 점검할 때에는 반드시 유압호스에 장비를 연결하고 확인한다. 커플링의 체크 벨브에 이상이 있을 수 있기 때문에 파손 시에는 큰 사고로 이어질 수 있기 때문이다.
② 가압할 때에는 커플링 정면에 서 있지 않도록 할 것.
③ 호스를 강제로 구부리지 말 것. 고압이 걸리게 되므로 작은 손상에도 파열되어 큰 사고가 발생할 위험이 있다.
④ 전개기나 절단기를 작동시킬 때 대상물에 구조나 형태를 따라서 장비가 비틀어지기도 한다. 유압장비에는 사람이 감당할 수 없는 큰 힘이 작용하므로 무리하게 장비를 바로 잡으려 하지 말고 잠시 전개·절단 작업을 중지하고 대상물의 상태를 확인한 후에 다시 작업하도록 한다.

37 유압전개기 사용 시 문제점 및 해결방안에 대한 내용으로 틀린 것은?

① 컨트롤 밸브를 조작하여도 전개기가 작동하지 않을 때는 Lock ling을 풀고 다시 시도한다.
② 전개기가 압력을 유지하지 못할 때는 시스템에 에어가 유입되었을 때이다.
③ 커플링이 잘 연결되지 않을 때는 안전스크류를 조인다.
④ 컨트롤 밸브 사이에서 오일이 샐 때는 커플링의 풀림 여부를 확인한다.

해설 **커플링이 잘 연결되지 않을 때★★** 13년, 14년 소방장/ 20년 소방교/ 24년 소방장

• Lock ling을 풀고 다시 시도한다.
• 유압호스에 압력이 존재하는지 점검한다.
• 엔진작동을 중지하고 밸브를 여러 번 변환 조작한다.
  (만일 이것이 안 될 때에는 강제로 압력을 빼 주어야 한다. 압력제거기를 사용하거나 A/S 요청)

38 안전벨트에 관한 설명으로서 옳은 것은?

① 추락 충격을 받은 다음 박음질 부분이 뜯어졌다면 즉시 수리하여 사용하는 것이 좋다.
② 장비걸이는 로프나 자기 확보 줄을 연결하여 사용하도록 한다.
③ 허리 벨트 버클의 끝은 11cm 이상 남겨야 한다.
④ 안전을 위하여 5년 정도 사용하면 외관상 이상이 없어도 교체하는 것이 좋다.

해설 **안전벨트착용과 수명관리★** 21년 소방장/ 24년 소방교

① 안전벨트는 우수한 탄력과 복원성을 가지며 강도와 내구성이 뛰어나지만 안전을 위하여 5년 정도 사용하면 외관상 이상이 없어도 교체하는 것이 좋다.
② 특히 추락 충격을 받은 다음에는 안전벨트의 여러 부분을 꼼꼼하게 점검해 보고 박음질 부분이 뜯어졌다면 수리하지 말고 폐기하는 것이 좋다.
② 장비걸이에는 로프나 자기확보줄을 연결하지 않도록 한다.
③ 안전벨트의 허리버클은 한번 통과시키고 난 다음 거꾸로 통과시킬 때 끝은 5㎝ 이상 남겨야 한다.

정답 37. ③ 38. ④

39 다음 내용과 관련된 장비명은?

재난상황에서 생존자를 찾을 수 있도록 돕는 장비로 일명 "써치탭(Search TAP)"으로 불린다.

① 매몰자 전파탐지기　　　　　　　② 매몰자 영상탐지기
③ 열화상카메라　　　　　　　　　④ 매몰자 음향탐지기

해설 **매몰자 영상탐지기*** 23년 소방위

써치탭(Search TAP)으로 불리는 매몰자영상탐지기는 지진과 건물붕괴 등 인명 피해가 큰 재난 상황에서 구조자가 생존자를 찾을 수 있도록 돕는 장비로 작은 틈새 또는 구멍으로 카메라와 마이크, 스피커가 부착된 신축봉을 투입하여 공간 내부를 자세히 보기 위해 사용할 수 있다.

40 다음 내용과 관련된 장비명은?

개인이 휴대하여 실시간으로 방사선율 및 선량을 측정하여 기준 선량 초과 시 경보하여 구조 대원의 안전을 확보하기 위한 장비이며, 가장 보편적으로 사용되는 장비이다.

① 방사선 측정기　　　　　　　　② 핵종분석기
③ 개인선량계　　　　　　　　　　④ 방사능 오염방지기

해설 **방사선 측정기**** 20년, 22년 소방교

개인이 휴대하여 실시간으로 방사선율 및 선량 등을 측정하며 기준선량(율) 초과 시 경보하여 구조대원의 안전을 확보하기 위한 장비이다.(가장 보편적으로 사용되는 장비이다.) 주로 GM관, 비례계수관, 무기섬광체를 많이 사용한다.

41 다음 내용으로 알맞은 것은?

도르래와 쥬마를 결합한 형태의 장비로 도르래의 역회전을 방지할 수 있어 안전하게 작업이 가능하고 힘의 소모를 막을 수 있다.

① 수평2단 도르래　　　　　　　② 로프꼬임 방지기
③ 정지형 도르래　　　　　　　　④ 그리그리

해설 **정지형 도르래*** 18년 소방교

정지형 도르래	도르래와 쥬마를 결합한 형태의 장비로 도르래의 역회전을 방지할 수 있어 안전하게 작업이 가능하고 힘의 소모를 막을 수 있다. 도르래 부분만 사용할 수도 있고 쥬마, 베이직의 대체 장비로도 사용이 가능하다.

정답　39. ②　40. ①　41. ③

42 "우발적인 급강하 사고를 방지할 수 있기 때문에 최근 구조대에서 사용이 증가"하고 있는 장비는?

① 그리그리(Grigri)　　　　　　② 퀵 드로(Quick Draw)
③ 스톱하강기　　　　　　　　④ 8자 하강기

해설 **스톱하강기** ★★ 18년 소방교

스톱 하강기	① 스톱은 로프 한 가닥을 이용하여 제동을 걸어준다. ② 하강 스피드의 조절이 용이하다. ③ 우발적인 급강하 사고를 방지할 수 있기 때문에 최근 구조대에서 사용이 증가하고 있는 추세이다. ※ 스톱하강기 사용요령 　① 스톱의 한 면을 열어 로프를 삽입하고 아랫쪽은 안전벨트의 카라비너에 연결한다. 　② 오른손으로 아랫줄을 잡고 왼손으로 레버를 조작하면 쉽게 하강속도를 조절할 수 있다. 　③ 손잡이를 꽉 잡으면 급속히 하강하므로 주의한다.

43 다음 중 "등반기"에 대한 설명으로 잘못된 것은?

① 등반기, 쥬마, 유마르 등으로 부른다.
② 로프를 활용하여 등반할 때 보조장치로 사용된다.
③ 톱니가 나 있는 캠이 로프를 물고 양 방향으로 움직이게 된다.
④ 로프에 결착하여 수직 또는 수평으로 이동할 수 있도록 고안된 기구이다.

해설 ✪ **등반기** ★★ 11년 소방교/ 13년 소방장
① 로프를 활용하여 등반할 때 보조장치로 사용되며 로프에 결착하여 수직 또는 수평으로 이동할 수 있도록 고안된 기구이다.
② 톱니가 나 있는 캠이 로프를 물고 역회전을 하지 못함으로서 한 방향으로만 움직이게 된다.
③ 등반기, 쥬마, 유마르 등으로 부르며 등반뿐만 아니라 로프를 이용하여 물건을 당기는 경우 손잡이 역할도 할 수 있어 사용범위가 매우 넓다.
④ 손잡이 부분을 제거하여 소형화하고 간편히 사용할 수 있도록 변형된 크롤(Croll), 베이직(Basic) 등 유사한 장비도 있다.

44 다음은 도르래 사용에 관한 설명이다. 내용과 관계있는 것은?

> 고정도르래는 힘의 방향만을 바꾸어 주지만 움직도르래를 함께 설치하면 힘의 이득을 얻을 수 있다. 120kg을 고정도르래 2개와 움직도르래 1개를 설치했을 때 소요되는 힘은?

① 45kg　　　　　　　　　　② 90kg
③ 40kg　　　　　　　　　　④ 15kg

정답　42. ③　43. ③　44. ③

해설 ✿ **도르래 사용**★ 13년 소방교/ 14년 소방교, 소방장/ 21년 소방장/ 22년 소방교, 소방장

계곡의 하천이 범람하여 고립된 피서객이나 맨홀에 추락한 구조대상자를 구출하는 경우 등 힘의 작용 방향을 바꾸거나 적은 힘으로 물체를 이동시키기 위해서 도르래를 사용하게 된다.

① 도르래를 사용하는 경우 지지점으로 설정되는 부분의 강도를 면밀히 검토하여 하중을 이길 수 있는지 살펴보고 힘의 균형이 맞도록 설치하여야 한다. 또한 로프가 꼬이지 않도록 작업한다.

② 고정도르래는 힘의 방향만을 바꾸어 주지만 움직도르래를 함께 설치하면 힘의 이득을 얻을 수 있다. 고정도르래 1개와 움직도르래 1개를 설치하면 소요되는 힘은 1/2로 줄어들고 움직도르래의 숫자가 증가함에 따라 더욱 작은 힘으로 물체를 이동시킬 수 있다.

③ 도르래를 설치하여 80kg의 무게를 들어 올린다고 가정하면 필요한 힘의 1/3인 약 26.7kg으로 물체를 이동시킬 수 있다. 물론 장비 자체의 무게 및 마찰력을 제외한 것이다.

④ 이 방법은 특히 'Z자형 도르래 배치법'이라 하여 현장에서 많이 활용하는 방법이다. 도르래는 종류가 많고 활용방법도 비교적 간단하므로 평소 힘의 소모를 막을 수 있는 다양한 설치방법을 익혀 구조 현장에서 즉시 응용할 수 있도록 하여야 한다.

45 로프의 역회전을 방지할 수 있는 구조로 되어있고 주로 암벽 등에서 확보하는 장비로 짧은 거리를 하강할 때 이용되는 것은?

① Grigri
② Huit
③ Stopper
④ Rack

해설 **Grigri**★ 24년 소방장

그리그리는 스토퍼와 같이 로프의 역회전을 방지할 수 있는 구조로 주로 확보용 장비이다. 주로 암벽 등에서 확보하는 장비로 사용되며 짧은 거리를 하강할 때 이용되기도 한다.

46 좋은 매듭의 조건에 관한 설명으로 옳지 않은 것은?

① 될 수 있으면 매듭의 크기가 큰 방법을 선택한다.

② 매듭에서 로프 끝까지 11~20㎝ 정도 남겨 두도록 한다.

③ 매듭의 끝 부분이 빠지지 않도록 주매듭을 묶은 후 옭매듭 등으로 다시 마감해 준다.

④ 매듭을 많이 아는 것보다는 잘 쓰이는 매듭을 정확히 숙지하는 것이 더욱 중요하다.

해설 ✿ **좋은 매듭의 조건**★★ 18년, 19년 소방장

1. 매듭법을 많이 아는 것보다는 잘 쓰이는 매듭을 정확히 숙지하는 것이 더욱 중요하다.
2. 매듭은 정확한 형태를 만들고 단단하게 조여야 풀어지지 않고 하중을 지탱할 수 있다.
3. 매듭의 크기가 작은 방법을 선택한다. 매듭부분으로 기구, 장비 등을 통과시켜야 하는 경우가 있기 때문이다.
4. 매듭의 끝 부분이 빠지지 않도록 주매듭을 묶은 후 옭매듭 등으로 마감해 준다. 이때 끝 부분이 빠지지 않도록 충분한 길이를 남겨두어야 하는데 매듭에서 로프 끝까지 11~20cm 정도 남겨두도록 한다.
5. 로프는 매듭 부분의 강도가 저하된다는 사실을 기억한다.

🔖 **정답** 45. ① 46. ①

47 로프매듭의 3가지 형태에서 "움켜매기"에 해당되는 것은?

① 바른매듭　　　　　　　　② 8자매듭

③ 절반매듭　　　　　　　　④ 피셔맨매듭

해설 ✪ **로프매듭의 형태★** 16년 경기 소방장/ 21년 소방교/ 22년 소방위/ 24년 소방교, 소방위

마디짓기(결절)	로프의 끝이나 중간에 마디나 매듭·고리를 만드는 방법
	✪ 옭매듭(엄지매듭), 두겹옭매듭(고리 옭매듭), 8자매듭, 두겹8자매듭, 이중8자매듭, 줄사다리매듭, 고정매듭, 두겹고정매듭, 나비매듭
이어매기(연결)	한 로프를 다른 로프와 서로 연결하는 방법
	✪ 바른매듭, 한겹매듭, 두겹매듭, 8자연결매듭, 피셔맨매듭,
움켜매기(결착)	로프를 지지물 또는 특정 물건에 묶는 방법
	✪ 말뚝매기매듭, 절반매듭, 잡아매기매듭, 감아매기매듭, 클램하이스트매듭

48 로프매듭에 대한 설명으로 틀린 것은?

① 8자매듭 : 옭매듭보다 매듭부분이 커서 다루기 편하고 풀기도 쉽다.

② 두겹8자매듭 : 매듭이 이루어지면 양쪽 끝의 로프를 당겨 완전한 형태의 매듭을 완성하고 옭매듭으로 마무리한다.

③ 이중8자매듭 : 로프 끝에 두 개의 고리를 만들 수 있어 두 개의 확보물에 로프를 고정하는 경우에 매우 유용하다.

④ 8자연결매듭 : 많은 힘을 받을 수 있고 힘이 가해진 경우에도 풀기가 쉬워 로프를 연결하거나 안전을 확보하기 위한 매듭으로 자주 사용된다.

해설 ✪ **두겹8자매듭★** 14년 소방장/ 18년 소방위
① 간편하고 튼튼하기 때문에 로프에 고리를 만드는 경우 가장 많이 활용된다.
② 로프에 고리를 만들어 카라비너에 걸거나 나무, 기둥 등에 확보하고자 하는 경우 등에 폭넓게 활용한다.
③ 로프를 두 겹으로 겹쳐서 8자 매듭으로 묶는 방법과 한 겹으로 되감기 하는 방식이 있다.

49 "로프중간에 고리"를 만들 필요가 있는 경우 사용하는 것은?

① 고정매듭　　　　　　　　② 두겹고정매듭

③ 나비매듭　　　　　　　　④ 8자매듭

해설 ✪ **나비매듭★** 13년 소방장/ 20년 소방교/ 22년 소방위/ 23년 소방교
① 로프 중간에 고리를 만들 필요가 있을 경우에 사용한다.
② 다른 매듭에 비하여 충격을 받은 경우에도 풀기가 쉬운 것이 장점이다.
③ 중간 부분이 손상된 로프를 임시로 사용하고자 하는 경우에 손상된 부분이 가운데로 오도록 하여 매듭을 만들면 손상된 부분에 힘이 가해지지 않아 응급대처가 가능하다.

정답 | **47.** ③　**48.** ②　**49.** ③ |

PART **01** 구조개론

50 "슬링"에 관한 설명으로 틀린 것은?

① 일반적인 로프에 비해 유연성이 높으면서 다루기 쉽다.

② 값이 싸고 짧게 잘라서 등반시의 확보, 고정용 또는 안전벨트의 대용 등으로 다양하게 활용한다.

③ 슬링은 보통 20~25㎜ 내외의 폭으로 제조된다.

④ 하강 시에 로프 대용으로 사용할 수 있어 매우 효과적이다.

해설 슬링★ 24년 소방교

슬링은 같은 굵기의 로프보다 강도는 우수하지만 충격을 받았을 때 잘 늘어나지 않기 때문에 슬링을 등반 또는 하강시에 로프 대용으로 사용하는 것은 매우 위험하다.

51 "현수로프 설치원칙"으로서 옳지 않은 것은?

① 필요하면 현수로프를 보조로프로 고정하여 움직이지 않도록 한다.

② 하강 로프의 길이는 하강지점(지표면)까지 로프가 완전히 닿고 1~2m 정도의 여유가 있어야 한다.

③ 로프 가방(rope bag)을 사용하면 로프가 엉키지 않고 손상을 방지할 수 있다.

④ 로프는 한 겹으로 사용하는 것을 원칙으로 하고 직경 9㎜ 이하의 로프는 반드시 두 겹으로 한다.

해설 현수로프 설치 원칙★★ 13년 인천 소방장/ 15년 소방장/ 24년 소방교

로프는 안전을 위하여 두 겹으로 사용하는 것을 원칙으로 하고 특히 직경 9㎜ 이하의 로프는 충격력과 인장강도가 떨어지고 손에 잡기도 곤란하므로 반드시 두 겹으로 한다.

52 화학보호복(레벨A) 착용순서이다. 아래 지문 중 가장 먼저 해야 할 사항은?

① 공기호흡기 실린더 개방　　　② 성애방지제 도포

③ 면체를 착용　　　④ 무전기 착용

해설 화학보호복 착용순서★★ 20년 소방장/ 24년 소방교

① 공기조절밸브호스를 공기호흡기에 연결　　② 공기호흡기 실린더를 개방
③ 안면 창에 성애방지제를 도포　　④ 하의 착용
⑤ 등지게 착용　　⑥ 무전기를 착용
⑦ 공기조절밸브에 호스를 연결　　⑧ 면체를 착용
⑨ 헬멧과 장갑 착용
⑩ 보조자를 통해 상의를 착용 후 지퍼를 닫고 공기조절밸브의 작동상태를 확인

정답　**50.** ④　**51.** ④　**52.** ①

53 다음 내용과 관계 깊은 것은?

먼저 상의 옷깃을 세우고 다리 사이로 로프를 넣은 후 뒤쪽의 로프를 오른쪽 엉덩이 부분에서 앞으로 돌려 가슴부분으로 대각선이 되도록 한다.

① 스톱하강
② 헬기하강
③ 신체감기하강
④ 오버행하강

해설 ✿ **신체감기하강**★★ 20년 소방위
① 기구를 사용하지 않고 신체에 직접 현수로프를 감고 그 마찰로 하강하는 방법이다.
② 긴급한 경우 이외에는 사용하지 않는다.
③ 수직하강보다는 경사면에서 하강할 경우에 활용도가 높다.

54 사다리를 이용한 응급하강에 대한 설명으로 ( )안에 들어갈 내용은?

① 구조대상자가 있는 창문의 상단위로 가로대가 ( )개 정도 올라오도록 사다리를 설치하고 확실히 고정한다.
② 로프를 사다리 최하부의 가로대를 통하게 하고 사다리를 거쳐 선단보다 2~3개 밑의 가로대 위에서 뒷면을 통해 로프를 내려 양끝을 바로 매기로 연결한다.
③ 로프에 약 ( )m 간격으로 ( )매듭을 만든다.

① 5, 2.5, 8자
② 3, 5, 고정
③ 5, 5, 나비
④ 3, 2.5, 옭

해설 ✿ **사다리를 이용한 응급하강**★ 14년 소방장/ 24년 소방교
2~3층 정도의 높이에서 다수의 구조대상자를 연속 하강시켜 구출하는 방법이다. 구조대상자의 안전과 원활한 작업을 하기 위해서는 사다리를 지지하는 대원과 로프를 확보하는 대원, 유도하는 대원이 필요하다.
① 구조대상자가 있는 창문의 상단위로 가로대가 5개 정도 올라오도록 사다리를 설치하고 확실히 고정한다.
② 로프를 사다리 최하부의 가로대를 통하게 하고 사다리를 거쳐 선단보다 2~3개 밑의 가로대 위에서 뒷면을 통해 로프를 내려 양끝을 바로 매기로 연결한다.
③ 로프에 약 2.5m 간격으로 8자매듭을 만든다.
④ 확보로프의 신축성을 고려하여 안전을 확보하고 1명씩 차례대로 하강시켜 구출 한다. 무리한 속도로 하강시키지 말고 차분하고 안전하게 실시한다.

55 구조대상자 1인 운반법에서 긴급한 상황에서 단거리를 이동하는 경우에 사용하는 방법이 아닌 것은?

① 소방관 운반
② 구조대상자 끌기
③ 담요를 이용한 끌기
④ 경사 끌기

정답 53. ③   54. ①   55. ①

해설 **1인 운반법 구출 및 운반**
① 1인운반 : 끌기(구조대상자, 담요를 이용, 경사), 업기(소방관운반, 끈업기)
② 2인운반 : 들어올리기, 의자활용하기

56 연기 속에서 "산소농도가 9%"일 때 증상으로서 옳은 것은?

① 어지러움
② 의식불명
③ 두통
④ 호흡이 증가

해설 ✿ **산소 부족 시 발생하는 신체적 증상** * 16년, 19년 소방장

산소농도	증 상
21 %	–
17 %	산소부족을 보충하기 위해 호흡이 증가하며 근육운동에 장애를 받는 경우도 있다.
12 %	어지러움, 두통, 급격한 피로를 느낀다.
9 %	의식불명
6 %	호흡부전과 이에 동반하는 심정지로 몇 분 이내에 사망한다.

57 중질류, 고무 등이 연소 시 발생하고, 허용농도는 5ppm인 것은?

① 아황산가스
② 염화수소
③ 시안화수소
④ 암모니아

해설 아황산가스의 발생조건은 중질유/ 고무/ 황화합물 등이며/ 허용용도는 5ppm 이다. * 19년 소방장

58 헬리콥터 하강에 대한 설명으로 다음 ( )안에 들어갈 내용은?

착지점 약 ( )m 상공에서 서서히 제동을 걸기 시작 지상 약 ( )m 위치에서는 반드시 정지할 수 있는 스피드까지 낮추어 지상에 천천히 착지한다. 이때 로프가 접지된 것을 반드시 재확인하여야 한다.

① 10, 5
② 20, 5
③ 10, 3
④ 20, 3

해설
헬기 하강 시 착지점 약 10m 상공에서 서서히 제동을 걸리 시작, 지상 약 3m 위치에서 반드시 정지할 수 있는 스피드까지 낮추어 지상에 천천히 착지한다. * 22년 소방위

정답 **56.** ② **57.** ① **58.** ③

59 "화재현장의 검색 요령"으로서 옳은 것은?

① 화재가 진압되어 위험 요인이 다소 진정된 후에 진행한다.

② 포복자세로 계단을 오를 때에는 머리, 내려갈 때에는 다리부터 내려가는 것이 안전하다.

③ 먼저 방의 중심부를 검색하고 후미진 곳으로 이동한다.

④ 화점 먼 곳에서 검색을 시작해서 진입한 문 쪽으로 되돌아가면서 하나하나 확인한다.

해설 ✿ **1차 검색과 2차 검색**★★ 12년 소방위/ 14년, 24년 소방장

1차 검색	① 화재 진행도중 검색작업이 진행되는 것을 말한다. ② 포복자세로 계단을 오를 때에는 머리, 내려갈 때에는 다리부터 내려가는 것이 안전하다. ③ 먼저 후미진 곳을 검색하고 방의 중심부로 이동한다. ④ 검색이 진행되는 동안 연기와 화재의 확산을 막기 위해서 불이 붙지 않은 장소의 문은 닫는다. ⑤ 화점 가까운 곳에서 검색을 시작해서 진입한 문 쪽으로 되돌아가면서 확인한다.
2차 검색	① 화재가 진압되어 위험 요인이 다소 진정된 후에 진행한다. ② 다른 생존자를 발견하고 혹시 존재할지도 모르는 사망자를 확인하는 작업이다. ③ 화재진압과 환기작업이 완료되면 2차 검색을 위한 대원들을 진입시킨다. ④ 1차 검색과 마찬가지로 좋은 소식이든 나쁜 소식이든 확인되는 사항이 있으면 즉시 보고한다.

60 고층빌딩의 검색순서로서 바르게 나열된 것은?

① 바로 위층 – 최상층 – 다른 층 – 불이 난 층

② 최상층 – 다른 층 – 불이 난 층 – 바로 위층

③ 다른 층 – 불이 난 층 – 바로 위층 – 최상층

④ 불이 난 층 – 바로 위층 – 최상층 – 다른 층

해설
고층빌딩의 인명검색순서 : 불이 난 층 – 바로 위층 – 최상층 – 다른 층

61 "구조대원이 화재현장에서 갇혔거나 길을 잃었을 경우" 조치할 사항으로서 틀린 것은?

① 혼자서 탈출해야 하는 경우 가장 손쉬운 방법은 호스를 따라서 나가는 것이다.

② 커플링의 결합부위를 찾아서 암 커플링이 향하는 쪽으로 기어 나간다.

③ 의식이 흐려지면 랜턴이 천장을 비추도록 놓고 출입문 가운데나 벽에 누워서 발견되기 쉽게 한다.

④ 비교적 안전하다고 생각되는 장소로 대피해서 인명구조경보기(PASS)를 작동시킨다.

해설
암커플링이 향하는 방향은 관창 쪽이 되어 화점으로 향하게 된다.★★★ 13년 소방위/ 14년 소방교/ 21년, 23년 소방위/ 24년 소방교

정답 | 59. ② 60. ④ 61. ② |

62 구조대원이 착용한 "공기호흡기에 이상발견 시 조치사항"으로서 옳지 않은 것은?

① 당황하게 되면 호흡이 빨라지고 공기소모량이 많아진다.

② 동작을 멈추고 자세를 낮추어 앉거나 포복자세로 엎드린다.

③ 공기가 얼마 남지 않았다면 건너뛰기 호흡법을 활용한다.

④ 양압조정기 손상일 경우 바이패스 밸브를 절대 열지 않도록 한다.

해설 **양압조정기의 고장*** 21년 소방위

• 양압조정기가 손상을 입어 공기공급이 중단되었을 경우에는 바이패스 밸브를 열어 면체에 직접 공급 되도록 한다.
• 최근 보급되는 공기호흡기는 면체에 적색으로 표시된 바이배스 밸브가 있다. 바이패스 밸브를 열어 숨을 들이 쉰 후 닫고 다음 번 호흡 시에 다시 열어준다.

63 자동차사고에 있어서 현장 도착 전에 파악해야 할 사항은?

① 도로의 상황(교통량, 도로 폭, 도로 포장여부)

② 지형(높은 공, 낮은 공, 지반의 강약, 주변의 가옥밀집도)

③ 철도와 관계된 사고

④ 구조대상자의 상황(몇 명, 사상자 여부, 부상자 상태)

해설 ✿ **출동도중에 취할 조치*** 20년 소방위

1. 도로의 상황(교통량, 도로 폭, 도로 포장여부)
2. 지형(높은 공, 낮은 공, 지반의 강약, 주변의 가옥밀집도)
3. 철도와 관계된 사고

64 차량의 위험요인 제거에 대한 설명으로 틀린 것은?

① 가스가 완전히 배출될 때 까지 구조작업을 연기하는 것이 좋지만 긴급한 경우라면 고압 분무 방수를 활용해서 가스를 바람 부는 방향으로 희석시키면서 작업하도록 한다.

② 누출된 기체연료 처리는 바람을 등지고 접근하며 낮은 지점 풍하 측에 위치한다.

③ 액체 연료인 경우에는 모래나 흡착포로 연료를 흡수시켜 처리하는 것이 좋다.

④ 에어백이 장착된 차량에서 배터리는 +선부터 차단한다.

해설 ✿ **차량사고 구조활동*** 18년, 20년 소방장

1. 배터리는 - 선부터 제거
2. 구조차량은 높은 지점 풍상 측에 위치
3. 에어백은 2층까지 사용
4. 사고지점에서 15m에 소방차량 주차

📖 정답 | **62.** ④ **63.** ④ **64.** ④ |

65 차량사고 시 현장파악에 대한 설명으로서 옳은 것은?

① 구조대원이 현장에 처음 도착하는 순간부터 시작하여야 한다.
② 구조차량 주차는 사고 장소의 전면에 주차하는 것이 좋다.
③ 신속한 구조를 위하여 양방향의 차로 통행로는 통제하는 것이 좋다.
④ 사고 장소에서 가급적 먼 곳에 주차한다.

> **해설** ✚ **자동차 사고 시 현장파악**★★ 11년, 12년 소방장
> 현장파악은 구조대원이 현장에 처음 도착하는 순간부터 시작하여야 한다.
> ※ 구조차량의 주차
> 1. 구조대원이나 장비가 쉽게 도달할 수 있을 만큼 가까운 곳에 주차한다.
> 2. 너무 가까운 곳에 주차하여 구조활동에 장애를 주어서는 안 된다.
> 3. 구조차량은 지나가는 차량들로부터 현장을 보호하기 위하여 일시적으로나마 방벽 역할을 하고 후속 차량들이 구조 차량의 경광등을 보고 사고 장소임을 인식할 수 있도록 사고 장소의 후면에 주차하는 것이 좋다.
> 4. 교통흐름을 막지 않도록 최소한 한 개 차로의 통행로는 확보하는 것이 좋다.

66 자동차 사고 시 구조차량 주차와 관련하여 다음 (   ) 안에 내용에 들어갈 내용은?

> 제한속도 80km/h인 도로에서 사고가 발생한 경우 사고지점의 후방 (   ) 정도에 구조차량이 주차하고 후방으로 (   ) 이상 유도표지를 설치한다.

① 15m, 80m
② 30m, 60m
③ 20m, 50m
④ 45m, 80m

> **해설**
> 제한속도 80km/h인 도로에서 사고가 발생한 경우 사고지점의 후방 15m 정도에 구조차량이 주차하고 후방으로 80m 이상 유도표지를 설치한다.★ 16년 소방교/ 17년 소방위/ 18년, 24년 소방장

67 차량하단부에 구조대상자가 깔려있는 상황에서 가장 먼저 조치해야 할 사항은?

① 사고차량 고정
② 에어백 설치
③ 차량의 이동
④ 구조대상자 주위에 장애물 제거

> **해설**
> 현장파악이 완료되면 사고차량이 움직이지 않도록 고정한다. 이것은 차량손상의 확대, 구조대상자의 부상악화 또는 구조대원의 부상 방지를 위해 반드시 조치해야 할 사항이다. 가장 적절한 고정 방법은 바퀴에 고임목을 설치하고 차량과 지면 사이에는 단단한 버팀목을 대는 것이다. 사고 차량과 지면의 접촉면적을 최대한 넓게 하면 차량의 흔들림은 최소화된다.

정답   65. ①   66. ①   67. ①

68 제한속도 100㎞인 차량사고 현장(직선도로)에 구조대 출동 시 사고차량과 유도표지와의 거리는 몇 미터인가?

① 95m
② 115m
③ 125m
④ 135m

해설

제한속도 100㎞인 경우 100m + 구조대 공간 15m = 115m★ 18년 소방장

69 차량사고 현장의 "에어백 사용요령"으로 잘못된 것은?

① 에어백은 단단한 표면에 놓는다.
② 공기는 신속히 주입하고 지속적으로 균형유지에 주의한다.
③ 에어백을 겹쳐서 사용할 때에는 2층을 초과하지 않도록 한다.
④ 작은 백을 위에 놓고 큰 백을 아래에 놓는다.

해설 ✪ 에어백★ 14년, 18년, 23년 소방장

① 에어백은 단단한 표면에 놓는다.
② 에어백을 겹쳐서 사용할 때에는 2층을 초과하지 않도록 한다. 작은 백을 위에 놓고 큰 백을 아래에 놓는다.
③ 에어백을 사용할 때에는 반드시 충분한 버팀목을 준비해서 에어백이 팽창되는 것과 동시에 측면에서 버팀목을 넣어준다.
④ 공기는 천천히 주입하고 지속적으로 균형유지에 주의한다.
⑤ 날카롭거나 뜨거운 표면에 에어백이 직접 닿지 않게 한다.
⑥ 자동차는 물론이고 어떤 물체든 에어백만으로 지탱해서는 안 된다. 에어백이 필요한 높이까지 부풀어 오르면 버팀목을 완전히 끼우고 공기를 조금 빼내서 에어백과 버팀목으로 하중이 분산되도록 한다.

70 차량 에어백은 (   )의 속도로 팽창, 배터리 전원차단은 (   )선부터 차단한다. ( ) 안에 알맞은 것은?

① 322km/h, −선
② 232km/h, −선
③ 152km/h, +선
④ 112km/h, +선

해설

에어백은 322km/h의 엄청난 속력으로 팽창하면서 구조대상자나 구조대원에게 충격을 가할 수 있고 차량은 전원이 제거된 후에도 10초 내지 10분간 에어백을 동작시킬 수 있다.★ 18년 소방장 / 20년 소방장

정답 68. ② 69. ② 70. ①

71 "사고차량 전면유리 제거요령"으로서 잘못된 것은?

① 차 유리 절단기를 이용해서 유리창을 톱으로 썰어내듯 절단한다.
② 유리 절단기의 끝 부분으로 전면 유리창의 양쪽 모서리를 내려쳐서 구멍을 뚫는다.
③ 깨어진 유리에 손상을 입지 않도록 유리창에 테이프, 끈끈이 스프레이를 뿌린다.
④ 유리창을 떼어 안전한 곳에 치우고 창틀에 붙은 파편도 완전히 제거한다.

해설 ③ 은 측면유리 제거요령이다.* 20년 소방장

72 "공기구조매트 KFI 인정기준"에 대한 설명으로 잘못된 것은?

① 내부의 압력이 일정하게 유지할 수 있도록 설정압력을 초과하는 때에는 자동 배출되는 구조이어야 한다.
② 구조매트의 보관상태 크기는 0.3㎥ 이하이어야 한다.
③ 부속품(공기압력용기 등)을 포함하여 50kg을 초과하지 아니하여야 한다.
④ 설치하는데 걸리는 시간은 3분을 초과하지 아니하여야 한다.

해설 **설치 및 복원*** 24년 소방교
① 제조사가 제시하는 설치방법에 따라 구조매트를 보관하고 있는 상태에서 낙하자가 낙하할 수 있는 사용상태로 설치하는데 걸리는 시간은 30초를 초과하지 아니하여야 한다.
② 120kg의 모래주머니(800×500)㎜를 사용높이에서 연속하여 2회 떨어뜨린 후 모래주머니를 낙하면에서 제거한 시점부터 최초 사용대기상태로 복원되는 시간은 10초를 초과하지 아니하여야 한다. 이 경우, 모래주머니를 떨어뜨리는 간격은 제조사가 제시하는 시간으로서 최소한 10초를 초과하지 아니하여야 한다.

73 물에 빠진 사람을 구출하는 방법으로서 옳지 않은 것은?

① 구조대원이 수영해서 구조하는 방법이 최우선이다.
② 구조대원은 직접 물에 들어가지 말고 장대나 노 같은 것을 익수자에게 먼저 던져준다.
③ 구출하는 4가지 원칙은 던지고, 끌어당기고, 저어가고, 수영한다.
④ 수영실력이 상당한 구조대원이라 하더라도 맨몸으로 구출한다는 것은 매우 어렵다는 것을 명심해야 한다.

해설 구조대원이 수영해서 구조하는 방법은 최후의 선택방법이다.

정답 | **71.** ③ **72.** ④ **73.** ① |

74 "인간사슬 구조요령" 중 잘못된 것은?

① 물살이 세거나 수심이 얕아 보트의 접근이 불가능한 장소에서 적합한 방법이다.

② 4~5명 또는 5~6명이 서로의 팔목을 잡아 쇠사슬 모양으로 길게 연결한다.

③ 서로를 잡을 때는 손목이 아니라 각자의 손바닥 위를 잡아야 연결이 끊어지지 않는다.

④ 이동하여야 하는 경우에는 물속에서는 발을 들지 말고 발바닥을 끌면서 이동하여야 한다.

해설 ✿ 서로를 잡을 때는 손바닥이 아니라 각자의 손목 위를 잡아야 연결이 끊어지지 않는다.

75 "구명보트에 의한 구조요령"으로 잘못된 것은?

① 보트는 바람을 등지고 구조대상자에게 접근하는 것이 좋다.

② 작은 보트로 구조할 때는 좌우 측면으로 끌어올리는 것이 안전하다.

③ 구조대상자가 의식이 있고 기력이 충분할 경우 매달고 육지로 운행하는 방안도 강구한다.

④ 흘러가는 방향으로 따라가면서 구조하는 것이 보다 용이하다.

해설 ✿ 작은 보트로 구조할 때에 전면이나 후면으로 끌어올리는 것이 안전하다.

76 의식이 있을 때 가장 많이 사용하는 "가슴잡이"에 대한 설명으로 옳은 것은?

① 구조대상자 후방으로 접근하여 오른손을 뻗어 구조대상자의 오른쪽 겨드랑이를 잡아 끌 듯이 하며 위로 올린다.

② 구조대원이 구조대상자의 후방으로 접근하여 한쪽 손으로 구조대상자의 같은 쪽 겨드랑이를 잡는다.

③ 구조대원은 오른손으로 구조대상자의 오른손을 잡는다.

④ 구조대상자의 자세가 수직일 경우에는 두 팔로 겨드랑이를 잡고 팔꿈치를 구조대상자의 등에 댄다.

해설 **가슴잡이** ⭐ 14년 소방장/ 23년 소방교, 소방장

1. 구조대상자 후방으로 접근하여 오른손을 뻗어 구조대상자의 오른쪽 겨드랑이를 잡아 끌 듯이하며 위로 올린다.

2. 가능하면 구조대상자의 자세가 수평을 유지하도록 하는 것이 좋다.

3. 동시에 구조대원의 왼팔은 구조대상자의 왼쪽 어깨를 나와 오른쪽 겨드랑이를 감아 잡는다.

4. 이어 힘찬 다리차기와 함께 오른팔의 동작으로 구조대상자를 수면으로 올리며 이동을 시작한다.

5. 그러나 구조대상자가 물위로 많이 올라올수록 구조대원이 물속으로 많이 가라앉아 호흡이 곤란할 수도 있음을 유의하여야 한다.

정답 | **74.** ③　**75.** ②　**76.** ①

77 "빙상사고 구조요령"으로 옳지 않은 것은?

① 얇은 얼음의 경우 헬리콥터를 이용하여 구조하는 것이 바람직하다.

② 얇은 얼음의 범위가 넓어 접근이 힘든 경우 복식사다리를 이용하는 방법을 강구한다.

③ 두꺼운 얼음일 경우 신속한 접근이 가장 중요하며 반드시 구명로프를 연결한 구명부환 등 구조 장비를 휴대하고 접근하여야 한다.

④ 얼음 속으로 잠수하는 경우 반드시 습식 잠수복을 착용해야 한다.

해설 반드시 건식잠수복만을 착용해야 한다.* 17년 소방장

78 "잠수물리"에 대한 설명 중 옳지 않은 것은?

① 수중에서는 대기보다 소리가 4배 정도 빠르게 전달된다.

② 수중에서는 빛의 굴절로 물체가 실제보다 25% 정도 가깝고 크게 보인다.

③ 물은 공기보다 약 4배 빨리 열을 전달한다.

④ 바닷물에서는 수심 매 10m(33피트)마다 수압이 1기압씩 증가된다.

해설 물은 공기보다 약 25배 빨리 열을 전달한다.*** 13년 소방장/ 14년 소방교/ 15년 소방장/ 16년, 19년 소방교/ 23년 소방교

79 잠수표의 원리에 대한 설명으로 "핸리의 법칙"과 관계없는 것은?

① 압력 하의 기체가 액체 속으로 용해되는 법칙을 설명하는 것이다.

② 압력이 2배가 되면 2배의 기체가 용해된다는 개념이다.

③ 스쿠버 다이빙 때에 그 압력 하에서 호흡하는 공기 중의 질소가 체내조직에 유입되는 과정과 관계가 있다.

④ 용해되는 압력이 다시 환원되는 압력의 2배를 넘지 않는 한 신체는 감압병으로부터 안전하다.

해설 ✿ 잠수표의 원리** 12년 소방장/ 13년 소방장/ 20년 소방위

할덴의 이론	용해되는 압력이 다시 환원되는 압력의 2배를 넘지 않는 한 신체는 감압병으로부터 안전하다는 이론이다. 오늘날 사용되는 미해군 잠수표(테이블)은 이러한 이론에 기초를 둔 것이다. 제한된 시간과 수심으로 정리된 테이블에 따르면 감압병을 일으키는 거품이 형성되지 않는다. 상승속도는 유입되는 질소의 부분압력이 지나치지 않을 정도의 수준에서 지켜져야 한다.

정답   77. ④   78. ③   79. ④

80 수심 20m일 경우 공기소모율은?

① 15(L/분) ② 30(L/분)
③ 45(L/분) ④ 60(L/분)

해설 ✿ 수심과 공기소모량의 관계* 13년 소방장/ 16년, 19년, 20년, 23년 소방교

수심(m)	절대압력(atm)	소모시간(분)	공기소모율(L/분)
0	1	100	15
10	2	50	30
20	3	33	45
30	4	25	60
40	5	20	75

81 잠수장비에 대한 내용으로 옳은 것은?

① BC는 사용 후 깨끗한 물로 씻어야 하고, 내부는 물이 들어가지 않게 주의해서 통풍이 잘되는 곳에서 말려야 한다.
② 본인에게 알맞은 중량벨트의 선택방법은 모든 장비를 착용한 상태에서 턱 높이에 수면이 위치하도록 하는 것이다.
③ 잠수복은 수온이 13℃ 이하에서는 발포고무로 만든 습식잠수복을 착용하고 수온이 24℃ 이하로 낮아지면 건식잠수복을 착용하도록 권장한다.
④ 오리발은 사용 후에는 햇빛을 피하여 민물로 씻어서 보관하여야 하며 장기간 보관 시에는 고무 부분에 분가루나 실리콘 스프레이를 뿌려 두는 것이 좋다.

해설 **잠수장비*** 22년 소방위/ 24년 소방장
• BC는 사용 후 깨끗한 물로 씻어야 하고, 내부도 물로 헹구어서 통풍이 잘되는 곳에서 말려야 한다.
• 본인에게 알맞은 중량벨트의 선택방법은 모든 장비를 착용한 상태에서 눈높이에 수면이 위치하도록 하는 것이다.
• 잠수복은 수온이 24℃ 이하에서는 발포고무로 만든 습식잠수복을 착용하고 수온이 13℃ 이하로 낮아지면 건식잠수복을 착용하도록 권장한다.

정답 **80.** ③ **81.** ④

82 다음 설명과 관계 깊은 것은?

> ㉠ 잠수 후 상승속도를 분당 9m로 유지하면서 수면으로 상승하면 체내의 질소를 한계 수준
> 미만으로 만들 수 있다.
> ㉡ 상승 중 감압정지를 하지 않고 일정의 수심에서 최대로 머물 수 있는 시간이 수심에 따라
> 제한되어 있다.

① 안전정지　　　　　　　　　　② 수면 휴식시간
③ 감압시간　　　　　　　　　　④ 최대잠수가능시간

해설 ✿ **최대 잠수가능 시간*** 22년 소방장
1. 잠수 후 상승속도를 분당 9m로 유지하면서 수면으로 상승하면 체내의 질소를 한계 수준 미만으로 만들 수 있다.
2. 상승 중 감압정지를 하지 않고 일정의 수심에서 최대로 머물 수 있는 시간이 수심에 따라 제한되어 있다.
3. 이것을 "최대 잠수 가능시간" 또는 "무감압 한계시간"이라 한다.
4. 안전을 위해 이러한 최대 잠수 가능시간 내에 잠수를 마쳐야 한다.

83 다음 내용과 관계가 먼 것은?

> 압력이 높은 해저에서 압력이 낮은 수면으로 상승할 때 호흡을 멈추고 있으면 폐의증세 조직이
> 파괴된다.

① 증세 : 기침, 혈포, 의식불명
② 치료법 : 재가압 요법을 사용
③ 병명 : 부전증
④ 예방법 : 부상 시 절대 호흡을 정지하지 말고 급속한 상승을 하지 않는다.

해설 압력이 높은 해저에서 압력이 낮은 수면으로 상승할 때 호흡을 멈추고 있으면 폐의증세 조직이 파괴되는데 이를 공기 색전증이라
한다.** 17년 소방교/ 18년 소방교·소방장/ 21년 소방교

84 다음 중 "질소마취"증세에 대한 설명으로 옳은 것은?

① 근육의 경련, 멀미, 현기증, 발작, 호흡곤란증상이 나타난다.
② 호흡이 가빠지고 숨이 차며 안면 충혈과 심할 경우 실신하기도 한다.
③ 기침, 혈포, 의식불명 등이 발생하고 재가압 요법으로 치료해야 한다.
④ 몸이 나른해지고 정신이 흐려져 올바른 판단을 내릴 수 없으며 술에 취한 것과 같은 기분이
들어 엉뚱한 행동을 하게 된다.

정답 | 82. ④　83. ③　84. ④ |

해설	**질소마취**★★ 17년 소방위/ 18년 소방교·소방장/ 23년 소방장

증세	몸이 나른해지고 정신이 흐려져 올바른 판단을 내릴 수 없으며 술에 취한 것과 같은 기분이 들어 엉뚱한 행동을 하게 된다.
치료법	질소마취는 후유증이 없기 때문에 질소마취에 걸렸다 하더라도 수심이 얕은 곳으로 올라오면 정신이 다시 맑아진다.
예방법	스포츠 다이빙에서는 30m 이하까지 잠수하지 않는 것이 좋다.

85 수난구조 시 줄을 이용한 탐색방법으로 다음 내용과 관계 깊은 것은?

> 시야가 좋지 않으며 탐색면적이 좁고 수심이 깊을 때 활용하는 방법이다.

① 원형탐색방법　　　　　　　② 왕복탐색방법
③ U자 탐색방법　　　　　　　④ 소용돌이 탐색방법

해설 ◐ **원형탐색**★ 16년 소방교/ 18년 소방위/ 22년 소방교/ 24년 소방위
시야가 좋지 않으며 탐색면적이 좁고 수심이 깊을 때 활용하는 방법이다.
① 인원과 장비의 소요가 적은 반면 탐색할 수 있는 범위가 좁다.
② 탐색 구역의 중앙에서 구심점이 되어 줄을 잡고, 다른 한 사람이 줄의 반대쪽을 잡고 원을 그리며 한바퀴 돌면서 탐색한다.
③ 출발점으로 한바퀴 돌아온 뒤에 중앙에 있는 사람이 줄을 조금 풀어서 더 큰 원을 그리며 탐색하는 방법을 반복한다. 물론 줄은 시야거리 만큼씩 늘려나간다.

86 잠수에 사용되는 용어에 대한 설명으로 잘못된 것은?

① 실제잠수시간이란 수면에서 하강하여 최대수심에서 활동하다가 상승을 시작할 때까지의 시간을 말한다.
② 잔류질수시간이란 체내의 잔류 질소량을 잠수하고자 하는 수심에 따라 결정되는 시간으로 바꾸어 표현한 것이다.
③ 재 잠수란 스쿠버 잠수 후 1시간 이후에서부터 12시간 내에 실행되는 스쿠버 잠수를 말한다.
④ 안전정지란 모든 스쿠버잠수 후 상승할 때에 수심 5m 지점에서 약 5분간 정지하여 상승속도를 완화한다.

해설 재 잠수란 스쿠버 잠수 후 **10분** 이후에서부터 **12시간** 내에 실행되는 스쿠버 잠수를 말한다.★ 20년 소방장/ 23년 소방위

정답　85. ①　86. ③

87 "화재 시 "콘크리트 변색순서"로 옳은 것은?

① 붉은색 - 회색 - 황갈색 - 연홍색
② 연홍색 - 붉은색 - 회색 - 황갈색
③ 붉은색 - 회색 - 연홍색 - 황갈색
④ 연홍색 - 붉은색 - 황갈색 - 회색

해설 ✪ 화재가 콘크리트에 미치는 영향★ 17년 소방위

- 230℃까지는 정상
- 290℃~590℃ : 연홍색이 붉은 색으로 변색
- 590℃~900℃ : 붉은색이 회색으로 변색
- 900℃ 이상 : 회색이 황갈색으로 변색(석회암은 흰색으로 변색)

88 "콘크리트에 일정한 하중을 주면 더 이상 하중을 증가시키지 않아도 시간의 흐름에 따라 변형이 더욱 진행되는 현상"의 증가원인으로 옳지 않은 것은?

① 시멘트비 (W/C)가 적을수록
② 재령이 적은 콘크리트에 재하시기가 빠를수록
③ 재하응력이 클수록
④ 양생이 나쁜 경우

해설 ✪ 콘크리트의 클리프(Creep)★ 24년 소방장

콘크리트에 일정한 하중을 주면 더 이상 하중을 증가시키지 않아도 시간의 흐름에 따라 변형이 더욱 진행되는 현상을 말하며 클리프의 증가원인은 다음과 같다.
- 재령이 적은 콘크리트에 재하시기가 빠를수록
- 물 : 시멘트비 (W/C)가 클수록
- 대기습도가 적은 곳에 콘크리트를 건조상태로 노출시킨 경우
- 양생이 나쁜 경우
- 재하응력이 클수록 증가한다.

89 콘크리트 화재성상에 대한 설명으로 틀린 것은?

① 콘크리트가 고온을 받으면 알칼리성을 지배하고 있는 $Ca(OH)_2$가 소실되며 따라서 철근부동태막(부식을 방지하는 막)이 상실, 콘크리트가 중성화된다.
② 콘크리트는 약 800℃에서 강도가 저하되기 시작한다.
③ 표면온도와 콘크리트 내부의 온도 차이에 의한 열팽창율 차이에 따라 내부 응력이 발생하고 이 열응력이 콘크리트의 압축강도 보다 커지면 균열이 발생한다.
④ 박리 속도는 온도 상승 속도와 비례하며 콘크리트 중의 수분함량이 많을수록 박리발생이 용이하다.

해설 ✪ 콘크리트의 화재성상 압축강도의 저하★ 18년, 24년 소방위

콘크리트는 약 300℃에서 강도가 저하되기 시작하는데 힘을 받고 있지 않은 경우에 강도 저하가 더 심하게 일어나며 응력이 미리 가해진 상태에서는 온도의 영향을 늦게 받는다.

정답 87. ② 88. ① 89. ②

90 암벽사고 구조장비 중 유동 확보물로 옳게 짝지어진 것은?

㉠ 너트	㉡ 후렌드
㉢ 피톤	㉣ 하켄

① ㉠ ㉡   ② ㉠ ㉢

③ ㉡ ㉢   ④ ㉢ ㉣

해설
확보물은 등반자가 추락했을 때 제동시키는 일종의 지지점이다. 암벽에 망치로 두들겨 박은 볼트나 피톤 등은 고정확보물
이라 하고 바위가 갈라진 틈새에 설치하는 너트나 후렌드류는 유동확보물이라 한다.* 18년 소방교

91 다음 ( )안에 들어갈 내용은?

안전지역은 건물 ( ) 이상으로 한다. 대원은 물론이고 소방차도 이 붕괴 안전지역 밖으로 이동
해야 한다.

① 건물 높이의 1.5배 이상   ② 건물 높이의 2배 이상

③ 건물 둘레의 1.5배 이상   ④ 건물 둘레의 3배 이상

해설
붕괴안전지역은 건물 높이의 1.5배 이상으로 한다. 대원은 물론이고 소방차도 이 붕괴 안전지역 밖으로 이동해야 한다.
* 13년 소방장/ 18년 소방교/ 22년 소방위

92 건물붕괴의 유형 중 생존자가 발견될 것으로 예측되는 공간이 거의 생기지 않는 유형은?

① 경사형 붕괴   ② 팬케이크형 붕괴

③ V자형 붕괴   ④ 캔틸레버형 붕괴

해설 **팬케이크형 붕괴*** 11년 소방장/ 22년 소방교, 소방장
① '시루떡처럼 겹쳐졌다'는 표현으로서 마주보는 두 외벽에 모두 결함이 발생하여 바닥이나 지붕이 아래로 무너져
　 내리는 경우에 발생한다.
② 팬케이크 붕괴에 의해 형성되는 공간은 다른 경우에 비해 협소하며 어디에 형성될는지 파악하기가 곤란하다.
③ 생존자가 발견될 것으로 예측되는 공간이 거의 생기지 않는 유형이지만 잔해 속에 생존자가 있다고 가정하고 구조
　 활동에 임하여야 한다.

정답　 90. ①　 91. ①　 92. ②

93 "붕괴사고 현장 구조의 4단계" 중 3단계에 해당되는 것은?

① 일반적인 잔해제거　　　　　　② 정찰

③ 부분 잔해제거　　　　　　　　④ 신속한 구조

> **해설** **1단계(신속한 구조) - 2단계(정찰) - 3단계(부분 잔해 제거) - 4단계(일반적 잔해 제거)**
> ★ 14년 소방위/ 16년 소방장/ 20년, 21년 소방교

94 화재 시 경계하여야 할 건물붕괴 징후 가능성이 가장 낮은 것은?

① 철근콘크리트 건물의 외부 마감재가 떨어져 내릴 때

② 벽에 버팀목을 대 놓는 등 불안정한 구조로 보강한 흔적 있을 때

③ 삐걱거리거나 갈라지는 소리 등 비정상적 소음이 날 때

④ 석조 벽 사이 모르타르가 약화되어 기울어질 때

> **해설** ✚ **화재에서 경계하여야 할 건물붕괴 징후** ★ 18년 소방위/ 20년 소방교
> 1. 벽이나 바닥, 천장 그리고 지붕 구조물에 금이 가거나 틈이 있을 때
> 2. 벽에 버팀목을 대 놓는 등 불안정한 구조를 보강한 흔적이 있을 때
> 3. 엉성한 벽돌이나 블록, 건물에서 석재가 떨어져 내릴 때
> 4. 석조 벽 사이의 모르타르가 약화되어 기울어질 때
> 5. 건축 구조물일 기울거나 비틀어져 보일 때
> 6. 대형 기계장비나 집기 등 무거운 물체가 있는 아래층의 화재
> 7. 건축 구조물이 화재에 오랫동안 노출되었을 때
> 8. 비정상적인 소음(삐걱거리거나 갈라지는 소리 등)이 날 때
> 9. 건축구조물이 벽으로부터 물러났을 때

95 "헬기 안전수칙"으로 잘못된 것은?

① 항상 조종사의 가시권 내에서 타거나 내려야 한다.

② 꼬리부분의 날개에 위험성이 있기 때문에 뒤쪽으로 접근하는 것은 엄금한다.

③ 구조대원의 신호가 있기 전까지는 헬기에 절대 다가서서는 안 된다.

④ 들것이나 우산, 스키 등 긴 물체는 가급적 수평으로 휴대한다.

> **해설** ✚ **헬기안전수칙** ★ 22년 소방위
> 1. 항상 조종사의 가시권내에서 헬기에 타거나 내려야 한다.
> 2. 조종사의 신호가 있기 전까지는 헬기에 다가가서는 안 된다.
> 3. 조종사의 허가 없이는 기체 내로 들어가서는 안 되며, 탑승 시에는 머리를 숙인 자세로 올라타고 내려야 한다.
> 4. 꼬리부분의 날개에 위험성이 있기 때문에 뒤쪽으로 접근하는 것은 엄금한다.
> 5. 이륙하거나 착륙할 때 모든 사람들은 기체로부터 떨어져 있어야 한다.
> 6. 모자는 손에 들거나 끈을 단단히 조이고 착용하여야 하며 가벼운 자켓이나 조끼를 입어야 한다. 로터의 하향풍에 모자가 날려서 무의식적으로 이를 잡으려다가 사고가 발생할 수도 있다.
> 7. 들것이나 우산, 스키 등 긴 물체는 날개에 닿지 않도록 수평으로 휴대한다.

정답 | **93.** ③　**94.** ①　**95.** ③ |

96 붕괴건물의 버팀목과 "지주설치" 요령으로 옳지 않은 것은?

① 같은 크기의 나무기둥은 지주가 짧을수록 더 큰 하중을 견딜 수 있다.

② 사고예방을 위하여 터널 안의 모든 것에 버팀목을 대는 것이 좋다.

③ 같은 단면을 가지는 직사각형 기둥보다는 정방형 기둥이 더 큰 하중을 견딘다.

④ 무거운 것보다는 가벼운 버팀목을 사용하는 것이 더 안전하다.

해설 가벼운 것보다는 무거운 것이 더 안전하다.* 20년 소방위

97 헬리포트나 헬리패드가 없는 경우 착륙장 선정 시 고려사항으로서 옳은 것은?

① 수직 장애물이 없는 평탄한 지역(지면경사도 18도 이내)을 선정한다.

② 착륙장소와 장애물과의 경사도가 30도 이내로 이착륙이 가능한 곳을 선정한다.

③ 이착륙 경로(Flight Path) 10m 이내에 장애물이 없어야 한다.

④ 깃발, 연기, 연막탄 등으로 헬기 착륙을 유도한다.

해설 ✪ **헬리포트가 없는 장소에서 착륙장을 선정하는 경우 고려사항*** 23 소방장
1. 수직 장애물이 없는 평탄한 지역(지면경사도 8° 이내)
2. 고압선, 전화선 등 장애물이 없는 곳
3. 착륙장소와 장애물과의 경사도가 12°이내로 이착륙이 가능한 곳을 선정한다.
4. 이착륙 경로(Flight Path) 30m 이내에 장애물이 없어야 한다.
5. 깃발, 연기, 연막탄 등으로 헬기 착륙을 유도한다.
6. 헬기의 바람에 날릴 우려가 있는 물체는 고정시키거나 제거하고 가능하면 먼지가 날지 않도록 표면에 물을 뿌려둔다.
7. 착륙지점 주변의 출입을 금지하며 경계요원을 배치한다.

98 헬기 유도요령으로 잘못된 것은?

① 현장에 자동차가 있는 경우 헤드라이트를 이용하여 착륙지점을 비추면 좋다.

② 유도 시에는 바람을 등지고 서서 헬기가 정면에서 바람을 맞을 수 있도록 유도한다.

③ 착륙장소로부터 가까운 곳에 위치하고 헬기에서 잘 관측할 수 있는 곳을 택한다.

④ 현장에서 헬기를 유도하는 요원은 헬멧을 착용하고 보호안경을 착용한다.

해설 ✪ **헬기유도**
1. 헬기의 착륙을 유도하기 위해서는 수신호를 익혀두어야 한다.
2. 현장에서 헬기를 유도하는 요원은 헬멧을 착용하고 보호안경을 착용한다.
3. 착륙장소로부터 충분히 떨어져있고 헬기에서 잘 관측할 수 있는 곳을 택한다.
4. 유도 시에는 바람을 등지고 서서 헬기가 정면에서 바람을 맞을 수 있도록 유도한다.
5. 야간의 경우 조명은 필수적이다. 조명이 잘 갖추어져 있는 곳은 조종사의 지각을 도와준다.
6. 구조대원 개인적 조명등 사용을 조심하고, 특히 강한 불빛을 헬기 진행방향의 왼쪽으로 비추거나 조종사에게 직접적으로 빛을 비추는 것은 금지해야 한다.
7. 현장에 자동차가 있는 경우 헤드라이트를 이용하여 착륙지점을 비추면 좋다.

정답 **96.** ④ **97.** ④ **98.** ③

99 헬기유도 수신호 "공중정지"에 대한 수신호 요령이 맞는 것은?

① 주먹을 쥐고 팔을 머리로 올린다.

② 오른손을 들어 돌린다.

③ 오른손을 뒤로 하고 왼손가락으로 이륙방향 표시

④ 손바닥을 위로 팔을 뻗고 위로 움직임을 반복

해설

엔진시동	이 륙	공중정지	상 승
오른손을 들어 돌린다.	오른손을 뒤로 하고 왼손가락으로 이륙방향 표시한다.	주먹을 쥐고 팔을 머리로 올린다.	손바닥을 위로 팔을 뻗고 위로 움직임을 반복한다.

100 "엘리베이터 안전장치"에 대한 설명으로 옳지 않은 것은?

① 와이어로프의 강도는 최대하중의 5배 이상의 안전율로 설치한다.

② 로프가 끊어져도 평소 이동속도의 1.4배 이상에서 작동되는 브레이크 장치로 인해 추락하지는 않는다.

③ 브레이크도 작동하지 않는 최악의 경우에 대비해 충격을 최소화할 수 있는 충격 완화 장치가 있다.

④ 과속, 과주행에 대해서는 이중안전장치가 있다.

해설 와이어로프의 강도는 최대하중의 **10배 이상**의 안전율로 설치한다.* 20년 소방교

101 다음 설명과 관계 깊은 것은?

> 엘리베이터의 운전 중에는 브레이크슈를 전자력에 의해 개방시키고 정지 시에는 전동기 주회로를 차단시킴과 동시에 스프링 압력에 의해 브레이크슈로 브레이크 휠을 조여서 엘리베이터가 확실히 정지하도록 한다.

① 전자브레이크   ② 조속기

③ 비상정지장치   ④ 리미트스위치

해설 전자브레이크* 22년 소방장

엘리베이터의 운전 중에는 브레이크슈를 전자력에 의해 개방시키고 정지 시에는 전동기 주회로를 차단시킴과 동시에 스프링 압력에 의해 브레이크슈로 브레이크 휠을 조여서 엘리베이터가 확실히 정지하도록 한다.

정답   99. ①   100. ①   101. ①

102 엘리베이터 카의 속도를 일정하게 유지하는 장치는?

① 리미트 스위치
② 조속기
③ 도어 인터록 스위치
④ 전자브레이크

해설 조속기는 카의 속도를 일정하게 유지시키기 위한 장치이다.* 12년 소방장 / 20년 소방교

103 "119구조견 능력"에 관한 내용으로 틀린 것은?

① 냄새를 맡는 능력은 인간의 수천배(3,000~6,000배)이다.
② 사람 냄새를 맡아 추적할 때에 조난자의 냄새를 맡는 거리는 500m~1Km에 달한다.
③ 청각은 8만~10만의 진동음도 감청이 가능하다.
④ 음의 강약에 대해서는 인간의 10배나 뛰어나며 구조현장에서는 인명구조 대원보다 후순위로 투입해야 한다.

해설 ✪ 구조견의 능력

1. 냄새를 맡는 능력은 인간의 수천배(3,000~6,000배)에 이르며, 특히 초산은 4만배 특히 염산은 1백만배로 희석해도 식별할 수 있고, 또한 지방산에 대한 식별력은 보다 뛰어나 인간이 감각하는 1백만분의 1 이하의 농도에서도 판별이 가능하다.
2. 길에 버려진 성냥개비 한 개의 냄새로 버린 사람을 찾아 낼 수 있다. 부유취 냄새로 바람의 방향을 알고 사람 냄새를 맡아 추적할 때에 조난자의 냄새를 맡는 거리는 500m~1Km에 달한다.
3. 청각도 뛰어나 개의 가청 범위도 인간보다도 훨씬 넓다. 인간은 1초에 2만 5천의 진동음 밖에는 듣지 못하는데 비하여 개의 경우는 8만~10만의 진동음도 감청이 가능하다.
4. 음의 강약에 대해서는 인간의 10배나 뛰어나며 음원의 방향정위에 있어서도 인간의 16방향제에 비해 개의 경우는 그 배인 32방향의 구별이 가능하다. 특히 일정 단계의 훈련을 마친 개는 보다 향상된 기능을 갖게 되어 기계나 인간의 힘으로 처리 할 수 없는 어려운 상황에서도 그 뛰어난 능력을 발휘하며 인간에게 도움을 줄 수 있다.

104 다음 중 LNG와 LPG의 특성 비교한 것으로 옳은 것은?

① LNG는 LPG보다 비중이 높고 취사용으로 사용된다.
② 프로판, 부탄은 LPG의 주성분으로서 비중은 프로판이 높다.
③ LNG 주성분은 메탄이며, 자동차 또는 공업용으로 많이 쓰인다.
④ LPG의 주성분인 프로판은 취사용으로 사용되며, 액화온도는 -42℃이다.

해설 ✪ LNG와 LPG의 특성 비교

구 분	주성분	비 중	액화온도	열량(㎥)	폭발범위	용 도
LNG	메 탄	0.6	-162℃	10,500 kcal	5.3~14.0	취사용
LPG	프로판	1.5	-42℃	24,000 kcal	2.2~9.5	취사용
	부 탄	2.0	-0.5℃	30,000 kcal	1.9~8.5	자동차, 공업용

📖 **정답** | 102. ② 103. ④ 104. ④

105 다음 중 가스 상태 분류에서 "용해가스"인 것은?

① 수소
② 아세틸렌
③ 메탄
④ 산화에틸렌

해설 ✚ **가스의 분류** ★ 22년 소방위

구 분	분 류	성 질	종 류
가스 상태에 따른 분류	압축 가스	상온에서 압축하여도 액화하기 어려운 가스로 임계(기체가 액체로 되기 위한 최고온도)가 상온보다 낮아 상온에서 압축시켜도 액화되지 않고 단지 기체 상태로 압축된 가스를 말함	수소, 산소, 질소, 메탄 등
	액화 가스	상온에서 가압 또는 냉각에 의해 비교적 쉽게 액화되는 가스로 임계온도가 상온보다 높아 상온에서 압축시키면 비교적 쉽게 액화되어 액체상태로 용기에 충전하는 가스	액화암모니아, 염소, 프로판, 산화에틸렌 등
	용해 가스	가스의 독특한 특성 때문에 용매를 추진시킨 다공 물질에 용해시켜 사용되는 가스로 아세틸렌가스는 압축하거나 액화시키면 분해 폭발을 일으키므로 용기에 다공 물질과 가스를 잘 녹이는 용제(아세톤, 디메틸포름아미드 등)를 넣어 용해시켜 충전한다.	아세틸렌

106 "산악기상특성"에 관한 설명으로서 옳지 않은 것은?

① 고도가 높을수록 산의 기온은 내려가며 50m마다 0.6℃가 내려간다.
② 하루 중 오전 4시에서 6시 사이의 온도가 가장 낮고 오후 2시의 온도가 가장 높다.
③ 같은 온도에서도 추위와 더위를 더 심하게 느끼는 경우를 체감온도라 한다.
④ −10∼−25℃ 노출된 피부에서 시간이 경과하면 저체온증에 빠질 위험이 있다.

해설 **산악기상특성** ★ 14년 소방장

① 고도가 높을수록 산의 기온은 내려가며 100m마다 0.6℃가 내려가고 하루 중 오전 4시에서 6시 사이의 온도가 가장 낮고 오후 2시의 온도가 가장 높다.
② 영하 10℃에서 풍속이 5㎧일 때 체감온도는 영하 13℃이지만 풍속이 시속 30㎧ 되면 체감온도가 영하 20℃까지 떨어져 강한 추위를 느끼게 된다.
③ 체감온도 10∼−10℃에는 추위에 따른 불편함이 늘어나고 긴 옷이나 따뜻한 옷을 착용한다.
④ −10∼−25℃ 노출된 피부에서 매우 찬 기운이 느껴지고 시간이 경과하면 저체온증에 빠질 위험이 있으며 −25∼−40℃이면 10∼15분 사이에 동상에 걸릴 수도 있다.
⑤ 기상청에서 사용하고 있는 체감온도 계산식은 다음과 같다.
  • 체감온도(℃)=13.12 + 0.6215 × T − 11.37 × V0.16 + 0.3965 × V0.16 × T

정답 | **105.** ② **106.** ①

107 미국방화협회(NFPA)의 위험물 표시법에서 "황색"의 의미는?

① 인체와의 유해성(왼쪽) ② 화재와의 위험성(위쪽)
③ 반응성(오른쪽) ④ 물과의 위험성(아래쪽)

해설 NFPA 표시법* 24년 소방위

도표는 해당 화학물질의 "인체유해성", "화재위험성", "반응성", "기타 중요한 특성"을 나타내고 특별한 위험성이 없는
"0"에서부터 극도의 위험을 나타내는 "4"까지 다섯가지 숫자 등급을 이용하여 각 위험성의 정도를 나타낸다. 마름모형
도표에서 왼쪽은 청색으로 인체유해성을, 위쪽은 적색으로 화재위험성을, 오른쪽은 황색으로 반응성을 나타낸다. 특히
하단부는 주로 물과의 반응을 표시하기 위해 사용되는데 "W"는 물의 사용이 위험하다는 것을 나타내고 산화성 화학물질은
○ ×로 표시하기도 한다.

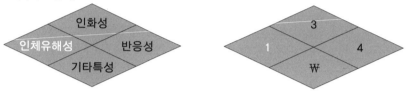

(NFPA 704 표시법)

108 다음 GHS 표시와 관계있는 것은?

① 환경유해성 ② 부식성
③ 독성 ④ 산화성

해설 ✿ 국내 표시법과 GHS심벌의 비교* 14년 경기 소방교 / 21년 소방장/ 소방위 / 23년, 24년 소방위

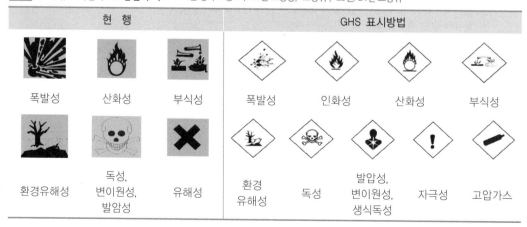

현 행			GHS 표시방법			
폭발성	산화성	부식성	폭발성	인화성	산화성	부식성
환경유해성	독성, 변이원성, 발암성	유해성	환경 유해성	독성	발압성, 변이원성, 생식독성	자극성 · 고압가스

정답 107. ③ 108. ①

109 미국교통국(DOT)의 수송표지의 색상이 가지는 의미를 연결한 것으로 바른 것은?

① 백　색 : 불연성　　　　　　　　② 녹　색 : 중독성

③ 노란색 : 산화성　　　　　　　　④ 빨간색 : 폭발성

해설 ✪ **각 placard의 색상이 가지는 의미**★★★ 17년 소방위/ 18년 소방장/ 19년, 22년 소방장/ 24년 소방위

1. 빨간색 : 가연성(Flammable)
2. 오렌지 : 폭발성(Explosive)
3. 노란색 : 산화성(Oxidizer)
4. 녹　색 : 불연성(Non-Flammable)
5. 파란색 : 금수성(Not Wet)
6. 백　색 : 중독성(Inhalation)

110 누출물질 처리 방법에서 화학적 처리에 대한 설명인 것은?

① 흡착은 물리적 방법으로서 대부분 화학물질을 사용하는 장소에는 기본적으로 활성탄이나 모래를 비치하고 있다.

② 덮기는 물리적 방법으로서 휘발성이 약한 액체에는 적용할 수 없다.

③ 희석은 물리적 방법으로서 가스가 누출된 장소에 신선한 공기를 불어넣거나 수용성 물질에 대량의 물을 투입하는 방법을 사용한다.

④ 유화처리는 화학적 방법으로서 원유 등의 대량 누출시에 적용한다.

해설 **누출물질의 처리**★★★ 17년 소방교/ 19년 소방교, 소방장/ 22년 소방교, 소방장/ 23년, 24년 소방장

✪ 덮기는 고체, 특히 분말형태의 물질은 비닐이나 천 등으로 덮어서 확산을 방지한다. 휘발성이 약한 액체에도 적용할 수 있다.

화학적	흡수, 유화처리, 중화, 응고, 소독
물리적	흡착, 덮기, 희석, 폐기, (밀폐, 격납), (세척, 제거), 흡입, 공기확산

111 "유해물질사고 경계구역 구분"에 있어서 다음 내용과 관계 깊은 것은?

> 제독·제염소를 설치하고 모든 인원은 이곳을 통하여 출입하도록 해야 한다.

① 위험지역　　　　　　　　　　② 경고지역

③ 안전지역　　　　　　　　　　④ 준비지역

해설 **경고지역(Worm Zonee)**★ 17년 소방장/ 19년 소방장, 소방위/ 20년 소방교

- 구조대상자를 구조하고 안전조치를 취하는 등 구조활동을 위한 공간으로 노란색으로 표시한다.
- 이 지역 안에 구조활동에 필요한 각종 장비를 설치하고 필요한 지원을 수행한다.
- 경고지역에는 제독·제염소를 설치하고 모든 인원은 이곳을 통하여 출입하도록 해야 한다.
- 제독·제염을 마치기 전에는 어떠한 인원이나 장비도 경고지역을 벗어나서는 안 된다.

정답 | **109.** ③　**110.** ②　**111.** ②

112 다음 내용과 관계 깊은 것은?

> 헬멧과 방호복, 공기호흡기로 구성된다. 위험물질의 비산에 의하여 손상을 입을 수 있는 액체를 다룰 경우 사용한다.

① A급

② B급

③ C급

④ D급

해설 ✪ **D급 방호복*** 16년 소방위

호흡보호 장비가 없이 피부만을 보호하는 수준이다. 소방대원의 경우 헬멧과 방화복, 보안경, 장갑을 착용한 상태가 D급에 해당한다. 위험이 없는 Cold zone에서 활동하는 대원만 D급 방호복을 착용한다.

113 제독소에 대한 설명으로 틀린 것은?

① 제독소는 Hot Zone 내에 위치하며 경계구역 설정과 동시에 설치하여야 한다.

② 대부분의 오염물질은 물로서 60%~90%까지 제독이 가능하다. 신경계 작용물질의 중독은 오염된 의복을 벗고 신선한 공기에 15분 동안 노출하는 것이다.

③ Red trap 입구에 장비수집소를 설치하고 손에 들고 있는 장비를 이곳에 놓도록 한다.

④ Yellow trap으로 이동하여 솔과 세제를 사용하여 방호복의 구석구석(발바닥, 사타구니, 겨드랑이 등)을 세심하게 세척한다.

해설

제독소는 제독소는 Worm Zone 내에 위치하며 경계구역 설정과 동시에 설치하여야 한다.
전용 장비를 이용하여 제독소를 설치할 수 있지만 수손방지막을 활용하여 간이제독소를 설치할 수 있다. 40mm 또는 65mm호스로 땅에 적당한 크기의 구획을 만들고 그 위를 수손방지막으로 덮으면 오염물질이 밖으로 흐르지 않도록 할 수 있다.

정답 112. ② 113. ①

CHAPTER 08 구조현장 안전관리

제 1 절 안전관리의 기본

1 안전관리의 목표

(1) 소방 안전관리의 특성 ★★ 12년 소방위/ 16년 소방교/ 17년 소방장/ 21년 소방장, 소방위

• 일체성 • 적극성	화재현장에 있어서 화재가 발생한 건물로부터 호스를 분리하여 연장하는 것은 낙하물이나 화재에 의한 복사열로부터 호스의 손상방지를 위한 것이지만 결과적으로 효과적인 소방활동을 전개할 수 있음으로서 대원 자신의 안전을 보호 하는 결과이다.
• 특이성 • 양면성	① 소방활동은 임무수행과 안전 확보의 양립이 요구되고 있다. ② 위험성을 수반하는 임무수행이 전제된 때에 안전관리 개념이 성립된다. ③ 화재현장의 위험을 확인한 후에 임무수행과 안전 확보를 양립시키는 특이성·양면성이 있다.
• 계속성 • 반복성	① 안전관리에는 끝이 없으므로 반복하여 실행하여야 한다. ② 소방활동의 안전관리는 출동에서 귀소까지 한 순간도 끊임없이 계속된다. ③ 평소의 교육, 훈련이나 기기 점검 등도 안전관리상 중요한 요소이다.

TIP 화재가 발생한 건물로부터 호스를 분리하여 연장하는 것은 일체성과 관련이 있습니다.

2 안전관리 대책 수립 ★ 18년 소방장

조직적 대책★	안전관리의 조직적 대책은 화재출동 및 훈련, 연습 시에 있어서 명령 및 책임체제를 명확히 하고 안전규칙과 활동기준을 정하여 안전대책을 추진하는 것이다. ① 안전관리 담당 부서의 설치 ② 안전책임자 및 요원의 제도화 ③ 훈련, 연습실시 및 안전관리에 관한 규칙제정 등
장비적 대책	소방활동의 효율화, 안전화를 추진하기 위하여 소방대가 사용하는 기기, 기자재 등의 적정한 활용, 현장 특성에 맞는 장비개발, 개량에 의한 안전·경량화 등과 적정한 유지관리가 중요하다. ① 개인장구의 정비 : 공기호흡기, 방호복, 안전모, 개인로프, 손전등 등 ② 훈련용 안전기구의 정비 : 안전매트, 안전네트, 로프보호대, 훈련용 인형 등 ③ 소방용 기구의 점검·정비 : 차량, 통신장비, 진압·구조·구급장비 등
교육적 대책	안전교육은 '할 수 있다'라는 인식을 몸에 지니고, 반복 숙달로 익숙해진 능력이 안전의식이나 안전행동으로 나타나 실행에 옮길 수 있도록 하는 것이다. 따라서 화재진압 또는 인명구조 등의 교육·훈련과정에서 지속적·반복적인 교육을 `실시함으로서 실전에 응용할 수 있도록 세심하고 면밀한 주의가 필요하다. ① 안전관리 교육 : 일상교육, 특별교육, 기관교육

② 소속기관의 안전담당자에 대한 교육

③ 학교연수에 의한 안전교육 : 기본교육, 전문교육

④ 자료의 활용 : 동종·유사사고의 방지를 도모하기 위하여 각종 사고사례를 분석하여 소방활동 자료로서 활용하고 위험예지 훈련 등을 통하여 안전수준의 향상을 기하도록 한다.

❂ 위험예지훈련 : 특정한 현장상황을 설정하고 작업 중에 발생할 수 있는 위험요인을 발견·파악하여 그에 따른 대책을 강구함으로서 동일 또는 유사한 상황에서 사전에 위험요인을 제거할 수 있도록 하는 훈련

TIP 조직적, 장비적, 교육적 대책에 대해 내용을 비교하는 문제가 출제됩니다. 안전관리 담당부서의 설치와 관계있는 것은 무엇인가요?

(1) 안전관리체계 확립

현장활동 안전관리 체계	㉠ 화재 및 각종 사고현장에서 활동할 때 지휘관은 지휘계통을 확립하고 각자의 책임을 명확히 하여야 한다. ㉡ 현장지휘관은 항상 상황변화를 추측하고 전반적인 상황추이를 냉정히 판단하고 활동환경을 확보하며 부대활동 안전유지에 만전을 기울인 전술을 결정하여야 임무를 다하는 것이다. ㉢ 지휘관은 평소부터 대원에 대하여 기자재 및 장비의 적정한 운용에 대하여 교육을 실시하여 소방활동 시에는 최선의 상태로 활용될 수 있도록 관리를 철저히 해야 한다. ㉣ 혼란한 현장은 사고 발생 위험이 높다. 대원의 행동 파악에 국한하지 말고 활동환경, 기자재 활용 등의 상황을 정확히 파악하여 위험이 예측될 때는 적절한 조치를 강구할 책무가 있다. ㉤ 각 대원은 평소 체력 및 기술 연마를 통하여 어떠한 상황에 직면하여도 적절히 대처할 수 있는 판단력, 행동력을 배양하여 현장활동 시의 안전 확보를 위하여 스스로 노력하여야 한다.
훈련·연습시 안전관리 체계	㉠ 각종화재에 대응할 강인한 대원을 육성하기 위하여 활동기술 습득, 지휘능력 향상을 기본으로 실전적 훈련을 추진하는 것이다. ㉡ 훈련·연습은 실제 화재에 있어서 사고를 방지하기 위한 유일한 기회이다. ㉢ 아무리 강도 높은 실전적 훈련이라고 하더라도 실제 화재와는 근본적으로 다른 것이다. ㉣ 훈련에는 자연발생적인 위기감과 긴박감이 없고 만들어진 약속마다의 상황판단과 행동에 한계가 있다. ㉤ 그래서 실제 화재와 같이 안전한계 최대의 행동은 없고 훈련에 있어서의 안전은 확보되어 있는 것이다. ㉥ 안전을 보장할 수 없는 위험한 훈련을 하여서는 아니 되며 사고를 발생시키지 않는 것이 전제이다. 훈련에 있어서 부상자가 발생하는 것은 이점에서 예외적인 것이다. ㉦ 훈련 또는 연습 시에는 계획 단계부터 시설, 장소, 환경 및 기자재 등에 대하여 사전점검으로 안전여부를 확인하고 지휘체계를 확립하여 안전관리체제를 유지할 수 있도록 하여야 한다. ㉧ 훈련 또는 연습시의 안전관리 주체는 지휘관과 대원 모두이며 기본적으로는 화재활동시의 지휘체제에 준하여 하는 것이 원칙이다. ㉨ 사전계획의 단계로부터 안전관리상 문제점을 발견하여 훈련, 연습계획에 덧붙여 실시할 때에는 이 문제점을 제거할 수 있는 조치를 취하고, 훈련의 특성상 문제점을 제거하여서는 소기의 목적을 달성할 수 없는 경우 안전장비를 충분히 활용하고 훈련 단계마다 안전관리 담당자를 배치하여 훈련한다. ㉩ 훈련 종료 후 문제점을 재검토하여 다음의 훈련 혹은 소방활동 시 안전관리에 반영하여야 한다.

제2절 현장활동 안전관리

1 위험요인

사고의 일반적 양상은 물건의 충돌 또는 접촉에 의하여 발생하는 것이고, 그 요인은 인적, 물적, 환경적요인 또는 이들 상호간의 불안전한 행위·상태에 있을 때 일어나는 것이다. 이와 같이 볼 때 이론적으로는 이들 위험요인을 사전에 제거하면 사고는 일어나지 않을 것이다.

(1) 사고발생의 기본적 모델

사고발생은 인적·물적·환경적 위험요인에 의하여 발생하거나 이들의 경합에 의하여 발생하고 불가항력에 의한 사고란 거의 없다.

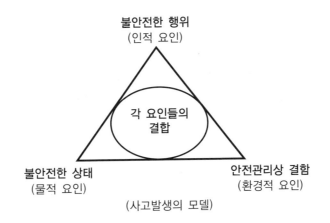

(사고발생의 모델)

(2) 위험요인 분석

① 인적 요인(불안전한 행위)

구 분	위험요인
모른다.	• 안전행위에 대한 지식부족 − 교육 불충분, 이해 및 기억 불충분, 망각

할 수 없다.	• 능력부족으로 완전하게 실행할 수 없다.
	  − 기능미숙, 작업량과다, 어려움
	• 능력은 있지만 완전하게 발휘할 수는 없다.
	  − 심신 부조화, 환경의 불량, 조건의 부적합

하지 않는다.	• 안전행위에 대하여 지식은 있지만 실행하지 않는다.
	  − 상황파악의 오류, 무의식, 고의
	• 규율준수에 잘못이 있다.
	  − 무의식(의식저하), 고의, 수줍음

② 물적 요인(불안전한 상태)

구 분	위험요인
장소, 시설 설비, 기자재 장비, 피복	• 상태의 불량 : 강도부족, 강도저하(노화, 부식, 손괴, 소손) • 기능의 불량 : 기능저하, 고장 • 구조의 불비 : 조작, 취급불량 • 흠결 등 : 설계불량, 재질불량

③ 환경적 요인

구 분	위험요인
자연환경 등	• 기후, 기상 등의 불량 : 비, 바람, 서리, 냉해, 연기, 유해가스 등
훈련(작업) 환경	• 정리·정돈의 불량 : 불용품의 방치, 정리·정돈 불량, 흠결 • 형상배치 불량 : 협소, 지형, 요철, 불비, 난잡 • 설비의 불량 : 소음, 조명, 환기, 경보 등

TIP 구분에 대한 위험요인이 출제될 수 있습니다. 강도부족과 관계있는 것은 무엇인가요?

(3) 위험요인 회피 능력배양* 23년 소방위

위험요인을 피하기 위해서는 대원 스스로 위험한 현상을 관찰하고 위험요인을 예측하여 이에 대한 감수성을 키워야 하며, 다음 능력을 익히고 실천하여야 한다.

외적위험 요인 예지능력	대원 스스로 과거의 경험과 지식에 의해 오감 등 으로 판단하여 주위에 있는 위험요인을 발견해 내는 능력
내적위험 요인 통제능력	자기 내면에 있는 위험요인 즉, 자기중심적인 사고나 감정을 올바른 방향으로 통제할 수 있는 능력
실행 능력	외적·내적 위험요인을 판단하고 이것을 행동으로 실행하는 능력

TIP 위험요인 회피능력 배양의 종류에는 어떤 것들이 있을까요?

(4) 건강과 체력의 유지

소방업무는 모든 작업 중에서도 가장 위험하고 가장 힘든 일에 속한다고 할 수 있다. 화재를 진압하고 장애물을 제거하며 무거운 장비를 운반하고 구조대상자를 구출하는 등의 소방업무는 강한 근력과 심폐지구력이 필요하다.

이러한 체력단련 프로그램에는 근력강화를 위한 웨이트 트레이닝과 심폐지구력 향상을 위한 유산소 운동, 신체의 유연성을 강화하기 위한 스트레칭 등이 포함되도록 구성하고 일과시간 중에 규칙적으로 시행하여야 한다.

> ❂ **안전관리 10대 원칙*** 20년 소방위
> 1. 안전관리는 임무수행을 전제로 하는 적극적 행동대책이다.
> 2. 화재현장은 항상 위험성이 잠재하고 있으므로 안일한 태도를 버리고 항상 경계심을 게을리 하지 말라.

3. 지휘자의 장악으로부터 벗어난다는 것은 중대한 사고에 연결되는 것이므로 <u>독단적 행동을 삼가고</u> <u>적극적으로 지휘자의 장악 안에 들어가도록 하라.</u>
4. <u>위험에 관한 정보는 현장 전원에게 신속하고 철저하게 주지시키도록 하라.</u> 위험을 먼저 안 사람은 즉시 지휘본부에 보고하고 긴급 시는 주위에 전파하여 위험을 사전 방지토록 하라.
5. 흥분, 당황한 행동은 사고의 원인이 되므로 어떠한 상황하에서도 냉정, 침착성을 잃지 않도록 하라.
6. 기계, 장비에 대한 기능, 성능 한계를 명확히 알고 안전조작에 숙달토록 하라.
7. <u>안전확보의 기본은 자기방어 이므로 자기안전은 자기 스스로 확보하라.</u>
8. 안전확보의 첫 걸음은 완벽한 준비에서 시작된다. 완전한 복장과 장비를 갖추고 안정된 마음으로 정확히 행동에 옮겨라.
9. 안전확보의 전제는 강인한 체력, 기력에 있으므로 평소 체력, 기력 연마에 힘쓰라.
10. 사고사례는 산 교훈이므로 심층 분석하여 행동지침으로 생활화시키도록 하라.

TIP 안전확보는 지휘관이 해주는 것이 아니라 본인 스스로 확보하는 것입니다.

2 구조현장 안전관리

(1) 구조 활동 일반* 21년 소방장

화재 이외의 구조작업으로는 기계, 건물, 공작물, 전기, 교통사고, 수난, 풍수해 및 산악 등지에서 사고가 발생하며 일반적으로 활동환경이 열악하고 행동장애가 많으므로 2차적인 재해발생에 의한 대원의 부상 위험성이 높다.

① 구조장비의 사용방법을 잘 모르거나 성능한계를 초과하여 사용하면 장비의 오작동, 고장 등으로 사고의 위험이 있으므로 장비의 정확한 작동방법과 제원, 성능을 파악하고 취급에 숙달하여야 한다.
② <u>윈치 등을 이용하여 로프를 설치하는 경우 로프의 인장력을 초과하여 당기게 되기 쉬우며</u> <u>이 경우 로프가 절단되거나 지지물의 파손, 붕괴 등 뜻하지 않은 사고가 발생할 우려가 있다.</u> <u>로프가 지나친 장력을 받지 않도록 주의해야 하며</u> 아울러 지지물 파손 등에 의한 2차 사고를 방지하기 위하여 안전한 장소를 선정한다.
③ 구조활동을 위해 설치한 로프나 와이어, 유압호스 등에 대원이 걸려 넘어지기도 하고, 설치된 장비가 작동하지 않는 경우 오히려 장애물이 될 수도 있음을 주의한다. 특히 야간에는 조명기구를 설치하여 사고방지에 노력한다.
④ 현장에 설치한 장비가 쓰러져 대원이 부상당할 위험이 있으므로 잘 정리 정돈하여 둔다. 장시간 구조활동을 전개할 때에는 피로가 누적되어 주의력이 산만 해지고 장비 등에 걸려 넘어져 부상당할 우려가 있으므로 장시간 작업자는 교대할 수 있도록 조치한다.

(2) 교통사고(자동차 사고)

사고발생에 따라서 차체가 파손, 변형되면 불안정한 상태가 되고 구조활동시는 구조대상자의 부상부위 악화 방지에도 주의하여야 하므로 신중한 행동이 요구된다. 또한 작업장소가 일반적으로 좁기 때문에 대원행동이 제한되기도 하고 활용할 수 있는 장비가 제한되는 등 활동장애 요인이 많다.

① 출동한 차량은 주행하는 일반차량으로부터 2차적 사고를 방지할 수 있는 장소에 주차하고 <u>작업장소 후면에 경광등 또는 반사 표지판을 설치하여 구조활동 중임을 표시한다.</u>

② 일반차량이 주행하는 도로에서는 작업할 때에는 불의의 접촉사고가 발생하여 부상당할 위험이 높으므로 사고가 발생한 차선 밖으로 나가지 않도록 조심하고 로프 등으로 활동구역을 설정한다.

③ 구조활동 중에 사고차량이 움직이지 않도록 확실히 고정한다.

④ 사고차량으로부터 누설된 연료나 오일에 인화하여 대원 및 구조대상자가 화상을 입을 위험이 있으므로 사고차량의 엔진 정지 및 배터리 단자를 제거하는 등의 안전조치를 한다.

⑤ 가스 절단기 등 불꽃이 발생하는 장비를 사용할 때에는 주변의 가연물을 제거하고 소화기 또는 경계관창을 배치하여 화재에 대비토록 한다.

⑥ 파괴된 유리창에 붙어있는 유리조각은 완전히 제거하고 <u>파손된 금속 등 예리한 부분은 안쪽으로 꺾어놓은 후 천 등으로 덮어 활동 중 접촉에 의한 사고방지를 도모한다.</u>

⑦ 화물차의 경우 적재물이 낙하 또는 붕괴하여 대원이 부상을 입거나 활동에 장애를 받을 수 있으므로 사전에 제거, 고정 등 확실한 조치를 취한다.

(3) 수난사고

① 육상에서의 구조

수난사고일지라도 연안이나 하천가, 교량의 하부 등지에서 사고가 발생하면 구조할 수 있는 거점을 육상에서 두게 되지만 발판이 불안정한 장소가 거점이 되는 경우에는 넘어지거나 물속에 빠질 위험이 있다.

㉠ 연안, 방파제 위에서는 발 앞의 울퉁불퉁한 장애물 등의 유무를 확인하여 넘어지거나 빠지지 않도록 주의한다.

㉡ 사다리차를 활용하여 구조할 경우는 회전 등에 의해 대원이 부상당할 위험이 있으므로 평탄하고 지반의 견고한 장소를 선정하여 부서 한다.

㉢ 연안 등에서 구조대상자에게 구명부환을 투입하는 경우에는 신체의 균형에 주의하고 안정된 자세로 행하며 필요에 따라 로프로 몸을 확보한다.

㉣ 물속에는 금속 등의 위험한 물품과 부유물 등 행동상 장애물이 있으므로 맨발로 입수하지 않도록 하여 부상방지에 주의한다.

㉤ 익수된 구조대상자에게 주의하지 않고 접근하면 물속으로 끌려 들어갈 우려가 있으므로 구조대상자의 후면으로부터 신중히 접근한다. 또한 이 경우 구조원은 구명재킷 또는 부환에 확보로프를 연결하여 안전을 확보한다.

② 배에 의한 구조* 21년 소방장

작은 선박은 파도의 영향을 받아 크게 동요되고 대원의 이동, 구조대상자의 수용 등에서 배의 균형이 깨지면서 대원이나 장비가 물속으로 빠질 위험이 있다.

㉠ 승선하는 대원은 구명조끼를 착용하고, 물속에 빠지는 경우에도 쉽게 신발을 벗고 수영할 수 있도록 간편한 복장을 착용하는 등 사전 대비를 취한다.

㉡ 승선할 때 물 속으로 빠지지 않도록 몸의 균형을 유지하면서 서서히 체중을 이동한다.

㉢ 승선 시 대원이 이동할 때는 자세를 낮추고 지지물을 잡는 등 물 속으로 빠지지 않도록 주의한다.

㉣ 야간과 짙은 안개 속에서는 항해중인 선박과 충돌할 우려가 있으므로 등화 및 확성기 등으로 항해중인 선박에 주의를 환기한다.

ⓜ 운항 중에는 횡파를 받아 전복할 우려가 있으므로 파도와 직각으로 부딪히지 않도록 항해에 주의한다.

ⓗ 작은 선박 위에서 구조대상자를 직접 구조하는 경우에는 선수나 선미측에서 신체를 끌어 올리고 배의 균형 유지에 주의한다. 상황에 따라 부환 등을 사용한다.

ⓢ 배 한척에 구조대상자를 인도할 때는 불안정한 측면을 피하여 배 뒤에서 끌어올린다.

> **TIP** 작은 배는 측면이 약하므로 선수나 선미로 올려야 합니다.

③ 잠수구조 * 21년 소방장

> 잠수 활동은 물의 속도, 수온, 수심, 수중시계 저하 및 장애물 등에 의해 육체적인 피로, 정신적, 생리적인 부담이 크고 직접 대원의 생명에 관한 위험이 잠재하고 있으므로 대원 상호간에 연계가 필요하다.

㉠ 잠수활동 중에는 활동구역 주변에 경계선을 배치하여 감시를 강화하고 확성기, 부표, 적색등, 기타 등화 등으로 일반 항해선에 잠수활동 중에 있는 것을 주지시키고 활동 구역 부근으로 진입하지 않도록 통제한다.

㉡ 잠수대원은 수시로 압력계를 확인하고 스쿠버장비 고장 등 긴급 시에는 짝에게 알려 상대의 호흡기를 사용하여 상호 호흡하거나, 상대방의 비상용 호흡기를 사용하여 규정의 속도로 부상한다.

㉢ 잠수 중 어망 등의 장애물에 걸린 경우에는 동료에게 알리고 냉정히 행동한다. 또한 잠수 할 때는 수중의 장애물을 제거할 수 있도록 스쿠버나이프를 반드시 휴대한다.

㉣ 잠수대원은 스쿠버장비를 사용하여 잠수 중 긴급 부상할 때에는 감압증을 방지하기 위하여 반드시 숨을 쉬면서 부상한다.

㉤ 잠수대원이 선박에 접근하는 경우에는 승선원과 연락을 취해 스크류가 정지된 상태임을 확인하여 사고 방지에 유의한다.

㉥ 폐수 등으로 오염된 현장에서 잠수활동을 할 경우는 구조활동 종료 후 맑은 물로 신체를 씻는다.

㉦ 잠수활동 종료 후는 잠수시간, 잠수 심도에 따라 체내가스 감압을 위하여 규정의 휴식시간을 취한다.

㉧ 잠수대원은 다음과 같은 질병 또는 피로 등 신체적 정신적 이상이 있을 때는 잠수하지 않는다.
   ⓐ 중풍, 두통, 소화기계 질환 또는 질환에 의해 몸 조절이 나쁜 자(눈병, 치통 등 국부적인 것도 포함)
   ⓑ 외상, 피부병, 기타 피부에 이상이 있는 자
   ⓒ 피로가 현저한 자
   ⓓ 정신적 부담, 동요 등이 현저한 자

㉨ 잠수대원은 잠수 중 사고방지를 위한 조치를 숙지할 것
   ⓐ 잠수기구 고장에 대응한 조치
   ⓑ 잠수 장애의 배제 또는 사고발생시 조치
   ⓒ 수압 감압에 대응하는 조치 등

> **TIP** 잠수부는 긴급히 부상할 때는 반드시 숨을 쉬면서 부상해야 합니다.

⑷ 건물, 공작물

① 공통사항

> 건물 부대시설 또는 공작물 사고에서 구조대상자는 도괴물이나 공작물의 틈에 끼어 탈출이 곤란한 경우가 많이 발생한다. 작업위치도 불안정하고 좁은 장소에서 발생하므로 활동상 장애가 많고 대원의 2차적 사고 발생 위험도 높다.

- ㉠ 발코니, 베란다 등은 외관상 견고하게 보여도 쉽게 무너지는 경우가 있으므로 진입 전에 갈고리 등으로 끌어당기기도 하고 연장한 사다리를 흔들어서 강도를 확인한다.
- ㉡ 철제 트랩 등은 부식하여 무너지기 쉽게 되어있는 경우가 있으므로 한 계단씩 강도를 확인하면서 오르내린다. 무거운 장비를 휴대한 경우 가급적 다른 통로를 이용한다.
- ㉢ 로프 확보지점으로서 활용하는 창틀과 기둥 등은 강도 부족으로 빠지거나 떨어지는 위험이 있으므로 가능한 한 로프를 결속하기 전에 끌어당기는 등 방법으로 강도를 확인한다. 로프의 경유점은 2개소 이상으로 한다.
- ㉣ 작업장소가 높고 협소한 경우는 대원간에 부딪혀서 추락하거나 로프에 휘감기는 등의 위험이 있으므로 진입하는 대원은 필요한 최소한으로 제한하고 장비를 정리하여 활동공간을 확보한다.
- ㉤ 좁은 복도와 계단에서 들것을 이용하여 구조대상자를 운반할 경우 들것을 놓쳐 발에 떨어뜨리기도 하고 허리에 부딪혀서 부상당할 위험이 있으므로 대원 상호간에 신호를 하고 발 앞을 확인하면서 행동한다.

② 도괴 시

> 건물, 공작물 도괴현장은 부주의한 파괴나 도괴물을 들어 올릴 때에는 2차적인 도괴와 전체 붕괴 등의 위험성이 있으므로 대원의 구출행동은 신중을 기해야 한다.

- ㉠ 도괴현장에서는 구조활동 중에 유리조각이나 함석판 등의 예리한 물체에 부상당할 위험이 있으므로 활동 범위 내의 파편 등 날카로운 부분은 구부려 꺾거나 목재, 천 등으로 덮어둔다.
- ㉡ 도괴현장에는 못, 볼트 등을 대원이 밟아 찔릴 위험이 있으므로 안전화를 신고 산란물 위를 부주의하게 걷지 않는다.
- ㉢ 대원이 도괴물 위를 넘어가는 경우 넘어지거나 무너지는 등의 위험이 있으므로 발 앞의 강도, 안정도 등을 확인한 후 체중을 걸친다.
- ㉣ 도괴물을 파괴하여 제거할 경우 파괴할 때 충격으로 예상외의 장소가 붕괴하여 대원이 부상당할 위험이 있으므로 주위 상황을 확인하면서 서서히 힘을 가한다.
- ㉤ 모래, 먼지 등이 부유하는 장소에는 눈과 호흡기를 보호하기 위하여 방진안경, 방진마스크 등을 활용한다.

③ 높은 곳에서의 활동

> 높은 곳에서 활동할 때는 대원이 떨어지거나 파괴물 혹은 기자재 등의 낙하에 의한 대원의 부상위험이 있으므로 안전로프를 결착하여 낙하를 방지하고 아래쪽에는 출입을 규제 하는 등의 안전조치를 취할 필요가 있다.

      ⊙ 사다리차의 사다리에서 곤도라 등의 불안정한 장소로 옮길 경우 미끄러지기거나 균형을 잃기도 하고 혹은 공포심 등으로 신체가 생각지도 않게 움직여 추락할 위험이 있으므로 로프를 사다리에 묶든지 견고한 지지물에 결속하고 진입할 장소에 설치된 발판의 안정도를 확인한다.

      ⓛ 높은 곳에 있어서의 구조활동은 일반적으로 활동공간이 좁고 장소가 한정되어 있는 것이 많으므로 낙하위험이 있는 기자재는 로프 등으로 낙하방지 조치를 취한다. 또한 아래쪽의 낙하 예측범위에 경계구역을 설정하고 감시요원을 배치하여 출입을 규제한다.

④ 지하공작물

> 건물, 공작물 지하부분 및 낮은 곳에 있어서 구조활동은 일반적으로 어둡고 협소하여 활동이 힘들고 큰 장비는 활용이 어려우므로 공간을 고려하여 장비를 선택하여야 한다. 또한 환기가 불충분하거나 유독 물질이 체류하는 경우가 많으므로 호흡보호에 만전을 기해야 한다.

      ⊙ 공사현장에서의 구조활동은 지반, 기자재 등에 걸려 넘어지기도 하고 추락할 위험이 있으므로 주의한다.

      ⓛ 낮은 곳으로 내리는 구조기자재는 잘못하여 떨어뜨릴 위험이 있으므로 확실히 결속하여 수납 주머니에 넣는 등 낙하에 의한 대원의 부상방지를 도모한다. 또한 수직의 상·하호스 등의 장소에서 작업을 할 경우는 활동장소의 직하에 위치하지 않도록 하고 상호연락을 긴밀히 한다.

      ⓒ 좁은 계단과 어두운 지하실 내에서는 대원이 넘어지거나 추락할 위험성이 있으므로 갈고리 등을 유효하게 활용하여 안전을 확인한다.

      ⓔ 현장에서 조달한 기자재, 크레인 등을 활용할 때는 관계자로부터 성능, 강도를 확인한다. 전문적 지식, 기술을 필요로 하는 것은 작업순서와 소방대와의 연계요령을 이해시킨 후 관계자에게 실시한다.

      ⓜ 폐쇄된 지하공간으로 진입할 때에는 반드시 공기호흡기를 착용한다.

(5) **산소결핍 사고*** 21년 소방장

① 산소가 결핍되어 있는 경우 농도에 따라 다르지만 단 한번만의 호흡으로도 의식을 잃을 수 있으므로 내부 진입 시 반드시 공기호흡기를 장착하고 면체 사이에 틈이 발생하지 않도록 세심한 주의를 기울인다.

② 산소결핍 여부를 측정할 때는 반드시 공기호흡기를 장착하고 맨홀 등의 주변에서 개구부를 향하여 순차적으로 행하고 산소결핍 상태를 나타난 때는 조기에 경계구역을 설정한다.

③ 또한 산소결핍 여부의 측정과 병행하여 가연성 가스의 유무에 대해서도 확인하여 폭발위험이 있을 때는 송풍기 등으로 가연성가스를 제거하면서 구조 활동을 개시한다.

④ 진입대원은 맨홀 등의 입구가 좁은 장소에서 구조대상자에게 공기호흡기를 장착시키고 구출하는 경우 보조자와 연계불능 등으로 면체가 이탈하지 않도록 주의한다.

⑤ 좁은 장소에서 여러 개의 로프를 취급하는 경우 로프를 잘못 당기면 진입한 대원이 넘어져 공기호흡기 면체가 벗겨질 우려가 있으므로 구출로프, 확보로프를 목적별로 구분하여 대원별로 지정하는 등 사용로프를 명확히 구별한다.

⑥ 지하수조 내에서는 대원 상호간 또는 장애물 등에 부딪히거나 넘어져 면체가 벗겨져 유독가스를 흡입할 우려가 있으므로 조명기구를 사용하고 대원간 상호 신뢰와 의사전달을 명확히 한다.

⑦ 의식이 혼미한 구조대상자는 진입한 대원에 의지하여 돌발적인 행동을 취할 수도 있으므로 면체가 이탈되지 않도록 주의를 기울인다.

⑹ 폭발사고

가연성가스 또는 인화성 위험물에 의한 폭발사고는 건물, 공작물 등 파괴와 붕괴에 의하여 강도저하를 일으켜 불안정한 상태인 경우가 많고 대원의 부주의한 행동에 의해 재붕괴 등 2차적인 재해가 발생할 위험성이 있다.

① 폭발에 의해 붕괴된 지붕, 기둥, 교량 등은 갈고리 등으로 강도를 확인하면서 행동한다. 붕괴 위험이 있는 기둥 등은 진입하기 전에 제거하거나 로프 등으로 고정한다.

② 구조활동을 위하여 대원이 왕래하는 장소에 유리조각, 철근 등이 돌출하고 있을 때는 장갑을 착용하고 예리한 부분은 갈고리 등으로 제거하든지 구부려 두고 필요에 따라 천 등으로 덮어 조치한다.

③ 폭발사고 현장에는 비산물, 독극물에 의한 부상사고를 방지하기 위하여 방화복·방열복과 방수화를 사용한다.

④ 2차폭발의 우려가 있을 때는 경계구역을 설정하여 인화방지 조치 및 가스의 희석·배출 등 안전조치를 취한다. 경계구역 내로 진입할 때에는 콘크리트 벽체 등을 방패로 하여 조심스럽게 접근하며 필요한 최소한의 인원만 진입하도록 통제한다.

⑺ 전기관계 사고

감전사고 또는 전기설비 부근에서 발생한 사고 시에는 구조대원이 넘어지거나 부딪힐 때 전력선에 접촉할 가능성이 매우 높으므로 안전로프 등을 설치하여 전선이나 전기기기에 접근하지 않도록 조치하고 반드시 전원차단 여부를 확인하여야 한다.

① 모든 전선은 전력이 차단된 것이 확인되기 전까지는 통전중인 것으로 가정하고 행동한다.

② 활동장소 부근에 전기설비 통전부가 있는 경우 활동대원이 잘못하여 감전될 우려가 있으므로 관계자 등에게 전원을 차단시키고 절연 고무장갑 등을 착용하며 스위치 등 노출부에 접촉하지 않도록 주의한다.

③ 옥외에서 수직으로 내려간 전선은 통전하고 있는 경우가 있으므로 부주의하게 접근하지 말고 전력회사의 직원에게 전원을 차단시킨 후 행동한다.

④ 통전상태에 있는 구조대상자는 전원을 차단한 후 구조한다. 긴급한 경우는 내전의 성능범위 내에서 안전을 확보하여 행동한다.

⑤ 침수된 변전실에서 구조활동을 할 경우는 먼저 전력회사 직원을 통하여 개폐기 등 전원차단을 확인하여야 한다.

⑥ 고압선 주변에서 사다리차를 사용하는 경우 사다리 또는 작업중인 대원이 전선에 접촉할 위험이 있으므로 전력회사에 송전 정지를 요청하고, 사다리 위의 대원과 기관원과의 연락을 긴밀히 하여 전선과 안전거리를 두고 활동한다.

⑦ 철탑, 철주 위에서 발생한 사고 시 등반 전에 고압선, 저압선 모두 송전이 정지되어 있는 것을 확인하고 전선에 접촉하지 않도록 주의한다.

(8) 산악사고

공통 사항	산악지역 구조활동은 장시간, 장거리 활동으로 체력소모가 많으며 급경사면이나 수풀, 계곡 등에서의 행동으로 위험요인이 많다. 특히 대원의 발 부상은 치명적으로 보행에 곤란을 초래하여 동료 대원에게 부담을 주게 되므로 안전에 충분한 배려가 필요하다. ㉠ 등산길을 선행하는 대원은 후속 대원에게 나뭇가지가 튕기거나 낙석, 붕괴, 낙하 등 위험을 알린다. 수풀에서 행동할 때에는 나뭇가지가 튕겨 되돌아 올 경우를 대비하여 보호안경을 사용한다. ㉡ 등산길에는 계단차이, 요철 등에 주의하고 도로의 가장자리 부분이 붕괴되거나, 발을 잘못 디뎌 추락하는 사고를 방지하기 위하여 등산로 중앙이나 산 쪽으로 보행한다. ㉢ 지지점으로 활용할 나무나 바위 등은 강도를 확인하고 가급적 2개소 이상의 지지점을 확보한다. ㉣ 장시간 활동할 경우는 휴식과 교대를 번갈아 하여 피로경감, 주의력, 집중력 지속에 노력한다. ㉤ 급경사면의 등산길에 낙석위험이 있는 경우는 헬멧 등을 장착함과 동시에 반드시 위쪽에 주의하면서 행동한다. 또한 <u>낙석이 발생한 때는 큰소리로 아래쪽의 대원에게 알리고 경사면의 직하를 피해 횡방향으로 피한다.</u>
여름 산	여름의 산악구조 활동은 겨울철과 비교하여 행동하기 쉽지만 더위와 장시간 활동에 의한 행동으로 피로가 축적되기 쉽고 날씨 급변에 의한 사고의 발생위험이 있다. ㉠ 활동 중 천둥이나 번개가 발생하면 낙뢰사고의 위험이 있으므로 산 정상, 능선에서 곧바로 벗어나고 신체에서 금속물체를 제거하며 가능한 한 건조한 장소에서 낮은 자세를 취한다. ㉡ 직사열광을 받으며 장시간 활동할 경우 열사병 등을 방지하기 위하여 나무그늘 등의 시원한 장소에서 휴식을 취하며 수분을 보급한다. ㉢ 대원은 독사, 곤충 등으로부터 신체를 보호하기 위하여 노출부가 없도록 하고 풀숲과 수림에 들어가지 않도록 한다. ㉣ 여름은 손에 땀이 나서 기자재를 낙하시킬 위험이 있으므로 손에 땀을 닦아 미끄럼 방지에 주의를 한다. 또한 경사면의 위, 아래에 대원이 있는 경우 상호 안전을 확인한다.
겨울 산	겨울의 산악구조 활동은 적설과 결빙으로 활동 중 미끄러져 추락하거나 쌓인 눈이 붕괴되는 등 위험성이 높으므로 장비를 안전하게 설치하고 겨울 산의 기상조건을 충분히 고려, 행동한다. ㉠ 눈이 얼어붙은 등산길에는 크램폰(아이젠) 등으로 미끄럼을 방지하고 상황에 따라서는 대원 상호간 로프로 확보한다. ㉡ 바람, 눈 등으로 시계가 나쁜 경우 아래쪽을 보지 못할 수 있으므로 지형도, 컴퍼스를 활용하여 목표가 된 산의 특징, 지형 등을 비교하여 현재 위치를 확인한다. ㉢ 방한복, 식량, 개인장비 등을 완전히 준비하고 대원의 체력을 고려한 보행속도를 유지하여 대열을 흐트러뜨리지 않는다. ㉣ 겨울산은 청정하여도 햇볕이 미치지 않는 경사면에는 동결되어 있는 곳이 있으므로 보폭을 작게 하여 넘어지거나 추락하지 않도록 주의한다. ㉤ 눈 쌓인 경사면에서 행동할 경우 경사면 전반을 보고 넘는 위치에 감시원을 배치한다. <u>감시원은 눈이 무너질 위험을 확인하면 경적 등으로 알려 항상 횡 방향으로 퇴로를 확보하여 둔다.</u>

⑼ 항공기 사고

> 항공기 사고는 추락이나 활주로에서의 오버런 등에 의해 기체가 파손되어 불안정한 상태가 되어 있는 것이 많고 부주의하게 행동하면 2차 화재가 발생하기 쉽다. 특히 연료 등의 누출이 있는 경우는 화재발생 위험 제거와 병행하여 구조활동을 실시하여야 한다.

① 소방대가 공항 내에 진입할 때는 반드시 공항 관계자 유도에 따라서 진입하고, 화재발생 위험을 예측하여 풍상, 풍횡 측으로 부서함을 원칙으로 한다.

② 불티를 발하는 기자재는 원칙으로 사용하지 않는다. 부득이 사용할 때에는 소화기를 준비하거나 경계관창을 배치한다.

③ 기내에서 활동하고 있을 때는 별도의 출입구에 연락원을 배치하여 화재 등 긴급사태 발생에 대비한다.

④ 엔진이 가동 중인 기체에 접근할 때는 급·배기에 의한 사고를 방지하기 위하여 기체에 횡으로 접근한다. 이 경우 기체의 크기에 따라 다르지만 여객기의 경우 엔진꼬리 부분에서 약 50m, 공기 입구에서 약 10m 이상의 안전거리를 확보한다.

⑤ 프로펠러기와 헬리콥터는 엔진가동 중은 물론이고, 정지 중에도 프로펠러와 회전날개로부터 일정거리를 유지하여 행동한다.

⑥ 누출되어 있는 연료와 윤활유가 연소할 우려가 있으므로 고무장갑, 방수화 등으로 신체를 보호한다.

> **TIP** 항공기 사고 진입은 풍상, 풍횡이 원칙, 엔진가동 중인 기체에 접근은 횡으로 한답니다.

⑽ 토사붕괴 사고

> 토사붕괴 사고는 가옥 등이 매몰되는 광범위한 지역이 매몰되는 경우와 굴삭공사 현장 또는 터널 내 등 부분 붕괴사고가 있고 특이한 사례로써 콘크리트 공장의 모래집적 장소에서 놀고 있던 어린이가 생매장된 사례도 있다. 또한 구조활동중 재붕괴의 우려가 크고 토사가 무거워 작업이 진척되지 않아 장시간 걸리기도 하고 활동 장소가 좁아 구조인원이 제한되는 등 2차적인 위험요인이 많이 있다.

① 붕괴된 토사와 나무 위에서는 발이 빠지기도 하고 미끄러져 넘어질 우려가 있으므로 발판을 안정시키면서 행동한다.

② 토사를 제거할 때는 2차 붕괴가능성을 충분히 고려하고 재붕괴 위험이 있는 장소는 말뚝 및 방수시트 등으로 안정을 확보하면서 작업을 개시한다.

③ 활동 중에는 반드시 감시원을 배치하고 대원은 2차적인 토사붕괴 발생에 대비 토사 붕괴 방향과 직각의 방향에서 퇴로를 확보하여 둔다.

④ 유출된 토사 등은 손앞에서부터 순차적으로 제거하여 활동의 장애가 없는 장소에 운반하고 활동공간을 확보하여 행동한다.

⑤ 활동이 장시간에 미칠 경우는 피로누적으로 주의력 산만에 의한 사고를 방지하기 위해 일정 시간을 정해 작업대원을 정기적으로 교체하여 주고 인접 구조대 등에 응원을 요청하여 교대 요원을 확보한다.

⑥ 붕괴현장의 토사와 가옥 등은 물을 함유하여 예상 이상으로 무거운 경우가 많으므로 요추 등 손상방지에 주의하여 작업한다.

⑦ 삽과 해머 등을 사용할 때는 파손, 낙하 등의 사고를 방지하기 위해 항상 주위상황을 확인하여 부주의로 떨어뜨리지 않도록 조심한다.

3 안전사고 예방을 위한 현장 활동 요령

(1) 안전관리 예방적 행동

> 안전사고의 예방은 누가 시켜서 어쩔 수 없이 하는 것이 아니라 대원 스스로가 행동으로 예방하여야 하며 구조대상자, 동료대원과 자신은 물론 각종장비를 얼마나 잘 관리하고 활용하여 사용하는 것과 사전 위험요인을 제거하고 안전하게 활동하는 습관을 들이느냐에 따라서 사고발생률을 현저하게 줄일 수 있다.

일상생활 속 무언의 의사표현	재난현장에서 같이 활동하는 팀원들끼리의 일상생활 속에서도 운동이나 취미활동을 하고 많은 대화를 함으로써 함께 하는 무의식중에도 호흡을 맞춤으로 현장활동 시에도 서로의 눈빛만으로도 무엇을 원하는지를 확인할 수 있다. 이런 모든 것은 안전사고를 예방할 수 있는 기능을 가지고 있다.
장비의 특성 및 사용법 철저 숙지	각종 재난현장에서 사용하는 많은 구조장비들의 특성과 사용법에 대하여 점검시간과 훈련들을 통하여 습득하여야만 실제의 재난현장에서 발생할 수 있는 안전사고를 예방하고 어떤 문제점의 발생 시 그 문제점에 대하여 대처할 수 있는 능력을 보유하게 된다. 이런 돌발적인 문제점에 대하여 대처능력이 없는 경우 갑자기 당황하고 특히 주변에 보는 눈이 많을 경우 더욱 당황하여 장비를 조작하거나 무리하게 작동하여 오히려 안전사고를 발생시키는 원인제공을 하게 된다.
2인 1조 활동 기본적 복수 편성 운영	모든 재난현장에서는 1인 행동을 절대 금지하고 최소 2인 1조 단위로 편성 운영하여야만 조원의 부상이나 돌발적인 사고 등으로 문제점이 발생할 때 경미한 것은 스스로 해결할 수도 있고 혼자서 해결이 부득한 경우에는 외부로 지원요청 하는 등으로 조치를 취할 수 있으며 장비의 운반, 관리 등을 원활히 수행하여 할 수 있다.

(2) 안전한 현장활동 – 기본 준수사항

① "사망자"용어의 사용 금지
  ㉠ 현행법상 사망에 대한 판정은 의사자격증을 가진 사람이 확인하고 계측기에 의한 사망으로 판정할 수 있는 징후가 일치되어야 만이 사망으로 인정하고 있다.
  ㉡ 여러 재난현장에서 사고 등으로 사망된 것으로 추정되는 부상자를 발견하여 그에 따른 조치를 하는 경우가 있는데 비록 객관적인 판단에 사망을 한 것으로 추정할 수 있다고 하더라도 모든 응급처치 등을 포함한 일련의 행동은 부상자에 준하여 처치하여야만 추후 발생할 수 있는 그 가족 등으로부터의 이의 제기에 대비할 수가 있다.

② 사고현장에서 부정적 용어 사용금지*
  환자의 상태가 어떠한 경우라고 하더라도 현장활동 대원이 구조대상자의 생사여부를 판단하여 "구조대상자가 사망하였다""이것은 잘못 되었잖아"하는 등의 사망을 결정하거나 대원들이 실시한 작업관련 내용에 대하여 부정적인 말투로 진행방법의 견해차이로 나타난 작업에 대하여 들은 외부사람으로 하여금 작업자들이 잘못하였거나 잘못한 것처럼 오해의 소지가 발생하여 추후 법적인 책임소재의 우려도 있으므로 부정적인 용어의 사용을 금하여야 한다.

③ 현장의 물품 접촉금지* 18년 소방위
  ㉠ 사고 시 현장 주변에 흩어져 있는 소지품을 통하여 사고자의 신원과 연락처 등을 확인하는 경우가 있다.

      ⓛ 이러한 경우 소방대원의 복장을 제대로 갖추지
          않은 상태에서 행동하거나 사고자의 소지품을
          구조차량이나 개인 장비함 등에 보관하게 되면
          절도행위로 오인 받을 수도 있으므로 각별히
          조심하여야 한다.

      ⓒ <u>현금이나 고가의 물품이 사고 장소에 방치된
          경우에는 가급적 손대지 않도록 하고 경찰공무원
          에게 보존을 요청하도록 한다.</u>

(현장의 물품은 보존한다.)

      ⓔ 화재진압이나 구조활동을 위하여 부득이한 경우에는 사진을 촬영하거나 <u>주위 사람의 확인을
          받은 후 이를 안전히 보관하여 경찰공무원이나 관계자에게 인계하도록 한다.</u>

④ **구조대상자의 동의(명시적, 묵시적)**

      ㉠ 구조대상자에 대한 보호측면과 추후 발생 될 수 있는 구조활동상의 자격시비 등 민,형사
          상의 문제점을 예방하기 위하여 <u>의식이 있는 경우에는 명시적인 방법으로, 의식이 없는
          경우에는 묵시적인 동의를 적용하여</u> 상대의 동의를 구하되 자신의 소속과 자격, 현장상황을
          설명하고 구조대상자로부터 동의를 얻도록 한다.

      ⓛ 119신고에 따른 출동의 경우가 아니고 출동이나 귀소 중에 발견하거나 주변의 일반인들에
          의하여 구두로 통보되었을 때는 각별한 주의를 하여 위 사항의 선행절차를 거친 후 시행
          하는 것이 바람직하다.

⑤ **위험지역 이동시 손목 파지법**

      ㉠ 일반적으로 위험지역을 통과하거나 위험한 장소를 혼자서의 힘으로 이동하기 곤란할 때에
          서로 손을 잡아 추락이나 부상을 당하지 않도록 보호하면서 이동하는 경우가 있다. 이런
          경우 서로의 손을 악수하듯 마주잡는 경우가 흔하다.

      ⓛ 이러한 손목 자세는 위쪽방향의 사람의 손은 역삼각형 형태
          이며 아래쪽 방향의 사람의 손은 정삼각형 형태의 자세로
          조그만 실수에도 미끄러지듯이 손과 손이 빠져 나간다.

      ⓒ 이처럼 발생되는 <u>사고를 예방하고 부상을 줄이기 위해서는</u>   (서로 손목을 잡는다.)
          <u>악수법이 아닌 손목 파지법을 사용하게 되면</u> 혼자서의 잘못으로 완벽한 보호가 안 되었다고
          하더라도 또 한사람의 의지에 의하여 추락을 방지하고 예방할 수가 있다.

    TIP 사망판단은 의사만이 할 수 있습니다. 파지법이 무엇인가요?

(3) 안전한 현장활동 - 건물 내 진입

① **개인장비착용 철저**

      ㉠ 안전관리의 기본은 대원개개인의 자기관리에 있지만 평소에 자신의 체력과 정신력 및
          담력, 구조기술연마에 노력하여야 하지만 현장상황에 따라 적응할 수 있는 복장의 철저한
          착용과 적응장비 등의 준비하여야 한다.

      ⓛ 마모되었거나 노후로 손상된 개인장비는 즉시 교체하여 조그마한 문제가 발생되더라도
          현장활동을 하지 못하는 어려움과 자신의 신체에 심한 위험을 초래하는 결과를 초래하게
          될 수 있다.

ⓒ 사용하는 장비 중 두 사람 이상의 팀이 함께 사용할 때에는 팀원들 스스로 일사불란한 신속한 행동으로 대처하여야 한다.

② 출입문을 열 때의 자세

　　㉠ 모든 현장에서 출입문 등을 통과하는 경우에는 사고가 발생한 이유를 정확히 확인된 경우를 제외하고는 평소에 문의 온도를 측정하는 습관을 가져야 한다.

　　㉡ 확인되지 않는 출입문의 개방 시 급격한 공기유입으로 인한 역화(Back Draft)사고나 기타 탈출로의 차단 등으로 인한 안전사고를 대비하여야 한다.

> ❖ 온도를 측정할 때에도 손바닥을 이용하여 온도를 측정하지 말고 손등을 접촉시키면 불의의 감전사고에도 신체의 반사작용으로 안전하게 보호될 수 있다.

(화재장소에서는 문을 급격히 열지 않는다.)

③ 조명기구 사용

　　㉠ 사고 현장이 어둡거나 야간인 경우에 내부 조명을 위하여 이동식 조명등을 설치하거나 소형 랜턴, 플래시 등을 사용하게 된다. 이때 미리 조명기구를 켜는 것이 아니라 내부가 어두운 것을 확인하고 나서 조명기구의 스위치를 넣는 경우가 대부분이다.

(조명은 현장 진입 전에 켜고 밖으로 나온 후에 끈다.)

　　㉡ 그러나 사람의 눈은 명순응 즉 밝음에 적응하는 데는 1~3분 정도가 소요되지만 암순응 즉 어둠에 적응하는 데에는 10~20분 정도의 시간이 소요되기 때문에 위험요인을 쉽게 발견하지 못하게 된다.

　　㉢ 또한 밀폐된 실내에 가스가 체류하고 있으면 이런 조명기구의 스위치 조작 시 발생하는 스파크에도 점화, 폭발사고를 일으킬 우려가 있다.

　　㉣ 조명기구의 스위치는 현장에 진입하기 전에 켜고 현장을 이탈한 후에 끄는 것을 원칙으로 한다.

(4) 안전한 현장활동 – 현장활동, 교육·훈련시

발을 끌면서 이동	㉠ 공기호흡기나 기타 호흡장비를 착용하였을 때는 시야가 좁아져서 자신의 발이 어디쯤 있는지 장애물이 어디쯤 있는지 확인하기가 매우 어렵다. 이러한 경우 발을 높이 들고 걷게 되면 장애물에 부딪혀 넘어지거나 맨홀 등에 빠지는 상황이 발생할 수도 있다.
	㉡ 시야가 협소하고 조명이 충분하지 못한 경우에는 발을 지면에 밀착시키고 끌듯이 이동하면 안전사고를 예방할 수 있다.

복식사다리 이용 시 주의사항	⊙ 복식사다리를 사용하는 경우 반드시 고리를 걸고 로프로 결착한 후에 활동을 하여야 한다. ⓒ 복식사다리가 완전 결착되지 않은 경우 충격이나 상부의 하중으로 인하여 연장된 사다리가 내려오면 사다리에서 활동하는 대원의 추락이나 사다리를 지지하는 대원의 손에 심각한 부상을 입게 된다. ⓒ 평소 훈련 시에 반드시 사다리의 완전 고정상태를 확인하도록 하여 현장활동시의 안전을 도모한다.
사다리 파괴 시 주의사항	⊙ 고정된 셔터를 절단, 제거할 때에 셔터의 좌·우측 지지부분의 틈을 파괴하거나 동력 절단기 등으로 절단한 후 파손되지 않은 셔터를 절단된 부분인 옆으로 빼는 것을 원칙으로 한다. ⓒ <u>만약 셔터를 옆으로 빼낼 수 없는 경우에는 셔터 기둥 및 상단몸체의 붕괴에 따른 안전거리를 고려하여 현장에서 활동하는 대원 쪽인 건물 바깥쪽으로 당기지 말고 건물 내로 밀어 안으로 무너지도록 조치한다.</u> ⓒ 부득이 바깥으로 당겨야 할 경우에는 상단몸체가 붕괴될 충분한 안전거리를 확보한 후 작업하여야 하며 안전거리가 확보되지 않으면 상단몸체가 활동 중인 대원을 덮치게 됨을 명심하여야 한다.
로프하강 안전조치	⊙ 로프를 이용한 하강 시 안전벨트와 카라비너, 8자하강기 등의 장비와 로프의 결합은 장비를 당겨 결합여부를 확인하고 건물외벽으로 이탈 전에 상단의 로프와 결착된 장비가 일직선으로 된 후에 건물에서 이탈하게 되면 장비의 노후나 마모로 인한 파손과 충격으로 인한 추락의 위험과 안전사고를 예방할 수 있다. ⓒ 하강을 시작하기 전에는 큰 소리로 "하강준비 끝"이라고 외쳐서 안전요원과 주변의 이목을 집중시키도록 한다. ⓒ 하강지점에는 상층에서 장비나 파손된 유리창 등이 낙하하여 부상을 입을 위험이 상존하기 때문에 하강을 마친 대원은 먼저 신속히 하강지점에서 물러서고 이 후에 로프에서 장비를 빼내야 한다. 이후에 "하강준비 완료"라고 소리쳐서 다른 대원이 하강을 준비할 수 있도록 한다.
구조활동 시 이중안전 조치원칙	로프를 이용한 횡단 인명구조 활동 시 보조로프를 사용하지 않고 긴급하다는 명분아래 주 로프만으로 사용하여 인명구조활동에 임하는바 주 로프의 결함이나 손상, 파손 등으로 치명적인 안전사고가 발생할 수 있다. 따라서 <u>직접 인명구조에 사용되는 로프는 반드시 2겹으로 설치하고 2개소 이상의 장소에 결착, 고정한다.</u>
로프를 이용한 구조대상자 결착	단독으로 구조대상자를 구출하여 업거나 손으로 붙잡고서 이동하는 경우에 계단이나 사다리를 통하여 탈출하게 되는 경우 구조대상자가 등에서 미끄러 내려가거나 추락하는 등의 위험한 상황이 발생할 수 있다. 이런 경우엔 개인로프를 이용한 1인 업어내리기 방법을 이용하면 이동에 용이하고 안전하여 2차 사고를 예방할 수 있다.
중량물 들어올리는 경우	⊙ 사고 현장에서는 사전 준비 없이 갑자기 무거운 장비를 이동시키거나 장애물을 들어 올리게 되는 경우 등이나 허리에 상당히 심각한 부상을 입을 수 있는 상황을 초래한다. ⓒ 평소 충분한 운동을 체력을 배양하여야 함은 물론이지만 현장에서도 잠깐의 준비 운동으로 근육의 긴장을 풀어주어야 한다. ⓒ <u>허리만 굽혀서 물체를 들어올리지 말고 허리와 무릎을 완전하게 굽혀 앉은 후 팔과 다리의 힘을 이용하여 물체를 들어 올리도록 한다.</u> ⓔ 만약 한 사람이 들기에 너무 크거나 무거우면 다른 사람의 도움을 받아서 들어올리거나 옮겨야 한다.

🚨 Check

① (   ) : 위험성을 수반하는 임무수행이 전제된 때에 안전관리 개념이 성립된다.
② 훈련용 안전기구의 정비 : (   ), (   ), (   ), (   )
③ 현행법상 사망에 대한 판정은 (   )자격증을 가진 사람이 확인해야 안다.
④ 사고를 예방하고 부상을 줄이기 위해서는 악수법이 아닌 손목 (   )을 사용한다.
⑤ 온도를 측정할 때는 (   )을 이용한다.

기출 및 예상문제

01 "소방안전관리의 특성"에서 다음 내용과 관계 깊은 것은?

> 화재현장에 있어서 화재가 발생한 건물로부터 호스를 분리하여 연장하는 것은 낙하물이나 화재에 의한 복사열로부터 호스의 손상방지를 위한 것이지만 결과적으로 효과적인 소방활동을 전개할 수 있음으로서 대원 자신의 안전을 보호하는 결과이다.

① 일체성
② 특이성
③ 양면성
④ 반복성

해설 ✪ **소방 안전관리의 특성** ★★ 12년 소방위/ 16년 소방교/ 17년 소방장/ 21년 소방장, 소방위

일체성 적극성	화재현장에 있어서 화재가 발생한 건물로부터 호스를 분리하여 연장하는 것은 낙하물이나 화재에 의한 복사열로부터 호스의 손상방지를 위한 것이지만 결과적으로 효과적인 소방활동을 전개할 수 있음으로서 대원 자신의 안전을 보호하는 결과이다.
특이성 양면성	① 소방활동은 임무수행과 안전 확보의 양립이 요구되고 있다. ② 위험성을 수반하는 임무수행이 전제된 때에 안전관리 개념이 성립된다. ③ 화재현장의 위험을 확인한 후에 임무수행과 안전 확보를 양립시키는 특이성·양면성이 있다.
계속성 반복성	① 안전관리에는 끝이 없으므로 반복하여 실행하여야 한다. ② 소방활동의 안전관리는 출동에서 귀소까지 한 순간도 끊임없이 계속된다. ③ 평소의 교육, 훈련이나 기기 점검 등도 안전관리상 중요한 요소이다.

02 안전관리대책 중 "조직적 대책"에 대한 내용으로 틀린 것은?
① 안전관리 담당 부서의 설치
② 안전책임자 및 요원의 제도화
③ 현장특성에 맞는 장비개발
④ 훈련, 연습실시 및 안전관리에 관한 규칙제정

해설 **조직적 대책** ③ 은 장비적 대책임
1. 안전관리 담당 부서의 설치
2. 안전책임자 및 요원의 제도화
3. 훈련, 연습실시 및 안전관리에 관한 규칙제정 등

정답 01. ① 02. ③

03 "현장안전관리 10대 원칙"에 대한 설명 중 잘못된 것은?

① 독단적 해동을 삼가고 적극적으로 지휘자의 장악 안에 들어가도록 한다.

② 위험을 먼저 안 사람은 즉시 지휘본부에 보고한다.

③ 위험에 관한 정보는 지휘자만이 알고 현장 직원에게는 철저히 보안을 지킨다.

④ 안전 확보의 기본은 자기방어이므로 자기안전은 자기 스스로 확보하라.

해설 ✪ **안전관리 10대 원칙*** 20년 소방위

1. 안전관리는 임무수행을 전제로 하는 적극적 행동대책이다.
2. 화재현장은 항상 위험성이 잠재하고 있으므로 안일한 태도를 버리고 항상 경계심을 게을리 하지 말라.
3. 지휘자의 장악으로부터 벗어난다는 것은 중대한 사고에 연결되는 것이므로 **독단적 행동을 삼가고 적극적으로 지휘자의 장악 안에 들어가도록** 하라.
4. 위험에 관한 정보는 현장 전원에게 신속하고 철저하게 주지시키도록 하라. 위험을 먼저 안 사람은 즉시 지휘본부에 보고하고 긴급 시는 주위에 전파하여 위험을 사전 방지토록 하라.
5. 흥분, 당황한 행동은 사고의 원인이 되므로 어떠한 상황에서도 냉정, 침착성을 잃지 않도록 하라.
6. 기계, 장비에 대한 기능, 성능 한계를 명확히 알고 안전조작에 숙달토록 하라.
7. 안전 확보의 기본은 자기방어 이므로 자기안전은 자기 스스로 확보하라.
8. 안전 확보의 첫 걸음은 완벽한 준비에서 시작된다. 완전한 복장과 장비를 갖추고 안정된 마음으로 정확히 행동에 옮겨라.
9. 안전 확보의 전제는 강인한 체력, 기력에 있으므로 평소 체력, 기력 연마에 힘쓰라.
10. 사고사례는 산 교훈이므로 심층 분석하여 행동지침으로 생활화 시키도록 하라.

04 잠수구조 시 대원의 안전조치로 잘못된 것은?

① 잠수대원은 스쿠버장비 고장 등 긴급 시에는 짝에게 알려 비상용호흡기를 사용한다.

② 잠수할 때는 수중의 장애물을 제거할 수 있도록 스쿠버나이프를 반드시 휴대한다.

③ 스쿠버장비를 사용하여 잠수 중 긴급 부상할 때는 반드시 호흡을 멈추어야 한다.

④ 잠수대원은 눈병, 치통이 있을 때는 잠수하지 않도록 한다.

해설 잠수 중 긴급 부상할 때는 감압방지를 위해 반드시 숨을 쉬면서 부상한다.* 21년 소방장

05 작은 선박에서 구조할 때 구조대원의 안전조치로 틀린 것은?

① 야간과 짙은 안개 속에서는 등화 및 확성기 등으로 항해중인 선박에 주의를 환기한다.

② 직접구조 시 반드시 선수나 선미 측에서 신체를 확보하고 배의 균형 유지에 주의한다.

③ 운항 중에는 횡파를 받아 전복 우려가 있으므로 파도와 직각으로 부딪히지 않도록 한다.

④ 단선에 구조대상자를 인도할 때 불안정한 측면을 피하여 배 선미에 부서한다.

해설 단선에 구조대상자를 인도할 때는 배 후미에서 한다.* 21년 소방장

정답 **03.** ③ **04.** ③ **05.** ④

06 위험요인 회피 능력배양 방법으로 틀린 것은?

① 내적위험요인 통제능력   ② 외적위험요인 예지능력

③ 행동으로 실행하는 능력   ④ 사례연구를 통한 감성능력

해설 **위험요인 회피능력** ★ 23년 소방위

외적위험 요인 예지능력	대원 스스로 과거의 경험과 지식에 의해 오감 등 으로 판단하여 주위에 있는 위험요인을 발견해 내는 능력
내적위험 요인 통제능력	자기 내면에 있는 위험요인 즉, 자기중심적인 사고나 감정을 올바른 방향으로 통제할 수 있는 능력
실행능력	외적·내적 위험요인을 판단하고 이것을 행동으로 실행하는 능력

정답   06. ④

01 기출 및 예상문제

01 "119생활안전대 업무특성"으로 틀린 것은?

① 긴급성과 잠재적 위험성　　　　② 활동영역의 다양성

③ 주민 밀접성　　　　　　　　　④ 관련법령의 다양성

해설

① 활동영역의 다양성　　　　　　② 비긴급성과 잠재적 위험성
③ 주민 밀접성　　　　　　　　　④ 관련법령의 다양성

02 소방기본법에서 근거하는 "소방지원활동"으로 볼 수 없는 것은?

① 산불에 대한 예방·진압 등 지원활동

② 집회·공연 등 각종 행사 시 사고에 대비한 근접대기 등 지원활동

③ 위급한 현장에서의 구조활동

④ 화재, 재난·재해로 인한 피해복구 지원활동

해설 ✪ 「소방기본법」 제16조의2(소방지원활동)* 14년 소방장

① 산불에 대한 예방·진압 등 지원활동
② 자연재해에 따른 급수·배수 및 제설 등 지원활동
③ 집회·공연 등 각종 행사 시 사고에 대비한 근접대기 등 지원활동
④ 화재, 재난·재해로 인한 피해복구 지원활동
⑤ 그 밖에 행정안전부령으로 정하는 활동
　 – 군·경찰 등 유관기관에서 실시하는 훈련지원 활동
　 – 소방시설 오작동 신고에 따른 조치활동
　 – 방송제작 또는 촬영 관련 지원활동

03 구조활동증명서 발급기간은 접수한 날로부터 며칠 이내인가?

① 7일　　　　　　　　　　　　　② 5일

③ 3일　　　　　　　　　　　　　④ 즉시

해설 ✪ 구조활동증명서 발급

① 법적 근거 : 「119구조구급에 관한 법률 시행규칙」 제19조(구조구급증명서)
② 발급기간 : 즉시
③ 접수 및 발급기관 : 소방서(민원실), 구조대, 안전센터

정답　01. ①　02. ③　03. ④

04 구조활동증명서 신청대상자가 아닌 것은?

① 구조·구급자의 보호자

② 사고현장 최초신고자

③ 공공단체 또는 보험회사 등 환자이송과 관련된 기관이나 단체

④ 인명구조, 응급처치 등을 받은 사람

해설 ✚ **신청대상**
① 인명구조, 응급처치 등을 받은 사람(이하 "구조·구급자"라 한다)
② 구조·구급자의 보호자
③ 공공단체 또는 보험회사 등 환자이송과 관련된 기관이나 단체
④ 위 사항에 해당하는 자에게 위임 받은 자

05 "이동전화위치정보 조회"를 요청할 수 있는 자가 아닌 것은?

① 개인정보주체(본인) ② 4촌 이내 친족

③ 미성년자 후견인 ④ 배우자

해설 이동전화 위치정보조회 요청권자 확인신고접수 절차
• 개인정보주체(본인)
• 배우자 및 2촌 이내 친족(민법 제767조)
• 미성년자의 후견인
※ 요청권자가 적법하지 않은 경우 적법한 요청권자가 신고하도록 유도하고, 요청권자의 적법여부 확인이
  필요할 때에는 경찰 등 유관기관을 통하여 확인

06 동물포획에 대한 내용으로 설명이 잘못된 것은?

① 맹금류는 모포나 그물을 이용하여 안전하게 포획한 다음 눈을 가려서 안정시킨다.

② 불독사(쇠살모사)는 출혈독이며 2~10시간 이내에 극심한 통증을 수반하며 사람을 사망하게
  한다.

③ 멧돼지를 발견하여 서로 주시하는 경우에는 뛰거나 소리를 지르고 멧돼지의 눈을 똑바로 쳐다
  보지 않는다.

④ 개는 주인을 알아보지 못하고 물었거나, 눈이 충혈 되었거나, 침을 흘리고 이유 없이 으르렁
  거리면 광견병을 의심한다.

해설
멧돼지를 발견하여 서로 주시하는 경우에는 뛰거나 소리 지르기보다는 침착하게 움직이지 않는 상태에서 멧돼지의
눈을 똑바로 쳐다본다(뛰거나 소리치면 멧돼지가 오히려 놀라 공격할 수 있다). 멧돼지를 보고 소리를 지르거나 달아나려고
등(뒷면)을 보이는 등 겁먹은 모습을 보이면 야생동물은 직감적으로 겁을 먹은 것으로 알고 공격하는 경우가 있다.

정답 **04.** ② **05.** ② **06.** ③

07 벌떼 제거활동 안전사항에 관한 설명으로 틀린 것은?

① 벌집제거를 위해 진입하는 대원은 2인1조 이상을 기본으로 하고, 나무 등 높은 장소에서의 추락방지 조치 및 주 활동대원 엄호 등 안전확보에 철저를 기한다.

② 복장은 방화복, 기동화, 헬멧, 가죽장갑 착용 후 방수관창 추가로 준비하여 벌떼로부터 완벽하게 차단될 수 있도록 준비한다.

③ 장비는 채집망, 살충제, 훈연기, 절단기 등 제거장비를 확보한다.

④ 작업공간이 협소하여 부득이 불꽃을 이용한 제거 작업에는 연소가능성을 염두에 두고 작업을 하며, 이때는 거주자의 동의하에 실시한다.

해설 **대원의 안전확보 및 벌떼(집) 제거 장비를 확보**

ⓐ 복장 : 방화복, 기동화, 헬멧, 가죽장갑 착용 후 방충복을 추가로 착용하여 벌떼로부터 완벽하게 차단될 수 있도록 준비한다.

ⓑ 장비 : 채집망, 살충제, 훈연기, 절단기 등 제거장비를 확보한다.

정답 07. ②

02 기출 및 예상문제

01 구조구급요청의 거절사유에 해당하는 것은?

① 섭씨 38도의 고열환자　　　　② 외상이 있는 만취자

③ 호흡곤란을 겪고 있는 자　　　④ 응급환자의 병원 간 이송

해설

구조요청 거절사유	① 단순 문 개방의 요청을 받은 경우 ② 시설물에 대한 단순 안전조치 및 장애물 단순 제거의 요청을 받은 경우 ③ 동물의 단순 처리·포획·구조 요청을 받은 경우 ④ 그 밖에 주민생활 불편해소 차원의 단순 민원 등 구조활동의 필요성이 없다.

❂ **구급요청 거절**★★★ 14년 소방장/ 18년 소방위

1. 단순 치통환자
2. 단순 감기환자. 다만, 섭씨 38도 이상의 고열 또는 호흡곤란이 있는 경우는 제외한다.
3. 혈압 등 생체징후가 안정된 타박상 환자
4. 술에 취한 사람. 다만, 강한 자극에도 의식이 회복되지 아니하거나 외상이 있는 경우는 제외한다.
5. 만성질환자로서 검진 또는 입원 목적의 이송 요청자
6. 단순 열상(裂傷) 또는 찰과상(擦過傷)으로 지속적인 출혈이 없는 외상환자
7. 병원 간 이송 또는 자택으로의 이송 요청자. 다만, 의사가 동승한 응급환자의 병원 간 이송은 제외한다.

02 구조대원은 연간 몇 시간 이상 특별구조훈련을 받아야 하는가?

① 10시간　　　　　　　　② 20시간

③ 30시간　　　　　　　　④ 40시간

해설

구조대원의 특별구조훈련은 연간 40시간 이상 이수하여야 한다.★ 17년 소방위

03 구조구급 중앙정책협의회 구성 및 기능으로 틀린 것은?

① 위원장 및 부위원장 각 1명을 포함한 20명 이내의 위원으로 구성한다.

② 위촉위원의 임기는 2년으로 한다.

③ 중앙 정책협의회에 간사 1명을 두며, 간사는 소방청의 구조·구급업무를 담당하는 소방공무원 중에서 소방청장이 지명한다.

④ 중앙 정책협의회 위원장은 소방청 차장이 되고, 부위원장은 담당과장이 된다.

정답 01. ④　02. ④　03. ④

해설
중앙 정책협의회 위원장은 소방청장이 되고, 부위원장은 민간위원 중에서 호선(互選)한다.

04 다음 상황에서 과태료는?

> 구조·구급활동이 필요한 위급상황인 것으로 거짓으로 알려 구급차등으로 이송되었으나 이송된 의료기관으로 부터 진료를 받지 않은 경우

① 100만원 이하   ② 300만원 이하
③ 500만원 이하   ④ 1000만원 이하

해설
구조·구급활동이 필요한 위급상황인 것으로 거짓으로 알려 구급차 등으로 이송하였으나 의료기관으로부터 진료를 받지 않은 경우 과태료 500만원임* 19년 소방위/ 22년 소방교

05 119구조대 편성과 운영에 관한 설명 중 틀린 것은?

① 119시민수상구조대의 운영, 그 밖에 필요한 사항은 시·도의 조례로 정한다.
② 직할구조대를 소방본부에 설치하는 경우에는 시·도의 규칙으로 정하는 바에 따른다.
③ 소방서장은 여름철 물놀이 장소에 민간자원봉사자로 구성된 119시민수상구조대를 지원할 수 없다.
④ 테러대응구조대를 소방본부에 설치하는 경우에는 시·도의 규칙으로 정하는 바에 따른다.

해설
소방청장·소방본부장 또는 소방서장(이하 "소방청장 등"이라 한다)은 여름철 물놀이 장소에서의 안전을 확보하기 위하여 필요한 경우 민간 자원봉사자로 구성된 구조대를 지원할 수 있다.* 18년 소방교/ 22년 소방위

06 "구조구급기본계획의 수립·시행"에 대한 설명 중 잘못된 것은?

① 시도구급대책협의회와 사전협의를 거쳐야 한다.
② 집행계획은 시행 전년도 10월 31일까지 수립하여야 한다.
③ 5년마다 수립하여야 한다.
④ 기본계획은 계획 시행 전년도 8월 31일까지 수립하여야 한다.

해설
중앙행정기관의 장과 협의하여야 한다.* 18년 소방교

정답 **04.** ③ **05.** ③ **06.** ①

07 시·도 구조·구급 집행계획의 수립·시행 내용이 아닌 것은?

① 기본계획 및 집행계획은 시행 전년도 12월 31일까지 수립하여야 한다.
② 구조구급대원의 안전사고방지, 감염방지 및 건강관리
③ 구조구급에 필요한 장비의 구비에 관한 사항
④ 구조구급활동과 관련하여 시도 정책협의회에서 필요하다고 결정한 사항

해설 장비구비에 관한사항은 집행계획이 아니고 기본계획에 포함된 사항임.

✿ **시·도 구조·구급 집행계획의 수립·시행★** 14년 소방위/ 18년 소방교

① 구조구급 집행계획은 시·도 구조·구급정책협의회의 협의를 거쳐 계획 시행 전년도 12월 31일까지 수립하여야 한다.
② 시·도 집행계획에는 다음 각 호의 사항이 포함되어야 한다.
  1. 기본계획 및 집행계획에 대한 시·도의 세부 집행계획
  2. 구조·구급대원의 안전사고 방지, 감염 방지 및 건강관리를 위하여 필요한 세부 집행계획
  3. 법 제26조제1항의 평가 결과에 따른 조치계획
  4. 그 밖에 구조·구급활동과 관련하여 시·도 정책협의회에서 필요하다고 결정한 사항

08 감염관리대책에 대한 설명으로 옳지 않은 것은?

① 감염성 질병에 걸린 요구조자 또는 응급환자와 접촉한 경우에는 그 사실을 안 때부터 48시간 이내에 소방청장에게 보고하여야 한다.
② 소방서별로 119감염관리실을 1개소 이상 설치하여야 한다.
③ 119감염관리실의 규격·성능 및 119감염관리실에 설치하여야 하는 장비 등 세부 기준은 시도 규칙으로 정한다.
④ 응급환자와 접촉한 구조·구급대원이 적절한 진료를 받을 수 있도록 조치하고, 접촉일부터 15일 동안 구조·구급대원의 감염성 질병 발병 여부를 추적·관리하여야 한다.

해설 119감염관리실의 규격·성능 및 119감염관리실에 설치하는 장비 등 세부 기준은 소방청장이 정한다.★ 24년 소방위

09 "119구급상황관리센터"에 배치할 수 있는 자가 아닌 것은?

① 간호사
② 응급구조사
③ 소방공무원 5년 이상 근무한 후 응급구조사 2급 교육수료자
④ 응급의료정보센터에서 2년 이상 응급의료상담 경력자

해설
구급상황관리센터근무자 : 의료인, 응급구조사, 2년 이상 상황관리센터 근무자

정답 07. ③   08. ③   09. ③

10 구조대원이 될 수 있는 자격이 아닌 것은?

① 구조 관련 분야에서 근무한 경력이 2년 이상인 사람

② 인명구조사 시험에 합격한 사람

③ 소방공무원 5년 이상 근무자

④ 응급구조사 자격을 가진 사람으로서 구조업무에 관한 교육을 받은 사람

해설 ✪ 구조대원 자격기준

1. 소방청장이 실시하는 인명구조사 교육을 받았거나 인명구조사 시험에 합격한 사람
2. 국가·지방자치단체 및 「공공기관의 운영에 관한 법률」 제4조에 따른 공공기관의 구조 관련 분야에서 근무한 경력이 2년 이상인 사람
3. 「응급의료에 관한 법률」 제36조에 따른 응급구조사 자격을 가진 사람으로서 소방청장이 실시하는 구조업무에 관한 교육을 받은 사람

11 "구급활동일지"에 대한 내용으로서 잘못된 것은?

① 구급차에 이동단말기가 설치되어 있는 경우에는 이동단말기로 구급활동일지를 작성할 수 있다.

② 소속 소방관서에 3년간 보관하여야 한다.

③ 환자를 인계받은 의사의 서명을 받고, 구급활동일지 1부를 그 의사에게 제출하여야 한다.

④ 소방본부장은 구급활동상황을 종합하여 연 1회 소방청장에게 보고하여야 한다.

해설

연 2회 소방청장에게 보고한다.

12 구조구급에 관한 내용으로 잘못된 것은?

① 감염성 질병·유해물질 등 접촉 보고서 및 진료 기록부는 퇴직할 때까지 소방공무원인사기록철에 함께 보관하여야 한다.

② 감염관리실 설치기준은 소방서별 2개소 이상이다.

③ 응급환자 이송거부 확인서는 소방관서에 3년간 보관하여야 한다.

④ 구조구급자 보호자는 구조구급증명서 발급대상이 아니다.

해설 ✪ 구조구급대원 검진기록의 보관* 14년 부산 소방장

소방청장 등은 다음 각 호의 자료를 구조·구급대원이 퇴직할 때까지 소방공무원인사기록철에 함께 보관하여야 한다.
① 감염성 질병·유해물질 등 접촉 보고서 및 진료 기록부
② 정기건강검진 결과서 및 진료 기록부
③ 그 밖에 구조·구급대원의 병력을 추정할 수 있는 자료

정답 10. ③ 11. ④ 12. ②

13 구조·구급활동이 필요한 위급상황을 거짓으로 알린 경우 과태료는?(3회 위반)

① 100만원

② 200만원

③ 400만원

④ 500만원

해설 ✪ 과태료 개별기준

위반행위	근거법조문	과태료 금액(단위 : 만원)		
		1회 위반	2회 위반	3회 이상 위반
법 제4조제3항을 위반하여 구조·구급활동이 필요한 위급상황을 거짓으로 알린 경우	법 제30조 제1항	200	400	500

정답 | 13. ④

2025 필드 소방전술 (하)

PART 02

소화약제 등
(소방교 승진시험 제외)

CHAPTER 01 소화약제

제1절 소화원리

제거 소화	① 연소는 가연성가스와 산소와의 접촉반응이므로 이를 차단하기 위한 방법은 가연성 물질을 격리하거나 가연물의 소멸 또는 수용성 가연물은 농도를 희석하면 결국 제거가 되는 것이다. ② 가스화재에서는 공급밸브를 차단하는 방법이 있다. ③ 산림화재에서 산불화재의 확산방지를 위해서는 화재가 진행되는 방향의 전면의 나무를 벌목하여 제거하는 방법도 제거소화라 볼 수 있으며 가연물을 화원으로부터 격리하는 방법이다. ＊ 21년 소방교
질식 소화	① 가연성 물질의 연소에서 연소의 범위는 연소하한계와 연소상한계의 범위내의 농도에서만 연소가 이루어진다. ② 화염에 강풍을 불어 화염을 불안정화하는 방법과 화염온도를 발화온도 이하로 낮추거나 산소의 농도를 10~15% 이하로 하여 소화하는 방법으로 가스계 소화약제 또는 포 소화약제를 이용하여 연소 면을 산소가 접촉되지 못하도록 차단하는 방법이 있다. ③ 밀폐공간의 화재실 전체에 주로 불연성가스의 퍼짐에 의해 산소의 농도가 낮게 함으로서 소화하는 방법이다.
냉각 소화	물은 100℃로 증발될 때 증발잠열이 약 539Kcal/Kg으로 매우 크고 이산화탄소 고압식의 경우 66.6Kcal/Kg, 할론은 28.2Kcal/Kg로서 물은 연소면을 냉각하는데 타 소화약제보다 우수한 성능을 가지고 있다.
부촉매 소화	화학적인 소화방법으로 소화약제의 화학적인 성질을 이용하는 것으로 연쇄반응을 차단하는 방법으로 약제의 화학반응 시 연쇄반응을 지배하는 Radical을 기(基) 또는 단(團)이라 하며 수소 연소를 제어하는 방법과 같이 화염은 소멸되는 것이다.
유화 소화	유류면의 화재에서 물은 작은 입자상태의 높은 압력으로 방사 시 유류면의 표면에 유화층이 형성되어 에멀전상태를 유지하는데 유류가스의 증발을 막는 차단효과를 발휘한다. 따라서 지속적인 가연성 가스의 생성이 억제되어 화염은 발생되지 않게 되는 것이다.
피복 소화	목재나 유류의 표면화재에서 공기보다 무거운 기체를 방사하면 연소면은 불연성 물질로 피복되어 연소에 필요한 산소는 차단되어 질식하게 하는 것으로 주로 이산화탄소를 사용하는 것으로 표면화재와 심부화재에 적합하다.
방진 소화	제3종분말소화약제를 고체 화재면에 방사 시 메타인산(HPO_3)이 생성되어 유리질의 피막을 형성하므로 열분해 생성으로 인한 방진효과가 나타나게 된다. $NH_4N_2PO_4 \rightarrow NH_3 + H_2O + HPO_3$
탈수 효과	제3종 분말소화약제의 열분해 시 올르토인산(H_3PO_4)이 셀롤로우즈에 작용하면 물이 생성되는데 가연물 내부에서 생성되는 가스와의 화학작용으로 탈수작용을 하게 되어 탈수 소화효과를 가져오게 된다.

TIP 소화원리에 대한 전체적인 용어의 설명입니다. 꼭! 기억해 주세요. 주로 이산화탄소를 사용하는 것으로 표면화재와 심부화재에 적합한 화재는 무엇인가요?

제 2 절 소화약제의 조건

① 연소의 4요소 중 한 가지 이상을 제거할 수 있는 능력이 탁월할 것
② 가격이 저렴할 것
③ 저장 안정성이 있을 것
④ 환경에 대한 오염이 적을 것
⑤ 인체에 대한 독성이 없을 것

제 3 절 소화약제의 분류

■ 각종 소화약제의 특성 비교** 13년 소방교/ 16년 소방장

특 성 \ 종 류	수계 소화약제		가스계 소화약제		
	물	포	이산화탄소	할로겐화합물	분말
주된 소화 효과	냉각	질식, 냉각	질식	부촉매	부촉매, 질식
소화속도	느리다	느리다	빠르다	빠르다	빠르다
냉각 효과	크다	크다	적다	적다	극히 적다
재발화 위험성	적다	적다	있다	있다	있다
대응하는 화재규모	중형 ~ 대형	중형 ~ 대형	소형 ~ 중형	소형 ~ 중형	소형 ~ 중형
사용 후의 오염	크다	매우 크다	전혀 없다	극히 적다	적다 ①
적응 화재	A급	A, B급	B, C급 ②	B, C급 ②	A, B, C급 ③

① 분말은 털면 떨어지기 때문에 일반적으로 오염의 정도는 적지만 정밀 기기류나 통신 기기 등에는 적합하지 않다. 그러나 소화기구의 장소별 적응성(화재안전기준 별표1)을 보면 전기실 및 전산실에 적응성이 있는 것으로 되어있어 전기실 및 전산실의 분말소화설비 설치여부는 설치자의 선택에 따른다.
② 밀폐 상태에서 방출되는 경우에는 일반화재에도 사용이 가능하다.
③ ABC 분말 소화약제는 일반화재에도 적용되지만 분말이 도달되지 않는 대상물에는 부적당하다.

■ 각종 소화약제의 적응 화재와 효과

화재의 종류	가연물의 종류	적응 소화약제	개략적인 소화 효과
A급 화재	(일반 가연 물질) 목재, 고무, 종이, 플라스틱류, 섬유류 등	• 물 • 수성막포(AFFF) • ABC급 분말 • Halon 1211	냉각, 침투 냉각, 질식, 침투 억제, 피복, 냉각 억제, 냉각
B급 화재	(가연성 액체) 휘발유, 그리스, 페인트, 래커, 타르 등	• 수성막포(AFFF) • BC급 분말 • ABC급 분말 • Halon 1211·1301 • CO_2	냉각, 질식 질식, 냉각 억제, 질식 억제, 질식, 냉각 질식, 냉각
C급 화재	(통전 중인 전기 기구) 전선, 발전기, 모터, 판넬, 스위치, 기타 전기 설비 등	• BC급 분말 • ABC급 분말 • Halon 1211, 1301 • CO_2	부도체 부도체 부도체 부도체
AB급 화재	일반 가연물과 가연성 액체, 기체의 혼합물	• 수성막포(AFFF) • ABC급 분말 • Halon 1211, 1301	질식, 냉각 억제, 질식 억제, 질식, 냉각
BC급 화재	가연성 액체·기체와 통전 중인 전기기구와의 혼 합물	• BC급 분말 • ABC급 분말 • Halon 1211, 1301 • CO_2	억제, 질식, 부도체 억제, 질식, 부도체 억제, 질식, 냉각, 부도체 질식, 냉각, 부도체
ABC급 화재	일반 가연물과 가연성 액체, 기체와 통전 중인 전기 기구와의 혼합물	• ABC급 분말 • Halon 1211	억제, 질식, 부도체 억제, 질식, 냉각, 부도체
D급 화재	가연성 금속과 가연성 금속의 합금	• 금속화재용 분말	질식(공기 차단), 냉각

제4절 소화약제의 물

물이 소화약제로 널리 사용되고 있는 가장 큰 이유는 ① 우선 구하기가 쉽고, ② 비열과 증발 잠열이 커서 냉각 효과가 우수하며, ③ 펌프, 파이프, 호스 등을 사용하여 쉽게 운송할 수 있기 때문이다.

> ✪ 물은 A급화재(일반화재)에서는 우수한 능력이 발휘되나, B급화재(유류 및 가스)에서는 오히려 화재가 확대될 수 있고, C급화재(전기화재)에서는 소화는 가능하지만 감전사고의 위험성이 있으므로 주의 하여야 한다. 그리고 사용 후 2차 피해인 수손이 발생하고 추운 곳에서는 사용할 수 없는 단점도 있다.

제1관 물의 물리적 성질★★★ 13년, 17년, 23년 소방장

① 물은 상온에서 비교적 안정된 액체로 자연 상태에서는 기체(수증기), 액체, 고체(얼음)의 세 가지 형태로 존재한다.

② 0℃의 얼음 1g이 0℃의 액체 물로 변하는 데 필요한 용융열(용융 잠열)은 79.7cal/g이다.

③ 100℃의 액체 물 1g을 100℃의 수증기로 만드는 데 필요한 열량인 증발 잠열(기화열)은 539.6cal/g으로 다른 물질에 비해 매우 큰 편이다.

■ **물질의 용융열과 증발 잠열**

물질명	용융열(cal/g)	증발 잠열(cal/g)	물질명	용융열(cal/g)	증발 잠열(cal/g)
물	79.7	539.6	에틸알코올	24.9	204.0
아세톤	23.4	124.5	납	5.4	222.6
벤젠	30.1	94.3	파라핀왁스	35.0	–
사염화탄소	4.1	46.3	LPG	–	98.0

④ 물 1g을 1℃ 올리는 데 필요한 열량인 비열은 1cal/g·℃로 다른 물질에 비해 상당히 큰 편이다. 따라서 20℃의 물 1g을 100℃까지 가열하기 위해서는 80cal의 열이 필요하다.

⑤ 대기압 하에서 100℃의 물이 액체에서 수증기로 바뀌면 체적은 약1,700배 정도 증가한다 (100℃의 포화수와 건조포화수증기의 비체적은 각각 0.001044L/g, 1.673L/g).

■ **물질의 비열**

물 질 명	비 열(cal/g·℃)	물 질 명	비 열(cal/g·℃)
물(얼음, 0℃)	1.000(0.487)	구 리	0.019
아세톤	0.528	유 리	0.161
공기	0.240	철	0.113
알루미늄	0.217	수 은	0.033
부탄	0.549	나 무	0.420

⑥ 1atm에서 물의 빙점(융점)은 0℃, 비점은 100℃이다. 이들 값은 압력에 따라 변한다.

⑦ 물의 비중은 1atm을 기준으로 4℃일 때 0.999972로 가장 무거우며 4℃보다 높거나 낮아도 이 값보다 작아진다.

⑧ 물은 압력을 받으면 약간은 압축되나 기체에 비하면 무시해도 좋을 정도이므로 비압축성 유체로 간주할 수 있다. 온도에 따라 다르기는 하지만 1kg/㎠의 압력 증가에 평균 $3.0×10^{-10}$ ~ $5.0×10^{-10}$씩 부피가 감소한다.

⑨ 물의 점도는 1atm, 20℃에서 1.0cP(1centipoise=0.01g/㎝·sec)이며 온도가 올라가면 점도는 작아진다(50℃에서는 0.55cP).

⑩ 물의 표면 장력은 20℃에서 72.75dyne/㎝이며 온도가 상승하면 표면 장력은 작아진다(40℃에서는 69.48dyne/㎝).

> **TIP** 물의 물리적 성질에 대한 출제 빈도가 높아지고 있어요. 증발잠열(539.6cal/g), 수증기에 따른 체적 (1,700배), 용융열(79.7cal/g) 등을 기억하세요.

제2관 물의 화학적 성질

① 물은 수소 2원자와 산소 1원자로 이루어져 있으며 이들 사이의 화학결합은 극성 공유 결합이다.
② 물은 극성 분자이기 때문에 분자간의 결합은 쌍극자-쌍극자 상호 작용(극성 분자의 양의 말단과 다른 극성 분자의 음의 말단 사이에 작용하는 정전기적 인력)의 일종인 수소 결합(hydrogen bond)에 의해 이루어진다. 물의 비정상적인 성질은 대부분 이 수소 결합의 결과이다. 물이 비교적 큰 표면 장력을 갖는 것도 분자간의 인력의 세기와 직접적인 관계가 있으며, 비교적 큰 비열도 수소 결합을 끊는 데 큰 에너지가 필요하기 때문이다.

제3관 물의 방수 형태*** 13년 소방교, 소방장

봉 상	• 막대 모양의 굵은 물줄기를 가연물에 직접 방수하는 방법 • 소방용 방수노즐을 이용한 방수가 대부분 여기에 속한다. • 열용량이 큰 일반 고체 가연물의 대규모 화재에 유효한 방수 형태이다. • 감전의 위험이 있기 때문에 어느 정도의 안전거리를 유지하여야 한다.
적 상	• 스프링클러 소화설비 헤드의 방수 형태로 살수(撒水)라고도 한다. • 저압으로 방출되기 때문에 물방울의 평균 직경은 0.5 ~ 6㎜ 정도이다. • 일반적으로 실내 고체 가연물의 화재에 사용된다.
무 상	• 물분무 소화 설비의 헤드나 소방대의 분무 노즐에서 고압으로 방수할 때 나타나는 안개 형태의 방수로 물방울의 평균 직경은 0.1~1.0㎜ 정도이다. • 소화 효과의 측면에서 본 최저 입경은 열전달과 물방울의 최대 속도와의 관계로부터 이론적으로 유도해보면 0.35㎜ 정도이다. • 중질유 화재(중질의 연료유, 윤활유, 아스팔트 등과 같은 고비점유의 화재)의 경우에는 물을 무상으로 방수하면 급속한 증발에 의한 질식 효과와 에멀전 효과에 의해 소화가 가능하다. • 물을 사용하여 소화할 수 있는 유류화재는 유류의 인화점이 37.8℃(100°F) 이상인 경우이다. • 무상 방수는 다른 방수법에 비하면 전기 전도성이 좋지 않기 때문에 전기화재에도 유효하나 이때에는 일정한 거리를 유지하여 감전을 방지해야 한다. ※ 에멀전 효과란 물의 미립자가 기름의 연소면을 두드려서 표면을 물과 기름이 섞인 유화상으로 만들어 기름의 증발 능력을 떨어뜨려 연소성을 상실시키는 효과로, 에멀전 효과를 높이기 위해서는 유면에의 타격력을 증가시켜주어야 하므로 질식 효과를 기대할 때보다 입경을 약간 크게 해야 한다.

> **TIP** 봉상 : 감전의 위험 / 적상 : 스프링클러 / 무상 : 물분무설비 및 에멀전 효과. 특히 무상으로 에멀전 효과를 높이기 위해서는 입경을 약간 크게 해야 합니다.

제4관 물소화약제의 첨가제** 14년 소방장

동결방지제 (부동제)	• 소화약제로서 물의 큰 단점은 저온에서의 동결이다. • 이와 같은 단점을 보완하기 위해서 첨가하는 약제가 동결방지제이며 물의 물리·화학적 성질을 고려하여 일반적으로 자동차 냉각수 동결방지제로 많이 사용되는 에틸렌글리콜(ethylene glycol, $C_2H_4(OH)_2$)을 가장 많이 사용하고 있다.

증점제	• 물은 유동성이 크기 때문에 소화 대상물에 장시간 부착되어 있지 못한다. • 화재에 방사되는 물소화약제의 가연물에 대한 접착성질을 강화시키기 위하여 첨가하는 물질을 증점제라 하며, • 물의 사용량을 줄일 수 있고 높은 장소(공중 소화)에서 사용 시 물이 분산되지 않으므로 목표물에 정확히 도달할 수 있어 소화 효과를 높일 수 있는 장점이 있어 산림화재 진압용으로 많이 사용된다. 반면 증점제를 사용하면 가연물에 대한 침투성이 떨어지고 방수 시에 마찰손실이 증가하고, 분무 시 물방울의 직경이 커지는 등의 단점이 있다. • 증점제로 유기계는 알킨산나트륨염, 펙틴(pectin), 각종 껌 등의 고분자 다당류, 셀룰로오스 유도체, 비이온성 계면 활성제가 있고 무기계로는 벤토나이트, 붕산염 등이 사용되고 있으며 산림화재용으로 사용되는 대표적인 증점제로는 CMC(Sodium Carboxy Methyl Cellulose) 등이 있다.
침투제	• 물은 표면장력이 커서 방수 시 가연물에 침투되기가 어렵기 때문에 표면장력을 작게 하여 침투성을 높여주기 위해 첨가하는 계면활성제의 총칭을 침투제(Wetting Agent)라 한다. • 일반적으로 첨가하는 계면 활성제의 양은 1% 이하이다. • 침투제가 첨가된 물을 "Wet Water"라고 부르며, 이것은 가연물 내부로 침투하기 어려운 목재, 고무, 플라스틱, 원면, 짚 등의 화재에 사용되고 있다.
강화액 소화약제	• 동절기 물소화약제가 동결되는 단점을 보완하고 물의 소화력을 높이기 위하여 화재에 억제 효과가 있는 염류를 첨가한 것이다. • 염류로는 알칼리 금속염의 탄산칼륨(K_2CO_3), 인산암모늄$[(NH4)_2PO_4]$ 등이 사용되고 여기에 침투제 등을 가하여 제조한다. • 수소 이온농도(pH)는 약알칼리성으로 11 ~ 12이며, 응고점은 −30℃ ~ −26℃ 이다. • 색상은 일반적으로 황색 또는 무색의 점성이 있는 수용액이다. • 강화액의 소화 효과는 물이 갖는 소화효과와 첨가제가 갖는 부촉매 효과를 합한 것이다. • 용도는 주로 소화기에 충약해서 목재 등의 고체 형태인 일반가연물 화재에 사용한다.
Rapid water	• 소방활동에서 호스 내의 물의 마찰손실을 줄이면 보다 많은 양의 방수가 가능해지고 가는 호스로도 방수가 가능해지므로 소방관의 부담이 줄게 된다. • 이와 같은 목적을 위해 첨가하는 약제로 미국 Union carbide사에서의 「rapid water」라는 명칭의 첨가제를 발매하고 있다. • 이것의 성분은 폴리에틸렌옥사이드(polyethylene oxide, HO–(CH_2CH_2)N–$CH_2CH_2OHH_2O$)) 이것을 첨가하면 물의 점성이 약 70% 정도 감소하여 방수량이 증가하게 된다.
유화제	중유나 엔진오일 등은 인화점이 높은 고 비점 유류이므로 화재 시 Emulsion형성을 증가시키기 위해 계면활성제(Poly Oxyethylene Alkylether)를 첨가하여 사용하는 약제이다.
산 알카리제	• 산(H_2SO_4)과 알카리($NaHCO_3$)의 두 가지 약제가 혼합되면 화학작용에 의하여 이산화탄소와 포(거품)이 형성되어 용기 내에서 발생된 이산화탄소의 증기압에 의하여 포가 방출된다. • 주로 소화기에 이용되며 내통과 외통으로 구분하여 따로 약제를 저장하며 내부 저장용기에 물 30%와 진한 황산 70%의 수용액, 외부저장용기에는 물 90%와 탄산수소나트륨 10% 수용액을 충전하여 사용하는데 저장 및 보관, 용기에 대한 부식성, 불완전한 약제의 혼합이 소화의 신뢰성이 떨어져 거의 사용을 하지 않고 있다. • 산과 알카리 소화약제는 수용액 상태로 분리 저장되어 있다가 방출시 중간 혼합실에서 알카리와 산의 화학작용에 의하여 CO_2의 발생에 의하여 방출원의 압력을 동력원으로 하여 사용되며 소화기에 사용하는 것으로서 A급 화재에만 사용되고 있다. 알카리와 산의 반응식은 아래와 같다. $$2NaHCO_3 + H_2SO_4 \rightarrow Na_2SO_4 + 2H_2O + 2CO_2$$

TIP 동결방지제(에틸렌글리콜), 증점제(CMC), 유화제(계면활성제) 등 첨가제를 기억하세요.

제5관 소화효과

냉각효과	물의 비열은 헬륨의 1.25cal/g·℃, 수소의 3.41cal/g·℃를 제외하고는 천연 물질 중에서 가장 크고 기화열(539cal/g)도 모든 액체 중에서 가장 크다. 따라서 물의 소화 효과 중 가장 대표적인 것은 냉각 효과이다.
질식효과	100℃의 물이 100℃의 수증기로 변하면 체적이 약 1,700배 정도 늘어나 화재 현장의 공기를 대체하거나 희석시켜 질식 효과를 나타낸다. ① 발생된 수증기가 연소 영역을 제한한다면 질식 효과는 한층 더 빨라질 것이다. ② 가장 효과적인 질식을 위해서는 물에 약간의 포 소화 약제를 첨가하는 것이 바람직하다. ③ 유류화재의 진압을 위해서는 유류 표면에 부드럽게 분무 형태(무상)로 방수해야 한다.
유화효과	유류화재에 물을 무상으로 방수하면 앞에서 설명한 질식 효과 이외에도 유탁액(emulsion)이 생성되어 유화 효과가 나타난다. 유화 효과란 물의 미립자가 기름의 연소 면을 두드려서 표면을 유화상으로 하여 가연성 증기의 발생을 억제함으로써 기름의 연소성을 상실시키는 효과를 말한다. ❂ 유화 효과를 높이기 위해서는 유면에의 타격력을 증가(속도 에너지 부가)시켜 주어야 하므로 질식 효과를 기대할 때보다 물방울의 입경을 약간 크게 하고 좀 더 강하게 분무하여야 한다.
희석효과	물에 용해하는 수용성 가연물질인 알코올·에테르·에스테르·케톤류 등의 화재 시 많은 양의 물을 일시에 방사하여 가연물질의 연소농도를 소화농도 이하로 묽게 희석시켜 소화하는 방법이다. ❂ 희석소화작용이라 함은 대부분 수용성가연물질의 화재 시에 적용하는 소화작용으로서 물에 어떠한 비율로도 용해가 가능한 물질에 대하여 적용되며, 물을 방사하는 방법에 따라 소화에 소요되는 시간에 다소의 차이는 있으나 분무상 보다는 봉상 또는 적상으로 소화약제를 방사하는 경우에 효율적인 소화효과를 얻을 수 있다.
타격 및 파괴효과	물을 봉상이나 적상으로 방수하면 가연물은 파괴되어 연소가 중단된다. 그러나 유류화재의 경우에는 봉상으로 방수하면 거품이 격렬하게 발생되기 때문에 봉상 방수 피해야 한다.

TIP 물의 소화효과(질식, 유화, 희석)를 비교 설명할 수 있어야 하고, 특히 희석효과는 분무상 보다는 봉상이나 적상이 효과적입니다.

제6관 물 소화약

물은 가장 널리 사용되는 소화약제이지만 겨울철 동결의 우려가 있고 수손피해가 발생할 수 있으며, 가연물의 특성상 물의 사용을 금지하거나 주의를 해야 한다.

B급(유류) 화재 적용 시	① 물보다 비중이 작은 누출 유류의 화재에서 방수를 하면 유류입자가 물의 표면에 부유함으로써 오히려 화염면을 확대시킬 수 있다. ② 물보다 비중이 큰 유류인 중유의 탱크 화재에서는 무상(霧狀)이 아닌 봉상(棒狀)이나 적상(適狀)으로 분사하면 물의 분사 압력으로 불이 붙은 중유입자가 물입자와 함께 탱크 밖으로 비산하여 화재를 더욱 확대시킬 우려가 있다. ③ 석유류 화재에 있어서는 물의 적용은 신중하여야 하며 중유화재에는 분무상의 물을 분사하여 유화소화를 하는 것이 유리하다.

C급(전기) 화재 적용 시	전기화재에서 물을 사용한 소화는 가능하지만 감전사고의 위험이 있다. 이러한 감전사고의 위험성을 줄이기 위해서는 일정한 거리를 유지하면서 무상으로 분사하여야 한다.	
D급(금속) 화재 적용 시	① 제3류 위험물에 해당하는 리튬(Li), 나트륨(Na), 칼륨(K) 등 알카리금속과 칼슘(Ca) 등의 알카리토금속, 제2류 위험물에 해당하는 철가루, 마그네슘 등 금속 또는 금속가루는 물과 반응하여 가연성·폭발성인 수소가스를 발생한다. ② 이들의 화재 시 물을 사용하면 오히려 화재가 확대되며 특히 화염의 온도가 높은 경우에는 이와 같은 현상이 두드러지게 나타난다. 따라서 물이 함유된 소화약제는 금속화재에 절대로 사용해서는 안된다.	
특수화재와 물	① 화학제품 (카바이드, 아산화물)	화학제품과 물이 반응하면 가연성가스와 열 발생되어 오히려 화재를 확대 시키는 것으로 생석회가 물에 젖은 상태에서 열 방출이 되지 않으면 일정시간 후 자연발화 한다.
	② 가연성 금속	K, Al, Mg, Na, Zn, Fe등 가연성 금속은 물과 반응 시 수소를 발생시키고 금속화재에서 연소반응 온도가 높기 때문에 더욱 위험하게 된다.
	③ 방사성 금속	물이 방사능에 오염 시 처리가 어려우므로 물은 소화약제로서 적합하지 않다.
	④ 가스화재	가스화재에서는 수용성 가스에 적용 시 분무상으로 방사하면 가스 농도가 희석되어 연소범위이내가 되어 소화가 가능하며 주로 화재 시 과열된 탱크의 냉각 시 탱크 외부에 분무하면 탱크 내부 온도가 낮아지게 되어 가연성 증기의 발생이 억제되고 소화가 되는 것이다.
물과 반응하는 화학물질	① 금속류 외에 물과 반응하여 조연성·가연성 가스 또는 독성가스를 발생하는 화학물질이 있다. ② 제1류 위험물에 해당하는 무기과산화물(과산화나트륨, 과산화칼륨, 과산화칼슘 등), 삼산화크롬(CrO_3) 등은 물과 반응하여 산소를 발생하고, ③ 제3류 위험물에 해당하는 알킬알루미늄, 알킬리튬, 탄화칼슘(CaC2), 탄화알루미늄 등은 물과 반응하여 메탄·에탄·아세틸렌 등 가연성가스를 생성한다. ④ 제3류 위험물인 금속의 인화물(인화칼륨, 인화칼슘 등)은 물과 만나면 맹독성 포스핀가스(PH_3)를 발생하며 ⑤ 제6류 위험물인 질산은 물과 만나면 급격히 발열하여 폭발에 이르기도 한다.	
그 밖의 한계	① 방사성 물질 화재에서 물을 사용하면 방사능오염이 확대될 수 있으며 고온의 표면에 물이 닿는 경우 수증기폭발이 발생할 수 있으므로 가연물의 성질과 상태를 정확히 파악하는 것이 중요하다. ② 중요한 문화재나 가치가 높은 예술품의 화재 시 방수에 희한 수손피해로 그 가치가 훼손될 수 있으므로 물로 소화가 가능할지라도 가스계 소화약제 등 다른 소화약제의 적용을 고려하여야 한다.	

TIP 물과 반응하는 물질들을 기억하세요. 중유화재는 분무상의 물을 분사하여 유화소화가 효과적이고, 금속화재는 물을 사용하면 수소가스가 발생합니다.

제 5 절 포(泡) 소화약제

<u>물에 약간의 첨가제(포 소화약제)를 혼합한 후 여기에 공기를 주입하면 포(foam)가 발생된다.</u> 이와 같이 생성된 포는 유류보다 가벼운 미세한 기포의 집합체로 연소물의 표면을 덮어 공기와의 접촉을 차단하여 질식 효과를 나타내며 함께 사용된 물에 의해 냉각 효과도 나타난다.

• 포에는 두 가지 약제의 혼합 시 화학반응으로 발생하는 이산화탄소를 핵으로 하는 화학포와 포 원액을 물에 섞은 다음 공기를 기계적인 방법으로 혼합하여 공기거품을 발생시키는 기계포(일명 공기포라고도 함)가 있다. 화학포는 현재 사용하지 않고 있으며, 포는 기계포를 의미한다.
<u>포 소화약제는 포가 유류의 표면을 덮어서 질식시키기 때문에 유류화재의 소화에 가장 효과적이나 일반화재에도 사용할 수 있다.</u>

> ✪ 일반적으로 물만으로는 소화 효과가 약하든지, 방수에 의하여 오히려 화재가 확대될 우려가 있는 가연성 액체의 소화에 사용한다.
> ✪ <u>포 소화약제는 질식효과와 냉각효과에 의해 화재를 진압한다.</u>

제1관 포 소화약제 종류

발포 기구에 의해 크게 화학포 소화약제와 공기포 소화 약제로 나누어진다.

화학포	• 산성액과 알칼리성액의 화학 반응에 의해 발생되는 탄산가스를 핵으로 한 포이다.
공기포 (기계포)	• 물과 약제의 혼합액의 흐름에 공기를 불어 넣어서 발생시킨 포이다. • 기계적으로 발생시켰기 때문에 기계포(mechanical foam)라고도 부른다. • 기계포는 팽창비에 따라 저팽창포, 중팽창포, 고팽창포로 나눌 수 있다. ★ 21년 소방장

※ 우리나라는 팽창비가 20 미만인 저팽창포와 80 이상인 고팽창포의 2가지로 구분하고 있다. 저팽창포에는 단백포, 불화단백포, 합성계면활성제포, 수성막포, 내알코올포가 있고, 고팽창포에는 합성계면활성제포가 있다.

▣ 팽창비에 의한 기계포 소화약제의 분류

종 류	한국, 일본(소방법)	미국(NFPA*기준)	유 럽
저팽창	20 이하	20 미만	6 이상 50 미만
중팽창	–	20 이상 200 미만	50 이상 500 미만
고팽창	80 이상 250 미만(제1종) 250 이상 500 미만(제2종) 500 이상 1,000 미만(제3종)	200 이상 1,000 미만	500 이상 1,000 미만

※ NFPA : National Fire Protection Association(미국방화협회)

■ 포의 팽창비율에 따른 분류

저발포용 포 (팽창비 20 이하)	ⓐ 가장 일반적인 형태의 포로서 보통 고정포방출구, 포헤드 및 포소화전 등을 사용한다. ⓑ 주차장에 사용하는 포소화전 및 호스릴포는 저발포 약제이어야 한다. ⓒ 단백포, 합성계면활성제포, 수성막포, 알코올포 등이 저발포 포소화약제이다.
고발포용 포 (팽창비 80 이상 1,000 미만)	ⓐ 고발포용 방출구를 사용하며, 넓은 장소의 급속한 소화, 지하층 등 소방대의 진입이 곤란한 장소에 매우 효과적이다. ⓑ A급화재에 적합하며 B급화재의 경우는 저발포보다 적응성이 떨어진다. ⓒ 구획된 공간에 포가 방출되면 시야제한, 난청, 호흡장애, 방향감각 상실 등으로 인명피해의 우려가 있다.

■ 포소화약제의 구비조건

내열성	방출된 포가 파포되지 않기 위해서는 내열성이 강해야 하며 특히 B급 화재에서 포의 내열 성능이 매우 중요하다. 포가 소멸되지 않기 위해서는 단백포를 사용하며 금속염을 소량 첨가한 것이며 발포배율과 환원시간이 길어야 한다.
발포성	포 거품의 체적비율을 팽창비라 하며 수성막포는 5배 이상, 기타는 6배 이상이어야 한다. 25%환원시간은 합성계면활성제포의 경우는 3분이상이며 기타는 1분 이상 유지하여야 한다.
내유성	포 소화약제는 주로 유류화재에 이용되므로 포가 유류에 오염되거나 파포되지 않아야 한다. 내유성이 강한 소화약제로는 불화단백포가 있으며 유류 탱크 내부 또는 표면 아래 에서 분출되는 표면하주입방식에 이용된다.
유동성	유류 화재에 방사 시 유면상을 자유로이 확산할 수 있도록 유동되어야 한다. 표면하 주입 방식으로 사용하기 위해서는 환원시간도 길어야 하고 포의 유동이 좋아야 하며 유류면의 직경이 60m 이상의 유류탱크 화재에는 유동속도가 느리게 되어 조기 소화에 지장이 있다.
점착성	포 소화약제의 소화효과는 질식성이므로 표면에 잘 점착되어야 한다. 고팽창의 경우 포 내부의 수분이 부족하여 저팽창포 보다는 점착성이 부족하고 화염의 영향으로 흐트러지 기 쉽다.

> **TIP** 포소화약제의 조건을 숙지하여야 합니다. 내유성이 강한 소화약제로는 불화단백 포가 있고, 수성막포의 팽창비는 5배입니다. 주차장에 사용하는 포소화전 및 호스릴포는 저발포입니다.

🔅 Check

① (   )은 가스화재에서는 공급밸브를 차단하는 방법이 있고 산림화재에서 산불화재의 확산 방지를 위해서는 화재가 진행되는 방향의 전면의 나무를 벌목하여 제거하는 방법도 제거 소화라 볼 수 있으며 가연물을 화원으로부터 격리하는 방법이다.

② (   )란 물분무 소화 설비의 헤드나 소방대의 분무 노즐에서 고압으로 방수할 때 나타나는 안개 형태의 방수로 물방울의 평균 직경은 0.1~1.0㎜ 정도이다.

③ (   )은 소방활동에서 호스 내의 물의 마찰손실을 줄이면 보다 많은 양의 방수가 가능해지고 가는 호스로도 방수가 가능해지므로 소방관의 부담이 줄게 된다.

④ 포는 (   )효과와 (   )효과도 있다.

⑤ K, Al, Mg, Na, Zn, Fe등 가연성 금속은 물과 반응 시 (   )를 발생시킨다.

⑥ 포의 발포성의 25% 환원시간은 합성계면활성제포의 경우는 (   )분 이상이며 기타는 (   )분 이상 유지하여야 한다.

⑦ (   ) : 넓은 장소의 급속한 소화, 지하층 등소방대의 진입이 곤란한 장소에 매우 효과적이다.

제2관 화학포

1 개 요

① 화학포는 2가지의 소화약제가 화학 반응을 일으켜 생성되는 기체(이산화탄소)를 핵으로 하는 포이다.
② 우리나라에서는 이 약제를 사용한 소화기가 가장 먼저 보급되었다.
③ 소화기는 구조가 간단하고 고장이 없고, 조작이 간편하여 사용하기 쉽고, 소화효과가 우수하기 때문에 널리 보급되어 사용되었으나,
④ 동결이 잘 되고(응고점 : −5℃) 약제의 부식성, 발포 장치의 복잡성 등의 문제점 때문에 소방시설의 설치·유지 및 위험물제조소등의 기준 등에 관한 규칙(내무부령 제419호, 1984. 8. 16)에 의해 사용을 인정하지 않고 있다.

2 성분 및 특성

(1) 화학포는 A약제인 탄산수소나트륨(중조 또는 중탄산나트륨, $NaHCO_3$)과 B약제인 황산알루미늄($Al_2(SO_4)_3$)의 수용액에 발포제와 안정제 및 방부제를 첨가하여 제조한다.

(2) 이들 두 약제의 화학 반응식은 다음과 같다.

$$6NaHCO_2 + Al_2(SO_4)_2 \cdot 18H_2O \rightarrow 6CO_2 + 3Na_2SO_4 + 2Al(OH)_2 + 18H_2O$$

✪ 수용액을 혼합하면 화학 반응에 의해 다량의 이산화탄소가 발생되어 소화기 내부가 고압 상태가 되고 그 압력에 의하여 반응액이 밖으로 밀려나가 방사된다. 방사되는 순간에 이산화탄소를 핵으로 하는 포가 불꽃을 덮어서 불이 꺼지게 된다.
✪ 반응에 의해 생성된 수산화알루미늄은 끈적끈적한 교질상으로 여기에 A약제에 포함된 수용성 단백질이 혼합되면 점착성이 좋은 포가 생성되어 가연물 표면에 부착되어 불꽃을 질식시킨다.

3 소화 효과

① 화학포는 점착성이 커서 연소물에 부착되어 냉각과 질식 작용으로 화재를 진화한다.
② 유류화재에 대해서는 액면을 포로 덮어서 내화성이 강한 층을 형성하기 때문에 우수한 소화효과를 나타낸다.

✪ 단점 : 가격이 비싸고, 발생과 사용이 어렵고, 생성된 포막은 대단히 견고하여 일단 구멍이 생기면 쉽게 막을 수 없고, 포의 질이 용액의 온도에 크게 좌우된다.

제3관 공기포(기계포)

(1) 공기포는 포 소화약제와 물을 기계적으로 혼합시키면서 공기를 흡입하여(공기를 핵으로 하여) 발생시킨 포로 일명 기계포라고도 한다.

(2) 화학포 소화약제보다 농축되어 있기 때문에 약제 탱크의 용량이 작아질 수 있는 큰 장점이 있다.

(3) 단백계 : 단백포 소화약제, 불화단백포 소화약제 / 계면활성제계 : 합성계면활성제포 소화약제, 수성막포 소화약제, 내알코올포(수용성액체용포) 소화약제가 있다.

(4) 소화약제의 주 원료가 대부분 물이기 때문에 송수 펌프의 토출측과 흡입측에서 포 소화약제를 혼합하고 외부에 방출시 고압으로 분사 시 발포되거나 약제 토출측에 고압의 공기를 이용하여 분사시키는 방법이 사용되고 있다.

(5) 펌프를 사용하기 때문에 규모가 큰 화재에 많은 량의 포를 방출할 수 있고 소화시간이 짧으며 옥내소화전과 연결하여 사용할 수 있는 장점이 있다.

(6) 고정된 방출구는 약제가 노즐을 통과할 때 오리피스 작용에 의해 공기가 흡입되어 방출되므로 노즐에서의 높은 압력이 요구된다.

제4관 공기포 소화약제** 08년 소방교/ 21년 소방장

1 단백포 소화약제(protein foaming agents)

(1) 동물성 단백질인 동물의 피, 뿔, 발톱을 알칼리로 가수 분해 과정의 중간 정도 상태에서 분해를 중지시킨 것이 이 소화약제의 주성분으로 흑갈색의 특이한 냄새가 나는 끈끈한 액체이다.

(2) 내화성을 높이기 위해 금속염인 염화철 등을 가한 것이 이 약제의 원액이다.
① 원액은 6%형(원액 6%에 물 94%를 섞어서 사용하는 형)과 이를 다시 농축시킨 3%형이 있으며 현재는 3%형이 주류를 이루고 있다.
② 주로 팽창비 10 이하의 저팽창포로 사용되며 원액의 비중은 약 1.1, pH는 6.0~7.5 정도이다.
③ 단백질의 농도는 3%형이 40wt% 전후, 6%형이 30wt% 전후로 3%형이 6%형을 약 1.5배 정도 농축한 것이다.
④ 이 원액은 수용액으로 보존하면 가수 분해가 진행되어 변질되기 때문에 사용 시에 규정 농도의 수용액으로 제조하여 사용해야 한다.
⑤ 약제의 저장수명은 대략 3년 정도이지만 이것은 저장 환경에 따라 크게 달라질 수 있다. 즉, 산화를 방지하기 위하여 원액 탱크를 단열하거나, 질소 등을 봉입하거나, 햇빛을 차단하거나 하면 약제의 수명은 연장된다.

> ❌ 유효 기간이 지난 약제는 변질되어 악취가 발생하므로 저장 및 취급에 주의해야 한다.

장점	• 점성이 있어 안정되고 두꺼운 포막을 형성하기 때문에 인화성, 가연성액체의 위험물 저장 탱크, 창고, 취급소 등의 포소화설비에 사용된다. • 내열성이 우수하고 유면봉쇄성이 좋다.
단점	유동성이 나쁘고 유류를 오염시키며, 소화시간이 길고 변질되기 쉬워, 저장성이 떨어지고 분말소화약제와 병용할 수 없다.

※ 가수분해 : 거대한 단백질 분자를 적당히 절단해서 그 끝에 수소 혹은 수산기를 결합시켜 소형의 안정된 분자로 만들어 가는 조작으로 가수분해가 계속되면 단백질은 최종적으로 아미노산으로 분해된다. 따라서 단백포 소화약제 제조에서 가장 큰 어려움은 단백질의 가수분해 속도를 알맞게 조절하여 중간 정도까지만 가수 분해된 수용성의 성분을 다량으로 제조하는 것이다.

② 불화단백포 소화약제(fluoroprotein foaming agents)* 17년 소방위/ 24년 소방장

① 단백포 소화약제에 불소계 계면활성제를 첨가하여 단백포와 수성막포의 단점을 보완한 약제로, 유동성과 내유염성(耐油染性 : 포가 기름으로 오염되기 어려운 성질)이 나쁜 단백포의 단점과 표면에 형성된 수성막이 적열된 탱크 벽에 약한 수성막포의 단점을 개선한 것이다.

② 불소계 계면활성제를 첨가함으로써 안정제인 철염의 첨가량을 줄였기 때문에 침전물이 거의 생성되지 않아 장기 보관(8~10년)이 가능하다.

③ 계면활성제를 첨가했기 때문에 유류와 친화력을 갖지 않고 겉돌게 되므로 유류를 오염시키지 않는다.

> ✿ 불화단백포는 수성막포와 함께 표면하 포주입방식(subsurface injection system)에 적합한 포 소화약제로 알려져 있다. 표면하 포주입방식은 포가 유류 하부로부터 부상하는 방식이기 때문에 기름을 오염시키지 않는 불화단백포 소화약제나 수성막포 소화약제를 사용해야 한다. 이 방식은 포가 바닥에서 액면으로 부상하면서 탱크 아래 부분의 차가운 기름을 상부로 이동시켜 상부층을 냉각시켜주기 때문에 소화를 촉진시킬 수 있는 장점도 있다.
> ✿ 표면포 방출방식은 포 방출구가 탱크의 윗부분에 설치되어 있기 때문에 화재 시 폭발이나 화열에 의하여 파손되기 쉽지만 표면하 포주입방식은 포 방출구가 탱크 하부에 설치되어 있어서 이의 파손 가능성이 적으므로 설비에 대한 안정성이 크다.
> ✿ 기름에 의한 오염이 적고, 포의 유동성이 좋고, 저장성이 우수하나, 단백포보다 값이 비싼 것이 단점이다.

③ 합성계면활성제포 소화약제(synthetic foaming agents)* 24년 소방장

① 합성 세제의 주성분인 계면활성제에 안정제, 부동제, 방청제 등을 첨가한 약제이다.

② 단백포 소화약제와 마찬가지로 물과 혼합하여 사용한다. 3%, 4%, 6%의 여러 가지 형이 있으나 3%형과 6%형이 가장 많이 사용된다.

③ 대부분의 소화약제가 팽창비 10이하의 저팽창포로 사용되나 이 약제는 저팽창포로부터 고팽창포까지 넓게 사용되고 있다.

④ 고팽창포로 사용하는 경우는 사정거리(포의 방출구에서 화재 지점까지 포를 도달시킨 거리)가 짧은 것이 문제점이다.

⑤ 유동성은 좋은 반면 내열성, 유면 봉쇄성이 좋지 않기 때문에 다량의 유류화재 특히, 가연성 액체 위험물의 저장탱크 등의 고정소화설비에는 효과적이지 못하다.

⑥ 단백포 소화약제에 비하여 저장 안정성은 매우 우수하나 합성계면활성제가 용이하게 분해 되지 않기 때문에 세제공해와 같은 환경 문제를 일으킨다.

※ 계면활성제 : 기체-액체, 액체-기체, 액체-고체간의 계면(표면을 의미함)에 흡착 또는 배열되어 그 계면 또는 표면의 성질을 현저하게 변화시키는 물질이다. 역사적으로 계면활성제는 비누로부터 시작되어 합성세제, 염색조제, 유화제, 응집제, 기포제, 침투제, 가용화제 등 실로산업 전반에 걸쳐 넓게 이용되고 있다.

4 수성막포 소화약제(aqueous film foaming agents)** 14년, 20년, 24년 소방장

① 불소계 계면활성제를 주성분으로 한 것으로 역시 물과 혼합하여 사용한다.
② 수성막포는 합성 거품을 형성하는 액체로서 일반 물은 물론 해수와도 같이 사용할 수 있다.
③ 물과 적절한 비율로 혼합하여 기존의 포방출구로 방사하면 물보다 가벼운 인화성 액체 위에 물이 떠 있도록 하는 획기적인 약제이다.
④ 기름의 표면에 거품과 수성의 막(aqueous film)을 형성하기 때문에 질식과 냉각 작용이 우수하다.
⑤ 대표적으로 미국 3M사의 라이트 워터(Light Water)라는 상품명의 제품이 많이 팔리고 있는데 유면상에 형성된 수성막이 기름보다 가벼운 것처럼 보이기 때문에 만들어진 상품명이다.
⑥ 유류화재에 우수한 소화효과를 나타낸다. 3%, 6%, 10%형이 있으나 주로 3%, 6%형이 많이 사용된다.
⑦ 장기 보존성은 원액이든 수용액이든 타 포 원액보다 우수하다. 약제의 색깔은 갈색이며 독성은 없다.
⑧ 포 자체의 내열성이 약하고 가격이 비싸며, 수성의 막은 한정된 조건이 아니면 형성되지 않는다.

5 알콜형(수용성액체용)포 소화약제* 12년 소방장/ 22년 소방위

① 물과 친화력이 있는 알코올과 같은 수용성 액체(극성 액체)의 화재에 보통의 포 소화약제를 사용하면 수용성 액체가 포 속의 물을 탈취하여 포가 파괴되기 때문에 소화 효과를 잃게 된다. 이와 같은 현상은 액체의 온도가 높아지면 더욱 뚜렷이 나타난다.
② 알콜형포 소화약제는 이와 같은 단점을 보완한 약제로 여러 가지의 형이 있으나 초기에는 단백질의 가수분해물에 금속비누를 계면활성제로 사용하여 유화·분산시킨 것을 사용하였다.
③ 물에 녹지 않기 때문에 여기에 물을 혼합하여 사용한다. 일명 수용성 액체용 포 소화약제라고도 하며 알코올, 에테르, 케톤, 에스테르, 알데히드, 카르복실산, 아민 등과 같은 가연성인 수용성 액체의 화재에 유효하다.
④ 단백질의 가수분해물에 불용의 지방산 금속염을 분산시켰기 때문에 장시간 저장하면 이들이 침전되는 단점이 있다.
⑤ 물과 혼합한 후에는 2~3분 이내에 사용하지 않으면 포가 생성되기 전에 수류 중에 금속염의 침전이 생겨 소화 효과가 떨어지고 설비 상에도 장애가 생기게 된다.

⑥ 소화 후 재연소 방지에는 효과가 우수하나 이러한 단점을 보완한 것으로 불화단백형의 알콜형포 소화약제가 개발되어 사용되고 있다.

⑦ 수용성 액체는 극성도(極性度), 관능기(官能基), 탄소수에 따라 연소성, 반응성 등이 달라지기 때문에 액체의 종류에 따라 소화 효과가 각각 다르게 나타난다.

> ❂ 메탄올(CH_3OH), 에탄올(C_2H_5OH)과 같이 극성이 크고 탄소수가 작은 것은 소화가 용이하나, 부탄올(C_4H_9OH) 이상의 고급 알코올은 극성이 작고 연소열이 크기 때문에 소화가 곤란할 수 있다. 또한 알데히드류와 같이 반응성이 큰 것은 소화약제와 반응하여 소화 불능의 상태가 되는 경우도 있다. 그러므로 현재까지는 모든 수용성 액체에 만능인 내알코올포 소화약제는 없는 실정이다.

> **TIP** 공기포소화약제의 종류별 특성을 비교하는 문제가 출제됩니다. 불소계계면활성제를 주성분으로 하고 해수와 같이 사용할 수 있는 것은 무엇인가요?

제5관 소화 효과 및 적응 화재

1 소화 효과

포가 가연물질의 표면을 덮기 때문에 나타나는 질식 효과와 상당량의 수분에 의한 냉각 효과이다. 이외에도 고발포 포의 경우는 포가 차지하는 체적이 매우 크기 때문에 대류와 복사에 의한 열의 이동 차단, 주변 공기의 배출, 가연성 증기의 생성 억제 등의 소화 효과도 기대할 수 있다. 포는 얇은 막으로 이루어져 있지만 점착성이 좋고 내열성이 있기 때문에 이상과 같은 소화 효과를 나타내게 된다.

> ❂ 포 소화약제의 소화효는 ① 질식효과, ② 냉각효과, ③ 열의 이동 차단, ④ 주변 공기 배출, ⑤ 가연성 증기 생성억제이다.

2 적응 화재

포 소화약제는 비행기 격납고, 자동차 정비공장, 차고, 주차장 등 주로 기름을 사용하는 장소, 특수 가연물을 저장, 취급하는 장소, 위험물 시설(제1, 2, 3류 위험물의 일부와 제4, 5, 6류 전부)에 사용되며, 합성계면활성제 포소화약제의 경우 팽창범위가 넓어 LNG가 저장탱크로부터 유출된 때 고발포의 포로 덮어서 외기로부터의 열을 차단해서 증발을 억제시켜 소화하기도 한다.

> ❂ **포 소화약제의 결점**
> ① 소화 후의 오손 정도가 심하다.
> ② 청소가 힘들다.
> ③ 감전의 우려가 있어 전기화재나 통신 기기실, 컴퓨터실 등에는 부적합하다.
> ④ 제5류 위험물과 같이 자체적으로 산소를 함유하고 있는 물질과 Na, K 등과 같이 물과 반응하는 금속, 인화성 액화가스에는 부적합하다.

(1) 적응 구분과 특수한 사용법

① 저장 탱크 등 유층이 깊은 경우의 화재와,

② 평면상으로 유출된 화재가 있다.

※ ①의 경우 저장탱크의 측벽이 화염에 노출되어 고온이기 때문에 고온에서도 파괴되지 않는 내열성 포를 사용하는 것이 바람직하다. 반면 ② 의 경우 내영성은 조금 떨어지더라도 유동이 좋은 포를 사용하여 신속하게 화재를 억제하는 것이 바람직하다.

> ✪ 압력에 의해 분출되는 유류화재는 포로 소화할 수 없기 때문에 여기서는 제외한다.

■ 유류화재 시 저발포 포의 사용 구분

화재의 종류 \ 포의 종류	단백포	불화단백포	계면활성제포	수성막포
저장탱크 화재	○	○		
저장탱크 화재(SSI*용)		○		○
유출화재	○	○	○	○

※ Subsurface Injection System : 표면하 포 주입 방식

※ 고발포의 포는 소화 이외에도 제연과 증발 억제의 효과가 있다. 지하가의 화재시 고발포의 포를 주입해서 연기를 배출시키면서 소화하기도 한다. 또한 고발포의 포에서는 사람이 질식하지 않고 활동할 수 있는 특징이 있다. 단, 발포에 사용된 공기는 신선한 공기여야 한다. 이는 사람의 호흡을 위해서만이 아니고 가스를 사용하여 발포하면 포의 성능이 떨어지기 때문이다.

(2) 포 소화약제의 병용성

① 소화 활동 시 각종 포 소화 약제를 같이 사용하는 것은 일반적으로 큰 문제가 없다.

② 병용한 경우의 특성은 개개의 소화약제가 갖는 특성치의 중간이 되지만 화재의 규모나 형태에 따라 달라지기 때문에 한마디로 말할 수는 없다. 예를 들면 유출 화재에서는 단백포보다 계면활성제포 또는 수성막포가 소화 효과가 좋기 때문에 이들을 병용하는 것이 유리*할 것이다.

③ 보통의 포는 이처럼 병용이 가능하지만 내알코올포는 일반포와 병용하면 그 특성이 저하*되기 때문에 함께 사용하지 말아야 한다.

④ 같은 포 소화약제인 경우에도 약제의 종류가 다르면 원액 및 수용액을 혼합하여 사용해서는 안 된다. 또한 같은 원액이라도 오래된 원액에 새로운 원액을 추가·보충하는 것도 바람직하지 않다.

⑤ 포 소화약제는 분말 소화약제와 함께 사용하면 분말 소화약제의 소포(消泡) 작용 때문에 좋지 않다. 포 층에 분말 소화 약제를 살포해 놓으면 포 층의 형성이 매우 어려워진다.

> ✪ 수성막포 소화약제의 포는 소포되지 않기 때문에 분말 소화약제와의 병용이 가능하다. 포 소화약제와 병용 할 수 있는 분말 소화약제로는 CDC(Compatible Dry Chemical)가 개발되어 있다.

▣ 포소화약제의 발포배율 관련

환원시간	발포배율이 커지면 포의 직경이 커지고 포의 막은 얇아진다. 반면 발포배율이 작으면 포의 직경이 작아서 포의 막은 두꺼워 진다. 따라서 포의 막이 두꺼울수록 포의 입자가 균일할수록 포의 환원시간은 길어진다.
유동성	포원액 종류에 따라 유동성은 다르지만 동일한 원액에서 발포배율이 커지면 유동성은 증가한다
내열성	• 같은 원액의 경우 환원시간이 긴 것일수록 내열성이 우수하며, 이는 화염에 노출되어도 포가 쉽게 깨지지 않기 때문이다. • 일반적으로 유동성이 좋으면 내열성이 부족해지며, 발포배율이 작아지면 환원시간과 내열성은 커지나 유동성은 나빠진다.

TIP 포소화약제를 병용했을 때 유리하거나 효과가 저하될 수 있으니 확인바랍니다.

제 6 절 이산화탄소 소화약제

제1관 개요**

① 이산화탄소는 탄소의 최종 산화물로 더 이상 연소 반응을 일으키지 않기 때문에 질소, 수증기, 아르곤, 할론 등의 불활성 기체와 함께 가스계 소화약제로 널리 이용되고 있다.

② 이산화탄소는 유기물의 연소에 의해 생기는 가스로 공기보다 약 1.5배 정도 무거운 기체이다. 상온에서는 기체이지만 압력을 가하면 액화되기 때문에 고압가스 용기 속에 액화시켜 보관한다.

③ 방출 시에는 배관 내를 액상으로 흐르지만 분사 헤드에서는 기화되어 분사된다. 가장 큰 소화 효과는 질식 효과이며 약간의 냉각 효과도 있다.

④ 이산화탄소는 사용 후에 오염의 영향이 전혀 없다는 큰 장점이 있다. 보통 유류화재(B급 화재), 전기화재(C급화재)에 주로 사용되며 밀폐 상태에서 방출되는 경우는 일반화재(A급 화재)에도 사용이 가능하다.

⑤ 액체 이산화탄소는 자체 증기압이 21℃에서 57.8kg/㎠·G(−18℃에서 20.4kg/㎠·G) 정도로 매우 높기 때문에 다른 가압원의 도움 없이 자체 압력으로도 방사가 가능하다.

⑥ 이산화탄소의 일반적 성질은 다음과 같다.

　– 무색, 무취이며 전기적으로 비전도성이고 공기보다 1.5배 정도 무거운 기체이다.

　– 공기 중에 약 0.03vol% 존재하며 동·식물의 호흡 및 유기물의 연소에 의해서도 발생되고 천연 가스, 광천수 등에도 함유되어 있다.

■ 이산화탄소의 물성

명 칭	물 성 치	명 칭	물 성 치
증기비중	1.529(공기=1)	열전도도(20℃)	$3.60 \times 10-5cal/cm \cdot s \cdot ℃$
기체밀도(0℃, 1atm)	1.976g/L	굴절률	1.000449
승화점(1atm)	−78.50℃	정압비열(Cp)(0℃, 1atm)	0.199cal/g·℃
임계온도(Tc)	31.35℃	정적비열(Cv)(0℃, 1atm)	0.153cal/g·℃
임계압력(Pc)	72.9kg/㎠	증발잠열(0℃, 35.54kg/㎠)	56.13cal/g·℃
삼중점	5.1kg/㎠, −56.7℃	액체밀도(0℃, 50kg/㎠)	1.066g/cc

제2관 소화 효과

질식 효과	① 이산화탄소의 가장 큰 소화 효과는 질식 효과이다. ② 질식 효과는 앞에 설명한 것처럼 대기 중의 산소 농도가 어느 정도 이하로 떨어지면 소화되는 효과로 소화에 필요한 이산화탄소의 농도는 가연물의 종류에 따라 달라진다. ③ 일반적으로 소화를 위한 이산화탄소의 농도는 대개 34vol% 이상으로 설계되며, 이 때 산소의 농도는 14vol% 정도가 된다.
냉각 효과	① 유류탱크 화재에 직접 방출하는 경우에 가장 효과적으로 나타난다. ② 산소 농도 저하에 따른 질식 효과가 사라진 후에도 냉각된 액체(유류)는 연소에 필요한 가연성 기체를 증발시키지 못하기 때문에 재연소를 방지할 수 있다. ③ 특히 방출되는 이산화탄소에 미세한 드라이아이스 입자가 존재하는 경우에는 냉각 효과가 한층 더 커지게 된다.

제3관 소화 농도

① 이산화탄소의 주된 소화 효과는 산소 농도 저하에 의한 질식 효과이다.
② 가연성 고체에 대한 소화 농도는 복사와 대류에 의한 열손실 속도가 가연물의 물리적 상태에 따라 크게 변하기 때문에 가연성 기체나 액체와 같이 나타내기는 어렵다.
③ 최소 설계 농도(minimum design CO_2 concentration)는 이론적으로 구한 최소 소화 농도(theoretical minimum CO_2 concentration)에 일정량의 여유분(최소 소화 농도의 20%)을 더한 값이다.
④ 이산화탄소의 최소 설계 농도는 보통 34vol% 이상으로 설계하기 때문에 위와 같이 구한 최소 설계 농도가 34vol% 이하일 때에도 34vol%로 설계해야 한다.
⑤ 이론적인 최소 소화 농도는 보통 실험이나 공인된 자료 등을 통하여 구하지만 소화에 필요한 산소의 농도를 알 수 있는 경우는 다음 공식으로부터 계산에 의해서 구할 수 있다.

$$\%CO_2 = \frac{(21 - \%O_2)}{21} \times 100$$

⑥ 공기 중에는 산소가 21vol% 존재하지만 이것이 희석되어 농도가 개략적으로 15vol% 이하가 되면 연소는 중단된다(가연 물질에 따라 산소 농도가 15vol% 이하가 되어도 소화되지 않는 경우도 있음).

⑦ 이산화탄소의 최소 설계 농도를 34vol%로 하는 경우 산소의 농도를 위 식으로부터 구해 보면 약 14vol%가 된다.

제4관 적응 화재

① 연소물 주변의 산소 농도를 저하시켜서 소화하기 때문에 자체적으로 산소를 가지고 있거나, 연소 시에 공기 중의 산소를 필요로 하지 않는 가연물 이외에는 전부 사용할 수 있다.

② 일반화재(A급 화재), 유류화재(B급 화재), 전기화재(C급 화재)(이산화탄소는 전기 절연성)에 모두 적응성이 있으나 주로 B·C급 화재에 사용되고 A급은 밀폐된 경우에 유효하다.

③ 이산화탄소는 표면 화재에는 우수한 효과를 나타내나 심부 화재에 사용하는 경우에는 재발화의 위험성이 있다. 그러므로 심부 화재의 경우에는 고농도의 이산화탄소를 방출시켜 소요 농도의 분위기를 비교적 장시간 유지시켜 줌으로써 일차적인 소화는 물론 재발화의 가능성도 제거해 줄 필요가 있다.

④ 이산화탄소는 사용 후 소화제에 의한 오손이 없기 때문에 통신기기실, 전산기기실, 변전실 등의 전기 설비, 물에 의한 오손이 걱정되는 도서관이나 미술관, 소화 활동이 곤란한 선박 등에 유용하다. 그리고 주차장 등에도 사용되나 인명에 대한 위험 때문에 무인의 기계식 주차탑 이외에는 사용하지 않는 것이 바람직하다. 이외에도 제4류 위험물, 특수 가연물 등에도 사용된다.

제5관 사용제한 및 독성

1 사용제한* 22년 소방위

장점	① 소화 후 소화약제에 의한 오손이 없다. ② 한냉지에서도 동결될 염려가 없다. ③ 전기 절연성이다. ④ 장시간 저장해도 변화가 없다. ⑤ 자체 압력으로 방출되기 때문에 방출용 동력이 필요하지 않는다.
사용 제한	① 제5류 위험물(자기 반응성 물질)과 같이 자체적으로 산소를 가지고 있는 물질 ② CO_2를 분해시키는 반응성이 큰 금속(Na, K, Mg, Ti, Zr 등)과 금속수소화물(LiH, NaH, CaH_2) ③ 방출 시 인명 피해가 우려되는 밀폐된 지역

❷ 독성

이산화탄소는 자체의 독성은 무시할 만하나 다량 발생 시 공기 중의 산소량을 저하시켜 질식의 위험이 있다.

◼ 이산화탄소가 인체에 미치는 영향

CO_2의 농도(vol%)	증상	처치
1.0(20.79)*	공중 위생상의 허용 농도	무해
2.0(20.58)	수 시간의 흡입으로도 큰 증상은 없다. 불쾌감이 있다.	무해
3.0(20.37)	호흡수가 늘어나고 호흡이 깊어진다.	장시간 흡입하는 것은 바람직하지 않다. 환기를 필요로 한다.
4.0(20.16)	눈, 목의 점막에 자극이 있다. 두통, 귀울림, 어지러움, 혈압 상승 등이 일어난다.	빨리 신선한 공기를 호흡할 것.
6.0(19.74)	호흡수가 현저히 증가한다.	빨리 신선한 공기를 호흡할 것.
8.0(19.32)	호흡이 곤란해진다.	빨리 신선한 공기를 호흡할 것.
10.0(18.90)	시력 장애, 몸이 떨리며 2~3분 이내에 의식을 잃으며 그대로 방치하면 사망한다.	30분 이내에 인공호흡, 의사의 조치 필요
20.0(16.80)	중추 신경이 마비되어 사망한다.	즉시 인공호흡, 의사의 조치 필요

※ ( )안의 숫자는 공기 중의 산소의 농도(vol%)를 나타냄.

❖ 전역 방출 방식으로 CO_2 소화 설비를 작동시킬 경우 실내의 CO_2 농도는 약 1분 후에 20%(공기 중에 이산화탄소의 농도가 20vol%이면 산소의 농도는 16.8vol%로 떨어짐)를 초과하여 치사량에 도달한다. 따라서 방출 전에 음향경보 등에 의한 피난 경보를 발하여 인원을 피난시키고 또 방출과 동시에 출입 금지의 표시를 하여야 한다. <u>소화 후에도 환기 장치를 이용하여 이산화탄소를 외부로 방출시켜야 한다.</u>
이산화탄소의 경우 독성을 나타내는 수치의 하나인 TLV(Threshold Limit Value, 평균적인 성인 남자가 매일 8시간씩 주 5일을 연속해서 이 농도의 가스(증기)를 함유하고 있는 공기 중에서 작업을 해도 건강에는 영향이 없다고 생각되는 한계 농도)는 5000ppm으로 일산화탄소의 50ppm, 시안화수소의 10ppm, 포스겐의 0.1ppm에 비하면 자체의 유독성 보다는 상대적인 산소농도에 기인하여 위험을 초래하는 기체임을 알 수 있다.

TIP 이산화탄소는 질식효과이고 자기반응성에는 사용이 제한됩니다. 표면화재는 우수하나, 심부화재에는 재 발화 위험이 있습니다.

제 7 절 할로겐화합물 소화약제* 14년 소방장

제1관 개요

1 개요* 16년 소방교 TIP 연쇄반응차단, 부촉매효과, BC급 유효, 할로겐 종류를 기억하세요.

① 할로겐화합물 소화약제는 지방족 탄화수소인 메탄, 에탄 등에서 분자 내의 수소 일부 또는 전부가 할로겐족 원소(F, Cl, Br, I)로 치환된 화합물을 말하며 일명으로 Halon(Halogenated Hydrocarbon 의 준말)이라고 부르고 있다.

② 이 소화약제는 다른 소화약제와는 달리 연소의 4요소 중의 하나인 <u>연쇄반응을 차단</u>시켜 화재를 소화한다. 이러한 소화를 <u>부촉매소화 또는 억제소화</u>라 하며 이는 화학적 소화에 해당된다.

③ 각종 Halon은 상온, 상압에서 기체 또는 액체 상태로 존재하나 저장하는 경우는 액화시켜 저장한다. 일반적으로 <u>유류화재(B급 화재), 전기화재(C급 화재)</u>에 적합하나 <u>전역 방출과 같은 밀폐 상태에서는 일반화재(A급 화재)</u>에도 사용할 수 있다.

2 명명법* 13년 소방장

(1) 할론 명명법

할론인 C2F4Br2는 dibromo tetra fluoro ethane이라는 긴 명칭으로 불리고 있다. 이와 같은 불편을 해소하기 위하여 미 육군에서 숫자를 사용한 짧은 명명법을 제한하여 현재 널리 사용하고 있다.

① 제일 앞에 Halon이란 명칭을 쓴다.

② 그 뒤에 구성 원소들의 개수를 C, F, Cl, Br, I의 순서대로 쓰되 해당 원소가 없는 경우는 0으로 표시한다.

③ 맨 끝의 숫자가 0으로 끝나면 0을 생략한다(즉, I의 경우는 없어도 0을 표시하지 않는다).

(2) 이와 같은 명명법으로는 할로겐 원소로 치환되지 않은 수소 원자의 개수가 나타나지 않는다는 단점이 있다. Halon 번호를 보고 남아 있는 수소 원자의 개수를 계산하는 것은 포화탄화수소가 가지고 있는 수소의 수[탄소수 × 2 + 2]에서 치환된 할로겐족 원소의 합인 나머지 숫자를 빼면 된다.

수소 원자의 수 = (첫번째 숫자 × 2) + 2 − 나머지 숫자의 합

예를 들면 Halon 1001(CH_3Br)의 경우에 치환되지 않은 수소 원자의 수는(1×2)+2−1=3이다.

3 구조

(1) Halon은 지방족 탄화수소인 메탄(CH_4)이나 에탄(C_2H_6) 등의 수소 원자 일부 또는 전부가 할로겐 원소(F, CI, Br, I)로 치환된 화합물로 이들의 물리·화학적 성질은 메탄이나 에탄과는 판이하게 다르다.

> ✪ 메탄은 가볍고, 인화성이 강한 기체이지만 사불화탄소(CF_4)는 기체이면서 화학적으로 불활성이고 인화성이 없으며 독성도 아주 낮은 물질이다. 또한 사염화탄소($CCl4$)는 증발성 액체로 인화성이 없어 그의 독성에도 불구하고 오랫동안 소화약제로 사용되어 왔다.

(2) 불소는 주기율표상 오른쪽 상단에 위치하며 가장 전기 음성도가 큰 물질이다. 따라서 이 물질이 다른 물질과 결합할 경우 결합에 관여한 전자를 강하게 잡아당기기 때문에 결합 길이도 짧고 결합력도 강해진다.

(3) 전기 음성도가 크다는 것은 다른 원소를 산화시키는 힘이 크다는 것을 의미한다. 따라서 불소는 모든 원소 중에서 산화력이 가장 크다.

> ✪ 불소가 함유되어 있는 Halon은 연료로 사용되는 메탄과는 정반대로 중심 탄소가 산화되어 있는 상태이기 때문에 불연성이며 대기 중에서도 잘 분해되지 않는 안정된 물질이다.

(4) Halon의 중요한 특징 중의 하나는 독성이 적다는 것인데 이는 탄소-불소 사이의 결합력이 강해 다른 물질과의 상호 작용이 적어지기 때문이다.

(5) 그러나 염소나 브롬이 이 분자 내에 들어오면 탄소-염소, 탄소-브롬 사이의 결합력은 그다지 크지 않지만 불소의 강한 힘이 염소와 브롬을 끌어당겨 이분자의 독성을 작게 한다.

> ✪ 이산화탄소, 할론 1211이나 할론 2402(할론 1301 제외)는 독성 때문에 실내 지하층, 무창층 또는 밀폐된 거실로서 바닥면적이 20㎡ 미만의 장소에는 사용 할 수 없게끔 화재안전기준에 규정되어 있다. 그리고 할론1301이 독성이 적다하더라도 화재의 불꽃과 반응하게 되면 여러 가지 독성가스를 방출한다.
> 일반적으로 할로겐화합물 중에 불소는 불활성과 안전성을 높여 주고 브롬은 소화 효과를 높여 준다. 또한, Halon은 분자 내의 결합력은 강한 반면, 분자간의 결합력은 약하기 때문에 쉽게 기화되어 소화 후 잔사가 남지 않는 장점도 지니고 있다.

■ 할로겐화합물에서 할로겐 원소의 역할

특징 \ 할로겐 원소	불 소	염 소	브 롬
안 정 성	강화	−	−
독 성	감소	강화	강화
비 점	감소	강화	강화
열 안 정 성	강화	감소	감소
소 화 효 과	−	강화	강화

제2관 종류 및 특성

할로겐화합물 소화약제의 종류는 매우 다양하나 현재는 Halon 1301, Halon 1211, Halon 2402가 가장 많이 사용되고 있다.

> ✪ 이들 소화약제는 1908년 증발성 액체인 사염화탄소(Halon 104)가 최초로 휴대용 소화기에 사용된 이래 발전을 거듭하여 1954년에는 유류화재와 전기화재에 사용할 목적으로 압축가스 소화기에 Halon 1301을 사용하였고, 1973년에는 Halon 1211을 사용한 소화기가 실용화되었으며 1974년에는 상온, 상압에서 액체인 Halon 2402를 사용한 소화기가 등장하게 되었다. 그러나 할론2402의 독성 때문에 소화기용으로는 사용하지 않는다.

■ 할로겐화합물 소화약제의 개략적인 물성

특 성 \ 종 류	Halon 1301	Halon 1211	Halon 2402
분자식	CF3Br	CF2BrCl	C2F4Br2
분자량	148.9	165.4	259.8
비점(℃, 1atm)	−57.8	−3.4	47.3
빙점(℃)	−168.0	−160.5	−110.5
임계온도(℃)	67.0	153.8	214.5
임계압력(atm)	39.1	41.8	34.0
증발잠열(cal/g, 비점)	28.4	32.3	25.0
액체점도(cP, 25℃)	0.16	0.34	0.72
액체비열(cal/g·℃, 25℃)	0.19	0.18	0.18
액체비중(20℃)	1.57	1.83	2.18
기체비중(공기=1)	5.1	5.7	9.0
상태(상온, 상압)	기체	기체	액체

제3관 소화 기구(extinguishing mechanism)

물리적 효과	• 기체 및 액상 Halon의 열흡수, 액상 Halon의 기화 등에 의한 냉각 효과와 공기중의 산소 농도 저하에 따른 질식 효과가 있다. • 이러한 물리적 효과는 화학적 효과에 비하면 매우 작은 편이다. • Halon의 주된 소화 효과는 화학적 소화 효과로 이에 대한 소화 기구는 아직까지 정확하게 알려져 있지 않다.
화학적 효과	Halon이 연소의 연쇄 반응(chain reaction)을 차단시키거나 방해 또는 억제하는 반응 기구에는 자유활성기 이론(free radical theory)과 이온 이론(ionic theory)의 두 가지가 있는데 Halon 1301을 예로 설명하면 다음과 같다.

✪ Halon 1301 이론

자유활성기 이론	ⓐ Halon은 화염 속에서 다음 식과 같이 열분해 되어 두 개의 활성기로 나누어진다. $$CF_3Br \rightarrow CF_3^* + Br^*$$ ⓑ 분리된 Br*은 가연 물질(R–H)과 다음과 같이 반응한다. $$(R - H) + Br^* \rightarrow R^* + HBr$$ ⓒ HBr은 반응 영역에서 활성화된 수산기(OH*)와 반응한다. $$HBr + OH^* \rightarrow H_2O + Br^*$$ ⓓ 활성화된 Br*은 다시 다른 가연 물질과 반응을 계속한다. 　이상과 같은 반응을 통해 활성화된 H*, OH* 등이 활성을 잃게 되고 반응성이 적은 알킬 활성기(alkyl radical)가 남게 된다.
이온 이론	무제한적인 연소 공정 중에서 산소 분자들이 탄화수소 분자의 이온화에 의해 생성된 전자들을 포획하여 산소 이온으로 되는 단계가 있다. Halon의 열분해에 의해 생성된 브롬 원자는 산소보다 단면이 커서 많은 전자를 포획한다. 이 결과 산소의 활성화에 필요한 전자가 부족하게 되어 연소의 연쇄 반응이 억제된다.

제4관 적응 화재* 22년 소방위

주로 유류화재(B급화재), 전기화재(C급화재)에 유효하며 밀폐된 장소에서 방출하는 전역 방출 방식의 경우는 일반화재(A급화재)에도 유효하다.

사용 가능 ★	ⓐ 기상, 액상의 인화성 물질 ⓑ 변압기, oil switch 등과 같은 전기 위험물 ⓒ 가솔린 또는 다른 인화성 연료를 사용하는 기계 ⓓ 종이, 목재, 섬유 같은 일반적인 가연물질 ⓔ 위험성 고체 ⓕ 컴퓨터실, 통신기기실, control room 등 ⓖ 도서관, 자료실, 박물관 등 ※ 사용 후에도 화재현장을 오염시키지 않기 때문에 효과적 ⓐ 통신기기실, 전자계산기실, 변전실 등 전기 기기가 있는 장소 ⓑ 도서관, 자료실, 박물관 등 ⓒ 화학적 억제효과에 의해 소화 ⓓ 이산화탄소보다는 심부화재
· 사용 제한	ⓐ 셀룰로오스 질산염 등과 같은 자기 반응성 물질 또는 이들의 혼합물 ⓑ Na, K, Mg, Ti(티타늄), Zr(지르코늄), U(우라늄), Pu(플루토늄) 같은 반응성이 큰 금속 ⓒ 금속의 수소 화합물(LiH, NaH, CaH₂, LiAH₄ 등) ⓓ 유기과산화물, 히드라진(N_2H_4)과 같이 스스로 발열 분해하는 화학제품 ※ 할론 소화약제는 CFC(불염화탄소) 계열의 물질로 오존층 파괴의 원인 물질이다. 이로 인하여 최근 할로겐화합물 및 불활성기체 소화약제가 권장되고 있다.

TIP 할로겐의 사용가능과 제한 부분에 대해서 꼭! 기억하세요. 심부화재 효과적, 도서관, 박물관에 사용 가능한가요?

제5관 소화 농도

① 이산화탄소는 질식 효과에 의해 소화하기 때문에 소화에 필요한 농도가 매우 높은 편이나 (소화에 필요한 CO_2의 설계 농도 : 34~75vol% 정도) Halon의 경우는 화학적 억제효과에 의해 소화하기 때문에 소화에 필요한 최소 농도는 CO_2 비해 상당히 작은 편이다.

② 불꽃 소화에 필요한 Halon의 실험적 최소 소화 농도(experimental threshold concentration)는 이황화탄소(CS_2)나 수소를 제외하고는 개략적으로 10vol% 이하이다.

③ 따라서 산소 결핍에 의한 질식의 위험은 아주 적다. 예를 들어 공기 중의 Halon 농도를 10vol%로 하면 공기중의 산소 농도는 약 18.9vol% (21vol% × 0.9 = 18.9vol%)가 된다. 통상 가연물의 한계 산소 농도(MOC, Minimum Oxygen for Combustion)를 15vol% 이하로 본다면 산소 농도 저하에 의한 질식 위험은 없다고 볼 수 있다.

제6관 Halon의 오존층 파괴

① 할로겐화합물은 할로겐 원소의 독특한 특성 때문에 독성이 거의 없는 안정된 화합물을 형성한다. 이러한 장점 때문에 할로겐화합물은 냉매, 세정제, 발포제, 분사 추진제, 용제, 소화제 등으로 널리 사용되어 과학 기술의 발전에 크게 기여한 물질의 하나로 평가받고 있다.

② 그러나 1980년대 이후 일부 할로겐화합물이 오존층을 파괴하고 지구 온난화에 기여하는 온실 효과(green house Effect) 물질로 판명되면서 지구 환경을 보호하려는 국제 협약에 의해 규제 받게 되었다.

③ 이와 같은 협약 중 '오존층 파괴 물질에 대한 몬트리올 의정서(The Montreal protocol on substances that deplete the ozone layer)'는 이미 발효 중이며 1992년 6월 기후변화 협약이 정식으로 체결되어 온실가스 방출을 제한하고 있다.

🚨 *Check*

① 포소화약제의 소화효과는 ⓐ (   ) ⓑ 냉각효과 ⓒ (   ) ⓓ 주변공기 배출 ⓔ 가연성 증기생성 억제

② (   ) 사용 후 소화제에 의한 오손이 없기 때문에 통신기기실, 전산기기실, 변전실 등의 전기설비, 물에 의한 오손이 걱정되는 도서관이나 미술관, 선박 등에 유용하다.

③ (   ) : 자기반응성 물질, Na, K, Mg 등은 사용이 제한된다.

④ 현재 가장 많이 사용되고 있는 할로겐 소화약제는 (   ), (   ), (   )이다.

제 8 절 | 할로겐화합물 및 불활성기체 소화약제

1 개 요

하론소화약제는 인체에 미치는 독성이 적고 소화 후에 잔류물을 남기지 않으며 B급 화재나 C급
화재에 우수한 소화성능을 갖고 있는 소화약제이다.
그러나 오존층 파괴물질에 대한 몬트리올 의정서에 의해 생산을 감축하기로 하여 화재로부터
귀중한 생명을 보호하던 곳에서는 대응이 시급하다.

2 소화성능

Halon소화약제의 소화성능을 <u>실험실에서 측정하는 표준화된 방법은 아직 없다.</u>

(1) 절대적 소화성능 측정

실질적으로 매우 어렵기 때문에 어떤 소화약제의 소화성능을 측정하기 위해서는 대개 상대적
소화성능을 측정한다.

(2) 상대적 소화성능 측정

불활성소화법	공기와 연료가 섞여있는 가연성 혼합물을 불연성 혼합물로 만드는 데 필요한 소화약제의 양을 측정
불꽃 소화방법	불꽃에 소화약제가 확산되어 불을 끄는 데 필요한 소화약제의 농도를 측정

> ✪ 현재 가장 많이 사용되는 소화성능 측정법 : 불꽃소화방법으로서 시험장치가 간단하고 조작이 간편
> 하며 소화 약제 사용량이 적다. Halon의 최소소화농도가 작을수록 우수한 소화성능을 갖고 있다.

(3) n-Heptane을 연료로 사용한 불꽃 소화방법으로 Halon의 최소소화농도가 Halon 1301이 3.5%, Halon 1211 3.8%, Halon 2402가 2.1%이다.

(4) Halon 대체소화약제의 소화성능도 이와 유사한 낮은 값을 가져야 인간의 질식위험 없이 소화에 사용될 수 있다.

3 Halon 대체 소화약제의 종류

(1) 몬트리올 의정서에 의해 할론의 규제가 시작된 1987년부터 본격적으로 할론 대체소화약제의 개발 연구가 시작되었으나 아직까지 확실하게 부각된 물질은 없고 다만 여러 물질군의 유력한 후보물질이 선정되어 성능평가가 활발히 이루어지고 있다.

(2) 할론 대체물질

① 제1세대 대체물질은 기존 할론보다 오존파괴능력이 작지만 약간은 파괴능력이 있는 물질이거나 소화성능이 떨어지는 물질들로 HBFC-22b1, FC-3-1-10, HCFC-123, HCFC-124, HFC-23, HFC-227ea, HFC-236fa 등이 이에 해당된다.

② 제2세대 대체물질은 현재 FIC-13I1 등이 개발된 상태다.

(3) 할로겐화합물 및 불활성기체소화약제는 불소·염소·브롬·요오드 중 하나 이상 원소를 포함하고 있는 유기화합물을 기본 성분으로 하는 "할로겐화합물 청정소화약제"와 헬륨·네온·아르곤·질소 중 하나 이상의 원소를 기본 성분으로 하는 "불활성가스 청정소화약제"로 구분된다.

4 특성 ★★ 12년 소방위/ 14년 소방장/ 20년 소방위

FC-3-1-10 (플루오르부탄)	① 화학식은 C_4F_{10}이고 끓는점이 $-2.2℃$로 전역방출방식에 사용되며 소화농도가 5.0~5.9vol%로 비교적 소화성능도 우수하다. 또한 NOAEL(No Observed Adverse Effect Level : 심장의 역반응이 나타나지 않는 최고 농도)이 40vol%로 소화농도보다 훨씬 높기 때문에 거실에서도 사용할 수 있는 장점이 있다. ② 같은 화재에 대해 FC-3-1-10은 할론1301에 비해 무게비로 약 2배의 양을 사용해야 소화된다. 현재 이 FC-3-1-10은 SNAP 프로그램은 물론 NFPA 2001에 등재되어 있으며 UL에서는 소화약제 및 소방설비의 Pre-engineered System에 대한 인정을 받은 상태이다.
HCFC BLEND A (하이드로클로로 플루오르 카본 혼합제)	① HCFC BLEND A는 HCFC-123, HCFC-22, HCFC-124와 $C_{10}H_{16}$의 혼합물로 이루어진 소화약제로서 캐나다에서 개발하였다. 이 소화약제는 ODP가 0.044이고 대기 중에서의 잔존수명이 7년인 할론1301의 대체물질이다. 소화농도가 7.2vol%이고, LC50이 64vol%, NOAEL이 10vol%로 사람이 있는 거실에서 사용이 가능하다. ② 이 물질은 SNAP program, NFPA 2001, UL Canada에 등재되어 있으며 현재 생산하여 판매되고 있다. 이 소화약제의 HCFC물질은 오존층보호를 위한 몬트리올의정서에서 경과물질로 규정되어 있어 2030년에는 생산이 금지된다.
HCFC-124 (클로로테트라 플루오르에탄)	① HCFC-124는 HCFC계 물질로 끓는점이 $-11.0℃$이며 전역방출방식 및 휴대용 소화약제의 후보물질이다. HCFC-124는 미국 Du Pont사에서 F E-2410이라는 상품명으로 판매되고 있다. ② n-heptane 불꽃의 소화농도는 6.4~8.2vol%이고 독성은 LC50이 23~29vol%, NOAEL이 1.0vol%, LOAEL(Lowest Observed Adverse Effect Level: 심장의 역반응이 나타나는 최저 농도)이 2.5vol%이다. ③ 할론1301과 비교할 때 무게비로 1.6배 부피비로 2.3배를 투입하여야 효과적으로 소화할 수 있다. ④ 소화능력, ODP, GWP, 독성 등을 종합적으로 판단할 때 현재 개발된 HFC계 소화약제 중에서는 가장 우수한 것으로 판단되지만 가격이 약간 높은 것이 단점이다.
HFC-125 (펜타플루 오르에탄)	① 이 물질도 미국의 Du Pont사가 FE-25라는 상품명으로 개발한 전역방출방식용의 할론 대체 소화약제이다. HFC-125는 할론1301과 아주 유사한 물성을 지니고 있다. 다만 밀도는 1.249g/ml로 할론1301의 1.548g/ml보다 낮고 임계온도도 비교적 낮기 때문에 용기에 대한 소화약제의 저장비율이 약간 떨어진다.

	② 불꽃의 소화농도는 8.1~9.4vol%로 할론1301에 비해 높으며 증발잠열은 27.1cal/g으로 할론1301의 19.7cal/g에 비해 훨씬 크므로 완전히 기화시켜 배출하는 데 어려움이 있다. NOAEL은 7.5%, LOAEL은 10.0%이고 인 LC50은 70% 이상으로 독성이 비교적 적다. 그러나 NOAEL은 소화농도보다 낮기 때문에 거실에서는 사용할 수 없다. ③ HFC-125는 안정성이 뛰어나기 때문에 대부분의 금속과 고무 등에 상용성이 있다. HFC-125는 기존의 할론에 비해 소화성능이 현저히 떨어지기 때문에 궁극적인 대체물질은 아니다. ④ 이 물질은 기존의 전역방출방식 시설을 약간 보완만 하면 그대로 사용할 수 있는 장점이 있다. 다만 설계농도를 약 12vol%로 유지해야 하므로 더 큰 저장용기가 필요하다.
HFC-227ea (헵타플루 오르프로판)	① 미국의 Great Lakes Chemical사가 FM-200이라는 상품명으로 개발한 소화약제로 ODP가 0이며 끓는점이 −16.4℃로 전역방출방식에 적합하다. 이 소화약제의 불꽃 소화농도는 5.8~6.6vol%로 비교적 소화성능이 우수한 편이다. 독성은 NOAEL이 9.0vol%, LC50이 80vol% 이상으로 낮아 사람이 있는 곳의 전역방출방식으로 사용이 가능하다. ② 현재 SNAP program, NFPA 2001, UL 및 FMRC의 Engineered System 및 Pre-ngineered System에서 전역방출방식으로 인증을 취득하였고 휴대용 소화기로는 SNAP program에서 심사 중이다. ③ 소화능력, ODP, GWP, 독성 등을 종합적으로 판단할 때 현재 개발된 HFC계 소화약제 중에서는 가장 우수한 것으로 판단되지만 가격이 약간 높은 것이 단점이다.
HFC-23 (트리플루 오르메탄)	① FC에 수소가 첨가된 HFC계의 대체물질로 대기 중 수명이 FC에 비해 줄어들어 GWP도 작도록 개발된 물질이다. HFC계 물질은 브롬과 염소도 함유하지 않아 ODP가 0이며 독성도 낮다. 다만 이 물질의 단점은 브롬이 함유되지 않아 화학적 소화성능은 없고 물리적 소화성능만 발휘하기 때문에 소화성능이 기존의 할론에 미치지 못하는 점이다. ② HFC-23은 미국의 Du Pont사가 FE-13이라는 상품명으로 개발한 전역방출방식용의 할론대체 소화약제이다. 이 물질은 처음에 화학중간원료, 냉매 등으로 사용되어 왔다. LC50은 65vol% 이상이고 NOAEL도 50vol%이어서 독성이 낮다. 반면에 불꽃소화농도는 12.0~12.7vol%로 할론1301소화성능의 1/4 정도이다. ③ HFC-23은 증기압이 높고 밀도가 낮기 때문에 기존 할론1301 시스템을 사용할 수 없고, 다만 HFC-23의 증기압이 이산화탄소와 비슷하고 밀도는 더 커서 이산화탄소의 대체물질로는 매우 유망하다. ④ 따라서 이산화탄소에 비해 낮은 소화농도, 낮은 독성 및 기존의 장치를 이용할 수 있다는 점이 매우 매력적인 장점이다. HFC-23은 임계온도가 25.9℃로 낮기 때문에 사용할 때 주의가 필요하다.
HFC-236fa (헥사플루 오르프로판)	미국의 Du Pont사가 FE-36이라는 상품명으로 개발한 소화약제로서 화학식은 $CF_3CH_2CF_3$로 FE에 수소가 첨가된 HFC계의 대체물질로 HFC계 물질은 브롬과 염소를 함유하지 않아 ODP가 0이며 독성도 낮은 편이다.
FIC-13I1 (트리플루 오로이오다이드) ＊	① 미국의 NMERI(New Mexico Engineering Research Institute)에서 개발한 소화약제로서 CF3I는 할론-1301의 분자구조 중 브롬원자를 요오드 원자로 대치한 형태이며 대기 중 수명이 1.15일에 불과하고 GWP가 1 이하, 계산상 ODP가 0.008 이하로 추정된다.

	② CF3I의 장점은 이 소화약제가 <u>물리적 소화성능 뿐만 아니라 화학적 소화성능을 지니고 있는 점이다. 따라서 이 소화약제의 소화농도는 3.1%로 매우 우수하다.</u> 다만 이 물질의 NOAEL이 0.2%, LOAEL이 0.4%로 나타나 사람이 존재하는 곳에서는 사용이 곤란하다. ③ 이 약제는 <u>사람이 없는 지역에서 SNAP program에 등재되었고 휴대용으로는 심사가 진행 중이며 앞으로 폭발방지용 약제로도 유력한 대체물질이다. 이 소화약제의 단점은 가격이 비싼 요오드를 함유하고 있는 점이다.</u>
IG-541 (불연성·불활성 기체 혼합가스)	① IG-541은 질소 52%, 아르곤 40%, 이산화탄소 8%로 이루어진 혼합소화약제로 A급 및 B급 화재의 소화에 적합하다. 이 소화약제는 할론이나 분말소화제와 같이 화학적 소화특성을 지니고 있는 것은 아니고 주로 밀폐된 공간에서 산소농도를 낮추는 것에 의해 소화한다. ② <u>이 소화제의 장점은 소화성능을 발휘할 수 있는 약제의 농도에서도 사람의 호흡에 문제가 없으므로 사람이 있는 곳에서도 사용할 수 있다는 점이다.</u>
IG-01·IG-55·I G-100 (불연성·불활성 기체혼합가스)	① IG-01은 아르곤이 99.9vol% 이상, IG-55는 질소가 50vol%, 아르곤이 50vol%인 성분으로 되어 있으며 IG-100은 질소가 99.9vol% 이상이다. ② 불연성·불활성기체 혼합가스 소화약제로서 대기 잔존지수와 GWP가 0이며 ODP도 0이다. 소화약제는 <u>할론이나 분말소화제와 같이 화학적 소화특성을 지니고 있는 것은 아니고 주로 밀폐된 공간에서 산소농도를 낮추는 것에 의해 소화한다.</u>

TIP 대체소화약제의 종류 및 특성에 대해 출제될 수 있는데 밑줄 친 부분에 대해서 암기하세요.

5 독성

GWP	할론은 분자내 C-CL, C-F, C-Br 결합에 의해 파장 8-13μm부근의 적외선을 강력히 흡수하기 때문에 대기중에서 온실효과를 내는 물질이며 이밖에도 이산화탄소, 수증기, 오존, 메탄, 이산화질소, CCL4 등 50여종 이상이 온실효과 물질로 알려져 있다. 일정 무게의 CO_2가 대기중에 방출되어 지구온난화에 기여하는 정도를 1로 정하였을 때 같은 무게의 어떤 물질이 기여하는 정도를 GWP(Global Warming Potential, 지구온난화지수)로 나타내며 다음 식으로 정의된다. * $$GWP(지구온난화지수) = \frac{물질\ 1kg이\ 기여하는\ 온난화\ 정도}{CFC-11\ 1kg이\ 기여하는\ 온난화\ 정도}$$
ODP	우수한 소화제였던 할론이 생산 금지되는 이유가 오존층을 보호하기 위한 것이기 때문에 새로 개발되는 대체 소화제는 필히 오존층을 파괴하지 않아야 한다. 따라서 대체물질의 오존파괴능력을 상대적으로 나타내는 지표가 정의되었는데 이를 ODP(Ozone Depletion Potential, 오존파괴지수)라 한다. 이 ODP는 기준물질로 CFC-11($CFCL_3$)의 ODP를 1로 정하고 상대적으로 어떤 물질의 대기권에서의 수명, 물질의 단위질량당 염소나 브롬질량의 비, 활성염소와 브롬의 오존파괴능력 등을 고려하여 물질의 ODP가 정해지는데 계산식은 다음과 같다. * $$ODP(오존파괴지수) = \frac{어떤\ 물질\ 1kg이\ 파괴하는\ 오존량}{CFC-11\ 1kg이\ 파괴하는\ 오존량}$$

※ 독성 검토

① 할론소화제가 사용되기 직전까지 잔사가 없는 소화제로 이용되고 있던 CCL₄, CH₃Br, CH₂CLBr가 라론소화제로 대체된 이유는 이 물질들이 독성이 있기 때문이다.

② 할론 1301은 지금 사용되고 있는 할론소화제중 가장 독성이 적은 물질로 15분간 노출시킬 경우의 치사농도가 83.2%이다. 이에 비해 할론1211은 32.4%, 할론2402는 12.5%, CCL₄는 2.8%로 독성이 크다.

③ 일반적으로 건물의 전역방출방식용 할론1301 대체소화제는 밀폐된 실내에서 사용해야 하므로 독성이 낮아야 하며 휴대용 소화제인 할론1211의 대체소화제는 개방된 대기중에서 사용되므로 상대적으로 독성이 약간 높아도 무방하다.

④ 할론대체소화제의 흡입독성은 일반적으로 ALC, NOAEL, LOAEL, LC50로 평가되며 다음과 같이 정의된다.

- ALC(Approximate Lethal Concentration)
  ⇒ 실험용쥐의 1/2이 15분 이내에 사망하는 농도로 ALC값이 클수록 물질의 독성이 낮다
- NOAEL(No Observed Adverse Effect Level)
  ⇒ 농도를 증가시킬 때 아무런 악영향도 감지할 수 없는 최대농도
- LOAEL(Lowest Observed Adverse Effect Level)
  ⇒ 농도를 감소시킬 때 악영향을 감지할 수 있는 최소농도
- LC50(50% Lethal Concentation) ⇒ 반수(半數) 치사농도(ppm)

🚨 Check

① (   )은 현재 개발된 HFC계 소화약제 중에서는 가장 우수한 것으로 판단되지만 가격이 약간 높은 것이 단점이다.
  할로겐화합물 소화약제의 종류는 매우 다양하나 현재는 Halon 1301, Halon 1211, Halon (   )가 가장 많이 사용되고 있다.

② (   ) : 질소 52%, 아르곤 40%, 이산화탄소 8%로 이루어진 혼합소화약제로 A급 및 B급 화재의 소화에 적합하다.

③ (   ) : 사람이 없는 지역에서 SNAP program에 등재되었고 휴대용으로는 심사가 진행 중이며 앞으로 폭발방지용 약제로도 유력한 대체물질이다.

제9절 분말 소화약제**

제1관 개요** 13년, 22년 소방장

① 고체의 미세한 분말은 정도의 차이는 있으나 소화능력을 가지고 있으며, 분말이 미세하면 미세할수록 이 능력은 커진다. 이러한 특성을 이용한 것이 분말소화약제이다.

② 분말 소화약제는 탄산수소나트륨, 탄산수소칼륨, 제1인산암모늄 등의 물질을 미세한 분말로 만들어 유동성을 높인 후 이를 가스압(주로 N2, 또는 CO_2의 압력)으로 분출시켜 소화하는 약제이다.

③ 사용되는 분말의 입도는 10~70㎛ 범위이며 최적의 소화효과를 나타내는 입도는 20~25㎛이다.

④ 분말 소화약제는 습기와 반응하여 고화되기 때문에 이를 방지하기 위하여 금속의 스테아린 산염이나 실리콘 수지 등(현재는 대부분 실리콘 수지를 사용한다.)으로 방습 가공을 해야 한다.

⑤ 분말 소화 설비는 가압 가스의 충전 상태에 따라 축압식과 가압식으로 구분된다. 축압식은 약제 저장 탱크에 분말 소화약제를 충전한 후 가압용 가스를 함께 충전한 방식이고 가압식은 약제 저장 탱크와는 별도로 가압용 가스용기를 설치하여 이를 약제 저장 탱크에 주입시켜 약제를 외부로 방출시키는 방식이다.

⑥ 약제의 주된 소화 효과는* 22년 소방장
- 분말 운무에 의한 방사열의 차단 효과
- 부촉매 효과, 발생한 불연성 가스에 의한 질식 효과
- 가연성 액체의 표면 화재에 매우 효과적
- 분말이 비전도체이기 때문에 전기화재에도 효과
- 일반적으로 유류화재와 전기화재에 효과적이나 제3종 분말 소화약제의 경우는 유류화재, 전기화재는 물론 일반화재에도 효과가 있다.

제2관 종류 및 특성

1 분류의 기준

(1) 가압가스의 충전상태에 따라

축압식	약제 저장탱크에 분말 소화약제를 충전한 후 가압용 가스를 함께 충전한 방식을 말한다.
가압식	약제 저장탱크와는 별도로 가압용 가스용기를 설치하여 이를 약제 저장탱크에 주입시켜 약제를 외부로 방출시키는 방식을 말한다.

(2) 적응화재에 따라

BC 분말	유류화재(B급 화재)나 전기화재(C급 화재)에 사용하는 분말을 말하며, BC 분말에는 제1종 분말(탄산수소나트륨을 주성분으로 한 분말), 제2종 분말(탄산수소칼륨을 주성분으로 한 분말), 제4종 분말(탄산수소칼륨과 요소가 반응한 분말)이 있다.
ABC 분말	B·C급 화재는 물론이고 일반화재(A급 화재)에도 사용할 수 있는 분말을 말하며, ABC 분말에는 제3종 분말(인산염을 주성분으로 한 분말)이 있다. 이외에도 특수 용도의 CDC(Compatible Dry Chemical) 분말과 금속화재용 분말이 있다.

■ 분말 소화약제의 종류 및 특성

종 별	주 성 분	분 자 식	색 상	적응화재
제1종 분말	탄산수소나트륨(Sodium bicarbonate)	$NaHCO_3$	–	B급, C급
제2종 분말	탄산수소칼륨(Potassium bicarbonate)	$KHCO_3$	담회색	B급, C급
제3종 분말	제1인산암모늄(Monoammonium phosphate)	$NH_4H_2PO_4$	담홍색 (또는 황색)	A급, B급, C급
제4종 분말	탄산수소칼륨과 요소와의 반응물 (Urea-based potassium bicarbonate)	$KC_2N_2H_3O_3$	–	B급, C급

■ 분말 소화약제 주성분의 성상

성 분 / 항 목	탄산수소나트륨	탄산수소칼륨	제1인산암모늄
분 자 식	$NaHCO_3$	$KHCO_3$	$NH_4H_2PO_4$
별 칭	중탄산나트륨, 중탄산소다(중조)	중탄산칼륨	인산이수소암모늄, 인산일암모늄
형 태	무색 결정(단사정계)	무색 결정(단사정계)	무색 결정(정방정계)
용해도(물)	8.8g/100g(15℃)	36.1g/100g(26℃)	22.7g/100g(0℃)
비 중	2.21	2.17	1.80

② 분말소화약제 특성 ★★ 14년, 17년 소방장

제1종 분말	① 탄산수소나트륨($NaHCO_3$)을 주성분으로 하고 이들이 습기에 의해 고화되는 현상을 막기 위해 금속의 스테아린산염이나 실리콘 수지로 표면 처리(방습처리)하고 ② 분말의 유동성을 높여주기 위하여 탄산마그네슘($MgCO_3$), 인산삼칼슘($Ca_3(PO_4)_2$) 등의 분산제를 첨가한 약제이다. ③ 초기소화 효과 　㉠ 탄산수소나트륨이 열분해 될 때 발생하는 이산화탄소와 수증기에 의한 질식 효과 　㉡ 열 분해시의 흡열 반응에 의한 냉각 효과 　㉢ 분말 운무에 의한 열방사의 차단 효과에 의한 것이라 생각했었다. 그러나 이 약제의 강력한 소화 능력을 생각하면 이상의 효과 이외에도 　㉣ 연소 시 생성된 활성기가 분말의 표면에 흡착되거나, 탄산수소나트륨의 Na+이온에 의해 안정화되어 연쇄 반응이 차단되는 효과가 큰 영향을 미치는 것으로 이해되고 있다.

	⑭ 탄산수소나트륨은 약 60℃ 부근에서 분해시작 270℃와 850℃ 이상에서 열분해 ※ 요리용 기름이나 지방질 기름의 화재 시 비누화 반응, 이때 생성된 비누상 물질은 가연성 액체의 표면을 덮어서 질식소화 효과와 재발화 억제 효과를 나타낸다. ※ 유류화재 및 전기화재에는 유효하나 일반화재에는 일반적으로 잘 사용되지 않는다 (일반 가연물의 표면 화재에는 일시적인 소화 효과가 있음).
제2종 분말	① 탄산수소칼륨(KHCO₃)으로 바뀐 것 이외에는 제1종 분말 소화약제와 거의 동일하다. 제1종에 비하여 소화 효과는 우수한 편이며 약제는 담회색으로 착색되어 있다. ② 소화 효과는 제1종 분말 소화약제와 거의 비슷하나 소화 능력은 제1종 분말 소화 약제보다 우수하다(소화에 필요한 약제량으로 계산할 때 약 2배 정도 우수). ③ 요리용 기름이나 지방질 기름과 비누화 반응을 일으키지 않기 때문에 이 경우에는 제1종 분말 소화약제보다 소화력이 떨어진다. ④ 소화 능력이 우수한 이유는 칼륨(K)이 나트륨(Na)보다 반응성이 더 크기 때문이다. ⑤ 칼륨 이온(K+)이 나트륨 이온(Na+)보다 화학적 소화 효과(부촉매 효과)가 크다. ⑥ 알칼리 금속에서 화학적 소화 효과는 원자 번호에 의해 Cs 〉 Rb 〉 K 〉 Na 〉 Li의 순서대로 커진다. ⑦ 탄산수소나트륨 계열의 것은 불꽃과 만나면 황색의 빛을 내는 반면, 탄산수소칼륨 계열의 것은 자주색의 빛을 내기 때문에 일명 purple K(미국 Ansul사의 상품명)라고도 부른다. ⑧ 유류화재 및 전기화재에는 유효하나 일반화재에는 일반적으로 잘 사용되지 않는다. 소화 효과는 제1종 분말 소화약제와 거의 비슷하다.
제3종 분말 ★	① 분말 소화약제는 불꽃 연소에는 대단한 소화력을 발휘하지만 작열 연소의 소화에는 그다지 큰 소화력을 발휘하지 못하는 단점이 있다. ② 주성분은 알칼리성의 제1인산암모늄(NH₄H₂PO₄)이며, 담홍색으로 착색되어 있다. ③ 소화효과는 냉각, 질식, 방신, 부촉매, 열방사의 차단, 탈수 탄화작용 ④ 제1인산암모늄은 열에 불안정하며 150℃ 정도에서 열분해가 시작된다. ⑤ A급, B급, C급 화재 사용, 현재 생산되는 분말 소화약제의 대부분이 제3종임. ⑥ 요리용 기름이나 지방질 기름과는 비누화 반응을 일으키지 않기 때문에 사용안함. ⑦ 우리나라는 차고나 주차장에 설치토록 규정하고 있으며, 생산되는 대부분은 3종이다.
제4종 분말 ★	① 제2종 분말을 개량한 것으로 탄산수소칼륨(KHCO₃)과 요소(CO(NH₂)₂)와의 반응물(KC₂N₂H₃O₃)을 주성분으로 하는 약제이다. ② 소화력은 분말 소화약제 중 가장 우수하다. 특히 B급, C급 화재에는 소화 효과가 우수하나 A급 화재에는 별 효과가 없다.★ ③ 성분이 동일한 분말 소화약제는 입자가 작아지면 작아질수록 소화효과는 커진다.

TIP 분말소화약제의 종류별 특성을 알아야 합니다. 제1인산암모늄, 담홍색, 방신, 열방사 차단과 관계 있는 소화약제는 무엇인가요?

3 특수 소화약제

(1) CDC(Compatible Dry Chemical)

① 포와 함께 사용할 수 있는 분말 소화 약제를 의미한다.

② 분말 소화약제는 빠른 소화 능력을 갖고 있으나 유류화재 등에 사용되는 경우는 소화 후 재착화의 위험성이 있다.

> ✪ 포 소화약제는 소화에 걸리는 시간은 길지만 소화 후 장시간에 걸쳐 포가 유면을 덮고 있기 때문에 재착화의 위험은 아주 적으므로 이들의 장점만 살리기 위하여 두 가지 약제를 함께 사용하는 방법을 생각하게 되었으나 분말소화약제인 소포성 때문에 실현되기 어려웠다. 이에 소포성이 없는 분말 소화약제인 CDC가 개발되게 되었다.

③ 분말 소화약제 중에서는 ABC 분말 소화약제가 가장 소포성이 적기 때문에 이것을 개량해서 <u>소포성이 거의 없는 CDC를 개발, 주로 비행장에서 사용되고 있다.</u>

> **TIP** CDC소화약제가 포와 함께 사용할 수 있는 것은 소포성이 없기 때문입니다.

(2) 금속화재용 분말 소화약제(dry powder)

① 일반적으로 금속화재는 가연성 금속인 알루미늄(Al), 마그네슘(Mg), 나트륨(Na), 칼륨(K), 나트륨/칼륨 합금, 리튬(Li), 지르코늄(Zr), 티타늄(Ti), 우라늄(U) 등이 연소하는 것을 말한다.

② 이러한 금속은 비중에 따라서 두 가지로 분류되며 연소 성상은 다음과 같다.

비중이 가벼운 경금속	융점이 낮고 연소하면서 녹아 액상이 되고 증발하여 불꽃을 내면서 연소한다.
비중이 큰 금속	융점이 1000℃를 넘고 연소하기 어렵지만 연소하면 불꽃을 내면서 비산한다.

③ 금속화재는 연소 온도가 매우 높기 때문에 소화하기가 어렵고 물은 급격한 반응을 일으키거나 수증기 폭발을 일으킬 위험이 있기 때문에 사용을 금해야 한다.

※ 금속화재에는 특수한 금속화재용 분말 소화약제가 사용되고 있다.

> ✪ **금속소화약제 성질**
> - 고온에 견딜 수 있을 것
> - 냉각 효과가 있을 것
> - 요철 있는 금속 표면을 피복할 수 있을 것
> - 금속이 용융된 경우(Na, K 등)에는 용융 액면상에 뜰 것 등

④ 위와 같은 성질을 갖춘 물질로는 흑연, 탄산나트륨, 염화나트륨, 활석(talc) 등이 있다.

⑤ 가열에 의해 유기물이 용융되어 주성분을 유리상으로 만들어 금속 표면을 피복하여 산소의 공급을 차단한다.

■ 금속화재용 분말 소화약제 종류* 24년 소방위

G-1	• 흑연화된 주조용 코크스를 주성분으로 하고 여기에 유기 인산염을 첨가한 약제이다. • 흑연은 열의 전도체이기 때문에 열을 흡수하여 금속의 온도를 점화 온도 이하로 낮추어 소화한다. 또한 흑연 분말은 질식 효과도 있다. • Mg, K, Na, Ti, Li, Ca, Zr, Hf, U, Pt 등과 같은 금속화재에 효과적이다.
Met-L -X ★	• 염화나트륨(NaCl)을 주성분으로 하고 분말의 유동성을 높이기 위해 제3인산칼슘과 가열되었을 때 염화나트륨 입자들을 결합하기 위하여 열가소성 고분자 물질을 첨가한 약제이다. • <u>Mg, Na, K와 Na - K 합금의 화재에 효과적이다.</u> • 고온의 수직 표면에 오랫동안 붙어 있을 수 있기 때문에 고체 금속 조각의 화재에 특히 유효하다.
Na-X	• Na 화재를 위해서 특별히 개발된 것이다. • 탄산나트륨을 주성분으로 하고 여기에 비흡습성과 유동성을 향상시킬 수 있는 첨가제를 첨가한 약제이다.
Lith-X	• Li 화재를 위해서 특별히 만들어진 것이다. • 그러나 Mg이나 Zr 조각의 화재 또는 Na과 Na-K 화재에도 사용된다. • 흑연을 주성분으로 하고 유동성을 높이기 위해 첨가제를 첨가하였다.

제3관 분말소화 효과

질식 효과	• 분말 소화약제가 열에 의해 분해될 때 발생되는 CO_2, 수증기 등의 불연성 기체에 의해 공기 중의 산소 농도가 저하되어 나타나는 현상이다.
냉각 효과	• 열분해 시 나타나는 흡열 반응에 의한 냉각 효과와 고체 분말에 의한 화염 온도 저하 (고농도인 경우)
방사열의 차단 효과	• 방출되면 화염과 가연물 사이에 분말의 운무를 형성하여 화염으로부터의 방사열을 차단하며, 유류화재의 소화 시에 큰 효과를 나타내는 것으로 알려져 있다.
화학적 소화 효과	• 가연물의 연소 시 발생되는 H*나 OH*등의 활성기(free radical)에 의한 연쇄 반응(chain reaction)을 차단하는 것이다. – 분말의 크기를 아주 작게 하는 경우이다. – 연쇄반응을 전파시키는 활성기와 반응할 수 있는 화학종이 생성되는 것이다. • 강력한 흡열 반응을 일으키기 때문에 불꽃의 온도를 낮추거나 연소계로부터 에너지를 제거하여 연쇄 반응에 영향을 미친다.
방신 효과	• 제3종 분말 소화약제에서만 나타나는 소화 효과로 제1인산암모늄이 열분해 될 때 생성되는 용융 유리상의 메타인산($HPO3$)이 가연물의 표면에 불침투의 층을 만들어서 산소와의 접촉을 차단하는 것이다. • 이러한 소화 효과를 나타내는 경우는 A급 화재에도 사용이 가능하다.
탈수·탄화 효과	• 일반 가연물의 연소는 열분해 시 생성되는 가연성 기체에 의해 일어나는데 제1인산암모늄은 이와 같은 기체의 발생을 억제하기 때문에 연소가 중지된다. • 제1인산암모늄은 190℃ 부근에서 암모니아($NH3$)와 오쏘–인산($H3PO4$)으로 열분해 된다. • 이때 생성된 오쏘–인산은 목재, 섬유, 종이 등을 구성하고 있는 섬유소를 탈수·탄화시켜 난연성의 탄소와 물로 분해시키기 때문에 연소 반응이 중단된다.

제4관 분말소화설비 적응화재* 22년 소방위

적응 대상물	① 인화성 액체를 취급하는 장소 : 유류 탱크, 도료 반응기, 도장실, 도장 건조로, 자동차 주차장, 보일러실, 엔진룸, 주유소, 위험물 창고 등 ② 인화성 액체 또는 가스 등의 분출로 인한 화재 발생의 위험이 있는 장소 : 송유관, 반응탑, 가스 플랜트, LNG 방유제 내 등 ③ 전기화재가 일어날 수 있는 장소 : 변압기, 유입 차단기, 전기실 등 ④ 종이, 직물류 등의 일반 가연물로 표면 연소가 일어나는 경우
사용제한*	① 정밀한 전기·전자 장비가 설치되어 있는 장소(컴퓨터실, 전화 교환실 등) ✪ 화재안전기준의 소화기구의 설치적응성에 전기실 및 전산실의 적응성을 인정하고 있는 것은 전기실 및 전산실에서의 분말소화설비는 설치자의 선택사항임. ② 자체적으로 산소를 함유하고 있는 자기 반응성 물질 ③ 가연성 금속(Na, K, Mg, Al, Ti, Zr 등) ④ 소화약제가 도달될 수 없는 일반 가연물의 심부 화재

TIP 전기실, 전산실은 설치자의 선택사항입니다. 적응대상물과 사용제한을 기억하시기 바랍니다.

🎯 *Check*

① 분말소화약제에 사용되는 분말은 사용되는 분말의 입도는 (   )㎛ 범위이며 최적의 소화효과를 나타내는 입도는 (   )㎛이다.

② 제3종 분말소화약제의 주성분은 (   )이고 색깔은 (   )이다.

③ 분말 소화약제 중에서는 ABC 분말 소화약제가 가장 소포성이 적기 때문에 이것을 개량해서 소포성이 거의 없는 (   )를 개발, 주로 비행장에서 사용되고 있다.

④ 자체적으로 산소를 함유하고 있는 (   )물질은 분말소화약제 사용이 제한된다.

⑤ (   ) : 탄산수소칼륨($KHCO_3$)과 요소($CO(NH_2)_2$)와의 반응물

⑥ (   ) : Mg, K, Na, Ti, Li, Ca, Zr, Hf, U, Pt 등과 같은 금속화재에 효과적이다.

01 기출 및 예상문제

01 **방수형태에서 "무상"과 관계 깊은 것은?**

① 스프링클러 소화설비 헤드의 방수 형태로 살수(撒水)라고도 한다.
② 저압으로 방출되기 때문에 물방울의 평균 직경은 0.5~6㎜ 정도이다.
③ 중질유 화재에 유효하다.
④ 일반적으로 실내 고체 가연물의 화재에 사용된다.

해설 **무상** ※ 나머지는 적상에 대한 설명임.
- 물분무 소화 설비의 헤드나 소방대의 분무 노즐에서 고압으로 방수할 때 나타나는 안개 형태의 방수로 물방울의 평균 직경은 0.1~1.0㎜ 정도이다.
- 소화 효과의 측면에서 본 최저 입경은 열전달과 물방울의 최대 속도와의 관계로부터 이론적으로 유도해보면 0.35㎜ 정도이다.
- 중질유 화재(중질의 연료유, 윤활유, 아스팔트 등과 같은 고비점유의 화재)의 경우에는 물을 무상으로 방수하면 급속한 증발에 의한 질식 효과와 에멀전 효과에 의해 소화가 가능하다.
- 물을 사용하여 소화할 수 있는 유류화재는 유류의 인화점이 37.8℃(100°F) 이상인 경우이다.
- 무상 방수는 다른 방수법에 비하면 전기 전도성이 좋지 않기 때문에 전기화재에도 유효하나 이때에는 일정한 거리를 유지하여 감전을 방지해야 한다.

02 **포 소화약제에 대한 설명으로 틀린 것은?**

① 냉각소화효과가 있다.
② 전기화재나 통신 기기실, 컴퓨터실 등에는 부적합하다.
③ 청소가 힘들다.
④ 5류 위험물 초기 진화에 적합하다.

해설 **포 소화약제의 결점**
① 소화 후의 오손 정도가 심하다.
② 청소가 힘들다.
③ 감전의 우려가 있어 전기화재나 통신 기기실, 컴퓨터실 등에는 부적합하다.
④ 제5류 위험물과 같이 자체적으로 산소를 함유하고 있는 물질과 Na, K 등과 같이 물과 반응하는 금속, 인화성 액화가스에는 부적합하다.

03 **소화약제 중 C급 화재에 적응성이 없는 것은?**

① 포
② 이산화탄소
③ 할로겐화합물
④ 분말

정답 01. ③ 02. ④ 03. ①

해설
물과 포는 수계소화약제로서 C급에는 적응성이 없다. ★ 13년 소방교

04 "물의 물리적 성질"에 관한 내용으로 옳은 것은?

① 물의 비중은 1atm을 기준으로 4℃일 때 0.999972로 가장 무거우며 4℃보다 높거나 낮아도 이 값보다 작아진다.

② 0℃의 얼음 1g이 0℃의 액체 물로 변하는 데 필요한 용융열(용융 잠열)은 539cal/g이다.

③ 100℃의 액체 물 1g을 100℃의 수증기로 만드는 데 필요한 열량인 증발 잠열(기화열)은 79.7cal/g 이다.

④ 대기압 하에서 100℃의 물이 액체에서 수증기로 바뀌면 체적은 약 79.7배 정도 증가한다.

해설 **물의 물리적 성질** ★ 12년 소방교/ 13년, 17년 소방장

1. 물은 상온에서 비교적 안정한 액체로 자연 상태에서는 기체(수증기), 액체, 고체(얼음)의 세 가지 형태로 존재한다.
2. 0℃의 얼음 1g이 0℃의 액체 물로 변하는 데 필요한 용융열(용융 잠열)은 79.7cal/g이다.
3. 100℃의 액체 물 1g을 100℃의 수증기로 만드는 데 필요한 열량인 증발 잠열(기화열)은 539.6cal/g으로 다른 물질에 비해 매우 큰 편이다.
4. 물 1g을 1℃ 올리는 데 필요한 열량인 비열은 1cal/g·℃로 다른 물질에 비해 상당히 큰 편이다. 따라서 20℃의 물 1g을 100℃까지 가열하기 위해서는 80cal의 열이 필요하다.
5. 대기압 하에서 100℃의 물이 액체에서 수증기로 바뀌면 체적은 약 1,700배 정도 증가한다.(100℃의 포화수와 건조포화 수증기의 비체적은 각각 0.001044 L/g, 1.673 L/g)
6. 1atm에서 물의 빙점(융점)은 0℃, 비점은 100℃이다. 이들 값은 압력에 따라 변한다.
7. 물의 비중은 1atm을 기준으로 4℃일 때 0.999972로 가장 무거우며 4℃보다 높거나 낮아도 이 값보다 작아진다.
8. 물은 압력을 받으면 약간은 압축되나 기체에 비하면 무시해도 좋을 정도이므로 비압축성 유체로 간주할 수 있다. 온도에 따라 다르기는 하지만 1kg/㎠의 압력 증가에 평균 $3.0×10-10\sim5.0×10-10$씩 부피가 감소한다.
9. 물의 점도는 1atm, 20℃에서 1.0cP(1centipoise=0.01g/㎝·sec)이며 온도가 올라가면 점도는 작아진다(50℃에서는 0.55cP).
10. 물의 표면 장력은 20℃에서 72.75dyne/㎝이며 온도가 상승하면 표면 장력은 작아진다(40℃에서는 69.48dyne/㎝).

05 포소화약제 대한 설명으로 틀린 것은?

① 합성계면활성제포는 유동성은 좋은 반면 내열성, 유면 봉쇄성이 좋지 않기 때문에 다량의 유류 화재 특히, 가연성 액체 위험물의 저장탱크 등의 고정소화설비에는 효과적이지 못하다.

② 단백포는 수성막포와 함께 표면하 포주입방식에 적합한 포 소화약제로 알려져 있다.

③ 같은 포 소화약제인 경우에도 약제의 종류가 다르면 원액 및 수용액을 혼합하여 사용해서는 안 된다.

④ 분말 소화약제와 함께 사용하면 분말 소화약제의 소포(消泡) 작용 때문에 좋지 않다.

해설
불화단백포는 수성막포와 함께 표면하 포주입방식 적합한 포 소화약제로 알려져 있다. ★ 21년, 24년 소방장

📖 정답 　**04. ①　　05. ②**

06 물소화약제 첨가제에 대한 설명으로 "강화액소화약제"와 관계 깊은 것은?

① 산림화재용으로 사용되는 대표적인 소화약제로는 CMC 등이 있다.

② 물은 표면장력이 커서 방수 시 가연물에 침투되기가 어렵기 때문에 표면장력을 작게 하여 침투성을 높여주기 위해 첨가하는 것이다.

③ 소방활동에서 호스 내의 물의 마찰손실을 줄이면 보다 많은 양의 방수가 가능해지고 가는 호스로도 방수가 가능해진다.

④ 동절기 물소화약제가 동결되는 단점을 보완하고 물의 소화력을 높이기 위하여 화재에 억제 효과가 있는 염류를 첨가한 것이다.

해설 **강화액소화약제**★ 14년 소방장
- 동절기 물소화약제가 동결되는 단점을 보완하고 물의 소화력을 높이기 위하여 화재에 억제 효과가 있는 염류를 첨가한 것이다.
- 염류로는 알칼리 금속염의 탄산칼륨(K_2CO_3), 인산암모늄[$(NH4)_2PO_4$] 등이 사용되고 여기에 침투제 등을 가하여 제조한다.
- 수소 이온농도(pH)는 약알칼리성으로 11 ~ 12이며, 응고점은 –30℃ ~ –26℃ 이다.
- 색상은 일반적으로 황색 또는 무색의 점성이 있는 수용액이다.
- 강화액의 소화 효과는 물이 갖는 소화효과와 첨가제가 갖는 부촉매 효과를 합한 것이다.
- 용도는 주로 소화기에 충약해서 목재 등의 고체 형태인 일반가연물 화재에 사용한다.

07 이산화탄소 소화약제에 대한 설명으로 옳지 않은 것은?

① 주로 B·C급 화재에 사용되고 A급은 밀폐된 경우에 유효하다.

② 자체적으로 산소를 가지고 있거나, 연소 시에 공기 중의 산소를 필요로 하지 않는 가연물 이외에는 전부 사용할 수 있다.

③ 제5류 위험물과 같이 자체적으로 산소를 가지고 있는 물질은 사용이 제한된다.

④ 심부 화재에는 우수한 효과를 나타내나 표면 화재에는 재발화의 위험성이 있다.

해설 **이산화탄소 소화약제**★ 22년 소방위
표면 화재에는 우수한 효과를 나타내나 심부 화재에 사용하는 경우에는 재발화의 위험성이 있다. 그러므로 심부 화재의 경우에는 고농도의 이산화탄소를 방출시켜 소요 농도의 분위기를 비교적 장시간 유지시켜 줌으로써 일차적인 소화는 물론 재발화의 가능성도 제거해 줄 필요가 있다.

08 다음은 할론 대체소화약제에 대한 설명으로 관계 깊은 것은?

할론1301과 비교할 때 무게비로 1.6배 부피비로 2.3배를 투입하여야 효과적으로 소화할 수 있다.

① IG-541

② FIC-13I1

③ HFC-125

④ HCFC-124

정답 | **06.** ④ **07.** ④ **08.** ④

해설 HCFC-124(클로로테트라 플루오르에탄)

① HCFC–124는 HCFC계 물질로 끓는점이 –11.0℃이며 전역방출방식 및 휴대용 소화약제의 후보물질이다. HCFC-124는 미국 Du Pont사에서 F E–241이라는 상품명으로 판매되고 있다.
② n–heptane 불꽃의 소화농도는 6.4~8.2vol%이고 독성은 LC50이 23~29vol%, NOAEL이 1.0vol%, LOAEL(Lowest Observed Adverse Effect Level: 심장의 역반응이 나타나는 최저 농도)이 2.5vol%이다.
③ 할론1301과 비교할 때 무게비로 1.6배 부피비로 2.3배를 투입하여야 효과적으로 소화할 수 있다.

09 수성막포 소화약제에 대한 설명으로 옳지 않은 것은?

① 불소계 계면활성제
② 해수와 사용 불가능
③ 갈색이며 타 포 원액보다 우수
④ 질식 냉각작용이 우수

해설 수성막포 소화약제★★ 14년 소방장/ 17년 소방위/ 20년 소방장

① 불소계 계면활성제를 주성분으로 한 것으로 역시 물과 혼합하여 사용한다.
② 수성막포는 합성 거품을 형성하는 액체로서 일반 물은 물론 해수와도 같이 사용할 수 있다.
③ 물과 적절한 비율로 혼합하여 기존의 포방출구로 방사하면 물보다 가벼운 인화성 액체 위에 물이 떠 있도록 하는 획기적인 약제이다.
④ 기름의 표면에 거품과 수성의 막(aqueous film)을 형성하기 때문에 질식과 냉각 작용이 우수하다.
⑤ 대표적으로 미국 3M사의 라이트 워터(Light Water)라는 상품명의 제품이 많이 팔리고 있는데 유면상에 형성된 수성막이 기름보다 가벼운 것처럼 보이기 때문에 만들어진 상품명이다.
⑥ 유류화재에 우수한 소화효과를 나타낸다. 3%, 6%, 10%형이 있으나 주로 3%, 6%형이 많이 사용된다.
⑦ 장기 보존성은 원액이든 수용액이든 타 포 원액보다 우수하다. 약제의 색깔은 갈색이며 독성은 없다.
⑧ 포 자체의 내열성이 약하고 가격이 비싸며, 수성의 막은 한정된 조건이 아니면 형성되지 않는다.

10 할론 2세대 대체물질 중 다음 보기 내용을 읽고 옳은 것을 고르시오.

> 소화약제의 장점은 물리적 소화성능 뿐만 아니라 화학적 소화성능을 지니고 있고, 단점으로는 가격이 비싼 요오드를 함유하고 있는 점이다.

① HFC-125
② HFC-23
③ FIC-1311
④ IG-541

해설 FIC-1311(트리플루오로이오다이드)★ 14년 소방장/ 20년 소방위

① 미국의 NMERI(New Mexico Engineering Research Institute)에서 개발한 소화약제로서 CF3I는 할론 –1301의 분자구조 중 브롬원자를 요오드 원자로 대치한 형태이며 대기 중 수명이 1.15일에 불과하고 GWP가 1 이하, 계산상 ODP가 0.008 이하로 추정된다.
② CF₃I의 장점은 이 소화약제가 물리적 소화성능 뿐만 아니라 화학적 소화성능을 지니고 있는 점이다. 따라서 이 소화약제의 소화농도는 3.1%로 매우 우수하다.
다만 이 물질의 NOAEL이 0.2%, LOAEL이 0.4%로 나타나 사람이 존재하는 곳에서는 사용이 곤란하다.
③ 이 약제는 사람이 없는 지역에서 SNAP program에 등재되었고 휴대용으로는 심사가 진행 중이며 앞으로 폭발방지용 약제로도 유력한 대체물질이다. 이 소화약제의 단점은 가격이 비싼 요오드를 함유하고 있는 점이다.

정답 09. ② 10. ③

11 할로겐 소화약제를 사용할 수 없는 곳은?

① 변압기, oil switch 등과 같은 전기 위험물

② 기상 액상의 인화성 물질

③ 도서관, 자료실, 박물관 등

④ 셀룰로오스 질산염 등과 같은 자기 반응성 물질 또는 이들의 혼합물

해설 **사용 가능한 소화 대상물**★★ 22년 소방위

1. 기상, 액상의 인화성 물질
2. 변압기, oil switch 등과 같은 전기 위험물
3. 가솔린 또는 다른 인화성 연료를 사용하는 기계
4. 종이, 목재, 섬유 같은 일반적인 가연물질
5. 위험성 고체
6. 컴퓨터실, 통신기기실, control room 등
7. 도서관, 자료실, 박물관 등

(사용이 제한되는 소화 대상물)★★ 22년 소방위

1. 셀룰로오스 질산염 등과 같은 자기 반응성 물질 또는 이들의 혼합물
2. Na, K, Mg, Ti(티타늄), Zr(지르코늄), U(우라늄), Pu(플루토늄) 같은 반응성이 큰 금속
3. 금속의 수소 화합물(LiH, NaH, CaH2, LiAH4 등)
4. 유기과산화물, 히드라진(N2H4)과 같이 스스로 발열 분해하는 화학제품

12 분말소화약제에 대한 설명으로 잘못된 것은?

① CDC는 소포되지 않기 때문에 포와 함께 사용할 수 있다.

② 가연성 고체 심부화재에 매우 효과적이다.

③ 사용되는 분말의 입도는 $10 \sim 70 \mu m$ 범위이며 최적의 소화효과를 나타내는 입도는 $20 \sim 25 \mu m$이다.

④ 분말이 비전도체이기 때문에 전기화재에도 효과가 있다.

해설 **분말소화약제 주된 소화효과**★ 13년, 22년 소방장

ⓐ 분말 운무에 의한 방사열의 차단 효과
ⓑ 부촉매 효과, 발생한 불연성 가스에 의한 질식 효과
ⓒ 가연성 액체의 표면 화재에 매우 효과적
ⓓ 분말이 비전도체이기 때문에 전기화재에도 효과
ⓔ 일반적으로 유류화재와 전기화재에 효과적이나 제3종 분말 소화약제의 경우는 유류화재, 전기화재는 물론 일반화재
에도 효과가 있다.

13 제3종 분말소화약제의 주성분과 색상은?

① 탄산수소칼륨, 백색

② 제1인산암모늄, 담홍색

③ 탄산수소나트륨, 담홍색

④ 제1인산암모늄, 담회색

정답 **11.** ④ **12.** ② **13.** ②

해설 분말소화약제의 종류 및 특징

종별	주 성 분	분자식	색상	적응화재
제1종 분말	탄산수소나트륨(Sodium bicarbonate)	$NaHCO_3$	–	B급, C급
제2종 분말	탄산수소칼륨(Potasium bicarbonate)	$KHCO_3$	담회색	B급, C급
제3종 분말	제1인산암모늄(Monoammonium phosphate)	$NH_4H_2PO_4$	담홍색(또는 황색)	A급, B급, C급
제4종 분말	탄산수소칼륨과 요소와의 반응물 (Urea-based potassium bicarbonate)	$KC_2N_2H_3O_3$	–	B급, C급

14 금속화재용 분말 소화약제 중 "Met-L-X"와 관계 깊은 것은?

① 흑연화된 주조용 코크스를 주성분으로 하고 여기에 유기 인산염을 첨가한 약제이다.

② 탄산나트륨을 주성분으로 하고 비흡습성과 유동성을 향상시킬 수 있는 첨가제를 첨가한 약제이다.

③ 고온의 수직 표면에 오랫동안 붙어 있을 수 있어서 고체 금속 조각의 화재에 특히 유효하다.

④ 흑연을 주성분으로 하고 유동성을 높이기 위해 첨가제를 첨가하였다.

해설 Met-L-X* 20년, 24년 소방위
- 염화나트륨($NaCl$)을 주성분으로 하고 분말의 유동성을 높이기 위해 제3인산칼슘과 가열되었을 때 염화나트륨 입자들을 결합하기 위하여 열가소성 고분자 물질을 첨가한 약제이다.
- Mg, Na, K와 Na-K 합금의 화재에 효과적이다.
- 고온의 수직 표면에 오랫동안 붙어 있을 수 있기 때문에 고체 금속 조각의 화재에 특히 유효하다.

15 제3종 분말 소화약제에 대한 설명으로 틀린 것은?

① 소화효과는 냉각, 질식, 방진, 부촉매, 열차단, 탈수 탄화작용이 있다.

② 우리나라에서는 차고나 주차장에 설치토록 규정하고 있다.

③ 분말소화약제 중 소화력은 가장 우수하다.

④ 요리용 기름이나 지방질 기름과는 비누화 반응을 일으키지 않기 때문에 사용하지 않는다.

해설 제3종 분말* 14년 소방장 ※ ③은 제4종 소화약제임.
① 분말 소화약제는 불꽃 연소에는 대단한 소화력을 발휘하지만 작열 연소의 소화에는 그다지 큰 소화력을 발휘하지 못하는 단점이 있다.
② 주성분은 알칼리성의 제1인산암모늄(NH4H2PO4)이며, 담홍색으로 착색되어 있다.
③ 소화효과는 냉각, 질식, 방진, 부촉매, 열차단, 탈수 탄화작용
④ A급, B급, C급 화재 사용, 현재 생산되는 분말 소화약제의 대부분이 제3종임.
⑤ 요리용 기름이나 지방질 기름과는 비누화 반응을 일으키지 않기 때문에 사용 안 함.
⑥ 우리나라에서는 차고나 주차장에 설치토록 규정하고 있음.

정답 14. ③ 15. ③

PART
02
소화약제 등 (소방교 제외)

16 분말소화설비의 적응대상물이 아닌 것은?

① 자동차 주차장, 보일러실, 엔진룸, 주유소

② 송유관, 반응탑, 가스 플랜트설비

③ 소화약제가 도달될 수 없는 일반 가연물의 심부 화재

④ 변압기, 유입 차단기, 전기실

해설 **분말 소화약제 사용제한**★★ 17년 소방장/ 22년 소방위

1. 정밀한 전기·전자 장비가 설치되어 있는 장소(컴퓨터실, 전화 교환실 등)
   ✪ 화재안전기준의 소화기구의 설치적응성에 전기실 및 전산실의 적응성을 인정하고 있는 것은 전기실 및 전산실에서의 분말소화설비는 설치자의 선택사항임.
2. 자체적으로 산소를 함유하고 있는 자기 반응성 물질
3. 가연성 금속(Na, K, Mg, Al, Ti, Zr 등)
4. 소화약제가 도달될 수 없는 일반 가연물의 심부 화재

17 금속화재용 분말소화약제에 대한 설명으로 틀린 것은?

① 가열에 의해 유기물이 용융되어 주성분을 유리상으로 만들어 금속 표면을 피복하여 산소의 공급을 차단한다.

② 비중이 큰 금속은 융점이 1000℃를 넘고 연소하기 어렵지만 연소하면 불꽃을 내면서 비산한다.

③ 금속화재는 연소 온도가 매우 높기 때문에 물로 냉각소화가 용이하다.

④ 일반적으로 금속화재는 가연성 금속인 알루미늄(Al), 마그네슘(Mg), 나트륨(Na), 칼륨(K), 나트륨/칼륨 합금 등이 연소하는 것을 말한다.

해설 **금속화재용 분말 소화약제(dry powder)**★ 18년 소방장

① 일반적으로 금속화재는 가연성 금속인 알루미늄(Al), 마그네슘(Mg), 나트륨(Na), 칼륨(K), 나트륨/칼 륨 합금, 리튬(Li), 지르코늄(Zr), 티타늄(Ti), 우라늄(U) 등이 연소하는 것을 말한다.
② 이러한 금속은 비중에 따라서 두 가지로 분류되며 연소 성상은 다음과 같다.
   ※ 경금속은 융점이 낮고 연소하면서 녹아 액상이 되고 증발하여 불꽃을 내면서 연소한다.
   ※ 비중이 무거운 금속은 융점이 1000℃를 넘고 연소하기 어렵지만 연소하면 불꽃을 내면서 비산한다.
③ 금속화재는 연소 온도가 매우 높기 때문에 소화하기가 어렵고 물은 급격한 반응을 일으키거나 수증기 폭발을 일으킬 위험이 있기 때문에 사용을 금해야 한다.
④ 위와 같은 성질을 갖춘 물질로는 흑연, 탄산나트륨, 염화나트륨, 활석(talc) 등이 있다.
⑤ 가열에 의해 유기물이 용융되어 주성분을 유리상으로 만들어 금속 표면을 피복하여 산소의 공급을 차단한다.

정답 **16.** ③ **17.** ③

CHAPTER 02 연소·폭발이론

제 1 절 연소의 의의

1 연소의 정의★★ 12년 소방위/ 14년 소방교

연소란 「가연성 물질과 산소와의 혼합계에 있어서의 산화반응에 따른 발열량이 그 계로부터 방출되는 열량을 능가함으로써 그 계의 온도가 상승하여 그 결과로써 발생되는 열 방사선의 파장의 강도가 빛으로서 육안에 감지하게 된 것이며 화염수반이 보통이다.」라 말한다.

① 화염으로부터 방출된 열을 공급받은 가연물은 증기화 또는 열분해 됨에 따라 연소반응은 계속된다.

② 산화제란 산소를 발생시켜 다른 물질의 연소를 발생시키거나 또는 증가시킬 수 있는 물질을 말하며 대표적으로 염소와 과산화수소가 해당된다.

③ 화학반응을 일으키기 위한 최소의 에너지를 활성화 에너지라 하며, 연소반응에서는 최소 점화(착화)에너지 또는 점화에너지·점화원·발화원이라고 한다.

> ✪ 최소 점화에너지로는 충격, 마찰, 자연발화, 전기불꽃, 정전기, 고온표면, 단열압축, 자외선, 충격파, 낙뢰, 나화, 화학열 등에 의해 공급되고 있다.

▣ 가연성가스와 공기의 혼합가스 최소점화 에너지

물 질	분 자 식	가연성가스농도(vol%)	최소점화에너지(mj)
메 탄	CH_4	8.5	0.28
에 탄	C_2H_6	6.5	0.25
프 로 판	C_3H_8	5.0~5.5	0.26
부 탄	C_4H_{10}	4.7	0.25
헥 산	C_6H_{14}	3.8	0.24
벤 젠	C_6H_6	4.7	0.20
에틸에테르	$C_4H_{10}O$	5.1	0.019
아 세 톤	C_3H_6O	—	0.019
수 소	H_2	28~30	0.019
이황화탄소	CS_2	—	0.019

2 고체와 액체의 연소 ★ 16년 소방교

불꽃연소	• 가연성 가스에 산소가 공급됨으로써 불꽃을 동반하는 연쇄반응을 말한다.
표면연소	• 고체상태의 가연물을 표면에 산소가 직접 공급되어 연소가 진행되고 불꽃을 동반하지 않는다.

✪ 불꽃연소의 대표적 사례는 고체가연물의 분해연소, 자기연소, 증발연소, 표면연소 및 액체가연물의 증발연소가 이에 해당된다.

분해연소	목재와 종이 등은 고체가 열에 의하여 분해되어 가연성가스로 변화하여 산소가 혼합되어 연소한다.
자기연소	셀룰로이드와 같이 이미 산소를 포함하고 있는 물질은 공기중의 산소가 필요하지 않은 물질이다.
증발연소	나프탈렌, 유황 등은 열에 의해 고체에서 기체로 증발하여 연소한다.

✪ 액체가연물은 가연성 액체의 표면으로부터 증발하여 가연성가스가 발생하며 공기 중의 산소와 혼합되어 연소한다. 대표적으로 가솔린과 같은 석유류의 액면에서의 연소가 해당된다.

✪ 표면연소만 일어나는 경우는 금속분, 목탄(숯), 코크스와 쉽게 산화될 수 있는 금속물질 즉 알루미늄, 마그네슘, 나트륨 등이 있다.

✪ 연탄, 목재, 종이, 짚 등은 불꽃연소와 표면연소가 연이어 발생한다. 즉 고체 상태에서 열 분해된 가연성가스가 연소할 때 불꽃연소가 일어나며 이후 표면연소로 진행한다.

촛불(불꽃연소)

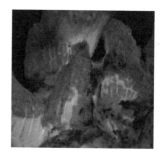

숯(표면연소)

3 기체의 연소

정상 연소	가연물질의 연소 시 <u>충분한 공기의 공급이 이루어지고 연소시의 기상조건이 양호할</u> 때에는 정상적인 연소가 이루어지므로 화재의 위험성이 적으며, 연소상의 문제점이 발생되지 않고 연소장치·기기 및 기구에서의 열효율도 높으며, 연소가 일어나는 곳의 열의 발생속도와 방산속도가 서로 균형을 이루고 있다. ✪ 정상연소의 예로는 도시가스나 프로판가스를 이용한 버너 또는 라이터에 의한 연소
비정상 연소	가연물질이 연소할 때 <u>공기의 공급이 불충분하거나 기상조건이 좋지 않은 경우</u> 정상적으로 연소가 이루어지지 않고 이상 연소현상이 발생되므로 화재의 위험성이 증가하며, 연소상의 문제점이 많이 발생함으로써 연료를 취급·사용하는 연소장치·기기 및 기구의 안전관리에 주의가 요구된다. 폭발의 경우와 같이 연소가 격렬하게 일어나며, 이는 열의 발생속도가 방산속도를 능가할 때이다.

4 완전연소와 불완전연소

가연성 물질은 탄소(C), 수소(H) 및 황(S)과 같은 물질로 구성되어 있으며 산소(O_2)와의 연소반응을 통하여 연소생성물인 일산화탄소(CO)·이산화탄소(CO_2) 및 수증기(H_2O)가 발생한다. 이때, 공기 중의 산소 공급이 충분하면 완전연소반응이 일어나고 산소의 공급이 불충분하면 불완전연소 반응이 일어난다.

⚙ 완전연소 시에는 이산화탄소(CO_2)가 불완전연소 시에는 일산화탄소(CO)가스가 발생한다.

■ 가연성 가스의 연소와 산소농도

가연성 가스를 공기 중에서 연소시킬 때 공기 중의 산소 농도가 증가하면**	가연성가스의 불완전연소의 원인은
① 연소속도는 빨라진다. ② 화염의 온도는 높아진다. ③ 발화온도(발화점)는 낮아진다. ④ 폭발한계는 넓어진다. ⑤ 점화에너지는 작아진다.	① 가스의 조성이 균일하지 못할 때 ② 공기 공급량이 부족할 때 ③ 주위의 온도가 너무 낮을 때 ④ 환기 또는 배기가 잘 되지 않을 때 등이다.

⚙ 연소용 공기량

실제공기량	이론적으로 가연물이 완전연소하기위해 필요로 하는 최소 공기량이다.
이론공기량	실제로 가연물이 완전연소하기 위해 필요한 공기량을 말하며, 이론공기량보다 더 많은 공기량이 필요하다.
과잉공기량	연소과정에서 이론공기량보다 더 많이 공급되는 공기를 과잉공기라 말한다. 실제 공기량에서 이론공기량을 차감하여 얻는다.
이론산소량	가연물질을 완전연소하기 위해 필요로 하는 최소 산소량이다. • 이론산소량 = 이론공기량 × 21/100
공기비	실제공기량에서 이론 공기량을 나눈 값 • 과잉공기량 = 실제공기량 − 이론공기량 • 공기비 = 실제공기량/이론공기량 = 실제공기량/실제공기량 − 과잉공기량

• 일반적으로 공기비는 기체가연물질은 1.1~1.3, 액체가연물질은 1.2~1.4, 고체가연 물질은 1.4~2.0이 된다.

TIP 완전, 불완전연소는 산소의 공급과 관계가 있어요. 완전연소는 CO_2, 불완전연소는 CO 발생입니다.

5 연소불꽃의 색상

① 가연물질의 연소 시에는 공기(산소)의 공급량이 충분하면 불꽃색상은 휘백색으로 나타내고 이때 불꽃온도는 1,500℃ 이상이다.
② 산소의 공급이 부족하면 연소불꽃은 담암적색에 가까운 색상을 나타낸다.

▣ **연소불꽃의 색상에 따른 온도**★★ 13년 소방장

연소불꽃의 색	온도(℃)	연소불꽃의 색	온도(℃)
암 적 색	700	황 적 색	1,100
적　　색	850	백 적 색	1,300
휘 적 색	950	휘 백 색	1,500 이상

> **TIP** 최근 들어 연소불꽃의 색상에 대한 출제 경향이 높아지고 있어요. 제일 낮은 온도와 높은 온도의 색상은 무엇인가요?

6 연소방정식

① 탄소(C)와 수소(H)로 구성된 탄화수소계 가연성가스에 대한 연소방정식은 일반적으로 다음과 같이 나타낼 수 있다.

$$CmHn + (m + \frac{n}{4})O_2 \rightarrow mCO_2 + \frac{n}{2}H_2O$$

② 탄화수소계 가연성가스가 완전연소하면 이산화탄소(CO_2)와 물(H_2O)이 발생되나 공기의 양이 부족하면 불완전연소 하여 일산화탄소(CO)가 발생된다.

※ 탄화수소계 가연성가스의 완전연소식

- 부탄(C_4H_{10}) : $C_4H_{10} + 6.5O_2 \rightarrow 4CO_2 + 5H_2O + 687.64$㎉
- 프로판(C_3H_8) : $C_3H_8 + 5O_2 \rightarrow 3CO_2 + 4H_2O + 530.60$㎉
- 메탄(CH_4) : $CH_4 + 2O_2 \rightarrow CO_2 + 2H_2O + 212.80$㎉

  따라서 액화천연가스의 주성분인 메탄이 연소할 때에는 2몰, 프로판은 5몰, 부탄은 6.5몰의 산소가 필요한데 프로판이나 부탄이 연소하려면 메탄보다 2~3배의 산소가 더 필요한 것을 알 수 있다.

> ※ 이론 공기량을 구해보면
> - 이론산소량 = 이론공기량 × 21/100 이므로
> - 이론공기량 = 이론산소량 ÷ 0.21
> - 그러므로 부탄은 31, 프로판은 24, 메탄은 9.5배의 공기가 필요하다.
>
> ※ 몰(mole) : 물질의 양을 표현할 때 사용하는 단위로 1몰이란 원자, 분자, 이온의 개수가 6.02×1023개(아보가드로수)일 때를 말한다.

제2절 연소 용어★★

1 인화점★ 12년 소방장/ 22년 소방위

① 인화점은 <u>가연성 액체 또는 고체로부터 발생한 인화성 증기의 농도가 점화원에 의해 착화될 수 있는 최저온도</u>를 말한다.
② 가연성 액체로부터 발생하는 인화성 증기의 양은 포화증기압에 의존한다. 또한 포화증기압은 온도 의존성이 있다.

> ✪ 디에틸에테르의 경우는 1기압 −40℃ 이하에서 인화성 증기를 발생하여 연소 하한값의 조건을 형성한다. 이때 점화원이 존재하면 착화한다. 한편 고체의 경우 열분해과정으로 인화성 증기가 발생한다.

▣ 액체가연물질의 인화점

액체가연물질	인화점(℃)	액체가연물질	인화점(℃)
디에틸에테르	−40	클레오소트유	74
이 황 화 탄 소	−30	니 트 로 벤 젠	87.8
아세트알데히드	−40	글 리 세 린	160
아 세 톤	−18	방 청 유	200
휘 발 유	−20 ~ −43	메 틸 알 콜	11
톨 루 엔	4.5	에 틸 알 콜	13
등 유	30 ~ 60	시 안 화 수 소	−18
중 유	60 ~ 150	초 산 에 틸	−4

▣ 액체와 고체의 인화현상의 차이점

구 분	액 체	고 체
가연성가스 공급	증발과정	열분해과정
인화에 필요한 에너지	적 다	크 다

2 발화점(착화점, 발화온도)★ 15년 소방장/ 22년 소방위

① <u>외부의 직접적인 점화원이 없이 가열된 열의 축적으로 연소가 되는 최저온도</u>이다.
② 산소와의 친화력이 큰 물질일수록 발화점이 낮고 발화하기 쉬운 경향이 있으며 고체 가연물의 발화점은 가열공기의 유량, 가열속도, 가연물의 시료나 크기, 모양에 따라 달라진다.
③ 발화점은 보통 인화점보다 수백도 높은 온도이며 잔화정리를 할 때 계속 물을 뿌려 가열된 건축물을 냉각시키는 것은 발화점(착화점) 이상으로 가열된 건축물이 열로 인하여 다시 연소되는 것을 방지하기 위한 것이다.

발화점이 낮아지는 이유*	발화점이 달라지는 요인*
① 분자의 구조가 복잡할수록	① 가연성가스와 공기의 조성비
② 발열량이 높을수록	② 발화를 일으키는 공간의 형태와 크기
③ 압력, 화학적 활성도가 클수록	③ 가열속도와 가열시간
④ 산소와 친화력이 클수록	④ 발화원의 재질과 가열방식 등에 따라 달라진다.
⑤ 금속의 열전도율과 습도가 낮을수록	

TIP 발화점이 낮아지는 이유와 달라지는 요인을 기억해 두세요.

물 질	발화점(℃)	물 질	발화점(℃)
황 린	34	셀롤로이드	180
이황화탄소	100	무 연 탄	440~500
적 린	260	목 탄	320~400
에틸알코올	363	고 무	400~450
탄 소	800	프 로 판	423
목 재	400~450	일산화탄소	609
견 사	650	헥 산	223
휘 발 유	257	암 모 니 아	351
부 탄	365	산화에틸렌	429

(인화와 발화의 차이)

(A) 인화

(B) 발화

3 연소점14년 소방장/ 22년 소방위

① 연소상태가 계속 유지될 수 있는 최저온도를 말한다.
② 인화점보다 대략 10℃ 정도 높은 온도로서 연소상태가 5초 이상 유지 될 수 있는 온도이다.
③ 연소반응은 가연성 증기 발생속도가 연소반응에 사용되는 소비 속도보다 클 경우에 그 상태를 유지할 수 있다.

> ✪ 인화점 < 연소점 < 발화점

TIP 인화점, 발화점, 연소점에 대한 용어의 정의를 이해하셔야 합니다. 발화점은 스스로 연소해야 하므로 온도가 높은 것입니다.

4 연소범위(vol%)08년 소방교/ 22년 소방위

① 가연물의 연소반응을 위해 필요로 하는 조성조건의 하나로 발화 가능한 가연성 가스와 부피 비율을 말한다.
② 가연성 기체의 부피에 의해 상한과 하한이 표시되고 수소와 공기 혼합물은 대기압 21℃에서 수소비율 4.1~75%의 경우 연소가 계속될 수 있다. 여기서 수소 4.1%는 하한 값, 수소 75%는 상한 값을 의미한다.
③ 혼합물중 가연성 가스의 농도가 너무 희박해도 너무 농후해도 연소는 일어나지 않는데 가연성 가스의 분자와 산소와의 분자 수가 상대적으로 한쪽이 많으면 분자간의 유효충돌 횟수가 감소하고, 충돌했다 해도 충돌에너지가 주위에 흡수·확산되어 연소반응의 진행이 어렵게 된다.
④ 연소 범위는 온도와 압력이 상승함에 따라 대개 확대되어 위험성이 증가한다.

■ **가연성 증기의 연소범위** **TIP** 출제가능성 있으니 암기바랍니다.

기체 또는 증기	연소범위(vol%)	기체 또는 증기	연소범위(vol%)
수 소	4.1~75	에 틸 렌	3.0~33.5
일산화탄소	12.5~75	시안화수소	12.8~27
프 로 판	2.1~9.5	암 모 니 아	15.7~27.4
아 세 틸 렌	2.5~82	메틸알코올	7~37
에틸에테르	1.7~48	에틸알코올	3.5~20
메 탄	5.0~15	아 세 톤	2~13
에 탄	3.0~12.5	휘 발 유	1.4~7.6

■ **메탄의 온도변화에 따른 연소범위 변화추이**

구 분	연소범위(vol%)	
	하 한	상 한
20℃	6.0	13.2
250℃	4.6	14.0
500℃	3.7	15.2

5 연소 속도

① 가연물에 공기가 공급되어 연소가 되면서 반응하여 연소생성물을 생성할 때의 반응속도

② 연소생성물 중에서 불연성 물질인 질소($N2$), 물(H_2O), 이산화탄소(CO_2) 등의 농도가 높아져서 가연물질에 산소가 공급되는 것을 방해 또는 억제시킴으로서 연소속도는 느려진다.

③ 온도가 높아질수록 반응속도가 상승하며, 압력을 증가시키면 단위부피 중의 입자수가 증가하므로 결국 기체의 농도가 증가하므로 반응속도도 상승한다.

④ 촉매는 반응속도를 변화시키는 물질로서 반응속도를 빠르게 하는 정촉매와 반응속도를 느리게 하는 부촉매가 있다.

> ✪ 연소속도에 영향을 미치는 요인
> ① 가연물의 온도　　　　　　　② 산소의 농도에 따라 가연물질과 접촉하는 속도
> ③ 산화반응을 일으키는 속도　　④ 촉매
> ⑤ 압력 등

6 증기 비중* 22년 소방장

① 압력과 온도가 동일한 상태에서 같은 부피의 공기 무게와 비교한 것으로 보아 증기비중이 1보다 큰 기체는 공기보다 무겁고 1보다 작으면 공기보다 가벼운 것이 된다.

② 이산화탄소는 분자량이 44g/mol이au 공기의 분자량은 약 29g/mol이기 때문에 이산화탄소의 증기비중은 약 1.5로서 공기보다 무겁기에 대기 중에 방출되면 아랫부분에 쌓이게 된다. 증기비중이 1보다 큰 가연성증기는 낮은 곳에 체류하므로 연소(폭발)범위에 있고 점화원이 있으면 연소 및 폭발 위험성이 증가한다.

> ✪ 증기비중 = 분자량 / 29(29 : 공기의 평균 분자량)

비점*	① 액체의 증기압은 대기압에서 동일하고 액체가 끓으면서 증발이 일어날 때의 온도 ② 비점이 낮은 경우는 액체가 쉽게 기화되므로 비점이 높은 경우보다 연소가 잘 일어난다. ③ 일반적으로 비점이 낮으면 인화점이 낮은 경향이 있는데 예를 들면 휘발유는 비점이 30～210℃, 인화점은 −43～−20℃인데, 등유의 비점은 150～300℃, 인화점이 40～70℃이다.
비열*	① 어떤 물질 1g을 1℃ 올리는 데 필요한 열량을 비열이라 한다. 예를 들어 1g의 물을 1℃ 올리는 데 드는 열량은 1cal이고 구리를 1℃ 올리는데 필요한 열량은 0.0924cal이다. 이는 물질이 갖는 고유한 특성 중의 하나이다. ② 물질에 따라 비열은 많은 차이가 있으며 물 이외의 모든 물질은 대체로 비열이 1보다 작다. ③ 비열은 어떤 물체를 위험 온도까지 올리는 데 필요한 열량이나 고온의 물체를 안전한 온도로 냉각시키는 데 제거하여야 할 열량을 나타내는 비교 척도가 된다. ④ 물이 소화제로서 효과가 있는 이유 중의 하나가 물의 비열이 다른 물질보다 크기 때문이다.
융점*	① 대기압(latm)하에서 고체가 녹아 액체가 되는 온도이다. ② 융점이 낮은 경우 액체로 변화하기가 용이하고 화재 발생 시에는 연소 구역의 확산이 용이하기 때문에 위험성이 매우 높다.

잠열*	① 어떤 물질에 열의 출입이 있더라도 물질의 온도는 변하지 않고 상태변화에만 사용되는 열을 잠열이라 한다. ② 고체에서 액체로 또는 액체에서 고체로 변할 때 출입하는 열을 융해 잠열이라 하고, 액체가 기체로 또는 기체에서 액체로 변할 때 출입하는 열을 증발잠열이라 한다. ③ 대기압에서의 물의 융해 잠열은 80cal/g, 100℃에서의 증발 잠열은 539cal/g이다. ④ 물이 좋은 소화제가 될 수 있는 이유 중의 하나는 물은 증발잠열이 매우 크기 때문이다. ⑤ 0℃의 얼음 1g이 100℃의 수증기가 되기까지는 약 719cal의 열량이 필요하다. ⑥ 대개의 물질은 잠열이 물보다 작다.
점도	① 액체의 점도는 점착과 응집력의 효과로 인한 흐름에 대한 저항의 측정 수단이다. ② 모든 액체는 점성을 가지고 있고 점성이 낮아지면 유동하기에 쉬워진다.

🎓 Check

① (　　)는 목재와 종이 등은 고체가 열에 의하여 분해되어 가연성가스로 변화하여 산소가 혼합되어 연소한다.
② 완전 연소 시에는 (　), 불완전 연소 시에는 (　)가스가 발생한다.
③ (　　)는 외부의 직접적인 점화원이 없이 가열된 열의 축적으로 연소가 되는 최저온도이다.
④ 어떤 물질 1g을 1℃ 올리는 데 필요한 열량을 (　　)이라 한다.
⑤ (　　) : 대기압(1atm) 하에서 고체가 녹아 액체가 되는 온도이다.

제 3 절 연소의 4요소

가연물질이 연소하기 위해서는 산소 및 점화원이 있어야 하며 이를 "연소의 3요소"라 한다. 화학반응에서는 한 분자가 반응하여 생성되는 에너지가 다른 분자에 작용함으로서 다음 반응이 계속 일어나는 것을 연쇄반응이라고 하며, 연소라는 반응을 계속 유지하기 위해서는 이러한 연쇄반응이 필요하며, 이를 연소의 4요소라 한다.

1 가연성 물질★★ 14년, 15년, 16년, 21년 소방위

가연물은 우리 주위에 무수히 많이 잔존해 있는 유기화합물의 대부분과 Na, Mg 등의 금속, 비금속, LPG, LNG, CO 등의 가연성 가스가 해당되는데 즉, 산화하기 쉬운 물질이며 이는 산소와 발열반응을 일으키는 물질을 말한다. 이에 비하여 불연성 물질은 반대로 산화하기 어려운 것(활성화 에너지의 양이 큰 물질)으로서 물, 흙과 같이 이미 산화되어 더 이상 산화되지 아니하는 물질이다.

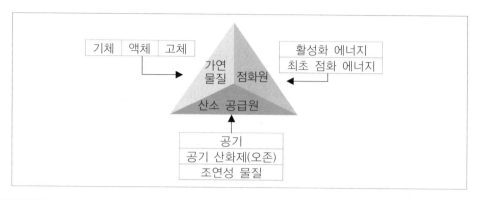

가연물질의 구비조건**	① 화학반응을 일으킬 때 필요한 <u>활성화에너지의 값이 적어야</u> 한다. ② 일반적으로 산화되기 쉬운 물질로서 <u>산소와 결합할 때 발열량이 커야</u> 한다. ③ 열의 축적이 용이하도록 <u>열전도의 값이 적어야</u> 한다. 　(열전도율 : 기체 〈 액체 〈 고체 순서로 커지므로 연소순서는 반대이다) ④ 지연성(조연성) 가스인 <u>산소·염소와의 친화력이 강해야</u> 한다. ⑤ 산소와 접촉할 수 있는 <u>표면적이 큰 물질이어야 한다.</u>(기체〉액체〉고체) ⑥ <u>연쇄반응을 일으킬 수 있는 물질이어야</u> 한다.
가연물이 될 수 없는 조건*	① 주기율표 0족의 불활성기체로서 산소와 결합하지 못한다. 　: 헬륨(He), 네온(Ne), 아르곤(Ar), 크립톤(Kr), 크세논(Xe) 등 ② 이미 산소와 결합하여 더 이상 산소와 화학반응을 일으킬 수 없는 물질 　: 물(H_2O), 이산화탄소(CO_2), 산화알루미늄(Al_2O_3), 산화규소(SiO_2), 오산화인 　(P_2O_5), 등삼산화 황(SO_3), 삼산화크롬(CrO_3), 산화안티몬(Sb_2O_3) 등 　※ <u>일산화탄소(CO)는 산소와 반응하기 때문에 가연물이 될 수 있다.</u> ③ 산소와 화합하여 산화물을 생성하나 발열반응을 하지 않고 흡열 반응하는 물질 　: 질소 또는 질소 산화물 N_2, NO 등 ④ 자체가 연소하지 아니하는 물질 : 돌, 흙 등

TIP 가연물의 구비조건에서 밑줄 친 부분을 암기하세요. 일산화탄소는 가연물이 될 수 있습니다.

2 산소 공급원*

보통 <u>공기 중에는 약 21%의 산소가 포함</u>되어 있어서 공기는 산소공급원 역할을 할 수 있다. 일반적으로 산소의 농도가 높을수록 연소는 잘 일어나고 일반 가연물인 경우 <u>산소농도 15% 이하에서는 연소가 어렵다.</u>

❂ 물질 자체가 분자 내에 산소를 보유하고 있어서 마찰·충격 등의 자극에 의해 산소를 방출하는 물질이 있는데 이를 산화성물질이라 하며 화재에서 산소 공급원 역할을 하는 위험한 물질이므로 위험물안전관리법에서 위험물로 분류하여 관리하고 있다.

(1) 공 기

일반적으로 공기 중에 함유되어 있는 산소(O_2)의 양은 용량으로 계산하면 전체 공기의 양에 대하여 21용량%(vol%)이며, 질량으로 계산하면 23중량%(wt%)로 존재하고 있어 연소에 필요한 산소는 공기 중의 산소가 이용되고 있다.

■ 공기의 조성범위

성 분 조성비	산 소	질 소	아르곤	탄산가스
용 량(vol%)	20.99	78.03	0.95	0.03
중 량(wt%)	23.15	75.51	1.3	0.04

(2) 산화제

위험물 중 제1류·제6류 위험물로서 가열·충격·마찰에 의해 산소를 발생한다.

① 제1류 위험물은 산소를 함유하고 있는 강산화제로서 염소산염류, 과염소산염류, 과산화물, 질산염류, 과망간산염류, 무기과산물류 등

② 제6류 위험물인 과염소산, 질산 등이 있다.

(3) 자기반응성 물질

분자 내에 가연물과 산소를 충분히 함유하고 있는 제5류 위험물로서 연소 속도가 빠르고 폭발을 일으킬 수 있는 물질이다.

> ✪ 니트로글리세린(NG), 셀룰로이드, 트리니트로톨루엔(TNT) 등

(4) 조연성 물질

자신은 연소하지 않고 가연물의 연소를 돕는 기체로 산소(O_2), 불소(F_2), 오존(O_3), 염소(Cl_2)와 할로겐원소 등이 있다.

> **TIP** 공기 중에는 21%의 산소가 있고 15% 이하에서는 연소가 어렵답니다. 산화제는 1, 6류입니다.

3 점화원

연소반응이 일어나려면 가연물과 산소공급원이 적절한 조화를 이루어 연소범위를 만들었을 때 외부로부터 최소의 활성화 에너지가 필요한데, 이를 점화원이라고 한다.

■ 점화원의 종류★ 08년 소방교/ 18년 소방장

전기불꽃	• 전기회로의 접점 및 자동제어기 릴레이 접점, 모터의 정류자와 브러시 사이에서 발생할 수 있으며, 고전압에 의한 방전 시에도 발생할 수 있다.
충격 및 마찰	• 두 물체의 충격·마찰로 생긴 불꽃은 가연성 가스에 착화를 일으킬 수 있다.
단열압축	• 단열압축이란 외부로의 열의 이동이 없는 상태에서 압력을 가한 것을 말한다. • 기체를 높은 압력으로 압축하면 온도가 상승하는데, 단열압축 상태로 인하여 각종 연료유나 윤활유가 고온에 노출되면 그 성분이 열분해하여 저온 발화물질을 생성하고 그 발화물질이 연소하면 폭발하게 된다.
나화 및 고온표면	• 나화란 화염이나 불꽃 또는 발열부를 외부에 노출한 상태로 사용하는 것을 말한다. 연소성 화학물질 및 가연물이 존재하고 있는 장소에서 나화의 사용은 대단히 위험하다. • 작업장의 화기, 가열로, 건조장치, 굴뚝, 전기·기계설비 등으로서 항상 화재의 위험성이 내재되어 있다.

정전기 불꽃*	• 물체가 접촉하거나 결합한 후 떨어질 때 양(+)전하와 음(−)전하로 전하의 분리가 일어나 발생한 과잉 전하가 물체(물질)에 축적되는 현상을 말하는데, 이렇게 되는 경우 정전기의 전압은 가연물질에 착화가 가능하다.
	• 예를 들면 화학섬유로 만든 의복 및 절연성이 높은 옷 등을 입으면 대단히 높은 전위가 인체에 대전되어 접지 물체에 접촉하면 방전 불꽃이 발생한다.
	※ 정전기를 방지하기 위한 예방대책**
	  ① 정전기의 발생이 우려되는 장소에 접지시설을 한다.
	  ② 실내의 공기를 이온화하여 정전기의 발생을 예방한다.
	  ③ 습도가 낮거나 압력이 높을 때 많이 발생하므로 상대습도를 70% 이상으로 한다.
	  ④ 전기의 저항이 큰 물질은 대전이 용이하므로 전도체 물질을 사용한다.	

자연발화*	• 인위적으로 가열하지 않아도 원면, 고무분말, 셀룰로이드, 석탄, 플라스틱의 가소제, 금속가루등의 경우 일정한 장소에 장시간 저장하면 열이 발생하고, 그 열이 지속적으로 축적되어 가연물의 온도가 발화점에 도달하면 스스로 발화하게 된다.	
	자연발화 원인	① 분해열에 의한 발열 : 셀룰로이드, 니트로셀룰로오스 ② 산화열에 의한 발열 : 석탄, 건성유 ③ 발효열에 의한 발열 : 퇴비, 먼지 ④ 흡착열에 의한 발열 : 목탄, 활성탄 등이 있다. ⑤ 중합열에 의한 발열 : HCN, 산화에틸렌 등
	자연발화 방지	① 통풍 구조를 양호하게 하여 공기유통을 잘 시킬 것 ② 저장실 주위의 온도를 낮출 것 ③ 습도상승을 피할 것. ④ 열이 축적되지 않는 구조로 적재할 것.
복사열	• 물체에서 방출하는 전자기파를 직접 물체가 흡수하여 열로 변했을 때의 에너지를 말한다. • 전자기파에 의해 열이 매질을 통하지 않고 고온의 물체에서 저온의 물체로 직접 전달되는 현상이다. • 물질에 따라서 비교적 약한 복사열도 장시간 방사로 발화 될 수 있다. • 예를 들어 햇빛이 유리나 거울에 반사되어 가연성 물질에 장시간 쪼일 때 열이 축적되어 발화될 수 있다.	

※ 자연발화에서 수분은 반응속도를 증가하는 촉매 작용을 한다.

(나 화)

4 연쇄반응

가연성 물질과 산소가 화학반응을 할 때 발생하는 열은 화학반응을 지속할 수 있는 에너지를 제공한다. 온도가 증가한 가연성 물질은 분자가 활성화 되고 여러 반응들이 차례로 일어난다. 그들의 각각의 반응이 다른 반응에 영향을 주는데 이를 연쇄반응이라 한다.

① 연소를 계속하기 위해서 연료와 산소는 화학적 연쇄반응을 통해 연소를 유지하는데 필요한 열에너지를 계속 발생시켜야 한다.

② 화학반응으로부터 발생한 열에너지가 충분하면 가연성가스를 분해, 생성하기 위한 자기유지 반응이 발생하고, 그 후에는 발화원이 없어도 연속적으로 반응이 계속되어 불꽃이 유지될 수 있다.

③ 화학적 연쇄반응을 억제하기 위해 활성화에 필요한 에너지를 높여서 연소가 지속되는 것을 차단하는 방법이 있는데 이를 부촉매 효과라고 한다.

④ 소방에서는 이러한 부촉매 효과를 위해 1족 원소와 7족 원소를 활용한다. K(칼륨), NA(나트륨) 등 알칼리금속인 1족 원소를 활용한 것이 바로 분말소화약제이고, 7족 할로겐 원소인 F(불소), Cl(염소), BR(브롬) 등의 원소를 활용한 것이 할론 소화약제이다.

Check
① 습도가 낮거나 압력이 높을 때 많이 발생하므로 상대습도를 (   )% 이상으로 한다.
② (   )란 화염이나 불꽃 또는 발열부를 외부에 노출한 상태로 사용하는 것을 말한다.
③ 가연물의 구비조건은 산소와 접촉할 수 있는 표면적이 큰 물질이어야 한다.(○)
   (기체 〉 액체 〉 고체)
④ 중합열에 의한 발열 : (   ), (   ) 등
⑤ 자기반응성 물질 : (   ), (   ), (   ) 등
⑥ 자연발화를 방지할 수 있는 방법은 무엇이 있을까요?

제4절 연소의 형태

1 기체의 연소★★

① 가연성 기체는 공기(산소)와 적당한 부피비율로 섞여 연소범위의 농도에 들어가면 연가가 가능한 상태가 된다.
② 기체가연물의 연소가 다른 가연물과 비교하여 가지고 있는 다른 연소 특징으로는 폭발(폭연·폭굉)과 같은 이상 현상을 수반할 수 있다는 것이다.
③ 기체가연물은 연소상태에 따라 정상연소와 비정상연소로 구분된다.
   ⓐ 정상연소(통제 가능한 연소) : 확산연소, 예혼합연소
   ⓑ 비정상연소(통제 불가능한 연소) : 폭발연소

확산연소 (발염연소)	연소버너 주변에 가연성 가스를 확산시켜 산소와 접촉, 연소범위의 혼합가스를 생성하여 연소하는 현상으로 기체의 일반적 연소 형태이다. ※ 예를 들면 LPG – 공기, 수소 – 산소의 경우이다.
예혼합연소	연소시키기 전에 이미 연소 가능한 혼합가스를 만들어 연소시키는 것으로 혼합기로의 역화를 일으킬 위험성이 크다. ※ 예를 들면 가솔린엔진의 연소와 같은 경우이다.
폭발연소	• 가연성 기체와 공기의 혼합가스가 밀폐용기 안에 있을 때 점화되면 연소가 폭발적으로 일어나는데 예혼합연소의 경우에 밀폐된 용기로의 역화가 일어나면 폭발할 위험성이 크다. • 이것은 많은 양의 가연성 기체와 산소가 혼합되어 일시에 폭발적인 연소현상을 일으키는 비정상연소이기도 하다.

② 액체의 연소★ 08년 소방교/ 12년 소방장

액체연소 (증발연소)	• 액체 가연물질의 연소는 액체자체가 연소하는 것이 아니라 "증발"이라는 변화과정을 거쳐 발생된 가연성 증기가 연소하는 것이며, 액면에서 발생하는 증기가 연소하기 때문에 증발연소 또는 액면연소라 한다. • 액체가연물의 연소원리는 화염에서 복사나 대류로 액체표면에 열이 전파되어 증발이 일어나고 발생된 증기가 공기와 접촉하여 액면의 상부에서 연소되는 반복적 현상이다. • 휘발성 액체의 경우 상온에서 기화하기 쉬운 물질이기 때문에 외부로부터의 열을 받지 않아도 쉽게 가연성 증기가 발생하기 때문에 쉽게 연소 가능하다. • 액체가 비휘발성이거나 비중이 큰 가연성 액체의 경우 증기를 발생하기 위해서는 외부로부터의 열을 공급받아야만 가연성 증기를 발생할 수 있다. ※ 에테르, 이황화탄소, 알코올류, 아세톤, 석유류 등이다. 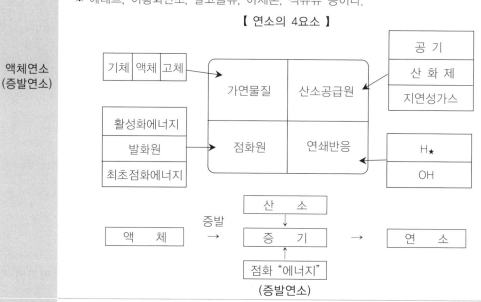
분해연소	• 점도가 높고 비 휘발성이거나 비중이 큰 액체 가연물이 열분해 하여 증기를 발생케 함으로써 연소가 이루어지는 형태이며 이는 상온에서 고체 상태로 존재하고 있는 고체 가연물질의 경우도 분해연소의 형태를 보여준다. • 점도가 높고 비휘발성인 액체의 점도를 낮추어 버너를 이용하여 액체의 입자를 안개상태로 분출하여 표면적을 넓게 함으로서 공기와의 접촉면을 많게 하여 연소시키는 형태를 액적연소라 한다.

【 연소의 4요소 】

3 고체의 연소★★ 08년 소방교/ 19년, 23년 소방위

표면연소 (직접연소)	• 고체 가연물이 열분해나 증발하지 않고 표면에서 산소와 급격히 산화 반응하여 연소하는 현상 즉, 목탄 등이 열분해에 의해서 가연성 가스를 발생하지 않고 그 물질 자체가 연소하는 현상으로 불꽃이 없는 것(무염연소)이 특징이다. ※ 목탄, 코우크스, 금속(분·박·리본 포함) 등의 연소가 해당되며 나무와 같은 가연물의 연소 말기에도 표면연소가 이루어진다.
증발연소	• 고체 가연물이 열분해를 일으키지 않고 증발하여 증기가 연소되거나 먼저 융해된 액체가 기화하여 증기가 된 다음 연소하는 현상을 말한다. ※ 액체 가연물질의 증발연소 형태와 같으며, 황(S), 나프탈렌($C_{10}H_8$), 파라핀(양초) 등이 있다.
분해연소	• 고체 가연물질을 가열하면 열분해를 일으켜 나온 분해가스 등이 연소하는 형태를 말하며 열분해에 의해 생기는 물질에는 일산화탄소(CO), 이산화탄소(CO_2), 수소(H_2), 메탄(CH_4) 등이 있다. ※ 분해연소 물질에는 목재·석탄·종이·섬유·프라스틱·합성수지·고무류 등이 있으며 이들은 연소가 일어나면 연소열에 의해 고체의 열분해는 계속 일어나 가연물이 없어질 때까지 계속된다. 산 소 ↓ 유기고체 → (열분해) 가 연 가 스 → 연 소 ↑ 점화에너지
자기연소 (내부연소)	• 가연물이 물질의 분자 내에 산소를 함유하고 있어 열분해에 의해서 가연성 가스와 산소를 동시에 발생시키므로 공기 중의 산소 없이 연소할 수 있는 것을 말하며 내부연소라고도 한다. ※ 위험물안전관리법시행령 별표 1의 제5류 위험물인 니트로셀룰로오스(NC), 트리니트로톨루엔(TNT), 니트로글리세린(NG), 트리니트로페놀(TNP) 등이 있으며 대부분 폭발성을 지니고 있으므로 폭발성 물질로 취급되고 있다.

✪ 표면화재와 심부화재
ⓐ 일반적으로 표면화재의 연소특성은 가연물 자체로부터 발생된 증기나 가스가 공기 중의 산소와 혼합기를 형성하여 연소하며, 연소속도가 매우 빠르고 불꽃과 열을 내며 연소하므로 일명 불꽃연소라고 하며 이에 연소 시 가연물·열·공기·순조로운 연쇄반응이 필요하다.
ⓑ 반면, 심부화재는 표면화재와 달리 순조로운 연쇄반응이 아닌 가연물·열·공기 등의 화재의 요소만 가지고 가연물이 연소하는 것으로서 연소속도가 느리고 불꽃 없이 연소하며 가연물과 공기의 중간지대에서 연소가 국부적으로 되는 표면연소의 형태를 보이기 때문에 일명 표면연소 또는 작열연소라고 한다.

TIP 기체, 액체, 고체 연소를 비교하고 어떤 물질들이 있는지 기억하시기 바랍니다. 또한 표면화재와 심부화재를 이해하시기 바랍니다. 고체의 표면연소에는 어떤 물질들이 있나요?

Check

① 예혼합연소에는 (   )의 연소와 같은 것이 있다.
② (   ) : 고체 가연물질을 가열하면 열분해를 일으켜 나온 분해가스 등이 연소하는 형태
③ 액체 가연물질의 증발연소 형태와 같으며, (   ), (   ), (   ) 등이 있다.
④ 분해연소 물질에는 (   )·(   )·(   )·(   )·(   )·합성수지·고무류 등
⑤ (   ) : 제5류 위험물인 니트로셀룰로오스(NC), 트리니트로톨루엔(TNT), 니트로글리세린(NG), 트리니트로페놀(TNP) 등

제5절 연소의 확대*** 14년 소방장/ 21년 소방교 소방장

전도**	• 고체 또는 정지 상태의 기체·액체의 내부에서 고온 측으로부터 저온 측으로 열이 전달되는 현상이다. 전도에 의한 열의 전달은 두 지점의 온도 차, 길이, 열이 전달되는 물질의 단면적 그리고 물질의 열전도율에 따라 달라진다. • 일반적으로 열전도율은 고체가 기체보다 크고, 금속류가 비금속류보다 크다.
대류**	• 공기의 운동이나 유체의 흐름에 의해 열이 이동되는 현상으로 액체나 기체에 온도를 가하면 비중이 작아져 분자의 운동이 활발하여지고 팽창하면서 고온의 열기류는 상승하게 된다. • 화재현장의 연기가 위로 향하는 것이나 화로에 의해 방안의 공기가 더워지는 것이 대류에 의한 현상이다. • 초기 구획실 화재에서 가장 중요한 열전달 기전은 대류이다. 연소가연물로부터 방출되는 에너지의 약 70%는 대류를 통한다.
복사**	• 물체가 가열되면 열에너지를 전자파로 방출되는데 이 전자파에 의해 열이 이동하는 것으로 난롯가에 열을 쬐면 따뜻한 것은 복사열을 받기 때문이며 복사에 의한 열의 전달량은 전도, 대류에 의한 전달량보다 매우 크기 때문에 화재현장에서 <u>주위 건물을 연소시키는 것은 복사열이 주원인이다.</u>*
비화 (불티)	• 불티나 불꽃이 기류를 타고 다른 가연물로 전달되어 화재가 일어나는 것을 말한다.

▣ 이상연소 현상

역화
(Back fire)
	대부분 기체연료를 연소시킬 때 발생되는 이상연소 현상으로서 연료의 분출속도가 연소속도보다 느릴 때 불꽃이 연소기의 내부로 빨려 들어가 혼합관 속에서 연소하는 현상을 말한다.
	※ 역화의 원인으로는**
	  ① 혼합 가스량이 너무 적을 때
	  ② 노즐의 부식으로 분출구멍이 커진 경우
	  ③ 버너의 과열
	  ④ 연소속도보다 혼합가스의 분출속도가 느릴 때 등이 있다.

선화 (Lifting)	역화의 반대 현상으로 연료가스의 분출속도가 연소속도보다 빠를 때 불꽃이 버너의 노즐에서 떨어져서 연소하는 현상으로 완전한 연소가 이루어지지 않는다.
블로우 오프 (blow-off)현상	선화 상태에서 연료가스의 분출속도가 증가하거나 주위 공기의 유동이 심하면 화염이 노즐에 정착하지 못하고 떨어져 화염이 꺼지는 현상을 말한다. 버너의 경우 가연성 기체의 유출속도가 연소속도보다 클 경우 일어난다.
불완전연소	연소 시 가스와 공기의 혼합이 불충분하거나 연소온도가 낮을 경우 등 여러 가지 요인으로 노즐의 선단에 적황색 부분이 늘어나거나, 그을음이 발생하는 연소현상으로 그 원인은 ① 공기의 공급이 부족 할 때 ② 연소온도가 낮을 때 ③ 연료 공급 상태가 불안정할 때 등이 있다.

TIP 전도, 대류, 복사, 이상연소 현상은 매년 출제될 수 있습니다. 역화의 원인은 무엇이 있을까요?

■ Flash over 와 Back draft

구 분	Flash Over	Back Draft
개 념	① 구획 내 가연성 재료의 전 표면이 불로 덮이는 전이현상. 즉, 화재가 발생하는 과정에 있어서 화원 근처에 한정되어 있던 연소영역이 조금씩 확대된다. ② 이 단계에서 발생한 가연성가스는 천장 근처에 체류한다. 이 가스농도가 증가하여 연소범위내의 농도에 도달하면 착화하여 화염에 쌓이게 된다. ③ 그 이후에는 천장 면으로 부터의 복사열에 의하여 바닥면 위의 가연물이 급속히 가열 착화하여 바닥면 전체가 화염으로 덮이게 된다.	소화활동을 위하여 화재실의 문을 개방할 때 신선한 공기가 유입되어 실내에 축적되었던 가연성가스가 단시간에 폭발적으로 연소함으로써 화재가 폭풍을 동반하여 실외로 분출하는 현상이다.
조 건	• 평균온도 : 500℃ 전후 • 산소농도 : 10%	• 실내가 충분히 가열 • 다량 가연성가스 축적
발생시기	성장기	감쇠기
공급요인	열 공급	산소 공급

✪ 연소소음
연소에 수반되어 발생되는 소음을 말하며 발생원인은 연소속도나 분출속도가 대단히 클 때와, 연소장치의 설계가 잘못되어 연소 시 진동이 발생하는 경우에 발생하며, 종류로는 연소음, 가스 분출음, 공기 흡입음, 폭발음, 공명음 등이 있다.

제6절 연소생성물의 종류와 유해성

• 건축재료, 가구, 의류 등 유기가연물은 일반적으로 화재열을 받으면 열분해한 다음 공기 중의 산소와 반응하여 연소하며 여러 가지 생성물을 발생시킨다. 이 열분해 연소과정은 실제로는 매우 복잡하게 진행된다.
• 고분자물질 등 유기물의 구성 원소는 일반적으로 탄소, 수소를 중심으로 산소, 질소를 함유하는 경우가 있고, 거기에 유황, 인, 할로겐(염소, 불소, 염소 등) 등을 포함하는 경우가 있다.
• 완전연소의 경우 생성물의 수는 적으며, 탄소는 탄산가스, 수소는 물, 산소는 탄산가스 및 물 등의 산화물, 질소는 질소가스, 유황은 아황산가스, 인은 오산화인으로, 또한 할로겐은 염화수소 등의 할로겐화수소로 된다. 그러나 불완전연소의 경우 상기 생성물 외에 다수의 산화물이나 분해생성물이 발생한다.

① 연기의 정의

- 입자지름은 $0.01\mu m \sim$ 수십 μm이다.
- 연기생성물 중에 고체나 액체의 미립자가 들어 있어 눈으로 볼 수 있는 상태
- 기체 가운데 완전 연소되지 않은 가연물이 고체 미립자가 되어 떠돌아다니는 상태
- 탄소함유량이 많은 가연성 물질이 산소 부족 시 연소할 경우 다량의 탄소입자가 생성되는 것

② 연기의 특성

연기가 인체에 미치는 영향	• 실내 가연물에 열분해를 일으켜서 방출시키는 열분해 생성물 및 미반응 분해물을 말한다. • 일종의 불완전한 연소생성물로 산소공급이 불충분하게 되면 탄소분이 생성하여 검은색 연기로 되며 인체에 미치는 영향은 다음과 같다. ① 시야를 방해하여 피난행동 및 소화활동을 저해한다. ② 유독가스(일산화탄소, 포스겐 등)의 발생으로 생명이 위험하다. ③ 정신적으로 긴장 또는 패닉 현상에 빠지게 되는 2차적 재해의 우려가 있다. ④ 최근 건물화재의 특징은 난연 처리(방염처리)된 물질을 사용하여 연소 그 자체는 억제되고 있지만 다량의 연기입자 및 유독가스를 발생하는 특징이 있다.
연기 속도	• 연기의 유동 및 확산은 벽 및 천장을 따라 진행하며 일반적으로 수평방향으로는 0.5~1m/sec 정도로 인간의 보행속도 1~1.2m/sec보다 늦다. 그러나 계단실 등에서의 수직방향은 화재 초기상태의 연기일지라도 1.5m/sec, 화재성장기에는 3~4m/sec로 인간의 보행속도보다 빨라지며, 굴뚝효과가 발생하는 건물구조에선 5m/sec 이상이 된다. • 연기 속 보행 속도는 건물구조, 내부 밝기, 건물 구조의 숙지도 외에 연기 농도와 연기가 눈을 자극하는 정도에 따라 좌우된다. 특히 발밑과 벽면에 보이지 않을 정도가 되면 보행속도가 현저하게 늦어져 불특정 다수자가 운집한 곳에서는 정신적 공황상태에 빠질 위험이 크다. • 연기의 유동속도는* ① 수평방향 : 0.5~1m/sec ② 수직방향 : 2~3m/sec ③ 계단(초기) : 약 1.5m/sec ④ 계단(중기) : 3~4m/sec
확산 원인	• 건물 내에서의 연기 확산은 여러 가지 이유가 있지만 연기를 포한함 공기(짙은 연기)의 온도에 따라 좌우되며, 짙은 연기는 높은 열을 내포하고 있어, 열에 의하여 공기가 유동하고 그 공기에 포함되어 있는 연기도 확산되는 것이다.

🚨 Check

① 기체연소 : 확산연소, 예 혼합연소, (   )
② 목탄, 코우크스, 금속(분·박·리본 포함) 등의 연소가 해당되며 나무와 같은 가연물의 연소 말기에도 (   )연소가 이루어진다.
③ 주위 건물을 연소시키는 것은 복사열이 주원인은 (   )이다.
④ (   )은 선화 상태에서 연료가스의 분출속도가 증가하거나 주위 공기의 유동이 심하면 화염이 노즐에 정착하지 못하고 떨어져 화염이 꺼지는 현상을 말한다.
⑤ 연기의 수직방향의 이동속도는 (   )m/sec

제 7 절 연기의 이동력과 중성대

연기의 이동은 공기의 흐름을 따라 이동하게 된다. 연기 이동력에는 굴뚝효과, 부력, 팽창, 바람, HVAC heating, ventilating and air conditioning) 시스템, 그리고 엘리베이터의 피스톤 효과가 포함된다. 일반적으로 화재에서 연기이동은 이들 이동력의 결합에 의해서 발생되고 지배를 받는다.

1 연기의 이동력* 연기는 공기의 흐름을 따라 이동하게 된다.

굴뚝 효과★★ (연돌 효과)	① 고층건물에서 상하 이동을 위한 계단실, 엘리베이터 샤프트 등의 수직공간은 건물의 연기 및 공기 흐름의 경로가 된다. 건물 내부의 공기 온도가 외부의 공기 온도보다 높아지면 굴뚝효과또는 연돌효과라고 부르는 현상이 발생하며, 이는 화재 시에 발생하는 연기를 부력에 의해 수직방향으로 빠른 속도로 이동하고 굴뚝효과는 연기의 이동을 더욱 빠르게 하는 역할을 한다. ② 건물 내부와 외부 공기밀도 차이로 인해 발생한 압력 차이에 의해 발생하며, 겨울철 화재와 같이 건물 내부가 따뜻하고 건물 외부가 찬 경우 기압은 건물내부가 낮아, 지표면상에서 건물로 들어온 공기는 건물 내부의 상부로 이동하게 되고, 이러한 압력 차이에 의해 야기된 공기의 흐름은 굴뚝에서의 연기 흐름과 유사하게 된다. ※ 여름철과 같이 외기가 건물 내부보다 따뜻할 경우 하향으로 공기가 이동하는 현상을 역 굴뚝효과라고 한다.
부력	① 화재에서 고온의 연기는 주변의 공기와 비교하여 밀도가 작기 때문에 주변의 차가운 공기는 아래로 이동하고 가벼운 밀도를 가지는 고온의 연기는 상부 방향으로 이동하게 된다. 무거운 밀도의 유체가 누르는 힘에 의해 가벼운 유체가 뜨는 것을 부력이라고 한다. ② 고온의 연기는 부력의 힘에 의해서 수직 및 수평방향으로 이동하게 된다. 화염으로부터 연기가 이동하는 과정에서 열전달에 의한 열손실 및 공기의 유입에 기인하여 온도강하가 발생하고 화염으로부터 거리가 멀어질수록 부력효과는 점차 감소하게 된다.
팽창	화재로부터 방출되는 에너지는 연소가스를 팽창시킴으로 연기이동의 원인이 될 수 있다. 건물에 하나의 개구부만 있는 화재구획실에서 공기는 화재구획실로 흐를 것이고 뜨거운 연기는 구획실 밖으로 흘러갈 것이다. 그러나 발화지점 주변에 개방된 개구부가 여러 곳 존재한다면 화재구역에서 개구부 사이의 압력차는 무시된다.
바람 영향	바람은 고층빌딩에 풍압을 가하며 이런 풍압의 효과로 인해 초고층 건축물에서 구조적 하중에 대한 특별한 고려를 하게 된다. 또한, 바람에 의한 풍압은 빌딩내부의 공기누출과 공기이동을 일으키기도 한다. 이는 빌딩 내의 냉난방 및 화재 시 연기의 이동에 대한 주요 고려대상이며, 틈새가 많거나 창이나 문이 많은 건물인 경우 바람의 영향은 더욱 많이 받는다.
HVAC 시스템 ★★	화재발생 시 공조기기(HVAC 시스템)은 신선한 공기를 불어넣거나 오염된 공기를 배출하는 설비이다. 화재발생 구역으로 신선한 공기를 계속공급한다면 화재 확산이 가속화되거나, 연기의 확산을 가중시킴으로서 인명피해를 증가시킬 수 있다. 따라서 HVAC시스템은 화재 발생 시 송풍기를 정지하거나 특별한 제연작동 모드로 전환되도록 설계해야 한다.

엘리베이터 피스톤효과	엘리베이터가 샤프트 내에서 이동할 때, 흡입압력(피스톤 효과)이 발생한다. 이 흡입압력은 엘리베이터 연기제어에 영향을 미치고, 이러한 피스톤 효과는 정상적 으로 가압된 엘리베이터 로비나 샤프트로 연기를 유입시킬 수 있다.

❷ 중성대 개념 * 20년 소방장

건물 내부의 압력이 외부의 압력과 일치하는 수직적인 위치가 생긴다. 이 위치를 건물의 중성대
(NPL : Neutral Pressure Level)라 한다. 이론적으로 틈새(crack)나 다른 개구부가 수직적으로
균일하게 분포되어 있다면 중성대는 정확하게 건물의 중간 높이가 될 것이다.

> ✪ 건물의 상부에 큰 개구부가 있다면 중성대는 올라갈 것이고 건물의 하부에 큰 개구부가 있다면 중성대는
> 내려올 것이다.

(1) 중성대 형성

건물화재가 발생하면 연소열에 의하여 온도가 상승함으로써 부력에 의해 실의 천정 쪽으로 고온
기체가 축적되고 온도가 높아져 기체가 팽창하여 실내외의 압력이 달라지는데 대체적으로 실의
상부는 실외보다 압력이 높고 하부는 압력이 낮다. 따라서 그 사이 어느 지점에 실내외의 정압이
같아지는 경계층(0 point)이 형성되는데 그 층을 중성대(Neutral Zone)라고 한다.

> ✪ 중성대 위쪽은 실내 정압이 실외보다 높아 실내에서 기체가 외부로 유출되고 중성대 아래쪽에는 실외
> 에서 기체가 유입되며, 중성대의 상부는 열과 연기로, 그리고 중성대의 하층부는 신선한 공기가 존재
> 하게 된다.

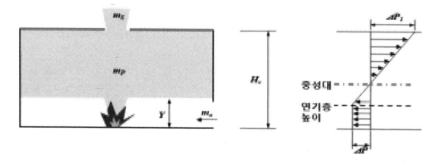

(상부 개구부의 의한 연기 배출량 및 압력분포)

(2) 중성대의 활용 * 19년 소방위/ 20년 소방장, 소방위/ 21년 소방위

① 화재현장에서는 중성대의 형성 위치를 파악하여 배연 등의 소방활동에 활용하는 요령이 필요
하다.
② 즉, 배연을 할 경우에는 중성대 위쪽에서 배연을 하여야 효과적*이며 이것은 또한 새로운
공기의 유입증가 현상을 촉발하여 화세가 확대될 수도 있음에 유의해야 한다.

③ 밀폐된 건물내부에서 화재가 발생했을 때 신선한 공기의 유입이 없으므로 연소는 서서히 진행될 것이다. 동시에 연기 발생량도 증가할 것이다. 연기 발생량의 증가는 연기층의 하강 속도 증가로 이루어지기에 재실자의 생존 가능성은 더욱 낮아진다.

화재현장 도착 시 하층 출입문으로 짙은 연기가 배출된다면	상층 개구부 개방을 고려하고 하층개구부에서 연기가 배출되고 있지 않다면 상층개구부가 개방되어 있다고 판단하고 신선한 공기가 유입되는 출입문 쪽을 급기측으로 판단한다.
상층개구부를 개방한다면	연소는 확대되지만 발생한 연기는 빠른 속도로 상승하여 외부로 배출되므로 중성대의 경계선은 위로 올라가고 중성대 하층의 면적이 커지므로 대원과 대피자들의 활동공간과 시야가 확보되어 신속히 대피할 수 있다.
하층 출입문으로 짙은 연기 배출	상층개구부 개방을 고려하고 하층 개구부에서 연기가 배출되고 있지 않다면 상층개구부가 개방되어 있다고 판단하고 신선한 공기가 유입되는 출입문 쪽을 급기측으로 판단한다.

④ 중성대를 상층으로 올리기 위해서는 배연 개구부 위치는 ⓐ 지붕중앙부분 파괴가 가장 효과적이며, ⓑ 지붕의 가장자리 파괴 ⓒ상층부 개구부의 파괴 순서이다. * 21년 소방위

　❂ 중성대가 형성된 경우 확인사항 : 구조대상자, 화점, 연소범위

　TIP 옥내진입 시 가장 우선은 배연이므로 중성대 원칙에 따라 가장 높은 곳을 개방해야 합니다.

3 유해생성물질★★ 12년 소방장/ 14년 소방위/ 18년, 20년, 21년 소방장/ 22년 소방위

일산화탄소(CO)★	일산화탄소는 무색·무취·무미의 환원성이 강한 가스로서 300℃이상의 열분해 시 발생한다. 13~75%가 폭발한계로서 푸른 불꽃을 내며 타지만 다른 가스의 연소는 돕지 않으며, 혈액중의 헤모글로빈과 결합력이 산소보다 210배에 이르고 흡입하면 산소결핍 상태가 된다. 인체에 대한 허용농도는 50ppm이다.
이산화탄소(CO_2)	이산화탄소는 물질의 완전 연소 시 생성되는 가스로 무색·무미의 기체로서 공기보다 무거우며 가스 자체는 독성이 거의 없으나 다량이 존재할 때 사람의 호흡 속도를 증가시키고 혼합된 유해 가스의 흡입을 증가시켜 위험을 가중시킨다. 인체에 대한 허용농도는 5,000ppm이다.
황화수소(H_2S)	황을 포함하고 있는 유기 화합물이 불완전 연소하면 발생하는데 계란 썩은 냄새가 나며 0.2% 이상 농도에서 냄새 감각이 마비되고 0.4~0.7%에서 1시간 이상 노출되면 현기증, 장기혼란의 증상과 호흡기의 통증이 일어난다. 0.7%를 넘어서면 독성이 강해져서 신경 계통에 영향을 미치고 호흡기가 무력해진다.
이산화황(SO_2)★	일명 아황산가스라고도 하며, 유황이 함유된 물질인 동물의 털, 고무와 일부 목재류 등이 연소하는 화재 시에 발생하는 것으로 무색의 자극성 냄새를 가진 유독성 기체로 눈 및 호흡기 등에 점막을 상하게 하고 질식사할 우려가 있다. ① 특히 유황을 저장 또는 취급하는 공장에서의 화재 시 주의를 요하는 것으로, 화재로 발생하는 아황산가스는 대기상에도 큰 피해를 준다. ② 1952년 영국 런던에서는 7일간 계속된 높은 습도와 정체된 기단으로 인한 스모그가 발생하여 호흡장애와 질식으로 약 4천명 이상의 사망자가 발생하였다. 이 '런던 스모그 사건'은 바로 아황산가스에 의한 대기오염 피해 사건으로 알려져 있다.

암모니아(NH₃)*	질소 함유물이 연소할 때 발생하는 연소생성물로서 유독성이 있으며 강한 자극성을 가진 무색의 기체로 흡입 시 점액질과 기도조직에 심한 손상을 초래하고, 타는 듯한 느낌, 기침, 숨 가쁨 등을 초래하며, 냉동시설의 냉매로 많이 쓰이고 있으므로 냉동창고 화재 시 누출가능성이 크므로 주의해야 하며, 독성의 허용 농도는 25ppm이다. * 14년 경기 소방장/ 18년 소방장/ 22년 소방위
시안화수소 (HCN)	질소성분을 가지고 있는 합성수지, 동물의 털, 인조견 등의 섬유가 불완전 연소할 때 발생하는 맹독성 가스로 0.3%의 농도에서 즉시 사망할 수 있다. 청산가스라고도 한다. 인화성이 매우 강한 무색의 화학물질로 연소 시 유독가스를 발생시키고, 특히 수분이 2% 이상 포함되어 있거나 알칼리 등이 포함되어 있으면 폭발할 우려가 크다.*
포스겐(COCl₂)*	① 열가소성 수지인 폴리염화비닐(PVC), 수지류 등이 연소할 때 발생되며 2차 세계 대전 당시 독일군이 유태인 대량학살에 사용했을 만큼 맹독성가스로 허용농도는 0.1ppm(mg/㎥)이다. ② 일반적인 물질이 연소할 경우는 거의 생성되지 않지만 일산화탄소와 염소가 반응하여 생성하기도 한다.
염화수소(HCl)*	PVC와 같이 염소가 함유된 수지류가 탈 때 주로 생성되는데 독성의 허용농도는 5ppm(mg/㎥)이며 향료, 염료, 의약, 농약 등의 제조에 이용되고 있고, 자극성이 아주 강해 눈과 호흡기에 영향을 준다.
이산화질소 (NO₂)	질산셀룰오스가 연소 또는 분해될 때 생성되며 독성이 매우 커서 200~700ppm 정도의 농도에 잠시 노출되어도 인체에 치명적이다.
불화수소(HF)*	합성수지인 불소수지가 연소할 때 발생되는 연소생성물로서 무색의 자극성 기체이며 유독성이 강하다. 허용농도는 3ppm(mg/㎥)이며 모래나 유리를 부식시키는 성질이 있다.

TIP 유해생성물질은 매년 출제됩니다. 종류별 특성을 숙지하시기 바랍니다. 암모니아와 포스겐가스의 허용농도는 얼마인가요?.

■ 일산화탄소의 공기 중의 농도와 중독증상

공기 중의 농도		경과시간(분)	중독증상
%	ppm		
0.02	200	120~180	가벼운 두통 증상
0.04	400	60~120	통증·구토증세가 나타남
0.08	800	40	구토·현기증·경련이 일어나고 24시간이면 실신
0.16	1,600	20	두통·현기증·구토 등이 일어나고 2시간이면 사망
0.32	3,200	5~10	두통·현기증이 일어나고 30분이면 사망
0.64	6,400	1~2	두통·현기증이 심하게 일어나고 15~30분이면 사망
1.28	12,800	1~3	1~3분 내 사망

■ **화재현장에서 발생하는 유독가스**[*] 15년 소방위/ 16년 소방교/ 22년 소방장

종 류	발 생 조 건	허용농도(TWA)
일산화탄소(CO)	불완전 연소 시 발생	50 ppm
아황산가스(SO_2)	중질유, 고무, 황화합물 등의 연소 시 발생	5 ppm
염화수소(HCl)	플라스틱, PVC	5 ppm
시안화수소(HCN)	우레탄, 나일론, 폴리에틸렌, 고무, 모직물 등의 연소	10 ppm
암모니아(NH_3)	열경화성 수지, 나일론 등의 연소 시 발생	25 ppm
포스겐($COCl_2$)	프레온 가스와 불꽃의 접촉	0.1 ppm

TIP 유독가스의 발생조건과 허용농도를 확인하시기 바랍니다.

✪ **체내산소농도에 따른 인체영향**★★
- 공기 중 산소농도 21%이며, 18%가 안전범위의 최저로 보고 있다.
- 16%~12% : 맥박호흡증가, 정신집중력 저하, 정밀 작업성 저하, 근력저하, 두통, 이명, 구역질, 구토, 동맥혈증산소포화도 85~80%에서 청색증 발생
- 14~9% : 판단력 저하, 불안정한 정신상태, 당시의 기억이 없음, 상처에 통증을 느끼지 않음, 전신 탈진, 체온상승, 청색증상, 의식몽롱, 두통, 이명, 구역질, 구토
- 10~6% : 구역질, 구토, 행동의 자유를 잃음, 위협을 느껴도 움직이지 못하고 외칠 수 없음, 의식 상실, 혼면, 핵심신경장애, 전신경련, 죽음의 위기
- 6% 이하 : 몇 번의 헐떡이는 호흡으로 실신, 혼면, 호흡정지, 신체마비, 심장정지, 6분 만에 사망

🔔 **핵심요약**

연소반응에서는 열, 화염, 연기(연소생성물)가 발생한다. 화재에서 인명피해를 발생시키는 가장 주요 원인은 연기이며, 연기에는 인체에 유해한 다양한 연소생성물이 포함되어 있다.

🔔 **Check**

① (　　)은 건물 내부의 압력이 외부의 압력과 일치하는 수직적인 위치가 생긴다.
② (　　)은 유황이 함유된 물질인 동물의 털, 고무와 밀부 목재류 등이 연소하는 화재 시에 발생하는 것으로 무색의 자극성 냄새를 가진 유독성 기체로 눈 및 호흡기 등에 점막을 상하게 하고 질식사 할 우려가 있다.
③ (　　)의 발생조건은 열경화성 수지, 나일론 등의 연소 시 발생, 허용농도는 25ppm이다.
④ 중성대를 상층으로 올리기 위해서는 배연 개구부 위치는 ⓐ (　　) 파괴가 가장 효과적이며, ⓑ 지붕의 가장자리 파괴 ⓒ상층부 개구부의 파괴 순서이다.
⑤ 중성대가 형성된 경우 확인사항 : 구조대상자, 화점, (　　)

제8절 폭발

제1관 폭발 개념

폭발 정의	폭발을 명확히 정의하는 것은 어려우나 「압력의 급격한 발생 또는 해방의 결과로서 굉음을 발생하며 파괴하기도 하고, 팽창하기도 하는 것」, 「화학변화에 동반해 일어나는 압력의 급격한 상승현상으로 파괴 작용을 수반하는 현상」등으로 설명할 수 있다.
폭발 반응 원인	빛, 소리 및 충격 압력을 수반하는 순간적으로 완료되는 화학변화를 폭발 반응이라 하며 기체상태의 엔탈피(열량) 변화가 폭발반응과 압력상승의 원인이다. ① 발열화학 반응 시에 일어난다. ② 강력한 에너지에 의한 급속가열로 예를 들면 부탄가스통의 가열시 폭발하는 것과 같다. ③ 액체에서 기체 상태로 변화를 증발, 고체에서 기체 상태로의 변화를 승화라 하는데 이처럼 응축상태에서 기상으로 변화(상변화)시 일어난다.
폭발 성립 조건	① 공기(산소공급)가 존재할 것 ② 가연성 가스, 증기 또는 분진이 폭발 범위, 연소범위 내에서 공기와 잘 혼합되어 있을 것. ③ 혼합가스 및 분진을 발화시킬 수 있는 최소 점화원(Energy)이 있어야 한다. ⊙ 간략하게 정리하면, 연소의 3요소에 밀폐된 공간이 있으면 성립한다.

제2관 폭발 형태

1 물리적 폭발과 화학적 폭발★★ 19년 소방위

폭발이란 급격한 압력의 발생, 해방의 결과로 그 현상이 격렬하게 폭음을 동반한 이상 팽창 현상으로 크게는 물리적인 폭발과 화학적 폭발로 구분하며, 물리적 상태에 따라 응상폭발과 기상폭발로 구분한다.

(1) 물리적 폭발

① 진공용기의 압괴, 과열액체의 급격한 비등에 의한 증기폭발, 용기의 과압과 과충전 등에 의한 용기파열 등이 물리적인 폭발에 해당된다.

 ⊙ BLEVE : Boiling Liquid Expanding Vapor Explosion

② 비점이 낮은 인화성 액체가 가득 차 있지 않는 저장탱크 주위에 화재가 발생하여 저장탱크 벽면이 장시간 화염에 노출되면 윗부분의 온도가 상승하여 재질의 인장력이 저하되고 내부의 비등현상으로 인한 압력상승으로 저장탱크 벽면이 파열되는 현상을 말한다.

(화학반응이 없는 탱크에서의 BLEVE의 발생 메커니즘)

(2) 화학적 폭발* 24년 소방장

연소 폭발*	① 연소폭발은 비정상연소에 해당되며 가연성 가스, 증기, 분진, 미스트 등이 공기와의 혼합물, 산화성, 환원성 고체 및 액체혼합물 혹은 화합물의 반응에 의하여 발생된다. ③ 연소폭발사고의 대부분 가연성 가스가 공기 중에 누설되거나 인화성 액체 저장탱크에 공기가 혼합되어 폭발성 혼합가스를 형성함으로서 점화원에 의해 착화되어 폭발하는 경우가 많다. ④ 이러한 가연성 가스의 폭발은 폭풍과 충격파를 동반하기 때문에 구조물에 심각한 피해를 입는다. 연소폭발은 폭발의 주체가 되는 물질의 종류에 따라 가스, 분진, 분무폭발로 분류할 수 있다. ※ LPG - 공기, LNG - 공기 등이며 가연성 가스의 혼합가스 점화에 의한 폭발을 말한다.
분해 폭발	① 공기나 산소 없이 단독으로 가스가 분해하여 폭발하는 것이다. ② 산화에틸렌(C_2H_4O), 아세틸렌(C_2H_2), 히드라진(N_2H_4) 같은 분해성 가스와 디아조화합물 같은 자기분해성 고체류는 분해하면서 폭발한다. ※ 아세틸렌은 분해성 가스의 대표적인 것으로 반응시 발열량이 크고, 연소시 3,000℃의 고온이 얻어지는 물질로서 금속의 용단, 용접에 사용된다.
중합 폭발	① 중합해서 발생하는 반응열을 이용해서 폭발하는 것으로 초산비닐, 염화비닐 등의 원료인 모노머가 폭발적으로 중합되면 격렬하게 발열하여 압력이 급상승되고 용기가 파괴되는 폭발을 일으킬 수 있다. ② 중합반응은 고분자 물질의 원료인 단량체(모노머, Monomer)에 촉매를 넣어 일정온도, 압력 하에서 반응시키면 분자량이 큰 고분자를 생성하는 반응을 말하며, 이 반응은 대부분 발열반응을 하므로 적절한 냉각설비를 반응장치에 설치하여 이상반응이 되는 것을 방지하여야 한다. 그러나 반응 시 냉각에 실패하는 경우 반응온도가 급격히 상승하여 미반응 모노머의 팽창, 비등이 발생하여 이상고압으로 되는 경우 반응장치를 파괴시키는 경우가 있다. ③ 중합이 용이한 물질은 촉매를 주입하지 않아도 공기 중의 산화와 산화성 물질, 알칼리성 물질이 촉매역할을 하여 반응을 일으킬 수도 있으므로 반응 중지제를 준비하여야 한다. 중합폭발을 하는 가스로는 시안화수소(HCN), 산화에틸렌(C_2H_4O) 등이 있다.
촉매 폭발	촉매에 의해서 폭발하는 것으로 수소(H_2)+산소(O_2), 수소(H_2)+염소(Cl_2)에 빛을 쪼일 때 일어난다.

2 응상폭발과 기상폭발* 24년 소방장

응상폭발	용융 금속이나 금속조각 같은 고온물질이 물속에 투입되었을 때 고온의 열이 저온의 물에 짧은 시간에 전달되면 일시적으로 물은 과열상태로 되고 급격하게 비등하여 폭발현상이 나타나게 되는 것. ※ 수증기 폭발이 대표적이다.
기상폭발 *	수소, 일산화탄소, 메탄, 프로판, 아세틸렌 등의 가연성 가스와 조연성 가스가 혼합기체를 형성하고 점화원에 의하여 폭발하는 것을 말한다. ※ 가스폭발, 가스의 분해폭발, 분무폭발, 분진폭발

3 응상폭

(1) 증기 폭발

① 증기 폭발의 의의

액체에 급속한 기화현상이 발생되어 체적 팽창에 의한 고압이 생성되어 폭풍을 일으키는 현상

㉠ 물, 유기액체 또는 액화가스 등의 액체들이 과열상태가 될 때 순간적으로 증기화되어 폭발현상을 나타내는 것을 말한다.

㉡ 지상에 있는 물웅덩이에 작열된 용융카바이트나 용융철을 떨어뜨릴 경우 또는 탱크속의 비등점의 낮은 액체가 중합열 또는 외부로부터 가해지는 화재의 열 때문에 온도가 상승되어 증기압을 견디지 못하고 용기가 파열될 때 남아있던 가열 액체는 순간적으로 심한 증기 폭발을 일으킨다.

② 증기 폭발의 분류

보일러 폭발 (고압포화액의 급속액화)	• 보일러와 같이 고압의 포화수를 저장하고 있는 용기가 파손 등의 원인으로 동체의 일부분이 열리면 용기 내압이 급속히 하락되어 일부 액체가 급속히 기화하면서 증기압이 급상승하여 용기가 파괴된다. • 내용물이 가연성 물질인 경우 비등 기화로 액체 입자를 포함하는 증기가 대량으로 대기에 방출됨으로써 화염원으로부터 착화되어 화구를 형성하게 된다. • 100℃ 이상 과열된 압력하의 물을 폭발수(explosive water)라 한다.
수증기 폭발 (액체의 급속 가열)	• 물 또는 물을 함유한 액체에 고온 용융금속, 용융염 등이 대량으로 유입되는 경우 이 물질로 인해 밀폐된 상태의 물이 급격히 증발되고 밀폐로 인한 고압이 발생되어 폭발하는 현상이다. • 수증기 폭발의 발생은 고온 용융염의 투입속도가 빠를수록 용기의 단면적이 작을수록 잘 일어난다.
극저온 액화가스의 증기 폭발 (수면유출)	• LNG 등의 저온액화가스가 상온의 물위에 유출될 때 급격하게 기화되면서 증기폭발이 발생된다. • 이때 뜨거운 유체로 작용하는 것은 물(15℃)이며 LNG는 −162℃에서 액화된 가스이므로 차가운 액체로 작용한다. • 이때의 에너지원은 물의 현열이다.

(2) 전선 폭발

전선 폭발은 고체인 무정형 안티몬이 동일한 고상의 안티몬으로 전이할 때 발열함으로써 주위의 공기가 팽창하여 폭발하는 경우가 있다.

① 고상 간의 전이에 의한 폭발로 불린다. 또한 고상에서 급격한 액상을 거쳐 기상으로 전이할 때도 폭발현상이 나타나는 전선폭발이 있다.

② 알루미늄제 전선에 한도 이상의 대전류가 흘러 순식간에 전선이 가열되고 용융과 기화가 급속하게 진행되어 폭발을 일으켜 피해를 주는 경우이다.

4 기상폭발* 24년 소방장

수소, 일산화탄소, 메탄, 프로판, 아세틸렌 등의 가연성 가스와 조연성 가스와의 혼합기체에서 발생하는 가스폭발이 기상폭발에 속한다.

(1) 가스폭발	가연성 가스와 조연성 가스가 일정비율로 혼합된 가연성 혼합기는 발화원에 의해 착화되면 가스폭발을 일으킨다. 이것을 폭발성 혼합기(폭발성 혼합가스)라 부른다.
	◉ 가연성 가스에는 수소, 천연가스, 아세틸렌가스, LPG 외에 휘발유, 벤젠, 톨루엔, 알코올, 에테르 등의 가연성 액체로부터 나오는 증기도 포함된다.
(2) 분해폭발	① 기체 분자가 분해할 때 발열하는 가스는 단일성분의 가스라고 해도 발화원에 의해 착화되면 혼합가스와 같이 가스 폭발을 일으킨다. 이것을 가스의 분해폭발이라고 하며 산소가 없어도 폭발한다. ② 분해 폭발성 가스는 아세틸렌, 산화에틸렌, 에틸렌, 프로파디엔, 메틸아세틸렌, 모노비닐아세틸렌, 이산화염소, 히드라진 등이 있다.
(3) 분무폭발	① 공기 중에 분출된 가연성 액체가 미세한 액적이 되어 무상으로 되고 공기 중에 부유하고 있을 때 착화에너지가 주어지면 발생한다. ② 분출한 가연성 액체의 온도가 인화점 이하로 존재하여도 무상으로 분출된 경우에는 폭발하는 경우가 있다.
	◉ 고압의 유압설비로부터 기계유의 분출 후에 공기 중에서 미세한 액적이 되어 일어난다.
(4) 분진 폭발 ★★★ 12년, 20년 소방장/ 23년 소방위/ 24년 소방장	① 분진 폭발의 의의 가연성고체의 미분 또는 가연성 액체의 미스트(mist)가 일정 농도이상 공기와 같은 조연성 가스 등에 분산되어 있을 때 발화원에 의하여 착화됨으로서 일어나는 현상
	◉ 금속, 플라스틱, 농산물, 석탄, 유황, 섬유질 등의 가연성 고체가 미세한 분말상태로 공기 중에 부유하여 폭발 하한계 농도 이상으로 유지될 때 착화원이 존재하면 가연성 혼합기와 동일한 폭발현상을 나타내며, 탄광의 갱도, 유황 분쇄기, 합금 분쇄 공장 등에서 가끔 분진 폭발이 일어난다.
분진의 발화폭발 조건★★	• 가연성 : 금속, 플라스틱, 밀가루, 설탕, 전분, 석탄 등 • 미분상태 : 200mesh(76㎛) 이하 • 지연성 가스(공기)중에서의 교반과 운동 • 점화원의 존재

가연성 분진의 착화폭발 기구	• 입자표면에 열에너지가 주어져서 표면온도가 상승한다. • 입자표면의 분자가 열분해 또는 건류작용을 일으켜서 기체 상태로 입자 주위에 방출한다. • 기체가 공기와 혼합하여 폭발성 혼합기가 생성된 후 발화되어 화염이 발생된다. • 화염에 의해 생성된 열은 다시 다른 분말의 분해를 촉진시켜 공기와 혼합하여 발화 전파한다.

② 분진 폭발의 특성** 14년 소방장/ 23년 소방위

　㉠ 연소속도나 폭발압력은 가스폭발에 비교하여 작으나 연소시간이 길고, 에너지가 크기 때문에 파괴력과 타는 정도가 크다.

　✪ 발생에너지는 가스폭발의 수백 배이고 온도는 2,000~3,000℃까지 올라간다. 그 이유는 단위체적당의 탄화수소의 양이 많기 때문이다.

　㉡ 폭발의 입자가 연소되면서 비산하므로 이것에 접촉되는 가연물은 국부적으로 심한 탄화를 일으키며 특히 인체에 닿으면 심한 화상을 입는다.

　㉢ 최초의 부분적인 폭발에 의해 폭풍이 주위의 분진을 날리게 하여 2차, 3차의 폭발로 파급됨에 따라 피해가 크게 된다.

　㉣ 가스에 비하여 불완전한 연소를 일으키기 쉬우므로 탄소가 타서 없어지지 않고 연소 후의 일산화탄소가 다량으로 존재하는 경우가 있어 가스에 의한 중독의 위험성이 있다.

　✪ **폭발성 분진*** 20년 소방장/ 23년 소방위
　• 탄소제품 : 석탄, 목탄, 코크스, 활성탄
　• 비　료 : 생선가루, 혈분 등
　• 식료품 : 전분, 설탕, 밀가루, 분유, 곡분, 건조효모 등
　• 금속류 : Al, Mg, Zn, Fe, Ni, Si, Ti, V, Zr(지르코늄)
　• 목질류 : 목분, 콜크분, 리그닌분, 종이가루 등
　• 합성 약품류 : 염료중간체, 각종 플라스틱, 합성세제, 고무류 등
　• 농산가공품류 : 후추가루, 제충분, 담배가루 등

③ 분진의 폭발성에 영향을 미치는 인자* 15년 소방장/ 23년 소방위

분진의 화학적 성질과 조성*	• 분진의 발열량이 클수록 폭발성이 크며 휘발성분의 함유량이 많을수록 폭발하기 쉽다. • 탄진에서는 휘발분이 11% 이상이면 폭발하기 쉽고, 폭발의 전파가 용이하여 폭발성 탄진이라고 한다.
입도와 입도분포*	• 분진의 표면적이 입자체적에 비하여 커지면 열의 발생속도가 방열 속도보다 커져서 폭발이 용이해진다. • 평균 입자경이 작고 밀도가 작을수록 비표면적은 크게 되고 표면 에너지도 크게 되어 폭발이 용이해진다. • 입도분포 차이에 의한 폭발특성 변화에 대해서는 상세히 알 수 없으나 작은 입경의 입자를 함유하는 분진의 폭발성이 높다고 간주한다.

입자의 형성과 표면의 상태[*]	•	평균입경이 동일한 분진인 경우, 분진의 형상에 따라 폭발성이 달라진다. 구상, 침상, 평편상 입자순으로 폭발성이 증가한다.
	•	입자표면이 공기(산소)에 대하여 활성이 있는 경우 폭로시간이 길어질수록 폭발성이 낮아진다. 따라서 분해공정에서 발생되는 분진은 활성이 높고 위험성도 크다.
수 분[*]	•	분진 속에 존재하는 수분은 분진의 부유성을 억제하게 하고 대전성을 감소시켜 폭발성을 둔감하게 한다.
	•	반면에 마그네슘, 알루미늄 등은 물과 반응하여 수소를 발생하고 그로 인해 위험성이 더 증가한다.
폭발압력[*]	•	분진의 최대폭발압력은 양론적인 농도보다 훨씬 더 큰 농도에서 일어난다.(가스폭발의 경우와 다름)
	•	최대폭발압력 상승속도는 입자의 크기가 작을수록 증가하는데 이는 입자의 크기가 작을수록 확산되기 쉽고 발화되기 쉽기 때문이다.

> TIP 분진폭발의 물질, 조건, 특징을 암기하시고, 입자경이 작고, 밀도가 작을수록 폭발이 용이합니다.

핵심요약

폭발에는 다양한 발생기구가 있다. 물질의 화학적 변화가 동반되는지 아닌지에 따라 물리적 폭발(증기폭발, BLEVE)과 화학적폭발(연소폭발, 분해폭발, 중합폭발, 촉매폭발)로 구분하며, 물질의 상의 구분에 따라 응상폭발(증기폭발, 보일러폭발, 전선폭발)과 기상폭발(가스폭발, 분해폭발, 분무폭발, 분진폭발)로 나눌 수 있다.

제3관 폭발 한계

1 폭발한계의 정의[*] 16년 부산 소방장

가연성 가스와 공기(또는 산소)의 혼합물에서 가연성 가스의 농도가 낮을 때나 높을 때 화염의 전파가 일어나지 않는 농도가 있다. 농도가 낮을 경우를 폭발 하한계, 높을 경우를 폭발 상한계라 하고 그 사이를 폭발 범위라고 한다. 그리고 연소한계, 가연한계라고도 한다.

폭발하한계(LEL)	발화원이 있을 때 불꽃이 전파되는 증기 혹은 가스의 최소 농도로서 공기나 산소 중의 농도로 나타낸다. 단위는 부피 %이다.
폭발상한계(UEL)	발화원과 접촉 시 그 이상의 농도에서는 화염이 전파되지 않는 기체나 증기의 공기 중의 최대농도를 나타낸다. 단위는 부피 %이다.

2 폭발한계에 대한 영향을 주는 요소

온도의 영향	① 일반적으로 폭발범위는 온도상승에 의하여 넓어지게 되며 폭발한계의 온도의존은 비교적 규칙적이다. ② 폭발하한계는 온도가 $100℃$ 증가함에 따라 약 8% 증가한다. ③ 폭발상한계는 온도가 $100℃$ 증가함에 따라 약 8% 증가한다.
압력의 영향	폭발한계의 압력 의존성은 다소 복잡하다. 상한계는 일반적으로 압력 상승에 따라 폭발범위가 증가한다.
산소의 영향	폭발상한계는 산소농도가 증가할수록 크게 증가한다.
산화제 영향	염소(Cl_2) 등의 산화제로 채워진 환경에서의 폭발범위는 공기 중에서의 보다 넓고 산소(O_2)로 채워진 환경과 비슷하다. 가연성물질이 염소(Cl_2)에 의해 산화되기 때문이다.

3 폭발영향

압력	• 폭발압력은 물질의 급격한 연소반응과 발열반응에 의한 급격하게 증가하는 기체 때문에 생긴다. • 기체는 발화지점으로부터 빠른 속도로 확산되려고 하는데, 이때 양압(positive pressure)과 음압(negative pressure)이 열의 방향을 따라서 생성된다. • 공기가 폭발지점으로부터 밖으로 나가려고 하는 것과 양압의 영향이며 발화지점으로 향하는 공기는 음압의 영향이다. • 발화지점 밖으로 나가려는 양압은 음압보다 힘이 세며, 대부분의 압력피해를 일으키는 주원인이 되고 있다. 음압은 낮은 기압상태로 양압은 빠르게 밖으로 나가려는 성질 때문에 생긴다.
비산	• 비산은 압력의 결과로 나타나는데 압력이 클수록 비산범위도 넓어진다. • 구조물과 용기 등은 부서지거나 쪼개져서 멀리까지 날아가서 또 다른 손상을 일으키거나 그 물체에 의해 사상자가 발생할 수도 있다. • 물체의 재질과 압력에 따라 크거나 작은 입자 등으로 분산되는데 비산물은 전력선이나 주택, 상가 등 다른 외물(外物)에 직접적인 타격을 주어 폭발이 발생한 지점으로부터 범위를 벗어나 또 다른 재해를 발생시키는 것이다.
열	• 연소폭발은 폭발과 동시에 주변으로 많은 열을 방출시키고 에너지가 크기 때문에 근처의 다른 물질을 연소시키기도 하지만 사람이 있었다면 인명피해를 일으킬 수도 있게 된다. • 열을 동반한 폭발은 화재와 폭발 중 어느 것이 선행된 것인지 판단하기 곤란할 때가 많지만 보통은 폭발과 동시에 화재를 수반하는 경우가 많이 존재한다. • 특히 화학적 폭발일 경우 더욱 많은 열을 발생시키는데, 폭굉은 매우 짧은 시간에 높은 온도를 발생시키지만 폭연은 낮은 열을 가지고 오랫동안 지속되는 특징이 있다.
지진	• 폭발압력이 최고조로 팽창되어 더 이상 버틸 수 없는 상황에 이르게 되면 폭발지점을 중심으로 형성된 압력에 의해 구조물이 흔들리거나 균열이 발생하고 상황이 더욱 악화되면 붕괴에 이르게 될 것이다. • 이때 폭발압력으로 인한 진동이나 충격은 직접적으로 건물에 손상을 불러오지만 진동현상이 땅으로 전달되면 주변에 취약한 다른 건물로 그 영향이 미칠 수 있게 된다. ※ 특히 지면을 통해 진동이 전달되기 때문에 가스관로 또는 파이프라인, 탱크와 연결된 배관 등에 영향이 미치게 된다.

위험성물질에 있어서는 폭발의 한계 즉 폭발하한계(LFL)와 폭발상한계(UFL)의 차이가 크면 클수록 위험성은 커지고 폭발의 영향으로는 압력, 비산, 열, 지진 등이 있다.

제4관 폭연과 폭굉★★ 08년 소방교/ 13년 소방장

1 폭연과 폭굉의 개념

폭 연 (Deflagration)	• 압력파 또는 충격파의 전파속도가 음속보다 느리게 이동하는 경우이다. • 개방된 대기 중에서 혼합가스가 발화할 경우 연소가스는 자유로이 팽창하여 화염전파속도가 느릴 경우 압력과 폭발음이 거의 발생하지 않지만 화염전파속도가 빠르고 압력파를 형성하면 폭발음이 발생하게 되는데 이러한 경우를 폭연이라 한다.
폭 굉 (Detonation)	• 음속보다 빠르게 이동하는 경우이다. • 발열반응의 연소과정에서 압력파 또는 충격파의 전파속도가 음속보다 빠르게 이동하는 경우를 말하는 것으로 충격파란 초음속으로 진행하는 파동이며, 충격파를 받는 매질은 같은 압력의 단열 압축보다 높은 온도상승을 일으킨다. • 매질이 폭발성이면, 온도상승에 의하여 반응이 계속 일어나 폭굉파를 일정속도로 유지한다.

2 폭연과 폭굉의 차이　TIP　폭연과 폭굉의 특징을 숙지하세요. 비교문제가 출제됩니다.

구 분	충격파 전파속도	특 징
폭 연 (Deflagration) ★	음속보다 느리게 이동한다. (기체의 조성이나 농도에 따라 다르지만 일반적으로 0.1~10 ㎧ 범위)	• 폭굉으로 전이될 수 있다. • 충격파의 압력은 수 기압(atm) 정도이다. • 반응 또는 화염면의 전파가 분자량이나 난류확산에 영향을 받는다. • 에너지 방출속도가 물질전달속도에 영향을 받는다.
폭 굉 (Detonation) ★★	음속보다 빠르게 이동한다. (1,000~3,500㎧ 정도로 빠르며, 이때의 압력은 약 100 Mpa)	• 압력상승이 폭연의 경우보다 10배, 또는 그 이상이다. • 온도의 상승은 열에 의한 전파보다 충격파의 압력에 기인한다. • 심각한 초기압력이나 충격파를 형성하기 위해서는 아주 짧은 시간 내에 에너지가 방출되어야 한다. • 표면에서 온도, 압력, 밀도가 불연속적으로 나타난다.

폭연(Deflagration)은 화재에 연소적으로 영향을 미치나 폭굉(Detonation)은 불연속적이다.

제5관 가연성 가스의 폭발

1 증기운 폭발

대기 중에 대량의 가연성가스가 유출되거나 대량의 가연성액체가 유출되면 그것으로부터 발생하는 증기가 공기와 혼합해서 가연성 혼합 기체를 형성하고 발화원에 의하여 발생하는 폭발, 개방된 대기 중에서 발생하기 때문에 자유공간 중의 증기운폭발(UVCE : Unconfined Vapor Cloud Explosion)이라고 한다.

증기운 발생 과정	① 상온, 대기압에서 액체이며 인화점이 상온보다 낮은 물질(가솔린) 유출한 액체는 지면으로부터 열이 공급되면 액면에서 연속적으로 증기를 발생, 주위에 확산한다. ② 상온, 가압 하에서 액화되어 있는 물질(LPG, 액화부탄) 또는 그 물질의 비점 이상의 온도에 있지만 가압되어서 액화된 물질(반응기 내의 벤젠, 핵산) 고압 하에서 기상과 액상의 평형상태에 있는 물질이 대기압 하에 유출되는 경우이며, 유출된 액체의 온도는 대기압의 비점까지 낮아진다. 이처럼 순간적으로 기화하는 현상을 flash라고 부른다. flash에 의해 순간적으로 기화한 후에는 주위의 열을 흡수하여 증발이 계속된다. ③ 대기압 하에서 저온으로 하여 액화된 물질(LNG) LNG 와 같이 아주 낮은 온도에 있는 저온 액화가스가 유출하면 지면 및 주위의 열에 의하여 급속한 비등을 일으킨다. 지면의 온도가 저하되면 증발속도는 저하되지만 단시간에 대량의 가연성 증기운이 생긴다.
증기운이 발생하는 경우	① 발화하지 않고 누출한 가스나 증기가 재해를 일으키지 않고 확산한다. ② 가스, 증기의 유출과 동시에 화재가 발생하지만, 폭발로 전이되는 경우도 있다. ③ 대량의 증기운 발생한 후 화재로 화염의 속도가 빨라져서 폭풍이 발생한다. ④ 화염속도가 음속을 넘으면 폭굉이 되어서 더욱 강한 폭풍을 일으키게 된다. ※ 이러한 대량의 가연성 물질 유출사고는 대부분 폭발을 발생시키고 다량 누출된 가연성 증기가 발화하기 전에 공기와 잘 혼합되어 양론비에 가까운 조성의 가연성 혼합 기체를 형성하며 이러한 경우 폭굉으로 전이될 가능성이 크다.

① 액화가스의 탱크가 파열하면 순간 증발을 일으켜 가연성 가스의 혼합물이 대량 분출
② 이것이 발생하면 지면에서 반구상(A)의 화염이 되어 부력으로 상승하는 동시에 주변의 공기를 빨아들임
③ 주변에서 빨아들인 화염은 공모양(B)으로 되고 더욱 상승하여 버섯모양(C)의 화염을 만듦
  ※ BLEVE에 의해 발생된 화염은 최초엔 지표면 부근에서 발생하여 거대하게 성장하는데, 반구형의 형태를 형성한 후 부력에 의해 상승하면서 버섯모양으로 변하는데 이 화염을 파이어볼(Fire Ball)이라 한다.

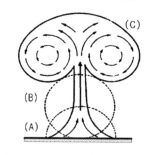

(전형적인 파이어볼의 성장)

2 BLEVE와 Fire Ball

(1) BLEVE(Boiling Liquid Expanding Vapor Explosion)의 정의

프로판 등 액화가스탱크의 외부에서 화재가 나면 탱크가 가열되어 내부의 액체에 높은 증기압이 발생하고 그 증기압이 탱크의 내압을 초과하게 되면 결국 탱크는 파열에 이르게 된다.

① 탱크 내부는 액상부(액체상태 가연물이 존재하는 부분)와 기상부(기체상태 가연물이 존재하는 부분)로 구분된다.

② 파열이 발생하는 지점은 탱크의 기상부와 면하는 부분인데 액상부와 면하는 탱크는 외부로부터 화염에 가열되어도 그 열이 내부 액상으로 효과적으로 전달되어 탱크를 구성하는 재료는 인장강도의 저하가 발생한다.

③ 한편, 탱크 내부의 액체는 비등하여 기화되어 탱크 내부의 압력은 상승하게 되며, 내압이 인장강도를 상회하면 국부적인 파열이 발생한다.

④ 파열이 발생하면 탱크내부에 액화된 상태로 저장되어 있던 가스는 빠르게 기화하면서 파열지점을 통해 외부로 확산한다. 확산한 가스는 주변의 공기와 혼합하여 폭발성 혼합기를 형성하고 존재하는 화염을 착화에너지로 하여 다시 폭발하게 된다. 이 현상을 단계별로 분석하면 물리적 폭발이 화학적 폭발로 이어지는 것을 볼 수 있다.

BLEVE 발생과정	① BLEVE는 저장탱크가 화재에 노출되면 용기 내부의 액체온도가 증가하고 ② 이때 액체의 온도는 기체보다 열전도율이 커서 300℃ 정도까지 상승하며, 용기내부 기상부의 경우는 온도가 매우 증가하여(1,000℃ 정도) 위험한 상태에 이른다. ③ 특히 기상. 액상부분의 경우 철의 접합부가 급격한 인장력의 감쇠와 항복점이 저하되어 저장탱크가 파열되면서 탱크내부의 고온고압의 가스가 외부와 평형을 이루려는 성질에 의하여 급격하게 확산되어 가는 현상
Fire Ball의 발생 Mechanism	① Fire Ball이란 대량의 증발한 가연성 액체가 갑자기 연소할 때 생기는 구상의 불꽃을 말한다. ② BLEVE 발생 시 탱크외부로 방출된 증발기체가 주위의 공기와 혼합하여 방출시의 고압으로 인하여 탱크상부로 버섯모양의 증기운을 형성하여 상승 ③ 이때 증발된 기체가 주위의 공기와 혼합하여 가연범위 내에 들어오면서 점화원이 있을 경우 대형의 버섯모양의 화염을 형성 ④ 이를 Fire Ball이라하며 Fire Ball의 경우 발생 열보다 그 복사열의 피해가 심각하여 매우 위험하다
BLEVE와 Fire Ball의 차이점	① BLEVE의 위험성은 폭발압력으로 탱크가 파열되는 순간 방출되는 폭발압력으로 인근 건물의 유리창이 파손된다. ② Fire의 경우는 그 복사열로 인한 피해가 매우 커서 500m 이내의 가연물이 모두 타버릴 정도로 위험하다.
BLEVE 의 방지 및 소화대책	① 용기의 압력상승 방지를 위한 Blow down 방법을 사용하여 용기내의 압력이 대기압 근처에서 유지되도록 한다. ※ Blow down : 용기 내부의 압력을 외부로 분출시키는 방법 ② 용기의 온도상승 방지를 위한 조치로는 탱크주위에 살수설비 또는 소방차로 물을 살수하여 용기를 냉각한다.
소방활동대책	① 현장대원은 반드시 방열복을 착용하고 현장활동에 임한다. ② 현장활동 대원이외의 모든 인원은 안전지대로 대피한다. ③ 고막의 가장 약하므로 고막보호용 마개를 착용하고 현장활동에 임한다.

③ UVCE와 BLEVE

가스 저장탱크의 대표적 중대재해로 둘 다 가열된 풍부한 증기운이 자체의 상승력에 의하여 위로 올라가 버섯구름 모양의 불기둥(Fire Ball)을 발생시키며 그 위력은 수 km까지 미치는 것으로 알려져 있다.

> **핵심요약**
>
> **증기운 폭발(UVCE : Unconfined Vapor Cloud Explosion)**
> - 저장탱크에서 유출된 가스가 대기 중의 공기와 혼합하여 구름을 형성하고 떠다니다가 점화원(점화스파크, 고온표면 등)을 만나면 발생할 수 있는 격렬한 폭발사고이며, 심한 위험성은 폭발압이다.
>
> **액화가스탱크 폭발(BLEVE : Boiling Liquid Expanding Vapor Explosion)**
> - 가스 저장탱크지역의 화재발생시 저장탱크가 가열되어 탱크 내 액체부분은 급격히 증발하고 가스부분은 온도상승과 비례하여 탱크 내 압력의 급격한 상승을 초래하게 된다.
> - 탱크가 계속 가열되면 용기강도는 저하되고 내부압력은 상승하여 어느 시점이 되면 저장탱크의 설계압력을 초과하게 되고 탱크가 파괴되어 급격한 폭발현상을 일으킨다.
> - 인화성 액체저장탱크는 화재시 BLEVE 억제를 위한 탱크의 냉각조치(물분부장치 등)를 취하지 않으면 화재발생 10여분 경과후 BLEVE가 발생할 수도 있다.

TIP 증기운 폭발은 가스의 누출에 따른 화재발생, BLEVE는 화재로 인한 탱크의 폭발이며 Fire ball 이 발생합니다. 특징들을 비교하여 이해하시기 바랍니다.

> **Check**
>
> ① (　　)은 연소속도나 폭발압력은 가스폭발에 비교하여 작으나 연소시간이 길고, 에너지가 크기 때문에 파괴력과 타는 정도가 크다.
> ② BLEVE의 방지 및 소화대책 : (　　)
> ③ 폭연은 음속보다 느리게 이동한다.(○)
> ④ (　　)은 저장탱크에서 유출된 가스가 대기 중의 공기와 혼합하여 구름을 형성하고 떠다니다가 점화원(점화스파크, 고온표면 등)을 만나면 발생할 수 있는 격렬한 폭발사고이며, 심한 위험성은 폭발압이다
> ⑤ (　　)의 위험성은 폭발압력으로 탱크가 파열되는 순간 방출되는 폭발압력으로 인근 건물의 유리창이 파손된다.

02 연소·폭발이론

기출 및 예상문제

01 연소의 정의에 대한 설명으로 틀린 것은?

① 화염으로부터 방출된 열을 공급받은 가연물은 증기화 또는 열분해 됨에 따라 연소반응은 계속된다.

② 산화제란 산소를 발생시켜 다른 물질의 연소를 발생시키거나 또는 증가시킬 수 있는 물질을 말한다.

③ 화학반응을 일으키기 위한 최소의 에너지를 활성화 에너지라 하며, 연소반응에서는 최소 점화 에너지 또는 점화에너지·점화원·발화원이라고 한다.

④ 산화제는 대표적으로 질소와 산소가 해당된다.

해설 **연소의 정의**★★ 12년 소방위/ 14년 소방교

① 화염으로부터 방출된 열을 공급받은 가연물은 증기화 또는 열분해 됨에 따라 연소반응은 계속된다.
② 산화제란 산소를 발생시켜 다른 물질의 연소를 발생시키거나 또는 증가시킬 수 있는 물질을 말하며 대표적으로 염소와 과산화수소가 해당된다.
③ 화학반응을 일으키기 위한 최소의 에너지를 활성화 에너지라 하며, 연소반응에서는 최소 점화(착화)에너지 또는 점화에너지·점화원·발화원이라고 한다.

> ※ 최소점화에너지
> 충격, 마찰, 자연발화, 전기불꽃, 정전기, 고온표면, 단열압축, 자외선, 충격파, 낙뢰, 나화, 화학열 등에 의해 공급되고 있다.

02 다음 중 표면연소에만 일어나는 것은?

① 목재와 종이 등은 고체가 열에 의하여 분해되어 가연성가스로 변화하여 산소가 혼합되어 연소한다.

② 셀룰로이드와 같이 이미 산소를 포함된 물질은 공기 중의 산소가 필요하지 않은 물질이다.

③ 금속분, 목탄(숯), 코크스와 쉽게 산화될 수 있는 금속물질 즉 알루미늄, 마그네슘, 나트륨 등에서 일어난다.

④ 나프탈렌, 유황 등은 열에 의해 고체에서 기체로 증발하여 연소한다.

해설 **연소의 양상**★ 16년 소방교

불꽃연소의 대표적 사례는 고체가연물의 분해연소, 자기연소, 증발연소, 표면연소 및 액체가연물의 증발연소가 이에 해당된다.
ⓐ 분해연소 : 목재와 종이 등은 고체가 열에 의하여 분해되어 가연성가스로 변화하여 산소가 혼합되어 연소한다.
ⓑ 자기연소 : 셀룰로이드와 같이 이미 산소를 포함하고 있는 물질은 공기중의 산소가 필요하지 않은 물질이다.
ⓒ 증발연소 : 나프탈렌, 유황 등은 열에 의해 고체에서 기체로 증발하여 연소한다.
• 액체가연물은 가연성 액체의 표면으로부터 증발하여 가연성가스가 발생하며 공기 중의 산소와 혼합되어 연소한다. 대표적으로 가솔린과 같은 석유류의 액면에서의 연소가 해당된다.
• 표면연소만 일어나는 경우는 금속분, 목탄(숯), 코크스와 쉽게 산화될 수 있는 금속물질 즉 알루미늄, 마그네슘, 나트륨 등에서 일어난다.

정답 **01.** ④ **02.** ③

03 가연성 가스를 공기 중에 연소시킬 때 산소농도가 증가하면 나타나는 현상으로 틀린 것은?

① 점화에너지는 작아진다.
② 폭발한계는 넓어진다.
③ 발화온도는 높아진다.
④ 연소속도는 빨라진다.

해설 가연성 가스를 공기 중에서 연소시킬 때 공기 중의 산소 농도가 증가하면

1. 연소속도는 빨라진다.
2. 화염의 온도는 높아진다.
3. 발화온도(발화점)는 낮아진다.
4. 폭발한계는 넓어진다.
5. 점화에너지는 작아진다.

04 다음 중 불완전 연소의 원인으로 틀린 것은?

① 가스의 조성이 균일하지 못할 때
② 공기 공급량이 부족할 때
③ 주위 온도가 너무 높을 때
④ 환기 또는 배기가 잘 되지 않을 때

해설 불완전연소의 원인은

1. 가스의 조성이 균일하지 못할 때
2. 공기 공급량이 부족할 때
3. 주위의 온도가 너무 낮을 때
4. 환기 또는 배기가 잘 되지 않을 때 등이다.

05 가연물질 연소 시 나타나는 불꽃의 색상으로 틀린 것은?

① 연소불꽃의 온도가 1100도이면 휘적색이 나타난다.
② 연소불꽃의 온도가 850도이면 적색이 나타난다.
③ 산소공급이 충분하면 연소불꽃은 휘백색이 나타난다.
④ 산소공급이 부족하면 연소불꽃은 담암적색이 나타난다.

해설 연소불꽃의 색상에 따른 온도★★ 13년 소방장

연소불꽃의 색	온도(℃)	연소불꽃의 색	온도(℃)
암 적 색	700	황 적 색	1,100
적 색	850	백 적 색	1,300
휘 적 색	950	휘 백 색	1,500 이상

정답 03. ③   04. ③   05. ①

06 **다음 중 발화점에 관한 설명으로 옳은 것은?**

① 외부의 직접적인 점화원이 없이 가열된 열의 축적으로 연소가 되는 최저온도이다.

② 가연성 액체 또는 고체로부터 발생한 인화성 증기의 농도가 점화원에 의해 착화 될 수 있는 최저온도를 말한다.

③ 인화점보다 대략 10℃ 정도 높은 온도로서 연소상태가 5초 이상 유지 될 수 있는 온도이다.

④ 연소상태가 계속 유지될 수 있는 최저온도를 말한다.

해설 **발화점**★ 12년, 15년 소방장/ 22년 소방위
- 외부의 직접적인 점화원 없이 가열된 열의 축적으로 연소가 되는 최저온도이다.
- 산소와의 친화력이 큰 물질일수록 발화점이 낮고 발화하기 쉬운 경향이 있으며 고체 가연물의 발화점은 가열공기의 유량, 가열속도, 가연물의 시료나 크기, 모양에 따라 달라질 수 있다.
- 발화점은 보통 인화점보다 수백도 높은 온도이며 잔화정리를 할 때 계속 물을 뿌려 가열된 건축물을 냉각시키는 것은 발화점(착화점) 이상으로 가열된 건축물이 열로 인하여 다시 연소되는 것을 방지하기 위한 것이다.

07 **"발화점이 낮아지는 이유"로써 틀린 것은?**

① 분자의 구조가 복잡할수록

② 압력, 화학적 활성도가 클수록

③ 발열량이 높을수록

④ 금속의 열전도율과 습도가 높을수록

해설 **발화점이 낮아지는 이유**★ 22년 소방위
1. 분자의 구조가 복잡할수록
2. 발열량이 높을수록
3. 압력, 화학적 활성도가 클수록
4. 산소와 친화력이 클수록
5. 금속의 열전도율과 습도가 낮을수록 등이다.

08 **연소점에 대한 설명으로 옳은 것은?**

① 연소반응은 가연성 증기 발생속도가 연소반응에 사용되는 소비 속도보다 적을 경우에 그 상태를 유지할 수 있다.

② 인화점보다 대략 10℃ 정도 높은 온도로서 연소상태가 50초 이상 유지될 수 있는 온도이다.

③ 연소상태가 계속 유지될 수 있는 최저온도를 말한다.

④ 발화점 < 연소점 < 인화점

해설 **연소점**★ 14년 소방장/ 22년 소방위
- 연소상태가 계속 유지될 수 있는 최저온도를 말한다.
- 인화점보다 대략 10℃ 정도 높은 온도로서 연소상태가 5초 이상 유지 될 수 있는 온도이다.
- 연소반응은 가연성 증기 발생속도가 연소반응에 사용되는 소비 속도보다 클 경우에 그 상태를 유지할 수 있다.
  ※ 인화점 < 연소점 < 발화점

정답 06. ① 07. ④ 08. ③

PART 02 소화약제 등 (소방교 제외)

09 연소 용어에 대한 설명으로 틀린 것은?

① 비점 : 액체의 증기압은 대기압에서 동일하고 액체가 끓으면서 증발이 일어날 때의 온도이다.

② 비열 : 어떤 물질 1g을 1℃ 올리는 데 필요한 열량을 말한다.

③ 융점 : 어떤 물질에 열의 출입이 있더라도 물질의 온도는 변하지 않고 상태변화에만 사용되는 열을 말한다.

④ 잠열 : 대기압에서의 물의 융해 잠열은 80cal/g, 100℃에서의 증발 잠열은 539cal/g이다.

해설 **융점**

- 대기압(1atm)하에서 고체가 녹아 액체가 되는 온도이다.
- 융점이 낮은 경우 액체로 변화하기가 용이하고 화재 발생시에는 연소 구역의 확산이 용이하기 때문에 위험성이 매우 높다.

10 "가연물질의 구비조건"에 대한 설명으로 틀린 것은?

① 화학반응을 일으킬 때 필요한 활성화 에너지의 값이 적어야 한다.

② 열의 축적이 용이하도록 열전도의 값이 커야 한다.

③ 산소와 접촉할 수 있는 표면적이 큰 물질이어야 한다.

④ 일반적으로 산화되기 쉬운 물질로서 산소와 결합할 때 발열량이 커야 한다.

해설 **가연물질의 구비조건*** 14년, 16년, 21년 소방위

1. 화학반응을 일으킬 때 필요한 활성화 에너지의 값이 적어야 한다.
2. 일반적으로 산화되기 쉬운 물질로서 산소와 결합할 때 발열량이 커야 한다.
3. 열의 축적이 용이하도록 열전도의 값이 적어야 한다. (열전도율 : 기체〈액체〈고체 순서로 커지므로 연소순서는 반대이다)
4. 지연성(조연성) 가스인 산소·염소와의 친화력이 강해야 한다.
5. 산소와 접촉할 수 있는 표면적이 큰 물질이어야 한다.(기체〉액체〉고체)
6. 연쇄반응을 일으킬 수 있는 물질이어야 한다.

11 다음 중 "정전기를 방지하기 위한 예방대책"으로 잘못된 것은?

① 정전기의 발생이 우려되는 장소에 접지시설을 피한다.

② 전기의 저항이 큰 물질은 대전이 용이하므로 전도체 물질을 사용한다.

③ 실내 공기를 이온화하여 정전기의 발생을 예방한다.

④ 상대습도를 70% 이상으로 한다.

해설 **정전기를 방지하기 위한 예방대책*** 08년 소방교

1. 정전기의 발생이 우려되는 장소에 접지시설을 한다.
2. 실내의 공기를 이온화하여 정전기의 발생을 예방한다.
3. 습도가 낮거나 압력이 높을 때 많이 발생하므로 상대습도를 70% 이상으로 한다.
4. 전기의 저항이 큰 물질은 대전이 용이하므로 전도체 물질을 사용한다.

정답 **09.** ③ **10.** ② **11.** ①

12 "자연발화를 일으킬 수 있는 원인"으로 바른 것은?

① 산화열에 의한 발열 : 셀룰로이드, 니트로셀룰로오스

② 발효열에 의한 발열 : 석탄, 건성유

③ 흡착열에 의한 발열 : 퇴비 먼지

④ 종합열에 의한 발열 : HCN, 산화에틸렌

해설 **자연발화를 일으키는 원인*** 18년 소방장
1. 분해열에 의한 발열 : 셀룰로이드, 니트로셀룰로오스
2. 산화열에 의한 발열 : 석탄, 건성유
3. 발효열에 의한 발열 : 퇴비, 먼지
4. 흡착열에 의한 발열 : 목탄, 활성탄 등
5. 종합열에 의한 발열 : HCN, 산화에틸렌 등

13 "자연발화를 방지할 수 있는 방법"으로 틀린 것은?

① 습도 상승을 피한다.

② 저장실 주위의 온도를 높인다.

③ 열이 쌓이지 않도록 퇴적한다.

④ 통풍 구조를 양호하게 하여 공기유통을 잘 시킨다.

해설 **자연발화를 방지하기 위해서는*** 18년 소방장
1. 통풍구조를 양호하게 하여 공기유통을 잘 시킬 것
2. 저장실 주위 온도를 낮춘다.
3. 습도를 상승을 피한다.
4. 열이 쌓이지 않도록 퇴적한다.

14 역화의 원인으로 옳은 것은?

① 혼합 가스량이 너무 클 때

② 노즐의 부식으로 분출구멍이 작아진 경우

③ 연소속도보다 혼합가스의 분출속도가 빠를 때 등이 있다.

④ 버너의 과열

해설 **역화의 원인**
① 혼합 가스량이 너무 적을 때
② 노즐의 부식으로 분출구멍이 커진 경우
③ 버너의 과열
④ 연소속도보다 혼합가스의 분출속도가 느릴 때 등이 있다.

정답 | 12. ④   13. ②   14. ④

15 다음 중 "화재현장에서 발생하는 유독가스"가 바르게 연결된 것은?

① 아황산가스 : 플라스틱, PVC : 5ppm
② 염화수소 : 열경화수지, 나이론 : 5ppm
③ 시안화수소 : 우레탄, 폴리에틸렌 : 10ppm
④ 암모니아 : 고무, 모직물 등의 연소 : 25ppm

해설 화재현장에서 발생하는 유독가스★★★ 15년 소방위/ 16년 소방교/ 22년 소방장

종 류	발 생 조 건	허용농도(TWA)
일산화탄소 (CO)	불완전 연소 시 발생	50 ppm
아황산가스 (SO_2)	중질유, 고무, 황화합물 등의 연소 시 발생	5 ppm
염화수소 (HCl)	플라스틱, PVC	5 ppm
시안화수소 (HCN)	우레탄, 나일론, 폴리에틸렌, 고무, 모직물 등의 연소	10 ppm
암모니아 (NH_3)	열경화성 수지, 나이론 등의 연소 시 발생	25 ppm
포스겐 ($COCl_2$)	프레온 가스와 불꽃의 접촉	0.1 ppm

16 연소생성물 중 "시안화수소"에 대한 설명으로 옳은 것은?

① 무색·무미의 기체로서 공기보다 무거우며 가스 자체는 독성이 거의 없다.
② 질소성분을 가지고 있는 합성수지, 동물의 털, 인조견 등의 섬유가 불완전 연소할 때 발생하는 맹독성 가스로 0.3%의 농도에서 즉시 사망할 수 있다.
③ 질소 함유물(나이론, 나무, 실크, 아크릴 플라스틱, 멜라닌수지)이 연소할 때 발생하는 연소 생성물로서 유독성이 있다.
④ 동물의 털, 고무 등이 연소 시 발생되며 무색의 자극성 냄새를 가진 유독성 기체이다.

해설 시안화수소(HCN)★ 14년 소방위/ 20년 소방장/ 22년 소방위
질소성분을 가지고 있는 합성수지, 동물의 털, 인조견 등의 섬유가 불완전 연소할 때 발생하는 맹독성 가스로 0.3%의 농도에서 즉시 사망할 수 있다. 청산가스라고도 한다.

17 화재현장에서 "연기의 이동력"과 관계가 크지 않은 것은?

① 굴뚝효과
② AVAC 시스템
③ 부력
④ 에스컬레이터

해설
• 연기의 이동력 → 연기는 공기의 흐름을 따라 이동하게 된다.
• 연기의 이동력과의 관계는 굴뚝효과, 부력, 팽창, 바람방향, AVAC시스템, 엘리베이터의 피스톤효과이다.

정답 15. ③ 16. ② 17. ④

18 "연기의 유동속도"에 대한 설명으로 바른 것은?

① 연기의 유동 및 확산은 공기의 흐름에 영향을 받지만 벽 및 천장을 따라 진행한다.

② 수평방향으로는 1~1.2m/sec 정도로, 인간의 보행속도 0.5~1m/sec보다 빠르다.

③ 계단실 등에서의 수직방향에서 화재성장기에는 1.5m/sec로 인간의 보행속도와 비슷하다.

④ 굴뚝효과가 발생하는 건물구조에선 3m/sec 이상이 된다.

해설 연기 유동속도

연기의 유동 및 확산은 벽 및 천장을 따라 진행하며 일반적으로 수평방향으로는 0.5~1m/sec 정도로 인간의 보행속도 1~1.2m/sec보다 늦다. 그러나 계단실 등에서의 수직방향은 화재 초기상태의 연기일지라도 1.5m/sec, 화재성장기에는 3~4m/sec로 인간의 보행속도보다 빨라지며, 굴뚝효과가 발생하는 건물구조에선 5m/sec 이상이 된다.

19 분진폭발의 특성에 대한 설명으로 틀린 것은?

① 연소 후의 가스상에 일산화탄소가 다량으로 존재하는 경우가 있어 가스에 의한 중독의 위험성이 있다.

② 최초의 부분적인 폭발에 의해 폭풍이 주위의 분진을 날리게 하여 2차, 3차의 폭발로 파급됨에 따라 피해가 크게 된다.

③ 폭발의 입자가 연소되면서 비산하므로 이것에 접촉되는 가연물은 국부적으로 심한 탄화를 일으키며 특히 인체에 닿으면 심한 화상을 입는다.

④ 연소속도나 폭발압력은 가스폭발에 비교하여 크고 연소시간이 짧다. 또한 에너지가 크기 때문에 파괴력과 타는 정도가 크다.

해설 분진폭발의 특성★★ 12년, 14년 소방장
- 연소속도나 폭발압력은 가스폭발에 비교하여 작으나 연소시간이 길고, 에너지가 크기 때문에 파괴력과 타는 정도가 크다.
- 폭발의 입자가 연소되면서 비산하므로 이것에 접촉되는 가연물은 국부적으로 심한 탄화를 일으키며 특히 인체에 닿으면 심한 화상을 입는다.
- 최초의 부분적인 폭발에 의해 폭풍이 주위의 분진을 날리게 하여 2차, 3차의 폭발로 파급됨에 따라 피해가 크게 된다.
- 가스에 비하여 불완전한 연소를 일으키기 쉬우므로 탄소가 타서 없어지지 않고 연소후의 가스상에 일산화탄소가 다량으로 존재하는 경우가 있어 가스에 의한 중독의 위험성이 있다.
  ※ 발생에너지는 가스폭발의 수 백배 이고 온도는 2,000~3,000℃까지 올라간다. 그 이유는 단위 체적당의 탄화수소의 양이 많기 때문이다.

20 "분진폭발의 조건"에 대한 설명으로 맞지 않는 것은?

① 점화원의 불필요

② 금속, 플라스틱

③ 200mesh 이하

④ 가연성 가스(공기)중에서의 교반과 운동

해설 분진의 발화폭발 조건★ 20년 소방장/ 24년 소방장
1. 가연성 : 금속, 플라스틱, 밀가루, 설탕, 전분, 석탄 등
2. 미분상태 : 200mesh(76㎛) 이하
3. 지연성 가스(공기)중에서의 교반과 운동
4. 점화원의 존재

정답 18. ① 19. ④ 20. ①

21 "폭발에 대한 설명으로 틀린 것은?

① 기상폭발에는 가스, 분해, 분무, 분진 폭발로 나눌 수 있다.
② 화학적 폭발에는 연소폭발, 분해폭발, 중합폭발, 촉매폭발이 있다.
③ 분진폭발은 연소속도나 폭발압력은 가스폭발에 비교하여 크나 파괴력과 타는 정도가 작다.
④ 분해폭발은 공기나 산소 없이 단독으로 가스가 분해하여 폭발하는 것이다.

해설

분진폭발은 연소속도나 폭발압력은 가스폭발에 비교하여 작으나 연소시간이 길고, 에너지가 크기 때문에 파괴력과 타는 정도가 크다.* 24년 소방장

22 "폭굉"에 대한 설명으로 옳은 것은?

① 음속보다 느리게 이동한다.
② 압력상승이 폭연의 경우보다 10배 이상이다.
③ 반응 또는 화염면의 전파가 분자량이나 난류확산에 영향을 받는다.
④ 에너지 방출속도가 물질전달속도에 영향을 받는다.

해설

②는 폭굉에 대한 설명이며, 나머지는 폭연에 대한 설명이다.** 08년 소방교/ 13년 소방장

23 중성대 활용에 대한 설명으로 틀린 것은?

① 상층개구부를 개방한다면 연소는 확대되지만 발생한 연기는 빠른 속도로 상승하여 외부로 배출되므로 중성대의 경계선은 위로 올라간다.
② 하층 출입문으로 짙은 연기 배출되면 상층개구부 개방을 고려하고 하층 개구부에서 연기가 배출되고 있지 않다면 상층개구부가 개방되어 있다고 판단하고 신선한 공기가 유입되는 출입문 쪽을 급기측으로 판단한다.
③ 중성대를 상층으로 올리기 위해서는 배연 개구부 위치는 ⓐ 지붕중앙부분 파괴가 가장 효과적이며, ⓑ 지붕의 가장자리 파괴 ⓒ상층부 개구부의 파괴 순서이다.
④ 화재현장 도착 시 하층 출입문으로 짙은 연기가 배출된다면 하층 개구부를 개방을 고려한다.

해설 중성대 활용* 19년 소방위/ 20년 소방장, 소방위/ 21년 소방위

화재현장 도착 시 하층 출입문으로 짙은 연기가 배출된다면 상층 개구부의 개방을 고려하고 하층개구부에서 연기가 배출되고 있지 않다면 상층개구부가 개방되어 있다고 판단하고 신선한 공기가 유입되는 출입문 쪽을 급기측으로 판단한다.

정답 | 21. ③ 22. ② 23. ④

24 액화가스탱크 폭발(BLEVE)에 대한 설명이 아닌 것은?

① 가스 저장탱크지역의 화재발생시 저장탱크가 가열되어 탱크 내 액체부분은 급격히 증발하고 가스부분은 온도상승과 비례하여 탱크 내 압력의 급격한 상승을 초래하게 된다.

② 저장탱크에서 유출된 가스가 대기 중의 공기와 혼합하여 구름을 형성하고 떠다니다가 점화원을 만나면 발생할 수 있는 격렬한 폭발사고이다.

③ 탱크가 계속 가열되면 용기강도는 저하되고 내부압력은 상승하여 어느 시점이 되면 저장탱크의 설계압력을 초과하게 되고 탱크가 파괴되어 급격한 폭발현상을 일으킨다.

④ 인화성 액체저장탱크는 화재시 탱크의 냉각조치를 취하지 않으면 화재발생 10여분 경과 후 발생할 수도 있다.

해설 **증기운 폭발 - UVCE**
저장탱크에서 유출된 가스가 대기 중의 공기와 혼합하여 구름을 형성하고 떠다니다가 점화원(점화스파크, 고온표면 등)을 만나면 발생할 수 있는 격렬한 폭발사고이며, 심한 위험성은 폭발압이다.

액화가스탱크 폭발(BLEVE : Boiling Liquid Expanding Vapor Explosion)
• 가스 저장탱크지역의 화재발생시 저장탱크가 가열되어 탱크 내 액체부분은 급격히 증발하고 가스부분은 온도상승과 비례하여 탱크 내 압력의 급격한 상승을 초래하게 된다.
• 탱크가 계속 가열되면 용기강도는 저하되고 내부압력은 상승하여 어느 시점이 되면 저장탱크의 설계압력을 초과하게 되고 탱크가 파괴되어 급격한 폭발현상을 일으킨다.
• 인화성 액체저장탱크는 화재시 BLEVE 억제를 위한 탱크의 냉각조치(물분부장치 등)를 취하지 않으면 화재발생 10여분 경과 후 BLEVE가 발생할 수도 있다.

PART
02
소화약제 예 (소방교 제외)

정답 | 24. ②

CHAPTER 03 위험물 성상 및 진압이론

제1절 위험물 개요

1 위험물의 정의

위험물안전관리법에서는 「인화성 또는 발화성 등의 성질을 가지는 것으로서 대통령령이 정하는 물품」이라고 정의하고 있다. 여러 가지 위험성 중에서도 화재와 관련한 위험성만을 기준으로 위험물을 정의하고 있는 것이다. 화학물질의 성질은 다양하다. 부식성, 독성이 있는 물질은 사람에게 또는 환경이 치명적인 결과를 초래 할 수 있는 위험성이지만 위험물안전관리법상의 위험성으로 보지 않는다. 물론 독성과 인화 또는 발화성이 있으면 위험물안전관리법상의 위험물이다.

2 위험물의 분류

제1류 (산화성고체)	물질자체는 연소하지 않지만 다른 물질을 강하게 산화시키는 성질을 가지고 있는 고체로서 가연물과 혼합할 때 열, 충격, 마찰에 의해 분해하여 매우 강렬하게 연소를 일으키는 물질이다.
제2류 (가연성고체)	화염에 의해 착화하기 쉬운 고체 또는 비교적 낮은 온도(섭씨 40도 미만)에서 인화하기 쉬운 고체로서 발화하기 쉽고, 연소가 빨라 소화가 곤란한 물질이다.
제3류 (자연발화성 및 금수성)	공기와 접촉하면 자연적으로 발화하거나 물과 접촉하여 발화 또는 가연성 가스가 발생하는 물질이다.
제4류 (인화성액체)	액체로서 점화원에 의해 쉽게 인화가 되는 물질이다.
제5류 (자기반응성)	고체 또는 액체로서 가열하면 분해하여 비교적 낮은 온도에서 다량의 열을 발생하거나 폭발적으로 반응하는 물질이다. 가연성 가스 없이도 연소가 일어난다.
제6류 (산화성액체)	물질 자체는 연소하지 않는 액체이지만 가연물과 혼합하면 가연물의 연소를 촉진하는 물질이다.

3 위험물안전관리법

(1) 위험물안전관리법 시행령 별표 1

위험물안전관리법 시행령 별표 1에서 규정하고 있는 위험물의 분류 및 지정수량은 표1과 같다.

■ **위험물안전관리법상 위험물의 분류 및 지정수량** ★ 16년, 22년 소방장

유별	성질	품명	지정수량
제1류	산화성 고체	1. 아염소산염류	50킬로그램
		2. 염소산염류	50킬로그램
		3. 과염소산염류	50킬로그램
		4. 무기과산화물	50킬로그램
		5. 브롬산염류	300킬로그램
		6. 질산염류	300킬로그램
		7. 요오드산염류	300킬로그램
		8. 과망간산염류	1,000킬로그램
		9. 중크롬산염류	1,000킬로그램
		10. 그밖에 행정안전부령이 정하는 것	50킬로그램, 300킬로그램 또는 1,000킬로그램
		11. 제1호 내지 제10호의 1에 해당하는 어느 하나 이상을 함유한 것	
제2류	가연성 고체	1. 황화린	100킬로그램
		2. 적린	100킬로그램
		3. 유황	100킬로그램
		4. 철분	500킬로그램
		5. 금속분	500킬로그램
		6. 마그네슘	500킬로그램
		7. 그밖에 행정안전부령이 정하는 것	100킬로그램 또는 500킬로그램
		8. 제1호 내지 제7호의 1에 해당하는 어느 하나 이상을 함유한 것	
		9. 인화성고체	1,000킬로그램
제3류	자연 발화성 물질 및 금수성 물질	1. 칼륨	10킬로그램
		2. 나트륨	10킬로그램
		3. 알킬알루미늄	10킬로그램
		4. 알킬리튬	10킬로그램
		5. 황린	20킬로그램
		6. 알칼리금속(칼륨 및 나트륨을 제외한다) 및 알칼리토금속	50킬로그램
		7. 유기금속화합물(알킬알루미늄 및 알킬리튬을 제외한다)	50킬로그램
		8. 금속의 수소화물	300킬로그램
		9. 금속의 인화물	300킬로그램
		10. 칼슘 또는 알루미늄의 탄화물	300킬로그램
		11. 그밖에 행정안전부령이 정하는 것	10킬로그램, 50킬로그램 또는 300킬로그램
		12. 제1호 내지 제11호의 1에 해당하는 어느 하나 이상을 함유한 것	

제4류	인화성 액체	1. 특수인화물		50리터
		2. 제1석유류	비수용성액체	200리터
			수용성액체	
		3. 알코올류		400리터
		4. 제2석유류	비수용성액체	1,000리터
			수용성액체	
		5. 제3석유류	비수용성액체	2,000리터
			수용성액체	
		6. 제4석유류		6,000리터
		7. 동식물유류		10,000리터
제5류	자기 반응성 물질	1. 유기과산화물		10킬로그램
		2. 질산에스테르류		10킬로그램
		3. 니트로화합물		200킬로그램
		4. 니트로소화합물		200킬로그램
		5. 아조화합물		200킬로그램
		6. 디아조화합물		200킬로그램
		7. 히드라진 유도체		200킬로그램
		8. 히드록실아민		100킬로그램
		9. 히드록실아민염류		100킬로그램
		10. 그 밖에 행정안전부령이 정하는 것		10킬로그램, 100킬로그램 또는 200킬로그램
		11. 제1호 내지 제10호의 1에 해당하는 어느 하나 이상을 함유한 것		
제6류	산화성 액체	1. 과염소산		300킬로그램
		2. 과산화수소		300킬로그램
		3. 질산		300킬로그램
		4. 그 밖에 행정안전부령이 정하는 것		300킬로그램
		5. 제1호 내지 제4호의 1에 해당하는 어느 하나 이상을 함유한 것		300킬로그램

1) "산화성고체"라 함은 고체[액체(1기압 및 섭씨 20도에서 액상인 것 또는 섭씨 20도 초과 섭씨 40도 이하에서 액상인 것을 말한다. 이하 같다) 또는 기체(1기압 및 섭씨 20도에서 기상인 것을 말한다) 외의 것을 말한다. 이하 같다]로서 산화력의 잠재적인 위험성 또는 충격에 대한 민감성을 판단하기 위하여 소방청장이 정하여 고시(이하 "고시"라 한다)하는 시험에서 고시로 정하는 성질과 상태를 나타내는 것을 말한다. 이 경우 "액상"이라 함은 수직으로 된 시험관(안지름 30밀리미터, 높이 120 밀리미터의 원통형유리관을 말한다)에 시료를 55밀리미터까지 채운 다음 당해 시험관을 수평으로 하였을 때 시료액면의 선단이 30밀리미터를 이동하는데 걸리는 시간이 90초 이내에 있는 것을 말한다.
2) "가연성고체"라 함은 고체로서 화염에 의한 발화의 위험성 또는 인화의 위험성을 판단하기 위하여 고시로 정하는 시험에서 고시로 정하는 성질과 상태를 나타내는 것을 말한다.
3) 유황은 순도가 60중량퍼센트 이상인 것을 말한다. 이 경우 순도측정에 있어서 불순물은 활석 등 불연성물질과 수분에 한한다. *
4) "철분"이라 함은 철의 분말로서 53마이크로미터의 표준체를 통과하는 것이 50중량퍼센트 미만인 것은 제외한다. *

5) "금속분"이라 함은 알칼리금속·알칼리토류금속·철 및 마그네슘외의 금속의 분말을 말하고, 구리분·니켈분 및 150마이크로미터의 체를 통과하는 것이 50중량퍼센트 미만인 것은 제외한다.[★]

6) 마그네슘 및 제2류제8호의 물품중 마그네슘을 함유한 것에 있어서는 다음 각목의 1에 해당하는 것은 제외한다.
   - 2밀리미터의 체를 통과하지 아니하는 덩어리 상태의 것
   - 직경 2밀리미터 이상의 막대 모양의 것

7) 황화린·적린·유황 및 철분은 제2호의 규정에 의한 성상이 있는 것으로 본다.

8) "인화성고체"라 함은 고형알코올 그 밖에 1기압에서 인화점이 섭씨 40도 미만인 고체를 말한다.

9) "자연발화성물질 및 금수성물질"이라 함은 고체 또는 액체로서 공기 중에서 발화의 위험성이 있거나 물과 접촉하여 발화하거나 가연성가스를 발생하는 위험성이 있는 것을 말한다.

10) 칼륨·나트륨·알킬알루미늄·알킬리튬 및 황린은 제9호의 규정에 의한 성상이 있는 것으로 본다.

11) "인화성액체"라 함은 액체(제3석유류, 제4석유류 및 동식물유류에 있어서는 1기압과 섭씨 20도에서 액상인 것에 한한다)로서 인화의 위험성이 있는 것을 말한다.

12) "특수인화물"이라 함은 이황화탄소, 디에틸에테르 그 밖에 1기압에서 발화점이 섭씨 100도 이하인 것 또는 인화점이 섭씨 영하 20도 이하이고 비점이 섭씨 40도 이하인 것을 말한다.

13) "제1석유류"라 함은 아세톤, 휘발유 그 밖에 1기압에서 인화점이 섭씨 21도 미만인 것을 말한다.

14) "알코올류"라 함은 1분자를 구성하는 탄소원자의 수가 1개부터 3개까지인 포화1가 알코올(변성알코올을 포함한다)을 말한다. 다만, 다음 각목의 1에 해당하는 것은 제외한다.
   - 1분자를 구성하는 탄소원자의 수가 1개 내지 3개의 포화1가 알코올의 함유량이 60중량퍼센트 미만인 수용액
   - 가연성액체량이 60중량퍼센트 미만이고 인화점 및 연소점(태그개방식인화점측정기에 의한 연소점을 말한다. 이하 같다)이 에틸알코올 60중량퍼센트 수용액의 인화점 및 연소점을 초과하는 것

15) "제2석유류"라 함은 등유, 경유 그 밖에 1기압에서 인화점이 섭씨 21도 이상 70도 미만인 것을 말한다. 다만, 도료류 그 밖의 물품에 있어서 가연성 액체량이 40중량퍼센트 이하이면서 인화점이 섭씨 40도 이상인 동시에 연소점이 섭씨 60도 이상인 것은 제외한다.

16) "제3석유류"라 함은 중유, 클레오소트유 그 밖에 1기압에서 인화점이 섭씨 70도 이상 섭씨 200도 미만인 것을 말한다. 다만, 도료류 그 밖의 물품은 가연성 액체량이 40중량퍼센트 이하인 것은 제외한다.

17) "제4석유류"라 함은 기어유, 실린더유 그 밖에 1기압에서 인화점이 섭씨 200도 이상 섭씨 250도 미만의 것을 말한다. 다만 도료류 그 밖의 물품은 가연성 액체량이 40중량퍼센트 이하인 것은 제외한다.

18) "동식물유류"라 함은 동물의 지육 등 또는 식물의 종자나 과육으로부터 추출한 것으로서 1기압에서 인화점이 섭씨 250도 미만인 것을 말한다. 다만, 법 제20조제1항의 규정에 의하여 안전행정부령으로 정하는 용기기준과 수납·저장기준에 따라 수납되어 저장·보관되고 용기의 외부에 물품의 통칭명, 수량 및 화기엄금(화기엄금과 동일한 의미를 갖는 표시를 포함한다)의 표시가 있는 경우를 제외한다.

19) "자기반응성물질"이라 함은 고체 또는 액체로서 폭발의 위험성 또는 가열분해의 격렬함을 판단하기 위하여 고시로 정하는 시험에서 고시로 정하는 성질과 상태를 나타내는 것을 말한다.

20) 제5류제11호의 물품에 있어서는 유기과산화물을 함유하는 것 중에서 불활성고체를 함유하는 것으로서 다음 각 목의 1에 해당하는 것은 제외한다.
   - 과산화벤조일의 함유량이 35.5중량퍼센트 미만인 것으로서 전분가루, 황산칼슘2수화물 또는 인산1수소칼슘2수화물과의 혼합물
   - 비스(4클로로벤조일)퍼옥사이드의 함유량이 30중량퍼센트 미만인 것으로서 불활성고체와의 혼합물
   - 과산화지크밀의 함유량이 40중량퍼센트 미만인 것으로서 불활성고체와의 혼합물
   - 1·4비스(2-터셔리부틸퍼옥시이소프로필)벤젠의 함유량이 40중량퍼센트 미만인 것으로서 불활성고체와의 혼합물
   - 시크로헥사놀퍼옥사이드의 함유량이 30중량퍼센트 미만인 것으로서 불활성고체와의 혼합물

21) "산화성액체"라 함은 액체로서 산화력의 잠재적인 위험성을 판단하기 위하여 고시로 정하는 시험에서 고시로 정하는 성질과 상태를 나타내는 것을 말한다.

22) 과산화수소는 그 농도가 36중량퍼센트 이상인 것에 한하며, 제21호의 성상이 있는 것으로 본다.

23) 질산은 그 비중이 1.49 이상인 것에 한하며, 제21호의 성상이 있는 것으로 본다.

24) 위 표의 성질란에 규정된 성상을 2가지 이상 포함하는 물품(이하 이 호에서 "복수성상물품"이라 한다)이 속하는 품명은 다음 각목의 1에 의한다.
  • 복수성상물품이 산화성고체의 성상 및 가연성고체의 성상을 가지는 경우 : 제2류제8호의 규정에 의한 품명
  • 복수성상물품이 산화성고체의 성상 및 자기반응성물질의 성상을 가지는 경우 : 제5류제11호의 규정에 의한 품명
  • 복수성상물품이 가연성고체의 성상과 자연발화성물질의 성상 및 금수성물질의 성상을 가지는 경우 : 제3류제12호의 규정에 의한 품명
  • 복수성상물품이 자연발화성물질의 성상, 금수성물질의 성상 및 인화성액체의 성상을 가지는 경우 : 제3류제12호의 규정에 의한 품명
  • 복수성상물품이 인화성액체의 성상 및 자기반응성물질의 성상을 가지는 경우 : 제5류제11호의 규정에 의한 품명

25) 위 표의 지정수량란에 정하는 수량이 복수로 있는 품명에 있어서는 당해 품명이 속하는 유(類)의 품명 가운데 위험성의 정도가 가장 유사한 품명의 지정수량란에 정하는 수량과 같은 수량을 당해 품명의 지정수량으로 한다. 이 경우 위험물의 위험성을 실험·비교하기 위한 기준은 고시로 정할 수 있다.

26) 동 표에 의한 위험물의 판정 또는 지정수량의 결정에 필요한 실험은 「국가표준기본법」에 의한 공인시험기관, 한국소방산업기술원, 중앙소방학교 또는 소방청장이 지정하는 기관에서 실시할 수 있다.

> **TIP** 최근들어 위험물 용어해석에서 출제횟수가 증가하고 있어요. 암기하시기 바랍니다.

(2) 행정안전부령이 정하는 것

■ 행정안전부령이 정하는 위험물 종류

유 별	품 명	지정수량	유 별	품 명	지정수량
제1류	과요오드산염류	300kg	제1류	퍼옥소이황산염류	300kg
	과요오드산	300kg		퍼옥소붕산염류	300kg
	크롬, 납 또는 요오드의 산화물	300kg	제3류	염소화규소화합물	300kg
	아질산염류	300kg	제5류	금속의 아지화합물	200kg
	차아염소산염류	50kg		질산구아니딘	200kg
	염소화이소시아눌산	300kg	제6류	할로겐간화합물	300kg

(3) 복수성상 물품 위험물

화학물질의 성질은 하나의 특정한 성질만 나타내는 것이 아니고 여러 가지 성질을 동시에 나타낼 수 있다. 예를 들어 인화성이 있으면서 자기반응성을 동시에 가지는 경우가 있을 수 있다. 이를 「위험물안전관리법」에서는 복수성상 물품이라 한다. 복수성상 물품이란 「위험물안전관리법 시행령」 별표 1의 성질 란에 규정된 성상을 2가지 이상 포함하는 물품으로 품명은 다음 각목의 1에 의한다.

① 복수성상물품이 산화성고체의 성상 및 가연성고체의 성상을 가지는 경우
  : 제2류 제8호의 규정에 의한 품명
② 복수성상물품이 산화성고체의 성상 및 자기반응성물질의 성상을 가지는 경우
  : 제5류 제11호의 규정에 의한 품명
③ 복수성상물품이 가연성고체의 성상과 자연발화성물질의 성상 및 금수성물질의 성상을 가지는 경우
  : 제3류 제12호의 규정에 의한 품명
④ 복수성상물품이 자연발화성물질의 성상, 금수성물질의 성상 및 인화성액체의 성상을 가지는 경우
  : 제3류 제12호의 규정에 의한 품명
⑤ 복수성상물품이 인화성액체의 성상 및 자기반응성물질의 성상을 가지는 경우
  : 제5류 제11호의 규정에 의한 품명

(4) 두 가지 이상의 위험물이 혼합된 위험물

같은 성질을 가지는 위험물이 두 가지 이상 혼합되어 있을 경우 위험물의 지정수량이 동일한 경우에는 문제가 없으나 다를 경우에 문제가 된다. 지정수량 란에 정하는 수량이 복수로 있는 품명에 있어서는 당해 품명이 속하는 유(類)의 품명 가운데 위험성의 정도가 가장 유사한 품명의 지정수량 란에 정하는 수량과 같은 수량을 당해 품명의 지정수량으로 한다. 이 경우 위험물의 위험성을 실험·비교하기 위한 기준은 고시로 정할 수 있다.

■ 기체, 액체, 고체 상태의 일반적 성질

성질 / 종류	기체상태	액체상태	고체상태
부피	자유롭게 변한다.	일정하다.	일정하다.
모양	어떤 그릇도 가득 채울 수 있다.	담는 그릇에 따라 모양이 변한다.	일정하다.
압축성	쉽게 압축된다.	압축되지 않는다.	압축되지 않는다.
흐름	사방으로 잘 퍼진다.	잘 흐른다.	흐르지 않는다.

■ 몇 가지 물질들의 녹는점과 끓는점

물질	녹는점(m.p /℃)	끓는점(b.p/℃)	비고
산소(O_2)	-219	-183	기체
암모니아(NH_3)	-78	-33	기체
물(H_2O)	0	100	액체
메탄올(CH_3OH)	-97.78	64.7	액체
요오드(I_2)	114	183	고체
이산화탄소(CO_2)	-78	-56	기체

(5) 위험물의 위험성 구분

인화성	가연성 증기를 발생하는 액체 또는 고체가 공기 중에 그 표면 가까이 적은 화염이 닿은 때 그 도화선이 되어 표면 근처에서 연소하기에 충분한 농도의 증기를 발생하여 불이 붙는 성질을 인화성이라 하고 이때의 최저온도를 인화점(인화온도)라고 말한다.

자연발화성	가연성 물질 또는 혼합물에 다른 화염, 전기불꽃 등의 점화원을 주지 않고 공기 또는 산소 중에서 가열한 경우 어느 시점에서 자연적으로 연소(발화 또는 폭발)가 개시되는데 이를 발화성이라 하고 발화가 일어나는 최저온도를 발화점(발화온도)이라고 말한다.
산화성	일반적으로 넓게 전자를 빼앗기는 변화 또는 그것에 따르는 화학반응을 산화라 말한다. 이에 반해 전자를 주어진 변화 또는 그것에 따르는 화학변화를 환원이라고 한다. 원래는 어느 순물질이 산소와 화합하는 것을 산화라 하고 어느 순물질이 수소를 잃는 경우도 산화에 해당한다. 탄소가 산소와 화합하여 이산화탄소로 되는 반응에서 탄소가 산화되어 탄소를 산화하는 물질을 산화성 물질 또는 산화제라고 부른다.
자기반응성	외부로부터 산소의 공급 없이도 가열, 충격 등에 의해 연소폭발을 일으킬 수 있는 성질을 말한다. 즉 이와 같은 성질을 가진 물질은 공기 중 산소를 필요로 하지 않고 분자 중에 포함되어 있는 산소에 의해 연소한다. ※ 유기과산화물 및 유기질소화합물이 자기반응성의 성질을 가지고 있다.
금수성	물과 반응하여 발화하거나 가연성가스를 발생시키는 성질을 말한다. 일반적으로 물을 소화약제로 많이 사용하는데 금수성이 있는 물질의 화재 시 물을 사용하게 되면 화재를 더욱더 키우는 역할을 하기 때문에 주의할 필요가 있으며, 금수성 물질을 이송 중 누출 사고가 발생하게 되면 주변의 논, 수로, 하천 등에 흘러 들어가게 되어 화재를 확산시키기 때문에 매우 위험하게 될 수 있다. ※ 알칼리금속류, 유기금속화합물류, 수소화합물류 등이 있다.

⑹ 위험물이 둘 이상일 경우

① 위험물이 산화성과 가연성을 동시에 가지는 경우
  : 위험물이 가지는 산화성 보다는 가연성이 더 위험한 성질로서 가연성의 성상을 가지는 것으로 본다.
② 위험물이 산화성과 자기반응성을 동시에 가지는 경우
  : 위험물이 가지는 산화성 보다는 자기반응성이 더 위험한 성질로서 자기반응성의 성상을 가지는 것으로 본다.
③ 위험물이 가연성과 자연발화성 및 금수성을 동시에 가지는 경우
  : 위험물이 가지는 가연성 보다는 자연발화성 및 금수성이 더 위험한 성질로서 자연 발화성 및 금수성의 성상을 가지는 것으로 본다.
④ 위험물이 자연발화성 및 금수성과 인화성을 동시에 가지는 경우
  : 위험물이 가지는 인화성 보다는 자연발화성 및 금수성이 더 위험한 성질로서 자연 발화성 및 금수성의 성상을 가지는 것으로 본다.
⑤ 위험물이 인화성과 자기반응성을 동시에 가지는 경우
  : 위험물이 가지는 인화성 보다는 자기반응성이 더 위험한 성질로서 자기반응성이 있는 것으로 본다.

(7) 위험물의 종류별 성상 판정시험의 종류

제1류	• 산화성 시험 : 연소시험, 대량연소시험 • 충격민감성 시험 : 낙구타격 감도시험, 철관시험
제2류	• 착화성 시험 : 작은 불꽃 착화시험 • 인화성 시험 : 인화점 측정시험
제3류	• 자연발화성 시험 • 금수성 시험 : 물과의 반응성 시험
제4류	• 인화성 시험 : 인화점 측정시험, 연소점 측정시험, 발화점 측정시험, 비점 측정시험, 동점도 측정시험, 가연성액체량 측정시험, 액상 확인시험
제5류	• 폭발성 시험 : 열분석 시험 • 가열분해성 시험 : 압력용기 시험
제6류	• 산화성 시험 : 연소시험

제 2 절 위험물 특성 및 진압방법

1 제1류 위험물(산화성고체)★★ 12년 소방장/ 18년, 20년, 22년 소방위

(1) 산화성고체란

산화성고체는 제6류 위험물 산화성액체와 더불어 <u>자신은 불연성이지만 조연성의 성질</u>이 있어서 연소속도를 빠르게 하기 때문에 위험물안전관리법상 위험물로 분류하여 관리하고 있다.

■ 산화성 고체의 종류 및 지정수량

품 명	지정수량	설 명
1. 아염소산염류	50 kg	아염소산($HClO_2$)의 수소가 금속 또는 양성원자단으로 치환된 화합물
2. 염소산염류	50 kg	염소산($HClO_3$)의 수소가 금속 또는 양성원자단으로 치환된 화합물
3. 과염소산염류	50 kg	과염소산($HClO_4$)의 수소가 금속 또는 양성원자단으로 치환된 화합물
4. 무기과산화물	50 kg	알칼리금속의 과산화물, 알칼리토금속의 과산화물 등
5. 브롬산염류	300 kg	브로민산($HBrO_3$)의 수소가 금속 또는 양성원자단으로 치환된 화합물
6. 질산염류	300 kg	질산(HNO_3)의 수소가 금속 또는 양성원자단으로 치환된 화합물
7. 요오드산염류	300 kg	아이오딘산(HIO_3)의 수소가 금속 또는 양성원자단으로 치환된 화합물
8. 과망간산염류	1,000 kg	과망가니즈산($HMnO_4$)의 수소가 금속 또는 양성원자단으로 치환된 화합물

9. 중크롬산염류	1,000 kg	다이크로뮴산($H_2Cr_2O_7$)의 수소가 금속 또는 양성원자단으로 치환된 화합물
10. 그 밖에 행정안전부령이 정하는 것	50 kg	차아염소산염류(하이포아염소산염류)
	300 kg	과요오드산염류(과아이오딘산염류) 과요오드산(과아이오딘산) 크롬, 납 또는 요오드의 산화물(크로뮴, 납 또는 아이오딘산의 산화물) 아질산염류 염소화이소시아눌산(염소화아이소사이아눌산) 퍼옥소이황산염류 퍼옥소붕산염류
11. 위의 어느 하나 이상을 함유한 것	50 kg, 300 kg 또는 1,000 kg	

일반 성질 ★	① 대부분 산소를 포함하는 무기화합물이다.(염소화이소시아눌산은 제외) ② 반응성이 커서 가열, 충격, 마찰 등으로 분해하여 O_2를 발생한다.(강산화제) ③ 자신은 불연성 물질이지만 가연성 물질의 연소를 돕는다.(지연성, 조연성) ④ 대부분 무색결정이거나 백색분말이다. ⑤ 물보다 무거우며 물에 녹는 것이 많다. 수용액은 산화성이 있다. ⑥ 조해성이 있는 것도 있다. ⑦ 단독으로 분해 폭발하는 경우는 적지만 가연물이 혼합하고 있을 때는 연소 폭발한다. ⑧ 물과 작용하여 열과 산소를 발생시키는 것도 있다.(무기과산화물, 퍼옥소붕산염류 등은 물과 반응하여 산소를 방출하고 발열한다. 특히 알칼리금속의 과산화물은 물과 급격히 반응한다.)
저장 취급	① 가열금지, 화기엄금, 직사광선차단, 충격, 타격, 마찰금지 ② 용기가 굴러 떨어지거나 넘어지지 않도록 조치할 것 ③ 공기, 습기, 물, 가연성 물질과 혼합, 혼재금지, 알칼리금속의 과산화물 및 이를 함유한 것에 있어서는 물과의 접촉금지 ④ 강산과의 접촉 및 타류 위험물과 혼재금지 ⑤ 분해촉매, 이물질과의 접촉방지, 조해성물질은 방습, 용기는 밀봉한다.
화재 진압 ★★	① 알칼리금속의 과산화물 및 이를 함유한 것은 물을 절대로 사용하여서는 안 된다. 초기단계에서 탄산수소염류 등을 사용한 분말소화기, 마른모래 또는 소화질석을 사용한 질식소화가 유효하다. ② 폭발위험이 크므로 충분한 안전거리를 확보하고 보호 장비를 착용하여야 한다. ③ 가연물과 격리하는 것이 우선이며, 격리가 곤란한 경우, 물과 급격히 반응하지 않는 것은 다량의 물로 냉각소화가 가능하다. ④ 소화잔수도 산화성이 있으므로 오염 건조된 가연물은 발화할 수 있다.

❷ 제2류 위험물(가연성고체)★★ 15년, 18년, 20년, 22년 소방위

⑴ 가연성고체란

① 가연성고체는 다른 가연물에 비해 <u>착화온도가 낮아 저온에서 발화가 용이하며 연소속도가 빠르고 연소 시 다량의 빛과 열을 발생한다.</u> 일부 가연성 고체류에 대해서는 입자의 크기에 대한 규정이 있는데 이것은 큰 덩어리로 되어 있을 경우에는 화재의 위험이 적지만, 미세한 가루 또는 박 모양일 경우 산화 표면적의 증가로 공기와 혼합 및 열전도가 적어 열의 축적이 쉬워져 발화의 위험성이 증가하기 때문이다.

② 일반적으로 입자의 크기가 작은 분말 상태일 때 연소 위험성이 증가하는 이유로는 표면적의 증가로 반응면적이 증가하기 때문이며, 입자가 적기 때문에 입자 표면으로부터 내부까지 열이 전달되는 거리가 짧아서 열의 축척이 쉬워져 착화온도 또는 발화온도까지 빠르게 증가할 수 있기 때문이다.

③ 그 밖에도 보온성의 증가로 인한 분진운의 형성, 수광면의 증가로 인한 복사선의 흡수율 증가, 대전성의 증가로 인한 정전기의 발생 등이 있다.

■ 가연성 고체의 종류 및 지정수량

품 명	지정수량	설 명
1. 황화린	100kg	황(S)과 적린(P)의 화합물, 삼황화인(P4S3), 오황화인(P2S5), 칠황화인(P4S7)
2. 적 린	100kg	성냥의 원료인 붉은인(P)
3. 유 황	100kg	순도가 60 wt% 이상인 황(S)
4. 철 분	500kg	철의 분말(Fe), (53 ㎛의 표준체를 통과하는 것이 50 wt% 이상인 것)
5. 금속분	500kg	알칼리금속·알칼리토금속·철·마그네슘 외의 금속분말 (구리분·니켈분 및 150 ㎛의 체를 통과하는 것이 50 wt% 미만인 것은 제외)
6. 마그네슘	500kg	Mg(2㎜의 체를 통과하지 아니하는 덩어리 상태의 것과 직경 2㎜ 이상의 막대 모양의 것은 제외)
7. 그 밖에 행정안전부령이 정하는 것	100kg 또는 500kg	
8. 위의 어느 하나 이상을 함유한 것		
9. 인화성고체	1,000kg	고형알코올, 1기압에서 인화점이 40 ℃ 미만인 고체

일반 성질 ★	① 비교적 낮은 온도에서 착화하기 쉽고, 연소속도가 빠르며 연소열이 큰 고체이다. ② 모두 산소를 함유하고 있지 않은 강한 환원성 물질이다. ③ 산소화의 결합이 용이하고 저농도의 산소 하에서도 잘 연소한다. ④ 철분, 금속분, 마그네슘은 물과 산의 접촉으로 수소가스를 발생하고 발열한다. 특히, 금속분은 습기와 접촉할 때 조건이 맞으면 자연발화의 위험이 있다. ⑤ 대부분 비중이 1보다 크며 물에 녹지 않는다. ⑥ 산화제와 혼합한 것은 가열, 충격, 마찰에 의해 발화 또는 폭발위험이 있다. ⑦ 유황가루, 철분, 금속분은 밀폐된 공간 내에서 부유할 때 분진폭발의 위험이 있다. ⑧ 연소 시 다량의 유독가스를 발생하고 금속분 화재인 경우 물을 뿌리면 오히려 수소가스가 발생하여 2차 재해를 가져온다.
저장 취급	① 화기엄금, 가열엄금, 고온체와 접촉방지 ② 강산화성 물질(제1류 위험물 또는 제6류 위험물)과 혼합을 피한다. ③ 철분, 금속분, 마그네슘분의 경우는 물 또는 묽은 산과의 접촉을 피한다. ④ 저장용기를 밀폐하고 위험물의 누출을 방지하여 통풍이 잘 되는 냉암소(冷暗所)에 저장한다.
화재 진압 ★★	① 황화인은 CO_2, 마른 모래, 건조분말에 의한 질식소화를 한다. ② 철분, 금속분, 마그네슘은 마른 모래, 건조분말, 금속화재용 분말 소화약제를 사용하여 질식 소화한다. ③ 적린, 유황, 인화성 고체는 물을 이용한 냉각소화가 적당하다. ④ 다량의 열과 유독성의 연기를 발생하므로 반드시 방호복과 공기호흡기를 착용하여야 한다. ⑤ 분진폭발이 우려되는 경우는 충분히 안전거리를 확보한다.

3 제3류 위험물(자연발화성 물질 및 금수성 물질)* 20년, 22년 소방위

(1) 자연발화성 및 금수성 물질이란

자연발화성물질이란 공기 중에서 발화의 위험성이 있는 것을 말하고, 금수성 물질이란 물과 접촉하여 발화하거나 가연성 가스를 발생시킬 위험성이 있는 물질을 말한다. 대부분 자연발화성과 금수성을 모두 갖고 있으나 황린은 금수성이 없는 자연발화성 물질이며, 알칼리금속(K, Na 제외)과 알칼리토금속은 자연발화성이 없는 금수성 물질이다.

■ 산화성 고체의 종류 및 지정수량* 16년, 18년 소방장

품 명	지정수량	설 명
1. 칼륨	10kg	K
2. 나트륨	10kg	Na
3. 알킬알루미늄	10kg	알킬기 (CnH_2n+1, R)와 알루미늄(Al)의 화합물
4. 알킬리튬	10kg	알킬기 (CnH_2n+1, R)와 리튬(Li)의 화합물
5. 황린	20kg	P_4

6. 알칼리금속 및 알칼리토 금속 (나트륨, 칼륨, 마그네슘은 제외)	50kg	Li, Rb, Cs, Fr, Be, Ca, Sr, Ba, Ra
7. 유기금속화합물(알킬알루미늄 및 알킬리튬은 제외)	50kg	알킬기(CnH_2n+1)와 아닐기(C_6H_5-)등 탄화수소와 금속 원자가 결합된 화합물, 즉, 탄소-금속 사이에 치환결합을 갖는 화합물
8. 금속의 수소화물	300kg	수소(H)와 금속원소의 화합물
9. 금속의 인화물	300kg	인(P)과 금속원소의 화합물
10. 칼슘 또는 알루미늄의 탄화물	300kg	칼슘(Ca)의 탄화물 또는 알루미늄(Al)의 탄화물
11. 그 밖에 행정안전부령이 정하는 것	300kg	염소화규소화합물(염화규소)
12. 위의 어느 하나 이상을 함유한 것	10kg, 20kg, 50kg, 또는 300kg	

일반 성질 ★★	① 무기 화합물과 유기 화합물로 구성되어 있다. ② 대부분이 고체이다.(단, 알킬알루미늄, 알킬리튬은 고체 또는 액체이다) ③ 칼륨(K), 나트륨(Na), 알킬알루미늄(RAl), 알킬리튬(RLi)을 제외하고 물보다 무겁다. ④ 물과 반응하여 가연성가스를 발생한다.(황린 제외) ⑤ 칼륨, 나트륨, 알칼리금속, 알칼리토금속은 보호액(석유)속에 보관한다. ⑥ 알킬알루미늄, 알킬리튬은 물 또는 공기와 접촉하면 폭발한다.(헥산 속에 저장) ⑦ 황린은 공기와 접촉하면 자연발화한다.(pH9의 물 속에 저장) ⑧ 가열 또는 강산화성 물질, 강산류와 접촉으로 위험성이 증가한다.
정장 취급	① 용기는 완전히 밀폐하고 공기 또는 물과의 접촉을 방지하여야 한다. ② 제1류 위험물, 제6류 위험물 등 산화성 물질과 강산류와의 접촉을 방지한다. ③ 용기가 가열되지 않도록 하고 보호액에 들어있는 것은 용기 밖으로 누출되지 않도록 한다. ④ 알킬알루미늄, 알킬리튬, 유기금속화합물은 화기를 엄금하고 용기내압이 상승하지 않도록 한다. ⑤ 황린은 저장액인 물의 증발 또는 용기파손에 의한 물의 누출을 방지하여야 한다.
화재 진압 ★★	① 절대로 물을 사용하여서는 안 된다.(황린 제외) ② 화재 시에는 화원의 진압보다는 연소확대 방지에 주력해야 한다. ③ 마른모래, 팽창질석, 팽창진주암, 건조석회(생석회, CaO)로 상황에 따라 조심스럽게 질식 소화한다. ④ 금속화재용 분말 소화약제에 의한 질식소화를 한다.

4 제4류 위험물(인화성액체)* 20년, 22년 소방위

(1) 인화성액체란

인화성액체란 액체로서 인화의 위험성이 있는 것을 말한다. 인화의 위험성이란 액체가 온도 상승에 의해 증기가 발생하게 되고 증기가 점화원에 의해 순간 연소하는 현상을 말하는 것으로 인화의 위험성을 판단하기 위한 시험방법으로는 태그 밀폐식, 신속평형법, 펜스키마텐스 밀폐식, 클리브랜드 개방식 등이 있다.

▣ 인화성 액체의 종류 및 지정수량

품 명		지정수량	설 명
1. 특수인화물		50 L	− 이황화탄소, 디에틸에테르(다이에틸에터) − 1기압에서 발화점이 100 ℃ 이하인 것 − 1기압에서 인화점이 −20 ℃ 이하이고, 끓는점이 40 ℃ 이하인 것
2. 제1석유류	비수용성	200 L	− 아세톤, 휘발유 − 1기압에서 인화점이 21 ℃ 미만인 것
	수용성	400 L	
3. 알코올류		400 L	− 1분자를 구성하는 탄소원자의 수가 1~3개 까지인 포화1가 알코올 − 변성알코올
4. 제2석유류	비수용성	1,000 L	− 등유, 경유 − 1기압에서 인화점이 21 ℃ 이상 70 ℃ 미만인 것
	수용성	2,000 L	
5. 제3석유류	비수용성	2,000 L	− 중유, 클레오소트유 − 1기압에서 인화점이 70 ℃ 이상 200 ℃ 미만인 것
	수용성	4,000 L	
6. 제4석유류		6,000 L	− 기어유, 실린더유 − 1기압에서 인화점이 2 00℃ 이상 250 ℃ 미만인 것
7. 동식물유류		10,000 L	− 동물의 지육 등 또는 식물의 종자나 과육으로부터 추출한 것으로서 1기압에서 인화점이 250 ℃ 미만인 것

일반 성질 ★	① 물보다 가볍고 물에 녹지 않는 것이 많다. ② 대부분 유기 화합물이다. ③ 발생증기는 가연성이며 대부분의 증기비중은 공기보다 무겁다. ④ 발생증기는 연소하한계의 증기농도가 낮아(1~2 vol%) 매우 인화하기 쉽다. ⑤ 인화점, 발화점이 낮은 것은 위험성이 높다. ⑥ 전기의 불량도체로서 정전기의 축적이 용이하고 이것이 점화원이 되는 때가 많다. ⑦ 유동하는 액체화재는 연소 확대의 위험이 있고 소화가 곤란하다. ⑧ 대량 연소 시 다량의 복사열, 대류열로 인하여 열전달이 이루어져 화재가 확대된다. ⑨ 비교적 발화점이 낮고 폭발위험성이 공존한다.
저장 취급	① 화기 또는 가열을 피하며, 고온체와의 접근을 방지하여야 한다. ② 낮은 온도를 유지하고 찬 곳에 저장한다. ③ 직사광선을 차단하고 통풍과 발생증기의 배출에 노력한다. ④ 용기, 탱크, 취급시설 등에서 누출을 방지하여야 한다. ⑤ 정전기의 발생·축적·스파크 발생을 억제하여야 한다. ⑥ 인화점이 낮은 석유류에는 불연성가스를 봉입하여 혼합기체의 형성을 억제하여야 한다.
화재 진압 ★	① 수용성과 비수용성, 물보다 무거운 것과 물보다 가벼운 것으로 구분하여 진압에 용이한 방법과 연계하는 것이 좋다. ② 초기화재− CO_2, 포, 물분무, 분말, 할론 ③ 소규모화재− CO_2, 포, 물분무, 분말, 할론 ④ 대규모화재− 포에 의한 질식소화 ⑤ 수용성 석유류의 화재− 알코올형포, 다량의 물로 희석소화 ⑥ 물보다 무거운 석유류의 화재− 석유류의 유동을 일으키지 않고 물로 피복하여 질식소화 가능, 직접적인 물에 의한 냉각소화는 적당하지 않다. ⑦ 대량 화재의 경우 복사열로 인해 접근이 곤란하므로 충분한 안전거리를 확보한다. ⑧ 대형 tank의 화재 시는 boil over, slope over등 유류화재의 이상현상에 대비하여 신중한 작전이 요구된다.

5 제5류 위험물(자기반응성 물질)★★ 13년, 15년 소방장/ 18년 소방장, 소방위

(1) 자기반응성 물질이란

자기반응성물질(self reactive substances)이라 함은 고체 또는 액체로서 폭발의 위험성 또는 가열분해의 격렬함을 판단하기 위하여 고시로 정하는 시험에서 고시로 정하는 성질과 상태를 나타내는 것을 말한다. 분자내 연소를 하는 물질로서 외부로부터 산소의 공급 없이도 연소, 폭발할 수 있는 물질이다.

■ 자기반응성 물질의 종류 및 지정수량

품 명	지정수량	설 명
1. 유기과산화물	10 kg	과산화기(-O-O-)를 가진 유기 화합물
2. 질산에스테르류	10 kg	질산(HNO_3)의 수소가 알킬기로 치환된 형태의 화합물
3. 니트로화합물	200 kg	나이트로기(-NO_2)를 가진 유기 화합물
4. 니트로소화합물	200 kg	나이트로소기(-NO)를 가진 유기 화합물
5. 아조화합물	200 kg	아조기(-N=N-)를 가진 유기 화합물
6. 디아조화합물	200 kg	다이아조기(=N_2)를 가진 유기 화합물
7. 히드라진 유도체	200 kg	하이드라진(N_2H_4)으로부터 유도된 화합물
8. 히드록실아민	100 kg	하이드록실아민(NH_2OH)
9. 히드록실아민염류	100 kg	하이드록실아민(NH_2OH)과 산의 화합물
10. 그 밖에 행정안전부령이 정하는 것	200 kg	금속의 아지화합물-금속과 N_3와의 화합물(금속의 삼질소화합물) 질산구아니딘-질산(HNO_3)과 구아니딘($C(NH)(NH_2)_2$)의 화합물
11. 위의 어느 하나 이상을 함유한 것	10 kg, 100 kg 또는 200 kg	

일반 성질	① 대부분 유기 화합물이며 유기과산화물을 제외하고는 질소를 함유한 유기 질소 화합물이다.(하이드라진 유도체는 무기 화합물) ② 모두 가연성의 액체 또는 고체물질이고 연소할 때는 다량의 유독가스를 발생한다. ③ 대부분이 물에 잘 녹지 않으며 물과 반응하지 않는다. ④ 분자 내에 산소를 함유(조연성)하므로 스스로 연소할 수 있다. ⑤ 연소속도가 대단히 빨라서 폭발성이 있다. 화약, 폭약의 원료로 많이 쓰인다. ⑥ 불안정한 물질로서 공기 중 장기간 저장 시 분해하여 분해열이 축적되는 분위기에서는 자연발화의 위험이 있다. ⑦ 가열, 충격, 타격, 마찰에 민감하며 강산화제 또는 강산류와 접촉 시 위험성이 현저히 증가한다. ⑧ 유기과산화물은 구조가 독특하며 매우 불안정한 물질로서 농도가 높은 것은 가열, 직사광선, 충격, 마찰에 의해 폭발한다.

저장 취급	① 잠재적 위험성이 크고 그 결과는 폭발로 이어지는 것이 많으므로 사전안전조치가 중요하다. ② 화염, 불꽃 등 점화원의 엄격한 통제 및 기계적인 충격, 마찰, 타격 등을 사전에 피한다. ③ 직사광선의 차단, 강산화제, 강산류와의 접촉을 방지한다. ④ 가급적 작게 나누어서 저장하고 용기파손 및 위험물의 누출을 방지한다. ⑤ 안정제(용제 등)가 함유되어 있는 것은 안정제의 증발을 막고 증발되었을 때는 즉시 보충한다.
화재 진압 ★★	① 자기반응성 물질이기 때문에 CO_2, 분말, 하론, 포 등에 의한 질식소화는 효과가 없으며, 다량의 물로 냉각소화하는 것이 적당하다. ② 초기화재 또는 소량화재 시에는 분말로 일시에 화염을 제거하여 소화할 수 있으나 재발화가 염려되므로 결국 최종적으로는 물로 냉각소화하여야 한다. ③ 화재 시 폭발위험이 상존하므로 충분히 안전거리를 유지하고 접근 시에는 엄폐물을 이용하며 방수 시에는 무인방수포 등을 이용한다. ④ 밀폐공간 내에서 화재발생 시에는 반드시 공기호흡기를 착용하여 질식되는 일이 없도록 한다.

6 제6류 위험물(산화성 액체)★ 18년 소방위

(1) 산화성 액체란

산화성액체란 제1류 위험물 산화성고체와 더불어 자신은 불연성이지만 조연성의 성질이 있어서 연소속도를 빠르게 하기 때문에 위험물안전관리법상 위험물로 분류하여 관리하고 있다. 일반적으로 산화성 액체는 산화성고체보다 더 위험하다고 할 수 있는데 이는 산화성액체는 그 자체가 점화원이 될 수 있고 액체상이기 때문이다.

■ 산화성 액체의 종류 및 지정수량

품 명	지정수량	설 명
1. 과염소산	300 kg	$HClO_4$
2. 과산화수소	300 kg	H_2O_2, 농도가 36 wt% 이상인 것
3. 질산	300 kg	HNO_3, 비중이 1.49 이상인 것
4. 그 밖에 행정안전부령이 정하는 것	300 kg	할로겐간화합물(할로젠간화합물)
5. 위의 어느 하나 이상을 함유한 것	300 kg	

일반 성질	① 모두 불연성 물질이지만 다른 물질의 연소를 돕는 산화성·지연성 액체이다. ② 산소를 많이 함유하고 있으며(할로겐간화합물은 제외) 물보다 무겁고 물에 잘 녹는다. ③ 증기는 유독하며(과산화수소 제외) 피부와 접촉 시 점막을 부식시키는 유독성·부식성 물질이다. ④ 염기와 반응하거나 물과 접촉할 때 발열한다. ⑤ 강산화성 물질(제1류 위험물)과 접촉 시 발열하고 폭발하며 이때 가연성 물질이 혼재되어 있으면 혼촉발화의 위험이 있다.

저장 취급	① 용기의 파손, 변형, 전도 방지 ② 용기 내 물, 습기의 침투 방지 ③ 가연성 물질, 강산화제, 강산류와의 접촉 방지 ④ 가열에 의한 유독성가스의 발생 방지
화재 진압 ★	① 화재 시 가연물과 격리한다. ② <u>소량화재는 다량의 물로 희석할 수 있지만 원칙적으로 물을 사용하지 말아야 한다.</u> ③ 유출 시 마른 모래나 중화제로 처리한다. ④ 화재진압 시는 공기호흡기, 방호의, 고무장갑, 고무장화 등 보호장구는 반드시 착용한다.

TIP 1~6류까지 일반성질과 화재진압방법에 대해 암기하시고, 특히! 3류의 물과의 반응, 4류의 포소화약제, 5류의 자기반응성물질의 진압방법에 대해서 숙지하시기 바랍니다.

제 3 절　위험물 사고 대응요령

현장 도착전 파악	위험물사고 발생 시 현장도착 전까지 사고 발생과 관련하여 파악 할 수 있는 모든 정보를 사전에 파악하는 것이 중요하다. ① 누출된 물질명이 무엇인지 알아야 한다. ② 누출된 물질의 사고대응요령을 파악한다. ③ 바람의 방향을 파악한다.
현장 접근	① 위험물 사고 현장에 접근할 때는 가능한 한 천천히 그리고 조심스럽게 높은 곳으로부터 바람이 불어오는 쪽에서 접근하여야 한다. ② 바람을 등에 지고 낮은 쪽으로 움직여야 한다는 것이다. 또한 연기, 증기운, 화재 또는 폭발음 등의 현장 상황에 주의하고, 잔디 또는 나무, 새 또는 다른 동물들이 죽어 있는지 확인한다.
현장 보안	① 현장에 들어가지 말고 현장을 고립시킨다. ② 인명 및 주위환경의 안전을 확보한다. ③ 현장에 인명출입을 통제한다. ④ 장비를 옮기거나 철수를 위한 공간을 확보한다.

1 위험성 확인

사고와 관련된 위험물의 어떤 위험성이 있는 것인지 현장상황으로부터 파악하여야 한다. 위험물의 위험성을 판단할 수 있는 몇 가지 단서를 알아보면 다음과 같다.

감각 이용(조심스럽게)	많은 위험물질은 냄새를 가지고 있거나 식별 가능한 증기운을 발생한다. 몇몇 물질들은 매우 낮은 또는 무독성의 수준에서 냄새로서 식별할 수 있고, 어떤 물질들은 냄새 없이도 치명적일 수 있다. 만일 냄새가 난다면 이미 너무 가깝게 접근했을 수 있으며 퇴각할 필요가 있다.

사고현장의 용도 이용	건물의 형태에 따라서 어떤 종류의 물질이 있을 거라고 예측할 수 있다. 예를 들어 헛간 등에는 살충제나 제초제 등이 있을 수 있다. 제조시설에는 다양한 종류의 솔벤트가 있기 쉽다.
컨테이너의 형태	컨테이너가 사고에 포함 되어 있다면 그 형태가 내용물에 대한 단서를 제공할 것이다.
용기, 건물 또는 시설에 붙어 있는 표지판	위험물을 저장하는 시설이나 탱크 등은 표지판을 부착하도록 되어 있다. 이러한 표지판을 이용하면 유해화학물질의 종류를 파악하는데 단서를 제공할 것이다. 이러한 표지판은 가능한 최대한 거리를 두고 확인하여야 한다. 따라서 초기 대응자는 망원경을 휴대할 필요가 있다.
유해화학물질과 관련한 서류	이송 중일 경우 선적서류 등에서 사고 관련 물질에 대한 정보를 얻을 수 있고, 고정 시설의 경우 비치되어 있는 MSDS(Material Safety Data Sheets)를 이용하면 관련 정보를 얻을 수 있다.

상황 평가	다음과 같은 사항을 고려하여 현재 위험물사고의 상황평가를 실시하여야 한다. ① 화재, 누출여부 ② 기후조건 ③ 지형 ④ 위험에 처한 것이 무엇인지(사람, 재산, 환경) ⑤ 인명대피가 필요한지 ⑥ 방유제의 설치가 필요한지[어떤 자원(사람, 장비)이 필요하고 쉽게 구할 수 있는지]
도움요청	종합상황실에 연락하여 관련 전문기관의 전문가의 도움을 요청하여야 한다.
진입 결정	① 인명구조, 재산 및 환경보호를 위한 모든 노력들은 대원이 사고를 당할 가능성과 비교 검토하여 결정하여야 한다. ② 적절한 보호장구를 갖춘 경우에만 진입한다.

2 사고대응

위험의 누출만 있을 경우	① 초기 대응자는 누출된 위험물이 하수구나 배수로를 통해 요염이 확산되는 것을 방지하기 위해 방유제를 쌓거나 유체의 흐름을 차단하는 등의 조치를 해야 한다. ② 이는 사람에게 노출되는 것을 방지하기 위해 누출된 유체가 흘러가기 전에 해야 하고, 위험하지 않을 경우에만 해야 한다. ③ 가스의 제거를 위해 무인관창을 이용한 물분무 등으로 증기운을 억제할 수 있을 것이다. ④ 특히 독성 유증기가 대량 누출됐을 경우 누출장소의 바람의 하류 방향 또는 낮은 쪽의 사람들을 집안에 있게 하거나 대피를 고려하여야 한다.
누출 및 화재발생	① 모든 대원의 임무가 미리 논의 되어져야 하고 화재를 진압할 것인 지 여부 및 어떻게 진압할 것인지도 결정되어져야 한다. ② 연소생성물이 누출된 화학물질의 덜 유해하다면 최선의 방호책은 타도록 내버려 두는 것이다. 가능한 모든 요소들을 저울질 하여 부하직원과 지역 주민의 위험을 최소화하는 길을 택해야 한다. ③ 폼(foam)은 많은 인화성 액체의 화재를 진압하고 증기발생을 억제하는데 효과적이다. ④ 물과 반응하는 물질에는 폼을 사용하는 것이 바람직하지 않다.

⑤ 만일 폼을 이용해서 화재를 진압코자 할 경우에는 진압에 임하기 전에 충분한 폼이 현장에 있는지 반드시 확인해야 한다.

⑥ 이산화탄소와 분말소화약제는 많은 화학물질에 효과적이다.

⑦ 이산화탄소나 할론은 밀폐된 장소에서 진화에 매우 효과적이나 진압요원을 질식시킬 우려가 있다.

⑧ 무인관창에 의한 물분무는 증기발생을 억제하는데 효과적이다.

⑨ 많은 액체탱크는 가열 됐을 때 BLEVE 또는 폭발할 수 있다.

⑩ BLEVE시 탱크의 조각은 먼 거리까지 날아 갈 수 있다. 이러한 탱크조각의 방향은 예측할 수 없으며 탱크의 부분에 따라 다르다.

⑪ 물질안전보건자료(MSDS)를 사용할 수 있다면 이는 가장 좋은 물질에 대한 정보를 제공할 것이다.

⑫ 사고발생지점의 희생자를 구조할 것인지 여부를 결정하는 것은 어려운 일이다. 위험물질과 관련하여 고도의 훈련을 받았거나 화학 보호복이 없다면 구조하지 말아야 한다. 일반적인 방화복은 위험물질 사고로부터 자신을 보호할 수 없다.

PART
02
소화약제 이론 (소방교 제외)

🚨 Check

① 알칼리금속의 과산화물 및 이를 함유한 것은 물을 절대로 사용하여서는 안 된다.

② 황화인은 CO_2, 마른 모래, 건조분말에 의한 질식소화를 한다.

③ 제3류는 황린을 제외하고 절대로 물을 사용하여서는 안 된다.

④ (   )은 자기반응성 물질이기 때문에 CO_2, 분말, 할론, 포 등에 의한 질식소화는 효과가 없으며, 다량의 물로 냉각 소화하는 것이 적당하다.

제4절 위험물 분류 및 표지기준(GHS)

1 GHS란 무엇인가?

GHS란, 화학물질 분류표지에 관한 세계조화 시스템(Globally Harmonized System on Classification and Labeling for Chemicals)으로써, 전 세계적으로 통일된 분류기준에 따라 화학물질의 유해위험성을 분류하고, 통일된 형태의 경고표지 및 MSDS로 정보를 전달하는 방법을 말한다.

2 주요내용 및 표시방법

구 분	주요내용	비 고
유해 위험성 분류	○ 29개 항목 　- 물리적 위험성(16개) : 폭발성 물질 또는 화약류, 인화성 가스, 인화성 에어로졸, 산화성 가스, 고압가스, 인화성 액체, 인화성 고체, 자기반응성 물질, 자연발화성 액체, 자연발화성 고체, 자기발열성 물질, 물 반응성 물질, 산화성 액체, 산화성 고체, 유기과산화물, 금속부식성 물질, 둔감화된 폭발성 물질 　- 건강 유해성(10개) : 급성독성, 피부 부식성 또는 자극성, 심한 눈 손상 또는 눈 자극성, 호흡기 또는 피부과민성, 생식세포 변이원성, 발암성, 생식독성, 특정 표적장기 독성(1회 노출), 특정표적장 기독성(반복 노출), 흡인유해성 물질 　- 환경 유해성(2개) : 수생환경 유해성 물질, 오존층 유해물질	제3조 및 제5조 제1항 별표3
경 고 표 지	○ 6개정보 : 제품정보, 그림문자, 신호어, 유해·위험문구(H-Code), 예방조치문구(P-Code), 공급자 정보 　- 경고표지에는 다음 각 호의 항목을 포함 　　• 제품정보 : 물질명 또는 제품명, 함량 등에 관한 정보 　　• 그림문자 : 분류기준에 따라 위험성의 내용을 나타내는 그림 　　• 신호어 : 위험성의 심각성 정도에 따라 표시하는 "위험" 또는 "경고"로 표시하는 문구 　　• 유해·위험 문구(H-CODE) : 분류기준에 따라 위험성을 알리는 문구 　　• 예방조치 문구(P-CODE) : 화학물질에 노출되거나 부적절한 저장·취급 등으로 발생하는 위험성을 방지하거나 최소화하기 위한 권고조치를 명시한 문구 　　• 공급자 정보 : 제조자 또는 공급자의 명칭, 연락처 등에 관한 정보	제4조 제1항 별표1
표지부착 방법	○ 단일 용기·포장과 이중 용기·포장으로 구분 　- 운송그림문자의 우선 적용 표시, 운송과 조합한 표시도 가능토록 규정 　- 전체크기 및 그림문자 크기를 탄력적으로 조정 가능 　- 색상 : 바탕은 백색으로, 문자와 테두리는 흑색으로 하되, 용기의 표면을 바탕색으로 사용할 수 있다. 다만, 바탕색이 흑색에 가까운 경우 문자와 테두리를 바탕색과 대비되는 색상	제4조 제5항 별표2

3 표시방법 * 21년 소방장, 소방위

구 분	표시방법		구 분	표시방법	
1. 폭발성물질 또는 화약류	폭탄의 폭발 (Exploding bomb)		5. 고압가스	가스실린더	
	신호어	위험/경고		신호어	경고
2. 인화성가스 6. 인화성액체 7. 인화성고체 13.인화성에어로졸	불꽃(Flame)		8. 자기 반응성 물질 및 혼합물 15. 유기과산화물	폭탄의 폭발과 불꽃	
	신호어	위험/경고		신호어	위험/경고
11. 자기발열성 물질 및 혼합물 12. 물반응성 물질 및 혼합물	불꽃(Flame)		9. 자연발화성 액체 10. 자연발화성 고체	불꽃(Flame)	
	신호어	위험/경고		신호어	위험
4. 산화성가스 13. 산화성액체 14. 산화성고체	원위의 불꽃 (Flame over circle)		16. 금속부식성물질	부식성 (Corrosion)	
	신호어	위험/경고		신호어	경고

PART 02 소화약제 등 (소방교 제외)

※ 황린의 경고표지 (예시)

황린
(Yellow Phosphorus)

위험
공기에 노출되면 자연발화

• 예방조치문구
　예방 : 열·스파크·화염·고열로부터 멀리하시오
　　– 금연
　　　공기에 접촉시키지 마시오.
　　　보호장갑·보호의·보안경·안면보호구를 착용하시오.
　　　대응 : 피부로부터 입자상 물질을 털어내고, 차가운 물에 담그거나 젖은 붕대로 감싸시오.
　　　화재 시 불을 끄기 위해 소화기를 사용하시오.
　　저장 : 발열성이 있으므로 저온으로 보관하시오
　　폐기 : 없음
• 공급자 정보 : ○○화학, 경기도○○시
　　　　　　　　○○동 ○○○번지 ☎(031)000–0000

TIP 　최근에는 위험표지 파일을 올려서 출제가 되고 있습니다. 위험경고 내용을 기억하세요.

위험물 성상 및 진압이론

03 기출 및 예상문제

01 1류 위험물 중 성질이 다른 하나는?

① 물보다 가벼움
② 대부분 무색결정, 백색분말
③ 지연성 및 지연성
④ 대부분 무기화합물

해설 제1류 위험물 일반성질★★★ 12년 소방장/ 20년 소방위
① 대부분 산소를 포함하는 무기화합물이다.(염소화이소시아눌산은 제외)
② 반응성이 커서 가열, 충격, 마찰 등으로 분해하여 O_2를 발생한다.
③ 자신은 불연성 물질이지만 가연성 물질의 연소를 돕는다.(지연성, 조연성)
④ 대부분 무색결정이거나 백색분말이다.
⑤ 물보다 무거우며 물에 녹는 것이 많다. 수용액에서도 산화성이 있다.
⑥ 조해성이 있는 것도 있다.
⑦ 단독으로 분해 폭발하는 경우는 적지만 가연물이 혼합하고 있을 때는 연소 폭발한다.
⑧ 물과 작용하여 열과 산소를 발생시키는 것도 있다.(무기과산화물, 퍼옥소붕산염류 등은 물과 반응하여 산소를 방출하고 발열한다. 특히 알칼리금속의 과산화물은 물과 급격히 반응한다.)

02 "제2류 위험물의 일반성질"이 아닌 것은?

① 대부분 비중이 1보다 작으며 물에 녹는다.
② 모두 산소를 함유하고 있지 않은 강한 환원성 물질이다.
③ 산화제와 혼합한 것은 가열, 충격, 마찰에 의해 발화 또는 폭발위험이 있다.
④ 비교적 낮은 온도에서 착화하기 쉽고, 연소속도가 빠르며 연소열이 큰 고체이다.

해설 제2류 위험물의 일반적 성질★ 20년 소방위
① 비교적 낮은 온도에서 착화하기 쉽고, 연소속도가 빠르며 연소열이 큰 고체이다.
② 모두 산소를 함유하고 있지 않은 강한 환원성 물질이다.
③ 산화의 결합이 용이하고 저농도의 산소 하에서도 잘 연소한다.
④ 철분, 금속분, 마그네슘은 물과 산의 접촉으로 수소가스를 발생하고 발열한다. 특히, 금속분은 습기와 접촉할 때 조건이 맞으면 자연발화의 위험이 있다.
⑤ 대부분 비중이 1보다 크며 물에 녹지 않는다.
⑥ 산화제와 혼합한 것은 가열, 충격, 마찰에 의해 발화 또는 폭발위험이 있다.
⑦ 유황가루, 철분, 금속분은 밀폐된 공간 내에서 부유할 때 분진폭발의 위험이 있다.
⑧ 연소 시 다량의 유독가스를 발생하고 금속분 화재인 경우 물을 뿌리면 오히려 수소가스가 발생하여 2차 재해를 가져온다.

03 다음 중 물을 이용한 냉각소화가 가능한 것은?

① 알칼리금속의 과산화물
② 철분, 금속분, 마그네슘
③ 황화인
④ 적린, 유황, 인화성고체

정답 **01.** ① **02.** ① **03.** ④

해설 **류별 소화방법*** 22년 소방위

① 알칼리금속 과산화물에의 방수는 절대엄금이다.
② 철분, 금속분, 마그네슘은 마른모래, 건조분말, 금속화재용 분말, 소화약제를 사용하여 질식 소화한다.
③ 수용성 석유류의 화재−알코올형포, 다량의 물로 희석소화
④ 적린, 유황, 인화성고체는 물을 이용한 냉각소화가 적당하다.

04 다음 위험물 용어에 대한 설명으로 잘못된 것은?

① "산화성고체"라 함은 고체[액체(1기압 및 섭씨 20도에서 액상인 것 또는 섭씨 20도 초과 섭씨 40도 이하에서 액상인 것을 말한다.

② 유황은 순도가 60중량퍼센트 이상인 것을 말한다. 이 경우 순도측정에 있어서 불순물은 활석 등 불연성물질과 수분에 한한다.

③ "철분"이라 함은 철의 분말로서 150마이크로미터의 표준체를 통과하는 것이 50중량퍼센트 미만인 것은 제외한다.

④ "특수인화물"이라 함은 이황화탄소, 디에틸에테르 그 밖에 1기압에서 발화점이 섭씨 100도 이하인 것 또는 인화점이 섭씨 영하 20도 이하이고 비점이 섭씨 40도 이하인 것을 말한다.

해설 **위험물 용어해설**** 22년 소방장

㉠ "철분"이라 함은 철의 분말로서 53마이크로미터의 표준체를 통과하는 것이 50중량퍼센트 미만인 것은 제외한다.*
㉡ "금속분"이라 함은 알칼리금속·알칼리토류금속·철 및 마그네슘외의 금속의 분말을 말하고, 구리분·니켈분 및 150마이크로미터의 체를 통과하는 것이 50중량퍼센트 미만인 것은 제외한다.

05 위험물 분류에서 다음 내용과 관계 깊은 것은?

> 화염에 의해 착화하기 쉬운 고체 또는 비교적 낮은 온도(섭씨 40도 미만)에서 인화하기 쉬운 고체로서 발화하기 쉽고, 연소가 빨라 소화가 곤란한 물질이다.

① 제1류 산화성 고체   ② 제2류 가연성 고체
③ 제3류 자연발화성 및 금수성   ④ 제5류 자기반응성

해설 **제2류 위험물 (가연성고체)**

화염에 의해 착화하기 쉬운 고체 또는 비교적 낮은 온도(섭씨 40도 미만)에서 인화하기 쉬운 고체로서 발화하기 쉽고, 연소가 빨라 소화가 곤란한 물질이다.

정답 **04.** ③   **05.** ②

06 제3류 위험물에 대한 소화방법으로 옳지 않는 것은?

① 금속화재용 분말 소화약제에 의한 질식소화를 한다.

② 황린은 절대로 물을 사용하여서는 안 된다.

③ 화재 시에는 화원의 진압보다는 연소확대 방지에 주력해야 한다.

④ 마른모래, 팽창질석, 팽창진주암, 건조석회(생석회, CaO)로 상황에 따라 조심스럽게 질식 소화 한다.

해설 제3류 위험물의 진압대책* 18년 소방장/ 20년 소방위

① 절대로 물을 사용하여서는 안 된다.(황린 제외)

② 화재 시에는 화원의 진압보다는 연소확대 방지에 주력해야 한다.

③ 마른모래, 팽창질석, 팽창진주암, 건조석회(생석회, CaO)로 상황에 따라 조심스럽게 질식 소화한다.

④ 금속화재용 분말 소화약제에 의한 질식소화를 한다.

07 다음 중 설명이 바르게 된 것은?

① 황린은 물과 반응할 때 가연성 가스를 발생한다.

② 제2류 위험물은 가연성증기 발생을 억제한다.

③ 산화성 고체는 질식소화가 효과적이다.

④ 제2류, 5류 위험물의 공통점은 가연성 물질이다.

해설

제2류, 5류는 가연성 물질이며 산화성 고체는 냉각소화가 더 효과적이다. 가연성 증기 발생 억제는 제4류 위험물에 해당하고, 제3류 위험물은 물과 반응하여 수소, 아세틸렌, 메탄 등 가연성 가스가 발생된다.

08 "제3류 위험물의 성상"에 대한 설명으로 잘못된 것은?

① 자연발화성물질이란 공기 중에서 발화의 위험성이 있는 것을 말한다.

② 금수성 물질이란 물과 접촉하여 발화하거나 가연성 가스를 발생시킬 위험성이 있는 물질을 말한다.

③ 대부분 자연발화성과 금수성을 모두 갖고 있으나 황린은 금수성이 없는 자연발화성 물질이다.

④ 황린은 금수성 물질이며, 알칼리토금속은 자연발화성이다.

해설 제3류 위험물의 성상* 16년 소방장/ 20년 소방위

자연발화성물질이란 공기 중에서 발화의 위험성이 있는 것을 말하고, 금수성 물질이란 물과 접촉하여 발화하거나 가연성 가스를 발생시킬 위험성이 있는 물질을 말한다. 대부분 자연발화성과 금수성을 모두 갖고 있으나 황린은 금수성이 없는 자연발화성 물질이며, 알칼리금속(K, Na 제외)과 알칼리토금속은 자연발화성이 없는 금수성 물질이다.

정답 06. ② 07. ④ 08. ④

09 위험물 저장방법이 잘못된 것은?

① 탄산칼슘 – 밀폐용기 저장
② 칼륨 – 등유 속 저장
③ 나트륨 – 밀폐용기 저장
④ 황린 – PH9 물속 저장

해설
나트륨과 칼륨은 습기나 물과의 접촉을 피하고 보호액(석유)으로부터 위험물이 노출되지 않도록 저장하여야 한다.

10 소방차량에 비치되어 있는 포를 이용하여 진화가 가능한 것으로 묶어진 것은?

① 제1석유류, 마그네슘
② 적린, 유황
③ 제6류 위험물
④ 칼륨, 나트륨

해설
① 칼륨, 나트륨은 공기 중 수분을 흡수하여 발화하며 수소를 발생시킨다.
② 제1석유류는 포를 사용하여 진화가 가능하지만 마그네슘은 수소를 발생시킨다.
③ 제6류 위험물은 물과 반응하여 발열하는 특성을 가지고 있다.

11 "제4류 위험물 화재진압방법"으로 잘못된 것은?

① 대량화재의 경우는 방사열 때문에 접근이 곤란하므로 충분한 안전거리를 확보
② 수용성의 위험물화재에는 특수한 내알코올포를 사용
③ 대규모화재는 CO_2, 포, 물분무, 분말, 할론에 의한 질식소화
④ 분말, 무상의 강화액 등으로 소화

해설 화재진압방법 ★ 20년 소방위
① 수용성과 비수용성, 물보다 무거운 것과 물보다 가벼운 것으로 구분하여 진압에 용이한 방법과 연계하는 것이 좋다.
② 초기화재 – CO_2, 포, 물분무, 분말, 할론
③ 소규모화재 – CO_2, 포, 물분무, 분말, 할론
④ 대규모화재 – 포에 의한 질식소화
⑤ 수용성 석유류의 화재– 알코올형포, 다량의 물로 희석소화
⑥ 물보다 무거운 석유류의 화재– 석유류의 유동을 일으키지 않고 물로 피복하여 질식소화 가능, 직접적인 물에 의한 냉각소화는 적당하지 않다.
⑦ 대량화재의 경우는 복사열로 인해 접근이 곤란하므로 충분한 안전거리를 확보한다.
⑧ 대형 tank의 화재 시는 boil over, slope over등 유류화재의 이상현상에 대비하여 신중한 작전이 요구된다.

정답 09. ③ 10. ② 11. ③

12 제5류 위험물 성질과 관계없는 것은?

① 가열, 충격, 타격, 마찰에 민감하며 강산화제 또는 강산류와 접촉 시 위험성이 현저히 증가한다.

② 연소속도가 대단히 빨라서 폭발성이 있다. 화약, 폭약의 원료로 많이 쓰인다.

③ 대부분이 물에 잘 녹으며, 물과 반응한다.

④ 분자 내에 산소를 함유(조연성)하므로 스스로 연소할 수 있다.

해설 제5류 위험물 일반성질★ 15년, 18년 소방장

① 대부분 유기 화합물이며 유기과산화물을 제외하고는 질소를 함유한 유기 질소화합물이다.(하이드라진 유도체는 무기 화합물)

② 모두 가연성의 액체 또는 고체물질이고 연소할 때는 다량의 유독가스를 발생한다.

③ 대부분이 물에 잘 녹지 않으며 물과 반응하지 않는다.

④ 분자 내에 산소를 함유(조연성)하므로 스스로 연소할 수 있다.

⑤ 연소속도가 대단히 빨라서 폭발성이 있다. 화약, 폭약의 원료로 많이 쓰인다.

⑥ 불안정한 물질로서 공기 중 장기간 저장 시 분해하여 분해열이 축적되는 분위기에서는 자연발화의 위험이 있다.

⑦ 가열, 충격, 타격, 마찰에 민감하며 강산화제 또는 강산류와 접촉 시 위험성이 현저히 증가한다.

⑧ 유기과산화물은 구조가 독특하며 매우 불안정한 물질로 농도가 높은 것은 가열, 직사광선, 충격, 마찰에 의해 폭발한다.

13 "제5류 위험물의 화재진압 방법"으로 올바른 것은?

① 다른 위험물에 비해 화재발생 시에 유독가스에 의한 질색의 우려는 없다.

② 자기반응성 물질이기 때문에 CO_2, 분말, 하론, 포 등에 의한 질식소화는 효과가 없으며, 다량의 물로 냉각소화하는 것이 적당하다.

③ 초기화재 또는 소량화재 시 분말로 일시에 화염을 제거하여 소화할 수 있으나 재발화가 염려되므로 최종적으로 제거 소화한다.

④ 자기연소성 물질이기 때문에 이산화탄소, 분말, 할론, 포 등에 의한 질식소화에 효과가 있다.

해설 제5류 위험물의 화재진압 방법★ 18년 소방위

① 자기반응성 물질이기 때문에 CO_2, 분말, 하론, 포 등에 의한 질식소화는 효과가 없으며, 다량의 물로 냉각소화하는 것이 적당하다

② 초기화재 또는 소량화재 시에는 분말로 일시에 화염을 제거하여 소화할 수 있으나 재발화가 염려되므로 결국 최종적으로는 물로 냉각 소화하여야 한다.

③ 화재 시 폭발위험이 상존하므로 충분히 안전거리를 유지하고 접근 시에는 엄폐물을 이용하며 방수 시에는 무인방수포 등을 이용한다.

④ 밀폐공간 내에서 화재발생 시에는 반드시 공기호흡기를 착용하여 질식되는 일이 없도록 한다.

정답 | 12. ③   13. ②

14 제6류 위험물에 대한 설명으로 틀린 것은?

① 산소를 많이 함유하고 있으며 물보다 무겁고 물에 잘 녹는다.

② 화염, 불꽃 등 점화원의 엄격한 통제 및 기계적인 충격, 마찰, 타격 등을 사전에 피한다.

③ 증기는 유독하며 피부와 접촉 시 점막을 부식시키는 유독성·부식성 물질이다.

④ 모두 불연성 물질이지만 다른 물질의 연소를 돕는 산화성·지연성 액체이다.

해설 제6류 위험물의 일반성질

① 모두 불연성 물질이지만 다른 물질의 연소를 돕는 산화성·지연성 액체이다.

② 산소를 많이 함유하고 있으며(할로겐간화합물은 제외) 물보다 무겁고 물에 잘 녹는다.

③ 증기는 유독하며(과산화수소 제외) 피부와 접촉 시 점막을 부식시키는 유독성·부식성 물질이다.

④ 염기와 반응하거나 물과 접촉할 때 발열한다.

⑤ 강산화성 물질(제1류 위험물)과 접촉 시 발열하고 폭발하며 이때 가연성 물질이 혼재되어 있으면 혼촉발화의 위험이 있다.

15 다음 GHS 표시 명칭은?

① 폭발성 물질

② 인화성액체

③ 산화성액체

④ 금속부식성 물질

해설 금속부식성 물질

정답 14. ② 15. ④

PART 03

임상응급의학
(소방교 승진시험 제외)

CHAPTER 01

환자 평가

현장에 도착해서 환자 평가와 무엇이 필요한지를 결정하지 못한다면 적절한 처치를 할 수 없다. 이를 위해서는 환자를 평가하고 대화를 통해 정보를 수집해야 한다. 환자 평가는 조직적이고 단계별로 평가해야 하며 만약 위험한 환경이라면 현장안전부터 확인해야 한다.

> ❂ **환자 평가의 단계★** 23년 소방장
> 현장 안전 확인 → 1차(즉각적인) 평가 → 주요 병력 및 신체 검진 → 세부 신체 검진 → 재평가(보통 15분마다 평가해야 하며 위급한 환자인 경우는 5분마다 평가해야 한다.)

1 개 요★ 23년 소방장

현장 확인	① 현장이 안전한지를 확인하고 위험물을 평가하거나 통제해야 한다. ② 개인 보호장비를 착용하고 시위현장, 끊어진 전선, 위험물질 유출 등을 조심해야 한다. 필요하다면 1차 평가 전에 한전, 경찰, 견인차, 시청 등 추가지원을 요청해야 한다. ③ 환자의 사고 경위나 병력을 환자나 가족 또는 주변 사람으로부터 파악해야 한다.
1차 평가 ★★	평가의 주요 목적은 치명적인 상태를 발견하고 현장에서 바로 처치하기 위해서이다. ① 환자의 전반적인 상태 ② 환자 평가(의식, 기도, 호흡, 순환) ③ 치명적인 상태에는 즉각적인 처치를 실시한다. 기도 유지, 산소공급, 인공호흡 제공, 치명적인 출혈에 대한 지혈 등 ④ 이송여부 결정
주요 병력 및 신체 검진	① 일차평가의 주요목적은 발견되지 않은 치명적인 손상이나 질환이 있는지를 알아보기 위해서이다. ② 내과환자인지 외과환자인지에 따라 달라지며 기본적인 생체징후와 SAMPLE력 평가는 같다. ※ 기본 생체징후는 맥박, 혈압, 호흡, 피부상태를 포함하며 SAMPLE력 평가의 목적은 환자의 호소에 따른 자료 수집에 있다. > ❂ **SAMPLE★★** 16년, 17년 소방장 > • Signs/Symptoms – 질병의 증상 및 징후 > • Allergies – 약물, 음식, 환경 요소 등에 대한 알레르기 > • Medications – 현재 복용 중인 약물 > • Pertinent past medical history – 관련 있는 과거병력 > • Last oral intake – 마지막 음식물 섭취 > • Events – 현재 질병이나 손상을 일으킨 사건 ③ 비외상 환자에서 구급대원은 관련 있는 과거병력뿐 아니라 현 질병의 증상 및 징후를 결정하는 SAMPLE력을 이용해야 한다. ④ 내과환자의 신체검진 범위는 환자의 증상 및 징후로 크게 결정된다. 외상 환자는 손상 기전 파악이 중요하며 머리에서 발끝까지 신속하게 신체를 평가하고 또한 기본 병력과 생체징후를 파악해야 한다. ⑤ 모든 환자는 위급정도에 따라 분류된 다음 1차 평가를 하고 주요 병력과 신체검진을 실시해야 한다.

세부 신체 검진	① 치명적인 상황을 처치한 후에 실시해야 하며 머리에서부터 시작하고 신체검진 범위는 환자의 질병과 손상에 따라 다양해진다. ② 단순한 손상인 경우는 세부 신체검진이 필요하지 않을 경우도 많다. 일반적으로 비외상 환자보다 외상환자 평가에 더 의미가 있다.
재평가	① 환자의 평가는 계속 바뀔 수 있으며 상태가 악화되거나 호전될 수 있다. 이런 이유로 재평가가 필요하며 1차 평가 및 주요 병력 그리고 신체검진을 통해 얻은 정보를 기본으로 하고 재평가를 통한 수치와 비교하여 호전되었는지 악화되었는지를 알 수 있다. ② 또한 구급대원의 처치가 환자에게 어떤 영향을 미쳤는지도 평가할 수 있다. 보통 15분마다 평가해야 하며 위급한 환자인 경우는 5분마다 평가해야 한다.★★

2 현장 확인

(1) 출동 중 정보

기관으로부터의 정보 등을 통해 환자의 수, 사고유형, 위험물질, 구조 필요성 등을 알 수 있다. 범죄 현장이나 정신질환자 등 현장 위험이 있는 경우는 구급대원에게 알리고 추가 지원이나 다른 기관에 지원요청을 해야 한다.

(2) 현장 안전

잠재적인 위험성에 대해 주의 깊게 생각해야 하며 대원 자신뿐만 아니라 환자, 주변인 모두의 안전을 생각해야 한다. 현장안전에 대한 확인은 다음과 같은 방법으로 알 수 있다.

> **현장 확인 방법**
> 1. 상황실 또는 신고자로부터의 정보를 이용한다.
> 2. 항상 주변 환경에 주의를 기울인다.
>   - 끊어진 전선, 새는 연료, 폭력적인 군중, 방치하는 개 등 그리고 비탈진 곳, 얼음 위, 진흙길 등 이동 경로
> 3. 주변 소리에 주의를 기울인다.
>   - 다른 기관의 도착 소리, 가스 새는 소리, 스파크 소리 등
> 4. 항상 최악의 사태를 가정한다.
>   - 위험한 것이 무엇인지 파악하고 탈출 경로를 파악해야 한다. 예를 들면, 끊어진 전선이 있다면 전기가 흐른다고 생각하고 안전거리를 유지해야 하며 연료가 새고 있다면 소화기나 호스를 준비해야 한다.
> 5. 현장이 안전하지 않다면 안전을 위한 조치를 취한다.
>   - 화재, 위험물 등에 대한 훈련을 받았다면 조치를 취하고 만약, 그렇지 않다면 안전거리에서 추가 지원을 요청해야 한다.

① 개인 보호 장비 : 장갑, 보안경, 마스크, 가운은 손상이나 감염으로부터 보호하는 장비로 현장 도착 전에 정보를 수집·판단하여 착용해야 한다. 사전 정보로는 출혈 상태, 전염성 여부 등을 파악하고 그에 따라 단순히 장갑만 착용할 것인지 전신 보호장비를 착용해야 하는지 판단해야 한다.
② 개인 안전 수칙: 혈액이나 체액뿐만 아니라 현장에는 잠재적인 위험물이 많이 존재할 수 있다. 현장에서 위험지역을 정의하고 안전을 위해 단계적인 조치를 취해야 한다.

범죄현장	① 범죄현장은 폭력에 노출될 위험성이 있으므로 주의해야 한다. ② 현장이 안전하지 않다면 들어가서는 안 되며 경찰에 도움을 요청해야 한다. ③ 현장 안전이 확인될 때까지 현장으로부터 안전거리를 유지해야 한다.
자동차 충돌 현장	① 깨진 유리, 날카로운 금속, 기름 유출, 화재 그리고 끊어진 전선 등 잠재적인 위험물이 있을 수 있다. ② 차량에 있는 환자를 구출하기 전에는 가장 중요한 것은 환자 처치 전 차량이 안전한지를 확인하는 것이다. ③ 개인 보호 장비, 구조복, 구조장갑, 보안경, 헬멧 등을 착용해야 하며 야간에는 빛에 반사되는 옷을 입어야 한다. ④ 현장 안전을 위해 차량을 통제하거나 차단하는 것을 고려해야 한다.
위험물과 독성물질	① 사전에 정보를 파악했다면 위험물질 제거반이 동시에 출동해야 한다. ② 현장에서 위험물을 표시하는 물질이나 차량으로부터 위험물이 새는 등의 상황이라면 즉시 추가 지원을 요청해야 한다. ③ 위험물이 표시되지 않았다면 관계자나 운전자를 통해 다시 한 번 내용물을 확인해 안전을 확보하는 것도 중요하다. ④ 공장이나 사무실에서 똑같은 증상을 호소하는 다수의 사람이 있다면 주위에 위험물질이 노출되었는지 확인해야 한다. ※ 예를 들면 사무실 출동에서 많은 사람이 두통, 오심 그리고 허약감을 호소했다면 난방·환기 상의 문제로 일산화탄소 중독을 의심할 수 있다.
자연재해	① 위험한 이동경로(얼음, 진흙, 비탈길, 강 등), 기상악화(더위, 추위, 바람, 눈), 위험한 동물(개, 뱀, 동물원 사고 등) 등은 손상이나 질병을 야기 시킬 수 있다. ② 위험한 현장으로부터 안전한 곳으로 환자를 우선적으로 이동시켜야 한다.

③ 환자안전

   ㉠ 현장이 안전하지 않다면 처치에 앞서 환자를 우선적으로 이동시켜야 한다.

   ㉡ 현장 확인에 있어 도착 전에 무슨 일이 있었는지 확인하고 환자 상태를 악화시키는 현장에 얼마나 노출되었는지도 확인해야 한다.(위험물, 기상악화-추위, 더위, 비 등)

   ㉢ 환자의 안전에 앞서 대원의 안전을 우선적으로 확인해야 하며 대원의 안전이 보다 나은 환자처치를 제공할 수 있음을 명심해야 한다.

④ 주변인 안전

   현장 확인을 통해 주변인들이 환자가 아니라고 판단되면 군중들을 통제할 필요가 있다. 통제선이나 기타 차단역할을 할 수 있는 물체를 이용해 현장에 가까이 가지 못하도록 통제해야 하고 만약, 통제를 거부한다면 정중하고 단호하게 답변해 주고 필요하다면 경찰의 도움을 받는다.

⑶ **현장 평가**

   현장 안전을 확인했다면 현장을 평가해야 한다. 이는 환자처치와 관련된 정보를 수집하기 위해 필요하다. 비외상 환자라면 질병의 상태를 파악하고 외상 환자라면 사고경위를 파악해야 하며, 또한 환자수를 파악하고 필요한 장비 및 지원을 요청해야 한다.

① 질병의 상태

환자, 가족, 주변인 그리고 신고자를 통해 정보를 수집할 수 있으며 주로 환자의 주 호소에 중점을 둔다. 그 뿐만 아니라 환자의 나이, 첫인상 그리고 1차 평가, 병력, 신체검진 등을 통해서도 알 수 있다. 환자가 무의식 상태이거나 말을 할 수 없다면 가족, 주변인, 신고자를 통해 확인해야 한다.

② 손상 기전

무엇이 물리적으로 환자 손상을 유발시켰는지를 알아보는 것으로 차량충돌, 낙상 등이 있다. 이러한 기전을 파악하는 것은 2가지 중요한 이유가 있다. 첫 번째는 현장안전 확인에 필요하다. 즉, 손상기전이 구급대원에게도 그대로 적용될 수 있기 때문이다. 두 번째는 환자처치를 위해서이다. 손상기전을 통해 손상유형을 파악해 적절한 처치를 할 수 있기 때문이다.

ㄱ 둔기외상

ⓐ 힘은 크기와 속도의 작용이다.

ⓑ 힘이크면 클수록 손상가능성이 커진다.

ⓒ 움직이는 물체는 에너지를 갖고 있다.

ㄴ 차량 충돌

차량충돌로 인한 손상기전에서 알아야 할 것은 3가지 충돌에 대한 이해가 중요하다.

(차량과 물체의 충돌)　　(차량내부물체와 인체 충돌)　　(인체내부 기관과 인체 내부충돌)

ⓐ 전방충돌

– 대부분 치명적이며 충격에 의해 사람이 앞으로 튕겨 나간다.

– 안전벨트를 미착용 했을 때는 다음과 같이 두 가지 손상기전으로 나눌 수 있다.

  • 첫 번째, 사람이 충격에 의해 붕 뜰 경우에는 운전대와 앞 유리창에 부딪치며 대개는 머리, 목, 가슴 그리고 배에 손상을 입는다.

  • 두 번째, 공중에 뜨지 않고 운전대 밑으로 쏠리는 경우가 있는데 이때에는 엉덩이, 무릎, 발에 손상을 입는다.

(A 머리, 목, 가슴과 배의 손상 위–전면 방향)　　(B 골반, 무릎과 다리의 손상 아래–밑면 방향)

ⓑ 후방충돌 : 목, 머리, 가슴 손상을 유발시킨다. 또한 후방충돌과 동시에 전방충돌도 일어 날 수 있다.

(고정되지 않은 운전자의 머리는 A 격렬하게 뒤쪽으로 그리고 다시 B 앞쪽으로 과격하게 이동되어 목, 머리, 가슴 손상의 원인이 된다.)

ⓒ 측면충돌 : 측면 충돌에는 거의 보호 장치가 없어 위험에 노출될 가능성이 크다. 현장에서 환자가 충돌된 측면에 앉아 있었는지 그렇지 않은지 파악하는 것은 중요하다. 만약 충돌 측면에 있었다면 머리, 목, 가슴, 배 그리고 골반외상이 심각할 수 있다.

(머리와 목의 손상 원인이 되며 가슴, 배, 골반과 다리에 더 큰 손상을 줄 수 있다.)

ⓓ 차량전복 : 다양한 손상을 나타낼 수 있다. 안전벨트를 착용하지 않았다면 구르는 동안 다양한 충격을 받을 수 있다.

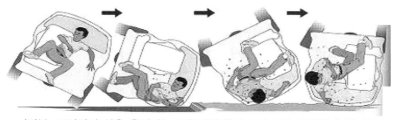

(전복. 고정되지 않은 운전자는 복합적인 충격과 손상을 경험하게 된다.)

ⓔ 기타

관통상	조직을 뚫고 나가는 것을 말하며 손상기전을 확인하기에 앞서 현장 안전을 확인해야 한다. 머리, 목, 몸통 그리고 팔다리 몸쪽의 관통상은 가볍게 판단해서는 안 된다. 들어간 부위는 작지만 내부손상으로 치명적인 결과를 가져올 수 있기 때문이다.

폭발로 인한 외상	폭발은 폭발과 파편으로 손상을 입는다. 화재현장, 산업현장, 군부대 등에서 일어날 수 있으며 손상은 크게 3가지 형태로 나눌 수 있다. ① 폭발로 인한 파장으로 갑작스런 주위 압력 상승으로 인한 손상 　• 허파와 장 같이 비어있는 조직과 눈과 방광 같이 액체가 가득한 조직은 파장으로 파열될 수 있다. 대개는 외부적인 징후가 없으므로 주의깊게 관찰해야 한다. ② 폭발로 날아가는 파편으로 인한 손상 　• 관통상, 열상, 골절 그리고 화상 등 ③ 파장에 의해 환자가 튕겨져 나가는 손상 　• 어떤 물체에 어느 정도의 힘으로 부딪쳤는지에 따라 다르다.
낙상	주변에 흔히 볼 수 있는 손상으로 높이, 지면 상태, 처음 닿는 인체 부위에 따라 손상 정도가 달라진다. <u>성인은 6m 이상, 소아는 3m 이상의 높이에서 위험하며 내부 장기와 척추손상이 주로 발생한다.</u> 23년 소방장

⑷ 환자 수 파악

현장 평가를 통해 환자수를 파악하고 추가 지원 여부를 결정해야 한다. 만약, 쉽게 파악할 수 없거나 위험물로 인해 추가 환자가 발생할 수 있다면 계속 현장을 재평가하면서 지원을 요청해야 한다.

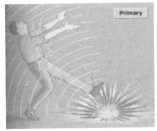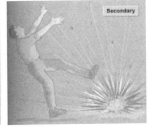

(폭발의 손상기전)

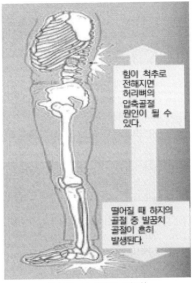

(낙상 시 힘의 전달)

3 1차 평가★★ 12년 소방위, 소방장/ 13년 소방장, 소방교/ 22년 소방위

① 단 계	단계적인 평가는 적절한 평가와 즉각적인 처치 그리고 우선순위를 결정할 수 있다. 1차 평가의 단계는 다음과 같다. ✪ 첫인상 – 의식수준 – 기도 – 호흡 – 순환 – 위급 정도 판단(이송여부 판단)★★ ✪ 1차 평가를 통해 치명적인 상태파악과 즉각적인 처치가 제공되어야 한다. 처치란 평가와 동시에 처치를 하는 것을 말한다.
② 첫인상 평가	㉠ 처음 단계로 얼마나 중한지, 무엇을 즉각적으로 처치해 주어야 하는지 그리고 이송 여부를 결정해준다. ㉡ 일반적인 인상은 환자의 주 호소, 주변 환경, 손상 기전 그리고 환자의 나이와 성별 등을 근거로 한다. ㉢ 주 호소는 무엇을 즉각적으로 해주어야 하는지를 결정해 준다. 또한 나이와 성별은 소아와 노인에게 종종 질병이나 외상에 심각한 손상을 입는다는 것과 여성의 복통은 산부인과적 응급상황을 의심할 수 있으므로 중요하다. ㉣ 일반적인 인상에서 내과환자는 질병의 정도 등을 파악하고 외상환자는 손상기전을 파악해야 한다.
③ 의식수준 평가	㉠ 의식수준은 환자의 반응 정도를 통해 알 수 있다. ㉡ 정상적으로 뇌는 인체의 일부분이나 주변 환경으로부터 정보나 자극을 수용하고 반응한다. ㉢ 반응은 눈, 말, 움직임을 통해 나타낸다. 만약 1차 평가에서 환자가 적절한 반응을 하지 못한다면 뇌 손상을 의심해야 한다. ✪ 의식 장애를 초래할 수 있는 원인 1. 순환기계 손상으로 뇌로 가는 혈류량 저하 2. 호흡기계 장애로 뇌로 가는 산소 저하 3. 호흡장애로 뇌에 이산화탄소 증가 4. 당과 관련된 문제로 뇌로 가는 당 저하 🚨 의식수준 4단계　　　　　　★★ 11년 부산 소방장/ 12년 경북 소방장 1. A(Alert 명료) : 질문에 적절한 반응이나 대답을 할 수 있는 상태 2. V(Verbal Stimuli 언어지시에 반응) : 질문에 적절한 반응이나 대답은 할 수 없으나 소리나 고함에 소리로 반응하는 상태(신음소리도 가능) 3. P(Pain Stimuli 자극에 반응) : 언어지시에는 반응하지 않고 자극에는 반응하는 상태 4. U(Unresponse 무반응) : 어떠한 자극에도 반응하지 않는 상태
④ 기도 평가 ★ 16년 소방교	**의식이 있는 환자** 일차평가에서 기도가 개방되고 깨끗한지 확인, 의식이 있는 환자라면 기도 평가는 단순할 수 있다. 환자가 말을 하거나 고함치거나 우는 경우는 기도가 개방된 상태임을 의미한다. ① 머리기울임 / 턱 들어올리기법, 턱 밀어올리기법 등을 사용할 수 있다. ② 상기도내 이물질은 흡인을 통해 제거해 주어야 한다. ③ 기도가 완전히 폐쇄된 경우에는 이물질 제거법을 이용해야 한다.

무의식 환자	기도를 개방해 주어야 한다. ① 비 외상 환자인 경우 머리기울임 / 턱 들어올리기법을 실시해야 한다. ② 외상환자는 턱 밀어올리기방법을 실시해야 한다. ③ 기도개방과 동시에 이물질을 제거해 주어야 한다. ④ 기도 유지를 위해서는 입·코인두기도기를 삽입할 수 있다.

⑤ 호흡 평가
★ 24년 소방장

기도 유지 후에는 호흡을 평가해야 한다. 비정상적인 호흡이라면 산소 공급 또는 포켓마스크나 BVM을 통해 인공호흡을 실시해야 한다. 호흡정지가 일어나면 인공환기(양압환기)를 제공해야 한다.

㉠ 반응이 있는 환자의 호흡평가
  ⓐ 비정상적인 호흡수★ : 24회/분 이상 또는 10회/분 이하
  ⓑ 불규칙한 호흡
  ⓒ 비정상적인 양상★
    • 비대칭적인 호흡음 또는 호흡 감소 또는 무호흡
    • 들숨 시 비대칭적이거나 부적절한 가슴 팽창
    • 목, 어깨, 가슴, 배의 호흡보조근 사용 등 힘든 호흡(특히, 소아)
    • 얕은 호흡
    • 의식 장애
    • 창백하거나 청색증
    • 피부견인 : 빗장뼈 위, 갈비뼈 사이 그리고 가슴 아래
    • 고통스러운 호흡, 헐떡거리거나 불규칙한 호흡은 보통 심정지 전에 나타남
  ⓓ 비정상적인 호흡의 징후를 보이는 모든 환자에게는 비재호흡마스크를 통해 고농도의 산소(85% 이상)를 공급해 주어야 한다. 만약, 호흡이 없거나 고통스럽거나 산소 공급으로도 호전되지 않는다면 포켓마스크나 BVM으로 양압환기를 제공해 주어야 한다.

  ✪ 아래와 같은 징후가 한 가지라도 나타나면 고농도산소 제공
    • 가슴통증
    • 가쁜 호흡
    • 일산화탄소 중독 가능성 환자
    • 의식장애

㉡ 무반응 환자의 호흡평가★

호흡이 적정할 때	기도를 유지하고 비재호흡마스크를 통해 10~15 L/분 고농도산소를 제공한다.
호흡이 부적정할 때	기도를 유지하고 비재호흡마스크를 통해 15 L/분 고농도산소를 제공한다. 만약, 산소공급에도 호전되지 않는다면 포켓마스크나 BVM을 통해 양압환기를 제공해준다.
무호흡일 때	기도를 유지하고 포켓마스크나 BVM을 이용 양압환기를 실시하며 15 L/분의 산소를 제공해준다.

⑥ 순환 평가

인체 조직이 재 기능을 하는데 적절한 혈액량을 공급하는지를 평가하는 것이다.
㉠ 맥박★ 14년 소방장
ⓐ 처음에는 노동맥을 평가한다. 만약 없다면 목동맥을 촉진한다.
ⓑ 12개월 이하의 영아인 경우는 위팔동맥으로 촉진한다. 맥박이 없다면 CPR을 실시한다.

ⓛ 외부 출혈
  ⓐ 출혈은 적절한 순환을 유지할 수 없게 하므로 1차 평가를 통해 적절한 처치를 제공해 주어야 한다.
  ⓑ 하지만 모든 출혈이 아닌 심한 상태이거나 계속적인 출혈을 나타내는 부위에 한해 1차 평가와 더불어 즉각적인 처치를 실시해야 한다.
  ⓒ 평가전 개인 보호장비를 착용하고 머리에서 발끝까지 신체검진을 실시해야 한다.
  ⓓ 피부에 붙은 옷은 제거하고 출혈부위 바닥에 있는 상처를 확인해야 한다.
  ⓔ 통나무 굴리기법을 이용해 환자의 자세를 변경하고 평가하면 된다.
ⓒ 피 부
피부는 부적절한 순환을 나타내는 징후 중 하나로, 피부색, 온도 그리고 상태(습도) 등으로 알 수 있다. 소아의 경우 모세혈관 재충혈로 평가할 수 있다.

피부색*	인종에 따라 피부색이 다르므로 손톱, 입술 그리고 아래눈꺼풀을 이용해 평가하는 것이 좋다. 비정상적인 양상으로는, • 창백 : 실혈, 쇼크, 저혈압, 정신적 스트레스로 인한 혈관 수축 • 청색증 : 부적절한 호흡 또는 심장기능 장애로 인한 저산소증 • 붉은색 : 심장질환과 중증 일산화탄소 중독, 열 노출 • 노란색 : 간 질환 • 얼룩덜룩한 색 : 일부 쇼크 환자
피부온도 와 상태	적절한 평가를 위해 대원의 손등을 이용해 평가하면 좋다. 만약 장갑을 끼고 있다면 벗고 체액이나 피가 묻지 않은 부분에 대고 평가한다. 정상 피부는 따뜻하고 건조한 상태로 비정상적인 경우는 다음과 같다. • 차갑고 축축함 : 관류가 부적절한 경우와 혈액량이 감소된 경우 (열손상 환자, 쇼크 환자, 흥분 상태) • 차가운 피부 : 차가운 환경에 노출된 환자 • 뜨겁고 건조함 : 열이 있거나 중증 열손상 환자
모세혈관 재충혈*	손톱이나 발톱을 몇 초간 누른 후 2초 이내로 정상으로 회복되는지를 평가하는 것으로 순환상태를 알 수 있다.

⑦ 소아평가
소아평가에서 평가내용이나 처치원리는 성인과 같다. 그러나 성인과 해부적, 생리적 그리고 발달 단계별로 다르기 때문에 평가를 실시할 때 주의해야 할 점이 있다.
  ⓒ 의식수준 평가를 위한 자극으로 손가락을 튕겨 발바닥을 때린다. 울어야지 정상반응이다.
  ⓒ 기도 개방을 위해 목이 과신전되지 않도록 주의해서 신전해야 한다.
  ⓒ 피부를 만졌을 때 흐느적거리거나 늘어졌다면 비정상이다.
  ⓔ 연령별 정상 호흡수, 맥박수(위팔동맥 촉진)인지 확인한다.
  ⓜ 느린맥은 부적절한 기도유지 또는 호흡으로 인한 것이다.
  ⓗ 모세혈관 재충혈을 확인한다.
  ⓢ 비정상적인 환자 자세에 대해서 기록한다.

⑧ 환자분류
(우선순위)
1차 평가에서 마지막 단계로 우선순위에 따른 처치 및 이송을 제공해야 한다. 우선적인 처치 및 이송이 필요한 환자는 다음과 같다.
  ⓒ 일반적인 인상이 좋지 않은 경우
  ⓒ 무의식 또는 의식장애
  ⓒ 호흡곤란

ⓔ 기도유지 또는 평가가 곤란한 경우
ⓜ 부적절한 순환 징후
ⓗ 지혈이 안 되는 출혈
ⓢ 난산
ⓞ 호흡 또는 심정지
ⓩ 90mmHg 이하의 수축기압과 같이 나타나는 가슴통증
ⓧ 심한 통증
ⓚ 고열
ⓣ 알지 못하는 약물에 의한 중독 및 남용

TIP 1차 평가에서는 단계, AVPU, 순환평가에서 맥박과 피부 등을 확인해야 합니다.

4 2차 평가 ※ 더 자세한 평가, 병력, 생체징후

(1) **SAMPLE력**★★ 16년 소방장, 소방교/ 17년, 20년 소방장

환자 병력 평가는 다음의 평가 및 처치에 도움을 줄 수 있다. 환자로부터 직접 듣는 것이 가장 좋은 방법이지만 그렇지 못하는 경우에는 가족, 주변인 그리고 신고자로부터 정보를 수집할 수 있다. 환자의 병력을 효과적으로 수집하기 좋은 방법으로는 SAMPLE 형식이 있다.

- S(Signs/Symptoms) – 증상 및 징후
- A(Allergies) – 알레르기
- M(Medications) – 복용한 약물
- P(Pertinent past medical history) – 관련 있는 과거력
- L(Last oral intake) – 마지막 구강 섭취
- E(Events) – 질병이나 손상을 야기한 사건

※ SAMPLE력을 평가할 때
- 눈을 맞추고 분명한 어조를 이용해 질문해야 한다.
- 소아인 경우 특히, 눈높이를 맞추고 자신을 소개하고 무엇을 할 것인지 설명해주어야 한다.
- 전문적인 용어는 피하고 중요한 것은 환자의 말에 경청할 것과 기록하는 것이다.

① 증상 및 징후(S)★ 11년, 17년 소방장

ⓙ 징후는 구급대원이 문진이 아닌 시진, 청진, 촉진 등을 이용해서 알아낸 객관적인 사실이다.

❂ 호흡보조근 사용을 보고, 호흡음을 듣고, 피부가 차갑고 축축한 것을 느끼고, 호흡에서 아세톤 냄새가 나는 것 등은 징후이다.

ⓛ 증상은 환자가 말하는 주관적인 내용으로 가슴이 아프다, 숨이 가쁘다, 토할 거 같다 등이다. 증상을 알기 위해서는 '예, 아니요'라는 단답형 답을 유도하는 질문은 피해서 "어디가 불편하시죠?" "무슨 문제가 있나요?"라는 개방형 질문을 해야 한다.

② 알레르기(A)

약물, 음식, 환경 등에 알레르기가 있는지 "약물이나 기타 음식물에 알레르기가 있나요?"라고 물어야 한다.

③ 약물(M)

　㉠ 환자가 현재 복용하고 있는 약물이 무엇인지 아는 것은 과거병력 및 현 질환에 대한 중요한 단서를 제공한다.

　㉡ 약물의 부작용과 약물 복용으로 인한 환자의 신체 반응(변화)에 대해 알아야 한다.

　㉢ 환자가 무슨 약을 복용하였는지 평소 복용하는 약물이 있는지 알기 위해서는 "규칙적으로 복용하는 약이 있나요?", "오늘 혹시 먹은 약이 있나요?"라는 질문을 해야 하며 특히, 병력이 있는 환자에게는 더더욱 질문해야 한다.

　㉣ 만약 여성 환자라면 피임약을 먹고 있는지도 질문해야 한다.

④ 현재까지 지속되는 과거병력(P)

　과거병력을 평가하기 위해 다음과 같은 질문을 한다.

　– "과거에 어떤 내과적인 문제가 있었는지(질병이 있었는지)?"

　– "최근에 다친 적이 있는지?"

　– "전에 입원한 적이 있는지?"

　– "현재 어떤 질환으로 병원치료를 받고 있는 것이 있는지?

　– 최근에 의사를 찾아 간 적이 있는지? 병원 이름, 진료과목, 의사이름은 어떻게 되는지?"

　– "과거에 지금과 같은 증상이 있었는지?"

　㉠ 과거력이 있다면 과거증상과 비교해서 현재는 어떻게 다른지도 평가한다. 일반적으로 과거력은 되풀이되는 경향이 있기 때문이다.

　　※ 천식으로 가쁜 호흡을 경험했던 환자는 다시 같은 문제로 구급신고를 할 수 있기 때문이다.

　㉡ 과거력이 있는 환자의 경우 가슴통증 환자는 니트로글리세린, 천식환자는 천식약 그리고 알레르기환자는 자가 에피네프린 약 등을 갖고 있는 경우가 많다. 이 경우 환자가 갖고 있는 약을 복용할 수 있도록 옆에서 도와줘야 한다.

⑤ 마지막 음식 섭취(L)

　㉠ "마지막으로 마시거나 먹은 시간이 언제였습니까? 그리고 무엇을 먹었습니까?" 이런 질문으로 얻어진 정보는 복통이나 가슴통증환자를 진단하는 데 도움이 된다.

　㉡ 또한 수술이 필요한 경우 외과의사와 마취과의사가 시간을 결정하는 데 도움을 준다. 보통 위 내용물 흡인과 같은 합병증 위험을 줄이기 위해 수술 전 최소한 6시간을 금식해야 하기 때문이다.

⑥ 질병이나 상해를 일으킨 사건(E)

　㉠ 질병이나 상해를 일으킨 사건을 알아내는 것은 환자 병력에서 중요한 부분이다. 환자가 무엇을 했고 언제 증상이 시작되었는지는 환자평가에 있어 중요하다.

　　※ 가슴통증 환자는 많은 양의 산소를 공급받고 똑같은 처치를 받는다. 그러나 새벽 3시에 가슴통증으로 깨어난 환자는 체육관에서 운동 중 가슴통증을 호소하는 환자보다 심근경색일 가능성이 높다.

　㉡ 현재 호소하는 질병이나 상해를 일으킨 사건에 대해 알기 위해 "이 증상이 나타나기 전에 무엇을 하고 있었습니까?"라는 질문이 좋다.

(2) **생체징후***** 16년, 18년 소방교

- 생체징후는 호흡, 맥박, 혈압을 포함하며 동시에 의식수준(AVPU)도 평가해야 한다.
- 의식수준 평가는 무반응환자 또는 심한 의식변화를 가진 환자에게 중요하다.
- 생체징후를 전부 평가하는 범위에는 피부와 동공 상태 평가도 포함된다.
- 처음 측정한 생체징후를 기본으로 재평가를 통해 계속 비교·평가해야 한다.
- 생체징후의 변화는 환자상태를 나타내는 척도로 항상 평가한 후에 기록해 두어야 한다.

① **맥박*** 12년, 13년 소방장

㉠ 맥박은 뼈 위를 지나가며 피부표면 근처에 위치한 동맥에서 촉지할 수 있다. 왼심실의 수축으로 생기는 압력의 파장으로 생기며 주로 노동맥에서 촉지 된다.

㉡ 노동맥은 손목 안쪽 엄지손가락 쪽에서 촉지할 수 있다.

㉢ 촉지되지 않는다면 목동맥을 촉지해야 한다.

㉣ 영아의 경우 위팔동맥에서 촉지해야 한다.

㉤ 1차 평가에서 맥박유무를 살폈다면 신체검진에서는 맥박수와 양상을 평가해야 한다.

❂ 맥박수는 분당 맥박이 뛰는 횟수로 보통 30초간 측정하고 2를 곱해 기록한다. 맥박수는 환자의 나이, 흥분도, 심장병, 약물복용 등 다양한 요인에 의해 영향을 받는다.

구 분	맥박수(회/분)	구 분	맥박수(회/분)
성 인	60~100	유아(2~4)	80~130
청소년기(11~14)	60~105	6~12개월	80~140
학령기(7~11)	70~110	5개월 미만	90~140
미취학기(4~6)	80~120	신생아	120~160

❂ 성인의 경우 100회/분 이상을 빠른맥이라 한다. 원인은 감정에서 심전도계 이상 등 다양하다. 맥박이 느린 경우는 느린맥이라고 하며 심장약 복용 또는 심장질환 등 다양한 원인이 있다.

▣ **맥박 양상*** 13년 소방장/ 18년 소방교/ 23년 소방장

맥 박	원 인
빠르고 규칙적이며 강함	운동, 공포, 열, 고혈압, 출혈 초기, 임신
빠르고 규칙적이며 약함	쇼크, 출혈 후기
느림	머리손상, 약물중독, 심질환, 소아의 산소결핍
불규칙적	심전도계 문제
무맥	심장마비, 중증 출혈, 중증 저체온증

㉥ 맥박은 심장의 수축으로 생기므로 약한 맥박은 심장 그리고 순환계에 문제가 있음을 의미한다.

㉦ 맥박의 규칙성은 심전도계의 문제점을 나타내므로 중요하다.

◎ 불규칙한 맥박을 부정맥이라 하며 무의식 환자 또는 의식장애 환자에게선 위급한 상태임을 나타낸다.

※ 소아 : 정상 맥박보다 느린 경우에는 기도와 호흡을 즉각적으로 평가해야 한다. 산소가 결핍될 경우 심장마비 전에 느린맥이 나타나기 때문이다. 기도유지를 위해서는 이물질 제거 및 흡인을 실시하고 호흡을 돕기 위해 포켓마스크나 BVM을 통해 보조 산소기구로 인공호흡을 실시해줘야 한다. 호흡은 정상이나 느린맥인 경우에는 많은 량의 산소를 공급해 주어야 한다.

② 호흡
   ㉠ 호흡 평가는 호흡수, 양상 그리고 규칙성을 살펴야 한다.
   ㉡ 분당 호흡수를 측정하는 방법으로는 가슴의 오르내림을 확인하거나 가슴에 손을 대고 측정한다.
   ㉢ 청진기로 듣는 방법 등이 있다.
   ㉣ 정상 호흡수는 나이에 따라 달라진다.

■ 호흡수** 21년 소방교/ 23년 소방장

구 분	정상 호흡수	구 분	정상 호흡수
성 인	12~20회/분(24회/분 이상 또는 10회/분회 미만인 경우 위험)	유아(2~4)	20~30회/분
청소년기(12~15)	15~30회/분	6~12개월	20~30회/분
학령기(7~11)	15~30회/분	5개월 미만	25~40회/분
미취학기(4~6)	20~30회/분	신생아	30~50회/분

• 무의식 환자의 호흡수가 5~10초간 없다면 즉시 포켓마스크나 BVM으로 인공호흡을 시작하고 입인두 또는 코인두기도기 삽관을 고려해야 한다. *
• 호흡기계 응급환자의 호흡수는 보통 높으며 정상보다 낮은 호흡수를 보이는 환자는 많은 양의 산소를 공급하고 보조 환기구를 이용해야 한다.

정상 호흡	호흡장애가 없으며 호흡보조근 사용이 없거나 부적절한 호흡 징후가 없는 경우
호흡 곤란	힘들게 호흡을 하는 경우로 끙끙거리거나 천명, 비익확장, 호흡보조근 사용, 뒷당김 등이 나타난다. 특히, 아동의 경우 갈비뼈 사이와 빗장뼈가 당겨 올라간다.
얕은 호흡	호흡하는 동안 가슴과 배의 오르내림이 미미할 때
시끄러운 호흡	호흡을 내쉴 때 소리가 나는 경우로 코를 고는 소리, 쌕쌕거림, 꾸르륵거리는 소리, 까마귀소리 등. 이는 기도폐쇄로 인한 것으로 기도를 개방하고 이물질을 제거하거나 흡인해야 한다.

■ **호흡의 양상*** 18년 소방교

호흡음	원인 / 처치
코고는 소리	기도 폐쇄/기도 개방
쌕쌕거림	천식과 같은 내과적 문제/처방약 복용유무 확인 및 신속한 이송
꾸르륵 소리	기도에 액체가 있는 경우/기도 흡인과 신속 이송
귀에 거슬리는 소리	현장처치로 완화되지 않는 내과적 문제/신속 이송(까마귀 소리 등)

- 규칙성은 뇌졸중과 당뇨응급환자와 같은 호흡조절능력 상실로 불규칙한지를 확인하는 것이다.
- 이 경우에는 주의 깊게 관찰하고 보조산소 또는 양압호흡을 제공할 준비를 해야 한다.

③ 혈압* 21년 소방장

㉠ 순환계는 인체 각 부분에 혈액을 공급해 주는 역할을 하며 심장은 피를 뿜어내는 역할을 한다. 이때 혈관 벽에 전해지는 힘을 혈압이라고 한다.

㉡ 혈압이 낮으면 충분한 혈액을 공급받지 못해 조직은 손상을 받는다.

㉢ 혈압이 높으면 뇌동맥이 파열되어 뇌졸중을 유발하고 조직은 손상 받는다.

㉣ 인체 혈관은 항상 압력을 받는 상태로 왼심실이 피를 뿜어 낼 때 혈압이 올라간다. 이때를 수축기압이라고 하며 왼심실이 쉬는 동안의 동맥 내 압력을 이완기압이라고 한다.

㉤ 혈압은 수은의 'mm' 단위, 즉 'mmHg'로 측정된다.

ⓐ 성인의 경우 수축기압이 90 미만인 경우 낮다고 하며 140 이상이거나 이완기압이 90 이상일 때를 높다고 한다.

ⓑ 고혈압은 치명적이지 않지만 수축기압이 200 이상이거나 이완기압이 120 이상인 경우에는 위험하다.

※ 똑같은 혈압이라도 여자 운동선수의 혈압이 80/60이 나오는 것과 노인이 똑같은 혈압이 나오는 것은 다르며 이 경우 노인은 위험한 상태이다.

㉥ 혈압을 측정하기 위해서는 보통 혈압계라 불리는 기구를 사용하는데 심장과 같은 높이의 상완에 공기를 주입해 커프를 부풀리고 공기배출기를 열어 혈압을 측정한다.

혈압을 측정하는 방법* 13년, 16년 소방교

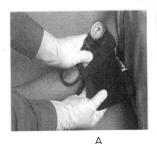

A

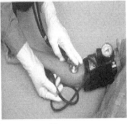

B

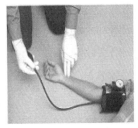

C

촉지	① 환자상태에 따라 앉거나 눕게 한다. 앉아있는 환자는 팔을 약간 굽히고 <u>심장 높이가 되도록 올린다.</u> ② 커프의 밑단이 팔꿈치에서 2.5cm 위로 올라오게 위팔부위에 커프를 감는다. <u>소아나 비만환자의 경우 커프 폭이 위팔의 2/3 이상을 감쌀 수 있는 커프를 선택해서 측정해야 한다. 너무 작은 커프는 혈압이 높게 측정된다.</u> ③ 팔꿈치 안쪽 접히는 부분 위 중간에서 위팔동맥을 촉지하고 공기를 주입해 맥박이 사라지는지 확인한다(노동맥에서도 가능하다.*) ④ 공기를 천천히 빼면서 위팔동맥이 느껴질 때까지 계속 계기판을 주시하고 맥박이 돌아올 때의 수치를 기록한다. 이것은 촉지로 측정한 수축기압이다.
청진기 이용	① 청진기를 위팔동맥을 촉지한 부위에 놓고 맥박이 사라질 때까지 공기를 주입한다. ② <u>3~5mmHg/초 이하의 속도로 천천히 공기를 빼야 하며 계기판을 주시하며 동시에 청진기로 들어야 한다. 처음 소리가 들릴 때의 압력을 수축기압이라고 한다.</u> ③ <u>계속 공기를 빼고 소리가 사라질 때의 압력을 이완기압이라고 한다.</u> ④ 혈압을 기록하고 촉진과 청진으로 잰 혈압이 10~20mmHg 이상 차이가 나는 경우에만 촉진과 청진으로 나누어서 기록한다. ⑤ 시끄러운 현장이나 구급차 이동 중에서는 촉진을 이용한 수축기압 측정만이 가능하다. 만약 촉진으로만 측정한 혈압인 경우에는 "혈압 140/P"(촉지)이라고 기록해야 한다.

■ 정상 혈압범위

구 분	수축기압	이완기압
성인	90~150(나이+100)	60~90mmHg
아동과 청소년 청소년(12~15세) 아동(7~11세) 소아(4~6세)	약 80+(나이×2) 평균 114 평균 105 평균 99	약 2/3 수축기압 평균 76 평균 69 평균 65

④ 피부

  ㉠ 계속 재평가 되어야 하며 색, 온도, 피부상태를 평가해야 한다.

  ㉡ 피부색의 변화는 순환정도를 나타내며 <u>평가하기 좋은 부분은 손톱, 입술, 아래눈꺼풀이다.</u>

  ㉢ 피부온도와 상태를 평가하기 위해서는 <u>장갑을 끼지 않은 상태에서 손등으로 측정해야 한다.</u> 이때 환자의 혈액이나 체액에 닿지 않도록 조심해야 한다.

⑤ 동공* 17년 소방장/ 18년 소방교

  ㉠ 정상동공은 어두운 곳에서는 커지고 밝은 곳에서는 수축하는 것이 정상이며 양쪽이 같은 크기에 같은 반응을 보여야 한다.

  ㉡ 동공평가에 있어서 양쪽 눈이 모두 빛에 반응하는지, 같은 크기인지, 같은 모양인지 평가해야 한다.

> ※ 평가방법
> • 빛을 비추기 전 양쪽 눈의 동공크기를 평가한다. 극소수의 사람만이 동공의 크기가 다를 뿐 보통은 같아야 한다. 비정상적인 경우는 의식장애를 의심해야 한다.
> • 빛을 비추면 동공이 수축되고 빛을 치우면 다시 이완되어야 한다. 비정상적인 경우는 의식장애를 의심해야 한다. 재평가를 위해선 1, 2초 후에 실시해야 한다.

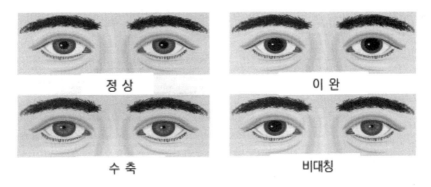

동공 모양	원 인★★
수 축	살충제 중독, 마약 남용, 녹내장약, 안과치료제
이 완	공포, 안약, 실혈
비대칭	뇌졸증, 머리손상, 안구 손상, 인공눈
무반응	뇌 산소결핍, 안구부분손상, 약물남용
불규칙한 모양	만성질병, 수술 후 상태, 급성 손상

TIP 2차 평가에서는 SAMPLE력, 맥박, 호흡, 혈압 동공 등을 확인해야 합니다.

5 주요 병력 및 세부 신체검진(비외상 환자)

(1) 주요 병력 및 신체 검진

① 비외상 환자의 주요 병력 및 신체검진은 주 호소와 현 질병에 초점을 맞추어야 한다. 비외상 환자평가 과정 중에는 현 질병에 대한 정보와 SAMPLE력 그리고 기본 생체징후를 평가해야 한다.

② 신체검진은 주 호소와 현 질병과 관련되어 신속하게 평가되어야 한다. 평가는 환자가 의식이 있는지, 없는지에 따라 달라진다.

- 무의식 환자 : 빠른 외상평가 실시 ➡ 기본 생체징후 평가 ➡ SAMPLE력
- 의식 환자 : 현 병력 및 SAMPLE력 평가 ➡ 주요 신체검진 실시 ➡ 기본 생체징후 평가

(2) 무의식 환자

① 빠른 외상평가 실시

머 리	외상을 시진·촉진한다. 타박상, 열상, 부종, 압좌상, 귀 안에 혈액이 있는지를 확인한다. 머리 외상은 무의식을 나타낼 수 있으며 외상이 있다면 목뼈 손상 가능성이 있으므로 목고정을 실시하고 기도 개방을 유지시켜야 한다.
목 뼈	환자임을 나타내는 표시(목걸이)가 있는지 확인하고 목정맥 팽창(JVD)이 있는지 평가한다. 경정맥 팽창은 환자가 앉아 있을 때 잘 관찰할 수 있고 심장의 수축기능이 원활하게 수행되지 않을 때 나타나는 징후로 울혈성심부전증(CHF)을 나타낸다.

가슴	호흡할 때 양쪽 가슴이 적절하게 그리고 똑같이 올라오는지 관찰한다. 가슴과 목 아래 호흡보조근을 사용하는지, 호흡음은 똑같이 적절하게 들리는지 평가한다.
배	배의 부종과 색을 평가하고 만져지는 덩어리나 압통이 있는지 촉진한다. 배대동맥의 정맥류는 배 가운데에서 촉지 될 수 있다. 만약, 이 정맥류에서 출혈이 발생하면 의식 변화나 무의식을 초래할 수 있다.
골반과 아랫배	아랫배 팽창 유무를 시진·촉진하고 골반뼈와 엉덩이뼈에 압통이 있는지도 촉진한다. 젊은 여성의 아랫배 압통은 산부인과적 응급상황일 수 있다. 엉덩뼈 골절은 보행 중 또는 낙상으로 노인에게 많이 일어난다.
팔다리	팔에서 다리 순으로 실시하며 환자임을 나타내는 팔찌가 있는지 확인한다. 부종, 변형, 탈구가 있는지 그리고 팔에 주사자국(약물 중독)이나 허벅지에 주사자국(당뇨환자)이 있는지 확인한다. 팔다리에 맥박이 똑같은 강도로 있는지, 운동기능과 감각기능도 평가한다.
등 부위	환자를 조심스럽게 옆으로 돌린다. 특히, 목과 머리손상이 의심된다면 척추손상에 주의해야 한다. 손상, 변형, 타박상을 확인한다.

② 기본 생체징후 측정

빠른 외상평가 후에는 기본 생체징후를 실시한다. 호흡수, 피부상태, 맥박, 동공, 혈압을 측정하고 동시에 의식수준도 평가한다. 의식장애가 있는 환자의 경우에는 더욱 중요하다.

③ 환자 자세 변경

무의식 환자는 기도를 유지할 수 없기 때문에 이물질 제거 및 기도유지를 실시해 주어야 한다. 기도 개방 상태를 유지하기 위해서는 측와위, 회복자세가 도움이 된다. 이 자세는 이송 중 구급대원을 마주 보는 자세로 관찰 및 흡인하는데 편리한 자세이다. 기도를 계속 유지하기 위해서는 기도기를 이용할 수 있다.

④ SAMPLE력

무의식 환자인 경우는 가족, 주변인, 신고자를 통해 환자에 대한 정보 및 현 상태를 유발한 사건 등에 대한 정보를 얻어야 한다.

⑤ 세부 신체검진 실시

세부 신체검진으로 이송을 지연시키면 안 되며 신속한 신체검진과 기도유지 그리고 이송을 우선으로 해야 한다. 그 다음 상태가 안정이 되면 세부 신체검진을 실시해야 한다. 이 검진은 무의식 상태를 초래한 원인을 모를 때 중요하다.

(3) 의식이 있는 환자

① 현 병력-OPQRST** 16년 소방장/ 18년 소방교

의식이 있는 경우는 많은 정보를 얻을 수 있다. SAMPLE력과 신체검진을 실시하고 OPQRST를 질문한다. 이 검진은 특히 호흡이 가쁘거나 가슴통증을 호소할 때 중요하다.

발병시점 Onset of the event	증상이 나타날 때 무엇을 하고 있었는지?(휴식 중/활동 중/스트레스), 시작이 갑자기 또는 천천히 시작됐는지?(혹은 만성적인지)
유발 / 완화 Provocation or Palliation	어떤 움직임이나 압박 또는 외부요인이 증상을 악화 또는 완화시키는지? (쉬면 진정이 되는지?)

질 Quality of the pain	어떻게 아픈지 환자가 표현할 수 있게 개방형으로 질문한다.(표현:날카롭게 아픈지/뻐근한지/짓누르는 아픔인지/찢어지게 아픈지 등)(패턴:지속되는지 /간헐적으로 나타나는지 등)
부위 / 방사 Region and Radiation	어느 부분이 아픈지 그리고 아픈 증상이 다른 부위까지 나타나는지? 이것은 종종 턱과 팔에 방사통을 호소하는 심근경색환자 진단에 중요 요소가 될 수 있다.
중증도 Severity	어느 정도 아픈지?(0에서 10이라는 수치로 비교 표현/0은 통증이 없는 것을 의미하며 10은 죽을 것 같은 통증을 의미한다.)
시간 Time(history)	통증이 얼마간 지속되는지? 통증이 시작된 이후로 변화가 있었는지? (나아졌는지/심해졌는지/다른 증상이 나타났는지) 이전에도 이런 통증을 경험했는지?

> ✪ 질문은 개방형 질문을 사용해서 단답형의 대답이 나오지 않도록 주의해야 한다.

② 부분 신체검진

무의식 환자인 경우 의식장애를 초래한 원인을 알기 위해 빠른 외상평가를 실시한다면 의식이 있는 환자는 주 호소와 관련된 부분 신체검진을 실시한다. 예를 들면 가슴통증 호소 환자는 JVD(목정맥팽대), 가슴 압통 유무와 시진, 호흡음 청진 등을 실시해야 한다. 만약 전신의 통증을 호소한다면 무의식 환자에서와 같은 빠른 외상평가를 실시해야 한다.

③ 생체징후

호흡수, 피부상태, 맥박, 동공, 혈압을 측정하고 동시에 의식수준도 평가한다.

④ 응급처치 제공

1차 평가, 주요 병력과 신체검진을 통해 응급처치를 제공해야 한다. 이러한 응급처치는 산소 공급과 이송이 동시에 제공되어야 한다. 즉각적인 이송이 필요한 환자는 가슴통증, 의식장애, 심한 통증, 호흡곤란 환자이다.

⑤ 세부 신체검진 실시

전신이 아닌 주 호소와 환자가 호소하는 증상 및 징후에 관련된 일부만 신체검진을 실시하면 된다.

❻ 주요 병력 및 세부 신체검진(외상 환자)

외상 환자 평가는 현장 확인과 1차 평가를 제외하고는 비외상 환자와 다르다. 비외상 환자는 환자 병력을 중시하는 반면, 외상 환자는 외상 발견에 중점을 둔다.

(1) 손상 기전

① 현장 확인으로 손상기전을 확인하고 주요 병력 및 신체검진을 실시해야 한다. 손상 기전이 얼마나 심각한지에 따라 주요 병력 및 신체검진 과정을 결정해야 한다. 아래와 같이 심각한 경우에는 빠른 외상평가를 실시해야 한다.

㉠ 차량 사고 : 차 밖으로 나온 환자, 사망자가 있는 차량 내부 환자, 전복된 차량 내부 환자, 고속 충돌 환자, 안전벨트 미착용 환자, 운전대가 변형된 차량 내부 환자

　　　　ⓛ 차에 부딪힌 보행자

　　　　ⓒ 오토바이 사고 환자

　　　　ⓡ <u>6m 이상의 낙상 환자</u>

　　　　ⓜ 폭발사고 환자

　　　　ⓗ 머리, 가슴, 배의 관통상

　② 소아 환자는 아래와 같은 경우 심각한 외상을 초래할 수 있다.

　　　　㉠ <u>3m 이상의 낙상 환자</u>

　　　　ⓛ 부적절한 안전벨트를 착용한 차량 환자 – 특히, 배에 벨트 자국이 있는 경우

　　　　ⓒ 중속의 차량 충돌

　　　　ⓡ 자전거 – 특히, 배에 자전거 핸들이 부딪힌 경우

　③ 1차 평가로 의식장애, 호흡장애, 순환장애가 나타났다면 빠른 외상평가를 실시해야 한다. 만약 경증 손상인 경우는 손상 부분 외상평가와 손상과 관련된 병력만 수집하면 된다.

> ✪ 중증 외상 : 현장 확인과 1차 평가, 손상기전 확인 ➡ 척추 고정 ➡ 기본소생술 제공 ➡ 이송여부 결정 ➡ 의식수준 재평가 ➡ 빠른 외상평가 ➡ 기본 생체징후 평가 ➡ SAMPLE력 ➡ 세부 신체검진
>
> ✪ 경증 외상 : 현장 확인과 1차 평가, 손상기전 확인 ➡ 주 호소와 손상기전과 관련된 부분 신체검진 ➡ 기본 생체징후 평가 ➡ SAMPLE력 ➡ 세부 신체검진* 18년 소방위

(2) 중증 외상* 18년 소방위

구급대원의 역할은 중증여부를 판단하고 1차 평가를 통한 응급처치를 제공하며 병력과 신체 검진을 통해 증상/징후, 손상 정도를 판단하는 것이다.

척추고정	현장 확인을 통해 손상 기전을 확인한 후 필요하다면 척추고정을 실시해야 한다. 1차 평가 동안 한명의 대원은 손을 이용해 머리고정을 실시해 주어야 한다.
기본 소생술	기도유지 및 CPR을 제공해 주어야 한다. 단, 꼭 필요한 경우를 제외한 나머지 처치로 이송을 지연시켜서는 안 된다.
이송여부 결정	가능한 신속한 이송이 필요하다는 것을 잊어서는 안 된다. 빠른 외상평가를 통해 심각한 손상이나 상태 악화가 나타났다면 신속한 이송을 실시해야 한다. 현장에서의 이송을 판단하는 것에는 현장의 위험도, 이송 가능한 차량, 환자의 상태에 따라 달라진다.
의식수준 재평가	1차 평가에서와 마찬가지로 AVPU를 이용한 의식수준을 평가한다. 특히, 의식수준이 악화될 때 주의 깊게 평가해야 한다.
신속한 외상평가	㉠ 외상과 관련된 병력 및 신체검진을 빠른 외상평가라고 한다. ⓛ 평가순서는 머리에서 발끝 순이며 이를 통해 손상의 증상 및 징후를 발견할 수 있다. ⓒ 손상 유형 : 변형, 타박상, 찰과상, 천자상, 화상, 압통, 열상, 부종, 불안정, 마찰음이 있다. ⓡ 첫 글자를 따서 DCAP-BLS, TIC라고도 한다. 이러한 손상은 시진과 촉진을 통해 알 수 있다. ⓜ 몸의 전방을 검진한 후에는 통나무 굴리기법으로 환자를 옆으로 눕혀 후방을 검진해야 한다. 　만약 시간이 된다면 세부 신체검진을 실시할 수 있다.

기본생체 징후	비정상적인 생체징후 및 악화는 쇼크를 의심할 수 있다. 빠른맥은 성인의 경우 혈압이 떨어지기 전에 나타나는 증상이기 때문에 중요하다. 또한 창백하고 차갑고 축축한 피부 역시 쇼크 증상이다.
SAMPLE력	비외상 환자와는 달리 부분 병력 및 신체검진 후에 마지막으로 실시한다.
세부신체 검진	위급하지 않은 손상과 상태에 대한 정보를 수집하기 위한 검진으로 위급한 처치 및 상태 안정을 확인한 후에 실시해야 한다. 세부 신체검진으로 이송시간을 지연시켜서는 안 되며 머리에서 발끝 순으로 실시해야 한다.

■ 빠른 외상평가

신 체	평 가
머 리	얼굴과 머리뼈 시진, 촉진
목	• JVD(목정맥팽대) : 울혈성심부전증이나 위급한 상태
가 슴	• 비정상적인 움직임 : 연가양 가슴 호흡음 – 허파 위와 아래 음을 양쪽 비교하면서 청진
배	팽창, 경직(촉진), 안전벨트 표시(소아인 경우 중상 의심)
골 반	골반을 부드럽게 누를 때와 움직일 때의 통증 유무, 대·소변 실금
팔다리	• 맥박 – 양쪽 발등동맥과 노동맥 비교 • 감각 – 의식이 있으면 양쪽 비교해서 질문하고 무의식인 경우 통증자극 • 운동 – 의식이 있으면 손가락과 발가락 움직임을 지시하고 무의식인 경우 자발적인 움직임 유무를 관찰

(3) 경증 외상

우선순위	현장 확인을 통한 손상기전과 1차 평가를 실시한다. 손상정도를 판단하기 위해 부분 병력 및 신체검진을 실시해야 한다. 만약 중증이라면 빠른 외상 평가를 실시하고 경증 이라면 일반적인 신체검진, 생체징후 그리고 SAMPLE력을 평가하면 된다.
부분 신체검진	1차 평가 및 위급한 상태가 아님을 확인했다면 손상 부분 및 통증 호소 부분을 검진한다. 시진과 촉진을 이용해 DCAP–BTLS 유형을 평가하고 빠른 외상평가와 다른 점은 머리 에서 발끝 까지 검진하는 것이 아니라 부분만 검진한다는 점이다.
생체징후와 SAMPLE	부분 신체검진 후 생체징후 측정과 SAMPLE력을 평가해야 한다. 평가 정보는 모두 기록 지에 남겨야 한다.
세부 신체검진	경증인 경우 대개는 필요하지 않은 검진으로 부분 신체검진 및 재평가를 통해 손상 부위를 평가해야 한다. 그러나 출혈양상, 환자의 통증호소 및 비정상적인 감각에는 주의를 기울 여야 한다.

7 재평가

환자의 상태는 계속 변할 수 있으므로 주의 깊게 관찰해야 하며 재평가를 통해 추가적인 의료 처치를 실시하고 기록해야 한다. 대개는 구급차 내에서 실시하고 이송이 지연되면 현장에서도 실시해야 한다.

(1) 단 계

1차 평가, 주 병력 그리고 신체검진을 재평가해야 한다. 평가를 하면서 동시에 적절한 의료처치를 실시해야 한다. 재평가는 다음과 같다.

① 의식 평가 : AVPU로 나눈다.

② 기도 개방 유지 및 관찰(필요 시 흡인)

③ 호흡 평가 : 보고, 듣고, 촉지 한다. 만약 부적절하다면 인공호흡을 실시한다.

④ 맥박 평가

⑤ 피부색과 상태 평가: 보고 만져서 관찰하며 소아인 경우 모세혈관 재충혈을 실시한다.

⑥ 처치의 우선순위를 다시 확인한다.
  - 환자상태 변화에 따라 우선순위를 조정한다.

⑦ 생체징후 재평가 및 기록

⑧ 통증과 손상부위를 재평가
  - 손상, 통증 호소부위를 재평가한다. 만약 새로운 부위를 호소한다면 이 부분을 평가한다.

⑨ 중간 효과 재점검
  ㉠ 산소보조기구나 인공호흡이 적절한지
  ㉡ 지혈이 잘 되었는지
  ㉢ 기타 중재에 대한 환자반응 평가

⑩ 평가에 대한 기록

(2) 평가 시점* 13년 소방장

재평가는 모든 환자에게 실시해야 한다. 물론 치명적인 상태에 대한 처치를 끝낸 후에 실시해야 하며 세부 신체검진 후에 실시한다. 그렇다면 얼마나 자주 실시해야 하는지는 환자상태에 따라 달라진다.

① 위급한 환자는 적어도 매 5분마다 실시한다.(무의식환자, 심한 손상기전, 소생술이 필요한 환자)

② 의식이 있는 환자, 정상 생체징후, 경상 환자는 매 15분마다 실시한다.

③ 환자의 상태가 갑자기 변한다면 즉각적으로 재평가하고 평가내용은 기록해야 한다.

🔔 핵심요약

【 환자평가 】

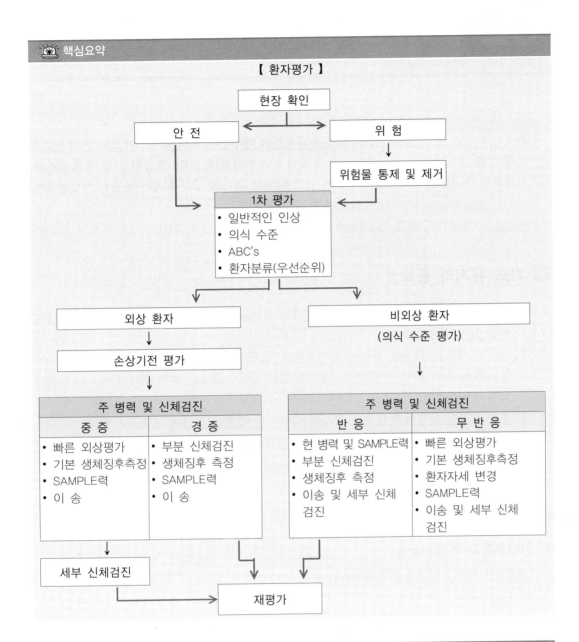

🔔 *Check*

① 1차 평가의 단계적 순서 : 첫인상 ➡ 의식수준 ➡ (　　) ➡ 호흡 ➡ (　　) ➡ 위급 정도 판단
② SAMPLE력 : 증상 및 징후, 알레르기, (　　), 과거력, (　　), 질병이나 손상을 야기한 사건
③ 생체징후는 호흡, (　　), (　　)을 포함하며 동시에 의식수준(AVPU)도 평가해야 한다.
⑤ OPQRST 정보 : (　　)는 어느 정도 아픈지?(0에서 10이라는 수치로 비교 표현/0은 통증이 없는
　　것을 의미하며 10은 죽을 것 같은 통증을 의미한다.)

환자가 의식이 없는 경우 기도폐쇄의 유발원인의 대부분은 혀의 근육이완으로 인해 야기되는데 이로 인해 산소결핍과 이산화탄소의 축적이 발생되어지며, 이는 호흡부전 및 호흡정지와 같은 치명적인 결과를 초래하므로 효과적인 호흡을 위해 환자의 상황에 따라 적절한 기도를 확보하고 산소를 공급하는 것에 대해 명확하게 알고 있어야 한다.

※ 환자의 1차 평가 단계 중 기도유지는 가장 기본적이면서도 생명과 직결되어 있는 중요한 응급처치이다.

1 기도 유지의 중요성

① 일반적으로 현장응급처치에서 기도유지는 생명과 직결되어 있는 환자의 1차평가 시 우선적으로 실시되는 기술이다.

② 인체의 세포는 적절한 기능과 생명보존을 위해서 산소가 필요하다. 기도가 개방되어 있지 않으면 공기가 들어오지 못하고, 기도가 열려 있어도 호흡을 하지 못하면 산소는 인체에 들어오지 못한다.

③ 또한 심장이 움직이지 않으면 산소를 운반하는 혈액을 전신에 보내지 못한다.

④ 따라서 ABC의 문제가 발생되었을 때 즉각적인 응급처치는 생명유지를 위해 가장 기본적이면서 매우 중요하다.

2 호 흡

(1) 정상호흡과 비정상호흡

호흡계의 기능은 들숨으로 신체기관과 모든 세포에 사용되는 산소를 얻고 날숨으로 이산화탄소를 내보내는 것이다.* 이런 기능의 이상 작용이 발생되면 호흡은 짧아지고 호흡부전을 초래하게 된다.

> ※ 호흡부전은 생명을 유지하기에 충분하지 않은 산소공급으로 호흡감소를 의미한다.
> ※ 호흡정지는 호흡이 완전히 멈춘 경우를 의미하는데, 이는 심장마비, 뇌졸중, 기도폐쇄, 익사, 감전사, 약물남용, 중독, 머리손상, 심한 가슴통증, 질식 등의 하나의 증상으로 나타날 수 있다.

(2) 평가 방법

환자의 호흡이 적절한지를 평가하고 적절한 기도유지를 실시하기 위해서는 다음과 같은 평가를 시행한다.

시 진	호흡 시 환자의 가슴이 대칭적으로 충분히 팽창하고 하강하는가? ※ 호흡의 횟수, 규칙성, 호흡의 깊이에 대해 기록해야 한다.
청 진	호흡음은 양쪽 가슴에서 똑같이 들려야 하며 입과 코에서의 호흡이 정상이어야 한다. ※ 비정상 - 헐떡거림, 그렁거림, 쌔근거림, 코고는 소리 등
촉 진	입이나 코를 통한 공기의 흐름, 양 손을 이용한 가슴 팽창

부적절한 호흡의 징후*

- 가슴의 움직임이 없거나 미미할 때
- 복식호흡을 하는지(배만 움직일 때)
- 입과 코에서의 공기흐름이나 가슴에서의 호흡음이 정상 이하로 떨어질 때
- 호흡 중에 비정상적인 호흡음
- 호흡이 너무 빠르거나 느릴 때
- 호흡의 깊이가 너무 낮거나 깊을 때 그리고 힘들어 할 때
- 피부, 입술, 혀, 귓불, 손톱색이 파랗거나 회색일 때(청색증)
- 들숨와 날숨 시 기도 폐쇄가 없는지
- 가쁜 호흡으로 말을 못하거나 말을 끊어서 할 때
- 비익(콧구멍)이 확장될 때(특히, 소아의 경우)
- 환자의 자세가 무릎과 가슴이 가깝게 앞으로 숙이고 있는 경우(기좌호흡)

⑶ **응급처치 : 호흡곤란 및 호흡부전**

※ 기본적인 처치과정
① 기도를 개방하고 유지한다.
② 호흡을 돕기 위해 산소를 공급한다.
③ 호흡이 없는 환자에게는 인공호흡을 실시하고 부적절한 호흡을 하는 환자에게 양압환기를 제공한다.
④ 필요 시 흡인한다.

3 기도 확보

① 기도는 공기가 들어오고 나오는 통로로 코, 입, 인두, 후두, 기관, 기관지, 세기관지, 허파의 경로로 구성되어 있다.
② 기도를 평가·개방하고 인공호흡을 실시하기 위해서는 환자를 바로누운 자세로 취해줘야 한다.
③ 척추손상이 의심된다면 주의해야 하는데 아래와 같은 경우 척추손상을 의심해야 한다.
  - 계단이나 사다리 근처 환자, 차량사고, 다이빙, 스포츠사고 환자
  - 어깨 윗부분에 손상이 있는 환자
  - 주위 목격자의 증언 등
④ 고개를 앞으로 숙이면 혀는 기도 안으로 들어가 종종 기도폐쇄를 유발한다.
⑤ 의식이 없는 환자의 경우 혀의 근육이완으로 기도를 폐쇄시킨다.
  ※ 기도개방 방법으로는 머리기울임/턱 들어올리기법과 척추손상 의심환자에 사용되는 턱 밀어올리기법이 있다.

⑴ 머리기울임 / 턱 들어올리기 법*

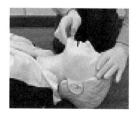

※ 기도를 최대한 개방시키는 방법으로 기도를 유지하고 호흡을 원활하게 하기 위해 사용된다. <u>혀로 인한 기도폐쇄에 가장 좋은 방법이다.</u>

① 환자를 누운자세로 취해준 다음 한손은 이마에 다른 손의 손가락은 아래턱의 가운데 뼈에 둔다.

② 이마에 있는 손에 힘을 주어 부드럽게 뒤로 젖혀 준다.

③ 손가락으로 턱을 올려주고 아래턱을 지지해 준다. 단, 기도를 폐쇄시킬 수 있는 <u>아래턱 아래의 연부조직을 눌러서는 안 된다.</u>

④ 환자의 입이 닫히지 않도록 한다. 이를 위해서는 엄지손가락으로 턱을 아래쪽으로 밀어주는데 이때 <u>손가락을 입안으로 넣으면 안 된다.</u>

❂ <u>주의사항 : 의식이 없거나 외상 환자의 경우 대부분 척추손상을 의심할 수 있으므로 위의 방법을 사용해서는 안 된다.</u>

⑵ 턱 밀어올리기(하악견인법)

<u>의식이 없는 환자이거나 척추손상이 의심될 경우 사용하는 방법이다.</u>*

① 환자의 머리, 목, 척추가 일직선이 되도록 조심스럽게 바로누운자세로 취해준다.

② <u>환자의 머리 정수리부분에 무릎을 꿇고 앉은 다음 팔꿈치를 땅바닥에 댄다.</u>

③ 조심스럽게 환자의 귀 아래 아래턱각 양측에 손을 댄다.

④ 환자의 머리를 고정시킨다.

⑤ <u>검지를 이용해서 아래턱각을 환자 얼굴 전면을 향해 당긴다.</u>

⑥ 이때, 환자의 머리를 흔들거나 회전시켜서는 안 된다.

TIP 기도확보에서는 머리기울임 / 턱 들어올리기, 턱 밀어올리기법에서 척추손상을 확인해야 합니다.

4 기도유지 보조기구

기도 유지는 전 처치 과정에서 지속적으로 이루어져야 하며 기도 유지를 위한 보조기구는 무의식 환자의 기도 유지를 위한 초기 처치에 사용될 수 있다. 기도 유지 보조기구의 종류는 다양하나 가장 보편적으로 이용되는 기구는 입인두기도기와 코인두기도기가 있다.

(1) 보조기구 사용 규칙** 16년 소방장, 소방교/ 17년 소방위

① 구역반사가 없는 무의식 환자인 경우에만 입인두기도기를 사용할 수 있다. 구역반사는 인두를 자극하면 구토가 일어나는 반사로 무의식 환자에게는 보통 일어나지 않는다.

② 기도기를 사용하기 전에 손으로 환자의 기도를 개방시켜야 한다.

③ 삽입할 때 환자의 혀를 안으로 밀어 넣지 않도록 주의한다.

④ 만약 환자에게 구역반사가 나타나면 기도기의 삽입을 즉시 중단하고 손으로 계속 기도를 유지하며 기도기를 삽입하여서는 안 된다.

⑤ 기도기를 삽입한 환자인 경우 계속 손으로 기도를 유지하고 관찰해야 하며 필요하다면 흡인할 준비를 해야 한다.

⑥ 구역반사가 나타나면 즉시, 기도기를 제거하고 흡인할 준비를 해야 한다.

(2) 입인두기도기(의식이 없는 환자)** 18년 소방교

① 기도가 개방되면 기도를 유지하기 위해 입인두기도기를 삽관할 수 있다.

② 곡선형 모양에 대개는 플라스틱으로 만들어져 있다.

③ 환자의 입에 위치하는 플랜지가 있고 나머지 부분은 혀가 인후로 넘어가지 않게 유지하는 역할을 한다.

④ 입인두기도기는 크기별로 있으며 환자에 따라 적절한 크기를 사용해야 한다.

⑤ 크기를 선택하기 위해서는 환자의 입 가장자리에서 귓불까지 또는 입 가운데에서(누워 있는 상태에서 입의 가장 튀어나온 윗부분) 아래턱각까지의 길이를 재어야 한다.

(입인두기도기)   (입가장자리~귓볼까지 / 입중앙선~아래턱각까지)

⑥ 입인두기도기의 적당한 크기를 사용하는 것은 매우 중요하다. 너무 길거나 너무 짧은 기도기의 삽관은 오히려 기도폐쇄를 유발할 수 있다.

  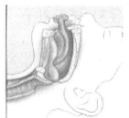

(적절한 기도기 위치)　　　　(너무 긴 기도기의 삽입 / 너무 짧은 기도기의 삽입)

입인두기도기의 삽입방법

1. 처치자는 환자의 머리 위 또는 측면에 위치한다.
   일반적인(비외상 환자)의 경우 머리기울임 / 턱 들어올리기 법으로 기도를 개방 후 삽관하고 척추 손상이 의심되는 환자의 경우 턱 밀어올리기 법을 사용하여 기도를 조작하여 삽관하여야 한다.
2. 한 손으로 엄지와 검지를 교차(손가락교차법)하고 환자의 위·아래 치아를 벌려 입을 개방시킨다.
3. 기도기의 끝이 입천장으로 향하게 하여 물렁입천장에서 저항이 느껴질 때까지 넣는다.
   혀가 인두로 넘어가지 않도록 주의해야 하며 설압자를 사용해서 쉽게 넣을 수도 있다.
4. 기도기의 끝이 입천장에 닿으면 기도기를 부드럽게 180° 회전시켜 끝이 인두로 향하게 한다.
   이 방법은 혀가 뒤로 밀려들어 가는 것을 방지하기 위함이다.
   ※ 입 가장자리에서 입안으로 넣은 후 90° 회전시켜 기도기의 굴곡면이 아래를 향하게 하며 인두로 밀어 넣는 방법도 있다.
5. 플랜지가 환자 입에 잘 위치해 있는지 확인한다.
   만약 기도기가 너무 길거나 짧다면 기도기를 제거하고 알맞은 크기로 다시 삽관한다.
6. 인공호흡이 필요하다면 마스크로 기도기를 덮어서 실시한다.
7. 주의 깊게 환자를 관찰해야 한다.
   만약 구역반사가 나타나면 즉시 제거해야 하는데 제거할 때에는 돌리지 말고 곡선에 따라 제거하면 된다.
   ※ 기도기를 유지하고 있는 환자는 계속적인 흡인이 필요하다.

(3) 코인두기도기* 14년 소방위/ 18년 소방교

① 코인두기도기는 구역반사를 자극하지 않아 사용빈도가 높다.
② 구강의 상처가 있거나 입을 벌릴 수 없는 경우 그리고 구역반사가 있는 환자 모두에게 사용될 수 있다.
③ 대부분 부드럽고 유연성 있는 라텍스 재질로 연부 조직의 손상이나 출혈 가능성이 적다.

삽관하는 방법

1. 콧구멍보다 약간 작은 코인두기도기를 선택한다.
2. 삽관 전에 수용성 윤활제를 기도기에 발라준다.
   - 비수용성 윤활제는 감염과 조직손상 위험이 있으므로 사용해서는 안 된다.
3. 환자의 머리는 중립자세로 위치시키고 곡선을 따라 삽관한다.
   - 대부분의 코인두기도기는 오른 콧구멍에 맞게 제작되어 있다. 끝의 사면이 코중간뼈을 향하도록 해야 한다.

4. 끝부분에 가깝게 잡고 플랜지가 콧구멍에 닿을 때까지 부드럽게 넣는다.
  – 만약, 저항이 느껴진다면 다른 비공으로 시도해 본다.
  ※ 주의 : 만약 코와 귀에서 뇌척수액이 나왔다면 코인두기도기를 삽관해서는 안 된다.[*]
    ⇒ 환자의 머리뼈 골절을 의미하므로 기도기로 인해 뇌손상을 초래할 수 있기 때문임.

✪ 입·코인두기도기는 혀의 근육이완으로 인한 상기도 폐쇄를 예방하고 기도를 유지하는 데 목적이 있다. 완전하게 기도를 유지하기 위해서는 기도삽관을 해야 한다.

① 환자의 코가장자리에서 귓불까지의 길이를 측정한다.
② 수용성 윤활제를 바른다.
③ 부드럽게 비스듬한 단면이 콧구멍 바닥이나 코중간뼈(콧구멍을 나누는 벽)을 향하여 넣는데 플랜지가 콧구멍에 걸릴 때까지 기도기를 넣는다.

TIP 보조기구의 입인두와 코인두의 특징을 비교하는 문제가 출제됩니다.

5 인공호흡법

인공호흡법에는 입대 마스크법(포켓마스크), 2인 BVM, 1인 BVM, 자동식 인공호흡기 등이 사용되고 있으나 입대 입은 가급적 추천되지 않으며 환자의 침, 혈액, 구토물로부터 처치자의 적절한 격리가 필요하므로 휴대용 기구 등을 사용하는 것이 바람직하다.

인공호흡 시 환자에게 적절한 환기를 위한 평가[*]

1. 매 환기 시 환자의 가슴이 자연스럽게 상승, 하강하는가?
2. 환기의 비율은 적절한가?
   (성인 10~12회/분, 소아·영아 12~20회 이상/분, 신생아 40~60회/분)
3. 환자의 심박동수가 정상으로 돌아 왔는가?
4. 환자의 피부색이 호전되었는가(혈색의 회복 등)
   인공호흡 시 적절한 환기를 위해서는 다음의 사항을 준수하여야 한다.
5. 항시 기도의 개방상태를 유지한다.
6. 환자의 안면과 마스크가 완전히 밀착되어야 한다.
7. 고농도의 산소를 공급한다.
8. 공기가 위로 유입되지 않도록 한다.(위팽창 예방)
9. 환자에게 적당한 환기량과 비율로 환기를 제공한다.
10. 날숨을 완전히 허용한다.

(1) **입 대 마스크법(포켓마스크)*** 14년, 17년 소방장

① 포켓마스크는 무호흡 환자에게 사용되는 입대 마스크법의 일종으로 휴대 및 사용하기에 용이
하며 대부분 산소연결구가 부착되어 산소를 연결하여 사용 시 50%의 산소 공급율을 보인다.

② 포켓마스크는 대부분 일방향 밸브가 부착되어 환자의 날숨, 구토물 등으로부터의 감염방지의
역할을 하며, 마스크부분이 투명하여 환자의 입과 코에서 나오는 분비물을 볼 수 있다.

③ 마스크 측면에 달린 끈은 1인 응급처치 시 환자의 머리에 고정시키고 가슴압박을 할 수 있기에
유용하다. 하지만 인공호흡 시에는 손으로 포켓마스크를 얼굴에 밀착하여 고정시켜야 한다.

　　㉠ 환자 머리 위에 무릎을 꿇고 기도를 개방시킨다. 입안의 이물질을 제거하고 필요하다면
입인두기도기로 기도를 유지시킨다.

　　㉡ 산소를 연결시켜 분당 12~15 L로 공급한다.

　　㉢ 삼각형 부분이 코로 오도록 환자의 입에 포켓마스크를 씌운다.

　　㉣ 턱 밀어올리기를 유지하면서 마스크를 환자의 얼굴에 완전히 밀착 시킨다. 양 엄지와 검지
손가락으로 마스크 옆을 잡고 남은 세 손가락으로 귓불 아래 아래턱각을 잡고 앞으로 살짝
들어 올린다.

　　㉤ 숨을 불어 넣는다 : 성인과 소아 1초간(이때 가슴이 올라오는지 살핀다)

　　㉥ 포켓마스크에서 입을 떼어 호흡이 나올 수 있도록 한다.

| 콧등 첨부위에 마스크를 올려 놓는다. | 마스크를 'c'와 'e'로 잡는다. | 완전하게 밀착시켜 기도를 개방한다. | 가슴을 보며 호흡을 1초간 불어넣는다. |

TIP 구강대 마스크법에서 일방향 포켓마스크를 활용, C와 E 요령을 숙지하세요.

(2) **백-밸브 마스크(BVM)***** 13년 소방장

손으로 인공호흡을 시키는 기구로 <u>호흡곤란, 호흡부전, 약물남용</u> 환자에 사용된다. <u>BVM은 감염
방지에 유용하며 유아용, 아동용, 성인용 크기가 있다.</u>

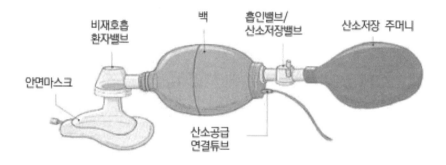

① 백은 짜고 나면 다시 부풀어 올라야 하며 세척이 용이하고 멸균상태여야 한다.

② 산소 연결구를 통해 15L/분의 산소를 연결시키고 밸브는 비재호흡 기능을 갖고 있다.

③ BVM의 원리는 산소연결로 저장낭에 산소가 공급되고 백을 짜면 백의 공기주입구가 닫히고 산소가 환자에게 공급된다.

④ 산소저장낭은 거의 100% 산소를 공급하며 저장낭이 없는 BVM이라면 약 40~60%의 산소를 공급한다.

⑤ 만약 백을 짜는 것이 지연된다면 환자의 수동적인 날숨이 나타날 수 있다.

⑥ 환자가 숨을 내쉬는 동안 산소는 다음 공급을 위해 저장낭으로 들어간다.

⑦ 백은 크기에 따라 다르지만 1~1.6L를 보유할 수 있다.

⑧ 한번 공급하는 량은 적어도 0.5L가 되어야 한다.

⑨ BVM을 통한 인공호흡시 가장 어려운 점은 마스크가 잘 밀착되어 새지 않도록 하는 것이다.

⑩ 한 손으로 백을 짜고 다른 손으로 마스크를 밀착·유지시키는 것은 어려운 일이다. 따라서 2명의 구급대원이 필요하며 척추 또는 머리손상 환자에게는 마스크를 유지하는 대원이 동시에 아래턱 견인을 실시해야 한다.

TIP 초기산소제공을 위해 BVM을 사용하며, 산소저장낭 100%, 없다면 40~60%를 제공합니다.

> ✪ **두 명의 구급대원이 일반 환자를 대상으로 BVM을 사용하는 방법**
> 1. 머리기울림-턱 들어올리기법으로 기도 개방(필요하다면 흡인과 기도기 삽관)
> 2. 적당한 크기의 BVM마스크를 선택한다.
> 3. 환자 머리맡에 무릎을 꿇고 마스크의 윗부분에 엄지와 검지손가락을 놓고('C'모양) 잡고 남은 세손가락으로 귓불 아래 아래턱각을 잡고('E'모양) 환자 얼굴 전면을 향해 당긴다.
> 4. 삼각형 모양의 마스크 윗부분을 환자의 콧등에 위치시키고 아랫부분은 턱 윗부분에 위치시켜 입과 코를 덮어야 한다.
> 5. 중지, 약지와 새끼손가락을 이용해 턱을 들어 올려 유지시킨다.
> 6. 다른 대원은 마스크에 백을 연결시키고 환자의 가슴이 올라올 때까지 백을 눌러야 한다.
>   – 성인 환자의 경우 5~6초간 1회, 소아의 경우 3~5초간 1회 백을 눌러야 한다. 만약 CPR을 하는 과정이라면 가슴압박을 한 후에 인공호흡을 제공해야 한다.
> 7. 백을 누르는 힘을 풀어 환자가 수동적으로 날숨을 하도록 해야 한다.
>   – 그동안 백에 산소가 충전된다.

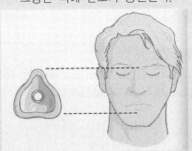

알맞은 크기의 마스크를 사용하여야 정확한 마스크 밀착을 유지할 수 있다.
마스크의 크기는 코의 미간과 턱의 들어간 부위 위가 가장 정확하다.

※ 외상환자에게 BVM을 이용할 때는 같은 단계로 실시하나 머리기울림/턱 들어올리기방법 대신 턱 밀어 올리기방법을 실시해야 하며 다른 대원은 한 손으로 마스크를 밀착시키고 다른 손으로 인공호흡을 제공해야 한다. 1인 BVM 사용은 가급적이면 모든 인공호흡방법이 안 되는 경우에만 사용해야 한다. 왜냐하면 1인이 마스크를 충분히 밀착하고 백을 짜는 것이 효과적이지 못하기 때문이다.

⑶ 1인 BVM 사용방법

① 환자 머리 위에 위치해 기도가 개방 상태인지 확인한다.
- 필요하다면 흡인하고 입인두기를 삽입한다.

② 적당한 크기의 마스크를 선택하고 환자의 코와 입을 충분히 덮을 수 있게 마스크를 위치시킨다.

③ 엄지와 검지가 "C"모양이 되게 마스크를 밀착시키고 나머지 손가락으로 "E"모양을 만들어 턱을 들어 올린다.

④ 다른 손은 환자 가슴이 충분히 올라오도록 백을 눌러야 한다.
- 1회의 호흡량은 500~600㎖을 유지하고 1초에 걸쳐 실시하여야 한다.
- 성인 환자의 경우 5~6초마다 1회 백을 누르고 소아의 경우 3~5초 마다 1회 백을 눌러야 한다.
- 만약 1L의 백을 사용할 경우에는 백의 1/2~2/3 정도로 압박하며 2L의 백을 사용할 경우에는 백의 1/3 정도를 압박하여 인공호흡을 실시한다.

⑤ 백을 누르는 힘을 풀어 환자가 수동적으로 날숨을 하도록 해야 한다.
- 그 동안 백에 산소가 충전된다.

※ 만약, 환자의 가슴이 올라오지 않는다면 다음과 같은 처치를 실시해야 한다.
    ㉠ 머리 위치를 재조정한다.
    ㉡ 마스크가 새지 않는지 확인하고 손가락으로 재 밀착시킨다.
    ㉢ 기도 또는 기구의 막힌 부분이 없나 확인하고 필요하다면 흡인한다. 마지막으로 기도유지기 삽관을 고려해 본다.
    ㉣ 위의 방법에도 가슴이 올라오지 않는다면 다른 인공호흡법을 사용해야 한다.

- 포켓마스크, 산소소생기

BVM을 통한 호흡보조	① 부적절한 호흡을 하는 환자에게 단순히 많은 양의 산소를 공급하는 것만으로 생명을 유지하기에는 충분하지 않을 수 있다. ② 환자의 호흡이 너무 느릴 때 추가 호흡을 제공하거나 부적절한 호흡을 하는 환자의 호흡 깊이를 증가시키기 위해 BVM을 통해 호흡을 보조해 주어야 한다. ③ 보조하는 동안 환자의 가슴이 충분히 올라오는지 주의 깊게 관찰해야 하며 호흡이 얕은 경우에는 가슴이 올라갈 때 충분히 백을 눌러주고 호흡이 너무 느린 경우에는 가슴이 내려가자마자 바로 BVM호흡을 제공해 주어야 한다. ④ BVM은 CPR 동안에도 사용할 수 있다. 만약, 1명의 구급대원만이 있는 경우에는 CPR동안 BVM보다 포켓마스크를 이용하는 것이 좋다. 이는 시간적으로나 효율적이다. ※ 기공을 위한 BVM BVM은 기도절개관을 삽입한 환자에게도 인공호흡을 위해 사용할 수 있다. 관은 호흡을 위해 목에 외과적으로 구멍을 낸 것으로 고무, 플라스틱 등 약간 굽은 형태로 되어 있다. 대부분 분비물이 관을 막아 호흡곤란이나 호흡정지가 나타나므로 흡인과 동시에 BVM 사용이 권장된다.

2인
처치법
	① 관을 막고 있는 분비물을 제거한다.
	② 중립자세로 환자의 머리와 목이 위치하도록 한다.
	③ 소아용 마스크로 관 주위를 덮는다.
	④ 환자 나이에 따른 적절한 비율로 인공호흡을 실시한다.
	⑤ 만약 관을 통해 인공호흡을 할 수 없다면 관을 막고 입과 코를 통해 인공 호흡을 시도해 본다.
	   • 기관이 입, 코, 인두와 통해 있을 때만 가능하며 그렇지 않은 경우에는 불가능하다.
	   • BVM은 완전 분해될 수 있고 사용 후에는 소독해야만 한다.

✪ 후드절개 후 호흡통로의 변화 / BVM을 이용하여 기관절개관으로 호흡시키는 모습

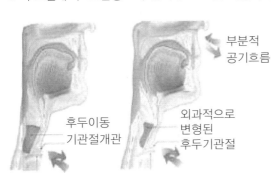
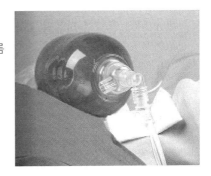

완전후두절개술   부분 완전후두절개술

✪ **자동식 인공호흡기**

순간적으로 호흡이 정지된 환자나 호흡부전 및 호흡곤란 환자에게 자동 및 수동으로 적정량의 산소를 안전하고 효과적으로 공급하는 장비로 사용된다.

① 압축 산소를 동력원으로 작동하는 부피/시간 방식
② 공기가 허파에 차는 것을 최소화하기 위하여 들숨 대 배기 시간이 1:2 비율
③ 배팽만을 방지하기 위하여 체중이나 상태에 따라 6단계 산소공급량 조절가능
④ 분당 호흡횟수와 공급 산소량을 조절 할 수 있는 1회 환기량 조절버튼
⑤ 최대 기도압력 60cmH$_2$O 이상 시 경보음과 함께 압력이 외부로 자동배출
⑥ 인공호흡 시 99.9% 이상의 산소 공급
⑦ 구토물에 의한 자동 전환기의 오염 방지를 위해 다이아프램이 설치되어 있고 세척 및 교체 가능
⑧ 산소 공급을 일시적으로 중단시킬 수 있는 차단버튼 설치
⑨ CPR이 끝난 후 수동으로 산소를 공급할 수 있는 수동버튼 장착
⑩ 수동버튼 사용 중 일정 시간(4~10초) 작동시키지 않을 경우 자동전환

6 흡인과 흡인기구

(1) 고정용(차량용) 흡인기* 11년 소방장

① 대부분의 구급차량 내부에 장착되어 있으며 쉽게 사용할 수 있도록 환자 측 벽면에 위치해 있다.

② 엔진이나 전기를 이용해 흡인을 위한 진공을 형성한다.

③ 효과적으로 사용하기 위해 흡인기는 흡인관 끝부분에서 30~40 L/분의 공기를 흡인해야 하며, 흡인관을 막았을 때 300mmHg 이상의 압력이 나와야 효과적인 흡인이 될 수 있다.

(2) 휴대용 흡인기구

① 휴대용은 전기형, 산소 또는 공기형, 수동형 등 다양한 형태가 있다.

② 휴대용 역시 효과적 사용을 위해 40 L/분으로 공기를 흡인해야 한다.

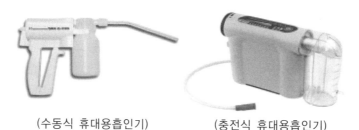

(수동식 휴대용흡인기)   (충전식 휴대용흡인기)

(3) 연결관, 팁, 카테터

연결관	① 흡인기에 부착되어 있는 연결관은 두꺼워야 하고 변형이 없고 직경이 커야만 한다. ② 또한, 흡인으로 변형되지 않아야 되고 큰 분비물도 통과할 수 있어야 한다. ③ 마지막으로 사용하기 편리하게 충분히 길어야 한다.
흡인 팁	① 경성 인두 흡인 팁을 주로 사용하며 입과 인후에 있는 분비물을 효과적으로 흡인할 수 있다. ② 연성보다 직경이 넓어 큰 이물질을 흡인할 수도 있다. 경성은 무의식환자에게 좋으나 의식이 약간 있거나 회복된 환자에게 사용할 때는 주의해야 한다. ③ 이는 인두를 자극하면 구역반사를 일으켜 미주신경을 자극해 느린맥이 나타나기 때문이다.
흡인 카테터	① 연성 플라스틱으로 다양한 크기가 있다. ② 보통은 구토물이나 두꺼운 분비물 등을 흡인하기에 충분하게 크지 않으며 경성 팁을 사용할 수 없는 경우를 대비해 만들어 졌다. ③ 예를 들면 코인두기도기나 기관내관과 같은 튜브를 갖고 있는 환자를 흡인할 때 주로 사용된다.
수집통	단단하고 분리가 쉬우며 오염되지 않도록 제작되어야 한다. 장갑, 보안경, 마스크 착용은 흡인할 때뿐만 아니라 기구를 세척할 때도 착용해야 한다.
물 통	① 흡인기 근처에 위치해 있어야 하며 깨끗한 물을 사용해야 한다. ② 연결관의 부분 폐쇄를 예방하기 위해 흡인관 또는 카테터를 물통에 담가 흡인해야 한다. ③ 그래도 막혀 있다면 다른 흡인관이나 카테터로 교체해야 한다. ※ 구토물이나 많은 분비물을 흡인할 때는 직경이 넓은 경성 흡인관을 사용하고 흡인 후에는 보통 흡인관으로 바꾸어 사용하도록 한다.

(4) 흡인하는 방법★★ 13년, 17년 소방교/ 22년 소방위

① 흡인하는 동안 감염예방에 주의해야 한다.
  – 보안경, 마스크, 장갑, 가운 착용
② 성인의 경우 한번에 15초 이상 흡인해서는 안 된다.★
  ㉠ 기도 유지와 흡인이 필요한 환자는 종종 의식이 없거나 호흡 또는 심정지환자이다. 이러한 환자는 호흡공급이 매우 중요한데 흡인하는 동안은 산소를 공급할 수 없으므로 1회 15초 이상 실시하면 안 되며 흡인 후 인공호흡 또는 산소 공급이 제대로 이루어지는지 확인해야 한다. 15초 흡인하면 양압환기를 2분간 실시해야 한다.★
  ㉡ 흡인 전·후 환자를 과환기 시킬 수 있다. 이는 흡인으로 인한 산소 미공급을 보충하기 위해 흡인 전·후에 빠르게 양압환기를 제공할 때 생긴다.
③ 경성 흡인관을 사용할 때 크기를 잴 필요는 없으나 연성 카테터를 사용할 때는 입인두기도기 크기를 잴 때와 같은 방법으로 실시해야 한다.
④ 흡인기는 조심스럽게 넣어 흡인해야 하며 환자는 대개 측위를 취해 분비물이 입으로 잘 나오도록 해주어야 한다.
⑤ 목 또는 척추손상 환자는 긴 척추 고정판에 고정시킨 후 흡인해 주어야 한다.★
⑥ 경성·연성 카테터는 강압적으로 넣어서는 안 되며 경성은 특히, 조직손상과 출혈을 일으킬 수 있다.

  TIP 흡인기구 사용방법을 숙지하세요. 15초 흡인하면 2분간 양압환기 제공입니다.

7 산소 치료

(1) 산소공급의 중요성★

대기 중에는 약 21%의 산소가 있으며 정상인은 대기 중 산소로 충분히 제 기능을 할 수 있다. 하지만 다음과 같은 상태의 환자는 추가적인 산소 공급이 필요하다.

호흡 또는 심정지	고농도의 산소공급은 생존 가능성을 높여 준다.
심장발작 또는 뇌졸증	뇌 또는 심장에 충분한 혈액이 공급되지 않아 발생하는 응급상황으로 산소공급이 중요하다.
가슴통증	심장의 응급상황으로 산소가 필요하다.
가쁜호흡	산소공급이 필요하다.
쇼크 (저관류성)	심혈관계가 각 조직에 충분한 혈액을 공급하지 못해 발생하며 산소공급으로 혈액 중 산소포화도를 높이는 효과가 있다
과다 출혈	내부 또는 외부출혈로 혈액, 적혈구가 감소되어 산소 공급을 못해 준다.
허파질환	허파는 가스교환을 하는 곳으로 기능상실 시 조직 내 산소공급이 필요하다.

(2) 저산소증*

① 화재로 인해 갇혀 있는 경우
- 연기, 일산화탄소를 함유한 공기를 호흡할 경우에는 산소량이 줄어들어 저산소증을 유발한다.

② 허파공기증 환자
- 가스교환을 제대로 하지 못해 저산소증을 유발한다.

③ 호흡기계를 통제하는 뇌 기능을 저하시키는 약물 남용
- 분당 5회 이하로 호흡하는 경우 저산소증을 유발한다.

④ 다양한 원인으로 뇌졸중, 쇼크 등이 있다.

> ※ 중요한 것은 저산소증의 징후를 알고 적절한 처치를 제공하는 것으로 일반적인 징후로는 청색증과 의식장애, 혼돈, 불안감을 나타낸다. 저산소증에 대한 처치로는 산소공급이 있다.

(3) 맥박 – 산소포화도 측정기구*

외부에서 측정할 수 있는 기구로 맥박과 혈액 내 산소포화도를 측정할 수 있다.

① 정상 산소포화도는 95~100%이며 95% 이하인 경우, 저산소증을 나타낸다.

② 이 경우 고농도 산소를 공급해 주어야 한다. 이 기구로 저산소증을 즉시 알 수 있고 기도유지 및 산소 공급을 실시할 수 있다.

③ 그래도 산소포화도가 떨어지면 BVM을 이용하여 양압환기를 실시한다.

측정기구를 사용할 때 일반적으로 알아야 할 사항

1. 맥박
   - 산소포화도 측정기구에 전적으로 의존해서는 안 된다.
   - 장치가 정상이라고 해서 산소공급이 필요하지 않은 것은 아니다. 가슴통증, 빠른호흡, 쇼크 징후 등을 보이는 모든 환자에게는 수치에 상관없이 고농도 산소를 공급해 주어야 한다.
2. 측정기구가 정상으로 작동하는지 확인한다.
   - 대부분의 기구는 산소포화도를 나타낸 후에 맥박을 표시한다. 이때 구급대원이 측정한 맥박횟수와 다르다면 산소포화도 수치도 정확하지 않다는 것을 의미한다.
   - 쇼크 또는 측정부위가 차가운 경우에는 정확한 수치가 나오기 어렵다. 게다가 매니큐어를 칠한 손톱을 측정하는 경우는 더더욱 부정확하므로 아세톤을 이용해 제거한 후에 측정해야 한다.
3. 몇몇 건강상태에서는 정확성이 떨어진다.
   - 일산화탄소 중독인 경우 심각한 저산소증임에도 불구하고 산소포화도가 높게 나온다.

---

(4) 산소치료의 위험성

관리적 측면	㉠ 응급처치용으로 사용되는 산소는 약 13,800~15,180KPa(138~151.9kg/㎠) 압력에 의해 저장되므로 만약 통이나 밸브가 파손되면 터질 수 있다. 이는 콘크리트벽도 뚫을 수 있으므로 주의해야 한다. ㉡ 55℃ 이상의 온도에서 산소통을 저장해서는 안 된다. ㉢ 산소는 연소를 더욱 촉진시키는 역할을 하므로 화재에 주의해야 한다. ㉣ 압력이 있는 상태에서는 산소와 기름은 섞이지 않고 폭발과 같은 반응을 나타내므로 산소공급 기구에 기름을 치거나 석유성분이 있는 접착테이프와 접촉하지 않도록 주의해야 한다.

내과적 측면	㉠ 신생아 안구 손상 신생아에게 하루 이상 산소를 공급하면 눈의 망막이 흉터조직으로 변한다.* 따라서 부적절한 호흡을 하는 신생아에게는 주의해서 산소를 공급해 주어야 한다. ㉡ 호흡곤란 또는 호흡정지 ⓐ COPD(만성폐쇄성폐질환) 환자의 경우 호흡을 조절하는 혈중 이산화탄소수치가 항상 높기 때문에 호흡조절 기능을 상실할 수 있다. ⓑ 이 경우 혈중 이산화탄소농도가 낮아질 경우에만 호흡하는 저산소욕구현상이 나타날 수 있다. 하지만 고농도산소를 공급하지 않는 것이 공급하는 것보다 더 해롭기 때문에 공급해 주어야 한다.

(5) 산소처치기구* 11년 소방장

① 대부분의 산소처치기구는 산소통, 압력조절기 그리고 공급기구(마스크 또는 케뉼라)가 있다.

② 통의 크기에 따라 내용적이 2 L ~20 L 까지 다양하며 약 1,500~2,200psi(105.6~154.9kg/㎠) 압력의 산소로 채워져 공급할 때는 약 50psi(3.52kg/㎠)로 감압하여 제공된다.

③ 구급대원은 산소통의 압력을 항상 점검하고 충압하여 적절한 처치가 이루어질 수 있도록 해야 한다.

④ 사용할 수 있는 시간은 산소통과 제공하는 산소의 양(L/min)에 따라 달라지며 압력게이지가 200psi(14kg/㎠) 이상으로 유지되어야 한다.

⑤ 산소처치기구를 사용할 때 주의해야 할 사항

㉠ 떨어뜨리거나 다른 물체와 충돌하지 않도록 주의한다.(환자이동 시 특히, 주의)

㉡ 사용 중에는 담배 등 화재 위험이 있는 물체는 피해야 한다.

㉢ 구리스, 기름, 지방성분 비누 등이 산소통에 닿지 않도록 주의한다. 연결할 때 이러한 성분이 없는 도구를 사용해야 한다.

㉣ 산소통 보호 또는 표시를 위해 접착테이프를 사용해서는 안 된다. 산소는 테이프와 반응해서 화재를 유발할 수 있기 때문이다.

㉤ 산소통을 옮길 때 끌거나 돌리는 등의 행동은 피해야 한다.

㉥ 비철금속 산소용 렌치를 사용해 조절기와 계량기를 교환해야 한다. 다른 기구를 사용하게 되면 불꽃이 일어날 수 있다.

㉦ 개스킷(실린더 결합부를 메우는 고무)과 밸브 상태를 항상 확인한다.

㉧ 산소통을 열 때는 항상 끝까지 열고 다시 반 정도 잠가 사용한다. 왜냐하면 다른 대원이 산소가 잠겼다고 생각하고 열려고 하기 때문이다.

㉨ 저장소는 서늘하고 환기가 잘되며 안전한 장소에 보관해야 한다.

㉩ 최초 5년에 점검하고 이후 3년 등 적정기간에 맞춰 점검을 실시하며 매 점검시 검사날짜를 통에 표시해야 한다.

(6) 압력조절기

산소는 고압으로 저장되어 있다가 압력조절기를 통해 약 30~70psi(2.1~4.9kg/㎠) 압력으로 공급된다. 압력조절기 주입 필터는 손상과 오염을 예방해 주기 때문에 항상 깨끗이 관리되어 있어야 한다.

(7) 유량계

분당 산소량을 조절할 수 있으며 압력조절기와 연결되어 있다. 원하는 산소량이 제대로 들어가는지 확인할 수 있다.

(8) 가습기

① 가습된 산소를 제공하기 위해 유량계와 연결되어 있다.
② 건조한 산소는 환자의 기도와 허파의 점막을 건조시킬 수 있다.
③ 짧은 시간 사용할 경우에는 문제가 되지 않으나 이송시간이 길어지는 경우에는 가습이 필요하며 특히, 소아나 COPD(만성폐쇄성폐질환)환자의 경우에는 가습을 해주어야 한다.
④ 가습기는 잘 깨지지 않는 용기로 유량계 옆에 붙어 있고 산소가 물을 통과하면서 가습이 되는 원리로 항상 깨끗하게 유지해야 한다.
⑤ 가습기 통은 조류, 유해한 박테리아 그리고 위험한 균성 유기체가 자라기 쉬우므로 소독 및 주기적인 관리가 필요하며 감염 위험이 있으므로 짧은 이송 거리에서는 사용하지 않는다.

(9) 산소 관리

산소처치기구에 대한 사용법 및 관리는 훈련이 필요하며 환자상태에 따라 적절한 기구를 통해 산소를 공급해 주어야 한다. 교육이나 훈련 없이 산소처치기구를 사용하거나 관리하는 것은 위험하다.

(10) 호흡이 있는 환자에게 산소공급* 15년, 24년 소방장

저산소증의 가능성이 있는 환자에게 공급하는 것으로 일반적으로 비재호흡마스크와 코삽입관를 많이 사용한다.

■ 비재호흡마스크와 코삽입관의 비교**

기 구	유 량	산소(%)	적응증
비재호흡마스크*	10~15 L/분	85~100%	호흡곤란, 청색증, 차고 축축한 피부, 가쁜 호흡, 가슴통증, 의식장애, 심각한 손상
코삽입관*	1~6 L/분	24~44%	마스크 거부환자, 약간의 호흡곤란을 호소하는 COPD 환자

① 비재호흡마스크
  ㉠ BVM과 자동식 인공호흡기를 제외하고 비재호흡마스크는 고농도의 산소를 제공할 수 있는 방법으로 구급대원에게 많이 사용된다.
  ㉡ 고농도의 산소를 공급하기 위해서는 마스크를 잘 밀착시켜야 하며 크기는 연령별로 성인용, 아동용, 소아용으로 나누어진다.
  ㉢ 저장낭은 마스크를 착용하기 전에 부풀려야 하며 저장낭을 부풀리기 위해서는 마스크와 저장낭을 손으로 연결하고 백을 부풀려야 한다.

  ⓛ 저장낭은 항상 충분한 산소를 갖고 있다가 환자가 깊게 들여 마실 때 1/3 이상 줄어들지 않게 해야 한다.

  ⓜ 적절한 산소량은 보통 10~15 L/분으로 환자의 날숨은 저장낭으로 다시 들어오지 않는다.

  ⓗ 이 마스크는 85~100%의 산소를 제공할 수 있다(85% 이상의 산소를 종종 고농도산소라고 불린다).

  ⓢ 압력조절기로 최소의 산소량을 보낼 수 있는 량은 8 L/분이고 최고량은 10~15 L/분이다.

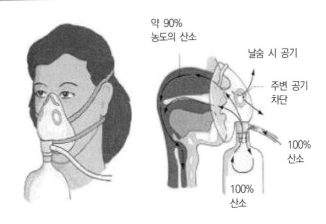

약 90%
농도의 산소

날숨 시 공기

주변 공기
차단

100%
산소

100%
산소

② 코삽입관** 18년 소방장/ 20년 소방위/ 24년 소방장

  ㉠ 약 24~44%의 산소를 환자의 비공을 통해 제공해준다.

  ㉡ 흘러내리지 않게 귀에 걸어 고정시키며 마스크에 거부감을 느끼는 환자나 약간의 호흡곤란을 호소하는 COPD(만성폐쇄성폐질환) 환자에게 주로 사용된다.

  ㉢ 산소량은 1~6 L/분 이하이어야 하며 그 이상인 경우에는 비점막이 건조되어 불편감을 느낄 수 있다.

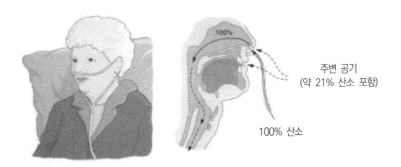

100%

주변 공기
(약 21% 산소 포함)

100% 산소

TIP 비재호흡마스크와 코삽입관의 특징을 비교. 코삽입관은 COPD환자에게 사용됩니다.

PART
03
임상응급의학 (소방교 제외)

■ 환자의 호흡 상태에 따른 적절한 처치방법

환자 상태	징후	처치
• 정상 호흡* 24년 소방장 – 호흡은 정상이나 내·외과적 상태로 인해 추가 산소가 필요한 경우	• 호흡수와 깊이–정상 • 비정상적인 호흡음 – 없음 • 자연스러운 가슴의 움직임 • 정상 피부색	• 코삽입관 : 환자의식이 명료하고 정서적으로 안정되었을 때 사용한다. • 비재호흡마스크 : 환자가 흥분되었거나 말을 끊어서 할 때 사용한다.

• 비정상 호흡
   – 호흡은 있으나 너무 느리거나 얕은 경우
   – 짧게 끊어 말하거나 매우 흥분한 상태이며 땀을 흘릴 때
   – 마치 잠을 자는 듯한 상태
	• 호흡은 있으나 충분하지 않음
	• 호흡수 또는 깊이가 비정상 수치
	• 호흡음 감소 또는 결여
	• 이상한 호흡음
	• 창백하거나 청색증
		• 포켓마스크, BVM, 자동식인공호흡기를 통한 양압환기, 환자의 자발적인 호흡을 도와주는 처치로 빠르거나 느린 호흡에 대해 적정호흡수로 교정하는 역할을 해준다.
		• 주의 : 비재호흡마스크는 호흡이 부적절하거나 없는 환자에게 사용하게 되면 충분한 산소를 공급할 수 없다.

• 무호흡	• 가슴상승이 없음
	• 입이나 코에서의 공기흐름이 없음
	• 호흡음이 없음
		• 포켓마스크, BVM, 산소소생기를 이용해 양압환기
		   – 성인 : 10~12회/분
		   – 소아 : 20회/분
		• 주의 : 소아의 경우 산소소생기를 사용해서는 안 된다.

⑿ 특수한 상황

얼굴부위 손상이나 화상	• 얼굴은 많은 혈관들이 분포되어 있기 때문에 둔기로 인한 상처는 심각한 부종을 초래하거나 출혈로 인한 기도폐쇄를 의심할 수 있다. • 얼굴부위에 화상을 입은 환자의 기도는 쉽게 붓고 기도를 폐쇄시킨다. 따라서 흡인을 자주 해주어야 하며 적절한 보조기도유지기 삽입이나 기관 내 삽관이 필요하다.
폐 쇄	• 치아와 음식물과 같은 이물질은 기도폐쇄를 초래한다. • 배밀어올리기, 가슴압박 또는 손가락으로 이물질 제거 등을 통해 이물질을 제거해야 한다. • 벌에 쏘이거나 약물로 인한 알레르기반응으로 혀와 입술의 부종을 야기해 기도를 폐쇄시키기도 한다. • 처치로는 환자를 편안한 자세로 신속하게 병원으로 이송시키는 것이다.
치과용 기구	의치가 빠져 기도를 폐쇄시킬 수 있으므로 수면 중에는 의치를 빼고 자는 것이 좋다.
소아의 경우 해부학적으로	• 입과 코가 작아 성인에 비해 쉽게 폐쇄될 수 있다. • 영유아의 혀는 성인에 비해 구강 내 많은 공간을 차지한다. • 기도가 연약하고 유연하다. • 기도가 좁고 쉽게 부종으로 폐쇄된다. • 가슴벽이 약하고 호흡할 때 가로막에 더욱 의존한다.
기도유지를 위해서는	기도확보를 위하여 영아는 누운 자세로 눕혀 중립상태를 유지하고 소아 목을 약간만 신전시킨다. • BVM을 이용할 때에는 많은 양과 압력은 피하고 가슴을 약간 들어 올리는 정도로만 한다. • 얼굴에 맞는 크기의 마스크를 사용해야 한다.

- 산소를 강제적으로 환기하는 기구는 영아와 아동에게 사용해서는 안 된다.
- 산소공급을 위한 비재호흡마스크와 코삽입관는 소아크기에 맞게 사용해야 한다.
- 영아와 아동은 환기하는 동안에 위가 팽배되는 경향이 있다.
- 구강이나 비강기도 유지기는 다른 방법이 실패했을 때 사용한다.
- 정확한 위치를 흡인하기 위해서 경성팁을 사용해야하며 물렁입천장에 닿지 않도록 주의해야 한다. 의식이 없거나 비협조적인 환자에게는 경성팁을 사용하는 것이 효과적이다.
- 한번에 15초 이상 흡인해서는 안 된다.

🔆 핵심요약

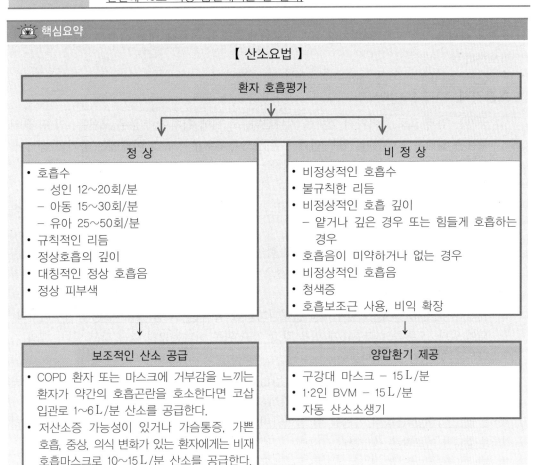

【 산소요법 】

| 환자 호흡평가 |

정 상
- 호흡수
  - 성인 12~20회/분
  - 아동 15~30회/분
  - 유아 25~50회/분
- 규칙적인 리듬
- 정상호흡의 깊이
- 대칭적인 정상 호흡음
- 정상 피부색

비 정 상
- 비정상적인 호흡수
- 불규칙한 리듬
- 비정상적인 호흡 깊이
  - 얕거나 깊은 경우 또는 힘들게 호흡하는 경우
- 호흡음이 미약하거나 없는 경우
- 비정상적인 호흡음
- 청색증
- 호흡보조근 사용, 비익 확장

보조적인 산소 공급
- COPD 환자 또는 마스크에 거부감을 느끼는 환자가 약간의 호흡곤란을 호소한다면 코삽입관로 1~6L/분 산소를 공급한다.
- 저산소증 가능성이 있거나 가슴통증, 가쁜 호흡, 중상, 의식 변화가 있는 환자에게는 비재호흡마스크로 10~15L/분 산소를 공급한다.

양압환기 제공
- 구강대 마스크 - 15L/분
- 1·2인 BVM - 15L/분
- 자동 산소소생기

🔆 Check

① 호흡계의 기능은 들숨으로 신체기관과 모든 세포에 사용되는 (   )를 얻고 날숨으로 (   )를 내보내는 것이다.
② 구역반사가 없는 무의식 환자인 경우에만 입(   )를 사용할 수 있다.
③ (   )는 구역반사를 자극하지 않아 사용 빈도가 높다.
④ 성인의 경우 한번에 (   )초 이상 흡인해서는 안 된다.
⑤ (   ) : 약 24~44%의 산소를 환자의 비공을 통해 제공, COPD(만성폐쇄성폐질환) 환자에게 주로 사용된다.
⑥ 코삽입관은 (   )환자에게 주로 사용됩니다.

CHAPTER 03
호흡곤란

1 호흡기계 해부학과 생리학**

(1) 호흡은 생명을 유지하기 위한 작용으로 호흡기계 구조와 기능에 대한 이해는 응급처치에 있어 꼭 필요하다.

(2) **호흡기계** ** 13년, 14년 소방위

① 공기는 입과 코로 들어와서 인두를 지나간다. 코 뒤에 위치한 부분은 코인두, 입 뒤에 위치한 부분은 입인두라고 한다. 인두 아래 부분은 인두후두부이고 그 아래에는 공기와 음식이 따로 들어갈 수 있도록 2부분으로 나누어진다.

② 식도는 음식물이 위로 들어가는 길이고 기관은 공기가 허파로 들어가는 길이다.

③ 음식물이 기관으로 들어오는 것을 막기 위해 잎 모양의 후두덮개가 있어 음식물이 들어오면 기관 입구를 덮는다.

④ 후두덮개 아래, 기관 윗부분은 후두라고 하며 여기에 성대가 있다. 반지연골은 후두 아래 부분에 있다. 기관은 기관지라 불리는 2개의 관으로 나눠진다. 기관지는 각각 좌·우 허파와 연결되어 있고 다시 세기관지로 나누어진다.

⑤ 세기관지는 가스교환이 이루어지는 허파꽈리라 불리는 수 천 개의 작은 공기주머니와 연결되어 있다. 오른쪽 허파는 3개 엽을 갖고 있고 왼쪽 허파는 2개 엽을 갖고 있다. 배와 가슴을 나누는 것은 가로막이다.

⑥ 들숨은 가로막과 늑간근이 수축할 때 일어난다. 이때 갈비뼈는 올라가고 팽창되며 가로막은 내려간다. 이로 인해 흉강 크기는 증가하고 허파로의 공기유입을 증가시킨다.

⑦ 날숨은 이러한 근육이 이완될 때 일어나며 흉강 크기는 작아지고 갈비뼈는 아래로 내려가고 수축되며 가로막은 올라간다.

> ※ 신생아와 소아의 경우에는 다음과 같이 성인과 다른 점이 있다.* 20년 소방교
> • 성인에 비해 기도가 작아 쉽게 폐쇄된다.
> • 혀가 성인에 비해 입안 공간을 많이 차지해서 쉽게 기도를 막을 수 있다.
> • 기관이 작고 연해서 부종, 외상, 목의 신전·굴곡에 의해 쉽게 폐쇄된다.
> • 반지연골이 성인보다 딱딱하지 않다.
> • 가슴벽이 부드러워 호흡할 때 가로막에 더 의존한다.

TIP 호흡기계의 연결통로와 들숨과 날숨의 반응 현상을 이해할 수 있어야 합니다.

2 정상호흡과 비정상호흡

(1) 정상호흡 및 비정상호흡

① 호흡은 자발적으로 일어나는 작용으로 특별한 노력을 요하지 않는다.

② 뇌는 분당 일정 횟수로 호흡할 것을 조절하고 횟수와 깊이는 환자의 나이와 활동에 따라 달라진다.

③ 질병 역시 호흡에 많은 영향을 미친다. 정상호흡은 호흡수, 규칙성, 양상이 정상인 경우를 말한다.

구 분	정 상 호 흡	비 정 상 호 흡
호흡수	• 성인 12~20회/분 • 아동 15~30회/분 • 유·아 25~50회/분	연령대별 정상 횟수보다 높거나 낮은 경우
규칙성	호흡간격이 일정하고 말할 때에도 규칙적이다.	불규칙

양 상	• 호흡음 – 양쪽 허파음이 같다.
	• 가슴팽창 – 양쪽이 같다.
	• 호흡노력
	  힘들게 호흡하거나 호흡보조근을 사용하지 않는다.
	• 깊이 – 적정하다.
		• 호흡음 – 허파음 약하거나 들리지 않을 경우 잡음, 양쪽 허파음이 다른 경우
		• 가슴팽창 – 양쪽이 틀린 경우
		• 호흡노력
		  힘들게 호흡하거나 호흡보조근을 사용한다.
		• 깊이 – 깊거나 얕은 경우
		• 피부 – 창백하거나 청색, 차갑고 축축함

(2) 인공호흡법

① 호흡정지나 곤란에 대한 처치로 인공호흡법이 있다. 인공호흡법에는 보조산소와 포켓마스크, 보조 산소와 2인 BVM, 보조 산소와 1인 BVM 등이 있다. 무엇을 사용하든지 다음과 같은 징후를 관찰해야 한다.

  ㉠ 기구에 맞춰 가슴의 오르내림이 일정한지

  ㉡ 성인 12회/분, 소아 20회/분 적정 인공호흡을 제공하는지

  ㉢ 맥박이 정상으로 회복되는지

② 만약 적절한 인공호흡이 되고 있지 않다면 재교정해야 한다.

③ 기도가 개방되었는지 확인하고 그렇지 않다면 머리를 이용해 교정하거나 입인두·코인두기도기를 삽관한다.

④ 마스크가 절절하게 착용되었는지 확인하고 산소와 제대로 연결되었는지, 산소는 잘 나오는지도 확인한다. 산소량과 인공호흡 비율도 조절한다.

3 호흡곤란

• 호흡에 어려움이 있는 상태를 호흡곤란이라고 하며 빠른 호흡에서 호흡정지까지 넓은 범위를 차지하고 있다.

• 호흡곤란을 유발하는 원인으로는 질병, 알레르기 반응, 심장 문제, 머리·얼굴·목·가슴 손상 등이 있다.

• 호흡계 질환 역시 호흡곤란을 유발한다.

PART
03
임상응급의학 (소방관 제외)

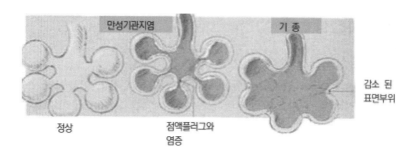

■ 호흡계 질환에 따른 증상 및 징후★★ 24년 소방장

질 병	설 명
허파기종	COPD는 허파꽈리벽을 파괴하고 탄력성을 떨어뜨린다. 과도한 분비물로 허파꽈리가 손상받아 허파에서의 공기이동을 저하시킨다.
만성기관지염	세 기관지 염증, 점액의 과도한 분비는 세기관지부터 점액을 제거하려는 섬모운동을 방해한다.
천 식	① <u>천식은 COPD가 아니다.</u> 알레르기, 운동, 정신적인 스트레스, 세기관지 수축, 점액 분비로 일어난다. 고음의 천명음과 심각한 호흡곤란이 나타난다. ② 천식은 노인이나 소아환자에게 많으며 불규칙한 간격으로 갑자기 일어난다.
만성심부전★	<u>심장으로 인해 야기되나 허파에 영향을 미친다. 심부전은 적정량을 뿜어내지 못해 허파순환이 저하되어 허파부종을 일으킨다.</u> 따라서 호흡곤란이 야기되며 시끄러운 호흡음, 빠른맥, 축축한 피부, 창백하거나 청색증, 발목 부종이 나타난다. 심한 경우 핑크색 거품의 가래가 나오기도 한다.

※ 호흡곤란 환자의 현장처치는 기도를 유지하고 산소공급으로 적절한 호흡을 돕는 것이 중요하다.

(1) 평 가

① 호흡곤란은 경증에서 중증까지 다양하다. 한 가지 분명한 것은 호흡곤란 환자는 종종 흥분되며 죽음에 대한 공포를 호소하므로 환자를 평가 및 처치하는 동안 침착한 태도를 유지해야 한다.

② 현장 확인을 통해 호흡곤란을 유발한 요소가 있는지 확인하고 1차 평가를 실시한다.

③ 일반적인 인상에서 환자 자세를 살펴야 하는데 대부분 호흡곤란으로 좌위나 반좌위를 취한다.

④ 안절부절 못하거나 초조해 하거나 반응이 없는 경우는 산소부족으로 인한 뇌 반응이므로 주의해야 한다. 또한 완전한 문장이 아닌 짧은 단어로 이야기하는 것도 산소부족을 의미한다.

⑤ ABC를 평가할 때 특히, 기도와 호흡에 주의해야 한다. 호흡에서 이상한 소리가 나는 것은 기도 내 장애물이 있음을 알려주므로 기도 유지를 위해 자세 교정 및 흡인이 필요하다.

⑥ 호흡을 평가할 때에는 적절한 호흡인지를 잘 평가하고 부적절한 호흡양상을 보이면 평가를 중지하고 산소공급 또는 인공호흡 등을 통해 응급처치를 실시해야 한다.

⑦ 호흡이 정상으로 회복되면 다시 평가를 실시한다. 의식이 있는 환자라면 주요 병력 및 신체검진을 실시한다.

⑧ 질병이 있는 환자의 경우에는 병력이 중요하다.

■ OPQRST식 문진★★

심장박동조절부위에 문제가 있는 환자로부터 정보를 얻기 위해 쓰이는 질문	
Onset	언제 호흡곤란이 나타났는가? 무엇을 하고 있었나?
Provocation	호흡관란이 심해지거나 완화시키는 것이 있다면 무엇인가?
Quality	호흡곤란이 어느 정도인지 표현해 보라
Region/Radiation	호흡곤란과 관련된 통증 부위가 있는지? / 통증이 다른 부위까지 아픈지?
Severity	통증정도를 1에서 10으로 볼 때 어느 정도인지?
Time	얼마나 오랫동안 통증이 지속됐는지?

TIP OPQRST의 내용을 암기하시기 바랍니다. Severity는 통증의 정도를 나타냅니다.

※ 호흡곤란의 증상 및 징후★★ 13년 소방장
• 비정상적인 호흡수·불규칙한 호흡양상·얕은 호흡
• 시끄러운 호흡음·목, 가슴 위쪽에 있는 호흡보조근 사용 및 늑간 견축
• 성인은 빠른맥, 소아는 느린맥, 짧은 호흡·불안정, 흥분, 의식장애
• 창백, 청색증, 홍조·삼각자세 또는 앉아서 앞으로 숙인 자세
• 통모양의 가슴(보통 허파기종 환자)·대화장애(완전한 문장 표현 어려움)

(2) 응급처치

① 현장 확인과 1차 평가에서 비정상적인 호흡 또는 호흡이 없다면 기도개방 여부를 확인하고 기도유지를 한다.
　– 필요하다면 기도를 유지하기 위해 입·코인두기도기를 이용한다.
② 고농도 산소를 양압환기를 통해 제공한다.
③ 신속하게 병원으로 이송한다.

(3) 혈중산소농도 조절★

① 호흡은 불수의적으로 일어나며 뇌가 체내 수용체를 통해 혈중 이산화탄소 수치에 따라 호흡수를 조절한다.
② 이산화탄소 수치가 증가하면 호흡수도 증가한다. COPD(만성폐쇄성폐질환)환자의 경우 혈중 이산화탄소 수치가 계속 높기 때문에 수용체는 호흡이 더 필요한 상태에서도 필요성을 못 느낄 수 있다.
③ 이 경우 뇌는 혈중 산소포화도를 감지하는 수용체를 통해 인식하고 호흡자극이 일어난다.
④ 산소 수치가 내려가면 뇌는 빠르고 깊게 호흡하도록 지시한다. 이를 혈중산소농도 조절이라고 한다.
⑤ 이와 같은 상태의 환자에게 산소가 주어진다면 수용체는 뇌에 산소가 풍부하다는 정보를 주게 되고 뇌는 다시 호흡계에 느리게 심지어 정지하라고 지시한다.
⑥ 다행인 것은 이런 경우는 드물며 일부 COPD환자의 경우에 일어날 수 있다.
⑦ 과거에는 모든 COPD환자에게 산소를 주면 안 된다고 되어 있었으나 최근에는 산소를 공급하지 않는 것이 더 해롭다는 평가가 나와 있다.

⑧ 심한 호흡곤란, 가슴통증, 외상, 기타 응급상황에서 COPD환자에게 고농도 산소를 비재호흡마스크로 공급해 주어야 한다. 단, 세심하게 환자를 관찰해야 하며 만약 환자의 호흡이 느려지거나 멈추면 즉각적으로 인공호흡을 실시할 준비를 해야 한다.

4 신생아와 소아 호흡곤란* 14년 소방장

⑴ 소아의 경우 성인과 다른 호흡곤란 징후가 나타나는데 예를 들면, 목, 가슴, 갈비뼈 사이 견인이 심하게 나타난다.

⑵ 날숨 시 비익이 확장되고 들숨 시 비익이 축소되며 호흡하는 동안 배와 가슴이 각기 다른 방향으로 움직이는 것을 볼 수 있다.

⑶ 소아는 저산소증에 성인보다 늦게 청색증이 나타나며 또한 성인과 달리 심한 저산소증에서 맥박이 느려진다.

⑷ 만약 처치결과로 성인의 맥박이 느려지면 호전을 나타내지만 소아의 경우는 심정지를 의미할 수 있다. 비정상적인 호흡과 맥박저하를 보이면 즉시 많은 량의 산소를 공급해주어야 한다.

⑸ 인공호흡을 실시하고 맥박이 정상 이하일 때에는 처치에 대한 재평가를 실시해야 한다.

⑹ 기도가 개방된 상태인지, 이물질은 없는지, 산소는 충분한지, 튜브는 꼬이거나 눌리지 않았는지 확인하고 필요하다면 흡인하고 코·입인두유지기를 사용한다.

⑺ 소아의 경우 가능하다면 상기도폐쇄로 인한 것인지 하기도 질병으로 인한 것인지 구분하는 것이 중요하다.
 ① 상기도는 입, 코, 인두, 후두덮개로 이루어져 있고 연약하고 좁은 구조로 질병이나 약한 외상에도 쉽게 부어오른다.
 ② 하기도는 후두아래 구조로 기관, 기관지, 허파 등을 포함한다.
 ③ 상기도 폐쇄나 하기도 질병은 소아 호흡곤란을 야기시킬 수 있다.
 ④ 이 모든 경우 산소공급과 편안한 자세를 취해주는 것이 중요하다.
 ⑤ 상기도 폐쇄는 이물질로 인한 경우와 기도를 막는 후두덮개엽 부종 등의 질병으로 인한 경우가 있다.
 ⑥ 이물질이 분명히 보이지 않는다면 상기도를 검사하지 않는 것이 중요하다.
 ⑦ 상기도에 이물질이 있는 소아의 입과 인두를 무리하게 검사하는 것은 외상 또는 인두의 경련수축을 야기해서 기도를 완전히 폐쇄시킬 수 있기 때문이다.

⑻ 소아의 호흡곤란이 상기도 폐쇄로 인한 것인지 하기도 질병으로 인한 것인지 결정하는 것은 매우 어려울 수 있다.
 ① 거칠고 고음의 천명이 들리면 대개 상기도 협착을 의심할 수 있다.
 ② 먹다 남은 음식이나 구슬 등이 주변에 보인다면 상기도 폐쇄를 의심할 수 있다.
 > ➕ 이물질이 보이지 않고 끄집어 낼 수 없는 위치에 있다면 절대로 제거하려 해서는 안 된다는 것이다.

(9) 소아는 낯선 사람에게는 불안감을 느끼므로 침착하게 현재 호흡곤란을 도와주기 위해 어떠한 행동을 한다는 것을 설명해 주어야 한다. 아동이 대부분 편안하게 생각하는 자세는 부모가 안고 앉아 있는 자세이다.

> **TIP** 소아의 호흡곤란 증상이 성인과 다른 점을 기억하셔야 합니다. 소아는 코로만 호흡을 하므로 각종 견인 현상이 나타납니다.

5 연기 흡입

호흡기계 손상의 3가지 중요한 요소는 다음과 같다.

연기 흡입	들숨 시 낮은 산소 포화도를 야기한다. 호흡기계 자극, 화상 가능성이 있으며 주위 공기와 타는 물질에 따라 일산화탄소 농도가 달라진다.
연소로 인한 독성물질 흡입	황화수소 또는 시안화칼륨과 같은 물질로 기도 내 화학화상을 유발하고 혈중 독성물질을 생산하기도 한다. 증상 및 징후가 몇 시간 후에 나타날 수도 있다.
화 상	가열된 공기, 증기 그리고 불꽃이 기도로 들어와 화상을 일으키는 경우로 부종과 기도폐쇄를 유발한다.

(1) 연기 흡입이 의심될 때 나타나는 추가 증상 및 징후*

① 화재현장에서 환자 발견(특히, 밀폐된 공간) ② 입 또는 코 주변의 그을음
③ 머리카락이나 코털이 그을린 자국 ④ 천명이나 쌕쌕거림
⑤ 쉰 목소리 ⑥ 기침

(2) 응급처치 방법

① 현장 확인 : 장비가 없거나 훈련 받지 않은 대원이라면 무리하게 구조를 시도하지 않는다.
② 화재 현장에서 안전한 곳으로 환자 이동
③ 1차 평가를 실시하고 인공호흡을 실시하거나 환기를 제공한다.
   적절한 호흡보조 기구를 이용해 고농도 산소를 공급한다.
④ 주 병력과 신체검진을 실시하고 기타 손상 가능성에 대해 주의를 기울인다.
⑤ 신속하게 병원으로 이송한다.

> **Check**
> ① 들숨은 가로막과 늑간근이 수축할 때 일어난다. 이때 갈비뼈는 올라가고 팽창되며 가로막은 내려간다.
> ② 날숨은 이러한 근육이 이완될 때 일어나며 흉강 크기는 작아지고 갈비뼈는 아래로 내려가고 수축되며 가로막은 올라간다.
> ③ (   ) : 세 기관지 염증, 점액의 과도한 분비는 세기관지부터 점액을 제거하려는 섬모운동을 방해한다.
> ④ OPQRST식 문진에서 통증정도를 1에서 10으로 볼 때 어느 정도인지? : (   )
> ⑤ 성인의 호흡수는 (   )이다.
> ⑥ COPD환자에게도 산소를 제공해야 한다.(○)
> ⑦ 상기도 : (   ), (   ), (   ) / 하기도 : (   ), (   ), (   )

CHAPTER 04 응급 심장질환

1 심혈관계 해부학과 생리학

① 심장은 2개의 심방과 2개의 심실로 구성되어 있으며 전신에 혈액을 뿜어내는 역할을 담당하고 있다. 혈액의 역류를 막기 위해 판막으로 연결되어 있으며 심장의 오른쪽은 허파로 피를 보내고 왼쪽은 온몸으로 피를 보낸다.

② 왼심실에서 나가는 주요 동맥을 대동맥이라고 하며 심장동맥이라 불리는 작은 동맥은 심장에 혈액을 공급해 준다. 심장에 산소를 공급하는 것은 외부에 위치한 심장동맥에 의한 것이지 심장 내부에 흐르는 혈액에 의한 것이 아니다. 심장동맥 혈류량 감소는 심장근육의 허혈을 야기시킨다. 예를 들면, 혈전 또는 저혈압 등이 있다.

③ 모든 근육은 생존을 위해 산소가 필요하며 이러한 산소를 적혈구에 의해 운반된다는 점을 명심해야 한다. 허혈이 지속되면 심근경색이 진행되므로 심질환 의심환자에게는 산소를 공급해 주어야 한다. 허혈과 관련된 통증을 협심증이라고 하며 심장동맥이 좁아져 협심증이 진행되면 심근경색 또는 심장마비라고 한다. 따라서 초기 산소공급은 이러한 진행을 예방할 수 있다.

> ※ 율동장애
> 심장근육은 심장 수축을 유도하는 전기 자극에 반응하는 특수한 조직으로 구성되어 있다. 이러한 자극을 전달하는 경로에 손상을 받으면 심박동이 불규칙해지는데 이를 율동장애라고 한다. 율동장애는 심장 수축을 멈춰 심장마비를 일으키는데 자동심장충격기 사용으로 이러한 문제를 해결하고 정상으로 회복시킬 수 있다.

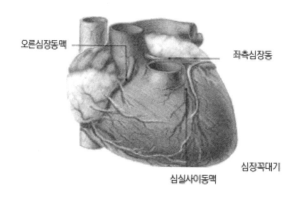

오른심장동맥
좌측심장동
심실사이동맥
심장꼭대기

(심장동맥)

심장동맥의 부분적 폐쇄

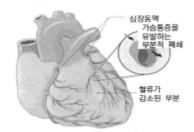

협심증은 심장동맥이 부분적으로 막히며 심근에 산소가 결핍되어 발생한다.

심장동맥 완전폐쇄

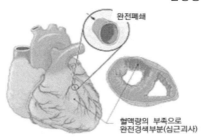

심장동맥의 완전폐쇄는 심근에 산소 공급이 완전 차단되어 사망하거나 심장발작 또는 심근경색이 나타난다.

② 심질환

- 일반적으로 가슴통증, 빠른 호흡과 같은 증상을 야기하는 심질환은 심장박동조절부위로 인한 것으로 심장박동조절부위에 문제가 있는 환자는 다양하다.
- 어떤 환자는 건강한 외모에 정상 생체징후를 나타내고 어떤 환자는 생체징후 없이 심장 마비를 보이기도 한다.
- 심장마비는 가슴통증 또는 가슴통증 없이 단순하게 아픈 느낌을 호소할 수 있다.
- 심장박동조절부위의 문제로 인한 증상 및 징후는 다른 내과적 문제로 인한 증상과 징후와 비슷할 수 있다.
- 이런 경우 심장박동조절부위 상의 문제를 가진 환자로 간주하고 응급처치를 실시해야 한다.

⑴ 평 가

현장 안전을 우선적으로 확인하고 개인 보호 장비를 착용한다. 1차 평가를 실시하고 만약 환자가 무의식, 무호흡, 무맥인 경우에는 CPR을 실시하고 AED를 작동시켜야 한다. 의식이 있는 환자인 경우에는 주요 병력 평가와 신체검진을 실시해야 한다. 이때 OPQRST질문이 중요하고 생체징후를 측정하고 기록해야 한다.

◙ 가슴통증의 대표적인 통증부위와 방사통

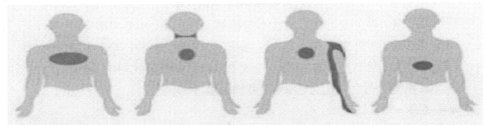

복장뼈 바로 아래 가슴중앙 또는 가슴상부 전체   가슴 중앙 목 그리고 턱   가슴 중앙, 어깨 그리고 안쪽 팔 (좌측부위에 더 자주 발생)   윗배(명치) 소화불량 증상과 비슷

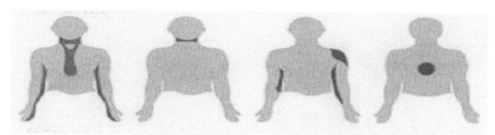

넓은 가슴, 추가적으로   양쪽 귀에서 턱으로   어깨(일반적으로 왼쪽)   어깨 사이
목, 턱 그리고   상부 목 양쪽부위   그리고 안쪽 팔에서
안쪽 팔 부위   그리고 경부 아래   손목까지 반대쪽
                                           팔 추가. 안쪽 팔꿈치

▣ OPQRST식 문진★★

심장박동조절부위에 문제가 있는 환자로부터 정보를 얻기 위해 쓰이는 질문	
Onset	언제 통증이 시작됐고 그때 무엇을 하고 있었는지?
Provocation	무엇이 통증을 악화시켰는지?
Quality	통증이 어떻게 아픈지?
Region / Radiation	어느 부분이 아픈지?/통증이 다른 부위까지 퍼졌는지?
Severity	1에서 10이라는 수치라는 가정 하에 통증이 어느 정도인지?
Time	얼마나 오랫동안 통증이 지속됐는지?

※ 증상과 징후
- 가슴, 윗배, 목 또는 왼쪽 어깨에 통증, 압박감, 불편감
- 빠른 호흡 • 빠른 맥 • 갑작스럽게 많은 땀을 흘림 • 오심/구토
- 흥분 또는 불안감 • 절박감 • 부정맥 • 비정상적인 혈압

① 가슴통증
    ㉠ "무언가 누르는 듯한, 쑤시는, 쥐어짜는 듯한" 통증을 호소한다. 어떤 환자는 이러한 통증 없이 단지 불편감 만을 호소할 수 있다. 통증은 팔이나 목으로 전이 될 수 있으며 유도 질문은 피해서 환자 스스로 표현하도록 격려해야 한다. 만약, 과거에 환자가 가슴통증을 경험했다면 현재와 비교해서 어떤지를 물어야 한다. 환자가 심장마비를 과거에 경험했고 지금 통증이 과거와 비슷하다고 하면 심장문제로 인한 통증임을 추측할 수 있다.
    ㉡ 환자의 움직임과 통증과의 관계는 매우 중요하다. 환자가 최근에 짧은 거리를 걸은 후에 통증이 있었다고 한다면 이는 심장에 혈류량이 감소되어 나타났음을 알 수 있다. 적절한 치료를 받지 않는다면 심근경색증이 초래될 수 있다.

② 빠른 호흡
    ㉠ 당뇨환자는 가슴통증 없이 빠른 호흡만을 호소할 수 있다. 보통 이런 환자는 매우 흥분된 상태로 절박감을 호소한다. 기억해야 할 점은 모든 환자가 위의 증상을 호소한다고 할 수 없다는 점이다.

ⓛ 생체징후 특히, 맥박과 혈압은 중요한 지표가 될 수 있다. 맥박은 세기와 규칙성 그리고 횟수를 평가해야 한다.
  ⓐ 느린 맥 : 맥박이 60회/분 이하인 경우
  ⓑ 빠른 맥 : 맥박이 100회/분 이상인 경우
ⓒ 심장박동조절부위에 문제가 있는 경우 빠른 맥과 느린 맥 모두 나타날 수 있으며 불규칙한 맥박을 나타내기도 한다. 혈압은 정상을 나타내기도 한다.
ⓓ 몇몇 환자는 수축기압이 150mmHg 이상이거나 이완기압이 90mmHg 이상인 고혈압을 나타내거나 수축기압이 90mmHg 미만인 저혈압이 나타나기도 한다.
ⓜ 저혈압은 심각한 저관류 또는 쇼크를 의미한다. 이는 심장이 효과적으로 수축하는 능력을 상실했기 때문이다. 쇼크 상태에서는 심장을 포함한 인체 모든 조직에 혈류량이 감소하고 허혈 또는 경색증을 일으킬 수 있다. 뇌의 경우는 의식을 잃어 실신을 야기할 수 있다.

(2) 심 질환 환자의 응급처치

① 편안한 자세를 취해준다.
  ㉠ 대부분 앉아 있는 자세로 만약 환자가 저혈압이라면 바로누운자세에 발을 심장보다 높게 해줘야 한다. 이 자세는 보다 많은 혈액이 뇌와 심장으로 가도록 도와준다.
  ㉡ 호흡곤란 또는 울혈성 심부전 환자는 앉아 있는 자세가 편안함을 줄 수 있다.
② 산소포화도를 측정하여 90% 미만일 경우 코 삽입관으로 4~6L의 산소를 공급한다. 그 후에도 산소포화도가 90% 이상을 초과하지 못할 경우에는 마스크 또는 비재호흡마스크를 통해 높은 농도의 산소를 공급한다. 호흡이 불규칙하여 청색증 또는 호흡이 없다면 포켓마스크, BVM 등을 이용하여 산소를 공급한다.
③ 계속 ABC's를 관찰해야 한다.
  – 심장마비에 대비해 CPR과 AED를 준비해야 한다.
④ 니트로글리세린을 처방받은 환자라면 복용하도록 옆에서 도와주어야 한다.
⑤ 신속하게 병원으로 이송한다.

니트로 글리세린	① 협심증 환자의 가슴통증에 사용되는 약으로 혈관을 이완시키고 심장의 부하량을 줄여준다. ② 적절한 복용을 위해 적응증, 복용법, 금기사항, 효능에 대해 알아야 하고, 유효기간이 지나면 약효가 떨어지므로 유효기간을 확인해야 한다. ③ 만약 유효기간이 넘은 약을 복용했다면 환자에게 두통이나 혀에 이상한 감각이 느껴지는지 물어봐야 한다.
울혈성 심부전증	심장의 부적절한 수축으로 몸의 일부 기관, 허파에 과도한 체액이 축적되는 상태를 말한다. 이러한 축적은 부종을 야기한다. 울혈성 심부전증은 심장의 판막질환, 고혈압, 허파기종으로 인해 나타날 수 있다.

TIP 왼심실에서 나가는 주요 동맥을 대동맥이라 합니다. 산소는 적혈구에 의해서 운반되고 허혈에 의한 통증이 협심증. 진행되면 심근경색인 것입니다. 니트로글리세린의 효과는 무엇인가요?

3 심장마비

① 심장 박동이 멈추거나 다른 종류의 전기적 활동이 대신하는 경우로 때때로 빠른맥이 나타나거나 심장근육에 세동이 나타날 수 있다.
② 이러한 비정상적인 활동은 전신에 적절한 혈류량을 제공해 주지 못한다.
③ 심장마비환자는 맥박 또는 호흡이 없고 무의식상태를 나타낸다.
④ <u>심박동이 멈추면 세포는 죽어가기 시작하고 4~6분 내에 뇌세포도 죽기 시작한다. 신속하고 효과적인 처치가 없다면 사망에 이를 수 있다.</u>

성인 심장 마비	병원 안	ⓐ 조기 파악 및 예방 ⓑ 응급의료 반응 체계에 신고 ⓒ 신속한 고품질 심폐소생술 실시 - 도착 즉시 30:2의 비율로 가슴압박과 인공호흡을 실시 ⓓ 신속한 제세동 실시 - 심장마비는 심장의 전기 자극이 매우 빠르거나 조화를 이루지 못할 때 일어난다. 적절한 제세동 실시는 많은 경우 정상으로 회복시킬 수 있다. ⓔ 심정지 후 통합 치료 - 최근에 자발 순환이 회복된 환자에서 통합적인 심정지 후 치료가 강조되고 있다. 심정지 후 치료는 일반적인 중환자 치료와 더불어 저체온 치료, 급성 심근경색에 대한 관상동맥중재술, 경련발작의 진단 및 치료 등이 포함된 통합적 치료과정이다.
	병원 밖	ⓐ 응급의료반응체계에 신고 ⓑ 신속한 고품질 심폐소생술 실시 - 도착 즉시 30:2의 비율로 가슴압박과 인공호흡을 실시 ⓒ 신속한 제세동 실시 - 심장마비는 심장의 전기 자극이 매우 빠르거나 조화를 이루지 못할 때 일어난다. 적절한 제제동 실시는 많은 경우 정상으로 회복시킬 수 있다. ⓓ 전문소생술 ⓔ 심정지 후 통합 치료 - 최근에 자발 순환이 회복된 환자에서 통합적인 심정지 후 치료가 강조되고 있다. 심정지 후 치료는 일반적인 중환자 치료와 더불어 저체온 치료, 급성 심근경색에 대한 관상동맥중재술, 경련발작의 진단 및 치료 등 이 포함된 통합적 치료과정이다.

병원안 심정지

| 조기 파악 및 예방 | 응급의료반응체계에 신고 | 고품질 심폐소생술 | 제세동 | 심정지 후 처치 | 회복 |

병원밖 심정지

| 응급의료반응체계에 신고 | 고품질 심폐소생술 | 제세동 | 전문소생술 | 심정지 후 처치 | 회복 |

※ 회복

성인 심정지가 종종 갑자기 심장 자체의 문제로 일어나는 반면 소아의 경우 호흡 문제나 쇼크에 의해 이차적으로 나타나는 경우가 많다. 따라서 이러한 심정지를 야기시키는 문제를 근본적으로 낮추는 노력과 생과 회복을 최대화 시키는 것이 중요하다. 미국과 달리 한국의 경우 대한심폐소생협회에 따르면 신속한 신고 후 심폐소생술을 할 것을 권장하고 있다.

소아 심장 마비	병원 안	ⓐ 조기 파악 및 예방 ⓑ 응급의료 반응 체계에 신고 ⓒ 신속한 고품질 심폐소생술 실시 - 도착 즉시 30:2의 비율로 가슴압박과 인공호흡을 실시 ⓓ 전문소생술 ⓔ 심정지 후 처치 - 최근에 자발 순환이 회복된 환자에서 통합적인 심정지 후 치료가 강조되고 있다. 심정지 후 치료는 일반적인 중환자 치료와 더불어 저체온 치료, 급성 심근경색에 대한 관상동맥중재술, 경련발작의 진단 및 치료 등이 포함된 통합적 치료 과정이다. ⓕ 회복
	병원 밖	ⓐ 예방 ⓑ 응급의료반응체계에 신고 ⓒ 신속한 고품질 심폐소생술 실시 - 도착 즉시 30:2의 비율로 가슴압박과 인공호흡을 실시 ⓓ 전문소생술 ⓔ 심정지 후 처치 - 최근에 자발 순환이 회복된 환자에서 통합적인 심정지 후 치료가 강조되고 있다. 심정지 후 치료는 일반적인 중환자 치료와 더불어 저체온 치료, 급성 심근경색에 대한 관상동맥중재술, 경련발작의 진단 및 치료 등이 포함된 통합적 치료 과정이다. ⓕ 회복

병원안 심정지

병원밖 심정지

4 제세동★ 17년 소방위/ 22년, 24년 소방장

① 심정지의 대부분은 심실세동에 의해 유발되며, 심실세동에서 중요한 처치는 전기적 제세동이다.
② 제세동 처치는 빨리 시행할수록 효과적이므로 현장에서 신속하게 시행되어야 한다.
③ 심실세동에서 제세동이 1분 지연될 때마다 제세동의 성공 가능성은 7~10%씩 감소한다.
④ 자동심장충격기는 의료지식이 충분하지 않은 일반인이나 의료제공자들이 쉽게 사용할 수 있도록 환자의 심전도를 자동으로 분석하여 제세동이 필요한 심정지를 구분해주며, 사용자가 제세동할 수 있도록 유도하는 장비이다.
⑤ 심실세동과 무맥성 심실빈맥은 제세동으로 치료가 될 수 있다.

심실세동★ (V-Fib)	심장마비 후 8분 안에 심장마비 환자의 약 1/2에서 나타난다. 이는 심장의 많은 다른 부위에서 불규칙한 전기적 자극으로 일어나며 심장은 진동할 뿐 효과적으로 피를 뿜어내지 못한다. 초기에 제세동을 실시하면 매우 효과적일 수 있다. 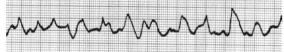
심실빈맥★ (V-Tach)	리듬은 규칙적이나 매우 빠른 경우를 말한다. 너무 빨리 수축해서 피가 충분히 심장에 고이지 않아 심장과 뇌로 충분한 혈액을 공급할 수 없다. V-Tach은 심장마비환자의 10%에서 나타나며 제세동은 반드시, 무맥 또는 무호흡 그리고 무의식 환자에게만 실시해야 한다. 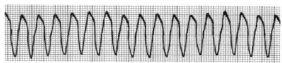

TIP 심실세동과 심실빈맥의 증상을 이해하셔야 합니다. 심정지 대부분은 심실세동이 원인입니다.

5 내부 심장충격기

과거 심장마비 경험이 있고 앞으로 가능성이 있는 환자의 경우 병원에서 설치한 내부 심장충격기를 갖고 있을 수 있다. AICD(automatic implantable cardioverter defibrillator)로 알려진 이 기구는 피부 아래 위치해 있으며 외부 심장충격기와 같은 기능을 갖고 있다. 이 기구를 갖고 있는 환자가 심장마비를 보일 경우에는 AICD에서 적어도 약 3cm 떨어진 부분에 전극패드를 부치고 제세동을 실시해야 한다. 심장 박동조율기의 경우에도 마찬가지이다.

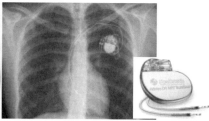

(심박조율기)

6 자동 체외 심장충격기(AEDs) ※ 외부 심장충격기는 반자동과 전자동이 있다.

전자동 심장충격기	구급대원은 단순히 전극(패드)을 부착하고 전원을 켜기만 하면 된다. 기계는 자동으로 분석하고 적절한 전기 충격량을 결정하고 자동으로 제세동을 실시한다.
반자동 심장충격기	구급대원은 전극(패드)을 부착하고 전원을 켜고 리듬분석 버튼을 눌러야 한다. 심장충격기는 리듬을 분석하고 분석 및 행동에 대한 지시를 하고 구급대원은 이에 따라 제세동 버튼을 눌러야만 한다.

※ 심장충격기의 이점 및 사용

① 전자동 심장충격기가 나옴으로써 구급대원의 조작이 쉬워졌고 제세동 사용에 걸리는 시간이 줄어들었다.

② 심장충격기 오류는 기계적 오류보다 부적절한 패치부착 및 배터리 방전 등 사용·관리 미숙으로 인한 것이 많다.

③ 패치를 부착하는 위치는 통상적으로 가장 많이 사용되는 전외 위치법은 한 전극을 오른 빗장뼈의 바로 아래에 위치시키고 다른 전극은 좌측 유두의 왼쪽으로 중간겨드랑이에 부착한다.

④ 다른 방법은 양쪽 겨드랑이에 위치시키는 좌우 위치법과 한 전극은 복장뼈의 좌측에 다른 전극은 등의 어깨뼈 밑에 위치시키는 전후 위치법이 있다.

(전외위치법)

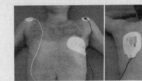

(전후위치법)

※ 실시요령* 15년 24년 소방장

① 심폐소생술 시행 도중 자동 또는 수동 심장충격기를 가진 사람이 도착하면 즉시 심전도 리듬을 분석하여 심실세동이나 맥박이 없는 심실빈맥이면 1회의 제세동을 실시한다.

② 제세동 후에는 맥박 확인이나 리듬 분석을 시행하지 않고 곧바로 가슴압박을 실시하며 5주기의 심폐소생술을 시행한 후에 다시 한 번 심전도를 분석하여 적응증이 되면 제세동을 반복한다.

③ 제세동이 필요 없는 심전도 리듬인 경우에는 가슴압박과 인공호흡을 계속한다. 심장충격기를 사용하는 과정에서도 가능하면 가슴압박의 중단이 최소화 되도록 노력한다.

④ 현장에서 자동 심장충격기를 사용하는 경우 5~10분 정도의 심폐소생술을 시행한 후 가까운 병원으로 이송하는 것을 권장하며 이송 중에도 가능하면 계속 심폐소생술을 시행한다.

(1) 심장충격기 적응 증

심장마비 환자에게 쓰이나 모든 심장마비 환자에게 쓰이는 것은 아니다.

심장충격기 적응증 환자는 다음과 같다.

① 모든 심장마비 환자(단, 아래 금기 환자 제외)

> ※ 1세 미만의 영아에게는 소아 제세동 용량으로 변경시킨 뒤에 심장충격기를 적용하나, 소아용 패드나 에너지 용량 조절장치가 구비되어 있지 않는 경우에는 1세 미만의 영아에게도 성인용 심장충격기를 사용하여 2~4J/kg으로 제세동 한다.

② 심실세동, 무맥성심실빈맥, 불안정한 다형심실빈맥을 보이는 환자

> **※ 제세동 사용불가 환자**
> 1. 의식, 맥박, 호흡이 있는 환자는 오히려 사망에 이르게 할 수 있다.
> 2. 심각한 외상환자의 심정지
>   - 대부분 심각한 출혈과 생체기관이 한 개 또는 둘 이상 손상이 되며 환자에게 제세동이 실시된다고 하여도 성공의 가능성은 없다.
>   - 또한 이러한 심각한 외상의 경우에는 현장에서 가능하면 최소한의 시간을 사용하여야 하고 환자는 수술이 가능한 병원으로 신속히 이송되어야 한다.

(2) 주의사항* 13년 소방장

① 비 오는 바깥이나 축축한 장소에서의 사용은 금지한다.

> **※ 만약, 물에 빠진 환자라면 젖은 옷을 벗기고 건조한 곳으로 이동 후 사용해야 한다.**

② 금속 들것이나 표면에 환자가 있다면 비금속 장소로 이동 후에 실시한다.

③ 시작 전에 환자 머리에서 발끝까지 둘러보면서 "모두 물러나세요."라고 소리치고 눈으로 확인한다.

④ 당뇨 환자 배에 혈당조절기를 위한 바늘이 삽입된 경우에는 제거한 후에 실시한다.

⑤ 끊어진 전선이 주위에 있다면 장소를 옮겨 사용한다.

(3) CPR과 심장충격기*

① 조기 심장충격기는 회복 가능성을 높이므로 가능한 신속하게 실시해야 한다.

② 기본 CPR은 제세동 과정에서 필수 요소로 심장의 기능을 대신해 피와 산소를 조직에 공급해주는 역할을 한다.

③ 한 명의 대원이 AED를 준비하는 동안 다른 대원은 CPR을 실시해야 한다.

④ AED준비가 끝나면 CPR을 멈추고 환자 주위 사람들을 모두 물러나게 한 후 제세동을 실시해야 한다.

(4) 심장 마비 환자 평가

① 현장 안전을 확인하고 개인 보호 장비를 착용한 후 현장에 진입해야 한다. 1차 평가를 통해 심장 마비가 의심된다면 앞부분에서 언급한 심장질환 환자에 대한 평가와 처치를 실시해야 한다.

② 맥박과 호흡이 없는 환자에게는 즉시 CPR을 실시하며, AED가 준비되면 즉시 리듬을 분석하여 필요 시 제세동을 실시한다.

③ 추가 대원이 있다면 주요 병력 및 신체 검진을 실시하여 언제 시작 했는지 와 그 전에 증상과 징후가 있었다면 무엇인지를 알아봐야 한다.

심장마비 환자의 AED와 CPR 처치★★

① CPR을 시작한다.
　– 고농도의 산소를 제공한다.
② 제세동 준비를 한다.
　– 사생활 보호에 유의하며 가슴을 노출시킨다. (시간지연 금지)
　– 가슴과 배에 부착된 기구가 있다면 제거하고 너무 많은 가슴 털은 면도를 해준다.
　– 환자의 가슴이 젖어 있다면 수건 등으로 물기를 닦는다.
③ AED 전원을 켠다.
④ 패치를 환자의 가슴 적정한 위치에 부착시킨다.
⑤ 연결장치(컨넥터)를 기계와 연결한다.
⑥ 기계로부터 "분석중입니다. 물러나세요"라는 음성지시가 나오면 CPR을 중단하고 환자 주위 사람들을 모두 물러나게 한다.
⑦ 기계가 "제세동이 필요합니다."라는 음성지시가 나오면 에너지가 충전될 때까지 가슴압박을 계속한다.
⑧ 충전이 완료되면 "모두 물러나세요"라고 말하여 주변 사람들을 물러서게 한 후 제세동 버튼을 누른다.
⑨ 버튼을 누른 후 즉시 가슴압박을 시작한다.
⑩ 2분간 5주기의 CPR을 실시한 후 리듬을 재분석 한다.
　– 회복상태라면 호흡과 맥박을 확인하고 산소공급과 신속한 이송을 실시한다.
　– 비 회복상태라면 CPR과 제세동을 반복하여 실시한다.
⑪ 분석 버튼을 눌렀을 때 회복상태를 나타내면 호흡과 맥박을 확인한다.
　– 호흡이 비정상이라면 BVM을 이용한 인공호흡으로 고농도산소를 제공, 이송해야 한다.
　– 호흡이 정상이라면 비재호흡마스크를 이용해서 10~15 L/분 산소를 공급하고 이송해야 한다.

TIP AED 실시요령을 기억하시고 CPR과의 처치 관계를 숙지하시기 바랍니다.

핵심요약

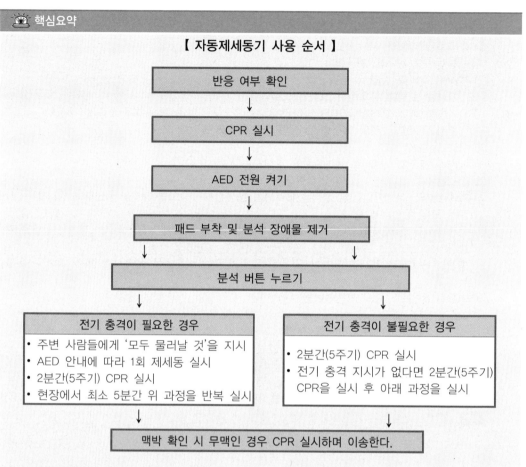

【 자동제세동기 사용 순서 】

```
반응 여부 확인
    ↓
CPR 실시
    ↓
AED 전원 켜기
    ↓
패드 부착 및 분석 장애물 제거
    ↓
분석 버튼 누르기
```

전기 충격이 필요한 경우	전기 충격이 불필요한 경우
• 주변 사람들에게 '모두 물러날 것'을 지시 • AED 안내에 따라 1회 제세동 실시 • 2분간(5주기) CPR 실시 • 현장에서 최소 5분간 위 과정을 반복 실시	• 2분간(5주기) CPR 실시 • 전기 충격 지시가 없다면 2분간(5주기) CPR을 실시 후 아래 과정을 실시

```
맥박 확인 시 무맥인 경우 CPR 실시하며 이송한다.
```

※ 주의사항
• '전기충격 지시'가 없을 때마다 2분간(5주기) CPR을 실시한다.
  만약 맥박이 있다면 호흡을 확인하고 산소를 공급하거나 고농도 산소로 환기를 제공해준다.
• 전기 충격을 준 후'전기 충격이 불필요하다'란 안내가 나온다면 위 도표에서 오른쪽 부분의
  지시에 따르면 된다.
• 처음에 '전기 충격이 불필요하다'란 안내 후에 다음 분석에서 '전기 충격이 필요하다'란 안내가
  나오면 위 도표에서 왼쪽 부분의 지시에 따른다.

Check

① 왼심실에서 나가는 주요 동맥을 (   )이라고 하며 (   )이라 불리는 작은 동맥은 심장에 혈액을
   공급해 준다.
② (   ) : "무언가 누르는 듯한, 쑤시는, 쥐어짜는 듯한" 통증을 호소한다.
③ 제세동이 1분 지연될 때마다 세세동의 성공 가능성은 (   )% 씩 감소한다.
④ (   ) : 심장마비 후 8분 안에 심장마비 환자의 약 1/2에서 나타난다.
⑤ 제세동 후에는 맥박 확인이나 리듬 분석을 시행하지 않고 곧바로 (   )을 실시한다.

CHAPTER 05 급성 복통

1 배의 해부학 및 생리학* 24년 소방위

배는 가로막과 골반 사이를 말하며 소화, 생식, 배뇨, 내분비기관과 조절기능을 담당하는 다양한 기관이 위치해 있다. 흔히 배내 기관이 소화 작용만 하는 것으로 알고 있지만 혈당을 조절하기 위한 인슐린 분비(이자의 랑게르한스섬), 혈액 여과작용, 면역 반응 보조역할(지라), 독소제거 (간) 등 보다 더 많은 역할을 하고 있다.

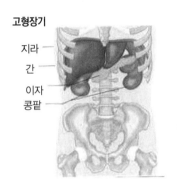

고형장기
- 지라
- 간
- 이자
- 콩팥

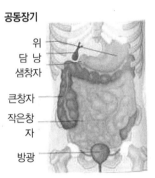

공동장기
- 위
- 담낭
- 샘창자
- 큰창자
- 작은창자
- 방광

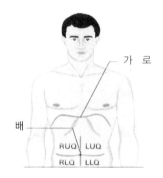

- 가로
- 배
- RUQ | LUQ
- RLQ | LLQ

▣ 배내 장기 및 구조

장기	유형	기능
식도	속이 빈 소화기관	음식물을 입과 이두로부터 위까지 이동시킨다.
위	속이 빈 소화기관	가로막 아래 위치한 팽창기관이며 작은창자와 식도를 연결한다.
작은창자	속이 빈 소화기관	샘창자, 공장, 회장으로 구성되었으며 큰창자와 연결되어 있다. 영양소를 흡수한다.
큰창자	속이 빈 소화기관	물을 흡수하고 대변을 만들어 직장과 항문을 통해 배출시킨다.
막창자	속이 빈 림프관	소화기능이 없는 림프조직이 풍부한 장 주머니로 통증과 수술이 필요한 염증반응이 나타날 수 있다.
간	고형체의 소화기관 혈액조절과 해독 기능	• 혈액 내 탄수화물과 다른 물질의 수치 조절 • 지방 소화를 위한 담즙분비 • 해독작용
쓸개	속이 빈 소화기관	작은창자로 분비되기 전 담즙 저장
지라	고형체의 림프조직	비정상 혈액세포 제거 및 면역반응과 관련
이자	고형체의 소화기관	음식을 흡수 가능한 분자로 만들어 작은창자로 내려보내는 효소를 분비하고 혈당을 조절하는 인슐린 분비

콩 팥	고형체의 비뇨기계	• 노폐물을 배출하고 여과 • 물, 혈액, 전해질 수치 조절 • 독소 배출
방 광	속이 빈 비뇨기계	콩팥으로부터 소변 저장

※ 배는 4부분으로 나눌 수 있는데 통증, 압통, 불편감, 손상 또는 기타 비정상 소견 등 정확한 부위를 묘사할 때 사용된다. 배 내 대부분의 장기는 복막으로 둘러싸여 있다. 복막은 두개의 층(장기를 감싸는 내장 쪽 복막과 복벽과 닿는 벽 쪽 복막)으로 구성되어 있다. 두 층 사이는 윤활액으로 채워져 있다. 몇몇 장기는 복막 뒤에 있는데 이러한 장기로는 콩팥, 이자, 큰창자가 있다. 여성의 생식기관은 배와 골반 사이에 위치해 있으며 이러한 기관으로는 난소, 나팔관, 자궁이 있고 여성의 복통을 유발하는 원인이 될 수도 있다.

② 복 통* 12년 소방장/ 19년 소방위

내장 통증	• 배내 장기는 많은 신경섬유를 갖고 있지 않아 종종 둔하고 아픈 듯 또는 간헐적으로 통증이 나타나 정확한 위치를 알아내기 힘들다. • 마치 분만통증과 같은 복통은 흔히 배내 속이 빈 장기로 인해 나타난다. 그리고 둔하고 지속적인 통증은 종종 실질장기로 인해 나타난다.
벽쪽 통증	• 복강을 따라 벽쪽 복막에서 나타나는 통증이다. 넓게 분포하고 신경섬유로 인해 벽쪽 복막으로부터 유발된 통증은 내장 통증보다 더 쉽게 부위를 알 수 있으며 묘사할 수 있다. • 벽측 통증은 복막의 부분 자극으로 직접 나타난다. 이러한 통증은 내부출혈로 인한 자극 또는 감염·염증에 의해 나타날 수도 있다. 또한 날카롭거나 지속적이며 국소적인 경향을 나타낸다. • SAMPLE력을 조사할 때 환자는 이러한 통증을 무릎을 굽힌 자세 또는 움직이지 않으면 나아지고 움직이면 다시 아프다고 표현하기도 한다.
쥐어뜯는 듯한 통증	• 복통으로는 흔하지 않은 유형으로 대동맥을 제외한 대부분의 배내 장기는 이러한 통증을 느끼는 감각을 갖고 있지 않다. • 배대동맥류 (abdominal aortic aneurysm)의 경우 대동맥 내층이 손상 받아 혈액이 외층으로 유출될 때 등쪽에서 이러한 통증이 나타난다. • 유출된 혈액이 모여 마치 풍선과 같은 유형을 나타내기도 한다.
연관 통증	• 통증 유발부위가 아닌 다른 부위에서 느끼는 통증으로 예를 들어 방광에 문제가 있을 때 오른 어깨뼈에 통증이 나타나는 것을 말한다. • 방광으로부터 나온 신경이 어깨부위 통증을 감지하는 신경과 같이 경로를 나눠 쓰는 척수로 돌아오기 때문이다.

※ 주의 사항
심근경색으로 인한 통증은 배의 불편감(마치 소화가 안 되는 듯한)으로 나타나기도 한다. 이러한 통증은 보통 윗배에 나타나므로 주의해야 한다.

TIP 통증과 연관된 증상을 기억하시기 바랍니다. 쥐어뜯는 듯한 통증은 어디인가요?

3 환자 평가

복통을 유발하는 잠재적인 원인은 다양하므로 구급대원은 어떠한 진단을 내리는데 시간을 낭비해서는 안 된다. 환자 평가에서 다루어야 할 점은 정확한 신체 검진과 SAMPLE력 그리고 쇼크와 같은 심각한 상태 가능성이 있는지 판단하는 것이 중요하다.

> ① 현장 확인 : 가능한 손상기전 확인
> ② 1차 평가 : 일반적인 인상, 의식수준, 기도, 호흡 그리고 순환, 산소를 공급하고 이송여부를 판단 후 이송한다.
> ③ 환자 자세 : 주위를 조용히 하고 환자가 안정감을 찾도록 도와준다.
> ④ SAMPLE력, 신체검진 그리고 생체 징후
> ⑤ 5분마다 재평가

(1) 현장 확인

① 도착해서 현장을 확인하는 단계에서 구토의 가능성이 있으므로 옷과 얼굴을 보호하는 개인 보호 장비를 착용해야 한다.

② 냄새는 진단하는 데 중요한 역할을 하기도 하는데 예를 들면, 구토물에 혈액이 있거나 대변에서 독특하고 강한 냄새가 나면 쇼크 가능성을 암시하기도 한다.

(2) 1차 평가

① 일반적인 인상은 환자 상태의 심각성과 즉각적인 처치의 필요성을 결정하는데 중요한 역할을 한다.

② 우선 의식수준으로 기도처치의 필요유무를 판단할 수 있고 의식변화, 흥분, 창백, 차가운 피부 그리고 빠른맥과 빠른호흡은 쇼크 전 단계임을 나타낸다.

③ 환자의 자세 또한 중요한데 배를 감싸고 있거나 무릎을 굽힌 자세를 취하고 있다.

④ 복통을 호소하는 환자의 처치로는 비재호흡마스크를 통해 10~15 L/분의 산소를 투여해야 한다.

(3) SAMPLE력

① 증상 및 징후*	개방성 질문을 통해 환자가 묘사하는 통증을 그대로 기록한다. 질문으로는 OPQRST를 이용 정보를 수집한다.	
	Onset	언제부터 통증 또는 불편감이 시작됐는지? 쉬는 중에 아니면 일하는 중에 시작됐는지? 통증이 어떻게 시작됐는지? (지속적으로, 심하게, 점점 심해지는지 등)
	Provocation/Palliation	어떻게 하면 완화 또는 악화되는지? 어떠한 자세를 취하면 완화 또는 악화되는지? 움직임이 통증에 영향을 미치는지?
	Quality	통증을 느끼는 그대로 묘사하도록 한다.
	Region/Radiation	부위를 가리키거나 볼 수 있는지? 기타 연관 통증이 있는지?
	Severity	1~10이란 수치를 기준으로 통증의 정도를 묻는다.
	Time	지속된 시간과 시간 경과에 따른 변화가 있는지?

② 알레르기	알레르기가 있는지 묻는다.
③ 약물	복용하는 약물이 있는지 묻는다. 예를 들면, 심장마비와 뇌졸중을 예방하는 데 쓰이는 아스피린은 위출혈을 야기할 수 있다. 당뇨환자는 처방약 복용으로 인한 비정상 혈당 증상으로 복통을 호소할 수 있다.
④ 연관된 과거력	환자의 병력은 현 증상과 관련된 과거 병력으로 정보를 수집할 수 있다. 과거 배와 관련된 병력이 있다면 무엇이었는지? 쇼크를 일으켰는지? 수술했는지? 등을 물어야 한다. 윗배 불편감을 호소하는 환자가 과거 심장과 관련된 병력이 있다면 심장마비를 염두해야 한다.
⑤ 마지막 구강섭취	복통환자에게 매우 중요한 부분으로 무엇을 언제 그리고 환자에게 섭취하는 데 아무런 영향을 주지 않는지 판단해야 한다.
⑥ 상황을 야기한 사건	증상 및 징후의 시간에 따른 과정을 알 수 있다. 문제와 관련된 상황(며칠 전부터) – 구토, 오심, 설사, 변비 등을 묻고 내용물이 암적색, 선홍색 또는 커피색인지를 기록해야 한다.
⑦ 여성 환자인 경우	㉠ 가임기 여성인 경우 SAMPLE력 외에 추가적인 질문을 통해 정보를 수집해야 한다. 자궁외임신과 같은 응급상황은 치명적일 수 있으며 병력을 수집해야 한다. 기타 난소낭 파열, 골반염증질환 그리고 불규칙한 생리 역시 특징적인 통증을 유발할 수 있다. 가임기 여성에게 수집해야 할 정보는 지극히 사적 이지만 중요하므로 환자 본인에게 직접 질문해야 한다. ⓐ 생리주기는? ⓑ 생리기간이 지났는데도 생리를 안 하는지? ⓒ 현재 생리기간이 아닌데도 질출혈이 있는지? ⓓ 생리중이라면 양은 정상인지? ⓔ 전에도 이러한 통증을 경험한 적이 있는지? ⓕ 언제부터 그랬는지? ㉡ 가임기 여성이라면 혹시 임신했는지를 묻고 신속한 이송이 필요한 자궁외임신을 의심해야 한다.

(4) 배 신체검진

① 청진을 통해 장음을 듣는 것은 병원 전 단계에서 많은 시간이 소요되므로 현장에서는 시진과 촉진을 통해 평가해야 한다.

② 평가 전에 외상 환자인 경우 어느 부위가 다쳤는지를 우선 질문해 환자가 부위를 가르치도록 해야 한다.

시 진	배 팽창, 변색, 비정상적인 돌출 또는 기타 비정상적인 외형을 살피고 배의 모양이 최근 들어 변했는지를 물어야 한다.
촉 진	• 몇 개의 손가락 끝을 이용해 부위별로 부드럽게 눌러야 한다. • 촉진 중에 딱딱한 느낌이 든다면 환자에게 통증을 느끼는지 질문해야 한다. • 처음에는 부드럽고 얕게 촉진해서 환자가 아무런 불편감을 호소하지 않는다면 다음에는 좀 더 깊게 촉진하도록 한다. • 만약 첫 촉진에서 통증, 불편감이나 이상을 발견했다면 추가 촉진은 필요하지 않다.

③ 환자가 배를 감싸고 있거나 무릎을 굽힌 자세는 배를 보호하거나 복통을 감소시키려고 취하는 자세이다.

④ 배대동맥류인 경우 맥박이 뛰는 덩어리를 촉지하거나 등 쪽에 찢어지는 또는 날카로운 통증이 나타날 수 있다.

⑤ 만약 촉진을 통해 배대동맥류를 느꼈다면 재차 촉진해서는 안되며 이송병원에 알려 주어야 한다. 또한, 그 전에 심하지 않거나 수술이 불가능하여 처치하지 않은 배 대동맥류를 진단 받았는지를 물어야 한다.

⑥ 매우 마른 사람인 경우 심부 촉진을 통해 약하게 배대동맥의 맥박을 촉지할 수도 있다는 점을 주의해야 한다.

⑦ 비만환자인 경우 배대동맥류가 있어도 촉지할 수 없으므로 이런 경우 등 쪽의 심한 통증을 통해 의심할 수 있다.

⑸ 생체 징후

① 복통 환자라면 즉각적으로 생체 징후를 측정하고 5분마다 재평가해야 한다.

② 측정해야 하는 생체징후로는 맥박, 호흡, 혈압, 피부색, 체온 그리고 환자상태가 있다.

③ 의식수준 역시 중요한데 쇼크는 빠른 맥, 빠른 호흡, 창백, 축축한 피부 그리고 흥분 상태와 함께 바로 나타난다는 것을 주의해야 한다.

④ 혈압저하는 이에 비해 늦게 나타날 수 있다.

4 환자 처치

① 1차 평가 동안 기도를 유지한다. 의식변화가 있다면 기도를 유지해야 하며 복통환자인 경우 구토를 할 수 있으므로 필요 시 흡인해야 한다.

② 비재호흡마스크를 통해 분당 10~15 L 의 산소를 공급한다.

③ 환자가 편하다고 생각하는 자세를 취해준다. 그러나 쇼크 또는 기도유지에 문제가 있다면 상태에 따른 자세를 취해줘야 한다.

④ 복통 또는 불편감을 호소하는 환자에게는 구강으로 아무것도 주어서는 안 된다.

⑤ 환자가 흥분하지 않게 침착한 자세로 안정감을 유지하며 신속하게 이송한다.

5 복통유발 질병★★ 19년, 24년 소방장

충수돌기염 (맹장염)★	수술이 필요하며 증상 및 징후로는 오심/구토가 있으며 처음에는 배꼽부위 통증(처음)을 호소하다 우하복부(RLQ)부위의 지속적인 통증을 호소한다.
담낭염(쓸개염) /담석★	쓸개염은 종종 담석으로 인해 야기되며 심한 통증 및 때로 갑작스런 윗배 또는 우상복부(RUQ) 통증을 호소한다. 또한 이러한 통증을 어깨 또는 등쪽에서도 나타날 수 있다. 통증은 지방이 많은 음식물을 섭취할 때 더 악화될 수 있다.
췌장염 (이자염)★	만성 알콜환자에게 흔히 나타나며 윗배 통증을 호소한다. 췌장(이자)이 위 아래, 후복막에 위치해 있어 등/어깨에 통증이 방사될 수 있다. 심한 경우 쇼크 징후가 나타나기도 한다.

궤양/내부 출혈	소화경로 내부 출혈 (위궤양)	식도에서 항문까지 어느 곳에서도 나타날 수 있으며 혈액은 구토(선홍색 또는 커피색) 또는 대변(선홍색, 적갈색, 검정색)으로 나온다. 이로 인한 통증은 있을 수도 있지만 없을 수도 있다.
	복강내 출혈 (외상으로 인한 지라출혈)	복막을 자극하고 복통/압통과도 관련이 있다.
배대동맥류 (AAA)*	① 배를 지나가는 대동맥벽이 약해지거나 풍선처럼 부풀어 올랐을 때 나타난다. ② 약하다는 것은 혈관의 안층이 찢어져 외층으로 피가 나와 점점 커지거나 심한 경우 터질 수 있다(만약 터진다면 사망가능성이 높아진다). ③ 작은 크기인 경우에는 즉각적인 수술이 필요하지 않다. 병력을 통해 배대동맥류를 진단 받은 적이 있고 현재 복통을 호소한다면 즉각적인 이송을 실시해야 한다. ④ 혈액유출이 서서히 진행된다면 환자는 날카롭거나 찢어질 듯한 복통을 호소하고 등쪽으로 방사통도 호소할 수 있다.	
탈 장	① 복벽 밖으로 내장이 튀어나온 것을 말하며 무거운 물건을 들거나 힘을 주었을 때 나타날 수 있다. ② 보통 무거운 것을 들은 후 갑작스러운 복통을 호소하고 배나 서혜부 촉진을 통해 덩어리가 만져질 수 있다. ③ 매우 심한 통증을 호소하나 장이 꼬이거나 막혔을 때를 제외하고는 치명적이지 않다.	
신장/요로 결석	콩팥에 작은 돌이 요로를 통해 방광으로 내려갈 때 심한 옆구리 통증과 오심/구토 그리고 서혜부 방사통이 나타날 수 있다.	

🚨 Check

① (   ) : 간헐적이고 마치 분만통증과 같은 복통은 흔히 배내 속이 빈 장기로 인해 나타난다.
② (   ) : 1~10이란 수치를 기준으로 통증의 정도를 묻는다.
③ 복통 환자라면 즉각적으로 생체 징후를 측정하고 (   )분마다 재평가해야 한다.
④ (   ) : 때때로 갑작스런 윗배 또는 RUQ 통증을 호소한다. 또한 이러한 통증을 어깨 또는 등쪽에서도 나타날 수 있다.
⑤ 췌장염은 (   )에 방사통이 나타날 수 있다.

CHAPTER 06 출혈과 쇼크

1 순환계* 19년 소방장/ 23년 소방교

순환계는 3개의 주요 요소(심장, 혈관, 혈액)로 구성되어 있다. 이 요소들은 인체조직세포로 산소와 영양분을 운반해 주고 폐기물을 받아 운반해 준다. 이런 과정을 관류라고 한다. 순환계의 효과적인 활동을 위해서는 이 3가지 요소가 적절한 기능을 해야 한다.

(1) 심 장* 24년 소방위

심장은 순환계의 중심으로 하가슴 내 복장뼈 좌측에 위치한 주먹크기 만한 근육조직이다.
① 혈액을 받아들이는 2개의 심방과 심장 밖으로 혈액을 뿜어내는 2개의 심실로 되어 이루어져 있다.
② 기능적으로는 좌·우로 나뉘는데 오른심방은 압력이 낮고 주요 정맥으로부터 혈액을 받아들여 산소교환을 위해 허파로 보내는 기능을 맡고 있다.
③ 왼심방은 허파로부터 그 혈액을 받아들이고 왼심실은 고압으로 동맥을 통해 피를 뿜어낸다.
④ 왼심실의 작용으로 생기는 힘은 맥박을 형성하고 이는 손목의 노동맥처럼 뼈 위를 지나가는 동맥에서 촉지할 수 있다.

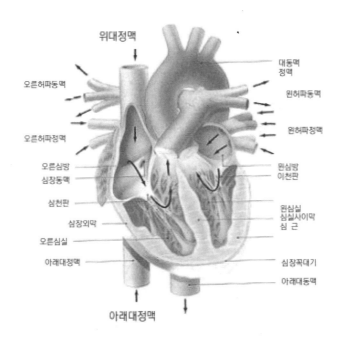

(2) 혈 관★★

혈관은 3가지 유형으로 나뉘며 심장으로부터 나온 피를 전신으로 운반하고 다시 심장으로 돌려
보내는 역할을 담당하고 있다.

동맥	㉠ 심장으로부터 혈액을 멀리 운반하며 주요 동맥을 대동맥이라고 한다. ㉡ 혈액은 왼심실로부터 대동맥-소동맥-세동맥-모세혈관으로 분지된다. ㉢ 동맥은 피를 압력으로 운반하기 때문에 두꺼운 근육벽으로 구성되어 있다.
정맥	㉠ 혈액을 오른심방으로 이동시키는 역할을 한다. ㉡ 모세혈관-소정맥-대정맥-오른심방으로 유입시킨다. ㉢ 동맥과 비교할 때 벽이 얇으며 압력이 낮다. ㉣ 오른심방으로 들어 온 피는 오른심실에서 허파로 이동해 산소를 교환하고 왼심방으로 들어와 왼심실에서 전신으로 동맥을 통해 뿜어져 나간다.
모세 혈관	모세혈관의 뚜께는 하나의 세포 뚜께 정도이며 이 얇은 벽을 통해 산소, 영양분, 그리고 폐기물이 교환된다.

TIP 동맥과 정맥의 차이를 확인하세요. 정맥은 혈액을 오른심방으로 이동시키는 역할을 합니다.

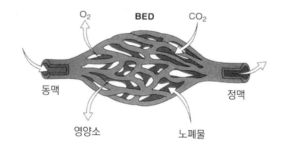

(3) 혈 액★ **TIP** 적산, 백면, 혈지로 암기해보세요.

※ 성인의 경우 체중 1kg당 약 70㎖의 혈액량을 갖고 있다.	
적혈구	세포에 산소를 운반해 주고 이산화탄소를 받으며 혈액의 색을 결정하는 요소이다.
백혈구	면역체계의 일부분으로 감염을 방지한다.
혈소판	세포의 특수한 부분으로 지혈작용을 한다.
혈 장	혈액량의 1/2 이상을 차지하며 전신에 혈구와 혈소판을 운반하는 역할을 하고 있다.

2 출 혈★★ 23년 소방위

> ✪ 저관류 또는 쇼크
> 순환계는 꾸준히 조직에 산소를 운반해 주고 이산화탄소와 폐기물을 이동시켜 주는 역할을 한다.
> 이러한 기능에 문제가 발생하면 관류가 제대로 이루어지지 않아 조직은 충분한 혈액과 영양을 받지
> 못하고 폐기물은 계속 쌓이게 된다. 결국 인체 세포는 죽게 되는 것을 말한다.

① 성인의 경우 갑작스런 100cc 출혈은 문제가 되지 않지만 전체 혈액량이 500~800cc인 신생아에게는 심각한다.

② 일반적으로 성인은 1L, 소아는 0.5L, 신생아는 0.1L 실혈될 경우 위험하다.

③ 외부출혈이라도 옷, 장식천, 깔개, 땅 등에 흡수된 실혈량은 측정할 수 없으며 내부출혈인 경우 더더욱 알 수 없다는 문제점이 있다.

④ 정상적인 출혈 반응은 손상 혈관이 수축되고 혈소판과 응고인자는 혈액을 응고시켜 지혈반응을 나타내는데 심한 출혈에는 이 기능이 정상적으로 작용하지 않을 수 있다.

> ✪ **지혈에 영향을 주는 요소**
> 환자가 복용하는 약물 중 혈액 응고기능을 떨어뜨리는 와파린(wafarin)이라는 약물이 있다. 이 약은 인공심장밸브를 갖고 있는 환자나 만성 부정맥을 갖고 있는 노인환자 그리고 투석을 하는 환자에게 보통 처방되며 비정상적인 출혈 반응을 보인다. 이런 약물 복용 환자의 경우 출혈이 계속 진행될 수 있으므로 주의해야 한다.

3 외부 출혈

피부손상으로 나타나며 외부 물체로 인한 것뿐만 아니라 내부의 골절된 뼈에 의해서도 나타날 수 있다.

(1) 출혈 형태**

동맥 출혈	동맥이나 세동맥 손상으로 일어난다. <u>산소가 풍부하고 고압 상태이므로 선홍색을 띠며 심박동에 맞춰 뿜어져 나온다.</u> 보통 양이 많으며 고압으로 인해 지혈이 어렵다. 지혈되지 않으면 쇼크 증상을 초래하며 열상에서 많이 나타난다.	동맥
정맥 출혈	정맥이나 세정맥 손상으로 일어난다. <u>산소가 풍부하지 않으며 저압 상태이므로 검붉은 색을 띠며 흘러나오는 양상을 나타낸다.</u> 열상에서 많이 나타나며 지혈이 쉽다.	정맥
모세혈관 출혈	<u>모세혈관은 얇고 출혈도 느리며 스며 나오듯이 나온다.</u> 색은 검붉은색이며 찰과상에서 흔히 볼 수 있다. 지혈이 쉬우며 실혈량도 적고 자연적으로 지혈되는 형태이다.	모세혈관

※ 평가할 때 고려해야 할 요소로는 상처 형태나 부위에 따라 출혈의 정도가 달라진다.

TIP 출혈 형태에 따른 증상을 비교해 보시기 바랍니다.

(2) 응급처치 순서

개인보호 장비착용 ➡ 현장안전을 확인 ➡ 1차 평가실시 ➡ 지혈 ➡ 재평가

(3) 지혈 방법

치명적인 출혈의 경우 기도와 호흡을 제외한 응급처치 중에서 제일 먼저 실시하여야 한다.

직접 압박	장갑 낀 손으로 출혈부위를 직접 누른다. 압박을 계속 유지하기 위해서는 소독 드레싱을 실시한다. 만약 출혈이 계속 된다면 다음 단계를 실시한다.
거상	상처부위를 심장보다 높게 올리는 방법으로 근골격계 손상이나 척추손상이 의심되는 경우에는 거상해서는 안 된다. 예를 들면, 손목 출혈 환자가 위팔뼈골절을 갖고 있다면 거상해서는 안 된다. 만약 출혈이 계속 된다면 다음 단계를 실시한다.
압박점	뼈 위로 지나는 큰 동맥에 위치해 있으며 팔다리상처로 인한 실혈량을 줄일 수 있다. 보통 압박점으로 팔은 윗팔동맥, 다리는 넙다리동맥, 얼굴은 관자동맥을 이용한다. 압박점은 환자의 자세에 상관없이 사용할 수 있는 장점이 있다.

관자동맥

윗팔동맥

넙다리동맥

(4) 지혈 기구* 13년 소방장

경성 부목	경성이나 고정부목은 팔·다리 지혈에 도움을 준다. 팔다리의 움직임을 줄여 실혈량을 줄이는 역할을 한다.
공기를 이용한 부목	공기부목, 진공부목 그리고 항쇼크바지는 큰 상처부위에 압력을 가해 지혈작용을 하며 움직임을 줄여 실혈량을 줄인다. 출혈부위와 부목이 직접 닿지 않도록 거즈를 댄 후에 입으로 공기를 불어 넣거나 진공부목의 경우 펌프를 이용해야 한다.
지혈대 ★★	팔다리손상으로 치명적인 출혈에 대한 빠른 해결책으로 지혈대사용을 고려한다. 절단부위로부터 치명적인 출혈을 보일 때 마지막 수단으로 보통 사용된다. 지혈대 사용은 근육, 혈관, 신경에 커다란 손상을 초래할 수 있으며 이는 환자 상태를 악화시키고 접합수술을 불가능하게 만들 수 있다. 만약 사용하게 된다면 아래의 사항들을 유념해야 한다.

✪ **지혈대 사용 시 유의사항**★★ 23년 소방위

1. 상처 바로 윗부분에 지혈대를 적용한다.(관절부위는 피해서 적용)
2. 벨크로 스트랩 끝부분을 심장쪽으로 당겨 강하게 조여 준다.
   ⓐ 지혈대의 막대기를 돌려서 더욱 압력을 가해준다.(팔이라면 손등 혹은 손목의 맥박이 잡히는지 확인하고 다리라면 발등 혹은 발목에 맥박이 잡히는지 확인하며 느껴지지 않을 때까지 조여 준다. 맥박이 잘 느껴지지 않거나 잡히지 않는다면 환자가 고통을 호소할 정도로 압력을 가해준다)
   ⓑ 지혈대의 막대를 필요한 만큼 조여 주었다면 플라스틱 홀더 안으로 막대기를 넣어준다.
   ⓒ 지혈대는 풀리지 않도록 하고 적용한 시간과 일시를 쉽게 알아볼 수 있도록 표기한다.
   (지혈대의 적용시간은 중요하기 때문에 무조건 표기해야 한다.)
   – 항상 넓은 지혈대를 사용해야 한다.
   – 철사, 밧줄, 벨트 등은 조직을 손상시키므로 사용해서는 안 된다.
   – 한번 조인 지혈대는 병원에 올 때까지 풀어서는 안 된다.
   – 관절 위에 사용해서는 안 된다.

✪ **지혈대 사용방법**★

1. 상처 부위로부터 5~8㎝ 떨어진 위쪽에 적용한다.
2. 10cm 폭에 6–8겹의 붕대를 두 번 감아 묶고 매듭 안으로 지혈대를 넣는다.
3. 출혈이 멈추면 막대가 풀려 느슨해지지 않도록 주의한다.
4. 지혈대를 사용한 시간을 기록지에 적는다.
5. 상처부위 감염을 방지하기 위해 소독드레싱을 실시한다.
6. 추가 출혈이 있는지 계속 관찰한다.
7. 의료기관 외에서 지혈대를 풀어서는 안 된다.
   ※ 혈압기계의 커프를 지혈대로 사용할 수도 있다. 이는 치명적인 출혈일 때에만 사용해야 하며 지혈대를 사용할 때의 압력과 시간을 기록해야 한다. 커프에 바람이 빠지는지 관찰하고 필요하다면 바람을 불어 넣어주거나 겸자로 줄을 조여도 된다.

TIP 지혈방법은 직접압박, 거상, 압박점을 기억하세요. 지혈대 사용방법은 자주 출제됩니다.

① 특수한 상황
   ㉠ 귀, 코, 입에서의 출혈은 다양한 원인으로 일어날 수 있으며 특별한 주의가 요구된다.
   ㉡ 대개는 이 부위의 직접적인 손상으로 출혈이 일어나며 머리뼈 골절에 의해서도 일어날 수 있다.
   ㉢ 외상으로 인한 출혈 외에 호흡기계 감염, 고혈압, 응고장애 등이 원인이 된다.
   ㉣ 일반적인 처치법으로 귀 출혈은 느슨하게 드레싱을 해서 감염을 방지하는 것과 입 출혈은 기도유지가 필요하다.
   ㉤ 비 출혈은 코후빔, 심한 건조, 고혈압, 호흡기계 감염, 응고장애 등으로 일어나며 다음과 같은 처치를 실시한다.
   ⓐ 환자의 혈압이 높거나 불안정 하다면 환자를 최대한 안정시킨다.
   ⓑ 가능한 환자를 앉은 상태에서 머리를 앞으로 기울이도록 하여 혈액이 허파로 유입되지 않도록 한다.
   ⓒ 윗입술과 잇몸 사이에 둥글게 말은 거즈를 위치시키거나 코를 손가락으로 눌러 압박을 한다.
   ⓓ 코 위에 얼음물 주머니를 올려놓거나 국소적 냉각 치료는 지혈에 도움이 된다.

PART
03
응급의료의학 (소방교 제외)

4 내부출혈

내부출혈은 외부 출혈과는 달리 눈에 보이지 않으며 둔기외상, 혈관 파열이나 기타 원인으로 발생한다. 출혈량이 많은 경우 쇼크나 사망이 빠르게 진행된다. 특히, 가슴, 배, 골반인 경우 치명적이다.

(1) 내부출혈과 관련된 손상기전

① 낙상은 5m 이상 높이에서의 낙상이나 환자 키의 3배 이상의 높이에서 떨어진 경우는 특히 위험하다.

② 오토바이 운전자는 대부분 오토바이로부터 튕겨져 나간다.

③ 차에 치인 보행자는 3번의 충격(차량 범퍼, 보닛이나 전면유리, 도로나 차량)을 받을 수 있다.

④ 차량 충돌 – 고속 충돌, 전복, 추락 등으로 심각한 내부 손상을 초래할 수 있다.

⑤ 총상 – 손과 발 이외의 모든 총상은 심각한 내부 출혈을 야기한다.

⑥ 천자상 – 머리, 목, 가슴, 배, 골반, 몸쪽 팔다리 부위 천자상은 심각한 내부 출혈을 일으킬 수 있다.

> ✪ **내부 출혈의 특징적인 증상 및 징후*** 13년 소방장
> • 빠른맥
> • 손상 부위의 찰과상, 타박상, 변형, 충격 흔적, 머리·목·가슴·배·골반 부종
> • 입, 항문, 질, 기타 구멍으로부터의 출혈
> • 갈색이나 붉은색의 구토물
> • 검고 끈적거리거나 붉은 색의 대변
> • 부드럽고 딱딱하거나 팽창된 배
> ※ 내부출혈이 심각한 경우 쇼크의 증상 및 징후가 나타난다.

(2) 응급 처치

외부 출혈과는 달리 구급대원이 내부 출혈을 지혈시킬 수 있는 방법은 거의 없다. 응급처치의 목적은 내부출혈을 진단하고 병원에 도착할 때까지 아래와 같은 처치를 실시해야 한다.

① 개인 보호 장비를 착용한다.

② 현장을 확인한다. – 외상으로 인한 잠재적인 내부손상을 파악한다.

③ 1차 평가를 실시한다. – 초기 환자 상태 및 의식상태, ABC 등

④ 병력 청취 및 신체검진을 통해 내부 출혈 가능성을 평가한다.
  – 팔다리변형, 부종, 통증 호소 시, 쇼크 증상 및 징후는 내부 출혈을 의심해야 한다.

⑤ 많은 양의 산소를 공급한다.

⑥ 변형, 부종, 통증 호소 부위가 팔다리인 경우 부목으로 고정시켜 준다.

⑦ 쇼크 증상 및 징후가 보인다면 즉각적으로 환자를 이송한다.

⑧ 이송 중 5분마다 재평가를 실시해야 한다.

5 저혈량 쇼크

순환계는 인체 조직에 산소를 공급하고 세포로부터의 배설물을 제거하는 기능이 제대로 이루어지지 않을 경우 발생하는 것이다.

> ✪ **저혈류를 야기하는 3가지 주요 요소**
> • 심장기능 장애
> • 정상 혈관 수축 기능 저하
> • 실혈이나 체액 손실

(1) 실혈로 인한 쇼크를 저혈량성 쇼크라고한다.

(2) <u>순환계는 실혈에 따른 보상반응으로 맥박이 빨라지고 혈관을 수축시켜 조직으로 관류를 유지하려한다.</u> * 23년 소방위

(3) 빠른맥은 쇼크의 초기 징후로 나타나며 출혈이 계속되면 저혈로 진행되어 말초 혈류는 급격히 감소된다. 이러한 과정으로 허약감, 약한맥박, 창백하고 끈적한 피부를 나타낸다.

(4) 혈류량 저하는 조직기능 저하로 이어져 다양한 반응이 나타난다.

■ **실혈에 따른 각 조직의 반응 및 증상/징후** * 14년 소방위/ 17년 소방장

기 관	실혈 반응	증상 및 징후
뇌	심장과 호흡기능 유지를 위한 뇌 부분의 혈류량 감소	의식 변화 – 혼돈, 안절부절, 흥분
심혈관계	심박동 증가, 혈관수축	빠른 호흡, 빠르고 약한 맥박 저혈압, 모세혈관 재충혈 시간 지연
위장관계	소화기계 혈류량 감소	오심/구토
콩 팥	염분과 수분 보유 기능 저하	소변생산량 감소, 심한 갈증
피 부	혈관 수축으로 인한 혈류량 감소	차갑고 창백하며 축축한 피부, 청색증
팔다리	관류량 저하	말초맥박 저하, 혈압 저하

• 흥분, 혼돈, 안절부절, 공격적인 경향을 포함한 의식변화, 허약감, 어지러움
• 심한갈증, 오심/구토, 빛에 늦게 반응하며 산대된 동공, 빠른호흡, 불규칙하고 힘들며 낮은 호흡, 빠르고 약한 맥박, 혈압저하
• 차갑고 창백하며 축축한 피부, 창백하거나 회색빛 피부, 눈의 결막이나 입술의 청색증 소아의 경우 모세혈관 재충혈에 2초 이상 걸림
• 혈압저하
실혈로 인한 쇼크는 적극적인 처치를 받지 못하면 사망할 수 있는 긴급한 상태로 더 이상의 진행을 막기 위해 외부 지혈을 신속하게 실시해야 한다.

✪ 쇼크증상 및 징후가 나타날 때 응급처치
① 현장안전을 확인한다.
② 개인 보호 장비를 착용한다.
③ 기도 개방을 유지한다.
 – 호흡이 부적절할 때에는 인공호흡을 실시한다.
④ 외부 출혈을 지혈한다.
⑤ 필요하다면 항쇼크바지를 입힌다(현장에서 병원까지의 이송기간이 20분 이상 소요되는 경우).
⑥ 약 20~30cm 정도 다리를 올린다.
 – 척추, 머리, 가슴, 배의 손상 증상 및 징후가 있다면 앙와위를 취해주어야 한다. 즉, 긴척추고정판으로 환자를 옮겨 다리를 올린다.
⑦ 골절이나 탈구 부위는 부목으로 고정한다.
⑧ 보온을 유지한다.
⑨ 신속하게 병원으로 이송한다.
⑩ 재평가를 실시한다.
 – 이송 중에 의식장애, 생체징후 등을 평가해야 한다.
※ 소아의 경우 성인과 달리 저혈량 쇼크에 대한 생리적 반응이 틀리다. 소아의 경우 성인보다 혈압과 심박동 보상반응이 더 오래 유지되기 때문에 전체 혈액량의 1/2 이상이 실혈되어야 혈압이 떨어진다. 일단 혈압이 떨어지면 급속도로 심장마비로 진행되어 위험하다. 이런 이유로 쇼크 증상 및 징후 없이 외상 평가로 신속한 처치를 제공해야 한다.

쇼크 분류의 정확성을 높이기 위해 염기결핍(Base deficit, BD) 지표의 사용과 대량수혈 프로토콜(Massive transfusion protocol, MTP)을 포함한 수혈의 필요성 분류가 추가되었다. 대량수혈은 24시간 동안 10 units 이상 또는 한 시간에 4 units 이상의 수혈을 말한다.

■ 출혈단계에 따른 증상 및 징후들

분류	CLASS I	CLASS II (경증)	CLASS III (중등)	CLASS IV (중증)
혈액소실량	⟨15%	15–30%	31–40%	⟩40%
심박수	↔	↔/↑	↑	↑/↑↑
혈압	↔	↔	↔/↓	↓
맥압	↔	↓	↓	↓
호흡수	↔	↔	↔/↑	↑
소변량	↔	↔	↓	↓↓
GCS	↔	↔	↓	↓
BD*	0~-2mEq/L	-2~-6mEq/L	-6~-10mEq/L	-10mEq/L 미만
혈액 제제의 필요성	감시	가능	필요	대량수혈 프로토몰

*염기과잉(Base excess)은 체내 정상범위 보다 많은지 적은지를 나타내는 염기의 양(HCO3-, mEq/L), 마이너스수치를 염기결핍(Base Defict)이라 하며, 대사성산증을 의미

핵심요약

외부 출혈 처치	내부 출혈 처치
개인 보호 장비 착용	개인 보호 장비 착용
↓	↓
현장 확인	현장 및 잠재적인 손상 기전 확인
↓	↓

외부 출혈 처치

1차 평가 및 ABC 확인
- 기도 개방 유지
- 비정상적인 호흡 시 인공호흡 제공
- 쇼크 증상 및 징후 시 산소공급

↓

출혈 처치
- 직접 압박
- 손상 부위 거상
- 동맥점 압박
- 지혈대 사용(최후 방법)

↓

주 병력, 신체 검진, 세부 검진,
재 평가를 통한 추가 출혈 평가

내부 출혈 처치

1차 평가
- ABC 확인
- 심각한 외부 출혈 시 지혈
- 기도·호흡·지혈 상 문제가 있다면
  즉각적인 처치와 신속한 이송 실시

↓

주 병력, 신체 검진
(특히, 일반적인 인상과 손상기전으로
내부출혈이 의심되는 경우)

↓

10~15L/분 산소 제공

↓

통증, 부종, 변형 부위 부목 고정

쇼크 처치

현장 안전 확인

↓

개인 보호 장비 착용

↓

기도개방 유지, 비정상 호흡 시 인공호흡 실시

↓

10~15 L/분 산소 공급

↓

외부 출혈 지혈 처치

↓

필요시 항 쇼크 바지 사용

↓

척추, 머리, 가슴, 배, 다리 손상 증상 및 징후가 없다면 다리 거상 실시(20~30㎝)

↓

뼈와 관절 손상 의심 시 부목 고정 (쇼크 징후가 있다면 부목으로 시간을 지연시키면 안 된다.)

↓

추가 열손실 방지 및 보온 유지

↓

신속한 이송

Check

① 순환계 3가지 요소 : (   ), (   ), (   )
② 혈관의 3가지 유형 : (   ), (   ), (   )
③ 지혈작용과 관계있는 혈액은 (   )이다.
④ (   ) : 얇고 출혈도 느리며 스며 나오듯이 나온다.
⑤ 압박점은 환자의 자세와 상관없이 사용할 수 있다.(○)
⑥ 지혈대는 관절위에 사용할 수 있다.(×)
⑦ 실혈에 따른 팔다리 증상은 (   ), (   )이다.

CHAPTER 07 연부조직 손상

근육, 신경, 혈관 그리고 조직을 포함한 피부의 손상을 연부조직손상이라고 한다. 이러한 손상에는 경증의 찰과상에서 중증 화상, 가슴 관통상과 같은 치명적인 손상이 있다.

1 피부의 기능과 구조

(1) 피부의 기능* 24년 소방위

① 인체를 보호하고 감염을 방지하는 보호벽 기능
② 인체 내부 수분과 기타 체액을 유지하는 기능
③ 체온조절기능(혈관의 수축과 확장 그리고 땀의 분비로 체온을 조절)
④ 외부 충격으로부터 내부 장기 보호 기능

(2) 피부의 구성***

표 피	피부의 바깥층으로 표피의 바깥부분은 죽은 피부세포로 구성되어 있으며 감염에 대한 첫 번째 보호막 역할을 한다. 혈관과 신경세포는 없으며 털과 땀샘이 표피층을 통과한다.
진 피	표피 아래층으로 혈관, 신경섬유, 땀샘, 피지선, 모낭을 포함한 다양한 조직이 있다. 따라서 진피의 손상은 많은 량의 출혈과 통증을 초래한다.
피하층	진피 아래 피하조직으로 불리는 지방층으로 지방과 연결조직은 외부충격을 완화시키는 역할을 한다. 큰 혈관과 신경섬유가 통과하는 곳이다.

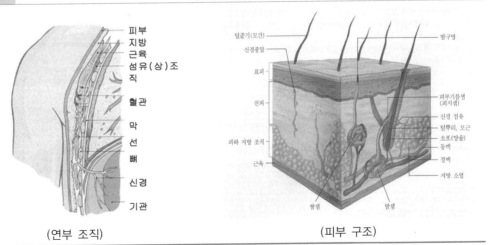

(연부 조직)

(피부 구조)

2 연부조직 손상

피부표면 아래 조직은 손상 받아도 피부 표면은 찢기지 않은 경우를 폐쇄성 손상, 반대로 피부 표면이 찢겨져 나간 경우는 개방성 손상이라고 한다.

(1) 폐쇄성 연부조직 손상★★ 13년 소방장

둔탁한 물체로 인한 손상으로 주먹, 차량사고로 핸들에 가슴을 부딪친 경우 등이 있다. 형태로는 타박상, 혈종, 폐쇄성 압좌상이 있다.

타박상	• 진피는 그대로이나 안에 세포나 혈관은 손상을 받은 형태이다. • 손상된 조직에서 진피 내로 출혈이 유발되어 반상출혈(멍)이 든다. • 손상부위는 통증과 부종 그리고 압통이 나타난다.
혈 종	• 타박상과 비슷하나 진피와 피하지방 조직층에 좀 더 큰 혈관과 조직손상으로 나타난다. • 피부 표면에 다른 색으로 부어 있거나 뇌, 배와 같은 인체내부에서도 일어날 수 있다. • 혈종의 위치와 크기에 따라 쇼크를 유발할 수 있다.
폐쇄성 압좌상	• 신체외부에서 내부까지 손상을 받은 형태로 피부 표면손상 없이도 많은 조직 손상을 초래할 수 있다. • 망치로 손가락을 친 상태, 산업기계에 팔이 눌린 상태, 건물 붕괴로 묻힌 상태 등이 있다. • 손상 부위 및 원인 물체의 무게 등에 따라 손상 정도와 실혈량이 달라진다. • 통증, 부종, 변형, 골절 등을 함께 동반할 수 있다. ※ 특수한 형태의 외상형 질식 　가슴의 갑작스런 압력이 가해졌을 때 심장과 허파에 압력이 전달되고 가슴 내의 피를 밖으로 짜내어 머리와 목 그리고 어깨로 전달되는 현상이다.

▣ 연부조직의 타박상(좌상)에 대한 징후★

징 후	손상 가능성이 있는 장기 및 처치
직접적인 멍	타박상 아래 장기 지라, 간, 콩팥 손상 가능성
부종 또는 변형	골절 가능성
머리 또는 목의 타박상	목뼈 또는 뇌 손상 가능성이 있으므로 입, 코, 귀에서의 혈액 확인이 필요
몸통, 복장뼈, 갈비뼈의 타박상	가슴손상 가능성, 환자가 기침을 할 때 피가 섞인 거품을 보인다면 허파 손상 가능성이 있으므로 호흡곤란이 있는지 확인한다. 또한 청진기를 이용해 양쪽 허파음을 들어 이상한 소리가 있는지 그리고 양쪽이 똑같은지 비교해 본다.
배의 타박상	배 안의 장기 손상 가능성, 환자가 토하는 경우 특히 배 타박상이 있는지 시진하고 구토물에서 커피색 혈액이 나오는지 확인한다. 또한 배 촉진을 실시한다.

(2) 평가 및 응급 처치

개인 보호 장비를 착용하고 현장을 확인하고 사고경위를 파악한다. 척추손상이 의심된다면 환자를 똑바로 눕힌 상태에서 1차 평가를 실시해야 한다. 외상평가를 실시하고 척추 손상이 의심되면 목보호대를 착용시켜야 한다.

① 개인 보호 장비를 착용한다.

② 턱 밀어올리기방법으로 기도를 유지한다.

③ 호흡곤란이나 쇼크 증상 및 징후가 나타나면 고농도의 산소를 공급한다.

④ 호흡정지나 호흡장애가 나타나면 인공호흡을 실시한다.

⑤ 통증이 있고 붓거나 변형된 팔다리는 부목으로 고정시킨다.

    – 이는 통증을 감소시키고 실혈을 늦추고 추가 손상을 감소시킨다.

⑥ 부종과 통증을 가라앉히기 위해서 혈종과 타박상에 얼음찜질을 해준다.

⑦ 병원으로 이송한다.

(3) 개방성 연부조직 손상★★ 13년 소방장/ 19년 소방위

찰과상	표피가 긁히거나 마찰된 상태로 보통은 진피까지 손상을 입는다. 출혈은 적지만 심한 통증을 호소하며 대부분 상처 부위가 넓다. <u>오토바이 사고 환자에게 많다.</u>
열 상	피부손상 깊이와 넓이가 다양하며 <u>날카로운 물체에 피부가 잘린 상처이다.</u> 상처부위는 일직선으로 깨끗하게 또는 불규칙하게 잘릴 수 있으며 출혈은 상처부위 손상 정도에 따라 달라진다. 큰 혈관 손상을 동반한 열상은 치명적이며 얼굴, 머리, 생식기 부위 등 혈액 공급이 풍부한 곳은 출혈량이 많다.
결출상	<u>피부나 조직이 찢겨져 너덜거리는 상태로 많은 혈관 손상으로 종종 출혈이 심각하다.</u> 보통 산업현장에서 많이 발생한다.
절 단	<u>신체로부터 떨어져 나간 상태로 완전절단과 부분절단이 있다.</u> 출혈은 적거나 많을 수 있는데 절단 부위가 어디냐에 따라 달라진다.
관통/ 찔린 상처	<u>날카롭고 뾰족하거나 빠른 속도의 물체가 신체를 뚫은 형태로 피부표면의 상처뿐 아니라 내부 조직 손상도 초래한다.</u> 외부출혈은 없어도 내부에서는 출혈이 진행될 수 있으며 머리, 목, 몸통부위 손상이라면 특히 주의해야 한다.
개방성 압좌상	<u>피부가 파열되어 찢겨진 형태로 연부조직, 내부 장기 그리고 뼈까지 광범위하게 손상을</u> 나타낸다. 이 손상 역시 외부출혈 외에도 내부출혈이 있을 수 있으므로 주의해야 한다.

TIP 폐쇄성과 개방성 종류를 비교할 수 있어야 합니다. 열상은 무엇인가요?

(4) 평가 및 응급 처치

① 평가

연부조직 손상 환자 처치에 앞서 항상 개인 보호 장비를 착용해야 하며 적어도 장갑만큼은 착용해야 한다. 심한 경우는 가운과 보안경도 착용해야 한다. 현장을 확인하는 동안 사고경위를 파악하고 척추손상이 있는지도 알아야 한다. 척추손상을 알 수 없다면 환자를 일직선으로 똑바로 눕힌 후 실시해야 한다. 1차 평가에서 기도유지, 호흡 상태를 평가하고 생명에 위험한 외부출혈에 대해 즉각적인 처치를 제공하고 외상환자 평가를 실시한다.

② 드레싱과 붕대★ 15년, 18년 소방장

    ㉠ 대부분의 개방성 손상은 드레싱과 붕대를 이용한 처치가 필요하다.

    ㉡ 드레싱은 지혈과 추가 오염을 예방하기 위해 손상부위에 거즈 등을 붙이는 처치로 <u>항상 멸균상태여야 한다.</u>

ⓒ 붕대는 드레싱 부위가 움직이지 않게 하는 처치로 <u>멸균상태일 필요는 없다.</u>

ⓔ 현장에서 만약 드레싱 재료가 준비되어 있지 않다면 깨끗한 옷, 수건, 시트 등을 사용할 수 있다.

ⓜ 드레싱 크기는 상처의 크기나 출혈상태에 따라 다르게 사용되어야 한다.

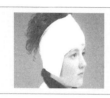 **이마 또는 귀(머리뼈손상 제외)** 손상부위를 드레싱으로 덮은 후 붕대로 고정시킨다.	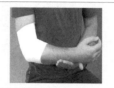 **팔꿈치 또는 무릎** 손상부위를 "8자'모양으로 붕대를 감는다.	 **아래팔 또는 다리** 붕대로 손상부위를 먼쪽에서 몸쪽 방향으로 감는다.
 **손** 손목까지 붕대로 감아 고정시킨다.	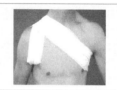 **어 깨** 액와부에 패드를 댄 후'8자'모양으로 붕대를 감는다.	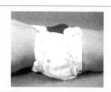 **골 반** 손상부위를 큰 드레싱으로 덮은 후 우선 삼각건을 접어 허리부분을 고정시킨 후 두 번째 삼각건을 접어 넙다리를 고정시킨다. (양쪽 골반손상: 삼각건 3개, 한쪽 손상 : 2개)

TIP 드레싱은 항상 멸균상태, 붕대는 멸균이 아니고 고정 방법이라고 볼 수 있습니다.

■ **드레싱과 붕대** * 18년 소방장

일반드레싱	크고 두꺼운 드레싱으로 배손상과 같은 넓은 부위를 덮는데 사용된다.
압박드레싱	지혈에 사용되는데 거즈패드를 우선 손상부위에 놓고 두꺼운 드레싱을 놓은 후 붕대로 감는다. 이때, 먼쪽 맥박을 평가해 붕대를 재조정(조이거나 느슨하게)해야 한다.
폐쇄드레싱	공기유입을 막는 형태로 배나 가슴의 개방성 손상 그리고 경정맥 과다출혈에 사용되어야 한다.

③ 응급처치

드레싱	ⓐ 개인 보호장비를 착용한다. ⓑ 손상부위를 노출시킨다. 전체 손상부위를 볼 수 있도록 옷 등을 제거한다. ⓒ <u>멸균거즈를 이용해 손상부위를 덮는다.</u> 이때, 드레싱 끝을 잡아 최대한 오염되지 않도록 주의해야 한다. ⓓ 단순 출혈의 경우에는 붕대 없이 드레싱과 반창고를 이용해 고정시키고 지혈이 필요한 경우에는 붕대를 이용해 압박 드레싱하여 고정시켜야 한다.

	⑩ 드레싱한 부분을 현장에서 제거해서는 안 된다. 제거할 경우 재출혈 또는 드레싱에 붙은 조직이 떨어져 나갈 수 있기 때문이다. 드레싱한 부위에 계속 출혈양상이 보인 다면 새로운 드레싱을 그 위에 덧대고 붕대로 감아준다. ※ 현장에서 드레싱한 부분을 제거해야 하는 경우도 있다. 일반드레싱의 경우 피로 흠뻑 젖은 경우 새 드레싱으로 교체하며 직접압박을 해야 한다.
붕 대	㉠ 붕대를 감을 때 너무 조여 동맥의 흐름을 방해해서는 안 된다. ㉡ 너무 느슨한 경우 손상 부위로부터 벗어날 수 있으므로 주의해야 한다. ㉢ 환자가 움직일 때 매듭이 풀리지 않도록 주의해야 한다. ㉣ 혈액순환과 신경검사에 필요한 손가락과 발가락은 감싸지 말아야 한다(손가락과 발가락 화상 시에는 제외). 통증, 피부색 변화, 차가움, 저린감각 등은 붕대를 너무 조일 때 나타난다. ㉤ 드레싱 부위는 모두 붕대로 감싸 추가 오염을 방지해야 한다. 단, 삼면드레싱의 경우 제외

※ 팔다리를 붕대로 감싸는 경우 두 가지 문제가 발생
　1. 작은 부위를 붕대로 감쌀 경우 국소적 압박이 발생할 수 있으므로 넓게 붕대를 감아 지속적 이며 일정한 압박을 받을 수 있도록 처치해야 한다. 또한, 먼쪽에서 몸쪽으로 감싸야 한다.
　2. 관절부위를 붕대로 감쌀 경우 순환장애 및 붕대가 느슨해지는 문제가 발생할 수 있다. 따라서 부목을 이용해 느슨해지는 것을 예방하거나 팔걸이를 이용해 관절부위 순환장애를 예방할 수 있다.

⑸ 특수한 손상에 대한 응급 처치

① 개방성 가슴손상** 18년 소방장/ 22년 소방위

가슴벽에 관통, 천공 상처가 있는 것을 말하며 외부공기가 직접 흉강으로 들어온다는 것을 의미한다. 종종 '빨아들이는 소리'나 '상처부위 거품'을 볼 수 있다. 치명적인 손상으로 분류 되며 공기는 가슴벽 안과 허파에 쌓이고 호흡곤란과 허파허탈을 초래한다.

> ❂ 응급처치
> 1. 개인 보호 장비를 착용한다.
>   공기 축적으로 인한 압력은 호흡 중 개방 상처부위로 피를 뿜어내므로 개인 보호 장비가 필요하다.
> 2. 고농도산소를 공급한다.
> 3. 상처 위에 폐쇄드레싱을 해준다.
>   공기의 유입을 막기 위한 목적이다. 드레싱은 상처부위보다 5cm 더 넓게 해야 하며 폐쇄해야 한다.
> 4. 환자가 편안하게 느끼는 자세를 취해주도록 한다.(척추손상 환자 제외)
> 5. 신속하게 이송한다.
>   • 경우에 따라 폐쇄드레싱은 흉강내 공기가 빠져나가지 못해 흉강압력이 올라가 긴장성 기흉 상태가 나타날 수 있다. 만약 이송 중 환자가 의식저하, 호흡곤란 악화, 저혈압 징후를 보이면 흉강 내 공기가 빠져나오게 폐쇄드레싱을 제거하거나 삼면 드레싱을 해주어야 한다.**

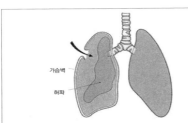

뚫린 가슴벽을 통해 공기가 흉강 내로 들어와 기흉, 허파 허탈과 호흡장애가 나타날 수 있다.

들숨 시 공기가 들어가는 것을 막기 위해 상처를 드레싱으로 덮는다.

날숨 시 밀폐되지 않은 쪽 으로 안에 있던 공기가 빠져 나온다.

TIP 개방성 가슴손상일 경우 폐쇄드레싱을 하지 않고 삼면드레싱을 하는 이유는 무엇인가요?

② 개방성 배 손상** 18년, 20년 소방장/ 22년 소방위

배 안에 장기가 외부로 나와 있는 개방성 배 손상은 드문 경우로 내장적출이라고도 한다.

> ❂ 응급처치
> 1. 개인 보호 장비를 착용한다.
> 2. 고농도 산소를 공급한다.
> 3. 상처 부위를 옷 등을 제거시켜 노출시킨다.
>   <u>나온 장기에 닿지 않도록 주의해야 하며 다시 집어넣으려 시도하면 안 된다.</u>
> 4. 생리식염수를 적신 멸균거즈로 노출된 장기를 덮고 드레싱 한다.
> 5. 무릎과 엉덩이에 상처가 없다면 무릎을 구부리도록 한다(무릎 아래에 베게나 말은 이불을 대어 준다).
>   이 자세는 복벽에 가해지는 스트레스를 줄여준다.
> 6. 신속하게 병원으로 이송시킨다.

■ 개방성 배손상 처치

(내장 적출된 배손상 환자)

(상처 주위 옷을 자르고 제거)

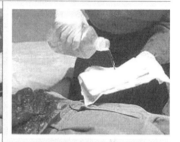

(멸균생리식염수 사용)

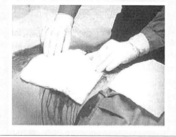

(상처에 적신 드레싱을 놓는다])

(젖은 드레싱으로 상처 위와 아래 붕대로 느슨하게 드레싱)

③ 관통상* 12년, 18년 소방장/ 22년 소방위

<u>조직을 관통한 날카로운 물체로 인해 더 이상의 손상을 막기 위해 고정시키는 것이 중요하다.</u>

> ❂ 응급처치
> 1. 개인 보호 장비를 착용한다.
> 2. <u>관통한 물체를 제거하지 않고 상처부위에 고정시킨다. 단, 아래 사항의 경우는 제외시킨다.</u>
>   - 물체로 인해 이송할 수 없는 경우(크기나 무게 그리고 고정상태 등)
>   - CPR 등 응급한 상황에서의 처치에 방해가 될 때
>   - 단순하게 뺨을 관통한 상태(기도유지를 위해서나 추가적인 입안 손상을 막기 위해)

3. 상처부위를 노출시키기 위해 옷 등을 가위로 자른다.
4. 지혈시킨다.
   • 관통부위가 아닌 옆 부분을 직접 압박한다.
5. 물체를 고정시키기 위해 압박붕대로 드레싱 한다.
   • 물체 주위를 겹겹이 드레싱한다.
6. 고정 부위가 움직이지 않게 주의하며 병원으로 이송한다.

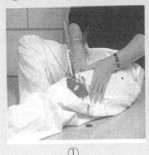 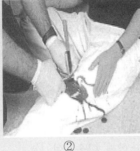 

①   ②   ③

① 부엌칼에 찔린 환자
② 상처부위의 옷을 제거하는 동안 이물질을 손으로 안전하게 고정시킨다.
③ 출혈을 처치(관리)할 때 이물질을 안전하게 두꺼운 드레싱을 하고 그 부위를 붕대로 고정한다.

④ 목부위 큰 개방성 상처

목동맥이나 목정맥으로 부터 많은 량의 출혈을 종종 볼 수 있다.

㉠ 첫 번째 위험은 공기가 손상된 정맥으로 들어가 공기색전이나 공기방울이 되어 심장과 허파에 유입되면 사망할 수 있다는 점이다.

㉡ 두 번째로는 목부위 지혈을 위한 압박은 목동맥의 흐름을 방해해 뇌졸중을 유발시킬 수 있다는 점이다.

※ 응급처치
1. 개인 보호 장비를 착용한다.
2. 기도가 개방된 상태인지 확인한다.
3. 지혈을 위해 상처 위를 장갑 낀 손으로 직접 압박한다.
4. 상처 부위에서 5cm 이상 덮을 수 있는 두꺼운 거즈로 폐쇄드레싱을 하고 지혈을 위해 압박붕대로 감는다. 꼭 필요한 경우를 제외하고는 목동맥에 압박을 주는 행위는 피해야 하며 양측 목동맥을 동시에 압박해서는 안 된다.
5. 신속하게 병원으로 이송한다.

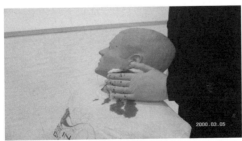 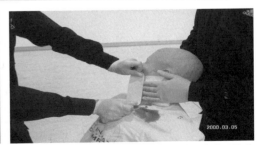

즉시 출혈 부위에 장갑 낀 손으로 직접 압박을 한다.

5cm 이상 두껍게 거즈를 이용하여 상처부위에 폐쇄 드레싱을 한다.(4면)

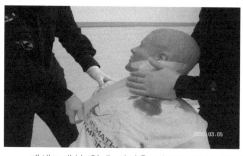 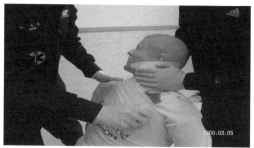

폐쇄드레싱 위에 외과용 거즈를 대고 팔 아래로 붕대를 감을 때 8자 붕대법을 이용한다. 절대 목 주위를 붕대로 돌려 감지 않는다.

⑤ **절단*** 14년 소방장/ 22년 소방위

지혈과 절단부위 처치가 중요하다. 접합수술이 가능하지 않아도 절단부위 회복에 필요할 수 있으므로 절단부위는 환자와 함께 이송해야 한다.

㉠ 절단 부위를 멸균거즈로 감싼다. ㉡ 비닐백에 넣어 밀봉한다. ㉢ 백을 시원한 곳에 놓는다. 얼음이나 얼음백에 직접 닿지 않게 주의한다. (조직이 얼지 않게 한다.)

※ **응급처치**
1. 개인보호 장비를 착용한다.
2. 지혈을 실시한다. 절단된 끝부분에 압박드레싱을 해준다. 지혈대(tourniquet)는 최후 수단으로 사용해야 한다.
3. 부분절단인 경우 완전절단이 되지 않도록 유의해야 한다. - 절단부위가 약간이라도 몸체와 붙어 있다면 접합수술 가능성이 있으므로 고정시키거나 부목을 대주어야 한다.
4. 완전절단이라면
   • 생리식염수를 적신 멸균 거즈로 감싼다.
   • 비닐백에 조직을 넣어 밀봉 후 차갑게 유지해야 하는데 얼음에 직접 조직이 닿지 않도록 해야 한다.
   • 벗겨진 조직에 환자 이름, 날짜, 부위명을 적어 환자와 같이 이송한다.

---

⑥ **결출상**

벗겨진 조직이 아직 붙어 있는 결출상인 경우 벗겨진 조직이 상처로부터 분리되는 것을 막아야 한다. 넓은 피부 판이나 조직이 벗겨져 있다면 절단부위 처치와 같은 방법으로 처치한 후 이송해야 한다.

> ※ 응급처치
> 1. 벗겨진 조직이 더 이상 손상되거나 상처로부터 분리되지 않도록 해준다.
> 2. 가능하다면 벗겨진 피부나 조직의 원래 위치에 있도록 해준다.
> 3. 지혈을 위해 압박드레싱을 실시한다.
> 4. 환자를 이송한다.
>
> ※ 완전히 조직이 분리된 상태
> 1. 지혈을 위해 압박드레싱을 실시한다.
> 2. 벗겨진 조직은
>   • 생리식염수를 적신 멸균 거즈로 감싼다.
>   • 비닐백에 조직을 넣어 밀봉 후 차갑게 유지해야 하는데 얼음에 직접 조직이 닿지 않도록 해야 한다.
>   • 벗겨진 조직에 환자 이름, 날짜, 부위명을 적어 환자와 같이 이송한다.

3 화 상

현장사망	대부분 기도손상과 호흡장애로 일어나며 현장에서의 응급처치가 중요하다.
지연사망	체액손실로 인한 쇼크와 감염으로 인해 일어난다. 따라서 구급대원의 신속한 평가와 응급처치 그리고 이송이 필요하다.

(1) 분 류

① 메커니즘

메커니즘	원인 인자
열	불, 뜨거운 액체, 뜨거운 물체, 증기, 열기, 방사선
화 학	산, 염기, 부식제 등
전 기	교류, 직류, 낙뢰
방 사	핵물질, 자외선

② 화상 깊이★★ 16년 소방교/ 20년 소방장

1도 화상	• 경증으로 표피만 손상된 경우이다. • 햇빛(자외선)으로 인한 경우와 뜨거운 액체나 화학손상에서 많이 볼 수 있다. • 화상부위는 발적, 동통, 압통이 나타나며, 범위가 넓은 경우 심한 통증을 호소할 수 있으므로 처치가 필요한 경우가 있다.
2도 화상	• 표피와 진피가 손상된 경우로 열에 의한 손상이 많다. • 내부 조직으로 체액손실과 2차 감염과 같은 심각한 합병증을 유발할 수 있다. • 화상부위는 발적, 창백하거나 얼룩진 피부, 수포가 나타난다. • 손상부위는 체액이 나와 축축한 형태를 띠며 진피에 많은 신경섬유가 지나가 심한 통증을 호소한다.
3도 화상	• 대부분의 피부조직이 손상된 경우로 심한 경우 근육, 뼈, 내부 장기도 포함되는 경우가 있다. • 화상부위는 특징적으로 건조하거나 가죽과 같은 형태를 보이며 창백, 갈색 또는 까맣게 탄 피부색이 나타난다. • 신경섬유가 파괴되어 통증이 없거나 미약할 수 있으나 보통 3도 화상 주변 부위가 부분화상임으로 심한 통증을 호소한다.

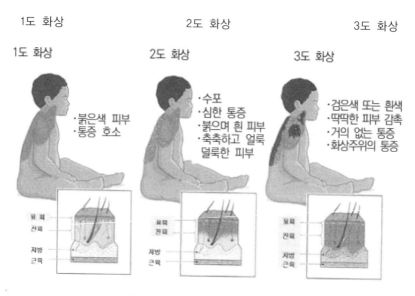

(깊이에 따른 화상 분류)

> **TIP** 1도는 자외선, 2도는 수포, 3도는 가죽 같은 형태 등 구분하여 암기하시기 바랍니다.

③ 화상범위★★ 17년 소방위/ 20년 소방장/ 24년 소방위

처치와 이송 전에 화상 범위를 파악해야 하며 '9의 법칙'이라 불리는 기준을 이용한다. 9의 법칙은 범위가 큰 경우 사용하며, 범위가 작은 경우에는 환자의 손바닥 크기를 1%라 가정하고 평가하면 된다.

- 소아 : 소아의 경우 성인과 달리 몸에 비해 머리가 크므로 달리 평가해야 한다.

  ※ 일부 응급의료체계에서는 각각의 다리를 14%로 계산하기도 한다.

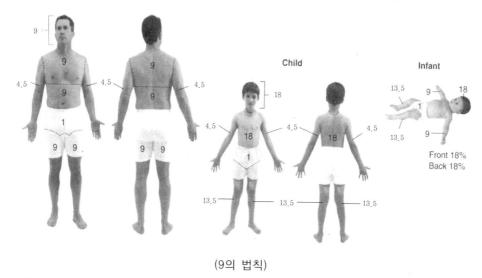

(9의 법칙)

> **TIP** 화상범위 9의 법칙(영아포함)을 계산해보시기 바랍니다.

(2) 중증도★★

중증도 분류는 3단계로 이송 여부를 결정할 때 유용하다. 화상의 깊이와 범위는 중증도를 분류하는 요소로 작용하며 기타 아래 사항들도 중증도를 나누는데 영향을 미친다.

나 이	6세 미만 56세 이상 환자는 화상으로 인한 합병증이 심하며 다른 연령대의 중증도보다 한 단계 높은 중증도로 보면 된다.
기도화상	입 주변, 코털, 빠른호흡 등은 호흡기계 화상을 의심할 수 있다. 밀폐된 공간에서의 화상환자에게 많으며 급성 기도폐쇄나 호흡부전을 나타낼 수 있으므로 즉각적인 응급처치가 필요하다.
질 병	당뇨, 허파질환, 심장질환 등을 갖고 있는 환자는 더욱 심각한 손상을 받는다.
기타 손상	내부 출혈, 골절이나 탈구 등
화상 부위	얼굴, 손, 발, 생식기관 등은 오랫동안 합병증에 시달리거나 특별한 치료가 요구된다.
원통형 화상	(신체나 신체 일부분을 둘러싼 화상) 피부를 수축시키고 팔다리에 손상을 입은 경우 먼쪽 조직으로의 순환을 차단 할 수 있기 때문에 심각해질 수 있다. 관절이나 가슴, 배에 화상을 입어 둘레를 감싸는 화상흉터로 인해 정상 기능의 제한을 주는 경향이 있다.

■ **성인의 중증도 분류★★★** 16년 소방교/ 17년 소방장/ 19년 소방위/ 20년 소방장, 소방위/ 21년 소방장

중 증★ Critical burn	① 흡인화상이나 골절을 동반한 화상 ② 손, 발, 회음부, 얼굴화상 ③ 체표면적 10% 이상의 3도 화상인 모든 환자 ④ 체표면적 25% 이상의 2도 화상인 10세 이상 50세 이하의 환자 ⑤ 체표면적 20% 이상의 2도 화상인 10세 미만 50세 이후의 환자 ⑥ 영아, 노인, 과거력이 있는 화상환자 ⑦ 원통형 화상, 전기화상
중등도★ Moderate burn	① 체표면적 2% 이상 – 10% 미만의 3도 화상인 모든 화상 ② 체표면적 15% 이상, 25% 미만의 2도 화상인 10세 이상 50세 이하의 환자 ③ 체표면적 10% 이상, 20% 미만의 2도 화상인 10세 미만 50세 이후의 환자
경 증★ Minor burn	① 체표면적 2% 미만의 3도 화상인 모든 환자 ② 체표면적 15% 미만의 2도 화상인 10세 이상 50세 이하의 환자 ③ 체표면적 10% 미만의 2도 화상인 10세 미만 50세 이후의 환자

TIP 중증도 분류에 대한 비교문제가 꾸준히 출제되고 있습니다. 특히! 중증과 중등도를 비교하세요.

(3) 평 가

1차 평가	환자의 기도를 평가하는 것이 1차 평가에서 가장 중요하다. ✪ 구급대원은 호흡곤란, 천명(환자의 상기도가 막혔다는 위험 신호), 안면부 화상, 눈썹이나 코털이 탄 경우, 코와 구강내의 그을음, 기침, 가래에 그을음이 섞인 경우, 쉰 목소리, 목 주위를 둘러 싼 화상 등이 있는지 자세히 관찰하여야 한다. 이런 징후가 발견되면 흡입 화상의 가능성이 크므로 기도유지에 주의한다.
2차 평가	2차 평가를 시작할 때는 생체징후를 우선 측정한다. ㉠ 화상이 없는 팔다리에서 혈압을 측정하여야 유용하지만 팔다리 전체가 화상을 입었으면 소독된 거즈를 상처 부위에 감고 측정한다. ㉡ 심혈관 질환 등의 병력이 있었거나 심한 화상을 입은 경우에는 심전도 감시를 한다.

(4) **응급처치*** 12년, 14년 소방장

① 손상이 진행되는 것을 차단한다.

옷에서 불이나 연기가 난다면 물로 끄고 기름, 왁스, 타르와 같은 반고체 물질은 물로 식혀 줘야 하며 제거하려고 시도해서는 안 된다.

② 기도가 개방된 상태인지 계속 주의를 기울여야 한다.

기도화상, 호흡곤란, 밀폐공간에서의 화상환자는 고농도산소를 주어야 한다.

③ 화상 입은 부위를 완전히 노출하기 위해 감싸고 있는 옷을 제거한다.

화상 입은 부위의 반지, 목걸이, 귀걸이와 같은 장신구는 제거하고 피부에 직접 녹아 부착된 합성물질 등이 있다면 떼어 내려고 시도하지 말아야 한다.

④ 화상 중증도를 분류한다.*

- 중증이라면 즉각 이송해야 하며 그렇지 않다면 다음 단계의 처치를 실시하도록 한다.
- 경증화상(2도 15%)이라면 국소적인 냉각법을 실시한다.

⑤ 손상부위 오염을 방지하기 위해서 건조하고 멸균된 거즈로 드레싱한다.

손과 발의 화상은 거즈로 분리시켜 드레싱 해야 하며 수포를 터트리거나 연고, 로션 등을 바르면 안 된다.*

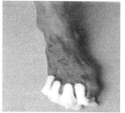
멸균거즈로 화상부위
발가락들을 분리한다.

멸균거즈로 화상부위
손가락들을 분리한다.

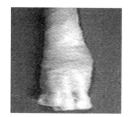
손가락 발가락을
멸균거즈로 덮는다.

⑥ 중증화상은 체온유지기능을 저하시키기 때문에 보온을 유지한다.

⑦ 화상환자에게 발생된 다른 외상을 처치하고 즉시 화상치료가 가능한 병원으로 이송한다.

※ 화상환자의 수액투여

- 목표 소변량에 따라 수액투여량을 조절할 수 있다.
- 성인 환자는 2ml/kg/%TBSA, 소아의 경우 3ml/kg/%TBSA, 전기 화상의 경우 전연령대에서 4ml/kg/%TBSA를 기준으로 락테이트 링거액을 투여한다.

■ 화상 소생술 시 화상 유형과 연령에 따른 수액의 양과 목표 소변량

화상의 유형	연령과 체중	조정된 수액의 양	소변량
열화상	성인과 소아(≥14세)	2ml LR x kg x %TBSA	0.5ml/kg/hr 30-50ml/hr
	소아(<14세)	3ml LR x kg x %TBSA	1ml/kg/hr
	영아와 어린소아(≤30kg)	3ml LR x kg x %TBSA 추가로 포도당함유 수액을 유지속도로 투여	1ml/kg/hr

전기화상	전연령	4ml LR × kg × %TBSA 소변이 맑아질 때까지	1~1.5ml/kg/hr 소변이 맑아질 때까지
파크랜드 수액요법			

| 파크랜드
수액요법 | • 화상 입은 면적이 크면 병원 전 처치에서 적극적인 수액 요법을 시행하라는 의료 지도가 있을 수 있다.
• 중등에서 중증화상 환자는 모두 정맥로를 확보해야 한다.
• 2개의 굵은 혈관 주사를 확보한 후 각각에 1,000ml의 생리식염수나 링거액을 연결한다.
• 화상 후 첫 8시간 동안 전체 수액의 반을 준다.
• 병원으로의 이송은 대개 1시간 이내이기 때문에 초기 주입하는 수액량으로 환자의 몸무게 킬로그램당 0.25ml를 화상 면적과 곱한 양을 주는 것이 합리적이다.
• 화상 환자에서 수액을 줄 때는 기도 상태와 호흡음을 자주 주의 깊게 감시해야 한다.
0.25ml × 환자 몸무게(kg) × 화상면적 = 수액 량 |

(5) 소아인 경우

화상 처치에 대한 일반적인 원리는 성인과 같으나 몇 가지 주의해야 할 점이 있다. 성인보다 신체 크기에 비해 체표면적이 넓어 체액 손실이 많고 그로 인해 저체온이 될 가능성이 높다는 점이다. 또한 해부적·생리적으로 다르기 때문에 성인과 다르게 중증도를 분류한다.

■ 소아의 중증도 분류표 * 14년 소방장

중증도 분류	화상 깊이 및 화상 범위
중 증	전층 화상과 체표면의 20% 이상의 부분층 화상
중등도	체표면의 10~20%의 부분층 화상
경 증	체표면의 10% 미만의 부분층 화상

6세 미만의 유아화상은 성인 분류상 중등도 화상이라면 유아는 한 단계 위인 중증 화상으로 분류해야 한다. 아동학대로 인한 화상이라면 아래 사항이 있는지 살펴야 한다.

① 담배, 다리미 등과 같은 자국
② 양쪽에 같은 형태의 화상
③ 과거 유사한 병력
④ 뜨거운 물에 신체 일부를 넣은 경우 원통형의 손상

(6) 전기·화학 화상

전기와 화학물질에 의한 화상은 특수한 경우로 현장에 도착한 구급대원은 우선적으로 현장안전을 확인해야 한다.

① 전기 화상* 12년 소방위/ 20년 소방장

   ㉠ 전선이나 낙뢰에 의해 일어나며 일반적으로 전압과 전류량이 높을수록 더욱 심한 화상을 입게 된다.

   ㉡ <u>교류(AC, alternating current)는 직류(DC, direct current)보다 심한 화상을 입히며 전기가 들어온 곳과 나온 곳이 몸에 표시되어 남아 있다.</u>

ⓒ 낙뢰에 의한 화상환자는 특징적으로 양치류 잎과 같은 모양의 화상이 나타난다.

ⓔ 전기화상은 몸 안에서는 심각하더라도 밖으로는 작은 흔적만 남을 수 있기 때문에 주의해야 한다.

ⓜ 갑작스러운 근육수축으로 탈골되거나 골절될 수도 있다.

ⓗ 가장 위험한 경우는 심전도계 장애로 심장 마비나 부정맥이 나타나기도 한다.

> ❂ 현장에서의 행동은 우선 현장이 안전한지를 확인하고 천천히 접근해야 하는데 이때, 다리가 저린 증상이 나타나면 전류가 흐른다는 뜻이므로 즉시 되돌아와야 한다. 훈련을 받지 않았다면 무모하게 환자를 옮기거나 전원을 차단하는 행동을 해서는 안 되며 전기전문기사나 구조대원이 올 때까지 기다려야 한다.

> ✪ 응급처치
> 1. 기도 확보
>   전기 충격으로 심각한 기도 부종을 야기할 수 있기 때문이다.
> 2. 맥박 확인
>   심장리듬 변화가 보통 나타날 수 있으므로 제세동기를 이용해 분석·처치를 제공해 주어야 한다.
> 3. 쇼크에 대한 처치 및 고농도 산소 공급
> 4. 척추·머리 손상 및 심각한 골절에 대한 처치 제공
>   전기 충격으로 심각한 근골격 수축이 나타나므로 골절 및 손상에 따른 척추 고정 및 부목 고정이 필요하다.
> 5. 환자 몸에 전기가 들어오고 나간 곳을 찾아 평가한다.
> 6. 화상 부위를 차갑게 하고 멸균 거즈로 드레싱 한다.
> 7. 전력, 전류량 등에 대한 내용을 구급일지에 기록한다.
> 8. 신속하게 병원으로 이송한다.

② 화학 화상

ⓐ 화학 화상에는 강산, 피부의 층을 직접 부식시키는 염기, 화학작용과 더불어 인체 내부에서 열을 생산하는 화학물질 등 다양한 물질이 있다.

ⓑ 아주 작은 양이 피부에 닿았다 하더라도 위험할 수 있으므로 주의해야 한다.

ⓒ 현장에서는 적어도 글러브와 보안경을 착용해야 하며 화상처치는 일반 화상처치와 같으며 추가적인 처치 사항은 다음과 같다.

ⓐ 손상 부위를 많은 양의 물로 세척해야 하는 것이 가장 중요하다. 이는 화학물질을 씻어 내어 작용을 완화시키거나 정지시키는 역할을 해준다.

ⓑ 단, 금수성 물질인 경우에는 폭발위험이 있으므로 주의해야 한다.

ⓒ 씻어 낸 물이 다른 부위로 흘러내리지 않도록 해야 하며 특히, 눈이나 얼굴을 씻어 낼 때 정상 눈에 들어가지 않도록 주의해야 한다.

ⓓ 이송 중에도 가능하다면 세척을 계속 실시하도록 한다.

ⓔ 건조 석회와 같은 화학물질은 세척 전에 브러시로 털어내야 하는데 가루가 날려 호흡기계로 들어가거나 정상 부위에 닿지 않도록 주의해야 한다.

핵심요약

【 화상 환자 일반 응급처치 】

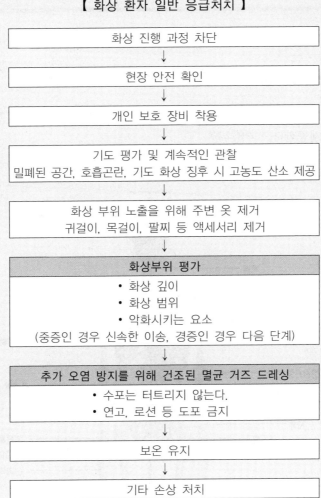

화상 진행 과정 차단

↓

현장 안전 확인

↓

개인 보호 장비 착용

↓

기도 평가 및 계속적인 관찰
밀폐된 공간, 호흡곤란, 기도 화상 징후 시 고농도 산소 제공

↓

화상 부위 노출을 위해 주변 옷 제거
귀걸이, 목걸이, 팔찌 등 액세서리 제거

↓

화상부위 평가
- 화상 깊이
- 화상 범위
- 악화시키는 요소
(중증인 경우 신속한 이송, 경증인 경우 다음 단계)

↓

추가 오염 방지를 위해 건조된 멸균 거즈 드레싱
- 수포는 터트리지 않는다.
- 연고, 로션 등 도포 금지

↓

보온 유지

↓

기타 손상 처치

↓

이송 및 재평가

Check

① (   ) : 표피 아래층으로 혈관, 신경섬유, 땀샘, 피지선, 모낭을 포함한 다양한 조직이 있다.
② (   ) : 피부나 조직이 찢겨져 너덜거리는 상태로 많은 혈관 손상으로 종종 출혈이 심각하다. 보통 산업현장에서 많이 발생한다.
③ (   ) : 화상부위는 발적, 창백하거나 얼룩진 피부, 수포가 나타난다.
④ 만약 이송 중 환자가 의식저하, 호흡곤란 악화, 저혈압 징후를 보이면 흉강 내 공기가 빠져나오게 폐쇄드레싱을 제거하거나 (   )을 해주어야 한다.
⑤ 성인의 화상범위가 다리 한쪽 전체가 화상이면 (   )% 이다.

CHAPTER 08 근골격계 손상

1 근골격계 해부와 생리

근골격의 3가지 주요 기능으로는 첫째, 인체 외형을 형성하고, 둘째, 내부 장기를 보호하며, 셋째, 인체 움직임을 제공한다.* 24년 소방위

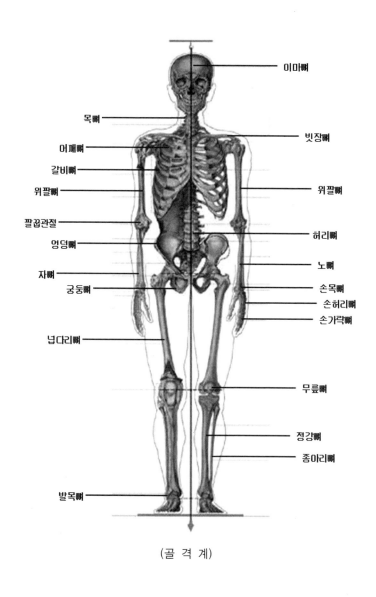

이마뼈

목뼈

빗장뼈

어깨뼈

갈비뼈

위팔뼈   위팔뼈

팔꿉관절

엉덩뼈   허리뼈

자뼈   노뼈

궁둥뼈   손목뼈

넙다리뼈   손허리뼈

손가락뼈

무릎뼈

정강뼈

종아리뼈

발목뼈

(골 격 계)

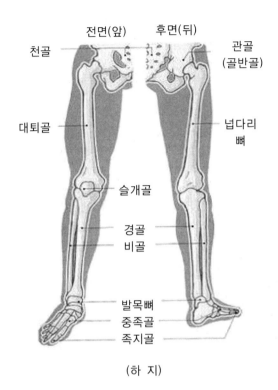

천골
전면(앞)
후면(뒤)
관골
(골반골)
대퇴골
넙다리뼈
슬개골
경골
비골
발목뼈
중족골
족지골

(하 지)

하 지	
우리말	해부학용어
• 엉덩뼈 • 궁둥뼈 • 두덩뼈 • 엉치뼈	• 골반골 • 좌골 • 치골 • 천골
• 넙다리뼈 • 무릎뼈 • 정강뼈 • 종아리뼈	• 대퇴골 • 슬개골 • 경골 • 비골
• 발허리뼈 • 발가락뼈	• 중족골 • 족지골

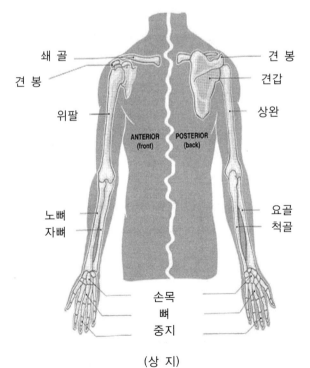

쇄 골
견 봉
위팔
ANTERIOR (front)
POSTERIOR (back)
견 봉
견갑
상완
노뼈
자뼈
요골
척골
손목
뼈
중지

(상 지)

상 지	
우리말	해부학용어
• 빗장뼈 • 어깨뼈 • 봉우리	• 쇄골 • 견갑골 • 견봉
• 위팔뼈 • 자뼈 • 노뼈	• 상완골 • 척골 • 노뼈
• 손허리뼈 • 손가락뼈	• 중수골 • 지골

(1) **골반과 팔다리*** 19년 소방장

① 근골격계에서 골격은 인체의 물리적 구조를 형성하고 내부 장기를 보호한다.

② 골반은 엉덩뼈와 궁둥뼈 2쌍의 뼈로 이루어졌고 앞으로는 두덩뼈 뒤로는 엉치척추의 양쪽에 연결되어 있고 엉덩뼈 능선은 옆구리에서 궁둥뼈는 아래에서 촉지 할 수 있다.

③ 다리는 엉덩관절을 형성하는 절구라고 불리는 골반의 들어 간 곳에 있는 넙다리뼈 머리에서 시작하고 큰돌기에서 아래로 넙다리각은 넙다리뼈를 형성한다.

④ 무릎관절은 세 개의 뼈(넙다리뼈 말단부위, 무릎뼈, 몸쪽 정강뼈)로 구성되어 있고 종아리는 정강뼈와 측면에 위치한 종아리뼈로 구성되어 있다.

⑤ 종아리뼈의 말단 측면부분을 가쪽복사뼈라고 하고 정강뼈의 말단 중간부분을 안쪽복사뼈라고 하며 이 두 복사뼈는 발목뼈와 종아리뼈의 결합으로 형성된 발목관절의 표면 경계표 역할을 한다.

⑥ 발꿈치뼈라 불리는 발목뼈는 대부분 발의 뒷부분에 위치해 있다. 발의 중간은 발가락과 연결된 발허리뼈이며 발가락은 임상적으로 숫자로 나뉘어 불린다.

⑦ 엄지발가락은 첫 번째 발가락 그리고 새끼발가락은 다섯 번째 발가락이라 불리며 팔은 어깨에서 시작된다. 각각의 어깨는 어깨뼈, 빗장뼈 그리고 어깨뼈 봉우리로 구성되었다.

⑧ 위팔뼈머리는 어깨관절에 위치해 있다. 위팔뼈는 팔의 몸쪽을 형성하며 팔꿉관절은 위팔뼈의 면 쪽과 두개의 뼈(엄지손가락 측의 노뼈와 새끼손가락 쪽의 자뼈)로 구성되어 있다.

⑨ 팔꿈치의 뒷부분에 쉽게 촉지되는 뼈의 융기부분은 자뼈의 팔꿈치머리이다. 손목은 노뼈와 자뼈의 면쪽과 손목이라 불리는 손의 몸쪽 부분으로 구성되어 있다.

⑩ 손목은 손바닥뼈를 형성하는 손허리뼈와 연결되어 있으며 손가락 역시 임상적으로 숫자로 나뉘고 엄지손가락은 첫 번째 손가락, 새끼손가락은 다섯 번째 손가락이라 불린다.

(2) **연결조직, 관절, 근육**

① 골격계가 움직일 수 있는 것은 많은 관절이 있기 때문이다.

② 관절은 뼈와 뼈 사이의 연결부위로 인대라 불리는 연결조직으로 이어졌다.

③ 일반적인 두 가지 관절유형으로는 엉덩관절과 같은 구상관절과 손가락관절과 같은 타원관절이 있다.

④ 근육은 힘줄로 뼈에 연결되어 있어 관절을 움직이게 할 수 있다.

골격근육 (수의근)	신체근육의 대부분을 차지하고 있으며 대부분 골격에 직접 붙어있다. 뇌의 의도에 따라 움직이므로 "수의근"이라 부른다.
내장근육 (불수의건)	현미경으로 관찰하면 골격근육에서 발견되는 가로무늬가 관찰되지 않아 '민무늬근육'이라 하며, 의도와 상관없이 자율적으로 시행되는 신체 운동의 대부분을 수행하여 '불수의근'이라고도 한다.
심장근육 (불수의근)	특이한 구조와 기능으로 인하여 불수의근이면서 골격근육에 해당한다.

TIP 수의근과 불수의근의 연관조직을 기억하고 근육, 힘줄, 관절의 기능을 숙지하시기 바랍니다.

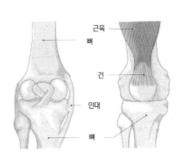

(무릎관절)

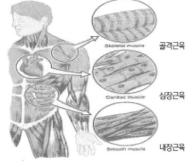

(근육의 3가지 유형)

2 외상과 근골격계

근골격계 외상에서 가장 심각한 형태 중 하나는 골절이다. 골절은 뼈로 인해 지탱되던 인체 형태가 변형될 수 있으며 심각한 출혈을 야기할 수 있다. 이러한 출혈 중에는 뼈 자체로 인한 것이 있는데 이는 뼈가 비록 단단하나 풍부한 혈액 공급을 갖고 있는 살아있는 조직으로 구성되어 있기 때문이다.

> ✿ **골절부위 출혈*** 13년 소방위
> • 정강뼈과 종아리뼈의 단순 골절 시 출혈 500cc
> • 넙다리뼈 골절 시 1000cc
> • 골반 골절 시에는 1500cc~3000cc

(1) 근골격계 손상 기전

직접적인 충격	• 가장 쉽게 이해할 수 있는 기전으로 뼈나 다른 구조물에 직접 힘이 가해지는 것을 말한다. • 손상은 힘이 가해진 부분에서 발생한다.
간접적인 충격	• 인체에 가해진 에너지가 뼈를 통해 다른 부분을 손상 시키는 경우이다. ※ 운전자의 무릎에 전달된 에너지가 다리로 올라가 넙다리뼈 골절이나 엉덩관절이 　탈구되는 경우이다.
변형된 (비틀림 등) 충격	간접적인 충격의 변형형태로 인체 무게와 움직임 자체가 뼈와 관절의 비정상적인 긴장을 유발한다. 이 기전은 스포츠 활동에서 주로 볼 수 있다. ※ 스키를 타다 몸통과 다리가 반대로 뒤틀릴 경우에 생긴다.

(2) 근골격계 손상 형태** 21년 소방위

골 절	• 뼈가 부러진 경우를 말하며 심각한 출혈과 통증, 장기간 안정이 필요하다. • 관절을 형성하는 뼈의 끝부분이나 성장판이라 불리는 아동의 성장부위 골절은 심각한 　결과를 초래한다.
탈 구	• 연결부분에 위치한 관절의 정상 구조에서 어긋난 경우로 관절부위의 심한 굴곡이나 　신전으로 발생한다. • 손가락 관절과 어깨 그리고 엉덩이에서 종종 발생한다.

염 좌	관절을 지지하거나 둘러싼 인대의 파열이나 비정상적인 잡아당김으로 생긴다. 보통 인체에 변형된 충격(뒤틀림 등)으로 인해 발생한다.
좌 상	뼈와 근육을 연결하는 힘줄이 비정상적으로 잡아 당겨져 생긴다.

TIP 용어의 해설을 기억하세요. 연결부분에 관절이 어긋난 것은 무엇인가요?

(3) 개방·폐쇄형 근골격계 손상

① 연부조직손상에 따라 개방형과 폐쇄형으로 나뉜다.

② 개방형 팔다리 상인 경우 외부 물체로 인한 것보다는 골절로 인해 뼈가 피부를 뚫은 경우가 많다.

③ 개방형 골절은 노출된 뼈로 인해 팔·다리 감염 위험이 높기 때문에 정형외과적 응급상황이다.

(4) 평 가

① 근골격계 손상은 종종 대량출혈로 불쾌감을 주며 주의를 분산시킬 수 있기 때문에 침착한 평가와 치명적인 손상에 대한 처치가 중요하다.

② 우선적으로 ABC에 관련된 처치를 실시한 후에 근골격계 손상 처치를 실시해야 한다.

③ 손상기전과 신체검진을 실시해야 한다. 환자가 의식이 없고 손상이 심각하다면 빠른 외상평가를 실시해야 한다. 만약 그렇지 않다면 세밀하게 외상평가를 실시한다. 또한 기본 생체징후와 SAMPLE력도 기록한다.

(5) 증상 및 징후

근골격계 손상 의심환자를 평가할 때에는 다음과 같은 증상 및 징후가 있는지 확인해야 한다.

> ✪ **뼈, 힘줄, 근육, 인대가 손상되었을 때 나타나는 증상 및 징후**
> 1. 팔다리의 비정상적인 변형
> 2. 손상부위 통증 및 압통 그리고 부종
> 3. 손상부위 멍이나 변색
> 4. 팔다리를 움직일 때 뼈 부딪치는 소리나 감각
> 5. 뼈가 보이거나 손상 부위가 찢어짐
> 6. 관절이 정상적으로 움직일 수 없거나 고정된 상태
> 7. 팔다리의 먼 쪽이 차갑고 창백하거나 맥박이 없음(동맥 손상 의심)
> ※ 이러한 증상 및 징후에서 대표적인 것으로는 팔다리의 통증, 부종 그리고 변형이다.

(6) 응급 처치

팔다리가 변형되었거나 통증과 부종을 호소하는 환자를 접했을 경우에는 근골격계 손상을 의심해야 한다. 치료는 골절되었다는 가정 하에 처치해야 하며 골절이 되지 않았다하여도 병원 전 응급처치는 같다. 손상부위를 부목으로 고정하는 것이 응급처치의 중요한 부분을 차지하여도 전반적인 환자의 상태를 항상 주목해야 한다. 즉, 기본적인 ABC 평가와 처치가 중요하다.

> ✪ **일반적인 응급처치**
> 1. 현장을 확인한다.
>   • 개인 보호 장비를 착용하고 현장안전과 잠재적인 손상기전을 확인한다.
> 2. 1차 평가를 실시한다.
>   • ABC상에 문제가 있다면 즉각적인 처치를 하고 신속한 이송을 실시한다. 대신 부분 부목이 아닌 전신을 긴 척추보호대로 고정시킨 후 이송한다.
> 3. 호흡장애에 쇼크 징후가 보인다면 많은 량의 산소를 공급한다.
> 4. 개방성 손상부위 지혈을 실시한다.
> 5. 위급한 상황에 대한 처치가 끝났다면 손상 부위를 부목으로 고정시킨다.
> 6. 부목으로 고정시킨 후 가능하다면 손상부위를 올리고 부종과 통증을 감소시키기 위해 얼음찜질을 해주면 좋다.

3 부 목* 15년 소방장

근골격계 손상을 처치하는 목적은 <u>추가 손상 방지와 통증 감소를 위해 손상부위 안정에 있다. 이를 위해 주로 사용하는 것은 부목이다.</u> 이때, 주의해야 할 것은 치명적인 상황에 대한 처치를 우선적으로 해야 한다는 점이다.

부목을 하지 않은 경우	• 골절로 생긴 날카로운 뼈의 단면으로 신경, 근육, 혈관의 추가 손상 • 움직임으로 추가적인 연부조직 손상으로 내부 출혈 증가 • 움직임으로 통증 호소 • 뼈의 날카로운 단면 움직임으로 폐쇄형에서 개방형으로 전환
부목사용이 잘못된 경우	• 너무 느슨하게 부목을 고정하면 위와 같은 결과가 나타난다. • 너무 조이면 혈관, 신경, 근육 또는 연부조직이 압박된다. • 만약, 치명적인 상태에서는 부목고정보다 처치나 이송이 우선시되어야 한다. 치명적인 상태를 무시하거나 부적절한 처치를 한 경우에는 사망에 이르기도 한다.

(1) 부목 형태

부목은 손상부위 정도에 따라 다양한 형태로 손상부위를 안정시키도록 만들어졌다. 만약, 적절한 장비를 사용하지 않는다면 오히려 해가 될 수 있으므로 손상부위에 따른 부목을 적절하게 사용해야 한다.

① 경성 부목* 15년 소방교

경성부목은 견고한 재료로 만들어지며 손상된 팔다리의 측면과 전면, 후면에 부착할 수 있다.

(경성부목)

골절부목	철사부목	성형부목	알루미늄부목

② 연성 부목* 14년 소방장

 ㉠ 가장 많이 사용되는 연성부목은 공기부목과 진공부목이다.

 ㉡ 공기부목은 환자에게 편안하며 접촉이 균일하고 외부 출혈이 있는 상처에 압박을 가할 수 있으므로 지혈도 가능하다는 장점이 있으나, 온도 및 공기압력에 의해 변화가 생기는 단점이 있다.

> ✪ 환자상태를 확인하면서 입으로 공기를 불어넣는다.

 ㉢ 진공부목은 내부를 진공상태로 만들면 특수소재가 견고하게 변하여 고정되는 부목으로, 심하게 각이 졌거나 구부러진 곳에서 효과적으로 사용된다.

> ✪ 펌프를 이용 공기를 빼는 것이 공기부목과 다르다.

(연성 부목)

공기 부목   진공 부목

③ 견인 부목*

 ㉠ 관절 및 다리 하부의 손상이 동반되지 않은 넙다리 몸통부 손상시 사용된다.

 ㉡ 외적인 지지와 고정뿐만 아니라 넙다리 손상시 발생되는 근육경련으로 인해 뼈끝이 서로 겹쳐 발생되는 통증과 추가적인 연부조직 손상을 줄여, 내부출혈을 감소시킬 수 있는 장비이다.

④ 항 쇼크 바지(PASG 또는 MAST)*

저혈량성 쇼크 환자에서 혈압을 유지시키는 목적으로 사용되는 장비로 골반골절이나 다리 골절 시 고정효과가 있다.

※ 우리나라의 경우 이송거리 및 이송시간이 짧아 활용도가 거의 없는 관계로 구급차 적재 장비 기준에서 제외되었음.

 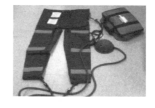

견인 부목   M A S T

⑤ 삼각건과 걸이

삼각건은 어깨, 위팔, 팔꿈치 그리고 아래팔에 사용된다. 걸이는 팔꿈치와 아래팔을 지지한다.

※ 주위 물건을 이용해 즉흥적으로 만들 수 있는데 베게는 발목관절을 고정하는데 좋고 신문지를 말면 아래팔을 고정시키는 경성부목으로 사용할 수도 있다.

TIP 우선 경성과 연성으로 구분하고 부목별 특징과 효과를 암기하세요. 출제빈도가 높습니다. 넙다리 몸통부 손상 시 사용하는 부목은 무엇인가요?

(2) 일반적인 부목 사용방법* 23년 소방위

① 부목 외에 다른 불필요한 것은 제거한다.

② 손상부위에 따라 가장 적합한 부목을 사용해라.

③ 뼈 손상 여부가 의심될 경우에는 손상됐다고 가정하고 부목으로 고정한다.

④ 근골격계 손상환자가 쇼크 징후 등을 보이면 즉각적으로 이송해야 하며, 부목에 앞서 신속한 이송이 필요한 경우는 긴 척추고정판을 이용해 환자를 고정해야 한다.

⑤ 심각한 손상 환자는 부목으로 고정하기 위해 시간을 지연해서는 안 되며 신속하게 이송해야 한다.

⑥ 부목 고정 전에 한 명의 대원은 손상부위 양 쪽을 각각 잡아 손상부위를 고정시킨다. 이는 부목으로 완전히 고정될 때까지 잡고 있어야 한다.

⑦ 부목 고정 전에 팔·다리 손상 먼쪽의 맥박, 운동기능 그리고 감각을 평가해야 한다. 부목 고정 후에도 다시 한 번 평가한다. 항상 부목 고정 전·후에 대해 기록해야 한다.

⑧ 손상부위의 의복은 잘라 내어 개방시킨 후 평가해야 한다.

⑨ 개방 상처는 멸균거즈로 드레싱한 후에 부목으로 고정해야 한다.

⑩ 팔다리의 심각한 변형이나 먼쪽의 청색증 또는 맥박이 촉지 되지 않는다면 부드럽게 손으로 견인하여 정상 해부학적 위치로 맞춘 후 부목으로 고정시킨다.

⑪ 뼈가 손상 부위 밖으로 나와 있다면 다시 원래 위치로 넣으려고 해서는 안 된다.

⑫ 불편감과 압박을 예방하기 위해 패드를 대준다.

⑬ 가능하다면 환자와 부목사이 빈 공간에 패드를 대준다.

⑭ 가능하다면 환자를 움직이기 전에 부목을 대준다. 위급한 상황이나 치명적인 상태인 경우에는 제외이다.

⑮ 손상부위 위·아래에 있는 관절을 고정시켜야 한다. 예를 들면 아래팔골절에는 팔목과 팔꿉 관절을 고정시켜야 한다.

⑯ 관절부위 손상에는 위·아래 뼈를 고정시켜야 한다. 예를 들면 팔꿈치골절에는 위팔과 아래 팔을 고정시켜야 한다.

⑰ 손과 다리를 포함한 먼쪽 팔다리손상에서 부목을 대줄 때는 순환상태를 평가하기 위해 손끝과 발끝은 보이게 해야 한다.

⑱ 팔, 손목, 손, 손가락 부목 전에는 팔찌, 시계, 반지 등을 제거해야 한다. 부종으로 인해 순환에 장애를 줄 수 있기 때문이다.

(3) 손상된 팔다리 정렬

<u>근골격계 손상으로 팔다리의 먼쪽으로 가는 혈류에 장애가 생긴다면 부목으로 고정 전에 팔다리를 맞춰야만 한다.</u> 이 경우는 팔다리의 먼쪽이 창백하거나 청색증을 나타내며 맥박 촉지가 되지 않는다. 많은 구급대원의 경우 뼈를 맞출 때 환자가 더한 통증을 호소할 것에 망설이는 경우가 많다. 하지만 재 정렬이 필요하다면 다음과 같이 실시한다.

① 손상 부위 위와 아래를 우선 지지한다.

② 뼈를 부드럽게 위·아래로 잡아당긴다.

③ 돌려야 하는 경우에는 부드러운 동작으로 동시에 잡아당기면서 돌려야 한다.

④ 통증과 뼈로부터 나는 소리가 날 수 있으나 이는 팔다리 손상을 예방하기 위함이라는 것을 명심해야 한다.

⑤ 많은 저항이 느껴지거나 뼈가 피부 밖으로 나올 염려가 있는 경우에는 실시해서는 안 된다.

(4) 긴 뼈 부목* 21년 소방위

긴뼈로는 팔에 위팔뼈, 노뼈, 자뼈, 엉덩뼈, 손가락뼈가 있고 다리에는 넙다리뼈, 정강뼈, 종아리뼈, 발허리뼈, 발가락뼈가 있다. 긴 뼈 손상은 근처 관절 손상을 동반할 수 있으므로 주의해야 한다.

① 현장 확인(손상기전 및 현장안전 확인) 및 개인 보호 장비 착용

② 손으로 손상부위 고정

③ <u>부목 고정 전에 팔·다리 손상 먼쪽의 맥박, 운동 및 감각기능을 평가해야 한다.</u>

④ <u>심각한 변형이나 먼쪽에 청색증이나 맥박이 촉지되지 않는다면 손으로 견인하여 원래 위치로 재정렬</u>해야 한다.

　• 두드러진 저항이 느껴지면 시도하지 말고 그대로 부목으로 고정한다.

⑤ 적절한 부목을 선택해서 사용한다.

⑥ 손상부위뿐 아니라 위·아래 관절도 고정시켜야 한다.

⑦ 부목 고정 후에 맥박, 운동기능, 감각을 재평가한다.

⑧ 부목 고정 후 움직임으로부터 보호해야 한다.

⑨ <u>가능하다면 고정한 부위를 올리고 차가운 팩을 대준다.</u>

(5) 부위별 처치법* 15년 소방장

팔	• <u>위팔뼈는 삼각건을 이용하는 것이 좋다.</u> 경성부목도 걸이와 삼각건을 이용해 사용할 수 있다. • <u>아래팔뼈는 롤붕대와 골절부목(padded board splint) 또는 공기를 이용한 부목이 좋다.</u> 부목으로 고정한 후에는 걸이로 목에 걸고 삼각건으로 고정시킨다.
손	• 손, 손목, 아래팔을 고정시킬 때에는 기능적 자세로 고정시켜야 한다. • 손의 경우 손가락을 공을 잡듯이 약간 구부린다. • 환자가 붕대를 쥐게 한 후 골절부목으로 아래팔을 고정시켜 손목과 손을 고정시킨다. 아래팔, 손목 그리고 손은 롤 거즈붕대로 감고 걸이로 고정시킨다.
발	• <u>발은 다리와 90° 각도이므로 철사부목이나 다리부목을 이용하는 것이 좋다.</u> • 높은 곳에서의 낙상은 발꿈치와 척추손상을 유발하므로 발과 다리를 부목으로 고정시키고 긴 척추고정판으로 척추를 고정시켜야 한다.

다 리	• 경성부목이 좋으며 이를 사용할 때에는 손상된 다리의 무릎과 발목을 고정하기 충분한 길이여야 한다. • 부목이 없다면 접거나 말은 이불을 사용할 수도 있다.
허벅지 ★	• 넙다리뼈 손상은 심각한 출혈을 야기할 수 있는 심각한 손상으로 쇼크가 나타나기도 한다. • 허벅지의 큰 근육들은 힘이 강해 넙다리가 골절되면 뼈끝을 잡아당긴다. • 이때, 날카로운 뼈의 단면은 조직과 큰 동맥에 심각한 손상을 초래할 수 있다. • <u>견인부목은 출혈을 줄이고 추가 합병증을 예방하는 데 좋다.</u> • 우선 손상부위 주변에 2곳의 고정지점(골반과 발목)을 정한다. 장력은 부목의 제동기로 두 점 사이에 형성한다. 장력이 증가하면서 부러진 넙다리뼈 끝이 재정렬되고 조직, 신경, 혈관 손상 가능성이 줄어든다.

※ 견인부목을 사용해서는 안 되는 경우★★ 20년 소방장
• 엉덩이나 골반 손상, 무릎이나 무릎 인접부분 손상 , 발목 손상, 종아리 손상
• 부분 절상이나 견인기구 적용부위의 결출상

1. 다리 말초의 맥박, 운동과 감각 기능을 평가한다.

2. 안전하며 조심스럽게 다리를 손으로 견인을 한다.

3. 부목의 알맞은 길이를 조정한다. (궁둥뼈패드를 엉덩뼈능선에서 밴드가 발목까지)

4. 궁둥뼈패드 받침대에 엉덩뼈 능선부위를 안착시켜 손상된 다리 부위를 부목 위에 위치 시킨다.

5. 궁둥뼈 끈을 서혜부와 넙다리에 결착한다.

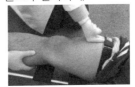

6. 끈을 확실하고 안전하게, 그러나 넙다리의 순환을 완전히 차단 해서는 안 된다.

7. 발목 고리를 확실하게 환자 발과 수직으로 고정한다.

8. 발목고리의 D고리와 S고리를 결착하고 <u>통증과 근육경련이 감소할 때까지 기계적인 견인을 시행한다.</u> 반응이 없는 환자는 손상되지 않은 다리와 거의 같은 길이가 될 때까지 견인을 조절한다. ★ 20년 소방장

9. 다리받침 끈을 고정한다.

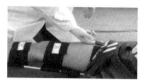

10. 넙다리끈과 발목 끈을 재확인하고 확실히 고정했는지 확인한다.	11. 부목을 착용하고 말초의 맥박, 운동과 감각 기능을 재평가한다.	12. 환자를 긴척추고정판에 위치시키고 안전하게 고정한다. 다리 사이에 패드를 대어주고 고정 판에 부목을 확실히 고정한다.

(견인부목을 이용하는 방법)

TIP 견인부목 고정 순서를 기억하시기 바랍니다. 출제가능성이 높습니다.

관 절* 21년 소방위	긴 뼈 손상과 같은 방법으로 처치되며 종종 관절 손상으로 기능을 상실한다. 엉덩이 골절에는 손상 받은 부위의 발이 바깥쪽으로 돌아가고 다리가 짧아진다. ※ 관절 손상 환자에 대한 응급처치 ① 현장 확인 : 손상 기전과 현장 안전 확인 ② 개인 보호 장비 착용 ③ 손으로 손상부위 지지·안정화 ④ 부목 고정 전에 손상 먼쪽의 맥박, 운동기능, 감각 평가 ⑤ 일반적으로 발견되었을 때 자세 그대로 부목 고정 　먼 쪽 청색증이나 맥박 촉지가 안 될 때에는 부드럽게 손으로 견인하여 관절을 재정렬한다. 만약, 통증을 심하게 호소하면 멈추고 그대로 부목으로 고정시킨다. ⑥ 가능하다면 손상부위뿐만 아니라 위·아래 관절까지 고정 　엉덩이와 어깨관절은 대부분 불가능하다. ⑦ 부목으로 고정한 후에 맥박, 운동기능, 감각을 재평가 ⑧ 고정 후 움직임으로 인한 손상을 예방 ⑨ 가능하다면 손상 관절부위에 차가운 팩 대기
엉덩이와 골반*	① 엉덩이는 넙다리뼈 몸쪽과 골반의 절구로 이루어진 관절이다. ② 대부분 노인환자에서 낙상으로 많이 발생하며 엉덩이 관절에서 넙다리뼈 몸쪽 골절이 많다. ③ 엉덩이 통증과 압통 그리고 다리가 밖으로 돌아가고 짧아진 변형 형태가 나타난다. ④ 엉덩이에는 많은 연부조직이 있어 부종을 감지하기 어렵다. ⑤ 골반 골절은 단순 낙상보다 더 강한 힘에 의해 나타나며 <u>차량 간 충돌이나 보행자 사고에서 많이 나타난다.</u> ⑥ 골반 옆부분을 부드럽게 눌러보거나 앞에서 골반을 아래로 눌러 보면 압통을 호소한다. 　골반골절은 내부 실혈로 치명적일 수 있다. ⑦ 긴 척추고정판으로 환자를 고정시켜야 하며 쇼크에 주의해야 한다. ⑧ PASG를 사용할 수 있다.
어 깨	• 운동 중에 종종 일어나며 보통 압통, 부종, 변형이 나타난다. • 환자는 대부분 앉은 상태에서 정상 팔로 앞으로 처져 있는 손상된 어깨를 붙잡고 있다. 걸이와 삼각건을 이용하는 것이 좋다.
팔꿈치	• 혈관과 신경이 팔꿈관절에 매우 가깝게 지나가므로 위험부위이다. • 맥박, 운동기능 감각을 잘 평가해야 한다. • 보통 팔걸이와 삼각건을 많이 이용하며 팔꿈치 골절 시에는 긴 패드부목으로 고정시킨다. 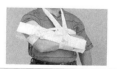

발 목	• 계단을 내려오다 발목이 꺾이면서 자주 일어나는 손상으로 가쪽 복사뼈 위로 압통, 부종 그리고 변형이 나타난다. • 발과 발목은 기능적 자세로 하고 무릎 위까지 긴 패드부목으로 고정시킨다. • 부목이 없다면 접은 이불, 베개를 이용해 고정시키고 끈으로 묶을 수 있다.	

핵심요약 | 근골격계 손상 처치

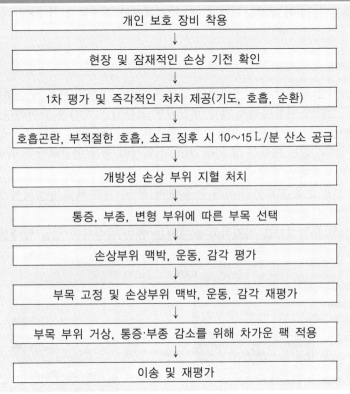

개인 보호 장비 착용
↓
현장 및 잠재적인 손상 기전 확인
↓
1차 평가 및 즉각적인 처치 제공(기도, 호흡, 순환)
↓
호흡곤란, 부적절한 호흡, 쇼크 징후 시 10~15ℓ/분 산소 공급
↓
개방성 손상 부위 지혈 처치
↓
통증, 부종, 변형 부위에 따른 부목 선택
↓
손상부위 맥박, 운동, 감각 평가
↓
부목 고정 및 손상부위 맥박, 운동, 감각 재평가
↓
부목 부위 거상, 통증·부종 감소를 위해 차가운 팩 적용
↓
이송 및 재평가

Check

① 근골격의 3가지 주요 기능으로는 첫째, (　　)하고, 둘째, (　　)를 보호하며, 셋째, (　　)한다.
② (　　) : 뼈와 근육을 연결하는 힘줄이 비정상적으로 잡아 당겨져 생긴다.
③ 관절 및 다리 하부의 손상이 동반되지 않은 넙다리 몸통부 손상시 사용된다.
④ (　　) : 저혈량성 쇼크 환자에서 혈압을 유지시키는 목적으로 사용되는 장비로 골반골절이나 다리골절 시 고정효과가 있다.
⑤ (　　) : 연성부목에서 심하게 각이 졌거나 구부러진 곳에서 효과적으로 사용된다.

CHAPTER 09 머리와 척추 손상

1 머리, 척추 그리고 중추신경계 해부

머리, 목뼈, 척추 손상은 심각한 결과를 초래할 수 있는데, 그 이유는 뇌와 중추신경계가 포함되어 있기 때문이다. 이 부분들의 상처에 대해 적절한 처치를 하기 위해서는 해부학적인 지식이 필요하다.

(1) 두 부* 19년 소방장

① 머리뼈는 뇌를 보호하는 뇌머리뼈와 얼굴뼈, 모두 22개의 뼈로 구성되어 있다.
② 머리뼈는 성인에 이르기까지 계속 팽창되어 크다가 딱딱하게 굳어진다.
③ 머리뼈 부분명칭은 이마뼈, 뒤통수뼈, 마루뼈, 관자뼈 등이 있다.
④ 얼굴을 이루고 있는 뼈들은 몇 가지 기능이 있는데 모든 얼굴뼈들은 전방에서 오는 충격으로부터 뇌를 보호하는 기능이 있다.
⑤ 눈확(orbit)은 눈을 보호하기 위해 눈을 둘러 싼 몇 개의 뼈로 구성되어 있고 아래턱과 위턱은 이를 지지하고 있다.
⑥ 코뼈는 코의 후각기능을 지지하고 광대뼈는 뺨을 형성하여 얼굴 형태를 만든다.

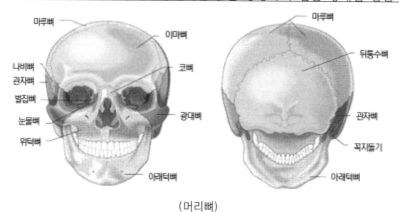

(머리뼈)

(2) 척 주(Vertebral column)* 16년 소방장

① 척주는 머리를 지지해주고 뇌의 기저부분에서 골반까지 이어지고 척수를 유지하고 보호해준다.
② 척주는 인체를 지탱하는 중요한 역할을 하고 있으며 33개의 척추뼈로 구성되어 있다.
③ 척주는 5부분인 목뼈 7개, 등뼈 12개, 허리뼈 5개, 골반의 뒷벽을 구성하는 엉치뼈 5개, 꼬리뼈 4개로 나뉘며 등뼈는 갈비뼈에 의해 지지되고 엉치뼈와 꼬리뼈는 골반에 의해 지지되므로 목뼈와 허리뼈보다 손상을 덜 받는다.

> TIP 척주 33개에 대한 부분적인 숫자를 암기하시기 바랍니다.

(3) 중추신경계

① 중추신경계는 뇌와 척수로 이루어져 있으며 뇌는 머리뼈 내에 위치해 있다.

② 뇌는 호흡과 같은 기본적인 기능 외에도 생각·기억과 같은 기능을 담당하고 있다.

③ 척수는 뇌저에서 시작해서 척주의 척추뼈에 의해 보호받으면서 등 아래로 내려간다.

④ 척수는 뇌에서부터 신체에 이르기까지 메시지를 전달하는 역할을 한다.

⑤ 말초신경계 지시를 포함한 이러한 메시지는 수의근의 움직임을 야기한다.

⑥ 척수는 또한 신체에서 뇌로 메시지를 다시 전달하는데 말초신경계로부터 인체 기능과 환경에 대한 정보를 포함한다.

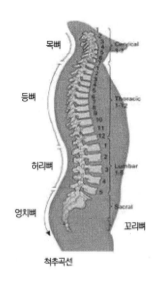

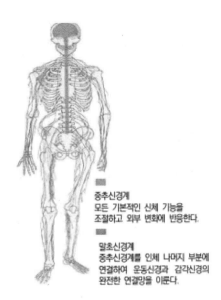

중추신경계
모든 기본적인 신체 기능을
조절하고 외부 변화에 반응한다.

말초신경계
중추신경계를 인체 나머지 부분에
연결하여 운동신경과 감각신경의
완전한 연결망을 이룬다.

2 척추 손상

척추손상에서 가장 위험한 것은 척수의 손상이다. 이는 수의근의 통제력 상실을 의미한다. 이러한 통제력 상실 즉, 마비는 종종 영구적이다.

• 척수손상은 단순 팔다리근육뿐 아니라 호흡근육에도 영향을 미치기 때문에 목뼈손상에서는 특히, 주의해야 한다.

• 척주의 척추뼈는 척수를 둘러싸고 지지하며 보호하는 역할을 하고 있다.

• 척추뼈 손상만으로 마비 또는 척수손상의 증상 및 징후가 나타나지는 않는다. 그러나 척추뼈 손상은 척수 손상을 야기하거나 마비를 초래할 수 있다.

• 척수 손상 시에는 손상부위 말단 신경계 기능이 일반적으로 상실된다.

> ※ 첫 번째 또는 두 번째 목뼈가 손상되면 양 팔과 다리를 움직일 수 없다. 게다가 목뼈의 심한 손상은 호흡정지를 초래할 수 있는 호흡근을 통제하는 신경에 영향을 미친다.
> ※ 척추 : 척주를 구성하는 개개의 뼈로 척추뼈 몸통과 척추뼈 고리로 구성
> ※ 척주 : 척추뼈로 구성, 섬유연결인 척추사이 원만이 몸통을 연결해 우리 몸의 지주역할

(1) 손상 기전

몇몇 손상기전은 척주와 척수에 손상 위험성을 증가시킬 수 있다. 척추의 비정상적 또는 과도한 움직임을 야기하는 어떤 기전은 이러한 손상을 야기할 수 있다.

굴 곡	척추의 앞쪽으로 굽은 것으로 정면충돌과 다이빙에서 보통 일어난다.
신 전	척추의 뒤쪽으로 굽은 것으로 후방충돌에서 보통 일어난다.
측면 굽힘	척추의 측면으로 굽은 것으로 측면충돌에서 종종 일어난다.
회 전	척추가 꼬인 것으로 차량 충돌과 낙상에서 일어난다.
압 박	척추의 아래나 위로부터 직접 힘이 가해진 것으로 차량충돌, 낙상 그리고 다이빙에서 일어난다.
분 리	척수와 척추 뼈가 따로따로 분리되어지는 힘에 의한 손상으로 목매달기와 차량충돌에서 일어난다.
관 통	어떤 물체가 척수나 척주에 들어오는 경우로 총이나 칼에 의한 손상에서 일어난다.

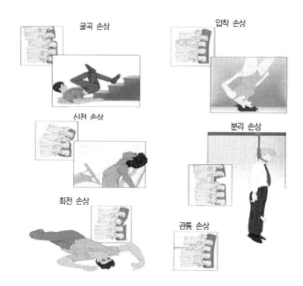

(2) 평 가

① 척추손상이 의심되는 환자를 처치하기 위해서는 현장에서의 상황평가가 중요하다. 어떠한 기전으로 척추손상이 발생 되었는지를 알아야 하는데 아래와 같은 기전들이 있다.
- 오토바이 / 차량충돌, 보행자와 차량충돌, 낙상, 둔기외상
- 축구, 하키, 자전거, 승마와 같은 운동으로 인한 손상
- 목매달기, 다이빙 사고, 머리 목 관통상

② 만약 현장에서 환자가 서있거나 걷는다고 해서 척추손상이 없다고 판단해서는 안 된다.
- 환자에게 설명하고 환자를 일직선상으로 눕게 한 후 척추 손상의 증상 및 징후가 있는지 평가해야 한다.

③ 기도 폐쇄와 호흡장애는 종종 심각한 척추손상을 의미한다.
  - 턱 밀어올리기방법으로 기도를 개방하고 필요시 양압환기를 제공할 준비를 해야 한다.

④ 주 병력과 신체 검진(외상 평가, 생체징후, SAMPLE)을 실시하고 만약, 환자가 의식이 있다면 팔다리의 감각과 운동신경을 검사하기 위해 신경검사를 실시한다.
  ㉠ 손가락과 발가락을 움직일 수 있는지 묻는다.
  ㉡ 양손으로 구급대원의 손가락을 잡고 꽉 쥐어 보도록 시킨다.
    - 힘과 반응이 같은지 양손을 비교한다.
  ㉢ 구급대원의 손을 발가락으로 부드럽게 밀어 보도록 시킨다.
    - 힘과 반응이 같은지 양발을 비교한다.
  ㉣ 손가락과 발가락을 만졌을 때 감각이 있는지 묻는다.
    척추손상이 의심되는 환자 평가 시에는 아래 사항을 유의해야 한다.
  ㉤ 무의식환자는 척추손상 가능성이 있다고 가정해야 한다.
  ㉥ 척추부위 압통이 없다고 하는 환자는 척추손상이 있을 수 있음을 유의해야 한다.
  ㉦ 척추손상 판단을 위해 척추를 움직이게 하는 행동은 절대 금물이다.

⑤ 의식이 있는 환자라면 SAMPLE력 평가동안 아래와 같은 질문을 통해 더 많은 정보를 얻어야 한다.
  ㉠ 무슨 일이 일어났는지?
  ㉡ 목이나 등을 다쳤는지?
  ㉢ 손과 다리를 움직일 수 있는지?
  ㉣ 손과 다리에 통증이나 저림 또는 무감각이 있는지?
  ㉤ 구급대원이 도착하기 전에 스스로 또는 다른 사람에 의해 움직였는지?

> ※ 환자가 무의식상태라면 가족이나 주변인에게 SAMPLE력을 얻어야 하며 손상기전과 도착 전의 환자 상태 및 의식 변화 등에 대한 정보를 얻어야 한다.
> ※ 척추손상의 증상 및 징후★★ 18년 소방장
> - 손상 부위 척추의 압통
> - 척추의 변형
> - 척추손상과 관련된 연부조직 손상
>   - 머리, 목 손상 : 목뼈 손상 가능성
>   - 어깨, 등, 배 손상 : 등뼈, 허리뼈 손상 가능성
>   - 골반, 다리 손상 : 허리뼈, 엉치뼈 손상 가능성
> - 척추손상이 의심되는 부분 아래로 감각손실이나 마비
> - 팔과 다리에 허약감이나 저린 증상과 같은 비정상적 감각이나 무감각
> - 지속 발기증, 지속적이며 감정적으로 근거 없는 발기증
> - 대변실금이나 요실금
> - 호흡장애
> - 척주의 움직임에 상관없는 통증
> - 엉덩이와 다리에 계속적이거나 간헐적인 통증

(3) 고 정

① 고정은 척추손상 의심환자에게 중요한 처치로 추가 손상을 방지해 준다.

② 척추고정은 다른 처치(기도개방, 산소공급, 양압환기, 쇼크처치)와 같이 실시되어야 한다.

> ※ 소 아
> 소아의 척추는 <u>성인보다 유연하기 때문에 척추의 손상 없이도 척수가 쉽게 손상 받을 수 있다.</u>
> <u>척수손상을 갖고 있는 소아환자의 25~50%는 x-ray상 척추뼈의 골절이 보이지 않는다고 한다.</u>
> 이런 이유로 소아환자의 경우 척추부위 압통이나 통증이 없다고 하여도 척추손상이 의심된다면
> 고정 및 처치해야 한다.

| 긴 척추고정판 | 소아용 척추고정판 | 짧은 척추고정판 | 전신보호용 고정 장치 |

(4) 응급 처치

① 손을 이용한 머리 고정*

　㉠ 척추고정에서 제일 먼저 실시하는 단계로 손으로 환자의 머리를 중립자세로 유지해야 한다.

　㉡ 이는 <u>목보호대 착용, 짧은 고정판이나 구출고정대(KED) 장비 그리고 긴 고정판에 고정 전</u>
　　까지 목뼈의 움직임을 예방해 준다. 이는 머리가 완전히 고정될 때까지 계속 유지해야 한다.

　　ⓐ 만약 환자의 목이 앞으로 구부러졌거나 옆으로 돌아갔다면 몸을 긴축으로 머리와 목을
　　　중립자세로 해 주어야 한다.

　　ⓑ 환자가 땅에 누워있다면 대원은 환자 머리맡에 가서 머리 양쪽에 손을 대고 중립자세가
　　　되도록 취해주어야 한다.

　　ⓒ 만약 구조나 구출이 늦어진다면 손을 이용한 고정시간이 늘어나 대원의 피로 도는 증가
　　　할 것이다.

　　ⓓ 이때에는 <u>땅에 팔꿈치를 대거나 앉아 있는 환자인 경우 환자의 어깨나 의자 등받이를</u>
　　　<u>이용</u>해야 한다.

② 목보호대

　㉠ 목보호대는 <u>손을 이용한 머리고정과 척추고정판을 이용한 고정과 함께 사용</u>되어야 한다.

　㉡ 목보호대만으로 <u>환자에게 적정한 처치를 제공할 수 없음</u>을 유의해야 한다.

　㉢ 효과적인 사용을 위해서는 환자에 맞는 크기의 목보호대를 사용해야 한다.

　㉣ 부적절한 크기는 목을 과신전 시키거나 움직이게 하고 척추 손상을 악화시키며 기도 폐쇄를
　　유발시킬 수 있다.

ⓐ 뒤에서 환자 머리를 중립상태로 고정시킨 후 목보호대 크기를 잰다.

ⓑ 목보호대 크기를 조절하고 턱과 보호대가 닿는 부분이 턱을 들어올리거나 목이 과신전 되지 않게 주의한다.

A. 환자 머리와 목을 고정한다.

B. 환자의 목 길이를 측정한다.

C. 목보호대의 사이즈를 측정한다.

D. 목보호대 밑부분을 정확히 위치시킨다.

E. 목둘레를 정확히 감싼다.

F. 손으로 머리와 목을 안전하게 고정한다.

(앉아 있는 환자에게 목보호대 착용법)

TIP 목보호대 착용순서를 기억하세요.

A. 환자의 머리 위에 무릎을 꿇고 머리와 목을 고정한다.

B. 목보호대를 적절히 위치시킨다.

C. 목보호대를 결착한다.

D. 손으로 안전하게 머리와 목을 계속 고정한다.

(누워 있는 환자에게 목보호대 착용법)

③ 짧은 척추고정기구

㉠ 짧은 척추고정판과 구출고정대(KED) 장비가 있다. 이 장비들은 차량 충돌사고로 차에 앉아 있는 환자가 척추손상이 의심될 때 고정을 위해 사용되며 머리, 목, 몸통을 고정시켜 준다.

㉡ 환자를 짧은 장비로 고정시킨 후에 긴 척추 고정판에 바로 누운 자세로 눕힌 후 다시 고정 시켜야 한다.

PART
03
임상응급의학 (소방교 제외)

✪ **구출고정대(KED) 착용순서*** 21년 소방위/ 23년 소방장

1. 손으로 환자의 머리를 고정하고, 환자의 A,B,C 상태를 확인한다.
   (이때, 환자의 A,B,C에 심각한 문제가 있는 경우 목보호대 및 긴척추고정판을 이용하여 빠른 환자구출법을 시행한다)
2. 적절한 크기의 목보호대를 선택하여 착용시킨다.
3. 빠른 외상환자 1차 평가를 시행한다.
4. 구출고정대(KED)를 환자의 등 뒤에 조심스럽게 위치시키며, 구출고정대(KED)를 몸통의 중앙으로 정렬하고 날개부분을 겨드랑이에 밀착시킨다.
5. 구출고정대(KED)의 몸통 고정끈을 중간, 하단, 상단의 순으로 연결하고 조인다.
6. 양쪽 넙다리 부분에 패드를 적용하고 다리 고정끈을 연결한다.
7. 구출고정대(KED)의 뒤통수에 빈 공간을 채울 정도만 패드를 넣고 고정한다.
8. 환자를 90°로 회전시키고 긴 척추고정판에 눕힌 후 긴 척추고정판을 들어 바닥에 내려놓는다.
9. 환자가 긴 척추고정판의 중립위치에 있는지 확인하고 다리, 가슴끈을 느슨하게 해준다.
10. 긴 척추고정판에 환자를 고정하고, 팔다리의 순환, 운동, 감각 기능을 확인한다.

1. 머리고정   2. A,B,C 확인   3. 목보호대 착용   4. 빠른 외상환자 1차평가   5. 구출고정대 적용

6. 가슴 끈 결착(가운데-아래-위)   7. 넙다리끈 고정   8. 머리고정   9. 환자 90도 회전

10. 긴척추고정판 적용   11. 끈 조절   12. 환자고정 후 PMS 확인   구출고정대(KED)

(구출고정대(KED) 착용법)

TIP KED 착용순서를 기억하세요. 최우선은 머리고정입니다.

④ 전신 척추 고정 기구

긴 척추 보호대로도 불리 우며 이는 머리, 목, 몸통, 골반, 팔다리 모두 고정됨을 의미한다. 이 기구는 누워있거나 앉아있거나 또는 서있는 환자 모두에게 사용할 수 있으며 짧은 척추고정대와 종종 같이 사용되어 진다.

㉠ 일반적인 과정으로는

ⓐ 전 과정에 걸쳐 손을 이용한 머리고정을 실시한다.

ⓑ 팔다리의 맥박, 운동기능 그리고 감각을 평가한다.

ⓒ 목뼈 부위를 평가한다.

ⓓ 목보호대 크기를 조절하고 고정시킨다.

ⓔ 환자 옆에 긴 척추 고정판을 놓는다.

ⓕ 환자를 통나무 굴리기법이나 적절한 이동방법으로 긴 척추 고정판 위로 이동시킨다.

> ※ 통나무 굴리기법
> 1. 대원 1명은 환자의 머리 쪽에서 손을 이용한 머리고정을 실시한다.
> 2. 3명의 대원은 환자의 한쪽에서 무릎을 꿇고 환자 반대편을 손으로 잡는다. 머리 쪽에 있는 대원의 구령에 맞게 척추가 뒤틀리지 않게 동시에 환자를 구급대원 쪽으로 잡아 당겨야 한다.
> 3. 한명의 대원은 환자의 목과 등을 재빠르게 시진, 촉진하고 평가해야 한다.
> 4. 한명의 대원은 환자 밑으로 긴 척추 고정판을 넣는다.
> 5. 머리 쪽에 있는 대원의 구령에 맞게 척추가 뒤틀리지 않도록 동시에 환자를 고정판에 눕힌다.

ⓛ 환자와 판사이 공간은 패드를 이용한다.

　성인의 경우 몸이나 목 아래 공간이 있는지 주의해야 한다. 소아의 경우 어깨 아래에서 부터 발뒤꿈치까지 패드가 필요하다.

ⓒ 골반과 윗가슴 위로 끈을 이용해 고정시킨다.

　가능하다면 환자가 편안하게 느껴야 한다.

ⓐ 머리는 지지대와 끈을 이용해 고정시킨다.

ⓜ 무릎 위와 아래를 끈을 이용해 다리를 고정시킨다.

ⓗ 의식이 있다면 배 위로 손을 교차해서 있도록 유도한다.

　무의식환자라면 붕대나 끈을 이용해 교차시키거나 옆에 고정시킨다.

ⓢ 팔다리의 맥박, 운동기능 그리고 감각을 재평가한다.

> ※ 주의해야 할 점은 환자의 가슴과 골반을 끈으로 고정시킨 후에 머리를 고정시켜야 한다는 것이다. 만약, 머리를 먼저 고정시키면 몸무게로 인해 목뼈가 좌로 흔들릴 수 있기 때문이다.

⑤ 응급처치 - 척추손상 의심환자

ⓖ 손상기전을 염두하고 현장을 확인한다.

ⓛ 환자평가를 실시하고 손을 이용한 머리고정을 실시한다.

　ⓐ 환자가 통증을 호소하거나 머리 이동이 쉽지 않은 경우를 제외하고 척추를 축으로 머리를 중립자세로 취해준다.

　ⓑ 머리가 긴 척추고정판에 완전 고정될 때까지 계속 중립을 유지해 주어야 한다.

ⓒ 1차 평가를 실시한다.

　- 환기나 산소가 필요한 경우에는 턱 밀어올리기방법을 사용하여 기도를 유지한다.

ⓐ 팔다리의 맥박, 운동기능 그리고 감각을 평가한다.

ⓜ 손상, 변형, 압통과 같은 징후가 목뼈와 목 부위에 있는지 평가한다.

ⓗ 목보호대의 크기를 측정하고 고정시킨다.

ⓧ 환자의 자세와 상태에 따라 척추 고정 방법과 기구를 선택한다.

　ⓐ 만약 땅에 누워있는 환자라면 긴 척추고정판을 직접 사용할 수 있다.

　ⓑ 앉아 있고 위급하지 않으며 주변 환경이 위험하지 않다면 짧은 척추고정판을 이용한다.

　ⓒ 앉아 있고 위급하거나 주변 환경이 위험한 경우에는 긴 척추고정판을 이용하여 빠른
　　 환자구출법으로 환자를 이동한다.

ⓨ 긴 척추 고정판에 완전히 환자를 고정한 후에는 팔다리의 맥박, 운동기능 그리고 감각을
　 재평가해야 한다.

ⓩ 고농도 산소를 공급하고 필요 시 양압 환기를 제공하며 신속하게 이송한다.

> ※ 소 아
> - 소아의 경우 고정되어지는 것을 장시간 참을 수 없기 때문에 보호자가 옆에 동승해서 계속
>   지지해주는 것이 좋다.
> - 소아용 목보호대가 없다면 수건을 말아 머리와 목옆에 놓고 고정시킨다.
> - 소아의 뒤통수는 매우 튀어나와있기 때문에 어깨에서 발뒤꿈치까지 길게 패드를 대주어야
>   한다.
> - 소아용 안전의자에 있는 경우에는 말은 수건으로 의자와 소아사이 머리와 목 부위공간을
>   대준다.

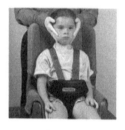

구급대원이 안전좌석을 똑바로 세우고 손으로 환자의 머리와 목을 중립상태로 고정한다.

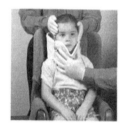

두 번째 구급대원은 목보호대를 적당한 크기로 착용시킨다. 만약 이것을 할 수 없다면 손수건을 사용하여 고정할 수 있다.

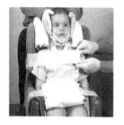

두 번째 구급대원은 소아의 무릎 위에 작은 담요나 수건을 놓고 끈이나 폭이 넓은 테이프로 골반 및 가슴을 고정시 킨다.

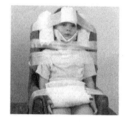

두 번째 구급대원은 수건을 말아 아이의 머리 양쪽과 좌석 사이의 빈 공간을 채운다. 머리는 이마와 목보호대를 교차하여 테이프로 고정한다. 그러나 목을 압박할 수 있기 때문에 턱을 가로 질러 고정하지 않는다.

(소아 척추고정)

3 머리 손상* 16년 소방장

머리 손상은 일반적으로 뇌손상, 연부조직과 뼈 손상으로 나뉜다. 머리뼈과 얼굴뼈는 뇌를 보호해 준다.

> ※ 노인 : 나이가 들어감에 따라 뇌는 줄어들어 머리뼈과 뇌사이 공간이 더 늘어난다. 이는 뇌를 둘러싼 조직의 출혈 시 뇌를 압박해서 증상이 나타나기까지 많은 시간이 걸린다는 것을 의미한다. 더욱이 혈관이 약해 손상 받기 쉬워 출혈 경향이 높다. 이런 이유로 현재는 정상이라 해도 뇌손상 증상 및 징후가 늦게 나타날 수 있다는 점을 유의해야 한다.
>
> ※ 머리의 연부조직과 뼈의 손상은 뇌손상보다 일반적으로 덜 치명적이다. 그러나 이러한 손상은 심각한 문제를 야기 시킬 수 있다. 예를 들면 머리는 혈액공급이 풍부한 곳으로 단순 열상으로도 과다출혈이 일어날 수 있다. 또한, 안면부 손상은 코와 입에 피가 고이고 부종과 손상으로 변형되어 상부호흡기도의 부분 또는 완전 폐쇄를 유발할 수 있다.

(1) 머리뼈 및 얼굴손상** 12년, 13년 소방장

뇌 손상	① 뇌 외상의 심각성은 다양하다. 때때로 뇌 조직은 열상이나 타박상으로 손상 받거나 혈종이나 뇌와 머리뼈 사이 얇은 조직층 사이에 피가 고이기도 한다. ② 머리뼈은 딱딱하고 외부 부종을 허용하지 않기 때문에 이런 혈종은 뇌를 급속도로 압박할 수 있다. ③ 뇌 조직은 손상 받으면 부어오르고 머리뼈 내 압력을 증가시키며 더 나아가 뇌 손상을 야기 시킨다. ④ 개방성 연부조직 손상이 머리뼈을 통과해 뇌에까지 이른 경우를 개방성 머리손상이라고 하고 심한 경우 뇌 조직이 상처를 통해 보일 수 있다. ⑤ 다양한 물체로 인해 발생되며 이러한 물질은 억지로 제거하지 말고 움직이지 않고 고정시켜야 한다. ⑥ 뇌손상의 특징은 의식상태 변화이다. 따라서 의식수준을 평가하고 아래와 같은 내용을 평가해야 한다. 　• 오심/구토 　• 불규칙한 호흡 양상 　• 정상 신경기능 상실 – 몸 한 쪽만 운동이나 감각 기능이 증가하거나 소실 　• 경련 　• 의식변화와 양쪽 동공 크기 불일치
머리뼈 및 얼굴 손상	머리뼈 손상의 징후 ① 상당한 힘에 의한 손상기전 ② 두피에 심각한 타박상, 깊은 열상, 혈종 ③ 머리뼈 표면에 함몰과 같은 변형 ④ 귀나 코에서 혈액이나 맑은 액체 　(뇌척수액)가 흘러나옴 ⑤ 눈 주위 반상출혈(너구리 눈) ⑥ 귀 뒤 꼭지돌기 주변 반상출혈(Battle's sign) 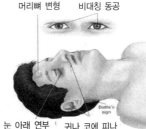 머리뼈 변형　비대칭 동공 Battle's sign 눈 아래 연부　귀나 코에 피나 조직의 변색　맑은 액체

> ※ 안면 손상의 징후
> • 눈의 출혈 및 변색　• 치아의 손상 또는 흔들림　• 얼굴 변형　• 턱 부위 부종　• 얼굴 타박상

(2) **평 가**

① 우선 환자 머리에 가해진 힘에 대해 확인해야 한다.

> ※ 예를 들면 차량충돌 사고에서는 앞 유리창을, 오토바이나 자전거 사고에서는 헬멧의 손상부위와 정도를 살펴야 한다.

② 머리손상의 경우 출혈이 심하고 기도에 피가 고여 피를 토하는 경우가 많기 때문에 개인 보호 장비를 꼭 착용해야 한다.

③ 1차 평가도중 목뼈손상 가능성을 염두하고 평가해야 하며 빗장뼈 윗부분의 손상을 가진 환자 라면 척추손상을 의심해야 한다.

④ 의식수준은 AVPU를 이용하고 기도와 호흡에 대한 처치를 실시한다.

⑤ 기도개방을 위해서는 턱 밀어올리기방법을 사용한다. 필요하다면 산소공급과 양압환기를 제공 한다.

⑥ 주 병력과 신체검진(외상환자 평가와 생체징후 그리고 SAMPLE력)을 실시한다.

⑦ 머리와 뇌손상의 증상 및 징후가 있는지 평가한다.

⑧ 환자가 의식이 있다면 뇌손상으로 의식이 악화될 수 있으므로 유의해야 하며 한 명의 대원이 외상환자 평가를 실시하는 동안 다른 대원은 SAMPLE력을 평가해야 한다.

⑨ 만약 환자가 의식이 없다면 가족이나 주변인으로부터 SAMPLE력을 얻어야 한다.

⑩ 손상 기전, 도착 전 환자상태, 도착한 환자 의식상태 변화 등에 대해 질문해야 한다.

⑪ 머리손상 환자에게서 변형, 함몰, 열상 그리고 관통한 물체를 촉지한다. 그러나 과도한 압력을 주거나 머리뼈를 찌르는 등의 행동을 해서는 안 된다.

(3) **응급 처치 - 머리손상**

① 현장안전을 확인하고 개인 보호 장비를 착용한다.

② 목뼈손상이 있다고 가정하고 손을 이용한 머리고정을 실시한다.

③ 기도 개방(턱 밀어올리기방법)을 유지한다.

④ 적절한 산소를 공급한다.
- 호흡이 정상이라면 비재호흡마스크로 많은 양의 산소를 공급하고 비정상이라면 양압환기를 제공한다.

⑤ 환자의 자세와 우선순위에 의해 척추를 고정시킨다.
- 필요하다면 긴급 구출법을 사용해야 한다.

⑥ 악화 징후에 따른 기도, 호흡, 맥박, 의식상태를 밀접하게 관찰해야 한다.
- 피, 분비물, 토물에 대한 흡인준비를 해야 한다.

⑦ 머리손상으로부터의 출혈을 지혈시킨다.
- 개방성 머리손상이나 머리뼈 함몰부위에 과도한 압력은 피해야 한다. <u>관통한 물체는 고정 시키고 많은 액체가 환자의 귀와 코에서 나오면 멈추게 해서는 안 되며</u> 흡수하기 위해 거즈로 느슨하게 드레싱 해 준다.

⑧ 신속하게 병원으로 이송한다.

(4) **헬멧 제거**★★ 23년 소방장/ 24년 소방위

헬멧을 쓰고 있는 환자라면 평가와 처치 전에 몇 가지 결정을 해야 한다. 가장 기본적인 결정은 환자를 평가하고 처치하고 고정시키기 위해 헬멧을 제거할건지를 결정하는 것이다.

헬멧 제거하지 말아야 함 ★	• 헬멧이 환자를 평가하고 기도나 호흡을 관찰하는데 방해가 되지 않을 때 • 현재 기도나 호흡에 문제가 없을 때 • 헬멧 제거가 환자에게 더한 위험을 초래할 때 • 헬멧을 착용한 상태가 오히려 적절하게 고정되어 질 수 있을 때 • 헬멧을 쓴 상태가 긴 척추고정판에 환자를 고정시켰을 때 머리의 움직임이 없을 때
헬멧 제거 ★	• <u>헬멧이 기도와 호흡을 평가하고 관찰하는데 방해가 될 때</u> • 헬멧이 환자의 기도를 유지하고 인공호흡을 방해할 때 • 헬멧 형태가 척추고정을 방해할 때 – 예를 들면, 소방관 헬멧의 경우 넓은 가장자리 때문에 머리와 목을 고정시키기에는 부적절하다. • 고정시키기엔 헬멧 안에서의 공간이 넓어 머리가 움직일 때 • 환자가 호흡정지나 심장마비가 있을 때
헬멧 제거 방법	1. 대원은 환자의 아래턱 부분에 손가락을 이용해서 양 측 헬멧을 잡아 머리를 고정시킨다. 2. 대원은 헬멧 고정 끈을 제거한다. 3. 대원은 한 손으로 환자의 아래턱각을 지지한다. – 엄지와 검지를 이용해 양측을 지지한다. 4. 대원의 다른 손은 '가'대원이 헬멧을 제거할 때까지 머리 고정을 위해 환자의 뒷머리 아래 손을 넣어 고정·지지한다. 5. 대원은 양쪽 귀가 나올 때까지 헬멧을 벌리면서 위로 잡아당긴다. 만약, 환자가 안경을 쓰고 있다면 안경을 우선적으로 제거한다. 6. 대원은 헬멧을 제거하는 동안 머리가 흔들기지 않도록 고정시켜 주고 '가'대원은 턱 밀어올리기법으로 머리고정과 동시에 기도를 유지해 주어야 한다.

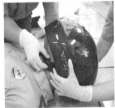
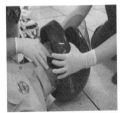
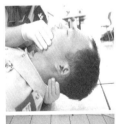

(일반적인 헬멧제거 방법)

🎓 *Check*

① 머리뼈는 뇌를 보호하는 뇌머리뼈와 얼굴뼈, 모두 (　　)개의 뼈로 구성되어 있다.

② 척주는 5부분인 목뼈 (　　)개, 등뼈 12개, 허리뼈 (　　)개, 골반의 뒷벽을 구성하는 엉치뼈 5개, 꼬리뼈 4개로 나뉘며 등뼈는 갈비뼈에 의해 지지되고 엉치뼈와 꼬리뼈는 골반에 의해 지지되므로 목뼈와 허리뼈보다 손상을 덜 받는다.

③ 소아환자의 25~50%는 x-ray상 척추뼈의 골절이 보이지 않는다고 한다.(　　)

④ 차량충돌 사고 환자가 처추손상 의심될 때 (　　)가 사용된다.

⑤ (　　) : 뇌에서부터 신체에 이르기까지 메시지를 전달한다.

⑥ (　　) : 척추의 뒤쪽으로 굽은 것으로 후방충돌에서 보통 일어난다.

⑦ 헬멧이 기도와 호흡을 평가하고 관찰하는데 방해가 될 때 제거하도록 한다.(○)

의식장애는 경미한 착란현상, 지남력장애에서 무반응까지 다양하다. 의식장애를 초래하는 원인으로는 뇌로 가는 당, 산소, 혈액결핍 등이 있으며 뇌는 영구적으로 그리고 쉽게 손상 받을 수 있다는 문제점이 있다. <u>의식장애 환자는 신속한 이동이 가장 중요하다.</u>* 23년 소방위

> ※ 의식장애를 초래하는 원인
> • 머리손상, 감염, 경련, 경련 후 상태
> • 쇼크, 중독, 약물이나 알코올 남용, 저산소증·호흡곤란으로 이산화탄소 축적·뇌졸증·당뇨
> ※ 의식변화를 초래한 원인을 진단하는 것은 의사의 고유 권한으로 구급대원의 업무는 기도, 호흡, 순환 평가 및 처치 그리고 이송이다. 그러나 환자평가를 통해 원인을 안다면 신속하고 적절한 처치에 도움을 줄 수 있다.

1 당뇨와 의식장애*

뇌로 가는 혈액 차단 및 혈액 내에 산소와 포도당이 저하되면 의식장애를 초래한다. 당뇨환자는 인체의 혈당을 조절하지 못하는 문제점이 있어 의식장애 문제점이 많다.

> ✪ 당뇨의 생리학*** 14년, 16년 소방장/ 19년, 21년 소방위
> • 당은 음식물 소화로 얻어지고 포도당으로 전환된다.
> • 포도당과 영양분은 장에서 혈관으로 흡수되고 포도당이 뇌와 조직으로 흡수되기 위해서는 인슐린이라 불리는 호르몬이 필요하다.
> • <u>인슐린은 포도당을 혈액에서 조직으로 이동시키고 포도당은 세포가 활동하는 것을 돕는다.</u>
> • 당뇨환자는 혈액내의 포도당을 조직으로 이동시키지 못한다.
> • 당뇨환자는 크게 Ⅰ형과 Ⅱ형으로 나눌 수 있다. Ⅰ형은 적정량만큼 인슐린을 생산하지 못하는 경우로 인슐린 투여가 필요한 환자이다.
> • 통상 학령기 아동의 2/1000가 Ⅰ형으로 성장과 활동에 따라 인슐린 양이 달라진다.
> • 대부분의 환자는 Ⅱ형으로 인체 세포가 인슐린에 적절히 반응하지 못하는 것으로 노인환자가 많다. <u>이런 환자의 경우는 세포가 혈액으로부터 인슐린을 취하도록 구강용 혈당저하제를 복용해야 한다.</u>
> • <u>위의 Ⅰ,Ⅱ형 모두 혈액내 당수치가 증가되어 있기 때문에 인슐린과 구강용 혈당저하제로 혈액내 당을 조직으로 이동시켜 혈당을 낮추어야 한다.</u> 고혈당으로 인한 의식변화가 저혈당보다 더 일반적이며 저혈당은 처방약을 과다복용하거나 너무 빠르게 혈당이 떨어졌을 때 일어난다.

TIP 당뇨의 Ⅰ, Ⅱ형의 증상을 설명할 수 있어야 합니다.

(1) 저혈당의 원인* 21년, 23년 소방위

① 인슐린 복용 후 식사를 하지 않은 경우
② 인슐린 복용 후 음식물을 토한 경우
③ 평소보다 힘든 운동이나 작업을 했을 경우

■ **당뇨병의 포도당 사용비교***

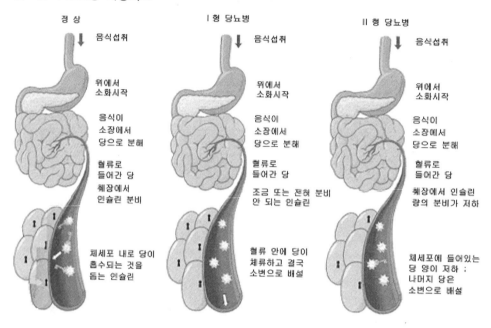

■ **저혈당과 고혈당을 비교했을 때 3가지 전형적인 차이점*** **

16년 서울 소방장/ 17년 소방장/ 18년 소방장/ 23년 소방위

시 작	• 저혈당은 갑자기 나타나는 반면 고혈당은 보통 서서히 진행된다. • 그 이유는 고혈당인 경우 뇌로 혈당이 전달되는 반면 저혈당은 혈당이 뇌에 도달할 수 없어 갑자기 경련이 일어나기 때문이다.
피 부	고혈당환자는 따뜻하고 붉으며 건조한 피부를 갖는 반면 저혈당 환자는 차갑고 창백하며 축축한 피부를 나타낸다.
호 흡	• 고혈당 환자의 호흡에서는 아세톤 냄새가 나기도 한다. • 고혈당 환자는 종종 빠르고 깊은 호흡을 나타내고 구갈증, 복통, 구토 증상도 나타난다. • 고혈당과 저혈당을 분명히 구분하기 위해서는 혈당측정기를 이용해 판단해야 한다.

TIP 저혈당과 고혈당 증상의 차이를 기억하세요. 고혈당은 아세톤 냄새, 저혈당은 갑자기 나타납니다.

(2) 환자 평가

당뇨환자를 나타내는 표시나 인슐린 펌프, 냉장고에 인슐린 약 등이 있는지 확인한다. 1차 평가를 실시한다.

> **의식장애가 있는 당뇨환자의 일반 증상 및 징후**
> ① 중독된 모습(마치 술에 취한 듯), 빠르고 분명치 않은 말, 비틀거리는 걸음
> ② 무반응
> ③ 폭력적이고 호전적인 행동
> ④ 흥분 상태
> ⑤ 무의미한 행동
> ⑥ 경련
> ⑦ 배고픔 호소
> ⑧ <u>차고 축축한 피부</u>
> ⑨ 빠른 맥

> ✪ **의식장애 환자평가를 실시 후 아래와 같은 질문을 실시**
> • 상황이 발생되기 전에 평소와 같이 인슐린을 투여했는지?
> • 마지막으로 음식물 섭취한 시간과 무엇을 섭취했는지?
> • 음식물을 섭취한 후 토했는지?
> • 증상이 일어나기 전에 평소보다 힘든 운동이나 작업을 했는지?

(3) 응급 처치

① 기도를 개방한다. 외상환자의 경우 턱 밀어올리기방법을 이용하고 의식장애가 있는 당뇨환자의 경우 구토와 분비물로 인한 기도폐쇄가 있을 수 있<u>으므로 흡인을 실시한다.</u>

② 다량의 산소를 공급한다.

③ <u>환자가 삼킬 수 있는지 확인하고 지도 의사의 허락을 받고 환자가 갖고 있는 구강 혈당조절제를 투여한다.</u>

2 경 련

경련은 뇌의 부적절한 자극으로 정상 신경반응이 일시적으로 갑자기 변화되면서 일어난다. 경련하는 동안과 경련 후 몇 분간은 의식장애를 나타내며 그 이후로는 점차적으로 회복된다.

• 소아 : 갑작스러운 고열
• 성인 : 경련 병력이 있는 경우가 대부분
• 기타 원인 : 머리손상, 중독, 뇌전증, 뇌졸중, 저혈당 그리고 저산소증이 있다.

> **※ 경련지속증**
> 경련은 의식장애뿐만 아니라 비정상적인 신체움직임을 나타낸다. 현장에 가면 환자는 갑자기 의식을 잃고 비정상적인 행동을 시작하거나 매우 이상한 행동을 보인다. 예를 들면 괴상하게 행동하거나 인체의 한 부분을 반복해서 잡아당기거나 짧은 시간동안 멍하니 응시하는 등의 행동을 보인다. 경련은 아주 짧거나 15분 이상 지속될 수 있다. 만약 경련이 연속적으로 일어난다면 치명적일 수 있으며 대부분의 경련은 수분 내로 끝나며 치명적이지 않다.

(1) 환자 평가

SAMPLE력을 수집 / 현재 병력을 기록	1. 경련 전에 환자가 무엇을 하고 있었는지? 2. 경련 중에 주위 사람들이 처치를 했다면 무엇을 했는지? 3. 소변이나 대변을 경련 중에 보았는지? 4. 경련 중에 환자가 의식이 있었는지? 5. 경련이 얼마나 지속되는지? 6. 환자가 혀를 물었는지?
경련의 증상 및 징후	1. 몸의 일부가 욱신거리고 뻣뻣해지거나 경련을 일으킨다. 2. 경련 전에 전조증상이 나타나기도 한다. 　• 전조증상의 예 : 이상한 냄새, 시력장애, 위에서 음식물이 올라오는 느낌 등 3. 착란 4. 무반응 5. 근육 경직 6. 이완과 발작이 번갈아 일어남 7. 대변이나 소변 조절이 안 됨 8. 혀를 깨물음

(2) 응급 처치* 19년 소방장/ 20년 소방위

① 주위 위험한 물건은 치운다. 치울 수 없다면 손상 가는 부분에 쿠션 및 이불을 대어 손상을 최소화시킨다. (안경을 쓴 환자라면 제거)
② 사생활 보호를 위해 관계자의 주변 사람들은 격리시킨다. (치마를 입은 환자라면 이불을 이용해 덮어준다.)
③ 경련 중에 혀를 깨물지 못하도록 억지로 혀에 무언가를 넣지 말아야 하며 신체를 구속시켜서는 안 된다. 단, 머리보호를 위해 주위에 위험한 물질은 치운다.
④ 기도를 개방한다. 경련 중에 기도를 개방하기란 어려운 행동이지만 흡인과 더불어 기도를 개방하고 고농도 산소를 공급한다.
⑤ 목뼈손상이 의심이 되지 않는다면 환자를 회복자세로 눕힌다.
⑥ 환자가 청색증을 보이면 기도개방을 확인하고 인공호흡기로 고농도 산소를 공급한다.
⑦ 환자를 병원으로 이송한다. 이송 중 ABC와 생체징후를 관찰한다.

3 뇌졸중

• 뇌졸중은 심근경색과 같이 작은 혈전이나 방해물이 뇌의 일부분으로 가는 뇌동맥을 차단하면서 발생한다. 이런 차단 결과는 빠르게 뇌에 영향을 미치고 영향을 받은 부분이 담당하고 있는 기능을 상실한다. 어떤 뇌졸중은 약해진 혈관(동맥류)을 파열시키거나 영구적인 손상 심지어 죽음을 초래하기도 한다.
• 뇌졸중 증상이 시작된 지 4~5시간이 지나지 않은 환자는 CT촬영으로 진행정도를 평가하고 혈전용해제로 뇌혈관을 막고 있는 혈전을 녹이는 치료를 받는다.
• 빠른 치료를 위해서는 뇌졸중의 증상을 빨리 파악하여 병원으로 신속히 이송하는 것이 중요하다.

542 **PART 03.** 임상응급의학

(1) **뇌졸중의 일반적인 징후**[*]

① 얼굴, 한쪽 팔과 다리의 근력저하나 감각이상
② 갑작스러운 언어장애나 생각의 혼란
③ 한쪽이나 양쪽의 시력손실
④ 갑작스런 보행장애, 어지러움
⑤ 평형감각이나 운동조절기능 마비
⑥ 원인불명의 심한 두통 등

> ※ 기타 증상 및 징후[**]
> • 어지러움, 혼란에서부터 무반응까지 다양한 의식변화
> • 편마비, 한쪽 감각의 상실
> • 비대칭 동공
> • 시력장애나 복시 호소
> • 편마비 된 쪽으로부터 눈이 돌아감
> • 오심/구토
> • 의식장애 전에 심한 두통 및 목 경직 호소

(2) **의식이 있는 뇌졸중환자를 평가하는 방법**[**] 15년, 22년 소방장

F(face)	입 꼬리가 올라가도록 웃으면서 따라서 웃도록 시킨다. 치아가 보이지 않거나 양쪽이 비대칭인 경우 비정상
A(arm)	눈을 감고 양 손을 동시에 앞으로 들어 올려 10초간 멈추도록 한다. 양손의 높이가 다르거나 한 손을 전혀 들어 올리지 못할 경우 비정상이다.
S(speech)	하나의 문장을 얘기하고 따라하도록 시킨다. 말이 느리거나 못한다면 비정상이다.
T(time)	시계가 있다면 몇 시인지 물어보고 없다면 낮인지 밤인지 물어본다.

TIP FAST 평가 방법으로 A는 눈을 감고 양손을 동시에 앞으로 들어 올리는 것입니다.

> ※ 응급처치
> • 산소포화도 94% 미만이거나 산소포화도를 알 수 없을 경우에 비강캐뉼라를 이용하여 산소를 4~6L 공급한다.
> • 호흡곤란을 호소하면 BVM으로 고농도산소를 공급하고 인공호흡을 준비한다.
> • 의식이 없거나 기도를 유지할 수 없는 의식저하 상태라면 기도를 유지하고 고농도산소를 공급하고 마비된 쪽을 밑으로 한 측와위 형태로 이송한다.
> • 신속하게 병원으로 이송하며, 재평가를 실시한다.
> • 이송 중 병원에 연락을 취해 병원도착 예정시간과 증상이 나타난 시간을 알려준다.

핵심요약 ▌ 경련 환자 응급처치

경련 중 환자 입에 강압적으로 무언가를 넣거나 환자를 신체적으로 구속하면 안 된다.

↓

기도 개방 확인, 고농도 산소 공급, 흡인 준비

↓

목뼈 손상이 없는 환자인 경우, 회복 자세로 측와위를 취해준다.

↓

청색증이 나타나면 기도 개방을 확인하고, 고농도 산소로 인공호흡을 제공해 준다.

↓

환자를 이송하여 ABC와 생체징후를 주의 깊게 관찰한다.

■ CVA(뇌졸중) 환자 응급처치

현장 확인과 개인 보호 장비 착용

↓

1차 평가

↓

기도 유지와 코삽입관를 통한 산소공급 호흡곤란 시 비재호흡마스크로 고농도 산소 제공 호흡정지 시 BVM으로 인공호흡 제공

↓

마비된 신체부위가 아래로 향하도록 위치시킨다.

↓

신속한 병원 이송

Check

① 인슐린은 포도당을 혈액에서 조직으로 이동시키고 포도당은 세포가 활동하는 것을 돕는다.
② (　)환자는 따뜻하고 붉으며 건조한 피부를 갖는 반면 (　) 환자는 차갑고 창백하며 축축한 피부를 나타낸다.
③ FAST에서 A는 눈을 감고 양 손을 동시에 앞으로 들어 올려 (　)초간 멈추도록 한다.
④ 아세톤 냄새가 나는 환자는 저혈당 환자이다.(×)

CHAPTER 11 중독 및 알레르기 반응

- 독극물은 인체에 유해한 물질로 주변에 흔히 있는 화장품, 세정제, 살충제 등을 부적절하게 사용했을 때 나타난다.
- 알레르기를 일으키는 물질은 인체면역체계의 과도한 반응을 유발시킨다.
- 이런 반응은 이물질에 대한 인체의 방어 반응이지만 과도하게 나타나면 인체를 유해하게 할 수 있다. 이러한 과도한 반응을 알레르기 반응이라고 하고 응급처치가 필요하다.

1 중 독

인체를 둘러싼 외부 환경은 잠재적으로 독이 될 수 있는 많은 물질들로 구성되어 있다. 특히, 소방대원의 경우 화재현장에서 흔히 생성되는 일산화탄소, 황화수소 그리고 청산염에 많이 노출된다. 독성 물질은 일반 가정에서 세척제, 표백제, 부동액, 연료첨가제 등에서 찾아 볼 수 있다. 일반 비타민제라 하더라도 과다복용하게 되면 독성을 나타내는데 아이들의 경우 호기심이 많기 때문에 특히 주의해야 한다.

(1) 노출 경로

구강 복용	일반적인 노출 경로로 아이들의 경우 호기심으로 흔히 일어나고 성인의 경우 자살을 시도하기 위해 과다 복용하는 경우가 많다.
흡입	일산화탄소 중독이 가장 흔하다.
주입	주사기를 이용해 혈관에 약물을 주입하거나 곤충이나 뱀에 물렸을 때를 말한다.
흡수	유기인산화합물과 용매와 같은 화학물질의 단순 피부접촉으로도 중독된다.

(2) 환자 평가

① 우선적으로 현장안전을 확인한 후 기도평가를 첫 번째로 실시해야 한다.
② 중독환자는 특히 약물로 인한 기도부종 및 분비물이 과다로 기도유지에 문제점이 발생하거나 갑작스러운 의식저하로 혀가 기도를 막는 경우가 발생하기 때문이다.
다음으로 병력을 청취하는 것이 중요하다.
- 물질 : 중독을 일으킨 물질이 무엇인지?
- 시간 : 언제 복용/노출 되었는지?
- 양 : 얼마나 복용/노출 되었는지?, 술을 함께 마셨는지?
- 기간 : 얼마동안 복용/노출 되었는지?
- 처치 : 처치를 했다면 어떤 처치를 했는지?(물이나 우유를 마시는 등)
- 몸무게 : 환자의 몸무게는 얼마인지?

(3) 평가 및 처치

구강 복용 환자	**소아**	호기심으로 좋은 냄새가 나고 색깔이 예쁜 비타민제를,
	성인	자살목적으로 수면제를 흔히 복용한다.
	① 일반적인 증상 및 징후로는 • 독성 물질 복용에 대한 병력, 오심/구토, 복통, 의식장애 • 입 주변과 입안의 화학화상, 호흡에서 이상한 냄새 ② 응급처치로는 • 기도가 개방되었는지 확인한다. • 의식장애나 호흡곤란 징후가 보이면 산소를 공급한다. 　단, 파라콰트 성분의 농약제를 마신 환자의 경우는 산소를 공급해서는 안 된다. 왜냐하면 산소와 결합해서 유해산소를 발생시키며 다른 조직에 비해 허파조직에 10배 이상의 고농도로 축적되기 때문에 허파섬유화를 불러온다. • 호흡을 평가해 부적절하면 BVM을 이용해 호흡을 돕는다. • 장갑을 낀 손으로 환자 입에 남아 있는 약물을 제거한다. • 복용한 약물과 같이 환자를 병원으로 이송한다. • 재평가 및 처치를 실시한다. 기도와 호흡을 평가하고 흡인 및 산소공급을 한다.	
흡입에 의한 중독 환자	독성 물질을 흡입하게 되면 몇몇 물질은 기도를 자극하고 상처를 입히기도 한다. 또한 어느 물질은 산소 대신에 적혈구와 결합해서 저산소증을 유발시키기도 한다. 대원 역시 독성 물질을 흡입할 수 있으므로 충분한 개인보호 장비를 착용한 후에 진입해야 한다. ① 일반적인 증상 및 징후로는 • 독성물질을 흡입한 병력 → 호흡곤란 → 가슴통증 → 기침 → 쉰 목소리 • 어지러움 → 두통 → 의식장애 → 발작 ② 응급처치로는 • 독성물질을 흡입할 수 있는 현장이라면 현장에서 환자를 이동시킨다. • 고농도산소를 BVM을 이용한 양압환기를 제공한다. • 병원 이송 시 독성물질을 확인할 수 있는 병이나 라벨을 같이 갖고 간다. • 재평가 및 처치를 실시한다. 기도와 호흡을 평가하고 흡인 및 산소공급을 한다.	
주입에 의한 중독 환자	혈관 내 주입과 동물이나 곤충에 물렸을 때 발생한다. 주로 코카인, 헤로인과 같은 마약을 혈관 내로 투여하는데 마약의 일반적인 증상인 반응저하, 호흡곤란, 축동 현상이 일어난다. 또한 현장에 주사바늘이 있는 경우가 대부분이므로 주사바늘로 인한 감염에 주의해야 한다. ① 일반적인 증상 및 징후로는 • 약물을 주입했다는 병력 • 허약감, 어지러움, 오한, 열, 오심/구토, 축동, 의식장애, 호흡곤란 ② 주사바늘 및 환자의 폭력에 주의를 하며 아래의 현장처치를 실시한다. • 현장안전을 확인하고 개인 안전장비를 착용한다. • 기도를 개방·유지한다. • 산소를 공급한다. • 중독된 약물과 같이 환자를 병원으로 이송한다. • 재평가를 실시한다. 특히, 기도유지, 호흡 평가, 흡인을 실시한다.	
흡수로 인한 중독 환자	독성이 강하고 치명적이기 때문에 환자와 대원 모두에게 위험할 수 있다. 현장 확인 전에 개인보호 장비를 착용 후 필요하다면 위험물 제거반의 도움을 요청해야 한다. 일반적인 증상 및 징후로는 • 독성물질을 흡수한 병력 ‣ 환자 피부에 남아 있는 액체나 가루 • 과도한 침분비 ‣ 과도한 눈물 ‣ 설사 ‣ 화상 ‣ 가려움증 • 피부자극 ‣ 발적	

① 응급처치로는
- 기도 개방 유지
- 산소 공급
- 독성물질 제거
  - 오염된 의복을 제거한다.
  - 가루인 경우 솔을 이용해 제거한다. 이때 주위에 퍼지거나 날리지 않도록 주의하고 현장을 20분 이상 물로 씻어낸다.
  - 액체인 경우 현장에서 20분 이상 깨끗한 물로 씻어낸다.
  - 눈은 20분 이상 흐르는 물에 씻어내고 씻어낸 물이 다시 들어가거나 반대편 눈에 들어가지 않도록 주의한다.
- 이송 중 위험이 없다면 독성물질과 같이 병원으로 이송한다.
- 재평가 및 처치를 실시한다. 기도와 호흡을 평가하고 흡인 및 산소공급을 한다.

2 알레르기 반응

- 인체면역체계는 감염이나 이물질에 대해 대항하여 감염을 억제하는 기능이 있다. 하지만 과도하게 반응을 하게 되면 치명적인 알레르기반응을 유발하기도 한다.
- 주요 생리적인 변화로는 혈관의 긴장 및 능력을 상실한다. 따라서 조직으로 체액이 흘러 나와 얼굴, 목, 혀, 상부호흡기도와 세기관지 등에 부종을 야기시킨다.
- 기도폐쇄로 충분한 산소공급이 되지 않으면 쇼크를 일으키는데 이를 과민성 쇼크라고 한다.
- 쇼크는 혈관의 이완에 의해 더욱 악화된다.

※ 알레르기 반응으로는 눈물, 콧물에서부터 쇼크, 호흡부전 등 다양하다.
※ 일반적인 원인* 14년 소방위
  ㉠ 독을 갖고 있는 곤충에게 물리거나 쏘일 때(벌, 말벌 등)
  ㉡ 견과류, 갑각류(개, 새우, 조개), 우유, 달걀, 초콜릿 등 음식섭취
  ㉢ 독성이 있는 담쟁이덩굴, 오크, 두드러기 쑥(일명 돼지풀), 풀 가루 등 식물 접촉
  ㉣ 페니실린, 항생제, 아스피린, 경련약, 근이완제 등의 약품
  ㉤ 기타 먼지, 고무, 접착제, 비누, 화장품 등
    - 많은 환자들은 과거의 경험에 의해 알레르기 물질을 알고 있는 경우가 많다.

---

(1) 환자 평가

① 과거에 알레르기 반응이 나타난 적이 있는지?
② 어떤 물질에 환자가 노출됐는지?
③ 노출 후 얼마나 지났는지?
④ 어떤 증상이 나타났는지?

※ 예를 들면 : 가쁜 호흡, 가슴이 답답하거나 조이는 느낌, 피부나 얼굴에 저린 증상, 더운 느낌, 얼굴부종, 약간의 두통 등

---

⑤ 언제 처음 증상이 나타나고 현재는 어떤지?

⑥ 평소 알레르기 반응이 나타나면 복용하는 약이 있는지?

　: 기본적인 생체징후를 측정하고 신체검진을 실시한다.

⑦ 피부 : 얼굴, 입술, 혀, 목, 손의 부종, 가려움증, 두드러기, 발적

⑧ 호흡기계 : 기침, 빠른호흡, 호흡곤란, 시끄러운 호흡음, 쉰 목소리, 들숨 시 협착음, 쌕쌕거림

⑨ 심혈관계 : 빠른맥, 고혈압, 차고 끈적끈적한 피부

⑩ 의식장애

⑪ 기타 : 눈이 가렵고 눈물이 남, 두통, 콧물, 발진

(2) 환자 처치

알레르기 반응으로 호흡곤란과 쇼크 증상을 보이는 환자에게

① 호흡곤란을 해소하기 위해서 <u>양압환기를 제공</u>한다.

② 병원에서 알레르기 반응 시 투여할 수 있는 에피네프린 약품이 있는지 확인한다.

③ 지정 병원 의사와 통신 후 투여를 결정하며 환자를 이송한다.

④ <u>생체징후 평가는 매 5분마다 실시한다.</u>

⑤ 인체를 조이는 반지, 팔찌, 넥타이 등은 제거한다.

⑥ 환자의 상태가 악화되면 아래와 같은 처치를 실시한다.

　㉠ <u>쇼크 증상에 대한 처치를 실시한다.</u>

　㉡ <u>100%산소를 공급한다.</u>

　㉢ <u>심정지 상태이면 CPR을 실시하고 AED를 사용한다.</u>

⑦ 환자에게 일어난 모든 일들을 기록한다.

Check

① 과민성 쇼크의 원인으로는 벌, 말벌 / 견과류, 갑각류(개, 새우, 조개), 우유, 달걀, 초콜릿 등 음식섭취 / 페니실린, 항생제, 아스피린, 경련약, 근이완제 등의 약품 / 독성이 있는 담쟁이덩굴, 오크, 두드러기 쑥(일명 돼지풀), 풀 가루 등 식물 접촉 / 기타 먼지, 고무, 접착제, 비누, 화장품 등이 있다.(○)

② 환자처치로는 양압환기 제공, 에피네프린 약품, 생체징후 평가 매 5분이다.(○)

CHAPTER 12 환경 응급

1 체온조절과 신체

인체는 체온조절기전을 통해 <u>중심체온 37℃를 유지</u>하려고 한다. 체온조절기전은 열생산과 열손실 조절을 통해 <u>하루 동안 약 1℃ 내외의 온도차로 균형을 유지</u>한다. 체온은 내부 화학반응(음식 섭취와 활동을 포함한 열 생산 반응)에 의해 생성된다. 추위에 노출되면 몸을 떨어 열을 생산하기도 한다.

- 고체온증 : 생산과 유지가 열손실에 비해 많을 경우
- 저체온증 : 생산과 유지에 비해 열손실이 많은 경우

복 사	• 인체로부터 파장과 복사선 형태로 에너지를 방사하는 것이다. 이는 옷을 입지 않거나 단열되지 않은 신체부분이 추운 환경에 노출되었을 때 일어난다. • <u>주로 아무것도 걸치지 않은 머리에서 많이 일어난다.</u>
전 도	• 차가운 물체에 직접 접촉됨으로써 일어나며 환자가 차가운 바닥에 누워있을 때 종종 일어난다. • <u>또한 차가운 물에서는 열 손실이 대기보다 약 25배 빠르게 진행된다.</u>
대 류	• 차가운 공기흐름으로 발생하며 주로 바람이 많이 부는 환경에서 일어난다. • 바람이 인체 주위에 따뜻하게 형성된 공기층을 밀어내면서 생기며 주로 야외 활동이 많은 사람에게서 일어난다.
기 화	• 액체가 기체가 되면서 발생하며 따뜻하고 축축한 호흡을 내쉬면서 일어난다. • 또한 땀이 증발하면서 일어나는데 단, <u>공기 중 습도가 75% 이상에서는 증발이 이루어지지 않는다.</u> • 환자는 종종 위에 언급한 기전들이 복합적으로 작용하여 열이 손실되며 열 손실은 주위 환경, 노출 시간, 환자가 입고 있는 정도에 따라 달라진다.

※ 신생아 : 신생아는 피부에 묻어 있는 양수와 기타 액체로 인한 기화 그리고 큰 머리에서의 복사로 인해 열 손실 위험이 크다. 따라서 태어나자마자 몸의 수분을 제거하고 신생아 모자 등을 이용해 머리를 감싸야 한다.

2 한랭 손상

한랭손상은 다양한 인자(건강, 나이, 노출 시간 등)에 의해 영향을 받으며 크게 전신에 영향을 주는 저체온증과 부분 한랭손상으로 나뉜다.

(1) 일반적인 저체온증

<u>체온이 35℃ 이하인 경우</u>를 말하며 단계별로 경증에서 중증으로 나뉜다. 증상 및 징후는 중심체온의 변화에 따라 달라진다.

■ **중심체온에 따른 증상 및 징후**[*]

중심체온	증상 및 징후
35.0~37.0℃	오한
32.0~35.0℃	오한, 의식은 있으나 언어 장애가 나타남
30.0~32.0℃	오한, 강한 근육 경직, 협력장애로 기계적인 움직임, 생각이 명료하지 못하고 이해력도 늦으며 기억력 장애 증상
27.0~30.0℃	이성을 잃고 환경에 대한 반응 상실(바보같은 모습), 근육 경직, 맥박과 호흡이 느려짐, 심부정맥
26.0~27.0℃	의식 손실, 언어지시에 무반응, 모든 반사반응 상실, 심장기능 장애

■ **저체온증을 유발하는 인자**

추위 또는 추운환경	반드시 극심한 추위로 저체온증이 유발되는 것이 아니며 일반 추위에도 장시간 노출되면 일어날 수 있다. 특히, 노인의 경우 경제적 부담으로 적정한 난방을 하지 못해 일어나는 경우가 많다.
나 이	• 아동의 경우 몸의 크기에 비교해서 넓은 체표면적(특히 머리)을 갖고 있어 성인에 비해 열손실이 빠르고 지방과 근육양이 적어 보온 및 몸 떨림으로 열을 생산하는 능력이 떨어진다. • 노인의 경우 복용하는 약의 작용으로 체온조절능력이 떨어지거나 경제력 상실로 영양부족(열 생산 저하) 및 난방 유지가 안 되는 경우가 많다. • 아동과 노인 모두 주변 온도에 따른 적절한 의복을 입지 못하는 경우가 많다. • 소아는 스스로 옷을 입거나 벗는 것이 어려우며 노인은 치매나 온도 감각 장애로 옷을 적절하게 입지 못하기 때문이다.
질 병	당뇨환자가 저혈당인 경우에 저체온증 위험이 높으며 패혈증인 경우 초기에 열이 오르다가 심한 열 손실이 나타날 수 있다.
약물과 중독	고혈압약, 정신과약과 같은 몇몇 약물은 체온조절기전을 방해한다. 게다가 알코올 함유 음료는 추위에 수축되는 혈관을 오히려 이완시켜 열 손실을 촉진시킨다.
손 상	• 몇몇 손상은 저체온증 위험을 증가시킨다. • 화상 : 피부 소실은 체액손실을 유발하고 다시 기화로 인해 열 손실을 촉진시킨다. 또한 단열작용을 하지 못하고 추위에 반응하여 피부에 위치한 혈관을 수축시키는 작용도 하지 못한다. • 머리 손상 : 체온조절을 담당하는 뇌 손상은 저체온증을 악화시킬 수 있다. • 척추 손상 : 혈관 수축과 오한과 같은 활동을 관장하는 신경이 손상된다. • 쇼크 : 저혈류량으로 인한 쇼크는 정상체온의 환자보다 저체온증 위험이 크다.
익 수	물에서의 열전도는 공기보다 약 25배 이상 빠르므로 저체온증이 빠르게 진행된다.

⑵ **저체온증 환자 평가**

① 1차 평가에서 주요 질문으로는 다음과 같다.

  ㉠ 추위에 얼마나 오래 노출되었는지?

  ㉡ 의식손실이 있었는지?

  ㉢ 알코올 섭취나 질병 또는 손상과 같은 저체온증 관련 요소가 있었는지?

② 1차 평가동안 다음과 같은 저체온증 증상 및 징후가 있는지 평가한다.

첫인상	주변 환경, 외상과 손상
의식 수준	저체온증이 진행되면서 의식은 떨어진다. 초기에는 약간의 감정변화, 조작능력 저하, 기억상실, 언어장애, 어지러움, 감각 장애 등이 나타난다. 판단력 장애로 환자는 옷을 벗는 행동을 하고 심한 경우에는 반응이 없거나 무의식상태를 보인다.
호 흡	초기에는 비정상적으로 빠르다가 후기에는 느려진다.
순 환	초기에는 빠르다가 후기에는 느려진다. 중증 저체온증에서는 맥박이 30 이하로 떨어지고 팔다리의 순환이 감소되어 촉지하기 힘들다. 피부는 창백하거나 청회색을 종종 나타낸다.

③ 1차 평가의 마지막 단계는 우선순위를 결정하는 것으로 이송과 CPR 등을 결정해야 한다. 의식장애, 호흡이나 순환 장애 등은 즉각적인 이송이 필요하다. 생체징후와 주요 신체검진을 실시할 때 다음과 같은 사항에 유의해야 한다.

- ㉠ 혈압이 낮거나 측정되지 않을 때
- ㉡ 동공 빛 반사가 늦을 때
- ㉢ 오한이 있거나 없을 때
- ㉣ 근육 경직이나 굳은 자세일 때

④ 현장에서 정확하게 체온을 측정하기는 어려운 경우에는 환자 배 위에 손등을 대어 평가하는 것도 좋은 방법이다.

(3) 응급 처치* 13년 소방장

대부분의 저체온증 환자는 추위에 오래 노출되어 있었기 때문에 현장에서 완전하게 정상으로 회복되기는 힘들다.

병원 전 처치 목적	㉠ 추운 환경에서부터 환자를 이동하기 위해 ㉡ 더 이상의 열손실을 막기 위해 ㉢ 기도 개방을 유지하기 위해 ㉣ 환자의 호흡과 순환을 지지하기 위해 모든 처치과정에서 주의해야 할 사항은 환자를 조심스럽게 다루어야 한다는 점이다. 그 이유는 심장이 쉽게 과민반응을 보여 심장 마비나 심실세동과 같은 부정맥이 나타나기 때문이다. 만약 심장마비를 보이는 저체온증환자인 경우에는 현장도착 즉시 CPR을 실시해야 한다. 또한 환자가 경직된 상태로 맥박이 촉지 되지 않는다면 CPR을 실시하고 신속하게 병원으로 이송해야 한다. 일반적으로 저체온상태에서 뇌를 보호하기 위해 인체반응이 나타나므로 심정지 상태의 환자라도 순환과 호흡이 돌아와 회복될 수 있다. 따라서 정상체온으로 회복된 후에야 사망을 결정할 수 있다.
저체온증 환자의 일반적인 응급처치*	㉠ 현장을 확인 　• 위험물질 확인, 추가 지원 요청 ㉡ 개인 보호 장비 착용 ㉢ 추운 곳에서 더운 곳으로 환자 이동 ㉣ 가능한 환자를 조심스럽게 이동 ㉤ 추가 열손실 방지 ㉥ 보온 및 열 공급 ㉦ 무반응이거나 반응이 적절하지 않다면 다음과 같은 소극적인 처치법을 실시한다. 　• 차갑거나 젖거나 조이는 옷은 제거한다. 　• 이불을 덮어준다. 　• 구급차 내 온도를 올린다.

의식이 명료한 상태에서 적극적인 대처법*	⊙ 인체 외부 특히, 주요 동맥이 표면에 흐르는 곳에 따뜻한 것을 대준다. (가슴, 목, 겨드랑이, 서혜부) ⓛ 기도 개방 유지 - 필요 시 흡인 ⓒ 호흡과 순환지지 <u>호흡과 맥박이 느려지기 때문에 CPR을 실시하기 전에 적어도 30~45초간 평가해야 한다.</u> ⓔ 많은 량의 산소 공급 　• 가능하다면 가온 가습한 산소 ⓜ 환자가 힘을 쓰거나 걷지 않게 한다. ⓗ 자극제(카페인, 알콜 음료 등)를 먹거나 마시지 않게 한다. ⓢ <u>팔·다리 마사지 금지</u> ⓞ 신속한 병원 이송 ⓩ 재평가 실시

⑷ 국소 한랭손상

① 일반적인 저체온증으로 발전하지 않고도 추위 노출로 인해 고통 받을 수 있다. 추위에 부적절하게 보온하는 것은 국소 한랭손상을 유발시킨다.

② 몸의 중심에서 먼 부위는 이러한 손상에 노출될 위험이 더욱 크며 귀, 코 그리고 얼굴 일부분에서 많이 나타난다.

③ <u>팔·다리에서는 발가락에서 많이 일어난다.</u>

④ <u>저체온증 환자는 국소 한랭손상 위험이 크며 당뇨 또는 알코올중독 환자 역시 추위 감각이 떨어지기 때문에 국소 한랭손상 위험이 증가한다.</u>

⑤ 소아와 노인의 경우는 적절한 자기 보온을 하지 못하기 때문에 위험에 노출되어 있다.

⑥ 국소 한랭손상은 특징적인 연부조직손상이 나타나며 화상과 같이 조직 손상 깊이는 얼마나 노출되었는가에 달려 있다.

■ 국소 한랭손상 종류*

동창	• 초기 또는 표면 국소 한랭 손상은 <u>피부가 하얗게 되거나 창백하게 변색된다.</u> • 손상부위를 촉진하면 피부는 계속 창백하게 남아 있고 대부분 모세혈관 재충혈이 되지 않는다. • 변색 되었어도 만졌을 때 피부가 부드러운 경우에는 감각이상이나 손실을 호소하는 경우가 많다. • <u>초기에 적절한 처치를 받는다면 조직의 영구적인 손상 없이 완전히 회복할 수 있다.</u> • 정상체온으로의 회복동안 환자는 종종 저린 증상을 호소하는데 이는 손상부위에 정상 혈액 순환이 되어 회복을 나타내는 것이라는 설명을 해주어야 한다.
동상	• 후기 또는 <u>깊은 국소 한랭손상은 하얀 피부색을 띤다.</u> 촉지하면 피부는 나무와 같이 딱딱하고 물집이나 부분부종이 나타나기도 한다. 대부분 산악인에게 많이 발생하며 근육과 뼈까지 손상되는 경우도 있다. <u>손상 부위가 녹으면서 자주빛, 파란색 그리고 얼룩덜룩한 피부색을 보인다.</u>

TIP 동창과 동상에 대한 증상을 비교 암기하시기 바랍니다.

(5) 응급 처치

국소 한랭 손상에 대한 처치 목적은 추가손상 방지 또는 조직 결빙 예방에 있다. 이런 이유로 조직을 따뜻하게 회복시키는 처치법은 현장이 아닌 병원에서 보통 실시된다. 현장에서는 손상 부위를 녹이고 다시 추위로 인해 손상을 받을 경우에 더욱 악화되기 때문이다.

초기 또는 표면 손상인 경우[*]	① 손상 부위를 부목으로 고정한다. ② 소독 거즈로 드레싱 한다. ③ 손상 부위의 반지나 액세서리를 제거한다. ④ 손상부위를 문지르거나 마사지하지 않는다. ⑤ 다시 추위에 노출되지 않도록 주의한다.
후기 또는 깊은 손상인 경우[*]	① 손상 부위를 부목으로 고정한다. 　※ 다리부분 손상인 경우에는 걷지 않도록 한다. ② 마른 옷이나 드레싱으로 손상부위를 덮는다. ③ 손상 부위의 반지나 액세서리를 제거한다. ④ 손상부위를 문지르거나 마사지하지 않는다. ⑤ 물집을 터트리지 않는다. ⑥ 손상부위에 직접적인 열이나 따뜻하게 회복시키는 처치법을 실시하지 않는다. ⑦ 다시 추위에 노출되지 않도록 주의한다

> ※ 이송이 지연되는 경우에는 손상부위를 정상체온으로 회복시키기 위한 처치법이 실시되는데 이때, 주의해야 할 점은 다시 추위로 인한 재손상을 받지 않는다는 가정 하에 실시해야 한다. 처치법은 약 42℃ 따뜻한 물에 손상부위 전체가 잠기도록 하며 물이 쉽게 차갑게 되므로 계속 물 온도가 떨어 지지 않게 추가로 더운 물을 넣어 주어야 한다. 시간은 손상부위가 부드러워지고 색과 감각이 돌아 올 때까지 실시한다(약 20~30분). 그 다음에는 소독거즈로 드레싱한다. 손가락과 발가락인 경우에는 사이사이에 거즈를 넣고 드레싱한다. 손상부위에 정상 순환이 회복되면서 심한 통증을 호소하므로 환자를 안정시키고 이유를 설명해 주어야 한다. 마지막으로 야외에서 손상부위를 녹이기 위해 불을 피우는 것은 금지해야 하는데 이는 손상부위 감각 손실로 화상을 입게 되면 더 많은 부분이 손상 되기 때문이다.

3 열 손상

(1) 열 손상의 진행

① 더운 곳에서 체온조절기전은 2가지 주요 대사인 방사와 증발을 갖고 있다. 더운 환경에서 인체는 방사를 통해 체온을 내리고 체온 이상의 더위에는 방사로 체온조절을 할 수 없으며 열로 인한 손상이 진행된다.

② 고온에서 인체는 증발을 통해 체온을 내리는데 땀은 수분, 염분 성분으로 구성되어 있다. 인체는 시간당 1L 이상의 땀을 흘릴 수 있으나 체온을 내리는 데는 한계가 있다.

③ 증발하기 위해서는 습도 역시 중요한 인자가 된다. 만약 습도가 높다면 증발은 감소하고 체온 조절능력도 감소한다.

④ 체온조절능력이 감소되면 체온은 올라가고 열 손상이 일어난다. 열 손상과 관련된 영향인자로는 아래와 같다.

나 이	• 유아(체온조절능력 미숙과 더위에 옷을 스스로 벗을 수 없다) • 노인(체온조절능력 저하, 약물, 심혈관계 질환, 열악한 환경)
직 업	• 운동선수, 소방관, 노동직, 군인
건 강	• 당뇨, 심질환, 열, 탈수, 비만

※ 열 손상은 크게 열경련, 소모성 열사병, 열사병으로 나뉜다. 이 중에서 열사병이 가장 심각하며 증상 및 징후를 평가하고 초기 응급처치를 하지 못한다면 사망에 이를 수 있다.

(2) 열손상의 종류** 18년 소방위/ 22년 소방장

열경련	㉠ 더운 곳에서 격렬한 활동으로 땀을 많이 흘려 전해질(특히, 나트륨) 부족으로 나타난다. ㉡ 근육경련이 나타나지만 심각하지는 않으며 대부분은 시원한 곳에서 휴식하고 수분을 보충하면 정상으로 회복된다. ㉢ 회복 후에는 다시 활동을 재기할 수 있어 적절한 처치 없이 방치하면 소모성 열사병으로 진행된다.
일사병	㉠ 체액소실로 나타나며 보통 땀을 많이 흘리고 충분한 수분을 섭취하지 않아 발생한다. ㉡ 응급처치를 하지 않으면 쇼크를 초래하고 증상 및 징후는 얼마나 체액을 소실했는지에 따라 달라진다. ㉢ 초기에는 피로, 가벼운 두통, 오심/구토, 두통을 호소하며 피부는 정상이거나 차갑고 창백하며 축축하다. ㉣ 처치가 이루어지지 않으면 빠른 맥, 빠른 호흡, 저혈압을 포함한 쇼크 징후가 나타난다. ㉤ 적절한 휴식 없이 진화하는 소방대원 및 통풍이 안 되는 작업복을 입고 일할 때 많이 발생한다.
열사병	㉠ 열 손상에서 가장 위험한 단계로 체온조절기능 부전으로 나타난다. ㉡ 여름철에 어린아이나 노약자에게 많이 일어나며 보통 며칠에 걸쳐 진행된다. ㉢ 소모성열사병 환자와 같이 체온이 정상이거나 약간 오르지 않고 41~42℃ 이상 오른다. ㉣ 피부는 뜨겁고 건조하거나 축축하다. 의식은 약간의 혼돈상태에서 무의식상태까지 다양하게 의식변화가 있다. ㉤ 의식은 명료하나 피부가 뜨겁고 건조하거나 축축한 환자가 있다면 적극적인 체온저하 처치를 실시해야 한다. ㉥ 응급처치 　일반적인 열손상 환자의 증상 및 징후로는 　• 근육경련, 허약감이나 탈진, 어지러움이나 실신, 빠른맥, 빠르고 얕은 호흡, 두통, 경련, 의식장애 　※ 피부는 정상이거나 차갑고 창백하며 축축한 피부 또는 뜨겁고 건조하며 축축한 피부(위급한 상태)

TIP 열손상의 종류를 구분하여 숙지하고 특히! 소방대원의 증상과 관련하여 기억하세요.

※ 열손상 환자의 응급처치* 23년 소방위

시원한 곳으로 이동 (냉방 된 구급차 등)

↓

많은 양의 산소 공급

정상이거나 차가우며 창백하고 축축한 피부인 경우	뜨겁고 건조하거나 축축한 피부인 경우
시원하게 옷을 벗기고 느슨하게 한다.	시원하게 옷을 벗기고 느슨하게 한다.
부채질 등 증발을 이용해 시원하게 해준다.	목, 겨드랑이, 서혜부에 차가운 팩을 댄다.
다리를 약간 올리고 앙와위를 취해준다.	차가운 물로 몸을 축축하게 해주고(수건, 스펀지 이용) 부채질(선풍기) 해준다.
반응이 있고 구토가 없다면 앉혀서 물이나 이온음료를 마시게 하고 그렇지 않다면 좌측 위로 병원으로 이송한다.	구강으로 아무것도 주어서는 안 되며 냉방기를 최고로 맞춰 놓고 신속하게 이송한다.
이송 중 계속 환자를 평가 및 처치한다.	이송 중 계속 환자를 평가 및 처치한다.

※ 환자의 회복도와 생존율은 응급처치와 신속한 병원이송에 달려있다.

4 익사(익수) 사고

익 사	물에 잠김 후에 질식에 의하여 사망하는 경우로 정의된다.
익 수	물에 잠긴 후에 최종결과에 관계없이 일시적이더라도 환자가 생존한 경우를 의미한다.

> ※ 익사는 바다에서보다 민물에서 자주 발생하며 생존율은 아래 요인들의 영향을 받는다.
> – 구조 전에 얼마나 오랫동안 물속에 있었는지?
> – 척추손상과 같은 상처가 있는지?
> – 수온

① 뇌에 산소공급이 되지 않으면 수 분 내에 뇌사가 진행되므로 물에 있었던 시간이 얼마나 짧았는가에 생존율이 달려있다.

② 다이빙사고와 사고경위를 알 수 없는 경우에는 척추손상을 의심해 봐야 하며 이 경우 얕은 물에서도 익사할 수 있다.

③ 더운 물보다 차가운 물에서의 생존율이 높은데 이는 '물속에서 포유류의 반사작용' 때문이다.

④ 1시간 이상 물에 빠진 아동의 경우 완전 회복되었다는 보고도 있다. 그러므로 차가운 물에서 구조된 환자가 호흡, 맥박이 없어도 CPR을 포함한 적극적인 처치를 실시해야 한다.

아동	대부분 풀장에서 어른의 부주의로 일어나며 연령대로는 4세 이하 유아가 많다. 예방만 한다면 사고를 미리 막을 수 있는 경우로 수영장에서 아동을 돌보는 성인이 술을 마시거나 안전요원 및 장비가 없는 곳을 피해야 한다.
노인	보통 목욕 중에도 일어나며 감각이 떨어지면서 뜨거운 물에 화상을 입는 경우도 있다

⑴ 물에 빠진 환자에 대한 응급 처치

① 현장 안전을 확인한다.

② 사고 경황을 모르거나 다이빙 중 사고환자라면 척추손상을 의심해야 한다.

③ 호흡이 없다면 환자에 다가가 가능하다면 바로 인공호흡을 실시해야 한다.

④ 척추손상 가능성이 없다면 환자를 측위로 눕혀 물, 토물, 이물질 등이 나오게 한다.

⑤ 필요하다면 흡인한다.

⑥ 비재호흡마스크로 많은 량의 산소를 공급한다.

⑦ 환자의 배가 팽창되어 있다면 적절한 양압 인공호흡을 위해서 위에 있는 압력을 다음과 같이 감소시켜야 한다.

　㉠ 큰 구멍이 있는 팁과 튜브를 갖춘 흡인세트를 준비한다.

　㉡ 흡인을 예방하기 위해 환자를 좌측위로 취해준다.

　㉢ 인공호흡을 다시 시작하기 전에 흡인으로 상기도를 깨끗이 유지한다.

■ 익수환자가 척추손상을 입었다면 환자를 이동하기 전에 긴 척추고정판으로 구조

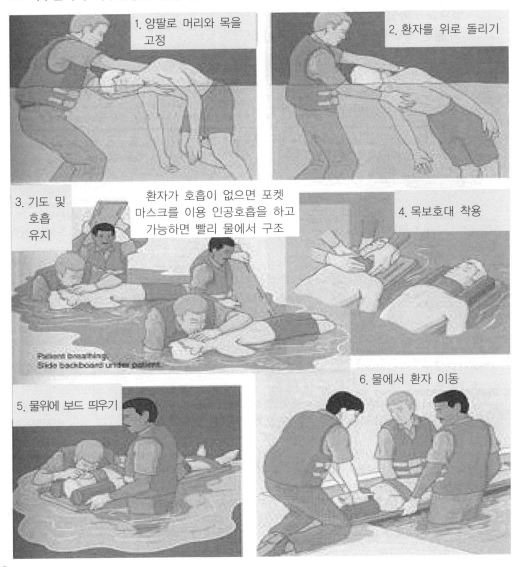

1. 양팔로 머리와 목을 고정

2. 환자를 위로 돌리기

3. 기도 및 호흡 유지

환자가 호흡이 없으면 포켓 마스크를 이용 인공호흡을 하고 가능하면 빨리 물에서 구조

4. 목보호대 착용

5. 물위에 보드 띄우기

6. 물에서 환자 이동

⑵ 특수한 상황

① 얼음에서의 구조*

차가운 물에 빠진 환자는 더운 물에 빠진 환자보다 상대적으로 생존률이 높다. 하지만 환자를 구출하는 구조대원이 위험에 빠질 가능성은 더욱 높아진다.

㉠ 현 상황에 맞게 훈련 받은 대원으로 구성되어 있어야 한다.

㉡ 건식 잠수복을 착용해야 한다.

㉢ 개인수상안전조끼를 착용한다.

㉣ 로프로 육상의 단단한 물체에 지지점을 확보하고 활동대원 모두 연결시킨다.

ⓜ 얼음 위에서의 대원은 그들의 몸무게로 얼음이 깨질 수 있으므로 상황에 맞게 다음과 같은 방법을 이용한다.
    ⓐ 얇은 얼음에서는 걷지 말고 기어간다.
    ⓑ 얼음 위로 사다리를 놓고 그 위로 지나간다.
    ⓒ 바닥이 평평한 배를 이용해 접근한다.

② 스쿠버 다이빙과 관련된 응급상황

하강과 관련된 압력손상	• 내려가는 동안 물의 무게와 중력으로 잠수부 신체에 압력이 약해질 것이다. • 내이와 부비동과 같이 공기로 채워진 인체 공간은 압착되고 귀와 얼굴의 통증을 유발한다. • 심한 경우에는 고막이 파열되어 출혈이 생길 수도 있다.

상승과 관련된 압력손상	• 잠수부에게 대부분 치명적인 손상을 주는 경우가 수면으로 급격한 상승에서 기인한다.
	• 인체에 있는 가스는 수면으로 올라오면서 팽창하는데 팽창된 가스는 조직을 심한 경우 파열시키기도 한다.
	  − 치아 : 구강 내 공기 주머니 팽창은 심한 통증을 유발시킨다.
	  − 위장 : 복통을 유발하고 트림이나 방귀가 자주 나온다.
	  − 허파 : 허파의 일부분을 파열시키며 피하조직으로 공기가 들어가 피하기종을 유발할 수 있다.
	• 혈류에 들어간 공기는 기포나 기포덩어리가 되어 일반 순환과 관류를 방해하는 공기색전증을 유발하기도 한다.
	• 공기색전증으로 심장마비, 경련, 마비 증상이 나타날 수 있다.

※ 감압병(DCS, Decompression sickness) : 공기 중에 약 70%를 차지하는 질소가스가 조직과 혈류 내 축적되면서 발생한다. 보통 빠르게 상승할 때 발생하며 증상이 나타나는 시간은 30분 이내에 50%, 1시간 이내에 85%, 3시간 이내에 95%가 나타난다. 증상은 질소방울이 어느 인체부위에 나타나는가에 따라 달라지는데 보통 두통, 현기증, 피로감, 팔다리의 저린 감각, 반신마비 등이 나타나며 드물게는 호흡곤란, 쇼크, 무의식, 사망도 나타난다. 예방법으로는 수심 30m 이상 잠수하지 않으며, 상승 시 1분당 9m의 상승속도를 준수하는 것이다. 감압병이 의심된다면 꼭 진찰을 받아야 하는데 그 이유는 상태가 악화될 수 있기 때문이다.

※ 감압병의 증상 및 징후[*]
• 의식 변화, 피로감, 근육과 관절의 심부통증
• 피부 가려움증과 얼룩 또는 반점, 저린 감각 또는 마비
• 질식감, 기침, 호흡곤란, 중독된 듯한 모습, 가슴통증

③ 응급처치[*] 21년 소방교
  ㉠ 환자를 안전하게 구조한다.
  ㉡ 바로누운자세 또는 옆누운자세로 눕히며 기도를 확보한다.
  ㉢ 비재호흡마스크로 100% 산소를 10~15 L /분로 공급한다.
    • 즉각적인 산소공급은 종종 증상을 감소시키지만 나중에 다시 나타날 수 있다.
  ㉣ 호흡음을 청진한다.
    • 기흉의 경우는 호흡음이 감소하게 되며, 항공후송의 금기가 된다.

ⓜ 보온유지 및 걷거나 힘쓰는 일은 하지 않는다.

ⓗ 신속하게 이송한다.

ⓢ 가압실이 설치되어 있는 병원과 연락한다.

- 다이빙과 관련된 심각한 상태는 특수한 고압산소치료가 필요하기 때문에 미리 연락을 해야 한다.

5 물림과 쏘임

(1) 곤충에 쏘임* 14년 소방장

일반적으로 벌에 많이 쏘이는데 벌은 인체에 독이 되는 독물을 갖고 있다. 일반적인 반응으로는 국소 통증, 발적, 국소 부종, 전신 통증, anaphylaxis와 같은 전신반응 등이 있다.

> ※ 응급처치
> 1. 현장 안전을 확인한다.
> 2. 침이 있다면 제거해야 한다.
>   - 신용카드의 끝부분으로 문질러 제거한다. 족집게나 집게로 제거해서는 안 된다. 이는 상처부위로 독물을 더욱 짜 넣는 결과를 나타낸다.
> 3. 부드럽게 손상부위를 세척한다.
> 4. 부종이 시작되기 전에 악세서리 등을 제거한다.
> 5. 손상부위를 심장보다 낮게 유지한다.
> 6. 전신 알레르기 반응이나 anaphylaxis 징후가 나타나는지 관찰한다.
> 7. 재평가를 실시한다.

(2) 뱀에 물림

① 국내 독사는 4과 8속 14종으로 살모사, 불독사, 까치살모사가 있다. 활동 시기는 4월 하순부터 11월 중순으로 독액은 약 0.1~0.2cc 나온다. 증상 및 징후는 뱀의 종류 및 독의 정도에 따라 달라진다.

　ⓐ 일반적인 증상 및 징후

　　ⓐ 물린 부위 및 주변이 부어오른다.

　　ⓑ 오심/구토

　　ⓒ 입안이 저리면서 무감각해진다.

　　ⓓ 허약감과 어지러움, 졸림(눈꺼풀이 늘어진다)

　　ⓔ 호흡과 맥박 증가

　　ⓕ 쇼크, 저혈압, 두통

　　ⓖ 비정상적인 출혈

　ⓛ 응급처치* 20년 소방위

　　ⓐ 현장 안전을 확인하고 환자를 눕히거나 편한 자세로 안정을 취해준다.

　　ⓑ 부드럽게 물린 부위를 세척한다.

ⓒ 붓기 전에 물린 부위를 조일 수 있는 액세사리 등은 제거한다.

ⓓ 물린 부위를 심장보다 낮게 유지한다.

ⓔ 물린 팔다리를 움직이지 않게 부목으로 고정한다.

ⓕ 물린 부위에서 몸 쪽으로 묶어준다.(단, 지혈대가 아닌 탄력붕대 이용)

ⓖ 전신 증상이 보이면 비재호흡마스크로 많은 양의 산소를 공급한다.

ⓗ 신속하게 이송한다.(구토 증상을 보일 경우 회복자세를 취해준다)

ⓘ 계속적으로 평가한다.

　※ 금기사항* 20년 소방위

　　• 절개 또는 입으로 독을 빼내는 행위

　　• 전기충격, 민간요법으로 얼음이나 허브를 물린 부위에 대는 행위

　　• 40분 이상 묶으면 조직 내 허혈증 유발

② 현장처치로 이송을 지연시키면 안 되므로 항뱀독소가 있는 병원에 연락하고 신속하게 이송해야 한다. 항뱀독소는 사망률을 20%에서 1% 이하로 낮추는 역할을 한다.*

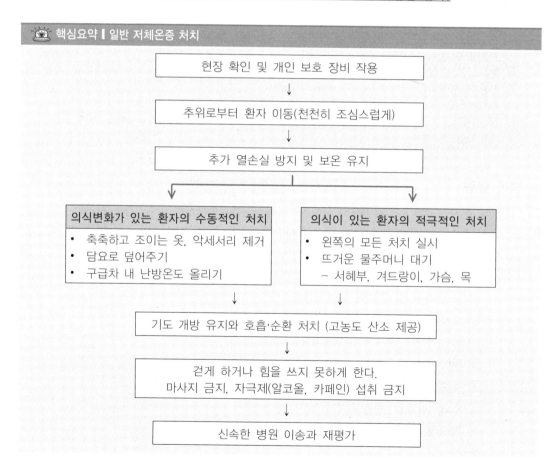

■ 부분 한랭손상 처치

현장 확인과 개인 보호 장비 착용

↓

추위로부터 환자 이동

↓

추가 열손실 방지 및 차갑고 축축하거나 조이는 옷 제거

↓

고농도 산소 공급

↓

추가 외상을 방지하기 위해 손상 부위 보호

↓

재평가 실시

💡 *Check*

① 35.0~37.0℃(오한) / 32.0~35.0℃(   ) / 30.0~32.0℃(기억력 장애) / 27.0~30.0℃(   )
26.0~27.0℃(의식손실, 언어지시 무반응, 모든 반사반응 상실, 심장기능 장애)

② (   ) : 피부가 하얗게 되거나 창백하게 변색 된다. 초기에 적절한 처치를 받는다면 조직의 영구적인 손상 없이 완전히 회복할 수 있다.(○)

③ (   ) : 깊은 국소 한랭손상은 하얀 피부색을 띤다. 대부분 산악인에게 많이 발생하며 근육과 뼈까지 손상되는 경우도 있으며, 상 부위가 녹으면서 자주빛, 파란색 그리고 얼룩덜룩한 피부색을 보인다.

④ 응급처치로는 손상부위를 문지르거나 마사지하지 않는다.(○) 물집은 터트린다.(X)

⑤ 체온조절능력이 감소되면 체온은 올라가고 열 손상이 일어난다.(○)

⑥ (   ) : 적절한 휴식 없이 진화하는 소방대원 및 통풍이 안 되는 작업복을 입고 일할 때 많이 발생한다.

⑦ 공기 중에 약 70%를 차지하는 (   )가스가 조직과 혈류내 축적되면서 발생한다. 보통 빠르게 상승할 때 발생하며 증상이 나타나는 시간은 30분 이내에 (   )%, 1시간 이내에 85%, 3시간 이내에 95%가 나타난다.

⑧ 곤충에 물린다면 신용카드의 끝부분으로 문질러 제거한다(○). 족집게나 집게로 제거하도록 한다.(X)

⑨ 뱀에 물린 경우 물린 부위 절개 또는 입으로 독을 빼내는 행위(X)

⑩ 항뱀독소는 사망률을 (   )%에서 1% 이하로 낮추는 역할을 한다.

1 임신 해부학과 생리학*

- 여성의 생식기계는 아랫배에 있는 골반 내에 위치해 있다. 주요 구조로는 2개의 난소와 2개의 나팔관 그리고 이와 연결된 자궁과 질, 경부로 구성되어 있다.
- 출산경로는 이 중에 자궁 아랫부분과 자궁목, 질로 구성되어 있다. 외부 질 입구와 항문사이는 회음부라고 불리며 이 모든 부분은 풍부한 혈액이 공급되는 부위로 출혈 시에는 응급상황이 발생한다.
- 정상 임신과정은 한 개의 난소에서 난자를 생성하고 난자는 나팔관을 지나 정자와 수정된다.
- 수정된 난자는 자궁벽에 착상하고 성장을 통해 배아가 된다. 양막은 양수로 채워져 태아를 보호하고 분만을 원활하게 진행시키는 역할을 한다.
- 태반은 제대를 통해 모체와 태아사이 풍부한 혈액과 영양, 산소를 공급해 주고 배설물을 제거시켜 주기도 한다.
- 정상 임신기간은 수정에서 분만까지 약 9달이며 초기, 중기, 말기로 나뉜다.
- 임신 초기에는 두개의 세포에서 두드러진 성장이 나타난다.
- 중기에는 태아가 빠르게 성장하며 5개월에는 자궁이 배꼽선에서 만져진다. 말기에는 자궁이 윗배에서 만져진다.

■ **임신기간 중 생리적 변화*** 14년 소방장

변 화	의 미	
혈류량과 혈관분포정도가 증가한다.	맥박은 증가하고 혈압은 감소한다.	
자궁이 커지면서 소화기계를 압박한다.	구토할 가능성이 높다.	
자궁이 하대정맥을 눌러 심장으로 가는 혈류량을 감소시킨다.	바로누운자세는 저혈압과 태아 절박가사를 초래할 수 있다.	

- 임신부는 보통 여자보다 혈류량과 심박동수가 증가하고 생식기계에 공급되는 혈관의 수와 크기가 증가한다.
- 이는 혈압을 감소시키고 임신말기 자궁은 소화기계를 압박해 소화를 지연시키거나 토하게 한다. 또한 바로누운자세의 임부는 하대정맥을 눌러 심장으로 가는 혈류량을 감소시켜 저혈압을 유발시킨다.
- 저혈압은 산모에게 위험할 뿐만 아니라 태아절박가사를 초래할 수 있다.
- 이러한 상태는 산모를 좌측으로 눕게 한 다음 오른쪽 엉덩이 아래에 이불 등으로 지지하면 쉽게 호전된다.

2 분 만

(1) 분만통의 징후*

① 임신 말기에 태아는 회전해서 머리가 보통 아래로 향하게 되는데 회전하지 않으면 둔위가 된다. 자궁목는 분만 1기에 확장하기 위해 부드러워지며 진진통 전에 가진통이 나타날 수 있다.

② 본격적인 진통이 시작되면 태아의 머리는 아래로 내려오고 자궁벽은 붉게 충혈되고 경부는 짧고 얇아진다.

③ 분만이 다가오면 수축시간이 짧아지고 수축 빈도는 30분에서 3분으로 줄어든다.

④ 수축하는 동안 배를 촉지하면 딱딱함을 알 수 있다. 태아가 내려오고 경부가 이완되면 양막은 보통 파열된다.

⑤ 정상적으로는 깨끗해야 하며 녹색이나 노란색을 띠는 갈색인 경우는 태아 스트레스로 인해 태변으로 오염되었음을 짐작할 수 있다.

⑥ 분만 1기에 자궁 경부가 확장되면서 피가 섞인 점액질 덩어리가 나오는데 이를 '이슬'이라고 한다. 분만에 걸리는 시간은 4-6시간으로 다양하다.

⑦ 분만 2기는 자궁수축 빈도가 증가하고 통증이 심해진다. 새로운 호소로는 "대변을 보고 싶다."고 하는데 이는 태아가 내려오면서 직장을 누르기 때문이다.

⑧ 2기가 시작되면 분만은 빠르게 진행된다. 따라서 산모평가를 통해 현장에서 분만할 것인지 이송할 것인지를 결정해야 한다.

(2) 분만의 단계* 19년 소방장

1기	규칙적인 자궁수축을 시작으로 자궁목이 얇아지고 점차적으로 확장되어 완전히 확장될 때까지(10cm)(자궁수축 시작부터 경부완전 열릴 때까지)	
2기	태아가 분만경로로 들어와 태어날 때까지 (아기가 산도 내로 진입해서 만출 때까지)	
3기	태아가 나온 후 기타 적출물(태반, 제대, 양막 등)이 나올 때까지 (태반만출)	

TIP 분만의 단계별 내용을 확인할 수 있어야 합니다.

3 정상 분만

(1) 분만 장비 - 구급차 내 분만세트

① 감염방지를 위한 소독된 외과용 장갑
② 산모를 감쌀 수건이나 포
③ 신생아를 닦을 수 있는 거즈
④ 구형흡입기
⑤ 제대 결찰기
⑥ 제대를 묶을 수 있는 테이프
⑦ 제대를 자르기 위한 외과용 가위
⑧ 보온을 위한 신생아 포
⑨ 적출물을 담을 봉투
⑩ 피와 체액을 흡수하기 위한 산모용 생리대

(2) 산모 평가

배림, 생체징후 등으로 이송여부를 결정해야 하며 서두르는 행동은 산모를 불안하게 만들 수 있다. 대원은 침착하고 전문적인 행동으로 정서적 지지와 처치를 실시해야 한다.

평가를 통해 수 분 안에 분만이 진행된다면 현장에서 분만준비를 해야 한다. 산모 평가로는,

① 산모의 이름, 나이 그리고 출산예정일을 묻는다.
   • 초산인 경우 출산예정일보다 먼저 분만이 시작되는 경우가 있다.
② 초산인지를 묻는다.
   • 초산인 경우 분만에 걸리는 시간은 약 16~17시간으로 경산부로 갈수록 짧아진다.
③ 진통 양상을 묻는다.
   • 기간, 빈도 그리고 이슬이나 양수 그리고 출혈이 있는지 묻는다.
④ 잡아당기는 듯하고 장이 움직이는 듯한 느낌('대변을 보고 싶다는 느낌')이 나는지 묻는다.
   • 이것은 태아가 출산경로로 이동하면서 직장 위 자궁벽을 눌러서 생기는 증상으로 분만이 곧 진행됨을 알 수 있다. <u>이때 산모가 화장실에 가게 해서는 안 된다.</u>
⑤ 배림현상이 있는지 평가한다.* 19년 소방위
   • <u>회음부위가 불룩 튀어나와 있거나 태아의 일부분이 보이는지 평가한다.</u> 배림현상이 보이면 분만 준비를 바로 해야 한다. 질 부위를 노출하게 되면 산모는 대부분 당황하게 되는데 항상 사전에 왜 실시해야 하는지 설명해야 한다. 분만 준비로는 시트로 양 다리를 감싸고 엉덩이와 회음부 아래 놓는다.
⑥ 자궁수축을 촉지한다.
   • 무엇을 할 것인지 우선 설명하고 장갑을 낀 손을 산모의 배꼽 윗배에 놓는다. 이때에는 옷 위에서도 촉지 할 수 있다. 자궁의 수축기간과 빈도를 평가하고 수축기간은 시작에서 멈출 때 까지이며 빈도는 수축시작에서 다음 수축시작까지의 시간이다. 분만이 가까워지면 빈도와 강도가 증가한다.
⑦ 수축 사이에 생체징후를 평가한다.
   • 초산이며 긴장감이나 배림현상이 없다면 이송을 실시해야 한다. 2분 단위로 자궁수축을 보인다면 분만이 곧 진행됨을 알 수 있다. 이송 중 분만할 것 같다는 산모의 불안감에는 현재까지의 평가에 대한 결론과 구급차 내에는 분만세트가 있으며 분만에 대한 교육을 받았 다는 설명으로 정서를 지지한다. 만약, 배림현상이 나타나면 구급차를 안전한 곳에 세운 후 분만 준비를 해야 한다.

(3) 분만 과정

현장에 도착했을 때 분만이 임박한 상황이라면 분만 준비를 해야 한다. 이때, 명심해야 할 점은 환자가 산모와 신생아 2명이라는 점이다. 만약 구급대원이 2명뿐이라면 추가 인원을 요청해야 한다.

① 분만 전 처치*

㉠ 사생활 보호를 위해 꼭 필요한 사람 외에는 나가 있게 한다.

㉡ 분만 중 피와 체액으로부터 보호하기 위해 개인보호 장비를 착용한다.

㉢ 산모를 침대나 견고한 장소에 눕히고 <u>이불을 이용해 엉덩이를 높여 준다.</u> 산모는 다리를 세워 벌리고 있게 한다.

> ※ 산모의 엉덩이 아래 공간은 적어도 60cm가 되어야 신생아 처치를 즉각적으로 할 수 있다.

㉣ 질이 열리는 것을 보기 위해 장애(옷 등)가 되는 것을 치운다. 분만세트에서 소독된 장갑과 그렇지 않은 장갑을 꺼낸다.
  - 소독포로 산모의 양쪽 다리를 감싸고 엉덩이와 회음부 아래에도 놓는다.

㉤ 동료대원이나 산모가 동의한 협조자는 산모의 머리맡에 위치한다.
  - 산모가 토할 때나 힘들어 할 때 격려하거나 도와주는 역할을 한다.

㉥ 분만세트는 탁자나 의자에 놓는다.
  - 모든 기구는 쉽게 잡을 수 있는 위치에 놓는다.

② 분만 중 처치** 19년 소방장

㉠ 정서적 지지, 생체징후 측정, 구토에 대비해 협조자는 산모의 머리맡에 위치하도록 한다.

㉡ 태아의 머리가 보이면 장갑을 착용하고 준비해야 한다.

㉢ <u>태아의 머리를 지지해준다.</u>
한 손은 손가락을 쫙 펴서 태아의 머리 아래에 두어야 하는데 이때, 숨구멍을 누르지 않도록 조심해야 한다. 다른 한 손으로는 질과 항문 사이가 찢어지지 않도록 소독된 거즈로 지지해 주어야 한다. 태아를 잡아 당겨서는 안 된다.

㉣ <u>태아의 머리가 보이는데도 양막이 터지지 않았다면 손가락이나 분만세트 안에 있는 클램프로 양막을 터트린다.</u>
태아의 입과 코에서 멀리 떨어진 막을 터트린다.

㉤ 머리가 나왔다면 제대가 목을 감고 있는지 확인한다.
확인하는 동안 산모에게 힘을 주지 말고 짧고 빠른 호흡을 하도록 격려한다. 그 동안 제대를 느슨하게 해줘야 하는데 찢어지지 않도록 조심해야 한다. <u>우선 태아의 목 뒤 제대 아래로 두 손가락을 넣어 앞으로 당긴 후 머리 위로 넘겨야 한다.</u> 만약 느슨하게 할 수 없다면 즉각적으로 2개의 제대감자로 결찰한 후에 자르고 태아의 목을 감고 있는 제대를 풀어내고 분만을 진행시킨다.

ⓗ 태아의 기도를 확인한다. * 23년 소방위

대부분의 태아는 머리를 아래로 하고 질 밖으로 나와서 왼쪽이나 오른쪽으로 머리를 돌린다. 따라서 <u>태아의 머리가 산모의 항문 쪽에 닿지 않도록 지지해 주어야 한다. 태아의 머리가 완전히 나왔다면 한손으로 계속 지지해 주고 다른 손은 소독된 거즈로 닦고 구형흡입기로 입, 코 순으로 흡인한다. 구형흡입기를 누른 다음 입에 약 2.5~3.5cm 넣고 흡인하고 뺀 후에는 수건에 흡인물을 버리도록 한다. 이 과정을 두세번 반복하고 코는 1~2번 반복한다. 코에는 1.2cm 이하로 넣어야 한다.</u>

ⓢ 어깨가 나오는 것을 돕는다.

부드럽게 태아의 머리를 아래로 향하게 하여 위 어깨가 나오는 것을 돕는다. 위 어깨가 나오고 아래 어깨가 나오는 것이 늦어지면 태아의 머리를 위로 살짝 올려 나오는 것을 돕는다.

ⓞ 전 과정동안 태아를 지지해야 한다.

태아는 미끄럽기 때문에 주의해야 하며 다리까지 모두 나왔다면 머리를 약간 낮추고 한쪽으로 눕혀 입과 코에 있는 이물질이 잘 나오도록 한다. 구형흡입기로 다시 입과 코를 흡입하고 제대에 맥박이 만져지지 않을 때까지 태아와 산모 높이가 같도록 유지한다. 신생아는 따뜻하고 건조한 포로 감싼다.

ⓩ 출생시간을 기록한다.

ⓒ 제대에 맥박이 촉지 되지 않으면 제대를 결찰하고 자른다.

ⓚ 신생아에 대한 평가와 처치가 즉각적으로 이루어져야 한다.

ⓣ 분만 3기에서의 제대와 태반 분리에 대해 준비한다.

ⓟ 정서적 지지를 계속 실시한다.

▣ 정상 분만과정 중 처치

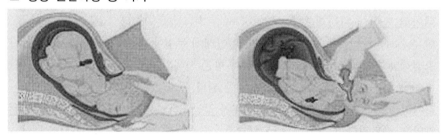

1. 아기의 머리를 지지한다.　　　　　2. 아기의 입과 코를 흡인한다.

3. 머리를 지지하여 급작스럽게 나오는　　4. 어깨와 같이 몸통을 지지한다.
   것을 예방한다. 상부어깨 만출을 돕는다.

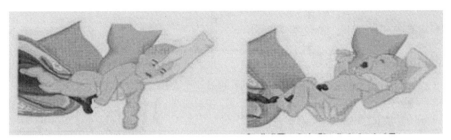

5. 손을 사용하여 아기의 발을 함께 지지한다.	6. 제대를 절단 할 때까지 아기와 산모가 수평이 되도록 유지한다.

(4) 신생아 평가와 처치

① 평가★★★ 16년 소방장/ 17년 소방위/ 18년, 19년 소방장/ 20년 소방위

신생아의 상태는 아프가 점수(APGAR score)를 이용하여 평가할 수 있다. 출생 1분과 5분에 각각 측정하는데, 건강한 신생아의 전체 점수의 합은 10점이다. 대부분의 신생아들은 생후 1분의 점수가 8~10점이다. <u>6점 이하이면 신생아의 집중관리가 필요하므로 기도확보 및 체온 유지를 하면서 신속히 병원으로 이송한다.</u>

■ APGAR score 평가★★ 22년 소방장, 소방위

일반적인 외형 (Appearance, 피부색)	몸 전체가 분홍색이면 2점, 몸은 분홍빛이지만 발과 입술이 푸르스름하면 1점, 몸 전체가 청색을 띠거나 창백하면 0점이다.
맥 박(Pulse)	<u>청진기를 사용할 수 없는 경우에는 손가락으로 제대의 박동수를 촉지하여 측정한다.</u> 100회 이상의 맥박수는 2점이고, 100회 이하이면 1점, 맥박이 없으면 0점이다.
반사흥분도 (Grimace, 찡그림)	코 안쪽을 자극할 때, 신생아가 기침이나 재채기를 하면 2점, 얼굴만 찡그리면 1점, 반응이 없으면 0점이다.
활동력 (Activity, 근육의 강도)	구부린 상태에서 곧장 뻗으려고 하면 2점, 약하게 뻗을 수 있으면 1점, 근육 긴장력이 없으면 0점이다.
호 흡(Respiration)	규칙적이며 빠른 호흡(울음)은 2점, 느리고 불규칙적이면 1점, 호흡이 없으면 0점이다.

■ APGAR 점수(출생 후 1분, 5분 후 재평가 실시★★ 19년 소방장/ 22년, 24년 소방위

평가내용	점 수		
	0	1	2
피부색 : 일반적 외형	청색증	몸은 핑크, 손과 팔다리는 청색	손과 발까지 핑크색
심장 박동수	없음	100회 이하	100회 이상
반사흥분도 : 찡그림	없음	자극 시 최소의 반응 /얼굴을 찡그림	코 안쪽 자극에 울고 기침, 재채기 반응

근육의 강도 : 움직임	흐늘거림/부진함	팔과 다리에 약간의 굴곡 제한된 움직임	적극적으로 움직임
호흡 : 숨 쉬는 노력	없음	약하고/느림/불규칙	우렁참

※ 8~10점 : 정상출산으로 기본적인 신생아 관리
　3~7점 : 경증의 질식 상태, 호흡을 보조함, 부드럽게 자극, 입-코 흡인
　0~2점 : 심한 질식 상태, 기관 내 삽관, 산소공급, CPR

TIP 신생아의 아프가 평가는 언제든지 출제 될 수 있습니다. 평가내용과 합산점수가 3점이면 처치 내용이 무엇인가요?

② 신생아 소생술** 18년 소방장/ 21년 소방위
　– 신생아에 대한 처치 과정

※ 신생아 소생술 단계로서 제일 아래 칸에서 실시 하는 처치는 모든 신생아에게 적용된다.

　㉠ 보온 유지 및 기도내 이물질 제거
　　구형흡입기로 우선 입을 흡인하고 그 다음에 코를 흡인한다. 입과 코 주변의 분비물은 소독된 거즈로 닦아낸다.

　　※ 주의 : 코를 먼저 흡인하면 신생아는 헐떡거리거나 호흡을 시작하게 되고 이때, 입에 있는 태변, 혈액, 체액, 점액이 허파에 흡인될 수 있다.

　㉡ 신생아를 소아용 침대에 한쪽으로 눕히고 구형흡입기로 다시 입, 코 순으로 흡인한다(준비된 장소가 없다면 품에 안고 실시할 수도 있다).

　㉢ 호흡 평가* 21년 소방위
　　ⓐ 기도 내 이물질을 제거한 순간부터 자발적으로 호흡하는 것이 정상이며 30초 내에 호흡을 시작해야 한다.
　　ⓑ 만약 그렇지 않다면 호흡을 격려해야 하는데 등을 부드럽게 그리고 활발하게 문지르거나 손가락으로 발바닥을 자극하는 방법이 있다.
　　ⓒ 발바닥을 치켜들고 손바닥으로 쳐서는 안 되며 호흡이 있으나 팔다리에 약간의 청색증이 있다고 해서 등을 문지르거나 발바닥을 자극해서는 안 된다.
　　ⓓ 태어나서 수분동안은 이런 팔다리의 청색증이 정상이다. 만약 호흡이 얕고 느리며 없다면 40~60회/분 인공호흡을 실시해야 한다.

> ※ 주의 : 구강대 마스크를 이용한다면 신생아용 소형 퍼프를 사용해야 하며 유아용 백-밸브
> 마스크를 사용할 때에는 백을 조금만 짜야한다. 30초 후에 호흡을 재평가해서 호전되지
> 않는다면 계속 실시해야 한다.

ⓛ 심박동 평가★ 17년 소방위

ⓐ 왼쪽 유두 윗부분에서 제일 잘 들리며 100회/분 이하이면 40~60회/분 인공호흡을
실시해야 한다.

ⓑ 30초 후에 재평가해서 60~80회/분이고 심박동수가 올라갔다면 계속 인공호흡을 실시
하고 30초 후에 재평가를 해야 한다.

ⓒ 만약 60회/분 이하이며 올라가지 않았다면 인공호흡과 더불어 가슴압박을 실시해야
한다.

ⓓ 가슴압박 횟수는 120회/분이며 양엄지 손가락은 복장뼈 중앙에 나머지 손가락은 등을
지지하고 압박해야 한다.

ⓔ 압박깊이는 가슴의 1/3 정도이고 호흡과 가슴압박의 비율은 1:3이 되어야 하며 1분에
90회의 가슴 압박과 30회의 호흡으로 실시해야 한다.

ⓜ 호흡과 맥박은 정상이나 몸통에 청색증을 계속 보이면 산소를 공급한다. 산소는 10~15
L/분로 공급하며 직접 주는 것이 아니라 얼굴 가까이 산소튜브를 놓고 공급해야 한다.

ⓗ 이송 중에 계속 평가를 실시해야 한다.

※ 신생아의 발바닥을 향하여 집게손가락으로 치거나 부드럽지만 강하게
아기의 등을 문질러 주어서 호흡을 "자극"할 수 있다.

1. 신생아에게 백밸브마스크를 사용하여 양압환기를 제공한다. 마스크를
밀착시키고 가슴이 상승하기에 충분한 양이어야 한다.
2. 가슴압박을 할 때 손가락으로 몸통을 감싸고 신생아의 복장뼈가 상선
아래에 두엄지손가락을 위치시킨다. 만약에 신생아가 매우 작으면 엄지
손가락을 겹친다. 반면에 신생아가 매우 크면 유두선에서 한손가락길이
아래쪽을 세 번째와 네 번째 손가락으로 복장 뼈을 압박한다. 분당
120회의 속도로 가슴의 1/3정도의 깊이로 압박한다.

③ 제대 결찰

정상적으로는 제대를 결찰하거나 잘라내기 전에 스스로 신생아가 호흡을 시작하며, 제대를
결찰하거나 잘라내기 전에 손가락으로 맥박이 뛰지 않는 것을 확인해야 한다.

> ※ 일반적인 과정★ 23년 소방위
> 1. 신생아 보온을 유지한다.
> • 제대 결찰 전에 수분을 없애고 신생아 포로 전신을 감싸야 한다. 태지는 보호막임으로 물로
> 닦아서는 안 된다.

2. 분만용 세트에서 제대감자로 제대가 찢어지지 않도록 천천히 결찰한다.
3. 첫 번째 제대감자의 결찰높이는 <u>신생아로부터 약 10cm 정도 떨어져 결찰</u>한다.
4. 두 번째 제대감자의 결찰높이는 첫 번째 제대에서 <u>신생아 쪽으로 5cm 정도 떨어져 결찰</u>한다.
5. 소독된 가위로 제대감자 사이를 자른다.
   • 자른 후에는 결찰을 풀거나 다시 하려고 시도해서는 안 된다. 태반측 제대는 피, 체액, 배설물에 닿지 않게 놓고 신생아편 제대 끝에서는 출혈되지 않는지 확인해야 한다. 출혈이 있다면 가능하다면 현 제대감자에 가깝게 다른 제대감자로 결찰한다.
6. 신생아를 옮길 때 제대에 충격이 가지 않도록 주의한다.
   • 제대에서 약간의 실혈로도 치명적일 수 있다.

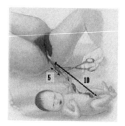

※ 주의 : 신생아가 호흡하지 않는 경우와 제대에서 맥박이 뛴다면 결찰하면 안 된다. * 18년 소방장
(제외사항 : 제대가 신생아의 목을 조이는 상황과 CPR을 실시해야 하는 상황)

④ 보온 유지

태어나자마자 수건으로 물기를 제거하고 따뜻하고 건조된 수건, 이불, 포대기 등으로 신생아를 감싸야 한다. 신생아의 얼굴이 아닌 머리부위도 감싸줘야 한다. 태반이 분리되는 동안 산모의 배 위에 신생아를 놓아 안게 하거나 동료대원이 신생아를 안고 있도록 한다. 구급차 내 적정 온도를 유지한다.

⑸ **계속적인 산모 처치**

분만 현장에서는 산모와 신생아 2명의 환자가 있다는 점을 명심하고 태반, 질 출혈에 대한 처치를 실시해야 한다.

① 태반
• <u>분만 3기는 제대 일부, 양막, 자궁의 일부조직을 포함한 태반이 분리되는 시기이다.</u> 이때, 태아가 나온 후 멈춘 분만통이 짧게 나타난다.
• 태반이 자궁으로부터 분리되면 제대길이가 길어지는 것으로 알 수 있다. <u>대부분 분만 후 수 분 내에 일어나며 30분 정도가 걸린다.</u>
• 촉진시키기 위해 자궁 위 배에 압력을 가하거나 제대를 잡아당겨서는 안 된다. <u>산모와 태아가 모두 건강하다면 태반이 분리될 때까지 20분 정도 병원이송을 지연시킬 수 있다.</u>
• 분만 시 나온 모든 조직들은 분만 세트 내의 보관함에 산모 이름, 시간, 내용물을 기록한 후 병원에 인계해야 한다. 만약 <u>20분이 경과해도 태반이 분리되지 않는다면 신속하게 병원으로 이송해야 한다.</u>

② 분만 후 질 출혈 처치

정상적으로는 500cc 이상 출혈되지 않으며 질 출혈 처치는 다음과 같다.

ㄱ 질 입구에 패드를 댄다.

ㄴ 발을 올려준다.

ㄷ 자궁수축을 돕기 위해 부드럽게 원을 그리며 자궁을 마사지 한다.

　자궁이 수축하고 단단해지며 출혈량이 줄어들 것이다.

ㄹ 자궁마사지에도 불구하고 출혈이 계속된다면 신속하게 병원으로 이송해야 한다.

- 많은 양의 산소를 제공하고 쇼크에 대한 처치를 실시해야 한다.
- 분만 후 출혈로는 질과 항문 사이 피부로부터 일어날 수 있다.
- 분만과정에서 회음부위가 찢어지면서 출혈과 불편감을 호소할 수 있다. 이 경우 멸균 거즈로 압박하고 드레싱을 해준다.

③ 정서적지지

분만 전·후 모든 과정을 통해 이루어져야 하며 이 과정 중의 정서적 경험은 작은 일에도 민감하게 반응하며 오랫동안 기억된다. 산모의 얼굴과 손을 축축한 수건으로 닦아주고 마른 수건으로 다시 닦아 주는 행위는 정서적 지지에 도움이 된다. 이불을 덮어주는 행위도 안정감과 보온을 동시에 제공할 수 있다.

4 분만 합병증

(1) 제대 탈출

태아보다 제대가 먼저 나오는 경우로 태아와 분만경로 사이에 눌리게 된다. 이는 태아로 가는 산소 공급을 차단하기 때문에 위급한 상태로 둔위분만이나 불완전 둔위분만의 경우에 종종 나타난다. 응급처치 목적은 병원 이송 전까지 태아에게 산소를 최대한 공급하는 것이다.

> ※ 응급처치
> 1. 개인 보호 장비를 착용한다.
> 2. 분만 경로의 압력을 낮추기 위해 이불 등을 이용해 엉덩이를 올리고 머리를 낮춘다.
> 3. 비재호흡마스크를 통해 고농도 산소를 공급한다.
> 4. 멸균 장갑을 착용한다.
> 5. 제대에 가해지는 압력을 낮추기 위해 질 안으로 손을 넣는다는 것을 설명한다.
> 6. 질 안으로 손가락 몇 개를 집어 높고 제대를 누르고 있는 태아의 신체 일부를 부드럽게 밀어낸다.
> 7. 병원으로 신속하게 이송한다.
> 8. 촉진으로 제대순환이 제대로 되는지 확인한다.
> 9. 가능하다면 멸균된 거즈를 따뜻하고 축축하게 한 다음 제대를 감싸 건조되는 것을 예방한다.
> 10. 다른 처치자는 산모의 생체징후를 계속 측정한다.

- 둔부를 올리고 산소를 공급하며 보온을 유지한다.
- 손가락을 넣어 아기 머리를 제대로부터 멀어지게 한다.
- 제대를 안으로 밀어 넣지 않도록 한다.
- 제대를 소독된 젖은 거즈로 감싼다.

(2) 둔위분만

엉덩이나 양 다리가 먼저 나오는 분만형태로 신생아에게 외상 및 제대 탈출 위험이 높다. 자발적으로 분만할 수도 있지만 합병증 비율이 높다.

> ※ 응급처치* 20년 소방위
> 1. 즉각적으로 이송한다.
> 2. 다리를 잡아당기는 등의 분만을 시도해서는 안 된다.
> 3. 고농도산소를 공급한다.
> 4. 골반이 올라오도록 머리를 낮추고 정서적 지지를 제공한다.
> 5. 만약, 엉덩이가 나온다면 손으로 지지해준다.

- 둔부를 올리고 산소를 공급하며 보온을 유지한다.
- 아기의 만출 시 다리를 절대로 잡아당기지 않는다.
- 즉시 이송한다.
- 만약 아기가 만출되면 처치한다.

(3) 불완전 둔위분만

머리가 아닌 팔다리가 먼저 나오는 형태로 둔위분만의 경우 발이 먼저 나온다. 이 경우 병원으로 빨리 이송해야 한다. 배림(crowning)때 머리가 아니 손, 다리, 어깨 등이 나오며 제대가 나올 수도 있다.

> ※ 응급처치
> 1. 제대가 나와 있다면 앞서 언급한 제대탈출에 따른 처치를 실시한다.
> 2. 골반이 올라오도록 머리를 낮춘다.
> 3. 비재호흡마스크로 고농도산소를 공급한다.
> 4. 신속하게 병원으로 이송한다.

(4) 다태아 분만

쌍둥이의 경우 일반 분만과 같은 응급처치를 제공하지만 그 이상의 다태아 분만인 경우 임부의 배가 보통 임부의 배보다 더 크며 한 명을 분만 후에도 크기의 변화가 적고 분만 수축이 계속된다는 점이다. 두 번째 분만은 보통 수 분 내에 이루어지며 둔위분만인 경우는 드물다.

> ※ 응급처치
> 1. 추가 지원을 요청한다.
>   분만장비, 인원, 구급차 등
> 2. 두 번째 분만 전에 제대를 결찰한다.
> 3. 태반은 한 개이거나 여러 개일 수 있다. 태반은 일반 분만과 같이 처치한다.
> 4. 각 태아별로 태어난 시간을 기록한다.
>   태어난 순서를 식별하기 위해
> 5. 다태아의 경우 일반 태아보다 작으며 신속하게 분만이 이루어진다.
>   신속하면서도 부드럽게 처치한다.

(5) **미숙아*** 18년 소방장

미숙아는 태어나는 순간부터 특별한 처치가 필요하다.

> ※ 응급처치
> 1. 보온을 유지한다.
>   보온을 위한 지방축적이 충분하지 않기 때문에 저체온증의 위험성이 높다. 따라서 물기를 닦아내고 따뜻한 이불로 포근하게 감싸줘야 한다. 또한 유아용 모자는 머리에서의 열손실을 막아준다.
> 2. 기도 내 이물질을 제거한다.
>   입과 코로부터의 이물질을 흡인한다.
> 3. 상태에 따른 소생술을 실시한다.
>   특히, 임신주수가 적은 경우 소생술을 준비한다.
> 4. 산소를 공급한다.
>   직접적인 공급은 피하며 코 주변에서 산소를 공급한다.
> 5. 오염되지 않도록 한다.
>   미숙아는 감염되기 쉬우므로 만약 산모가 분만 중에 대변을 보았다면 닿지 않도록 주의한다. 미숙아의 얼굴에 구급대원의 호흡이 직접적으로 닿지 않도록 한다.
> 6. 구급차 내 온도를 올린 후 이송한다.
>   적절한 온도범위는 32~38℃이며 이송 전에 온도를 맞춰 놓는다. 여름인 경우는 냉각기를 사용해서는 안 되며 창문을 이용해 온도를 조절하며 바깥공기가 직접 닿지 않도록 해야 한다. 가급적이면 닫은 상태로 이송한다.

(6) **태 변**

태아의 대변은 태아나 임부의 스트레스를 나타내는 징후이다. 태변은 양수를 녹색이나 노란 갈색으로 착색시킨다. 태변을 흡인한 태아는 호흡기계 위험성이 높다.

> ※ 응급처치
> 1. 흡인하기 전에 신생아를 자극시키지 않는다.
>   태변과 관련된 대부분의 합병증은 신생아 허파로 태변이 흡인된 경우이다. 따라서 흡인 전에 신생아를 자극시키면 안 되며 입을 먼저 흡인한 후 코를 실시한다.
> 2. 기도를 유지하고 신생아를 평가한다.
>   태변은 분만으로 인한 태아의 스트레스를 나타내는 징후이며 소생술이 필요할 수도 있다. 호흡과 심장의 상태에 따라 심폐소생술을 실시할 준비를 해야 한다.
> 3. 가능하면 즉각적으로 이송을 실시한다.
>   이송 중 보온을 유지하며 이송병원에 도착 전에 정보를 제공한다.

5 임신 중 응급상황 및 처치

자연 유산	임신 기간이 20주 내에 유산된 경우를 말하며 태아와 자궁조직이 경부를 통해 질 밖으로 나온다. 배의 경련이나 통증을 동반한 질 출혈을 호소하며 정서적인 스트레스를 받는다. ※ 환자 평가 및 처치 과정 1. 개인보호 장비를 착용하고 현장을 평가한다. 환자와 가족의 정서 상태는 때때로 구급대원에게 향하기도 한다.

	2. 환자를 평가한다. 복통을 호소하며 보통은 호흡과 순환이 정상이다. 하지만 질 출혈이 지속됨으로써 비정상적인 생체징후를 나타내므로 응급처치와 더불어 이송을 실시해야 한다. 3. 정보를 수집한다. <u>임신주기를 알아보고 24~25주 이상의 태아는 살아 날 수도 있다.</u> 4. 생체징후 및 신체검진을 실시한다. 질로부터 많은 출혈이나 덩어리가 나온다면 회음부위를 간단히 검사한 후 외부에 패드를 댄다. 사생활 보호를 유지한다. 5. 증상 및 징후에 따른 처치를 제공한다. 많은 량의 산소를 공급하고 질 출혈에 대해서는 질 외부에 산모용 생리대를 댄다. 6. 계속적으로 정서를 지지한다. 7. 자궁에서 나온 물질들을 병원에 인계한다.
임신 중 경련	경련 중에는 호흡이 원활하게 이루어지지 않아 태아에게 영향을 미치기 때문에 임신 중의 경련은 특히 위험하다. 원인으로는 경련 병력이 있거나 임신으로 인한 임신중독증이나 자간증으로 인해 일어난다. ① 자간증 환자는 임신후기에 보통 경련증상이 나타난다. ② <u>자간증의 증상 및 징후로는 두통, 고혈압, 부종이 있다.</u> 환자를 평가할 때에는 개인보호 장비를 착용하고 환자의 의식상태, 기도와 호흡평가, 병력사정, 신체검진, 복용하는 약물, 부종 등을 평가해야 한다. ※ 평가 및 처치 과정 1. 주변의 위험한 물건 등을 치운다. 2. 기도가 개방되었는지 확인하고 유지한다. 3. 비재호흡마스크를 통해 많은 량의 산소를 공급한다. 4. 필요시 백-밸브마스크로 인공호흡을 도울 준비를 한다. 5. 필요하다면 흡인 기구를 즉각적으로 사용할 수 있도록 준비한다. 6. <u>좌측위로 환자를 이송한다.</u>
임신 중 질 출혈	<u>임신초기 질 출혈은 자연유산의 징후로 볼 수 있으며 임신후기 질 출혈 특히, 마지막 석달은 임부와 태아 모두에게 위험하다.</u> 그 이유는 종종 태반으로 인한 출혈(태반박리, 전치태반 등) 때문이다. 임신후기의 질 출혈은 복통을 동반하지 않을 수도 있다. ※ 환자 평가 및 처치 과정 1. 개인보호 장비를 착용하고 현장을 확인한다. 2. 1차 평가동안 순환 상태 및 쇼크 증상이 있는지 주의한다. 3. 임신후기 질 출혈 환자는 즉각적으로 병원으로 이송한다. 4. 증상 및 징후에 따른 처치를 제공한다. 많은 량의 산소를 공급하고 피를 흡수하기 위해 패드를 댄다. 단, 질 안에 거즈를 넣어서는 안 되며 좌측위로 환자를 이송한다.
임신 중 외상	임부의 상태는 태아에게 직접적으로 영향을 미친다. 임부의 외상처치는 일반외상처치와 같으나 태아에 대한 걱정으로 심한 스트레스를 받는다는 점과 태아에게 영향을 미친다는 점이 틀리다. ※ 평가 및 처치 과정 1. 개인보호 장비를 착용하고 현장이 안전한지를 확인한다. 2. 1차 평가를 실시한다. 3. 병력과 신체검진 그리고 생체징후를 측정한다. 이때, 보통 비임부 여성과 임부의 생체징후는 틀리다는 것을 알아야 한다. 임부의 경우 맥박은 빠르고 혈압은 보통 낮다. 하지만 외상으로 인해 생체징후가 변할 수 있다는 점을 유의하고 적절한 처치를 실시해야 한다. 4. 증상 및 징후에 따른 처치를 제공한다. 일반 외상환자와 같이 처치를 하되 많은 량의 산소를 공급하고 좌측위로 환자를 이송해야 한다. 5. 정서적인 지지를 제공해야 한다. 현재 제공하는 응급처치가 태아와 환자에게 모두 도움이 된다는 점을 알려준다.

6 부인과 응급

질 출혈	외상이나 생리로 인한 질 출혈 외의 출혈은 응급상황으로 보통 복통도 같이 호소한다. 가장 위험한 합병증으로는 실혈로 인한 저혈량성 쇼크이다. ※ 평가 및 처치 과정 1. 개인보호 장비를 착용하고 현장을 평가한다. 2. 1차 평가를 실시한다. – 의식상태, 기도개방 확인, 호흡과 순환 평가. 3. 증상 및 징후에 따른 처치를 제공한다. 쇼크 상태라면 많은 량의 산소를 공급한다. 4. 신속하게 병원으로 이송한다.
외부 생식기관 외상	보통 환자가 처치를 거부하거나 심한 통증을 동반하기 때문에 처치하기 곤란하다. 외부 생식기관은 혈액 공급량이 많은 부위로 많은 출혈을 동반한다. ※ 평가 및 처치 과정으로는 1. 개인보호 장비를 착용하고 상처부위를 확인한다. 2. 1차 평가를 실시한다. 3. 증상 및 징후에 따른 처치를 제공한다. 출혈부위는 거즈를 이용해 직접압박을 실시하되 지혈을 위해 질 안에 거즈를 넣어서는 안 된다. 냉찜질은 심한 통증을 감소시키는데 유용하다. 4. 사생활 보호를 위해서 주위 사람들을 물리치고 필요할 때에만 상처부위를 노출시킨다.
성폭행	환자처치는 의학적·정신적·법적인 면을 모두 고려해야 한다. 성폭행 피해자는 굉장한 스트레스를 받기 때문에 다양한 감정변화를 나타낸다. 이런 경우 개인적인 판단은 피하며 전문적 태도를 보여야 하며 동정하는 태도를 보여서는 안 된다. 정보수집 및 응급처치를 제공하는 것은 같은 성의 구급대원이 하는 것이 좋다. ※ 평가 및 처치 과정 1. 현장 안전을 확인한다. 범죄현장이 의심된다면 안전을 확보하고 필요하다면 경찰의 도움을 요청한다. 2. 1차 평가에서 환자의 의학적·정신적인 면을 모두 평가한다. 3. 성폭행으로 인한 다른 상처가 있는지 신체검진과 정보 수집을 실시한다. 심한 출혈이 있다면 생식기를 검사한다. 4. 증상과 징후에 따른 처치를 제공한다. 단, 증거가 훼손되지 않도록 주의해야 한다. 5. 법적인 자료가 될 수 있으므로 기록에 유의한다. 6. 증거(정액)확보를 위해 환자를 걷게 하면 안 되며 들 것을 이용해 이동한다.

핵심요약 ▌응급 분만

```
┌─────────────────────────────────────────┐
│              현장 확인                   │
├─────────────────────────────────────────┤
│ • 개인 보호장비 착용    • 사생활 보호     │
└─────────────────────────────────────────┘
                    ↓
┌─────────────────────────────────────────┐
│              정보 수집                   │
├─────────────────────────────────────────┤
│ • 임신 여부           • 통증 또는 수축 유무 │
│ • 출혈 또는 분비물 유무  • '대변을 보고 싶다'는 느낌 │
│ • 몇 번째 출산인지?                       │
└─────────────────────────────────────────┘
                    ↓
┌─────────────────────────────────────────┐
│              신체 검진                   │
├─────────────────────────────────────────┤
│ • 생체 징후          • 배가 딱딱한지(수축 여부) │
│ • 회음부 검진        • 배림 현상 유무      │
└─────────────────────────────────────────┘
```

없다 ↓   있다 ↓

```
┌──────────────────────┐          ┌──────────────────┐
│ • 신속한 이송        │          │   보이는 부분    │
│ • 좌측위            │          └──────────────────┘
│ • 5분마다 재평가 실시 │
└──────────────────────┘                ↓         ↓
```

```
┌───────────────────────────────────────────┐  ┌──────────────────┐
│          엉덩이, 팔다리, 제대             │  │       머리       │
├───────────────────────────────────────────┤  ├──────────────────┤
│ • 머리를 낮추고 엉덩이를 올려준다.        │  │   현장 분만 준비  │
│ • 고농도 산소 공급(80% 이상 산소)         │  └──────────────────┘
│ • 둔위 분만인 경우 분만 준비              │
│ • 제대탈출 시 멸균장갑을 끼고 질 안으로 손을 넣어 │
│   제대를 누르는 태아 일부를 부드럽게 밀쳐 낸다. │
│ • 신속한 이송                            │
└───────────────────────────────────────────┘
```

핵심요약 ‖ 신생아 소생술

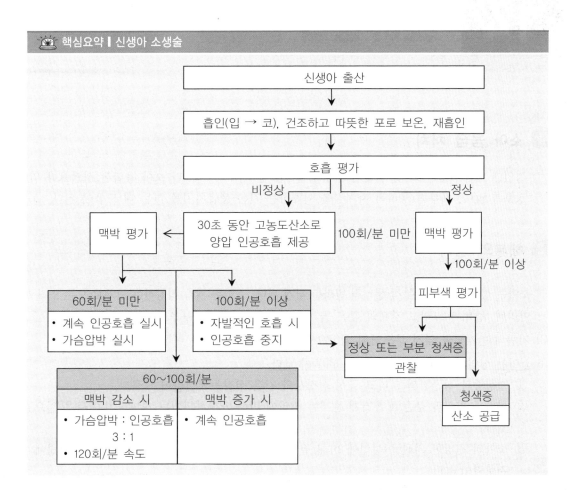

Check

① 태반은 제대를 통해 모체와 태아 사이 풍부한 (   )과 (   ), (   )를 공급해 주고 배설물을 제거시켜 주기도 한다.

② 분만이 다가오면 수축시간이 짧아지고 수축 빈도는 (   )분에서 (   )분으로 줄어든다.

③ 구형흡입기로 (   ), (   ) 순으로 흡인한다. 구형흡입기를 누른 다음 입에 약 (   )cm 넣고 흡인하고 뺀 후에는 수건에 흡인 물을 버리도록 한다.

④ APGAR score 평가 항목은 피부색, 맥박, (   ), (   ), 호흡

⑤ 신생아가 호흡하지 않는 경우와 제대에서 맥박이 뛴다면 결찰해서는 안 된다.(○)

⑥ 심박동 평가는 왼쪽 (   ) 윗부분에서 제일 잘 들리며 100회/분 이하이면 40~60회/분 인공호흡을 실시해야 한다.

⑦ 임신기간이 (   )주 내에 유산된 경우를 말한다.

⑧ (   ) : 엉덩이나 양다리가 먼저 나오는 분만 형태로 신생아에게 외상 및 제대 탈출 위험이 높다.

⑨ 산모와 태아가 모두 건강하다면 태반이 분리될 때까지 (   )분 정도 병원 이송을 지연시킬 수 있다.

⑩ 결찰 높이는 신생아로부터 약 (   )cm 정도 떨어져 결찰한다. 두 번째 제대감자의 결찰 높이는 첫 번째 제대에서 신생아 쪽으로 (   )cm 정도 떨어져 결찰한다.

⑪ 분만단계에서 2기란? 태아가 분만경로로 들어와 태어날 때까지를 말한다.(○)

1 소아 응급 처치

성인에 비해 구급신고 및 위급한 사항이 일어나는 경우가 적으나 소아 응급은 성인보다 위급한 경우가 많다. 해부적·생리적 차이점을 이해하는 것은 응급처치를 하는 데 도움이 된다.

2 해부와 생리

⑴ 소아는 성장에 따라 해부적·생리적 변화를 겪게 된다. 소아는 계속 성장하는 단계로 모든 조직 특히, 머리뼈, 갈비뼈 그리고 긴뼈와 같은 골격계는 성장에 적합한 구조로 되어 있다.

⑵ 기관의 반지연골 역시 부드러워 외상으로 인한 영향과 기도를 이해하는 것이 중요하다.

⑶ 소아는 성인에 비해 질병에 걸리는 비율이 낮다.
  ① 협심증과 심근경색 그리고 급성 심장사와 같은 심장동맥질환이 드물다.
  ② 감염과 천식과 같은 호흡기계 문제는 성인에 비해 만성화되거나 허파공기증 등을 일으킬 수 있다.
  ③ 소아의 건강한 기관은 성인에 비해 질병 특히, 호흡기계와 심혈관계와 관련한 질병에 대한 저항력이 높다.
  ④ 질병이나 손상에 대한 회복력이 빠른 반면에 반응도 빨라 호흡곤란이 나타나면 맥박이 떨어지고 심정지가 빠르게 진행된다.

■ 성인과 소아의 차이점*

차이점	평가와 처치에 영향
• 상대적으로 큰 혀, 좁은 기도, 많은 분비물, 젖니(탈락성)	• 기도 폐쇄 가능성 증가
• 평평한 코와 얼굴	• 얼굴 마스크 밀착 시 어려움
• 몸에 비례해서 큰 머리, 발달이 덜 된 목과 근육	• 외상에 있어 쉽게 머리손상 증가
• 완전히 결합되지 않은 머리뼈	• 숨구멍(대천문, 소천문)이 올라가면 두개 내 압력을 의미, 내려가면 탈수를 의미 (울 때 올라가는 것은 정상)
• 얇고 부드러운 뇌조직	• 심각한 뇌손상 가능성
• 짧고 좁으며 유연한 기관	• 과신전 시 기관 폐쇄
• 짧은 목	• 고정 및 안정시키기 어려움

• 배 호흡	• 호흡 측정 어려움
• 빠른 호흡	• 호흡근이 쉽게 피로해져 호흡곤란을 야기함
• 신생아는 처음에 비강호흡을 함	• 코가 막혀 있다면 구강호흡을 자동으로 할 수 없는 경우가 있어 쉽게 기도가 폐쇄됨
• 신체에 비례해 넓은 체표면적	• 높은 저체온 가능성
• 약한 골격계	• 골절은 적고 휘어질 가능성이 높음. 따라서 외부 압력은 갈비뼈 골절 없이 내부로 전달되어 장기를 손상시킬 수 있다(특히, 허파손상).
• 이자와 간 노출 증가	• 배에 외부 압력으로 쉽게 손상된다.

3 발달 과정

소아는 신체적인 발달뿐만 아니라 정서적 성장도 일어난다. 정서적 발달단계는 병원 전 처치에 있어 중요한데 그 이유는 질병과 손상에 어떻게 반응하는지와 행동하는지를 알 수 있기 때문이다.

■ 소아의 정서적·사회적 특성

연 령	정서적·사회적 특성	처 치
2세 이하	• 부모와의 격리불안 • 낯선 것에 대한 약간의 불안감 • 움직이는 것을 눈으로 쫓음 • 산소마스크에 대한 거부감	• 처치·평가 시 부모가 곁에 있도록 한다. • 보온유지(처치자 손과 기구도 포함) • 가급적 거리를 두고 가슴의 움직임과 피부색으로 호흡을 평가한다. • 머리는 맨 나중에 평가하고 심장과 허파를 우선적으로 평가한다. • 산소는 소아용 비재호흡마스크를 이용해 얼굴에서 약간 떨어진 상태에서 공급한다.
2~4세	• 낯선 사람과의 신체접촉을 싫어함 • 부모와의 격리불안 • 질병·손상이 자기가 잘못해서 벌 받는 것이라 생각 • 옷을 벗기는 것을 싫어함 • 주사바늘이나 통증에 대해 쉽게 흥분하고 과잉행동을 보임 • 산소마스크에 대한 거부감	• 처치·평가 시 부모가 곁에 있도록 한다. • 환아의 잘못 때문에 아픈 것이 아니라는 것을 확인시켜 준다. • 꼭 필요한 경우에만 옷을 제거한다. • 머리는 맨 나중에 평가해 불안감을 최소화시켜준다. • 이해할 수 있는 나이라면 처치 전 꼭 설명을 하고 실시한다.
4~7세	• 낯선 사람과의 접촉 및 부모와의 격리를 싫어함 • 옷을 벗는 것을 창피하게 생각함 • 질병·손상이 자기가 잘못해서 벌 받는 것이라 생각 • 혈액, 통증, 영구손상에 대한 두려움 • 호기심, 사회성이 있으며 협조적일 수 있다. • 산소마스크에 대한 거부감	• 처치·평가 시 부모가 곁에 있도록 한다. • 옷을 제거 시에는 사생활 존중 • 침착하고, 전문적이며 신뢰감 있는 행동 • 처치 전 충분한 설명 • 산소는 소아용 비재호흡마스크를 이용해 얼굴에서 약간 떨어진 상태에서 공급한다.

7~13세	• 또래 문화이며 자기 의견에 대해 경청해 줄 것을 원한다. • 혈액, 통증, 미관손상, 영구손상에 대한 두려움 • 옷을 벗는 것을 창피하게 생각함	• 환아가 자신에 대해 설명하는 것에 대해 경청한다. • 처치 전 충분한 설명 • 침착하고, 전문적이며 신뢰감 있는 행동 • 환아의 자존심 존중
13~19세	• 성인과 같이 취급해 줄 것을 원함 • 영구손상 및 미관손상에 대한 두려움 • 정서적으로 민감하며 신체변화에 대해 불안감을 느낄 수 있다.	• 어린아이 취급을 삼가고 사생활을 보호해 준다. • 침착하고, 전문적이며 신뢰감 있는 행동 • 처치 전 충분한 설명 • 자존심 존중 및 경우에 따라 평가·처치 시 부모가 곁에 있는 것을 싫어하는 경우가 있다. • 가능하다면 같은 성(性)의 구급대원이 처치하도록 한다.

4 기도와 호흡 유지* 17년 소방장

호흡기계의 치명적인 문제는 심각한 질병을 가진 소아에게 종종 일어난다. 기도 폐쇄와 호흡곤란은 대부분 심장마비로 이어진다. 그러므로 호흡기계에 대한 처치는 구급대원에게 중요한 부분 중 하나이다. 성인뿐만 아니라 소아에 있어서 1차 평가와 더불어 호흡기계의 처치가 중요하다. 성인과 비교하여 소아기도 처치에 필요한 해부적·생리적 고려사항은 다음과 같다.

• 얼굴, 코 그리고 입이 작다.
  : 입과 코의 직경이 작아 쉽게 분비물에 의해 폐쇄될 수 있다.
• 상대적으로 혀가 차지하는 공간이 크다.
  : 무의식 상태에서 쉽게 기도를 폐쇄시킬 수 있다.
• 기관이 부드럽고 유연하다.
  : 기도유지를 위해 목과 머리를 과신전하면 기도가 폐쇄될 수 있다. 또한 머리를 앞으로 굽혀도 기도가 폐쇄된다.
• 흡인 시 인두의 자극으로 심박동이 갑자기 떨어질 수 있다.
  : 저산소증으로 느린맥이 나타날 수 있다.
• 유아는 입보다 코를 통해 숨을 쉰다.
  : 만약 코가 막히면 입으로 숨을 쉬는 법을 모른다.
• 가슴벽은 부드럽고 호흡할 때 호흡보조근 보다 가로막에 더 의존한다.
• 소아는 호흡기계 문제 시 단기간에 호흡수를 늘려 보상작용을 할 수 있다. 보상작용은 복근을 포함해 호흡보조근을 사용하며 호흡곤란으로 빠르게 심정지가 일어나기도 한다.
• 저산소증은 급속한 심정지를 일으키는 느린맥을 초래할 수 있다.
  ※ 소아기도 처치 시 다음과 같이 성인과의 다른 점에 유의해야 한다.
• 포켓 마스크나 BVM 이용 시 잘 밀착시키기 위해 적당한 크기를 사용해야 하며 적당한 크기가 없는 경우 마스크를 거꾸로 사용하기도 한다.

- 산소 공급 시 소아용 비재호흡마스크와 코삽입관를 사용해야 한다.
- 부드럽게 기도를 개방해야 한다.
  : 접은 수건을 어깨 아래 넣어 목을 약간 뒤로 젖힌다.
- 혀로 인한 기도폐쇄 가능성으로 구급대원은 계속 기도 개방을 유지해야 한다.
- 기도의 직경이 작아 기도 내에 기구를 삽입하는 것은 부종을 쉽게 유발시킬 수 있다. 따라서 다른 기도개방을 위한 처치가 안 되는 경우 최후의 수단으로 기구를 삽입해야 한다.
- 흡인 시 경성 흡인관을 사용해야 한다. 그러나 기도와 입의 표면에 외상이 생기지 않도록 주의해야 한다. 자극은 부종을 일으켜 폐쇄를 일으키기 때문이다. 또한 인후 뒷부분을 계속 자극하는 것은 갑작스런 느린맥을 유발할 수 있다.
- 코와 코인두 내 분비물을 흡인하는 것은 두드러지게 호흡을 향상시킬 수 있다.
- 호흡곤란 증상 즉, 비익확장, 호흡보조근 사용 등 빠른호흡을 나타내면 고농도 산소를 공급하고 재평가를 실시해야 한다.
- 느린맥이 나타나면 저산소증이라고 가정하고 즉시 15 L/분 산소를 제공하고 필요하다면 BVM 이나 포켓마스크로 인공호흡을 제공해야 한다.

TIP 소아의 기도폐쇄에 대한 증상, 성인과 차이점을 숙지하시기 바랍니다.

(1) 기도에 대한 처치

① 기도 개방
  ㉠ 모든 처치에서 제일 먼저 실시해야 하며 소아의 목이 과신전되지 않도록 머리기울임 / 턱 들어올리기법으로 기도를 개방해야 한다.
  ㉡ 외상이 의심된다면 턱 밀어올리기법을 이용한다. 이때 하악아래 연부조직이 아닌 아래턱뼈에 손을 위치시켜야 한다. 연부조직 압박은 기관압박을 초래하기 때문이다.

(머리기울림 / 턱 들어올리기)   (턱 밀어올리기)

② 흡인
  ㉠ 분비물 또는 입과 코의 기타 액체 성분을 흡인해야 하며 특히, 의식장애가 있는 경우 중요하다.

  ※ 왜냐하면 기도를 보호하는 능력이 없거나 감소하기 때문이다. 구형흡입기, 연성흡입관 또는 경성흡입관이 사용될 수 있으며 환자의 나이와 상황에 따라 달라진다.

  ㉡ 흡인은 잠재적인 위험성을 갖고 있는데 특히, 저산소증을 주의해야 한다.

  ※ 흡인 전에 100% 산소를 공급하거나 15 L/분 산소를 공급해 저산소증을 예방해야 하고 15초 이상 흡인해서는 안 된다.*

ⓒ 인두 깊숙이 흡인하는 것 역시 미주신경을 자극해 느린맥이나 심정지를 유발할 수 있다.

> ✪ 눈으로 보이지 않는 깊이까지 흡인해서는 안 되며, 흡인 시간이 한번에 15초를 넘지 않도록 주의해야 한다.*

ⓔ 유아의 경우 비강호흡을 하므로 코가 막히지 않도록 해야 하며 너무 깊게 흡입관이 들어 가지 않도록 주의해야 한다.

③ 기도 내 이물질 제거

ⓐ 상기도 폐쇄는 소아사망에 있어 주요한 원인 중 하나이다. 따라서 기도 내 이물질 제거는 세심 하게 다루어져야 한다. 현장에서 기도폐쇄가 완전 또는 부분적인지 판단하는 것이 중요하다.

경미한 기도폐쇄	쉰 목소리를 내고 기침을 하거나 들숨 시 고음의 소리를 낸다. 성급한 처치는 잘 못하면 완전 기도폐쇄를 유발시킬 수 있으므로 편안한 자세로 신속히 이송해야 하며 완전 기도폐쇄 증상이 나타나는지 관찰해야 한다.
심각한 기도폐쇄	• 환자가 반응이 있거나 무반응일 수 있다. 무반응의 소아는 청색증을 나타내고 반응이 있는 소아의 경우 말하거나 울지 못하고 청색증을 나타낸다. • 영아에서는 5회 등 두드리기를 하고 5회 가슴 밀어내기를 이물이 나올 때까지 또는 의식이 없어질 때 까지 반복한다. • 영아에서는 간이 상대적으로 크기 때문에 배 밀어내기는 간 손상의 위험이 있으 므로 시행하지 않는다. • 소아에서 기도폐쇄가 심하다고 판단되면 가로막아래 복부밀어내기(하임리히법)를 이물이 나올 때까지 또는 의식이 없어질 때까지 시행한다.

ⓑ 이물질 제거는 꼭 눈으로 확인하고 제거해야지 그냥 실시하게 되면 이물질을 다시 안으로 집어넣을 수 있다.

④ 기도유지기 사용

ⓐ 입·코인두기도기는 인공호흡을 오래 필요로 하는 소아와 영아에게 사용된다.

ⓑ 성인과 달리 인공호흡이 시작되자마자 기도유지기를 위치시켜야 하지만 초기 인공호흡을 위해서 사용되어서는 안 된다.

> ※ 왜냐하면 소아나 영아의 호흡노력과 산소화는 100% 인공호흡의 결과로 종종 빠르게 나아지 므로 가끔은 기도유지기가 필요하지 않는다.

ⓒ 기구사용은 오히려 상태를 악화시킬 수 있으며 빠른 호흡 향상이 나타날 수 있으므로 가급적 이면 기도유지기 사용을 피해야 한다.

ⓓ 기도유지기 합병증으로는 연부조직 손상으로 출혈이나 부종, 구토 그리고 느린맥이나 심장 마비를 유발할 수 있는 미주신경 자극이 있다.

ⓔ 입인두기도기의 사용상 주의사항

ⓐ 연령별로 다양한 크기가 있으므로 적절한 크기를 사용해야 한다.

ⓑ 너무 작은 경우는 입안으로 들어가 기도를 폐쇄할 수 있으며 큰 경우는 기도폐쇄, 외상이 나타날 수 있다.

ⓒ 크기는 입 가장자리와 귓불 사이 길이를 재어 결정하면 된다.

ⓓ 구역반사가 있는 경우는 구역반사를 자극해 구토를 유발하고 심박동을 증가시키기 때문 이다.

ⓗ 입인두기도기 처치법* 08년 소방위
  ⓐ 설압자를 입에 넣어 본다.
    – 만약, 기침, 구역반사가 있다면 기도기 삽입은 중지해야 한다.
     대신에 머리위치를 변경해 기도를 개방시키고 비강기도기
     사용을 고려해야 한다.
  ⓑ 구역반사가 없다면 설압자로 넣고 머리 쪽으로 약간 벌리면서
    혀를 누른다.
    – 공간을 벌려 기도기를 넣기 편하게 하기 위해서이다.
  ⓒ 기도기 플랜지(입구)가 입술에 닿을 때까지 바로 기도기를 삽입한다.
    – 회전 없이 바로 넣는다.
  ⓓ 삽관 후 기침 또는 구역반사가 나타나면 기도기를 제거하고 필요하다면 흡인해준다.

⑤ 코인두기도

소아환자에서 대개는 사용하지 않으나 구역반사가 있는 소아환자에게 인공호흡을 유지할 필요가
있는 경우에 효과적이다. 코인두기도기는 연령별로 크기가 다양하지만 1년 이하의 신생아에게는
일반적으로 사용되지 않는다. 콧구멍 크기에 맞는 기도기를 선택해야 하며 보통은 환자의 새끼
손가락 크기와 비슷하다.

※ 코인두기도기 처치법
㉠ 적당한 크기의 기도기를 선택한다.
㉡ 기도기 몸체와 끝에 수용성 윤활제를 바른다.
㉢ 비중격을 향해 사선으로 기도기를 넣는다.
  만약, 저항이 느껴지면 다른 콧구멍으로 시도해 본다.
㉣ 천천히 코인두 내로 넣는다.
  삽입도중 기침이나 구역반사가 나타나면 즉시 제거하고 머리 위치를 변경해 기도를 개방·
  유지시킨다.

> ※ 합병증으로 비출혈이 종종 나타나며 비익부분을 눌러 지혈처치를 실시해야 한다. 필요하다면
>   흡인해 주어야 한다. 다른 합병증으로는 머리뼈 골절로 부적절하게 삽관되어 코 또는 두개내
>   손상을 유발할 수 있다.
> ※ 코, 얼굴 또는 머리 외상이 있는 경우에는 코인두기도기를 사용해서는 안 된다.

⑵ **산소 공급**

호흡장애나 쇼크 증상 및 징후가 있는 경우에는 고농도산소를 공급해주어야 한다. 고농도산소공급에
사용되는 기구에는 소아용 비재호흡마스크가 있다. 낯선 것에 대한 두려움이 있는 소아인 경우
마스크를 구급대원이나 보호자에게 우선 착용시키고 설명과 함께 정서적 지지를 한 후 마스크를
착용시켜야 한다.

> ※ 계속 거부감을 나타내면 기구를 코 근처에 가까이 해서 공급해주어야 한다.

 ① 종이컵과 산소공급관을
이용한 산소공급

 ② 아이의 얼굴로부터 약 5cm
높이에서 산소공급관을
이용한 산소공급

(산소공급 방법)

(3) 인공호흡* 17년, 18년, 21년 소방장

호흡정지 또는 호흡부전에는 즉각적으로 고농도의 인공호흡을 실시해 주어야 한다. 소아의 인공
호흡 비율은 분당 12회~20회(3초~5초마다 1번 호흡)로 실시한다. 각 호흡은 1초간 하고 가슴이
부풀어 오를 정도의 일회 호흡량을 유지한다.

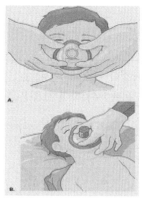

1. 두 손으로 잡고 마스크 밀착하기
2. 한 손으로 잡고 마스크 밀착하기

ⓐ 느린맥(60회 이하)과 부적절한 호흡이 같이 나타난 경우에는
인공호흡을 실시해야 한다.
ⓑ 이는 저산소증으로 인한 심장마비 위험이 있기 때문이다.
만약 환자의 호흡이 너무 느리다면 자발적 호흡 사이에 추가
적인 환기를 제공해 주어야 한다.
ⓒ 호흡동안 소아의 가슴이 오르는 것을 주의 깊게 관찰하고
들숨과 동시에 인공호흡을 실시해 주어야 한다.
ⓓ 인공호흡 기구로는 포켓마스크와 BVM이 있다. 마스크 크기는
입과 코를 충분히 덮을 수 있어야 하며 산소가 세지 않게
한 손 또는 두 손으로 잘 밀착시켜야 한다.

※ 인공호흡 시 주의사항
1. 과도한 압력이나 산소량은 피해야 한다.
   • 백은 천천히 지속적으로 눌러야 하며 가슴이 충분히 올라 갈 정도면 된다.
2. 적정한 크기의 마스크를 사용해야 한다.
3. 자동식 산소소생기는 소아에게 사용해서는 안 된다.
4. 인공호흡 도중에 종종 위 팽창이 나타난다. 위 팽창은 가로막을 밀어 올리고 허파의 팽창을 제한해
   효과를 떨어뜨린다. 이 경우 비위관을 삽입할 필요가 있다.
5. 입·코인두기도기는 다른 방법으로 기도를 유지할 수 없고 인공호흡을 지속시켜야 할 때 사용되어야
   한다.
6. 인공호흡 동안 흡인을 할 경우에는 경성 흡인관을 사용해 기도 뒤를 자극하지 않도록 주의해서 사용
   해야 한다.
7. 인공호흡 동안 목이 과신전 되지 않도록 주의해야 한다.
8. 턱 밀어올리기법은 머리 또는 척추손상 환자를 인공호흡 시킬 때 사용해야 한다.
9. BVM에 부착된 저장낭을 사용해 100% 산소를 공급해 준다.
10. 산소 주입구가 달린 포켓마스크를 사용한다면 고농도 산소를 연결시켜 줘야 한다.

TIP 입인두와 코인두기도기 사용방법을 비교하세요. 자동식소생기는 소아에게 사용하지 마세요. 인공
호흡은 들숨과 동시에 합니다.

5 평 가

모든 환자에서와 같이 현장 확인과 1차 평가 그리고 병력 및 신체 검진을 실시해야 한다.

⑴ **1차 평가 : 현장에 도착했을 때 실시하는 것으로 손상 기전, 환경, 일반적인 인상을 포함**

일반적인 인상	일반적인 인상에 대한 정보에는 다음과 같은 요소가 있다. ① 피부색 : 회색, 창백, 얼룩, 청색 ② 말이나 울음소리 : 기도와 호흡평가에 있어 중요하다. ③ 주위 환경에 대한 반응 : 눈 맞춤, 움직임, 부모에 대한 반응 등 ④ 정서 상태 : 나이와 상황에 맞는 정서 상태 ⑤ 구급대원에 대한 반응 : 낯선 사람에 대한 두려움이나 호기심 등 ⑥ 자세 및 근육의 탄력성 : 이상한 자세, 절뚝거림, 슬흉위 등
의식 수준	AVPU를 이용해 의식 수준을 확인한다. 처음엔 언어로 확인하고 나중에 자극을 통해 확인한다. 의식 장애는 종종 뇌 혈류량 감소로 인해 일어난다.

기도, 호흡, 순환	① 호흡수 측정 : 연령별 정상 수치에 있는지 확인한다.
	② 들숨 시 좌우 대칭인지 충분히 가슴이 올라오는지 확인한다.
	   : 얕은 호흡이나 비대칭적인 가슴의 움직임은 호흡이 부적절하다는 것을 의미한다.
	③ 얼마나 힘들게 호흡하는지 기록한다. : 호흡보조근 사용과 비익 확장 등
	④ 비정상적인 호흡음 청진 : 그르렁거림, 천명 그리고 시끄러운 소리 등
	⑤ 좌·우 가슴 모두 청진기로 청진 : 양쪽이 같은 크기의 같은 음인지 확인한다.
	   ※ 순환은 소아평가에 있어 중요한 요소 중 하나이다.
	⑥ 말초 순환 평가
	   : 팔다리에 있는 맥박을 촉진하거나 <u>6세 미만의 소아인 경우에는 모세혈관 재충혈로 평가한다. 손톱이나 발톱을 눌러 2초 내에 회복되면 정상이다.</u>
	⑦ 피부의 색·습도·온도 평가
	   : 쇼크 징후로 창백하거나 피부가 얼룩지고 피부는 차갑고 축축하다.
	⑧ <u>4세 이상이라면 혈압을 측정한다.</u> : 적절한 크기의 커프를 사용해 측정해야 한다.

※ **소아의 연령별 호흡, 맥박, 혈압**

나 이	호 흡 수	맥 박	혈 압	
			수축기압	이완기압
신생아	30–50회/분	120–160회/분	80+(나이×2)	2/3 수축기압
–5개월	25–40회/분	90–140회/분		
6–12개월	20–30회/분	80–140회/분		
2–4세	20–30회/분	80–130회/분		
4–6세	20–30회/분	80–120회/분	80–115	평균 65
7–11세	15–30회/분	70–110회/분	80–120	평균 70
12–15세	12–20회/분	60–105회/분	90–140	평균 80

(2) 병력과 신체 검진

대부분 소아의 과거력은 한정적이며 만약 있다면 매우 중요하므로 기록해 두어야 한다. 현 병력도 평가해야 하며 연령과 상태는 신체검진을 결정하는데 필요하다. <u>신체검진을 할 때에는 ① 팔·다리를 우선 실시하고 ② 몸을 한 다음에 ③ 머리는 맨 마지막으로 실시해야 한다.</u> 이는 소아의 두려움을 감소시키는데 도움을 줄 수 있기 때문이다.

6 일반적인 내과 문제

구급대원이 소아환자의 처치에 있어 일반적으로 법정에 소환되는 몇 가지 이유가 있다. 이는 응급상황에서의 처치 및 기록이 얼마나 중요한지를 알 수 있다. 따라서 아래와 같은 상황에서의 이해와 처치가 필요하다.

> • 기도 폐쇄 • 호흡기계 응급상황 • 경련 • 의식 장애 • 열 • 중독 • 쇼크 • 익수 • 영아돌연사증후군

(1) 기도 폐쇄

소아의 경우 입으로 물질을 확인하거나 삼켜 기도 폐쇄 위험이 매우 높다. 기도 폐쇄 현장에서 우선해야 할 사항으로는 부분 폐쇄인지 완전 폐쇄인지 확인하는 것이다.

구 분	증 상	응급처치
경미한 폐쇄	• 들숨 시 천명음과 움추린 자세 • 시끄러운 호흡음 • 심한 기침 • 명료한 의식 수준 • 정상적인모세혈관 재충혈 • 정상 피부색	• 환자가 편안하게 느끼는 자세를 취해준다. 　– 소아의 경우 부모가 팔로 지지한 상태로 앉아 있는 자세(강압적으로 눕히면 폐쇄를 악화시킬 수 있다.) • 정서적 안정을 위해 흥분한 태도를 보이면 안 된다. • 꼭 필요한 검사만 실시한다(혈압측정 안함). • 가능한 신속한 병원이송 실시 • 산소 공급마스크에 거부감을 느끼면 코 근처에서 공급한다. • 주의 깊게 환자를 관찰한다.
심각한 폐쇄 또는 청색증이나 의식변화가 있는 경미한 폐쇄	• 청색증 • 말을 못하거나 울지 못함 • 미미한 기침 • 의식 장애 • 천명음과 동시에 호흡곤란 증가	• 기도 내 이물질 제거 – 1세 미만 소아는 배밀어기를 실시하고 입안의 이물질을 확인·제거한다. • BVM을 이용한 인공호흡을 실시한다. • 신속하게 이송한다.

(2) 호흡기계 응급상황

① 상기도 폐쇄와 하기도 질환

　㉠ 상기도 폐쇄와 하기도 질환의 차이점을 아는 것은 구급대원에게 중요하다. 그 이유는 각각에 대한 응급처치가 다르기 때문이다.

※ 예를 들면 <u>상기도 폐쇄에 대해 보이는 이물질을 손가락으로 제거하는 것은 올바른 처치법이나 하기도 질환에서 손가락을 입에 넣는 것은 기도 폐쇄를 유발할 수 있는 경련이 나타날 수 있기 때문에 주의를 기울여야 한다.</u>

ⓛ 기도폐쇄에 대한 징후는 위에 언급한 것을 참조하고 하기도 질환에서는 천명음 대신 씨근덕거리는 소리가 들리고 호흡을 힘들게 한다.

② 호흡기계 응급상황 구별*

초기 호흡곤란	증 상	응급처치
초기 호흡곤란	• 비익 확장 • 호흡보조근 사용 • 협착음 • 날숨 시 그렁거림 • 헐떡거림 • 호흡 시 배와 목 근육 사용	• 고농도산소를 공급해주어야 한다. • 비재호흡마스크가 가장 좋으며 거부감을 호소하는 소아인 경우 코 근처에서 공급해주어도 좋다. • 호흡부전이나 정지에 대한 세심한 관찰을 해야 하며 만약 천식이 있고 자가 흡입제가 있다면 흡입할 수 있도록 도와야 한다.
심한 호흡곤란 /호흡부전	• 호흡수가 10회/분 미만 또는 60회/분 이상 • 청색증 • 심한 호흡보조근 사용 • 말초 순환 저하 • 의식 장애 • 심하고 지속적인 그렁거림	응급처치로는 BVM을 통해 100% 산소를 인공호흡을 통해 주어야 한다.
호흡 정지	• 호흡 저하 • 무반응 • 느린맥 • 느린맥 또는 무맥	• BVM을 통해 인공호흡을 실시해야 한다. • 만약 계속 인공호흡을 해야 하는 상황이라면 입인두기도기를 삽관하고 제공해야 한다.

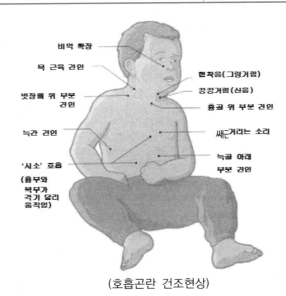

(호흡곤란 건조현상)

(3) **경 련***

① 주로 열에 의해 갑자기 일어나며 기왕력이 있는 경우에도 자주 일어난다. 뇌수막염, 머리 손상, 저혈당, 중독, 저산소증과 같은 원인으로도 일어날 수 있다.

② 대부분 짧고 치명적이지 않지만 구급대원은 모든 경련을 심각하게 다루어야 한다.

③ 기도가 개방되었는지 호흡은 적절한지를 평가해야 하는데 경련 중이나 후에 기도 내 분비물이나 약간의 호흡곤란은 정상이다.

④ 경련 후 의식장애도 정상으로 경련을 야기한 원인이 있었는지를 보호자에게 물어야 한다.

　　㉠ 최근 질병이나 열이 났는지?

　　㉡ 과거에도 경련을 했는지 물어보고 있다면 항경련제를 복용한 상태에서도 한 것인지와 과거와 비교했을 때 어땠는지를 물어본다.

　　***보통의 경련과는 다른 양상이거나 시간이 지연되면 치명적일 수 있다.**

> ※ 응급처치
> 1. 기도 개방을 확인한다.
> 2. 척추손상이 없다면 측위를 취해준다.
> 3. 필요 시 흡인한다.
> 4. 산소를 공급해 준다.
> 5. 호흡부전 징후가 나타나면 BVM으로 100% 산소를 제공하고 호흡정지 시에는 인공호흡을 실시한다.
> 6. 이송한다.
>   • 비록 현재 생명에 위험하지 않아도 경련을 유발하는 잠재적인 상태일 수 있으므로 이송해야 한다.

(4) **의식 장애**

보호자는 보통 "평소하고 달라요"라고 표현하는데 이때, 정상적인 반응이 있는지를 평가해야 한다.

원 인	저혈당, 고혈당, 중독, 경련 후, 감염, 머리손상, 저산소증, 쇼크 등이 있다. 현장에서 원인을 알아내고 최근 병력도 평가한다.
응급 처치	• 기도 개방을 유지하고 필요 시 흡인한다. • 추가 산소를 공급한다. • 인공호흡을 실시하거나 준비한다. • 이송한다.

(5) **열**

소아인 경우 현장 출동 중 가장 많은 원인이 되며 치명적이지는 않다. 주의해야 할 원인 인자로는 뇌수막염, 뇌와 척수를 둘러 싼 조직의 감염이 있다. 이 경우 목 경직, 경련, 전신 발작 등을 동반한 열이 나타난다.

치명적인 잠재성	• 경련이나 의식변화를 동반한 열 • 1개월 미만에서의 열 • 3세 미만 소아에서의 고열(39.2℃ 이상) • 발진을 동반한 열
응급처치	• 소아의 옷이나 싸개를 느슨하게 한다. – 심장 압박을 줄이기 위해 • 병원에 이송한다. • 호흡 장애나 경련과 같은 환자 상태 변화에 유의한다.

(6) 중 독

호기심으로 입을 통해 중독되는 경우가 대부분으로 현장에 도착한 즉시, 약물을 확인하고 환자 이송 시 같이 병원으로 인계해야 한다. 응급처치는 반응 유무에 따라 달라진다.

반응이 있는 경우	• 산소를 공급한다. • 이송한다. • 환자상태가 갑자기 변할 수 있으므로 지속적인 평가 및 관찰이 필요
반응이 없는 경우	• 기도 개방을 유지한다. : 필요 시 흡인 • 산소를 공급한다. • 호흡부전이나 정지 징후가 보이면 인공호흡을 실시한다. • 이송한다. • 의식변화 요인으로 외상이 있는지 확인한다.

(7) 저혈류량 쇼크*

대부분은 구토나 설사로 인한 탈수, 외상, 감염, 배 손상으로 인한 실혈 등이 원인이며 때때로 알레르기 반응, 중독, 심장질환으로 일어나기도 한다.

■ 소아 저혈류량 쇼크**

증상 및 징후	• 호흡곤란을 동반하거나 동반하지 않은 빠른 호흡 • 차갑고 창백하며 축축한 피부 • 말초 맥박이 약하거나 촉지 되지 않음 • 모세혈관 재충혈 시간이 2초 이상 • 의식 변화 • 우는데도 불구하고 눈물을 흘리지 않음(탈수 징후) • 소변량 감소(기저귀 교환 시기나 화장실 가는 것이 보통 때보다 적은지) • 신생아인 경우 숨구멍(대천문, 소천문)의 함몰
응급 처치	• 기도 개방 유지 • 고농도산소 공급 • 외부출혈인 경우 지혈 • 척추손상이 의심되지 않다면 다리 거상 – 의심된다면 척추고정판에 고정시킨 후 다리부분만 거상 • 보온 유지 • 신속한 병원 이송

기 관	경증 (실혈량 30% 이하)	중등도 (실혈량 30~45%)	중증 (실혈량 45% 이상)
심혈관계	약하고 빠른 맥박 정상 수축기압 (80~90+2×나이)	약하고 빠른 맥박 말초맥박 촉지 못함 낮은 수축기압 (70~80+2×나이)	서맥후 빈맥 저혈압 (70+2×나이) 이완기압 촉지 못함
중추신경계	흥분, 혼돈, 울음	기면상태 통증에 둔한 반응	혼수상태
피부	차갑고 얼룩진 색, 모세혈관재충혈 지연	청색증 모세혈관재충혈 지연	창백, 차가운 피부
소변량	점점 줄어듬	아주 조금	없음

(저혈량 쇼크에 따른 기관 반응)

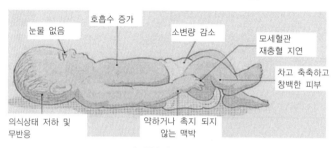

(저혈량 쇼크의 징후)

⑻ 영아급사증후군(SIDS)

보통 영아에서 일어나며 명확한 원인은 밝혀지지 않았지만 연구에 의하면 아이를 똑바로 누운 것보다 엎어 놓은 경우 많이 발생하며 이른 아침에 많이 발견된다는 보고가 있다. 영아급사증후군은 가족에게 죄책감과 실망감 심지어 이혼을 유발시킬 수 있다.

> ※ 응급처치
> 1. 사후강직이 일어나기 전이라면 즉각적으로 소생술을 실시한다.
> 2. 신속하게 병원으로 이송한다.
> 3. 비난이 섞인 말은 피해야 한다. 예를 들면 "조금만 일찍 발견했더라면…"등

⑼ 익 수

신생아는 목욕 중, 유아는 풀장 근처 주의 태만으로, 10대는 술이나 다이빙과 관련된 수영으로 일어난다.

유의 사항	• 현장 안전을 확인한다. : 수상안전조끼를 착용한다. • 다이빙과 관련된 사고나 높은 곳에서 물로 떨어진 경우는 척추손상을 의심해야 한다. • 일반적인 저체온증 가능성을 염두 해 두어야 한다. • 청소년기인 경우 술로 인한 의식 장애와 구토 가능성을 생각해야 한다.
응급 처치	• 기도 개방을 확인한다. 　– 척추손상 의심 시에는 턱 들어올리기법을 이용한다. • 필요 시 기도를 흡인한다. • 자발적인 호흡을 하지 못하는 경우 고농도산소를 공급한다. 　: 호흡곤란을 호소한다면 고농도산소를 공급한다. • 호흡 장애, 부전이나 정지 징후가 나타나면 BVM을 통해 100% 인공호흡을 실시하거나 포켓마스크로 고농도산소를 제공한다. 　호흡부전이나 정지 징후가 나타나면 BVM을 통해 100%의 고농도산소로 인공호흡을 하거나 포켓마스크에 고농도산소를 연결해 인공호흡을 실시한다. • 손상이 의심된다면 목보호대나 긴 척추보호대로 고정시킨다. 　(손상이 의심된다면 목보호대 착용 후 척추고정판에 고정시킨다.) • 젖은 옷은 제거하고 이불 등을 이용해 보온을 유지한다.

7 외상

(1) 손상 기전

성인과 같은 방법으로 손상 받을 수 있지만 성인보다 소아에게 많이 나타나는 형태가 다음과 같이 있다.

안전벨트 손상	안전벨트로 인해 허리뼈골절과 배장기 손상이 나타날 수 있다. 만약 배에 안전벨트 자국이 있다면 척추 고정과 신속한 이송이 필요하다.
자전거 사고	단순한 찰과상에서 치명적인 골절까지 다양한 손상이 나타날 수 있다. 손잡이가 배를 강타한 경우에는 작은창자의 혈종과 이자와 간의 손상을 포함한 심각한 배손상을 의심할 수 있다. 만약 자동차와 부딪쳤다면 머리, 척추, 배 손상을 받을 수 있다.
보행자 사고	성인의 경우 차량범퍼 충돌로 하지 손상을 의심할 수 있지만 소아인 경우 더 심각한 손상을 가져온다. 소아는 체구나 키가 작기 때문에 범퍼에 몸통이 부딪쳐 심각한 넙다리/골반골절, 목뼈/머리손상 그리고 배 내부 출혈이 나타날 수 있다.
머리/목 뼈 손상	손상 원인은 야외활동, 낙상, 신체 학대 등 다양하므로 현장 확인을 통해 자세히 관찰해야 한다. 우선 목뼈와 척추를 보호대로 고정시키고 혀로 인한 기도폐쇄에 유의해야 한다. 고농도산소(80%이상)제공과 턱 밀어올리기법을 이용한 기도유지가 필요하다.
화상	화상 원인으로는 뜨거운 물로 인한 화상이 많고 화상 정도를 표시하는 수치가 성인과 다른 점을 유의해야 한다. 일반적으로 20%이상 중등도 이상의 화상과 손, 얼굴, 기도, 생식기를 포함한 경우를 중증 화상으로 분류되어 화상전문병원의 치료가 필요하다. 모든 화상은 비접착성 멸균 거즈로 드레싱 해야 하며 기도 손상유무를 확인하고 호흡곤란 징후가 나타나지 않는지 관찰해야 한다.

(2) 신체부위별 외상

두 부	① 응급처치에서 가장 중요한 부분은 기도와 호흡유지이다. 무의식 환자인 경우 혀로 인한 기도폐쇄가 자주 일어난다. ② 기도 폐쇄는 저산소증과 호흡/심정지를 초래하므로 하악견인법(턱 밀어올리기)을 이용해 기도를 개방시켜야 한다. ③ 머리손상은 오심/구토 증상이 나타날 수 있으므로 흡인을 준비해야 한다. 심각한 머리손상은 호흡/심정지를 유발할 수 있으므로 100% 산소를 포켓마스크나 BVM을 통한 인공호흡을 준비해야 한다. ④ 척추손상은 대부분 머리손상과 같이 나타나므로 척추고정을 시켜 주어야 한다. 머리 손상은 내부 장기 특히, 가슴와 배 손상을 동반할 수 있으며 실혈로 인한 쇼크에 유의해야 한다.
가슴	갈비뼈는 약해 작은 충격에도 심각한 가슴손상이 나타날 수 있으며, 연하고 탄력적이어서 뼈의 골절 없이 에너지가 전달되어 폐와 심장을 손상시킬 수 있다. 만약 가슴에 압통, 타박상, 염발음 등의 징후가 있다면 심각한 손상을 의심해야 한다.
복 부	심각한 배 손상은 평가할 때 바로 나타나지 않을 수 있다. 그러나 간과 이자과 같은 내부 장기는 치명적인 실혈을 야기할 수 있다. 많은 외부 출혈 없이 쇼크 징후가 나타난다면 배 손상을 의심해 보아야 한다.
사 지	골격 손상은 성인보다 많은 입원기간과 장기치료를 요하며 병원 전 처치는 성인과 같다.

(3) 응급 처치

① 하악견인법(턱 밀어올리기)을 이용한 기도 개방
② 필요 시 기도유지를 위한 흡인
③ 많은 양의 산소 공급
④ 호흡 정지 시 인공호흡 실시
⑤ 척추 고정 실시
⑥ 심각한 저혈량 쇼크 시 항쇼크바지 사용
　: 단, 소아용 크기를 사용해야 하며 배 부분을 압박하는 것은 호흡을 방해하므로 주의해야 한다.
⑦ 신속한 이송

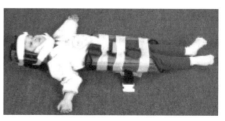

1. KED를 펼쳐 통나무굴리기법(로그롤)을 이용하여 그림과 같이 환아를 눕힌다.

2. 가슴과 배는 볼 수 있도록 감싸지 않아야 하며 골반 아래와 머리 부위는 그림과 같이 감싸준다.

8 아동 학대와 방임

학대는 손상을 초래하는 과격하거나 부적절한 행동을 의미하며 방임은 충분한 주의나 보살핌을 주지 못하는 것을 의미한다.

신체적 학대의 일반적인 증상 및 징후	① 회복단계가 각각 다른 여러 손상 부위 – 타박상은 처음 빨간색에서 검정색과 파란색으로 변하며 마지막으로 희미한 색을 띄거나 노랗게 변한다. ② 손상기전과 다른 손상 – 손상기전에 따라 손상형태를 추측할 수 있는데 손상기전과 다른 형태를 나타내거나 더 심각한 경우 의심해 보아야 한다. ③ 선명한 화상 – 담배자국이나 손과 발 등 국소 화상인 경우 ④ 반복적인 구급신고 ⑤ 부모나 보모의 부적절한 대답 및 회피 반응
방임과 관련된 상태	① 손상 잠재성에 대한 부모의 부주의 – 아이를 혼자 두거나 위험한 곳에서 놀게 할 때 ② 위험한 환경에 방임 – 위험한 물건을 안전한 곳이나 안전장치를 하지 않았을 때 ③ 만성 질병에 대한 적절한 치료를 하지 않을 때 – 천식, 당뇨 등 ④ 영양실조

※ 학대와 방임 현장에서는 이송이 지연되고 아동이 흥분될 수 있다. 만약 부모나 보모가 구급대원의 접근 및 이송을 거부한다면 경찰에 협조요청을 취해야 한다. 또한 학대와 방임에 대한 징후를 기록하고 이송기관에 알려야 한다. 이러한 기록은 객관적이어야 하며 법적 증거가 될 수 있음을 명심해야 한다.
- 아동도 성인과 같이 기도, 호흡, 순환이 처치의 제1순위라는 것
- 하지만, 성인의 축소판이 아니며 발달단계, 해부적, 생리적으로 처치가 틀려진다는 것
- 소아장비에 숙달되도록 연습하고 평가 기술을 습득하는 것

PART
03
임상응급의학 (소방교 제외)

핵심요약 ▌소아평가

```
┌─────────────────────────────────────────────────┐
│                    1차 평가                        │
└─────────────────────────────────────────────────┘
                        ↓
┌─────────────────────────────────────────────────┐
│                   일반적인 인상                     │
└─────────────────────────────────────────────────┘
```

- 피부색
- 울음 또는 말하는 정도
- 주변 환경과 반응정도
- 정서 상태
- 구급대원에 반응하는 정도
- 자세 및 근력

일
반
적
인
인
상
　호흡

순 환(모세혈관 재충혈)

↓

의식 수준 평가(AVPU)

↓

ABC's 평가

- 호흡수
- 들숨 시 가슴 상승정도 및 대칭 여부
- 시진 – 견인, 비익 확장, '시소'호흡
- 청진 – 그렁거림, 협착음, 시끄러운 소리 등
- 청진기를 이용한 양측 가슴 청진
- 말초혈액 순환 평가
  - 노뼈, 넙다리 동맥 촉진
  - 6세 이하인 경우 모세혈관 재충혈 평가
  - 피부색, 습도, 온도

↓

병력 및 신체검진

비외상 환자

기도 폐쇄	호흡기계 응급
경련	의식 변화
열	중독
쇼크	익수
SIDS	

외상 환자

안전벨트 손상	자전거 사고
보행자 사고	머리 손상
화상	학대 및 방임

🚨 *Check*

① 소아는 성인에 비해 질병에 걸리는 비율이 낮다.(○)

② 입과 코의 직경이 작아 쉽게 분비물에 의해 폐쇄될 수 있다.(○) 또한 상대적으로 혀가 차지하는 공간이 작다.(✕)

③ 눈으로 보이지 않는 깊이까지 흡인해서는 안 되며, 흡인 시간이 한 번에 ( )초를 넘지 않도록 주의해야 한다.

④ 영아에서는 ( )회 등 두드리기를 하고 5회 ( )를 이물이 나올 때까지 또는 의식이 없어질 때까지 반복한다.

⑤ 영아에서는 간이 상대적으로 크기 때문에 배 밀어내기는 간 손상의 위험이 있으므로 시행하지 않는다.(○)

⑥ 입인두기도기의 크기는 크기는 ( )사이 길이를 재어 결정하면 된다.

⑦ 코인두기도기는 1년 이하의 신생아에게는 일반적으로 사용되지 않는다.(○)

⑧ 산소공급은 계속 거부감을 나타내면 기구를 코 근처에 공급해 주어야 한다. 아이의 얼굴로부터 약 ( )cm 높이에서 산소공급관을 이용한다.

⑨ 소아의 인공호흡 비율은 분당 ( )~( )회로 실시한다.

⑩ 6세 미만의 소아인 경우에는 모세혈관 재충혈로 평가한다. ( )이나 ( )을 눌러 2초 내에 회복되면 정상이다.

⑪ 소아의 인공호흡은 날숨과 동시에 실시한다.(✕)

⑫ 소아에게 자동식 산소소생기는 사용하지 않는다.(○)

CHAPTER 15 노인 응급

1 노인의 해부와 생리

노화로 인해 인체는 해부학적 구조와 생리적 기능의 변화가 나타난다. 일반적으로 인체는 노화가 시작되면서 기능이 저하되기 시작한다.

노인들은 질병과 외상에 쉽게 노출됨은 물론 정상인보다 치료가 어렵고 많은 시간이 소요됨을 알아야 한다.

▣ 노화에 따른 해부학적 생리학적인 변화

신체계통	노화에 따른 변화	임상적 중요성
신경계	• 뇌조직 위축 • 기억력 감소 • 일반적인 우울증 • 일반적인 의식상태 변화 • 불균형	• 머리손상 당했을 시 증상 발현 지연 • 환자평가의 어려움 • 낙상가능성의 증가
심혈관계	• 동맥의 탄성 감소 및 경화 • 심박동, 리듬, 효율성의 변화	• 일반적 고혈압 • 뇌졸중, 심장마비가능성의 증가 • 작은 손상에서의 출혈가능성의 증가
호흡계	• 호흡근육의 장력 및 협조능력의 감소 • 기침, 구개반사의 저하	• 호흡기계 감염가능성의 증가
근골격계	• 뼈 장력의 감소(골다공증) • 관절유연성 및 장력의 감소(골관절염)	• 골절 가능성의 증가 • 치유지연 • 낙상가능성의 증가
위장관계	• 소화기능의 감소	• 일반적 변비 • 영양결핍가능성의 증가
신체계통	노화에 따른 변화	• 임상적 중요성
콩팥계	• 콩팥 크기 및 기능의 감소	• 약독성 문제 증가
피 부	• 야위고 허약해짐 • 발한 감소	• 열상 및 욕창 • 타박상 • 치유지연 • 열과 관련된 응급상황 증가

② 노인환자에 대한 접근

노인환자에게 퉁명스럽게 대하거나 추측하는 등의 행동은 피해야 한다. 왜냐하면 환자는 보이는 것과 달리 느리게 반응하여 환자의 정신 수용능력이 감소되어 있기 때문이다. 따라서 노인환자가 말하는 것에 대해 생각하고 적절한 반응을 할 수 있도록 충분한 시간을 주어야 한다.

환자의 가족, 치료 시설의 요원에게 말하는 것이 빠르고 쉽다할 지라도 환자 본인에게 직접 말해야 한다. 이는 환자 자존심은 물론 존경을 나타내는 것이기 때문이다. 대화는 환자의 위치에 맞추어 자세를 낮추고 눈을 맞추며 천천히 분명하게 말해야 한다.

> ※ 현장 확인
> • 요양원에 살고 있는 환자들은 결핵 위험성이 높으므로 호흡기계 문제를 가진 환자 처치에 앞서 특수한 마스크를 착용해야 한다.
> • 뜨겁거나 차가운 것에 대한 신체의 적응능력은 나이가 들 경우 종종 감소하므로 이와 관련된 손상으로부터 더욱더 고통 받기 쉽게 될 수 있다. 게다가 경제적인 요인으로 연료비를 절약하다보면 겨울에 현저히 낮거나 여름에 현저히 높은 온도에 노출될 수 있다.
> • 정기적인 약물 복용에 대한 정보를 전달하는데 의사소통문제가 있을 수 있으므로 직접 처방전, 약물, 기구 등을 통해 확인해야 한다.

③ 평 가

환자평가의 우선순위-기도유지, 호흡, 순환, 의식상태 평가, 환자우선순위 평가-는 연령을 불문하고 모든 환자에게서 동일하다. 그러나 노인환자는 공통적으로 젊은 환자들보다 섬세하고 장기간의 평가가 요구된다. 그 이유로는 다음과 같다.

많은 질병	종종 한 가지 또는 그 이상의 만성 질환을 가지고 있다. 급성 손상이나 질병이 발생하였을 때 다른 질병의 존재는 급성 문제를 좀 더 복잡하게 만들 수 있다. ※ 예를 들어 만성 호흡 문제를 가진 환자가 자동차 사고에 의한 가슴손상을 입었다면 이로 인해 호흡곤란의 정도가 어느 정도인지 정확하게 평가하기 어렵다.
다양한 약 복용	종종 만성 질병에 하나 또는 그 이상의 처방약을 복용하므로 언제, 왜 사용했는지 확인하는 것이 어려울 수 있다. 게다가 한 사람 이상의 의사로부터 처방을 받아왔을 때 이러한 혼란은 가중될 수 있다.
의사소통 어려움	나이가 들면서 시력 또는 청력감소가 나타나 돋보기나 보청기를 사용하는 경우가 많다. 따라서 적절한 음량과 속도 그리고 이해하기 쉬운 용어로 대화해야 한다. 무조건적으로 큰 소리로 말하는 것은 환자에게 불쾌감을 줄 수 있으므로 주의해야 한다. 대화를 시작하기 전에는 우선 눈을 맞추고 간단하고 명료한 어조를 이용해 대화해야 한다.
의식 저하	몇몇 노인들은 알츠하이머(Alzheimer's disease, 퇴행성 뇌질환)나 통상적인 의식 혼탁을 갖고 있을 수 있다. 환자의 의식 혼탁이 만성적인 것인지 최근에 발전된 것인지 현재의 응급환경으로 유발된 것인지 결정짓는 게 중요하다. 이것에 대해서는 가족 또는 보호자를 통해 알아보고 더불어 최근 문제들에 대해서도 알아보도록 한다.

4 외 상

외상은 노인에게 있어 죽음과 직결될 수 있는 주된 요인이다. 중증 이상의 외상을 입은 노인 환자들은 비슷한 정도의 외상을 입은 젊은 환자보다 더 많이 사망하는 경향이 있다.

(1) 낙 상	① 낙상은 노인 환자들에 있어 가장 흔한 유형의 외상이다. 대체로 노인환자들 중 낙상을 하면 세 번에 한 번꼴로 골절을 입는다. 노인에게 가장 흔한 낙상과 관련된 골절 부위는 몸쪽 넙다리 골절 또는 엉덩이골절이다. 그 외에 낙상과 관련된 노인 환자들의 골절 부위는 → 골반 → 전완 먼쪽 → 위팔 몸쪽 → 갈비뼈 → 목뼈 등이 있다. ② 낙상된 노인 환자들을 평가 시 손상에 대한 둔부, 골반, 가슴, 아랫팔, 위팔 등을 촉진 및 검진하는 것이 중요하다. 골절과 더불어 낙상은 노인 환자들의 약 10%에서 심각한 뇌 또는 배손상을 초래하기도 한다. 몇몇 노인 환자들은 간단한 실족 및 낙상일지라도 다른 의학적 상황과 함께 낙상이 원인이 된 한 부분으로 변질되기 쉽다. ※ 예를 들어 불규칙한 심장리듬은 환자 의식소실의 원인이 되기도 하며 그 직후 낙상하여 스스로에게 손상을 준다. 낙상된 노인환자를 평가하는 동안 환자가 낙상 또는 의식소실에 대해 기억하는지 질문해야 한다. 또한 다른 의학적 응급상황이나 심장의 이상 징후에 대해서도 평가해야 한다. ③ 처음 생체징후를 측정할 때에는 혈압 및 맥박을 주의 깊게 평가하고 특히 심부정맥을 암시하는 불규칙한 맥박에 주의해야 한다. ④ 낙상된 노인 환자들의 평가 시에는 낙상의 원인 및 낙상 전의 사건에 대한 동기도 주의 깊게 평가해야 한다.
(2) 자동차 사고	① 노령으로 운전인구가 해마다 감소한다 할지라도 자동차사고의 잠재적 위험성은 증가한다. 이러한 증가요인에는 여러 가지 요인이 있는데 중요한 요인 중 하나로 노화가 진행될수록 측면 또는 말초 시야가 감퇴하기 때문이다. ② 이러한 말초시야 감퇴와 위험에 대한 반응시간 감소는 측면 충돌사고 증가를 유발시킬 수 있다. 측면 충돌 또는 "T-bone" 사고는 노인 운전자의 차가 보통 시간 안에 보는 것을 실패하여 다른 운전자의 측면을 치기 때문에 종종 일어난다. ③ 자동차 사고에서 노인환자의 손상은 충돌 기전에 광범위하게 의존한다. 자동차 사고를 당한 노인환자를 평가하고 치료할 때 젊은 환자들보다 사망률이 높다는 것을 유의해야 한다. ④ 목뼈손상은 가장 흔한 손상으로 노화에 따라 경화되고(관절염에 의한) 약해지는 경향(골다공증에 의한)이 있기 때문이다. 따라서 자동차사고를 포함해 모든 노인환자 응급처치에서는 초기 평가단계에서 즉각적인 목뼈 고정 장치를 적용해야 한다. ⑤ 노인환자의 쇼크 징후를 판단하는 것은 어려울 수 있다. ※ 예를 들어 빠른맥은 저관류의 일반적인 조기 징후이나 노인환자에게서는 때때로 없을 수 있다. 이는 만성 심질환 또는 빠른맥 방지를 위해 약을 처방받고 복용하고 있기 때문이다. 이러한 약들은 고혈압이나 과거에 심근경색에 의한 심장마비를 경험한 환자들에게 종종 처방된다. ⑥ 노인환자의 혈압은 젊은 환자보다 높게 측정되기 때문에 평소 160/90이라는 정상혈압을 가진 환자라면 110/80은 후반기 쇼크의 징후를 나타내므로 주의해야 한다. 노인 환자들은 쇼크 및 저관류의 일반적인 징후들이 보여 지지 않기 때문에 심각한 자동차 사고를 당한 모든 노인환자들에게 쇼크 상태라 가정하고 치료해야 한다. ⑦ 이것은 특히 환자가 혼돈이나 흥분과 같은 정신상태 변화가 있다면 꼭 실시해야 한다. 의식장애는 노인에게 있어 쇼크의 가장 흔한 징후 중 하나이기 때문이다.

(3) 머리손상	① 머리 손상은 나이든 사람들에게 낙상, 교통사고, 폭행으로 많이 발생된다. ② 노인 환자의 경우에는 피부가 얇고 혈관이 약하기 때문에 심각한 손상을 초래할 수 있다. 머리 손상 후 의식 변화는 심각한 머리손상 가능성을 나타내 준다. ③ 항응고제인 와파린(Warfarin)과 같은 약물을 복용하는 노인환자들은 경미한 머리손상이라 할지라도 치명적인 출혈 위험성이 있다. ④ 노인 환자는 외상발생 시 목뼈골절 위험이 높기 때문에 항상 척추 고정을 실시해야 한다. 그러나 나이로 인한 척추 변형으로 앙와위 시 머리가 척추보호대에 닿지 않을 수 있다. 따라서 자세를 고정하기 위해 담요나 수건을 이용해야 한다.
(4) 학 대	① 노인환자들을 평가하고 치료 할 때 정신적, 신체적 학대의 가능성에 대해서도 고려하여야 한다. 학대는 가족구성원, 간병인, 다른 연장자에 의해서 일어날 수 있다. ② 환자, 주변인, 간병인 또는 가족에 의해 알려진 손상이 심각할 경우에는 아동 학대의 경우처럼 신체학대에 대해 의심하여야 한다. 몇몇 경우에 따라서는 노인학대가 의심되는 경우 구급대원의 신고가 필요하다. ③ 종종 환자들은 그들의 보살핌이 학대자에 의존해야 하기 때문에 학대신고를 두려워한다. 비록 노인학대가 의심되어 직접적인 신고가 필요하지 않다 하더라도 후송 병원 관계자에 그 사실을 알리고 기록해야 한다.
(5) 의학적 응급상황	① 대개 노인환자들은 젊은 성인들과 같은 의학적 응급상황들에 처하게 된다. 그러나 노인환자는 젊은 사람보다 질병이 더 심각할 수 있다. ② 물론 질병의 증상이나 증후는 다를 수 있다. 노인환자를 평가할 때 항상 치명적인 질병이나 심각한 증상에 대한 주 호소를 고려해야한다. – 실신, 현기증·갑작스러운 의식 혼란·가슴통증·호흡곤란·복통
(6) 실 신	뇌로 가는 혈류의 저하로 발생하는 일시적인 의식 소실이다. 노인의 경우 종종 부정맥이나 저혈압으로 인해 발생할 수도 있다. 처치로는 산소공급 및 쇼크에 대한 처치, 낙상과 관련된 손상처치를 포함한다.
(7) 급성혼돈	① 다양한 질병을 경험하는 노인환자들은 갑작스런 의식 변화나 혼돈을 호소할 수 있다. 건강 상태에 따라 뇌졸중, 심장 마비, 심각한 감염증상, 혈당, 쇼크 등으로 의식변화가 나타날 수 있다. ② 이런 경우 환자의 현재 의식상태가 정상인지, 변화가 있는지 판단해야 하며 가족, 친구 혹은 간병인에게 평상시 의식상태가 현재와 어떻게 다른지 물어보아야 한다.
(8) 가슴 통증과 빠른 호흡	① 많은 노인 환자들은 심장 발작 시 가슴 불편감이 거의 없을 수 있다. 실제로 빠른 호흡은 노인 환자에게 있어 심장에 이상이 생겼다는 유일한 징후일 수도 있다. ② 가슴통증 또는 빠른 호흡을 가진 노인 환자는 잠재적으로 불안정한 상태임을 고려해야 하고 고농도 산소공급과 주의 깊게 평가를 해야 한다. ③ 만성적인 가슴통증을 경험한 환자들은 니트로글리세린을 투여할 수도 있다. 환자의 가슴 통증, 빠른 호흡은 협심증의 대표적인 증상이다.
(9) 복 통	복통은 다양한 질병의 증상으로 노인 환자에서 복통은 매우 심각할 수 있다. 왜냐하면 젊은 사람보다 충수돌기염 같이 배 상태에 따라 사망률이 10배 이상 높이기 때문이다. 게다가 배 동맥 파열과 같이 치명적인 상태인 경우 노인 환자에서 복통이 나타나기 때문에 주의해야 한다.

핵심요약 ┃ 노인 환자평가

현장 확인
• 개인 보호 장비 착용(특히, 결핵환자 시 특수마스크 착용) • 노인 환자 가정의 실내 온도가 너무 춥거나 더운지 평가 • 현재 복용 중인 약물 여부(냉장고, 서랍 등)

↓

평 가
• 복합적인 질병 여부 　　　　　　 • 복용 약물 확인 • 대화 장애 여부 확인 　　　　　　 • 의식 변화 시 현재 발생한 것인지 여부

↓

외상 평가	비외상 평가
• 낙상 : 사건 · 사고(실신) • 차량 충돌 및 머리손상 　－ 손을 이용한 목뼈 중립 유지 　－ 척추고정판 이용 　－ 쇼크 환자 처치	• 실신 또는 기절 • 흉통 • 호흡 곤란 • 복통 • 착란 • 환자 상태에 따른 처치 제공

Check

노인환자 : 많은 질병, 다양한 처방약, 의사소통 어려움, 의식상태 저하 등이다.(○)

CHAPTER 16 행동 응급

1 행동 응급

행동응급은 주어진 상황에서의 비정상적인 행동을 말한다. 예를 들면 <u>아무 이유 없이 길거리에서 괴성을 지르거나 폭력적인 행동을 보이는 것</u>을 말한다.

(1) 행동변화 요인

저혈당	엉뚱하거나 적개적인 행동(마치 술을 마신 듯 한 행동), 어지러움, 두통, 실신, 경련, 혼수, 빠른호흡, 허기, 침이나 코를 흘리고 빠른맥 증상이 빠르게 나타난다.
산소결핍	안절부절, 혼돈, 청색증, 의식장애
뇌졸중	혼돈, 어지러움, 언어장애, 두통, 기능상실이나 반신마비, 오심/구토, 산동
머리외상	흥분에서부터 폭력까지 다양한 의식변화, 분별없는 행동, 의식장애, 기억상실, 혼돈, 불규칙한 호흡, 혈압상승, 빠른맥
약물 중독	약물에 따른 다양한 증상 및 징후
저체온증	몸의 떨림, 무감각, 의식장애, 기면, 비틀걸음, 느린 호흡, 느린맥
고체온증	의식장애

> ※ 생리적 원인에 의한 응급행동
>
> 1. 환자의 호흡에서 이상한 냄새가 난다.
> 2. 동공변화 – 산동, 축동, 비대칭 크기
> 3. 일반적으로 증상의 시작이 빠르게 나타난다.
> 4. 과도한 침 분비
> 5. 대소변 조절능력 상실
> 6. 환청보다 환시 호소

(2) 상황별 스트레스 반응

현장에서 행동이나 환자면담을 서두르게 되면 환자의 불안감은 가중되므로 다급한 모습을 보이면 안 된다. 스트레스 반응을 보이는 환자를 처치하기 위한 행동요령으로는 다음과 같다.

① 차분하게 행동한다.
② 환자에게 감정을 조절할 시간을 준다.
③ 침착하고 주의 깊게 상황을 평가한다.
④ 대원 자신의 감정을 조절한다.
⑤ 솔직하게 환자에게 설명한다.
⑥ 환자의 말에 경청한다.
⑦ 갑작스런 행동변화에 유의한다.

⑶ 정신적인 응급상황

흥분, 공포, 우울증, 양극성 장애, 편집증, 정신분열증 등 이상한 행동에 따른 현장에서의 기본적인 처치로는 다음과 같다.

① 대원의 신분 및 역할을 설명한다.
② 천천히 분명하게 말한다.
③ 환자의 말에 경청하고 필요하다면 환자의 말을 반복한다.
④ 판단적인 말을 해서는 안 되며 동정이 아닌 공감을 표현한다.
⑤ 긍정적인 몸짓을 사용해야 하며 팔짱을 끼는 등의 행동은 안 된다.
⑥ 환자로부터 적어도 1m 이상 떨어져 있어야 하며 환자에게 무리하게 다가가 환자의 감정을 폭발시키지 않도록 한다.
⑦ 환자의 감정변화에 주의해야 하며 본인의 안전을 우선적으로 생각해야 한다.

⑷ 환자 평가

① 두려움 및 흥분
② 공포
③ 비정상적인 행동 – 반복적인 행동이나 위협적인 행동
④ 비위생적이며 의복 및 외모가 헝클어져 있다.
⑤ 비정상적인 언어형태 – 너무 빠르거나 반복하는 등의 대화 장애
⑥ 우울
⑦ 위축
⑧ 혼돈
⑨ 분노 – 부적절하며 종종 짧게 표현하지만 격렬하게 표현하기도 한다.
⑩ 이상한 행동이나 생각
⑪ 현실감 상실, 환각
⑫ 자살이나 자해행위
⑬ 적개적인 행동

⑸ 응급 처치

① 현장 안전을 확인하고 필요하다면 경찰에 도움을 요청한다.
② 1차 평가를 통해 위급한 상태를 응급처치 한다.
③ 행동응급을 초래할 수 있는 내과적·외과적 원인이 있는지 알아본다.
④ 환자의 말에 경청하고 대화를 통해 정보를 수집한다.
 – 불필요한 신체접촉이나 갑작스런 움직임은 피하고 등을 보여서는 안 된다.
⑤ 환자의 말에 동의를 표한다.
⑥ 환자가 표현하는 환각에 협조해서는 안 되며 거짓말을 해서는 안 된다.
⑦ 필요하다면 대화에 가족이나 친구를 포함시키며 환자를 선동시킨다면 다른 곳으로 갈 것을 요구한다.

⑧ 가능하다면 병력 및 신체검진을 실시하고 응급처치를 제공한다.

⑨ 현장이 안전하고 환자가 손상을 갖고 있다고 판단되면 세부신체검진을 실시한다.

⑩ <u>필요하다면 경찰의 도움으로 환자를 억제시킨다.</u>

⑪ 적절한 치료기관으로 이송한다.

2 특수한 상황

(1) 자 살

환자의 자살위험 정도를 평가하는 데 고려해야 할 사항

① 우울증 : 절망이나 자살에 대한 환자의 느낌이나 표현을 심각하게 받아들여라.

② 최근의 스트레스 정도 : 현재에도 있는지 알아본다.

③ 최근 마음의 상처 : 해고, 인간관계 상실, 질병, 구속, 투옥 등

④ <u>나이 : 15~25세, 40세 이상에서 높은 자살비율이 나타난다.</u>

⑤ 술 및 약물남용

⑥ 자살징후 : 주변 사람에게 자살을 미리 말한다.

⑦ 자살계획 : 자살에 대한 기록 및 자살 방법을 계획한다.

⑧ 자살시도 과거력 : 자살을 시도한 과거력이 있는 환자는 그렇지 않은 환자보다 자살을 더 많이 시도한다.

⑨ 우울증에서 갑작스러운 기분 호전 : 자살을 결정한 환자의 경우 우울하다가 갑자기 쾌활한 성격이 나타날 수 있다.

(2) 적대적이고 공격적인 환자

주로 머리나 신경계 손상, 대사 장애, 스트레스, 술·약물 남용, 정신장애 등이 원인으로 현장에는 고함, 부서진 기구, 약병 등을 볼 수 있다. 환자의 자세로 폭력 가능성을 미리 예측할 수 있으며 환자 평가를 위한 추가적인 징후로는

① 부적절한 반응

② 파괴적이며 폭력적인 시도

③ 빠른 맥과 빠른 호흡

④ 말과 행동이 보통 빨라짐

⑤ 신경질적이고 흥분적인 상태

> ※ 안전과 관련하여 주의할 사항
> ① 혼자서 환자와 같이 있으면 안 된다. 탈출로를 확보해야 하며 문 가까이 위치해 있어야 한다. 환자가 문과 대원 사이에 위치해 있지 않도록 해야 한다. 환자가 폭력적이면 바깥으로 나가서 경찰이 올 때까지 기다려야 한다.
> ② 환자에게 위협을 줄 만한 행동을 해서는 안 된다.
> ③ 무기가 있을 만한 장소는 피한다. (부엌 등)
> ④ 환자의 갑작스런 행동 변화에 유의해야 한다.
> ⑤ 다른 대원이나 기관과의 연락을 위해 항상 휴대용 무전기를 갖고 있어야 한다.

⑶ **제지 및 구속**[*]

환자를 제지하는 것은 환자 자신과 다른 사람의 안전을 위해 필요하다. 소방대원은 법적으로 환자를 구속시킬 수 없기 때문에 경찰의 도움을 받아야 한다. 구속이 필요하다면 경찰에 협조할 수 있다.

> ※ 구속할 때 알아두어야 할 사항
> 1. 협력자를 다시 한 번 확인한다.
> 2. 행동을 미리 계획한다.
> 3. 환자의 팔·다리 행동반경을 미리 예측하고 그 밖에 위치해 있어야 한다.
> 4. 구속과정을 협력자들과 상의한다.
> 5. <u>적어도 4명의 대원이 동시에 빠른 행동으로 팔다리에 접근해 행동한다.</u>
> 6. 팔·다리를 억제한다.
> 7. <u>환자가 고개를 들거나 내리게 한다.</u> 이 자세는 환자가 순순히 구속을 받는다는 의미와 호흡장애를 미리 예방할 수 있다.
> 8. <u>환자에 맞게 적절한 구속도구를 사용한다.</u>
> 9. 환자가 대원에게 침을 뱉는다면 오심/구토, 호흡장애가 없는 환자에게는 마스크를 씌운다.
> 10. 억제시킨 부분의 순환상태를 계속 평가하고 억제한 이유와 방법 등을 기록한다.

3 기 록

환자의 행동 및 관찰한 사항을 적는 것은 중요하다. 기록은 전문적이고 분명하게 적어야 하며 현장 상황도 적어야 한다. 만약 환자가 약물이나 알코올과 관련이 있다면 이에 대해서도 적어야 한다. 마지막으로 경찰관계자 및 목격자 그리고 협력자 등의 이름도 기록해 두어야 한다.

> 🚨 **Check**
> ① (   ) : 아무 이유 없이 길거리에서 괴성을 지르거나 폭력적인 행동을 보이는 것
> ② 구속할 때는 적어도 (   )명의 대원이 동시에 빠른 행동으로 팔다리에 접근해 행동한다. / 환자에 맞게 적절한 구속도구를 사용한다.(○)
> ③ 판단적인 말을 해서는 안 되며 동정이 아닌 공감을 표현한다.(○)
> ④ 환자로부터 적어도 (   )m 이상 떨어져 있어야 한다.

CHAPTER 17 기본소생술

1 기본소생술의 개요

기본인명소생술이란 응급으로 산소를 공급하면서 기도를 확보하고, 호흡보조로서 인공호흡을 실시하면서 허파에 산소를 공급하는 것이다. 또한 심정지는 일차적으로 반응, 호흡, 맥박의 유무로 확인하고 소생을 위해 가슴압박과 인공호흡을 실시하는 것이다.

> ❖ 기본소생술의 목적은 전문인명소생술에 의하여 혈액순환이 회복될 때까지 뇌와 심장에 산소를 공급하는 것이다. 따라서 기본소생술의 성공여부는 호흡 또는 심정지 후 얼마나 빠른 시간 내에 기본소생술이 시행되느냐에 달려 있다.

■ CAB's 단계별 내용

구 분	평 가	내 용	주의사항
반응 확인	의식 확인	어깨를 두드리면서 "괜찮으세요?"라고 소리쳐서 반응을 확인	응급의료체계 신고(119) – 반응이 없으면 즉시 119신고 및 자동심장충격기 요청
호흡, 맥박	호흡 관찰 (맥박확인)	호흡의 유무 및 비정상 여부 판별(일반인), 호흡 및 맥박 동시 확인(의료제공자)	무호흡, 비정상 호흡(심정지) 판단 <u>의료제공자의 경우 호흡확인과 동시에 목동맥에서 맥박 확인(5~10초 이내)</u>
C (순환)	가슴압박	일반인 – 인공호흡 없이 가슴압박만 계속하는 심폐소생술 또는 인공호흡을 할 수 있는 사람은 가슴압박과 인공호흡을 같이 시행 의료제공자 – 심폐소생술 실시 가슴압박 : 인공호흡 비율을 30 : 2	<u>압박위치 : 가슴뼈의 아래쪽 1/2</u> <u>압박깊이 : 성인 약 5cm</u> <u>소아 4~5cm</u> <u>영아 4cm</u> <u>압박속도 : 분당 100~120회</u>
A (기도)	기도개방	인공호흡하기 전 기도개방 실시	비외상 – 머리기울임 - 턱 들어올리기 외 상 – 턱 밀어올리기법
B (호흡)	인공호흡	기도개방 후 인공호흡 실시 – 1회에 1초간 총 2회	가슴 상승이 눈으로 확인될 정도로 2번 인공호흡실시. 인공호흡을 과도하게 하여 과환기를 유발하지 말 것.

⑴ 심폐소생술의 정의

심폐소생술은 심정지가 의심되는 환자에서 인공으로 혈액순환과 호흡을 유지함으로써 조직으로의 산소공급을 유지시켜서 생물학적 사망으로의 전환을 지연시키고자 하는 노력이다.

> ✪ 심폐소생술의 목적은 심폐의 정지 또는 부전에 따른 비가역적 뇌의 무산소증을 방지함에 있다.
> ✪ 뇌의 무산소증은 심폐정지 후 4분 내지 6분 이상을 방치하면 발생하므로 이 시간 이내에 소생술이 시작되어야 한다는 것을 의미한다.

⑵ 심폐소생술의 역할

① 심정지가 발생하였을 때 환자의 소생에 가장 중요한 것은 빠른 시간 내에 심폐소생술로서 순환 및 호흡을 유지시켜 조직 내에 산소를 공급하는 것이다.

② 전문소생술이 가능할 때까지 혈액 내로의 산소 공급과 신체 조직으로의 혈류를 유지함으로써 중요한 장기(뇌, 심장)의 허혈성 손상을 최소화하여 시간을 벌어준다.

③ 기본소생술만으로 심폐정지 환자를 소생시킬 수 있는 경우는 아주 드물며, 자발순환과 자발 호흡을 되살리기 위해서는 심실제세동을 포함한 전문소생술을 신속하게 뒤따라서 시행되어야 한다.

⑶ 환자 평가*

환자 평가는 중요한 부분으로 평가 없이 환자를 처치하거나 소생술을 실시해서는 안 된다.

반응 확인	① 첫 단계는 즉시 환자의 반응을 확인하는 것이다. ② 환자의 어깨를 두드리면서 "괜찮으세요?"라고 소리쳐서 반응을 확인한다. ③ 쓰러져 있는 환자의 머리나 목의 외상이 의심되면 불필요한 움직임을 최소화하여 손상이 악화되지 않도록 한다. ※ 반응을 확인하여 무반응시에는 119신고와 함께 자동제세동기를 요청한다. 만약 환자가 반응이 없고, 호흡이 없거나 심정지 호흡처럼 비정상적인 호흡을 보인다면 심정지 상태로 판단한다. 특히, 심정지 호흡은 심정지 환자에게서 첫 수 분간 흔하게 나타나며, 이러한 징후를 놓치면, 심정지 환자의 생존 가능성은 낮아진다.
호흡과 맥박 확인	① 의식반응을 확인한 후 반응이 없으면 119신고와 제세동기 요청을 한 후 맥박과 호흡의 유무 및 비정상 여부를 5~10초 이내에 판별해야 한다. ② 특히 심정지 호흡이 있는 경우에는 살아 있는 것으로 착각을 하게 되고 심정지 상황에 대한 인지가 늦어져 가슴압박의 시작이 지연되기 때문이다. 만약 반응이 없고 정상 호흡이 아니라고 판단이 되면 심정지 상황으로 인식해야 한다. ※ 심정지 호흡(agonal gasps) • 심정지 환자에서 발생 후 초기 1분간 40% 정도에서 나타날 수 있다. • 심정지 호흡을 심정지의 징후라고 인식하는 것이 신속한 심폐소생술을 진행하고 소생 성공률을 높이는 데 매우 중요하다. • 의료제공자의 경우 호흡확인과 동시에 목동맥에서 맥박 확인을 5~10초 이내에 한다. • 여러 연구 결과에서 심정지 의심 환자의 맥박 확인 과정은 일반인뿐 아니라 의료인에게도 어렵고 부정확한 것으로 알려져 있다. • 맥박은 성인 심정지 환자에서 목동맥의 촉지로 확인하는데 응급의료종사자도 10초를 넘지 않아야 하며, 맥박확인을 위해 가슴압박을 지연해서는 안 된다.

가슴 압박	① 효과적인 가슴압박은 심폐소생술 동안 심장과 뇌로 충분한 혈류를 전달하기 위한 필수적 요소이다. ② 가슴압박으로 혈행을 효과적으로 유지하려면, 가슴뼈의 아래쪽 절반 부위를 강하게 규칙적으로 그리고 빠르게 압박해야 한다. ③ 성인의 심정지 경우 가슴압박의 속도는 적어도 분당 100회 이상을 유지하면서 분당 120회를 넘지 않아야 하고, 압박 깊이는 5cm를 유지해야 한다. ④ 가슴을 압박할 때 손의 위치는 '가슴의 중앙'이 되어야 한다. 또한 가슴압박 이후 가슴의 이완이 충분히 이루어지도록 한다. ⑤ 가슴압박이 최대한으로 이루어지기 위해 가슴압박이 중단되는 시간과 빈도를 최소한으로 줄여야 한다. ⑥ 가슴압박과 인공호흡의 비율은 30:2로 한다. ⑦ 가슴압박을 시작하고 1분 정도가 지나면 압박 깊이가 줄어들기 때문에 매 2분마다 또는 5주기(1주기는 30회의 가슴압박과 2회의 인공호흡)의 심폐소생술 후에 가슴압박 시행자를 교대해주는 것이 구조자의 피로도를 줄이고 양질의 심폐소생술을 제공할 수 있다. ⑧ 임무를 교대할 때에는 가능하면 가슴압박이 5초 이상 중단되지 않도록 한다. ⑨ 1인 또는 2인 이상의 구조자가 심폐소생술을 하는 경우 성인의 가슴압박 대 인공호흡의 비율은 30 : 2를 유지한다. ⑩ 기관내삽관 등 전문기도가 유지되고 있는 경우에는 더 이상 30:2의 비율을 지키지 않고 한 명의 구조자는 분당 100회 이상 120회 미만의 속도로 가슴압박을 계속하고 다른 구조자는 백-밸브 마스크로 6초에 한번씩(분당 10회) 호흡을 보조한다. ⑪ 심폐소생술의 일관적인 질 유지와 구조자의 피로도를 고려하여 2분마다 가슴압박과 인공호흡을 교대할 것을 권장한다.

2 기도유지 방법 및 인공호흡

(1) 기도유지 방법

대부분의 기도 폐쇄 원인은 혀로 인한 것이 많다. 앙와위에서 머리가 앞으로 굽은 상태의 환자는 혀가 기도로 내려앉으며 의식이 없다면 턱 근육을 포함한 혀 근육이 이완되면서 기도폐쇄는 더더욱 심각해진다. 따라서 머리젖히고-턱 들기방법이나 턱 밀어올리기방법을 통해 기도를 개방시켜 주어야 한다.

머리기울임-턱 들어올리기	턱 밀어올리기법(하악견인법)
기도를 최대한 개방시켜 주는 방법으로 기도와 호흡을 유지하는 데 유용하다. 특히, 혀로 인한 폐쇄를 예방하는데 좋다.	머리, 목, 척추 손상 등이 의심되는 환자에게 사용되는 기도개방 처치법

※ 척추손상이 의심되는 환자에게 사용해서는 안 된다. 응급처치법으로는 ① 환자를 바로누운자세로 눕힌다. 한 손은 환자의 이마에 다른 손가락은 환자의 턱뼈 위에 놓는다. ② 부드럽게 이마를 뒤로 젖히며 턱을 들어준다. (이때, 턱뼈 아래 연부조직을 누르면 기도폐쇄 위험이 있으므로 주의해야 한다.) ③ 환자의 입이 닫히지 않도록 주의한다. 엄지손가락으로 턱을 아래쪽으로 내려야 하는데 이 때 엄지손가락이 환자 입안으로 들어가지 않도록 주의해야 한다.	① 조심스럽게 환자의 머리, 목, 척추가 일직선을 유지하도록 바로누운자세를 취해준다. ② 환자 머리맡에 무릎을 꿇고 바닥에 팔꿈치를 댄다. ③ 귀 아래 하악각 양 옆을 네 손가락으로 부드럽게 잡는다. ④ 구급대원의 아래팔을 이용해서 환자 머리를 고정시킨다. ⑤ 검지로 하악각을 구급대원 쪽으로 잡아당긴다. ⑥ 입이 닫히지 않도록 엄지손가락을 이용해 아랫입술을 구급대원 반대쪽으로 밀어낸다. ⑦ 환자의 머리를 신전·굴곡·회전 시켜서는 안 된다.

(2) 인공호흡* 16년 소방장

① 정상인에서는 산소화와 이산화탄소 배출을 유지하기 위해 1kg당 8~10㎖의 일회 호흡량이 필요하지만 <u>심폐소생술에 의한 심박출량은 정상의 약 25~33% 정도이므로, 폐에서의 산소/이산화탄소 교환량이 감소한다.</u>

② 심폐소생술 중에는 정상적인 일회 호흡량이나 호흡수 보다 더 적은 환기를 하여도 효과적인 산소화와 이산화탄소의 교환을 유지할 수 있다. 따라서 <u>성인 심폐소생술 중에는 500~600㎖ (6~7㎖/kg)의 일회 호흡량을 유지한다.</u> 이 일회 호흡량은 가슴 팽창이 눈으로 관찰될 때 생성되는 일회 호흡량과 일치한다.

③ 과도한 환기
   ㉠ 불필요하며 위 팽창과 그 결과로써 역류, 흡인 같은 합병증을 유발할 수 있다.
   ㉡ 흉곽 내압을 증가시키고 심장으로 정맥혈 귀환을 저하시켜 심박출량과 생존율을 감소시키므로 주의해야 된다.
   ㉢ <u>심폐소생술 동안 심정지 환자에게 과도한 인공호흡을 시행해서는 안 된다.</u>

④ 심폐소생술시 인공호흡의 목적
   ㉠ <u>1차적 목적 : 적절한 산소화를 유지하는 것</u>
   ㉡ <u>2차적 목적 : 이산화탄소를 제거하는 것</u>

⑤ 심정지가 갑자기 발생한 경우
   ㉠ 심폐소생술이 시작되기 전까지 동맥혈 내의 산소 함량이 유지되며 심폐소생술 첫 몇 분 동안은 혈액 내 산소함량이 적절하게 유지된다.
   ㉡ 심정지 발생 후 시간이 지남에 따라 혈액과 폐 속의 산소가 대폭 감소되기 때문에 심정지가 지속된 환자에게는 인공호흡과 가슴압박 모두가 중요하다.
   ㉢ 저산소증에 의해 유발되는 익수환자와 같은 질식성 심정지 환자에게도 인공호흡은 반드시 시행되어야 한다.

☺ 인공호흡의 일회 호흡량 및 인공호흡 방법의 권장사항

1. 1회에 걸쳐 인공호흡을 한다.
2. 가슴상승이 눈으로 확인될 정도의 일회 호흡량으로 호흡한다.
3. 2인 구조자 상황에서 전문기도기(기관 튜브, 후두마스크 기도기 등)가 삽관된 경우에는 1회 호흡을 6초(10회/분)마다 시행한다.
4. 가슴압박 동안에 인공호흡이 동시에 이루어지지 않도록 주의한다.
5. 인공호흡을 과도하게 하여 과환기를 유발하지 않는다.

입대 마스크 호흡(포켓용 마스크 이용)

① 환자 머리에 무릎을 꿇고 앉은 후 마스크를 준비한다.
② 불어 넣은 공기가 새어 나오지 않도록 마스크를 완전히 밀착시킨다.
③ 기도를 개방하고 호흡을 불어 넣을 때 가슴이 올라오는지 확인한다. 자발적 날숨 시 가슴의 움직임을 관찰한다.

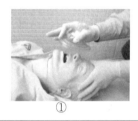 ①   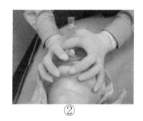 ②    ③

※ 백마스크 인공호흡

• 백마스크를 사용하여 인공호흡을 할 수 있다.
• 백마스크 인공호흡은 전문기도유지 없이 양압의 환기를 제공하므로 위팽창과 이로 인한 합병증을 유발할 수 있다.
• 능숙하게 사용하기 위해서는 상당한 연습이 필요하고 경험있는 2인 이상의 구조자가 사용할 때 효과적이다.
• 성인환자에게 약 500~600ml의 일회 호흡량을 성인용 백(1~2L)으로 제공한다.
• 만약 기도가 확보되어 있다면, 얼굴과 마스크 사이를 밀착시키고 1L 성인용 백을 2/3 정도 또는 2L 성인용 백을 1/3 정도 압박하면 적절한 일회호흡량을 제공할 수 있다.
• 가능하면 산소(산소농도 40% 이상, 최소 10~12L/min)를 함께 투여한다.

(3) 맥박 확인*

① 가슴압박을 실시하기 전에 목동맥을 이용해 맥박을 확인해야 한다.

☺ 만약, 일반인 구조자라면 반응이 없는 환자가 정상적인 호흡을 보이지 않을 경우에 맥박 확인을 하지 않고 가슴압박을 하도록 권장한다.

② 한 손으로 머리를 약간 젖히고 목젖 위에 검지와 중지손가락을 대고 옆으로 살짝 내려와 촉진한다.

※ 엄지를 사용하면 환자 맥박이 아닌 처치자의 맥박을 느낄 수 있으므로 피해야 하며 처치자 측이 아닌 반대 측으로 내려와 촉진하면 기도를 압박할 수 있으므로 주의해야 한다.

③ 영아의 경우 윗팔동맥을 이용하여 촉진하고 맥박이 없다면 가슴압박을 즉각적으로 실시해야
한다. 그리고 맥박을 촉지하는 소요 시간이 10초가 넘지 않도록 하여야 한다.

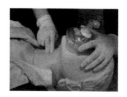
(목동맥 확인)

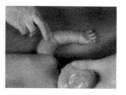
(위팔동맥 확인)

(4) 가슴압박

① 심정지 환자의 가슴을 "빠르고, 강하게" 압박하면 혈액순환을 유지할 수 있다.
② 가슴압박을 하면 직접 심장이 눌리는 심장펌프 기전과 흉강 내압의 변화에 의해 혈류가 발생
되는 흉강펌프 기전이 함께 작용하여 혈류를 발생시키는 것으로 알려졌다.
③ 가슴압박으로 발생되는 심박출량은 정상의 1/4에서 1/3에 불과하다.
④ 가슴압박으로 유발되는 수축기 혈압은 60~80mmHg 이상이지만 이완기 혈압은 매우 낮다.

> ➊ 심정지가 의심되면 즉시 가슴압박을 시작하여야 한다.

※ 가슴압박요령*** 11년 소방교/ 23년 소방장

딱딱한 바닥에 환자를 바로누운자세로 눕히고 처치자의 손으로 가슴을 누르는 처치로 가슴
내에 압력을 증가시켜 혈액을 짜내고 받아들이는 역할을 한다.

① 환자의 가슴 중앙(복장뼈 아래쪽 1/2)에 손꿈치를 올려놓고 팔꿈관절이 굽혀지지 않도
록 하여 일직선을 유지한다. 가슴압박 중에는 처치자의 손가락이 환자의 가슴에 가능한
닿지 않도록 하여야 가슴압박에 의한 합병증을 줄일 수 있다.
② 처치자의 손과 어깨는 일직선을 유지하고 환자의 가슴과는 직각을 유지한다(바닥에 무
릎을 꿇은 자세를 취해줘야 한다).
③ 압박 깊이는 보통 체격의 성인에서는 가슴압박 깊이는 약 5cm가 되어야 한다.(6cm를
넘는 경우에는 합병증 발생의 가능성 증가) 환자의 체격에 따라 가슴압박의 깊이를 조절
할 수 있다. 소아와 영아에서는 가슴 전후직경의 1/3 정도가 압박되도록 한다.
④ 가슴을 압박한 후, 가슴 벽이 정상 위치로 완전히 올라오도록 해야 한다.
  - 이완과 압박의 비율은 50 : 50이 되어야 한다. 이유는 이완기에 정맥환류가 이루어져야
    하므로 환자의 가슴에 구조자의 체중이 실리지 않도록 충분히 이완시켜야 한다.
    ※ 만약 충분히 이완시키지 않으면 정맥환류가 감소되어 가슴압박에 의한 혈류량을
       충분히 유지하지 못 할 수 있다.
  - 가슴압박의 속도는 최소 분당 100~120회는 넘지 않도록 해야 하며 가슴압박 대 인공
    호흡의 비율은 심장동맥 관류압에 중요한 영향을 주는 것으로 알려져 있다.
  - 가슴압박이 진행될수록 심장동맥 관류압은 점차 상승하는 것으로 알려져 있다.
  - 성인인 경우 처치자의 수와 관계없이 가슴압박 : 인공호흡의 비율을 30 : 2로 한다.

⑤ 가슴 압박의 중단을 최소화하려고 노력해야 하며 맥박확인, 심전도 확인, 제세동 등 필수적인 치료를 위하여 <u>가슴압박의 중단이 불가피한 경우에도 10초 이상 가슴 압박을 중단해서는 안 된다.</u>(Hands off time 〈 10초)

3 심폐소생술

(1) 1인 심폐소생술

① <u>CPR은 2분 내에 5주기(30회 가슴 압박과 2회 인공호흡×5회)를 실시하고 목동맥을 이용해 맥박을 확인한다.</u>

② <u>맥박이 없는 경우 가슴압박을 실시하고 맥박은 있으나 호흡이 없는 경우는 인공호흡만 실시한다.</u>

> **💡 성인 1인 심폐소생술의 순서★**
>
> 1. 현장안전 및 감염방지
> 2. 반응검사 – 환자의 어깨를 두드리며 "괜찮습니까?" 등으로 소리쳐 반응 유무를 확인하는 표현을 한다.
> 3. 응급의료체계에 신고하고 AED 요청
> 4. 호흡·맥박확인 : <u>5~10초 동안 무호흡 또는 비정상호흡(심정지호흡)과 함께 목동맥에서 맥박을 확인한다.</u>
> 5. 가슴압박 실시
>   - 분당 100회에서 120회의 속도(15~18초 이내)로 30회의 압박을 실시한다.
>   - 가슴의 중앙, 복장뼈의 아래쪽 절반(1/2)에 해당되는 지점에 한손의 손바닥 뒤꿈치를 위치시키고 그 위에 다른 손을 올려서 겹친 뒤 깍지를 낀 자세로 팔꿈치를 곧게 편 상태에서 수직으로 압박한다.
>   - 압박 위치를 유지하면서 5cm 깊이로 압박을 실시한다.
> 6. 기도개방(머리젖히고-턱 들기방법)
> 7. 인공호흡 실시
>   - 포켓마스크를 사용하여 인공호흡 2회 실시
>   - 마스크를 얼굴에 바르게 위치하여 밀착시키고 기도를 유지하면서 인공호흡을 1초씩 2회 실시한다.
> 8. 가슴압박과 인공호흡을 30 : 2로 5주기 실시
>   - 매 주기마다 30 : 2의 비율로 가슴압박과 인공호흡을 정확히 시행한다.
>   - <u>가슴압박 중단시간은 10초 이내로 한다(hands-off time).</u>
> 9. 맥박확인 : 5주기 시행 후 목동맥에서 맥박을 확인한다.

(2) 2인 심폐소생술

① 보통 가슴압박을 2분 이상하면 자신도 모르는 사이에 가슴압박의 효율이 감소하는 것으로 알려져 있어 처치자가 2인 이상일 때에는 5주기의 가슴압박(약 2분)마다 교대하여 가슴압박의 효율이 감소하지 않도록 해야 한다.

② 위치를 바꾸고자 할 때는 인공호흡을 담당하고 있던 처치자가 인공호흡을 한 후, 가슴압박을 시작할 수 있는 자세로 옮기고 가슴압박을 하고 있던 처치자는 30회의 압박을 한 후 환자의 머리 쪽으로 자신의 위치를 옮겨서 맥박 확인을 하고 맥박이 없다면 인공호흡을 하고 있던 처치자가 가슴압박을 할 수 있도록 한다.

■ 심폐소생술 지침의 연령에 따른 요약** 20년 소방장

심폐소생술 수기	성 인	소 아	영 아
심정지의 확인	무반응, 무호흡 혹은 심정지 호흡 5초 이상 10초 이내 확인된 무맥박(의료인만 해당)		
심폐소생술의 순서	가슴압박 − 기도유지 − 인공호흡		
가슴압박 속도	분당 100회 ~ 120회		
가슴압박 깊이	가슴뼈의 아래쪽 1/2(5cm)	가슴 깊이의 1/3(4~5cm)	가슴 깊이의 1/3(4cm)
가슴 이완	가슴압박 사이에는 완전한 가슴 이완		
가슴압박 중단	가슴압박의 중단은 최소화(10초 이내)		
기도유지	머리기울임 − 턱 들어올리기(외상환자 의심 시 턱 밀어올리기)		
가슴압박 : 인공호흡			
전문기도 확보 이전	30 : 2(1인·2인 구조자)	30 : 2(1인 구조자) 15 : 2(2인 구조자)	
전문기도 확보 이후	6초마다 인공호흡(분당 10회) ※ 단, 1회 인공호흡을 1초에 걸쳐 실시하며 가슴압박과 동시에 환기되지 않도록 주의한다.		

TIP 성인과 소아의 심폐소생술 차이를 기억하세요. 가슴압박 중단은 10초 이내입니다.

(3) 심폐소생술 시 고려사항

① 심폐소생술 효과 확인

CPR이 효과적으로 실시되는지 확인하기 위해서는 가슴압박은 목동맥 촉진, 인공호흡은 가슴이 충분히 올라오는 것으로 알 수 있다. 또한 아래의 징후들을 통해 알 수 있다.

- 동공 수축
- 자발적인 심박동과 호흡
- 삼키는 행위
- 피부색 회복
- 팔다리의 움직임
- 의식 회복

② CPR 시작 및 중단

㉠ 심정지가 발생한 환자를 목격하거나 발견하였을 경우에는 특별한 이유가 없는 한 CPR이 시행되어야 한다.

㉡ 환자가 무의식이며 호흡이 없다 해도 맥박이 있다면 CPR을 실시해서는 안 된다.

㉢ 환자의 사망이 명백하거나 처치자가 위험에 처한 경우, 심폐소생술에 의한 소생가능성이 명백히 없는 경우에는 CPR을 시작하지 않을 수 있다.

ⓐ 환자발생장소에 구조자의 신변에 위험요소가 있는 경우

ⓑ 환자의 사망이 명백한 경우 : 시반의 발생, 외상에 의한 뇌 또는 체간의 분쇄손상, 신체 일부의 부패, 허파 또는 심장의 노출, 몸이 분리된 경우

> ※ 시반현상 : 중력에 의해 혈액이 낮은 곳으로 몰려들어 피부색이 빨간색 또는 자주색을 띄는 것을 말한다. 이는 추운 환경에 노출된 경우를 제외하고 <u>사망한지 15분 이상 경과 되었음을 나타낸다.</u>

ⓒ 사후 강직 상태 : <u>사후 강직은 사망 후 4~10시간 이후에 나타난다.</u>

> ※ CPR을 중단할 수 있는 경우
> ① 환자의 맥박과 호흡이 회복된 경우
> ② 의사 또는 다른 처치자와 교대할 경우
> ③ 심폐소생술을 장시간 계속하여 처치자가 지쳐서 더 이상 심폐소생술을 계속할 수 없는 경우
> ④ 사망으로 판단할 수 있는 명백한 증거가 있는 경우
> ⑤ 의사가 사망을 선고한 경우

③ 심폐소생술의 합병증

<u>심폐소생술이 시행된 환자의 약 25%에서는 심각한 합병증이 발생하며, 약 3%에서는 치명적인 손상이 발생한다.</u> 심폐소생술 중 발생하는 합병증은 주로 가슴압박에 의하여 유발된다. <u>가장 흔히 발생하는 합병증은 갈비뼈골절로서 약 40%에서 발생된다.</u>

■ **심폐소생술의 합병증**★★ 13년 소방위, 소방장/ 14년 소방교/ 19년 소방위

가슴압박이 적절하여도 발생하는 합병증	• 갈비뼈골절 • 심장좌상	• 복장뼈 골절 • 허파좌상
부적절한 가슴압박으로 발생하는 합병증	• 상부 갈비뼈 또는 하부갈비뼈의 골절 • 기흉 • 심장파열 • 대동맥손상	• 간 또는 지라의 손상 • 심장눌림증 • 식도 또는 위점막의 파열
인공호흡에 의하여 발생하는 합병증	• 위 내용물의 역류　　　　• 구토　　　　• 허파흡인	

TIP 합병증은 적절히 하여도 발생할 수 있습니다. 적절할 때와 부적절할 때를 구분해 보세요.

4 기도 내 이물질 제거

기도폐쇄는 혀로 인한 것 외에 이물질, 음식, 얼음, 장난감, 토물 등에 의해서도 일어날 수 있다. 주로 소아와 알코올·약물 중독환자에게서 볼 수 있으며 손상 환자의 경우 혈액, 부러진 치아나 의치에 의해 폐쇄된다.

경미한 기도 폐쇄*	양호한 환기, 자발적이며 힘 있는 기침, 그리고 기침사이 천명음이 들릴 수 있다. 환자는 의식이 있는 경우 목을 'V'자로 잡거나 입을 가리킨다. 환자에게 "목에 뭐가 걸렸나요?"라고 질문하고 이에 긍정하면 먼저 스스로 기침할 것을 유도하며, 옆에서 환자를 관찰한다. ※ 심각한 기도폐쇄 징후가 나타나면 아래와 같은 처치법을 시행한다.

심각한 기도 폐쇄*	심각한 기도폐쇄의 징후로는 공기 교환 불량, 호흡곤란 증가, 소리가 나지 않는 기침, 청색증, 말하기나 호흡능력 상실 등이 있다. 처치자가 "목에 뭐가 걸렸나요?"라는 질문을 하고 환자가 고개를 끄덕인다면 도움이 필요한 상황이다. 만약, 무반응 상태라면 CPR을 실시하고 인공호흡을 하기 위해 머리젖히고-턱 들기법으로 기도를 열 때마다 입 안을 조사하여 이물질을 확인하고 보이면 제거해야 한다.

※ 심각한 기도폐쇄 조치

성인	아동	영아
기도폐쇄유무 질문 등 두드리기 5회 시행 후 복부밀어내기 5회(하임리히법) 다만 임산부나 고도 비만환자의 경우 등 두드리기를 시행한 후 복부 밀어내기 대신 가슴밀어내기를 시행한다. (이물질이 나오거나 의식을 잃을 때까지)		증상 확인 (갑자기 심한 호흡곤란, 약하거나 소리 없는 기침 또는 울음) 등두드리기 5회, 가슴밀어내기 5회 반복

> ※ 환자가 의식이 없어지면
> ① 바닥에 환자를 눕힌다.
> ② 응급의료체계에 신고
> ③ 가슴압박 30회 실시 : 환자의 입안 확인(제거가 가능한 이물질인 경우 제거)
> ④ 인공호흡 1회 실시하고 재기도 유지한 후 다시 1회 호흡 실시
> – 가슴압박과 인공호흡(이물질 확인) 반복

(1) 이물질 제거 과정* 20년 소방장

① 기도를 개방한다.
  머리젖히고-턱 들기방법, 턱 밀어올리기 방법

② 무의식, 무맥 상태라면 인공호흡을 시작하고 호흡이 제대로 들어가지 않는다면 환자의 기도를 재개방하고 재 실시한다.

> ※ 재 실시에도 호흡이 불어 넣어지지 않는다면 기도 폐쇄를 의심할 수 있다.

③ 이물질을 제거한다.
  배·가슴 복부밀어내기, 손가락을 이용한 제거법(단, 이물질이 육안으로 확실히 보이는 경우에만 사용)

(2) 배 밀어내기(하임리히법)

의식이 있고 서 있거나 앉아 있는 환자에게는 배 밀어내기를 사용할 수 있다.

① 환자 뒤에 서거나 환자가 아동인 경우 무릎을 꿇은 자세로 환자 허리를 양팔로 감싼다.

② 주먹을 쥐고 칼돌기와 배꼽사이 가운데에 놓는다. 이때, 복장뼈 바로 아래에 위치하지 않도록 주의해야 한다.

③ 다른 손으로 주먹을 감싸 쥐고 강하고 빠른 동작으로 후상방향으로 배 밀어내기를 실시한다. 단, 만 1세 이하 영아에서는 복부밀어내기를 실시하지 않는다.

④ 이물질이 나오거나 환자가 의식을 잃을 때까지 계속 실시한다.

　※ 의식이 있으나 환자의 키가 너무 커서 처치자의 처치가 효과적이지 않거나 노약자의 경우 서있기 힘들어 할 경우에는 환자를 앉힌 상태에서 배 밀어내기를 실시한다.

(3) 가슴 밀어내기* 17년 소방위

배 밀어내기가 효과적이지 않거나 임신, 비만 등으로 인해 배를 감싸 안을 수 없는 경우에는 가슴 밀어내기를 사용할 수 있다. 방법은 다음과 같이 처치한다.

① 환자가 서 있는 경우 등 뒤로 가서 겨드랑이 밑으로 손을 넣어 환자 가슴 앞에서 양손을 잡는다.

② 오른손을 주먹 쥐고 칼돌기 위 2~3손가락 넓이의 복장뼈 중앙에 엄지손가락 측이 위로 가도록 놓는다.

③ 다른 손으로는 주먹 쥔 손을 감싸고 등 쪽을 향해 5회 가슴 밀어내기를 실시한다.

(배 밀어내기)　　　　　(가슴밀어내기)

TIP 하임리히와 가슴밀어내기 대상과 요령을 구분하여 알아두시기 바랍니다.

※ 무의식 환자
1. 환자를 바로누운자세로 취해준다.
2. 기도를 개방한다.
　• 머리 젖히고−턱 들기법, 턱 밀어올리기법
3. 입안을 확인한다.
　• 이물질이 눈에 보이는 경우만 제거
4. 호흡을 확인하고 무호흡인 경우 2회의 인공호흡을 실시한다.
5. 인공호흡이 잘 안된다면 기도를 재개방하고 인공호흡을 실시한다.
6. 기도 재개방 및 두 번의 인공호흡 시도 후 가슴압박을 바로 실시한다.

(4) 기도 내 이물질 제거**

환자가 무의식 상태라면 처치 전에 119에 구급신고를 한 후에 실시해야 한다.

기도 내 이물질 제거과정이 효과적임을 나타내는 경우는 다음과 같다.

① 자발적인 호흡이 돌아왔을 때
② 이물질이 입 밖으로 나왔을 때
③ 무의식 환자가 의식이 돌아왔을 때
④ 환자 피부색이 정상으로 회복될 때

　※ 경미한 기도폐쇄로 말이나 기침을 할 수 있는 경우는 이물질을 제거하기 위한 환자의 기침 동작을 방해해서는 안 된다. 단, 심각한 기도폐쇄로 바뀔 경우 즉각적으로 처치할 준비를 해야 한다.

(5) 영아인 경우*

소아의 경우는 성인과 이물질 제거과정이 비슷하나 <u>영아(만 1세 이하)인 경우 5회 등 두드리기와 5회 가슴 밀어내기를 이물질이 나오거나 의식이 사라질 때까지 반복적으로 실시해야 한다. 의식이 사라지면 바로 가슴압박부터 시작하여 CPR을 실시한다.</u>

① 처치자의 무릎 위에 영아를 놓고 의자에 앉거나 무릎을 꿇고 앉는다.

② 가능하다면 영아의 상의를 벗긴다.

③ 처치자의 아래팔에 영아 몸통을 놓고 머리가 가슴보다 약간 낮게 위치시킨다. 이때, 손으로 영아의 턱과 머리를 지지하고 기도를 누르지 않게 유의하며 아래팔은 다시 허벅지에 위에 놓는다.

④ <u>손 뒤꿈치로 영아의 양 어깨뼈 사이를 이물질이 나오게 강하게 5번 두드린다.</u>

⑤ 두드린 손을 영아 등에 놓고 손바닥은 머리를 지지(뒤통수)하고 다른 손은 얼굴과 턱을 지지하며 영아를 뒤집어 머리가 몸통보다 낮게 위치시킨다.

⑥ <u>CPR 압박부위를 초당 1회의 속도로 5회 압박한다.</u>

> ※ 성인과 다른 점은 다음과 같다.
> ㉠ <u>영아는 간이 상대적으로 크기 때문에 배 밀어내기를 실시하지 않는다.</u>
> ㉡ <u>이물질이 눈으로 보이는 경우에만 손가락으로 제거한다.</u>

(영아의 기도폐쇄 처치)

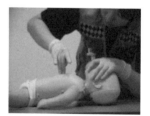

| 1단계 등 두드리기 5회 | 2단계 가슴압박 5회 | 3단계 의식소실시 CPR |

핵심요약 ▌1인 성인 심폐소생술

⑴ 반응의 확인
 : 반응이 없는 환자 발견

⑵ 119신고 및 AED 준비
 (요청)

⑶ 맥박과 무호흡 또는 비정상 호흡을 동시에 확인(10초 이내)

⑷ 가슴압박 실시(30회)

⑸ 기도유지 및 인공호흡(2회)

⑹ 심폐소생술 반복 5주기(2분)
 (가슴압박 : 인공호흡 30:2 반복)

핵심요약 | 기본소생술 흐름도

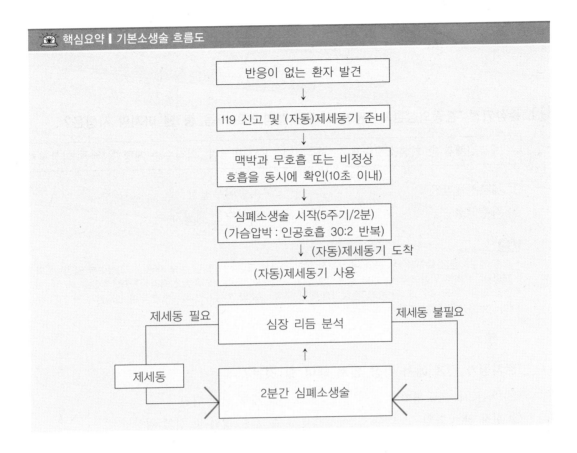

Check

① 성인의 가슴압박 깊이는 (   )cm, 압박 속도는 분당 (   )회, 인공호흡 비율을 (   )
② 의료제공자의 경우 호흡 확인과 동시에 목 동맥에서 맥박 확인을 (   )초 이내에 한다.
③ 임무를 교대할 때에는 가능하면 가슴압박이 (   )초 이상 중단되지 않도록 한다.
④ CPR은 2분 내에 5주기(30회 가슴압박과 2회 인공호흡×5회)를 실시한다.
⑤ 가슴압박을 실시하기 전에 (   )을 이용해 맥박을 확인한다.
⑥ 영아의 경우 (   )을 이용하여 촉진하고 맥박이 없다면 가슴압박을 즉각적으로 실시해야 한다.
⑦ 심폐소생술의 순서 : (   ) - (   ) - (   )
⑧ (   ) : 임신, 비만 등으로 인해 배를 감싸 안을 수 없는 경우이다.

01

기출 및 예상문제

01 손상기전 "중증외상환자" 평가에 대한 설명으로 다음 중 맨 마지막 사항은?

| 세부신체검진, 기본소생술제공, 척추고정, SAMPLE력, 의식수준 재평가, 빠른 외상평가 |

① 세부신체검진　　　　　　　　② 이송여부결정

③ 척추고정　　　　　　　　　　④ 의식수준 재평가

해설
- 중증 외상 : 현장 확인과 1차 평가, 손상기전 확인 → 척추고정 → 기본소생술 제공 → 이송여부 결정 → 의식수준 재평가 → 빠른 외상평가 → 기본 생체징후 평가 → SAMPLE력 → 세부 신체검진* 18년 소방위
- 경증 외상 : 현장 확인과 1차 평가, 손상기전 확인 → 주 호소와 손상기전과 관련된 부분 신체검진 → 기본 생체징후 평가 → SAMPLE력 → 세부 신체검진

02 "환자평가 단계"에서 가장 먼저 해야 할 것은?

① 1차(즉각적인) 평가　　　　　② 세부 신체 검진

③ 현장 안전 확인　　　　　　　④ 주요 병력 및 신체 검진

해설 **환자평가의 단계**★★ 23년 소방장
① 현장 안전 확인　　　　　　　② 1차(즉각적인) 평가
③ 주요 병력 및 신체 검진　　　④ 세부 신체 검진
⑤ 재평가(보통 15분마다 평가해야 하며 위급한 환자인 경우는 5분마다 평가해야 한다).

03 1차 평가에 대한 설명으로 틀린 것은?

① 치명적인 상태파악과 즉각적인 처치가 제공한다.

② 일반적인 인상은 환자의 주 호소, 주변 환경, 손상 기전 그리고 환자의 나이와 성별 등을 근거로 한다.

③ 비정상적인 호흡이라면 양압환기를 제공해야 한다.

④ 만약 1차 평가에서 환자가 적절한 반응을 하지 못한다면 뇌 손상을 의심해야 한다.

해설 **1차평가(호흡평가)*** 24년 소방장

기도 유지 후에는 호흡을 평가해야 한다. 비정상적인 호흡이라면 산소 공급 또는 포켓마스크나 BVM을 통해 인공호흡을 실시해야 한다. 호흡정지가 일어나면 인공환기(양압환기)를 제공해야 한다.

정답　01. ①　02. ③　03. ③

04 외상환자의 1차 평가 단계를 바르게 나타낸 것은?

① 첫인상 – 의식확인 – 기도유지 – 호흡확인 – 순환확인 – 위급정도 판단
② 첫인상 – 기도유지 – 호흡확인 – 순환확인 – 위급정도 판단 – 의식확인
③ 첫인상 – 호흡확인 – 순환확인 – 위급정도 판단 – 의식확인 – 기도유지
④ 첫인상 – 순환확인 – 위급정도 판단 – 의식확인 – 기도유지 – 의식확인

해설 **외상환자 1차 평가단계**★★ 13년 소방장, 소방교/ 22년 소방위/ 24년 소방장
첫인상 – 의식확인 – 기도유지 – 호흡확인 – 순환확인 – 위급정도 판단(이송여부 판단)★

05 순환평가에 대한 설명으로 옳지 않은 것은?

① 순환평가는 맥박, 외부출혈, 피부를 평가하는 것이다.
② 처음에는 노동맥을 평가한다. 만약 없다면 목동맥을 촉진한다.
③ 피부는 부적절한 순환을 나타내는 징후 중 하나로, 피부색, 온도 그리고 상태(습도) 등으로 알 수 있다. 소아의 경우 모세혈관 재충혈로 평가할 수 있다.
④ 12개월 이하의 영아인 경우는 위팔동맥으로 촉진한다. 맥박이 있다면 CPR을 실시한다.

해설 **순환평가 (맥박, 외부출혈, 피부)**
피부는 부적절한 순환을 나타내는 징후 중 하나로, 피부색, 온도 그리고 상태(습도) 등으로 알 수 있다. 소아의 경우 모세혈관 재충혈로 평가할 수 있다.

06 "SAMPLE"의 "A"는 무슨 뜻인가?

① Allergies – 알레르기
② Air bacterium – 공기 중 병원균
③ Allergic disease – 알레르기성 질환
④ Aids – 후천성 면역 결핍증

해설 **SAMPLE**★ 17년, 20년 소방장
• S(Signs/Symptoms) – 증상 및 징후
• A(Allergies) – 알레르기
• M(Medications) – 복용한 약물
• P(Pertinent past medical history) – 관련 있는 과거력
• L(Last oral intake) – 마지막 구강 섭취
• E(Events) – 질병이나 손상을 야기한 사건

정답 **04.** ① **05.** ④ **06.** ①

07 다음 중 "의식수준 4단계" 내용이 아닌 것은?

① A(Arm ; 팔)

② V(Verbal Stimuli ; 언어지시에 반응)

③ P(Pain Stimuli ; 자극에 반응)

④ U(Unresponse ; 무반응)

해설 의식수준 4단계★★★ 12년 소방위, 소방장

1. A(Alert ; 명료) : 질문에 적절한 반응이나 대답을 할 수 있는 상태
2. V(Verbal Stimuli ; 언어지시에 반응) : 질문에 적절한 반응이나 대답은 할 수 없으나 소리나 고함에 소리로 반응하는 상태(신음소리도 가능)
3. P(Pain Stimuli ; 자극에 반응) : 언어지시에는 반응하지 않고 자극에는 반응하는 상태
4. U(Unresponse ; 무반응) : 어떠한 자극에도 반응하지 않는 상태

08 외상환자 순환평가에서 피부색이 "붉은색"일 경우 증상은?

① 간 질환

② 심장질환

③ 일부 쇼크

④ 저혈압

해설 피부색 증상

• 창백 : 실혈, 쇼크, 저혈압, 정신적 스트레스로 인한 혈관 수축
• 청색증 : 부적절한 호흡 또는 심장기능 장애로 인한 저산소증
• 붉은색 : 심장질환과 중증 일산화탄소 중독, 열 노출
• 노란색 : 간 질환
• 얼룩덜룩한 색 : 일부 쇼크 환자

09 2차 평가에서 생체징후는 호흡, 맥박, 혈압, 의식수준을 평가하는데 "맥박"에 대한 설명으로 틀린 것은?

① 원심실의 수축으로 생기는 압력의 파장으로 생기며 주로 노동맥에서 촉지 된다.

② 영아의 경우 목동맥을 촉지해야 한다.

③ 촉지되지 않는다면 목동맥을 촉지해야 한다.

④ 노동맥은 손목 안쪽 엄지손가락 쪽에서 촉지 할 수 있다.

해설 맥박

㉠ 맥박은 뼈 위를 지나가며 피부표면 근처에 위치한 동맥에서 촉지할 수 있다. 원심실의 수축으로 생기는 압력의 파장으로 생기며 주로 노동맥에서 촉지 된다.
㉡ 노동맥은 손목 안쪽 엄지손가락 쪽에서 촉지 할 수 있다.
㉢ 촉지되지 않는다면 목동맥을 촉지해야 한다.
㉣ 영아의 경우 위팔동맥에서 촉지해야 한다.
㉤ 1차 평가에서 맥박유무를 살폈다면 신체검진에서는 맥박수와 양상을 평가해야 한다.

정답 07. ① 08. ② 09. ②

10 2차 평가에서 주요 생체징후에 대한 설명으로 틀린 것은?

① 생체징후는 호흡, 맥박, 혈압을 포함하며 동시에 의식수준(AVPU)도 평가해야 한다.

② 생체징후를 전부 평가하는 범위에는 피부와 동공 상태 평가는 포함되지 않는다.

③ 처음 측정한 생체징후를 기본으로 재평가를 통해 계속 비교·평가해야 한다.

④ 생체징후의 변화는 환자상태를 나타내는 척도로 항상 평가한 후에 기록해 두어야 한다.

해설 생체징후(맥박, 호흡, 혈압, AVPU)* 16년, 18년 소방교

① 생체징후는 호흡, 맥박, 혈압을 포함하며 동시에 의식수준(AVPU)도 평가해야 한다.

② 의식수준 평가는 무반응환자 또는 심한 의식변화를 가진 환자에게 중요하다.

③ 생체징후를 전부 평가하는 범위에는 피부와 동공 상태 평가도 포함된다.

④ 처음 측정한 생체징후를 기본으로 재평가를 통해 계속 비교·평가해야 한다.

⑤ 생체징후의 변화는 환자상태를 나타내는 척도로 항상 평가한 후에 기록해 두어야 한다.

11 생체징후에서 "혈압"에 대한 설명으로서 옳은 것은?

① 혈관 벽에 전해지는 힘을 말한다.

② 왼심실이 쉬는 동안의 동맥 내 압력을 수축기압이라고 한다.

③ 혈압이 낮으면 뇌동맥이 파열되어 뇌졸중을 유발하고 조직은 손상 받는다.

④ 혈압이 높으면 충분한 혈액을 공급받지 못해 조직은 손상을 받는다.

해설 혈 압* 21년 소방장

• 혈압이 낮으면 충분한 혈액을 공급받지 못해 조직은 손상을 받는다.

• 혈압이 높으면 뇌동맥이 파열되어 뇌졸중을 유발하고 조직은 손상 받는다.

• 인체 혈관은 항상 압력을 받는 상태로 왼심실이 피를 뿜어 낼 때 혈압이 올라간다. 이때를 수축기압이라고 한다.

• 왼심실이 쉬는 동안의 동맥 내 압력을 이완기압이라고 한다.

12 동공 반응평가 방법으로서 "이완"일 경우 원인은?

① 공포 ② 머리손상

③ 안구부분 손상 ④ 만성질병

해설 동공반응** 14년 소방장/ 18년 소방교

동공 모양	원 인
수 축	살충제 중독, 마약 남용, 녹내장약, 안과치료제
이 완	공포, 안약, 실혈
비대칭	뇌졸중, 머리손상, 안구 손상, 인공눈
무반응	뇌 산소결핍, 안구부분손상, 약물남용
불규칙한 모양	만성질병, 수술 후 상태, 급성 손상

정답 10. ② 11. ① 12. ①

13 환자의 피부색의 순환정도를 평가하기 위해 좋은 부분이 아닌 것은?

① 귀
② 손톱
③ 입술
④ 아래 눈꺼풀

해설
피부는 색, 온도, 피부상태를 평가해야 하고, 피부색의 변화는 순환정도를 나타내며 평가하기 좋은 부분은 손톱, 입술, 아래눈꺼풀이다.

14 입인두기도기에 대한 설명으로 옳은 것은?

① 의식이 없는 환자에게 적합하다.
② 대부분 부드럽고 유연성 있는 라텍스 재질로 연부 조직의 손상이나 출혈 가능성이 적다.
③ 구강의 상처가 있거나 입을 벌릴 수 없는 경우 사용이 용이하다.
④ 구역반사가 있는 환자 모두에게 사용될 수 있다.

해설 **입인두기도기(의식이 없는 환자)*** 16년, 18년 소방교
① 기도가 개방되면 기도를 유지하기 위해 입인두기도기를 삽관할 수 있다.
② 곡선형 모양에 대개는 플라스틱으로 만들어져 있다.
③ 환자의 입에 위치하는 플랜지가 있고 나머지 부분은 혀가 인후로 넘어가지 않게 유지하는 역할을 한다.
④ 입인두기도기는 크기별로 있으며 환자에 따라 적절한 크기를 사용해야 한다.
⑤ 크기를 선택하기 위해서는 환자의 입 가장자리에서 귓불까지 또는 입 가운데에서(누워있는 상태에서 입의 가장 튀어나온 윗부분) 아래턱각까지의 길이를 재어야 한다.

15 "흡인하는 방법"으로 옳지 않은 것은?** 16년, 17년 소방장/ 22년 소방위

① 경성 흡인관을 사용할 때 크기를 잴 필요는 없으나 연성 카테터를 사용할 때는 입인두기도기 크기를 잴 때와 같은 방법으로 실시해야 한다.
② 환자는 대개 측위를 취해 분비물이 입으로 잘 나오도록 해주어야 한다.
③ 한번에 15초 이상 흡인하면 양압환기를 2분간 실시해야 한다.
④ 척추손상 환자는 긴 척추 고정판에 고정시키기 전에 흡인해 주어야 한다.

해설 **흡인*** 22년 소방위
• 성인은 한번에 15초 이상 흡인해서는 안 된다.
• 15초 실시하면 양압환기를 2분간 실시해야 한다.
• 목 또는 척추손상 환자는 긴 척추 고정판에 고정시킨 후 흡인해 주어야 한다.
• 경성·연성 카테터는 강압적으로 넣어서는 안 되며 경성은 특히, 조직손상과 출혈을 일으킬 수 있다.

정답 **13.** ① **14.** ① **15.** ④

16 다음 중 "코 삽입관"의 설명으로서 옳은 것은?

① 산소흡입량은 50% 이상이다.
② 청색증, 가쁜 호흡환자에게 적합하다.
③ COPD환자에게 주로 사용된다.
④ 적절한 산소의 량은 분당 10~15 L 이다.

해설 **비재호흡마스크와 코삽입관의 비교**★★ 18년 소방장/ 20년, 22년 소방위/ 24년 소방장

기 구	유 량	산소(%)	적응증
비재호흡마스크	10~15 L/분	85~100%	호흡곤란, 청색증, 차고 축축한 피부, 가쁜 호흡, 가슴통증, 의식장애, 심각한 손상
코삽입관	1~6 L/분	24~44%	마스크 거부환자, 약간의 호흡곤란을 호소하는 COPD환자

PART
03
응급의료개론 (소방관계 제외)

17 "호흡기계 공기의 흐름 순서"가 바르게 된 것은?

① 코, 입-인두-기관지-인두후두부-세기관지-허파꽈리
② 코, 입-기관지-후두-허파꽈리-세기관지-인두후두부
③ 코, 입-인두후두부-인두-세기관지-기관지-허파꽈리
④ 코, 입-인두-인두후두부-기관지-세기관지-허파꽈리

해설 **호흡 시 공기의 흐름**★ 14년 소방위

① 코, 입 　② 코인두, 입인두 　③ 인두후두부 　④ 후두덮개 　⑤ 후두
⑥ 반지연골 　⑦ 기관지 　⑧ 세기관지 　⑨ 좌우허파(폐) 　⑩ 허파꽈리

18 "호흡계 질환"에 따른 증상으로 다음 내용과 관계있는 것은?

> ⓐ 심장으로 인해 야기되나 허파에 영향을 미친다.
> ⓑ 호흡곤란이 야기되며 시끄러운 호흡음, 빠른맥, 축축한 피부, 창백하거나 청색증, 발목 부종이 나타난다. 심한 경우 핑크색 거품의 가래가 나오기도 한다.

① 만성기관지염　　　　　　② 만성심부전
③ 천식　　　　　　　　　　④ 허파기종

해설 **만성심부전 징후**★ 24년 소방장

심장으로 인해 야기되나 허파에 영향을 미친다. 심부전은 적정량을 뿜어내지 못해 허파순환이 저하되어 허파부종을 일으킨다. 따라서 호흡곤란이 야기되며 시끄러운 호흡음, 빠른 맥, 축축한 피부, 창백하거나 청색증, 발목 부종이 나타난다. 심한 경우 핑크색 거품의 가래가 나오기도 한다.

정답 | 16. ③　17. ④　18. ② |

19 신생아와 소아의 경우 성인과 다른 점이 아닌 것은?

① 반지연골이 성인보다 딱딱하다.

② 성인에 비해 기도가 작아 쉽게 폐쇄된다.

③ 가슴벽이 부드러워 호흡할 때 가로막에 더 의존한다.

④ 혀가 성인에 비해 입안 공간을 많이 차지해서 쉽게 기도를 막을 수 있다.

해설 **소아의 호흡기계 성인과 다른 점**★★ 17년 소방장/ 19년, 20년, 21년 소방교

- 성인에 비해 기도가 작아 쉽게 폐쇄된다.
- 혀가 성인에 비해 입안 공간을 많이 차지해서 쉽게 기도를 막을 수 있다.
- 기관이 작고 연해서 부종, 외상, 목의 신전·굴곡에 의해 쉽게 폐쇄된다.
- 반지연골이 성인보다 딱딱하지 않다.
- 가슴벽이 부드러워 호흡할 때 가로막에 더 의존한다.

20 호흡기계의 기전으로 "들숨과 날숨"에 대한 설명으로 올바른 것은?

① 오른쪽 허파는 2개 엽을 갖고 있고 왼쪽 허파는 3개 엽을 갖고 있다. 배와 가슴을 나누는 것은 가로막이다.

② 들숨은 가로막과 늑간근이 수축되면 갈비뼈는 올라가고 가로막은 내려간다.

③ 호기 중에는 가로막과 늑간근이 수축하여 흉강은 넓어지면서 가로막은 올라간다.

④ 늑간근이 이완하면 늑골을 밀어 올려 흉강을 위 아래로 벌리는 역할을 한다.

해설 **호흡기계**★★ 14년 소방위/ 21년 소방교, 소방장

㉠ 공기는 입과 코로 들어와서 인두를 지나간다. 코 뒤에 위치한 부분은 코인두, 입 뒤에 위치한 부분은 입인두라고 한다. 인두 아래 부분은 인두후두부이고 그 아래에는 공기와 음식이 따로 들어갈 수 있도록 2부분으로 나누어진다.

㉡ 식도는 음식물이 위로 들어가는 길이고 기관은 공기가 허파로 들어가는 길이다.

㉢ 음식물이 기관으로 들어오는 것을 막기 위해 잎 모양의 후두덮개이 있어 음식물이 들어오면 기관 입구를 덮는다.

㉣ 후두덮개 아래, 기관 윗부분은 후두라고 하며 여기에 성대가 있다. 반지연골은 후두 아래 부분에 있다. 기관은 기관지라 불리는 2개의 관으로 나눠진다. 기관지는 각각 좌·우 허파와 연결되어 있고 다시 세기관지로 나누어진다.

㉤ 세기관지는 가스교환이 이루어지는 허파꽈리라 불리는 수 천 개의 작은 공기주머니와 연결되어 있다. 오른쪽 허파는 3개 엽을 갖고 있고 왼쪽 허파는 2개 엽을 갖고 있다. 배와 가슴을 나누는 것은 가로막이다.

㉥ 들숨은 가로막과 늑간근이 수축할 때 일어난다. 이 때 갈비뼈는 올라가고 팽창되며 가로막은 내려간다. 이로 인해 흉강 크기는 증가하고 허파로의 공기유입을 증가시킨다.

㉦ 날숨은 이러한 근육이 이완될 때 일어나며 흉강 크기는 작아지고 갈비뼈는 아래로 내려가고 수축되며 가로막은 올라간다.

정답 **19.** ① **20.** ②

21 "제세동"에 대한 설명으로 틀린 것은?

① 심실세동은 심장마비 후 8분 안에 심장마비 환자의 약 1/2에서 나타난다.

② 제세동 후에는 맥박 확인이나 리듬 분석을 시행한 후 곧바로 인공호흡을 실시한다.

③ 심실세동에서 제세동이 1분 지연될 때마다 세세동의 성공 가능성은 7~10%씩 감소한다.

④ 심실빈맥에서 V-Tach은 심장마비환자의 10%에서 나타나며 제세동은 반드시, 무맥 또는 무호흡 그리고 무의식 환자에게만 실시해야 한다.

> **해설**
> 제세동 후에는 맥박 확인이나 리듬 분석을 시행하지 않고 곧바로 인공호흡을 실시하며 5주기의 심폐소생술을 시행한 후에 다시 한 번 심전도를 분석하여 적응증이 되면 제세동을 반복한다.★ 22년, 24년 소방장

22 제세동기 사용 후 곧바로 시행해야 할 것은?

① 가슴압박

② 맥박확인

③ 니트로글리세린 투여

④ 리듬분석

> **해설**
> 제세동 사용 후에는 맥박확인이나 리듬분석을 시행하지 않고 곧바로 가슴압박을 실시하며, 5주기의 심폐소생술을 시행한 후에 다시 한 번 심전도를 분석하여 적응증이 되면 제세동을 반복한다.★ 15년, 24년 소방장

23 "복통"과 관련하여 다음 내용과 깊은 관계가 있는 것은?

> 배대동맥류(abdominal aortic aneurysm)의 경우 대동맥 내층이 손상 받아 혈액이 외층으로 유출될 때 등쪽에서 이러한 통증이 나타난다.

① 벽쪽통증

② 쥐어뜯는 뜻한 통증

③ 내장통증

④ 연관통증

> **해설 복통의 종류**★ 12년 소방장/ 19년 소방위/ 24년 소방장
> 복통에는 내장통증, 벽쪽통증, 쥐어뜯는 듯한 통증, 연관통증이 있다.

쥐어뜯는 듯한 통증	• 복통으로는 흔하지 않은 유형으로 대동맥을 제외한 대부분의 배내 장기는 이러한 통증을 느끼는 감각을 갖고 있지 않다. • 배대동맥류 (abdominal aortic aneurysm)의 경우 대동맥 내층이 손상 받아 혈액이 외층으로 유출될 때 등쪽에서 이러한 통증이 나타난다. • 유출된 혈액이 모여 마치 풍선과 같은 유형을 나타내기도 한다.

정답   21. ②   22. ①   23. ②

24 배내기관에 대한 설명으로 옳은 것은?

① 배는 가로막과 골반 사이를 말하며 소화, 생식, 배뇨, 내분비기관과 조절기능을 담당하는 다양한 기관이 위치해 있다.
② 혈당을 조절하기 위한 인슐린 분비 : 간
③ 혈액 여과작용, 면역 반응 보조역할 : 이자의 랑게르한스섬
④ 독소제거 : 지라

해설 **배의 해부학 및 생리학*** 24년 소방위

배는 가로막과 골반 사이를 말하며 소화, 생식, 배뇨, 내분비기관과 조절기능을 담당하는 다양한 기관이 위치해 있다. 흔히 배내 기관이 소화 작용만 하는 것으로 알고 있지만 혈당을 조절하기 위한 인슐린 분비(이자의 랑게르한스섬), 혈액 여과작용, 면역 반응 보조역할(지라), 독소제거(간) 등 보다 더 많은 역할을 하고 있다.

25 다음 내용과 관계 깊은 것은?

> 수술이 필요하며 증상 및 징후로는 오심/구토가 있으며 처음에는 배꼽부위 통증(처음)을 호소하다 RLQ부위의 지속적인 통증을 호소한다.

① 충수돌기염
② 췌장염
③ 쓸개염(담낭염)
④ 배대동맥류

해설 **복통유발질병*** 19년, 24년 소방장

충수돌기염 (맹장염)	수술이 필요하며 증상 및 징후로는 오심/구토가 있으며 처음에는 배꼽부위 통증(처음)을 호소하다 RLQ부위의 지속적인 통증을 호소한다.

26 복통 환자의 OPQRST력 정보수집 방법으로 틀린 것은?

① P : 쉬는 중에 아니면 일하는 중에 시작됐는지?
② O : 통증이 어떻게 시작됐는지?
③ R : 부위를 가리키거나 볼 수 있는지?
④ Q : 통증을 느끼는 그대로 묘사하도록 한다.

해설 **OPQRST력 정보수집*** 18년 소방교

Provocation or Palliation	어떻게 하면 완화 또는 악화되는지? 어떠한 자세를 취하면 완화 또는 악화되는지? 움직임이 통증에 영향을 미치는지?

정답 24. ① 25. ① 26. ①

27 순환계에 대한 설명으로 틀린 것은?

① 순환계는 허파, 심장, 혈액으로 구성되어 있다.
② 정맥은 모세혈관–소정맥–대정맥–오른심방으로 유입시킨다.
③ 적혈구는 포에 산소를 운반해 주고 이산화탄소를 받으며 혈액의 색을 결정하는 요소이다.
④ 정맥출혈의 색은 검붉은 색이며 찰과상에서 흔히 볼 수 있다.

해설
순환계는 3개의 주요 요소 : 심장, 혈관, 혈액* 19년 소방장/ 24년 소방교

28 다음 중 "적혈구"에 대한 설명으로 옳은 것은?

① 세포에 산소를 운반해 주고 이산화탄소를 받으며 혈액의 색을 결정하는 요소이다.
② 면역체계의 일부분으로 감염을 방지한다.
③ 세포의 특수한 부분으로 지혈작용을 한다.
④ 혈액량의 1/2 이상을 차지하며 전신에 혈구와 혈소판을 운반하는 역할을 하고 있다.

해설 **혈액**

• 성인의 경우 체중 1kg당 약 70㎖의 혈액량을 갖고 있다.

적혈구	세포에 산소를 운반해 주고 이산화탄소를 받으며 혈액의 색을 결정하는 요소이다.
백혈구	면역체계의 일부분으로 감염을 방지한다.
혈소판	세포의 특수한 부분으로 지혈작용을 한다.
혈 장	혈액량의 1/2 이상을 차지하며 전신에 혈구와 혈소판을 운반하는 역할을 하고 있다.

29 "지혈기구"에 대한 설명으로 다음 내용과 관련 있는 것은?

> 절단 부위로부터 치명적인 출혈을 보일 때 마지막 수단으로 보통 사용된다.

① 경성부목   ② 지혈대
③ 공기부목   ④ 진공부목

해설 **지혈대**★★ 13년 소방장
절단 부위로부터 치명적인 출혈을 보일 때 마지막 수단으로 보통 사용된다. 지혈대 사용은 근육, 혈관, 신경에 커다란 손상을 초래할 수 있으며 이는 환자 상태를 악화시키고 접합수술을 불가능하게 만들 수 있다. 만약 사용하게 된다면 아래의 사항들을 유념해야 한다.

정답   27. ①   28. ①   29. ②

30 "지혈대 사용 시 유의사항"으로 옳은 것은?

① 지혈대는 병원 도착 전 반드시 풀어야 한다.
② 철사, 밧줄, 벨트 등을 사용하는 것이 좋다.
③ 관절 위에 사용하기가 편리하다.
④ 항상 넓은 지혈대를 사용해야 한다.

해설 지혈대 사용 시 유의사항★★ 23년 소방위

① 항상 넓은 지혈대를 사용해야 한다.
② 철사, 밧줄, 벨트 등은 조직을 손상시키므로 사용해서는 안 된다.
③ 한번 조인 지혈대는 병원에 올 때까지 풀어서는 안 된다.
④ 관절 위에 사용해서는 안 된다.

31 "저혈량 쇼크"의 실혈에 따른 증상 및 징후가 아닌 것은?

① 팔다리 : 혈관의 수축으로 인한 혈압상승
② 심혈관계 : 모세혈관 재충혈 시간 지연
③ 위장관계 : 오심과 구토
④ 피부 : 차갑고 창백하거나 청색증

해설 실혈에 따른 각 조직의 반응 및 증상/징후★★ 13년 소방장/ 14년 소방위/ 17년 소방장

기 관	실혈 반응	증상 및 징후
뇌	심장과 호흡기능 유지를 위한 뇌 부분의 혈류량 감소	의식 변화 – 혼돈, 안절부절, 흥분
심혈관계	심박동 증가, 혈관수축	빠른호흡, 빠르고 약한 맥박 저혈압, 모세혈관 재충혈 시간 지연
위장관계	소화기계 혈류량 감소	오심/구토
콩 팥	염분과 수분 보유 기능 저하	소변생산량 감소, 심한 갈증
피 부	혈관 수축으로 인한 혈류량 감소	차갑고 창백하며 축축한 피부, 청색증
팔다리	관류량 저하	말초맥박 저하, 혈압 저하

32 "피부의 기능"에 대한 설명으로서 잘못된 것은?

① 인체 내부 수분과 기타 체액을 유지하는 기능
② 인체를 보호하고 감염을 방지하는 보호벽 기능
③ 외부 충격으로부터 내부 장기 보호 기능
④ 인체 외부와 내부체온을 차단하는 기능

정답 30. ④   31. ①   32. ④

해설 **피부의 기능*** 24년 소방위
① 인체를 보호하고 감염을 방지하는 보호벽 기능
② 인체 내부 수분과 기타 체액을 유지하는 기능
③ 체온조절기능(혈관의 수축과 확장 그리고 땀의 분비로 체온을 조절)
④ 외부 충격으로부터 내부 장기 보호 기능

33 "개방성 배 손상환자"에 대한 설명으로 틀린 것은?

① 나온 장기에 닿지 않도록 조심하고 다시 집어넣으려 시도하여야 한다.
② 고농도 산소를 제공한다.
③ 생리식염수를 적신 멸균거즈로 노출된 장기를 덮고 드레싱 한다.
④ 무릎과 엉덩이에 상처가 없다면 무릎을 구부리도록 한다.

해설 **개방성 배 손상**** 18년 소방장/ 20년 소방장/ 22년 소방위
배 내 장기가 외부로 나와 있는 개방성 배 손상은 드문 경우로 내장적출이라고도 한다.

※ 응급처치
1. 개인 보호 장비를 착용한다.
2. 고농도 산소를 공급한다.
3. 상처 부위를 옷 등을 제거시켜 노출시킨다.
   • 나온 장기에 닿지 않도록 주의해야 하며 다시 집어넣으려 시도하면 안 된다.
4. 생리식염수를 적신 멸균거즈를 덮고 드레싱 한다.
5. 무릎과 엉덩이에 상처가 없다면 무릎을 구부리도록 한다(무릎 아래에 베게나 말은 이불을 대어 준다).
   • 이 자세는 복벽에 가해지는 스트레스를 줄여준다.
6. 신속하게 병원으로 이송시킨다.

34 다음의 "개방성 연부조직 손상"에 대한 설명과 관계 깊은 것은?

> 피부손상 깊이와 넓이가 다양하며 날카로운 물체에 피부가 잘린 상처이다.

① 열상   ② 찰과상
③ 결출상   ④ 절단

해설 **열상*** 13년 소방장/ 19년 소방위
피부 손상 깊이에 따라 다양하며, 날카로운 물체에 피부가 잘린 상처이다. 상처부위는 일직선으로 깨끗하게 또는 불규칙하게 잘릴 수 있으며 출혈은 상처부위 손상 정도에 따라 달라진다.

정답 | 33. ①   34. ①

PART
03
임상응급의학 (소방교 제외)

35 가슴벽이 관통 되었을 경우 응급처치 요령에 대한 설명으로 다음 (   ) 안에 들어갈 내용은?

> 경우에 따라 폐쇄드레싱은 흉강내 공기가 빠져나가지 못해 흉강압력이 올라가 긴장성 기흉 상태가 나타날 수 있다. 만약 이송 중 환자가 의식저하, 호흡곤란 악화, 저혈압 징후를 보이면 흉강 내 공기가 빠져나오게 폐쇄드레싱을 제거하거나 (   )을 해주어야 한다

① 부목
② 드레싱
③ 삼면드레싱
④ 개방드레싱

해설 **목 부위 상처 났을 때 응급처치 요령**
① 개인 보호 장비를 착용한다.
② 기도가 개방된 상태인지 확인한다.
③ 지혈을 위해 상처 위를 장갑 낀 손으로 직접 압박한다.
④ 상처 부위에서 5cm 이상 덮을 수 있는 두꺼운 거즈로 폐쇄드레싱을 하고 지혈을 위해 압박붕대로 감는다.
- 꼭 필요한 경우를 제외하고는 목동맥에 압박을 주는 행위는 피해야 하며 양측 목동맥을 동시에 압박해서는 안 된다.
⑤ 신속하게 병원으로 이송한다.
- 경우에 따라 폐쇄드레싱은 흉강내 공기가 빠져나가지 못해 흉강압력이 올라가 긴장성 기흉 상태가 나타날 수 있다. 만약 이송 중 환자가 의식저하, 호흡곤란 악화, 저혈압 징후를 보이면 흉강 내 공기가 빠져나오게 폐쇄드레싱을 제거하거나 삼면 드레싱을 해주어야 한다.★★

36 관통상일 경우 응급처치 요령으로 틀린 것은?

① 관통부위를 직접 압박하여 지혈시킨다.
② 관통한 물체를 제거하지 않고 상처부위에 고정시킨다.
③ 물체를 고정시키기 위해 압박붕대로 드레싱 한다.
④ 상처부위를 노출시키기 위해 옷 등을 가위로 자른다.

해설 **관통상일 경우 응급처치**★★ 18년 소방장/ 22년 소방위
① 개인 보호 장비를 착용한다.
② 관통한 물체를 제거하지 않고 상처부위에 고정시킨다. 단, 아래 사항의 경우는 제외시킨다.
- 물체로 인해 이송할 수 없는 경우(크기나 무게 그리고 고정상태 등)
- CPR 등 응급한 상황에서의 처치에 방해가 될 때
- 단순하게 뺨을 관통한 상태(기도유지를 위해서나 추가적인 입안 손상을 막기 위해)
③ 상처부위를 노출시키기 위해 옷 등을 가위로 자른다.
④ 지혈시킨다.
- 관통부위가 아닌 옆 부분을 직접 압박한다.
⑤ 물체를 고정시키기 위해 압박붕대로 드레싱 한다.
- 물체 주위를 겹겹이 드레싱 한다.
⑥ 고정 부위가 움직이지 않게 주의하며 병원으로 이송한다.

정답 **35.** ③ **36.** ①

37 9의 법칙에서 "오른쪽다리 전체와 복부화상 환자"의 화상범위는?

① 36%

② 18%

③ 30%

④ 27%

해설 **9의 법칙**★★ 17년 소방위/ 20년 소방장/ 24년 소방위

처치와 이송 전에 화상범위를 파악해야 하며 '9법칙'이라 불리는 기준을 이용함.
- 오른쪽다리 전체 18% + 복부 9% = 27%

38 다음 중 "절단" 시 응급처치 요령으로 잘못된 것은?

① 생리식염수를 적신 멸균거즈로 감싼다.

② 우선지혈대를 이용해 지혈을 실시한다.

③ 절단부위는 비닐백에 조직을 넣어 얼음에 직접 닿지 않도록 한다.

④ 절단된 끝부분에 압박드레싱을 해준다.

해설 **절 단**★ 14년 소방장/ 22년 소방위

지혈과 절단부위 처치가 중요하다. 접합수술이 가능하지 않아도 절단부위 회복에 필요할 수 있으므로 절단부위는 환자와 함께 이송해야 한다.

※ 응급처치
1. 개인보호 장비를 착용한다.
2. 지혈을 실시한다. 절단된 끝부분에 압박드레싱을 해준다. 지혈대(tourniquet)는 최후 수단으로 사용해야 한다.
3. 부분절단인 경우 완전절단이 되지 않도록 유의해야 한다.
   - 절단부위가 약간이라도 몸체와 붙어 있다면 접합수술 가능성이 있으므로 고정시키거나 부목을 대주어야 한다.
4. 완전절단이라면
   - 생리식염수를 적신 멸균 거즈로 감싼다.
   - 비닐백에 조직을 넣어 밀봉 후 차갑게 유지해야 하는데 얼음에 직접 조직이 닿지 않도록 해야 한다.
   - 벗겨진 조직에 환자 이름, 날짜, 부위 명을 적어 환자와 같이 이송한다.

39 다음 중 "2도 화상"에 해당되는 것은?

① 햇빛(자외선)으로 인한 경우와 뜨거운 액체나 화학손상에서 많이 볼 수 있다.

② 화상부위는 특징적으로 건조하거나 가죽과 같은 형태를 보인다.

③ 화상부위는 발적, 창백하거나 얼룩진 피부, 수포가 나타난다.

④ 지방 및 근육이나 뼈까지 손상을 받은 경우 조직이 탄화된 상태이다.

해설 **2도 화상**★★ 16년 소방교/ 20년 소방장
- 표피와 진피가 손상된 경우로 열에 의한 손상이 많다.
- 내부 조직으로 체액손실과 2차감염과 같은 심각한 합병증을 유발할 수 있다.
- 화상부위는 발적, 창백하거나 얼룩진 피부, 수포가 나타난다.
- 손상부위는 체액이 나와 축축한 형태를 띠며 진피에 많은 신경섬유가 지나가 심한 통증을 호소한다.

정답 **37.** ④ **38.** ② **39.** ③

40 화상환자에 대한 "성인의 중증도 분류"에 있어서 "중증"에 해당되지 않는 것은?

① 영아, 노인, 기왕력이 있는 화상환자

② 손, 발, 회음부, 얼굴화상

③ 전층 화상과 체표면의 20% 이상의 부분층 화상

④ 원통형 화상, 전기화상

해설

③은 소아의 중증환자에 대한 설명이다. ★ ★ ★ 14년, 16년, 17년 소방장/ 19년 소방위/ 20년 소방장, 소방위

41 "전기화상"의 특징으로서 잘못 설명된 것은?

① 전기화상은 밖으로는 심각하더라도 몸 안에는 작은 흔적만 남을 수 있기 때문에 주의해야 한다.

② 낙뢰에 의한 화상환자는 특징적으로 양치류 잎과 같은 모양의 화상이 나타난다.

③ 갑작스러운 근육수축으로 탈골되거나 골절될 수도 있다.

④ 교류는 직류보다 심한 화상을 입힌다.

해설 전기 화상* 12년 소방위/ 20년 소방장

① 전선이나 낙뢰에 의해 일어나며 일반적으로 전압과 전류량이 높을수록 더욱 심한 화상을 입는다.

② 교류(AC, alternating current)는 직류(DC, direct current)보다 심한 화상을 입히며 전기가 들어온 곳과 나온 곳이 몸에 표시되어 남아 있다.

③ 낙뢰에 의한 화상환자는 특징적으로 양치류 잎과 같은 모양의 화상이 나타난다.

④ 전기화상은 몸 안에서는 심각하더라도 밖으로는 작은 흔적만 남을 수 있기 때문에 주의한다.

⑤ 갑작스러운 근육수축으로 탈골되거나 골절될 수도 있다.

⑥ 가장 위험한 경우는 심전도계 장애로 심장 마비나 부정맥이 나타나기도 한다.

42 다음 중 "넙다리뼈 골절 시 출혈" 정도는?

① 500cc

② 1000cc

③ 1500cc～3000cc

④ 300cc

해설 골절부위 출혈* 13년 소방위

• 정강뼈와 종아리뼈의 단순 골절 : 500cc

• 넙다리뼈 골절 : 1000cc

• 골반 골절 : 1500～3000cc

정답 | 40. ③   41. ①   42. ②

43 다음 내용과 관계 깊은 것은?

> 특이한 구조와 기능으로 인하여 불수의근이면서 골격근육에 해당한다.

① 심장근육　　　　　　　　② 내장근육
③ 불수의근　　　　　　　　④ 골격근육

해설 근육(힘줄로 뼈에 연결되어 있어 관절을 움직이게 할 수 있음)*

골격근육 (수의근)	신체근육의 대부분을 차지하고 있으며 대부분 골격에 직접 붙어있다. 뇌의 의도에 따라 움직이므로 "수의근"이라 부른다.
내장근육 (불수의건)	현미경으로 관찰하면 골격근육에서 발견되는 가로무늬가 관찰되지 않아 '내장근육'이라 하며, 의도와 상관없이 자율적으로 시행되는 신체 운동의 대부분을 수행하여 '불수의근'이라고도 한다.
심장근육 (불수의근)	특이한 구조와 기능으로 인하여 불수의근이면서 골격근육에 해당한다.

44 근골격계 손상형태로 다음 내용과 관계 깊은 것은?

> 관절을 지지하거나 둘러싼 인대의 파열이나 비정상적인 잡아당김으로 생긴다. 보통 인체에 변형된 충격(뒤틀림 등)으로 인해 발생한다.

① 골절　　　　　　　　　　② 탈구
③ 염좌　　　　　　　　　　④ 좌상

해설 근골격계 손상형태*

골절	• 뼈가 부러진 경우를 말하며 심각한 출혈과 통증, 장기간 안정이 필요하다. • 관절을 형성하는 뼈의 끝부분이나 성장판이라 불리는 아동의 성장부위 골절은 심각한 결과를 초래한다.
탈구	• 연결부분에 위치한 관절의 정상 구조에서 어긋난 경우로 관절부위의 심한 굴곡이나 신전으로 발생한다. • 손가락 관절과 어깨 그리고 엉덩이에서 종종 발생한다.
염좌	관절을 지지하거나 둘러싼 인대의 파열이나 비정상적인 잡아당김으로 생긴다. 보통 인체에 변형된 충격(뒤틀림 등)으로 인해 발생한다.
좌상	뼈와 근육을 연결하는 힘줄이 비정상적으로 잡아 당겨져 생긴다.

정답 43. ①　44. ③

45 견인부목 사용 순서로서 우선조치 해야 할 사항은?

① 조심스럽게 다리를 손으로 견인

② 다리 말초의 맥박, 운동과 감각기능 평가

③ 부목의 알맞은 길이를 조정

④ 발목 고리를 확실하게 환자 발과 수직으로 고정

해설 **견인부목 이용 순서**

① 다리말초의 맥박, 운동과 감각기능 평가   ② 안전하며 조심스럽게 다리를 손으로 견인
③ 부목의 알맞은 길이 조정   ④ 손상된 다리 부위를 부목 위에 위치
⑤ 궁둥뼈 끈을 서혜부와 넙다리에 결착   ⑥ 끈을 확실하고 안전하게
⑦ 발목 고리를 확실하게 환자 발과 수직으로 고정   ⑧ 발목 고리의 D와 S고리 결착
⑨ 다리받침 끈 고정   ⑩ 말초 맥박, 운동과감각기능 재평가
⑪ 환자를 긴척추고정판에 위치 시키고 안전하게 고정

46 "견인부목"을 사용하기 좋은 부위는?

① 엉덩이나 골반 손상   ② 무릎이나 무릎 인접부분 손상

③ 발목 손상   ④ 허벅지 손상

해설 **견인부목을 사용해서는 안 되는 경우*** 20년 소방장

① 엉덩이나 골반 손상   ② 무릎이나 무릎 인접부분 손상
③ 발목 손상   ④ 종아리 손상
⑤ 부분 절상이나 견인기구 적용부위의 결출상

47 다음 중 부목에 대한 설명으로 틀린 것은?

① 뼈가 손상 부위 밖으로 나와 있다면 다시 원래 위치로 넣으려고 해서는 안 된다.

② 공기부목은 지혈이 가능하고 심하게 각이 졌거나 구부러진 곳에서 효과적으로 사용된다.

③ 항 쇼크 바지는 저체액성 쇼크 환자에서 혈압을 유지시키는 목적으로 사용된다.

④ 엉덩이 골반손상에 견인부목을 사용해서는 안 된다.

해설 **연성 부목**** 14년 소방장/ 16년 소방교/ 20년 소방장/ 23년 소방위

- 가장 많이 사용되는 연성부목은 공기부목과 진공부목이다.
- 공기부목은 환자에게 편안하며 접촉이 균일하고 외부 출혈이 있는 상처에 압박을 가할 수 있으므로 지혈도 가능하다는 장점이 있으나, 온도 및 공기압력에 의해 변화가 생기는 단점이 있다.
- 환자상태를 확인하면서 입으로 공기를 불어넣는다.
- 진공부목은 내부를 진공상태로 만들면 특수소재가 견고하게 변하여 고정되는 부목으로, 심하게 각이 졌거나 구부러진 곳에서 효과적으로 사용된다.
  – 펌프를 이용 공기를 빼는 것이 공기부목과 다르다.

📖 **정답**   **45.** ②   **46.** ④   **47.** ②

48 "두부"에 대한 설명이 아닌 것은?

① 뇌를 보호하는 뇌머리뼈와 얼굴뼈, 모두 22개의 뼈로 구성되어 있다.

② 머리를 지지해 주고 뇌의 기저부분에서 골반까지 이어진다.

③ 성인에 이르기까지 계속 팽창되어 크다가 딱딱하게 굳어진다.

④ 눈확(orbit)은 눈을 보호하기 위해 눈을 둘러 싼 몇 개의 뼈로 구성되어 있고 아래턱과 위턱은 이를 지지하고 있다.

해설 **두부**★ 19년 소방장

① 머리뼈는 뇌를 보호하는 뇌머리뼈와 얼굴뼈, 모두 22개의 뼈로 구성된다.
② 머리뼈는 성인에 이르기까지 계속 팽창되어 크다가 딱딱하게 굳어진다.
③ 머리뼈 부분명칭은 이마뼈, 뒤통수뼈, 마루뼈, 관자뼈 등이 있다.
④ 얼굴을 이루고 있는 뼈들은 몇 가지 기능이 있는데 모든 얼굴뼈들은 전방에서 오는 충격으로부터 뇌를 보호하는 기능이 있다.
⑤ 눈확(orbit)은 눈을 보호하기 위해 눈을 둘러 싼 몇 개의 뼈로 구성되어 있고 아래턱과 위턱은 이를 지지하고 있다.
⑥ 코뼈는 코의 후각기능을 지지하고 광대뼈는 뺨을 형성하여 얼굴 형태를 만든다.

※ ②는 척주에 대한 설명임★

49 척추손상의 증상으로 틀린 것은?

① 대변실금이나 요실금

② 팔과 다리에 허약감이나 저린 증상과 같은 비정상적 감각이나 무감각

③ 지속적인 발기 감퇴증

④ 척추손상이 의심되는 부분 아래로 감각손실이나 마비

해설 **척추손상의 증상 및 징후**★★ 18년 소방장

환자가 무의식상태라면 가족이나 주변인에게 SAMPLE력을 얻어야 하며 손상기전과 도착 전의 환자 상태 및 의식 변화 등에 대한 정보를 얻어야 한다.(주 병력과 신체검진)
① 손상 부위 척추의 압통
② 척추의 변형
③ 척추손상과 관련된 연부조직 손상
  • 머리, 목 손상 : 목뼈 손상 가능성
  • 어깨, 등, 배 손상 : 등뼈, 허리뼈 손상 가능성
  • 다리 손상 : 허리뼈, 엉치뼈 손상 가능성
④ 척추손상이 의심되는 부분 아래로 감각손실이나 마비
⑤ 팔과 다리에 허약감이나 저린 증상과 같은 비정상적 감각이나 무감각
⑥ 지속 발기증, 지속적이며 감정적으로 근거 없는 발기증
⑦ 대변실금이나 요실금
⑧ 호흡장애
⑨ 척주의 움직임에 상관없는 통증
⑩ 엉덩이와 다리에 계속적이거나 간헐적인 통증

정답 | **48.** ② **49.** ③

50 머리부터 골반까지 연결되어 있으며 척수를 보호하는 역할을 하는 척추의 5가지 구성부분으로서 연결이 바르지 못한 것은?

① 목뼈-7개

② 등뼈-12개

③ 허리뼈-4개

④ 꼬리뼈-4개

해설 **척추의 구성**★★ 13년 소방교, 소방장/ 19년 소방장

척추는 머리에서 골반까지 연결되어 있으며 척수를 보호하는 역할을 한다. 척추는 33개의 척추골로 구성 되어 있고 5부분[목뼈(7개), 등뼈(12개), 허리뼈(5개), 엉치뼈(5개), 꼬리뼈(4개)]로 나눌 수 있다.★

51 KED 착용순서로서 가장 먼저 실시해야 할 것은?

① 빠른 외상환자 1차 평가를 시행

② 적절한 크기의 목보호대를 선택하여 착용

③ 손으로 환자의 머리 고정

④ 구출고정대(KED)의 몸통 고정끈을 중간, 하단, 상단의 순으로 연결하고 조인다.

해설 **구출고정대(KED) 착용순서**★ 21년 소방위/ 23년 소방장

① 손으로 환자의 머리를 고정하고, 환자의 A,B,C 상태를 확인한다.
  (이때, 환자의 A,B,C에 심각한 문제가 있는 경우 목보호대 및 긴척추고정판을 이용하여 빠른 환자구출법을 시행한다.)
② 적절한 크기의 목보호대를 선택하여 착용시킨다.
③ 빠른 외상환자 1차 평가를 시행한다.
④ 구출고정대(KED)를 환자의 등 뒤에 조심스럽게 위치시키며, 구출고정대(KED)를 몸통의 중앙으로 정렬하고 날개부분을 겨드랑이에 밀착시킨다.
⑤ 구출고정대(KED)의 몸통 고정끈을 중간, 하단, 상단의 순으로 연결하고 조인다.
⑥ 양쪽 넙다리 부분에 패드를 적용하고 다리 고정끈을 연결한다.
⑦ 구출고정대(KED)의 뒤통수에 빈 공간을 채울 정도만 패드를 넣고 고정한다.
⑧ 환자를 90°로 회전시키고 긴 척추고정판에 눕힌 후 긴 척추고정판을 들어 바닥에 내려놓는다.
⑨ 환자가 긴 척추고정판의 중립위치에 있는지 확인하고 다리, 가슴끈을 느슨하게 해준다.
⑩ 긴 척추고정판에 환자를 고정하고, 팔다리의 순환, 운동, 감각 기능을 확인한다.

52 의식장애에 대한 설명으로 옳지 않은 것은?

① 의식장애는 경미한 착란현상, 지남력장애에서 무반응까지 다양하다.

② 의식장애 환자는 신속한 평가를 통해 회복자세를 취해준다.

③ 의식장애를 초래하는 원인으로는 뇌로 가는 당, 산소, 혈액결핍 등이 있으며 뇌는 영구적으로 그리고 쉽게 손상 받을 수 있다는 문제점이 있다.

④ 의식변화를 초래한 원인을 진단하는 것은 의사의 고유 권한으로 구급대원의 업무는 기도, 호흡, 순환 평가 및 처치 그리고 이송이다.

해설 의식장애 환자는 신속한 이동이 가장 중요하다.★ 23년 소방위

📖 정답 | **50.** ③ **51.** ③ **52.** ②

53 다음 중 헬멧을 제거해야 할 경우로써 옳은 것은?

① 헬멧 제거가 환자에게 더한 위험을 초래할 때

② 헬멧을 착용한 상태가 오히려 적절하게 고정되어 질 수 있을 때

③ 헬멧을 쓴 상태가 긴 척추고정판에 환자를 고정시켰을 때 머리의 움직임이 없을 때

④ 헬멧이 기도와 호흡을 평가하고 관찰하는데 방해가 될 때

해설 **헬멧제거★** 23년 소방장/ 24년 소방위

헬멧 제거하지 말아야 함	• 헬멧이 환자를 평가하고 기도나 호흡을 관찰하는데 방해가 되지 않을 때 • 현재 기도나 호흡에 문제가 없을 때 • 헬멧 제거가 환자에게 더한 위험을 초래할 때 • 헬멧을 착용한 상태가 오히려 적절하게 고정되어 질 수 있을 때 • 헬멧을 쓴 상태가 긴 척추고정판에 환자를 고정시켰을 때 머리의 움직임이 없을 때

54 다음 내용에서 설명이 틀린 것은?

① 굴곡은 척추의 뒤쪽으로 굽은 것으로 후방충돌에서 보통 일어난다.

② 척수는 뇌에서부터 신체에 이르기까지 메시지를 전달하는 역할을 한다.

③ 척추손상에서 가장 위험한 것은 척수의 손상이다.

④ 척주는 인체를 지탱하는 중요한 역할을 하고 있으며 33개의 척추뼈로 구성되어 있다.

해설

굴 곡	척추의 앞쪽으로 굽은 것으로 정면충돌과 다이빙에서 보통 일어난다.
신 전	척추의 뒤쪽으로 굽은 것으로 후방충돌에서 보통 일어난다.

55 의식이 있는 "뇌졸중 환자에게 평가하는 FAST방법"으로 내용이 틀린 것은?

① 입 꼬리가 올라가도록 웃으면서 따라서 웃도록 시킨다.

② 눈을 감고 양 손을 동시에 앞으로 들어 올려 5초간 멈추도록 한다.

③ 하나의 문장을 얘기하고 따라하도록 시킨다.

④ 시계가 있다면 몇 시인지 물어보고 없다면 낮인지 밤인지 물어본다.

해설 **의식이 있는 뇌졸중환자를 평가하는 방법★** 15년, 22년 소방장

① F(face) : 입 꼬리가 올라가도록 웃으면서 따라서 웃도록 시킨다. 치아가 보이지 않거나 양쪽이 비대칭인 경우 비정상

② A(arm) : 눈을 감고 양 손을 동시에 앞으로 들어 올려 10초간 멈추도록 한다. 양손의 높이가 다르거나 한 손을 전혀 들어 올리지 못할 경우 비정상

③ S(speech) : 하나의 문장을 얘기하고 따라하도록 시킨다. 말이 느리거나 못한다면 비정상

④ T(time) : 시계가 있다면 몇 시인지 물어보고 없다면 낮인지 밤인지 물어본다.

정답 | **53.** ④ **54.** ① **55.** ②

56 "당뇨"에 대한 설명으로 틀린 것은?

① 뇌로 가는 혈액 차단 및 혈액 내에 산소와 포도당이 저하되면 의식장애를 초래한다.

② 당뇨환자는 마치 술에 취한 듯한 행동을 한다.

③ 고혈당은 갑자기 나타나는 반면 저혈당은 보통 서서히 진행된다.

④ 고혈당환자는 따뜻하고 붉으며 건조한 피부를 갖는 반면 저혈당 환자는 차갑고 창백하며 축축한 피부를 나타낸다.

해설 저혈당과 고혈당 비교* 16년, 18년 소방장/ 19년, 21년, 23년 소방위

시 작	• 저혈당은 갑자기 나타나는 반면 고혈당은 보통 서서히 진행된다. • 그 이유는 고혈당인 경우 뇌로 혈당이 전달되는 반면 저혈당은 혈당이 뇌에 도달할 수 없어 갑자기 경련이 일어나기 때문이다.
피 부	고혈당환자는 따뜻하고 붉으며 건조한 피부를 갖는 반면 저혈당 환자는 차갑고 창백하며 축축한 피부를 나타낸다.
호 흡	• 고혈당 환자의 호흡에서는 아세톤 냄새가 나기도 한다. • 고혈당 환자는 종종 빠르고 깊은 호흡을 나타내고 구갈증, 복통, 구토 증상도 나타난다. • 고혈당과 저혈당을 분명히 구분하기 위해서는 혈당측정기를 이용해 판단해야 한다.

57 야외 장시간 활동으로 뜨겁고 건조한 상태에서 응급처치로 옳은 것은?

① 이온음료를 마시게 한다. ② 구급차를 따뜻하게 한다.

③ 서혜부에 따뜻한 팩을 대준다. ④ 시원하게 부채질 해준다.

해설 뜨겁고 건조하거나 축축한 피부인 경우* 23년 소방위

㉠ 시원하게 옷을 벗기고 느슨하게 한다.

㉡ 목, 겨드랑이, 서혜부에 차가운 팩을 댄다.

㉢ 차가운 물로 몸을 축축하게 해주고(수건, 스펀지 이용) 부채질(선풍기) 해준다.

㉣ 구강으로 아무것도 주어서는 안 되며 냉방기를 최고로 맞춰 놓고 신속하게 이송한다.

58 다음 중 "견과류, 땅콩, 유류, 계란"을 먹다가 발생할 수 있는 유형은?

① 이물질 제거 ② 과민성 쇼크

③ 심장성 쇼크 ④ 신경성 쇼크

해설 과민성 쇼크의 일반적인 원인** 14년 소방위

• 독을 갖고 있는 곤충에게 물리거나 쏘일 때(벌, 말벌 등)

• 견과류, 갑각류(개, 새우, 조개), 우유, 달걀, 초콜릿 등 음식섭취

• 독성이 있는 담쟁이덩굴, 오크, 두드러기 쑥(일명 돼지풀), 풀 가루 등 식물 접촉

• 페니실린, 항생제, 아스피린, 경련약, 근이완제 등의 약품

• 기타 먼지, 고무, 접착제, 비누, 화장품 등
  많은 환자들은 과거의 경험에 의해 알레르기 물질을 알고 있는 경우가 많다.

정답 56. ③ 57. ④ 58. ②

59 "저체온증 환자"의 의식이 명료한 상태에서 적극적인 처치법이 아닌 것은?

① 주요 동맥이 표면에 흐르는 곳에 따뜻한 것을 대준다.

② 환자가 힘을 쓰거나 걷지 않게 한다.

③ 팔·다리 마사지를 해준다.

④ 많은 양의 산소 공급

해설 의식이 명료한 상태라면 적극적인 처치법* 13년 소방장

• 인체 외부 특히, 주요 동맥이 표면에 흐르는 곳에 따뜻한 것을 대준다.
• 기도 개방 유지
• 호흡과 순환지지(호흡과 맥박이 느려지기 때문에 CPR을 실시하기 전에 적어도 30~45초간 평가해야 한다.)
• 많은 량의 산소 공급
• 환자가 힘을 쓰거나 걷지 않게 한다.
• 자극제(카페인, 알콜 음료 등)를 먹거나 마시지 않게 한다.
• <u>팔·다리 마사지 금지</u>
• 신속한 병원 이송
• 재평가 실시

60 국소 한랭손상에서 "동창"에 대한 증상으로 옳지 않은 것은?

① 초기에는 피부가 하얗게 되거나 창백하게 변색된다.

② 정상체온으로의 회복동안 환자는 종종 저린 증상을 호소한다.

③ 초기에 적절한 처치`를 받는다면 조직의 영구적인 손상 없이 완전히 회복할 수 있다.

④ 촉지하면 피부는 나무와 같이 딱딱하고 물집이나 부분부종이 나타나기도 한다.

해설 동상

후기 또는 깊은 국소 한랭손상은 하얀 피부색을 띤다. <u>촉지하면 피부는 나무와 같이 딱딱하고 물집이나 부분부종이 나타나기도 한다.</u> 대부분 산악인에게 많이 발생하며 근육과 뼈까지 손상되는 경우도 있다. 손상 부위가 녹으면서 자주빛, 파란색 그리고 얼룩덜룩한 피부색을 보인다.

61 벌에 쏘였을 때 응급처치 사항으로 바르지 못한 것은?

① 족집게나 집게로 제거하도록 한다.

② 부종이 시작되기 전에 악세서리 등을 제거한다.

③ 손상부위를 심장보다 낮게 유지한다.

④ 부드럽게 손상부위를 세척한다.

해설

집게사용은 상처부위로 독물을 더욱 짜 넣는 결과를 나타낸다.* 14년 소방장

정답 | 59. ③ 60. ④ 61. ①

62 "열사병"에 대한 설명으로 틀린 것은?

① 열 손상에서 가장 위험한 단계로 체온조절기능 부전으로 나타난다.
② 적절한 휴식 없이 진화하는 소방대원 및 통풍이 안 되는 작업복을 입고 일할 때 많이 발생한다.
③ 여름철에 어린아이나 노약자에게 많이 일어나며 보통 며칠에 걸쳐 진행된다.
④ 피부는 뜨겁고 건조하거나 축축하다. 의식은 약간의 혼돈상태에서 무의식상태까지 다양하게 의식변화가 있다.

해설 **열사병**★★ 18년 소방위/ 22년 소방장
㉠ 열 손상에서 가장 위험한 단계로 체온조절기능 부전으로 나타난다.
㉡ 여름철에 어린아이나 노약자에게 많이 일어나며 보통 며칠에 걸쳐 진행된다.
㉢ 소모성열사병 환자와 같이 체온이 정상이거나 약간 오르지 않고 41~42℃ 이상 오른다.
㉣ 피부는 뜨겁고 건조하거나 축축하다. 의식은 약간의 혼돈상태에서 무의식상태까지 다양하게 의식변화가 있다.
※ ②는 일사병에 대한 내용임

63 뱀에 물렸을 때 증상 및 징후 방법으로 옳은 것은?

① 부드럽게 물린 부위를 세척한다.
② 물린부위를 절개 또는 입으로 독을 빼내도록 한다.
③ 물린 부위를 지혈대로 몸 쪽으로 묶어준다.
④ 물린 부위를 심장보다 높게 유지한다.

해설 **응급처치**★ 20년 소방위
① 현장 안전을 확인하고 환자를 눕히거나 편한 자세로 안정을 취해준다.
② 부드럽게 물린 부위를 세척한다.
③ 붓기 전에 물린 부위를 조일 수 있는 액세사리 등은 제거한다.
④ 물린 부위를 심장보다 낮게 유지한다.
⑤ 움직이지 않게 한다. – 물린 팔다리를 부목으로 고정한다.
⑥ 물린 부위에서 몸 쪽으로 묶어준다.(단, 지혈대가 아닌 탄력붕대 이용)
⑦ 전신 증상이 보이면 비재호흡마스크로 많은 양의 산소를 공급한다.
⑧ 신속하게 이송한다.(구토 증상을 보일 경우 회복자세를 취해준다)
⑨ 계속적으로 평가한다.

※ 금기사항
① 물린부위를 절개 또는 입으로 독을 빼는 행위
② 전기 충격, 민간요법으로 얼음이나 허브를 물린 부위에 대는 행위
③ 40분 이상 묶으면 조직 내 허혈증 유발

정답 | 62. ② 63. ①

64 "임신기간 중 생리적 변화"에 대한 설명으로 틀린 것은?

① 맥박은 감소하고 혈압은 증가한다.
② 바로누운자세의 임부는 하대정맥을 눌러 태아절박가사를 초래할 수 있다.
③ 자궁이 커지면서 소화기계를 압박해 구토할 가능성이 높다.
④ 산모의 저혈압은 좌측으로 눕게 한 다음 오른쪽 엉덩이 아래에 이불 등으로 지지하면 쉽게 호전된다.

해설 임신기간 중 생리적 변화* 14년 소방장

변 화	의 미
혈류량과 혈관분포정도가 증가한다.	맥박은 증가하고 혈압은 감소한다.
자궁이 커지면서 소화기계를 압박한다.	구토할 가능성이 높다.
자궁이 하대정맥을 눌러 심장으로 가는 혈류량을 감소시킨다.	바로누운자세는 저혈압과 태아절박가사를 초래할 수 있다.

65 신생아 호흡평가에 대한 설명으로 잘못된 것은?

① 기도 내 이물질을 제거한 순간부터 자발적으로 호흡하는 것이 정상이며 30초 내에 호흡을 시작해야 한다.
② 호흡하지 않으면 등을 부드럽게 그리고 활발하게 문지르거나 손가락으로 발바닥을 자극하는 방법이 있다.
③ 발바닥을 치켜들고 손바닥으로 쳐서는 안 되며 호흡이 있으나 팔다리에 약간의 청색증이 있다면 등을 문지르거나 발바닥을 자극하도록 한다.
④ 호흡이 얕고 느리며 없다면 40~60회/분 인공호흡을 실시해야 한다.

해설
발바닥을 치켜들고 손바닥으로 쳐서는 안 되며 호흡이 있으나 팔다리에 약간의 청색증이 있다고 해서 등을 문지르거나 발바닥을 자극해서는 안 된다.* 21년 소방위

66 "아프가 점수"에서 다음 내용과 관계 깊은 것은?

신생아 몸은 핑크색, 맥박은 95회, 얼굴 찡그림, 호흡 불규칙. 근육 흐늘거림

① 2점   ② 3점
③ 4점   ④ 6점

정답 64. ①   65. ③   66. ③

해설 APGAR score 평가* 17년 소방위/ 19년 소방장/ 20년, 22년, 24년 소방위

평가내용	점 수		
	0	1	2
피부색 : 일반적 외형	청색증	몸은 핑크, 손과 팔다리는 청색	손과 발까지 핑크색
심장 박동수	없음	100회 이하	100회 이상
반사흥분도 : 찡그림	없음	자극 시 최소의 반응 /얼굴을 찡그림	코 안쪽 자극에 울고 기침, 재채기 반응
근육의 강도 : 움직임	흐늘거림/부진함	팔과 다리에 약간의 굴곡 제한된 움직임	적극적으로 움직임
호흡 : 쉼 쉬는 노력	없음	약하고/느림/불규칙	우렁참

67 "둔위분만의 경우 응급처치" 요령으로 잘못된 것은?

① 다리를 잡아당기는 등 적극적으로 분만을 시도해야 한다.
② 고농도산소를 공급한다.
③ 골반이 올라오도록 머리를 낮추고 정서적 지지를 제공한다.
④ 만약, 엉덩이가 나온다면 손으로 지지해 준다.

해설 응급처치* 20년 소방위

① 즉각적으로 이송한다.
② 다리를 잡아당기는 등의 분만을 시도해서는 안 된다.
③ 고농도산소를 공급한다.
④ 골반이 올라오도록 머리를 낮추고 정서적 지지를 제공한다.
⑤ 만약, 엉덩이가 나온다면 손으로 지지해 준다.

68 "소아의 심각한 기도폐쇄"의 경우 조치사항으로 틀린 것은?

① 반응이 있는 소아의 경우 말하거나 울지 못하고 청색증을 나타낸다.
② 영아에서는 5회 등 두드리기를 하고 5회 가슴 밀어내기를 이물이 나올 때까지 반복한다.
③ 영아에서는 간이 상대적으로 크기 때문에 배 밀어내기를 시행하도록 한다.
④ 소아에서 기도폐쇄가 심하다고 판단되면 가로막아래 복부밀어내기(하임리히법)를 이물이 나올 때까지 또는 의식이 없어질 때까지 시행한다.

해설 소아의 심각한 기도폐쇄 및 처치

• 환자가 반응이 있거나 무반응일 수 있다. 무반응의 소아는 청색증을 나타내고 반응이 있는 소아의 경우 말하거나 울지 못하고 청색증을 나타낸다.
• 영아에서는 5회 등 두드리기를 하고 5회 가슴 밀어내기를 이물이 나올 때까지 또는 의식이 없어질 때까지 반복한다.
• 영아에서는 간이 상대적으로 크기 때문에 배 밀어내기는 간 손상의 위험이 있으므로 시행하지 않는다.
• 소아에서 기도폐쇄가 심하다고 판단되면 가로막아래 복부밀어내기(하임리히법)를 이물이 나올 때까지 또는 의식이 없어질 때까지 시행한다.

정답 67. ① 68. ③

69 "신생아 분만 중 처치"에 대한 설명으로 옳은 것은?

① 구형흡입기를 입에 약 2.5~3.5cm 넣고 누른 다음 두세번 반복한다.

② 첫 번째 제대감자의 결찰높이는 신생아로부터 약 10cm 정도 떨어져 결찰한다.

③ 두 번째 제대감자의 결찰높이는 첫 번째 제대에서 산모 쪽으로 5cm 정도 떨어져 결찰한다.

④ 신생아가 호흡하지 않는 경우와 제대에서 맥박이 뛴다면 결찰하도록 한다.

> **해설 제대결찰** ★ 23년 소방위
> ① 정상적으로는 제대를 결찰하거나 잘라내기 전에 스스로 신생아가 호흡을 시작하며, 제대를 결찰하거나 잘라내기 전에 손가락으로 맥박이 뛰지 않는 것을 확인해야 한다.
> ② 첫 번째 제대감자의 결찰높이는 신생아로부터 약 10cm 정도 떨어져 결찰한다.
> ③ 첫 번째 제대감자의 결찰높이는 신생아로부터 약 10cm 정도 떨어져 결찰한다.
> ④ 제대 결찰 전에 수분을 없애고 신생아 포로 전신을 감싸야 한다. 태지는 보호막임으로 물로 닦아서는 안 된다.
> ⑤ 구형흡입기를 누른 다음 입에 약 2.5~3.5cm 넣고 흡인하고 뺀 후에는 수건에 흡인물을 버리도록 한다. 이 과정을 두세번 반복하고 코는 1~2번 반복한다. 코에는 1.2cm 이하로 넣어야 한다.

70 소아의 호흡기계 응급상황구분으로 "심한 호흡곤란 시 증상"으로 옳은 것은?

① 청색증

② 호흡 저하

③ 날숨 시 그렁거림

④ 비익 확장

> **해설 심한 호흡곤란 시 증상** ★ 18년 소방장
> · 호흡수가 10회/분 미만 또는 60회/분 이상
> · 청색증
> · 심한 호흡 보조근 사용
> · 말초 순환 저하, 의식장애
> · 심하고 지속적인 그렁거림

71 다음 내용에서 옳지 않은 것은?

① 사후 강직은 사망 후 4~10시간 이후에 나타난다.

② 시반현상은 사망한지 15분 이상 경과되었음을 나타낸다.

③ 환자의 늑골이 골절된 상태에서는 CPR을 중단할 수 있다.

④ 소아는 혀가 차지하는 공간이 크므로 무의식 상태에서 쉽게 기도를 폐쇄시킬 수 있다.

> **해설 CPR을 중단할 수 있는 경우**
> ① 환자의 맥박과 호흡이 회복된 경우
> ② 의사 또는 다른 처치자와 교대할 경우
> ③ 심폐소생술을 장시간 계속하여 처치자가 지쳐서 더 이상 심폐소생술을 계속할 수 없는 경우
> ④ 사망으로 판단할 수 있는 명백한 증거가 있는 경우
> ⑤ 의사가 사망을 선고한 경우

정답 69. ② 70. ① 71. ③

72 "성인심폐소생술"에 대한 설명으로 잘못된 것은?

① 심폐소생술 순서는 가슴압박 - 기도유지 - 인공호흡이다.
② 가슴압박의 중단시간은 15초 이내로 한다.
③ 6초마다 인공호흡(분당 10회)을 실시한다.
④ 가슴압박 깊이는 가슴뼈 아래쪽 1/2, 약 5㎝로 한다.

해설

가스압박 중단이 불가피한 경우에도 10초 이상 가슴압박을 중단해서는 안 된다. * 20년 소방장

73 심폐소생술의 가슴압박요령으로 올바른 것은?

① 가슴압박의 중단이 불가피한 경우에도 15초 이상 가슴 압박을 중단해서는 안 된다.
② 성인인 경우 처치자의 수와 관계없이 가슴압박 : 인공호흡의 비율을 15:2로 한다.
③ 성인에서는 가슴압박 깊이는 최소 5cm를 유지해야 한다.
④ 가슴압박의 속도는 최소 분당 120회 이상 유지하도록 해야 한다.

해설 가슴 압박 요령★★ 11년 소방교/ 20년 소방장

딱딱한 바닥에 환자를 앙와위로 눕히고 처치자의 손으로 가슴을 누르는 처치로 가슴 내에 압력을 증가시켜 혈액을 짜내고 받아들이는 역할을 한다.

① 환자의 가슴 중앙(복장뼈 아래쪽 1/2)에 손꿈치를 올려놓고 팔꿉관절이 굽혀지지 않도록 하여 일직선을 유지한다. 가슴압박 중에는 처치자의 손가락이 환자의 가슴에 가능한 닿지 않도록 하여야 가슴압박에 의한 합병증을 줄일 수 있다.
② 처치자의 손과 어깨는 일직선을 유지하고 환자의 가슴과는 직각을 유지한다(바닥에 무릎을 꿇은 자세를 취해줘야 한다).
③ 압박 깊이는 보통 체격의 성인에서는 가슴압박 깊이는 약 5cm가 되어야 한다.(6cm를 넘는 경우에는 합병증 발생의 가능성 증가) 환자의 체격에 따라 가슴압박의 깊이를 조절할 수 있다. 소아와 영아에서는 가슴 전후직경의 1/3 정도가 압박되도록 한다.
④ 가슴을 압박한 후, 가슴 벽이 정상 위치로 완전히 올라오도록 해야 한다.
　- 이완과 압박의 비율은 50 : 50이 되어야 한다.
⑤ 가슴압박의 속도는 최소 분당 100~120회는 넘지 않도록 해야 하며 가슴압박 대 인공호흡의 비율은 심장동맥 관류압에 중요한 영향을 주는 것으로 알려져 있다.
　- 가슴압박이 진행될수록 심장동맥 관류압은 점차 상승하는 것으로 알려져 있다.
　- 성인인 경우 처치자의 수와 관계없이 가슴압박 : 인공호흡의 비율을 30 : 2로 한다.
⑥ 가슴 압박의 중단을 최소화하려고 노력해야 하며 맥박확인, 심전도 확인, 제세동 등 필수적인 치료를 위하여 가슴압박의 중단이 불가피한 경우에도 10초 이상 가슴 압박을 중단해서는 안 된다(Hands off time 〈 10초).

74 "심폐소생술의 합병증"으로서 가슴압박이 적절하여도 발생하는 것은?

① 허파좌상　　　　　　　　　② 기흉
③ 대동맥손상　　　　　　　　④ 허파흡인

해설 가슴압박이 적절하여도 발생하는 합병증★★ 13년 소방장, 소방위/ 14년 소방교/ 19년 소방위

· 갈비뼈골절, 복장뼈골절, 심장좌상, 허파좌상

정답 72. ②　　73. ③　　74. ①

75 소아 인공호흡에 대한 설명이 잘못된 것은?

① 가급적 자동식 산소소생기를 사용하도록 한다.

② 인공호흡 비율은 분당 12회~20회(3초~5초마다 1번 호흡)로 실시한다.

③ 호흡동안 소아의 가슴이 오르는 것을 주의 깊게 관찰하고 들숨과 동시에 인공호흡을 실시해 주어야 한다.

④ 호흡정지 또는 호흡부전에는 즉각적으로 고농도의 인공호흡을 실시해 주어야 한다.

해설 자동식 산소소생기는 소아에게 사용해서는 안 된다.* 17년, 18년 21년 소방장

76 "이물질 제거과정"에 대한 설명으로 틀린 것은?

① 이물질이 보이지 않을 때 입안의 이물질을 손가락으로 꺼낸다.

② 무의식, 무맥 상태라면 인공호흡을 시작하고 호흡이 제대로 들어가지 않는다면 환자의 기도를 재개방하고 재실시한다.

③ 재실시에도 호흡이 불어 넣어지지 않는다면 기도 폐쇄를 의심할 수 있다.

④ 기도개방은 머리 젖히고-턱 들기방법, 턱 밀어올리기 방법이다.

해설
이물질이 육안으로 확실히 보이는 경우에만 제거하도록 한다.* 20년 소방장

77 다음 ( ) 안에 들어갈 내용은?

> 영아의 경우 ( )을 이용하여 촉진하고 맥박이 없다면 ( )을 즉각적으로 실시해야 한다. 그리고 맥박을 촉지하는 소요 시간이 ( )초가 넘지 않도록 하여야 한다.

① 윗팔동맥, 가슴압박, 10초

② 노동맥, 가슴압박, 20초

③ 목동맥, 인공호흡, 2초

④ 위팔동맥, 인공호흡, 10초

해설
영아의 경우 윗팔동맥을 이용하여 촉진하고 맥박이 없다면 가슴압박을 즉각적으로 실시해야 한다.
그리고 맥박을 촉지하는 소요 시간이 10초가 넘지 않도록 하여야 한다.

정답 75. ① 76. ① 77. ①

2025 필드 소방전술 (하)

PART 04

재난관리
(소방교·장 승진시험 제외)

제 1 절 목적

이 법은 각종 재난으로부터 국토를 보존하고 국민의 생명·신체 및 재산을 보호하기 위하여 국가와 지방자치단체의 재난 및 안전관리체제를 확립하고, 재난의 예방·대비·대응·복구와 안전문화활동 그 밖에 재난 및 안전관리에 필요한 사항을 규정함을 목적으로 한다.

제 2 절 기본이념

이 법은 재난을 예방하고 재난이 발생한 경우 그 피해를 최소화하는 것이 국가와 지방자치단체의 기본적 의무임을 확인하고, 모든 국민과 국가·지방자치단체가 국민의 생명 및 신체의 안전과 재산 보호에 관련된 행위를 할 때에는 안전을 우선적으로 고려함으로써 국민이 재난으로부터 안전한 사회에서 생활할 수 있도록 함을 기본이념으로 한다.

제 3 절 용어의 뜻★ 15년, 24년 소방위

1 재난★★

재난이란 국민의 생명·신체 및 재산과 국가에 피해를 주거나 줄 수 있는 것으로서 다음 각 목의 것을 말한다.

자연재난	태풍, 홍수, 호우(豪雨), 강풍, 풍랑, 해일(海溢), 대설, 한파, 낙뢰, 가뭄, 폭염, 지진, 황사(黃砂), 조류(藻類)대발생, 조수(潮水), 화산활동, 소행성·유성체 등 자연 우주물체의 추락·충돌 그 밖에 이에 준하는 자연현상으로 인하여 발생하는 재해
사회재난★	화재·붕괴·폭발·교통사고(항공 및 해상사고를 포함한다), 화생방사고·환경오염사고 등으로 인하여 발생하는 대통령령으로 정하는 규모이상의 피해와 국가핵심기반의 마비, 「감염병의 예방 및 관리에 관한 법률」에 따른 감염병 또는 「가축전염병예방법」에 따른 가축전염병의 확산, 「미세먼지 저감 및 관리에 관한 특별법」에 따른 미세먼지 등으로 인한 피해

✪ 대통령령으로 정하는 규모 이상의 피해
  1. 국가 또는 지방자치단체 차원의 대처가 필요한 인명 또는 재산의 피해
  2. 그밖에 제1호의 피해에 준하는 것으로서 행정안전부장관이 재난관리를 위하여 필요하다고 인정하는 피해

해외재난	해외재난이란 대한민국의 영역 밖에서 대한민국 국민의 생명·신체 및 재산에 피해를 주거나 줄 수 있는 재난으로서 정부차원에서 대처할 필요가 있는 재난을 말한다.
재난관리*	재난관리란 재난의 예방·대비·대응 및 복구를 위하여 하는 모든 활동을 말한다.
안전관리	안전관리란 재난이나 그 밖의 각종 사고로부터 사람의 생명·신체 및 재산의 안전을 확보하기 위하여 하는 모든 활동을 말한다. 4의2. "안전기준"이란 각종 시설 및 물질 등의 제작, 유지관리 과정에서 안전을 확보할 수 있도록 적용하여야 할 기술적 기준을 체계화한 것을 말하며, 안전기준의 분야, 범위 등에 관하여는 대통령령으로 정한다.
재난관리 책임기관	재난관리책임기관이란 재난관리업무를 하는 다음 각 목의 기관을 말한다. ① 중앙행정기관 및 지방자치단체 ② 지방행정기관·공공기관·공공단체(공공기관 및 공공단체의 지부 등 지방조직을 포함한다) 및 재난관리의 대상이 되는 중요시설의 관리기관 등으로서 대통령령으로 정하는 기관.

【 재난관리책임기관 】

1. 재외공관 2. 농림축산검역본부 3. 지방우정청 4. 국립검역소 5.유역환경청, 지방환경청 및 수도권대기환경청 6. 지방고용노동청 7. 지방항공청 8.지방국토관리청 9. 홍수통제소 10. 지방해양수산청 11. 지방산림청 12. 시·도의 교육청 및 시·군·구의 교육 지원청 13. 한국철도공사 14. 서울교통공사 15. 대한석탄공사 16. 한국농어촌공사 17.한국농수산식품유통공사 18. 한국가스공사 19. 한국가스안전공사 20. 한국전기안전공사 21. 한국전력공사 22. 한국환경공단 23. 수도권매립지관리공사 24. 한국토지주택공사 25. 한국수자원공사 26. 한국도로공사 27. 인천교통공사 28. 인천국제공항공사 29. 한국공항공사 30. 국립공원공단 31. 한국산업안전보건공단 32. 한국산업단지공단 33. 부산교통공사 34. 국가철도공단 35. 국토안전관리원 36. 한국원자력연구원 37. 한국원자력안전기술원 38. 농업협동조합중앙회 39. 수산업협동조합중앙회 40. 산림조합중앙회 41. 대한적십자사 42. 「하천법」 따른 댐등의 설치자 43. 「원자력안전법」따른 발전용원자로 운영자 44. 「방송통신발전 기본법」 따른 재난방송 사업자 45. 국립수산과학원 46. 국립해양조사원 47. 한국석유공사 48. 대한송유관공사 49. 한국전력거래소 50. 서울올림픽기념국민체육진흥공단 51. 한국지역난방공사 52. 한국관광공사 53. 국립자연휴양림관리소 54. 한국마사회 55. 지방자치단체소속시설관리공단 56. 지방자치단체 소속 도시개발공사 57. 한국남동발전주식회사 58. 한국중부발전주식회사 59. 한국서부발전주식회사 60. 한국남부발전주식회사 61. 한국동서발전주식회사 62. 한국수력원자력주식회사 63. 유로도로 관리청으로부터 유료도로관리권을 설정 받은 자 64. 공항철도주식회사 65. 서울시메트로9호선주식회사 66. 여수광양항만공사 67. 한국해양교통안전공단 68. 사단법인 한국선급 69. 독립기념관 70. 예술의전당 71. 대구지하철공사 72. 광주광역시도시철도공사 73. 대전광역시도시철도공사 74. 부산항만공사 75. 인천항만공사 76. 울산항만공사 77. 경기평택항만공사 78. 의정부경량전철주식회사 79. 신분당선주식회사 80. 부산김해경전철주식회사 81. 해양환경공단 82. 가축위생방역지원본부 83 국토지리정보원 84. 항공교통본부 85. 김포골드라인운영주식회사 86. 경기철도주식회사 87. 주식회사에스알 88. 한국원자력환경공단 89. 용인경량전철주식회사

2 재난관리주관기관* 24년 소방위

재난관리주관기관이란 재난이나 그 밖의 각종 사고에 대하여 그 유형별로 예방·대비·대응 및 복구 등의 업무를 주관하여 수행하도록 대통령령으로 정하는 관계중앙행정기관을 말한다.

【 재난 및 사고유형별 재난관리주관기관 】* 22년 소방위

재난관리주관기관	재난 및 사고의 유형
교육부	학교 및 학교시설에서 발생한 사고
과학기술정보통신부	1. 우주전파 재난 2. 정보통신 사고 3. 위성항법장치(GPS) 전파혼신 4. 자연우주물체의 추락, 충돌
외교부	해외에서 발생한 재난
법무부	법무시설에서 발생한 사고
국방부	국방시설에서 발생한 사고
행정안전부	1. 정부중요시설 사고 2. 공동구재난(국토교통부가 관장하는 공동구는 제외) 3. 내륙에서 발생한 유도선등의 수난사고 4. 풍수해(조수는 제외), 지진, 화산, 낙뢰, 가뭄, 한파, 폭염으로 인한 사고로서 다른 재난관리주관기관에 속하지 아니하는 재난 및 사고
문화체육관광부	경기장 및 공연장에서 발생한 사고
농림축산식품부	1. 가축 질병 2. 저수지 사고
산업통상자원부	1. 가스 수급 및 누출 사고 2. 원유수급 사고 3. 원자력안전 사고(파업에 따른 가동중단을 포함한다) 4. 전력 사고 5. 전력생산용 댐의 사고
보건복지부	보건의료 사고
질병관리청	감염병 재난
환경부	1. 수질분야 대규모 환경오염 사고 2. 식용수 사고 3. 유해화학물질 유출 사고 4. 조류(藻類) 대발생(녹조에 한정한다) 5. 황사 6. 환경부가 관장하는 댐의 사고 7. 미세먼지

고용노동부	사업장에서 발생한 대규모 인적 사고 ★ 22년 소방위
국토교통부	1. 국토교통부가 관장하는 공동구 재난 2. 고속철도 사고 3. 도로터널 사고 4. 육상화물운송 사고 5. 도시철도 사고 6. 항공기 사고 7. 항공운송 마비 및 항행안전시설 장애 8. 다중밀집건축물 붕괴 대형사고로서 다른 재난관리주관기관에 속하지 아니하는 재난 및 사고
해양수산부	1. 조류 대발생(적조에 한정한다) 2. 조수(潮水) 3. 해양 분야 환경오염 사고 4. 해양 선박 사고
금융위원회	금융 전산 및 시설 사고
원자력안전위원회	원자력안전 사고(파업에 따른 가동중단은 제외한다.) 인접국가 방사능 누출 사고
소방청	1. 화재, 위험물사고 2. 다중밀집시설대형화재
문화재청	문화재 시설 사고
산림청	1. 산불 2. 산사태
해양경찰청	해양에서 발생한 유도선 등의 수난사고

※ 재난관리주관기관이 지정되지 않았거나 분명하지 않은 경우에는 행정안전부장관이 「정부조직법」에 따른 관장 사무와 피해 시설의 기증 또는 재난 및 사고 유형 등을 고려하여 재난관리주관 기관을 정한다.
※ 감염병 재난 발생 시 중앙사고수습본부는 법 제34조의5제1항제1호에 따른 위기관리 표준메뉴얼에 따라 설치·운영한다.

긴급구조	긴급구조란 재난이 발생할 우려가 현저하거나 재난이 발생하였을 때에 국민의 생명·신체 및 재산을 보호하기 위하여 긴급구조기관과 긴급구조지원기관이 하는 인명구조, 응급처치, 그 밖에 필요한 모든 긴급한 조치를 말한다.
긴급구조기관 ★ 24년 소방위	긴급구조기관이란 소방청·소방본부·소방서를 말한다. 다만, 해양에서 발생한 재난의 경우 해양경찰청·지방해양경찰청 및 해양경찰서이다.

❸ 긴급구조지원기관★ 24년 소방위

긴급구조지원기관이란 긴급구조에 필요한 인력·시설 및 장비, 운영체계 등 긴급구조능력을 보유한 기관이나 단체로서 대통령령으로 정하는 기관과 단체를 말한다.

1. 교육부, 과학기술정보통신부, 국방부, 산업통상자원부, 보건복지부, 환경부, 국토교통부, 해양수산부, 방송통신위원회, 경찰청, 기상청 및 산림청
2. 국방부장관이 법 제57조제3항제2호에 따른 탐색구조부대로 지정하는 군부대와 그 밖에 긴급구조 지원을 위하여 국방부장관이 지정하는 군부대
3. 「대한적십자사 조직법」에 따른 대한적십자사
4. 「의료법」 제3조제2항제3호마목에 따른 종합병원
4의2. 「응급의료에 관한 법률」 제2조제5호에 따른 응급의료기관, 같은 법 제27조에 따른 응급의료정보 센터 및 같은 법 제44조제1항제1호·제2호에 따른 구급차등의 운용자
5. 「재해구호법」 제29조에 따른 전국재해구호협회
6. 긴급구조기관과 긴급구조활동에 관한 응원협정을 체결한 기관 및 단체
7. 그 밖에 긴급구조에 필요한 인력과 장비를 갖춘 기관 및 단체로서 행정안전부령으로 정하는 기관 및 단체

국가재난 관리기준	국가재난관리기준이란 모든 유형의 재난에 공통적으로 활용할 수 있도록 재난관리의 전 과정을 통일적으로 단순화·체계화한 것으로서 행정안전부장관이 고시한 것을 말한다. ✪ "안전문화활동"이란 안전교육, 안전훈련, 홍보 등을 통하여 안전에 관한 가치와 인식을 높이고 안전을 생활화하도록 하는 등 재난이나 그 밖의 각종 사고로부터 안전한 사회를 만들어가기 위한 활동을 말한다. ✪ "안전취약계층"이란 어린이, 노인, 장애인 등 재난에 취약한 사람을 말한다.
재난관리 정보	재난관리정보란 재난관리를 위하여 필요한 재난상황정보, 동원가능 자원정보, 시설물 정보, 지리정보를 말한다.
재난안전 통신망	재난안전통신망이란 재난관리책임기관·긴급구조기관 및 긴급구조지원기관이 재난관리 업무에 이용하거나 재난현장에서의 통합지휘에 활용하기 위하여 구축·운영하는 무선 통신망을 말한다.
국가핵심 기반	에너지, 정보통신, 교통수송, 보건의료 등 국가경제, 국민의 안전·건강 및 정부의 핵심 기능에 중대한 영향을 미칠 수 있는 시설, 정보기술시스템 및 자산 등을 말한다.

제 4 절 국가 등의 책무

국가 및 지방자치단체 책무	국가와 지방자치단체는 재난이나 그 밖의 각종 사고로부터 국민의 생명·신체 및 재산을 보호할 책무를 지고, 재난이나 그 밖의 각종 사고를 예방하고 피해를 줄이기 위하여 노력하여야 하며, 발생한 피해를 신속히 대응·복구하기 위한 계획을 수립·시행하여야 한다. 또한 안전에 관한 정보를 적극적으로 공개하여야 하며, 누구든지 이를 편리하게 이용할 수 있도록 하여야 한다.
재난관리책임 기관의 장	재난관리책임기관의 장은 소관 업무와 관련된 안전관리에 관한 계획을 수립하고 시행하여야 하며, 그 소재지를 관할하는 특별시·광역시·특별자치시·도·특별자치도와 시·군·구의 재난 및 안전관리업무에 협조하여야 한다.
국민	국민은 국가와 지방자치단체가 재난 및 안전관리업무를 수행할 때 최대한 협조하여야 하고, 자기가 소유하거나 사용하는 건물·시설 등으로부터 재난이나 그 밖의 각종 사고가 발생하지 아니하도록 노력하여야 한다.
행정안전부장관	행정안전부장관은 국가 및 지방자치단체가 행하는 재난 및 안전관리 업무를 총괄·조정한다.

제 5 절 다른 법률과의 관계 등

① 재난 및 안전관리에 관하여 다른 법률을 제정하거나 개정하는 경우에는 이 법의 목적과 기본 이념에 맞도록 하여야 한다.
② 재난 및 안전관리에 관하여 「자연재해대책법」 등 다른 법률에 특별한 규정이 있는 경우를 제외하고는 이법에서 정하는 바에 따른다.

안전관리기구 및 기능

우리나라에는 현재 「재난 및 안전관리기본법」상 재난관리조직체제로 심의기구 및 수습기구와 긴급구조기구 그리고 상설 재난관리행정조직이 운영되고 있다. 국가재난관리와 관련된 심의기구는 국가의 안전관리에 관한 중요정책의 심의 및 총괄·조정, 관계부처간의 협의·조정 등의 업무를 수행한다. 반면에 국가재난관리 수습기구는 대규모 재난의 예방·대비·대응·복구 등에 관한 사항을 총괄·조정하고 필요한 조치를 수행하며, 긴급구조기구는 재난 시 긴급구조에 관한 사항의 총괄·조정, 긴급구조활동의 역할분담 및 지휘통제를 한다.

제 1 절　중앙안전관리위원회 등

1 중앙안전관리위원회

재난 및 안전관리에 관한 다음 각 호의 사항을 심의하기 위하여 국무총리 소속으로 중앙안전관리위원회를 둔다.

- 재난 및 안전관리에 관한 중요 정책에 관한 사항
- 국가안전관리기본계획에 관한 사항
- 재난 및 안전관리 사업 관련 중기사업계획서, 투자우선순위 의견 및 예산요구서에 관한사항
- 중앙행정기관의 장이 수립·시행하는 계획, 점검·검사, 교육·훈련, 평가 등 재난 및 안전관리 업무의 조정에 관한 사항
- 안전기준관리에 관한 사항
- 재난사태의 선포에 관한 사항
- 특별재난지역의 선포에 관한 사항
- 재난이나 그밖에 각종 사고가 발생하거나 발생할 우려가 있는 경우 이를 수습하기 위한 관계 기관 간　협력에 관한 중요 사항
- 재난안전의무보험 관리·운용 등에 관한 사항
- 중앙행정기관의 장이 시행하는 대통령령으로 정하는 재난 및 사고의 예방사업 추진에 관한 사항
- 그 밖에 위원장이 회의에 부치는 사항

(1) 중앙안전관리위원회의 구성

① 중앙위원회의 위원장 : 국무총리
② 간사 1명 : 행정안전부장관

> ❖ 위원장이 부득이한 사유로 직무를 수행할 수 없을 때에는 행정안전부장관, 대통령령으로 정하는
> 중앙행정기관의장 순으로 직무를 대행한다.
> - 기획재정부장관, 교육부장관, 과학기술정보통신부장관, 외교부장관, 통일부장관, 법무부장관, 국방부
>   장관, 행정안전부장관, 문화체육관광부장관, 농림축산식품부장관, 산업통상자원부장관, 보건복지부
>   장관, 환경부장관, 고용노동부장관, 여성가족부장관, 국토교통부장관, 해양수산부장관 및 중소벤처
>   기업부장관
> - 국가정보원장, 방송통신위원회위원장, 국무조정실장, 식품의약품안전처장, 금융위원회위원장 및
>   원자력안전위원회위원장
> - 소방청장, 경찰청장, 문화재청장, 산림청장, 질병관리청장, 기상청장 및 해양경찰청장
> - 그밖에 중앙위원회의 위원장이 지정하는 기관 및 단체의 장

⑵ 중앙안전관리위원회의 운영

중앙위원회의 회의는 위원의 요청이 있거나 위원장이 필요하다고 인정하는 경우에 위원장이 소집
하며, 회의는 재적위원 과반수의 출석으로 개의하고, 출석위원 과반수의 찬성으로 의결한다. 기타
중앙위원회의 운영에 필요한 사항은 중앙위원회의 의결을 거쳐 위원장이 정한다.

행정안전부장관 등이 중앙위원회의 위원장의 직무를 대행할 때에는 행정안전부의 재난안전관리
사무를 담당하는 본부장이 중앙위원회 간사위원의 직무를 대행하고, 중앙위원회의 사무가 국가
안전보장과 관련된 경우에는 국가안전보장회의와 협의하여야 한다. 또 위원장은 그 소관 사무에
관하여 재난관리책임기관의 장이나 관계인에게 자료의 제출, 의견 진술, 그 밖에 필요한 사항에
대하여 협조를 요청할 수 있다. 이 경우 요청을 받은 사람은 특별한 사유가 없으면 요청에 따라야
한다.

2 안전정책조정위원회

중앙위원회에 상정될 안건을 사전에 검토하고 다음의 사무를 수행하기 위해 중앙위원회에 안전
정책조정위원회(이하 "조정위원회"라 한다)를 둔다.

① 중앙행정기관의 장이 수립·시행하는 계획, 점검·검사, 교육·훈련, 평가 등 재난 및 안전관리
   업무의 조정에 관한 사항
② 안전기준관리에 관한 사항
③ 재난이나 그 밖의 각종 사고가 발생하거나 발생할 우려가 있는 경우 이를 수습하기 위한 관계
   기관 간 협력에 관한 중요 사항
④ 중앙행정기관의 장이 시행하는 대통령령으로 정하는 재난 및 사고의 예방사업 추진에 관한
   사항의 사항에 대한 사전 조정
⑤ 중앙행정기관의 장이 국가안전관리기본계획에 따라 작성한 집행계획의 심의
⑥ 국가기반시설의 지정에 관한 사항의 심의
⑦ 재난 및 안전관리기술 종합계획의 심의 및 그 밖에 중앙위원회가 위임한 사항

(1) 안전정책조정위원회의 구성

<u>중앙위원회에 두는 안전정책조정위원회의 위원장은 행정안전부장관이 되고 위원은 다음의 사람이 된다.</u>

① 기획재정부차관, 교육부차관, 과학기술정보통신부차관, 외교부차관, 통일부차관, 법무부차관, 국방부차관, 행정안전부의 재난안전관리사무를 담당하는 본부장, 문화체육관광부차관, 농림축산식품차관, 산업통상자원부차관, 보건복지부차관, 환경부차관, 고용노동부차관, 여성가족부차관, 국토교통부차관, 해양수산부차관 및 중소벤처기업부차관, 이 경우 복수차관이 있는 기관은 재난 및 안전관리 업무를 관장하는 차관으로 한다.

② 국가정보원 제2차장, 방송통신위원회 상임위원, 국무조정실 제2차장 및 금융위원회 부위원장

③ 그 밖에 재난 및 안전관리에 관한 지식과 경험이 풍부한 사람 중에서 조정위원회 위원장이 임명하거나 위촉하는 사람

(2) 실무위원회

안전정책조정위원회 업무의 효율적 운영을 위하여 필요한 경우 실무위원회를 둘 수 있으며, 위원장 1명을 포함하여 50명 내외의 위원으로 구성한다.

① 구성

실무위원회의 위원장은 행정안전부의 재난안전관리 사무를 담당하는 본부장이 되고, 실무위원회는 다음 어느 하나에 해당하는 사람 중에서 실무위원장이 임명하거나 위촉하는 사람으로 구성한다.

- 관계 중앙행정기관의 고위공무원단에 속하는 공무원 또는 3급 상당 이상에 해당하는 공무원 중에서 해당 중앙행정기관의 장이 추천하는 공무원
- 재난 및 안전관리에 관한 지식과 경험이 풍부한 사람
- 그 밖에 실무위원장이 필요하다고 인정하는 분야의 전문지식과 경력이 충분한 사람

② 운영 및 심의사항

실무위원회의 회의는 위원 5명 이상의 요청이 있거나 실무위원장이 필요하다고 인정하는 경우에 실무위원장이 소집하며 실무위원장이 회의마다 지정하는 25명 내외의 위원으로 구성하여 과반수의 출석으로 개의하고, 출석위원 과반수의 찬성으로 의결하고 다음과 같은 사항을 심의한다.

- 재난 및 안전관리를 위하여 관계 중앙행정기관의 장이 수립하는 대책에 관하여 협의·조정이 필요한 사항
- 재난 발생 시 관계 중앙행정기관의 장이 수행하는 재난의 수습에 관하여 협의·조정이 필요한 사항
- 그 밖에 실무위원회의 위원장이 회의에 부치는 사항

③ 재난 및 안전관리 사업예산의 사전협의

① 중앙행정기관의 장은 재난 및 안전관리 사업(행정안전부장관이 기획재정부장관과 협의하여 정하는 사업을 말한다)과 관련된 중기사업계획서와 해당 기관의 재난 및 안전관리 사업에 관한 투자우선순위 의견을 매년 1월31일까지 행정안전부장관에게 제출하여야 한다.

② 관계 중앙행정기관의 장은 기획재정부장관에게 제출하는 재난 및 안전관리 사업 관련예산 요구서를 매년 5월31일까지 행정안전부장관에게 제출하여야 한다.

③ 행정안전부장관은 중기사업계획서, 투자우선순위 의견 및 예산요구서를 검토하고 중앙위원회의 심의를 거쳐 다음 각 호의 사항을 매년 6월30일까지 기획재정부장관에게 통보하여야 한다.
 - 재난 및 안전관리 사업의 투자 방향
 - 관계 중앙행정기관별 재난 및 안전관리 사업의 투자우선순위, 투자적정성 중점 추진방향 등에 관한 사항
 - 재난 및 안전관리 사업의 유사성·중복성 검토결과
 - 그 밖에 재난 및 안전관리 사업의 투자효율성을 높이기 위하여 필요한 사항

④ 행정안전부장관은 매년 재난 및 안전관리 사업의 효과성 및 효율성을 평가하고 그 결과를 관계 중앙행정기관의 장에게 통보하여야 한다. 평가를 위하여 중앙행정기관의 장 또는 지방 자치단체의 장에게 자료를 요청할 경우 특별한 사유가 없으면 자료를 제출하여야 한다.

④ 지역위원회(시·도 안전관리위원회 및 시·군·구 안전관리위원회)

① 지역별 재난 및 안전관리에 관한 중요정책의 심의 및 총괄·조정하기 위하여 특별시장·광역시장·특별자치시장·도지사·특별자치도지사 소속으로 시·도 안전관리위원회를, 시장·군수·구청장 소속으로 시·군·구 안전관리위원회를 둔다.

② 시·도위원회의 위원장은 시·도지사가 되고, 시·군·구위원회의 위원장은 시장·군수·구청장이 된다.

③ 시·도위원회와 시·군·구위원회의 회의에 부칠 의안을 검토하고, 재난 및 안전관리에 관한 관계 기관 간의 협의·조정 등을 위하여 지역위원회를 효율적으로 운영하기 위하여 지역위원회에 안전정책실무조정위원회를 둘 수 있다.

④ 지역위원회 및 안전정책실무조정위원회 구성과 운영에 필요한 사항은 해당 지방자치단체의 조례로 정한다.

⑤ 재난방송협의회

(1) 중앙재난방송협의회

재난에 관한 예보·경보·통지나 응급조치 및 재난관리를 위한 재난방송이 원활히 수행될 수 있도록 중앙위원회에 중앙재난방송협의회를 둘 수 있으며, 지역 차원에서 재난에 대한 예보·경보·통지나 응급조치 및 재난방송이 원활히 수행될 수 있도록 지역위원회에 시·도 또는 시·군·구 재난방송협의회를 둘 수 있다.

① 중앙재난방송협의회 구성

중앙재난방송협의회 위원장 1명과 부위원장 1명을 포함한 25명 이내의 위원으로 구성한다.

㉠ 과학기술정보통신부, 행정안전부, 국무조정실, 방송통신위원회 및 기상청의 고위공무원단에 속하는 일반직 공무원 또는 이에 상응하는 공무원 중에서 해당 기관의 장이 지명하는 사람 각 1명

㉡ 관계 중앙행정기관(제1호의 위원이 소속된 기관은 제외한다)의 고위공무원단에 속하는 일반직 공무원 또는 이에 상당하는 공무원 중에서 재난의 유형에 따라 해당 중앙행정기관의 장의 추천을 받아 과학기술정보통신부장관이 임명하는 사람. 이 경우 과학기술정보통신부장관은 임명 대상에 대하여 방송통신위원회위원장과 미리 협의하여야 한다.

㉢ 다음 각 목의 어느 하나에 해당하는 사람 중에서 방송통신위원회위원장과 협의하여 과학기술정보통신부장관이 위촉하는 사람

• 「방송법 시행령」 제1조의2제1호에 따른 지상파텔레비전방송사업자(「방송법 시행령」 제25조의2에 따른 지역방송을 하는 방송사업자는 제외한다)에 소속된 사람으로서 재난방송을 총괄하는 직위에 있는 사람

• 「방송법 시행령」 제1조의2제6호에 따른 텔레비전방송채널사용사업자 중 종합편성 또는 보도전문편성을 행하는 방송채널사용사업자에 소속된 사람으로서 재난방송을 총괄하는 직위에 있는 사람

• 「고등교육법」에 따른 대학·산업대학·전문대학 및 기술대학에서 재난 또는 방송과 관련된 학문을 교수하는 사람으로서 조교수 이상의 직위에 있는 사람

• 재난 또는 방송 관련 연구기관이나 단체 또는 산업 분야에 종사하는 사람으로서 해당 분야의 경력이 5년 이상인 사람

> ※ 위원장은 위원 중에서 과학기술정보통신부장관이 지명하는 사람이 되고, 부위원장은 중앙재난방송협의회의 위원 중에서 호선하며, 위원장은 중앙재난방송협의회를 대표하고 중앙재난방송협의회의 사무를 총괄한다.

② 중앙재난방송협의회 심의사항

㉠ 재난에 관한 예보·경보·통지나 응급조치 및 재난관리를 위한 재난방송의 효율적 전파방안

㉡ 재난방송과 관련하여 중앙행정기관, 특별시·광역시·특별자치시·도·특별자치도 및 방송사업자 간의 역할분담 및 협력 체제 구축에 관한 사항

㉢ 언론에 공개할 재난 관련 정보의 결정에 관한 사항

㉣ 재난방송 관련 법령과 제도의 개선사항

㉤ 그밖에 재난방송이 원활히 수행되도록 하기 위하여 필요한 사항으로서 방송통신위원회위원장과 미래창조과학부장관이 요청하거나 중앙재난방송협의회 위원장이 필요하다고 인정하는 사항

6 안전관리민관협력위원회의 구성과 운영

조정위원회의 위원장은 재난 및 안전관리에 관한 민관협력관계를 원활히 하기 위하여 중앙안전관리민관협력위원회를 구성·운영할 수 있으며 지역안전관리위원회의 위원장은 재난 및 안전관리에 관한 지역 차원의 민관 협력관계를 원활히 하기 위하여 시·도 또는 시·군·구 안전관리민관협력위원회를 구성·운영할 수 있다. 중앙안전관리민관협력위원회의 구성 및 운영에 필요한 사항은 대통령령으로 정하고, 지역안전관리민관협력위원회의 구성 및 운영에 필요한 사항은 해당 지방자치단체의 조례로 정한다.

(1) 중앙안전관리민관협력위원회 구성

공동위원장 2명을 포함하여 35명 이내의 위원으로 구성되며, 공동위원장은 행정안전부의 재난안전관리사무를 담당하는 본부장과 위촉된 민간위원 중에서 중앙민관협력위원회의 의결을 거쳐 행정안전부장관이 지명하는 사람이 된다.

① 당연직 위원 : 행정안전부 안전정책실장, 재난관리실장, 재난협력실장

② 민간위원
  ㉠ 재난 및 안전관리 활동에 적극적으로 참여하고 전국 규모의 회원을 보유하고 있는 협회 등의 민간단체 대표
  ㉡ 재난 및 안전관리 분야 유관기관, 단체·협회 또는 기업 등에 소속된 재난 및 안전관리 전문가
  ㉢ 재난 및 안전관리 분야에 학식과 경험이 풍부한 사람

③ 기능
  ㉠ 재난 및 안전관리 민관협력활동에 관한 협의
  ㉡ 재난 및 안전관리 민관협력활동사업의 효율적 운영방안의 협의
  ㉢ 평상시 재난 및 안전관리 위험요소 및 취약시설의 모니터링·제보
  ㉣ 재난발생 시 인적·물적 자원 동원, 인명구조·피해복구 활동 참여, 피해주민 지원서비스 제공 등에 관한 협의

④ 재난긴급대응단 구성 및 임무
  ㉠ 구성 : 재난 발생 시 신속한 재난대응 활동 참여 등 중앙민관협력위원회의 기능을 지원하기 위하여 중앙안전관리민관협력위원회에 재난긴급대응단을 둘 수 있다.
  ㉡ 임무
  재난긴급대응단은 중앙민관협력위원회에 참여하는 유관기관, 단체·협회 또는 기업에서 파견된 인력으로 구성하고 다음과 같은 임무를 수행하며 시·군·구 재난안전대책본부 소속 통합지원본부의 장 또는 현장지휘를 하는 긴급구조통제단장의 지휘·통제를 따른다.
  − 재난 발생 시 인명구조 및 피해복구 활동 참여
  − 평상시 재난예방을 위한 활동 참여
  − 그 밖에 신속한 재난대응을 위하여 필요한 활동

제2절 중앙재난안전대책본부 등

1 중앙재난안전대책본부

대통령령으로 정하는 대규모 재난의 대응·복구 등에 관한 사항을 총괄·조정하고 필요한 조치를 하기 위하여 행정안전부에 중앙재난안전대책본부를 둔다.

(1) 중앙재난안전대책본부의 운영

① 중앙대책본부에 본부장과 차장을 두며, 본부장은 행정안전부장관이 된다.

② 중앙대책본부장은 중앙대책본부의 업무를 총괄하고 중앙재난안전대책본부회의를 소집할 수 있다.

③ 해외재난 ⇒ 외교부장관, 방사능재난 ⇒ 중앙방사능방재대책본부의 장이 각각 중앙대책본 부장의 권한을 행사한다.

④ 중앙대책본부장은 대규모재난이 발생하거나 발생할 우려가 있는 경우에는 대통령령으로 정하는 바에 따라 실무반을 편성하고 중앙재난안전대책본부상황실을 설치하는 등 해당 대규모재난에 대하여 효율적으로 대응하기 위한 체계를 갖추어야 한다. 이 경우 중앙재난안전상황실과 인력, 장비, 시설 등을 통합 운영할 수 있다.

> ✪ 대규모 재난의 범위
> 1. 재난 중 인명 또는 재산의 피해 정도가 매우 크거나 재난의 영향이 사회적·경제적으로 광범위하여 주무부처의 장 또는 법 제16조 제2항에 따른 지역재난안전대책본부의 본부장의 건의를 받아 법 제14조 제2항에 따른 중앙재난안전대책본부의 본부장이 인정하는 재난
> 2. 위의 재난에 준하는 것으로서 중앙본부장이 재난관리를 위하여 중앙재난안전대책본부의 설치가 필요하다고 판단하는 재난

(2) 중앙재난안전대책본부장의 권한

① 중앙대책본부장은 대규모 재난을 효율적으로 수습하기 위하여 관계 재난관리 책임기관의 장에게 행정 및 재정상의 조치, 소속 직원의 파견, 그 밖에 필요한 지원을 요청할 수 있다. 이 경우 요청을 받은 관계 재난관리책임기관의 장은 특별한 사유가 없으면 요청에 따라야 한다.

② 중앙대책본부장은 해당 대규모재난의 수습에 필요한 범위에서 수습본부장 및 지역대책본부장을 지휘할 수 있다.

(3) 중앙재난안전대책본부 및 중앙재난안전대책본부회의의 구성

① 중앙대책본부의 구성(행정안전부장관이 본부장일 경우)＊
중앙대책본부에는 차장과 총괄조정관·통제관 및 담당관을 둔다. 차장·총괄조정관·대변인·통제관· 부대변인 및 담당관은 다음 각 목의 사람이 된다.(방사능재난의 경우 중앙방사능방재대책본부 별도)

    – 차장·총괄조정관·대변인·통제관 및 담당관: 행정안전부 소속 공무원 중에서 행정안전부
장관이 지명하는 사람

    – 부대변인 : 재난관리주관기관 소속 공무원 중에서 소속 기관의 장이 추천하여 행정안전부
장관이 지명하는 사람

※ 해외재난의 경우에는 외교부장관이 소속 공무원 중에서 지명하는 사람이 차장·총괄조정관··
대변인·통제관·부대변인 및 담당관이 된다.

(국무총리가 본부장일 경우)

    재난의 효과적인 수습을 위하여 다음 각 호의 어느 하나에 해당하는 경우에는 국무총리가
중앙대책본부장의 권한을 행사할 수 있다.

    • 국무총리가 범정부적 차원의 통합 대응이 필요하다고 인정하는 경우

    • 행정안전부장관이 국무총리에게 건의하는 경우

    • 수습본부장의 요청을 받아 행정안전부장관이 국무총리에게 건의하는 경우는 행정안전부
장관, 외교부장관(해외재난의 경우에 한정한다) 또는 원자력안전위원회 위원장(방사능
재난의 경우에 한정한다)이 차장이 되며, 총괄조정관·대변인·통제관·부대변인 및 담당관은
다음 각 호의 사람이 된다.

총괄조정관 통제관 담당관	차장이 소속 중앙행정기관 공무원 중에서 지명하는 사람
대 변 인	차장이 소속 중앙행정기관 공무원 중에서 추천하여 국무총리가 지명하는 사람
부대변인	재난관리주관 소속 공무원 중에서 소속 기관의 장이 추천하여 국무총리가 지명하는 사람

② 중앙재난안전대책본부회의의 구성 및 심의·협의사항

<u>중앙대책본부장은 중앙대책본부의 업무를 총괄하고 필요하다고 인정하면 중앙재난안전대책
본부회의를 소집할 수 있다.</u>

    ㉠ 중앙재난안전대책본부회의 구성

        다음 각 호의 하나에 해당하는 기관의 고위공무원단에 속하는 일반직공무원(국방부의
경우에는 이에 상당하는 장성급(將星級) 장교를, 경찰청 및 해양경찰청의 경우에는 치안감
이상의 경찰공무원을, 소방청의 경우에는 소방감 이상의 소방공무원을 말한다) 중에서
소속기관의 장의 추천에 받아 중앙대책본부장이 임명하는 사람으로 구성

        ⓐ 기획재정부, 교육부, 과학기술정보통신부, 외교부, 통일부, 법무부, 국방부, 행정안전부,
문화체육관광부, 농림축산식품부, 산업통상자원부, 보건복지부, 환경부, 고용노동부,
여성가족부, 국토교통부, 해양수산부 및 중소벤처기업부

        ⓑ 조달청, 경찰청, 소방청, 문화재청, 산림청, 기상청 및 해양경찰청

        ⓒ 그 밖에 중앙대책본부장이 필요하다고 인정하는 행정기관

    ㉡ 심의·협의 사항

        중앙대책본부회의는 재난복구계획에 관한 사항을 심의·확정하는 외에 다음 사항을 협의한다.

ⓐ 재난예방대책에 관한 사항
ⓑ 재난응급대책에 관한 사항
ⓒ 국고지원 및 예비비 사용에 관한 사항
ⓓ 그밖에 중앙대책본부장이 회의에 부치는 사항

2 수습지원단

중앙대책본부장은 국내 또는 해외에서 발생한 대규모재난 수습을 지원하기 위하여 관계중앙행정기관 및 관계기관·단체의 재난관리에 관한 전문가 등으로 수습지원단을 구성하여 현지에 파견할수 있다. 또한 구조·구급·수색 등의 활동을 신속하게 지원하기 위하여 행정안전부·소방청 또는 해양경찰청 소속의 전문 인력으로 구성된 특수기동구조대를 편성하여 재난현장에 파견할 수 있다.

구성	재난유형별로 관계 재난관리책임기관의 전문가 및 민간전문가로 구성한다. 다만, 해외재난의 경우에는 따로 수습지원단을 구성하지 아니하고 「119구조·구급에 관할 법률」 제9조에 따른 국제구조대로 갈음할 수 있다. 수습지원단의 단장은 수습지원단원 중에서 중앙대책본부장이 지명하는 사람이 된다.
임무	㉠ 지역대책본부장 등 재난발생지역의 책임자에 대하여 사태수습에 필요한 기술자문·권고 또는 조언 ㉡ 중앙대책본부장에 대하여 재난수습을 위한 재난현장상황, 재난발생의 원인, 행정적·재정적으로 조치할 사항 및 진행 상황 등에 관한 보고

3 중앙사고수습본부

재난관리주관기관의 장은 재난이 발생하거나 발생할 우려가 있는 경우에는 재난상황을 효율적으로 관리하고 재난을 수습하기 위한 중앙사고수습본부를 신속하게 설치·운영하여야 한다.
① 수습본부의 장 : 해당 재난관리주관기관의 장
② 운영
    ㉠ 수습본부장은 재난정보의 수집·전파, 상황관리, 재난발생 시 초동조치 및 지휘 등을 위한 수습본부상황실을 설치·운영하여야 한다. 이 경우 재난안전상황실과 인력, 장비, 시설 등을 통합·운영할 수 있다.
    ㉡ 수습본부장은 재난을 수습하기 위하여 필요하면 관계 재난관리책임기관의 장에게 행정상 및 재정상의 조치, 소속 직원의 파견, 그 밖에 필요한 지원을 요청할 수 있다. 이 경우 요청을 받은 관계 재난관리책임기관의 장은 특별한 사유가 없으면 요청에 따라야 한다.
    ㉢ 수습본부장은 지역사고수습본부를 운영할 수 있으며, 지역사고수습본부의 장은 수습본부장이 지명한다.
    ㉣ 수습본부장은 해당 재난의 수습에 필요한 범위에서 시·도지사 및 시장·군수·구청장(시·도 대책본부 및 시·군·구 대책본부가 운영되는 경우에는 해당 본부장)을 지휘할 수 있다.
    ㉤ 수습본부장은 재난을 수습하기 위하여 필요하면 수습지원단을 구성·운영할 것을 중앙대책본부장에게 요청할 수 있다.

4 지역재난안전대책본부

해당 관할 구역에서 재난의 수습 등에 관한 사항을 총괄·조정하고 필요한 조치를 하기 위하여 시·도지사는 시·도재난안전대책본부를, 시장·군수·구청장은 시·군·구 재난안전대책본부를 둘 수 있다. 다만, 해당 재난과 관련하여 대규모재난을 수습하기 위한 중앙대책본부의 대응체계가 구성·운영되는 경우에는 시·도지사나 시장·군수·구청장은 시·도 대책본부나 시·군·구 대책본부를 두어야 한다.

※ **지역대책본부의 본부장 : 시·도지사 또는 시장·군수·구청장**

(1) 지역대책본부장의 권한 등

① 지역대책본부장은 재난의 수습을 효율적으로 이루어질 수 있게 하기 위하여 해당 시·도 또는 시·군·구를 관할구역으로 하는 재난관리책임기관의 장에게 행정 및 재정상의 조치나 그 밖에 필요한 업무협조를 요청할 수 있다. 이 경우 요청을 받은 재난관리 책임기관의 장은 특별한 사유가 없으면 요청에 따라야 한다.

② 시·군·구대책본부의 장은 재난현장의 총괄·조정 및 지원을 위하여 재난현장통합지원본부를 설치·운영할 수 있다. 이 경우 통합지원본부의 장은 긴급구조에 대해서는 시·군·구긴급구조통제단장의 현장지휘에 협력하여야 한다.

※ **통합지원본부의 장 : 관할 시·군·구의 부단체장**

③ 지역대책본부장은 재난의 수습을 위하여 필요하다고 인정하면 해당 시·도 또는 시·군·구의 전부 또는 일부를 관할구역으로 하는 재난관리책임기관의 장에게 소속직원의 파견을 요청할 수 있다. 이 경우 요청을 받은 재난관리책임기관의 장은 특별한 사유가 없으면 즉시 요청에 따라야 한다.

※ 파견된 직원은 재난의 수습이 끝날 때까지 지역대책본부에서 상근하여야 한다.

④ 재난의 효율적인 수습을 위한 행정상의 조치를 위하여 시·도 또는 시·군·구를 관할구역으로 하는 재난관리책임기관의 장에게 다음의 내용이 포함된 재난상황대응계획서의 작성 및 제출을 요청할 수 있다.
- ㉠ 재난발생의 장소·일시·규모 및 원인
- ㉡ 재난대응조치에 관한 사항
- ㉢ 재난의 예상 진행 상황
- ㉣ 재난의 진행 단계별 조치계획
- ㉤ 그밖에 지역대책본부장이 정하는 사항

(2) 지역대책본부회의 심의사항

① 자체 재난복구계획에 관한 사항
② 재난예방대책에 관한 사항
③ 재난응급대책에 관한 사항
④ 재난에 따른 피해지원에 관한 사항
⑤ 그밖에 지역대책본부장이 필요하다고 인정하는 사항

제3절 재난안전상황실 등

1 재난안전상황실 설치·운영

행정안전부장관등은 재난정보의 수집·전파, 상황관리, 재난발생 시 초동조치 및 지휘 등의 업무를 위하여 다음과 같이 재난안전상황실을 설치·운영하여야 한다.

행정안전부	중앙재난안전상황실
시·도 및 시·군·구	시·도별 및 시·군·구별 재난안전상황실
중앙행정기관	소관 업무분야의 재난안전상황실 또는 재난상황을 관리할 수 있는 체계
재난관리책임기관	재난안전상황실을 설치·운영 가능
※ 중앙재난안전상황실 및 다른 기관의 재난안전상황실은 유기적인 협조체제 유지	

2 재난 신고 등

누구든지 재난의 발생이나 재난이 발생할 징후를 발견하였을 때는 즉시 그 사실을 시장·군수·구청장·긴급구조기관, 그 밖의 행정기관에 신고하여야 한다. 그리고 신고를 받은 시장·군수·구청장·긴급구조기관, 그밖에 행정기관의 장은 관할 긴급구조기관의 장에게, 긴급구조기관의 장은 그 소재지 관할 시장·군수·구청장 및 재난관리주관기관의 장에게 통보하여 응급대처방안을 마련할 수 있도록 조치하여야 한다.

3 재난상황의 보고

(1) 시장·군수·구청장, 소방서장, 해양경찰서장, 재난관리책임기관의 장 또는 국가기반시설의 장은 그 관할구역, 소관 업무 또는 시설에서 재난이 발생하거나 발생할 우려가 있으면 대통령령으로 정하는 바에 따라 재난상황에 대해서는 즉시, 응급조치 및 수습현황에 대해서는 지체 없이 각각 행정안전부장관, 관계 재난관리주관기관의 장 및 시·도지사에게 보고하거나 통보하여야 한다. 이 경우 관계 재난관리주관기관의 장 및 시·도지사는 보고받은 사항을 확인·종합하여 행정안전부장관에게 통보하여야 한다.

(2) 또한 시장·군수·구청장, 소방서장, 해양경찰서장, 재난관리책임기관의 장 또는 국가기반시설의 장은 재난이 발생한 경우 또는 재난 발생을 신고 받거나 통보받은 경우에는 즉시 관계 재난관리책임기관의 장에게 통보하여야 한다.

(3) 해외재난상황의 보고

재외공관의 장은 관할 구역에서 해외재난이 발생하거나 발생할 우려가 있으면 <u>외교부장관에게</u> <u>보고</u>하여야 한다.

(4) 재난상황보고**

① 재난발생의 일시 및 장소와 재난의 원인
② 재난으로 인한 피해내용
③ 응급조치 사항
④ 대응 및 복구활동 사항
⑤ 향후 조치계획
⑥ 그 밖에 해당 재난을 수습할 책임이 있는 중앙행정기관의 장이 정하는 사항

(5) 재난보고 구분* 15년 소방위

① 재난상황보고(시장·군수·구청장·해양경찰서장 · 재난관리책임기관의장 · 국가핵심기관의장)*

최초보고	인명피해 등 주요 재난발생시 지체 없이 서면(전자문서를 포함한다)·팩스, 전화 중 가장 빠른 방법으로 하는 보고
중간보고	전산시스템 등을 활용하여 재난의 수습기간 중에 수시로 하는 보고.
최종보고	수습이 종료되거나 소멸된 후 재난상황 보고사항을 종합하여 하는 보고

② 응급조치내용 보고(시장·군수·구청장·해양경찰서장)

응급조치 내용보고는 응급복구조치상황 및 응급구호조치 상황으로 구분하여 <u>재난기간 중 1일</u> <u>2회 이상 보고</u>하여야 한다.

【 재난상황보고체계 】

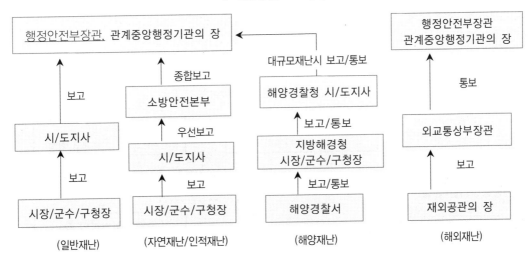

CHAPTER 03 안전관리계획

제1절 국가안전관리기본계획

의의	국가안전관리기본계획은 재난의 예방·대비·대응·복구 등 재난 및 안전관리를 위한 기본방향과 관련부처가 중점적으로 추진할 안전관리기본계획 등을 포함하는 것으로 <u>5년마다 수립하는 국가재난관리의 장기적인 마스터플랜이다.</u>
작성 책임	① 국가안전관리기본계획의 작성책임은 국무총리에게 있다. ② 국무총리는 관계 중앙행정 기관의 장이 제출한 그 소관에 속하는 안전관리업무에 관한 기본계획을 종합하여 국가 안전관리기본계획을 작성한다.
작성 절차	① 국무총리가 계획의 수립지침을 작성하여 이를 관계중앙행정기관의 장에게 시달하면, 관계 중앙행정기관의 장은 지침에 따라 계획을 작성하여 국무총리에게 제출한다. ② 이에 따라 국무총리는 제출된 계획을 종합하여 국가안전관리기본계획을 작성하고 중앙위원회의 심의를 거쳐 확정한 후 이를 관계 중앙행정기관의 장에게 시달하고 중앙행정기관의 장은 그 소관에 관한 사항을 관계 재난관리책임기관(중앙행정기관 및 지방자치단체 제외)의 장에게 시달한다.

1 국가안전관리기본계획의 구성 및 내용

(1) 국가안전관리기본계획의 구성

국가안전관리기본계획은 총칙과 다음 각 호의 대책으로 구성한다.
① 재난에 관한 대책
② 생활안전, 교통안전, 산업안전, 시설안전, 범죄안전, 식품안전 그 밖에 이에 준하는 안전관리에 관한 대책

【 국가안전관리기본계획 작성절차 】

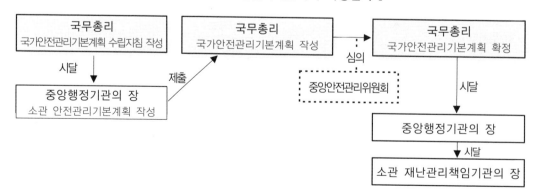

제 2 절   집행계획

1   집행계획의 의의

매 5년마다 수립하는 국가안전관리기본계획의 효율적 집행을 위하여 기본계획 중 관계중앙행정기관의 장이 소관업무에 관한 집행계획을 마련하여 재난관리책임기관의 장에게 시달하고, 재난관리책임기관의 장은 집행계획에 의하여 세부집행계획 중 소관 업무에 관하여 재난의 예방, 대비, 대응 및 복구단계별로 작성하여 재난상황발생에 대비토록 하는 데 목적이 있다.

2   작성책임

집행계획의 작성책임은 관계중앙행정기관의 장이다.

3   작성절차

(1) 관계 중앙행정기관의 장은 시달 받은 국가안전관리기본계획에 따라 그 소관업무에 관한집행계획을 작성하여 조정위원회의 심의를 거쳐 국무총리의 승인을 얻어 이를 확정하며, 확정된 집행계획을 행정안전부장관에게 통보하고, 시·도지사 및 재난관리책임기관의 장에게 시달하여야 한다.

(2) 중앙행정기관의 장은 확정된 집행계획에 변경사항이 있는 때는 이를 행정안전부장관과 협의한 후 국무총리에게 보고하여야 한다.

(3) 국무총리는 관계 중앙행정기관의 장이 작성하여 제출한 집행계획에 대하여 필요한 경우에는 이를 승인하기 전에 분과위원회 및 중앙위원회의 심의를 거치도록 할 수 있다.

(4) 재난관리책임기관의 장(재난관리책임기관의 장 중 본사에 해당하는 재난관리책임기관의 장에 한함)은 시달 받은 집행계획에 의거 세부집행계획을 작성하여 관할 시·도지사와 협의한 후 소속 중앙행정기관의 장의 승인을 얻어 이를 확정한다. 이 경우 그 재난관리책임기관의 장이 공공기관이나 공공단체의 장인 경우에는 그 내용을 지부 등 지방조직에 통보하여야 한다.

【 집행계획 작성절차 】

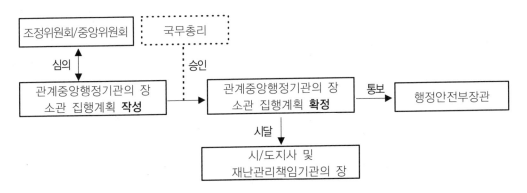

PART 04 재난관리 (소방교·장 제외)

제3절 시·도 및 시·군·구 안전관리계획

1 시·도 및 시·군·구 안전관리계획의 의의

재난으로부터 지역주민의 생명과 재산을 보호하기 위해 관할구역의 안전관리계획을 수립·시행토록 하고 있다. 시·도는 행정안전부의 재난 및 안전관리업무 수립지침에 따라, 시·군·구는 시·도의 재난 및 안전관리업무 수립지침에 따라 지방행정기관의 안전관리 업무에 관한 계획을 종합하여 수립토록 함으로서 국가안전관리계획의 기본방향에 부합 되도록 하고 있다.

2 작성책임

시·도 안전관리계획은 시·도지사, 시·군·구 안전관리계획은 시·군·구청장이 작성하여야 한다.

3 작성절차

(1) 관계 중앙행정기관의 장은 시달 받은 국가안전관리기본계획에 따라 그 소관 업무에 관한 집행계획을 작성하여 조정위원회의 심의를 거쳐 국무총리의 승인을 얻어 이를 확정하며, 확정된 집행계획을 <u>매년 11월 30일까지</u> 행정안전부장관에게 통보하여야 한다.

(2) 행정안전부장관은 집행계획을 효율적으로 수립하기 위하여 필요한 경우에는 집행계획의 작성지침을 마련하여 관계 중앙행정기관의 장에게 통보할 수 있고, 관계 중앙행정기관의 장은 집행계획을 작성하는 경우에 필요하면 세부집행 계획을 작성하여야 하는 재난관리책임기관의 장에게 집행계획의 작성에 필요한 자료의 제출을 요청할 수 있다.

(3) 중앙행정기관의 장은 확정된 집행계획에 변경사항이 있을 때에는 그 변경사항을 행정안전부장관과 협의한 후 국무총리에게 보고하여야 한다. 다만 다음에 해당하는 경미한 사항은 보고를 생략할 수 있다.
   ① 집행계획 중 재난 및 안전관리에 소요되는 비용 등의 단순 증감에 관한사항
   ② 다른 관계 중앙행정기관의 재난 및 안전관리에 영향을 미치지 않는 사항
   ③ 그밖에 행정안전부장관이 집행계획의 기본방향에 영향을 미치지 않는 것으로 인정하는 사항

(4) 관계 중앙행정기관의 장은 확정된 집행계획을 행정안전부장관에게 통보하고, 행정안전부장관은 시·도지사 및 재난관리책임기관의 장에게 시달하여야 하고, 시달 받은 집행 계획에 따라 재난관리 책임기관의 장은 세부집행계획을 작성하여 관할 시·도지사와 협의한 후 소속 중앙행정기관의 장의 승인을 얻어 이를 확정한다. 이 경우 그 재난관리책임기관의 장이 공공기관이나 공공단체의 장인 경우에는 그 내용을 지부 등 지방조직에 통보하여야 한다.

4 작성내용

(1) 소관 재난 및 안전관리에 관한 기본방향

(2) 재난별 대응 시 관계 기관 간의 상호 협력 및 조치에 관한 사항

(3) 소관 재난 및 안전관리를 위한 사업계획에 관한 사항

(4) 그 밖에 재난 및 안전관리에 필요한 사항

【 집행계획 작성절차 】

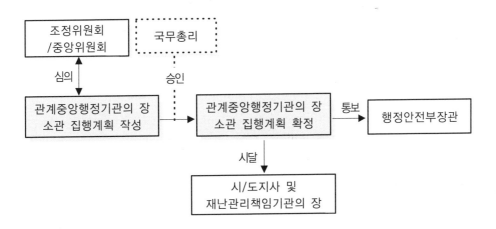

【 세부집행계획 작성절차 】

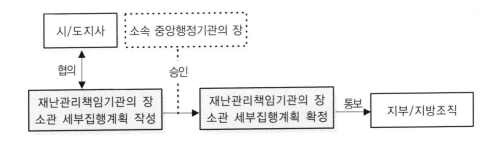

CHAPTER 04 재난의 예방 및 대비

재난의 예방이란 발생 가능한 재난의 위험성 평가 및 분석, 위험요인 제거, 관련법 정비·제정, 예방관련 정책수립시행 등을 통해 재난발생의 위험성을 사전에 제거하기 위한 모든 행위를 말한다.

제1절 재난관리책임기관의 장의 재난예방조치

1 재난관리책임기관의 장의 임무

(1) 재난관리책임기관의 장은 소관 관리대상 업무의 분야에서 재난 발생을 사전에 방지하기 위하여 다음의 조치를 하여야 한다.
① 재난에 대응할 조직의 구성 및 정비
② 재난의 예측과 정보전달체계의 구축
③ 재난 발생에 대비한 교육·훈련과 재난관리예방에 관한 홍보
④ 재난이 발생할 위험이 높은 분야에 대한 안전관리체계의 구축 및 안전관리규정의 제정
⑤ 국가기반시설의 관리
⑥ 특정관리시설 등에 관한 조치
⑦ 재난방지시설의 점검·관리
⑧ 재난관리자원의 비축 및 장비·인력의 지정
⑨ 그 밖에 재난을 예방하기 위하여 필요하다고 인정되는 사항

(2) 위의 예방조치를 효율적으로 시행하기 위하여 필요한 사업비를 확보하여야 한다.

(3) 다른 재난관리책임기관의 장에게 재난을 예방하기 위하여 필요한 협조를 요청할 수 있다. 이 경우 요청을 받은 다른 재난관리책임기관의 장은 특별한 사유가 없으면 요청에 따라야 한다.

(4) 재난관리의 실효성을 확보할 수 있도록 안전관리체계 및 안전관리규정을 정비·보완하여야 한다.

② 재난 사전 방지 조치

(1) 행정안전부장관은 재난발생을 사전에 방지하기 위하여 다음 사항이 포함된 재난발생 징후 정보를 수집·분석하여 관계 재난관리책임기관의 장에게 미리 필요한 조치를 하도록 요청할 수 있다.

  ① 재난발생 징후가 포착된 위치
  ② 위험요인 발생원인 및 상황
  ③ 위험요인 제거 및 조치사항
  ④ 그 밖에 재난발생의 사전 방지를 위하여 필요한 사항

(2) 행정안전부장관은 재난징후정보의 효율적 조사·분석 및 관리를 위하여 재난징후정보관리시스템을 운영할 수 있다.

제 2 절 국가기반시설의 지정 및 관리 등

① 국가기반시설의 정의

국가기반시설이란 관계 중앙행정기관의 장이 소관 분야의 기반시설 중 에너지·통신·교통·금융·의료·수도 등 국가기반체계를 보호하기 위하여 계속적으로 관리할 필요가 있다고 인정하는 시설을 말한다.

② 지정 대상 및 절차

(1) 관계 중앙행정기관의 장은 다음 각 호의 기준에 따라 안전정책조정위원회의 심의를 거쳐 국가기반시설을 지정할 수 있다.

  ① 다른 기반시설이나 체계 등에 미치는 연쇄효과
  ② 2 이상의 중앙행정기관의 공동대응 필요성
  ③ 재난이 발생하는 경우 국가안전보장과 경제·사회에 미치는 피해 규모 및 범위
  ④ 재난의 발생 가능성 또는 그 복구의 용이성

(2) 관계 중앙행정기관의 장은 국가기반시설의 지정 여부를 결정하기 위하여 필요한 자료의 제출을 소관 재난관리책임기관의 장에게 요청할 수 있으며, 관계 중앙행정기관의 장은 소관 재난관리책임기관의 장이나 해당 시설 관리자의 의견을 들어 적합하게 국가기반시설을 지정하여야 한다.

(3) 관계 중앙행정기관의 장은 소관 재난관리책임기관이 해당 업무를 폐지·정지 또는 변경하는 경우에는 조정위원회의 심의를 거쳐 국가기반시설의 지정을 취소할 수 있다.

(4) 행정안전부장관은 국가기반시설에 대한 데이터베이스를 구축·운영하고, 국무총리 및 중앙행정기관의 장이 재난관리정책의 수립 등에 이용할 수 있도록 통합 지원할 수 있다.

제3절 특정관리대상시설 등의 관리

정의	특정관리대상시설이란 재난발생의 위험이 높거나 재난예방을 위하여 계속적으로 관리가 필요한 시설 및 지역을 말한다.
지정 권자	① 중앙행정기관의 장 또는 지방자치단체의 장은 재난이 발생할 위험이 높거나 재난예방을 위하여 계속적으로 관리할 필요가 있다고 인정되는 시설 및 지역을 대통령령으로 정하는 바에 따라 특정 관리대상 시설 및 지역으로 지정하여야 한다. ② 중앙행정기관의 장 또는 지방자치단체의 장은 특정관리대상시설 등을 지정하기 위하여 소관 시설의 현황을 매년 정기 또는 수시로 조사하여야 하고, 특정관리대상시설 등의 지정·관리에 관한 지침에서 정하는 세부 지정기준 등에 따라 특정관리대상시설 등으로 지정하거나 그 지정을 해제하여야 한다.
지정 대상	① 자연재난으로 인한 피해의 위험이 높거나 피해가 우려되는 시설 및 지역 ② 재난예방을 위하여 관리할 필요가 있다고 인정되는 지역으로서 시행령 별표 2의2에 해당하는 시설 및 지역 ③ 그밖에 재난관리책임기관의 장이 재난의 예방을 위하여 특별히 관리할 필요가 있다고 인정하는 시설

1 특정관리대상시설 등의 관리

(1) 재난관리책임기관의 장은 특정관리대상시설 등으로 지정된 시설 및 지역에 대하여 다음의 조치를 하여야 한다.

① 특정관리대상시설 등으로부터 재난 발생의 위험성을 제거하기 위한 장기·단기 계획의 수립·시행

② 특정관리대상시설 등에 대한 안전점검 또는 정밀안전진단

③ 그밖에 특정관리대상시설 등의 관리·정비에 필요한 조치

(2) **특정대상물 등의 안전등급 및 점검**

① 안전등급

㉠ A등급 : 안전도가 우수한 경우

㉡ B등급 : 안전도가 양호한 경우

㉢ C등급 : 안전도가 보통인 경우

㉣ D등급 : 안전도가 미흡한 경우

㉤ E등급 : 안전도가 불량한 경우

② 안전점검

  ㉠ 정기안전점검

    ⓐ A등급, B등급 또는 C등급에 해당하는 특정관리대상시설 등 : 반기별 1회 이상

    ⓑ D등급에 해당하는 특정관리대상시설 등 : 월 1회 이상

    ⓒ E등급에 해당하는 특정관리대상시설 등 : 월 2회 이상

  ㉡ 수시안전점검 : 재난관리책임기관의 장이 필요하다고 인정하는 경우

⑶ **특정관리대상시설 등에 관한 보고 등**

① 중앙행정기관의 장, 지방단체장 및 재난관리책임기관의 장은 특정관리대상시설 등의 지정 및 조치 결과에 관한 다음 각 호의 사항을 행정안전부장관에게 보고하거나 통보하여야 한다.

 • 특정관리대상시설 등의 지정 현황

 • 특정관리대상시설 등에 대한 정기 및 수시 점검과 정비·보수

② 행정안전부장관은 매년 1회 이상 특정관리대상시설 등에 대한 지정 및 조치 결과를 국무총리에게 보고하여야 하며, 필요한 경우에는 수시로 보고할 수 있다.

③ 행정안전부장관은 보고받거나 통보받은 사항을 정기적으로 또는 수시로 국무총리에게 보고하여야 한다.

④ 국무총리는 보고된 사항 중 재난을 예방하기 위하여 필요하다고 인정하는 사항에 대해서는 중앙행정기관의 장, 지방자치단체의 장 또는 재난관리책임기관의 장에게 시정조치나 보완을 요구할 수 있다.

2 재난방지시설의 관리

재난관리책임기관의 장은 관계 법령 또는 안전관리계획에서 정하는 바에 따라 재난방지시설을 점검·관리하여야 하며, 행정안전부장관은 재난방지시설의 관리 실태를 점검하고 필요한 경우 보수·보강 등의 조치를 재난관리책임기관의 장에게 요청할 수 있다. 이 경우 요청을 받은 재난관리책임기관의 장은 신속하게 조치를 이행하여야 한다.

> ✪ 대통령령으로 정하는 재난방지시설
> 1. 「소하천정비법」 제2조제3호에 따른 소하천부속물 중 제방·호안·보 및 수문
> 2. 「하천법」 제2조제3호에 따른 하천시설 중 댐·하구둑·제방·호안·수제·보·갑문·수문·수로터널·운하 및 같은 법 제2조제7호에 따른 수문조사시설 중 홍수발생의 예보를 위한 시설
> 3. 「국토의 계획 및 이용에 관한 법률」 제2조제6호마목에 따른 방재시설
> 4. 「하수도법」 제2조제3호에 따른 하수도 중 하수관로 및 공공하수처리시설
> 5. 「농어촌정비법」 제2조제6호에 따른 농업생산기반시설 중 저수지, 양수장, 우물 등 지하수이용 시설, 배수장, 취입보(取入洑), 용수로, 배수로, 웅덩이, 방조제, 제방
> 6. 「사방사업법」 제2조제3호에 따른 사방시설
> 7. 「댐건설 및 주변지역지원 등에 관한 법률」 제2조제1호에 따른 댐
> 8. 「어촌·어항법」 제2조제5호다목(4)에 따른 유람선·낚시어선·모터보트·요트 또는 윈드서핑 등의 수용을 위한 레저용 기반시설

9. 「도로법」 제2조제2호에 따른 도로의 부속물 중 방설·제설시설, 토사유출·낙석 방지 시설, 공동구, 같은 법 시행령 제2조제2호에 따른 터널·교량·지하도 및 육교

10. 법 제38조에 따른 재난 예보·경보시설

11. 「항만법」 제2조제5호에 따른 항만시설

12. 그밖에 행정안전부장관이 정하여 고시하는 재난을 예방하기 위하여 설치한 시설

❸ 재난안전분야 종사자 교육

(1) 재난관리책임기관에서 재난 및 안전관리업무를 담당하는 공무원이나 직원은 행정안전부장관이 실시하는 전문교육을 정기 또는 수시로 받아야 한다.

(2) 교육의 종류 및 기간

관리자 전문교육	• 재난관리책임기관에서 재난 및 안전관리 업무를 담당하는 부서의 장 • 시군구의 부단체장(부단체장이 2명 이상인 경우, 재난 및 안전관리 업무를 관할하는 부단체장을 말한다) • 안전책임관
실무자 전문교육	재난관리책임기관에서 재난 및 안전관리 업무를 담당하는 부서의 공무원 또는 직원으로서 관리자 전문교육 대상이 아닌 사람

※ 전문교육의 대상자는 해당 업무를 맡은 후 6개월 이내에 신규교육(3일 이내)을 받아야 하며, 신규교육을 받은 후 매 2년마다 정기교육(3일 이내)을 받아야 한다.

(3) 재난안전분야 종사자 교육을 위한 전문교육기관

① 행정안전부, 관계 중앙행정기관 또는 시·도 소속의 공무원 교육기관

② 재난관리책임기관(행정기관 외의 기관만 해당한다) 소속의 교육기관

③ 재난 및 안전관리 분야 교육 운영 실적이 있는 민간교육기관으로서 행정안전부장관이 지정하는 교육기관

제 **4** 절 재난예방을 위한 긴급안전점검

1 긴급안전점검

주체	행정안전부장관 또는 재난관리책임기관(행정기관만을 말함)의 장은 대통령령으로 정하는 시설 및 지역에 재난이 발생할 우려가 있는 등 대통령령으로 정하는 긴급한 사유가 있으면 소속 공무원으로 하여금 긴급안전점검을 실시하게 하고 행정안전부장관은 다른 재난관리책임기관의 장에게 긴급안전점검을 하도록 요구할 수 있다.
대상	긴급안전점검의 대상이 되는 시설 및 지역은 특정관리대상시설과 그밖에 행정안전부장관, 시·도지사 또는 사장·군수·구청장이 긴급안전점검을 위하여 필요하다고 인정하는 시설 및 지역으로 한다.
사유	재난이 발생할 우려가 있는 등 긴급한 사유가 있는 경우로서 다음 사항을 말한다. ① 사회적으로 피해가 큰 재난이 발생하여 피해시설의 긴급한 안전점검이 필요하거나 이와 유사한 시설의 재난예방을 위하여 점검이 필요한 경우 ② 계절적으로 재난이 우려되는 취약시설에 대한 안전대책이 필요한 경우
절차	① 긴급안전점검을 실시할 때에는 미리 긴급안전점검 대상 시설 및 지역의 관계인에게 긴급안전점검의 목적·날짜 등을 서면으로 통지하여야 한다. 다만, 서면 통지로는 긴급안전점검의 목적을 달성할 수 없는 경우에는 말로 통지할 수 있다. ② 긴급안전점검을 하는 공무원은 관계인에게 필요한 질문을 하거나 관계 서류 등을 열람할 수 있다. ③ 긴급안전점검을 하는 공무원은 그 권한을 표시하는 증표를 지니고 이를 관계인에게 보여주어야 한다. ④ 행정안전부장관은 긴급안전점검을 하면 그 결과를 해당 재난관리책임기관의 장에게 통보하여야 한다. ※ **긴급안전점검을 하는 공무원은 재난 및 안전관리기본법에 규정된 범죄에 관하여는「사법경찰관리의 직무를 수행할 자와 그 직무범위에 관한 법률」에서 정하는 바에 따라 사법경찰관리의 직무를 수행한다.**
점검결과 기록유지	재난관리책임기관의 장은 긴급안전점검을 실시한 때에는 긴급안전점검대상 시설 및 지역의 관리에 관한 카드에 긴급안전점검 결과 및 안전조치사항 등을 기록·유지하여야 한다.

2 재난예방을 위한 안전조치 등

(1) 안전조치의 주체와 내용

행정안전부장관 또는 재난관리책임기관(행정기관만을 말한다.)의 장은 긴급안전점검 결과 재난 발생의 위험이 높다고 인정되는 시설 또는 지역에 대하여는 대통령령으로 정하는 바에 따라 그 소유자·관리자 또는 점유자에게 다음의 안전조치를 할 것을 명할 수 있다.

① 정밀안전진단(시설만 해당한다). 이 경우 다른 법령에 시설의 정밀안전진단에 관한 기준이 있는 경우에는 그 기준에 따르고, 다른 법령의 적용을 받지 아니하는 시설에 대하여는 행정안전부령으로 정하는 기준에 따른다.

② 보수(補修) 또는 보강 등 정비

③ 재난을 발생시킬 위험요인의 제거

⑵ **안전조치 절차**

① 안전조치명령서의 통지

행정안전부장관 또는 재난관리책임기관의 장은 안전조치에 필요한 사항을 명하고자 할 때에는 안전조치명령서에 다음과 같은 사항을 명시하여 시설 및 지역의 관계인에게 통지하여야 한다.
- 안전점검의 결과
- 안전조치를 명하는 이유
- 안전조치의 이행 기한
- 안전조치를 하여야 하는 사항
- 안전조치 방법
- 안전조치를 한 후 관계 재난관리책임기관의 장에게 통보하여야 하는 사항

② 위험시설의 사용 제한 또는 금지 조치

행정안전부장관 또는 재난관리책임기관의 장은 안전조치명령을 받은 자가 그 명령을 이행하지 아니하거나 이행할 수 없는 상태에 있고, 재난의 예방을 위하여 긴급하다고 판단하면 그 시설 또는 지역에 대하여 사용을 제한 또는 금지시킬 수 있다. 이 경우 그 제한 또는 금지하는 내용을 보기 쉬운 곳에 게시하여야 한다.

③ 재난예방을 위하여 긴급한 경우의 행정대집행

안전조치명령을 받아 이를 이행하여야 하는 자가 그 명령을 이행하지 아니하거나 이행할 수 없는 상태에 있고, 재난의 예방을 위하여 긴급하다고 판단하면 그 명령을 받아 이를 이행하여야 할 자를 갈음하여 필요한 안전조치를 할 수 있으며, 이 경우 행정대집행법을 준용한다.

④ 이행계획서에 포함되어야하는 사항
- 안전조치를 이행하는 관계인의 인적사항
- 이행할 안전조치의 내용 및 방법
- 안전조치의 이행 기한

⑶ **안전조치 결과의 통보**

안전조치명령을 받은 소유자·관리자 또는 점유자는 이행계획서를 작성하여 행정안전부장관 또는 재난관리책임기관의 장에게 제출한 후 안전조치를 하고, 안전조치 결과 통보서에 안전조치 결과를 증명할 수 있는 서류·사진 등을 첨부하여 행정안전부장관 또는 재난관리책임기관의 장에게 통보하여야 한다.

⑷ **정부합동 안전점검**

행정안전부장관은 재난관리책임기관의 재난 및 안전관리 실태를 점검하기 위하여 정부합동안전점검단을 편성하여 안전점검을 실시할 수 있으며, 행정안전부장관은 정부합동점검단을 편성하기 위하여 필요하면 관계 재난관리책임기관의 장에게 관련 공무원 또는 직원의 파견을 요청할 수 있다. 이 경우 요청을 받은 관계 재난관리책임기관의 장은 특별한 사유가 없으면 요청에 따라야 한다. 점검결과 및 조치요구사항을 통보받은 관계 재난관리책임기관의 장은 조치계획을 수립하여 필요한 조치를 한 후 그 결과를 국무총리 또는 행정안전부장관에게 통보하여야 한다.

⑸ **안전관리전문기관에 대한 자료요구**

행정안전부장관은 재난 예방을 효율적으로 추진하기 위하여 안전관리전문기관에 대하여 안전점검결과, 주요시설물의 설계도서 등 안전관리에 필요한 자료를 요구할 수 있다.

안전관리전문기관은 소속 중앙부처의 지도·감독을 받고 있으나 행정안전부장관 안전관리 주무기관으로서 우리나라 안전 분야에 대한 총체적인 안전대책을 추진하여야 하므로 관련단체에 대한 자료 요구권을 부여한 것이고, 행정안전부장관은 안전관리전문기관에 자료요구만 할 뿐 지도·감독 권한은 소관 중앙행정기관에 두어 이중 감독에 의한 부담 및 혼선을 방지하고 있다.

> ※ 안전관리전문기관(령40조)
> 1. 한국소방산업기술원　　　2. 한국농어촌공사　　　3. 한국가스안전공사
> 4. 한국전기안전공사　　　　5. 한국에너지공단　　　6. 한국산업안전보건공단
> 7. 국토안전관리원　　　　　8. 한국교통안전공단　　9. 도로교통공단
> 10. 한국방재협회　　　　　 11. 한국소방안전원　　 12. 한국승강기안전공단
> 13. 그 밖에 행정안전부장관이 고시하는 기관

제 5 절 재난관리체계 등의 정비·평가

1 정비·평가권자

행정안전부장관은 대규모의 재난발생에 대비한 단계별 예방·대응 및 복구과정 등 재난관리체계 등에 대하여 정기적으로 평가할 수 있으며, 공공기관에 대하여는 관할 중앙행정기관의 장이 평가를 하고, 시·군·구에 대하여는 시·도지사가 평가를 한다. 다만, 우수한 기관을 선정하기 위하여 필요한 경우에는 행정안전부장관이 확인평가를 할 수 있다.

2 평가사항 및 내용

정기적 평가사항	① 대규모 재난의 발생에 대비한 단계별 예방·대응 및 복구과정 ② 재난관리책임기관의 재난대응조직의 구성 및 정비실태 ③ 안전관리체계 및 안전관리규정 ④ 재난관리기금의 운용 현황
평가내용	① 집행계획, 세부집행계획, 시·도 안전관리계획 및 시·군·구 안전관리계획 평가 ② 재난예방을 위한 교육·홍보 ③ 재난 및 안전관리분야 종사자의 전문교육 이수 실태 ④ 특정관리대상시설 및 국가기반시설의 관리실태 ⑤ 재난유형별 위기관리 매뉴얼의 작성·운용 및 관리 실태 ⑥ 응급대책을 위한 자재·물가·장비·이재민수용시설 등의 지정 및 관리실태 ⑦ 재난상황관리의 운용실태 ⑧ 재난복구사업 추진사항 등
평가방법	재난관리체계 등의 정비·평가는 서면 또는 현지조사의 방법에 의한다.
평가 자료요구	행정안전부장관은 재난관리체계 등의 평가를 위하여 필요하다고 인정하는 경우에는 관계 중앙행정기관의 장과 소관 재난관리책임기관의 장에게 각각 재난 및 안전관리체계의 구축, 안전관리규정의 제정 및 그 정비·보완에 관한 자료 제출을 요청할 수 있다.
평가 결과조치	행정안전부장관은 평가결과를 중앙위원회에 종합 보고하고, 필요하다고 인정하면 해당 재난관리책임기관의 장에게 시정조치나 보완을 요구할 수 있으며, 우수한 기관에 대하여는 예산지원 및 포상 등의 조치를 할 수 있다. 다만, 공공기관의 장 및 시장·군구·구청장에게 시정조치나 보완요구를 하려는 경우에는 관할 중앙행정기관 장 및 시·도지사에게 한다.
실태 공시	시장·군수·구청장은 다음의 사항이 포함된 재난관리 실태를 매년 1회 이상 관할 지역 주민에게 공시하여야 한다.(매년 3월 31일까지 해당 지자체 공보에 공고) ① 전년도 재난의 발생 및 수습현황 ② 재난예방조치 실적 ③ 재난관리기금의 적립 현황 ④ 현장조치 행동매뉴얼의 작성·운용현황 ⑤ 그 밖에 대통령으로 정하는 재난관리에 관한 중요사항

제6절 재난의 대비

1 재난자원의 비축·관리

(1) 재난관리책임기관의 장은 재난의 수습활동에 필요한 대통령령으로 정하는 장비, 물자 및 자재(이하 "재난관리자원"이라 한다)를 비축·관리하여야 한다.

> ✪ 대통령령으로 정하는 장비, 물자 및 자재
> 1. 포대류·묶음줄 등 수방자재
> 2. 시멘트·철근·하수관 및 강재(鋼材) 등 건설자재
> 3. 전기·통신·수도용 기자재
> 4. 자재·인력 등을 운반하기 위한 수송장비 및 연료
> 5. 불도저·굴삭기 등 건설장비
> 6. 양수기 등 침수지역 복구장비
> 7. 손전등·축전지·소형발전기 등 재난응급대책을 위하여 필요한 소형장비
> 8. 감염병 환자 등의 진료 또는 격리를 위한 시설
> 9. 이재민 등의 구호를 위한 시설
> 10. 그밖에 행정안전부장관이 재난응급대책 및 재난복구에 필요하다고 인정하여 고시하는 장비, 물자 및 자재 및 시설

(2) <u>재난관리책임기관의 장은 매년 10월 31일까지</u> 다음 해의 재난관리자원에 대한 비축·관리계획을 수립하고 행정안전부장관에게 제출하며, 행정안전부장관은 <u>매년 5월 31일까지</u> 다음 해의 재난관리 자원에 대한 비축·관리계획의 수립을 지원하기 위한 지침을 마련하여 재난관리책임기관의 장에게 통보할 수 있다.

(3) 재난관리책임기관의 장은 재난관리자원공동활용시스템에 그 기관에서 보유한 재난관리자원의 현황을 입력·관리하여야 한다.

(4) 행정안전부장관은 재난관리책임기관의 장으로 하여금 재난관리책임기관이 자체적으로 보유한 재난관리자원의 현황관리 등을 위한 시스템을 자원관리시스템과 연계하게 할 수 있다.

2 재난현장 긴급통신수단의 마련

① 재난관리책임기관의장은 재난의 발생으로 인하여 통신이 끊기는 상황에 대비하여 미리 유선 이나 무선 또는 위성통신망을 활용할 수 있도록 긴급통신수단을 마련하여야 한다.
② 행정안전부장관은 재난현장에서 긴급통신수단이 공동 활용될 수 있도록 하기 위하여 재난 관리책임기관, 긴급구조기관 및 긴급구조지원기관에서 보유하고 있는 긴급통신 보유 현황 등을 조사하고, 긴급통신수단을 관리하기 위한 체계를 구축·운영할 수 있다.

③ 행정안전부장관은 긴급통신수단이 효율적으로 활용될 수 있도록 긴급통신수단 관리지침을 마련하여 재난관리책임기관, 긴급구조기관 및 긴급구조지원기관의 장에게 통보하여야 하며 재난관리책임기관의 장은 긴급통신수단 관리지침에 따라 보유 중인 긴급통신수단이 효과적으로 연계되도록 수시로 점검하여야 한다.

3 국가재난관리기준의 제정·운용 등

행정안전부장관은 재난관리를 효율적으로 수행하기 위하여 다음의 사항이 포함된 국가재난관리기준을 제정하여 운용하여야 한다. 다만, 「산업표준화법」 따른 한국산업표준을 적용할 수 있는 사항에 대하여는 한국산업표준을 반영할 수 있다.

① 재난분야 용어정의 및 표준체계 정립
② 국가재난 대응체계에 대한 원칙
③ 재난경감·상황관리·자원관리·유지관리 등에 관한 일반적 기준
④ 재난에 관한 예보·경보의 발령 기준
⑤ 재난상황의 전파
⑥ 재난 발생 시 효과적인 지휘·통제 체제 마련
⑦ 재난관리를 효과적으로 수행하기 위한 관계기관 간 상호협력 방안
⑧ 재난관리체계에 대한 평가 기준이나 방법
⑨ 그밖에 재난관리를 효율적으로 수행하기 위하여 행정안전부장관이 필요하다고 인정하는 사항

4 기능별 재난대응 활동계획의 작성·활용

재난관리책임기관의 장은 재난관리가 효율적으로 이루어질 수 있도록 다음의 내용이 포함된 기능별 재난대응 활동계획을 작성하여 활용하여야 하며, 행정안전부장관은 재난대응활동계획의 작성에 필요한 작성지침을 재난관리책임기관의 장에게 통보할 수 있다.

① 재난상황관리 기능
② 긴급 생활안정 지원 기능
③ 긴급 통신 지원 기능
④ 시설피해의 응급복구 기능
⑤ 에너지 공급 피해시설 복구 기능
⑥ 재난관리자원 지원 기능
⑦ 교통대책 기능
⑧ 의료 및 방역서비스 지원 기능
⑨ 재난현장 환경 정비 기능
⑩ 자원봉사 지원 및 관리 기능
⑪ 사회질서 유지 기능
⑫ 재난지역 수색, 구조·구급지원 기능
⑬ 재난 수습 홍보 기능

5 재난분야 위기관리매뉴얼

(1) 재난분야 위기 매뉴얼 작성·운용

재난관리책임기관의 장은 재난을 효율적으로 관리하기 위하여 재난유형에 따라 위기관리 매뉴얼을 작성·운용하여야 하고 재난대응활동계획과 연계되도록 하여야 한다.

위기관리 표준매뉴얼	국가적 차원에서 관리가 필요한 재난에 대하여 재난관리 체계화, 관계 기관의 임무와 역할을 규정한 문서로 위기대응 실무매뉴얼의 작성기준이 되며, 재난관리주관기관의 장이 작성한다. 다만, 다수의 재난관리주관기관이 관련되는 재난에 대해서는 관계 재난관리주관기관의 장과 협의하여 행정안전부장관이 위기관리 표준매뉴얼을 작성할 수 있다.
위기대응 실무매뉴얼	위기관리 표준매뉴얼에서 규정하는 기능과 역할에 따라 실제 재난대응에 필요한 조치사항 및 절차를 규정한 문서로 재난관리 주관기관의 장과 관계기관의장이 작성한다.
현장조치 행동매뉴얼	재난현장에서 임무를 수행하는 기관의 행동조치 절차를 구체적으로 수록한 문서로 위기대응 실무매뉴얼을 작성한 기관의 장이 지정한 기관의 장이 작성한다. 다만, 시장·군수·구청장은 재난유형별 현장조치 행동매뉴얼을 통합하여 작성할 수 있다.

(2) 위기관리 매뉴얼 협의회 구성·운영

구성	위원장 1명(행정안전부장관 지명)을 포함하여 200명 이내의 위원(행정안전부장관 임명 또는 위촉)으로 구성
심의 사항	• 위기관리 표준매뉴얼의 검토 • 위기관리 매뉴얼의 작성방법 및 운용기준 등에 관한 사항 • 위기관리 매뉴얼의 개선에 관한 사항 • 그 밖에 행정안전부장관이 위기관리 매뉴얼의 표준화 및 실효성 제고를 위하여 필요하다고 인정하는 사항

6 위기관리 매뉴얼의 작성운용

행정안전부장관은 위기관리 매뉴얼 관리시스템(이하 "관리시스템")을 구축·운영할 수 있으며 재난관리책임기관의 장에게 관련 자료의 제출을 요청하거나 관리 시스템을 통하여 위기관리 매뉴얼을 관리하도록 요청할 수 있다.

또한 행정안전부장관은 위기관리에 필요한 표준화된 매뉴얼을 연구·개발할 때에는 다음 각 호의 사항을 고려하여야 한다.

• 재난유형에 따른 국민행동요령의 표준화
• 재난유형에 따른 예방·대비·대응·복구 단계별 조치사항에 관한 연구 및 표준화
• 재난현장에서의 대응 및 상호협력 절차에 관한 연구 및 표준화
• 안전취약계층의 특성을 반영한 연구, 개발
• 그 밖에 위기관리 매뉴얼의 개선·보완에 필요한 사항

7 재난안전통신망의 구축·운영

행정안전부장관과 재난관리책임기관·긴급구조기관 및 긴급구조지원기관의 장은 재난관리업무를 효율적으로 추진하기 위하여 대통령령으로 정하는 바에 따라 재난관리정보통신체계를 구축·운영할 수 있다. 재난관리책임기관·긴급구조기관 및 긴급구조지원기관의 장은 제1항에 따른 재난관리정보통신체계의 구축에 필요한 자료를 관계 재난관리책임기관·긴급구조기관 및 긴급구조지원기관의 장에게 요청할 수 있다. 그리고 행정안전부장관은 재난관리책임기관·긴급구조기관 및 긴급구조지원기관의 장에게 제1항에 따라 구축하는 재난관리정보통신체계가 연계 운영되거나 표준화가 이루어지도록 종합적인 재난관리정보통신체계를 구축·운영할 수 있으며, 재난관리책임기관·긴급구조기관 및 긴급구조지원기관의 장은 특별한 사유가 없으면 이에 협조하여야 한다.

8 재난대비훈련

행정안전부장관은 매년 재난대비훈련 기본계획을 수립하고 재난관리책임기관의 장에게 통보하여야 하며 <u>국회 소관상임위원회에 보고</u>하여야 한다. 재난관리책임기관의 장은 재난대비훈련 기본계획에 따라 소관분야별로 자체계획을 수립하여야 한다.

(1) 재난대비훈련 대상기관

주 관	행정안전부장관, 시·도지사, 시장·군수·구청장 및 긴급구조기관의 장
협 조	재난관리책임기관, 긴급구조지원기관 및 군부대 등 관계 기관
방 법	정기 또는 수시로 합동 재난대비훈련 실시

※ 2014.12.31. 기준 법35조에서는 훈련실시를 의무로 규정

(2) 재난대비훈련 실시

① 훈련주기 및 통보

훈련주관기관의 장은 관계 기관과 합동으로 참여하는 재난대비훈련을 각각 소관 분야별로 주관하여 <u>연 1회 이상 실시하여야 한다.</u>
훈련주관기관의 장은 재난대비훈련을 실시하는 경우에는 <u>훈련일 15일 전까지 훈련일시, 훈련장소, 훈련내용, 훈련방법, 훈련참여 인력 및 장비, 그 밖에 훈련에 필요한 사항을 훈련참여기관의 장에게 통보하여야 한다.</u>

② 사전교육

훈련주관기관의 장은 재난대비훈련 수행에 필요한 능력을 기르기 위하여 제1항에 따른 재난대비훈련 참석자에게 재난대비훈련을 실시하기 전에 사전교육을 하여야 한다. 다만, 다른 법령에 따라 해당 분야의 재난대비훈련 교육을 받은 경우에는 교육을 받은 것으로 본다.

③ 결과제출

재난관리책임기관 및 긴급구조지원기관의 장은 훈련상황을 점검하고, <u>재난대비훈련 실시 후 10일 이내에 그 결과를 훈련주관기관의 장에게 제출하여야 한다.</u>

④ 재난대비훈련의 평가
　　㉠ 분야별 전문인력 참여도 및 훈련목표 달성 정도
　　㉡ 장비의 종류·기능 및 수량 등 동원 실태
　　㉢ 유관기관과의 협력체제 구축 실태
　　㉣ 긴급구조대응계획 및 세부대응계획에 의한 임무의 수행 능력
　　㉤ 긴급구조기관 및 긴급구조지원기관 간의 지휘통신체계
　　㉥ 긴급구조요원의 임무 수행의 전문성 수준
　　㉦ 그밖에 행정안전부장관이 정하는 평가에 필요한 사항

CHAPTER 05 재난의 대응과 긴급구조

제1절 응급조치 등

1 재난사태 선포 ★★ 13년 소방위

대형재난 발생으로 인한 인명 및 재산상의 피해 경감을 위하여 국가적 차원에서 긴급한 조치가 필요한 경우, 재난의 규모에 따라 행정안전부장관이 재난사태를 선포하여 사전대비 태세를 강화토록 하고 있다.

(1) 재난사태 선포대상 *

① 재난 중 극심한 인명 또는 재산의 피해가 발생하거나 발생할 것으로 예상되어 시·도지사가 중앙대책본부장에게 재난사태의 선포를 건의하는 경우
② 중앙대책본부장이 재난사태의 선포가 필요하다고 인정하는 재난(「노동조합 및 노동관계조정법」제4장에 따른 쟁의행위로 인한 국가기반시설의 일시 정지를 제외한다)

(2) 재난사태 선포 절차 ★★ 21년 소방위

일반적인 선포절차	행정안전부장관은 재난이 발생하거나 발생할 우려가 있는 경우 사람의 생명·신체 및 재산에 미치는 중대한 영향이나 피해를 줄이기기 위하여 긴급한 조치가 필요하다고 인정하면 중앙안전관리위원회의 심의를 거쳐 재난사태를 선포할 수 있다.
예외적 선포절차	재난상황이 긴급하여 중앙위원회의 심의를 거칠 시간적 여유가 없다고 인정하는 경우에는 중앙위원회의 심의를 거치지 아니하고 행정안전부장관이 선포할 수 있다.
재난사태 해제	중앙위원회의 심의를 거치지 아니하고 재난사태를 선포한 경우에는 지체 없이 중앙위원회의 승인을 받아야 하며, 승인을 받지 못하면 행정안전부장관은 선포된 재난사태를 즉시 해제하여야 하며 재난으로 인한 위험이 해소되었다고 인정하는 경우 또는 재난이 추가적으로 발생할 우려가 없어진 경우에는 선포된 재난사태를 즉시 해제하여야 한다.

(3) 재난사태 선포 시 조치사항 ★★

① 재난경보의 발령, 인력·장비 및 물자의 동원, 위험구역 설정, 대피명령, 응급지원 등 이 법에 따른 응급조치
② 해당 지역에 소재하는 행정기관 소속 공무원의 비상소집
③ 해당 지역에 대한 여행 등 이동 자제 권고
④ 휴업명령 및 휴원·휴교 처분의 요청
⑤ 그 밖에 재난예방에 필요한 조치
※ 행정안전부장관은 재난으로 인한 위험이 해소되었다고 인정하는 경우 또는 재난이 추가적으로 발생할 우려가 없어진 경우에는 선포된 재난사태를 즉시 해제하여야 한다.

2 응급조치 * 18년 소방위

응급조치는 재난이 발생할 우려가 있거나 재난이 발생하였을 때에 즉시 관계 법령이나 재난대응 활동계획 및 위기관리매뉴얼에서 정하는 바에 따라 수방·진화·구조 및 구난 그 밖에 재난 발생을 예방하거나 피해를 줄이기 위하여 취하는 필요한 조치를 말한다.

응급조치 주체	응급조치의 주체는 시·도 긴급구조통제단 및 시·군·구 긴급구조통제단의 단장(이하 "지역통제단장"이라 한다)과 시장·군수·구청장이다.
응급 조치 사항*	① 경보의 발령 또는 전달이나 피난의 권고 또는 지시 　※ 안전조치 : 정밀안전진단(시설만 해당한다) 　　이 경우 다른 법령에 시설의 정밀안전진단에 관한 기준이 있는 경우에는 그 기준에 따르고, 다른 법령의 적용을 받지 아니하는 시설에 대하여는 행정안전부령으로 정하는 기준에 따른다. 　　• 보수(補修) 또는 보강 등 정비 　　• 재난을 발생시킬 위험요인의 제거 ② 진화·수방·지진방재, 그 밖의 응급조치와 구호 ③ 피해시설의 응급복구 및 방역과 방범, 그 밖의 질서 유지 ④ 긴급수송 및 구조수단의 확보 ⑤ 급수수단의 확보, 긴급피난처 및 구호품의 확보 ⑥ 현장지휘통신체계의 확보 ⑦ 그밖에 재난 발생을 예방하거나 줄이기 위하여 필요한 사항 　※ 지역통제단장의 경우 ② 중 진화에 대한 응급조치와 ④, ⑥의 응급조치만 가능
재난관리 책임기관 의무	시·군·구의 관할 구역에 소재하는 재난관리책임기관의 장은 시장·군수·구청장이나 지역통제단장이 요청하면 관계 법령이나 시·군·구 안전관리계획에서 정하는 바에 따라 시장·군수·구청장이나 지역통제단장의 지휘 또는 조정하에 그 소관 업무에 관계되는 응급조치를 실시하거나 시장·군수·구청장이나 지역통제단장이 실시하는 응급조치에 협력하여야 한다.

3 위기경보의 발령

재난에 대한 징후를 식별하거나 재난발생이 예상되는 경우에는 그 위험 수준, 발생 가능성 등을 판단하여 그에 부합되는 조치를 할 수 있도록 위기경보를 발령할 수 있다.

(1) 위기경보의 발령권자

단일 재난유형의 경우	다수의 재난관리주관기관이 관련되는 재난의 경우
관계 재난관리주관기관의 장	행정안전부장관이 발령 가능

(2) 위기경보단계 구분

① 재난 피해의 전개 속도, 확대 가능성 등 재난상황의 심각성을 종합적으로 고려하여 관심·주의·경계·심각으로 구분할 수 있다.

② 재난관리주관기관의 장은 심각 경보를 발령 또는 해제할 경우에는 행정안전부장관과 사전에 협의하여야 한다.

※ 다만, 긴급한 경우에는 재난관리주관기관의 장은 우선 조치한 후 지체 없이 행정안전부장관과 협의하여야 한다.

4 재난 예보·경보체계 구축·운영

재난관리책임기관의 장은 사람의 생명·신체 및 재산에 대한 피해가 예상되면 그 피해를 예방하거나 줄이기 위하여 재난에 관한 예보 또는 경보 체계를 구축·운영할 수 있다.

재난관리책임기관의 장은 재난에 관한 예보 또는 경보가 신속하게 실시될 수 있도록 재난과 관련한 위험정보를 얻으면 즉시 행정안전부장관, 재난관리주관기관의 장, 시·도지사 및 시장·군수·구청장에게 통보하여야 한다.

(1) 조치 요청사항

행정안전부장관, 시·도지사 또는 시장·군수·구청장은 재난에 관한 예보·경보·통지나 응급조치를 실시하기 위하여 필요한 다음의 조치를 요청할 수 있다.

① 전기통신시설의 소유자 또는 관리자에 대한 전기통신시설의 우선 사용
② 주요기간 통신사업자에 대한 필요한 정보의 문자나 음성 송신 또는 인터넷 홈페이지 게시
③ 방송사업자에 대한 필요한 정보의 신속한 방송
④ 주요 신문사업자 및 인터넷신문사업자에 대한 필요한 정보의 게재

※ 요청을 받은 전기통신시설의 소유자 또는 관리자, 전기통신사업자, 방송사업자, 신문사업자 및 인터넷신문사업자는 정당한 사유가 없으면 요청에 따라야 하며, 전기통신사업자나 방송사업자, 휴대전화 또는 내비게이션 제조업자는 재난의 예보·경보 실시 사항이 사용자의 휴대전화 등의 수신기 화면에 반드시 표시될 수 있도록 소프트웨어나 기계적 장치를 갖추어야 한다.

(2) 재난 예·경보체계 구축 종합계획의 수립* 19년 소방위

위험구역 및 자연재해위험지구 등 재난으로 인하여 사람의 생명·신체 및 재산에 대한 피해가 예상되는 지역에 대하여 그 피해를 예방하기 위하여 재난 예·경보 체계구축 종합계획을 수립한다.

작성주체	• 시·군·구 재난 예보·경보체계 구축종합계획 : 시장·군수·구청장 • 시·도 재난 예보·경보체계 구축 종합계획 : 시·도지사
종합계획에 포함되어야 할 사항	• 재난 예보·경보체계의 구축에 관한 기본방침 • 재난 예보·경보체계 구축 종합계획의 수립 대상지역의 선정에 관한 사항 • 종합적인 재난 예보·경보체계의 구축 및 운영에 관한 사항 • 그 밖에 재난으로부터 인명 피해와 재산 피해를 예방하기 위하여 필요한 사항
수립주기 및 제출	• 시장·군수·구청장 : 매5년 단위로 수립하여 시·도지사에게 제출 • 시·도지사 : 5년 단위로 수립하여 행정안전부장관에게 제출 ※ 종합계획에 대한 사업시행계획의 경우 매년 작성하여 행정안전부장관에게 제출

① 동원명령

명령권자	중앙대책본부장, 시장·군수·구청장(시,군,구대책본부가 운영되는 경우에는 해당본부장)
발령조건	재난이 발생하거나 발생할 우려가 있다고 인정할 경우
명령할 수 있는 사항	• 민방위대의 동원 • 응급조치를 위하여 재난관리책임기관의 장에 대한 관계직원의 출동 또는 재난관리 　자원 및 지정된 장비·인력의 동원 등 필요한 조치의 요청 • 동원가능한 장비와 인력 등이 부족한 경우 국방부장관에 대한 군부대 지원요청

② 대피명령

명령권자	시장·군수·구청장·지역통제단장(긴급구조에 관한 권한을 행사하는 경우에만 해당)
발령조건	재난이 발생하거나 발생할 우려가 있는 경우에 사람의 생명 또는 신체에 대한 위해를 방지하기 위하여 필요한 경우
명령할 수 있는 사항	·해당 지역 주민이나 그 지역 안에 있는 사람의 대피 ·해당 지역 주민이나 그 지역 안에 있는 사람에게 선박 또는 자동차 등을 대피 시킬 것

③ 위험구역의 설정

명령권자	시장·군수·구청장, 지역통제단장(긴급구조에 관한 권한을 행사하는 경우 에만 해당) ※ 관계 중앙행정기관의 장은 시장·군수·구청장, 지역통제단장에게 요청 　가능
발령조건	재난이 발생하거나 발생할 우려가 있는 경우에 사람의 생명 또는 신체에 대한 위해방지나 질서의 유지를 위하여 필요한 경우
명령할 수 있는 사항 (대상 : 응급조치에 종사하지 아니하는 사람)	• 위험구역에 출입하는 행위나 그 밖의 행위의 금지 또는 제한 • 위험구역에서의 퇴거 또는 대피

④ 강제대피조치

명령권자	시장·군수·구청장과 지역통제단장(긴급구조에 관한 권한을 행사하는 경우에만 해당)
발령조건	대피명령을 받은 사람 또는 위험구역 안에서의 퇴거나 대피명령을 받은 사람이 그 명령을 이행하지 아니하여 위급하다고 판단되는 경우
명령할 수 있는 사항	대피명령 지역 또는 위험구역 안의 주민이나 그 안에 있는 사람에 대한 강제 대피 또는 퇴거
명령의 집행	필요한 경우 관할 경찰관서의 장에게 필요한 인력 및 장비의 지원을 요청할 수 있으며 요청을 받은 경찰관서의 장은 특별한 사유가 없으면 요청에 따라야 함

⑤ 통행제한

조치권자	시장·군수·구청장, 지역통제단장(긴급구조에 관한 권한을 행사하는 경우에만 해당)
발령조건	응급조치의 실시에 필요한 물자를 긴급히 수송하거나 진화·구조 등을 하기 위하여 필요한 경우
조치할 수 있는 사항	응급조치에 필요한 물자를 긴급히 수송하거나 진화·구조 등을 하기 위하여 필요하면 경찰관서의 장에게 도로의 구간을 지정하여 해당 긴급수송 등을 하는 차량 외의 차량의 통행을 금지하거나 제한하도록 요청할 수 있다. ※ 요청시 대상구간 및 기간을 명확히 전달해야하며 요청받은 경찰관서의 장은 특별한 사유가 없으면 요청에 따라야 함

⑥ 응원

요청권자	시장·군수·구청장
발령조건	응급조치를 하기 위하여 필요한 경우
요청대상	다른 시·군·구나 관할 구역 안에 있는 군부대 및 관계 행정기관의 장, 그 밖의 민간 기관·단체의 장
요청사항	인력·장비·자재 등 필요한 사항 ※ 응원에 종사하는 사람은 그 응원을 요청한 시장·군수·구청장의 지휘에 따라 응급조치에 종사하여야 한다.

⑦ 응급부담

명령권자	시장·군수·구청장, 지역통제단장(긴급구조에 관한 권한을 행사하는 경우에만 해당)
발령조건	관할 구역 안에서 재난이 발생하거나 발생할 우려가 있어 응급조치를 하여야 할 급박한 사정이 있는 경우
명령할 수 있는 사항	해당 재난현장에 있는 사람이나 인근에 거주하는 사람을 응급조치에 종사하게 하거나 다른 사람의 토지·건축물·인공구조물 그 밖의 소유물을 일시 사용, 장애물을 변경하거나 제거할 수 있음

〈응급부담의 절차〉

① 시장·군수·구청장 및 지역통제단장은 응급조치 종사명령을 할 때에는 그 대상자에게 응급조치 종사명령서를 교부하여야 한다. 다만, 긴급한 경우에는 구두로 응급조치 종사를 명한 후 응급조치 종사명령에 따른 사람에게 응급조치종사확인서를 교부하여야 한다.
② 다른 사람의 토지·건축물·공작물, 그 밖의 소유물을 일시 사용하거나 장애물을 변경 또는 제거할 때에는 그 관계인에게 응급부담의 목적·기간·대상 및 내용 등을 분명하게 적은 응급부담명령서를 교부하여야 한다. 다만, 긴급한 경우에는 구두로 응급부담을 명한 후 관계인에게 응급부담확인서를 교부하여야 한다.
③ 응급부담명령서를 교부할 대상자를 알 수 없거나 그 소재지를 알 수 없을 때에는 이를 해당 시·군·구의 게시판에 15일 이상 게시하여야 한다.

⑧ 주체별 응급조치 사항

시·도지사가 실시하는 응급조치	ⓐ 관할 구역에서 재난이 발생하거나 발생할 우려가 있는 경우로서 인명이나 재산의 피해가 매우 크고 그 영향이 광범위하거나 광범위할 것으로 예상되어 응급조치가 필요하다고 인정되는 경우 ⓑ 둘 이상의 시·군·구에 걸쳐 재난이 발생하거나 발생할 우려가 있는 경우 ※ 발령할 수 있는 사항 : 동원, 대피명령, 위험구역의 설정, 강제대피조치 등
재난관리책임 기관의 장의 응급조치	재난이 발생하거나 발생할 우려가 있으면 즉시 그 소관 업무에 관하여 필요한 응급조치를 하고, 시·도지사, 시장·군수·구청장 또는 지역통제단장이 실시하는 응급조치가 원활히 수행될 수 있도록 필요한 협조를 하여야 한다.
지역통제단장의 응급조치	지역통제단장은 긴급구조를 위하여 필요하면 중앙대책본부장, 지역대책본부장 또는 시장·군수·구청장에게 권한 밖의 응급대책(응급조치·재난의 예보·경보체계구축·운영, 동원명령, 응원 등)을 요청할 수 있다. 지역통제단장이 응급조치를 실시한 때에는 이를 즉시 해당 시장·군수·구청장에게 통보하여야 한다.

긴급구조라 함은 재난이 발생할 우려가 현저하거나 재난이 발생한 때에 국민의 생명·신체 및 재산을 보호하기 위하여 긴급구조기관과 긴급구조지원기관이 행하는 인명구조·응급처치 그밖에 필요한 모든 긴급한 조치를 말한다.

제 1 절 긴급구조

1 중앙긴급구조통제단★★ 13년, 16년 소방위

긴급구조에 관한 사항의 총괄·조정, 긴급구조기관 및 긴급구조지원기관이 하는 긴급구조활동의 역할 분담과 지휘·통제를 위하여 소방청에 중앙긴급구조통제단(중앙통제단)을 둔다.

단 장	소방청장★★
기 능	• 국가 긴급구조대책의 총괄·조정 • 긴급구조활동의 지휘·통제 • 긴급구조지원기관간의 역할분담 등 긴급구조를 위한 현장활동계획의 수립 • 긴급구조대응계획의 집행 • 그밖에 중앙통제단장이 필요하다고 인정하는 사항

2 지역긴급구조통제단★★

지역별 긴급구조에 관한 사항의 총괄·조정, 해당 지역에 소재하는 긴급구조기관 및 긴급구조지원기관간의 역할분담과 재난현장에서의 지휘·통제를 위하여 시·도의 소방본부에 시·도 긴급구조통제단을 두고, 시·군·구의 소방서에 시·군·구 긴급구조통제단을 둔다.

단 장	• 시·도 긴급구조통제단 : 시·도 소방본부장 • 시·군·구 긴급구조통제단 : 관할 소방서장
지역긴급구조 통제단장의 권한과 임무	• 긴급구조를 위하여 필요하면 긴급구조지원기관 간의 공조체제를 유지하기 위하여 관계기관·단체의 장에게 소속 직원의 파견을 요청할 수 있다. • 재난이 발생하면 소속 긴급구조요원을 재난현장에 신속히 출동시키고 긴급구조활동을 하게 하여야 한다. • 긴급구조를 위하여 필요하면 긴급구조지원기관의 장에게 소속 긴급구조지원요원을 현장에 출동시키는 등 긴급구조활동을 지원할 것을 요청할 수 있다. • 요청에 따라 긴급구조활동에 참여한 긴급구조지원기관에 대하여는 그 경비의 전부 또는 일부를 지원할 수 있다. • 긴급구조활동을 하기 위하여 회전익항공기를 운항할 필요가 있으면 운항과 관련되는 사항을 헬기운항통제기관에 통보하고 헬기를 운항할 수 있다.

3 통제단의 운영기준

통제단은 상황에 따라 다음과 같이 4단계로 운영된다.*** 16년, 18년 소방위

단 계	발생재난의 규모	통제단 운영
대비단계	재난이 발생하지 아니한 상황	• 각급 긴급구조대응계획의 운용연습 및 재난대비훈련을 실시하는 단계 • 긴급구조지휘대만 상시 운영
대응 1단계	일상적으로 발생되는 소규모 사고 발생 상황	• 긴급구조지휘대가 현장지휘기능을 수행 • 시·군·구 긴급구조통제단은 필요에 따라 부분적으로 운영
대응 2단계	2개 이상의 시·군·구에 걸쳐 재난이 발생한 상황이나 하나의 시·군·구에 재난이 발생하였으나 해당 지역의 시·군·구 긴급구조통제단의 대응능력을 초과한 상황	• 해당 시·군·구 긴급구조통제단을 전면적으로 운영 • 시·도 긴급구조통제단은 필요에 따라 부분 또는 전면적으로 운영
대응 3단계	2개 이상의 시·도에 걸쳐 재난이 발생한 상황이나 하나의 시·군·구 또는 시·도에서 재난이 발생하였으나 시·도통제단이 대응할 수 없는 상황	• 해당 시·도 긴급구조통제단을 전면적으로 운영 • 중앙통제단은 필요에 따라 부분 또는 전면적으로 운영

【 중앙긴급구조통제단의 구성 】

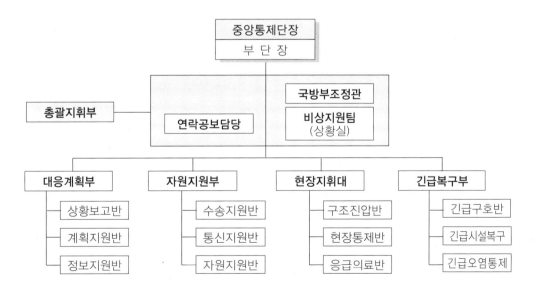

【 지역긴급구조통제단의 구성 】* 15년 소방위

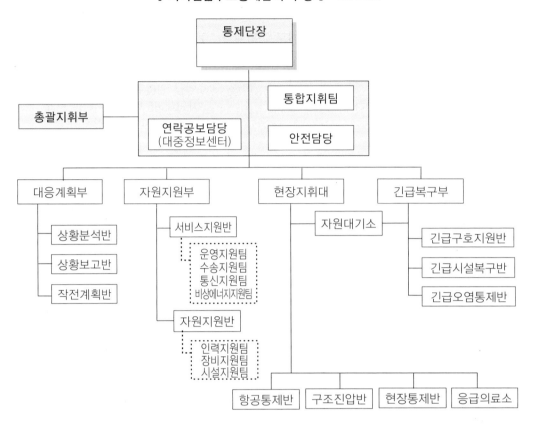

제 2 절 긴급구조 현장지휘

1 지휘권자

재난현장에서는 시·군·구 긴급구조통제단장이 긴급구조활동을 지휘한다. 다만, 다음의 경우에는 시·도 긴급구조통제단장 등이 직접 현장지휘를 할 수 있으며, 치안활동과 관련된 사항에 대하여는 관할 경찰관서의 장과 협의하여야 한다.

시·도 긴급구조통제단장	필요하다고 인정되는 경우
중앙통제단장	대통령령이 정하는 대규모의 재난이 발생하거나 그밖에 필요하다고 인정되는 경우

2 긴급구조통제단장의 현장지휘사항★★

- 재난현장에서 인명탐색·구조
- 긴급구조기관 및 긴급구조지원기관의 인력·장비의 배치와 운용
- 추가 재난방지를 위한 응급조치
- 긴급구조지원기관 및 자원봉사자 등에 대한 임무 부여
- 사상자의 응급처치 및 의료기관으로의 이송
- 긴급구조에 필요한 물자의 관리
- 현장접근 통제, 현장주변의 교통정리, 그 밖에 긴급구조활동을 효율적으로 하기 위하여 필요한 사항

3 시·도 및 중앙긴급구조통제단장의 현장지휘

시·군·구 긴급구조통제단장이 필요하다고 인정하면 직접 현장지휘를 할 수 있으며, 중앙긴급구조통제단장은 다음과 같은 대규모 재난이 발생하거나 필요하다고 인정하면 직접 현장지휘를 할 수 있다.

(1) 재난 중 인명 또는 재산의 피해 정도가 매우 크거나 재난의 영향이 사회적·경제적으로 광범위하여 주무부처의 장 또는 지역재난안전대책본부장의 건의를 받아 중앙재난안전대책본부장이 인정하는 재난

(2) 위에 따른 재난에 준하는 것으로서 중앙재난안전대책본부장이 재난관리를 위하여 중앙재난안전대책본부의 설치가 필요하다고 판단하는 재난

긴급구조 지휘 · 통제	재난현장에서 긴급구조활동을 하는 긴급구조요원과 긴급구조지원기관의 인력·장비·물자에 대한 운용은 현장지휘를 하는 각급통제단장의 지휘·통제에 따라야 한다.
긴급구조 협력	시·도 및 시·군·구재난안전대책본부장은 각급통제단장이 수행하는 긴급구조활동에 적극 협력하여야 하며, 시·군·구긴급구조통제단장은 시·군·구재난안전대책본부에 설치·운영하는 재난현장통합지원본부의 장에게 긴급구조에 필요한 인력이나 물자 등의 지원을 요청할 수 있으며 요청받은 기관의 장은 최대한 협조하여야 한다.* 22년 소방위
현장지휘소 운영	중앙통제단장 및 지역통제단장은 재난현장의 긴급구조 등 현장지휘를 효과적으로 수행하기 위하여 재난현장에 현장지휘소를 설치·운영할 수 있다. 이 경우 긴급구조활동에 참여하는 긴급구조지원기관의 현장지휘자는 현장지휘소에 연락관을 파견하여야 하며, 이때의 연락관은 긴급구조지원기관의 공무원 또는 직원으로서 재난관련업무 실무책임자로 한다. ✪ 통제단장이 현장지휘소에 갖추어야 하는 시설 및 장비* • 조명기구 및 발전장비 • 확성기 및 방송장비* • 재난대응구역지도 및 작전상황판 • 개인용 컴퓨터, 프린터, 복사기, 팩스, 휴대전화, 카메라(스냅 및 동영상 촬영용을 말한다), 녹음기, 간이책상 및 걸상 등 • 지휘용 무전기 및 자원봉사자관리용 무전기 • 종합상황실의 자원관리시스템과 연계되는 무선데이터 통신장비 • 통제단 보고서 양식 및 각종 상황처리대장

4 통제선의 설치***

통제단장 및 지방경찰청장 또는 경찰서장은 재난현장 주위의 주민보호와 원활한 구조활동에 필요한 최소한의 통제규모를 설정하여 통제선을 설치할 수 있다.

(1) 구분

통제선은 다음과 같이 제1통제선과 제2통제선으로 구분하여 설치·운영*

제1통제선	통제단장이 구조활동에 직접 참여하는 인력 및 장비만을 출입할 수 있도록 설치
제2통제선	지방경찰청장 또는 경찰서장이 구조·구급차량 등의 출동주행에 지장이 없도록 긴급구조활동에 직접 참여하거나 긴급구조활동을 지원하는 인력 및 장비만을 출입할 수 있도록 설치·운영

(2) 통제선 안으로 출입을 할 수 있는 경우* 22년 소방위

제1통제선	통제단장은 다음에 해당하는 자에게 출입증을 부착하도록 하여 제1통제선 안으로 출입하도록 할 수 있다. • 제1통제선 구역 내 소방대상물 관계자 및 근무자 • 전기·가스·수도·토목·건축·통신 및 교통분야 등의 구조업무 지원자

	• 의사·간호사 등 응급의료요원 • 취재인력 등 보도업무 종사자 • 그 밖에 통제단장이 긴급구조활동에 필요하다고 인정하는 자
제2통제선	경찰관서장은 통제단장이 발급한 출입증을 가진 사람에 대하여는 제2통제선 안으로 출입하도록 하여야 하며, 구조활동에 필요하다고 인정하는 사람에 대하여는 제2통제선 안으로 출입하도록 할 수 있다.
언론 발표*	재난현장의 구조활동 등 초동 조치상황에 대한 언론 발표 등은 각급통제단장이 지명하는 자가 한다.
긴급구조 활동종료*	각급통제단장은 긴급구조 활동을 종료하려는 때에는 재난현장에 참여한 지역사고수습본부장, 재난현장통합지원본부의 장 등과 협의를 거쳐 결정하여야 하며, 긴급구조 활동 종료 사실을 지역대책본부장 및 재난현장에서 긴급구조활동을 하는 긴급구조지원기관의 장에게 통보하여야 한다.
현장지휘권 이양	재난현장에서 지역통제단장이 수행하는 긴급구조 현장지휘에 관한 사항은 긴급구조 활동이 끝나거나 지역대책본부장이 필요하다고 판단하는 경우에는, 지역통제단장과 지역대책본부장이 협의하여 지휘권 이양 협의의 결과를 적시한 "지휘권 이양 합의서"를 작성하여 지역대책본부장에게 통보함으로서 지역대책본부장이 수행할 수 있다.
긴급대응 협력관	긴급구조기관의 장은 긴급구조지원기관의 장에게 다음의 업무를 수행하는 긴급대응 협력관을 지정·운영하게 할 수 있다. • 평상시 해당 긴급구조지원기관의 긴급구조대응계획 수립 및 보유자원관리 • 재난대응업무의 상호 협조 및 재난현장 지원업무 총괄

5 지휘체계

현장지휘는 표준현장지휘체계에 의하여야 하며, 표준현장지휘체계란 긴급구조 기관 및 긴급구조 지원기관이 체계적인 현장대응과 상호협조체제를 유지하기 위하여 공통으로 사용하는 표준지휘 조직구조, 표준용어 및 재난현장표준작전절차를 말한다.

> ⊕ 표준현장지휘체계에 의한 재난
> • 2개 이상의 지방자치단체의 관할구역에 걸친 재난
> • 하나의 지방자치단체 관할 구역 안에서 다수의 긴급구조기관 및 긴급구조지원 기관이 공동으로 대응하는 재난

【 표준지휘조직구조 】

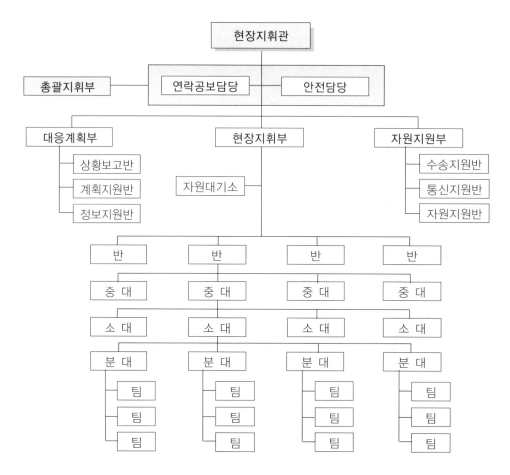

1. 부 : 현장지휘관의 임무수행을 기능별로 보좌하는 최고 단위조직
2. 반 : 2개 내지 4개의 중대를 하나의 통합지휘단위로 묶은 단위조직
3. 중대 : 2개 내지 4개의 소대를 하나의 통합지휘단위로 묶은 단위조직
4. 소대 : 2개 내지 4개의 분대를 하나의 통합지휘단위로 묶은 단위조직
5. 분대 : 2개 내지 4개의 팀을 하나의 통합지휘단위로 묶은 단위조직
6. 팀 : 동일임무를 함께 수행하는 3 내지 10명의 최소 단위조직

제3절 긴급구조 활동에 대한 평가

긴급구조활동의 평가는 대응활동 및 복구활동이 종료되는 시점에서 이루어지는 중요한 작업 중의 하나이다. 이는 긴급구조대응계획 및 세부대응계획의 이행여부, 대응목표와 대응활동결과의 비교 등을 통해 긴급구조관련기관의 대응능력을 평가하고 재보완하기 위한 것으로 전반적인 대응시스템을 실제적으로 점검할 수 있는 기회가 된다.

PART 04 재난관리 (소방교·장 제외)

실시 권자	중앙통제단장과 지역통제단장은 재난상황이 끝난 후 긴급구조지원기관의 활동에 대하여 종합평가를 하여야 한다.
평가단 구성 ★	통제단장은 재난상황이 종료된 후 긴급구조활동의 평가를 위하여 긴급구조기관에 긴급구조활동평가단을 구성하여야 한다. 평가단의 단장은 통제단장으로 하고 단원은 다음에서 기술하는 자 중 어느 하나에 해당하는 자와 <u>민간 전문가 2인 이상을 포함하여 5인 이상 7인 이하로 구성</u>한다. • 통제단장 • 통제단의 대응계획부장 또는 소속반장 • 자원지원부장 또는 소속반장 • 긴급구조 지휘대장 • 긴급복구부장 또는 소속 반장 • 긴급구조활동에 참가한 기관·단체의 요원 또는 평가에 관한 전문지식과 경험이 풍부한 자 중에서 통제단장이 필요하다고 인정하는 자
평가 사항 ★	긴급구조지원기관의 활동에 대한 종합평가사항은 다음과 같다. • 긴급구조활동에 참여한 인력 및 장비 • 긴급구조대응계획서의 이행실태 • 긴급구조요원의 전문성 • 통합 현장대응을 위한 통신의 적절성 • 긴급구조교육 수료자 현황 • 긴급구조대응상의 문제점 및 개선을 요하는 사항
재난활동 보고서 제출요청	통제단장은 긴급구조활동의 평가를 위하여 긴급구조활동에 참여한 긴급구조지원기관의 장에게 일정한 기간을 정하여 긴급구조대응계획이 정하는 바에 따라 재난활동보고서와 관련자료의 제출을 요청하여야 하며, 평가단장은 평가와 관련된 업무를 수행함에 있어서 긴급구조지원기관의 장과 관계인의 출석·의견진술 및 자료제출 등을 요구할 수 있다.
평가 실시	긴급구조활동에 대한 평가는 재난활동보고서 및 관련자료와 대응기간동안 통제단에서 작성한 각종 서류, 동영상 및 사진, 긴급구조활동에 참여한 기관·단체 책임자들과의 면담 자료 등을 근거로 하되 긴급구조지원기관에 대한 평가는 평가항목을 기준으로 소방청장이 정하는 평가표에 의하여 실시하고, 긴급구조세부대응계획을 작성한 긴급구조지원기관에 대한 긴급구조활동의 평가는 긴급구조세부대응계획을 기준으로 실시한다.
결과 조치	① 평가단은 긴급구조대응계획에서 정하는 평가결과보고서를 작성하여 통제단장에게 지체 없이 제출하여야 하며, 시·군·구 긴급구조통제단장은 시·도 긴급구조통제단장 및 시장·군수·구청장에게, 시·도 긴급구조통제단장은 행정안전부장관 및 특별시장·광역시장·특별자치시장·도지사·특별자치도지사에게 각각 보고하거나 통보하여야 한다.

② 통제단장은 평가결과 시정을 요하거나 개선·보완할 사항이 있는 경우에는 그 사항을 평가 종료 후 1월 이내에 해당 긴급구조지원기관의 장에게 통보하여야 하며, 통보 받은 긴급구조지원기관의 장은 긴급구조세부대응계획의 수정, 긴급구조활동에 대한 제도 및 대응체제의 개선, 예산의 우선지원 등 필요한 대책을 강구하여야 한다. 또한 통제단장은 평가결과 다음 사항을 해당 긴급구조지원기관의 장에게 통보할 수 있다.
- 우수 재난대응관리자 또는 종사자 현황
- 재난대응을 하지 아니하거나 부적절하게 대응한 관리자 또는 종사자 현황

제4절 긴급구조 대응계획

재난 발생 시 모든 대응 및 단기복구활동 조직이 신속하고 효과적인 대응 및 복구활동을 수행하기 위하여 계획가동의 권한과 책임, 자원동원체계, 현장지휘체계 등을 기술하는 것으로 대응과 단기 복구체계에 대한 목표 및 절차 기술서를 말한다.

1 작성책임

긴급구조기관의 장은 재난이 발생하는 경우 긴급구조기관과 긴급구조지원기관이 신속하고 효율적으로 긴급구조를 수행할 수 있도록 재난의 규모 및 유형에 따른 긴급구조대응계획을 수립하여야 한다.

2 긴급구조대응계획의 수립절차

(1) 소방청장은 매년 시·도 긴급구조대응계획의 수립에 관한 지침을 작성하여 시·도 긴급구조기관의 장에게 시달하여야 하며, 시·도 긴급구조기관의 장은 지침에 따라 시·도 긴급구조대응계획을 작성하여 소방청장에게 보고하고, 시·군·구 긴급구조대응계획의 수립에 관한 지침을 작성하여 시·군·구 긴급구조기관에 시달하여야 한다.

(2) 시·군·구 긴급구조기관의 장은 지침에 따라 시·군·구 긴급구조대응계획을 작성하여 시·도 긴급구조기관의 장에게 보고하여야 한다. 긴급구조대응계획을 변경하는 경우에도 이를 준용한다.

(3) 긴급구조기관의 장은 긴급구조대응계획을 수립하는 경우에는 긴급구조기관에 긴급구조대응계획 심의위원회를 구성하여 위원회의 심의를 거쳐 확정하여야 한다.

(4) <u>위원회의 위원장은 긴급구조기관의 장이 되고, 위원은 긴급구조지원기관의 장으로 구성하되 위원장을 포함하여 7인 이상 11인 이하로 한다.</u>

(5) 긴급구조기관의 장은 긴급구조대응계획의 수립을 위하여 필요한 경우에는 긴급구조지원기관의 장에게 소관별 긴급구조세부대응계획을 수립하여 제출하도록 요청할 수 있다. 이 경우 긴급구조기관의 장은 긴급구조세부대응계획의 작성에 필요한 긴급구조세부대응계획의 수립에 관한 지침을 작성하여 배포하여야 한다.

【 긴급구조대응계획 및 긴급구조세부대응계획 수립절차 】

소방청장	지침 → ← 제출	중앙긴급구조지원기관
		긴급구조세부대응계획

지침시달↓　　↑보고　　　　　　　　　↑협의(필요시)

시·도 긴급구조기관의 장 (소방본부장)	지침 → ← 제출	관할긴급구조지원기관
시·도 긴급구조대응계획		긴급구조세부대응계획

지침시달↓　　↑보고　　　　　　　　　↑협의(필요시)

시·군·구 긴급구조기관의 장 (소방서장)	지침 → ← 제출	관할긴급구조지원기관
시·군·구 긴급구조대응계획		긴급구조세부대응계획

3 긴급구조대응계획의 내용

긴급구조대응계획은 기본계획, 기능별 긴급구조대응계획, 재난유형별 긴급구조대응계획으로 구분하여 작성한다.

(1) 기본계획

① 작성체계

기본계획은 다음 각 호의 모든 사항을 포함하여 작성하되 긴급구조기관의 여건을 감안하여 다르게 작성할 수 있다.

㉠ 긴급구조지원기관의 임무와 긴급구조대응계획에 따라 대응활동에 참여하는 자원 봉사자의 기본임무에 관한 사항

㉡ 기능별 긴급구조대응계획의 운영책임 및 주요임무에 관한 사항

㉢ 통제단의 반별 책임자의 지정 및 단계별 운영기준 등 긴급구조체제에 관한 사항

㉣ 긴급구조의 통신체계와 대체상황실 운영기준 등 종합상황실 운영에 관한 사항

㉤ 재난대응구역 운영의 방법 및 절차에 관한 사항

② 포함내용

㉠ 긴급구조 대응계획의 목적 및 적용범위

㉡ 긴급구조 대응계획의 기본방침과 절차

㉢ 긴급구조 대응계획의 운영책임에 관한 사항

⑵ **기능별 긴급구조대응계획**

① 작성체계

기능별 긴급구조대응계획의 작성체계는 다음과 같다.

㉠ 공통사항

ⓐ 계획의 목적

ⓑ 조직운영에 관한 사항

ⓒ 대응단계별 가동범위(비상경고계획 및 피해상황분석계획에 한함)

㉡ 임무수행사항

지휘통제계획, 비상경고계획, 대중정보계획, 피해상황분석계획, 응급의료계획, 긴급오염

통제계획, 현장통제계획, 긴급복구계획 및 재난통신계획으로 구분하여 작성한다.

② 포함내용

㉠ 지휘통제 : 긴급구조체제 및 통제단운영체계 등에 관한 사항

㉡ 비상경고 : 긴급대피, 상황전파, 비상연락 등에 관한 사항

㉢ 대중정보 : 주민보호를 위한 비상방송시스템 가동 등 긴급 공동정보 제공에 관한 사항 및

재난상황 등에 관한 정보통제에 관한 사항

㉣ 피해상황분석 : 재난현장 상황 및 피해정보의 수집분석보고에 관한 사항

㉤ 구조진압 : 인명수색 및 구조, 화재진압 등에 관한 사항

㉥ 응급의료 : 대량사상자 발생 시 응급의료서비스 제공에 관한 사항

㉦ 긴급오염통제 : 오염노출통제, 긴급 전염병 방제 등 재난현장 공중보건에 관한사항

㉧ 현장통제 : 재난현장접근 통제 및 치안유지 등에 관한 사항

㉨ 긴급복구 : 긴급구조활동을 원활히 하기 위한 긴급구조차량 접근도로 복구 등에 관한 사항

㉩ 긴급구호 : 긴급구조요원 및 긴급대피 수용주민에 대한 위기상담, 임시 의식주 제공 등에

관한 사항

㉪ 재난통신 : 긴급구조기관 및 긴급구조지원기관간 정보통신체계 운영 등에 관한사항

⑶ **재난유형별 긴급구조대응계획**

① 작성체계

재난유형별 긴급구조대응계획은 다음의 재난유형별로 재난의 진행단계에 따라 조치하여야

하는 주요사항과 주민보호를 위한 대민정보사항을 포함하여 작성한다.

> ✪ 재난유형 : 홍수, 태풍, 폭설, 지진, 시설물 등의 붕괴, 가스 등의 폭발, 다중이용시설의 대형화재,
> 유해화학물질(방사능 포함)의 누출 및 확산

② 포함내용

㉠ 재난발생 단계별 주요긴급구조 대응활동사항

㉡ 주요 재난유형별 대응메뉴얼에 관한 사항

㉢ 비상경고 방송메세지 작성 등에 관한 사항

제5절 재난대비능력 보강

재난대비능력의 보강을 위해서 재난 및 안전관리기본법 제55조에서는 국가 및 지방자치단체로 하여금 재난관리에 필요한 인력·장비·시설의 확충, 통신망의 설치·정비 등 긴급구조능력을 보강하기 위하여 노력하고, 필요한 재정상의 조치를 마련하도록 하고 있으며, 긴급구조기관의 장은 긴급구조활동을 신속하고 효과적으로 할 수 있도록 긴급구조지휘대 등 긴급구조체제를 구축하고 상시 소속 긴급구조요원 및 장비의 출동태세를 유지한다.

▣ 긴급구조 관련 특수번호 전화서비스 통합·연계

"긴급구조 관련 특수번호서비스"란 전기통신번호 자원관리계획에 따라 부여하는 다음의 특수번호 전화서비스를 말한다.

① 특수번호 전화서비스
  - ○ 화재·구조·구급 등에 관한 긴급구조특수번호 전화서비스 : 119
  - ○ 범죄피해 등으로부터의 구조 등에 관한 긴급구조특수번호 전화서비스 : 112
  - ○ 그 밖에 긴급구조와 관련 과학기술정보통신부장관이 전기통신번호자원관리계획에 따라 부여하여 중앙행정기관, 지방자치단체 또는 공공기관에서 사용하는 특수번호 전화서비스

② 행정안전부장관은 특수번호 전화서비스의 통합연계체계 구축운영 업무수행
  - ○ 특수번호 전화서비스를 통한 정보공용활용 기반구축 및 통계관리
  - ○ 특수번호 전화서비스 통합연계 위한 공동관리운영시스템, 통합관제시스템 등 공동자원관리
  - ○ 특수번호 전화서비스 기술의 표준화
  - ○ 특수번호 전화서비스 운영실태 조사·분석결과 활용
  - ○ 그 밖에 특수번호 전화서비스의 통합·연계체계구축 운영에 필요한 사항

1 긴급구조지휘대

(1) 구성

긴급구조지휘대는 신속기동요원, 자원지원요원, 통신지휘요원, 안전담당요원, 국가경찰관서에서 파견된 연락관 및 권역응급의료센터에서 파견된 연락관으로 다음 표와 같이 구성하되, 소방본부 및 소방서의 긴급구조지휘대는 상시 구성·운영하여야 한다.

【 긴급구조지휘대 구성 】

※ 통제단이 설치운영되는 경우 다음과 같이 해당부서에 배치
  • 신속기동요원 ➡ 대응계획부, 자원지원요원 ➡ 자원지원부
  • 통신지휘요원 ➡ 구조진압반, 안전담당요원 ➡ 연락공보담당 또는 안전담당
  • 경찰파견 연락관 ➡ 현장통제반, 응급의료파견 연락관 ➡ 응급의료반

⑵ **설치기준**

재난의 유형 및 규모에 따라 소방서 및 소방본부별로 구성되는 지휘체계로는 그 한계가 있어 적절한 지휘체계를 확립하기 위해 2~4개 소방서를 1개 지휘대로 구성하고, 2~4개 소방본부를 1개 지휘대로 구성하는 등 예상하지 못한 재난 범위 및 규모에 따라 효율적으로 대처할 수 있도록 긴급구조지휘대를 구성하여야 한다.

긴급구조지휘대, 방면현장지휘대, 소방본부현장지휘대 및 권역현장지휘대로 구분하되, 구분된 긴급구조지휘대의 설치기준은 다음과 같다.

① 소방서현장지휘대 : 소방서별로 설치운영
② 방면현장지휘대 : 2개 이상 4개 이하의 소방서별로 소방본부장이 1개를 설치 운영
③ 소방본부현장지휘대 : 소방본부별로 현장지휘대 설치운영
④ 권역현장지휘대 : 2개 이상 4개 이하의 소방본부별로 소방청장이 1개를 설치 운영

【 긴급구조지휘대 체계 및 구성 】

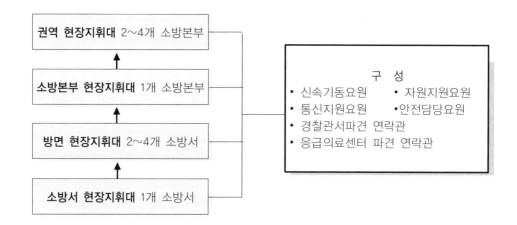

(3) 긴급구조지휘대의 기능

긴급구조지휘대는 다음의 기능을 수행한다.
① 통제단이 가동되기 전 재난초기 시 현장지휘
② 주요 긴급구조지원기관 합동으로 현장지휘 조정·통제
③ 광범위한 지역에 걸친 재난발생 시 전진지휘
④ 화재 등 일상적 사고 발생 시 현장지휘

2 긴급구조교육*

재난현장의 실질적 현장대응능력을 배양하기 위해 긴급구조업무 및 재난관리책임기관(행정기관 외의 기관에 한한다)의 <u>재난관리업무 종사자는 연1회 이상 긴급구조에 관한 교육</u>을 받아야 한다.

교육 대상자	① 긴급구조기관 및 긴급구조지원기관의 재난관련 업무담당자 및 관리자 ② 긴급구조기관 및 긴급구조지원기관의 긴급구조 현장활동요원
교육 내용	① 긴급구조대응계획 및 긴급구조세부대응계획의 수립·집행 및 운용방법 ② 재난대응 행정실무 ③ 긴급재난대응 이론 및 기술 ④ 긴급구조활동에 필요한 인명구조, 응급처치, 건축물구조안전조치, 특수재난 대응 방법 및 중앙긴급구조통제단장이 필요하다고 인정하는 사항
교육 과정	① 긴급구조 대응활동 실무자과정 ② 긴급구조대응 행정실무자 과정 ③ 긴급구조대응 현장지휘자 과정 ④ 중앙긴급구조통제단장이 필요하다고 인정하는 교육과정 ⑤ 그밖에 지역대책본부장 및 지역통제단장이 필요하다고 인정하는 교육

3 긴급구조지원기관의 능력에 대한 평가

긴급구조지원기관은 긴급구조에 필요한 능력을 유지하여야 하고, 긴급구조기관은 긴급구조지원기관의 능력을 평가할 수 있으며, 개선 및 보완에 필요한 사항을 포함하여 평가결과를 통보하여야 한다.(상시 출동체계 및 자체 평가제도를 갖춘 기관과 민간 긴급구조지원기관에 대하여는 평가를 하지 아니할 수 있다.)

(1) 평가항목

① 다음 어느 하나에 해당하는 전문인력
  ㉠ <u>긴급구조에 관한 교육을 14시간 이상 이수한 사람</u>
  ㉡ <u>긴급구조 관련 업무에 3년 이상 종사한 경력이 있는 사람</u>
  ㉢ 해당 기관의 긴급구조 분야와 관련되는 국가자격 또는 민간자격을 보유한 사람

② 긴급구조활동에 필요한 다음의 시설이나 장비
    ㉠ 긴급구조기관으로부터 재난발생 상황 및 긴급구조 지원 요청을 접수하고 처리할 수 있는 상시 운영 시설
    ㉡ 재난이 발생할 우려가 현저하거나 재난이 발생하였을 때 긴급구조기관과 연락할 수 있는 정보통신 시설이나 장비
    ㉢ 긴급구조지원기관의 해당 분야별 긴급구조활동을 수행하는 데에 필요한 시설이나 장비
    ㉣ 전문인력과 시설·장비를 재난 현장으로 수송할 수 있는 장비
③ 재난 현장에서 긴급구조활동을 지속적으로 수행하는 데에 필요한 다음의 물자
    ㉠ 전문인력의 안전 확보 및 휴식·대기 등을 위한 물자
    ㉡ 시설 및 장비의 운영과 유지·보수 및 정비에 필요한 물자
④ 재난 현장에서 전문인력, 시설·장비 및 물자를 긴급구조기관과 연계하여 운영하기 위한 다음의 운영체계
    ㉠ 재난 현장에서의 의사전달 및 조정 체계
    ㉡ 재난 현장에 투입된 인력, 시설·장비, 물자 등의 상황을 신속하게 파악하고, 효율적으로 배치·관리할 수 있는 자원관리체계
    ㉢ 긴급구조기관과의 협조체제를 유지하기 위한 현장지휘체계

⑵ 평가절차

소방청장은 평가지침을 매년 수립하여 긴급구조기관의 장에게 통보하고 평가지침에 따라 긴급구조지원기간에 대한 능력 평가계획을 수립하여 미리 평가대상이 되는 긴급구조지원기관의 장에게 통보한다.
① 평가지침의 내용
    ㉠ 긴급구조기관별로 평가하여야 하는 긴급구조지원기관
    ㉡ 긴급구조지원기관에 대한 평가방법 및 평가기준
    ㉢ 그 밖에 긴급구조지원기관에 대한 능력평가와 관련하여 소방청장이 필요하다고 인정하는 사항

⑶ 평가 제외 대상

① 다음 연도에 한정하여 제외되는 대상
    ㉠ 재난대비훈련의 결과가 소방청장이 정하는 기준 이상에 해당하는 긴급구조지원기관
    ㉡ 긴급구조기관의 장이 긴급구조지원기관의 자체평가 제도와 그 결과를 확인하여 긴급구조에 필요한 능력을 갖춘 것으로 인정하는 긴급구조지원기관
② 다음 연도와 그 다음 연도에 한정하여 제외되는 대상
    긴급구조활동에 대한 종합평가 결과 소방청장이 정하는 기준 이상에 해당하는 긴급구조지원기관

제 6 절 | 기타 상황의 긴급구조

1 일반적인 긴급구조

① 소방청장은 항공기 조난사고가 발생한 경우 항공기 수색과 인명구조를 위하여 항공기 수색·구조계획을 수립·시행하여야 한다. 다만, 다른 법령에 항공기의 수색·구조에 관한 특별한 규정이 있는 경우에는 그 법령에 따른다.

② 국방부장관은 항공기나 선박의 조난사고가 발생하면 관계법령에 따라 긴급구조업무에 책임이 있는 기관의 긴급구조활동에 대한 군의 지원을 신속하게 할 수 있도록 탐색구조본부를 설치·운영하고, 탐색구조부대를 지정 및 출동대기태세를 유지하며, 조난 항공기에 관한 정보를 제공하여야 한다.

　　※ 해상에서 발생한 선박이나 항공기 등 조난사고의 긴급구조 활동은 「수상에서 수색·구조 등에 관한 법률」에 따름

CHAPTER 07 재난의 복구

제1절 피해조사 및 복구 계획

1 재난피해 조사 및 복구

재난관리책임기관	재난으로 인하여 발생한 피해상황을 신속하게 조사한 후 그 결과를 중앙대책본부장에게 통보하여야 한다.
중앙재난안전대책본부	① 재난피해의 조사를 위하여 필요한 경우에는 관계 중앙행정기관 및 관계 재난관리책임기관의 장과 합동으로 중앙재난피해합동조사단을 편성하여 재난피해 상황을 조사할 수 있다. ② 중앙재난피해합동조사단을 편성하기 위하여 관계 재난관리책임기관의 장에게 소속공무원이나 직원의 파견을 요청할 수 있다.

2 재난복구계획의 수립·시행

⑴ 재난관리책임기관의 장은 피해조사를 마치면 지체 없이 피해시설별, 관리주체별 복구 내용, 일정 및 복구비용등이 포함된 자체 복구계획을 수립·시행하여야 하고, 중앙재난피해합동조사단이 편성되어 피해상황을 조사하는 경우에는 중앙대책본부장으로부터 재난피해복구계획을 통보받은 후에 수립·시행할 수 있다.

⑵ 재난관리책임기관의 장은 중앙대책본부장으로부터 피해복구계획을 통보받으면 이를 기초로 소관 사항에 대한 자체복구계획을 수립·시행하여야 한다. 이 경우 지방자치단체의 장은 자체복구계획을 수립하면 지체 없이 재해복구를 위하여 필요한 경비를 지방자치단체의 예산에 계상하여야 한다.

3 재난복구사업의 관리

관리주체	재난관리책임기관의 장은 재난복구계획에 따라 시행하는 사업이 체계적으로 관리되도록 하여야 한다.
지도·점검	중앙대책본부장은 재난복구사업이 효율적으로 추진될 수 있도록 지도·점검을 하려는 경우에는 지도·점검 목적, 지도·점검의 일시 및 대상 그 밖에 지도·점검을 위하여 중앙대책본부장이 필요하다고 인정하는 사항 등이 포함된 지도·점검계획을 수립하고 지도·점검 5일전까지 해당 기관의 장에게 통지하여야 한다. 중앙대책본부장은 필요하면 시정명령 또는 시정요청(현지 시정명령과 시정요청 포함)을 할 수 있다. 이 경우 시정명령 또는 시정요청을 받은 관계 기관의 장은 정당한 사유가 없으면 이에 따라야 한다.

제2절 특별재난지역의 선포 및 지원

목적	중앙대책본부장은 대통령령이 정하는 규모의 재난이 발생하여 국가의 안녕 및 사회질서의 유지에 중대한 영향을 미치거나 그 재난으로 인한 피해를 효과적으로 수습 및 복구하기 위하여 특별한 조치가 필요하다고 인정하거나, 지역대책본부장으로부터 관할지역의 발생 재난으로 특별재난지역의 선포를 건의 받았을 때 그 요청이 타당하다고 인정하는 경우에는 중앙위원회의 심의를 거쳐, 해당 지역을 특별재난지역으로 선포할 것을 대통령에게 건의할 수 있다.
특별 재난 범위 ★★	중앙대책본부장이 대통령에게 특별재난지역의 선포를 건의할 수 있는 재난 ① 자연재난으로서 「재난구호 및 재난복구 비용 부담기준 등에 관한 규정」 제5조제1항에 따른 국고 지원 대상 피해 기준금액의 2.5배를 초과하는 피해가 발생한 재난, 또는 시·군·구의 관할 읍·면·동에 국고 지원 대상 피해 기준금액의 4분의 1을 초과하는 피해가 발생한 재난 ② 사회재난의 재난 중 재난이 발생한 해당 지방자치단체의 행정능력이나 재정능력으로는 재난의 수습이 곤란하여 국가적 차원의 지원이 필요하다고 인정되는 재난 ③ 그 밖에 재난 발생으로 인한 생활기반 상실 등 극심한 피해의 효과적인 수습 및 복구를 위하여 국가적 차원의 특별한 조치가 필요하다고 인정되는 재난

1 절차

선포건의	중앙대책본부장은 중앙위원회의 심의를 거쳐 재난발생 지역을 특별재난지역으로 선포할 것을 대통령에게 건의할 수 있다.
선포 및 공고	특별재난지역의 선포를 건의 받은 대통령은 해당 지역을 특별재난지역으로 선포할 수 있다. 대통령이 특별재난지역으로 선포할 경우에는 특별재난지역의 범위 등을 명시하여 공고하여야 한다.

【 특별재난지역 선포 절차 】

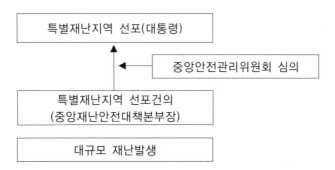

2 특별재난지역에 대한 지원*

국가나 지방자치단체는 <u>특별재난지역으로 선포된 지역에 대하여는 응급대책 및 재난 구호와 복구에 필요한 행정상·재정상·금융상·의료상의 특별지원을 할 수 있다.</u>

(1) **재난 및 안전관리기본법시행령 제69조 제1호에 해당하는 재난(자연재난)**

   ① 「재난구호 및 재난복구 비용 부담기준 등에 관한 규정」에 의한 국고의 추가지원
   ② 「재난구호 및 재난복구 비용 부담기준 등에 관한 규정」에 따른 지원(산불로 인하여 특별재난 지역으로 선포된 지역에 한한다)
   ③ 의료·방역·방제(防除) 및 쓰레기 수거 활동 등에 대한 지원
   ④ 의연금품의 특별지원
   ⑤ 농어업인의 영농·영어·시설·운전 자금 및 중소기업의 시설·운전 자금의 우선 융자, 상환 유예, 상환 기한 연기 및 그 이자 감면과 중소기업에 대한 특례보증 등의 지원
   ⑥ 그 밖에 재난응급대책의 실시와 재난의 구호 및 복구를 위한 지원

(2) 재난 및 안전관리기본법시행령 제69조 제1항 제2호 및 제3호에 해당하는 재난(사회재난 등) 해당 재난을 수습하는 지방자치단체의 재정능력과 피해의 규모를 감안하여 지방자치단체가 행하는 행정·재정·금융·의료지원에 소용되는 비용의 일부를 지원할 수 있다.

(3) 국가로부터 비용을 지원받은 지방자치단체가 이를 특별재난으로 인하여 사망자 또는 부상한 자에 대한 보상금으로 사용한 때에는 그 보상금의 총액은 아래 산정한 금액을 초과하지 않아야 한다.

사망자	<u>사망 당시의 「최저임금법」에 따른 월 최저임금액에 240을 곱한 금액</u>
부상자의 경우	<u>위 산출된 금액의 1/2 이하의 범위에서 부상의 정도에 따라 행정안전부령으로 정하는 금액</u>

CHAPTER 08 재정 및 보상 등

제1절 재정 및 보상

1 비용 부담의 원칙

- 재난관리에 필요한 비용에 대하여는 재난관리책임기관의 부담으로 하여 재난발생에 대하여 미리 예방을 철저히 할 수 있게 유도하고 있으며
- 재난관리 책임자에 대신하여 지방자치단체 등에서 응급대책을 시행할 경우 비용 부담자 선정으로 인한 업무의 혼선을 방지하고자 비용부담 주체를 명확히 하고 있다.
- 또한 응급사태 발생으로 타 기관에 응원을 요청할 경우 응원에 소요되는 비용을 응원요청자가 부담하도록 명문화함으로서 비용부담 주체선정에 따른 불필요한 행정력 낭비를 방지하고 신속한 복구가 되도록 하고 있으며,
- 응급조치로 인하여 이익을 받은 단체가 있는 경우에는 수익자부담의 원칙에 따라 그 이익을 받은 자치단체가 비용의 일부를 부담하도록 하여 형평성을 보장토록 하고 있다.

재난관리에 필요한 비용	① 재난관리에 필요한 비용은 재난 및 안전관리기본법 또는 다른 법령에 특별한 규정이 있는 경우 외에는 재난 및 안전관리기본법 또는 안전관리계획에서 정하는 바에 따라 그 시행 책임이 있는 자의 부담으로 한다. ② 시·도지사나 시장·군수·구청장은 <u>다른 재난관리책임기관이 시행할 재난의 응급조치를 시행한 경우 그 비용은 그 응급조치를 시행할 책임이 있는 재난관리책임기관이 부담하고, 그 비용은 관계기관이 협의하여 정산한다.</u>
응급지원에 필요한 비용	시장·군수·구청장은 응급조치를 위하여 필요한 때에는 다른 시·군·구 또는 관할구역 안에 있는 군부대 및 관계 행정기관의 장에게 소속공무원 등의 파견 등 필요한 응원을 요청할 수 있는데, 이 경우 응원을 받은 자는 그 응원에 드는 비용을 부담하여야 한다. <u>또한, 해당 응급조치로 인하여 다른 지방자치단체가 이익을 받은 경우 그 수익의 범위에서 이익을 받은 해당 지방자치단체가 그 비용의 일부를 분담하여야 한다. 이 경우 비용은 관계기관이 협의하여 정산한다.</u>

2 손실보상 등

자의적 혹은 종사명령에 의한 타의적 재난구조나 구호활동으로 인해 신체적 위해를 당하거나 구조활동으로 인한 재산상의 손실에 대하여 국가 또는 지방지치단체가 보상을 하게 함으로서 재난발생 시 민간인이나 NGO 등 민간단체의 참여를 활성화시키고, 긴급구조활동 및 자치단체장이 재난과 관련하여 실시하는 응급조치나 응급부담으로 인하여 개인에게 손실이 발생할 경우에 이를 보상하는 규정을 둠으로서 국민이 안심하고 행정기관의 응급조치나 응급부담에 응하고 재난예방이나 재난발생에 협조할 수 있도록 하고 있다.

손실 보상	국가나 지방자치단체는 동원명령 및 응급부담 조치로 인하여 손실이 발생하면 이를 보상하여야 한다. 손실보상에 관하여는 손실을 입은 자와 그 조치를 한 중앙행정기관의 장, 시·도지사 또는 시장·군수·구청장이 협의하여야 하며, 협의가 성립되지 아니하면 다음 절차에 따라 「공익사업을 위한 토지 등의 취득 및 보상에 관한 법률」 제51조의 규정에 따른 관할 토지수용위원회에 재결을 신청할 수 있다.
치료 및 보상	① 재난발생 시 긴급구조활동과 응급대책·복구 등에 참여한 자원봉사자, 응급조치 종사 명령을 받은 사람 및 긴급구조활동에 참여한 긴급구조지원기관의 긴급구조 지원요원이 응급조치 및 긴급구조활동을 하다가 부상을 입은 경우 및 부상으로 인하여 장애를 입은 경우에는 치료를 실시하고, 보상금을 지급하며, 사망(부상으로 인하여 사망한 경우를 포함한다)한 경우에는 그 유족에게 보상금을 지급한다. 다만, 다른 법령에 따라 국가나 지방 자치단체의 부담으로 같은 종류의 보상금을 지급받은 사람에게는 그 보상금에 상당하는 금액을 지급하지 아니한다. ② 재난의 응급대책·복구 및 긴급구조 등에 참여한 자원봉사자의 장비 등이 응급대책·복구 및 긴급구조와 관련하여 고장나거나 파손된 경우에는 그 자원봉사자에게 수리비용을 보상할 수 있다. 치료 및 보상금은 국가나 지방자치단체가 부담한다.

❸ 재난지역에 대한 국고보조 등의 지원

지방자치단체에서 감당할 수 없을 정도의 재난으로 인하여 대규모 재원이 필요한 경우 국가가 그 비용의 일부 또는 전부를 직접 부담하거나 지방자치단체에 보조해 줌으로서 열악한 지방재정으로 인하여 소홀해 질 수 있는 재난예방이나 복구에 완벽을 기하고 있으며, 재난으로 인하여 생활영위가 어렵고 생계안전이 필요한 이재민을 다양한 방법으로 지원할 수 있는 법적 근거를 마련, 경제적 안정을 찾을 수 있도록 하고 있다.

⑴ 지방자치단체 등에 대한 국고보조*

① 국가는 특별재난지역으로 선포된 재난의 원활한 복구를 위하여 필요하면 그 비용의 전부 및 일부를 국고에서 부담하거나 지방자치단체, 그 밖의 재난관리책임자에게 보조할 수 있다. (다만, 동원명령 및 대피명령을 방해하거나 위반하여 발생한 피해에 대해서는 그러하지 아니함).

② 재난복구사업의 재원은 재난의 구호 및 재난의 복구비용 부담기준에 따라 국고의 부담금 또는 보조금과 지방자치단체의 부담금·의연금 등으로 충당하되 지방자치단체의 부담금 중 시·도 및 시·군·구가 부담하는 기준은 다음과 같다.

자연재난	「재난구호및재난복구비용부담기준등에관한규칙」 제2조에 따른 비율에 따라 부담
사회재난	시·군·구의 부담률이 50퍼센트를 넘지 아니하는 범위에서 시·도의 조례로 정하는 비율에 따라 부담

(2) 이재민 지원*

국가 및 지방자치단체는 재난으로 피해를 입은 시설의 복구와 피해주민의 생계 안정을 위하여 다음 각 호의 지원을 할 수 있다.

㉠ 사망자, 실종자, 부상자 등 피해주민에 대한 구호
㉡ 주거용 건축물의 복구비 지원
㉢ 고등학생의 학자금 면제
㉣ 자금의 융자, 보증, 상환기한의 연기, 그 이자의 감면 등 관계 법령에서 정하는 금융지원
㉤ 세입자 보조 중 생계안정 지원
㉥ 관계 법령에서 정하는 바에 따라 국세, 지방세, 건강보험료, 연금보험료, 통신요금, 전기요금 등의 경감 또는 납부유예 등의 간접지원
㉦ 주 생계수단이 농업, 임업, 어업, 염생산업에 피해를 입은 경우에 해당 시설의 복구를 위한 지원
㉧ 공공시설 피해에 대한 복구사업비 지원
㉨ 그밖에 중앙 또는 지역재난안전대책본부회의에서 결정한 사항

제 2 절 안전문화 진흥

1 안전문화 진흥을 위한 시책의 추진

(1) 시행주체 : 행정안전부장관 및 지방자치단체의 장

소관 재난 및 안전관리업무와 관련하여 국민의 안전의식을 높이고 안전문화를 진흥시키기 위하여 다음의 안전문화 활동을 적극 추진하여야 한다.

① 안전교육 및 안전훈련
② 안전의식을 높이기 위한 캠페인 및 홍보
③ 안전행동요령 및 기준, 절차 등에 관한 지침의 개발, 보급
④ 안전문화 우수사례의 발굴 및 확산
⑤ 안전관련 통계현황의 관리, 활용 및 공개
⑥ 안전에 관한 각종 조사 및 분석
⑦ 그밖에 안전문화를 진흥하기 위한 활동
※ 안전체험시설 설치·운영 가능. 행정안전부장관은 안전문화 활동의 추진에 관한 총괄·조정업무 관장

2 국민안전의 날 등*

국민안전의 날	매년 4월 16일로 하고, 국민안전의식 수준을 높이기 위한 필요한 행사를 실시한다.
안전점검의 날	매월 4일로 하고 재난취약시설에 대한 일제점검, 안전의식 고취 등 안전관련 행사를 실시한다.
방재의 날	매년 5월 25일로 하고 자연 재난에 대한 주민의 방재의식을 고취하기 위하여 재난에 대한 교육·홍보 등의 관련 행사를 실시한다.

3 안전관리헌장

국무총리는 재난을 예방하고, 재난이 발생할 경우 그 피해를 최소화하기 위하여 재난 및 안전 관리업무에 종사하는 자가 지켜야 할 사항 등을 정한 안전관리헌장을 제정, 고시하여야 하며 그것을 실천하는 데 노력하여야 하며, 누구나 쉽게 볼 수 있는 곳에 항상 게시하여야 한다.

4 안전정보의 구축·활용

① 시행주체 : 행정안전부장관
② 대상정보
   ○ 재난이나 그 밖의 각종 사고에 관한 통계, 지리정보 및 안전정책 정보
   ○ 정부합동 안전 점검 결과 및 조치결과
   ○ 재난관리체계 등에 대한 평가 결과
   ○ 긴급구조지원기관의 능력 평가 결과
   ○ 재난원인조사 결과
   ○ 재난원인 조사결과 개선권고 등의 조치결과에 관한 정보
   ○ 그 밖에 재난이나 각종 사고에 관한 정보로서 행정안전부장관이 수집·관리가 필요하다고 인정하는 정보
      ※ 행정안전부장관은 안전정보통합관리시스템 구축을 위한 관계행정기관의 장에게 필요한 자료를 요구할 수 있다.

5 안전지수의 조사 · 공표

① 시행주체 : 행정안전부장관
② 안전지수의 조사항목
   • 지역별 재난 등의 발생 현황
   • 재난 등에 대한 국민의 안전의식
   • 그 밖에 행정안전부장관이 필요하다고 인정하는 사항
      ※ 공표방법 : 인터넷 등 활용

6 지역축제 개최 시 안전관리

⑴ 지역축제 안전관리계획 수립

① 수립주체 : 중앙행정기관의 장 또는 지방자치단체의 장
② 대상
  • 축제기간 중 순간 최대 관람객이 1천명 이상이 될 것으로 예상되는 지역축제
  • 축제장소나 축제에 사용하는 재료 등에 사고 위험이 있는 지역축제로 산 또는 수면에서 개최하는 지역축제나 불, 폭죽, 석유류 또는 가연성 가스 등의 폭발성 물질을 사용하는 지역축제
  • 계획수립 시 포함해야할 사항
  • 지역축제의 개요
  • 축제 장소·시설 등을 관리하는 사람 및 관리조직과 임무에 관한 사항
  • 화재예방 및 인명피해 방지조치에 관한 사항
  • 안전관리인력의 확보 및 배치계획
  • 비상시 대응요령, 담당 기관과 담당자 연락처
    ※ 중앙행정기관의 장 또는 지방자치단체의 장은 지역축제 안전관리계획을 수립하려면 개최지를 관할하는 지방자치단체, 소방서 및 경찰서 등 안전관리 유관기관의 의견을 미리 들어야 한다.

⑵ 이행실태 지도·점검 : 행정안전부장관 또는 시·도지사

7 안전사업지구의 지정 및 지원

⑴ 지 정 : 행정안전부장관

⑵ 지정기준
  • 안전사업에 대한 해당 지역주민의 참여 가능성 및 정도
  • 안전사업에 관한 재원조달계획의 적정성 및 실현가능성
  • 안전사업지구 지정으로 지역사회 안전수준의 향상에 기여할 것으로 예상되는 정도

⑶ 방 법

안전사업지구로 지정을 받으려는 시장·군수·구청장은 안전사업지구를 지정하는 목적 달성에 필요한 사업(이하 "안전사업"이라 한다)에 관한 다음 각 호의 사항이 포함된 추진계획서 및 관련 자료를 첨부하여 행정안전부장관에게 제출하여야 한다.

  • 안전사업 추진개요
  • 안전사업 추진기간
  • 안전사업에 지원하는 예산·인력 등의 내용
  • 지역주민의 안전사업 추진에 대한 참여 방안
  • 안전사업의 추진에 따른 기대효과

CHAPTER 09 보칙

재난관리기금

1 재난관리기금

재난 및 안전관리기본법에서는 지방자치단체의 재정사정을 감안하여 재난관리에 필요한 재원을 필수적으로 확보할 수 있게 재난관리기금 적립을 의무화 하고 있으며, 이러한 재난관리기금은 재난의 예방 및 응급조치 이외의 타 용도에 전용하지 못하도록 하여 재난예방과 복구라는 본래의 목적에만 사용토록 엄격히 제한하고 있다.

2 재난관리기금의 적립

지방자치단체는 재난관리에 드는 비용에 충당하기 위하여 매년 재난관리기금을 적립하여야 한다. <u>재난관리기금의 매년도 최저 적립액은 최근 3년 동안의 지방세기본법에 의한 보통세의 수입결산액 평균액의 100분의 1에 해당하는 금액으로 한다.</u>

3 재난관리기금의 용도

매년 최저적립액 중 일정 비율 이상은 응급복구 및 긴급한 조치에 우선적으로 사용하여야 한다.

① 지방자치단체가 수행하는 공공분야 재난관리 활동의 범위에서 해당 지방자치단체의 조례로 정하는 것
② 「지방자치단체 외의 자가 소유하거나 점유하는 시설에 대한 다음 각 목의 어느 하나에 해당하는 안전조치 비용으로서 해당 지방자치단체의 조례로 정하는 것.
　－ 공중의 안전에 위해를 끼칠 수 있는 경우로서 다음의 요건을 모두 충족하는 시설에 대한 안전조치
　　• 재난관련 법령에 따라 지정된 지역 또는 지구에 위치한 시설일 것
　　• 소유자 또는 점유자의 부재나 주소·거소가 불분명한 경우 등 소유자 또는 점유자를 특정하기 어렵거나 경제적 사정 등으로 인해 소유자 또는 점유자에게 안전조치를 기대하기 어려운 경우일 것
　－ 지방자치단체의 장이 재난예방을 위해 실시하는 안전조치

4 재난관리기금의 운용·관리

① 재난관리기금에서 생기는 수입은 그 전액을 재난관리기금에 편입하여야 하고, 시·도지사 및 시장·군수·구청장은 재난관리기금의 적립 시 전용계좌를 설치하여 관리하여야 하며, 매년 정립 하는 재난관리기금의 법정적립액 총액의 100분의 15이상의 금액은 금융기관 등에 예치·관리 하고 나머지 금액과 발생한 이자는 재난 관리기금의 용도에 따라 원활하게 사용될 수 있도록 운용·관리해야 한다.

② 재난관리기금의 용도 및 의무예치금액 사용에 관한 특례
   시·도지사 및 시장·군수·구청장은 코로나바이러스감염증-19로 인해 경제적 어려움을 겪고 있는 소상공인·취약계층에 대한 지원, 코로나바이러스감염증-19 재난관리 및 2020년에 발생한 호우· 태풍 피해 복구를 위한 지방재원(보조사업에 대한 지방비 부담분을 포함한다)으로 재난관리 기금 및 의무예치금액을 사용할 수 있다.

제 2 절 정부합동 재난원인 조사

1 의 의

행정안전부장관은 재난이나 그 밖의 각종 사고의 발생원인과 재난 발생 시 대응과정에 관한 조사, 분석, 평가(이하 "재난원인조사"라 한다)를 효율적으로 수행하기 이하여 재난안전분야 전문가 및 전문기관 등이 공동으로 참여하는 정부합동 재난원인조사단을 편성하고, 현지에 파견하여 원인, 조사, 분석을 실시할 수 있다. 재난원인조사단은 재난발생원인조사결과를 조정위원회에 보고하여야 하며 재난원인조사를 위하여 필요하면 관계기관의장 또는 관계인에게 자료제출 등의 요청을 할 수 있고, 요청을 받은 관계기관의 장 또는 관계인은 특별한 사유가 없으면 요청에 따라야 한다.

2 조사대상

① 인명 또는 재산의 피해 정도가 매우 크거나 재난의 영향이 사회적·경제적으로 광범위한 재난 으로서 대통령령으로 정하는 재난

> ※ 대통령령으로 정하는 재난이란
> ① 특별재난지역을 선포하게 한 재난
> ② 중앙재난안전대책본부, 지역재난안전대책본부 또는 중앙사고수습본부를 구성·운영하게 한 재난
> ③ 반복적으로 발생하는 재난으로서 행정안전부장관이 재발 방지를 위하여 재난원인조사가 필요 하다고 판단하는 재난

② 행정안전부장관이 체계적인 재난원인조사가 필요하다고 인정하는 재난

3 재난원인조사단의 편성 및 운영

(1) 편 성 : 조사단장을 포함하여 50명 내외

행정안전부장관은 다음 각 호의 사람 중에서 조사단원을 선발하고, 조사단원 중에서 조사단장을 지명한다.

① 행정안전부 소속 재난 및 안전관리 업무 담당 공무원
② 관계 중앙행정기관 소속 재난 및 안전관리 업무 담당 공무원 중에서 해당 중앙행정기관의 장이 추천하는 공무원
③ 국립재난안전연구원에서 해당 재난 및 사고 분야의 업무를 담당하는 연구원
④ 발생한 재난 및 사고분야에 대하여 학식과 경험이 풍부한 사람
⑤ 그 밖에 재난원인조사의 공정성 및 전문성을 확보하기 위하여 행정안전부장관이 필요하다고 인정하는 사람

(2) 조사결과보고서의 작성내용

① 조사목적, 피해상황 및 현장정보
② 현장조사 내용
③ 재난원인 분석 내용
④ 재난대응과정에 대한 조사·분석·평가(위기관리 매뉴얼의 준수 여부에 대한 평가를 포함한다)에 대한 내용
⑤ 권고사항 및 향후 조치

4 보고 및 조치

① 조사단은 재난원인조사 결과를 조정위원회에 보고하여야 한다.
② 재난원인조사 결과 개선 등이 필요한 사항에 대해서는 관계 기관의 장에게 그 결과를 통보하거나 개선권고 등의 필요한 조치를 요청할 수 있다. 요청을 받은관계 기관의 장은 개선권고 등에 따른 조치계획과 조치결과를 행정안전부장관에게 통보하여야 한다.
③ 행정안전부장관은 재난원인조사단의 재난원인조사 결과를 신속히 국회 소관 상임위원회에 제출·보고하여야 한다.

제3절 재난상황의 기록관리

1 의 의

재난 및 안전관리기본법에서는 동일 유사한 재난의 재발을 방지하고 정확한 피해상황을 산정하여 피해보상과 복구를 보다 효율적으로 할 수 있도록 관계 행정기관으로 하여금 피해상황기록 및 보관을 의무화하고 있다.

2 기록관리 책임 및 통보

재난관리책임기관의 장은 소관시설·재산 등에 관한 피해상황 등을 기록하고, 이를 보관하여야 한다. 이 경우 시장·군수·구청장을 제외한 재난관리책임기관의 장은 그 기록사항을 시장·군수·구청장에게 통보하여야 한다.

3 재난상황의 기록관리 사항

가. 일반적 사항

① 소관 시설·재산 등에 관한 피해상황을 포함한 재난상황
② 재난 발생 시 대응과정 및 조치사항
③ 재난원인조사(재난관리책임기관의 장이 실시한 재난원인조사에 한정한다) 결과
④ 개선권고 등의 조치결과
⑤ 그 밖에 재난관리책임기관의 장이 기록·보관이 필요하다고 인정하는 사항

나. 피해시설물 기록 및 작성사항

⑴ 피해상황 및 대응 등

① 피해일시 및 피해지역
② 피해원인, 피해물량 및 피해금액
③ 동원인력, 장비 등 응급조치 내용
④ 피해지역 사진 및 도면, 위치정보
⑤ 인명피해 상황 및 피해주민 대처상황
⑥ 자원봉사자 등의 활동사항

⑵ 복구상황

① 재해복구 공사의 종류별 복구물량 및 복구금액의 산출내역
② 복구공사의 명칭·위치·공사발주 및 복구추진 현황

⑶ 그밖에 미담·수범사례 등 기록으로 보관·관리할 필요성이 있는 사항

4 보관기간*

시·도지사 및 시장·군수·구청장은 작성된 재난상황의 기록을 <u>재난 복구가 끝난 해의 다음 연도부터 5년간 보관</u>하여야 한다.

5 재난백서*

재난관리주관기관의 장은 대규모 재난(법 제14조)과 특별재난지역(법 제60조)으로 선포된 사회재난 또는 재난상황 등을 기록하여 관리할 특별한 필요성이 인정되는 재난에 관하여 재난수습 완료 후 수습상황과 재난예방 및 피해를 줄이기 위한 제도 개선의견 등을 기록한 재난백서를 작성하여야 한다. 이 경우 관계 기관의 장이 재난대응에 참고할 수 있도록 재난백서를 통보하여야 한다.

제 4 절 재난 및 안전관리에 필요한 과학기술의 진흥 등

재난 및 안전관리 기본법에서는 정부로 하여금 재난의 예방·원인조사 등을 위한 실험·조사·연구·기술개발 및 전문인력 양성 등 안전관리에 필요한 과학기술의 진흥시책을 마련하고, 학술조사·연구 및 기술개발에 필요한 지원을 할 수 있도록 규정하고 있다. 이는 재난의 사전예방 및 대비를 위하여 재난원인을 조사하고 안전관리기술을 체계적·전문적으로 개발하기 위하여 안전관리에 필요한 과학기술 진흥시책에 대한 정부의 의지이며 민간에서 안전관리에 필요한 기술개발 및 연구시 정부가 이에 필요한 지원을 할 수 있도록 근거 규정을 마련한 것이다.

1 재난 및 안전기술개발종합계획의 수립

⑴ 계획수립의 절차 등

① 행정안전부장관은 안전관리에 필요한 과학기술의 진흥시책을 강구하기 위하여 5년마다 관계 중앙행정기관의 재난 및 안전기술개발에 관한 계획을 종합하여 조정위원회의 심의와 국가과학기술위원회의 심의를 거쳐 재난 및 안전기술개발종합계획을 수립하여야 한다.

② 개발계획의 수립을 위하여 관계 중앙행정기관의 장에게 소관분야 안전기술현황·예측자료를 요청하거나 재난 및 안전기술개발에 관한 계획의 수립 등을 요청할 수 있다.

③ 관계 중앙행정기관의 장은 안전기술개발종합계획에 따라 소관 업무에 관한 해당연도 시행계획을 수립하고 추진하여야 하며, 수립된 시행계획을 행정안전부장관에게 통보하여야 한다. 행정안전부장관은 전년도 추진실적과 해당 연도 시행계획을 종합하여 「과학기술기본법」에 따른 국가과학기술심의회에 보고하여야 한다.

(2) 재난안전기술개발종합계획의 내용

① 국가안전관리기본계획에 기초한 안전기술수준의 현황과 장기전망
② 재난·안전기술의 단계별 개발목표와 이의 달성을 위한 대책
③ 재난·안전기술의 경쟁력 강화 등 안전산업의 활성화 방안
④ 정부가 추진하는 안전기술 개발에 관한 사업의 연도별 투자 및 추진계획
⑤ 학교·학술단체·연구기관 등에 대한 재난·안전기술의 연구지원
⑥ 재난·안전기술정보의 수집·분류·가공 및 보급
⑦ 산·학·연·정 협동연구 및 국제안전기술협력을 촉진할 수 있는 방안
⑧ 그밖에 안전기술의 개발 및 안전산업의 육성

2 안전관련 산업의 육성 및 지원 등

재난 및 안전관리 기본법에서는 정부로 하여금 안전관련 기술의 개발과 보급을 위하여 민간기업의 발전과 육성을 위한 시책을 마련하고 이를 발전시키기 위한 육성책을 마련하도록 하고 있으며, 행정안전부장관으로 하여금 안전관련 기술을 개발하는 중소기업에 대해 필요한 지원을 함으로써 안전기술 개발기반을 확대하고 안전기술에 대한 수익성을 보장, 안전기술개발의 활성화를 도모하고, 안전관련 기술을 사업화 할 경우 이에 대한 사업화 방법과 기술료 수수료에 관한 근거 규정을 마련함으로써 차후 이로 인한 분쟁의 소지를 예방하고 있다.

(1) 재난·안전에 관한 연구개발사업의 추진

방법	행정안전부장관은 안전관련 산업의 건전한 발전과 육성을 위하여 연구기관과 협약을 맺어 안전기술개발산업을 실시할 수 있으며, 개발사업을 효율적으로 추진하기 위하여 협약을 맺은 연구기관으로 하여금 연구개발사업을 실시하게 할 수 있다.
사업화 지원 내용	㉠ 시제품(試製品)의 개발·제작 및 설비투자에 필요한 비용의 지원 ㉡ 연구개발사업의 성과로 발생한 특허권 등 지식재산권의 전용실시권(專用實施權) 또는 통상실시권(通常實施權)의 설정·허락 또는 그 알선 ㉢ 사업화로 생산된 재난 및 안전 관련 제품 등의 우선 구매 ㉣ 연구개발사업에 사용되거나 생산된 기기·설비 및 시제품 등의 사용권 부여 또는 그 알선
협약 연구 기관	㉠ 국·공립 연구기관 ㉡ 「특정연구기관육성법」에 따른 특정연구기관 ㉢ 「과학기술분야 정부출연연구기관등의 설립·운영 및 육성에 관한 법률」에 따라 설립된 과학기술분야 정부출연 연구기관 ㉣ 「고등교육법」에 따른 대학·산업대학·전문대학 및 기술대학 ㉤ 「민법」 또는 다른 법률에 따라 설립된 법인으로서 재난 또는 안전분야의 연구기관 ㉥ 「기초연구진흥 및 기술개발지원에 관한 법률」 제15조제1항에 따른 기업부설연구소 또는 연구개발 전담부서

3 기술료의 징수 및 사용

행정안전부장관은 연구개발사업의 성과를 사업화함으로써 수익이 발생할 경우 사업자로부터 그 수익의 일부에 해당하는 금액을 징수할 수 있으며 기술료를 사용할 수 있는 용도는 다음과 같다.

① 재난 및 안전관리 연구개발사업
② 그 밖에 재난 및 안전관리와 관련된 기술의 육성을 위한 사업

4 재난안전기술의 사업화 지원 등

행정안전부장관은 재난의 예방·대비·대응 및 복구 등 재난 및 안전관리에 관한 각종 기술(이하 "재난안전기술"이라 한다)의 사업화를 지원하기 위하여 다음 각 호의 사항을 추진하여야 한다.

① 재난안전기술의 사업화에 필요한 정책의 연구·개발
② 재난안전기술의 사업화에 필요한 정보의 제공 및 컨설팅 지원
③ 재난안전기술 사업화에 관한 실태 조사 및 통계의 작성
④ 그 밖에 재난안전기술의 사업화 지원을 위하여 행정안전부장관이 정하는 사항

5 전문기관 지정의 취소

행정안전부장관은 사업화 전문기관이 다음 각 호의 어느 하나에 해당하는 경우에는 그 지정을 취소하거나 6개월의 범위에서 기간을 정하여 업무의 전부 또는 일부를 정지할 수 있다. 다만, 제①호에 해당하는 경우에는 그 지정을 취소하여야 한다.

① 거짓이나 부정한 방법으로 지정을 받은 경우(취소사유)
② 업무를 적정하게 수행하지 아니하는 등 수행하는 업무가 그 지정의 목적을 벗어난 것으로 인정되는 경우
③ 지정기준에 적합하지 아니하게 된 경우

6 재난관리정보통신체계의 구축·운영

⑴ 시행주체

행정안전부장관, 재난관리책임기관·긴급구조기관 및 긴급구조지원기관의 장

⑵ 재난관리정보통신체계가 갖추어야 할 사항

① 재난 및 안전관리업무를 수행하기 위한 표준화된 정보시스템과 정보통신망 및 운영·관리 체계
② 재난안전상황실의 효율적인 운영을 위하여 필요한 정보시스템과 정보통신망
③ 그 밖에 행정안전부장관이 재난관리정보통신체계 구축·운영을 위하여 필요하다고 인정하는 사항

7 안전책임관

국가기관과 지방자치단체기관의 장은 해당기관의 재난 및 안전관리업무를 총괄하는 안전책임관 및 담당직원을 소속 공무원 중에서 임명할 수 있으며, 업무를 실질적으로 총괄·관리하는 직위에 있는 사람으로 임명하며, 필요한 경우에는 여러 명을 임명할 수 있다.

① 재난이나 그 밖의 각종 사고가 발생하거나 발생할 우려가 있는 경우 초기대응 및 보고에 관한 사항
② 위기관리 매뉴얼의 작성, 관리에 관한 사항
③ 재난 및 안전관리와 관련된 교육, 훈련에 관한 사항
④ 그 밖에 중앙행정기관의 장이 재난 및 안전관리업무를 위하여 필요하다고 인정하는 사항

제 5 절 재난보험 등의 가입 등

(1) 재난안전 관련 보험 및 공제의 개발과 보급

국가는 국민과 지방자치단체가 자기의 책임과 노력으로 재난에 대비할 수 있도록 재난 관련 보험·공제를 개발·보급하기 위하여 노력하여야 한다. 국가는 대통령령으로 정하는 바에 따라 예산의 범위에서 보험료·공제회비의 일부 및 보험·공제의 운영과 관리 등에 필요한 일부를 지원할 수 있다.

(2) 재난안전의무보험에 관한 법령이 갖추어야 할 기준

재난안전의무보험에 관한 법령을 주관하는 중앙행정기관의 장은 재난안전의무보험에 관한 법령을 제정·개정하는 경우에는 해당 법령에 다음 각 호의 기준이 적정하게 반영되도록 노력하여야 한다.

① 재난이나 그 밖의 각종 사고로 인한 사람의 생명·신체에 대한 손해를 적절히 보상하도록 대통령령으로 정하는 수준의 보상 한도를 정할 것
② 법률에 따른 재난안전의무보험의 가입의무자를 신속히 확인하고 관리할 수 있는 체계를 갖출 것
③ 법률에 따른 재난안전의무보험의 가입의무자에 해당함에도 가입을 게을리 한 자 또는 가입하지 아니한 자 등에 대하여 가입을 독려하거나 제재할 수 있는 방안을 마련할 것
④ 보험회사, 공제회 등 재난안전의무보험에 관한 법령에 따라 재난안전의무보험 관련사업을 하는 자(이하 "보험사업자"라 한다)가 대통령령으로 정하는 정당한 사유 없이 재난안전의무보험에 대한 가입 요청 또는 계약 체결을 거부하거나 보험계약 등을 해제·해지하는 것을 제한하도록 할 것
⑤ 재난이나 그 밖의 각종 사고의 발생 위험이 높은 가입의무자에 대하여 다수의 보험사업자가 공동으로 재난안전의무보험 계약을 체결할 수 있는 방안을 마련할 것
⑥ 재난이나 그 밖의 각종 사고로 피해를 입은 자가 최소한의 생활을 유지할 수 있도록 보험금 청구권에 대한 압류금지 등 피해자를 보호하는 조치를 마련할 것
⑦ 그 밖에 재난안전의무보험의 적절한 운용을 위하여 대통령령으로 정하는 기준을 갖출 것

제 6 절   재난관리 의무위반에 대한 징계 요구 등

① 국무총리 또는 행정안전부장관은 관계 중앙행정기관의 장 또는 지방자치단체의 장이 이 법에 따른 조치를 하지 아니한 경우에는 대통령령으로 정하는 바에 따라 기관경고 등 필요한 조치를 할 수 있다.

② 행정안전부장관, 시·도지사 또는 시장·군수·구청장은 재난응급조치·안전점검·재난상황관리 등의 업무를 수행할 때 지시를 위반하거나 부과된 임무를 게을리 한 재난관리책임기관의 공무원 또는 직원의 명단을 해당 공무원 또는 직원의 소속 기관의 장 또는 단체의 장에게 통보하고, 그 소속 기관의 장 또는 단체의 장에게 해당 공무원 또는 직원에 대한 징계 등을 요구할 수 있다.

③ 중앙통제단장 또는 지역통제단장은 현장지휘에 따르지 아니하거나 부과된 임무를 게을리 한 긴급구조요원의 명단을 해당 긴급구조요원의 소속 기관 또는 단체의 장에게 통보하고, 그 소속 기관의 장 또는 단체의 장에게 해당 긴급구조요원에 대한 징계를 요구할 수 있다. 통보를 받은 소속 기관의 장 또는 단체의 장은 해당 공무원 또는 직원에 대한 징계 등 적절한 조치를 하고, 그 결과를 해당 기관의 장에게 통보하여야 한다.

④ 행정안전부장관, 시·도지사, 시장·군수·구청장, 중앙통제단장 및 지역통제단장은 사실 입증을 위하여 소속 공무원으로 하여금 필요한 조사를 하게 할 수 있다.

제 7 절   권한의 위임 및 위탁

행정안전부장관의 권한은 그 일부를 시·도지사에게 위임할 수 있으며, 평가 등의 업무의 일부와 연구개발사업 성과의 사업화 지원 및 기술료 징수 및 사용에 관한 업무를 전문기관 등에 위탁할 수 있다. 행정안전부장관이 위탁한 업무를 수행하는 전문기관 등의 임직원은 벌칙적용 시 공무원으로 본다.

제 8 절   벌 칙

1 3년 이하의 징역 또는 3천만원 이하의 벌금

안전조치 명령을 이행하지 아니한 자

2 2년 이하의 징역 또는 2천만원 이하의 벌금

제74조의3제5항을 위반하여 재난 대응 이외의 목적으로 정보를 사용하거나 업무가 종료되었음에도 해당 정보를 파기하지 아니한 자

③ 1년 이하의 징역 또는 1천만원 이하의 벌금

- 정당한 사유 없이 제30조제1항에 따른 긴급안전점검을 거부 또는 기피하거나 방해한 자
- 정당한 사유 없이 제41조제1항제1호(제46조제1항에 따른 경우를 포함한다)에 따른 위험구역에 출입하는 행위나 그 밖의 행위의 금지명령 또는 제한명령을 위반한 자
- 정당한 사유 없이 제74조의3제1항(정보 제공 요청)에 따른 중앙대책본부장 또는 지역대책본부장의 요청에 따르지 아니한 자
- 정당한 사유 없이 제74조의3제2항(위치 정보 제공 요청)에 따른 중앙대책본부장 또는 지역대책본부장의 요청에 따르지 아니한 자
- 제76조의4제4항을 위반하여 업무상 알게 된 재난안전의무보험 관련 자료 또는 정보를 누설하거나 권한 없이 다른 사람이 이용하도록 제공하는 등 부당한 목적으로 사용한 자

④ 500만원 이하의 벌금

- 정당한 사유 없이 제45조(제46조제1항에 따른 경우를 포함한다)에 따른 토지·건축물·인공구조물, 그 밖의 소유물의 일시 사용 또는 장애물의 변경이나 제거를 거부 또는 방해한 자
- 제74조의2제3항을 위반하여 직무상 알게 된 재난관리정보를 누설하거나 권한 없이 다른 사람이 이용하도록 제공하는 등 부당한 목적으로 사용한 자

⑤ 양벌규정

법인의 대표자나 법인 또는 개인의 대리인, 사용인, 그 밖의 종업원이 그 법인 또는 개인의 업무에 관하여 제78조의3, 제79조, 80조의 위반행위를 하면 그 행위자를 벌하는 외에 그 법인 또는 개인에게도 해당 조문의 벌금형을 과(科)한다. 다만, 법인 또는 개인이 그 위반행위를 방지하기 위하여 해당 업무에 관하여 상당한 주의와 감독을 게을리 하지 아니한 경우에는 그러하지 아니하다.

⑥ 과태료

다음 중 어느 하나에 해당하는 사람에게는 200만원 이하의 과태료를 부과한다.
① 제34조의6제1항 본문에 따른 위기상황 매뉴얼을 작성·관리하지 아니한 소유자·관리자 또는 점유자
② 제34조의6제2항 본문에 따른 훈련을 실시하지 아니한 소유자·관리자 또는 점유자
③ 제34조의6제3항에 따른 개선명령을 이행하지 아니한 소유자·관리자 또는 점유자
④ 제40조제1항(제46조제1항에 따른 경우를 포함한다)에 따른 대피명령을 위반한 사람
⑤ 제41조제1항제2호(제46조제1항에 따른 경우를 포함한다)에 따른 위험구역에서의 퇴거명령 또는 대피명령을 위반한 사람 보험등에 가입하지 않은 자에게는 300만원 이하의 과태료를 부과한다.
⑥ 제76조의5 제2항을 위반하여 보험 또는 공제에 가입하지 않은 자에게는 300만원 이하의 과태료를 부과한다.
   ※ 과태료는 대통령령으로 정하는 바에 따라 시·도지사 또는 시장·군수·구청장이 부과·징수한다.

03 기출 및 예상문제

01 다음 중 "사회재난"에 속하는 것은?

① 화산활동　　　　　　　　② 가뭄

③ 감염병 확산　　　　　　　④ 한파

> **해설** ⊕ **재난의 구분*** 24년 소방위
>
> | 자연재난 | 태풍, 홍수, 호우(豪雨), 강풍, 풍랑, 해일(海溢), 대설, 한파, 낙뢰, 가뭄, 폭염, 지진, 황사(黃砂), 조류(藻類)대발생, 조수(潮水), 화산활동, 소행성·유성체 등 자연 우주물체의 추락·충돌 그 밖에 이에 준하는 자연현상으로 인하여 발생하는 재해 |
> |---|---|
> | 사회재난 | 화재·붕괴·폭발·교통사고(항공 및 해상사고를 포함한다), 화생방사고·환경오염사고 등으로 인하여 발생하는 대통령령으로 정하는 규모이상의 피해와 국가핵심기반의 마비, 「감염병의 예방 및 관리에 관한 법률」에 따른 감염병 또는 「가축전염병예방법」에 따른 가축전염병의 확산, 「미세먼지 저감 및 관리에 관한 특별법」에 따른 미세먼지 등으로 인한 피해 |

02 재난관리주관으로서 코로나 19와 같이 "감염병 재난" 사고유형을 관리하는 기관은?

① 행정안전부　　　　　　　② 보건복지부

③ 소방청　　　　　　　　　④ 질병관리청

> **해설**
>
> 질병관리청 사고유형은 "감염병 재난"사고이다.* 22년 소방위

03 "중앙안전관리위원회의 구성"에 있어서 위원장은 누구인가?

① 대통령　　　　　　　　　② 국무총리

③ 기획재정부장관　　　　　④ 행정안전부장관

> **해설** ⊕ **중앙안전관리위원회 구성**
>
> • 중앙위원회의 위원장 : 국무총리
> • 간사 1명 : 행정안전부장관

정답　01. ③　02. ④　03. ②

04 재난 및 안전관리기본법에서 말하는 용어의 정의로 잘못된 것은?

① 재난관리란 재난의 예방·대비·대응 및 복구를 위하여 하는 모든 활동을 말한다.

② 해외재난이란 대한민국의 영역 밖에서 대한민국 국민의 생명·신체 및 재산에 피해를 주거나 줄 수 있는 재난으로서 정부차원에서 대처할 필요가 있는 재난을 말한다.

③ 안전관리란 안전교육, 안전훈련 등을 통하여 안전에 관한 가치와 인식을 높이고 안전을 생활화 하도록 하는 활동을 말한다.

④ 긴급구조기관이란 소방청·소방본부·소방서 및 해양경찰청·해양경찰서를 말한다.

해설 ✪ **재난 및 안전관리기본법 용어의 정의**★ 15년, 24년 소방위

"안전관리"란 재난이나 그 밖의 각종 사고로부터 사람의 생명·신체 및 재산의 안전을 확보하기 위하여 하는 모든 활동을 말한다.
"안전기준"이란 각종 시설 및 물질 등의 제작, 유지관리 과정에서 안전을 확보할 수 있도록 적용하여야 할 기술적 기준을 체계화한 것을 말하며, 안전기준의 분야, 범위 등에 관하여는 대통령령으로 정한다.

05 다음 중 "긴급구조기관"이 아닌 것은?

① 소방청
② 소방서
③ 해양경찰청
④ 경찰서

해설 **긴급구조기관 : 소방청, 소방본부 및 소방서, 해양경찰청, 해양경찰서**★ 24년 소방위

06 다음 중 "긴급구조지원기관"이 아닌 것은?

① 국립공원관리공단
② 한국공항공사
③ 한국가스안전공사
④ 대한적십자사

해설 ✪ **긴급구조지원기관**★ 24년 소방위

1. 유역환경청, 지방환경청, 지방국토관리청, 지방항공청, 보건소, 지하철공사, 도시철도공사
2. 한국가스공사, 한국가스안전공사, 한국농어촌공사, 한국전기안전공사, 한국전력공사, 대한석탄공사
3. 한국광물자원공사, 한국수자원공사, 한국도로공사, 한국공항공사, 항만공사,
4. 한국원자력안전기술원, 한국원자력의학원, 국립공원관리공단,

07 다음 중 "중앙재난안전대책본부장"은?

① 국무총리
② 행정안전부장관
③ 행정안전부 2차관
④ 대통령

해설
중앙대책본부에 본부장과 차장을 두며, 본부장은 행정안전부장관이 된다.

정답 04. ③   05. ④   06. ④   07. ②

08 "특별재난지역 및 재난사태선포심의"는 어디에서 주관하는가?

① 중앙재난안전대책본부   ② 중앙안전관리위원회

③ 지역안전관리위원회   ④ 행정안전부

해설 ✚ **중앙안전관리위원회 주요기능**

1. 재난 및 안전관리에 관한 중요 정책에 관한 사항
2. 국가안전관리기본계획에 관한 사항
3. 재난 및 안전관리 사업 관련 중기사업계획서, 투자우선순위 의견 및 예산요구서에 관한사항
4. 중앙행정기관의 장이 수립·시행하는 계획, 점검·검사, 교육·훈련, 평가, 안전기준 등 재난 및 안전관리업무의 조정에 관한 사항
5. 안전기준관리에 관한사항
6. 재난사태선포에 관한사항
7. 특별재난지역의 선포에 관한 사항
8. 재난이나 그 밖의 각종 사고가 발생하거나 발생할 우려가 있는 경우 이를 수습하기 위한 관계기관 간 협력에 관한 중요 사항
9. 중앙행정기관의 장이 시행하는 대통령령으로 정하는 재난 및 사고의 예방사업 추진에 관한 사항
10. 그 밖에 위원장이 회의에 부치는 사항

09 "국가안전관리기본계획"은 몇 년마다 수립하는가?

① 2년   ② 3년

③ 5년   ④ 10년

해설

국가안전관리기본계획은 재난의 예방·대비·대응·복구 등 재난 및 안전관리를 위한 기본방향과 관련부처가 중점적으로 추진할 안전관리기본계획 등을 포함하는 것으로 5년 마다 수립하는 국가재난관리의 장기적인 마스터플랜이다.

10 재난사태 선포 시 조치사항으로 내용이 잘못된 것은?

① 해당지역에 대한 여행 금지   ② 재난경보의 발령

③ 위험구역 설정   ④ 휴업명령 및 휴원·휴교 처분의 요청

해설 ✚ **재난사태 선포 시 조치사항**★★

① 재난경보의 발령, 인력·장비 및 물자의 동원, 위험구역의 설정, 대피명령, 응급지원 등 응급조치
② 해당 지역에 소재하는 행정기관 소속 공무원의 비상소집
③ 해당 지역에 대한 여행 등 이동 자제 권고
④ 휴업명령 및 휴원·휴교 처분의 요청
⑤ 그 밖에 재난예방에 필요한 조치

정답   08. ②   09. ③   10. ①

11 재난사태 선포 절차에 대한 설명으로 옳은 것은?

① 행정안전부장관이 직접 선포할 수도 있다.

② 중앙위원회 사전심의를 반드시 거쳐야 한다.

③ 국방부장관에게 선포를 건의하여야 한다.

④ 승인을 받지 못하면 선포된 재난사태를 7일 후에 해제하여야 한다.

해설 ✪ **재난사태 선포 절차** ★★ 13년, 21년 소방위

① 일반적인 선포 절차
　행정안전부장관은 재난이 발생하거나 발생할 우려가 있는 경우 사람의 생명·신체 및 재산에 미치는 중대한 영향이나 피해를 줄이기 위하여 긴급한 조치가 필요하다고 인정하면 중앙안전관리위원회의 심의를 거쳐 재난사태를 선포할 수 있다.

② 예외적 선포 절차
　재난상황이 긴급하여 중앙위원회의 심의를 거칠 시간적 여유가 없다고 인정하는 경우에는 중앙위원회의 심의를 거치지 아니하고 행정안전부장관이 선포할 수 있다.

③ 재난사태의 해제
　중앙위원회의 심의를 거치지 아니하고 재난사태를 선포한 경우에는 지체 없이 중앙위원회의 승인을 받아야 하며, 승인을 받지 못하면 행정안전부장관은 선포된 재난사태를 즉시 해제하여야 하며 재난으로 인한 위험이 해소되었다고 인정하는 경우 또는 재난이 추가적으로 발생할 우려가 없어진 경우에는 선포된 재난사태를 즉시 해제하여야 한다.

12 "중앙긴급구조통제단"의 단장이 될 수 있는 자는?

① 대통령　　　　　　　　② 국무총리

③ 행정자치부장관　　　　④ 소방청장

해설

중앙긴급구조통제단 단장은 소방청장이며, 부단장은 소방청 차장이다. ★★

13 재난상황보고 내용과 관계있는 것은?

전산시스템 등을 활용하여 재난의 수습기간 중에 수시로 하는 보고

① 최초보고　　　　　　　② 중간보고

③ 최종보고　　　　　　　④ 기타보고

해설 ✪ **재난의 구분** ★ 15년 소방위

최초보고	인명피해 등 주요 재난발생시 지체 없이 서면(전자문서를 포함한다)·팩스,전화 중 가장 빠른 방법으로 하는 보고.
중간보고	전산시스템 등을 활용하여 재난의 수습기간 중에 수시로 하는 보고.
최종보고	수습이 종료되거나 소멸된 후 재난상황 보고사항을 종합하여 하는 보고

🔑 **정답**　11. ①　12. ④　13. ②

14 재난상황 시 "응급조치내용" 보고 횟수로 적당한 것은?

① 1일 1회 이상   ② 1일 2회 이상

③ 2일 1회 이상   ④ 1일 3회 이상

해설 ✚ 응급조치내용 보고(시장·군수·구청장·해양경찰서장)★ 15년 소방위

응급조치 내용보고는 응급조치상황 및 응급구호조치상황으로 구분하여 <u>재난기간 중 1일 2회 이상 보고</u>하여야 한다.

15 긴급구조통제단 운영에 관한 사항으로 "대응 2단계"의 역할로 옳은 것은?

① 해당 시·군·구 긴급구조통제단을 전면적으로 운영

② 시·군·구 긴급구조통제단은 필요에 따라 부분적으로 운영

③ 중앙통제단은 필요에 따라 부분 또는 전면적으로 운영

④ 긴급구조지휘대만 상시 운영

해설 ✚ 긴급구조통제단 운영★★ 16년, 18년 소방위

단 계	발생재난의 규모	통제단 운영
대비단계	재난이 발생하지 아니한 상황	• 각급 긴급구조대응계획의 운용연습 및 재난대비 훈련을 실시하는 단계 • 긴급구조지휘대만 상시 운영
대응 1단계	일상적으로 발생되는 소규모 사고 발생 상황	• 긴급구조지휘대가 현장지휘기능을 수행 • 시·군·구 긴급구조통제단은 필요에 따라 부분적으로 운영
대응 2단계	2개 이상의 시·군·구에 걸쳐 재난이 발생한 상황이나 하나의 시·군·구에 재난이 발생하였으나 해당 지역의 시·군·구 긴급구조통제단의 대응 능력을 초과한 상황	• 해당 시·군·구 긴급구조통제단을 전면적으로 운영 • 시·도 긴급구조통제단은 필요에 따라 부분 또는 전면적으로 운영
대응 3단계	2개 이상의 시·도에 걸쳐 재난이 발생한 상황이나 하나의 시·군·구 또는 시·도에서 재난이 발생하였으나 시·도통제단이 대응할 수 없는 상황	• 해당 시·도 긴급구조통제단을 전면적으로 운영 • 중앙통제단은 필요에 따라 부분 또는 전면적으로 운영

16 "중앙긴급구조통제단"의 기능 중 잘못된 것은?

① 국가 긴급구조대책의 총괄·조정

② 긴급구조대응계획의 집행

③ 국가 안전관리기본계획 및 집행계획의 심의

④ 긴급구조지원기관간의 역할분담

정답 14. ②   15. ①   16. ③

해설

중통단 기능	• 국가 긴급구조대책의 총괄·조정
	• 긴급구조활동의 지휘·통제
	• 긴급구조지원기관간의 역할분담 등 긴급구조를 위한 현장활동계획의 수립
	• 긴급구조대응계획의 집행
	• 그 밖에 중앙통제단장이 필요하다고 인정하는 사항

※ ③은 중앙위원회의 주요기능임

17 중앙통제단 구성에 있어서 "현장지휘대"에 속하지 않는 것은?

① 구조진압반　　　　　　　　② 긴급구호반
③ 응급의료반　　　　　　　　④ 현장통제반

해설 ❂ 중앙긴급구조통제단의 구성

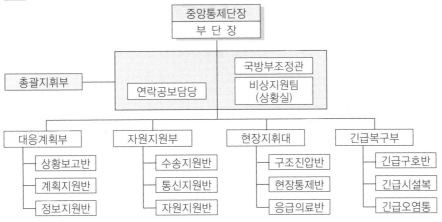

18 현장지휘소 운영에 있어서 연락관을 파견해야할 기관이 아닌 것은?

① 항만공사　　　　　　　　② 국립공원관리공단
③ 산림청　　　　　　　　④ 한국전력공사

해설
긴급구조지원기관 간의 공조체제를 유지하기 위하여 관계기관·단체의 장에게 소속 직원의 파견을 요청할 수 있다.

※ 긴급구조지원기관
1. 유역환경청, 지방환경청, 지방국토관리청, 지방항공청, 보건소, 지하철공사, 도시철도공사
2. 한국가스공사, 한국가스안전공사, 한국농어촌공사, 한국전기안전공사, 한국전력공사, 대한석탄공사
3. 한국광물자원공사, 한국수자원공사, 한국도로공사, 한국공항공사, 항만공사
4. 한국원자력안전기술원, 한국원자력의학원, 국립공원관리공단

정답　17. ②　　18. ③

19 "긴급구조지휘대" 구성에 있어서 바르게 연결된 것은?

① 소방서현장지휘대 : 119안전센터별로 설치운영

② 방면현장지휘대 : 1개 이상 3개 이하의 소방서별로 소방본부장이 1개를 설치 운영

③ 소방본부현장지휘대 : 소방서별로 설치운영

④ 권역현장지휘대 : 2개 이상 4개 이하의 소방본부별로 소방청장이 1개를 설치 운영

해설 ✪ 긴급구조지휘대 설치기준

1. 소방서현장지휘대 : 소방서별로 설치운영
2. 방면현장지휘대 : 2개 이상 4개 이하의 소방서별로 소방본부장이 1개를 설치 운영
3. 소방본부현장지휘대 : 소방본부별로 현장지휘대 설치운영
4. 권역현장지휘대 : 2개 이상 4개 이하의 소방본부별로 소방청장이 1개를 설치 운영

20 긴급구조지휘대 통제단 구성에 있어서 "상황분석요원"의 해당 부서는?

① 자원지휘부   ② 대응계획부

③ 구조진압반   ④ 현장통제반

해설 ✪ 긴급구조지휘대 구성

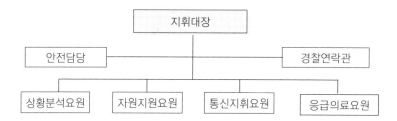

※ 통제단이 설치운영되는 경우 다음과 같이 해당부서에 배치
- 상황분석요원→대응계획부, 자원지원요원 → 자원지원부
- 통신지휘요원 → 구조진압반, 안전담당요원 → 연락공보담당 또는 안전담당
- 경찰파견 연락관 → 현장통제반, 응급의료파견 연락관 → 응급의료반

21 특별재난의 범위를 설명한 것으로써 다음 (   ) 안에 들어갈 내용은?

자연재난으로서 국고 지원 대상 피해 기준금액의 (   )를 초과하는 피해가 발생한 재난

① 1.5배   ② 2.5배

③ 3.5배   ④ 4.5배

⚒ 정답 19. ④   20. ②   21. ②

해설 ✿ **특별재난의 범위** *

중앙대책본부장이 대통령에게 특별재난지역의 선포를 건의할 수 있는 재난

1. 자연재난으로서「재난구호 및 재난복구 비용 부담기준 등에 관한 규정」제5조 제1항에 따른 <u>국고 지원 대상 피해 기준금액의 2.5배를 초과하는 피해가 발생한 재난,</u> 또는 시·군·구의 관할 읍·면·동에 국고 지원 대상 피해 기준금액의 4분의 1을 초과하는 피해가 발생한 재난
2. 사회재난의 재난 중 재난이 발생한 해당 지방자치단체의 행정능력이나 재정능력으로는 재난의 수습이 곤란하여 국가적 차원의 지원이 필요하다고 인정되는 재난
3. 그 밖에 재난 발생으로 인한 생활기반 상실 등 극심한 피해의 효과적인 수습 및 복구를 위하여 국가적 차원의 특별한 조치가 필요하다고 인정되는 재난

22 "특별재난지역 선포"와 관련하여 설명이 잘못된 것은?

① 중앙대책본부장은 중앙위원회의 심의를 거쳐, 해당 지역을 특별재난지역으로 선포할 것을 국무총리에게 건의할 수 있다.

② 사회재난의 재난 중 재난이 발생한 해당 지방자치단체의 행정능력이나 재정능력으로는 재난의 수습이 곤란하여 국가적 차원의 지원이 필요하다고 인정되는 재난

③ 재난 발생으로 인한 생활기반 상실 등 극심한 피해의 효과적인 수습 및 복구를 위하여 국가적 차원의 특별한 조치가 필요하다고 인정되는 재난을 말한다.

④ 자연재난으로 국고지원 대상 피해기준금액의 2.5배를 초과하는 피해가 발생한 재난

해설

중앙대책본부장은 중앙위원회의 심의를 거쳐 재난발생 지역을 특별재난지역으로 선포할 것을 <u>대통령에게 건의할 수 있다.</u>

23 재난상황이 종료된 후 긴급구조활동 평가단 구성에 대한 설명으로 잘못된 것은?

① 평가단의 단장은 통제단장으로 한다.

② 민간 전문가 2인 이상을 포함하여 5인 이상 7인 이하로 구성한다.

③ 긴급구조 지휘대장도 평가단에 포함된다.

④ 소속 반장은 평가단에서 제외된다.

해설 ✿ **평가단의 구성** * *

통제단장은 재난상황이 종료된 후 긴급구조활동의 평가를 위하여 긴급구조기관에 긴급구조활동평가단을 구성하여야 한다. <u>평가단의 단장은 통제단장으로 하고</u> 단원은 다음에서 기술하는 자 중 어느 하나에 해당하는 자와 <u>민간 전문가 2인 이상을 포함하여 5인 이상 7인 이하로 구성</u>한다.

1. 통제단장
2. 통제단의 대응계획부장 또는 소속반장
3. 자원지원부장 또는 소속반장
4. 긴급구조 지휘대장
5. 긴급복구부장 또는 소속 반장
6. 긴급구조활동에 참가한 기관·단체의 요원 또는 평가에 관한 전문지식과 경험이 풍부한 자 중에서 통제단장이 필요하다고 인정하는 자

정답 22. ① 23. ④

24 재난상황이 종료된 후 긴급구조지원기관의 활동에 대한 종합평가사항으로 잘못된 것은?

① 긴급구조교육 수료자 현황　　　　② 긴급구조요원의 전문성

③ 긴급구조활동에 사용한 자금사용현황　　④ 긴급구조대응계획서의 이행실태

> **해설 ✪ 긴급구조지원기관의 활동에 대한 종합평가사항★★**
> 1. 긴급구조활동에 참여한 인력 및 장비
> 2. 긴급구조대응계획서의 이행실태
> 3. 긴급구조요원의 전문성
> 4. 통합 현장대응을 위한 통신의 적절성
> 5. 긴급구조교육 수료자 현황
> 6. 긴급구조대응상의 문제점 및 개선을 요하는 사항

25 지역통제단장은 지역대책본부장에게 할 수 있는 권한 밖의 응급대책으로 잘못된 것은?

① 응급조치　　　　　　　　　　　② 재난의 예보·경보체계구축·운영

③ 동원명령　　　　　　　　　　　④ 위험구역의 설정

> **해설 ✪ 지역통제단장의 응급조치★★** 18년, 19년 소방위
> 지역통제단장은 긴급구조를 위하여 필요하면 중앙대책본부장, 지역대책본부장 또는 시장·군수·구청장에게 권한 밖의
> 응급대책(응급조치, 재난의 예보·경보체계구축·운영, 동원명령, 응원 등)을 요청할 수 있다. 지역통제단장이 응급조치를
> 실시한 때에는 이를 즉시 해당 시장·군수·구청장에게 통보하여야 한다.

26 재난발생 시 주민대피명령권자가 아닌 것은?

① 경찰서장　　　　　　　　　　　② 시장

③ 구청장　　　　　　　　　　　　④ 소방서장

> **해설**
> 시장·군수·구청장·지역통제단장(긴급구조에 관한 권한을 행사하는 경우에만 해당)

27 다음 중 지역긴급구조통제단 구성에 있어서 "대응기획부"에 속하는 것은?

① 상황분석반　　　　　　　　　　② 자원지원반

③ 서비스지원반　　　　　　　　　④ 긴급구호지원반

> **해설**
> 대응기획부 : 상황분석반, 상황보고반, 작전계획반★ 15년 소방위

> **🔲 정답**　24. ③　25. ④　26. ①　27. ①

28 지역통제단장의 "재난사태 선포 시 응급조치 사항"으로 틀린 것은?

① 진화

② 긴급수송 및 구조수단의 확보

③ 현장지휘통신체계의 확보

④ 경보의 발령 또는 전달이나 피난의 권고 또는 지시

해설 **재난사태 선포 시 응급조치사항★** 19년 소방위

① 경보의 발령 또는 전달이나 피난의 권고 또는 지시
   ※ 안전조치 : 정밀안전진단(시설만 해당한다).
      이 경우 다른 법령에 시설의 정밀안전진단에 관한 기준이 있는 경우에는 그 기준에 따르고, 다른 법령의 적용을
      받지 아니하는 시설에 대하여는 행정안전부령으로 정하는 기준에 따른다.
   • 보수(補修) 또는 보강 등 정비
   • 재난을 발생시킬 위험요인의 제거
② 진화·수방·지진방재, 그 밖의 응급조치와 구호
③ 피해시설의 응급복구 및 방역과 방범, 그 밖의 질서 유지
④ 긴급수송 및 구조수단의 확보
⑤ 급수 수단의 확보, 긴급피난처 및 구호품의 확보
⑥ 현장지휘통신체계의 확보
⑦ 그 밖에 재난 발생을 예방하거나 줄이기 위하여 필요한 사항
※ 지역통제단장의 경우 ② 중 진화에 대한 응급조치와 ④, ⑥의 응급조치만 가능

29 "중앙긴급구조통제단"구성과 관계없는 것은?

① 총괄지휘부   ② 대응기획부

③ 안전담당   ④ 연락공보담당

해설

지역긴급구조통제단에 설치되어 있음

30 "긴급구조지휘대" 구성에 있어서 바르게 연결된 것은?

① 소방서현장지휘대 : 119안전센터별로 설치 운영

② 방면현장지휘대 : 1개 이상 3개 이하의 소방서별로 소방본부장이 1개를 설치 운영

③ 소방본부현장지휘대 : 소방서별로 설치운영

④ 권역현장지휘대 : 2개 이상 4개 이하의 소방본부별로 소방청장이 1개를 설치 운영

해설 ❂ 긴급구조지휘대 설치기준

1. 소방서현장지휘대 : 소방서별로 설치운영
2. 방면현장지휘대 : 2개 이상 4개 이하의 소방서별로 소방본부장이 1개를 설치 운영
3. 소방본부현장지휘대 : 소방본부별로 현장지휘대 설치운영
4. 권역현장지휘대 : 2개 이상 4개 이하의 소방본부별로 소방청장이 1개를 설치 운영

정답 28. ④   29. ③   30. ④

PART **04** 재난관리 (소방교·장 제외)

31 "긴급구조통제단장"의 현장지휘사항이 아닌 것은?

① 추가 재난방지를 위한 응급조치
② 재난에 대응할 조직의 구성 및 정비
③ 사상자의 응급처치 및 의료기관으로의 이송
④ 긴급구조지원기관 및 자원봉사자 등에 대한 임무 부여

해설 ✿ 중앙긴급구조통제단의 현장지휘*

- 재난현장에서 인명탐색·구조
- 추가 재난방지를 위한 응급조치
- 사상자의 응급처치 및 의료기관으로의 이송
- 긴급구조기관 및 긴급구조지원기관의 인력·장비의 배치와 운용
- 긴급구조지원기관 및 자원봉사자 등에 대한 임무 부여
- 긴급구조에 필요한 물자의 관리
- 현장접근 통제, 현장주변의 교통정리, 그 밖에 긴급구조활동을 효율적으로 하기 위하여 필요한 사항
※ 치안활동과 관련된 사항은 경찰관서의 장과 협의하여야 함

32 다음 중 "긴급구조지휘대"의 기능으로 잘못된 것은?

① 일상적 사고 발생(화재는 제외)시 현장지휘
② 광범위한 지역에 걸친 재난발생 시 전진지휘
③ 주요 긴급구조지원기관 합동으로 현장지휘 조정·통제
④ 통제단이 가동되기 전 재난초기 시 현장지휘

해설 ✿ 긴급구조지휘대의 기능

① 통제단이 가동되기 전 재난초기 시 현장지휘
② 주요 긴급구조지원기관 합동으로 현장지휘 조정·통제
③ 광범위한 지역에 걸친 재난발생 시 전진지휘
④ 화재 등 일상적 사고 발생 시 현장지휘

33 긴급구조 현장지휘에 관한 내용으로 틀린 것은?

① 재난현장에서는 시·군·구 긴급구조통제단장이 긴급구조활동을 지휘한다.
② 재난현장의 구조활동 등 초동 조치상황에 대한 언론 발표 등은 긴급구조기관의 장이 지명하는 자가 한다.
③ 각급통제단장은 긴급구조 활동을 종료하려는 때에는 재난현장에 참여한 지역사고수습본부장, 재난현장통합지원본부의 장 등과 협의를 거쳐 결정하여야 한다.
④ 통제단장 및 지방경찰청장 또는 경찰서장은 재난현장 주위의 주민보호와 원활한 구조활동에 필요한 최소한의 통제규모를 설정하여 통제선을 설치할 수 있다.

해설

언론발표는 각급통제단장이 지명하는 자가 한다. * 22년 소방위

🔖 정답 | 31. ② | 32. ① | 33. ② |

01 현장지휘소 설치위치로서 틀린 것은?

① 오염되지 않고 지반이 약하지 않은 곳

② 현장과 외부로의 출입이 통제된 곳

③ 차폐성이 좋을 것

④ 재난 대상물은 물론 그 주변까지도 조망할 수 있는 곳

해설 현장지휘소 설치 위치
- 재난 대상물은 물론 그 주변까지도 조망할 수 있는 곳(가시성)
- 붕괴·낙하물·폭발력·열복사·소음·연기 등의 영향이 적은 곳
- 통신과 전력공급에 지장이 없는 곳
- 오염되지 않고 지반이 약하지 않은 곳
- 차량·장비·인원의 활동을 방해하지 않는 곳
- 현장과 외부로의 출입이 용이한 곳
- 차폐성(구경꾼 등 여러 요소로부터의 차폐)이 좋을 것
- 임무단위별로 적절한 작업공간이 확보될 것
- 현장지휘체계 확장이 가능한 곳(확장성)

02 현장지휘소 위치선정에서 다음 내용과 관계 깊은 것은?

> 직접적이고 즉각적인 위험하다고 간주되는 지역이나 위치로 방출된 위험물의 구역 외부
> 인원에 대한 악영향을 방지하기 위하기에 충분히 멀리 확장되는 위험물사고를 즉각적으로
> 둘러싼 영역

① Hot Zone ② Warm Zone

③ Cold Zone(대피지역) ④ Fire ball

해설 지휘(통솔) 위치선정 및 상황평가
※ "Hot Zone(위험지역), Warm Zone(중립지역), Cold Zone(안전지역)" 고려
① Hot Zone(위험지역), 접적이고 즉각적인 위험하다고 간주되는 지역이나 위치로 방출된 위험물의 구역 외부인원에 대한 악영향을 방지하기 위하기에 충분히 멀리 확장되는 위험물사고를 즉각적으로 둘러싼 영역
② Warm Zone(중립지역), 직접적인 위험은 없으나 잠재적인 위협이 존재하는 지역이나 위치
② Cold Zone(대피지역), 의료, 운송자원 등이 준비되는 화재, 붕괴 등으로부터 직, 간접적으로 노출되지 않은 지역이나 위치로 위험 지역(핫 & 웜존) : 위험 지역이라 함은 위험한 상태로부터 사람들에게 즉시 위험의 가능성이 있는 지역이다. 이 지역은 현장 지휘관에 의해 설치되고 소방대에 의해 통제 된다. 이 지역의 접근은 엄격히 통제되며 임무가 부여되고 개인 보호복을 착용하고 교육을 받은 자에 한하여 들어갈 수 있다.

정답 01. ② 02. ①

03 "지휘권 이양시기"에 대한 설명으로 틀린 것은?

① 현장지휘관의 개인적인 긴급사태 발생 시

② 재난대응기간이 장기화 될 경우

③ 사고의 복잡성이 변화할 경우

④ 효율적 재난대응을 위하여 지휘권의 변화가 필요한 경우

해설 **지휘권 이양절차(지휘권 이양시기)**
① 효율적 재난대응을 위하여 지휘권의 변화가 필요한 경우
② 사고의 복잡성이 변화할 경우
③ 재난대응기간이 장기화 되어 현장지휘관의 휴식이 필요한 경우
④ 현장지휘관의 개인적인 긴급사태 발생 시
⑤ 상위의 지휘관이 현장에 도착할 경우 등

04 초고층건물 화재대응절차에 대한 설명으로 틀린 것은?

① 화점의 직상층 계단 또는 직상층에 경계팀 배치. 진입팀의 활동거점은 화점층의 특별피난계단 부속실에 확보

② 거주자 피난유도 시 20층 마다 설치된 피난 및 안전구역으로 대피유도

③ 발화층이 3층 이상인 경우 연결송수관을 활용한다.

④ 진입팀의 활동거점은 화점층의 특별피난계단 부속실 확보를 원칙으로 한다.

해설 **초고층건물화재 현장대응절차*** 21년, 23년 소방위
• 화점층이 고층인 경우 소방대는 비상용승강기를 화재 층을 기점으로 2층 이하까지 이용, 화점층 진입은 옥내 또는 특별피난계단 활용
• 화점층 및 화점상층의 인명구조 및 피난유도 최우선, 상황에 따라 소화활동 중지
• 거주자 피난유도 시 30층 마다 설치된 피난 및 안전구역으로 대피유도
• 화점을 확인한 시점에서 전진 지휘소는 화점층 기점 2개층 아래 설치, 자원대기소(Staging-area)는 화점 직하층에 설치하여, 교대인력, 예비용기, 조명기구 등 기자재를 집중시켜 관리
• 1차 경계범위는 당해 화재구역의 직상층으로 하며, 직상층이 돌파 될 우려가 있는 경우 그 구역 직상층을 경계범위로 하고 순차적으로 경계범위 넓힘
• 화점의 직상층 계단 또는 직상층에 경계팀 배치. 진입팀의 활동거점은 화점층의 특별피난계단 부속실에 확보
• 발화층이 3층 이상인 경우 연결송수관 활용, 내부 수관연장은 소방대 전용 방수구에서 연장

정답 **03.** ② **04.** ②

05 "공중지휘기 지정 우선순위 및 임무 인계·인수에 대한 설명으로 틀린 것은?

① 지휘기 우선순위는 ㉠ 관할지역 주관기관* 헬기, ㉡ 관할지역 외 주관기관 헬기, ㉢ 지원기관 헬기 순

② 현장지휘관은 5대 이상 헬기 출동, 사고현장 상공에서 동시 활동 시 공중지휘기를 지정

③ 최초 현장도착 헬기는 공중지휘기 임무를 수행하고, 우선순위가 앞선 헬기도착 시 공중지휘기 임무를 인계

④ 공중지휘기임무 인계 사실은 무전을 통해 현장지휘관, 전체 헬기, 지상통제관 및 119종합상황실 등에 전파

해설 공중지휘기 지정 우선순위

- 현장지휘관은 다수의 헬기(2대 이상)가 출동, 사고현장 상공에서 동시 활동 시 공중지휘기를 지정
- 공중지휘기 우선순위 : ① 관할지역 주관기관* 헬기, ② 관할지역 외 주관기관 헬기, ③ 지원기관 헬기 순
  ※ 육상재난(소방), 해상재난(해경), 산불(산림청), 일반테러(경찰)
- 최초 현장도착 헬기는 공중지휘기 임무를 수행하고, 우선순위가 앞선 헬기도착 시 공중지휘기 임무를 인계
- 연료보급, 환자이송 등으로 공중지휘기가 현장을 벗어날 경우 공중지휘기 우선순위에 의해 공중지휘기 임무 인계
- 공중지휘기임무 인계 사실은 무전을 통해 현장지휘관, 전체 헬기, 지상통제관 및 119종합상황실 등에 전파
- 필요시 현장지휘관 또는 현장지휘관이 지정한 자가 탑승하여 직접 지휘통제 가능

06 다음은 "대원긴급탈출절차"에 대한 설명으로 (   )안에 들어갈 내용은?

> 무전기, 지휘차의 방송장비, 재난현장 방송시설, 소방차의 싸이렌 등 기준 데시벨의(   )배 이상의 장비를 사용하여 긴급탈출 지시를 전파

① 1.5
③ 2.5

② 2
④ 3

해설 대원긴급탈출절차

① 현장지휘관, 안전담당, 단위부대지휘관은 긴박한 위험이 감지되는 즉시 긴급탈출 지시

② 무전기, 지휘차의 방송장비, 재난현장 방송시설, 소방차의 싸이렌 등 기준 데시벨의1.5배 이상의 장비를 사용하여 긴급탈출 지시를 전파

- 무전기, 지휘차의 방송장비 : 음성으로 「긴급탈출」 5회 반복
- 싸이렌 : 「 [5초 취명] −3초 간격− [5초 취명] −3초 간격− [5초 취명] −3초 간격− [5초 취명] − 3초 간격− [5초 취명]」을 지속 반복

③ 1차 전파 이후 2분 이내 2차로 전파, 2차 전파 이후 5분 이내 인원점검 실시

④ 미확인 대원이 있는 경우 3차 전파와 동시에 추가적인 위험요소를 확인한 후 긴급대응팀 투입

정답 | **05.** ② **06.** ①

07 건물내부 인명탐색 중점범위에 대한 설명으로 "발화층"과 관계 깊은 것은?

① 발화지점과 별도로 구획된 거실 중 화장실, 베란다, 엘리베이터실, 기계실 등

② 화염발생 반대 지점의 장롱, 이불, 막힌 통로, 창가, 급기구 등

③ 짙은 연기의 이동경로 상의 출입구 계단, 막힌 복도, 옥상 출입문, 창가 등

④ 출입구 → 바닥 → 벽 → 책상 등 집기류 →장롱 위, 내부 → 천장 내·외부 등

해설 건물내부 인명탐색 중점 범위
① 발화지점의 거실 내부 : 화염발생 반대 지점의 장롱, 이불, 막힌 통로, 창가, 급기구 등
② 발화층 : 발화지점과 별도로 구획된 거실 중 화장실, 베란다, 엘리베이터실, 기계실 등
③ 직상층 : 짙은 연기의 이동경로 상의 출입구 계단, 막힌 복도, 옥상 출입문, 창가 등
④ 여관, 고시원 등 미로형태의 객실이 많은 숙박 및 다중이용시설의 경우 : 발화층의 직하층 내부구조를 사전 숙지 후 탐색활동
⑤ 거실 인명 탐색 : 출입구 → 바닥 → 벽 → 책상 등 집기류 →장롱 위, 내부 → 천장 내·외부 등
⑥ 기타 옷더미, 화재 잔해물, 건물잔해, 흙더미 등

08 "고층건물화재 현장대응 절차"에 대한 설명으로 옳은 것은?

① 건물 내 모든 인원 대피보다 화재발생지역 위 아래로 2~3층 정도 떨어진 지역으로 거주인원 이동

② 화재가 발생한 아래 지역(외부)은 유리파편이 떨어지는 가능성고려 반경 20m 이내 접근 금지

③ 현장지휘소는 화재 건물로부터 최소 150m 이상 떨어진 곳에 위치

④ 엘리베이터 사용이 안전하다고 판명되는 경우 화재지역 3층 이하까지 엘리베이터를 이용, 기타 지역은 계단 이용

해설 고층건물 화재 대응절차(현장대응 절차)
1. 초기 화재 시 엘리베이터, 시설물 및 건물 출입 인원 통제를 위한 로비통제 실시
2. 건물 내 모든 인원 대피보다 화재발생지역 위 아래로 2~3층 정도 떨어진 지역으로 거주인원 이동
3. 화재가 발생한 아래 지역(외부)은 유리파편이 떨어지는 가능성고려 반경 50m 이내 접근 금지하며, 고층건축물의 층수, 높이 및 상황을 감안하여 충분한 안전거리 확보
4. 현장지휘소는 화재 건물로부터 최소 50m 이상 떨어진 곳에 위치
5. 엘리베이터 사용이 안전하다고 판명되는 경우 화재 층을 기점으로 2층 이하까지 엘리베이터를 이용, 기타 지역은 계단 이용
6. 초기 화재 진입요원들은 화재상황에 맞춰 최대한 신속하게 지원
7. 화점층 및 화점상층 인명구조 및 피난유도 최우선
8. 화재초기 층수 상관없이 화점층 진입 일거에 소화, 화재중기이후 화재층 상층과 인접구획 연소확대 방지 우선
9. 화재층 이동시 화재진압장비 팩(연결송수관 설비에 연결할 예비호스, 관창 묶음)을 미리 준비하고 계단실이나 직접 조작하는 비상용엘리베이터를 이용하여 운반
10. 화재 시 비상용승강기를 화재모드로 전환하여 피난층에 위치시켜두며 '소방운전전용 키' 등을 인계받아 소방전용으로 활용

정답 07. ① 08. ①

09 "하이브리드차량 발화기" 화재진압요령으로 옳은 것은?

① 소화기로 진화 어려운 경우 방수소화 실시하되, 엔진화재 시 고전압 케이블이 연결되어 있으므로 감전에 주의

② 배터리 폭발 및 전해액 누출에 대비하여 거리를 유지하면서 방수소화 실시

③ 분말·이산화탄소 소화기 및 다량 방수소화 또는 포말소화약제 사용 화재 진압

④ 방수 및 ABC분말 소화에 의한 화재진압을 하되 방수소화는 감전의 가능성이 있으므로 주의

해설 **하이브리드 차량, 전기차량, 플러그인 하이브리드차량 화재**★ 16년 소방위

• (발화기) 방수 및 ABC분말 소화에 의한 화재진압을 하되 방수소화는 감전의 가능성이 있으므로 주의
• (성장기) 소화기로 진화 어려운 경우 방수소화 실시하되, 엔진화재 시 고전압 케이블이 연결되어 있으므로 감전에 주의
• (최성기) 배터리 폭발 및 전해액 누출에 대비하여 거리를 유지하면서 방수소화 실시

[수소전기(FCEV) 차량 화재 시]
• 수소가스 분출구를 피해 원거리에서 방수소화
• 화재 확산 가능성이 낮은 경우, 우선적으로 주변 지역 예비방수 후 차량 화재진압 실시
• (발화기) 분말·이산화탄소 소화기 및 다량 방수소화 또는 포말소화약제 사용 화재 진압
• (성장기 이후) 다량 방수소화(분무방수 포함) 또는 포말소화약제 사용 화재진압 및 주변차량에 대해 질식소화덮개 설치

10 지하층화재 대응절차 설명이 틀린 것은?

① 지상층으로의 연기유입이나 연소 확대를 차단

② 진입경로에는 로프나 라이트라인(Light line)을 설치

③ 급격한 공기유입 방지하여 백드래프트 발생요인 차단

④ 구조대상자가 있을 경우, 고발포나 가스계 소화약제 등을 주입하여 진화

해설 **지하층화재 대응절차**

(사고특성 및 위험요인)
1. 공간이 작고 공기 유입량이 적기 때문에 연소가 완만하지만 짙은연기와 열기는 충만
2. 진입구 협소 및 배연구 역할로 진입 곤란, 진입시 위치 방향감각의 상실 가능성 높아 소방활동상 장애

(대응절차)
1. 진입경로에는 로프나 라이트라인(Light line)을 설치
2. 급격한 공기유입 방지하여 백드래프트 발생요인 차단
3. 비상구 개방 전 화재성상(백드래프트 등) 파악 후 천천히 개방, 급기구 진입
4. 다수인 대피 시 출입구 통제·유도요원 배치
5. 지상층으로의 연기유입이나 연소 확대를 차단
   – 방화문 폐쇄 및 경계관창 배치
6. 진입이 곤란하고 구조대상자가 없을 경우, 고발포나 가스계 소화약제 등을 주입하여 진화
7. 구조대상가 있을 것으로 예상되는 경우, 미분무나 살수설비로 진화

정답 09. ④ 10. ④

11 "도로터널화재 대응절차"에 대한 설명으로 틀린 것은?

① 다량의 포(泡, foam)를 방사할 수 있는 소방차를 출동조치

② 터널특성상 다량의 포(泡, foam)를 방사할 수 있는 소방차 출동은 제외

③ 인명검색, 구조 및 피난유도는 원칙적 상하행선 연결통로 적극 활용

④ 터널 상부가 장시간 고온에 노출되었다면, 가설물이나 콘크리트 박리편이 낙하할 수 있으므로 주의

해설 도로터널화재 대응절차

1. 화재지점으로 차량이 더 이상 밀려들지 않도록 교통통제
   - 터널 상·하행선 입구에 신속설치 가능한 바리게이트 비치
2. 다량의 포(泡, foam)를 방사할 수 있는 소방차를 출동조치
3. 터널 상부에 고압 전력선이 가설되어 있을 수 있음으로, 방수 시 감전에 유의
4. 터널 상부가 장시간 고온에 노출되었다면, 가설물이나 콘크리트 박리편이 낙하할 수 있음으로 주의
5. 터널 내 제연설비는 한국도로공사 등 터널 관계자와 협의하여 가동
6. 배수로를 따라 유류 등 오염물질이 확산될 경우, 임시로 집유정(集油井)이나 둑을 만들어 차단 또는 우회시킴
7. 도로관리자 및 경찰기관으로부터 상하행선 교통통제 상황 확인하고 방재설비 활용
8. 인명검색, 구조 및 피난유도는 원칙적 상하행선 연결통로 적극 활용

12 "선착대장 지휘"에 대한 내용으로써 도착과 함께 가장 먼저 조치해야할 사항은?

① 대상물 정보

② 구조대상자 상황

③ 최초 상황전파 및 지휘권 선언

④ 수리확인

해설 선착대장 지휘

1. 선착대장은 현장 도착 즉시 최초 상황전파 및 지휘권 선언
   - 출동대명 및 선착대장 지휘권 선언("00센터 00차 현장도착" "00센터 00(호출부호) 현장지휘")
2. 상황판단 : 대상물정보(용도, 층수 등), 구조대상자 상황(인원수, 상태), 재난 상황(화재, 구조·구급) 파악
   - 재난피해 당사자, 시설 관계자, 소방 및 지자체 보유 자료 등 다양한 방법으로 정보 수집
   - 재난의 규모에 따라 정보수집 담당자를 지정·운영
   - 범죄 등 형사적 문제가 인지될 경우 경찰에 통보
3. 재난규모에 따라 대응단계 발령(요청) 및 추가지원 요청
4. 후착대 선탑자는 현장지휘관(지휘권 선언자)에게 현장도착 보고 후 임무지정을 받고 배치 현장 대응
5. 상급지휘관이 현장에 도착하면 지휘권 이양절차(SOP 102)에 따라 지휘권 이양

13 구조대상자가 다수 있는 경우 조치내용으로 틀린 것은?

① 자력 피난 가능한 자를 우선으로 구조한다.

② 인명위험이 절박한 부분 또는 층을 우선으로 구조한다.

③ 구출 장소는 피난장소(지상)에 구출하는 것을 원칙으로 한다.

④ 중상자, 노인, 아이 등 위험도가 높은 사람을 우선으로 구조한다.

정답 11. ② 12. ③ 13. ①

해설 **인명구조 작전절차(구조대상자가 다수 있는 경우)** ★ 16년 소방위

① 인명위험이 절박한 부분 또는 층을 우선으로 구조한다.
② 중상자, 노인, 아이 등 위험도가 높은 사람을 우선으로 구조한다.
③ 자력 피난 불능자를 우선으로 구조한다.
 ※ 구출 장소는 피난장소(지상)에 구출하는 것을 원칙으로 한다. 다만 구명이 긴급한 때는 일시적으로 응급처치를 취할 장소로 우선 이동한다.
 ※ 건물 외부 위험반경을 발화층 높이의 1/2로 하되, 기상 및 현장 상황을 고려하여 건물높이만큼 안전구역 설정

14 "재난현장 브리핑 절차"에 대한 설명으로 틀린 것은?

① 브리핑은 가급적 상황발생 2시간 내 실시
② 브리핑 종료 후 특별한 경우 질의·답변 시간을 가짐
③ 환자분류, 이송 등 응급환자 관련 사항은 응급의료소장이 진행
④ 통제단장은 현장지휘를 최우선으로 하고, 상황이 종료되거나 재난규모 및 중요성 등을 고려하여 직접 브리핑 할 필요가 있다고 판단되는 경우 직접 발표

해설 **브리핑 방법** ★ 21년 소방위

1. 브리핑 시점은 가급적 상황 발생 후 2시간 이내 실시(단, 화재폭발·대형재난발생 시 사고현장 1시간 이내 언론브리핑 실시)
2. 발표 주체 결정(대변인, 연락공보담당, 긴급구조통제단장, 통제단장이 지정한 자)
   - 사회적 이목, 언론 관심 등 중요 재난은 직상급 기관 실시 원칙
   - 통제단장은 현장지휘를 최우선으로 하고, 상황이 종료되거나 재난규모 및 중요성 등을 고려하여 직접 브리핑 할 필요가 있다고 판단되는 경우 직접 발표
3. 재난상황에 대한 보도자료를 작성하고 브리핑 시 언론매체에 배포
4. 환자분류, 이송 등 응급환자 관련 사항은 응급의료소장이 진행
5. 브리핑 종료 후 반드시 질의·답변 시간을 가짐
6. 브리핑은 정기적으로 실시하고 차후 브리핑 시간 사전 예고
7. 현장 상황변화에 따라 필요시 특별 브리핑 실시
8. 언론의 요구사항을 파악하고 적극적으로 새로운 정보 제공

15 다음 내용과 관계 깊은 것은?

> • 누출된 인화성액체가 고여 있는 곳이나 위험물 탱크에서 화재가 발생한 상황
> • 위험물 탱크에서 발화, 복사열로 인한 화상 우려

① 롤오버(Rollover)　　　　② 보일오버(Boil over)
③ 백파이어(Back fire)　　　④ 풀 파이어(Pool fire)

▣ 정답 14. ②　15. ④

해설 **풀 파이어(Pool fire)*** 21년 소방위

1. 누출된 인화성액체가 고여 있는 곳이나 위험물 탱크에서 화재가 발생한 상황
2. 위험물 탱크에서 발화, 복사열로 인한 화상 우려
   ※ 복사열 위험반경 : 수포발생 = 3.5 × 탱크지름(m), 통증발생 = 6.5 × 탱크지름(m)
     * 거리 = 화염중심 ↔ 대원
3. 위험반경 내 방열복 착용, 내폭화학차를 활용하여 포(泡-foam) 살포, 복사열 차단 및 냉각 방수 시 보일오버 또는 슬롭오버 발생에 유의, 위험반경 내 대원들은 사전 대피방안을 준비
4. 흡착포, 유처리제 등으로 누출 위험물에 대한 긴급방제 실시

16 "현장안전점검관"의 역할이 아닌 것은?

① 경계구역 및 안전거리 설정
② 현장보건안전관리책임자 보좌 및 현장안전 임무 외 겸임 금지
③ 현장 소방활동 대원들의 개인보호장비의 점검 관리와 지도
④ 안전사고 발생의 원인 조사, 분석과 재발방지를 위한 조언, 지도

해설 ①은 현장지휘관의 업무임

1. 현장안전점검관* 20년 소방위
   현장보건안전관리책임자 보좌 및 현장안전 임무 외 겸임 금지
   ① 현장보건안전관리칙임자의 현장 안전관리에 관한 지시사항 이행
   ② 현장소방활동 안전관리에 관한 교육, 훈련에 관한 조언, 지도
   ③ 현장 투입대원의 장비 착용 및 신체, 정신 건강상태의 확인
   ④ 현장소방활동의 위험요인 관측, 보고 및 전파
   ⑤ 현장대원사고 등의 조사보고서 작성
   ⑥ 안전사고 발생의 원인 조사, 분석과 재발방지를 위한 조언, 지도
   ⑦ 현장 소방활동 대원들의 개인보호장비의 점검 관리와 지도
   ⑧ 그 밖에 현장 소방활동 안전관리 업무에 관한 사항
2. 현장안전담당
   현장소방활동 중 현장안전관리에 대하여 현장지휘관 보좌 및 현장규모에 따른 위험성 평가 반영 탄력적 증원 지정 가능
   ① 현장보건안전관리책임자, 현장지휘관 또는 현장안전점검관의 보건안전관리에 관한 지시사항 이행
   ② 현장투입 대원의 장비착용 및 신체, 정신 건강상태의 확인
   ③ 현장소방활동의 위험요인 관측, 보고 및 전파
   ④ 그밖에 현장소방활동 중 안전관리에 관하여 필요한 사항

정답 | 16. ① |

연습장

연습장